suhrkamp taschenbuch
wissenschaft 823

S. 1-8

Georg Simmel · Gesamtausgabe

Herausgegeben von Otthein Rammstedt

Band 23

Georg Simmel

Briefe 1912-1918
Jugendbriefe

Bearbeitet und herausgegeben
von Otthein und Angela Rammstedt

Suhrkamp

Bibliografische Information der Deutschen Nationalbibliothek
Die Deutsche Nationalbibliothek verzeichnet diese Publikation in der Deutschen Nationalbibliografie; detaillierte bibliografische Daten sind im Internet über http://dnb.d-nb.de abrufbar.

suhrkamp taschenbuch wissenschaft 823
Erste Auflage 2008

Satz: TypoForum GmbH, Seelbach
Druck: Druckhaus Nomos, Sinzheim
Printed in Germany
Umschlag nach Entwürfen von
Willy Fleckhaus und Rolf Staudt
ISBN 978-3-518-28423-0

1 2 3 4 5 6 – 13 12 11 10 09 08

Inhaltsübersicht

Briefe 1912-1918

1912

Wilhelm von Crayen, G. J. Göschen'sche Verlagshandlung, an Georg Simmel

Briefdurchschlag vom 23. Januar 1912
Tps. m.e.U.; SBPK Berlin, VA de Gruyter

23. Januar 1912

Sehr geehrter Herr Professor!

Mitfolgendes Circular wird Ihnen die Aufklärung geben, weshalb ich in den letzten Monaten mich entgegen meiner ausgesprochenen Absicht noch nicht habe bei Ihnen blicken lassen! Sie werden sich aber denken können, dass ich sehr viel zu tun gehabt habe und dass ich sehr gern erst die Entwickelung der Dinge abwarten und genau wissen wollte, woran ich war, bevor ich auf unsern Plan zurückkäme. Nun ist es sicher, dass sich um den 1. April herum mein lang gehegter Wunsch, von dem ich Ihnen auch schon oft gesprochen habe, erfüllen wird und Göschen seinen Sitz nach Berlin verlegen wird, während hier nur noch die Auslieferung verbleibt. Dass der Verlag gleichzeitig in eine Gesellschaft mit beschränkter Haftung umgewandelt worden ist, ist eine reine Formsache, de facto verbleibt alles beim Alten, die Leitung ruht nach wie vor in meinen Händen und Herr Dr. de Gruyter, der Ihnen gewiss bereits als Inhaber der beiden Verlagshandlungen Georg Reimer in Berlin und Karl J. Trübner in Strassburg bekannt ist, wird nur an meine Stelle treten, wenn ich irgendwie anderweitig abgehalten bin. Sobald ich in Berlin einigermassen zur Ruhe gekommen sein werde, worüber allerdings der Mai herankommen kann, werde ich nicht verfehlen, Ihnen meine Aufwartung zu machen, und dann darf ich wohl sehr hoffen, dass die bisherigen Beziehungen, die Göschen zu Ihnen pflegen durfte, sich noch viel enger und intensiver gestalten mögen!

Inzwischen verbleibe ich mit den besten Empfehlungen Ihr hochachtungsvoll ergebener

Wilhelm Crayen.

Briefdurchschlag vom 23. Januar 1912] An: Herrn Professor Dr. Georg *Simmel,*/*Berlin-Westend,*/Königin Elisabethstrasse 14.

Mitfolgendes Circular] Nicht überliefert.

meiner ausgesprochenen Absicht] Wilhelm von Crayen hatte letztmals für Sept. 1911 einen Besuch bei Simmel angekündigt; siehe Simmel an G. J. Göschen'sche Verlagshandlung vom 3. Dez. 1911.

unsern Plan zurückkäme] Von Crayen bezieht sich wohl auf den in seinem Brief an Simmel vom 5. Dez. 1911 erwähnten »Plan einer populär-philosophischen Zeitschrift«; siehe auch Simmel an Heinrich Rickert vom 29. Dez. 1911.

1. April] Ziffer undeutlich.

Göschen seinen Sitz nach Berlin] Mit dem Eintritt Walter de Gruyters in das Leipziger Unternehmen G. J. Göschen'sche Verlagshandlung wurde diese lt. Gesellschaftsvertrag vom 2. Jan. 1912 in eine Gesellschaft mit beschränkter Haftung umgewandelt. Das Stammkapital betrug 650000,- Mark. Wilhelm von Crayen wie auch Walter de Gruyter stand hinfort jeweils die selbständige Vertretung der Firma zu (Handelsregistereintrag Berlin Nr. 10 166 gemäß VZ, Nr. 24 vom 14. Jan. 1912, Mo. Bl., 2. Beilage). Der Geschäftssitz der GmbH wurde nach Berlin in das von Walter de Gruyter erbaute Geschäftshaus in Berlin W 10, Genthiner Straße 38, verlegt, in dem seit 1911 bereits die Verlage Georg Reimer und I. Guttentag angesiedelt waren (Würffel S. 297). Offensichtlich bewegten finanzielle Schwierigkeiten Wilhelm von Crayen zum Verkauf von de facto knapp über 50% der Verlagsanteile, von denen er drei Monate später weitere im Wert von 100000 Mark an de Gruyter abgeben sollte (vgl. Helen Müller: Wissenschaft und Markt um 1900. Das Verlagsunternehmen Walter de Gruyters im literarischen Feld der Jahrhundertwende. Tübingen: Max Niemeyer 2004, S. 74).

Verlagshandlungen Georg Reimer ... Karl J. Trübner] Verlag Georg (Andreas) Reimer: Ein 1749 gegründetes, seit 1819 diesen Namen führendes Berliner Unternehmen mit überwiegend wissenschaftlichem Publikationsprogramm (Würffel S. 700). Ebenso legte die 1872, parallel zur Gründung der Kaiser Wilhelms-Universität Straßburg errichtete Verlagshandlung Karl J. Trübner den Schwerpunkt auf philologische, historische und philosophische Literatur (Gerhard Lüdtke: Der Verlag Walter de Gruyter & Co. Skizzen aus der Geschichte der seinen Aufbau bildenden ehemaligen Firmen, nebst einem Lebensabriß Dr. Walter de Gruyter's. Berlin: Walter de Gruyter & Co. 1924, S. 65-78).

in Berlin] Wilhelm von Crayen sah auch einer Wohnsitzverlegung nach Berlin entgegen: Er zog am 23. März 1912 nach Grunewald (Mittl. Stadtarchiv Leipzig).

Oskar Siebeck, Verlag J.C.B. Mohr (Paul Siebeck), an Georg Simmel

Briefdurchschlag vom 15. Februar 1912
Tps. m.e.U.; VA Mohr Siebeck, Tübingen

15. Februar 1912

Hochverehrter Herr Professor,

da Sie den Verlagsvertrag über das Protokoll des 1. Deutschen Soziologentages zusammen mit Herrn Dr. Hermann Beck unterzeichnet haben, halte ich mich für verpflichtet, Ihnen Folgendes mitzuteilen.

Da die Regulierung meiner Rechnung über die seit Druckvollendung des Protokolls für die Mitglieder der Soziologischen Gesellschaft gelieferten Exemplare lange auf sich warten liess, habe ich Herrn Dr. Hermann Beck wiederholt gemahnt. Zuletzt mußte ich ihm erklären, dass ich weitere Exemplare an neu eintretende Mitglieder bis nach erfolgter Bezahlung meiner Gesamtrechnung nur gegen vorherige Einsendung des Betrags liefern könne. Bis jetzt hat aber keine meiner Mahnungen Erfolg gehabt.

Auch Herr Professor Max Weber, dem ich gelegentlich hierüber geschrieben habe, teilte mir mit, er habe Herrn Dr. Beck zwei Mal um die alsbaldige Erledigung der Angelegenheit ersucht. Da auch diese Erinnerungen bis jetzt keinen Erfolg gehabt haben, sehe ich mich genötigt, auch Sie vom Stand der Dinge in Kenntnis zu setzen.

In vorzüglicher Hochachtung Ihr sehr ergebener

J.C.B. Mohr (Paul Siebeck) p.pa.
Dr. O. Siebeck

Briefdurchschlag vom 15. Februar 1912] An: Herrn Professor Dr. G. Simmel/Berlin-Westend./Königin Elisabethstr. 54; mit Absenderkürzel: Dr. O.S.k./A.

Verlagsvertrag ... Dr. Hermann Beck unterzeichnet] Simmel hatte als einer der drei Vorsitzenden der DGS gemeinsam mit deren Schriftführer sowohl den »Vertragsentwurf« zur Drucklegung der ›Verhandlungen des Ersten Deutschen Soziologentages vom 19.-22. Oktober 1910‹ (siehe Simmel an Hermann Beck, DGS, vom 12. Febr. 1911) wie auch dessen am 2. März 1911 von Oskar Siebeck über Max

Weber an ihn gelangte Reinschrift unterzeichnet (MWG II/7, S. 117 und 123).

Rechnung ... liefern könne] Für die Lieferung der ›Verhandlungen‹ an die DGS waren vergünstigte Bedingungen vorgesehen: »pro Druckbogen [...] 16 Pfg.« gegenüber einem Ladenpreis von maximal »35 Pfg.« pro Druckbogen; diese galten für die bei Vertragsabschluß bestehende Zahl an DGS-Mitgliedern und für »später eintretende Mitglieder« nur, »so lange der Vorrat reicht« (Entwurf zum Verlags-Vertrag, SHLB Kiel, Nl Tönnies). Zu den unbeantwortet gebliebenen Mahnungen Paul Siebecks an Hermann Beck siehe den Verweis auf dessen Mitteilung an Max Weber vom 11. Jan. 1912 in: MWG II/7, S. 419 Anm. 5.

Max Weber [...] auch Sie vom Stand der Dinge in Kenntnis zu setzen] Nachdem Paul Siebeck in einem Brief vom 10. Febr. 1912 Max Weber angesichts der Erfolglosigkeit seiner wiederholten Mahnungen gebeten hatte, sich an Simmel zu wenden, schlug Weber Paul Siebeck am 12. Febr. 1912 vor: »Bitte *schreiben* Sie Simmel, *ohne* Bezugnahme darauf, daß *ich* Ihnen dies rathe, aber mit dem Bemerken, daß ich orientiert worden sei und daß ich Ihnen geschrieben habe: daß ich *zwei* Mal Dr Beck nachdrücklich um alsbaldige Erledigung ersucht habe (ich habe dies in *sehr* energischer Art auch heute gethan, es wird ihm wohl nicht angenehm sein, wenn auch *Simmel* hört, daß die Sachen so bummelig erledigt werden)« (MWG II/7, S. 421).

J.C.B. Mohr ... p.pa.] Stempel.

Georg Simmel an Georg von Lukács

Widmung vom 17. Februar 1912
Hs.; Lukács Archiv, Budapest

Mit ergebensten Grüßen.

S.

Widmung vom 17. Februar 1912] Die Widmung befindet sich neben dem Titel von Simmel: Goethes Rechenschaft. Der Tag. Moderne illustrierte Zeitung vom 4. Febr. 1912 (Nr. 63, Mo. Bl., Illustrierter Teil Nr. 29), S. 1-3 (GSG 12, S. 316-321). Die Datierung ergibt sich aus dem dazugehörigen Umschlag, hs. als »*Drucks*[ache].« bezeichnet und adressiert an: *Signor / Dttre. Georg v. Lukács / Firenze / Via dei Robbia 54 / Pensione Consigli / Italien*; mit Poststempel: CHARLOTTENBURG 2n 17. 2. 12. 9-10 V.

Georg Simmel an Oskar Siebeck, Verlag J. C. B. Mohr (Paul Siebeck)

Brief vom 17. Februar 1912
Hs.; VA Mohr Siebeck, Tübingen

Westend 17 2 12

Sehr geehrter Herr Doktor,

Auf Ihr gef. Schreiben vom 16. d. erwiedre ich ergebenst, daß ich sogleich bei Herrn *Dr. Beck* reklamirt habe u. daß er mir darauf die Postquittung über die am 15. an Sie abgegangne Summe vorgelegt hat.

In der Hoffnung, daß die Angelegenheit damit geregelt ist, verbleibe ich in ausgezeichneter Hochachtung

Prof. Simmel

Brief vom 17. Februar 1912] Mit Bearbeitungsvermerken: unter Datumszeile, Hand A: 21. II. 1912.; unter Unterschrift, Hand B: Postscheck-Conto; Hand C: [Stenogramm: unles.].

Ihr gef. Schreiben vom 16. d.] Gemeint ist der Brief an Simmel vom 15. Febr. 1912, der – obwohl in dem Durchschlag eindeutig auf den 15. datiert – auch in Oskar Siebecks Brief an Max Weber vom 21. Febr. 1912 als am 16. geschrieben erwähnt wird (siehe dazu: MWG II/7, S. 425 Anm. 1).

Georg Simmel an Félix Alcan

Brief vom 19. Februar 1912
Hs.; Archives des Presses Universitaires de France, Paris

Berlin-Westend 19 II 12
Königin Elisabethstr. 14

Sehr geehrter Herr,

Ich danke Ihnen verbindlichst für Ihr freundliches Schreiben vom 12. d. Ich möchte Ihnen indess mitteilen, dass ich die angekündigten Exemplare meines Buches noch nicht erhalten habe; u. da Sie schreiben, dass Sie dieselben »par ce même courrier« abgeschickt hätten, so scheint ein Fehler der Post vorzuliegen u. ich stelle Ihnen ergebenst anheim, bei dem betreffenden Postamt deswegen zu reklamiren.

In größter Hochachtung

Prof. Simmel

Ihr freundliches Schreiben vom 12. d.] Verschollen.

meines Buches] Simmel: Mélanges de philosophie relativiste. Contribution à la culture philosophique. Traduit de l'allemand par Mlle A. Guillain. Paris: Félix Alcan 1912 (GSG 19, S. 137-371).

Fehler der Post] Siehe nachfolgenden zweiten Brief Simmels an Félix Alcan vom 19. Febr. 1912.

Georg Simmel an Félix Alcan

Brief vom 19. Februar 1912
Hs.; Archives des Presses Universitaires de France, Paris

Berlin-Westend 19 II 12

Sehr geehrter Herr,

Unmittelbar nach dem Abgang meines heutigen Briefes traf Ihre Sendung ein; dies ist also in Ordnung.

Dagegen sehe ich mit Erstaunen, dass der § 15 unseres Vertrages, welcher lautet: M. F. Alcan s'engage à annoncer au verso ou au faux titre de l'ouvrage les titres allemands de ces œuvres, avec les noms de leurs éditeurs – von Ihnen nicht erfüllt worden ist! Ich komme dadurch meinen deutschen Verlegern gegenüber in die peinlichste Lage. Denn sie haben mir die Erlaubniss zur Veröffentlichung dieser Fragmente in Ihrem Verlage nur unter der Bedingung gegeben, dass die deutschen Büchertitel in der Übersetzung (auf dem Umschlage) angezeigt würden. Ich bitte Sie, mir möglichst bald mitzuteilen, in welcher Weise Sie diese Unterlassung irgendwie nachträglich gutzumachen gedenken.

In ausgezeichneter Hochachtung ergebenst

Prof. Simmel

meines heutigen Briefes] Siehe vorstehenden ersten Brief Simmels an Félix Alcan vom 19. Febr. 1912.

Ihre Sendung] Mélanges de philosophie relativiste. Contribution à la culture philosophique. Par G. Simmel. Professeur de philosophie à l'Université de Berlin. Traduit de l'allemand par Mlle A. Guillain. Paris: Félix Alcan 1912, VI, 268 S. [= Bibliothèque de philosophie contemporaine]; GSG 19, S. 137-371. – In die ›Mélanges‹ eingegangenen sind sieben Textpassagen aus Monographien und acht Zeitschriftenaufsätze (siehe hierzu ausführlich den Editorischen Bericht in GSG 19, S. 407-419).

§ 15 unseres Vertrages] Simmel, der sich in § 14 des Verlagsvertrages verpflichtet hatte, bei seinen deutschen Verlegern die kostenlose Überlassung der Übersetzungslizenzen zu erwirken, hatte im Gegenzug in § 15 auf deren Nennung auf dem Schmutztitel der Schriftensammlung bestanden. Siehe Verlagsvertrag vom 12. Febr. 1910 in GSG 24: Dokumente.

Veröffentlichung dieser Fragmente in Ihrem Verlage] Gemeint sind vornehmlich die sieben Simmels Büchern entnommenen Passagen (s. o.); siehe diesbezüglich die überlieferten Bewilligungsanfragen Simmels bei der G. J. Göschen'schen Verlagshandlung vom 17. Jan. 1910, samt Antwort vom 19. Jan. 1910, sowie bei der J.G. Cotta'schen Buchhandlung vom 17. Jan. 1910.

Oskar Siebeck, Verlag J. C. B. Mohr (Paul Siebeck) an Georg Simmel

Briefdurchschlag vom 21. Februar 1912
Tps.; VA Mohr Siebeck, Tübingen

21. Februar 1912

Hochverehrter Herr Professor,

für Ihre freundlichen Zeilen vom 17. cts. sage ich Ihnen verbindlichsten Dank. Am selben Tag, an dem Sie mir geschrieben haben, ist mir der Eingang des unterm 15. cts. von Herrn Dr. Beck angewiesenen Betrages vom Postscheckamt Stuttgart gemeldet worden.

In vorzüglicher Hochachtung empfehle ich mich Ihnen als Ihr ganz ergebener

J. C. B. Mohr (Paul Siebeck).

Briefdurchschlag vom 21. Februar 1912] An: Herrn Professor Dr. G. Simmel / Berlin-Westend. / Königin Elisabethstr. 54; mit Absenderkürzel: Dr.O.S.-n. / A.

J. C. B. Mohr (Paul Siebeck).] Hs. unterzeichnet.

Georg Simmel an Félix Alcan
Brief vom 23. Februar 1912
Hs.; Archives des Presses Universitaires de France, Paris

Berlin-Westend 23 II 12

Sehr geehrter Herr,

Infolge Ihres freundlichen Schreibens vom 21. sende ich Ihnen hier die Liste meiner Bücher, denen die Mélanges entnommen sind, zu gef. nachträglicher Einfügung. Vielleicht lassen Sie die Korrektur des Druckes von Mlle Guillain durchsehn, da meine Handschrift für französische Setzer leicht Anlass zu Missverständnissen geben kann. – Ich hatte Ihnen die Liste nicht zugehn lassen, da ich nicht wusste, wann das Buch erscheinen würde u. auf eine Anzeige darüber gewartet hatte.

In ausgezeichneter Hochachtung ergebenst

Prof. Simmel

Schreibens vom 21.] Verschollen.

Liste meiner Bücher ... zu nachträglicher Einfügung] Die verschollene Liste muß die Bücher aufgeführt haben, die sich dann gemäß Simmels Reklamation vom 19. Febr. 1912 in den ›Mélanges de philosophie relativiste‹ zwischen Kurztitelblatt (1. Buchseite) und Volltitelblatt (5. Buchseite) nachträglich wie folgt eingefügt finden: »Ouvrages du Professeur Simmel / *Einleitung in die Moralwissenschaft.* Eine Kritik der ethischen Grundbegriffe. J.G. Cottasche Buchhandlung. / *Kant.* 16 Vorlesungen, gehalten an der Berliner Universität. Leipzig, Duncker u. Humblot. / *Schopenhauer und Nietzsche.* Ein Vortragszyclus. Leipzig, Duncker u. Humblot. / *Philosophie des Geldes.* Leipzig, Duncker u. Humblot. / *Die Probleme der Geschichtsphilosophie.* Leipzig, Duncker u. Humblot. / *Soziologie.* Untersuchungen über die Formen der Vergesellschaftung. Leipzig, Duncker u. Humblot. / *Hauptprobleme der Philosophie.* Leipzig, J. G. Goschen [sic!].« – Daß ein Hinweis auf die Anfang Nov. 1911 erschienene ›Philosophische Kultur‹ (Leipzig: Dr. Werner Klinkhardt) fehlt, obgleich auch hier Überschneidungen vorliegen, dürfte auf das um zwei Jahre verspätete Erscheinen der ›Mélanges‹ und die dementsprechend frühere Bearbeitung der Texte zurückgehen (zum Zeitplan siehe GSG 24: Dokumente: Verlagsvertrag vom 12. Febr. 1910 und Simmel an Félix Alcan vom 18. Febr 1910; sowie die Editorischen Berichte GSG 14, S. 478-480 und GSG 19, S. 407-420).

Mlle Guillain] Alix Guillain, Übersetzerin der ›Mélanges de philosophie relativiste‹; siehe Simmel an Félix Alcan vom 18. Febr. 1910.

Georg Simmel u. a. an Georg Friedrich Knapp

Glückwunschadresse zum 7. März 1912
Druck; BA Koblenz, Nl Brentano

HERRN GEORG FRIEDRICH KNAPP
DOCTOR DER PHILOSOPHIE UND DER RECHTE
PROF. DER NATIONALÖKONOMIE U. STATISTIK
AN DER UNIVERSITÄT STRASSBURG I. ELSASS
ZUM 7. MÄRZ 1912
SEINE SCHÜLER, VEREHRER UND FREUNDE

Hochverehrter Herr!

Nahen Ihnen heute, an dem Tage, an dem das siebente Jahrzehnt Ihres Lebens sich vollendet, Schüler, Verehrer, Freunde aus allen deutschen Gauen und weit darüber hinaus mit freudigen Glückwünschen, so gilt ihre Huldigung gleichermaßen dem Forscher, dem Meister der Sprache, dem Lehrer, dem Menschen.

Seit nahezu einem halben Jahrhundert im Dienste der Staatswissenschaften tätig, haben Sie verschiedenste ihrer Teilgebiete bebaut und in so hohem Maße befruchtet, wie es nur Wenigen gegönnt ist und beschieden sein kann. In jungen Jahren vornehmlich der Statistik zugewandt, haben Sie die Erörterungen über das Wesen der Moralstatistik ebenso entscheidend geklärt, wie die Theorie des Bevölkerungswechsels und der Sterblichkeitsmessung bleibend beeinflußt. Die Vollkraft des Mannesalters haben Sie sodann der Agrargeschichte gewidmet. Auch ihr haben Sie neue Bahnen gewiesen. Bei der Erforschung von Gesellschafts- und Wirtschaftszuständen der Vergangenheit müsse man, forderten Sie, den Weg stromaufwärts dem Ursprunge zu einschlagen statt den umgekehrten. Denn nur vom festen Boden aus des zuverlässig Erkennbaren und seiner Beschreibung könne sich dem rückwärts gewendeten Blick das Dunkel noch entfernterer Zeiten erschließen; nur von ihm aus gelange man zu gedeihlicher Feststellung ihrer Probleme, welche die Voraussetzung bilde für deren Lösung und oft schon diese in sich schließe. Hierbei befanden Sie sich methodisch in Übereinstimmung mit Georg Hanssen. Sie blieben aber nicht auch bei der Betrachtung des Kulturtechnischen stehen, sondern erweiterten das Untersuchungsgebiet nach der sozialpolitischen Seite hin. So ward durch Sie Einsicht möglich in die Struktur und Funktionierung der auf deutschem Boden erstmals entscheidend siegreichen Organisationsform kapitalistischen Großbetriebes, der Gutswirtschaft; so volles Verständnis ihrer geschichtlichen Bedeutung im Leben der Nation sowie ihrer wirtschaftlichen, gesellschaftlichen und politischen Nachwirkungen in die Gegenwart. Das schon sichert Ihrer Schilderung der Bauernbefreiung und des Ursprunges der Landarbeiter in den älteren Teilen Preußens für immer einen Platz in der Entwicklungsgeschichte der deutschen Wirtschaftshistorie. Nicht das allein jedoch! Dieses Werk und Ihre sich ihm anschließenden Aufsätze werden stets ein unerreichtes Muster bleiben auch: souveräner Meisterung des Stoffes, ruhiger Klarheit der Darstellung, vorbildlicher Schönheit des Ausdruckes, geistiger Freiheit und unbeirrbaren Wahrheitsdranges, dem einzig Leitstern scheint das *Ne quid falsi audeat ne quid veri non audeat historia.* Welch' außerordentliche Belebung schließlich hat die Diskussion über die Natur des Geldes durch Ihre Analyse erfahren! Welch' tiefgehende Wirkungen auf Theorie und Praxis hat sie gezeitigt! Als wie große wissenschaftliche Tat wird sie auch von jenen anerkannt, die grundsätzlich auf anderem Boden verharren!

Ein beneidenswert reiches Lebenswerk fürwahr! Geschaffen jenseits alles Tagesstreites und fern von jedem kleinlichen Streben nach Augenblickserfolg, wird es noch reicher gestaltet durch die Saat, die Sie als Lehrer ausgestreut haben, und durch den weiten Kreis von Schülern, die auf den von Ihnen gebahnten Wegen weiterschreiten und sich stolz zu Ihnen bekennen.

Mit Ihnen ehren und lieben wir Sie alle als Förderer wissenschaftlicher Erkenntnis und als Mehrer des Ruhmes deutscher Geistesarbeit. Nicht weniger dankbar aber gedenken wir der festen harmonisch in sich geschlossenen, künstlerisch fein empfindenden Persönlichkeit, des aufrechten Mannes, der wohlwollenden Gesinnung jeder ernsten Leistung gegenüber, der Freundschaft und Treue, die Sie allen bewahrt haben, die das Leben Ihnen nahegebracht hat.

So wünschen wir denn von einem gütigen Geschick: Es möge Sie noch viele Jahre in ungeminderter Frische und Kraft erhalten, der Wissenschaft zum Heil und uns zur Freude.

Straßburg, am 7. März 1912

Siegmund Adler, Wien
Gustav Aubin, Erlangen
Stefan Bauer, Basel
Georg von Below, Freiburg i. B.
Erwin Berninger, Straßburg
Anton Bettelheim, Wien
W. Ed. Biermann, Leipzig
Magnus Biermer, Erlangen
Hermann Bloch, Rostock
Eugen Böhm Ritter v. Bawerk, Wien
Oskar Bongard, Berlin-Schöneberg
M. J. Bonn, München
Ladislaus von Bortkiewicz, Berlin
Albin Bráf, Wien
Franz Peter Bremer, Bonn
Lujo Brentano, München
G. Brodnitz, Halle
Nathanael Brückner, Frankfurt a/M
Karl Bücher, Leipzig
Johannes Conrad, Halle
Ludwig Calligaris, Wien
Paul Darmstädter, Göttingen
Günther Deßmann, Breslau
Käthe Dehio, Straßburg
Karl Diehl, Freiburg i.B.
O. Dominicus, Schöneberg
Karl Th. von Eheberg, Erlangen
Richard Ehrenberg, Rostock
Josef Esser, Straßburg
J. Esslen, Zürich
Franz Eulenburg, Leipzig
Walther Federn, Wien
Hermann Fehling, Straßburg
Otto Flory, Straßburg
E. Frauz, Frankfurt/M.
Heinrich Friedjung, Wien
Carl Johannes Fuchs, Tübingen
Carl St. A. Geibel, Leipzig
Friedrich Gärtner, Wien
W. Godelück, Straßburg
Eberhard Gothein, Heidelberg
Ignaz Ritter Gruber v. Menninger, Wien
Karl Grünberg, Wien
Franz Gutmann, Straßburg
Fritz Haas, Straßburg
W. Hammerschmidt, Bonn
Bernhard Harms, Kiel
Ludo M. Hartmann, Wien
Sebastian Hausmann, Straßburg
Otto Hecht, Wien
Philipp Heck, Tübingen
Karl Th. Helfferich, Berlin
Heinrich Herkner, Berlin
August Herrmann, Straßburg
Otto Heyn, Nürnberg
Alfred Hugenberg, Essen (Ruhr)
Hugo Jacobi, Straßburg
Edgar Jaffé, München
Erich Jung, Straßburg
Ph. Kalkmann, Berlin
Lindley M. Keasbey, Austin (Texas)
Hermann Killinger, Straßburg
W. Kisch, Straßburg
Theodor Knapp, Tübingen
Wilhelm König, Wien
Arnold Krasny, Wien

Martin Kriele, Berlin
Paul von Kuh-Chrobrak, Wien
Paul Laband, Straßburg
Julius Landesberger, Wien
Max Leimdörfer, Wien
Otto Lenel, Freiburg i.B.
Walter Lenel, Straßburg
Paul Lensch, Leipzig
Walter Leoni, Straßburg
Emanuel Leser, Heidelberg
Wilh. Lexis, Göttingen
Richard Lieben, Wien
Robert Liefmann, Freiburg i.B.
† Siegfried Lipiner, Wien
Walther Lotz, München
Karl von Lumm, Berlin
Hans Adolf Luthmer, Straßburg
Alfred Manes, Berlin
Hermann Mauer, Berlin
Max Ernst Mayer, Straßburg
Fritz Mayer, Straßburg
Georg von Mayr, München
Carl Menger, Wien
Robert Meyer, Wien
Ludwig von Mises, Wien
C. Mönckeberg, Hamburg
Friedrich Naumann, Berlin
Akos von Navratil, Klausenburg
Curt Nawratzki, Straßburg
Moriz Neefe, Breslau
Karl Johannes Neumann, Straßburg
L. Ohlendorf, Hannover
† Alfred Ostersetzer, Wien
Josef Pekař, Prag
Julius Pierstorff, Jena
Eugen von Philippovich, Wien
J. Plenge, Leipzig
Karl Pribřam, Wien
Karl Rathgen, Hamburg
Josef Redlich, Wien
Hermann Rehm, Straßburg
Rektorat der Universität Straßburg
Heinrich Rickert, Freiburg i.B.
Eduard Roghé, Berlin
Fritz Rühe, Straßburg
Arthur Salz, Heidelberg
August Freiherr Sartorius von Waltershausen, Straßburg
G. von Schanz, Würzburg
Robert Schachner, Jena
Hans Scharnke, Straßburg
Walter Schiff, Wien
Johannes Scheffler, Breslau
Georg Schmidt, Hamburg
Gustav von Schmoller, Berlin
August Sigmund Schultze, Straßburg
Gerhart von Schulze-Gaevernitz, Freiburg i.B.
Hermann Schumacher, Bonn
P. Schutiakoff, St. Petersburg
Rudolf Schwander, Straßburg
Max Sering, Berlin
Heinrich Sieveking, Zürich
Georg Simmel, Berlin
Isidor Singer, Wien
Kurt Singer, Chemnitz
D. Rud. Sohm, Leipzig
Ernst Graf zu Solms-Roedelheim, Straßburg
Werner Sombart, Berlin
Othmar Spann, Brünn
Arthur Spiethoff, Prag
Wilhelm Stieda, Leipzig
H. Thiel, Berlin
Astaf von Transehe-Roseneck, Riga
Walter Troeltsch, Marburg
Karl J. Trübner, Straßburg
A. Tschouprow, St. Petersburg
Andreas von Tuhr, Straßburg
Ginzo Uchida, Kioto

André Vidung, Luxemburg
Heinrich Waentig, Halle
P. Wappler, Straßburg
Alfred Weber, Heidelberg
Heinrich Weber, Straßburg
Max Weber, Heidelberg
Alfred Weyhmann, Saarbrücken
Friedrich Freiherr von Wieser, Wien
Robert Wilbrandt, Tübingen
Wilhelm Windelband, Heidelberg
Erwin Wissmann, Straßburg
Werner Wittich, Straßburg
Moriz Wlassak, Wien
Julius Wolf, Breslau
W. Wygodzinski, Bonn
Robert Zuckerkandl, Prag

Glückwunschadresse zum 7. März 1912] Aus Anlaß des 70. Geburtstags von Georg Friedrich Knapp; siehe die Aufforderung zur Beteiligung von Simmel u. a. an Unbekannt vom Juli 1911. – Simmel kannte Knapp seit spätestens Anfang der 90er Jahre, siehe G.F. Knapp: Reisetagebuch zur Landwirtschaftlichen Conferenz in Berlin 1894 (Hs, Oktavheft; Nl G. F. Knapp im Familienarchiv Heuss, Basel), der sich ihm zunehmend freundschaftlich verbunden fühlte, wie Knapps Briefwechsel mit Gustav Schmoller entnehmbar (Nl G. F. Knapp im Familienarchiv Heuss, Basel).

Erörterungen über das Wesen der Moralstatistik] Knapp: Die neueren Ansichten über Moralstatistik. Vortrag, gehalten in der Aula der Universität Leipzig am 29. April 1871. Jena: Mauke 1871, 19 S. – Siehe auch Knapp: Einführung in einige Hauptgebiete der Nationalökonomie. Siebenundzwanzig Beiträge zur Sozialwissenschaft. München und Leipzig: Duncker & Humblot 1925, S. 3-16 [= Ausgewählte Werke, Bd. 1].

Theorie des Bevölkerungswechsels und der Sterblichkeitsmessung] Knapp: Theorie des Bevölkerungswechsels. Abhandlungen zur angewandten Mathematik. Braunschweig: Vieweg 1874. VIII, 139 S. Inhalt: Erste Abhandlung: Mathematische Darstellung der Theorie mit Rücksicht auf die Unstätigkeit der Functionen [1870]. / Zweite Abhandlung: Geschichte der Theorie des Bevölkerungswechsels [1872]. / Dritte Abhandlung: Allgemeinere Sätze über die Gesammtheiten der Verstorbenen [1873].

in Übereinstimmung mit Georg Hanssen] Georg Hanssen (1809-1894), Agrarhistoriker und Nationalökonom, 1837-1894 o. Prof in Kiel, Leipzig, Göttingen, Berlin und wieder Göttingen (NDB), Verfasser zahlreicher agrarhistorischer Studien, darunter u. a.: Die Aufhebung der Leibeigenschaft und die Umgestaltung der gutsherrlich-bäuerlichen Verhältnisse überhaupt in den Herzogthümern Schleswig und Holstein. Eine von der Kaiserlichen Akademie der Wissenschaften im Jahre 1860 gekrönte Preisschrift. St. Petersburg: Kaiserliche Akademie der Wissenschaften 1861, 195 S. – Zu Knapp als Schüler von Hanssen siehe sein Porträt ›Georg Hanssen. Erinnerungen aus den Jahren 1863-1893.‹ In: Knapp: Einführung a. a. O., S. 328-334.

Schilderung der Bauernbefreiung] Knapp: Die Bauern-Befreiung und der Ursprung der Landarbeiter in den älteren Theilen Preußens. Leipzig: Duncker & Humblot 1887. Erster Band: Ueberblick der Entwicklung. VII, 352 S. / Zweiter Band: Die Regulierung der gutsherrlich-bäuerlichen Verhältnisse von 1406 bis 1857 nach den Akten. VI, 473 S. – Siehe hierzu Simmels Rezension in GSG 17, S. 195-221.

anschließenden Aufsätze] U.a. Knapp: Die Bauernbefreiung in den östlichen Provinzen des preussischen Staates (in: Handwörterbuch der Staatswissenschaften. Herausgegeben von J. Conrad, L. Elster, W. Lexis, Edg. Loening. Bd. II. Jena: Gustav Fischer 1891, 182 S.; auch in den Aufl. 1899 u. 1909) sowie die Vorträge und Beiträge, versammelt in: Knapp: Die Landarbeiter in Knechtschaft und Freiheit. Vier Vorträge. Leipzig: Duncker & Humblot 1891, 92 S. Inhalt: Der Ursprung der Sklaverei in den Kolonien. [1889] / Die bäuerliche Leibeigenschaft im Osten. [1891] / Die Erbunterthänigkeit und die kapitalistische Wirtschaft. [1891] / Die Landarbeiter bei der Stein-Hardenbergischen Gesetzgebung. [1891]. Dazu in der 2. Aufl., 1909: Landarbeiter und innere Kolonisation. [1893] – Ders.: Grundherrschaft und Rittergut. Vortraege nebst biographischen Beilagen. Leipzig: Duncker & Humblot 1897, 164 S. Inhalt: Die ländliche Verfassung Niederschlesiens. [1895] / Die Bauernbefreiung in Österreich und in Preußen. [1894] / Die Grundherrschaft in Nordwestdeutschland. [1896] / Siedelung und Agrarwesen nach August Meitzen. [1896]. Zum Ersterscheinungsort siehe Knapp: Einführung a. a. O., S, 142-146, 218-221.

***Ne quid falsi audeat ne quid veri non audeat*]** Marcus Tullius Cicero: »Nam quis nescit primam esse historiae legem, ne quid falsi dicere audeat? Deinde ne quid veri non audeat? – Wer wüßte denn nicht, was die erste Regel der Geschichtsschreibung gebietet, keine falsche Aussage zu wagen, die zweite, keine wahre nicht zu wagen« (De Oratore II,15,62, zit. n. der Ausgabe von Harald Merklin. Stuttgart: Philipp Reclam 1976, S. 244 f.).

Natur des Geldes ... Ihre Analyse] Knapp: Staatliche Theorie des Geldes. Leipzig: Duncker & Humblot 1905, X, 397 S.

auf anderem Boden verharren] Die Bindung des Geldwertes an das Gold im Gegensatz zu Knapps Theorie von der Chartalität des Geldes (siehe Simmel an Ignaz Jastrow vom 7. Aug. 1918).

Siegmund Adler, Wien ... Robert Zuckerkandl, Prag] Angaben zur Person und zeitnahen Tätigkeit: Siegmund Adler (1853-1920), seit 1900 Ordinarius für Rechtsgeschichte in Wien (DBE). – Gustav Aubin

(1881-1938), seit 1912 PD für Staatsbürgerkunde und Sozialversicherung in Halle/S. (DBE). – Stefan Bauer (1865-1934), seit 1899 ao. Prof. für Nationalökonomie in Basel, daneben, 1901-1920, Leiter des Internationalen Arbeitsamtes und Generalsekretär der internationalen Vereinigung für gesetzlichen Arbeiterschutz (DBE). – Georg von Below (1858-1927), seit 1906 o. Prof. für Geschichtswissenschaft in Freiburg i.B. (DBE). – Erwin Berninger (1885-?), Dr. jur. Straßburg 1911 (GV). – Anton Bettelheim (1851-1930), Dr. jur. 1873 Wien, danach Schriftsteller ebd. (DBE). – Wilhelm Eduard Biermann (1878-1937), Nationalökonom, Soziologe, seit 1910 ao. Prof. in Leipzig (Wer ist's? 1935; Kalliope). – Magnus Biermer (1861-1913), Staatswissenschaftler, Volkswirt, seit 1900 o. Prof. in Gießen (DBE). – Hermann Bloch, auch: Reincke-Bloch (1867-1929), Historiker, seit 1904 o. Prof. in Rostock (DBE). – Eugen Böhm Ritter von Bawerk (1851-1914), Nationalökonom, ehemaliger Finanzminister, Wien, seit 1904 o. Prof. für Politische Ökonomie ebd. (ÖBL). – Oskar Bongard (1872-?), Rechts- und Staatswissenschaftler, Kolonialschriftsteller, nach Dr. rer. pol. in Straßburg 1905, im Kolonialdienst (DBA; Wer ist's? 1935). – Moritz Julius Bonn (1873-1965), Wirtschaftswissenschaftler, seit 1910 ao. Prof. in München und Direktor der Münchner Handelshochschule (DBE). – Ladislaus von Bortkiewicz (1868-1931), Statistiker, seit 1901 ao. Prof. in Berlin (DBE). – Albin Bráf (1851-1912), Nationalökonom, Politiker, 1890 o. Prof. in Prag, zuletzt 1909 und 1911 k.u.k. Ackerbauminister (ÖBL). – Franz Peter Bremer (1832-1916), seit 1873 o. Prof. für Rechtsgeschichte in Straßburg, lebte als Emeritus in Bonn (DBA; Kalliope, Minerva 1911/12). – Lujo Brentano (1844-1931), Nationalökonom, seit 1891 Ordinarius in München (DBE). – Georg Brodnitz (1876-1941), seit 1909 ao. Prof. für Nationalökonomie in Halle/S. (DBA). – Nathanael Brückner (1864-?), 1890 Promotion in Straßburg, wirkte seit 1907 bei der Metallbank und metallurgischen Gesellschaft in Frankfurt/M. (DBE). – Karl Bücher (1847-1930), Nationalökonom und Statistiker, seit 1892 o. Prof. in Leipzig (DBA). – Johannes Ernst Conrad (1839-1915), seit 1872 o. Prof. für Volkswirtschaftslehre in Halle/S. (DBE). – Ludwig Calligaris (?-?), Regierungsrat (siehe Simmel u. a. an Unbekannt vom Juli 1911), veröffentlichte: Die neuen Valuta- und Bankgesetze (nebst den damit zusammenhängenden Gesetzen und Verordnungen. Textausg. m. Anm.) Wien: Manz 1901, XXX, 544, 117 S. (GV). – Paul Darmstädter (1873-1934), seit 1907 ao. Prof. für Auslands- und Staatenkunde in Göttingen (DBA). – Günther Deßmann (1876-?), promovierte nach Studium der Staatswissenschaften in Breslau, Berlin, Freiburg und Straßburg auf Anregung Knapps über: Grundherrschaft und Gutsherrschaft in Schlesien. Straßburg: Trübner 1904 (Vita ebd., nach S. 93).

– Käthe [Katharina] Dehio (1886-1974), nachmals Frickenhaus, Tochter des Straßburger Ordinarius für Kunstgeschichte Georg Dehio (1850-1932), promovierte 1912 bei Knapp in Straßburg (GV; Peter Betthausen: Georg Dehio. Ein deutscher Kunsthistoriker. München/Berlin: Deutscher Kunstverlag 2004, S. 344, 452). – Karl Diehl (1864-1943), seit 1908 o. Prof. für Volkswirtschaftslehre in Freiburg i. B. (DBE). – O.[richtig: A. für Alexander] Dominicus (1873-1945), seit 1911 Oberbürgermeister von Schöneberg (Wer ist's? 1912; MWG II/7, S. 1001). – Karl Theodor von Eheberg (1855-1941), seit 1882 ao. Prof. für Nationalökonomie in Erlangen (DBE). – Richard Ehrenberg (1857-1921), Staatswissenschaftler, seit 1909 o. Prof. in Rostock (DBE). – Josef Esser (?-?), vielleicht identisch mit dem Autor Joseph G. Esser: Die Waldberechtigungen in der ehemaligen Grafschaft Dagsburg. Straßburg: Dumont-Schauberg 1894, Erster Band: Darstellung, XXII, 433 S. [Vorwort gez.: Regierungsassessor Dr. J. G. Esser]; Zweiter Band: Anlagen, XII, 612 S., sowie angeheftet: Nachtrag und Berichtigungen, 1895, 20 S. – Joseph Bergfried Esslen (1879-1935), Staatswissenschaftler, seit 1906 ao. Prof. in Zürich (DBA; MWG II/7, S. 1003). – Franz Eulenburg (1867-1943), seit 1905 ao. Prof. für Nationalökonomie in Leipzig (DBE). – Walther Federn (1869-1949), Jounalist, seit 1908 Begründer und Herausgeber der Zeitschrift ›Der österreichische Volkswirt‹ (DBE). – Hermann Fehling (1847-1925), seit 1901 Ordinarius für Gynäkologie und Geburtshilfe in Straßburg (DBE). – Otto Flory (1875-?), promovierte 1911 bei Knapp mit: Die Geschichte der Glasindustrie in Lothringen. Metz: Lothringer Zeitung 1912 (GV). – Emil Frauz (1881-?), promovierte im Juli 1908 in Straßburg mit: Die Verfassung der staatlichen Zahlungsmittel Italiens seit 1861. Straßburg: Trübner 1911 (GV). – Heinrich Friedjung (1851-1920), österreichischer Historiker und Politiker (DBE). – Carl Johannes Fuchs (1865-1934), Nationalökonom, seit 1908 o. Prof. in Tübingen (DBA, Kalliope). – Carl Stephan Albert Geibel (1884-?), Verleger, seit 1910 Alleininhaber des Verlages Duncker & Humblot (DBE; Würffel). – Friedrich Gärtner (1882-1931), Nationalökonom, 1912 an der TH Wien habilitiert (DBE). – W. Godelück, Straßburg, nicht ermittelt. – Eberhard Gothein (1853-1923), Nationalökonom, Kulturhistoriker, seit 1904 o. Prof. in Heidelberg (DBE; Drüll). – Ignaz Ritter Gruber v. Menninger (1842-1919), Finanzpolitiker, von 1902 bis zur Emeritierung, 1910, o. Prof. für Statistik an der Universität Wien, danach Geh. Rat und Vize-Gouverneur der Österr.-ungar. Bank (ÖBL). – Karl Grünberg (1861-1940), Jurist, Nationalökonom, Dr. jur. Wien 1886, nach weiteren Studien von 1890-93 bei Knapp in Straßburg 1894 in Wien habilitiert, Tätigkeit als Anwalt und Richter, seit 1909 o. Prof. der Nationalökonomie in Wien (DBE; ÖBL). – Franz

Gutmann (1879-1967), Wirtschaftswissenschaftler, Politologe, Dr. rer. pol. Straßburg 1904, PD Tübingen 1912 (DBE). – Fritz Haas (?-?), vermutlich Verfasser der rechts- und staatwissenschaftlichen Dissertation: Die Sicherstellung durch Übereignung einer Geldsumme nach deutschem bürgerlichen Recht. Straßburg: Trübner 1899 (GV). – Wilhelm Hammerschmidt (1883-1924), bei Knapp promoviert mit: Die Geschichte der Baumwollindustrie in Rußland vor der Bauernemanzipation. Straßburg: Trübner 1906; übernahm später die Leitung der von seinem Vater, dem Baumwollfabrikanten Rudolf Hammerschmidt (1853-1922) gegründeten Unternehmen in Sankt Petersburg und Lodz (GV; siehe den Abschnitt zur ›Villa Troost/Koenig/Hammerschmidt‹ in: Olga Sonntag: Villen am Bonner Rheinufer 1819-1914. Band 2, S. 255-313, bes. 290-293). – Bernhard Harms (1876-1939), Nationalökonom, seit 1908 Ordinarius in Kiel, wo er 1911 das Institut für Seeverkehr und Weltwirtschaft gründete (DBE). – Ludo M. Hartmann (1865-1924), Historiker, Politiker, seit 1918 ao. Prof. Wien, seit 1899 Herausgeber der ›Zeitschrift für Sozial- und Wirtschaftsgeschichte‹, seit 1901 Mitglied der Sozialdemokratischen Partei Österreichs und Engagement für das Wiener Volksbildungswesen (DBE; MWG II/7, S. 1009). – Sebastian Hausmann [Ps. Ernst Halbeck] (1860-1932), 1888 Dr. der Staatswissenschaften, Straßburg, ebd. Senatssekretär, verfaßte Schriften zur Geschichte und Baukunst im Elsaß, darunter: Die Kaiser Wilhelms-Universität: Ihre Entwicklung und ihre Bauten. Straßburg: Heinrich 1897 (GV; DBA). – Otto Hecht (1886, Wien – ?), sofern Autor der phil. Diss. 1909, Heidelberg, Ref. Gothein: Die k.k. Spiegelfabrik zu Neuhaus in Niederösterreich 1701-1844. Ein Beitrag zur Geschichte des Merkantilismus. Wien: Konegen 1909 (GV). – Philipp Heck (1858-1943), Jurist, seit 1901 o. Prof. für deutsches Recht, Handels- und Wechselrecht in Tübingen (DBE). – Karl Theodor Helfferich (1872-1924), Nationalökonom, Bankier, seit 1908 Vorstandsmitglied der Deutschen Bank in Berlin (DBE). – Heinrich Herkner (1863-1932), Nationalökonom, 1907 o. Prof. an der TH Charlottenburg, ab 1912 an der Universität Berlin (DBE). – August Herrmann (?-?), wahrscheinlich Verfasser von: Die Allmenden im Bezirk Unter-Elsass. Eine sozialwirtschaftliche Studie. Straßburg: Strassburger Druckerei u. Verlags-Anstalt 1914 (GV). – Otto Heyn (1860-1920), Jurist, Währungstheoretiker, seit 1904 Syndikus der Handelskammer in Nürnberg (DBA). – Alfred Hugenberg (1865-1951), Wirtschaftsführer, Politiker, seit 1909 Vorsitzender des Direktoriums der Firma Krupp in Essen (DBE). – Hugo Jacobi (1882-1954) Jurist, Lyriker, mit Wohn- und überwiegend auch Studienort Straßburg, 1911 in Heidelberg promoviert (GV; DBA). – Edgar Jaffé (1866-1921), Nationalökonom, seit 1904 mit Werner Sombart und Max Weber Herausgeber des ›Archivs für Sozialwissenschaft und Sozialpolitik‹, seit 1910 o. Prof. an der Handelshochschule München (DBE, MWG II/7, S. 1012). – Erich Jung (1866-1950), Rechtsphilosoph, seit 1909 o. Prof. in Straßburg (DBA). – Philipp Kalkmann (1871-?), Geh. ORegR und vortrag. Rat im Reichskolonialamt, hatte bei Knapp promoviert mit: Englands Übergang zur Goldwährung im achtzehnten Jahrhundert. Straßburg: Trübner 1895 (Abh. aus dem staatwiss. Seminar, Heft XV) und um 1900 bei der Handelskammer Straßburg gearbeitet (GV; ADBR Strasbourg, Matrikellisten 1898-1900; Berliner Adressbuch 1912). – Lindley M. Keasbey (1867-1946), Staatswissenschaftler, lehrte nach PhD 1890, Columbia University, und Dr. rer. pol. Straßburg, 1892, seit 1905 an der University of Texas in Austin (GV; Minerva 1911/12; Biographical Sketch, www.utexas). – Hermann Killinger, vermutl. German Killinger (1884-?), im Febr. 1912 bei Knapp promoviert mit: Die Zehnten der Grafschaft Erbach und der Herrschaft Breuberg im 18. Jahrhundert. Straßburg: Trübner 1912 (GV). – Wilhelm Kisch (1874-1952), seit 1902/03 o. Prof. für Civilprozeß und Bürgerliches Recht in Straßburg (DBE; Minerva 1901/02 ff.). – Theodor Knapp (1854-1941), Dr. h.c. phil. et iur., Verfasser von: Gesammelte Beiträge zur Rechts- und Wirtschaftsgeschichte, vornehmlich des deutschen Bauernstandes. Tübingen: Laupp 1902, seit 1902 Rektor des Gymnasiums Tübingen (DBA; GV). – Wilhelm König (1880-?), Vertreter der Geldtheorie Knapps, Bankier und volkswirtschaftlicher Schriftsteller, 1898-1909 Beamter der Österreichischen Kreditanstalt und bis 1920 bei der Anglo-Bank, später Generaldirektor der Neuen Wiener Bank (DBA). – Arnold Krasny (1869-1937), österreichischer Staatsbeamter, seit 1910 MinR im Eisenbahn-Ministerium, daneben o. Prof. der politischen Ökonomie des Orients an der Wiener Konsularakademie (DBA). – Martin Kriele (?-?), promovierte bei Knapp mit: Die Elbschiffahrt vor der ersten Conferenz zu Dresden 1819-1821. Straßburg: Trübner 1894, XI, 187 S. [= Abh. aus dem staatswiss. Seminar, Heft XIII], war zuletzt volkswirtschaftlicher Beirat der Aeltesten der Kaufmannschaft von Berlin (Berliner Adressbuch 1912). – Paul Robert Frh. von Kuh-Chrobrak (1863-1931), Verwaltungsbeamter, seit 1896 im Finanzministerium in Wien tätig, 1910 Hofrat (ÖBL). – Paul Laband (1838-1918), Jurist, seit 1872 o. Prof. in Straßburg, daneben, 1880-1911, Mitglied des Staatsrats von Elsaß-Lothringen (DBE). – Julius [von] Landesberger (1865-1920), 1889 in Wien promovierter Finanzwissenschaftler und Bankier, PD an der Universität Wien (GV; Minerva 1911/12; Gesamtpersonenverzeichnis in: Arthur Schnitzler: Tagebuch 1931. Gesamtverzeichnisse 1879-1931. Wien: Österreichische Akademie der Wissenschaften 2000, S. 355). – Max Leimdörfer (1883-

nach 1967), Spezialist für Versicherungswirtschaft und -lehre, 1905 bei Karl Grünberg in Wien promoviert, seit 1907 im ›Österreichisch-ungarischen Verband der Privat-Versicherungsanstalten‹ tätig (Max Leimdörfer: Aus meinem Leben. Wien: Volkswirtschaftliche Verlagsgesellschaft 1963, S. 3-7 [= Schriftenreihe der Österreichischen Gesellschaft für Versicherungsfachwissen]). – Otto Lenel (1849-1935), Jurist, Rechtshistoriker, seit 1907 o. Prof. in Freiburg i. B. (DBE). – Walter Lenel (1868-1937), Mediävist, Dr. phil. Straßburg 1893, bis 1918 Privatgelehrter ebd., später Prof. in Heidelberg (DBA; Drüll, GV). – Paul Lensch (1873-1926), Dr. rer. pol. Straßburg 1900, seit 1908 Chefredakteur der ›Leipziger Volkszeitung‹ (DBE; GV). – Leo Moritz Walter Leoni (1878-1914), Jurist, Politiker, als Referendar 1903 in die Straßburger Stadtverwaltung eingetreten, trug er, seit 1907 Beigeordneter des Bürgermeisters für kommunalwirtschaftliche Belange, maßgeblich zur Modernisierung des städtischen Versorgungswesens bei (NDBA Bd. 24, S. 2300f.). – Emanuel Leser (1849-1914), Staatswissenschaftler, seit 1884 o. Prof. in Heidelberg (DBE). – Wilhelm Lexis (1837-1914), Nationalökonom, 1872 o. Prof. in Straßburg, seit 1887 in Göttingen (DBE). – Richard Lieben (1842-1919; IESS), Privatbankier, »brachte« gemeinsam mit Rudolf Auspitz (Industrieller, Politiker, 1837-1906; IESS) »eine der hervorragendsten theoretischen Leistungen des Zeitalters hervor«: Untersuchungen über die Theorie des Preises. Leipzig: Duncker & Humblot 1889 (Joseph A. Schumpeter: Geschichte der ökonomischen Analyse. Nach dem Manuskript herausgegeben von Elisabeth B. Schumpeter. Mit einem Vorwort von Karl Mann, 2. Bd., Göttingen: Vandenhoeck & Ruprecht 1965, S. 1036). – Robert Liefmann (1874-1941), seit 1904 ao. Prof. in Freiburg i. Br. (DBE; NDB). – Siegfried Lipiner [geb. Salomon Lipiner] (1856-1911), Dr. phil., österreichischer Schriftsteller, Bibliothekar, lebte 1879 in Straßburg und war von 1881-1911 Direktor der Bibliothek des Reichrats in Wien (DBE). – Walther Lotz (1865-1941), Nationalökonom, Dr. rer. pol. Straßburg 1887, seit 1897 o. Prof. in München (DBE). – Karl von Lumm (1864-nach 1928), Geh. Finanzrat, promovierter Staatswissenschaftler, seit 1903 im Direktorium der Reichsbank in Berlin (Wer ist's? 1909-1935, Nekrolog). – Hans Adolf Luthmer (1888-?), Jurist, Dr. rer. pol. Straßburg Aug. 1912 (GV). – Alfred Manes (1877-1963), Versicherungswissenschaftler, Dr. jur., Dr. phil., seit 1906 Prof. und Direktor des Versicherungs-Seminars an der Handelhochschule Berlin (DBE). – Hermann Mauer (1876-1919), Bankier, Privatgelehrter, promovierte bei Knapp 1907, zahlreiche Untersuchungen zum Kreditwesen, lebte in Berlin und bei Kassel (Hermann Mauer zum Gedächtnis. In: H. Mauer: Die private Kapitalanlage in Preußen während des 18. Jahrhunderts. Aus dem Nachlaß des Verfassers herausgegeben von Eduard Wegner. Mannheim, Berlin, Leipzig: J. Bensheimer 1921, S. IX-XIV). – Max Ernst Mayer (1875-1925), Jurist, seit 1910 ao. Prof. in Straßburg (Wer ist's? 1912; Kalliope). – Fritz Mayer, Straßburg; nicht ermittelt. – Georg von Mayr (1841-1925), Statistiker, Politiker, 1879-1887 Unterstaatssekretär im Ministerium für Elsaß-Lothringen und Leiter der Finanzabteilung, ab 1898 o. Prof. der Statistik, Finanzwissenschaft und Nationalökonomie in München (DBE). – Carl Menger (1840-1921), Nationalökonom, ab 1879 o. Prof. in Wien, 1892 Ruf in die österreichische Währungskomission (DBE). – Robert Meyer (1855-1914), Jurist, Verwaltungsbeamter, seit 1901 Hon.-Prof. an der Universität Wien, 1911 Finanzminister ebd. (ÖBL). – Ludwig von Mises (1881-1973), Nationalökonom, seit 1909 bei der Handelskammer in Wien, später ao. Prof. ebd. (DBE). – C. Karl (Adolf) Mönckeberg [Ps. Karl Andres] (1873-1939), Schriftsteller, schloß einem Rechtsstudium samt Referendariat ein Studium der Philosophie, Nationalökonomie und Physiologie in Straßburg an und lebte seit 1900 als Schriftsteller in Hamburg (Kosch). – Friedrich Naumann (1860-1919), Theologe, Politiker, Reichstagsabgeordneter der ›Freisinnigen Partei‹ seit 1907 und ab 1910 der ›Fortschrittlichen Volkspartei‹ (DBE, NDB). – Akos von Navratil (1875-1952), Nationalökonom, 1904/05 o. Prof. der Königlichen Rechtsakademie Kaschau, seit 1905/06 an der Universität Klausenburg (NUC; Minerva 1903/04 ff.). – Curt Nawratzki (1886-?), Journalist, Wirtschaftsexperte, Dr. rer. pol. Straßburg 1912 (DBA). – Moriz Neefe (1851-1925), Nationalökonom, Statistiker, seit 1879 Direktor des Statistischen Amtes in Breslau (Wer ist's? 1909-1922; Nekrolog in: Kürschner GK 1926). – Karl Johannes Neumann (1857-1917), Historiker, seit 1890 o. Prof. und Direktor des Instituts für Altertumswissenschaft in Straßburg (DBE). – Ludwig Ohlendorf (1871-?), promovierte 1908 bei Knapp mit: Das niedersächsische Patriziat und sein Ursprung. Hannover: Riemenschneider 1909 (NUC). – † Alfred Ostersetzer (?-?), nachgewiesen als Autor von: Währungswechsel und Aufnahme der Baarzahlungen [sic!]. Uebersichtliche Darstellung der Valutafrage. 2 Teile: XII, 94 S.; VIII, 179 S., Wien: Manz 1892 (NUC, GV). – Josef Pekař (1870-1937), Historiker, seit 1905 o. Prof. in Prag (ÖBL). – Julius Pierstorff (1851-1926), Staatswissenschaftler seit 1883 o. Prof. in Jena (Wer ist's? 1922, 1928; NUC). – Eugen von Philippovich [= Eugen Frh. Philippovich von Philippsberg] (1858-1917), Nationalökonom, seit 1893 o. Prof. in Wien (DBE). – Johann [Max Emanuel] Plenge, (1874-1963), Soziologe, seit 1909 ao. (Titular-)Prof. in Leipzig, 1913 o. Prof. Münster (DBE; MWG II/7, S. 1028). – Karl Přibram (1877-1973), Nationalökonom, Soziologe, seit 1907 ao. Prof in Wien (DBA, ›Biographical Note‹ zum Nl: The German Intellectual Émigré Collection, M.E. Grenander Departement of Special Collections and Archives, University at Albany). – Karl [Friedrich Theodor] Rathgen (1856-1921), Nationalökonom, seit 1907 Prof. der Nationalökonomie am Kolonialinstitut in Hamburg (DBE). – Josef Redlich (1869-1936), öster. Jurist, Politiker, Historiker, seit 1909 o. Prof. an der TH Wien, daneben seit 1907 als Vertreter der ›Deutsch-fortschrittlichen Partei‹ Mitglied des Reichsrats (DBE). – Hermann Rehm (1862-1917), Jurist, seit 1907 o. Prof. für Staats-, Verwaltungs,- Kirchen- und Handelsrecht in Straßburg (DBE). – Rektorat der Universität Straßburg unter Maria Joseph *Albert* Ehrhard (1862-1940), kath. Kirchenhistoriker, seit 1903 o. Prof. in Straßburg (NDB; Minerva 1911/12). – Heinrich Rickert – Eduard Roghé (1865-nach 1929), Dr. rer. pol. 1890 bei Knapp: Geschichte und Kritik der Sterblichkeitsmessung bei Versicherungsanstalten. In: Jahrbücher für Nationalökonomie und Statistik, NF, 121. Bd. Suppl. XVIII. Jena: Fischer 1891, VII, 122 S.; seit 1903 Syndikus der Industrie- und Handelskammer Berlin (Meldekarte AVCUS Strasbourg, DBA). – Fritz Rühe (1880-?), Dr. rer. pol. Straßburg, Juli 1911, mit: Das Geldwesen Spaniens seit dem Jahre 1772. Strassburg: K. J. Trübner 1912 (NUC). – Arthur Salz (1881-1963), Nationalökonom, Dr. rer. cam. München 1905, danach Privatgelehrter, seit 1909 PD in Heidelberg (Drüll; dagegen DBE, DBA: PD seit 1907). – August Sartorius Frh. von Waltershausen (1858-1838), Nationalökonom, seit 1888 o. Prof. in Straßburg (DBE). – Georg von Schanz (1853-1931), Nationalökonom, seit 1882 o. Prof. in Würzburg (DBE). – Robert Schachner (1875-1912), Nationalökonom, seit 1908 ao. Prof. für Sozialpolitik und Nationalökonomie in Jena (DBA, Minerva 1904/05 ff.). – Hans Scharnke (1887-?), 1909 bis 1912 Student in Straßburg (Meldekarte, AVCUS Strasbourg). – Johannes Scheffler (1879-nach 1938), promovierte in Straßburg mit: Der englische Crossed Cheque und der deutsche Verrechnungsscheck. Borna-Leipzig: Noske 1913 (GV). – Walter Schiff (1866-1950), Jurist, Statistiker, seit 1894 Mitarbeiter der österreichischen Statistischen Zentralkommission, seit 1910 ao. Prof. der politischen Ökonomie an der Universität Wien (DBE). – Georg Schmidt (1887-?), promovierte bei Knapp im Dez. 1909 mit: Der Einfluss der Geld- und Bankenverfassung auf die Diskontpolitik der Zentralnotenbanken. Altenburg: Pierer 1910 (GV). – Gustav von Schmoller (1838-1917), Nationalökonom, seit 1882 o. Prof. in Berlin (siehe Korrespondentenverzeichnis GSG 22). – August Sigmund Schultze (1833-1918), Jurist, seit 1872 o. Prof. in Straßburg (Wer ist's? 1911; Kürschner LK 1916, Kalliope). – Gerhart von Schulze-Gaevernitz (1864-1943), Nationalökonom, seit 1896 o. Prof. in Freiburg i. B. (DBE). – Hermann Schumacher (1868-1952), Nationalökonom,

1904-1917 o. Prof. der Staatswissenschaften in Bonn (DBE). – Peter Schutiakoff (1872-?), promovierte 1893 in Straßburg bei Knapp mit: Die Bauerngesetzgebung unter Friedrich dem Großen. Darmstadt: Wittich 1895 (Vita in Diss.). – Rudolf Schwander (1868-1950), Politiker, Dr. rer. pol. Straßburg 1904, seit 1906 Oberbürgermeister von Straßburg (DBE). – Max Sering (1857-1939), Agrarökonom, Politiker, nach Jurastudium in Straßburg und Leipzig 1879-1883 im elsässischen Justiz- und Verwaltungsdienst, 1897-1925 o. Prof. für Staatswissenschaften in Berlin (DBE). – Heinrich Sieveking (1871-1945), Nationalökonom, seit 1907 o. Prof. in Zürich (DBE). – Isidor Singer (1857-1927), Sozialwissenschaftler, Statistiker, seit 1891 o. Prof. an der Universität Wien. Mitbegründer und Mitherausgeber des Wiener Tageblatts ›Die Zeit. Wiener Wochenschrift für Politik, Volkswirtschaft, Wissenschaft und Kunst‹ (DBA). – Kurt Singer (1886-1962), Nationalökonom, 1910 Promotion in Straßburg; war 1912 Assistent des Amerikanischen Konsulats in Chemnitz; Knapp- und Simmelschüler (DBE). – D. Rudolph Sohm (1841-1917), Jurist, 1872-1887 o. Prof. in Straßburg, danach in Leipzig (DBE). – Ernst Graf zu Solms-Roedelheim (1868-1920), promovierte 1903 zum Dr. rer. pol. in Straßburg mit: Die Nationalgüter-Verkäufe im Distrikt Straßburg 1791-1811. Straßburg: Müh & Co. 1904; lebte gemäß Geburtsortangaben der Söhne zumindest bis 1914 in Straßburg (GV; Detlev Schwennicke: Europäische Stammtafeln, NF, XVII. Frankfurt/M.: Klostermann 1998, Tafel 50). – Werner Sombart (1863-1941), Nationalökonom, Soziologe, seit 1906 Prof. an der Handelshochschule Berlin (DBA; HdSW). – Othmar Spann (1878-1950), Nationalökonom, Soziologe, seit 1911 o. Prof. in Brünn (DBE). – Arthur Spiethoff (1873-1957), Nationalökonom, seit 1907 o. Prof. an der Universität Prag (DBE). – Wilhelm Stieda (1852-1933), Nationalökonom, Habilitation Straßburg 1876, seit 1884 o. Prof. in Leipzig (DBE). – Hugo Thiel (1839-1918), Agrarwissenschaftler, Politiker, spätestens 1904 als Wirkl. Geh. Rat, Ministerialdirektor der Domänen-Abteilung im Landwirtschaftsministerium (GV, Wer ist's? 1912, Kalliope). – Astaf [Alexander Georg] von Transehe-Roseneck (1865-1946), Rechtshistoriker, Genealoge, Privatgelehrter, Dr. rer. pol. 1890 in Straßburg, seit 1896 Assistent des ev.-luth. Konsistoriums in Livland und seit 1902 Notar der livl. Ritterschaft (Wer ist's? 1935, Kürschner LK 1912, Deutschbaltisches biographisches Lexikon 1710-1960, herausgegeben von Wilhelm Lenz. Köln/Wien: Böhlau 1970). – [Friedrich] Walter [Julius] Troeltsch (1866-1933), Staatswissenschaftler, 1902-1933 o. Prof. in Marburg (DBE). – Karl J. Trübner, gemeint ist der nach seinem Gründer (1846-1907; DBE) benannte Verlag in Straßburg (siehe von Crayen an Simmel vom 23. Jan. 1912). – Alexander Alexandrovich Tschouprow

[Chuprov] (1876-1926), Mathematiker, Statistiker, 1902 Dr. rer. pol. bei Knapp, Straßburg, seit 1910 o. Prof. am Polytechnischen Institut in St. Petersburg (Oskar Sheynin: Aleksandr A. Chuprov: Life, Work, Correspondence. The making of mathematical statistics. Translated from Russian by the author. Göttingen: Vandenhoeck & Ruprecht 1996, S. 18 [= Angewandte Statistik und Ökonometrie, Heft 38]). – Andreas von Tuhr (1864-1925), Jurist, PD Heidelberg 1889, ao. Prof. Basel 1892, o. Prof. ebd. 1894, seit 1898 Ordinarius in Straßburg (DBE; Kürschner GK 1925). – Ginzo Uchida (1872-1919), Historiker, seit 1908 Prof. an der Kaiserlichen Universität Kyoto (NUC, Minerva 1900/01 ff.). – André Vidung, vermutlich: André Widung (1881-?), nach Studium in Berlin und Straßburg (ab WS 1909/10) promovierte er zum Dr. rer. pol. mit: Der Anschluß des Großherzogtums Luxemburg an das Zollsystem Preußens und der übrigen Staaten des Zollvereins. Luxemburg: L. Schaumburger 1912 (ADBR Strasbourg, Matrikelliste 1909/10; GV). – Heinrich Waentig (1870-1943), Nationalökonom, Politiker, seit 1904 o. Prof. in Halle/S., 1909-1913 Gastprofessor in Tokio (DBE). – Paul Wappler (1884-?) studierte von 1910 bis 1913 in Straßburg (Meldekarte, AVCUS Strasbourg). – Alfred Weber (1868-1958), Nationalökonom, Soziologe, seit 1907 o. Prof. in Heidelberg (DBE; MWG II/7, S. 1042). – Heinrich Weber (1842-1913), Mathematiker, seit 1895 o. Prof. in Straßburg (DBE). – Max Weber – Alfred Weyhmann (1869-?), Assistent der Handelskammer in Saarbrücken (Mttl. Stadtarchiv ebd.). – Friedrich Freiherr von Wieser (1851-1926), Nationalökonom, Politiker, seit 1903 o. Prof. in Wien (DBE). – Robert Wilbrandt (1875-1945), Nationalökonom, seit 1908 o. Prof. in Tübingen (DBE). – Wilhelm Windelband (1848-1915), Philosoph, seit 1903 o. Prof. in Heidelberg (DBE). – Erwin Wissmann (1882-nach 1929), promovierte 1905 zum Dr. rer. pol. in Straßburg mit: Enteignungshoheit und Reichseisenbahnen in Elsaß-Lothringen. Straßburg: Müh & Cie. 1906 (ADBR Strasbourg Matrikelliste SS 1902; GV; Wenzel). – Werner Wittich (1867-1937), Nationalökonom, 1891 bei Knapp promoviert, seit 1902 ao. Prof. in Straßburg (DBA; Minerva 1895/96-1911/12). – Moriz Wlassak (1854-1939), Jurist, Rechtshistoriker, seit 1900 o. Prof. in Wien (DBE). – Julius Wolf (1862-1935), Nationalökonom, seit 1897 o. Prof. in Breslau (DBE). – Willy Wygodzinski (1869-1921), Nationalökonom, seit 1909 Titular-Prof. an der Königl. Landwirtschaftlichen Akademie Bonn-Poppelsdorf (DBA; MWG II/7, S. 1046). – Robert Zuckerkandl (1856-1926), Jurist, Nationalökonom, seit 1896 o. Prof. in Prag (DBE).

Georg Simmel an Margarete von Bendemann

Postkarte vom 8. März 1912
Hs.; LBI New York, Susman Collection

Weimar 8 III 12
Hotel Elephant

Liebe Susa,

ich will dir nur sagen, daß es hier gut sein ist u. daß ich dich mit Freuden erwarte, weil das »gut« noch immer zum Besseren gesteigert werden kann. Laß mich deine Ankunft genau wissen u. auch, ob ich dir ein Zimmer bestellen soll.

Viele Grüße an den Mann (den ich vielleicht auch bei der Durchreise sehe?) u. an das Jungchen.

Wie immer Dein

G.

Postkarte vom 8. März 1912] An: Frau *Marg. v. Bendemann / Berlin-Westend / Hölderlinstr.* 11; mit Poststempel: WEIMAR 1 8.3.12 5-6 N.

Hotel Elephant] Das berühmte Hotel »Elephant«, am Markt 19, wird lt. Baedeker Nordwest-Deutschland (S. 283) »gelobt«.

hier gut sein ist] Simmel zog sich um den 4. März 1912 (Max Weber an Robert Michels vom 4. März 1912; MWG II/7, S. 448 f.) »nach Weimar« zurück, um hier »in völliger Ungestörtheit über sehr schwierige u. für mich entscheidende Probleme nachzudenken« (Simmel an Elisabeth Förster-Nietzsche vom 30. März 1912). Auf diesen Rückzug verweist die von Max Weber im genannten Brief betonte Unkenntnis von Simmels Reiseziel wie auch die Mitteilung des in Weimar ansässigen Paul Ernst an Georg von Lukács vom 16. März 1912: »Augenblicklich ist Simmel hier auf 4-6 Wochen, um in der Stille zu arbeiten« (Ernst/Lukács, S. 37). Für einen Aufenthalt in Weimar hatte sich Simmel plötzlich entschieden, nachdem eine »kleine Winterreise zum Fasching in München und Skifahrt in die Berge«, die Simmel seinem Sohn für die Semesterferien ursprünglich »in Aussicht gestellt« hatte, wegen dessen Ischiaserkrankung kurzfristig abgesagt werden mußte (Hans Simmel, S. 67). Simmel setzte in Weimar seine Studien zu Goethe fort, in deren Verlauf diese zur Monographie reiften, auf die er erstmals im Untertitel des im Mai 1912 im ersten Heft des Logos (III, S. 15-28; in: GSG 12, 334-350) erschienenen Aufsatzes ›Die Wahrheit und das Individuum / Aus einem Goethebuch‹ hinweist. – Zum Ende des Weimar-Aufenthaltes siehe Simmel an Eugen Diederichs vom 4. April 1912.

dich mit Freuden erwarte] Margarete von Bendemann plante die

Unterbrechung einer Bahnreise von Berlin nach Frankfurt/M. in Weimar; die Fahrt stand wohl im Zusammenhang mit dem Umzug der Familie von Bendemann von Berlin nach »Rüschlikon am Zürichsee« am »1. April« 1912 (Margarete von Bendemann an Georg von Lukács vom 25. Jan. 1912, in: Lukács Briefwechsel, S. 277).

Mann ... Durchreise] Zum Reiseanlaß von Eduard von Bendemann s.o.

Jungchen] Sohn Erwin von Bendemann.

Georg Simmel an Eugen Diederichs

Postkarte vom 11. März 1912
Hs.; DLA Marbach, Nl Diederichs

Weimar 11. III. 12
Hotel Elephant.

Sehr geehrter Herr Diederichs,

Ich halte mich einige Wochen lang in Weimar auf u. wäre Ihnen dankbar, wenn Sie meine Korrekturfahnen der *Évolution créatr.* direkt hierher adressiren ließen.

Mit freundlichen Grüßen

Ihr Simmel

Postkarte vom 11. März 1912] An: Herrn / *Eugen Diederichs / Jena / Karl Zeissplatz*; mit Postempel: WEIMAR 1 f. 14. 3. 12 1-2 N. – Bearbeitungsvermerk: F 68- [unles.] am 13. 3. 12 [unles.].

halte mich einige Wochen lang in Weimar auf] Zum Aufenthalt in Weimar siehe Simmel an Margarete von Bendemann vom 8. März 1912.

Korrekturfahnen der *Évolution créatr.*] Gemeint ist das unter Simmels Ägide von Gertrud Kantorowicz übersetzte Werk von Henri Bergson: Schöpferische Entwicklung (Jena: Diederichs 1912) nach der Urfassung: L'Évolution créatrice. Paris: Félix Alcan 1907. Siehe Simmel an Eugen Diederichs vom 5. Juli 1911.

Georg Simmel an Vorstand der DGS
Abschrift von Brief vom 15. März 1912
Tps.; SHLB Kiel, Nl Tönnies

z. Zt. *Weimar*, den 15. III. 12.

Auf das Schreiben von Herrn Tönnies vom 12. erlaube ich mir Folgendes zu erwidern. Man mag es als »wünschenswert« oder nicht ansehen, dass der Soziologentag als Tagung von Akademikern auftrete – der Tatsache nach ist er vorläufig kaum etwas anderes. Unter den Rednern der vorigen Tagung befand sich, wenn ich mich nicht täusche, nur ein einziger Nicht-Akademiker. Es wird also aus praktischen Gründen kaum etwas anderes übrig bleiben, als auf die akademischen Gewohnheiten Rücksicht zu nehmen. Und nach meiner langen Erfahrung (die nicht nur »aus Berlinischer Vogelschau« gewonnen) ist es höchst unwahrscheinlich, eine grössere Anzahl von Universitätsangehörigen im September in Berlin zu vereinigen. Hinzu kommt, dass wir auch auf Teilnahme von Studenten, an der uns allen doch viel liegt, im Oktober jedenfalls in höherem Masse rechnen können, als im September. Um den 20. Oktober herum kommen schon Studenten zum Semester nach Berlin, vorher aber nicht. – Vierkandt und ich sind jedenfalls im September nicht in Berlin, aller Wahrscheinlichkeit nach auch Sombart nicht. Beschliesst indes der Vorstand, dass die Tagung ohne uns stattfinden soll, so glaube ich nicht, dass einer von uns dagegen protestieren wird.

In das Protokoll der letzten Vorstandssitzung hat sich übrigens ein Missverständnis eingeschlichen. Ich habe *nicht* übernommen, wegen Ueberlassung eines Universitätssaales an den Rektor heranzutreten; ich habe vielmehr erklärt, dass ich von der Aussichtslosigkeit dieses Schrittes überzeugt bin. Vielleicht habe ich gesagt, dass man sich mit einer Anfrage ja nichts vergibt; inzwischen aber habe ich mir überlegt, dass selbst ein ganz »vertraulicher« Korb (der sicher nicht vertraulich bleiben würde!) sich doch mit der Würde der Gesellschaft nicht verträgt.

Inzwischen habe ich von Dr. Worringer eine prinzipiell zusagende Antwort erhalten; aus persönlichen Gründen kann er aber im Augenblick sich noch nicht fest binden. Die Antworten von Tröltsch und Alfred Weber stehen noch aus. Dagegen ist zu meiner Kenntnis gelangt, dass Prof. Robert Michels (Turin) bereit wäre, einen Vortrag: Nation und Vaterland – zu übernehmen; ein Thema, über das er ein ausführliches Werk vorbereitet. M. E. ist dies eine grosse Chance für uns und ich beantrage, Prof. M. offiziell aufzufordern. Falls die Herren einverstanden sind, bin ich bereit, diese Aufforderung meinerseits zu übernehmen.

In grösster Hochachtung ergebenst

gez. Simmel.

Abschrift von Brief vom 15. März 1912] Oben: *ABSCHRIFT*; nach Datumszeile: An den / Vorstand der Gesellschaft für Soziologie.; li. unten: R.

z. Zt. Weimar] Siehe Simmel an Margarete von Bendemann vom 8. März 1912.

Schreiben von Herrn Tönnies] In seinem Schreiben an den Vorstand der DGS vom 12. März 1912 (SHLB Kiel, Nl Tönnies) bezog sich Ferdinand Tönnies auf das Protokoll der Vorstandssitzung der DGS vom 2. März 1912 (ebd., allerdings, wie in Tönnies' Schreiben betont, fälschlich auf »2. Febr. 1912« datiert), auf deren Tagesordnung die Fragen nach Zeit, Ort und möglichen Vorträgen des 2. Deutschen Soziologentages standen. Die Deutsche Statistische Gesellschaft (D.St.G.) in der DGS hatte im Dez. 1911 den Wunsch geäußert, den Soziologentag in Elberfeld abzuhalten, da dort auch die Konferenz der Städtestatistiker stattfinde und die D.St.G. satzungsgemäß gehalten sei, ihre Versammlung im Anschluß an die Tagung der DGS abzuhalten (ein entsprechendes Schreiben des Schriftführers der D.St.G., Eugen Würzburger, an Tönnies vom 15. Dez. 1911 wird im Schreiben von Ferdinand Tönnies an den Vorstand der DGS vom 30. Dez. 1911 erwähnt; ebd.). Diesem Wunsch wurde auf der genannten Vorstandssitzung der DGS (an der Tönnies nicht teilnahm) von Simmel und Alfred Vierkandt lt. Protokoll entgegengehalten, der von den Städtestatistikern gewünschte Termin in der zweiten Septemberhälfte sei »absolut ausgeschlossen für einen Soziologentag, wie überhaupt für eine Tagung von Akademikern, die um diese Zeit noch verreist seien«. Allerdings könne der D.St.G. eingeräumt werden, ihre Versammlung unabhängig vom Soziologentag abzuhalten. Tönnies verwies dagegen in seinem Schreiben vom 12. März darauf, daß die D.St.G. statutarisch auf den Anschluß ihrer Versammlung an den Soziologentag festgelegt sei. Weiter betonte er, er »wünsche nicht, dass der Soziologentag wesentlich als eine Tagung von Akademikern sich darstellt und aufgefasst werde«, und er meine, »dass diese doch nicht alle« in der zweiten Septemberhälfte noch verreist seien; die Mehrzahl der Akademiker sei in der »Provinz« zu Hause, und mancher von ihnen werde vermutlich gern die Gelegenheit ergreifen, um diese Zeit in die Hauptstadt zu reisen; die Angelegenheit dürfe »nicht ausschliesslich aus berlinischer Vogelschau betrachtet werden«. – Eugen Würzburger (1858-1938), 1879 Dr. phil. nach Studium der Romanistik und Germanistik, danach Studium der Volkswirtschaft und Tätigkeiten in statistischen Ämtern in Berlin, Paris und Rom; 1888 Dr. sc. pol. Tübingen; 1890 Direktionsassistent im Statistischen Amt der Stadt Dresden, 1894-1902 dessen Direktor, anschließend Direktor des Königlich Sächsischen Statistischen Landesamtes; Geh. RegR., seit 1919 o. Prof. an der Universität Leipzig (DBE, Wer ist's? 1912, 1922).

vorigen Tagung] Erster Deutscher Soziologentag in Frankfurt/M. vom 19.-22. Okt. 1910.

Nicht-Akademiker] Gemeint sein muß Henriette Fürth, die als Diskutantin ohne akademischen Grad in den Verhandlungen 1910 genannt wird. Zwar wird auch Friedrich Freiherr von Stromer-Reichenbach ohne akademischen Grad als Diskutant angeführt; jedoch war bekannt, daß dieser Privatgelehrte – als solcher unterzeichnete er Briefe wie etwa den an Ferdinand Tönnies vom 10. Juli 1913 (SHLB Kiel, Nl Tönnies) – freiresignierter Rechtsanwalt war. Und kaum gemeint haben dürfte Simmel den in den Verhandlungen 1910 als Diskutant aufgeführten »Dr. Rudolf Goldscheid«, dessen Studiumsabbruch wohl unbekannt war. – Die ausgebildete Lehrerin Henriette Fürth (1861-1936) wohnte in Frankfurt/M. und war in der Frauenbewegung, der Sozialdemokratischen Partei sowie im Zentralverein deutscher Staatsbürger jüdischen Glaubens vornehmlich sozialpolitisch engagiert; in der DGS war sie von Anfang an eingebunden, auch wenn sie erst seit 1912 als ordentliches Mitglied verzeichnet wurde (Sonngrit Fürther: Frauen in der Deutschen Gesellschaft für Soziologie 1909-1914. Dipl.-Arb., Tps., Bielefeld 1989, S. 87-93, 143-151). Friedrich Freiherr von Stromer-Reichenbach (1867-1940) lebte in München und war Verfasser von Arbeiten zur Geschichtsphilosophie, bzw. zur sog. Historionomie (Kürschner LK 1912, Sp. 1695; Kürschner LKN 1936-1970, S. 668; MWG II/6, S. 817); er wird in den Akten seit etwa 1911 als unterstützendes Mitglied der DGS geführt (Mitgliederliste der DGS [1911], SHLB Kiel, Nl Tönnies). – Der Österreicher Rudolf Goldscheid [Ps. Rudolf Golm] (1870-1931), zunächst literarisch tätig, hatte sein 1891 in Berlin begonnenes und zwischenzeitlich in Wien fortgeführtes Studium der Nationalökonomie und Philosophie, u. a. bei Simmel, 1894 abgebrochen, um bis 1899 Dramen und Romane zu veröffentlichen, und 1902 sein erstes sozialphilosophisches Werk herausgebracht. Goldscheid war maßgeblich an der 1907 erfolgten Gründung der ›Soziologischen Gesellschaft‹ in Wien beteiligt, die er hinfort leitete, und hat ebenso an der Gründung der DGS mitgewirkt (NDB; Jochen Fleischhacker: Rudolf Goldscheid: Soziologe und Geisteswissenschaftler im 20. Jahrhundert. Eine Porträtskizze. In: Archiv für die Geschichte der Soziologie in Österreich, Newsletter Nr. 20, Graz 2000, S. 3-13). Entgegen dem bei der Kooptation ordentlicher Mitglieder in der DGS geltenden Inländer-Prinzip war Goldscheid »mit Rücksicht auf seine erheblichen Verdienste um das [= deren] Zustandekommen« zu einem solchen gewählt worden (Hermann Beck an Vorstand der DGS vom 6. Okt 1910, SHLB Kiel, Nl Tönnies; vgl. auch Ferdinand Tönnies an Beck vom 1. Febr. 1910, ebd.).

20. Oktober] Das WS 1912/13 begann am 16. Okt. 1912 (Vorlesungsverz. Berlin WS 1912/13).

Vierkandt] Alfred Vierkandt (1867-1953), Völkerkundler, Soziologe, 1892 Promotion in Physik zum Dr. phil. in Leipzig, 1894 Habilitation für Erdkunde an der TH Braunschweig, 1900 Umhabilitation für psychologische Probleme der Völkerkunde in Berlin, lehrte seit 1910 Gesellschaftslehre, 1913 apl. Prof., 1924 o. Prof. für Soziologie und Philosophie, ebd., 1934 Emeritierung. – 1909 Mitbegründer der DGS, Vorstandsmitglied (FS Vierkandt: Gegenwartsprobleme der Soziologie. Potsdam: Akademische Verlagsgesellschaft Athenaion 1949; Kürschner GK 1935, ISL, MWG II/6, S. 818).

Sombart] Werner Sombart (1863-1941), Nationalökonom, Soziologe, 1888 Promotion zum Dr. phil. bei Gustav Schmoller in Berlin, 1890 ao. Prof. für Staatswissenschaften in Breslau, 1906 o. Prof. Handelshochschule Berlin, 1917 o. Prof. für wirtschaftliche Staatswissenschaften, Univ. Berlin, 1931 Emeritierung. – 1892 Mitglied des VfSp, 1932 dessen erster Vorsitzender, 1909 Mitbegründer der DGS, 1910-1915 einer der drei Vorsitzenden der DGS, 1933 Präsident der DGS; 1933 ord. Mitglied der Deutschen Akademie der Wissenschaften zu Berlin, 1934 Mitglied der Akademie für Deutsches Recht (Kürschner GK 1935, MWG II/7, S. 816).

Vorstand] Zum Vorstand zählten gemäß Statut der DGS sieben Personen, und zwar die von der Mitgliederversammlung zu wählenden drei Vorsitzenden (Tönnies, Simmel, Sombart), drei bis vier Mitglieder (Ploetz, Vierkandt, Stein) sowie der Schriftführer (Beck); Max Weber war als Rechner zu den Vorstandssitzungen geladen. – Alfred Julius

Ploetz (1860-1940), Mediziner, praktizierte nach dem Dr. med., Zürich 1889, von 1890 bis 1894 im Osten der Vereinigten Staaten, danach in Berlin und München, gilt als Begründer der Rassenhygiene (BLÄ; DBA) – Philipp Stein (1870-1932), Jurist, Sozialpolitiker, 1896 Dr. phil. Leipzig, wurde 1895 Gesellschafter, 1903 Leiter des Instituts für Gemeinwohl, war seit 1901 Dozent, seit 1909 Hon.-Prof. für Sozialpolitik, Genossenschaftswesen und Arbeiterfragen an der Akademie für Sozial- und Handelswesen in Frankfurt/M., seit 1919 Hon.-Prof. der Universität ebd., daneben ehrenamtlicher Stadtrat, 1920-1925 Anwalt des Deutschen Genossenschaftsverbandes (DBE; Minerva 1901 ff.).

Protokoll] Protokoll der Vorstandssitzung der DGS vom 2. März 1912, fälschlicherweise auf den 2. Febr. 1912 datiert (s. o.).

Missverständnis eingeschlichen] Im Protokoll hieß es: »Bezgl. des Verhandlungsortes übernimmt es Herr Prof. Simmel, mit dem derzeitigen Rektor der Universität wegen Ueberlassung von Universitätsräumen zu verhandeln« (ebd.).

Überlassung eines Universitätssaals] Für den Zweiten Deutschen Soziologentag in Berlin.

Rektor] Seit dem 15. Okt. 1911 war der Historiker Max Lenz Rektor der Berliner Friedrich-Wilhelms-Universität (HN XXII. Jg., Nr. 1, Heft 253 vom Okt. 1911, S. 18). – Max Lenz (1850-1932), Dr. phil. 1874, nach Habilitation für mittlere und neuere Geschichte, 1876, seit 1881 in Marburg ao. Prof., 1885 o. Prof. ebd., seit 1890 in Berlin (NDB, DBE, Kürschner GK 1925).

Gesellschaft] DGS.

Dr. Worringer] Wilhelm Worringer war als einer der Referenten für den Zweiten Deutschen Soziologentag vorgesehen. Im Protokoll der Vorstandssitzung der DGS vom 12. März 1912, an der Simmel, Vierkandt und Beck teilnahmen, heißt es: »Was das Thema und die zu gewinnenden Vortragenden anlangt, so wurde angeregt, mit folgenden Herren in Verhandlungen zu treten: / Alfred Weber: Nation und Wirtschaft und, falls dieser absagt: Max Weber: Nation und Kultur. Ferner sollen aufgefordert werden die Herren: Ludo Hartmann und Franz Oppenheimer für ein von ihnen noch näher zu formulierendes Thema, sodann durch Vermittlung des Herrn Dr. Vierkandt Herr Prof. Meinecke für ein geschichtliches Thema, Prof. Troeltsch für das Problem: Nation und Kirche, für das Thema: Kunst und Nation Herr Dr. Worringer-Bern. Ausserdem soll für die rechtshistorische Seite noch eine geeignete Persönlichkeit gesucht werden. Die Verteilung der Vorträge soll so stattfinden, dass einer am Eröffnungsabend (evtl. Worringer), je 2 an den beiden Verhandlungsvormittagen und je einer an den Verhandlungsnachmittagen stattfindet, sodass insgesamt 7 Vorträge infrage kommen« (SHLB Kiel, Nl Tönnies). – Alfred Weber (1868-1958), Nationalökonom, Soziologe, 1897 Dr. phil. Berlin, 1897 PD ebd., 1904 o. Prof. Prag, seit 1907 o. Prof. in Heidelberg (DBE; MWG II/7, S. 1042), Bruder Max Webers, war Mitunterzeichner des Gründungsaufrufs der DGS (in: Blätter für die gesamten Sozialwissenschaften 5, 1909, S. 51-53) und ist auf sämtlichen Mitgliederlisten der ersten Periode als deren ordentliches Mitglied ausgewiesen (SHLB Kiel, Nl Tönnies; VA Mohr Siebeck). – Ludo Moritz Hartmann (1865-1924), Historiker, österreichischer Politiker, nach der Promotion, Berlin 1887, Auslandsstudienaufenhalte u. a. in Rom, 1889 PD für römische und mittelalterliche Geschichte in Wien, ebd. 1918 ao. Prof, und 1922 o. Prof. Seit 1900 für das Volkshochschulwesen in Wien und seit 1901 in der Sozialdemokratischen Partei Österreichs engagiert, wirkte er in diversen politischen Ämtern, u. a. 1918-1921 als österreichischer Gesandter in Berlin (NDB; Minerva 1911/12). Seit etwa 1911 ordentliches DGS-Mitglied (Mitgliederliste [1911], SHLB Kiel, Nl Tönnies). – Franz Oppenheimer (1864-1943), Mediziner, Nationalökonom und Soziologe; 1885 Dr. med. in Freiburg i. Br., bis 1896 praktischer Arzt in Berlin; danach Studium der Volkswirtschaft, Redakteur der ›Welt am Montag‹, freier Schriftsteller; 1908 Dr. phil. in Kiel, seit 1909 PD in Berlin, 1919-1929 o. Prof. für Soziologie und Wirtschaftstheorie in Frankfurt/M.; 1938 Emigration in die USA (NDB); Mitunterzeichner DGS-Gründungseinladung (siehe Simmel an Gustav Schmoller vom 9. Dez. 1908). – Friedrich Meinecke, Historiker (1862-1954), seinerzeit o. Prof. in Freiburg i. Br. (siehe Korrespondentenverzeichnis GSG 22), kein Mitglied der DGS. – Ernst Troeltsch (1865-1923), Mitunterzeichner der DGS-Gründungseinladung (siehe Simmel an Schmoller vom 9. Dez. 1908). – Wilhelm Worringer (1881-1965), Kunsthistoriker, 1907 Dr. phil. Bern, 1909 PD für Kunstgeschichte in der Fakultät für Philosophie, Philologie und Geschichte ebd., später Prof. in Bonn, Königsberg und Halle/S. (NDB; Minerva 1911/12); lt. Mitgliederlisten (SHLB Kiel, Nl Tönnies) kein DGS-Mitglied. – Worringers Beziehung zu Simmel beleuchtet dessen ›Vorwort zum Neudruck 1948‹ seiner Berner Dissertation ›Abstraktion und Einfühlung. Ein Beitrag zur Stilpsychologie‹ (zuerst 1907), in dem er die »Entstehungs- und frühe Wirkungsgeschichte« dieser Schrift als schicksalhaft mit Simmel verflochten darstellt (11. bis 13. Tsd. München: R. Piper & Co. 1948, S. 5-11, hier S. 6): »Auf einer Pariser Studienreise« [vermutlich während Simmels Parisaufenthalt im Jahre 1905] habe der Zufall ihn, »den jungen Studenten der Kunstgeschichte, der noch zu keiner Themawahl für seine Doktorarbeit herangereift war« (ebd.), und Simmel, der ihm »aus seinen Berliner Semestern« zwar »flüchtig« bekannt, in dessen Philosophie er jedoch »nicht eingeweiht« gewesen sei, zu gemeinsamen Besuchern des Trocadero-Museums gemacht. Ohne weitere Kontaktaufnahme habe dank jener »bloß gegenwartsatmosphärischen Verbindung mit Simmel« sich »der sturzartig plötzliche Geburtsakt jener Gedankenwelt« in ihm »vollzogen [...], die dann in meine Doktorarbeit eingegangen ist und die zuerst meinen Namen bekanntgemacht hat« (S. 7). Und ebenso als »Wunder« wertet Worringer das »Nachspiel«: Mindestens »zwei Jahre später«, noch bevor die Arbeit verlegt war, habe ihn ein Brief Simmels [nicht überliefert], der doch ein Mann von »europäischem Ruf« gewesen sei, »mit den Tönen einer ihm selbstverständlichen geistigen Gleichberechtigung« angesprochen und ihn »durch die starken Worte seiner Anerkennung und seines Einverständnisses fassungslos« gemacht: »Dieser selbe Georg Simmel, der ohne eine andere Berührung als eine von uns beiden ungewußte atmosphärisch-fluidale die Einsamkeit des Trocadero-Museums in jener entscheidenden Stunde mit mir geteilt hatte. Er, der in dieser Stunde vielleicht der heimlich-unbewußte Geburtshelfer meiner Eingebungen gewesen war, er ist nun der, der auch zuerst auf die Schrift reagiert, in der die Frucht dieser Stunde ausgetragen worden war!« (S. 9f.). Paul Ernst hatte Worringers Dissertationsdruck lobend besprochen und an Simmel »sein Exemplar eingesandt. Und das hatte nun zur Folge gehabt, daß Simmel nach der Lektüre jenen aufregenden Brief schrieb, der auf den ahnungslosen Verfasser wie ein gleich geheimnis- wie sinnvoller Brückenschlag zu seiner glücklichsten Empfängnisstunde wirken mußte und gewirkt hat. [...] Ich bin später in nähere persönliche Beziehung zu Simmel getreten, und immer wieder ist die Rede gewesen von dieser rätselhaften Schicksalsregie, die zwischen uns diese im geistigen Raum wohl vorgezeichnete Verbindung geschaffen hat.« (S. 10f.; vgl. auch Worringer an Reinhard Piper vom 23. Sept. 1944 in: Reinhard Piper: Briefwechsel mit Autoren und Künstlern 1903-1953. Herausgegeben von Ulrike Buergel-Goodwin und Wolfram Göbel. München: R. Piper & Co. 1979, S. 458-461 und die leicht veränderte Fassung: ›Vorwort zur Neuausgabe von ›Abstraktion und Einfühlung‹. In: Ders.: Fragen und Gegenfragen. Schriften zum Kunstproblem. München: R. Piper & Co. 1956, S. 23-28). Worringer hat, wie er Michael Landmann am 21. Dez. 1956 mitteilte, »1945 auf der Flucht von Königsberg« sein »ganzes Hab und Gut« – und damit auch Simmels Briefe – zurücklassen müssen (SBPK, Nl 125); auf die seinerzeit gesuchte Nähe zu Simmel verweist das in Worringers Brief vom 15. Febr. 1910 (ebd.) an den Baseler Nationalökonomen Julius Landmann (1877-1931; NDB) belegte Engagement zugunsten einer Berufung Simmels nach Bern (siehe GSG 24: Dokumente).

zusagende Antwort] Verschollen.

Tröltsch] Ernst Troeltsch war als Vortragsredner für den Zweiten Deutschen Soziologentag vorgesehen (s. o.).

Alfred Weber] Alfred Weber war als Referent für den Soziologentag vorgesehen (s. o.).

zu meiner Kenntnis gelangt] In einem Schreiben an den Vorstand der DGS vom 13. März 1912 (SHLB Kiel, Nl Tönnies) erwähnte Max Weber, er habe Simmel das Angebot von Robert Michels mitgeteilt, einen Vortrag auf dem Zweiten Deutschen Soziologentag zu halten (Schreiben nicht überliefert); Weber hatte zuvor in einem weiteren, ebenfalls nicht überlieferten Brief an Simmel diesem einen Brief von Michels angekündigt und darin empfohlen, Michels auf dem Soziologentag als Referenten auftreten zu lassen (vgl. MWG II/7, S. 460 f.).

ein ausführliches Werk vorbereitet] Gemeint ist wohl: Robert Michels: Der Patriotismus. Prolegomena zu seiner soziologischen Analyse. München und Leipzig: Duncker & Humblot 1929, VIII, 269 S. Denn dort heißt es im Vorwort: »Beginn: Turin 1913 / Schluß: Herbst Rom 1928« (S. VIII).

Georg Friedrich Knapp an Georg Simmel u. a.

Dankesadresse vom 18. März 1912
Druck m.e.U.; BA Koblenz, Nl Brentano

Am 7. März d. J. ist mir durch Herrn Professor Dr. Carl Grünberg aus Wien eine prächtig ausgestattete Adresse mit Glückwünschen zur Vollendung des 70ten Lebensjahres in liebenswürdiger Weise überreicht worden.

Von dem was der beredte Text zum Ausdrucke bringt, darf ich mir wohl nicht alles aneignen; aber ich finde darin treffend geschildert, was mir während meiner Lebensarbeit als Ziel vorschwebte.

Der Adresse war ein Bildnis beigefügt, das von Ferdinand Schmutzer radiert ist und von Kennern als vorzügliche Nadelarbeit bezeichnet wird.

Durch diese beiden Gaben fühle ich mich hoch erfreut und geehrt. Ich sage allen Schülern, Freunden und Gönnern, die an der Kundgebung Teil genommen haben, den herzlichsten Dank.

Straßburg i. E., 18. März 1912 G. F. Knapp

Dankesadresse vom 18. März 1912] Siehe die Glückwunschadresse von Simmel u.a. vom 7. März 1912.

durch Herrn Professor Dr. Carl Grünberg ... überreicht worden] Karl Grünberg hatte gemeinsam mit Carl Johannes Fuchs die Koordination der Beiträge für die Glückwunschadresse übernommen, zu denen sie Simmel u.a. im Juli 1911 aufgefordert hatten (GSG 22). Dies signalisierte die bei ihnen liegende Initiative wie auch das Selbstverständnis der beiden Ordinarien als Knapp-Schüler der ersten Generation, die das sozialpolitisch ausgerichtete agrarhistorische Interesse mit Knapp verbunden hatte und von denen der in Tübingen wirkende Fuchs in Deutschland, der in Wien wirkende Grünberg in Österreich den weiteren Schüler- und Freundeskreis Knapps angesprochen haben mag. Die Federführung lag vermutlich bei Karl Grünberg, was sowohl die Festgabe aus der Hand eines Wiener Künstlers (s.u.) nahelegt als auch die Akzentuierung der agrarhistorischen Leistung Knapps in der Glückwunschadresse selbst, die an Carl Grünbergs Würdigung der Untersuchungen Knapps und seiner Schule als bahnbrechend in der Entwicklung der agrargeschichtlichen Forschung erinnert, in der »die Untersuchungen von *Fuchs* über Neupommern und Rügen [...] und von *Karl Grünberg* über die Sudetenländer« die Reihe der von Knapp angeregten Arbeiten eröffnen (Karl Grünberg: Agrargeschichte [Die Hauptprobleme der deutschen Agrargeschichte]. In: Die Entwicklung der deutschen Volkswirtschaftslehre im neunzehnten Jahrhundert. Gustav Schmoller zur siebzigsten Wiederkehr seines Geburtstages, 24. Juni 1908, in Verehrung dargebracht von S. P. Altmann u.a. Zweiter Teil. Leipzig: Duncker & Humblot 1908, S. 1-19, zu Knapp: S. 13-19, zit. S. 17). – Die von Grünberg angesprochenen Arbeiten: Carl Johannes Fuchs: Der Untergang des Bauernstandes und das Aufkommen der Gutsherrschaften: nach archivalischen Quellen aus Neu-Vorpommern und Rügen. Strassburg: Trübner, 1888. XI, 377 S. [= Abhandlungen aus dem Staatswissenschaftlichen Seminar zu Strassburg, Nr. 6]; Karl Grünberg: Die Bauernbefreiung und die Auflösung des gutsherrlich-bäuerlichen Verhältnisses in Böhmen, Mähren und Schlesien; 1. Teil: Überblick der Entwicklung. Leipzig: Duncker & Humblot 1894, XII, 432 S.; 2. Teil: Die Regulierung der gutsherrlich-bäuerlichen Verhältnisse von 1680-1848 nach den Akten. Leipzig: Duncker & Humblot 1893 [sic!], XI, 497 S. – Siehe auch die »Besprechung des Grünbergschen Werkes«, die lt. Knapp an Lujo Brentano vom 5. Sept. 1894 (BA Koblenz) »Dr. Georg Simmel, der Berliner Philosoph, in der Allgemeinen Zeitung (Beilage vom 14. u. 15. August [1894]) [unter dem Titel: Die Bauernbefreiung in Böhmen] geliefert« hat (GSG 1, S. 310-327) sowie die französischsprachige Anzeige: Simmel: Karl Grünberg: Die

Bauernbefreiung in Böhmen, Mähren und Schlesien. Leipsig [sic!] 1894, 2 vol. in –8. Revue Internationale de Sociologie, publiée sous … la direction de René Worms. Deuxième Année, 7-8 (juillet-août) 1894, S. 583 f. (GSG 19, S. 375 f.).

Bildnis beigefügt, das von Ferdinand Schmutzer radiert ist] Es handelte sich um ein Porträt Georg Friedrich Knapps (siehe die Abbildung in: Das radierte Werk von Ferdinand Schmutzer 1896-1921. Ein Verzeichnis von Arpad Weixlgärtner. Mit einer Originalradierung und 184 Abbildungen. Wien: Fritz Mandel, Kunstverlag 1922, S. 147). Dem Maler und Radierer Ferdinand Schmutzer (1870-1928), seit 1901 Mitglied der Wiener Sezession und seit 1906 der Berliner Akademie der Künste, war 1908 die Leitung der Spezialschule für graphische Künste an der Wiener Akademie übertragen worden; Porträts von Gelehrten und Künstlern bilden den Schwerpunkt seines nahezu 300 Platten umfassenden Werkes (Thieme/Becker).

Georg Simmel an Margarete von Bendemann

Brief vom 23. März 1912
Hs.; LBI New York, Susman Collection

23 III 12

Liebe Susa,

»Das Bild, o König, soll uns nicht entzwein« – wieviel weniger soll es Momi! Du kannst ohne weiteres ein paar Stunden hierbleiben, Frau Ernst beherbergt mit Vergnügen unterdeß den Jungen, ich habe mich darüber mit ihr verständigt. Dort sind zwei sehr nette Kinder, mit denen er sich wohlfühlen wird. Wenn du mit einem der Morgenzüge, 8.10 oder 8.20 abreist, bist du ½12-12 hier, kannst ¾7 weiterfahren u. bist 11.40 in Frankfurt. Es ist jetzt schön im Park, am Gartenhaus, u. im Park von *Belvedere*, den du wohl noch nicht kennst. Auch da blühen schon die Veilchen u. die Wege sind schmal genug, um darin zu philosophiren. Nicht?

Oder wenn du Montag mit einem Abendzug führest u. hier übernachtetest? – Ich habe übrigens Vorsorge getroffen, daß nicht etwa ein Gerücht über deine Herkunft zu deiner Tante dringt.

Merkwürdig sind solche einsamen Tage, in denen das Leben ganz seine Peripherie zu verlieren scheint u. nur Zentrum wird. Aber dies u. alles hoffentlich am Dienstag. Eventuell telegraphirst du?

Leb wohl, liebe mich.

G.

Brief vom 23. März 1912] Gedr. Briefkopf: *Hotel Elephant Weimar*/Bes.: P. Leutert,/Hoftraiteur./*Weimar*, den.

»Das Bild, o König, soll uns nicht entzwein«] Goethe: Iphigenie auf Tauris. Ein Schauspiel. WA I/10, S. 92, V. 2107: »Das Bild, o König, soll uns nicht entzweien«.

Momi]: Kosename für den fünfjährigen Sohn Erwin von Bendemann.

hierbleiben] Siehe Simmel an Margarete von Bendemann vom 8. März 1912.

Frau Ernst beherbergt] Paul Ernst war seit 1899 mit Lilli [Louise Elisabeth] Ernst (1860-1918), Tochter des national-liberalen Reichtagsabgeordneten Robert von Benda, verheiratet (NDB IV, S. 629). Er »wohnte« in Weimar – lt. Hans Simmel »in einem hübschen, einfachen Hause ganz am Rande der Stadt. Seine Sammlung schöner alter Bücher war sehenswert« (S. 50). Simmel kam während seines Weimar-Aufenthaltes wohl mehrfach mit dem Ehepaar Ernst zusammen (siehe Simmel an Margarete von Bendemann vom 8. März 1912; vgl. auch den Gesprächsbericht von Paul Ernst an Georg von Lukács vom 23. März 1912 in: Ernst/Lukács, S. 38).

zwei sehr nette Kinder] Walther Ernst, geb. 1901, und Emma Ernst, geb. 1904 (Reichshandbuch).

Park ... Gartenhaus ... *Belvedere*] An das Residenzschloß angrenzender Park an den Ufern der Ilm, in dem sich das von Goethe von 1776-83 bewohnte ›Gartenhaus‹ befindet, ein Geschenk von Herzog Carl August, um ihn an Weimar zu binden. An der Westseite des Parks führt die Belvedere-Allee zu dem von Herzog Ernst August im Süden der Stadt zwischen 1724 und 1732 erbauten, auf einer Anhöhe gelegenen Barockschloß ›Belvedere‹, das per »Automobilbus« in etwa einer Stunde zu erreichen ist (Baedeker Nordwest-Deutschland, S. 290).

blühen schon die Veilchen] Wohl Anspielung auf die Lieblingsblume der Goethe-Zeit, damals in der Belvederer Schloßgärtnerei (s. o.) in 15 verschiedenen Sorten gezogen und bis heute in Veranstaltungen der Stiftung Weimarer Klassik und Kunstsammlungen thematisiert (www.swkk.de), wie auch auf die von Mozart vertonte Ballade des jungen Goethe: Das Veilchen. WA 1/1, S. 164.

Vorsorge getroffen, daß ... zu deiner Tante dringt] Zusammenhang nicht ermittelt.

Georg Simmel an Hermann Beck

Abschrift von Brief vom 24. März 1912
Tps.; SHLB Kiel, Nl Tönnies

Weimar, den 24.III.12.

Sehr geehrter Herr Doktor,

Mit der Anregung von Herrn *Toennies*, Prof. *Niemeyer* zu einem Vortrag über das Nationen-Problem in irgend einer seiner Beziehungen zum Recht – aufzufordern, bin ich sehr einverstanden und beantrage, dass Sie das namens des Vorstandes, falls dieser damit einverstanden ist, in die Wege leiten.

Ich meine, Sie könnten Herrn Würzburger als Tagungstermin – ohne Verbindlichkeit – den 20.-22. Okt. nennen. Am 20., Sonntag, würde dann nur der Begrüssungsabend sein.

Bekomme ich bald Bescheid über den Vorschlag Michels?

Mit freundlichem Gruss Ihr

gez. Simmel

Abschrift von Brief vom 24. März 1912] Oben: *Abschrift.*; Anrede: Doktor, (Beck); li. unten: K.

Anregung von Herrn *Toennies*] Mit Schreiben an den Vorstand der DGS vom 14. März 1912 (SHLB Kiel, Nl Tönnies) hatte Ferdinand Tönnies unter Bezugnahme auf das Protokoll der DGS-Vorstandssitzung vom 13. März 1912, in dem nach einem Rechtshistoriker für den Soziologentag gefragt wurde (ebd.), es für »unerlässlich« erklärt, Theodor Niemeyer zu einem Vortrag über die »soziolog. Seite des internationalen Rechts (oder dergl.)« während des Zweiten Deutschen Soziologentags aufzufordern. Der Kieler Völkerrechtler Niemeyer erklärte sich in einem Brief an Ferdinand Tönnies vom 29. März 1912 (SHLB Kiel, Nl Tönnies) zwar zu einem Vortrag außerstande, doch für sehr interessiert an der Diskussion über das Thema. – Theodor Niemeyer (1857-1939), nach Juristenausbildung und Studium der Nationalökonomie ab 1883 im preußischen Staatsdienst, wurde 1888 in Halle/S. Dr. jur. und ebd.

1889 für Völkerrecht und Rechtspolitik habilitiert; 1893 ao. und 1894 o. Prof. an der Universität Kiel, deren Rektor er 1907 war und an der er zeitlebens lehrte (NDB; DBE); seit etwa 1911 ordentliches Mitglied der DGS (Mitgliederliste [1911], SHLB Kiel, Nl Tönnies).

Vorstandes] Der DGS, siehe Simmels Schreiben an Vorstand der DGS vom 15. März 1912.

Herrn Würzburger] Eugen Würzburger führte im Namen der D.St.G. die Verhandlungen mit der DGS (siehe Simmel an den Vorstand der DGS vom 15. März 1912).

Tagungstermin] Für den Zweiten Deutschen Soziologentag siehe ebd.

Vorschlag Michels] Siehe ebd.

Georg Simmel an Vorstand der DGS

Abschrift von Brief vom 26. März 1912
Tps.; SHLB Kiel, Nl Tönnies

Weimar, den 26. 3. 1912.

Sehr geehrte Herren,

Die Vorschläge der Herren Weber, Sombart, Vierkandt sind zweifellos von grossem Wert und Interesse; nur gehen sie meines Erachtens sämtlich von einer prinzipiellen Absicht aus, die ich nicht für realisierbar halte: dass nämlich die Referate unserer Tagung ein irgendwie systematisches Ganzes, einen irgendwie geschlossenen Zusammenhang bilden sollen. Niemand kann für diesen Gedanken eingenommener sein als ich – aber angesichts der gegebenen Umstände erscheint er mir utopisch. Unsere *erste* Rücksicht muss sein, nichts zu bieten, was nicht in seiner Art ersten Ranges ist. Halten wir dies unbedingt fest und bedenken wir die *geringe Anzahl von Rednern*, die uns überhaupt zur Verfügung stehen, so müsste es doch schon eine … Harmonie sein, wenn wir ein irgendwie festgelegtes, systematisches Programm realisieren könnten, und das äusserst Erreichbare scheint mir, dass wir am Begriff der Nation, in einem ganz largen Sinn, als zentralen festhalten. Darüber hinaus können wir, glaube ich, nichts vorbestimmen, sondern müssen uns an das halten, was die Herren uns gutwillig geben, und unter der

Voraussetzung, dass eben nur Gelehrte ganz hohen Ranges in Frage kommen, können wir das auch. An dieser *Qualitäts*frage dürfen wir durch die Rücksicht auf »systematischen« oder »organischen« Charakter des Ganzen als Ganzes nichts abbrechen. *Vereinigen* lässt sich beides bei dem augenblicklichen Stande unserer Chancen nur durch den unwahrscheinlichsten Zufall: später, hoffe ich, werden wir das mehr in der Hand haben.

Vorläufig bin ich also durchaus dafür, dass wir erst einmal die Redner suchen und hören, was sie uns hinsichtlich irgendwelcher »Nation«-Probleme vorschlagen. Von den Menschen, nicht von den Themen, müssen wir ausgehen. Findet sich dann einer darunter, der das von einigen Herren befürwortete allgemein-begriffliche Thema behandeln will (etwa Alfr. Weber) – um so besser. Aber zur Conditio sine qua non der Tagung können wir es nicht machen.

Von Troeltsch ist Antwort für die nächsten Tage angekündigt. Alfr. Weber ist in Italien und offenbar nicht zu erreichen. Uebrigens halte ich es nicht einmal für günstig, die Programme vor Anfang Juni zu versenden.

Mit den verbindlichsten Empfehlungen

gez. Simmel.

Abschrift von Brief vom 26. März 1912] Oben: ABSCHRIFT.; nach Datumszeile: An den / Vorstand der Gesellschaft für Soziologie, li. unten: K.

Vorschläge der Herren Weber, Sombart, Vierkandt] Mit Schreiben an Hermann Beck vom 21. März 1912 (SHLB Kiel, Nl Tönnies) hatte Werner Sombart den Wunsch nach einem »grundlegenden Vortrag über Begriff oder ›Wesen‹ der in Betracht kommenden Phänomene: Nation, Volk etc.« auf dem Zweiten Deutschen Soziologentag geäußert. Zwar stimme er Georg Simmels Kritik an Diskussionen über Begriffe und Definitionen (siehe Simmel an Vorstand der DGS vom 10. Nov. 1911) grundsätzlich zu, doch sehe er keine andere Möglichkeit, »zu der heute doch nun einmal wichtigsten ›Nationalitätenfrage‹ – der jüdischen – Stellung [zu] nehmen«. Die »für Millionen von Juden brennende Frage: sind wir ein Volk, sind wir eine Nation – und haben wir das Recht, uns als solche zu betätigen« – müsse erörtert werden. Er stelle anheim, ob »das Juden-Problem vielleicht in einem anderen sachlichen Zusammenhange behandelt werden könnte, etwa mit dem besonderen Titel: ›Nation und Staat‹ oder so«. Am besten sei dafür kein

»Definitions«-, sondern ein »analytischer Einleitungsvortrag, in dem die ›Elemente‹ der Nation (Land, Staat, Sprache, Geschichte, Bewußtsein, Wille zur Nation etc. etc.) in ihrer nationalitätsbildenden Bedeutung erörtert würden«. – Max Weber stimmte in einem Schreiben an den Vorstand der DGS vom gleichen Datum (SHLB Kiel, Nl Tönnies; MWG II/7, S. 483) Sombart zu und betonte, ein solcher Vortrag habe »*rein referierend* die verschiedenen Arten von *faktisch* vorkommenden ›Nation‹-Begriffen festzustellen«, um so »die Sprachverwirrung zu beseitigen, und *ohne* sich für *eine* dieser Bedeutungen als die ›eigentliche‹ zu entscheiden«. Die Aufgabe sei vielmehr: die »Casuistische Gliederung der faktisch vorkommenden Sachverhalte, welche *denkbarer* Weise eine ›Nation‹ konstituieren«. Er würde sich selbst als Redner dafür anbieten, wenn nicht schon sein Bruder Alfred als Vortragsredner (siehe Simmel an Vorstand der DGS vom 15. März 1912) auf dem Soziologentag vorgesehen wäre, denn: »*Zwei* Brüder als Referenten geht nicht.« – Alfred Vierkandt schrieb dem Vorstand der DGS am 24. März 1912 (SHLB Kiel, Nl Tönnies), er teile Sombarts Ansicht, »dass eine systematische Behandlung unseres Vorhabens einen kurzen einleitenden allgemeinen Vortrag erfordern würde, der für die speziellen Vorträge eine Reihe allgemeiner Begriffe und Gesichtspunkte gleichsam zur Verfügung stellen müsste«. Die »systematische Vollständigkeit« fordere dann auch, denselben Redner am Schluß der Tagung eine Bilanz der speziellen Vorträge ziehen zu lassen. – Nur Tönnies betont gegenüber Sombarts Vorschlag in einem Brief, ebenfalls vom 26. März 1912, – dieser Brief konnte also Simmel für obiges Schreiben nicht vorliegen –, daß er sehr bezweifle, ob es »unsere Aufgabe ist, die Frage, ob die Juden ein Volk oder eine Nation oder beides, oder keines von beiden, zu nennen seien, zu *lösen*« (SHLB Kiel, Nl Tönnies).

...] Auslassung in Abschrift.

largen] Eindeutschung von frz. large im Sinne von: weit.

»systematischen« oder »organischen«] Simmel greift hier das seit Auguste Comte in den Sozialwissenschaften geläufige Gegensatzpaar auf.

Alfr. Weber] Alfred Weber war als Referent für den Zweiten Deutschen Soziologentag vorgesehen; vgl. Simmel an Vorstand der DGS vom 15. März 1912.

Conditio sine qua non] Lat., hier: notwendige Bedingung, ohne die etwas anderes nicht eintreten kann, unerläßliche Voraussetzung.

Troeltsch] Ernst Troeltsch war ebenfalls als Referent für den Zweiten Deutschen Soziologentag vorgesehen; siehe Simmel an Vorstand der DGS vom 15. März 1912.

Programme] Für den Zweiten Deutschen Soziologentag.

Georg Simmel an Elisabeth Förster-Nietzsche

Brief vom 30. März 1912
Hs.; Goethe-Schiller-Archiv, Weimar, Nietzsche-Archiv

30 III 12

Sehr verehrte Frau,

Sie haben mir mit der freundlichen Übersendung Ihres Buches eine große u. unerwartete Freude gemacht. Gern würde ich darum bitten, meinen Dank persönlich aussprechen zu dürfen, wenn meine jetzige Situation es mir nicht verböte. Ich habe mich für einige Zeit nach Weimar zurückgezogen, um in völliger Ungestörtheit über sehr schwierige u. für mich entscheidende Probleme nachzudenken, u. dies bringt es mit sich, daß ich für andre Menschen nicht genießbar bin u. andre nicht für mich. Ich bin sicher, daß diese eigentümliche Bedingtheit produktiver Epochen Ihnen vertraut sein wird, u. bitte Sie, mir auch fernerhin Ihre freundliche Gesinnung zu bewahren.

In Verehrung u. Ergebenheit bleibe ich Ihr

G. Simmel

Brief vom 30. März 1912] Gedr. Briefkopf: *Hotel Elephant Weimar* / Bes.: P. Leutert, / Hoftraiteur. / *Weimar*, den.

Ihres Buches] Elisabeth Förster-Nietzsche: Der junge Nietzsche. Leipzig: Alfred Kröner 1912 (Erscheinen angekündigt in LC vom 17. Febr. 1912).

Dank persönlich aussprechen] Elisabeth Förster-Nietzsche wohnte in Weimar, Louisenstr. 36 (Wer ist's? 1912).

einige Zeit nach Weimar zurückgezogen] Siehe Simmel an Margarete von Bendemann vom 8. März 1912.

Georg Simmel an Hermann Beck

Abschrift von Brief vom 1. April 1912
Tps.; SHLB Kiel, Nl Tönnies

Weimar, 1. IV. 12.

Sehr geehrter Herr Doktor!

Ich möchte nur in Kürze melden, dass *Troeltsch* abgesagt hat und zwar mit Begründungen aus der Schwierigkeit des Themas heraus, die sich nicht recht widerlegen lassen.

Mit bester Empfehlung Ihr

gez. Simmel.

Abschrift von Brief vom 1. April 1912] Oben: *Abschrift.*; Anrede: Doktor! (Beck); li. unten: Ra.

dass Troeltsch abgesagt hat] Absage von Ernst Troeltsch verschollen.

Schwierigkeit des Themas] Troeltsch war gebeten worden, auf dem Zweiten Deutschen Soziologentag zum Thema ›Nation und Kirche‹ vorzutragen; siehe Simmel an Vorstand der DGS vom 15. und 26. März 1912.

Georg Simmel an Eugen Diederichs

Postkarte vom 4. April 1912
Hs.; DLA Marbach, Nl Diederichs

Weimar 4 IV 12

Sehr geehrter Herr,

Ich bitte, die *Bergson*-Korrekturen mir jetzt nicht mehr [nach] Weimar, sondern wieder nach *Berlin-Westend, Königin Elisabethstr.* 14 zu senden.

Hochachtungsvoll

Prof. Simmel

Postkarte vom 4. April 1912] An: Herrn / *Eugen Diederichs/Jena/Karl Zeissplatz*; mit Poststempel: WEIMAR 1 f. 4.4.12 8-9 N. – Mit Bearbeitungsvermerk: not.

die *Bergson*-Korrekturen] Siehe Simmel an Eugen Diederichs vom 11. März 1912.

wieder nach *Berlin-Westend, Königin Elisabethstr.* 14] Also nach dem Weimaraufenthalt (siehe Simmel an Margarete von Bendemann vom 8. März 1912) wieder an die Heimatadresse.

Georg Simmel an Hermann Beck
Abschrift von Brief vom 7. April 1912
Tps.; SHLB Kiel, Nl Tönnies

Westend, 7. IV. 12.

Sehr geehrter Herr Doktor,

Leider hat auch Dr. Worringer abgesagt – da gerade in den Tagen unserer Versammlung der Kunsthistorikerkongress in Rom stattfindet, bei dem er, wie ich zugeben muss, nicht gut fehlen kann.

Ist denn die Einladung an Prof. Michels ergangen? Bezw. hat sich die Majorität des Vorstandes dafür erklärt, sodass ich berechtigt wäre, ihm davon Mitteilung zu machen?

Da Herr Vierkandt nicht mit Prof. Meinecke verhandeln will, so bleibt wohl nichts übrig, als ihn offiziell anzufragen. Vielleicht könnte Prof. Weber erst einmal vertraulich anklopfen, aber ich bin mir nicht darüber sicher, wie er mit M. steht. Es ist wohl jedenfalls gut, seine Rückkehr nach Deutschland abzuwarten, ehe die Anfrage an M. geschieht.

Ist eigentlich Prof. Bernheim (Greifswald) unser Mitglied? Käme er nicht für einen Nationalitäts-Vortrag in Betracht? Denn wir müssen uns angesichts der vielfachen Ablehnungen nach neuen Kräften umsehen.

Mit freundlichem Gruss Ihr

gez. Simmel.

Abschrift von Brief vom 7. April 1912] Oben: *Abschrift.*; Anrede: Doktor (Beck)

Worringer abgesagt] Absage von Wilhelm Worringer für den in Aussicht genommenen Vortrag zum Thema ›Kunst und Nation‹ auf dem Zweiten Deutschen Soziologentag (siehe Simmel an Vorstand der DGS vom 15. März 1912); das Schreiben ist verschollen.

in den Tagen unserer Versammlung] Des Zweiten Deutschen Soziologentages vom 21. bis 22. Okt. in Berlin.

Kunsthistorikerkongress] Der 10. internationale Kongreß für Kunstgeschichte (x Congresso internazionale di Storia dell'arte) in Rom, war für die Zeit vom 16.-21. Okt. 1912 anberaumt (LC vom 18. Juni und 9. Nov. 1912).

Einladung an Prof. Michels] Zu einem Vortrag auf dem Zweiten

Deutschen Soziologentag; siehe Simmel an Vorstand der DGS vom 15. und 24. März 1912.

Vorstandes] Des Vorstands der DGS; siehe Simmel an Vorstand der DGS vom 15. März 1912.

Meinecke] Im Original: Meineke. – Der Freiburger Historiker Friedrich Meinecke sollte durch Vermittlung von Alfred Vierkandt für einen Vortrag auf dem Zweiten Deutschen Soziologentag gewonnen werden (siehe Simmel an Vorstand der DGS vom 15. März 1912). In einem Schreiben an Hermann Beck vom 2. April 1912 (SHLB Kiel, Nl Tönnies) bat Vierkandt dann, ein anderes Mitglied des Vorstands der DGS oder dieser selbst möge sich offiziell an Meinecke wenden; Ferdinand Tönnies erklärte sich dazu bereit, Meinecke lehnte jedoch dann die Einladung zu einem Vortrag ab (Tönnies an Vorstand der DGS vom 17. und 28. Mai 1912; ebd.).

Prof. Weber] Max Weber.

M.] Friedrich Meinecke.

seine Rückkehr] Max Weber war bereits am 5. April von seiner Reise nach Südfrankreich zurückgekehrt, zu der er am 5. März 1912 aufgebrochen war (MWG II/7, S. 456).

Prof. Bernheim] Geh. RegR. Prof. Dr. phil. Ernst Bernheim (1850-1942, PD Göttingen 1875, ao. Prof. ebd. 1883) lehrte seit 1889 Geschichte des Mittelalters und historische Hilfswissenschaften in Greifswald (NDB; Minerva 1910, S. 466; Ld-jA, 2. Bd., S. 284-288); er war Mitunterzeichner des Gründungsaufrufes und ordentliches Mitglied der DGS (Blätter für die gesamten Sozialwissenschaften 5, 1909, S. 51-53; Mitgliederverzeichnis, Anlage zu Simmel an Vorstand vom 28. Jan. 1910).

der vielfachen Ablehnungen] Von den sieben für den Zweiten Deutschen Soziologentag vorgesehenen Vortragsrednern (siehe Simmel an Vorstand der DGS vom 15. März 1912) hatten neben Worringer auch Theoder Niemeyer und Ernst Troeltsch abgesagt (siehe Simmel an Beck vom 24. März und 1. April 1912).

Georg Simmel an Vorstand der DGS
Abschrift von Brief vom 16. April 1912
Tps.; SHLB Kiel, Nl Tönnies

Westend, den 16. IV. 12.

Herr Eulenburg hat sich gelegentlich seines Austrittes aus der Gesellschaft in einer so herabsetzenden und höhnischen Weise über sie ausgesprochen (in einem an Max Weber gerichteten Briefe), dass es völlig ausgeschlossen erscheint, unsererseits noch einmal an ihn heranzutreten – abgesehen davon, dass es erfolglos sein würde.

Gegen die Aufforderung von Prof. Barth würde ich kein prinzipielles Bedenken haben. Nur meine ich, dass wir damit noch etwas warten sollen. Denn zunächst könnte man doch noch versuchen, repräsentativere Persönlichkeiten zu gewinnen – womit ich selbstverständlich nicht große Titel meine.

Wie denken die Herren über Prof. Edvard Lehmann, den Berliner Religionshistoriker? Er ist für einige Zweige der Religionsgeschichte, von denen sich wohl eine Brücke zu unserem Thema schlagen lässt, eine erste Autorität und ich glaube, dass ein Vortrag von ihm grosse Anziehungskraft ausüben würde. Evt. könnte ich ihn persönlich anfragen.

Alfred Weber schreibt mir auf Mahnung, dass mein Brief, unsere Tagung betreffend, nicht in seine Hände gelangt ist. Ich muss also noch einmal schreiben. An Prof. Michels werde ich nun die Aufforderung der Gesellschaft vermitteln, falls nicht noch in den nächsten acht Tagen Einspruch erhoben wird.

Sehr ergeben

gez. Simmel

Abschrift von Brief vom 16. April 1912] Oben: *Abschrift.* Nach Datumszeile: An den/Vorstand der Soziologischen Gesellschaft. – Mit hs. Korrekturen.

Eulenburg] Franz Eulenburg (1867-1943), nach der Promotion 1892 zunächst als Kaufmann und 1896-98 als wissenschaftlicher Mitarbeiter bei den Statistischen Ämtern Berlin und Breslau tätig, lehrte seit der Habilitation, Leipzig 1899, zunächst als PD, ab 1905 als ao. Prof. Nationalökonomie und Statistik in Leipzig; später o. Prof. in Aachen, Kiel und Berlin (NDB; Minerva 1910, S. 625). Eulenburg, obgleich Mitunterzeichner der Gründungseinladung (siehe Beilage zu Simmel an Schmoller vom 9. Dez. 1908), war mit Brief vom 1. April 1911 der D.St.G. und der DGS mit unverhohlener Skepsis gegenüber den Regeln der Gesellschaft beigetreten: »Feierlichst und mit Begeisterung trete ich der ›D.St.G., A. der D.G.f.S.‹ bei. [...] Sollte in einigen Jahren ausser Kooptation von Mitgliedern, Vorstands-, Beisitzer- u. Sachverständigen-wahlen, Statutenverfassung u. -Aenderung, Geschäftsordnungs-Ausschuß-sitzungen, vor allem aber Bezahlung von Beiträgen auch etwas Positives geleistet werden, so würde das ganz besonders erfreuen« (Abschrift, SHLB, Nl Tönnies). Eulenburg reagierte damit wohl auf das Protokoll der DGS-Mitgliederversammlung vom 6. März 1911 in Heidelberg (ebd.), auf der die Modi der Aufnahme, Beitrittserhebung und -verwendung hinsichtlich der Mitglieder der neu gegründeten ›Statistischen Sektion‹, insbesondere das Für und Wider ihrer ›eo ipso‹-Mitgliedschaft diskutiert worden war, wie auch auf das in Hermann Becks ›Rundschreiben › an den DGS-Vorstand vom 30. April 1911 erwähnte »Rundschreiben nebst Anlage« gleichen Datums, mit dem Hermann Beck die von der Mitgliederversammlung favorisierte Lösung umgesetzt und »etwa 150 Statistiker zum Beitritt eingeladen« hatte (ebd.).

gelegentlich seines Austrittes] Eulenburg war mit Schreiben an Hermann Beck vom 18. Okt. 1911 »aus der ›Deutschen Gesellschaft für Soziologie‹ für 1912« ausgetreten (SHLB Kiel, Nl Tönnies).

an Max Weber gerichteten Briefe] Verschollen; Eulenburgs Äußerungen sind nur indirekt zu erschließen aus einem an ihn gerichteten vehementen Brief Webers vom 9. Nov. 1911, der als Entwurf in Abschrift überliefert ist (MWG II/7, S. 332-334).

an ihn heranzutreten] Ferdinand Tönnies hatte am 11. April 1912 beantragt, daß Franz Eulenburg und Paul Barth nach ihrer Bereitschaft zu Vorträgen auf dem Zweiten Deutschen Soziologentag befragt werden, Eulenburg auch mit dem Ziel, ihn auf diese Weise eventuell für die DGS zurückzugewinnen (Schreiben an den Vorstand der DGS; SHLB Kiel, Nl Tönnies).

Prof. Barth] Paul Barth (1858-1922) hatte von 1875-1881 klassische Philologie, Geschichte und Philosophie studiert und von 1882-1888 am Gymnasium unterrichtet, bevor er ab 1890 als PD, ab 1897 als ao. Prof. für Philosophie und Pädagogik an der philosophischen Fakultät der Universität Leipzig lehrte, wo er 1918 zum Honorarprofessor ernannt wurde (NDB; Minerva 1910, S. 624). Barth war Mitunterzeichner des Gründungsaufrufs der DGS (in: Blätter für die gesamten Sozialwissenschaften 5, 1909, S. 51-53) und ist in sämtlichen frühen Verzeichnissen der ordentlichen Mitglieder der DGS verzeichnet (SHLB Kiel, Nl Tönnies).

Edvard Lehmann] Johann Edvard Lehmann (1862-1930), schwedischer Religionshistoriker, hatte nach dem Studium der Theologie, 1880-1886, in Kopenhagen und weiteren Studien im Ausland 1896 den Dr. phil. und die Lehrbefugnis erworben, war bis 1900 PD, danach Hon.-Dozent in Kopenhagen und von 1910 bis 1913 o. Prof. in Berlin, danach in Lund (Wer ist's? 1912; SBL).

Alfred Weber schreibt mir] Schreiben verschollen.

Mahnung ... mein Brief] Beide Schreiben sind nicht überliefert; Simmel hatte darin Webers Bereitschaft zu einem Vortrag erfragt (siehe Simmel an Vorstand der DGS vom 15. und 26. März 1912).

unsere Tagung] Der Zweite Deutsche Soziologentag.

An Prof. Michels] Auf Antrag von Simmel sollte Robert Michels zu einem Vortrag auf dem Zweiten Deutschen Soziologentag eingeladen werden; siehe Simmel an Vorstand der DGS vom 15. und an Hermann Beck vom 24. März und 7. April 1912.

Einspruch erhoben] Nicht erfolgt; siehe Simmel an Michels vom 25. April 1912.

Georg Simmel an Robert Michels

Brief vom 25. April 1912
Hs.; AFE Turin, Nl Michels

Berlin-Westend 25 IV 12

Sehr verehrter Herr Kollege,

Namens des Vorstandes unserer *Gesellschaft für Soziologie* danke ich Ihnen nochmals bestens für Ihre freundliche Bereitwilligkeit, zu unserm nächsten Soziologentage einen Vortrag über ein, mit dem Begriff der *Nation* verknüpftes Problem beizusteuern. Wir sind überzeugt, daß damit ein erheblicher Schritt zum Gelingen der Tagung geschehen ist. Vielleicht haben Sie die Freundlichkeit, mir bald einmal mitzuteilen, auf welches nähere Thema wir von Ihrer Seite zu rechnen haben. Wir müssen natürlich, bei der beschränkten Zahl der Vorträge, zu vermeiden suchen, daß sich die Themata zu nahe auf den Leib rücken.

Mit verbindlichster Empfehlung Ihr sehr ergebner

Simmel

Brief vom 25. April 1912] An: *Italien / Illmo Professore R. Michels / Torino / Via A. Provana 1*; mit Poststempel: CHARLOTTENBURG 2 S 25.4.12. 8-9 N.

***Gesellschaft für Soziologie*]** DGS.

nochmals] Siehe Simmel an Vorstand der DGS vom 16. April 1912.

Ihre freundliche Bereitwilligkeit] Das entsprechende Schreiben von Michels an Simmel ist verschollen.

nähere Thema] Siehe Simmel an Hermann Beck vom 6. und 17. Mai 1912.

Georg Simmel an Franz Böhm

Brief vom 30. April 1912
Hs.; GLA Karlsruhe, Abt. 52/Nl Böhm

Berlin-Westend 30 IV 12

Ew. Exzellenz

bitte ich, das beifolgende Buch als geringes Zeichen einer lange bestehenden Dankbarkeit annehmen zu wollen. Ich habe vor Jahren – vielleicht durch eine Indiskretion – erfahren, daß Ew. Exzellenz sich für meine Veröffentlichungen u. infolgedessen für meine Berufung nach Heidelberg interessirt haben. Meiner Genugtuung über dieses Interesse konnte ich damals, aus naheliegenden Gründen, keinen Ausdruck geben. Nun aber jene Angelegenheit seit langem völlig außer Frage steht, fällt der Grund für solche Zurückhaltung fort u. ich kann meinem Bedürfniß folgen, Ew. Exzellenz grade dieses Buch anzubieten, das einen wesentlichen Teil meiner Arbeitsinteressen vertritt.

In Verehrung und Dankbarkeit verharre ich als Ew. Exzellenz ergebenster

Simmel

Brief vom 30. April 1912] Mit Bearbeitungsvermerk: E. 2. 5. 12; B. 26. 5. 12.

beifolgende Buch] Es handelt sich um Simmels jüngst erschienene Essaysammlung: Mélanges de philosophie relativiste. Contribution à la culture philosophique. Traduit de l'allemand par Mlle A. Guillain. Paris: Félix Alcan 1912 (GSG 19, S. 137-371).

vor Jahren ... erfahren] Franz Böhm war als Hochschulreferent im Großherzoglichen Ministerium der Justiz, des Kultus und Unterrichts in Karlsruhe in die letztlich gescheiterte Berufung Simmels nach Heidelberg im Jahre 1908 eingebunden. Weder Simmel noch seine Heidelberger Informanten, Georg Jellinek und Max Weber, wußten um den entscheidenden Einfluß des von Böhm bei dem Berliner Historiker Dietrich Schäfer angeforderten Gutachtens auf den negativen Ausgang des Verfahrens und glaubten, in Böhm keinen Gegner Simmels zu haben. Siehe Simmels Briefe an Georg Jellinek zwischen dem 24. Febr. und 22. Juni 1908, an Max Weber zwischen dem 18. März und 17. Juli 1908 sowie Hans Simmel, S. 43 f. und GSG 24: Dokumente: Dietrich Schäfer an Franz Böhm vom 26. Febr. 1908. – Dietrich Schäfer (1845-1929), 1863-1868 Volksschullehrer, nach Studium und Dr. phil. Göttingen 1872-76 Gymnasiallehrer, 1877 ao. Prof. Jena, seit 1885 o. Prof. in Breslau, Tübingen, Heidelberg und von 1903-1921 in Berlin (Drüll).

Angelegenheit ... außer Frage steht] Simmel muß über die jüngst in Heidelberg aufgelebten Überlegungen, die Diskussion um die Wiederbesetzung des Kuno Fischer-Lehrstuhls nach 1908 wieder zu eröffnen, unterrichtet worden sein. In dieser Information ist dann der Anlaß zu sehen, sich mit diesem Brief bei Böhm wieder in Erinnerung zu bringen, dies um so mehr, da Böhm zwischenzeitlich zum Kultusminister ernannt worden war, was Simmel im Brief an Max Weber vom 15. Juni 1911 kommentierte mit: »Waere das vor 3 Jahren geschehen, so waere wohl alles anders verlaufen!« (GSG 22, S. 710). Daß nach dem Tode des Heidelberger Staats- und Völkerrechtlers Georg Jellinek (1851-1911) nun wohl Alfred Weber Simmels Interesse an der Heidelberger Philosophieprofessur vertrat – und das zunächst erfolgreich –, ist Max Webers Brief vom 9. Nov. 1912 an seinen Bruder Alfred, seinerzeit Dekan der philosophischen Fakultät, zu entnehmen: »ich komme zu größerer Deutlichkeit nochmals – zum letzten Mal – auf die gestrige Unterhaltung zurück. *Wenn* die Gewinnung von *Simmel* als das rücksichtslos zu erstrebende Ziel gilt – gleichviel was denn sonst geschieht: – *gut*. Dann wird mir persönlich die ›schulmeisterliche‹ Aufgabe zufallen, ihm sehr nachdrücklich, kraft meiner Freundschaft und unter dem Risiko, sie dadurch einzubüßen, klarzumachen: 1) daß hier *kein* Ruheposten ist, um (ipsissima verba S[immel]'s, in einem unbewachten Augenblick:) ›in Ruh' was Gut's zu schmausen‹. Es ist in seinem Alter und seiner Lage sehr menschlich, wenn ihm dieser Gedanke nicht ganz fern liegt. 2) daß er *ganz anders* dozieren muß wie, zunehmend in den letzten Jahren. Alle seine *intelligenten* Zuhörer, die ich je sprach, stimmen im Urteil mit Frl. Bäumer's u. meinem Eindruck (›anregend, aber unsolide‹) übcrein. *Auch seine Frau* in der diskreten Form des Sichausdrückens, die ihr selbstverständlich ist (›Er wird vielleicht bald aus der Mode kommen‹ u. dgl.). Dies Alles absolut unter uns natürlich! / Persönlich gäbe ich natürlich viel darum, ihn, und vollends seine Frau, hier zu haben. [...] Ein eigentlich *logisches Seminar* ist *vielleicht* eine Sache, die Simmel nicht mehr zu organisieren weiß, die ihn jedenfalls *nicht* sehr interessiert. Und in seinen metaphysischen Anläufen verbirgt sich hinter unendlich viel Geist eine mir gegenüber ganz offen aufgetretene tiefe innere Unsicherheit, teils bewußt, teils unbewußt. / – Wenn ich *S[immel]* gegenüber die *Aussichtslosigkeit* seiner Berufung (wegen der ›allerhöchsten Stelle‹) scharf betont habe, und jeden Versuch, ihn an Windelband's Loyalität zweifeln zu machen, rücksichtslos als unwahr zurückgewiesen habe, so geschah und geschieht dies, um ihn vor tiefer *Verbitterung* zu schützen. Er schrieb mir daraufhin: es sei tröstlich für ihn, wenigstens daran ›glauben zu dürfen‹. Daß W[indelband] ihn *nicht* liebt und herbeisehnt, weiß er natürlich wie Jeder, – es genügt, daß er daran glaubt, daß W[indelband] seine ›Pflicht und Schuldigkeit‹ gethan habe (wie dies im Ganzen auch der Fall ist). Ob *er* hier, trotz all seines leidenschaftlichen Sehnens hierher, fände, was er *innerlich* will, steht nicht absolut fest. Wenn *nicht*, so würde das Rückwirkungen auf seine Leistungen haben. – / Was den Minister Böhm anlangt, so war er mit Jellinek direkt befreundet und *daher* offen zu ihm. Jeden Andren wird er, nach der ›Gruppenmoral‹ der Bürokratie, sowohl die Ingerenz des Großherzogs, (der *jedes* wichtigere amtliche Schriftstück sieht) wie Elsters Uriasbrief wohl strikt ableugnen [...] / Würde ich gefragt, was mit den hiesigen beiden Professuren zu thun bzw. in Aussicht zu nehmen sei, – so würde ich sagen: *vor allen* Dingen sorgt, daß ein erstklassiger philosophischer Systematiker von allgemeinem Horizont kommt! Es ist klar, daß *allein* Rickert Dem voll genügt. [...] Bekommt man R[ickert] definitiv nicht, *dann: Kühnemann*. [...] Wenn auch der nicht, – Husserl, Lask, Cassirer, die aber mit Simmel incompatibel sind (qua Juden)« (MWG II/7, S. 734-737). – Zur Verabschiedung einer Liste für die Kuno Fischer-Nachfolge kam es aber in Heidelberg nicht; statt dessen wurde die Ernennung Emil Lasks zum etatmäßigen ao. Prof. vorgeschlagen, und Lask wurde am 31. März 1913 formell ernannt (MWG II/7, S. 734).

wesentlichen Teil meiner Arbeitsinteressen] Die von Bergson angeregten ›Mélanges de philosophie relativiste‹ waren als repräsentativer Querschnitt aus Simmels Schriften konzipiert; zudem gab sich Simmel hierin als relativistischer Lebensphilosoph, der sich auf einer Linie mit Henri Bergson wußte und somit glaubte, dem gegen ihn häufig erhobenen Vorwurf des Relativisten Paroli bieten zu können.

Georg Simmel an Auguste Rodin

Brief vom 1. Mai 1912
Hs.; Archives du Musée Rodin, Paris

Berlin-Westend 1-V-12.

Cher maître,

Je vous prie de bien vouloir recevoir M. Raphael, jeune savant allemand d'un talent remarquable. Il a étudié sérieusement votre œuvre et se propose d'écrire là-dessus.

J'espère que vous avez reçu mon livre: Mélanges de Philosophie Relativiste, contenant un essai: L'œuvre de Rodin comme expression de l'esprit moderne. Je me suis permis de vous l'envoyer il y a quelque temps.

Croyez, monsieur et cher maître, à mes sentiments sincères et amicaux

Georg Simmel

Brief vom 1. Mai 1912] Der Brief wurde als Empfehlungsschreiben zur »Einführung« bei Rodin an Max Raphael gesandt (siehe nachfolgenden Brief), der ihn seinem Schreiben an Rodin vom 3. Mai 1912 (Archives du Musée Rodin) anfügte.

Il a étudié sérieusement votre œuvre et se propose d'écrire là-dessus] Diese Aussage klingt an, wenn Max Raphael, den Rodin am »13 mai« 1912 in seinem Atelier empfing (Raphael an Rodin vom 22. Mai 1912; ebd.), in der Schilderung seiner Begegnung mit dem Bildhauer diesen das Gespräch eröffnen läßt mit: »Mein sehr teurer und verehrter Freund Simmel hat mir mitgeteilt, Sie wollten ein Buch über mich schreiben« und seine Überraschung erinnert angesichts Rodins Empfehlung, ausschließlich über seine »*Methode*« zu schreiben, die sich an »irgend einem beliebigen Werk« erkennen lasse. Denn: »Eben das habe [er] in den letzten Monaten getan. Ich glaube, nicht nur über das Wesen sondern auch über die Grenzen Ihrer Methode schreiben zu können. Der Text ist fertig« (Gespräch mit Rodin. In: Aufbruch in die Gegenwart. Begegnungen mit der Kunst und den Künstlern des 20. Jahrhunderts. Herausgegeben von Hans-Jürgen Heinrichs. Frankfurt/M./New York: Edition Qumran im Campus Verlag 1985, S. 30-34, hier: 31 f.). Denn Raphael hatte Rodin in seinem Brief vom 3. Mai 1912 (a. a. O.) lediglich die Rahmenbedingungen seines Buchprojekts mitgeteilt: Die Herausgeber der in der Librairie Artistique et Littéraire angesiedelten Reihe ›L'Art et le Beau. Études artistiques illustrées‹ hätten die Absicht, der ersten, von Gustave Kahn 1906 als Nr. 2 der Reihe erschienenen illustrierten, deutsch- wie auch französischsprachigen Monographie ›Auguste Rodin‹ (Paris: o. J.) eine neue folgen zu lassen, sofern der Künstler sechzig Photographien zur Verfügung stelle. Er selbst sei beauftragt, den Begleittext zu liefern. Wie dann aus Raphaels Brief an Rodin vom 22. Mai 1912 (s. o.) hervorgeht, erhoffte sich der Verlag von Rodin für diese – schließlich nicht zustande gekommene Publikation – eine günstige Überlassung unveröffentlichter Photographien. Jenseits dieser Auftragsarbeit beschäftigte sich Max Raphael mit Rodins Werk im Rahmen seiner seit 1911 verfolgten erkenntnistheoretisch begründeten Analyse und Kritik der Entwicklung der modernen Kunst, in der er es aufgrund der zum Ausdruck gebrachten Priorität der Zeit gegenüber dem Raum exemplarisch für die Unausgewogenheit und die Grenzen des Impressionismus heranziehen sollte. Vgl. Max Raphael: Von Monet zu Picasso. Grundzüge einer Ästhetik und Entwicklung der modernen Malerei [Erstdruck: München: Delphin Verlag 1913]. Herausgegeben von Klaus Binder. Frankfurt/M./Paris: Qumram 1983, S. 102 f. und 109-112.

Mélanges de Philosophie Relativiste ... envoyer il y a quelque temps] Simmels kurz zuvor erschienenen ›Mélanges de philosophie relativiste‹ (siehe Simmel an Félix Alcan vom 19. und 23. Febr. 1912) enthalten den Aufsatz ›L'œuvre de Rodin comme expression de l'esprit moderne‹ in der Übersetzung von Isaak Benrubi (GSG 19, S. 249-259). Dabei handelt es sich um eine erweiterte Fassung der Rodin bereits mit Schreiben vom 21. Mai 1909 zugesandten und in einer Rohübersetzung Benrubis bekannten Studie: Die Kunst Rodins und das Bewegungsmotiv in der Plastik (GSG 12, S. 28-36). Siehe Simmel an Benrubi vom 21. Mai 1909 und Rodin an Simmel vom Aug. 1910; vgl. auch den Editorischen Bericht in GSG 19, S. 413 f.

Georg Simmel an Max Raphael

Brief vom 1. Mai 1912
Hs.; Germanisches Nationalmuseum, Nürnberg

I. V. 12

Sehr geehrter Herr Doktor,

ich sende Ihnen hier die gewünschte Einführung an Rodin, in der Form, die ich für die wirkungsvollste halte. Trotzdem bin ich mir über den Erfolg höchst zweifelhaft.

Falls Herr *Dr. Worringer* noch in Paris ist, bitte ich, ihn von mir herzlich zu grüßen.

Freundlichst ergeben Ihr

Simmel

Einführung an Rodin] Gemeint ist Simmels vorstehend wiedergegebenes Empfehlungsschreiben an Auguste Rodin.

Erfolg höchst zweifelhaft] An den Erfolg der Simmelschen »Einführung« erinnert Max Raphael in seinem ›Gespräch mit Rodin‹ (siehe die Erl. zu vorstehendem Schreiben): »Im Frühjahr 1912 durfte ich Rodin besuchen – in den hohen Räumen, die damals sein Atelier waren und heute sein Museum sind. Es war zu jener Zeit nicht leicht, Rodin zu sprechen, und nur eine Empfehlung meines stets hilfsbereiten Lehrers Georg Simmel hat mir den Zugang geöffnet. Die Herzlichkeit, mit der mir Rodin über seinen ›berühmten Freund‹ schrieb, bewies, wie eng die menschliche Beziehung zwischen beiden gewesen sein muß« – eine Nähe, die Raphael mit Rodins Auftrag, »seinen ›sehr teuren und berühmten‹ Freund Simmel zu grüßen«, unterstreicht (S. 30, 33). – Auf ähnliche Einführungen durch Simmel weisen auch die in den Archives du Musée Rodin überlieferten Schreiben des in Paris arbeitenden Schriftstellers und Kunsthistorikers Otto Grautoff (1876-1937; Redakteur der Zeitschrift ›Jugend‹ 1900-1903; Dr. phil. 1904; DBE) vom 21. Mai und 19. Sept. 1909, des seinerzeit als PD der Kunstgeschichte in Berlin tätigen Werner Weisbach (1873-1953; DBE) vom 17. Okt. 1909 und von Kurt Singer vom 12. Okt. 1910; letzterer hatte »von 1905 bis 1909« an allen Veranstaltungen Simmels teilgenommen (K. Singer: Erinnerungen an Simmel, in: BdD, S. 296) und nach dem Abschluß seines Studiums der Philosophie und Staatswissenschaften mit einer geldtheoretischen Dissertation in Straßburg eine Studienreise unternommen (DBE).

Dr. Worringer] Zu der persönlichen Beziehung zwischen Simmel und dem Kunsthistoriker Wilhelm Worringer siehe Simmel an Vorstand der DGS vom 15. März 1912.

Georg Simmel an Hermann Beck

Abschrift von Brief vom 6. Mai 1912
Tps.; SHLB Kiel, Nl Tönnies

Westend, 6. v. 12.

Sehr geehrter Herr Doktor!

Alfred Weber hat abgesagt – übrigens möchte ich *jede* Hoffnung noch nicht aufgeben, ihn umzustimmen. Er kommt nächste Woche nach Berlin und ich werde versuchen, was sich tun lässt. Sol[lte] er nicht umzustimmen sein, so hat sich ja Max Weber als Ersatzmann zur Verfügung gestellt. Ich lasse die Herren, die mit Oppenheimer und L. Hartmann verhandelt haben, bitten, die Themen-Vorschläge dieser Herren einzuholen. Prof. Michels hat deswegen angefragt, ich kann aber nicht gut mit ihm darüber korrespondieren, ohne zu wissen, was die anderen Vortragenden anbieten. Ferner bitte ich um möglichs[t] baldige Beantwortung meiner Frage über Edv. Lehmann. Endlich: sind die Herren vom Vorstand alle damit einverstanden, dass die Tagung am 21. und 22. Oktober, nebst einem Begrüssungsabend am 20. stattfindet?

Mit ergebenster Begrüssung Ihr

gez. Simmel.

Abschrift von Brief vom 6. Mai 1912] Oben: ABSCHRIFT.; in Anrede: Doktor! (Beck.); li. unten: Ra. – Durchschlag mit Textverlusten am re. Seitenrand.

abgesagt] Das Schreiben Alfred Webers an Simmel, in dem er seinen in Aussicht genommenen Vortrag zum Thema ›Nation und Wirtschaft‹ auf dem Zweiten Deutschen Soziologentag (siehe Erl. zum Brief vom 15. März 1912) absagte und sein Kommen nach Berlin ankündigte, ist verschollen.

zur Verfügung gestellt] Max Weber hatte sich zu einem Vortrag auf dem Zweiten Deutschen Soziologentag bereit erklärt, seinen eigenen Auftritt jedoch für unpassend gehalten, nachdem schon sein Bruder Alfred Weber als Referent vorgesehen war (siehe Erl. zu Simmel an Hermann Beck vom 26. März 1912).

die Herren, die mit Oppenheimer und L. Hartmann verhandelt haben] Franz Oppenheimer und Ludo Hartmann waren in der Vorstandssitzung der DGS vom 2. März 1912 als Vortragsredner mit noch festzulegenden Themen für den Zweiten Deutschen Soziologentag in

Aussicht genommen worden (Protokoll der Vorstandssitzung der DGS vom 2. März 1912, SHLB Kiel, Nl Tönnies). Die Verhandlungen führte für die DGS Alfred Vierkandt (Vierkandt an Hermann Beck vom 2. und 13. April sowie 10. Mai 1912, ebd.). Oppenheimer gab dann als Thema ›Rassentheoretische Geschichtsphilosophie‹ und Hartmann ›Die Nation als politischer Faktor‹ an.

Prof. Michels hat deswegen angefragt] Entsprechendes Schreiben von Michels an Simmel verschollen.

meiner Frage über Edv. Lehmann] Siehe Simmel an den Vorstand der DGS vom 16. April 1912.

Herren vom Vorstand] Siehe Simmel an den Vorstand der DGS vom 15. März 1912.

Tagung] Zweiter Deutscher Soziologentag.

Georg Simmel an Robert Michels

Postkarte vom 17. Mai 1912
Hs.; AFE Turin, Nl Michels

Westend 17 V 12

Verehrter Herr Kollege,

das Arrangement der Themata für den Soziologentag ist bei der Unmöglichkeit mündlicher Verständigung u. aus andren technischen Gründen eine höchst langwierige Aufgabe. Indeß ist kein Zweifel, daß eines der von Ihnen freundlichst angebotnen sehr willkommen sein wird. Wie wäre es (ich kann im Augenblick Ihren Brief nicht finden) mit: *Nationalität u. Parteiwesen*?

Die Tagung findet am 21. u. 22. Okt. mit einem Begrüßungsabend am 20. statt.

Herzlich grüßend Ihr

Simmel

Postkarte vom 17. Mai 1912] *Illmo Signore / Prof. R. Michels / Torino / 1 Via A. Provana*; mit Poststempeln: CHARLOTTENBURG 2 17. 5. 12. 11-12 V; [unles.] 18. 2. 12. 21.

langwierige Aufgabe] Simmel konnte der Bitte von Michels, ihm sein Vortragsthema für den Soziologentag zu nennen, nicht nachkommen, da die Vorstandsmitglieder der DGS Simmels Ersuchen um »möglichst baldige« Information über das Arrangement der Themata (siehe Simmel an Beck vom 6. Mai 1912) noch nicht nachgekommen waren.

eines der von Ihnen freundlichst angebotnen] Michels muß Simmel in einem verschollenen Antwortschreiben auf dessen Brief vom 25. April 1912 Themenvorschläge unterbreitet haben.

Tagung] Zweiter Deutscher Soziologentag.

Georg Simmel an Hermann Beck

Abschrift von Brief vom 24. Mai 1912
Tps.; SHLB Kiel, Nl Tönnies

Haag, 24. v. 12.

Verehrter Herr Doktor!

Ich möchte nur in Eile melden, dass Alfred Weber sich zu einem Vortrag bereit erklärt hat, falls ihm ein allgemeines sozial-kulturelles Thema konzediert wird. Ich meine nun, dass das sehr wohl ohne Durchbrechung unseres Nation-Programmes möglich ist, wenn wir den Vortrag auf den Begrüssungsabend legen, der ja sowieso einen anderen Charakter hat, als die eigentlichen Arbeitstage. Alfred Weber scheint mir eine so wichtige Akquisition und sein Vortrag wird sicher etwas so Erhebliches werden, dass ich aufs dringendste für dieses Arrangement plaidiere. – Es ist wohl erforderlich in der Woche nach Pfingsten eine Vorstandssitzung zu berufen, da doch spätestens Ende Juni das Programm verschickt werden muss. Ich stehe vom 5. Juni an in dieser Woche zur Verfügung und möchte Sie sehr bitten Ihrerseits, bezw. nach Verabredung mit den anderen Herren, einen möglichst baldigen Termin für die Sitzung anzuberaumen.

Mit besten Grüssen Ihr ergebenster

gez. Simmel.

Abschrift von Brief vom 24. Mai 1912] Oben: *ABSCHRIFT*. Anrede: Doktor! (Beck).

Haag] Georg und Gertrud Simmel hatten – ähnlich wie etwa 1910 (siehe Simmel an Margarete von Bendemann vom 30. April 1910) – die 1912 auf den 26. und 27. Mai fallenden Pfingstfeiertage und die daran anschließende Woche für eine kurze Reise genutzt, um, wie wohl bereits im vergangenen Jahr beabsichtigt (siehe Simmel an Hermann Graf von Keyserling vom 30. März 1911), Den Haag und Amsterdam zu besichtigen; siehe dazu Simmel an Georg von Lukács vom 25. Mai 1912 wie auch Gertrud Simmels Mitteilung an Rudolf Pannwitz vom 27. Mai 1912 aus Amsterdam: »Holland ist herrlich zu Pfingsten« (DLA Marbach, Nl Pannwitz).

zu einem Vortrag bereit erklärt] Das Gespräch mit Alfred Weber, das Simmel Beck im Brief vom 6. Mai 1912 angekündigt hatte, war also zustande gekommen. Webers Vortragsbereitschaft legt nahe, daß seine vorherige Absage (siehe ebd.) vorrangig dem ihm seitens der DGS angetragenen Thema ›Nation und Wirtschaft‹ (siehe Simmel an Vorstand der DGS vom 15. März und 16. April 1912) geschuldet war.

Akquisition] Im Original: Aquisition.

unseres Nation-Programmes] Angeregt durch den Vorschlag von Ferdinand Tönnies, die »Begriffe Volk und Nation im Zusammenhange mit Rasse, Staat, Sprache« zum Programm des Zweiten Deutschen Soziologentages zu machen (Tönnies an Vorstand der DGS vom 5. Nov. 1911, SHLB Kiel, Nl Tönnies), war dieser dem Thema ›Nation‹ gewidmet; siehe Simmel an Vorstand der DGS vom 10. Nov. 1911.

Vorstandssitzung] Der DGS.

Ich stehe vom 5. Juni an ... zur Verfügung] Das heißt in der übernächsten Woche nach Pfingsten und nach den beiden Lehrveranstaltungstagen; denn Simmel hatte für das SS 1912 angekündigt, ein Kolleg über »Ethik (mit Rücksicht auf die Grenzgebiete: Recht, Kunst, Religion), Di 5-7 p[rivatim]« und »Übungen im Anschluß an die Vorlesung zu bestimmender Stunde« (Vorlesungsverzeichnis Berlin SS 1912, S. 121) zu halten und später mitgeteilt, »daß seine Übungen Mo 6-7 stattfinden« (Berliner Akademische Nachrichten VI/12 [= Heft vom 20. April 1912], S. 139).

anderen Herren] Vorstandsmitglieder der DGS, also: Tönnies, Sombart, Vierkandt, Philipp Stein, Ploetz sowie Max Weber.

Georg Simmel an Georg von Lukács

Postkarte vom 25. Mai 1912
Hs.; Lukács Archiv, Budapest

Haag, 25 V 12

Verehrter Herr Doktor,

Ihr freundlicher Brief trifft mich auf der Reise. Ich werde in den nächsten Tagen an *Lask* schreiben, so daß Sie ihn in kurzer Zeit unter Berufung darauf besuchen können. Zu *Windelband* zu gehn würde ich Ihnen kaum raten; teils weil er sehr beschäftigt ist, teils aus andern Gründen glaube ich nicht, daß es einen rechten Sinn für Sie hat. Wenn Ihnen indeß aus irgend einer speziellen Veranlassung grade daran liegt, so bitte ich um eine nochmalige Nachricht nach Westend, ich würde Ihnen dann eine Einführung zusenden. – Kennen Sie *Dr. Salz*, Privatdozent in H.? Dies ist ein höchst feiner u. interessanter Mensch, wenn Sie es wünschen, kann ich Sie bei ihm einführen. – Soeben war Herr *Bauer* in Berlin, ich konnte ihn leider meiner Abreise wegen nur einmal sehn, habe aber große Freude an ihm gehabt. Er scheint sich zu einer schönen Selbständigkeit u. Reife zu entwickeln.

Beste Grüße von meiner Frau u. Ihrem aufrichtig ergebnen

Simmel

Postkarte vom 25. Mai 1912] An: Herrn / *Dr. G. v. Lukács / Heidelberg / Helmholtzstr. 1 / Deutschland*; mit Poststempel: s'GRAVENHAGE [unles.] 5.v.12 3-4 [unles.].

Brief] Verschollen.

Reise] Zur Pfingstreise der Simmels siehe Simmel an Hermann Beck vom 24. Mai 1912.

Ich werde ... an *Lask* schreiben] Georg von Lukács hatte Simmel um eine Einführung bei Emil Lask gebeten, der seit 1910 eine ao. Titularprofessur in Heidelberg hatte (MWG II/7, S. 1019). Denn von Lukács hoffte nach dem Scheitern entsprechender Bemühungen in Budapest (siehe Simmel an von Lukács vom 17. Febr. 1911) seit dem Frühsommer 1911 auf eine Habilitation in Heidelberg oder Freiburg. Hatte er seinen Plan zunächst noch zurückgehalten – »über die Habilitation *weiß niemand*, folglich auch über ihr Scheitern nichts«, schrieb er seinem Freund, dem Kunstkritiker Leo Popper (1886-1911) am 19. Mai 1911 (Lukács Briefwechsel, S. 224) –, so doch im Herbst begonnen, Erkundigungen über seine Chancen einzuziehen und eine Plazierung im deutschen akademischen Milieu vorzubereiten. So war ihm – wie er Paul Ernst im Sept. 1911 schrieb – Simmels Einschätzung und dessen Vermittlung in Hinblick auf den »Anschluß an wissenschaftlich-philosophische Zeitschriften wichtig« (ebd., S. 255) gewesen; dies gilt wohl auch für Ernsts Versicherung vom 24. Sept. 1911: »Von Simmel können Sie jede Vermittlung verlangen, er sprach *sehr* günstig« (Ernst/Lukács S. 24) oder für dessen Bericht vom 23. März 1912 (ebd., S. 38), Simmel habe »mit großer Achtung« über sein jüngst erschienenes Buch ›Die Seele und die Formen. Essais‹ (Berlin: Egon Fleischel & Co. 1911) gesprochen. Zur »Erkundigung in H[eidelberg]. und F[reiburg]« hatte sich der Privatgelehrte Franz Baumgarten (1880-1927) erboten (Baumgarten an von Lukács vom 14. Dez. 1911 in: Lukács Briefwechsel, S. 263, 408), und von Lukács selbst suchte durch die Versendung seiner Schrift das Interesse auf sich zu lenken. Wohl dank Simmels Einführungsschreiben (verschollen) erhielt von Lukács Lasks Einladung vom 11. Juni 1912: »Es ist eine unverzeihliche Saumseligkeit, daß ich für die liebenswürdige Übersendung Ihres Buches und den beiliegenden Brief erst heute meinen herzlichsten Dank ausspreche. [...] Darf ich Sie bitten, morgen Mittwoch nachmittag gegen 5 ½ Uhr mich zu besuchen?« (Lukács Briefwechsel, S. 288 f.). Hinsichtlich des Erfolgs dieser Zusammenkunft schrieb Baumgarten dann am 8. Juli 1912 an seinen Freund, dank Simmels und nun auch Lasks Empfehlungen scheine ihm das »Terrain« in Freiburg »vorbereitet«: »Sehr viel wird es Ihnen helfen, daß Simmel Sie brieflich gelobt u. noch mehr, daß Lask begeistert über Sie (an [Heinrich] Rickert und [Jonas] Cohn) geschrieben« hat (ebd., S. 289). – Zur weiteren Beziehung zwischen von Lukács und Lask siehe: Emil Lask. Ein Nachruf von Georg von Lukács. In: Kant-Studien, Bd. 22 (1918), S. 349-370.

Zu *Windelband* ... Einführung] Ob Simmels »Einführung« bei Wilhelm Windelband angefordert wurde, ist nicht bekannt. – Ähnlich wie Simmel hatte auch Franz Baumgarten von Lukács am 14. Nov. 1911 von Bemühungen um Windelbands Aufmerksamkeit abgeraten: »Windelband ist alt, sehr krank und über und über beschäftigt. Er würde Ihr Buch nicht lesen [...] Er hat ganz abgeschlossen« (Lukács Briefwechsel, S. 263). Über den geringen Erfolg eines entsprechenden Versuchs berichtet Max Weber Georg von Lukács am 22. Juli 1912: »Ich saß gestern (absichtlich) neben Windelband und brachte Gothein gegenüber das Gespräch auf Sie. W[indelband] machte dann einige Bemerkungen über Ihre Essay's, sachlich ohne Belang, nicht grade unfreundlich, aber wie ich erwartete: die *Form* ist ihm natürlich *höchst* uncongenial, er war darüber direkt unwirsch. Ich sagte vorsichtig einiges Wenige, *möglichst* wenig zunächst, über Sie und insbesondre: daß Sie Ihrem Wesen nach *Systematiker* seien, diese essayistische Periode hinter Ihnen liege etc. Er hörte höflich, wie immer, aber *ohne* besondres Interesse zu, so daß ich es klug fand nicht weiter zu gehen, da dies nicht in Ihrem Interesse gewesen wäre, – ich kenne ihn darin« (MWG II/7, S. 625).

***Dr. Salz*, Privatdozent in H.]** Arthur Salz (1881-1963), hatte ab WS 1900/01 zunächst zwei Semester Philosophie (u. a. bei Simmel) und Jurisprudenz in Berlin studiert, dann Staatswissenschaften in München, wo er 1905 promovierte. Er war seit 1909 PD für Nationalökonomie, Wirtschaftsgeschichte und Soziologie in Heidelberg (Vita zum Promotionsgesuch, UA München, M-IIp-28; Drüll; Minerva 1909/10). – Arthur Salz erinnert in ›A Note from a Student‹ von Simmel, daß »no other teacher has had a stronger and more enduring influence in forming my outlook on life« (In: Kurt H. Wolff, Hg.: Georg Simmel, 1858-1918. A Collection of Essays, with Tranlations and a Bibliography. Columbus: Ohio State University Press 1959, S. 233-236, hier: 235). Nur angedeutet findet sich hier der später ›zufällig‹ eingetretene »rather close personal contact with Simmel« (S. 236). Als private Anknüpfungspunkte wären zu nennen: Salz zählte spätestens seit Febr. 1902 zu den Joursgästen Karl Wolfskehls und den Korrespondenzpartnern von Friedrich Gundolf, die ihn mit Stefan George und seinem Kreis bekannt machten (Seekamp, S. 119 f.), gehörte in Heidelberg auch zum Freundeskreis von Alfred, Max und Marianne Weber (MWG II/7, S. 1031 f.) und hatte sich zudem am 2. April 1912 mit Sophie (Soscha) Kantorowicz (1887-1960; ebd.) verehelicht, eine Schwester des Mediävisten und Georgeaners Ernst Kantorowicz (1895-1963; NDB), die beide Simmels Freundin Gertrud Kantorowicz schon als Cousine und Cousin sehr nahe standen (siehe: Angela Rammstedt: »Wir sind des Gottes, der begraben stirbt«. Gertrud Kantorowicz und der nationalsozialistische Terror. SNL 6/1996, S. 135-177).

Soeben war Herr *Bauer* in Berlin] Gemeint ist der später als Dichter, Schriftsteller und Filmästhetiker namhaft gewordene Béla Balázs (eigentl. Herbert Bauer, 1884-1949), der nach seinem Studium in Budapest als Stipendiat in Berlin Simmels Veranstaltungen besuchte und seinem Freund Georg von Lukács im Mai 1912 über diese Begegnung schrieb: »Da fällt mir ein: ich war bei Simmel. Er sprach über Dein Buch, er hatte es vor kurzem gelesen, als er nach Weimar fuhr und es mitnahm. Er sagte [...], es sei ›ungleich‹ [...]. Die Metaphysik der Tragödie [d. i. Kap. Metaphysik der Tragödie: Paul Ernst. In: Georg Lukács: Die Seele und die Formen. A.a.O., S. 325-373] gefiel ihm ganz besonders. Ich kann freilich nicht einschätzen, wie aufrichtig er zu mir war. Er beanstandete die Einmischung ›dichterischer Elemente‹, etwa im Sterne-Dialog [d. i. Kap. Reichtum, Chaos, Form: Ein Zwiegespräch über Lawrence Sterne, ebd., 265-323]. Ansonsten machte er auf mich den Eindruck eines Dummkopfs und Affen – freilich war, was wir sprachen, keine Fachphilosophie. Ich hatte, wie es scheint, an jenem Abend ›Erfolg‹, und anscheinend hast auch Du eine ›gute Note‹ bei ihm« (Lukács Briefwechsel, S. 286 f., 407).

Georg Simmel an Vorstand der DGS

Abschrift von Brief vom 10. Juni 1912
Tps.; SHLB Kiel, Nl Tönnies

Westend, 10. VI. 12.

Sehr geehrte Herren!

Auf die Einwendungen von Herrn Vierkandt betr. den Vortrag von Prof. Alfred Weber, denen sich Herrn Tönnies angeschlossen hat, möchte ich erwidern: dass ich unter diesen Umständen auf die Mitwirkung des Genannten ohne weiteres verzichten würde – sobald die opponierenden Herren einen vollgültigen Ersatz vorzuschlagen haben. In Anbetracht indes der vielen Körbe, die wir in dieser Angelegenheit schon bekommen haben, scheint es mir äusserst bedenklich, auf eine Kraft wie Alfred Weber freiwillig zu verzichten. Ich würde das für richtig halten, wenn wir überhaupt auf eine systematisch abgerundete, in sich einheitliche Behandlung des Themas Nation hoffen könnten. Davon ist aber bei der gegebenen Sachlage absolut nicht die Rede. Der Nation-Begriff ist, wie ein Blick auf die beistehende und noch geplante Rednerliste zeigt, ein dünnes Fädchen, das die Vorträge – oder richtiger: die Titel – notdürftig verbindet; in Wirklichkeit werden die Darbietungen kaum einheitlicher sein und sich kaum enger an einander anschliessen, als die ganz heterogenen Reden unserer ersten Tagung. Gegen diese unbarmherzige Tatsache sollte uns der Wunsch, dass es anders sein möchte, nicht blind machen. Und um dieser dünnen, rein begrifflich-repräsentativen Einheitlichkeit willen darf man, wie ich glaube, einen so hervorragenden Redner wie A. W. nicht ablehnen. Ich möchte mit der grössten

Entschiedenheit aussprechen, dass bei der prekären Stellung der Soziologie, bei den Schwierigkeiten und Gegnerschaften, die unsere Intentionen finden, unser Prinzip sein muss: men, not measures! Wir müssen mehr und mehr die hervorragenden und einflussreichen (natürlich: *mit Recht* einflussreichen) Persönlichkeiten gewinnen und sie für unsere Sache wirken lassen und dürfen uns m. E. darin nicht durch ein dogmatisches Bedenken, wie es in diesem Fall die thematische Einheit ist, irre machen lassen.

Auch wäre dies Bedenken gerechtfertigter, wenn es sich um ein ganz abweichendes *spezialistisches* Thema handelte. Aber Alfr. W. will ja über ein ganz allgemeines, sozialkulturelles Thema sprechen, das für *alle* Soziologie, auch *die der Nation*, fundamental ist! Ausserdem soll es am Begrüssungsabend geschehen, der sowieso einem ganz allgemeinen Vortrag vorbehalten sein sollte. (Ich erinnere Herrn Tönnies daran, dass er selbst vor zwei Jahren, nachdem ich meinen Vortrag am Begrüssungsabend gehalten hatte, seine Rede am nächsten Tage mit den Worten begann: »Ich eröffne hiermit den wissenschaftlichen Teil des Soziologentages« –––)

Ich bitte die Herren, diese Argumente zu bedenken und zu versuchen, ob wir nicht zu einer Einigung über diese wichtige Frage kommen können. Wir haben also bisher als Redner gewonnen: Prof. Michels, Dr. Ludo Hartmann, Dr. Oppenheimer. Von Herrn Dr. Vierkandt steht die Antwort noch aus. Ferner ist angeregt, Lamprecht und Paul Barth aufzufordern. Welcher von den Herren kann an den Letzteren herantreten? So viel ich weiss, ist Herr Tönnies mit ihm befreundet. Lamprecht müsste offiziell geladen werden. Ich bitte dringend, all diese Fragen *möglichst umgehend zu beantworten*; wenn wir nicht Ende dieses Monats alles klar haben, ist die Herbsttagung in ihrem Zustandekommen bedroht.

In vorzüglicher Hochachtung

gez. Simmel

Abschrift von Brief vom 10. Juni 1912] Durchschlag; oben: *ABSCHRIFT*; nach Datumszeile: An den / Vorstand der Deutschen Gesellschaft für Soziologie.

Einwendungen von Herrn Vierkandt betr. den Vortrag von Prof. Alfred Weber] Gegen Simmels Vorschlag, Alfred Weber für den Zweiten Deutschen Soziologentag als Vortragsredner doch noch zu gewinnen, indem man seinem Wunsch nach einem »allgemeinen sozial-kulturellen Thema« folge (siehe Simmel an Hermann Beck vom 15. März, 16. April sowie 6. und 24. Mai 1912), hatte Vierkandt eingewandt: die DGS als »rein wissenschaftliche Gesellschaft« müsse üblicherweise jedes ordentliche Mitglied auffordern, Vorträge anzumelden; diesem Usus sei schon beim ersten Soziologentag entgegengehandelt worden, und wenn man davon auch bei der Vorbereitung des zweiten abweiche, so lasse sich das nur durch die Beschränkung auf ein einheitliches Thema rechtfertigen; die freie Themenwahl für Alfred Weber könnte dagegen als »willkürliche Bevorzugung« angesehen werden (Alfred Vierkandt an Vorstand der DGS vom 31. Mai 1912, SHLB Kiel, Nl Tönnies).

denen sich Herr Tönnies angeschlossen hat] Mit Brief an den Vorstand der DGS vom 2. Juni 1912 (ebd.)

vielen Körbe] Abgesagt hatten bisher: Max Weber, Theodor Niemeyer, Ernst Troeltsch, Friedrich Meinecke und Wilhelm Worringer (siehe Simmel an Vorstand der DGS vom 15. März 1912).

des Themas Nation] Thema des Zweiten Deutschen Soziologentages.

ersten Tagung] Erster Deutscher Soziologentag vom 19.-22. Okt. 1910 in Frankfurt/M.

beistehende ... Rednerliste] Nicht überliefert.

A.W. ... Alfr. W.] Alfred Weber.

men, not measures!] Engl.; Umkehrung des häufig als politisches Schlagwort angewendeten Ausspruches »Measures, not men« (Maßregeln, nicht Menschen), einem Zitat aus: Oliver Goldsmith (1728-1774): The good-natured man (Der Gutmütige), 2. Akt ([23]Büchmann, S. 328).

Vortrag am Begrüssungsabend] Nach Auffassung von Ferdinand Tönnies und Max Weber hatte Simmel seinen Vortrag ›Soziologie der Geselligkeit‹ am »Begrüssungsabend« des Ersten Deutschen Soziologentages gehalten, wohingegen Simmel meinte, am »Eröffnungsabend« des Soziologentages gesprochen zu haben. Über den Stellenwert von Simmels Vortrag war es zu einem latenten Konflikt gekommen: Während Simmel als Initiator der DGS wie selbstverständlich davon ausging, den ersten Soziologentag zu eröffnen, beanspruchte Tönnies als ältester der drei Vorstandsvorsitzenden (Simmel, Sombart und Tönnies) dieses Recht und meinte sich dabei auf § 23 des Statuts der DGS berufen zu können, nach dem »der jeweils älteste anwesende Vorsitzende der Gesellschaft« die Mitgliederversammlung leite. Max Weber hatte den Konflikt beizulegen versucht, indem er Tönnies gegenüber Simmels Rede »am Begrüßungsabend« als nur eine »Art Eröffnung des rein persönlich-menschlichen Zusammenseins« interpretierte und in ihm ein Zugeständnis an Simmel sah, um diesen nicht »vor den Kopf zu stoßen«; dem folge dann am kommenden Vormittag die offizielle »Eröffnungsrede« von Tönnies (Max Weber an Ferdinand Tönnies vom 18. Okt. 1910, MWG II/6, S. 651 f.). Demgegenüber hieß es im offiziellen Veranstaltungsprogramm: »1. am 19. Oktober, Eröffnungsabend 7½ Uhr: Prof. Dr. Georg Simmel, Berlin: Soziologie der Geselligkeit; [...] 2. am 20. Oktober vormittags 10 Uhr: Prof. Dr. Ferdinand Tönnies, Kiel: Wege und Ziele der Soziologie [...]« (SHLB Kiel, Nl Tönnies), und auch die Presse sah in Simmels Vortrag die Eröffnungsrede der Veranstaltung, so etwa die FZ, die am 20. Okt. 1910 ausführlich über den Ersten Deutschen Soziologentag berichtete und als einzigen der Vorträge denjenigen Simmels vollständig abdruckte (1. Mo. Bl. vom 21. und 22. Okt. 1912; vgl. Editorischer Bericht zu GSG 12, S. 513-529). – Daß dieser Konflikt weiter schwelte, ist anläßlich der Drucklegung der ›Verhandlungen des Ersten Deutschen Soziologentages vom 19.-22. Oktober 1910 in Frankfurt/M.‹ (Tübingen: J.C.B. Mohr [Paul Siebeck] 1911) erkennbar, die Max Weber im Auftrag des Vorstands der DGS betreute. Denn hatte dieser dem Verlag am 5. März 1911 die Korrektur mitgeteilt: »Über den ersten Abschnitt, der Simmel's Vortrag enthält, wäre wohl eine ›I‹ zu setzen. Über jeden *folgenden* Verhandlungstag dann: ›II‹, ›III‹, ›IV‹« (MWG II/7, S. 125), so setzt in der Publikation dann die Numerierung mit dem 20. Okt. als dem »1. Verhandlungstag« ein; Simmels Vortrag am sog. »Begrüßungsabend« wurde damit der eigentlichen Tagung vorgelagert. Warum Weber diese Änderung vornahm und wem er damit entgegenkommen wollte oder mußte, ist nicht aktenkundig. Wohl aber ist bekannt, daß Max Weber über den Unmut von Tönnies und Simmel über die Geschehnisse zu Beginn des Ersten Deutschen Soziologentages unterrichtet war, denn er schlug der DGS eine »Geschäftsordnung für den Vorstand« vor, zu der es im Beibrief heißt: »Aus den von verschiedenen Herren gemachten Andeutungen über die Art und Weise [der Teilung der Vorstandsgeschäfte] scheint mir eine Art ›mittlerer Linie‹ wenigstens in den in der Anlage berührten Punkten sich zu ergeben, die natürlich der Ansicht keines der Herren ganz *genau* entspricht« (Schreiben an den Vorstand der DGS vom 3. Febr. 1911, MWG II/7, S. 78); und in dem Geschäftsordnungsentwurf schlägt Weber vor: »Von den Vorsitzenden übernimmt: a) Herr Prof. Tönnies: die Vertretung in den internationalen Beziehungen; die Leitung der Mitgliederversammlungen; die Vorverhandlungen mit der Sektion für Statistik bis zur Beschlußfassung durch den Vorstand. [...]

b) die Herren Prof. Simmel und Prof. Sombart abwechselnd: die Leitung der öffentlichen Versammlungen und Diskussionen« (ebd., S. 79).

»Ich eröffne hiermit den wissenschaftlichen Teil des Soziologentages«] Den Konflikt zwischen Simmel und Tönnies bezüglich der Eröffnung des Ersten Deutschen Soziologentages hatte Tönnies verschärft, indem er in seinem Vortrag am 20. Okt. 1910 nicht nur einleitend betonte, daß er den Soziologentag eröffne, sondern sich zu der Formulierung hinreißen ließ, daß nunmehr der »wissenschaftliche Teil des Soziologentages« beginne. Tönnies hatte seine Worte für die gedruckte Fassung seines Vortrages abgemildert in: »Ich habe die Ehre, im Namen des Präsidiums den Ersten Deutschen Soziologentag zu eröffnen« (Verhandlungen, a. a. O. S. 17), aber nicht nur die FZ (Nr. 291 vom 20. Okt. 1912, Ab. Bl.) gibt die von Simmel zitierten Eröffnungsworte wieder, wenn es dort heißt, daß Tönnies' Vortrag den »Anfang der *eigentlichen wissenschaftlichen* Beratungen« darstelle, sondern auch Tönnies selbst widerspricht diesen ihm zugeschriebenen ehrverletzenden Worten nicht in seinem Simmel betreffenden Antwortbrief an den Vorstand der DGS vom 14. Juni 1912 (SHLB Kiel, Nl Tönnies). Und daß Simmel sich durch diese Einleitung des Referats von Tönnies brüskiert fühlte, belegt noch ein Brief Max Webers an Oskar Siebeck vom 25. Mai 1911, in dem er sich dafür ausspricht, daß der Titel der gedruckten ›Verhandlungen des Ersten Deutschen Soziologentages‹ als Beginn den 19. und nicht den 20. Okt. nennt, »da Prof. *Simmel* verletzt sein könnte, falls man seinen Vortrag als ›noch nicht‹ zur Arbeit der Tagung gehörig ansähe«, ja sein Argument zusätzlich verstärkt mit: »ein concreter Vorfall in Frankfurt giebt mir den Anlaß« (MWG II/7, S. 217).

die Herren] Die Vorstandsmitglieder der DGS; siehe Simmel an Vorstand der DGS vom 15. März 1912.

Prof. Michels] Simmel hatte Robert Michels als Thema ›Nationalität und Parteiwesen‹ vorgeschlagen (Brief vom 17. Mai 1912), wohingegen Max Weber als dessen Thema ›Nation und Vaterland‹ angegeben hatte (Simmel an Vorstand der DGS vom 15. März 1912); diese Themenformulierung war jedoch durch die zwischenzeitlich geforderte Einbeziehung des ›Juden-Problems‹ in das Tagungsthema für Simmel problematisch; siehe die Schreiben an den Vorstand der DGS (SHLB Kiel, Nl Tönnies) von Sombart (21. März 1912), Max Weber (21. März 1912), Vierkandt (24. März 1912) und Tönnies (26. März 1912).

Dr. Ludo Hartmann, Dr. Oppenheimer] Die Themen von Ludo Hartmann und Franz Oppenheimer hatte Alfred Vierkandt am 10. Mai 1912 erfragt (Vierkandt an Vorstand der DGS vom selben Tag; ebd.), aber zwischenzeitlich keine Antwort bekommen.

von Herrn Dr. Vierkandt steht die Antwort noch aus] Alfred

Vierkandt antwortete dem Vostand der DGS am 10. Juni 1912 (ebd.), also zeitgleich oder unmittelbar nach diesem Brief Simmels, daß er noch unschlüssig sei, »einen einleitenden Ueberblick über den Begriff der Nation zu geben«.

ist angeregt, Lamprecht und Paul Barth aufzufordern] Ferdinand Tönnies hatte erstmals am 11. April 1912 in einem Schreiben an den Vorstand der DGS Paul Barth als Referenten für den zweiten Soziologentag vorgeschlagen (ebd.); wer angeregt hatte, Karl Lamprecht einzuladen, ist nicht mehr zu ermitteln. Barth und Lamprecht hatten sich bereits seit der Gründungseinladung in der DGS engagiert (siehe Simmel an Georg Jellinek vom 5. Nov. 1908 und an Gustav Schmoller vom 9. Dez. 1908).

Herbsttagung] Zweiter Deutscher Soziologentag.

Georg Simmel an Otto von Taube

Postkarte vom 10. Juni 1912
Hs.; Stadtbibliothek München

Westend 10 VI 12

Lieber Herr Doktor,

Dank für Ihren Brief. In den Tagen, die Sie angeben, bin ich (wie in dieser ganzen Woche) so überladen, daß ich gar keine Zeit anzugeben weiß, in der Sie mich mit Sicherheit treffen würden. So bleibt nur Eins: ich habe Montag, d. 17., bis 7 Uhr Kolleg. Wollen Sie mich also um 7 im Sprechzimmer der Universität (1 Treppe rechts) aufsuchen, so könnten wir ein Stündchen plaudern. Dies ist alles, was die Not der Zeit mir gestattet.

Herzlich grüßend Ihr

Simmel

Postkarte vom 10. Juni 1912] an: Herrn / *Dr. Otto v. Taube / Weimar / Tiefurter Allee* 2; mit Poststempel: CHARLOTTENBURG 2 S 10.6.12. 2-3 N.

Ihren Brief] Verschollen.

Kolleg] Zu Simmels Veranstaltungen siehe Simmel an Hermann Beck vom 24. Mai 1912.

Georg Simmel an Otto von Taube

Postkarte vom 16. Juni 1912
Hs.; Stadtbibliothek München

16. VI.

Lieber Herr Doktor,

Da ich keine Absage erhalten habe, erwarte ich Sie also morgen, Montag, im Sprechzimmer, will aber, um eine Verfehlung zu vermeiden, bemerken, daß ich vielleicht erst 10-15 Minuten *nach* sieben dort sein kann.

Inzwischen freundlichst Ihr

Simmel

Postkarte vom 16. Juni 1912] An: Herrn / *Dr. Otto v. Taube / W / Hotel Windsor*; mit Poststempel: CHARLOTTENBURG 2 16. 6. 12 [unles.]- 9 N.

keine Absage] Siehe Simmel an von Taube vom 10. Juni 1912.

morgen, Montag] 17. Juni 1912.

Georg Simmel an Vorstand DGS

Abschrift von Brief vom 17. Juni 1912
Tps.; SHLB Kiel, Nl Tönnies

Westend, 17. VI. 12.

Sehr geehrte Herren!

Auf die prinzipiellen Erwägungen über die esoterische oder exoterische Praxis unserer Tagung, die Herr Vierkandt vorlegt, will ich in dem jetzigen Augenblick, wo so viel praktische Arbeit zu erledigen ist, nicht erwidern – ausser insoweit: dass die »Propaganda«, die ich anregte, nur der Gewinnung *rein fachmännischer* Kräfte dienen soll. Niemand kann mehr als ich für einen rein internen, gegen »Popularität« gleichgültigen Betrieb unserer Arbeiten sein; aber auch für diesen müssen wir mehr Menschenmaterial haben, als bisher, und nur dieses (d. h. mitarbeitende Forscher) heranzuziehen, soll die Propaganda dienen.

Aus den Briefen der Herren Tönnies und Vierkandt entnehme ich, dass gegen Alfr. Weber kein prinzipieller Einwand mehr besteht. An welche Stelle wir seinen Vortrag placieren, ist nun wohl cura posterior, muss aber insofern auch von *ihm* abhängen, als er vom Herbst an Dekan ist und in seiner Zeitdisposition dadurch beschränkt. Darüber werden wir uns in einer Vorstandssitzung unterhalten, *der es bald wieder bedarf*.

Dringend bitte ich, meine Frage über Lamprecht und den evtl. modus procedendi zu seiner Gewinnung zu beantworten. Herrn Tönnies' Anregung bezgl. W. Hasbach ist sehr beachtenswert; er käme allerdings in erster Reihe in Betracht, wenn Lamprecht versagen sollte. Bezüglich der Antwort von Herrn Ferd. Schmid schließe ich mich dem Vorschlag von Herrn Tönnies in seinem Briefe vom 14. ds. an.

In ausgezeichneter Hochachtung

gez. Simmel.

Abschrift von Brief vom 17. Juni 1912] Oben: ABSCHRIFT.; nach Datumszeile: An den / Vorstand der Deutschen Gesellschaft für Soziologie.

Erwägungen …, die Herr Vierkandt vorlegt] Alfred Vierkandt ging in einem Brief an den Vorstand der DGS vom 14. Juni 1912 (SHLB Kiel, Nl Tönnies) auf Simmels Betonung der Notwendigkeit ein, »hervorragende« und »einflußreiche« Redner für die Soziologentage zu gewinnen, um die Stellung der Soziologie in der Öffentlichkeit zu festigen (Simmel an Vorstand der DGS vom 10. Juni 1912). Vierkandt argumentierte darin, daß die DGS zunächst einen »populären und propagandistischen Charakter« hätte haben sollen, sich dann aber der gegenteilige Standpunkt durchgesetzt habe; darum sei es »inkonsequent, die propagandistische Absicht bei den Kongressen in den Vordergrund zu stellen statt der Absicht rein fachmännischer Anregung und Belehrung«. Eine Änderung dieses Standpunktes dürfe nur von der Mitgliederversammlung der DGS, nicht aber vom Vorstand beschlossen werden. Er selbst halte die Unterscheidung zwischen »repräsentativen und nicht repräsentativen Persönlichkeiten« für einen »Laienverein«, nicht aber für einen »Fachverein« angemessen.

unserer Tagung] Zweiter Deutscher Soziologentag.

Aus den Briefen der Herren Tönnies und Vierkandt] In Reaktion auf Simmels Brief an den Vorstand der DGS vom 10. Juni 1912 hatte Ferdinand Tönnies am 14. Juni 1912 an den Vorstand der DGS geschrieben, daß er »das Gewicht der Gründe« für Simmels Vorschlag, Alfred Weber auf dem Zweiten Deutschen Soziologentag mit einem »allgemeinen sozial-kulturellen Thema« auftreten zu lassen, »obgleich er ablehnt, zum Thema der Verhandlungen zu sprechen«, nicht verkenne; er »zweifle aber sehr[,] ob die prekäre Stellung der Soziologie dadurch gewinnen würde«; auch sei er mit dem Vorschlag, Alfred Weber am Begrüßungsabend referieren zu lassen, nicht einverstanden, da er mit dieser Art von Veranstaltung zu Beginn des Soziologentages »niemals einverstanden gewesen« sei; jedoch erwarte er nicht, irgendjemanden im Vorstand der DGS »für meine Meinung zu gewinnen« (SHLB Kiel, Nl Tönnies). – Vierkandt hatte mit Brief an den Vorstand der DGS gleichen Datums erklärt, daß er sich wegen der bis dato erst drei gesicherten Vorträge Simmels Vorschlag nicht entziehen könne; Alfred Weber solle dann aber nicht beim Begrüßungsabend, sondern während der Haupttagung sprechen (ebd.).

cura posterior] Lat.: Angelegenheit, Überlegung, mit der man sich erst später zu beschäftigen hat.

Vorstandssitzung] Der DGS.

meine Frage über Lamprecht] Siehe Simmel an Vorstand der DGS vom 10. Juni 1912.

modus procedendi] Lat.: Verfahrensweise.

Herrn Tönnies' Anregung bezgl. W. Hasbach] Tönnies hatte im Schreiben an den Vorstand der DGS vom 14. Juni 1912 (SHLB Kiel, Nl Tönnies) zur Erwägung gegeben, ob sich nicht »Prof. Wilhelm Hasbach in Dresden für einen Vortrag gewinnen [ließe]? Etwa ›Nation und Volk in der Nationalökonomie‹. Wenn ich nicht irre, hat er von Anfang an der Gesellschaft Interesse geschenkt, und was er produziert, ist jedenfalls achtungswert.« – Wilhelm Hasbach (1849-1920) promovierte nach Studium der Philologie und Geschichte 1875 in Tübingen. 1884 in Greifswald habilitiert; dort 1886 zum ao. Prof. für Staatswissenschaften ernannt, wechselte er 1888 nach Königsberg und folgte 1893 der Berufung zum o. Prof. für wirtschaftliche Staatswissenschaften nach Kiel, wo er bis 1910 in der Philosophischen Fakultät, von 1894-1897 auch zugleich an der Kaiserlichen Marineakademie lehrte. (NDB; Minerva 1910/11). Auf Hasbachs frühe Mitgliedschaft in der DGS weist das in Anlage zu einem Brief Hermann Becks an den Vorstand der DGS vom 28. Jan. 1910 überlieferte Mitgliederverzeichnis (SHLB Kiel, Nl Tönnies), auf »Dresden« als seinerzeitigem Wohnort ein späteres, etwa 1912 erstelltes im VA Mohr Siebeck, Tübingen.

Antwort von Herrn Ferd. Schmid] Im Original: Schmidt. – Gemeint ist der österreichische Jurist und Statistiker Ferdinand Schmid, der Max Weber in einem Brief vom 2. Juni 1912 vorgeschlagen hatte, eine »Enquête über den Stand des Unterrichtes in der Soziologie« an den deutschen, österreichischen und Schweizer Hochschulen in die

Wege zu leiten (SHLB Kiel, Nl Tönnies). Auf Webers Antwort (zusammengefaßt in Brief Webers an Vorstand der DGS vom 4. Juni 1912, MWG II/7, S. 551), daß eine Enquête nicht nötig sei, da feststehe, daß »ein *stetiger* Unterricht *nirgends* bestehe«, es also auf »eine *Anregung und Propaganda* für die Schaffung soziologischer Professuren« ankomme, wiederholte Schmid in einem Brief an Max Weber vom 5. Juni 1912 seinen Vorschlag einer Enquête, um mit Hilfe der darin zusammengestellten Informationen Webers Forderung zur Institutionalisierung soziologischer Lehrveranstaltungen zu unterfüttern. Um diese Forderung den Regierungen »mundgerecht« zu machen, sollte der Vorstand der DGS eine Denkschrift auf der Basis der Enquête verfassen, ein Vorgehen, das dem gleichzeitigen der D.St.G. entspreche. (SHLB Kiel, Nl Tönnies). – Ferdinand Schmid (1862-1925), österreichischer Statistiker, Jurist, war nach der Promotion 1885 in Wien als Statistiker in verschiedenen k.u.k. Behörden tätig, wurde 1895 in Wien für Statistik habilitiert, 1897 auch für Verwaltungslehre und -recht; 1895-1898 Dozent an der Wiener Handelshochschule; er wurde 1901 ao. Prof., 1904 o. Prof. für Statistik und Verwaltungsrecht in Innsbruck und lehrte seit 1908 in Leipzig (DBE; MWG II/7, S. 1033).

Vorschlag von Herrn Tönnies] Tönnies hatte sich gegenüber dem Vorstand der DGS am 14. Juni 1912 brieflich dafür ausgesprochen, Schmids Anregung einer Denkschrift zum Stand der soziologischen Lehre in einer Vorstandssitzung der DGS und auf ihrer Mitgliederversammlung beim Zweiten Deutschen Soziologentag zu beraten, da sie »sicherlich der Erwägung wert« sei (SHLB Kiel, Nl Tönnies).

Georg Simmel an Eugen Diederichs

Postkarte vom 26. Juni 1912
Hs.; DLA Marbach, Nl Diederichs

Westend 26 VI 12

Sehr geehrter Herr Diederichs,

Was ist denn geschehen, daß der *Bergson*druck seit so vielen Wochen aussetzt? Ende Juli verreise ich u. wohl auch Frl. *Dr. Kantorowicz*, u. dann ist die Erledigung der Korrektur sehr umständlich u. zeitraubend. Kann sie denn nicht bis dahin erledigt sein? U. wann soll die Herausgabe erfolgen?

Bestens grüßend Ihr

Simmel

Postkarte vom 26. Juni 1912] An: Herrn / *Eugen Diederichs / Jena / Karl Zeissplatz*; mit Poststempel: CHARLOTTENBURG 2 26. 6. 12 6-7 N. – Bearbeitungsvermerk: b. 27/6. 12.

***Bergson*druck]** Henri Bergson: Schöpferische Entwicklung. Jena: Diederichs 1912; siehe Simmel an Diederichs vom 4. April 1912.

Ende Juli verreise ich] Zu Simmels Reiseplänen siehe Simmel an Heinrich Rickert vom 12. Juli 1912, an Martin Buber vom 17. Juli 1912 und an Diederichs vom 30. Juli 1912.

wohl auch Frl. *Dr. Kantorowicz*] Auf den Plan von Gertrud Kantorowicz, der Übersetzerin von Bergsons ›Schöpferische Entwicklung‹, »Anfang August in die Berge« zu reisen, verweist deren Brief an Margarete von Bendemann vom Juli 1912 (o.D.; LBI New York, Susman Collection); dieser schloß eine Überschneidung mit Simmels Reiseplänen ein, wie ihrer Mitteilung vom 8. Aug. 1912 aus Fionnay im westlichen Wallis zu entnehmen: Sie habe zwei Tage bei »Lotte«, der auch mit dem Ehepaar Simmel befreundeten Schriftstellerin Emmy von Egidy (siehe Korrespondentenverzeichnis GSG 22), in Thun verbracht, suche jetzt hier ein Berghaus und wolle anschließend Simmels in Saas Fee besuchen (ebd.).

Georg Simmel an Heinrich Rickert

Brief vom 12. Juli 1912
Hs.; SBPK Berlin, Nl 125 (M. Landmann)

Westend 12 VII 12

Lieber Herr Rickert,

Ein früherer Schüler von mir, *Dr. Ernst Bloch*, bittet mich um eine Empfehlung an Sie, da er Sie wegen ev. Habilitation anfragen will. Diese Bitte hat nur objektiven Charakter u. ich kann sie auch nur in demselben Sinne gewähren, da eine *persönliche* Beziehung zwischen dem jungen Mann u. mir aus allerhand internen Gründen nicht mehr besteht. Ich fühle mich aber allerdings verpflichtet, über ihn auszusagen, daß ich ihn für ungewöhnlich begabt halte. Er hat den spezifisch spekulativen Geist, so weit ich sehen kann, in selten zu findenden Dimensionen. Ob Sie mit ihm etwas anfangen können, wage ich nicht zu prognostiziren, vielleicht stoßen Ihre beiderseitigen philosophischen Tendenzen sich gänzlich ab – vielleicht aber finden

Sie ihn doch interessant. Oder vielmehr, interessant wird er Ihnen in jedem Fall sein, er ist eine Art philosophischen Tieres, wie man es nicht jeden Tag findet. Ich habe keine Ahnung, ob irgend eine Chance für seine Habilitation in Fr. besteht u. habe ihm selbstverständlich auch nicht die geringste Hoffnung gemacht. Wenn es aber nicht prinzipiell ausgeschlossen ist, so lohnt es vielleicht doch, daß Sie ihn sich einmal kommen lassen. Sein gesellschaftlicher Takt läßt manchmal zu wünschen übrig – aber alles in allem gehört er doch zu den sehenswerten Wesen.

*

Zu meiner Freude habe ich gehört, daß Sie mit Ihrem Befinden zufrieden sind. Hoffentlich gehts Ihnen u. bei Ihnen weiterhin gut. Wenn es sich irgend machen läßt, werde ich versuchen, Sie auf der Rückreise von der Schweiz zu sehn. Es gäbe mancherlei zu sagen.

Für heute nur noch viele Grüße von Haus zu Haus!

Der Ihrige

Simmel

früherer Schüler von mir, *Dr. Ernst Bloch*] Ernst Bloch (1885-1977) war nach seiner Promotion über Rickert in Würzburg bei Oswald Külpe im Juli 1908 (Zudeick, S. 31) nach Berlin gewechselt, um bei Simmel zu studieren (Münster 1974, S. 20-100, hier: 32). Denn an Simmel interessierte ihn – lt. eigenem Bekunden – diese »andere Sprache, die nichts Schulmeisterhaftes an sich hatte und nicht Epigonentum war, sondern endlich wieder ein Kontakt mit dem ungeheuren Weltgeheimnis an kleinen Erscheinungen herzustellen versuchte«, und es faszinierte ihn dessen »Feinfühligkeit und Fügsamkeit in der Sprache, mit der philosophiert wurde, die Breite auch, die interessante Breite der Themen«, was Simmel »zu einer großen Ausnahme unter den Halb- und Garnicht-Philosophen auf akademischen Stühlen« machte (ebd., S. 33). – Bloch kam im WS 1908/09 nach Berlin (Bloch-GA, Erg.-Bd., S. 371 f.) und sprach Simmel erstmals, als er im Februar 1909 zur geforderten ›persönlichen Anmeldung‹ erschien, um an dem ›Kolloquium‹ teilnehmen zu können (Münster, S. 33), das Simmel als ›Kunstphilosophisches Privatissimum, für kunstgeschichtlich Vorgebildete‹ angekündigt hatte (BdD, S. 348). Als Simmel sich distanziert zeigte und seinem Wunsche nicht nachkam, fühlte sich Bloch provoziert, aus dem Stegreif seine »Ontologie des Noch-nicht« vorzutragen, was Simmel ein »Es scheint, daß philosophische Probleme Sie interessieren« sowie die Aufnahme ins Kolloquium entlockte (Bloch/Landmann, S. 348). Offensichtlich beeindruckt von dieser ersten Begegnung, berichtete Simmel Margarete von Bendemann, die Bloch in diesem »Privatseminar« kennenlernen sollte (Susman, S. 79): »Der hat den Eros« (Erinnerungen an Simmel, in: BdD, S. 278-291, hier: 286). Schon in den kommenden Semesterferien reiste Bloch nach Lugano, um Simmel unter seiner Ferienadresse aufzusuchen. Das war am 21. März, wie Simmel Margarete von Bendemann am 22. März 1909 schrieb. Erinnert sich Bloch, dort in vielen Gesprächen mit Simmel »einen Generalausverkauf meines Jugendphilosophierens« gemacht zu haben (Münster, S. 34), so notierte Hans Simmel in seinen Lebenserinnerungen: »Es war damals, als Herr Bloch, eben frischgebackener Dr. phil., auch in Lugano war und öfters auf Spaziergängen mitgenommen wurde. Mein Vater philosophierte eine Zeitlang ganz gern mit ihm – aber ein bisschen verdreht war er schon damals« (S. 49). Simmel selbst empfand den Umgang mit Bloch als riskant, sah in den Einladungen zu gemeinsamen Spaziergängen lt. genanntem Brief an Margarete von Bendemann ein »gewagtes Experiment«, um sich »definitiv« seiner Zweifel darüber entledigen zu können, wie man Bloch zu »beurteilen hat u. ob man für die Zukunft irgendwie mit ihm leben u. rechnen kann u. soll« (ebd.). Näheres über die auf diesem Wege gewonnenen Einsichten ist nicht bekannt.

Empfehlung ... Habilitation] Die Habilitationsfrage stellte sich Bloch nach seinem endgültigen Fortgang aus Berlin im Februar 1911. Die Habilitation schien ihm eine Option zur Sicherung seines Lebensunterhaltes als Philosoph, eine andere sah er im »Lektorentum« (Briefe an Georg von Lukács vom 3. Febr. 1911, Bloch Briefe, S. 31, und an Margarete von Bendemann vom 17. Febr. 1911; DLA Marbach, A: Susman) und eine dritte im Journalismus, wozu ihm sein Freund Konrad K. Düssel (1872-1940), der Publizist und später bedeutende Kunstkritiker (www.willi-baumeister.com) mit »irgend einer kleinen provinzjournalistischen Stellung« in Bonn verhelfen wollte, wenngleich Bloch solche Tätigkeiten als »Kraftverschwendung« verurteilte (Brief vom 17. Febr. 1911 an Margarete von Bendemann, a. a. O.; vgl. Bloch GA, Erg.-Bd., S. 25); und schließlich, viertens, die beste Lösung für seine prekäre Situation schien ihm die Förderung durch einen Mäzen – vornehmlich in Gestalt einer älteren Frau – oder die Heirat einer Tochter aus reichem Hause. Wegen einer Habilitationsmöglichkeit suchte Bloch zunächst die Verbindung zu seinem Doktorvater und schrieb am 6. März 1911 an Margarete von Bendemann, er werde »heute« zwecks Habilitation zu Külpe, der zwischenzeitlich nach Bonn berufen worden war, »ins psychologische Institut« gehen (DLA Marbach, A: Susman). Gab er sich zwei Tage später vom Institutsbesuch enttäuscht: »Es ist hier doch nichts [...] Külpe ist mit Examen beschäftigt« (Schreiben an Margarete von Bendemann vom 8. März 1911; ebd.), so konnte er ihr am 6. Mai 1911 mitteilen: »Gestern wieder mit Külpe zusammen der mir erfreulicherweise und für ihn wunderbarer Weise mit einer Achtung begegnet, die nur durch Kollegialität gemildert ist. Er wäre auch mit einer Mitteilung aus meiner Arbeit, einem Bruchstück für die Habilitation zufrieden. Eigentlich habe ich eine für einen widerlichen Philosophen beinahe unanständige Protektion im Wundtschen und Windelbandschen Lager der Philosophen« (ebd.). Doch als er meinte, eine reiche Frau fürs Leben gefunden zu haben (vgl. Bloch an von Lukács vom 12 Juli 1911; Bloch Briefe, S. 39-43), verloschen Blochs Bemühungen um eine Habilitation, und sie flammten erst ein Jahr später wieder auf, als seine finanzielle Situation unhaltbar wurde; jetzt fragt er im Frankfurter Institut für Psychologie bei den dortigen Külpe-Schülern nach (vgl. Briefe an von Lukács vom 10. und 17. Juni 1912, ebd., S. 79, 80), reist, nach abschlägigem Bescheid, nach Bonn zu einem am 23. Juni anberaumten Gespräch mit Külpe, der ihm verspricht, sich bei den Berliner Philosophen und Psychologen Carl Stumpf (1848-1936) und Benno Erdmann (1851-1921) für ihn zu verwenden; zu diesen beiden solle er in acht Tagen fahren und auch den »gutgesinnten, nicht besonders einflußreichen« dortigen Philosophen Alois Riehl (1844-1924) aufsuchen, berichtet er von Lukács am 23. Juni 1912 mit dem Resümee: »Sollte man glauben, daß mich Külpe diese Fahrt umsonst tun läßt? Ich werde doch dritter Klasse hinfahren und hoffentlich, hoffentlich erster Klasse zurück« (ebd., S. 81). Schon schwebt ihm vor: »Etage oder ganze Villa im Tiergarten. Glanzvolle Doppelseitigkeit: Simmel – Erdmann, wenn es nur ginge!« (ebd., S. 82). Doch Blochs Gespräche bringen nicht den entscheidenden Erfolg: »Riehl, den genauen Kenner und Spezialisten meiner Dissertation. Dagegen Stumpf, ein schäbiger, mit einem ganz polackisch verknasterten Bart versehener grober Dorfschullehrer, Erdmann undurchsichtig, sachlich. Das ganze nicht schlecht; es würde wahrscheinlich gelingen«, so Blochs Einschätzung vom 9. Juli 1912 (ebd., S. 85). Vorsichtshalber reist er nach Göttingen, um Husserl aufzusuchen, und beabsichtigt zudem, anschließend nach Freiburg i. Br. zu Heinrich Rickert zu fahren, wofür er das vorliegende Empfehlungsschreiben von Simmel wohl auch am 8. Juli 1912 in dessen Sprechstunde erbeten hat. Ob Bloch Husserl besuchte, ist nicht belegt, und für ein Gespräch mit Rickert in Freiburg liefert sein von dort an von Lukács adressierter Brief 15. Juli 1912 (ebd., S. 87) keinen Hinweis. Stattgefunden haben muß es dann jedoch am

17. oder 18. Juli – »Ich gedenke noch Montag über Dienstag hier zu bleiben«, hatte Bloch geschrieben (ebd.) – und es muß ein Fiasko gewesen sein, trotz eines Vorbereitungsgespräches mit Franz Baumgarten, dem Freiburger Vertrauten von Georg von Lukács, der auch für dessen Habilitationschancen seine Beziehungen eingesetzt hat (siehe Simmel an von Lukács vom 25. Mai 1912). Eine Erklärung für sein Scheitern kann Bloch nur in Simmels Empfehlungsschreiben finden, dessen Inhalt er sich unberechtigterweise angeeignet – und auch weitergetragen – haben muß, konnte es doch nur so zu dem sich daran anschließenden »Geklatsch« über einen »Uriasbrief« Simmels kommen (siehe Simmel an Margarete von Bendemann vom 16. Okt. 1912). Zum weiteren siehe Otthein Rammstedt / Ingo Meyer: Ernst Bloch bei Georg Simmel – eine Episode wird zum Trauma. SiStu 16 (2006), Heft 2.

persönliche Beziehung nicht mehr besteht] Das Zerwürfnis erfolgte Anfang Juli 1911 und resultierte aus einer Aussprache über Blochs Verhalten gegenüber Margarete von Bendemann (zu diesem Konflikt Bloch/von Bendemann siehe Simmel an Margarete von Bendemann vom 7. Okt. 1912). Einzelheiten dieses Zerwürfnisses sind uns nur noch einige wenige aus den erhalten gebliebenen Briefen Blochs überliefert. Simmel muß wohl, nachdem ihn Margarete von Bendemann über ihre Auseinandersetzung mit Bloch unterrichtet und ihn um Beistand gebeten hatte, Bloch zu einem privaten Gespräch gebeten haben. Dieses verlief durch dessen fehlende Einsicht und den oben gerügten Mangel an »gesellschaftlichem Takt« so dramatisch, daß Simmel Bloch »die Tür« wies (Bloch an Margarete von Bendemann vom 22. Juli 1912, DLA Marbach, A: Susman) und ihm kurz darauf – möglicherweise nach einer schriftlichen Reaktion Blochs – noch einen kurzen Brief schrieb, über den Bloch von Lukács am 12. Juli 1911 informierte: Simmel habe »in dieser Sache dokumentarisch Einsicht genommen« und wünsche hinfort nicht mehr, »die persönlichen Beziehungen zu mir fortzusetzen«. Ein Widerhall dieses Zerwürfnisses findet sich auch noch im Brief Else Simmels an Michael Landmann vom 20. Aug. 1947: »Ob *Ernst Blochs* Schilderung über seine Beziehung zu Simmel richtig ist, weiss ich nicht, ich weiss, dass G. S. ihm wegen schlechten Benehmens das Haus verboten hatte, was E. Bl. nie verziehen hat. (Er war ausserst [sic!] aggressiv gegen mich und ausserte [sic!] sich abfällig über Simmel meinen Kindern gegenueber, und erst als ich meinem Mann darueber berichtete, erinnerte er sich, dass sein Vater ihm die Tuer gewiesen hatte)« (SBPK Berlin, Nl 125 [M. Landmann]).

Habilitation in Fr.] Eine Privatdozentur für Philosophie übte seinerzeit bereits der Rickert-Schüler Georg Mehlis in Freiburg aus (siehe Korrespondentenverzeichnis GSG 22).

Sie auf der Rückreise von der Schweiz zu sehn] Simmel beabsichtigte wohl, sein Treffen mit Ferdinand Tönnies in Heidelberg auf dem Rückweg von seiner Sommerreise aus der Schweiz mit einer Unterbrechung in Freiburg i. Br. zu verbinden (siehe Simmel an Martin Buber vom 17. Juli, an Tönnies vom 17. Sept. und an Margarete von Bendemann vom 16. Okt. 1912).

Georg Simmel und Ferdinand Tönnies an Karl Lamprecht

Brief vom 12. Juli 1912
Tps. m.e.U.; ULB Bonn, Nl Lamprecht (S 2713; Korr. 48)

12. Juli 1912

Hochverehrter Herr Geheimrat!

Der unterzeichnete Vorstand der Deutschen Gesellschaft für Soziologie giebt sich die Ehre, Sie zu einem Vortrag auf dem II. Soziologentage, welcher am 21. und 22. Oktober in Berlin tagen wird, ergebenst einzuladen. Die Tagung wird in ca. 6 Vorträgen und anschliessenden Diskussionen das Thema »Nation« behandeln; unsere Bitte geht dahin, Sie möchten aus dem reichen Schatze Ihrer Forschungen, Gedanken und Problemstellungen, insofern sie um diesen Begriff gruppiert sind, das eine oder das andere unserer Versammlung zu Aufklärung und Anregung mitteilen. An Vortragenden sind bereits gewonnen die Herren: Prof. Alfred Weber – Heidelberg, Dr. Franz Oppenheimer – Berlin, Prof. Vierkandt, Prof. Michels – Turin und einige andere, deren Vortragsthemata noch nicht feststehen. Wir brauchen nicht hervorzuheben, welche Förderung des Ansehens und der Leistung unserer Gesellschaft wir von der Gewährung unserer Bitte erwarten würden.

Da wir unser Programm in der nächsten Woche zum Druck geben wollen, würden Sie uns zu besonderem Dank verpflichten, wenn Sie uns Ihre freundliche Entscheidung baldtunlichst zu erkennen geben würden.

In besonderer Verehrung ergebenst

Deutsche Gesellschaft für Soziologie
Für den Vorstand:
Simmel – Ferdinand Tönnies.

Brief vom 12. Juli 1912] Gedr. Briefkopf, li. oben: DEUTSCHE GESELLSCHAFT FÜR SOZIOLOGIE / BERLIN W. 50, Spichernstr. 17 / GIRO-CONTO: COMMERZ- UND DISCONTO-BANK, / DEPOSITENKASSEN D, BERLIN W, KAISER-ALLEE 211; re. oben: BERLIN W, Spichernstr. 17, ...; darunter: Herrn / Geh. Hofrat Prof. Dr. Karl *Lamprecht / Leipzig*.

Vorstand ... giebt sich die Ehre] Zur Form der Einladung – »offiziell« – siehe Simmel an Vorstand der DGS vom 10. und 17. Juni 1912.

Ihre freundliche Entscheidung] Lamprecht muß dann abgesagt haben; denn im vorläufigen wie auch im endgültigen Programm für den Zweiten Deutschen Soziologentag findet sich sein Name nicht aufgeführt (siehe Simmel an Tönnies vom 17. Sept. und 4. Okt. 1912).

Georg Simmel an Martin Buber

Postkarte vom 17. Juli 1912
Hs.; JNUL Jerusalem, Buber Archive

Westend 17 VII 12

Lieber Herr Doktor,

Es ist so gut wie ausgeschlossen, daß wir in diesem Jahr nach Italien kommen. Ich will so lange wie möglich in den Bergen bleiben u. muß Mitte Okt zurücksein, wegen des Soziologentages. Vom 10. August an würden wir uns im *Saastal* aufhalten, erst in *Saas-Grund*, dann in *Saas-Fee*, nachher in *Macugnaga*. Ich fürchte demnach, daß wir uns vor Winteranfang nicht sehn werden, dann aber hoffe ich es bestimmt.

Schönste Grüße von uns an die Gattin.

Herzlich Ihr

Simmel

Postkarte vom 17. Juli 1912] An: Illmo Sgr. / *Dr. Martin Buber / Villa Tomassoli / Riccione (Prov. Forlì) / Italien*; mit Poststempel: CHARLOTTENBURG 2 17.7.12 6-7 N; RICCIONE (FORLI) 19.7.12.

ausgeschlossen, daß wir in diesem Jahr nach Italien kommen] Simmels Schreiben geht vermutlich eine entsprechende Anfrage Bubers voraus, der um Simmels Vorliebe für Italienreisen wußte und sich von Anfang Juli bis Ende Sept. 1912 in Riccione an der italienischen Adria aufhielt. Vgl. Carl Buber an Martin und Paula Buber vom 4. Juli [1912] sowie Martin Buber an Gustav Landauer vom 2. Okt. 1912 (Buber-Briefwechsel 1, S. 305, 313).

Soziologentages] Zu Simmels Selbstverpflichtung, als Mitglied des Vorstands der DGS bereits Anfang Okt. wieder in Berlin zu sein, um letzte Vorbereitungen für den 11. Deutschen Soziologentag vom 20. bis 22. Okt. 1912 treffen zu können, siehe Simmel an Ferdinand Tönnies vom 4. Okt. 1912.

Vom 10. August ... *Saastal ... Saas-Grund ... Saas-Fee ... Macugnaga*] Simmel plante offensichtlich eine mehrwöchige Alpenwanderreise: War vom 1. bis 10. Aug. ein Aufenthalt in der im westlichen Wallis auf 1032 m gelegenen Sommerfrische Marécottes über Salvan vorgesehen (siehe Simmel an Eugen Diederichs vom 30. Juli 1912), so sollte anschließend das Saastal auf Fußwanderwegen über die auf einer Höhe von 1562 m gelegene Station Saas Grund und ihre zahlreichen Ausflugsmöglichkeiten sowie über das fünf Hotels bietende Bergdorf Saas Fee auf 1798 m erschlossen werden. Bis hierhin war die Gepäckbeförderung per Post möglich. Nur mit Trägern und dringlichst empfohlenem Bergführer war dann in Etappen der Monte-Moro-Paß auf 2862 m zu überwinden, um auf der italienischen Seite die aus 14 Weilern bestehende Gemeinde Macugnaga zu erreichen (zu allen Ortsangaben vgl. Baedeker Schweiz, S. 326 ff., 410 f., 414). Vielleicht geht die Route auf eine Anregung von Gertrud Kantorowicz zurück, für die, wie einem undatierten Brief aus Macugnaga an Margarete von Bendemann zu entnehmen, »der göttliche Weg« über den Monte-Moro-Paß eine beliebte Strecke gewesen zu sein scheint (DLA Marbach, Nl Susman).

wir uns vor Winteranfang nicht sehn] Siehe Simmel an Buber vom 8. Dez. 1912.

Gattin] Paula Buber, geb. Winkler (1877-1958) Verfasserin von Romanen und Erzählungen unter dem Pseudonym Georg Munk.

Georg Simmel an Eugen Diederichs

Postkarte vom 17. Juli 1912
Hs.; DLA Marbach, Nl Diederichs

Westend 17 VII 12

Verehrter Herr Diederichs,

Ich muß wieder einmal wegen der *Bergson*-Korrekturen reklamiren. Seit ungefähr einem Vierteljahr ist eine einzige Korrektursendung gekommen! U. dabei fehlen im Ganzen nur noch c. 40 Seiten! Ende dieses Monats reise ich fort, Frl. *Dr. Kantorowicz* ebenfalls, Nachsendung der Korrektur u. Verständigung darüber ist dann höchst problematisch – bitte, setzen Sie alles daran, daß der Rest bis spätestens 28. d. in unsern Händen ist.

Mit ergebensten Grüßen Ihr

Simmel

Postkarte vom 17. Juli 1912] An: Herrn / *Eugen Diederichs* / *Jena* / *Karl Zeissplatz*; mit Postempel: CHARLOTTENBURG 2 s 18. 7. 12 6-7 N. – Mit Bearbeitungsvermerk: Bt. 19. 7.

wieder … *Bergson*-Korrekturen reklamiren] Henri Bergson: Schöpferische Entwicklung. Jena: Diederichs 1912. Siehe Simmel an Diederichs vom 26. Juni 1912.

Frl. *Dr. Kantorowicz* ebenfalls] Zu den Reiseabsichten von Gertrud Kantorowicz, der Übersetzerin der Bergsonschen Monographie, siehe ebd.

Georg Simmel an Eugen Diederichs

Brief vom 21. Juli 1912
Hs.; DLA Marbach, Nl Diederichs

Westend 21 VII 12

Verehrter Herr Diederichs,

Ich reiche den gef. übersandten Brief von P. und T. zurück u. bitte Sie, ohne jede Rücksicht auf die *Benrubi*sche »Korrektur« die Bogen ausdrucken zu l[assen]. Hätte ich gewußt, daß es daran liegt, so wäre die Sache längst erledigt. Die ganzen *Benrubi*schen Korrekturen sind, abgesehn von einigen Lappalien, gänzlich unbrauchbar, u. daß er sich mit der Autorität von *Bergson* deckt, ist ein reiner Mißbrauch. *Bergsons* Kenntnis der deutschen Sprache ist sehr unvollkommen – wie ich nicht nur selbst festgestellt habe, sondern wie er es mehr als einmal bekannt hat – u. er hat neulich noch, zugleich mit dem Ausdruck seiner großen Dankbarkeit, alles, was die Übersetzung betrifft, in meine Hand gelegt. Das Hineinziehen von *Benrubi* war sachlich überhaupt überflüssig u. hat nur zu seinem humanistischen Anspruch auf »Erwähnung« seiner »Mitarbeit« geführt.

Also: ich hoffe, daß in dieser Woche alles zu Ende geführt wird.

Mit bestem Gruß Ihr ergebner

Simmel

Brief vom 21. Juli 1912] Mit Textverlusten durch Lochung und Bearbeitungsvermerken: Hand A: sofort drucken! Hand B: 20/21 werden nach Beantwortung einer Anfrage / Frl. K / gedruckt / dann muß nicht neuer Satz kommen.

den gef. übersandten Brief von P. und T.] Das Schreiben der für den Druck der Bergson-Übersetzung (siehe Simmel an Eugen Diederichs vom 17. Juli 1912) verantwortlichen Firma Poeschel & Trepte in Leipzig ist nicht ermittelt. – Zu der seit 1870 im Besitz von Heinrich Ernst Poeschel (1841-1927) befindlichen Buchdruckerei, deren Teilhaber der in der modernen Druckkunstbewegung einflußreiche Carl Ernst Poeschel (1874-1944) 1906 geworden war, siehe LdB II, S. 598 f..

die *Benrubi*sche »Korrektur«] Isaak Benrubi hatte offensichtlich seine Korrekturen in den Fahnen der Bergson-Übersetzung an Diederichs geschickt und sich auf Bergson berufen. Den Briefen von Henri Bergson an Isaak Benrubi ist zu entnehmen, daß Bergson die ihm zur Autorisierung der unter Simmels Ägide von Gertrud Kantorowicz erstellten Übersetzung seines Werkes ›Schöpferische Entwicklung‹ (siehe Simmel an Margarete von Bendemann vom 30. April 1910) zugeleiteten Korrekturfahnen zur Kontrolle an Benrubi gesandt hat, dem er im Winter 1909/10 die nahezu abgeschlossene und bereits vom Verlag angekündigte Übersetzung (vgl. ebd.) eben dieses Werkes entzogen hatte. Dazu war es infolge »des Eingreifens Simmel's« gekommen (Eintrag vom 24. Okt. 1909 in: Journal [en allemand], Hs. in: Bibliothèque publique et universitaire de la Ville de Génève: Papiers du Dr. phil. Isaac Benrubi, Ms. Nr. 2195/1, S. 36; vgl. auch Benrubis Rückblick vom 3. Juli 1910 auf die »höchst unliebenswürdige Rolle, die er [Simmel] in der Übersetzungsaffäre gespielt hat«; ebd., S. 63). Anlaß zur Sorge hinsichtlich der Benrubischen Übersetzungsleistung von Texten Bergsons hatte Simmel seit Erscheinen von ›Materie und Gedächtnis‹ (siehe Simmel an Diederichs vom 20. Sept. 1913), dessen Schlußkorrektur im Auftrag des Diederichs-Verlags von Benrubi in Zusammenarbeit mit Bergson übernommen worden war (vgl. Eugen Diederichs an Isaak Benrubi vom 16. Nov. 1906, in: Diederichs Briefe S. 162). Damals hatten Simmels Bergson wie auch Diederichs gegenüber geäußerte Einwände (mittelbar überliefert in Bergsons Brief an Benrubi vom 3. März 1909; in: Papiers du Dr. phil. Isaac Benrubi, a. a. O.) einerseits dazu geführt, daß Diederichs für Bergson-Übersetzungen fortan Simmels Rat und Urteil heranziehen sollte (siehe Simmel an Diederichs vom 16. Jan. 1911, 20. Jan. 1911, 2. Mai 1911, 5. Mai 1911, 5. Juli 1911, 14. Juli 1911, 20. Sept. 1913 und 4. Dez. 1913), wie andererseits Bergson und Diederichs zu einer Überprüfung der bereits fertiggestellten Teile von Benrubis Übersetzung von ›L'Évolution créatrice‹ veranlaßt. Zwar hatte der an der Berliner Universität lehrende Geh.Reg.Rat und ord. Hon.-Prof. der Philosophie Adolf Lasson (1832-1917; NDB) im Januar 1909 diese Übersetzung noch für überarbeitbar gehalten und sich hieran dann selbst beteiligt (vgl. Bergson an Benrubi vom 11. Jan. 1909 in: Papiers du Dr. phil. Benrubi, a. a. O.); dem ein Jahr später hinzugezogenen Wiener Philosophen Wilhelm Jerusalem (1854-1923) indes dürfte dies unzulänglich erschienen sein (vgl. Bergson an Benrubi vom 28. Jan. 1910, ebd.), war doch nach dessen Urteil die Vergabe der Übersetzung an Gertrud Kantorowicz vereinbart worden. Jetzt, nach Eingang der Korrekturfahnen von ›Schöpferische Entwicklung‹ bei Bergson und nach Benrubis Durchsicht, waren Zweifel hinsichtlich der Übersetzung der im vierten Kapitel behandelten Begriffe »Nichtsein« und »Nichts« aufgekommen, über die Bergson Gertrud Kantorowicz schrieb (vgl. Bergson an Benrubi vom 5. Juni 1912, ebd.). Von deren wie auch Simmels Wiederlegung der Einwände (nicht überliefert) berichtete Bergson Benrubi am 18. Juni 1912, bestärkte ihn jedoch zugleich hinsichtlich seiner grundsätzlichen Korrekturleistung: »Je vous retourne cette feuille à la hâte. Toutes vos corrections me paraissent devoir être conservées: mais, au sujet de ›Nichtssein‹ et de ›Nichts‹, j'ai reçu des lettres de Mlle Kantorowicz et de M. Simmel, d'où me paraît décidément résulter que ›Nichtsein‹ doit être maintenu le plus souvent, sauf dans quelques cas où l'on mettra ›Nichts‹. Il vaudra donc mieux effacer les corrections faites sur ce point« (Ms. fr. 2237, f. 96, ebd.).

daran liegt] Gemeint ist die Druckverzögerung (siehe Simmel an Eugen Diederichs vom 17. Juli 1912).

in meine Hand gelegt] Ein entsprechendes Schreiben Bergsons ist nicht überliefert.

humanistischen] Lesart unsicher, möglicherweise: humoristischen.

Anspruch auf »Erwähnung« seiner »Mitarbeit«] Isaak Benrubis »Anspruch« beruhte vermutlich nicht nur auf der in Bergsons Auftrag ausgeführten Fahnenkorrektur (s. o.), sondern auch auf dem bereits anläßlich der Übergabe des Übersetzungsauftrages an Gertrud Kantorowicz dem Verleger mitgeteilten Wunsch Bergsons, Benrubis Namen neben den von Gertrud Kantorowicz zu setzen. Hieran sollte Bergson Eugen Diederichs nach Erscheinen von ›Schöpferische Entwicklung‹ mit Verweis auf Benrubis Enttäuschung erinnern: »J'aurais souhaité, pour ma part, que cette double mention fût possible, ainsi que je vous l'écrivais au moment où a été prise la décision de faire une nouvelle traduction«, schrieb er am 8. Nov. 1912 und räumte doch zugleich ein: »Je pense que, si aucune mention de ce genre n'a été faite, c'est que probablement la traductrice n'a pas utilisé la traduction de M. Benrubi« (Diederichs Briefe, S. 198).

Georg Simmel an Hugo Bruckmann
Postkarte vom 27. Juli 1912
Hs.; BSB München, Bruckmanniana I

Westend 27 VII 12

Lieber Herr Bruckmann,

Ist denn die »Zusammenfassung« meiner Essais, nach der Sie so freundliche Sehnsucht haben, nicht in Ihren Händen? Sie ist im vorigen Jahr unter dem Titel *Philosophische Kultur* – bei *Klinkhardt* erschienen – u. ich dachte, ich hätte sie Ihnen geschickt!

Übrigens arbeite ich an einem *Goethe*buch, von dem der neuliche Essai ein Herausschneidsel ist. Ich hoffe, es im nächsten Jahr herauszubringen; es wird aber Ihrem *Chamberlain* sicher keine Konkurrenz machen, da wir ein völlig verschiedenes Publikum haben.

Mit den besten Sommerwünschen Ihr

Simmel

Postkarte vom 27. Juli 1912] An: Herrn / *H. Bruckmann / München / Karolinenplatz 5*; mit Poststempel: CHARLOTTENBURG 2 27.7.12 8-9 N.

freundliche Sehnsucht haben] Bruckmanns Anfrage ist verschollen.

***Philosophische Kultur*]** Simmel: Philosophische Kultur. Gesammelte Essais. Leipzig: Werner Klinkhardt 1911 [= Philosophisch-Soziologische Bücherei, 27]; in: GSG 14, S. 159-459.

***Goethe*buch … neuliche Essai ein Herausschneidsel]** Der Essay ›Die Wahrheit und das Individuum. Aus einem Goethebuch‹ war im Mai 1912 im Logos, Band III, Heft 1, S. 15-28 (GSG 12, S. 334-350) erschienen; er findet dann Eingang in das 2. Kapitel von Simmels ›Goethe‹, der Ende 1912 bei Klinkhardt & Biermann in Leipzig erschien (GSG 15, S. 7-271).

Ihrem *Chamberlain*] Gemeint ist die im Druck befindliche Monographie: Houston Stewart Chamberlain: Goethe. München: F. Bruckmann 1913; vermutlich schon 1912 ausgeliefert (vgl. die Besprechung, gez. M.K., im LC vom 6. Febr. 1913, Sp. 177-180).

Georg Simmel an Friedrich Gundolf

Postkarte vom 29. Juli 1912
Hs.; Gundolf Archiv, London

29. VII. 12

Lieber Herr Gundolf,

Ich will Ihnen nur im letzten Moment vor der Abreise für Ihre Sendung u. die schönen u. ernsten Augenblicke danken, die sie mir in dem etwas läppischen Trubel dieser um den Koffer zentrierten Stunden gebracht hat. – Ich komme jetzt nicht nach Heidelberg, wohl aber, hoffentlich, um den 1. Okt. herum. Ich erlaube mir dann eine Benachrichtigung an Sie.

Leben Sie wohl u. behalten mich lieb! Ihr

Simmel

Postkarte vom 29. Juli 1912] An: Herrn / *Dr. F. Gundolf / Heidelberg / Schlossberg 49*; mit Poststempel: CHARLOTTENBURG 2 / 30. 7. 12 11-12 V.

vor der Abreise] Zu Simmels Reiseplänen siehe den Brief an Martin Buber vom 17. Juli 1912; und im Brief an Eugen Diederichs vom 30. Juli 1912 findet sich als erste Station Marécottes sur Salvan im Wallis genannt.

Ihre Sendung] Verschollen. – Publikationen Gundolfs aus dem ersten Halbjahr 1912 liegen nicht vor. Der dritte Jahrgang des von Gundolf und Friedrich Wolters herausgegebenen ›Jahrbuchs für die geistige Bewegung‹ (Berlin: Verlag der Blätter für die Kunst 1912), der Ernst Gundolfs ›Die Philosophie Henri Bergsons‹ enthielt (S. 32-92), war im Nov. 1911 gedruckt worden (vgl. Georg Peter Landmann, S. 83, Nr. 333) und schon bald darauf ins Simmelsche Haus gelangt (vgl. Gertrud Simmel an Stefan George vom 2. Dez. 1911, SGA Stuttgart). Bei der Gundolfschen Sendung an den Bergson- und Goethe-Kenner Simmel handelt es sich daher vielmehr wohl um eine – später vernichtete – Vorstudie zu Gundolfs Goethe (Berlin: Bondi 1916). Denn Gundolf arbeitet im März/April 1912 sein Sommerkolleg über Goethe aus (vgl. Gundolfs auf März 1912 datierten Brief an Ernst Robert Curtius, Gundolf Briefwechsel, S. 207), schreibt im Mai an Ernst Robert Curtius, »den ›Goethe‹ rund zu kriegen«, sei sein »nächster Wunsch« (ebd., S. 214) und unterrichtet am 26. Juni 1912 Leonie Gräfin von Keyserling: »Mein Goethekolleg lasse ich kopieren, vielleicht gar drucken, jedenfalls halt ich es für Ihre Lektüre bereit« (Gundolf Briefe II, S. 106). Entsprechend findet sich in Seekamp (S. 227, vgl. auch 235) die Annahme, daß aus »den nicht ganz übereinstimmenden Erinnerungsberichten über die Zusammenhänge zwischen den Anfängen von Gundolfs *Goethe*-Buch und Ernst Gundolfs *Bergson*-Aufsatz« hervorgehe, daß »ein von Gundolfs Bergson-Begeisterung bestimmter Aufsatz über Goethe entstanden und wahrscheinlich vernichtet worden ist«.

Heidelberg ... um den 1. Okt.] Siehe Simmel an Ferdinand Tönnies vom 17. Sept. 1912.

Benachrichtigung an Sie] Vor diesem in Aussicht gestellten Treffen in Heidelberg kam es möglicherweise zu einem Treffen im Aug. 1912 in Bern; siehe Simmel an Margarete von Bendemann vom 11. Aug. 1912.

Georg Simmel an Eugen Diederichs

Postkarte vom 30. Juli 1912
Hs.; DLA Marbach, Nl Diederichs

Westend 30. VII.

Geehrter Herr *Diederichs*,

Da ich nun abreise, ohne die Schlußkorrektur von *Bergson* erhalten zu haben, bitte ich Sie, sie bis zum 10. Aug. nach *Marécottes sur Salvan (Wallis)* Schweiz, *poste restante* zu senden.

Sehr ergeben Ihr

Simmel

Postkarte vom 30. Juli 1912] An: Herrn / *Eugen Diederichs* / *Jena* / *Karl Zeissplatz*; mit Poststempel: CHARLOTTENBURG 2 30. 7. 12 11-12 N; – Bearbeitungsvermerk: not.

ohne die Schlußkorrektur von *Bergson*] Siehe Simmels Reklamation der Korrekturen von: Henri Bergson: Schöpferische Entwicklung (Jena: Diederichs 1912) bei Eugen Diederichs vom 21. Juli 1912. Einen möglichen Grund für die neuerliche Verzögerung des Drucks der letzten Bogen nennt Gertrud Kantorowicz in ihrem etwa zu dieser Zeit geschriebenen, undatierten Brief an Margarete von Bendemann: »die Schrift fehlt, um weiter zu drucken« (LBI New York, Susman Collection).

bis zum 10. Aug. nach *Marécottes sur Salvan (Wallis)* Schweiz] Siehe Simmels Sommerreisepläne in Simmel an Martin Buber vom 17. Juli 1912.

Georg Simmel an Edmund Husserl

Widmung vom 30. oder 31. Juli 1912
Hs.; Husserl-Archiv, Louvain

Mit freundschaftlichen Grüßen

G.S.

Widmung vom 30. oder 31. Juli 1912] Auf dem Schmutztitel von: Simmel: Die Religion. Zweite, veränderte und vermehrte Auflage. Frankfurt/M.: Literarische Anstalt Rütten & Loening 1912, 103 S. [= Die Gesellschaft. Sammlung Sozialpsychologischer Monographien, herausgegeben von Martin Buber, Band 2]; in: GSG 10, S. 39-118. – Zur Datierung wird angenommen: Die Exemplare sind unmittelbar vor Simmels Abreise in die Schweiz eingetroffen (siehe vor- und nachstehendes Schreiben), und Simmel hat den Versand dieses Freiexemplars – wie, gemäß nachstehendem Schreiben, auch den weiterer – noch veranlaßt.

Georg Simmel an Margarete von Bendemann

Postkarte vom 4. August 1912
Hs.; LBI New York, Susman Collection

Les Marécottes sur Salvan (Wallis)
Hotel des Marécottes.

Liebe Susa,

die Exemplare meines Religionsbuches kamen im Augenblick meiner Abreise, sodaß ich nur Hans beauftragen konnte, dir eines zu schicken, was er hoffentlich getan hat. Als ich die 1. Aufl. vornahm, um die 2. herzustellen, erschrak ich über die Unzulänglichkeit des Buches. Ich habe ihm jetzt ein zweites Grundmotiv untergebaut, so daß es hoffentlich etwas fester auf seinen Füßen steht. Wieviel ihm noch fehlt, weiß Niemand besser als ich. Nimm es immerhin in dieser unvollkommnen Form wieder hin – die Widmung ist vielleicht das einzig Vollkommene daran. Ihr habt ihm viel Glück gebracht – es ist erstaunlich, daß 5000 Ex. davon verkauft worden sind. Der *Kant* will nun auch eine neue Auflage, die ich sehr viel unlieber mache als diese. – Wir werden wohl bis zum 9. hierbleiben u. dann in's *Saastal* gehn. Wenn du mal eine Zeile schreiben willst, so laß mich doch wissen, wie du *Groeth.* gefunden hast; nach seinen Mitteilungen muß es ihm ja erbärmlich gehn. Ich bin überzeugt, daß das zum großen Teil an den Zigaretten liegt. Es ist doch merkwürdig, daß jemand, der alles hingeben würde, um das richtige Leben zu finden, es nicht über sich bringt, auf einen so elenden Genuß zu verzichten, der sein Leben untergräbt.

1000 Grüße von uns an euch!!

G.

Postkarte vom 4. August 1912] An: Frau / *Margarete v. Bendemann / Rüschlikon* bei *Zürich*; mit Poststempeln: MARTIGNY-CHÂTELARD POSTE AMB. 4 VIII 12; RÜSCHLIKON 5 VIII 12.

Les Marécottes sur Salvan (Wallis)] Siehe Simmel an Eugen Diederichs vom 30. Juli 1912.

Hotel des Marécottes] »H. des Marécottes, in freier Lage, Juni-Okt. 45 B., P. 4-7 fr.« (Baedeker Schweiz, S. 327f.).

Exemplare meines Religionsbuches] Simmel: Die Religion. Zweite, veränderte und vermehrte Auflage. Frankfurt/M.: Literarische Anstalt Rütten & Loening 1912, 103 S. [= Die Gesellschaft. Sammlung Sozialpsychologischer Monographien, herausgegeben von Martin Buber, Band 2]; in: GSG 10, S. 39-118.

Hans] Sohn Hans, der offensichtlich erst einige Tage nach Simmel in die Schweiz reiste (siehe Simmel an Margarete von Bendemann vom 11. Aug. 1912).

1. Aufl.] Zur 1906 erschienenen ersten Auflage siehe Simmel an Buber vom 24. Juni 1905, 1. Aug. 1905, 12. Aug. 1905, 11. Sept. 1905, 13. Jan. 1906, 28. April 1906 und 22. Juni 1906 sowie an Hermann Graf von Keyserling vom 20. Nov. 1906.

Unzulänglichkeit des Buches] Dies findet sich bereits angesprochen im Brief Simmels an Heinrich Rickert vom 14. Febr. 1907.

zweites Grundmotiv] Die Ergänzungen der zweiten Auflage betreffen vorwiegend religionsphilosophische Überlegungen, für die Simmel teilweise auf seinen bereits 1905 erschienenen Aufsatz ›Ein Problem der Religionsphilosophie‹ (GSG 7, S. 310-320) zurückgriff und Gedanken aus jüngeren Arbeiten aufnahm: so aus seinen Ende 1909 fertiggestellten ›Hauptproblemen der Philosophie‹ (GSG 14, S. 11-157), so aus der 1911 veröffentlichten Studie über ›Die Persönlichkeit Gottes. Ein philosophischer Versuch‹ (GSG 12, S. 290-307). Vgl. den Editorischen Bericht in GSG 10, S. 409-421, insb. S. 409-415.

Widmung] Wie die jetzt erschienene zweite, war auch die erste Auflage »MEINEN FREUNDINNEN / GERTRUD KANTOROWICZ / UND / MARGARETE VON BENDEMANN« gewidmet.

***Kant* will nun auch eine neue Auflage]** Die erste Auflage von ›Kant. Sechzehn Vorlesungen gehalten an der Berliner Universität‹ war bei Duncker & Humblot in Leipzig 1904 erschienen, der ein zweiter, unveränderter Abdruck 1905 folgte. Zu der hier angesprochenen dritten Auflage kam es 1913 (GSG 9, S. 7-226).

unlieber] Siehe dann Simmel an Margarete von Bendemann vom 16. Okt. 1912 und vom 11. Nov. 1912.

bis zum 9. hierbleiben u. dann in's *Saastal* gehn] Siehe Simmel an Martin Buber vom 17. Juli 1912.

wie du *Groeth.* gefunden hast] Die Rückfrage gilt der gesundheitlichen Verfassung Bernhard Groethuysens (1880-1946), 1904 Dr. phil., seit 1907 PD der Philosophie in Berlin (siehe Simmel an Hermann Graf von Keyserling vom 30. Aug. 1907; Große Kracht); er stand Simmel wie auch Margarete von Bendemann nahe (siehe Simmel ebd.); zwar ist eine Begegnung Margarete von Bendemanns mit Groethuysen nicht nachgewiesen, doch berichtete dieser »in mehreren Briefen an seine Mutter von einem Magenleiden, das ihn im Sommer 1912 [...] zu einem Aufenthalt in einem Schweizer Sanatorium zwang« (zit. n. Große Kracht, S. 79).

nach seinen Mitteilungen] Verschollen.

Georg Simmel an Margarete von Bendemann

Postkarte vom 11. August 1912
Hs.: LBI New York, Susman Collection

Liebste Susa,

Ich danke sehr für deinen Brief, über den manches zu reden sein wird. Vorläufig ist bei uns wieder einmal alles ›anders‹ gekommen. Hans hat plötzlich einen starken Ischiasanfall bekommen u. wir sind nach *Bern* gefahren, um ihn behandeln zu lassen. Über die Zukunft läßt sich unter diesen Umständen garnichts sagen. Für alle Fälle aber möchte ich wissen – da wir nach Überwindung des akuten Stadiums jedenfalls in die Nähe des Genfersees wollen –, ob du *St. Légier* für längeren Aufenthalt empfehlen kannst, ob das Hotel einen Garten hat u. ob Wald in der Nähe ist. Oder kennt ihr in dieser Gegend etwas andres, ganz fabelhaft Schönes u. unfabelhaft Teures?

Im Übrigen ist gar keine Veranlassung zu Besorgniß u. wir lassen keineswegs die Köpfe hängen.

U. 1000 Grüße von uns an euch u. vielen Dank!

Georg

Bern, Sonntag
poste restante.

Postkarte vom 11. August 1912] An: Frau / *Margarete v. Bendemann / Rüschlikon bei Zürich*; mit Poststempel: BERN 1 BRIEFEXPEDITION 12-13 11 VIII 1912.

Brief] Verschollen.

›anders‹ gekommen] Siehe Simmel an Margarete von Bendemann vom 4. Aug. 1912.

wir sind nach *Bern* gefahren] Nach Hans Simmels Ischiasanfall hatte die Familie Simmel wohl unmittelbar, spätestens am 9. Aug., Marécottes verlassen, um per Bahn nach Bern zu fahren; eine Zwischenstation wurde in Glion, oberhalb von Montreux, eingelegt, von wo aus Gertrud Simmel am 10. Aug. 1912 an Friedrich Gundolf eine Postkarte schickte: »wir können nicht ins Saasthal, unsre Zukunft ist ganz fraglich durch einen Ischias-Anfall von Hans, der ihn zunächst wahrscheinlich in klinische Behandlung führt, wahrscheinlich in Bern. Vielleicht geben Sie in einer Woche einmal Nachricht an unsre Westender Adresse wo Sie ev. zu finden sind, ev. könnte man sich auf Ihrer Durchreise in Bern ein Paar Stunden sehn?« (Gundolf Archiv, London). Ob es zu einem Treffen gekommen ist, ist nicht zu ermitteln, belegt ist nur, daß sich Gundolf um den 22. Aug. 1912 »wieder in Bern« aufhielt (Seekamp, S. 235).

***St. Légier*]** Das Bergdorf, nördlich von Vevey, liegt auf 535 m oberhalb des Genfer Sees (Baedeker Schweiz, S. 295).

Hotel] Gemeint ist das Hotel du Roc (mit 80 Betten und einem Pensionspreis von 6-12 Franken das erste am Ort (ebd.), in dem sich Margarete von Bendemann im Nov. 1910 (siehe Simmel an Margarete von Bendemann vom 21. Nov. 1910) und im Febr. 1911 aufgehalten hatte (vgl. die dorthin adressierten Schreiben von Ernst Bloch an Margarete von Bendemann vom 17., 21., und 22. Febr. 1911, DLA Marbach, Nl Susman).

Georg Simmel an Margarete von Bendemann

Postkarte vom 21. August 1912
Hs.; LBI New York, Susman Collection

Bern, 21.VIII.

Liebe Susa,

es geht Hans zwar besser, aber noch immer recht unvollkommen und humplig. Die Frau ist ganz ordentlich. Mir selbst geht es, seit mir vorgestern ein großer Furunkel am Arm geschnitten worden ist, wieder menschlich. Ich hoffe, daß diese Sache in c. 8 Tagen erledigt sein wird; sie hat mich dann gerade 4 Wochen belästigt. Übrigens wären diese wegen Hans u. Wetter sowieso verloren gewesen.

Die Frau regt an, daß wenn *Landauers* tiefer in die Schweiz reisen, ihnen vielleicht eine Begegnung mit uns nicht unerwünscht wäre. Wir sind so gut wie bestimmt bis Ende d.M. hier, *Pension Sonnenberg*, zu finden. (Briefe übrigens am besten weiter *poste restante*). U. wann sehen wir dich – euch? Später werden wir, falls Hans nicht etwa in ein Bad muß, oberhalb des Genfersees sein.

Tausend gute Dinge u. Grüße!

G.

Postkarte vom 21. August 1912] An: Frau / *Margarete v. Bendemann / Rüschlikon bei Zürich*; mit Poststempel: BERN 1 BRIEFEXPEDITION 16-17 21 VIII 1912; RÜSCHLIKON 22. VIII. 12. VI-[unles.].

Hans ... Frau ... Furunkel] Zu Hans Simmels Ischiasanfall siehe Simmel an Margarete von Bendemann vom 11. Aug. 1912. An die krankheitsbedingten Beeinträchtigungen erinnert Hans Simmel: »Die Sommerreise dieses Jahres war ein Fehlschuss. Ich bekam eine heftige Attacke meiner Ischias, mein Vater eine Furunkulose, meine Mutter war auch nicht auf dem Posten. So sassen wir einige Wochen in Bern in einer Pension und liessen uns soweit kurieren, dass wir uns wenigstens noch ein Weilchen im Rhônetal sonnen konnten« (S. 67).

wenn *Landauers* tiefer in die Schweiz reisen] In einem verschollenen Brief muß Margarete von Bendemann Gertrud Simmel über die Reiseabsichten Landauers unterrichtet haben. Der philosophische Schriftsteller und Publizist Gustav Landauer (1870-1919) hatte ihr wohl – ebenso wie am 19. Aug. 1912 Fritz Mauthner (siehe Korrespondentenverzeichnis GSG 22) – mitgeteilt, daß er und seine zweite Frau, die vornehmlich als Lyrikerin bekannte Hedwig Lachmann (1865-1918; seit 1903 verehelichte Landauer) jetzt beabsichtigten, »noch einen Sprung in die Schweiz zu machen« (Gustav Landauer – Fritz Mauthner. Briefwechsel 1890-1919. Bearbeitet von Hanna Delf. München: C.H. Beck 1994, S. 266).

Begegnung mit uns] Das Ehepaar Landauer besuchte »vor 14 Tagen« Margarete von Bendemann in Rüschlikon bei Zürich, wie sie in einem Brief an Martin Buber vom 12. Sept. 1912 erwähnt (JNUL Jerusalem, Buber Archive). Ein Treffen Landauers mit Simmels ist nicht nachgewiesen, wie grundsätzlich die Beziehung unklar ist und nur in einem Brief Landauers an Paula Buber vom 1. Okt. 1918 nachklingt: »Simmels Tod ist mir sehr nahegegangen. Ich wußte, daß er sterben mußte, und daß er als Weiser sich bereitet hat« (Gustav Landauer. Sein Lebensgang in Briefen. Unter Mitwirkung von Ina Britschgi-Schimmer herausgegeben von Martin Buber. Zweiter Band. Frankfurt/M.: Rütten & Loening 1929, S. 267).

***Pension Sonnenberg*]** »P. Villa Sonnenberg […] 25 B., P. 6-12 fr.« (Baedeker Schweiz, S. 171).

Georg Simmel an Margarete von Bendemann

Postkarte vom 24. August 1912
Hs.; LBI New York, Susman Collection

24.

Liebe Susa –

Dank für deine Karte. Nein, wir wollen euch nicht schneiden. Spielt uns das Schicksal nicht einen der Streiche, zu denen es freilich in diesem Sommer besonders aufgelegt scheint, so haben wir vor, euch auf der Rückreise, Ende Sept., heimzusuchen. Inzwischen aber rechnen wir sehr darauf, dich hier zu sehn. Mindestens bis Ende d.M. bleiben wir hier, wahrscheinlich noch länger. Muß nun Hans nicht etwa in ein Bad gehn, so werden wir den Sept. wohl am Genfersee zubringen. Gertrud schreibt, daß du sie vielleicht in *Saas-Fee* besuchen wirst. In diesem Fall kommst du natürlich über *Bern*, bzw. den See! U. richte dich nicht allzu knapp ein, unsre Begegnungen müssen jetzt lange vorhalten! – Hans ist noch sehr lahm, mir geht es wieder ganz gut, die Wunde heilt ganz normal, der Goethe wächst.

In aller Liebe Dein

G.

Postkarte vom 24. August 1912] An: Frau / *Margarete v. Bendemann / Rüschlikon (Zürich)*; mit Poststempeln: BERN BRIEFEXPEDITION 1-2 24 VIII 1912; RÜSCHLIKON 24. VIII. 12. XI.

Karte ... schneiden] Das Schreiben Margarete von Bendemanns an Simmels, das wohl die Enttäuschung ausdrückt, daß diese nicht erwägt hatten, nach Rüschlikon zu kommen, ist verschollen.

Streiche] Siehe Simmel an Margarete von Bendemann vom 11. und 21. Aug. 1912.

Hans nicht etwa in ein Bad gehn] Zu Hans Simmels Ischiaserkrankung siehe Simmel an Margarete von Bendemann vom 11. Aug. 1912.

Gertrud schreibt] Gertrud Kantorowicz hielt sich seit Anfang Aug. in Saas Fee auf und hatte Margarete von Bendemann wiederholt eingeladen, mit Ehemann und Sohn im Sept. ebenfalls dorthin zu kommen (vgl. Gertrud Kantorowicz an Margarete von Bendemann aus Fionnay vom 8. Aug. 1912 und aus Saas Fee, o. D. [Aug.] 1912; LBI New York, Susman Collection). Ob die Bendemanns der Einladung folgten, ist nicht bekannt, wohl aber teilt Margarete von Bendemann Martin Buber am 12. Sept. 1912 mit, daß sie »übermorgen« Gertrud Kantorowicz in Rüschlikon erwarte (JNUL Jerusalem, Buber Archive).

unsre Begegnungen müssen jetzt lange vorhalten] Anspielung auf den Wohnortwechsel Margarete von Bendemanns von Berlin nach Rüschlikon bei Zürich (siehe Simmel an Margarete von Bendemann vom 8. März 1912), wodurch sie »die Nähe all meiner Freunde verlor« (Susman, S. 76).

Wunde heilt] Nachdem die Furunkulose beseitigt worden war; siehe Simmel an Margarete von Bendemann vom 21. Aug. 1912.

Goethe wächst] Arbeit an der Monographie ›Goethe‹; zu deren Erscheinen siehe dann Simmel an Marianne Weber vom 9. Dez. 1912.

Georg Simmel an Eugen Diederichs

Brief vom 25. August 1912
Hs.; DLA Marbach, Nl Diederichs

z. Z. Bern, poste restante
25. VIII. 12.

Sehr geehrter Herr Diederichs,

Fräulein *Dr. Kantorowicz* schreibt mir, daß Sie einige Zeilen über die *Evolution créatrice* zu Anzeigezwecken wünschen. Es ist doch vielleicht zweckmäßiger, daß ich diese verfasse u. ich sende sie Ihnen hiermit umstehend. Meine Autorschaft bitte ich diskret zu behandeln.

Mit freundlichem Gruß Ihr ergebenster

Simmel

Brief vom 25. August 1912] Mit Bearbeitungsvermerk: Bt. 26. VIII 12.

***Dr. Kantorowicz* schreibt mir]** Das Schreiben von Gertrud Kantorowicz ist verschollen.

***Evolution créatrice*]** Gemeint ist das von Gertrud Kantorowicz übersetzte Werk Henri Bergsons ›L'Évolution créatrice‹ (Paris: Félix Alcan 1907): Schöpferische Entwicklung. Jena: Diederichs 1912.

umstehend] Nicht mit dem Schreiben überliefert.

Meine Autorschaft ... diskret zu behandeln] Infrage käme die kurz nach der Ausgabe der Bergson-Übersetzung (siehe Simmel an Diederichs vom 4. Okt. 1912) erschienene Verlagsanzeige: »SOEBEN ERSCHIEN / HENRI BERGSON / SCHÖPFERISCHE ENTWICKLUNG / Broschiert M. 6.-, gebunden M. 7.50 / Die Stellung Bergsons zur heutigen Philosophie kennzeichnet ein grundsätzlicher Gegensatz zur naturwissenschaftlich einseitigen Weltanschauung des Materialismus und des Pessimismus, er sucht von einer spekulativen Psychologie aus zu einer idealistischen und mystischen Metaphysik vorzudringen. Das Bewußtsein ist eine Einheit, die man nicht analysieren, nicht zerlegen kann. Die Zeit existiert tatsächlich und ist nicht bloß eine Vorstellung. – Wir sind frei, wenn unsere Handlungen aus unsrer ganzen Persönlichkeit hervorgehn, wenn sie sie ausdrücken, wenn sie jene undefinierbare Aehnlichkeit mit ihr haben, wie man sie zuweilen zwischen dem Kunstwerk und seinem Schöpfer findet« (Neue Blätter. Hellerau und Berlin: Verlag der Neuen Blätter [Erich Baron] 1912, o. S., nach S. 75 [= Zweite Folge, 1. Heft]). – Vgl. Simmels Betrachtungen zu Bergson in: Über einige gegenwärtige Probleme der Philosophie. VZ, Nr. 588 vom 17. Nov. 1912, Mo. Bl. (GSG 12, S. 381-387, bzw. S. 385 ff.) sowie in:

Henri Bergson. Die Güldenkammer. Herausgegeben von S. D. Gallwitz, G. F. Hartlaub und Dr. Hermann Smidt. 4. Jg., Heft 9 [= vom Juni 1914], S. 511-525 (GSG 13, S. 53-69).

Georg Simmel an Margarete von Bendemann

Postkarte vom 4. September 1912
Hs.; LBI New York, Susman Collection

Bex, 4.

Liebe Susa,

die Koinzidenz der Ereignisse! Ungefähr zwei Stunden vor deiner Karte hatte ich mich entschlossen, nach *Bex* zu gehn! Dennoch vielen Dank, auch für die Empfehlung des Hotels, in dem ich eben für die morgen nachkommende Familie Quartier gemacht habe. Ihr seid dort noch in sehr gutem Andenken. Die Lage ist entzückend. – Hans geht es so weit besser, daß wir diese Übersiedlung unternehmen können, es ist anzunehmen, daß das Leiden, nachdem er einmal auf den Trab gebracht ist, sich von selbst weiter zurückbilden wird.

Nun hoffe ich hier noch auf ein paar gute Wochen, in denen der Teufel nicht wieder seine Experimente macht; er könnte eigentlich genug haben. Inzwischen ist das Goethebuch ganz munter vorgeschritten – *wenn du herkommst*, bekommst du es vorgelesen -----

Sehr viele Grüße an den Mann, von dem wir lange nichts gehört haben –

Postkarte vom 4. September 1912] Ohne Unterschrift an: Frau / *Margarete v. Bendemann / Rüschlikon* bei *Zürich*; mit Poststempeln: BEX 4 IX 12. -1; RÜSCHLIKON 5 IX 12 VI.

deiner Karte] Margarete von Bendemanns Antwort auf Simmels Schreiben vom 24. Aug. 1912 ist verschollen.

ich mich] Im Original: ich [ein durchgestrichenes, unles. Wort] uns.

***Bex*]** Bex-les-Bains, Kurort in 414 m Höhe »mit 3500 Einw., in hübscher Lage am *Avançon*«, einem Zufluß der Rhône, etwa 20 km südöstlich des Genfer Sees gelegen, mit zahlreichen Ausflugsmöglichkeiten in das angrenzende Bergland (Baedeker Schweiz, S. 302).

Hotels] Margarete von Bendemann muß Simmel die Hotel-Pension de la Dent du Midi, »50 B., P. 6-10 fr.« (ebd.) empfohlen haben (siehe den Briefkopf von Georg und Gertrud Simmels Schreiben an Paul Ernst vom 16. Sept. 1912).

Hans geht es so weit besser] Zur Ischiaserkrankung von Sohn Hans siehe Simmel an Margarete von Bendemann vom 11., 21. und 24. Aug. 1912.

Teufel nicht wieder seine Experimente macht] Zu den bisherigen Beeinträchtigungen des Sommerurlaubs siehe ebd.

Goethebuch] Simmel: Goethe. Leipzig: Klinkhardt & Biermann [1912] 1913 (GSG 15, S. 7-269).

Mann] Eduard von Bendemann.

Georg Simmel an Eugen Diederichs

Postkarte vom 9. September 1912
Hs.; DLA Marbach, Nl Diederichs

z. Z. *Bex*, 9. IX. 12

Sehr geehrter Herr Diederichs!

Fräulein *Dr. Kantorowicz* schreibt mir, daß Sie wegen ev. Freiex. des *Bergson* für mich angefragt hätten. Ich wäre Ihnen dankbar, wenn Sie mir zwei gebundne u. zwei broch. Ex. zukommen ließen – aber erst, wenn ich Sie von Berlin aus darum bitte, da ich auf der Reise nichts damit anzufangen weiß. Sollte ich später im Interesse der Verbreitung des Buches noch mehrer Ex. bedürfen, so werde ich es kundtun.

Mit freundlichen Empfehlungen Ihr ergebner

Simmel

Postkarte vom 9. September 1912] An: Herrn / *Eugen Diederichs / Jena / Karl Zeissplatz / Allemagne*; mit Poststempel: BEX / 8.9.12. – 5. – Mit Bearbeitungsvermerk: not. 26/912.

Fräulein *Dr. Kantorowicz* schreibt mir] Gertrud Kantorowicz' Schreiben ist verschollen.

***Bergson*]** Henri Bergson: Schöpferische Entwicklung. Jena: Diederichs 1912; zum Erscheinen siehe Simmel an Diederichs vom 4. Okt. 1912.

Georg Simmel an Salomo Friedlaender

Brief vom 15. September 1912
Hs.; Friedlaender/Mynona-Archiv Geerken

z. Z. Bex 15 IX 12

Verehrter Herr Doktor!

Es wird mir nicht leicht, Ihre Bitte unerfüllt zu lassen. Ich muß das aber schon aus dem einfachen Grunde, daß die *Frankfurter Zeitung*, deren Praxis ich gut zu kennen glaube, diese Antikritik weder auf meine Empfehlung noch auf irgend eine andre hin annehmen würde.

Daß mir diese Weigerung schwer wird, ist nur, weil es eben eine Bitte von Ihnen ist. In sachlicher Hinsicht würde ich Ihnen von der Veröffentlichung dringend abraten: Sie würden damit den beabsichtigten Erfolg beim Publikum nicht erzielen. Denn das Publikum hat jene Kritik längst vergessen, Antikritiken sind ihm überhaupt odiös u. was für unsereinen tiefe Wertbeziehungen hat, ist ihm ganz gleichgültig u. unverständlich. Bitte, glauben Sie hierin mir, einem alten Praktiker in literarischen Dingen, einmal ganz ›dogmatisch‹. Über die Geschmacklosigkeit u. den Unsinn des »Zaunkönigs«-Gleichnisses u. daß Herr B. Ihr Buch überhaupt nicht verstanden hat, ist ja nichts zu sagen. Aber das sind Dinge, die jeder im öffentlich-geistigen Leben Stehende dauernd erfährt u. gegen die zu remonstriren in jeder Hinsicht sinnlos ist. Mir selbst, der ich im Allgemeinen von der Kritik über Verdienst gut behandelt werde, ist derartiges oft genug passirt u. ich habe nie dagegen aufbegehrt. Wenn mich ein Rezensent einen Esel oder einen Zaunkönig nennt, so macht mein Protest dagegen, *ich mag ihn noch so überpersönlich u. rein sachlich begründen,* immer den Eindruck verletzter Eitelkeit; ich mag mich stellen, wie ich will – das Publikum hört eben nichts andres heraus, als daß ich eine schlechte Kritik nicht auf mir sitzen lassen will! Hat der Rezensent Unrecht gehabt, so überläßt man sein Gewäsch am besten dem »stillen Begräbniß«, das seiner wartet. –

Ich denke sehr oft an Sie u. es ist mir herzlich leid, daß wir so ganz an einander vorbeileben. Ich hatte mir schon vorgenommen, in diesem Winter zu versuchen, diese Sinnlosigkeit zu korrigiren. Vielleicht erlauben Sie mir, Ihnen seinerzeit einen entsprechenden Vorschlag zu machen.

Mit den freundlichsten Grüßen Ihr sehr ergebner

Simmel

Ihre Bitte] Friedlaenders Schreiben ist (samt Anlage) verschollen.

***Frankfurter Zeitung*, deren Praxis ich gut zu kennen glaube]** Simmel denkt hier vermutlich u. a. an Kenntnisse, die auf seine persönliche Beziehung zu dem Rickert-Schüler Heinrich Simon zurückgehen, der seit 1906 Redakteur und seit 1910 Herausgeber der FZ war. – Heinrich Simon (1880-1941), 1905 Promotion bei Heinrich Rickert in Freiburg i. Br.; 1906 Eintritt in die FZ; 1914-1934 Vorsitzender der Redaktionskonferenz der FZ; 1934 Emigration nach Palästina; 1939 USA; 1941 ermordet (MWG II/7, S. 1037); siehe Simmel an Margarete von Bendemann vom 16. Okt. 1912.

Antikritik] Friedlaender wollte mit einer »Antikritik« einer Kritik an seinem Nietzsche-Buch begegnen. Der Theologe und Nietzscheforscher Carl Albrecht Bernouilli (1868-1937; NDB, Killy) war in einer Sammelbesprechung zur ›Nietzsche-Literatur‹ (FZ, Nr. 249 vom 8. Aug. 1912, 1. Mo. Bl.) auch auf Friedlaenders Buch ›Friedrich Nietzsche. Eine intellektuale Biographie‹ (Leipzig: G. J. Göschen 1911) eingegangen; für dessen Drucklegung hatte sich Simmel verwendet (siehe Simmel an G. J. Göschen'sche Verlagshandlung vom 11. Jan., 9. Okt. und 11. Okt. 1908 sowie G. J. Göschen'sche Verlagshandlung an Simmel vom 24. Jan., 19. Febr. und 9. Okt. 1908 sowie vom 2. Dez. 1910).

»Zaunkönigs«] Bernouilli hatte in seiner Rezension geschrieben: »Wir genießen eine Zeitlang diese differenzierenden Variationen über das Thema Nietzsche im höheren Chor; doch dann verstimmt sich das komplizierte Instrument über der Lektüre – so sehr erscheint Nietzsche als Thema und nur als Thema für Friedlaender. Will man von Nietzsche das, was Friedlaender von ihm will, so läuft das eigentlich auf die Verpflichtung hinaus, den ganzen Nietzsche neu zu schreiben. Der Respekt vor den siebzehn Bänden, die Nietzsche hinterlassen hat, verträgt sich nicht recht mit einem solchen Zaunkönigsflug, der sich aus den Schwingen des ermüdeten Adlers noch um ein Stück höher erhebt.«

Georg und Gertrud Simmel an Paul Ernst

Brief vom 16. September 1912
Hs.; DLA Marbach, Nl Paul Ernst

16. IX. 12

Lieber Freund,

wir bekommen eben Ihre Nachricht hierher u. ich will Ihnen nun gleich ein Wort treuer Anteilnahme sagen. Wenn Eltern so alt werden, so scheiden sie in ganz natürlichem organischem Prozeß mehr u. mehr aus dem eignen Leben der Kinder aus. Aber, in den guten Fällen, hat das gerade etwas Schönes, daß sie so wie ruhende Bilder dastehen, nicht mehr in die unruhigen Flutungen unseres Lebens hineingezogen, u. ihr Verlust, auch wenn er keine tiefen Wunden giebt, ist doch etwas Ernstes u. Erschütterndes. Es ist etwas Festes verschwunden, an dem wir uns freilich nicht mehr gehalten haben, das uns aber doch in einem stillen u. oft erst nachträglich fühlbaren Maße der Lebensreihe verband. –

Von unserem Ergehen in der Reisezeit schreibt Ihnen vielleicht meine Frau, oder es ist auch Zeit, gelegentlich davon zu erzählen, denn es war nicht so schön, daß man Eile hätte es mitzuteilen.

Viele herzliche Grüße an Ihre liebe Frau u. an die Kinder!

Wie immer Ihr

Simmel

Lieber theurer Freund,

das ist ein schwerer Schlag und ein großer Abschnitt im Leben – nehmen Sie meine innigste Versicherung der Theilnahme! Ich habe selbst vor einigen Wochen die letzte Vertreterin der Generation vor mir verloren, die letzte Schwester meiner Mutter, 87jährig, – sie hat uns alle mit aufgezogen – wie entscheidend und ganz verändernd für das Leben, wenn es keinen Menschen mehr giebt, für den man das Kind gewesen ist. Aber Sie haben in Ihrem Vater auch noch einen wirklichen menschlichen Besitz gehabt u. einen wirklichen Verlust erlitten, und das betrübt mich von Herzen. Aber danken Sie Gott daß es so war u.

ist – es ist traurig, wenn die lange Verstorbenen nicht sterben können – wie es jetzt bei uns war.

Ich komme – allein – in den letzten Septembertagen durch Weimar u. würde mich einrichten ein paar Stunden dort zu sein, wenn ich wüßte, daß Sie u. die Frau da sind – wollen Sie mir eine Zeile darüber hierher poste rest. schreiben? Bis zum 26. bin ich mit Hans voraussichtlich hier, er geht dann nach Heidelberg. Georg geht über Köln nach Haus.

Viele warme Grüße Ihnen und der lieben Frau. Hans bittet Sie seiner treusten Theilnahme versichert zu sein.

Herzlich Ihre alte

Gertrud Simmel

Brief vom 16. September 1912] Gedr. Briefkopf: HOTEL DE LA DENT DU MIDI / BEX-LES-BAINS / Ch. HAYN, Propriétaire. – Siehe Simmel an Margarete von Bendemann vom 4. Sept. 1912.

Nachricht] Verschollen. – Paul Ernst hatte Simmels wie auch andere Mitglieder seines Freundeskreises vom Tode seines Vaters Wilhelm Ernst (11. Nov. 1833-14. Sept. 1912) unterrichtet (vgl. Paul Ernst an Georg von Lukács vom 19. Okt. 1912, in: Ernst/Lukács, 41, S. 210).

Reisezeit ... war nicht so schön] Siehe Simmel an Margarete von Bendemann vom 11., 21. und 24. Aug. 1912.

Frau u. an die Kinder] Lilli Ernst nebst Sohn Walther und Tochter Emma.

die letzte Schwester meiner Mutter, 87jährig] Es handelt sich um Helene Treutler, geb. am 12. Jan. 1825 in Breslau (Mttl. Stadtarchiv Bonn); der Todestag konnte nicht ermittelt werden. Sie war wie die ebenfalls mit Gertrud Simmels Mutter verschwisterte Clara Treutler (15. Aug. 1826-2. Juli 1900; ebd.) »unverheiratet geblieben« und hat über »viele Jahre mit Kinels zusammengelebt und auf die Kinder wesentlichen Einfluß gehabt« (Hans Simmel, S. 13).

Hans ... geht dann nach Heidelberg] Hans Simmel, S. 67: »Mitte September ging ich nach Heidelberg als Famulus an der chirurgischen Poliklinik«.

Georg geht über Köln nach Haus] Bekannt ist lediglich, daß Simmel Station in Heidelberg machen wollte; siehe Simmel an Friedrich Gundolf vom 29. Juli 1912 und an Ferdinand Tönnies vom 17. Sept. 1912.

Georg Simmel an Ferdinand Tönnies

Brief vom 17. September 1912
Hs.; SHLB Kiel, Nl Tönnies

z.Z. Bex, 17 IX 12

Verehrter Herr Kollege,

Ich bekomme eben die betrübende Nachricht, daß *Edv. Lehmann* seinen für den Soziologentag versprochnen Vortrag nicht halten kann, da er seit langem krank ist u. bis in den November hinein Rekonvaleszenz halten muß. Wir müssen alles tun, um Ersatz zu schaffen, was natürlich sehr schwierig ist. Wie war es doch mit *Hasbach*? Hat er abgesagt oder ist er nicht aufgefordert worden? U. halten Sie es für möglich, ihn jetzt noch, unter offner Angabe der Sachlage, heranzuziehn? Kennen Sie ihn so weit – ob er großherzig genug ist, die Situation zu begreifen u. sein Selbstbewußtsein nicht durch das Lückenbüßen verletzt zu fühlen? Oder wissen Sie sonst einen Rat?

Ich gehe Ende d. Woche nach Deutschland zurück u. bin am 25. in Heidelberg. Vielleicht schreiben Sie mir dorthin in das *Hotel Schrieder*, was Sie über die Situation denken. Ich könnte dann Ihre ev. Vorschläge gleich mit *Max Weber* besprechen.

Mit freundlichen Grüßen Ihr sehr ergebner

Simmel

Nachricht] Das Schreiben, wahrscheinlich von Edvard Lehmann, ist verschollen.

***Edv. Lehmann*]** Simmel hatte angeregt, Edvard Lehmann als Referenten für den Zweiten Deutschen Soziologentag einzuladen (Simmel an Vorstand der DGS vom 16. April 1912 und an Hermann Beck vom 6. Mai 1912); Lehmann hatte die Einladung angenommen (Schreiben verschollen) und war auf dem mit der ›Einladung zum II. Deutschen Soziologentag‹ (SHLB Kiel, Nl Tönnies) bekannt gegebenen Programm vertreten; dieses in einem Brief von Michels an den Vorstand der DGS vom 30. Sept. 1912 (ebd.) als »vorläufig« subsumierte Programm war den Mitgliedern spätestens im September zugegangen und kündigte als »Vortrags-Programm« an: »1. am 20. Oktober, Eröffnungsabend 7½ Uhr Prof. Dr. Adolf [sic!] Weber, Heidelberg: Über den soziologischen Kulturbegriff [...]/2. am 21. Oktober, vormittags 10 Uhr: Prof. Dr. Paul Barth, Leipzig: Die Nationalität in ihrer soziologischen Bedeutung; daran anschließend: Jahresbericht, erstattet von

Prof. Dr. Max Weber, Heidelberg; / 3. nachmittags 4 Uhr: Prof. Dr. Eduard [sic!] Lehmann, Berlin: Volkstum und Religion; daran anschließend: / 4. Prof. Dr. Alfred Vierkandt, Berlin: Vorstufen und Begriffsbestimmung der Nation; / 5. am 22. Oktober, vormittags 10 Uhr: Dr. Ludo Hartmann, Wien: Die Nation als politischer Faktor; / 6. Privatdozent Dr. Franz Oppenheimer, Berlin: Rassentheoretische Geschichtsphilosophie; / 7. nachmittags 4 Uhr: Prof. Dr. Robert Michels, Turin: Die historische Entwicklung des Vaterlandsgedankens«. – Zum endgültigen Programm siehe Simmel an Tönnies vom 4. Okt. 1912.

langem] Im Original: lange.

***Hasbach*]** Zu Simmels Befürwortung des Tönniesschen Vorschlags, den Nationalökonomen Wilhelm Hasbach zu einem Vortrag aufzufordern, siehe Simmel an Vorstand der DGS vom 17. Juni 1912.

am 25. in Heidelberg] Eine Unterbrechung der Rückreise aus der Schweiz in Heidelberg hatte Simmel bereits vor Reiseantritt geplant; siehe Brief an Gundolf vom 29. Juli 1912.

***Hotel Schrieder*]** Gasthof Schrieder, beim Bahnhof, mit Restaurant, 85 Zimmer zu 2-4 M., mit Bad 7-12 M., Frühstück 1,40 M., Mittag 2-3 M., Pension 6-10 M. (Baedecker Rheinlande, S. 329).

mit *Max Weber* besprechen] Ob es zu einem Gespräch Simmels mit Max Weber kam, ist nicht mehr zu ermitteln.

Georg Simmel an Aloys Fischer

Brief vom 1. Oktober 1912

Hs.; BSB München, Nl Aloys Fischer, Ana 345 DII

Berlin. Westend 1.x.12

Sehr geehrter Herr Doktor!

Mit verbindlichem Dank für Ihr freundliches Schreiben vom 25. Sept., das ich soeben vorfinde, muß ich leider erwiedern, daß meine Arbeitsprogramme für die nächsten Jahre mir keine Beteiligung an Ihrem *Handbuch* gestattet.

In vorzüglicher Hochachtung Ihr ergebenster

Simmel

Schreiben vom 25. Sept.] Verschollen.

Ihrem *Handbuch*] Ein von Aloys Fischer herausgegebenes »Handbuch« ist nicht nachgewiesen (vgl. Aloys Fischer-Bibliographie. In:

Aloys Fischer. Leben und Werk. Herausgegeben von Dr. Karl Kreitmair. Mit zahlreichen unveröffentlichten Selbstzeugnissen in Verbindung mit Freunden und Schülern Fischers. München: Bayerischer Schulbuch-Verlag o.J. [Vorwort: 1950], S. 253-265 [=Veröffentlichungen des Aloys-Fischer-Arbeitskreises München, Band 1]). – Indes war Fischer seit 1911 Mitherausgeber der ›Zeitschrift für pädagogische Psychologie und experimentelle Pädagogik‹, »der er unendlich viel Zeit, Kraft, Arbeit – und Liebe gewidmet hat« (Paula Fischer-Thalmann: Fischer im Kreise seiner Familie. In: Ebd., S. 160). Fischer, der seit 1909 Vorlesungen über Soziologie gehalten hatte, plante vielleicht im Herbst 1912 ein »Handbuch«, das der Fächerverbindung gerecht wird, die er in ›Soziologie und Pädagogik‹ (Zeitschrift für pädagogische Psychologie 13, Heft 10 vom Okt. 1912, S. 593-596) aufgezeigt hatte.

Georg Simmel an Eugen Diederichs

Brief vom 4. Oktober 1912
Hs.; DLA Marbach, Nl Diederichs

Westend 4 X 12

Sehr geehrter Herr Diederichs!

Besten Dank für die freundliche Übersendung des *Bergson*. Ich bin froh, daß er endlich da ist u. daß damit meine Arbeit, die ich in recht erheblichem Maaße daran gesetzt habe, definitiv abgeschlossen ist. – Zu meinem Schrecken sehe ich aber die unsinnige Benennung der Übersetzerin. Ich weiß, daß *Frl. K.* an der Nennung ihres Namens sehr wenig lag u. daß sie, wenn es im Interesse der Sache gewesen wäre, ohne weiteres darauf verzichtet hätte. Allein in dieser Art zum Gelächter der ganzen Welt zu werden kann man ihr doch wohl nicht zumuten u. sie muß m. E. darauf bestehen, daß ihr Titel *vor* ihren Namen gesetzt wird, allenfalls durch Überkleben eines Zettels.

Ich möchte bei dieser Gelegenheit fragen, ob die 2. Aufl. der *Einleitung in die Metaphysik*, bei der ich ja auch in sehr praktischem u. mühseligen Sinne Pathen gestanden habe, der Übersetzerin ein Honorar einbringt. Angesichts der ganzen Sachlage, besonders der minimalen Honorirung der 1. Aufl., würde ich dies für angemessen halten. Diese Frauen sind in geschäftlichen Dingen von solcher Schüchternheit, daß ich mich verpflichtet fühle, einigermaaßen für ihre Interessen einzutreten.

In der Hoffnung, daß das neue Buch Ihnen in jeder Hinsicht Freude mache, bleibe ich Ihr sehr ergebner

Simmel

Brief vom 4. Oktober 1912] Mit Bearbeitungsvermerk: Bt. 4./x.12.2.

***Bergson* … endlich da ist]** Nach Druckverzögerungen (siehe Simmel an Eugen Diederichs vom 21. Juli 1912 und 30. Juli 1912) lag jetzt vor: Henri Bergson: Schöpferische Entwicklung. Erstes bis Drittes Tausend. Verlegt bei Eugen Diederichs in Jena 1912. Berechtigte Übersetzung von Gertrud Dr. [sic!] Kantorowicz. – Die vorletzte Seite (o.S.) unterrichtet: »Druck von Poeschel & Trepte in Leipzig/Von diesem Buche wurden 20 Abzüge auf Bütten-Papier hergestellt/In Ganzleder gebunden/und handschriftlich numeriert.« – Am 9. Nov. 1912 meldete das LC (Sp. 1497): »Zu den drei Uebersetzungen von Werken des vielgenannten französischen Philosophen Henri *Bergson* (›Zeit und Freiheit‹, ›Materie und Gedächtnis‹, ›Einführung in die Metaphysik‹) fügt der Verlag Eugen Diederichs in Jena eine neue: ›*Schöpferische Entwicklung*‹. Sie bietet das späteste Werk Bergsons, das die Kritik der bisherigen Weltbilder und die Prinzipien des neuen in allgemeinverständlicher und künstlerisch vollkommener Form zusammenfaßt. Die gewandte Uebersetzung stammt aus der Feder von Dr. *Gertrud Kantorowicz*. (373 S. Gr. 8., Preis 6 M, geb. M 7,50)«. – Bergson schreibt Eugen Diederichs am 8. Nov. 1912 zu den ihm übersandten Exemplaren beider Ausgaben: »Ils sont, l'un et l'autre, remarquablement imprimés, et l'édition de luxe est exceptionnellement belle. Je n'ai malheureusement pas encore eu le temps de lire de près la traduction; – mais le peu que j'avais pu en lire sur les épreuves m'avait paru excellent« (Diederichs Briefe, S. 198).

unsinnige Benennung der Übersetzerin] Gemeint ist die Angabe »Berechtigte Übersetzung von Gertrud Dr. Kantorowicz« (s. o.).

2. Aufl. der *Einleitung in die Metaphysik*] Nach dem Verkauf der »1700 Ex.« der 1. Auflage von: Bergson: Einführung in die Metaphysik (Autorisierte Übertragung. Jena: Eugen Diederichs 1909) erschien 1912 die 2. Auflage, bzw. das »2.-3. T's« (DLA Marbach: Nl Diederichs: Verlagstagebuch 1896-1945, S. 19 u. 29).

Pathen gestanden habe, der Übersetzerin] Simmel hatte Margarete von Bendemann zur Übersetzung der kleinen Schrift aufgefordert und diese »dann vorzüglich durchkorrigiert«. Indes hat Margarete von Bendemann »eine einzige Stelle in dieser Korrektur nicht annehmen«

und daher die Übersetzung nicht unter ihrem Namen veröffentlichen können (Margarete Susman: Erinnerungen an Simmel. In: BdD, S. 283). Siehe Simmel an Margarete von Bendemann vom 13. Juli 1909 und vom 30. April 1910.

minimalen Honorirung der 1. Aufl.] Nicht ermittelt.

Georg Simmel an Ferdinand Tönnies

Brief vom 4. Oktober 1912
Hs.; SHLB Kiel, Nl Tönnies

Berlin-Westend 4 x 12
Königin Elisabethstr. 14

Verehrter Herr Kollege!

Die Diffusion unsres Vorstandes ist völlig zum Verzweifeln. Es sind jetzt eine Anzahl wichtiger Maßnahmen für die Tagung schleunigst zu beschließen, aber außer *Beck* u. mir scheint niemand hier zu sein. Da die Dinge beschlossen werden *müssen*, wenn nicht alles schief gehn soll, so bleibt nichts übrig, als daß wir beide es eben machen – so unsympathisch mir ein derartiges diktatorisches Vorgehn ist u. so wenig es in meiner Art liegt. Sehr dankbar wäre ich Ihnen, wenn Sie mir möglichst *umgehend* mitteilen wollten, ob Sie damit prinzipiell einverstanden sind.

Ihrer Ansicht, die Propaganda auf die *unpersönlichen* Adressaten einzuschränken, trete ich durchaus bei.

Mit besten Grüßen Ihr ergebenster

Simmel

Diffusion unsres Vorstandes] Entscheidungen konnte der Vorstand der DGS aktuell nicht treffen, da nur Hermann Beck und Simmel, nicht aber Werner Sombart und Alfred Vierkandt in Berlin waren. Zwar war in der Satzung der DGS nicht die Entscheidungsfindung des Vorstands geregelt, üblich war aber anscheinend, daß an den Vorstandssitzungen der DGS die Berliner Mitglieder teilnahmen, also Beck, Simmel, Werner Sombart und Vierkandt, die übrigen Mitglieder nur, wenn sie ohnehin in Berlin waren, also zu diesem Zeitpunkt nur Tönnies und Alfred Ploetz, da Philipp Stein im Juli 1912 aus dem Vorstand zurückgetreten war (vgl. Rundschreiben Hermann Becks an die Mitglieder des Vorstands der DGS vom 23. Juli 1912; SHLB Kiel, Nl Tönnies), sowie Max Weber als Rechner. Auf ein Rundschreiben Hermann Becks vom 30. Sept. 1912 an die Mitglieder des Vorstands der DGS (SHLB Kiel, Nl Tönnies) hatten nur Sombart mit Schreiben vom 1. Okt. 1912 (ebd.) und wohl auch Tönnies reagiert, der in dem verschollenen Brief die ›Propaganda‹-Maßnahmen angesprochen haben dürfte (s.u).

wichtiger Maßnahmen] Simmel bezieht sich auf Hermann Becks Rundschreiben an die Vorstandsmitglieder vom 30. Sept. 1912 (s.o.); in ihm kündigt er an, »in der ersten Oktoberwoche die endgiltigen Programme des 2. Soziologentages sowie die Teilnehmerkarten« an die Mitglieder zu versenden; ferner bittet er um »Ergänzung oder Widerspruch« zu der von ihm vorbereiteten und aus der Anlage ersichtlichen »grössere[n] Propaganda«; sodann sei über die »rechte Schwierigkeiten« bereitende Wahl des Veranstaltungssaales für den Eröffnungsabend sowie über die Beauftragung eines Stenografen für die Mitschrift der Hauptdiskussionsbeiträge zu entscheiden; und schließlich müsse eine angemessene Regelung zur Überwindung der organisatorischen »Schwierigkeit« gefunden werden, daß einerseits die »Teilnehmer der Statistikertagung kostenlos an unseren Verhandlungen teilnehmen möchten, zumal ja auch unseren Teilnehmern die kostenlose Beteiligung an den Sektionsvorträgen freistehen soll«, andererseits die grundsätzlich unentgeltliche Teilnahme an der Statistikertagung einen »Umweg« zur kostenlosen Teilnahme am Soziologentag ermögliche. – Obwohl der Vorstand der DGS bereit war, die Deutsche Statistische Gesellschaft (D.St.G.) von der statutarischen Verpflichtung zu befreien, ihre Versammlungen im Anschluß an die der DGS stattfinden zu lassen (siehe Simmel an Vorstand der DGS vom 15. März 1912), hatte Würzburger als Schriftführer der D.St.G. mit Schreiben an Hermann Beck vom 11. Mai 1912 (Abschrift, SHLB Kiel, Nl Tönnies) das mehrheitliche Mitgliedervotum zugunsten des an den Zweiten Deutschen Soziologentag anschließenden Versammlungstermins mitgeteilt. – Das angesprochene »endgiltige Programm« ist dokumentiert in: Verhandlungen des Zweiten Deutschen Soziologentages vom 20.-22. Oktober 1912 in Berlin. Reden und Vorträge von Alfred Weber, Paul Barth, Ferdinand Schmidt, Ludo Moritz Hartmann, Franz Oppenheimer, Robert Michels und Debatten. Tübingen: J. C. B. Mohr (Paul Siebeck) 1913, S. VIIf. Demnach sprach am Begrüßungsabend Alfred Weber über ›Der soziologische Kulturbegriff‹, in der Vormittagssitzung des ersten Verhandlungstages, unter der Sitzungsleitung von Ferdinand Tönnies und mit anschließender Diskussion, Paul

Barth über ›Die Nationalität in ihrer soziologischen Bedeutung‹; in der von Simmel geleiteten Nachmittagssitzung Ferdinand Schmid über ›Das Recht der Nationalitäten‹, gefolgt von der ›Fortsetzung der Diskussion‹ und Max Webers ›Rechenschaftsbericht‹; am zweiten Verhandlungstag, unter dem Vorsitz von Werner Sombart, referierten Ludo Moritz Hartmann zum Thema ›Die Nation als politischer Faktor‹, Franz Oppenheimer über ›Die rassentheoretische Geschichtsphilosophie‹ und Robert Michels über ›Die historische Entwicklung des Vaterlandsgedankens‹; im Anschluß war eine Debatte vorgesehen.

Propaganda auf die *unpersönlichen* Adressaten einzuschränken] Das entsprechende Schreiben von Tönnies an Simmel oder an den Vorstand der DGS ist verschollen. – Becks Propaganda-Vorschlag (s. o.) enthielt neben der Pressewerbung den Versand »individueller Einladungen« unter »Beifügung von kostenfreien Teilnehmerkarten« an die soziologischen Gesellschaften im europäischen Ausland, diverse Fachvereinigungen, Behörden, Ministerien, Hochschulrektoren und eine »beschränkte Anzahl prominenter Persönlichkeiten der Berliner Gesellschaft«. Auch der »Massenversandt [sic!] der Programme nebst Anmeldekarten« an einschlägig interessierte Dozenten und Schriftsteller war vorgesehen.

Georg Simmel an Margarete von Bendemann

Postkarte vom 7. Oktober 1912
Hs.; LBI New York, Susman Collection

7. X.

Liebe Susa,

ich will dir nur melden, daß *Diederichs* auf eine entsprechende Vorhaltung mir eben antwortet: »Die neue Aufl. von *Métaphysique* bekommt Frau v. *B.* selbstverständlich bezahlt«. Ich freue mich, daß die Sache so glatt zu erledigen war. –

Wir sind nun nach diesem elend verpfuschten Sommer, in dem die Rückreise der einzige Lichtpunkt war, zu Hause von einigen schwierigen u. deprimirenden Verhältnissen (besonders Familie) empfangen worden. Doch kann ich hoffen, daß in einigen Wochen die Dinge im Wesentlichen erledigt sein werden. Inzwischen setzt der *Goethe* noch einige Nachblüten an; ich hoffe ihn Anf. des Jahres herauszubringen. – Es ist mir eine große Freude, daß ich jetzt euer Zuhause kenne u. daß ihr mir nun nicht mehr unlokalisirt im unendlichen Raume schwimmt. Freilich ist auch etwas gelber Neid dabei, wenn ich die sinnlose Existenz in diesem zerfaserten, häßlichen, unsubstanziellen Berlin fühle, die ich doch nicht aufgeben kann (so leidenschaftlich gern ich es möchte), weil sie für mich eben *einen* Sinnpunkt hat; schließlich stehe ich hier auf einem Posten u. es wäre Fahnenflucht, ihn zu verlassen. – Hat *E. Bl.* von sich hören lassen? Gertrud hat mir angedeutet, du fühltest eine Schuld gegen ihn, weil du ihn hättest »zu nahe« herankommen lassen. Aber was ist das für ein ethisches Mißverständniß! Das »Zu« ist doch nur dadurch entstanden, daß er die Nähe, die du ihm gestattet hast, mißbraucht hat! Sonst wäre es doch garnicht *zu* nahe, sondern ganz richtig nahe. Jedes Atom von Schuld liegt also auf seiner, gar keines auf deiner Seite. –

Leb wohl u. behalte mich lieb. U. grüße die Männer sehr von mir.

G.

Gertrud ist gestern auf 3 Wochen nach Posen gefahren.

Postkarte vom 7. Oktober 1912] An: Frau / *Marg. v. Bendemann / Rüschlikon* bei *Zürich*; mit Poststempeln: CHARLOTTENBURG 7. 10. 12. 12- [unles] 2; RÜSCHLIKON 8 X. 12 XI.

Diederichs] Gemeint ist Eugen Diederichs vom gleichnamigen Verlag in Jena.

Vorhaltung] Siehe Simmel an Eugen Diederichs 4. Okt. 1912.

mir eben antwortet] Schreiben verschollen.

***Métaphysique*]** Henri Bergson: Einleitung in die Metaphysik. Zweites und Drittes Tausend. Jena: Eugen Diederichs 1912.

Frau v. *B.* selbstverständlich bezahlt] Margarete von Bendemann hatte Bergsons ›Métaphysique‹ ins Deutsche übertragen; siehe Simmel an Margarete von Bendemann vom 13. Juli 1909 und vom 30. April 1910.

elend verpfuschten Sommer] Gemeint ist die Sommerreise in die Schweiz im Aug. und Sept. und deren Beeinträchtigung durch Krankheit und Wetter (siehe Simmel an Margarete von Bendemann vom 11., 21. und 24. Aug. 1912).

Rückreise der einzige Lichtpunkt] Die erste Station der Rückreise aus der Schweiz war der Margarete von Bendemann mit Schreiben vom

24. Sept. 1912 angekündigte Besuch in Rüschlikon. Hierüber berichtet Margarete von Bendemann am 24. oder 25. Sept. 1912 Martin Buber: Sie habe Simmel »eben in Zürich zur Bahn gebracht« (Postkarte o.D., aber mit Eingangsstempel: FIRENZE DISTRIBUTIONE / 26.9. 15 5; JNUL Jerusalem, Buber Archive). – Geplant waren auch Reiseunterbrechungen in Heidelberg (siehe Simmel an Heinrich Rickert vom 12. Juli 1912, an Friedrich Gundolf vom 29. Juli 1912 und an Ferdinand Tönnies vom 17. Sept. 1912) und Köln (siehe Georg und Gertrud Simmel an Paul Ernst vom 16. Sept. 1912), über deren Realisierung bzw. Verlauf nichts bekannt ist.

schwierigen u. deprimirenden Verhältnissen] Die hier angesprochenen Probleme sind nicht bekannt. – Ein Zusammenhang mit den von Hans Simmel ohne zeitliche Konkretisierung überlieferten Problemkonstellationen in der Familie liegt nahe, zumal die Konflikte zwischen Gertrud Simmel und ihren Geschwistern nach dem Tod des um Zusammenhalt bemühten Vaters Adalbert (Albert) Kinel am 9. Febr. 1911 (siehe Simmel an Georg Lukács vom 17. Febr. 1911) aufgetreten sein dürften: Es handelt sich zum einen um Gertrud Simmels Bruch mit ihrer jüngsten, 1866 geborenen Schwester Else, verh. Ebeling, den deren Ehekonflikt auslöste (S. 15 f.), und zum anderen um die »Umstände«, die lt. Hans Simmel »zur Entzweiung zwischen meiner Mutter und ihrem Bruder Albert führten«, bzw. die Folgen der »Alkoholabhängigkeit« des 1868 Geborenen, der seine zunächst erfolgreiche Laufbahn in der Kriegsmarine habe abbrechen müssen und bereits »als Mann von Mitte der Dreissig, von einer kleinen Pension lebend, [...] ein nutzloses und im ganzen trauriges Leben« geführt habe. »Meine Eltern versuchten, ihn für längere Zeit in ein Sanatorium zu bringen, aber er blieb nirgends. Sein allgemeiner Gesundheitszustand verschlechterte sich auch. Um ihn vor völligem Verfall und Verelendung zu bewahren, musste eine Art Vormundschaft über ihn gesetzt werden. Meine Mutter nahm es auf sich, dies durchführen zu lassen.« Indes habe der auf »seiner Selbstständigkeit« beharrt, was schließlich zu einer »völligen Entfremdung« zwischen den beiden Geschwistern geführt habe (S. 17). – Familienkonflikte Georg Simmels finden sich bei Hans Simmel nur angedeutet in der Charakterisierung Hugo Bodsteins – ein »Halbbruder« von Simmels Mutter und seit etwa 1863 Gatte seiner Schwester Clementine (geb. 1844) –, der für ihn »ein beschränkter kleiner Kaufmann und ein phantasievoller, aber gewissensloser Spekulant, bei dem eigenes und fremdes Geld durch den Schornstein ging« (S. 4 f.) ist, auch dessen jüngster Sohn, Walter Bodstein, sei »ein nicht geringerer Gauner als sein Vater«; und er bekundet seine Freude, »seit langen Jahren nichts mehr von ihm zu wissen« (S. 5). – Einige der genannten Familienkonflikte könnten neben anderen unbekannten Ereignissen mit den seit Sommer 1912 auftretenden Anzeichen einer zunehmenden Problematisierung der wirtschaftlichen Situation der Eheleute Simmel zusammenhängen: Meinte Simmel noch im Januar 1911, in Zukunft finanziell so gut abgesichert zu sein – er habe »10000 M. *jedenfalls – außer* der Versorgung des Sohns – zu verzehren«, vertraute er Max Weber an –, daß er erwäge, »das Dozieren *auf*[zu]*geben* »und das Ehepaar Simmel dächte, »– *pßt!* – als *Privat*leute nach Heidelberg zu ziehen« (Max Weber an Marianne Weber vom 20. Jan. 1911, MWG II/7, S. 51), so waren diese wohl in Erwartung von Gertrud Simmels Erbe nach Adalbert Kinels Tod (s. o.) angestellten Überlegungen am 27. Jan. 1911 schon »wieder verraucht« (Max an Marianne Weber, ebd., S. 63). Daß sich dann im Verlauf des Jahres 1912 die wirtschaftliche Situation Simmels umgekehrt zu haben scheint, deutet sich an, wenn Gertrud Simmel, die noch am 12. Nov. 1911 dem Schützling Rudolf Pannwitz mitgeteilt hatte, nicht nur er, sondern auch andere Künstler würden durch Spenden der Simmels gefördert (siehe Simmel an Pannwitz vom 15. Dez. 1912), diesem am 8. Juli 1912 schreibt, die »Quellen« der ihm im vergangenen Jahr monatlich zugeflossenen Unterstützung seien »für jetzt versiegt« (beide Briefe DLA Marbach, A: Pannwitz). Auf Einschränkungen weist auch, daß der lang gehegte Traum eines eigenen »Häuschens« aufgegeben werden muß (Simmel an Margarete von Bendemann vom 16. Okt. 1912) und daß Hans Simmel nach dem SS 1912 vom Vater mit der Frage, ob er beabsichtige, »ein Semester länger als die üblichen und vorgeschriebenen 10 zu studieren« (Hans Simmel, S. 68), und kurze Zeit später, »1912 oder 13«, mit der »Notwendigkeit«, sich den Lebensunterhalt selbst verdienen zu können, »wenn es nötig wäre«, konfrontiert wurde: »Da Du einen praktisch-nützlichen Beruf ergriffen hast, so wirst Du ja, welches Spezialfach Du auch betreiben magst, in einiger Zeit Dir Dein Brot verdienen können.« Sollte Hans eine Spezialausbildung oder die »reine Forschung zunächst« ins Auge fassen, so stelle er ihm ein »Monatsgehalt, mit dem Du mit einiger Bescheidenheit auskommen kannst«, in Aussicht. »Wenn Du heiraten willst, musst Du selbst was verdienen – soviel, dass es dafür langt kann ich Dir nicht geben. Und dann ist natürlich Voraussetzung, dass die allgemeine wirtschaftliche Lage sich nicht grundsätzlich ändert« (ebd., S. 73). Und schließlich läßt sich als Sorge um die eigene Existenzsicherheit lesen, wenn Simmel, dessen Einkommen sich ausschließlich aus Vorlesungsgeldern und Tantiemen speiste (siehe Kurator der KWU an Simmel vom 27. Dez. 1913), sich, wie Hans Simmel berichtet, in dieser Zeit »notierte«: »Meine Vorlesungen sind, glaube ich, noch nicht schlechter geworden«, und der Sohn dazu erläutert: »Aber er schien doch schon bisweilen die grosse Anspannung zu fühlen, die sie von ihm verlangten. Manchmal dünkte es ihn [sic!], er sollte vielleicht doch mehr Zeit und Kraft seinem geschriebenen Werk widmen, was an einer kleineren Universität eher durchführbar sein würde« (Hans Simmel, S. 71). – Unter jenseits der Familie liegende Ursachen der »schwierigen u. deprimirenden« Verhältnisse dürften die organisatorischen Probleme in Vorbereitung des Zweiten Deutschen Soziologentages (siehe Simmel an Ferdinand Tönnies vom 4. Okt. 1912) fallen sowie die ihn wie auch Heinrich Rickert desavouierende Indiskretion Ernst Blochs (siehe Simmel an Margarete von Bendemann vom 16. Okt. 1912).

Goethe] Simmel: Goethe. Leipzig: Klinkhardt & Biermann [1912] 1913; GSG 15, S. 7-269.

Hat *E. Bl.* von sich hören lassen] Nach dem Konflikt zwischen Margarete von Bendemann und Ernst Bloch und dem Abbruch der Beziehungen im Mai/Juni 1911 (s. o. und Simmel an Rickert vom 12. Juli 1912), hatte Bloch sich zwischenzeitlich bemüht, durch von Lukács' Vermittlung die Freundschaft mit Margarete von Bendemann wieder aufleben zu lassen. In diesem Sinne hatte ihr von Lukács wohl Anfang Aug. 1912 geschrieben (verschollen; siehe aber Blochs Mitteilung vom 20. Aug. 1912 über ihre Reaktion auf »Deinem Brief« in: Bloch Briefe, S. 93); von Lukács dürfte als Anknüpfungspunkt Blochs Verletztheit gewählt haben, die Margarete von Bendemanns Brief vom Dezember 1911 mit der Versicherung, die Freundschaft nunmehr in positiver Erinnerung zu haben, aber dennoch nicht wiederaufnehmen zu können (referiert von Bloch, ebd. S. 71), ausgelöst habe. Hierauf Bezug nehmend, antwortete sie am 26. Aug. 1912 von Lukács: Sie verstehe »den Beweggrund« seines Briefes wie auch, »dass sich für Sie die ganze Beziehung so darstellen musste, wie Sie schrieben. / Aber ich habe in jenem Brief, der Ernst Bloch so verletzt hat, die Sphäre für ihn nicht konstituiert, um unser Verhältniss zu retten, sondern mein Brief war die Antwort auf einen Brief von ihm, der mich gerade um des Bekenntnisses willen, das ich ihm in dieser Hinsicht entnahm, so sehr erschüttert hatte. Er enthielt den Satz: ›Ich werde immer einfacher u. unkomplizierter auf der menschlichen Seite, immer mehr wieder zum achtjährigen Kind, das sich nach Hause wünscht; mich interessieren /: nur noch Seeräuber Geschichten: / von allen menschlichen Verwicklungen, und auf der anderen Seite dieses entsetzlichen u. doch so gnadenreichen Abbaus strahlen die sich von selbst insichsehenden xxx Einzelheiten u. selbst gefügten Zusammenhänge des absoluten Systems...‹. Und um diesen Satz schien mir nicht nur sein ganzer übriger Brief u. seine vorhergehenden Briefe sich zu sammeln, er schien mir auch die klare u. eben im tiefsten Sinn erschütternde Entwicklung des Menschen in sich zu fassen, der so oft zu mir gesagt hatte: Mein Leben ist mir gleichgültig, ich will mein Werk. Alles mir bis dahin Unverständliche oder Halbverständliche seines Wesens wurde mir durch diesen Brief erleuchtet, und wie mir der Mensch, den nur noch Seeräubergeschichten interessieren, für eine Freundschaftsbeziehung, wie ich sie verstand, verloren schien, so erwachte um so wärmer und tiefer u. ehrfürchtiger mein Gefühl für die tragische Grösse seines Wesens. Ich sah alles Vergangene zwischen uns in einem neuem [!] Licht; [...] ich sah jenes anständig in mir bohrende Gefühl, ihn damals missverstanden zu haben, bestätigt u. es gab in jenem Augenblick nichts auf der Welt, das ich ihm nicht verziehen hätte um dieses neuen klaren Bildes willen, das sein Brief von ihm erweckte. / Ich erfuhr erst später von ihm, dass ein persönliches, einzelnes Erlebnis diesem Abbau (oder der Erstarrung, wie er es später nannte) zu Grunde lag.« Doch hätten inzwischen Blochs Vorwürfe, mit diesem neuen Bild von ihm habe sie ihm Unrecht getan, wie auch von Lukács' Darstellungen zur Folge, daß sie sich in eine »abermalige Umwälzung unserer Beziehung« hineinfinden müsse, durch die doch auch alles Vergangene wieder verändert werde, und hierfür sei sie, wie sie Bloch schon einmal geschrieben habe, »nicht elastisch genug«, um sich »in eine neue lebendige Beziehung zu treiben nach dem, was zwischen uns vorgefallen war« (Tps., Lukács Archiv, Budapest; eine leicht abweichende Fassung findet sich in: Margarete Susman: ›Das Nah- und Fernsein des Fremden‹. Essays und Briefe. Herausgegeben und mit einem Nachwort versehen von Ingeborg Nordmann. Frankfurt/M.: Jüdischer Verlag 1992, S. 83-85, hier: 83 f.). Doch am 11. Sept. 1912 berichtete sie von Lukács dann, sie habe Bloch wegen eines »Wiedersehens-Versuches« geschrieben (Tps., Lukács Archiv, Budapest; und in Susman: ›Das Nah- und Fernsein des Fremden.‹ A.a.O., S. 86), wozu sie von Lukács am 25 Sept. 1912 nachhaltig ermunterte (Lukács Briefwechsel, S. 295). Bloch selbst, der sich im Sept. bei von Lukács in Budapest aufhielt, hatte am 19. Sept. 1912 bei ihr angefragt, ob er sie in Rüschlikon besuchen dürfe, und dann am 3. Okt. 1912, nachdem sein telegraphisch angekündigter Besuchsversuch gescheitert war, um die Erlaubnis gefragt, »etwa einen Monat in Ihrer Nähe zu wohnen und zu arbeiten« (DLA Marbach, A: Susman). Hierüber sollte Margarete von Bendemann dann auch Simmel unterrichten (siehe Simmel an Margarete von Bendemann vom 11. Nov. 1912), aber verschweigen, daß Bloch das Treffen mit ihr Anfang Juli in Berlin, bei dem sie sich wohl bereit erklärte, für ihn bei Simmel ein gutes Wort einzulegen, sofort von Bloch genutzt wurde, um ihr Verhältnis zu Simmel zu hintertreiben (Bloch an Margarete von Bendemann vom 22. Juli und 19. Sept. 1912, DLA Marbach, A: Susman).

»zu nahe« herankommen lassen] Simmel kommt hier auf das Zerwürfnis der Freundschaft zwischen Margarete von Bendemann und Ernst Bloch vom Juni 1911 zu sprechen, in das er dann selbst hineingezogen wurde (siehe Simmel an Heinrich Rickert vom 12. Juli 1912). Über diesen Konflikt wissen wir nur noch in Andeutungen, da der einschlägige Briefwechsel zwischen beiden, den Ernst Bloch erst seinem Freund Konrad K. Düssel zur Einsicht überlassen, um seine Interpretation der Auseinandersetzung zu bestätigen, und dann an Georg von Lukács weitergereicht hatte (Ernst Bloch an Georg von Lukács vom 26. Aug. 1911), wie auch die Briefe Blochs an Emma Ritoók, die von ihm wohl laufend unterrichtet worden war (Ernst Bloch an Georg von Lukács vom 12. Juli 1911), als verschollen angesehen werden müssen. Aber auch die überlieferten Hinweise in den erhalten gebliebenen Briefen Ernst Blochs und Margarete von Bendemanns wie auch die Reaktionen von Simmel und von Georg von Lukács vermitteln kein klares Bild, da in den Briefen nicht alles zur Sprache kommt. Während Ernst Bloch glauben machen will, daß seine Bitte um Geld (Ernst Bloch an Margarete von Bendemann vom 15. Mai 1911; DLA Marbach, A: Susman) Anlaß des Zerwürfnisses gewesen sei, so nennt dafür Margarete von Bendemann »ein persönliches, einzelnes Erlebnis«, das sie mit Bloch gehabt habe, wie dieser ihr nachträglich zubilligte (Margarete von Bendemann an Georg von Lukács vom 26. Aug. 1912; zit. n. Bloch Briefe, S. 51). Das »Erlebnis« hatte sie wohl bei einem Treffen mit Bloch in Würzburg, das er – auch in Hinblick auf ihre dort mögliche Promotion (Bloch an Margarete von Bendemann vom 8. März 1911) – für die zweite Maiwoche vorgeschlagen hatte (Bloch an dies. vom 5. Mai 1911). Auf dieses Erlebnis meinte sie, nur mit der Beendigung der freundschaftlichen Beziehung reagieren zu können, was sie Ernst Bloch in einem verschollenen »Abschiedsbrief« – wohl von Ende Mai 1911 – mitgeteilt hatte, der Bloch hinwiederum enragierte. Daß dieser nicht nach dem Anlaß für den Abschiedsbrief fragte, sondern sich durch den Brief als solchen betroffen fühlte und seinen Inhalt konfliktuös nahm, spiegelt sich im anschließenden Briefwechsel vom Juni und Juli 1911 wider und wirft ein Licht auf Blochs Verhalten, dem Menschen wie Margarete von Bendemann wie auch Emma Ritoók hilflos gegenüberstanden. Emma Ritoók (1868-1945) kam nach Beendigung ihres Studiums in Ungarn nach Berlin und besuchte dort Simmels Seminare und lernte Bloch, von Lukács und Béla Balázs kennen (Lukács Briefwechsel, S. 413); mit Bloch lebte sie von Febr. bis Anfang Mai 1911, erst in Dresden und dann in Bonn zusammen und schrieb dann dazu in einem Brief an Georg von Lukács vom 17. Jan. 1913: »Bloch [hat] nicht [Schuld] daran, daß er menschlich den glücklosen Beruf hat, ins Leben aller, in das er eintritt, Schaden, Zwist, Mißverständnis und Negation zu bringen, und das um so mehr, je länger seine Genialität diese Tatsache verhüllt. Meine Meinung über sein ethisches Wesen, das sich in ihm während seines Bonner Aufenthaltes voll entfaltete, ließ ich ihn nicht nur fühlen, sondern sagte sie ihm auch; das lindert nur, daß ich ihn nicht für einen schlechten Menschen, sondern bloß für einen mit kranker Ethik halte« (Lukács Briefwechsel, S. 307). Und diese Einschätzung Emma Ritoóks überschneidet sich mit der Margarete von Bendemanns, die sie in ihrem Schreiben an Georg von Lukács vom 26. Aug. 1912 wiedergab (s. o.). Sie hatte nach dem »Erlebnis« bei Simmel um Rat und Hilfe nachgesucht, was Simmel veranlaßte, Bloch zu einem privaten Gespräch zu bitten, das dann wohl eine Form annahm, daß Simmel ihm »die Tür« wies (Bloch an Margarete von Bendemann vom 22. Juli 1912, DLA Marbach, A: Susman) und schließlich sich genötigt sah, ihm einen »kurzen Brief« zu schreiben, »daß er in diese Angelegenheit dokumentarische Einsicht genommen habe und leider mit dem Erfolg: daß er nicht den Wunsch hat, die persönlichen Beziehungen zu mir fortzusetzen«, wie Bloch Georg von Lukács am 12. Juli 1911 berichtete (Bloch Briefe, S. 41). Bedauerte er anfänglich diesen Schritt Simmels und versuchte ihn umzustimmen (ebd.), so beschleunigte das, vor allem als Simmel die Schreiben Blochs nicht beachtete (ebd. und Bloch an Georg von Lukács vom 19. Juli und von Ende Okt. 1911; ebd., S. 41 f., 48 f., 66), die Entfremdung, die von Halten des »jetzt fixierten persönlichen und methodischen Abstands« (Bloch an Georg von Lukács vom 12. Juli 1911, ebd., S. 42) über den Vorschlag, »vom Simmel-Kreis menschlich wie begrifflich so weit wie möglich« abzurücken (Bloch an Georg von Lukács vom 31. Aug. 1911, ebd. 59) bis zum Haß reichte, wenn Bloch ihn einen »ästhetisierenden Schwätzer« und Margarete von Bendemann »einfach eine bornierte, milde und doch in allen Fragen der Bewegung pharisäisch rohe deutsche Hausfrau des schlimmsten Stils, aufgeputzt und angeschienen von Güte und Größe, eine mich lange täuschende Mimikry und Karikatur der reinen, viel verzeihenden Frau« schilt (ebd., 57), ihm sein »Habeat aber mein Fluch und Haß auf Simmel!« (Bloch an Georg von Lukács von Dez. 1911, ebd., S. 71) entgegenschleudert und in seinen späten Erinnerungen diesen »Haß« rationalisiert mit Hinweis auf Simmels angeblichen Hurrah-Patriotismus (Münster, S. 35 f.). Und wohl nicht zufällig kommt er hier wieder auf Margarete von Bendemann zu sprechen, und das nun mit der durch nichts zu belegenden Behauptung, daß sie »auch die Abkühlung gegen Simmel mitmachte« (ebd., S. 36). – Zum Zusammenhang siehe Otthein Rammstedt/Ingo Meyer: Ernst Bloch bei Georg Simmel – eine Episode wird zum Trauma. SiStu 16 (2006), Heft 2.

die Männer] Eduard und Erwin von Bendemann.

Gertrud ... nach Posen gefahren] Gertrud Kantorowicz plante, als letztes ihrer Reiseziele im Sommer und Herbst 1912, »die Mutter in Posen zu besuchen«, wie sie an Margarete von Bendemann am 3. Sept. 1912 schrieb (LBI New York, Susman Collection).

Georg Simmel an Ferdinand Tönnies

Postkarte vom 14. Oktober 1912
Hs.; SHLB Kiel, Nl Tönnies

14. X. 12

Verehrter Herr Kollege,

der Sicherheit halber teile ich Ihnen auch meinerseits noch mit, daß die Vorstandssitzung morgen, Dienstag, um 5, Spichernstr. 17 stattfindet.

Bestens grüßend Ihr

Simmel

Postkarte vom 14. Oktober 1912] An: Herrn / Prof. *Tönnies* / aus Eutin / *W* / *Victoriastr.* 19; mit Poststempel: CHARLOTTENBURG 2 14. 10. 12. 6-7 N.

Vorstandssitzung] Durch die Anwesenheit von Tönnies in Berlin war die Sitzung ermöglicht; auch Werner Sombart war zwischenzeitlich wieder nach Berlin zurückgekehrt (siehe Simmel an Tönnies vom 4. Okt. 1912). Auf der Tagesordnung – das Einladungsrundschreiben von Hermann Beck an die Mitglieder des Vorstands mit Nennung der zu behandelnden Probleme ist verschollen – müssen mindestens drei Punkte gestanden haben, nämlich vordringlich zum einen eine Absprache über die Leitung des zweiten Soziologentages und der Diskussionen, wobei der von Max Weber vorgelegte Vorschlag einer »Geschäftsordnung für den Vorstand« vom 3. Febr. 1911 vorsah, daß »die Herren Prof. Simmel und Prof. Sombart abwechselnd [...] die Leitung der öffentlichen Versammlungen und Diskussionen« innehätten und daß »etwa nötige Vertretung [...] der Vorstand von Fall zu Fall« ordne (MWG II/7, S. 79); zum anderen war ein neues Mitglied für den Vorstand als Nachfolger von Philipp Stein zu wählen; Beck hatte bereits in seinem Rundbrief vom 23. Juli 1912 »Herrn Geheimrat Würzburger« vorgeschlagen (SHLB Kiel, Nl Tönnies), und Werner Sombart hatte dem in einem Brief an Hermann Beck vom 25. Juli 1912 zugestimmt, zugleich aber gefragt: »Ist Eulenburg endgültig erledigt? Und wie steht es mit Franz Oppenheimer?« (SHLB Kiel, Nl Tönnies). Und schließlich mußte die Mitgliederversammlung der DGS, die im Anschluß an den Soziologentag stattfinden sollte, vorbereitet werden.

Spichernstr. 17] Adresse der Geschäftsstelle der DGS.

Georg Simmel an Margarete von Bendemann

Postkarte vom 16. Oktober 1912
Hs.; LBI New York, Susman Collection

16.

Liebe Susa,

diese Karte soll dich nur grüßen u. für deinen Brief danken. Es ist mir innerlich ganz unmöglich, im Augenblick einen Brief zu schreiben; denn bei uns ist von Familie wegen u. aus andern Gründen die Welt aus den Fugen u. wir müssen suchen, sie notdürftig einzurenken. Seit vielen Jahren hat es nicht so dunkel um mich ausgesehn. Sobald sich die Dinge einigermaßen gelichtet haben – wozu Hoffnung ist – schreibe ich wieder.

Habe ich dir geschrieben, daß auch *Rickert* von dem Geklatsch über meinen Uriasbrief bezüglich *Bloch* völlig überrascht war? Er hat zu Niemanden eine auch nur ähnliche Äußerung getan, was sich ja auch von selbst versteht.

Mit dem Häuschen wird es nichts werden. Wahrscheinlich werden wir noch ein Jahr in dieser greulichen Wohnung bleiben u. dann in eine sehr schöne zu *Kühls* ziehen.

Das *Goethe*-Buch ist fertig. Jetzt muß ich trister Weise den *Kant* für eine neue Aufl. durcharbeiten. Ich bin mit *Kant* so fertig u. entferne mich täglich mehr von ihm, daß das Buch für mich etwas Gespenstisches hat.

Ich bin fest entschlossen, überhaupt nicht mehr auf ein »Buch« los zu arbeiten. Von der Sorte habe ich genug gemacht. Die wesentlichsten Probleme liegen freilich noch vor mir, aber sie sollen nicht um eines Buches willen bedacht werden. Giebt es dann eines Tages eines, gut. Aber es soll nicht meine Sorge sein, ob es dazu kommt. Mein Instinkt ist, daß ich auf dem Wege bleiben werde.

Leb wohl u. liebe mich.

G.

Laß mich doch wissen, ob *Simon* den *Friedl.*-Aufsatz druckt. Wenn nicht, so ist vielleicht ein kürzerer für den *Logos* daraus zu machen?

Postkarte vom 16. Oktober 1912] An: *Mme / Marg. v. Bendemann / Caux sur Montreux / Pavillon des Fougères*; mit Poststempeln: CHARLOTTENBURG 2 16. 10. 12 9-10 N; CAUX TERRITET 18. X. 12. IX.

deinen Brief] Verschollen.

von Familie wegen u. aus andern Gründen]] Siehe Simmel an Margarete von Bendemann vom 7. Okt. 1912.

Uriasbrief bezüglich *Bloch*] Simmel bezieht sich auf sein Schreiben an Heinrich Rickert vom 12. Juli 1912 zur Einführung von Ernst Bloch und dessen Habilitationsabsichten. – Uriasbrief: »ursprünglich ein brief, in dem der empfänger aufgefordert wird, den überbringer umkommen zu lassen, nach der biblischen erzählung von Uria, dem David den verderbenbringenden brief an Joab mitgibt. [...] die bed. hat sich später zu der sehr allgemeinen eines unheilbringenden, nachtheiligen briefes abgeschwächt« und wird umgangssprachlich: »›ein brief, dessen inhalt für den überbringer selbst nachtheilig ist‹« (Grimm).

***Rickert* ... völlig überrascht]** Rickert muß Anfang Okt. 1912 Simmel mitgeteilt haben (Schreiben verschollen), daß der Text des Simmelschen Anschreibens in der Öffentlichkeit bekannt geworden sei und über ihn ›geklatscht‹ werde. Da weder er noch Simmel als Quelle infrage kämen, könne diese nur Ernst Bloch sein, der das Schreiben unrechtmäßig geöffnet und darüber geredet habe. Diese Annahme wird durch Blochs Schreiben an Margarete von Bendemann vom 22. Juli 1912 verstärkt, in dem es heißt, daß Simmel »mir eine Empfehlung mit Vorbehalten sonder Zahl an Rickert« geschrieben habe (DLA Marbach, A: Susman).

Häuschen] Über diesen gescheiterten Plan ist nichts bekannt. Grundsätzlich wurde jedoch der Wunsch der Eheleute Simmel, ein »Häuschen« zu kaufen, wiederholt in Gertrud Simmels Briefen an Paul Ernst angesprochen: so etwa am 8. Juni 1905, als sie eine zwar erschwingliche, aber der Entfernung wegen zu verwerfende Chance, in der Mark Brandenburg »ein Häuschen mit einem Rosengärtchen« zu erwerben, erwähnt (DLA Marbach, Nl Ernst), und dann im Aug. 1909: »Georg und ich umkreisen als unentschlossene Liebhaber ein Häuschen in Mecklenburg, 1½ St. von Berlin. Nach Süden hin ist uns doch alles zu weit. Aber der Entschluß fehlt – denn die Berliner Wohnung muß bleiben u. das wird teuer« (BdD, S. 72 f.; die Datierung ergibt sich aus dem in diesem Brief genannten Aufenthalt des Sohnes in Sulden, der lt. Hans Simmel, S. 51, am Ende des SS 1909 stattfand).

greulichen Wohnung] Simmels wohnten seit 1910 in der Königin Elisabethstr. 14 (siehe Simmel an Martin Buber vom 13. März 1910). Die im vierten Stock gelegene Wohnung mit sechs Zimmern zur Straßenseite war offensichtlich von Anfang an eine Notlösung; »im eigentlichen ›alten Westend‹ fanden wir nichts passendes«, so daß man in eine der »Neubau-Straßen« habe ziehen müssen, erinnert Hans Simmel (S. 52f.), der dies auch bereits in seinem bald nach dem Einzug verfaßten Bericht an Rudolf Pannwitz anklingen ließ: »Mit der Wohnung sind wir recht zufrieden, mein Vater hat sich schneller und besser eingelebt, als er gedacht hatte« (Brief vom 4. April 1910, DLA Marbach, Nl Pannwitz). Die Etagenwohnung stand im Gegensatz zur vorherigen Wohnsituation in dem unmittelbar an »Heide und Grunewald« angrenzenden »altmodischen Villenvorort Westend« mit seinen nach den Bäumen benannten Alleen und Häusern aus den achtziger Jahren, deren Wohnungen zwar »grösstenteils unmodern, aber doch behaglich« waren (Hans Simmel, S. 30). Hier hatten Simmels von 1901 bis 1905 eine »kleine Villen-Parterrewohnung« in der Lindenallee 13 bewohnt (Gertrud Simmel an Sophie Rickert vom 18. März 1901; SGA Stuttgart) und anschließend eine ähnliche in der Nußbaumallee 14 gefunden, die dem Rosenliebhaber Simmel sogar eine beschränkte Gartengestaltung ermöglichte: »Als in der Nussbaumallee der Hauswirt uns ein Stückchen Garten zur Verfügung überliess, pflanzten wir 20 oder 30 Rosenstöckchen. Der Ertrag war nur mässig üppig, aber es war meinem Vater eine grosse Freude, im Sommer fast täglich ein paar ›eigene‹ Rosen schneiden zu können« (Hans Simmel, S. 58).

Wohnung ... zu Kühls] Angesprochen ist eine Wohnung im Hause des Schriftstellers Oskar Albert Bernhard Kühl (1874 in Spandau – nach 1949; Mttl. K. Dettmer, LA Berlin) und seiner Frau Gertrud Kühl-Claassen (1877-1940), der Schwester von Ria Schmujlow-Claassen (siehe GSG 22, Korrespondentenverzeichnis); das Ehepaar besaß das nach den Plänen des Schriftstellers und vor allem als Architekt namhaft gewordenen Ernst Moritz August Endell (1871-1925) 1910 erbaute Mietwohnungshaus Akazienallee 14 (Westend) und bewohnte selbst in einem Flügel zwei miteinander verbundene Etagen (Klaus Reichel: Vom Jugendstil zur Sachlichkeit. August Endell. Phil. Diss. Bochum 1974, S. 1549; zum Ehepaar Kühl siehe auch die Vita des Sohnes, Arnold Kühl (1898-?); in: Die Dominikaner im deutschen Rhein-Gebiet und im Elsass während des dreizehnten Jahrhunderts. Phil. Diss. Freiburg [1922], o.S.; Ria Schmujlow-Claassen und Hugo von Hofmannsthal. Briefe, Aufsätze, Dokumente. Herausgegeben von Claudia Albrecht.

Mit einem Nachwort von Martin Stern. Marbach am Neckar 1982, S. 23, 201 [= Marbacher Schriften, Nr. 18]. – Simmels Formulierung legt nahe, daß das Ehepaar Kühl, das möglicherweise auch bereits in Simmels Schreiben an Melchior Lechter vom Okt. 1902 (GSG 22) gemeint war, zum Bekanntenkreis in Berlin-Westend gehörte; denn hier hatte auch die Familie von Bendemann in den letzten Jahren gewohnt. Daraus ergeben sich weitere Anknüpfungspunkte: zunächst durch Gertrud Kühl-Claassen, die im Anschluß an die Berliner Gymnasialkurse für Frauen 1896 ein Studium der Geschichte und Literatur in Zürich aufgenommen hatte (Mittl. U. Helfenstein mit Verweis auf: Staatsarchiv Zürich, Sign. UU 23 m.2) und die, lt. mündlicher Auskunft von Georg Peter Landmann (1993), eng mit Edith Landmann, geb. Kalischer (siehe Korrespondentenverzeichnis GSG 22) befreundet war und dann auch mit dieser und Gertrud Kantorowicz die Helene Lange, der Gründerin jener Gymnasialkurse, gewidmete Festgabe veranstaltete (Beiträge zur Ästhetik und Kunstgeschichte von Edith Landmann-Kalischer, Gertrud Kühl-Claassen, Gertrud Kantorowicz. Berlin: Moeser 1910); sodann durch den Architekten Endell, der mit dem Ehepaar Lepsius befreundet war (Lepsius Künstlerleben, S. 207) und seinerzeit auch für den Justizrat Heinrich Nelson (siehe nach Register) eine Villa im Westend entwarf (vgl. Reichel, a. a. O., S. 152).

***Goethe*-Buch]** Simmels Goethe-Monographie, die Ende 1912 bei Klinkhardt & Biermann in Leipzig erschien.

***Kant* für eine neue Aufl. durcharbeiten]** Die dritte Auflage von Simmel: Kant. Sechzehn Vorlesungen gehalten an der Berliner Universität. Zuerst: Leipzig: Duncker & Humblot 1904, danach: Zweiter unveränderter Abdruck. Ebd. 1905 (GSG 9, S. 7-226). – Siehe Simmel an Margarete von Bendemann vom 4. Aug. und – zur Überarbeitung – vom 11. Nov. 1912.

wesentlichsten Probleme liegen freilich noch vor mir] Angesprochen sind hier neben dem Projekt ›Philosophie der Kunst‹ die Überlegungen zu Metaphysik und Lebensphilosophie.

ob *Simon* den *Friedl.*-Aufsatz druckt] Mit Heinrich Simon, dem Herausgeber der FZ (siehe Simmel an Salomo Friedlaender vom 15. Sept. 1912), war Margarete von Bendemann spätestens seit dem Tod von Erwin Kircher, 1903, befreundet, dessen nachgelassene ›Philosophie der Romantik‹ sie 1906 gemeinsam ediert hatten (siehe Simmel an Rickert vom 27. Feb. 1904). Seit ihrer Übernahme des Lyrik-Referats im Feuilleton der Zeitung (vgl. Geschichte der Frankfurter Zeitung. Volksausgabe. Herausgegeben vom Verlag der Frankfurter Zeitung. Frankfurt/M.: Frankfurter Societätsdruckerei 1911, S. 1093) gehörte sie zum Kreis der freien Mitarbeiter. Sie hatte die hier angesprochene

Besprechung der von Simmel vermittelten Publikation: Salomo Friedlaender: Friedrich Nietzsche – Eine intellektuale Biographie. Berlin: G. J. Göschen 1911 (siehe Simmel an Friedlaender vom 15. Sept. 1912) in den »letzten Wochen« erarbeitet (Margarete von Bendemann an Martin Buber vom 12. Sept. 1912, JNUL Jerusalem, Buber Archive); diese erschien unter: Margarete Susman: Zum Verständnis Nietzsches. FZ, Nr. 339 vom 7. Dez. 1912, 1. Mo. Bl. – Zu Simmels Interesse an dieser Rezension siehe Simmel an Salomo Friedlaender vom 15. Sept. und 20. Nov. 1912.

Georg Simmel an Ferdinand Tönnies

Brief vom 16. Oktober 1912
Hs.; SHLB Kiel, Nl Tönnies

Westend 16 X 12

Verehrter Herr Kollege,

Soeben schreibt *Vierkandt*, daß er nicht wiedergewählt werden will. Jetzt steht es also so:

Ausscheidend:	*Max Weber*	Ersatz:	*Oppenheimer*
	Stein		*Alfr. Weber*
	Plötz		*Rathgen*
	Vierkandt		*Wuttke*

Als Ersatz für die letzten 3 kommen in Betracht
Barth u. *Grotjahn*, ev. *Muckle*

Wir müssen mit jemandem außerhalb des Vorstandes Rücksprache nehmen, um die Wahlvorschläge einzubringen. *Goldscheid*, der der Geeignetste dazu wäre, kommt leider erst am 20. an u. ist inzwischen nicht zu erreichen. Übrigens könnte, da *Weber* u. *Vierkandt* ausscheiden, es ja einer dieser beiden besorgen. Oder wissen Sie jemanden sonst, mit dem man vorher Rücksprache nehmen könnte?

Besten Gruß! Ihr

Simmel

schreibt *Vierkandt*] Brief Vierkandts verschollen.

Jetzt steht es also so] Auf der Sitzung des DGS-Vorstands vom 15. Okt. 1912 wurde bekannt, daß außer Philipp Stein, der bereits im

Juli 1912 aus dem Gremium zurückgetreten war, auch Alfred Ploetz auszuscheiden gedachte und Max Weber seine Position als Rechner zur Verfügung stellen wollte. Nach § 8 des geltenden Statuts der DGS hätte für die von Stein freigegebene Position für »den Rest der Periode« eine Nachwahl stattfinden können (Verhandlungen 1910, S. VI); für Ploetz und Vierkandt mußten für die Mitgliederversammlung am 22. Okt. 1912 Kandidaten für die Nachfolge gefunden werden, ebenso für Max Weber als Rechner.

Max Weber] Weder ein Schreiben Webers mit der Erklärung seines Rücktritts als Rechner noch Angaben zu den Gründen für seine Entscheidung sind überliefert. Wenn in der MWG II/7, S. 3 f. – wohl von Wolfgang J. Mommsen geschrieben – zu lesen ist: »nach neuerlichen Spannungen auf dem 2. Soziologentag legte er [d. i. Max Weber] auch sein Amt als Rechner nieder«, so übersieht dies, daß Webers Rücktritt offensichtlich dem Vorstand schon am 15. Okt. 1912 bekannt war und in dem Brief an Hermann Beck vom 22. Okt. 1912 Max Weber – zusätzlich auch – »aus dem Ausschuß« austritt, d. h. aus der Mitgliederversammlung, und fortan »lediglich als zahlendes Mitglied« geführt werden will (ebd., S. 709). Webers Konflikt mit Barth während des Soziologentages kann also nur zum Austritt aus der Mitgliederversammlung geführt haben; der Anlaß für die Aufgabe der Position des Rechners, also seiner Teilhabe am Vorstand der DGS, ist hingegen möglicherweise in der Akzeptanz des Namens Rudolf Goldscheid für die weitere Vorstandstätigkeit zu suchen, wenn im Konflikt über die Werturteilsfrage vom ersten Soziologentag weiterhin die Ursache für Webers Entscheidung gesucht wird (vgl. Max Weber an Ferdinand Tönnies vom 26. Okt. 1910 und an Franz Eulenburg vom 27. Okt. 1910, MWG II/6, S. 653 f., 654 f.).

Oppenheimer] Franz Oppenheimer war als Kandidat für den Vorstand schon von Werner Sombart namentlich genannt worden (siehe Simmel an Ferdinand Tönnies vom 14. Okt. 1912).

Stein] Zu Philipp Steins Rücktritt siehe Simmel an Ferdinand Tönnies vom 4. und 14. Okt. 1912.

Alfr. Weber] Über die Kandidatur Alfred Webers ist nichts weiter bekannt; es ist aber anzunehmen, daß er nach dem Konflikt seines Bruders Max mit Paul Barth auf dem Zweiten Deutschen Soziologentag nicht bereit war, in den Vorstand der DGS gewählt zu werden, vertrat er doch über die Werturteilsfrage die gleiche Anschauung.

Plötz] Über den Rücktritt oder die Entscheidung von Alfred Ploetz, nicht für eine Wiederwahl in den Vorstand der DGS zur Verfügung zu stehen, ist nichts ermittelt.

Rathgen] Zur Wahl von Karl Rathgen siehe Simmel an Vorstand der

DGS vom 11. Juli 1913. – Karl Rathgen (1856-1921), Dr. rer. pol. KWU-Straßburg 1881, 1882-1890 Ordinariat in Tokio, nach Reisen durch Asien und Nordamerika 1892 Habilitation für Staatswissenschaften Berlin, 1893 ao. Prof., 1895 o. Prof. in Marburg, 1900 Wechsel nach Heidelberg; seit 1907 Prof. für Nationalökonomie am neuzugründenden Kolonialinstitut in Hamburg und nach dessen Umwandlung zur Universität seit 1919 Inhaber des Lehrstuhls für Nationalökonomie (DBE). – Rathgen war seit ca. 1911 ordentliches Mitglied der DGS (Mitgliederliste [1911], SHLB Kiel, Nl Tönnies).

Wuttke] Robert Wuttke (1859-1914), nach Studium der Rechts- und Staatswissenschaften Dr. jur., Tätigkeit am Statistischen Amt in Dresden, nach volkswirtschaftlichen Studien Dr. phil. und seit 1895 Dozent an der Gehestiftung; 1903 o. Prof. der Volkswirtschaft an der TH Dresden (DBE). – Wuttke war spätestens 1910 ordentliches Mitglied der DGS (Verzeichnis der derzeitigen ordentlichen Mitglieder, Anlage zu Beck an Vorstand vom 28. Jan. 1910, SHLB Kiel, Nl Tönnies).

Barth] Zur Wahl von Paul Barth siehe Simmel an Vorstand der DGS vom 11. Juli 1913.

Grotjahn] Alfred Grotjahn (1869-1931), Dr. med. 1894, nach med. Staatsprüfung 1896 praktischer Arzt in Berlin; daneben seit 1901/02 staatswissenschaftliches Studium, vornehmlich bei Schmoller, seit 1912 PD in Berlin mit dem Titel Prof.; gab Fachzeitschriften zur Sozialhygiene heraus und wirkte ab 1915 in leitenden Stellungen der Sozialhygienischen Ämter Berlins, wurde 1920 o. Prof. für Hygiene an der Universität ebd. und, nach dem Beitritt zur SPD (1919), von 1921-1924 Mitglied des Reichstags (NDB; BLÄ). – Grotjahn war Mitunterzeichner des Aufrufs zur Gründung der DGS (in: Blätter für die gesamten Sozialwissenschaften 5, 1909, S. 51-53), spätestens seit 1910 deren ordentliches Mitglied (Verzeichnis der derzeitigen ordentlichen Mitglieder, a. a. O.).

Muckle] Friedrich Muckle (1883-nach 1935), Studium der Philosophie, Geschichte und Nationalökonomie, Promotion Heidelberg 1905, Aufenthalt in England, PD Heidelberg 1910-1914, 1918 bayerischer Gesandter in Berlin, 1919 Ministerialreferent in München und Privatgelehrter (GV, Wer ist's? 1922 und 1935). – Seit ca. 1911 ordentliches Mitglied der DGS (Mitgliederliste [1911], SHLB Kiel, Nl Tönnies).

außerhalb des Vorstandes Rücksprache] Statutarisch festgelegt war zur Vorstandswahl nur: »der Vorstand besteht aus folgenden auf 3 Jahre [...] bestellten Personen: 3 vom Hauptausschuß zu wählende Vorsitzende der Gesellschaft, ein ebenso zu wählender Schriftführer, 3 von diesen vier Personen hinzuzuwählende andere Vorstandsmitglieder [...]« (Statut. In: Verhandlungen 1910, S. VI).

Goldscheid] Rudolf Goldscheid.

kommt leider erst am 20. an] Gemeint ist der 20. Okt. 1912, der Eröffnungstag des Zweiten Deutschen Soziologentages; das Schreiben Goldscheids an Simmel ist verschollen.

Georg Simmel an Heinrich Rickert

Brief vom 23. Oktober 1912
Hs.; SBPK Berlin, Nl 125 (M. Landmann)

Westend, 23 x 12

Lieber Herr Rickert!

Ich komme Ihnen schon wieder mit einer Habilitationssache – die aber diesmal leichter u. heitrer ist. Es handelt sich um einen jungen Wirtschaftshistoriker, *Dr. Brinkmann*, der von den dortigen Historikern zur Habilitation aufgefordert worden ist. Der Haken bei der Sache ist, daß er in Berlin mit selbiger abgewiesen worden ist, u. ich möchte Sie nur privatim davon unterrichten, daß die kompetentesten Mitglieder der Fakultät sich zu mir persönlich sehr günstig u. geneigt über ihn geäußert haben. Wie mir angedeutet wurde, ist er einem Gegensatz innerhalb der Fakultät zum Opfer gefallen. Er hat auch mir wissenschaftlich einen vortrefflichen Eindruck gemacht (was übrigens *nicht* das Gegenteil für das Persönliche bedeuten soll) u. ich kann es verantworten, Sie zu bitten, seine Sache innerhalb der Fakultät zu begünstigen. Die Historiker werden es ja wohl schon machen, aber es ist doch wohl wichtig, daß noch sonst in der Fakultät Stimmung für ihn vorhanden ist. –

Unser Soziologentag ist heut beendet worden. O Gott, o Gott!

Anfangs nächsten Jahres hoffe ich Ihnen mein Goethebuch vorzulegen. Das Manuskript ist abgeschlossen.

Für heute nur noch beste Grüße von Haus zu Haus.

Herzlich Ihr

Simmel

Windelband soll es ziemlich wacklig gehn. Was werden die Heidelberger nur machen?

wieder mit einer Habilitationssache] Simmel spricht hier an, daß er mit Schreiben vom 12. Juli 1912 Ernst Bloch mit Bedenken empfohlen hatte, der sich um eine Habilitationsmöglichkeit bemühte.

Wirtschaftshistoriker *Dr. Brinkmann* ... zum Opfer gefallen] Carl Brinkmann (1885-1954) hatte 1908 nach Studienjahren in Freiburg i. Br., Göttingen und Oxford in Berlin bei dem Mediävisten Michael Tangl (1861-1921; DBE) und Gustav Schmoller promoviert (DBE). Über den gescheiterten Habilitationsversuch und das Terrain in Freiburg unterrichtete Brinkmann brieflich am 9. Juli 1912 den mit ihm befreundeten Philosophen Leonard Nelson (1882-1927), seit 1909 PD in Göttingen (NDB): »Leider muß ich Ihnen mitteilen, dass ich gestern durch das Colloquium gefallen bin. Vor vierzehn Tagen erst bekam ich endlich die Nachricht von der Annahme meiner Meldung und die Ladung zur Probevorlesung vor der Fakultät. Ich hatte das Thema ›Der Beginn der neueren Handelsgeschichte und das Aufkommen der Seemächte‹, also eine große Übersicht über viele Länder und etwa drei Jahrhunderte. Während der Ausarbeitung machten mir die vielen neuen Ergebnisse, zu denen ich kam, grosse Freude, aber gerade darauf achtete nachher in der Fakultät niemand, nur mein alter Gegner Schäfer [d. i. Dietrich Schäfer], der sich kurz vorher noch äusserst anerkennend über meine letzte eingereichte Arbeit (zur älteren deutschen Verfassung) ausgesprochen hatte, griff belanglose Einzelheiten des Vortrags mit einem Nachdruck an, dass ich die Wirkung auf die Versammlung schon wusste, ehe nach halbstündiger heftiger Debatte bei überwiegenden Stimmenthaltungen der negative Beschluss gefasst wurde. Grund: Die akademische ›Gefährlichkeit‹ einer ohne Einzelstudien generalisierenden Geschichtsschreibung. / Nun muss ich also von Berlin doch fort. [...] Ich sehe noch nicht ab was für eine Stellung andre Universitäten zu so einem Durchfall einnehmen mögen. Ich erwäge drei Möglichkeiten. Die beste wäre Freiburg, von wo Below [d. i. Georg von Below] mich schon lange hofiert, ich weiss aber nicht ob sich das auch auf ernste Dinge wie Habilitation erstrecken wird« (Brief, Archiv der sozialen Demokratie der Friedrich-Ebert-Stiftung, Bonn, Nl Nelson). Sollte Simmels private Mitteilung an Rickert auf den Einsatz Dritter zurückgehen, so wäre zunächst an Gustav von Schmoller zu denken, der oben zitiertem Brief zufolge Brinkmann protegierte, sodann an Leonard Nelson und dessen Vater, den Berliner Rechtsanwalt und Romanschriftsteller Heinrich Nelson (1854-1929; NDB), auf deren persönliche Beziehung zu Simmel und seiner Familie sowohl Spuren im Nelson-Nachlaß weisen (siehe u. a. den in Zusammenhang mit Simmels Brief an Edmund Husserl vom 14. Okt. 1908 zitierten Brief Heinrich Nelsons an Leonard Nelson vom 25. Okt. 1908) wie auch Hans Simmels Mitteilung, Heinrich Nelsons Familie gehöre »zum engsten Westender Freundeskreis« (S. 38), was von Simmels Nichte Gertrud Jacobs bestätigt wird (Tagebuch Jacobs, S. 90); und Heinrich Nelson war dann auch nach Simmels Tod unter den Initiatoren einer »Simmel-Stiftung« zugunsten des Erwerbs der von Walter Lobach (1863-?) gefertigten Porträtbüste von Simmel in Bronze für die Staatlichen Museen zu Berlin, Preußischer Kulturbesitz (vgl. Rüdiger Kramme: »Von Freunden und Verehrern ...«. SNL 4, 1994, Heft 2, S. 163-166).

Die Historiker werden es ja wohl schon machen] Carl Brinkmanns Habilitation in Freiburg sollte u. a. mit den Voten der Ordinarien der Geschichtswissenschaft, Friedrich Meinecke und Heinrich Finke (1855-1938; NDB) gelingen und am 7. Febr. 1913 vom Ministerium genehmigt werden (Mttl. UA Freiburg); sie war »unter sehr günstigen Umständen u. mit viel Anerkennung« erfolgt, wie Leonard Nelson seiner Mutter Elisabeth, geb. Dirichlet (1860-1920; Malerin; NDB) am 26. Febr. 1913 schrieb (Nl Nelson, a. a. O.) – Carl Brinkmann blieb bis 1918 PD in Freiburg, wurde 1921 ao. Prof. in Berlin, 1923 o. Prof. in Heidelberg; von 1942-1945 lehrte er erneut in Berlin, 1946 in Erlangen (i. Vertr.) und 1947 in Tübingen (Kürschner GK 1950; DBE).

Unser Soziologentag ist heut beendet worden. O Gott, o Gott!] Auf dem Soziologentag kam es bereits am ersten Verhandlungstag, am 21. Okt. 1912 während des ersten Referats ›Die Nationalität in ihrer soziologischen Bedeutung‹ von Paul Barth zum Eklat, als Barth in seinen Ausführungen nach Meinung von Tönnies und Max Weber das Prinzip der Wertfreiheit verletzte; daraufhin war Barth von Tönnies als Vorsitzenden der Sitzung unterbrochen und ermahnt worden, Parteinahme für Wertungen gemäß § 1 der Statuten der DGS fernerhin zu unterlassen, was »eine lebhafte Unterbrechung« aus dem Plenum hervorgerufen hatte: »Der Vortragende will fortfahren, wird aber von Max Weber in sehr heftiger Weise durch den Zuruf unterbrochen: ›Es ist strikte verboten, Sie dürfen nicht von Werturteilen sprechen!‹ Nach einer Verlegenheitspause beginnt die *Diskussion*« (FZ, Nr. 293 vom 22. Okt. 1912, 3. Mo. Bl.). Danach hatte Barth seinen Vortrag abgebrochen (siehe Max Weber an Hermann Beck vom 22. Okt. 1912; MWG II/7, S. 709). Daß sich Max Weber hier so heftig einsetzte, hatte seine Vorgeschichte im Ersten Deutschen Soziologentag von 1910, auf dem es zu einem vergleichbaren Konflikt mit Goldscheid bezüglich der Wertfreiheitsfrage gekommen war, als dieser gegen eine Verankerung des Werturteilspostulats in die Statuten der DGS polemisierte (siehe Max Weber an den Vorstand der DGS vom 27. Okt. 1910, MWG II/6, S. 659-61, sowie an Hermann Beck vom 17. und an Edgar Jaffé vom 22. Jan. 1914, MWG II/8, S. 469-472, bzw. S. 478-483; Georg Simmel an

Hermann Beck vom 28. Okt. 1910); und Weber mußte es also dann als Affront verstehen, als auf der Mitgliederversammlung der DGS vom 22. Okt. 1912 Barth und Goldscheid als Kandidaten für die Wahl in den Vorstand der DGS genannt wurden. Unmittelbar im Anschluß an diese Versammlung schrieb er an den Vorstand der DGS: »Mit dem Abschluss der diesmaligen Mitgliederversammlung trete ich aus dem Ausschuss aus und bitte mich als lediglich zahlendes Mitglied zu führen [...] Soziologentage besuche ich nicht mehr. Es ist klar, dass Garantieen für die Innehaltung der statutenmässigen Grenzen der Erörterung nicht zu schaffen sind, und ich also stets und immer wieder den gleichen Anstoss erregen würde, wie diesesmal. Auf diesem Punkte werde ich niemals ›Mass‹ halten. Ich wünsche der Gesellschaft alles Gute« (Schreiben an Hermann Beck vom 22. Okt. 1912; MWG II/7, S. 709). – Der Konflikt über Wertfreiheit verhinderte am 22. Okt. 1912 wohl auch den vom Vorstand geplanten Ablauf der Wahlen, denn von den ins Auge gefaßten Kandidaten für den Vorstand traten Alfred Weber, Robert Wuttke und Friedrich Muckle nicht an wie auch Franz Oppenheimer, der als Nachfolger Max Webers für die Position des Rechners vorgesehen war (Protokoll der Versammlung nicht mehr zu ermitteln; siehe Simmel an Ferdinand Tönnies vom 16. Okt. 1912); so wurden nur die drei Vorsitzenden (Simmel, Sombart, Tönnies) wiedergewählt, Werner Sombart provisorisch zum Rechner bestimmt und Karl Rathgen als ordentliches Mitglied kooptiert (Verhandlungen 1912, S. 192). Erst im Frühjahr 1913 konnte sich der dezimierte Vorstand der DGS wieder ergänzen (Sitzungsprotokoll verschollen), und er beschloß dann am 5. Juli 1913, den DGS-Mitgliedern »in Ergänzung der Mitteilungen am Schlusse des 2. Bandes der Schriften (Seite 192) [mitzuteilen], dass ausser Herrn Prof. Rathgen noch Herr Prof. Grotjahn in den Vorstand kooptiert wurde und dass das Amt des Rechners von Herrn Prof. Max Weber auf Herrn Rudolf Goldscheid übergegangen sei« (Protokoll der Sitzung des Vorstandes der DGS; SHLB Kiel, Nl Tönnies).

mein Goethebuch] Simmel: Goethe. Leipzig: Klinkhardt & Biermann [1912] 1913 (GSG 15, S. 7-269). Zum Erscheinen des ›Goethe‹ siehe Simmel an Marianne Weber vom 9. Dez. 1912.

Windelband soll es ziemlich wacklig gehen. Was werden die Heidelberger nur machen?] Wilhelm Windelbands Gesundheit war seit Herbst 1912 stark angegriffen und gab Anlaß zu Spekulationen über die Dringlichkeit, eine eventuelle Besetzung des seit 1906 vakanten Lehrstuhls von Kuno Fischer zu erwägen, nachdem dessen Neubesetzung bereits 1908 nicht zustande gekommen war (vgl. editorische Vorbemerkung zu Max Weber an Alfred Weber vom 9. Nov. 1912, MWG II/7, S. 734).

Georg Simmel an Paul Siebeck, Verlag J. C. B. Mohr (Paul Siebeck)

Brief vom 28. Oktober 1912
Hs.; VA Mohr Siebeck, Tübingen

Berlin-Westend 28 x 12
Königin Elisabethstr. 14

Sehr geehrter Herr Doktor!

In dem nächsten Heft des *Logos* erscheint ein Aufsatz von mir über *Goethes Individualismus*, der mich in eine eigentümliche Schwierigkeit bringt. Ich erlaube mir, Ihnen diese vorzutragen u. Sie zu bitten, mir zu ihrer Lösung zu verhelfen. Der betr. Aufsatz ist ein Kapitel eines größeren Buches über *Goethe*, das Anfang nächsten Jahres erscheinen sollte. Nun hat das schlechte Wetter dieses Sommers u. manches sonstige mich veranlaßt, mehr zu arbeiten, als ich eigentlich vorhatte, das Buch ist seit Wochen abgeschlossen u. aus allerhand, teils buchhändlerischen, teils persönlichen Gründen wäre es mir sehr wichtig, es in den ersten Dezembertagen herauszubringen. Da mir Herr *Dr. Kroner* im Herbst gesagt hat, daß das *Logos*heft in den ersten Dezembertagen erscheinen würde, so würde das also keine Kollision ergeben, da die Ausgabe des Buches noch *nach*her möglich wäre. Allein die Situation ist mir nun doch bedenklich geworden, da die Ausgabe des *Logos*heftes offenbar nicht auf den Tag fixirt werden kann, die Ausgabe meines Buches aber, wenn es noch auf dem Weihnachtsmarkt figuriren soll – wie Sie besser als ich wissen – nicht über die ersten Dezembertage hinausgeschoben werden kann. Ich habe nun die Bitte an Sie, mir unter diesen exzeptionellen Umständen zu gestatten, das Buch *in jedem Fall* in diesen ersten Dezembertagen herauszubringen. Die Differenz, um die es den *Logos* überholen würde, wären so wenige Tage, daß die Frage eigentlich zu einer nur formalen wird, weil eine geschäftliche Einbuße in dem Absatz des *Logos*heftes garnicht eintreten kann. Es ist tatsächlich wohl für beide Publikationen ganz irrelevant, ob das Buch am 4. und der *Logos* am 6. Dez. erscheint, oder ob das Umgekehrte geschieht. Immerhin weiß ich sehr wohl, daß ich selbst zu der geringsten Verfrühung nicht berechtigt bin, sondern damit von Ihrer Erlaubniß abhänge; ich bitte Sie also, sie mir zu gewähren, u. bin auch zu einer Gegenleistung für den *Logos* bereit, z. B. (wie ich gestern an Herrn *Dr. Kroner* schrieb) mich für die nächsten zwei Jahre zu verpflichten, ihm alle meine, irgendwie geeigneten Arbeiten zuerst anzubieten, ohne ihn zur Annahme zur verpflichten.

Sehr dankbar wäre ich Ihnen, wenn Sie mir, da der Druck meines Buches drängt, Ihre freundliche Entscheidung baldigst zukommen ließen.

In ausgezeichneter Hochachtung Ihr ergebenster

Simmel

Brief vom 28. Oktober 1912] Mit hs. Bearbeitungsvermerk: 30. 10. 12.

***Goethes Individualismus*]** In: Logos. Internationale Zeitschrift für Philosophie der Kultur, herausgegeben von Richard Kroner und Georg Mehlis. Band III, S. 117-160 (= Heft 3 vom Dez. 1912); Erscheinen angezeigt in LC vom 1. Febr. 1913; GSG 12, S. 388-416.

Kapitel eines größeren Buches über *Goethe*] Gemeint ist: »Fünftes Kapitel: Individualismus« in: Simmel: Goethe. Leipzig: Klinkhardt & Biermann [1912] 1913, S. 142-179 (GSG 15, S. 7-269, hier: 151-178).

manches sonstige mich veranlaßt, mehr zu arbeiten, als ich eigentlich vorhatte] Siehe Simmel an Margarete von Bendemann vom 24. Aug. und 4. Sept. 1912.

es in den ersten Dezembertagen herauszubringen] Zum Erscheinen des ›Goethe‹ siehe Simmel an Marianne Weber vom 9. Dez. 1912.

***Dr. Kroner*]** Richard Kroner (1884-1974), seit 1912 PD der Philosophie in Freiburg i. Br., war seit 1910 Mitherausgeber des Logos (siehe Simmel an Heinrich Rickert vom 15. Dez. 1909, Beilage).

da die Ausgabe des *Logos*heftes ... fixiert werden kann] Simmel mag erfahren haben, was der Mitherausgeber des Logos, Georg Mehlis, am 29. Okt. 1912 Paul Siebeck bezüglich jenes Heftes berichten sollte: Es fehle »noch ein Artikel den wir an das Ende stellen wollen« und er erhoffe sich noch statt des geplanten Beitrags des Windelband-Schülers Samuel Lourié (1883-?, Dr. phil. Heidelberg 1910; Vita zur Diss.) einen »Artikel von einem bekannteren Verfasser, womöglich einem der Patrone«, insbesondere von Ernst Troeltsch (VA Mohr Siebeck, Tübingen). – Siehe Paul Siebeck an Simmel vom 30. Okt. 1912.

wie ich gestern an Herrn *Dr. Kroner* schrieb] Simmels Brief an Richard Kroner ist nicht überliefert.

zu einer Gegenleistung für den *Logos* ... verpflichten] Die weiteren Logos-Beiträge Simmels können als »Gegenleistung« verstanden werden: ›Das individuelle Gesetz‹, Logos IV, S. 117-160 (= Heft 2 vom Juli 1913), angezeigt in LC vom 6. Sept. 1913, GSG 12, S. 417-470; ›Rembrandtstudie‹, Logos V, S. 1-32 (= Heft 1 vom Mai 1914), angezeigt in LC vom 16. Mai 1914, GSG 13, S. 16-52; ›Studien zur Philosophie der Kunst, insbesondere der Rembrandtschen‹, Logos V, S. 221-238 (= Heft 3 vom Juni/Juli 1915), angezeigt in LC vom 24. Juli 1915, GSG 13, S. 143-164.

Georg Simmel an Verlag J.C.B. Mohr (Paul Siebeck)

Bestellzettel, nach dem 28. Oktober 1912
Hs.; VA Mohr Siebeck, Tübingen

20 Separatabzüge.

Berlin Westend Prof. Simmel

Bestellzettel, nach dem 28. Oktober 1912] Hs. ergänzter Bestellzettelvordruck: Es wird dringend gebeten, diesen Zettel beantwortet / zurückzuschicken! / Wieviele Separatabzüge? / … Separatabzüge. / Ort: / Name: / 1911. Nr. 267.; mit hs. Bearbeitungsvermerk: not. Datierung gemäß der chronologischen Archiv-Ablage nach dem 28. Okt. 1912.

20 Separatabzüge] Vermutlich handelt es sich um ein Doppel des nachfolgenden Bestellzettels.

Georg Simmel an Verlag J.C.B. Mohr (Paul Siebeck)

Bestellzettel, nach dem 28. Oktober 1912
Hs.; VA Mohr Siebeck, Tübingen

20 Separatabzüge.

Berlin Westend, Königin Elisabethstr. 14 (nicht 54, was ich auch für die Korrekturen zu beachten bitte.)

Prof. Simmel

Bestellzettel, nach dem 28. Oktober 1912] Hs. ergänzter Bestellzettelvordruck: Es wird dringend gebeten, diesen Zettel beantwortet / zurückzuschicken! / Wieviele Separatabzüge? / ... Separatabzüge. / Ort: / Name: / 1911. Nr. 267.; mit hs. Bearbeitungsvermerk: not. Datierung gemäß der chronologischen Archiv-Ablage nach dem 28. Okt. 1912.

20 Separatabzüge] Betrifft wohl Simmels Beitrag zum Logos: Goethes Individualismus (siehe Simmel an Paul Siebeck vom 28. Okt. 1912).

nicht 54] Siehe die fehlerhaften Anschriften von Oskar Siebeck, Verlag J. C. B. Mohr (Paul Siebeck), an Simmel vom 15. und 21. Febr. 1912 sowie vom 26. März 1913 und 26. Aug. 1914.

Korrekturen] ›Goethes Individualismus‹ war Simmel der Korrespondenz zwischen Richard Kroner und Paul Siebeck zufolge am 19. Okt. 1912 zur Korrektur zugegangen (VA Mohr Siebeck, Tübingen).

Paul Siebeck, Verlag J. C. B. Mohr (Paul Siebeck), an Georg Simmel

Briefdurchschlag vom 30. Oktober 1912
Tps., m.e.U.; VA Mohr Siebeck, Tübingen

30. Oktober 1912.

Hochverehrter Herr Professor,

aus der in Ihrem freundlichen Brief vom 28.cts. mir geschilderten Situation will ich Ihnen gerne heraushelfen. Wenn die Redaktion des »Logos« nichts dagegen hat, bin ich damit einverstanden, dass Ihr Buch Anfangs Dezember ausgegeben wird, auch wenn das Logos-Heft erst etwas später erscheinen sollte. Ich will aber ausserdem Herrn Dr. Kroner nahelegen, den Abschluss des Heftes soviel als möglich zu beschleunigen. Ich danke Ihnen bestens für Ihren freundlichen Brief und für das Entgegenkommen, das Sie dem »Logos« durch die ihm gewährte Gegenleistung erzeigen.

In vorzüglicher Hochachtung bin ich Ihr ganz ergebener

Dr. P. Siebeck

Briefdurchschlag vom 30. Oktober 1912] An: Herrn Professor Dr. G. *Simmel* / *Berlin* – Westend. / Königin Elisabethstr. 14. Mit Absenderkürzel: Dr.P.S.-f. / A.

Brief vom 28.cts.] Siehe Simmel an Paul Siebeck vom 28. Okt. 1912.

Dr. Kroner nahelegen] Ebenfalls am 30. Okt. 1912 unterrichtete Paul Siebeck den Logos-Herausgeber Richard Kroner von der Gewährung der Simmelschen Bitte und riet, »wir müssen dann eben sehen, das Heft 3 möglichst bald herauszubringen«, eine Empfehlung, die er dann auch gegenüber dessen Kollegen Georg Mehlis mit Brief vom 6. Nov. 1912 nachdrücklich wiederholte: Der Abschluß des Heftes sei »nicht so lange hinauszuziehen, dass wir den Aufsatz des Herrn Geheimrat Troeltsch noch in dieses Heft bekommen. Herr Professor Simmel drängt auf rasche Veröffentlichung seines Aufsatzes, und warum wollen Sie sich nicht Troeltsch als zugkräftigen Anfang von Band IV in Reserve halten?« (VA Mohr Siebeck, Tübingen). – Lt. Versandmitteilung des Verlags an Georg Mehlis vom 14. Dez. 1912 (ebd.) erschien das Heft am 13. oder 14. Dez. 1912 – eine Woche nach Simmels ›Goethe‹. Siehe Simmel an Marianne Weber vom 9. Dez. 1912.

gewährte Gegenleistung erzeigen] Zum eingeräumten Erstangebot Simmelscher Beiträge siehe ebd.

Georg Simmel an Paul Siebeck, Verlag J.C.B. Mohr (Paul Siebeck)

Briefkarte vom 2. November 1912
Hs.; VA Mohr Siebeck, Tübingen

Westend 2 XI 12

Sehr geehrter Herr!

Für Ihr freundliches Schreiben vom 30. Okt. und die darin ausgesprochne Gewährung meiner Bitte sage ich Ihnen den verbindlichsten Dank.

In ausgezeichneter Hochachtung ergebenst

Simmel

Briefkarte vom 2. November 1912] Mit hs. Bearbeitungsvermerk: ô beantw.

Ihr freundliches Schreiben vom 30. Okt.] Siehe Paul Siebeck an Simmel vom 30. Okt. 1912.

meiner Bitte] Um vorgezogenes Erscheinen des ›Goethe‹ – siehe Simmel an Paul Siebeck vom 28. Okt. 1912.

Georg Simmel an Margarete von Bendemann
Brief vom 11. November 1912
Hs.; LBI New York, Susman Collection

Westend 11 XI 12

Liebe Susa,

ein so wundervoller Strom von Seele u. warmem Leben kommt aus deinem Brief, daß ich mir garnicht anders zu helfen weiß, als sofort zu antworten. Ist es nicht etwas Schönes, daß man sich auch gegen das Gute u. Beste irgendwie helfen muß, daß es eine Art von Selbsterhaltung gegen sich aufruft, wie das Böse auch? Als wäre ein Eigenleben der Seele da, das sich auch dem Glück u. den Werten, die über uns kommen, erst ergiebt u. vermählt, nachdem es mit ihnen gekämpft hat, ein Stolz – oder auch eine Demut, die der Gabe nicht würdig zu sein meint, wenn sie nicht Kampf u. Kraft für sie eingesetzt hat, wenn auch in der Form, es *gegen* sie einzusetzen. U. dadurch wirkt das Gute u. das Böse unter dem geheimnißvoll gleichen Aspekt, der von jeher in den Ahnungen der tiefsten Menschen angedeutet ist – kennst du die erschütterndste aller Zeilen von *Walther v. d. Vogelweide: »Willekommen gut unde bös«*?

*

Ich weiß nicht, ob du *Blochs* »Bedürftigkeit« richtig deutest. Ich glaube nicht, daß er für die »großen Kreise«, die er ideell um sich beschreibt, eine Erfüllung von Andern her erwartet. Dazu ist er doch geistig u. *temperamentsmäßig* zu reich. Was dir diesen Eindruck macht, ist, wenn ich mich nicht täusche, sein ungeheurer *Glückshunger*, es ist ein wahnsinniges Genießenwollen in ihm, u. dazu braucht er freilich die Welt u. ist bereit, sie in Stücke zu zerschlagen u. zu zerstampfen, um sich ein Gericht für seinen Hunger daraus zu kochen. Aber das ist doch noch etwas andres, als das Bedürfniß nach *Lebens*erfüllung von anderswoher. Ja, er ist ein »unseliger« Mensch – von der Art von Unseligkeit, die ich nur bei Juden gefunden habe. Könnte ich ihm irgendwie helfen, so würde ich tun, was in meinen Kräften steht. Da ich indeß weiß, daß ich das nicht kann, erübrigt sich die Überlegung, ob ich ihm wieder eine Brücke zu mir bauen sollte. Diese Überlegung würde sowieso negativ ausfallen; denn entweder würde es seinen Hochmut steigern – als ob ich es doch nicht ohne ihn aushielte, oder ihn um Verzeihung bäte, od. ähnl. – oder er würde eine sublime Genugtuung darin suchen, mich zurückzuweisen. Beide Eventualitäten, von denen eine ganz sicher eintreten würde, wären für *ihn* unheilvoll u. würden sein unseliges Verhältniß zu sich selbst nur immer mehr verstärken.

*

Daß Groethuysen die Kur bekommt, scheint mir allerdings auch. Das liegt nur daran, daß der Gauner sich 50 frcs. für jede Konsultation bezahlen läßt. Ratschläge, die genau denselben Effekt hätten, würde ihm jeder andre tüchtige Arzt auch geben. Nur richtet man sich nach solchen nicht – hat man aber 50 frcs. dafür bezahlt, *so will man auch etwas dafür haben*, u. befolgt sie gewissenhaft. Das ist die psychologische Rechtfertigung, die diese Plusmacher für sich anführen können.

Daß du meinen *Kant jetzt* gelesen hast, tut mir eigentlich leid. Denn im Frühjahr erscheint eine neue Auflage, in der einiges Bessere steht.

Von unsren familiären Dingen ist noch nichts Besseres zu melden; nur daß man sich einigermaaßen an diesen Wolkenhimmel gewöhnt, wenn er so lange über einem steht. Immerhin, ich habe Schlimmeres im Leben durchgemacht, es ist ein Ende abzusehn u. wir werden es überstehn. Für die Frau ist es schlimmer als für mich, das liegt in der Natur der Sache. Zudem habe ich so viel zu tun, daß ich über Vieles fortkomme.

Ich schließe, weil der Brief unter allen Umständen heute fort soll u. ich ins Kolleg muß.

Lebe wohl u. liebe mich u. grüße die Männer. Die Frau liebt dich auch sehr.

G.

deinem Brief] Verschollen.

Walther v. d. Vogelweide: »Willekommen gut unde bös«] Die »Zeile« ist bei Walther von der Vogelweide (um 1170–um 1230; Killy) nicht mehr nachzuweisen; sie scheint in der Walther-Überlieferung verloren, wird jedoch im ›Parzival‹ des Wolfram von Eschenbach noch als Walther-Lied bezeichnet: »des muoz hêr Walther singen / ›guoten tac, bœs unde guot«‹ (VI. Buch, Abschnitt 294, Z. 24f.; zit. n. d. Studienausgabe. Mittelhochdeutscher Text nach der sechsten Ausgabe von Karl Lachmann. Berlin/New York: De Gruyter 1998, S. 30). Dieser Hinweis verdankt sich Ingeborg Kasten, Berlin, und Wolfgang Kaußen, Frankfurt/M. – Zur späten Simmelschen Entdeckung »ganz früher deutscher Dichtung« berichtet Hans Simmel (S. 84f.) mit Bezug auf die Leseabende während der Kriegsjahre: »Meine Eltern hatten nur Weniges von Walther v. d. Vogelweide gekannt. Nun waren sie sehr beeindruckt, und wenn mein Vater von dem Druck sprach, mit dem diese Kriegszeit auf ihm lastete, dann zitierte er bisweilen den Vers von dem kleinen Vogel, der sich vor dem düsteren Wetter verkriecht und klagt: ›Ich singe nicht, es welle tagen‹«.

Ich weiß nicht, ob du *Blochs* »Bedürftigkeit« richtig deutest] Simmel reagiert hier offensichtlich auf Margarete von Bendemanns verschollene Antwort auf seine im Brief vom 7. Okt. 1912 angesprochene Frage zum gegenwärtigen Entwicklungsstand ihrer Beziehung zu Ernst Bloch; zu diesem und Margarete von Bendemanns Einschätzung Blochs siehe dort.

wieder eine Brücke zu mir bauen] Simmel hatte die »persönliche Beziehung« zu Bloch im Juli 1911 beendet. Siehe Simmel an Heinrich Rickert vom 12. Juli 1912.

Diese Überlegung würde sowieso negativ ausfallen ... zurückzuweisen] Daß Simmel Blochs Einstellung wohl richtig einschätzte, läßt sich einem Brief Blochs an Georg von Lukács vom 12. Juli 1911 entnehmen, in dem er ihm erstmals davon berichtete, daß Simmel infolge des Konflikts mit Margarete von Bendemann die Beziehungen zu ihm abgebrochen habe, denn er fährt fort: »Nicht wahr, dieses klatschende alte Weibstum, das sich auch seinerseits zum Sprecher und Verabschieder Machen [sic!], ist dieses Menschen würdig: das zusehens wieder sachlich werdende Verhältnis hat also jetzt zum Glück seinen äußeren und auch sachlich ausreichenden Abschluß erhalten. Ich habe ihm zwar jetzt meine anderen Briefe zugeschickt, die ihm – wenn er nicht vor lauter Unterrocksdunst ganz den Verstand verloren hat – die Augen über den Fall öffnen werden (es ekelt mich, überhaupt über die Lappalie zu sprechen): aber selbst dann, wenn er sich korrigiert, gedenke ich den jetzt fixierten persönlichen und methodischen Abstand zu diesem an Einfällen reichen, an Liebe, Treue, Verantwortung und Substanz armen Mann zu halten. Praktisch? Was hat er mir bisher geholfen?« (Bloch Briefe, S. 41f.). – Simmel nahm nie wieder persönlichen Kontakt zu Bloch auf, auch wenn dieser dann etwa 50 Jahre später nun noch ein Treffen in Heidelberg Anfang des Krieges evoziert: »Es entstand, wie gesagt, eine philosophische Entfremdung. Das Ende kam mit Simmels Einstellung zum Ausbruch des Ersten Weltkriegs. Daß der Freund Bergsons [...], daß selbst er kapitulierte, der *Mann*, der mir gesagt hatte: ›Eine spätere Historie wird zwei Unglückszeiten für Deutschland feststellen. Die erste: den Dreißigjährige Krieg, die zweite: Wilhelm II.‹, das war mir unbegreiflich. / Ich schrieb ihm einen Brief: ›Sie haben niemals eine definitive Antwort auf etwas gesucht, niemals. Das Absolute war Ihnen vollkommen suspekt und verschlossen, auch das Hinstreben zu einem Absoluten war Ihnen verschlossen. Heil Ihnen! Nun haben Sie es endlich gefunden. Das metaphysische Absolute ist für Sie jetzt der Schützengraben!‹ / So kam es zum Krach. Wir haben uns dann in Heidelberg noch einmal auf der Plattform einer Elektrischen gesehen. Simmel hatte einen Vortrag in der Heidelberger Universität zu halten. Ich habe ihn nicht gegrüßt, er aber grüßte mich, und davon war ich doch ergriffen. Ich habe kühl geantwortet, aber ich ging in seinen Vortrag. Der war entsetzlich. Es war ein einziger Pro-Kriegs-Vortrag, alldeutsch bis zum Exzeß, völlig unbegreiflich. Und das war das Ende. Er wurde dann Professor in Straßburg« (Münster, S. 35 f.; siehe Simmel an Marianne Weber vom 16. Okt. 1914). – Aber auch wenn Simmel nie wieder in persönlichen Kontakt mit Bloch trat, so würdigte er auch später das geistige Niveau Blochs und dessen ›Geist der Utopie‹, als der Leiter des Verlags Duncker & Humblot, RA Dr. Ludwig Feuchtwanger (1885-1947; Börsenblatt für den Deutschen Buchhandel 159 [30. Okt. 1992], Heft 87, S. 63) um eine Beurteilung des von Bloch eingereichten Manuskripts bat; aus Simmels Antwort zitiert dann Bloch, wenn es in seinem Brief an von Lukács vom 16. Aug. 1916 heißt: »Auch Simmel hat übrigens die Musik gelesen und Feuchtwanger geantwortet: ›Trotz des vielen Unverständlichen und sehr Subjektiven, Phantastischen und Unorganischen finde ich diese Arbeit doch so interessant und originell, daß usw.‹ – ich finde, daß die Ausstellungen doch selbst von Simmels Voraussetzungen aus ein großes Lob sind« (Bloch Briefe, S. 169); Blochs ›Geist der Utopie‹ erschien dann 1918.

Daß Groethuysen die Kur bekommt] Zu Bernhard Groethuysens Krankheit siehe Simmel an Margarete von Bendemann vom 4. Aug. 1912.

***Kant*]** Simmel: Kant. Sechzehn Vorlesungen gehalten an der Berliner Universität. Leipzig: Duncker & Humblot 1904. Zweiter unveränderter Abdruck. Leipzig 1905.

neue Auflage, in der einiges Bessere steht] Dritte, erweiterte Auflage. München und Leipzig: Duncker & Humblot 1913 (GSG 9, S. 7-226). Zu der in den letzten Monaten erfolgten Überarbeitung (siehe Simmel an Margarete von Bendemann vom 4. Aug. und 16. Okt. 1912) heißt es in der vermutlich von Simmel selbst entworfenen Anzeige des LC vom 22. Febr. 1913 (Sp. 262): »In der 3., erweiterten Auflage seiner rein philosophischen, nicht philosophiegeschichtlichen sechzehn Vorlesungen über ›Kant‹, welche ausschließlich darauf hinzielen, diejenigen Kerngedanken, mit denen Kant ein neues Weltbild begründet hat, in das zeitlose Inventar des philosophischen Besitzes einzustellen, hat Prof. Georg Simmel im erkenntnistheoretischen Teil die Position Kants gegen allen Psychologismus schärfer abgegrenzt, im moralphilosophischen Teil die ethische Wertlehre des Philosophen, wie auch die Bedenken gegen sie, tiefer in den Schichten des metaphysischen Lebensbildes zu verankern gesucht.«

unsren familiären Dingen] Siehe Simmel an Margarete von Bendemann vom 7. Okt. 1912.

Kolleg] Der 11. Nov. 1912 fiel auf einen Montag; »Grundzüge der Logik, Prof. Simmel, Mo 3-5 p[rivatim]«, vermerkt das Vorlesungsverz. Berlin für das WS 1912/13 (S. 46). – Dazu erinnert der Schriftsteller Frank Thiess (1890-1977; DBA), damals Veranstaltungsteilnehmer, in seinem Nekrolog auf Simmel: »Ja, das ist es, bei diesem Dozenten, der doch wahrhaftig über Dinge sprach, die seitab der Wege des grünen Parks lagen, hatte man nie die Empfindung von Stubenluft und Weltabgeschlossenheit. Erinnert ihr euch, meine Freunde, wie wir allwöchentlich anderthalb Stunden hintereinander bei ihm Logik hörten, anderthalb Stunden ohne Unterbrechung über S = P (›Der Baum ist grün‹), über die ›Quantität der Urteile‹ oder den ›Satz des ausgeschlossenen Dritten‹? Logik! Wie kam es, daß wir, ein ganzes großes Auditorium, von 2 bis 3.30 Uhr gebannt saßen, regungslos die Gesichter zu ihm gewandt, während die Federn nur so über das Papier flogen? Logik, die ›trockenste Wissenschaft‹! Wer spricht von ›trocken‹? Bei meiner Ehre, ich habe in zwei Universitätsjahren in Berlin keine Stunde gehört, die interessanter, spannender, belebter, erregender gewesen wäre als die ›Logik‹ Simmels. [...] Er spannte uns dadurch, daß er stets und ständig alle Denkformen mit den Denkinhalten in Verbindung brachte und so selbst zwischen den dürrsten Ufern öder Systematik den Strom des Lebens brausen ließ« (Zu Füßen Simmels. Ein Wort der Erinnerung. BT vom 28. Sept. 1918, Ab. Bl.; zit. n. BdD, S. 176-179). – Thiess' Schilderung widerspricht der Vorstellung Max Webers, ein »eigentlich logisches Seminar ist vielleicht eine Sache, die Simmel nicht mehr zu organisieren weiß, die ihn jedenfalls nicht sehr interessiert«, bzw. »S[immel] wird |: wie gesagt,:| schwerlich ein *logisches* Seminar organisieren können und wollen« (Brief an Alfred Weber vom 9. Nov. 1912, MWG II/7, S. 735, 739). Simmel hat bis zum SS 1918 regelmäßig Logik-Vorlesungen angeboten, wovon einige in Mitschriften überliefert sind (siehe GSG 21).

Männer] Ehemann Eduard und Sohn Erwin von Bendemann.

Die Frau liebt dich auch sehr] Unabhängig von Georg Simmel stand Gertrud Simmel in freundschaftlicher Verbindung zu Margarete von Bendemann; dies spricht aus den im Marbacher Teilnachlaß Susman für die Zeit von 1905 bis 1919 überlieferten Briefen Gertrud Simmels, die seit 1910 an die »Liebste Susa [...] Du« gerichtet sind, wie auch aus Margarete von Bendemanns Würdigung der Freundin, indem sie die Schrift: Margarete Susman: Vom Sinn der Liebe. Jena: Diederichs 1912 »Gertrud Simmel zugeeignet« erscheinen ließ, und – trotz späterer Trübung der Freundschaft, zu der es 1919 über die Beurteilung der Kriegsschuldfrage kam (Margarete von Bendemann an Martin Buber vom 18. und 22. Jan. sowie 1. März 1919 (JNUL Jerusalem, Buber Archive) – im Lebensrückblick schreibt: »Gertrud Simmel, die ich wie kaum eine andere Frau verehrt habe, war eine bedeutende, in ihrer Weise großartige Erscheinung, die sich mit allen wesentlichen Fragen des Lebens in einer selbständigen Weise auseinandersetzte und vier bedeutende Bücher unter dem Namen Marie Luise Enckendorff veröffentlicht hat« (Susman, S. 52). – Angesprochen sind: Marie Luise Enckendorff: Vom Sein und Haben der Seele. Aus einem Tagebuch. Leipzig: Duncker & Humblot 1906, 2. Aufl. Jena: Diederichs 1927; dies.: Realität und Gesetzlichkeit im Geschlechtsleben. Leipzig: Duncker & Humblot 1910, 2. Aufl. Jena: Diederichs 1920; dies.: Über das Religiöse. München u. a.: Duncker & Humblot 1919; dies.: Kindschaft zur Welt. Jena: Diederichs 1927.

Georg Simmel an Salomo Friedlaender

Brief vom 20. November 1912
Hs.; Friedlaender/Mynona-Archiv Geerken

Westend 20 XI 12

Sehr geehrter Herr Doktor!

Ich möchte Ihnen doch mitteilen – falls Sie es nicht schon erfahren haben – daß in der *Frankfurter Zeitung* ein Aufsatz über Ihr *Nietzsche*-Buch erscheinen wird, der die neuliche unsinnige Rezension richtigstellen wird. Ich freue mich sehr, daß mein Rat, Ihrerseits nichts dagegen zu unternehmen, nachträglich so gut legitimirt worden ist.

Ich habe auch mit dem Redakteur des *Logos* über das Buch gesprochen u. er ist bereit, eine geeignete Besprechung aufzunehmen. Wissen Sie jemanden, dem man sie anvertrauen könnte? Es dürfte natürlich kein Neuling sein.

Mit freundlichen Grüßen Ihr

Simmel

Brief vom 20. November 1912] Mit Umschlag an: Herrn / *Dr. S. Friedländer / Halensee / Auguste Victoriastr.* 4; mit Poststempel: CHARLOTTENBURG 2 20. 11. 12 3-4 N.

Aufsatz über Ihr *Nietzsche*-Buch erscheinen wird] Siehe Simmel an Margarete von Bendemann vom 16. Okt. 1912.

die neuliche ... Rezension ... mein Rat] Siehe Simmel an Friedlaender vom 15. Sept. 1912.

Redakteur des *Logos*] Redakteure des Logos waren Richard Kroner und Georg Mehlis.

geeignete Besprechung aufzunehmen] Ist nicht zustande gekommen.

Georg Simmel an Martin Buber

Postkarte vom 8. Dezember 1912
Hs.; JNUL Jerusalem, Buber Archive

Lieber Herr Doktor!

Sehr schön! Ich schaute sowieso schon nach Ihnen aus. Vor Donnerstag bin ich aber nicht zu haben. Es würde mich freuen, wenn ich Sie dann etwa um 12 Uhr erwarten dürfte.

Mit besten Grüßen von Haus zu Haus der Ihrige

Simmel

8. XII.

Postkarte vom 8. Dezember 1912] An: Herrn / *Dr. M. Buber / Zehlendorf / Annastr.* 12; mit Poststempel: CHARLOTTENBURG 2 9. 12. 12 6-7 N.

Sehr schön] Bubers Anschreiben ist verschollen; es enthielt wohl den Vorschlag einer Begegnung nach längerer Zeit (siehe Simmel an Buber vom 17. Juli 1912).

Vor Donnerstag bin ich aber nicht zu haben] Simmel schrieb am

Sonntag, den 8. Dez. und kündigte Donnerstag, den 12. Dez. an, ganz entsprechend seinen Lehrverpflichtungen im WS 1912/13: »Grundzüge der Logik, Mo 3-5, p. – Philosophie der letzten hundert Jahre (von Fichte bis Nietzsche und Bergson), Di 3-5, p. – Philosophisches Privatissimum für Vorgerückte, in zu bestimmender Stunde, pg.« Mittwochs von »3-4«: Sprechstunde. Vorlesungsverz. Berlin WS 1912/13, S. 125.

Georg Simmel an Marianne Weber

Brief vom 9. Dezember 1912
Hs.; Arnold Simmel, New York

Westend, 9. 12. 12

Liebe Freundin,

Unmöglich kann ich mir so gute Dinge sagen lassen u. dasitzen, ohne mich zu rühren. Daß ich für all die herzliche Gesinnung, die ich von Ihnen erfahren habe, u. für das Bild Ihrer Existenz, um das ich bereichert bin, die Form eines bescheidnen Dankes suchte, das scheint mir so natürlich u. einfach, daß ich über die Art, wie Sie es aufnehmen, fast beschämt bin. Aber Sie gehören nun einmal zu den Menschen, die, wenn sie geben, es mit vollen Händen tun; u. so will ich mich auch nicht dagegen wehren u. froh sein, daß es gelungen ist. Es gehört eigentlich so wenig dazu, sich gegenseitig eine Freude zu machen, u. es ist einer der am schwersten erträglichen Gedanken, zu denen mich das Leben gebracht hat: wie leicht die Menschen es doch hätten, sich die Welt zum Paradies zu machen u. daß sie es statt dessen vorziehen, sie sich zur Hölle zu machen. – –

Ich fürchte fast, daß Sie in dem Buch ziemlich langsam vorwärts kommen werden. Nun ich in dem gedruckten blättre, sehe ich doch mancherlei Stellen, die etwas zu dick geraten sind. Es ist eine Summirung von vielerlei Erlebtem u. Gedachtem u. ich habe vielleicht nicht immer genug Rücksicht darauf genommen, daß andre Leute eben von andern Erlebnissen u. Gedanken herkommen u. daß ich deshalb etwas breitere Zugänge bauen müßte. Es würde mir leid tun, wenn ich damit eine gewisse kulturelle Wirkung des Buches, auf die es mir ankommt, verhindert hätte. Ich habe mich nämlich davon überzeugen müssen, daß nur eine minimale Anzahl von Menschen Goethe als ganzen, d.h., als die Einheit aus seinen einzelnen Teilen, kennen; diese Teile freilich kennen viele. Aber ihre Summirung giebt noch keineswegs den ›ganzen‹ Goethe – den muß man jenseits der Einzelheiten suchen. Ich habe die Anmaaßung, das Buch für das deutsche Volk (wenn auch nicht in seiner unmittelbaren Breite) geschrieben zu haben, als eine Hilfe, diesen unerhörten Schatz zu realisiren, den es besitzt, fast ohne es zu wissen. – Für mich selbst ist das Buch eine Art Abschluß, eine letzte Verwendung der bisherigen Begriffsbildungen. Ich setze nun die Segel um u. suche ein unbetretnes Land. Freilich wird die Fahrt wohl noch *vor* der Küste ihr Ende finden. Wenigstens soll mir nicht geschehen, was so vielen meiner Genossen: sich auf dem Schiff selbst heimisch einzurichten, so daß sie schließlich meinten, das Schiff selbst wäre das neue Land. –

Wir danken Ihnen u. Ihrem Mann herzlich für die Güte, mit der Sie den Hans aufgenommen haben. Es war das Glück seiner Heidelberger Zeit, daß er zu Ihnen kommen durfte.

Mit allen Grüßen von der Frau u. in der treusten Gesinnung immer Ihr

G.S.

sagen lassen] Marianne Webers Dankschreiben für das ihr am 7. Dez. 1912 zugegangene druckfrische Exemplar von Simmels ›Goethe‹ (Leipzig: Klinkhardt & Biermann [1912] 1913, VIII, 264 S.; GSG 15, S. 7-285) mit der Widmung: »Marianne Weber zugeeignet« ist verschollen. Noch am selben Tag hatte Marianne Weber ihre Schwiegermutter Helene Weber über Simmels Widmung unterrichtet: »Wenn ich mich und mein Wesen anschaue, muß ich ja diese ›Auszeichnung‹ so ganz u. gar unverdient finden! Aber ich weiß Simmel sehnt sich danach erfreuen, beglükken zu können.« Und auch Max Weber schreibt am selben Tag seiner Mutter: »Mich hat gefreut, daß Simmel Marianne sein neustes Werk (Goethe) zugeeignet hat« (MWG II/7, S. 785 f.). – Dazu heißt es in Marianne Webers »Lebenserinnerungen« (Bremen: Johs. Storm Verlag 1948, S. 384 f.): »Georg Simmel hatte mir sein tiefsinniges Buch über Goethe zugeeignet (1912); das war für mich eine große Ehre und Freude, ich dankte ihm überströmend. Darauf antwortete er: ›Liebe Freundin!‹ [es folgt mit kleinen Abweichungen der Wortlaut obigen Briefes]«.

dick] Michael Landmanns sinngemäß wohl angemessenere Lesart »dicht« (BdD, S. 132) entspricht weder der Urschrift noch der von ihm als Grundlage herangezogenen Abschrift von Hans Simmels Witwe Else (Tps.; Privatbesitz Arnold Simmel, New York).

»ganzen« Goethe] Zu »Goethe als Gesammtexistenz u. Gesammtwert« siehe auch Simmel an Maximilian Harden vom 12. Dez. 1912.

Art Abschluß ... das Schiff selbst wäre das neue Land] Zu Simmels Betrachtung des ›Goethe‹ als »Abschluß« vor dem Beschreiten völlig neuer Wege siehe die dem Sinne nach ähnlichen Äußerungen in Simmel an Margarete von Bendemann vom 16. Okt. 1912. Gleichwohl sollte das Thema ›Goethe‹ noch weitere Überlegungen und Publikationen Simmels nach sich ziehen: 1.) Goethes Gerechtigkeit. Der Greif. Cotta'sche Monatschrift. Herausgegeben von Karl Rosner und Eduard von der Hellen. 1, 1913/14, Bd. 2, S. 381-387 (= Heft 11 vom Aug. 1914); GSG 13, S. 90-97; 2.) Goethe und die Jugend. Der Tag, Nr. 395 vom 6. Aug. 1914, Ausgabe A, Ab. Bl.; GSG 13, S. 98-104; 3.) Allgemeine Einleitung: Werte des Goetheschen Lebens. In: Goethes sämtliche Werke. Mit Einleitungen von Hermann Bahr, Max Dessoir, Paul Ernst, Herbert Eulenberg, Cäsar Flaischlen, Ernst Hardt, Gerhart Hauptmann, Wilhelm Hegeler, Hermann Hesse, Hugo von Hofmannsthal, Wilhelm Ostwald, Karl Scheffler, Wilhelm von Scholz, Georg Simmel, Martin Wackernagel, Jakob Wassermann, Bruno Wille. Herausgegeben nach einem von Georg Witkowski aufgestellten Gesamtplan von Curt Noch und Paul Wiegler. Erster Band: Gedichte. Erster Teil 1756-1796. Mit Vorwort von Gerhart Hauptmann, Gesamt-Einleitung von Georg Simmel und Einleitung zu den Gedichten von Cäsar Flaischlen. Berlin: Verlag Ullstein o. J. [1923], S. 11-97 [= Pandora Klassiker]; GSG 20, S. 11-79. Zur Fertigstellung Anfang 1914 siehe den Editorischen Bericht, ebd., S. 533-536; 4.) Einheit und Zwiespalt. Zeitgemäßes in Goethes Weltanschauung. BT, Nr. 570 vom 7. Nov. 1915, Mo. Bl.; GSG 13, S. 165-173; 5.) Das Goethebuch [Rezension von: Friedrich Gundolf: Goethe. Berlin: Bondi 1916]. Die neue Rundschau, XXVIII. Jg. der Freien Bühne, 1917, Band 1 (= Heft vom 2. Febr. 1917), S. 254-264; GSG 13, S. 231-243.

Ihrem Mann] Max Weber.

Sie den Hans aufgenommen haben] Dazu Hans Simmel, S. 67: »Mitte September [1912] ging ich nach Heidelberg als Famulus an der chirurgischen Poliklinik. Ich hatte nur bis mittags Dienst und genoß die Nachmittage teils in der Bibliothek, teils in der schönen Umgebung mit netten Leutchen, die dort leicht aufzutreiben waren. [...] Ich blieb noch für die erste Woche des Semesters dort, um mir die wichtigsten dortigen Professoren anzuhören – es gab eine Reihe sehr interessanter

Männer da, Mediziner und Nicht-Mediziner«. – Zu Hans Simmels Famulierzeit in Heidelberg siehe auch Georg und Gertrud Simmel an Paul Ernst vom 16. Sept. 1912.

Georg Simmel an Martin Buber

Telegramm vom 12. Dezember 1912
Hs.; JNUL Jerusalem, Buber Archive

Wollen Sie und Ihre Gattin morgen gegen fünf mit uns Tee trinken. Antwort Postkarte

Simmel

Telegramm vom 12. Dezember 1912] Vordruck: Telegraphie des Deutschen Reichs. Amt Zehlendorf (Wannseebahn). Telegramm aus: Westend 17 W. den 12. 12. um 3 Uhr 50 Min./angenommen vom [unles.] den 12. 12. 1912 um 4 Uhr 40 Min. durch [unles.] an Buber von Amt Zehlendorf (Wannseebahn) 4 Uhr 40.

Hs.] Vermutlich des Postbeamten.

morgen] Das heißt: Freitag, den 13. Dez. 1912. – Zu einer vorhergehenden Verabredung siehe Simmel an Buber vom 8. Dez. 1912.

Georg Simmel an Maximilian Harden

Brief vom 12. Dezember 1912
Hs.; BA Koblenz

Westend 12 XII 12

Sehr geehrter Herr Harden!

Ich erlaube mir, Ihnen mit gleicher Post mein soeben erschienenes Buch über *Goethe* zuzusenden. Ich wähle diesen ungewohnten persönlichen Weg, weil ich dies Buch um eines kulturellen Zweckes willen veröffentliche, der es mir sehr wichtig macht, daß es Ihrem Publikum vorgestellt werde. Ich bin nämlich im Lauf langer Jahre zu der Überzeugung gelangt, daß Goethe als Gesammtexistenz u. Gesammtwert ein noch sehr wenig angeeigneter Besitz des deutschen Volkes ist u. im Gegensatz zu den meisten Goethebüchern, die mir in den Einzelheiten stecken zu bleiben scheinen, möchte ich hier, über alle Einzelheiten hinweg, die Ganzheit u. Zentralität des Goetheschen Geistes den Deutschen näher bringen. Ich wäre sehr froh, wenn Sie sich, persönlich u. als Herausgeber der *Zukunft*, diesem Interesse anschließen würden!

In vorzüglicher Hochachtung Ihr ergebener

Simmel

soeben erschienenes Buch über *Goethe*] Zum Erscheinen von Simmel: Goethe (Leipzig: Klinkhardt & Biermann [1912] 1913) siehe Simmel an Marianne Weber vom 9. Dez. 1912.

persönlich u. als Herausgeber der *Zukunft*] Es kam zu keiner Besprechung in Hardens Zeitschrift.

Georg Simmel an Rudolf Pannwitz

Einschreibebrief vom 15. Dezember 1912
Hs.; DLA, Marbach, Nl Pannwitz

Westend 15 XII 12

Lieber Herr Pannwitz,

die beiliegenden 100 M. sind mir von jemandem, der Ihnen auf Grund Ihrer Produktionen wohlwill, übergeben worden, um sie Ihnen zuzustellen. Ich erfülle mit besondrer Freude diesen Wunsch des Gebers, der ungenannt bleiben will, u. sende Ihnen dazu meine besten Wünsche u. Grüße

Ihr

Simmel

Einschreibebrief vom 15. Dezember 1912] An: *Einschreiben* / Herrn / *Rudolf Pannwitz* / *Oberau a. d. Loisach* / *Oberbayern*; mit Postempel: BERLIN [unles.] 7 [unles.] 12. 12. 5-6 N.

beiliegenden 100 M.] Rudolf Pannwitz hatte das Ehepaar Simmel wiederholt um finanzielle Unterstützung gebeten und diese – den im Nl Pannwitz überlieferten Briefen Gertrud Simmels zufolge – zunächst in Form gelegentlicher Geldsendungen (siehe etwa die Schreiben vom 17. März 1910 und vom 28. März 1911) und ab Juni 1911 (Brief vom 7. April 1911) für die Dauer eines Jahres als »verabredete Monatsquote« von »100 *frcs*« nebst darüber hinausgehenden Unterstützungen (siehe Simmel an Pannwitz vom 1. Okt. 1911) erhalten. Als Gertrud Simmel am 8. Juli 1912 Pannwitz fragte, »ob Sie sich arrangiren können, nun das versprochene Jahr um ist«, war das mit der Ankündigung verbunden, daß er seitens Simmels keinen Zuschuß mehr erwarten könne.

Gebers, der ungenannt bleiben will] Als der mögliche ungenannte Spender kommt Gertrud Kantorowicz infrage; bereits während ihres Studiums in Berlin war sie mit dem Abiturienten Pannwitz zusammengekommen und eine Freundschaft eingegangen, die von dem Wunsch, Pannwitz zu fördern, geprägt war (vgl. Rudolf Pannwitz: Grundriss einer Geschichte meiner Kultur. 1881-1906. Regensburg: Franz Ludwig Habbel 1921, S. 23, 32). Aus persönlichen Gründen hatte sie jedoch im Dez. 1903 »Distanz« – zumindest für die Dauer eines Jahres – gefordert (Gertrud Kantorowicz an Pannwitz vom 31. Dez. 1903, DLA Marbach). Der unmittelbare Kontakt blieb, abgesehen von einem förmlichen Glückwunsch auf Pannwitz' Hochzeitsanzeige hin (25. Jan. 1907, ebd.), unterbrochen und wurde erst 1914 durch eine von Gertrud Simmel vermittelte größere Geldsendung von Gertrud Kantorowicz aus Posen bzw. Pannwitz' Dankesschreiben (nicht überliefert) wieder aufgenommen (siehe die Briefe an Pannwitz von Gertrud Simmel und Gertrud Kantorowicz, jeweils 12. Jan. 1914, ebd.). Die weitere Korrespondenz bezeugt das erhebliche mäzenatische Engagement von Gertrud Kantorowicz, an dem sie weit über die 1916 erneut abgebrochene persönliche Beziehung hinaus festhielt und das Pannwitz' autobiographischer Bemerkung »Ihr [Gertrud Kantorowicz] danke ich viel in der Folgezeit« zugrunde liegen dürfte (Umriß meines Lebens und Lebenswerks. In: Udo Rusker: Über den Denker Rudolf Pannwitz. Mit einer Selbstbiographie von Pannwitz [entstanden 1968] und einer Bibliographie. Meisenheim am Glan: Anton Hain 1970, S. 143-155, hier: 145).

Georg Simmel an Salomo Friedlaender

Brief vom 21. Dezember 1912
Hs.; Friedlaender/Mynona-Archiv Geerken

21. XII. 12

Verehrter Herr Doktor,

Ich habe Ihr Manuskript gleich gelesen u. sende es Ihnen zurück, da ich nicht weiß, ob Sie seiner nicht bedürfen. Die Publikation hat m. E. große Schwierigkeiten über die ich mit

Ihnen lieber mündlich verhandeln möchte. Vielleicht gestatten Sie, daß ich in einiger Zeit, wenn ich etwas zu Atem komme, Ihnen eine Unterredung vorschlage.

Inzwischen mit besten Grüßen Ihr sehr ergebner

Simmel

Ihr Manuskript] Nicht bekannt. Indes deuten Friedlaenders autobiographischer Rückblick und die »Arbeit« an seinem nächsten philosophischen Werk (siehe Simmel an Friedlaender vom 2. Mai 1913) auf das bereits in seinen Studienjahren zum Manuskript gereifte »Buch über die lebendige Indifferenz der Weltpolarität. Fast wäre es in dem damals interessanten Verlag Wilhelm Friedrich erschienen, aber es kam mit ihm keine Einigung zustande – glücklicherweise war ich zum ›nonum prematur in annum‹ gezwungen und konnte die Schrift zu meiner später erschienenen ›Schöpferischen Indifferenz‹ ausreifen lassen.« Und mit dem Erscheinungszeitpunkt dieses Werks (München: Georg Müller 1918) verknüpft der Autobiograph dann Simmels Einsatz für die Publikation von Friedlaenders philosophischen Schriften: »Simmel interessierte den Verlag Göschen für mein Buch über Nietzsche, das diesen als Paradigma meines Indifferentismus polarer Observanz aufzeigte. Lublinski, der berufenste Kritiker dieses Buches, starb gerade als ich es ihm zusandte. Dieser selbe Unstern verfolgte mich, als ich Simmel meine ›Schöpferische Indifferenz‹ zueignen wollte. Kurz vorher starb er während des Weltkriegs als Straßburger Professor. Vor seinem Tode sprach ich ihn in Berlin und avisierte ihm das Buch. Er äußerte: Wie absurd ist es doch, daß man während des ganzen Lebens diejenigen Menschen, mit denen man sich gern unterhalten möchte, so selten spricht‹« (Salomo Friedlaender/Mynona: Ich. Autobiographische Skizze 1871-1936. Aus dem Nachlaß herausgegeben von Hartmut Geerken. Bielefeld: Aisthesis 2003, S. 47, 71). – Zu Simmels Vermittlung von Friedlaenders Nietzsche-Buch siehe die Korrespondenz zwischen Simmel und der G. J. Göschen'schen Verlagshandlung vom 25. Jan. bis zum 9. Dez. 1910 – Samuel Lublinski (1868-1910), Literaturhistoriker und Philosoph (NDB).

Die Publikation hat m. E. große Schwierigkeiten] Siehe Simmel an Friedlaender vom 2. Mai 1913, 24. April 1914, 26. Okt. 1914.

mündlich verhandeln] Siehe Simmel an Friedlaender vom 20. Juni 1913.

Ernst Troeltsch an Georg Simmel

Postkarte vom 23. Dezember 1912
Hs.; Arnold Simmel, New York

H. 23.XII 12

Verehrter Herr Kollege!

Mit dem ersten Ferientage ist es mein erstes Geschäft Ihnen herzlichst zu danken für Ihr Religionsbüchlein, dem ich noch manches Studium widmen werde. Mit den besten Grüßen zum Fest aufrichtigst ergeben

E. Troeltsch

Postkarte vom 23. Dezember 1912] An: Herrn Professor / *Dr. Georg Simmel / Berlin / Universität*; mit Nachsendevermerk unbekannter Hand: *Westend* / Königin Elisabethstr. 14; mit Poststempel: HEIDELBERG 1 23.12.12. 7-[unles.] V.

Verehrter Herr Kollege] Die Anrede des über die Dienstadresse (s. o.) angeschriebenen »Kollegen« läßt vermuten, daß die nähere Beziehung zwischen Troeltsch und Simmel erst in den folgenden Jahren entstanden ist. Hatte Simmel Troeltsch noch Mitte 1908 als ihm persönlich unbekannt, aber ihm »wohlgesonnen« bezeichnet (siehe Simmel an Jellinek vom 22. Juni 1908), so dürfte – neben beider Mitwirkung am Logos – vornehmlich die Gründung der DGS, an der Troeltsch von Anfang an beteiligt war (siehe Simmel an Georg Jellinek vom 2. Nov. und an Gustav von Schmoller vom 9. Dez. 1908), und der Erste Deutsche Soziologentag Gelegenheit (s. u.) zur Begegnung geboten haben; so etwa bereits in der Planungsphase, als Simmel im Mai 1910 für einige Tage in Heidelberg war, um u. a. mit Max Weber zu sprechen (siehe Simmel an Leopold Ziegler vom 30. Mai und an Hermann Beck vom 5. Juni 1910), bewohnten doch seit kurzem die befreundeten Ehepaare Weber und Troeltsch die Fallensteinsche Villa, Ziegelhäuser Landstraße 17, wo man sich vermutlich die Gäste des jeweils anderen vorstellte (vgl. Horst Renz: Auf der alten Brücke. Beobachtungen zu Ernst Troeltschs Heidelberger Jahren 1894-1915. In: Ders., Hg.; Ernst Troeltsch zwischen Heidelberg und Berlin. Gütersloh: Mohn 2001, S. 14, 69 [= Troeltsch-Studien, Bd. 2]). Entsprechend muß die verschollene Korrespondenz weit über die nur mittelbar überlieferten Schreiben zur Vorbereitung des Zweiten Deutschen Soziologentages (siehe Simmel an Vorstand der DGS vom 15. und 26. März sowie an Beck vom 1. April 1912) hinausgegangen sein und Spuren des mündlichen wissenschaftlichen Austauschs aufgewiesen haben (siehe Troeltschs Hinweise auf Gespräche mit Simmel in: Der Historismus und seine Probleme. Erstes Buch: Das logische Problem der Geschichtsphilosophie. Neudruck der im Verlag J. C. B. Mohr [Paul Siebeck] 1922 erschienenen Ausgabe. Aalen: Scientia 1961, S. 141, 166, 573, 588, 593 [= Gesammelte Schriften, Bd. 3]). Dies gilt vor allem für Simmels Straßburger Zeit: Als »sehr befreundet« nahm Simmels Schüler Karl Hauter das Verhältnis wahr und erinnert sich der von beiden gesuchten Treffen, die während des Krieges infolge der Einreisebeschränkungen in die Festungsstadt auf dem Straßburger Bahnhof stattfinden mußten (Heribert J. Becher: Georg Simmel in Straßburg. Sociologia Internationalis 22, 1984, Heft 1/2, S. 9; ähnlich: Ders. in BdD, S. 254). Und Troeltsch selbst rezensiert 1917 Simmels ›Der Krieg und die geistigen Entscheidungen‹ (siehe Simmel an G. J. Göschen'sche Verlagshandlung vom 20. April 1917) als die Schrift »eines befreundeten Autors« (Simmels ›Geistige Entscheidungen‹, VZ, Nr. 395 vom 5. Aug. 1917, Mo. Bl.) und umreißt 1919 seine persönliche und intellektuelle Nähe in der gleichsam zum Nekrolog gestalteten Doppel-Rezension von Simmels ›Grundfragen der Soziologie‹ (GSG 16, S. 59-150) und ›Der Konflikt der modernen Kultur‹ (ebd., S. 181-208): »Wieder, wie nach dem Tode Windelbands, bringe ich mit tiefstem Schmerz kleine Schriften eines unserer bedeutendsten Denker zur Anzeige, dem ich zugleich persönlich und in vieler Hinsicht fachlich nahe stand. Seine ›Grundfragen der Soziologie‹ wollte er ›um der Symbolik willen‹ mir widmen, was an äußeren Verhältnissen scheiterte. Das deutet auf eine gewisse Verwandtschaft des Denkens hin, bei der freilich der Unterschied so wichtig war wie die Zusammenstimmung.« Der »Grundriß der Soziologie« sei »vor allem unter dem Gesichtspunkt der Zusammenstimmung anzusehen«, wenngleich Troeltsch die »Spezifikation der soziologischen Gesetze auf den besonderen Kulturgebieten« vermißt, beruhten doch seine Simmel »vielfach verpflichtet[en]« ›Soziallehren‹ auf der »Idee besonderer soziologischer Gesetze des religiösen Lebens«. Die Divergenz ergebe sich aus der zweiten Schrift zum Wandel der Kulturformen und Simmels Deutung der auf Zerstörung der Formen und Werte drängenden Lebensdynamik und der Folge, »daß das Lebensgefühl des heutigen Menschen nur mehr die formlose Unmittelbarkeit der Bewegung selbst empfindet und sieht und damit von allen Bindungen und Festigkeiten traditioneller Kultur sich zum grundsätzlich und absolut Formlosen erlöst.« Für Troeltsch trifft dies nur »für eine bestimmte Literaten- und Künstlerschicht« zu: »Jedenfalls fühlte ich mich in diesem Punkte trotz vielfachster Zustimmung zu S.s Theorie der Historie von ihm geschieden. Derjenige, für den die Religion einen substantiellen Sinn der Ergriffenheit durch das göttliche Leben mit instinktiver Selbstverständlichkeit behauptet, behält damit auch jenes Prinzip der Idee und des formenden Wertes, das alle Bewegung des Lebens in Gott begründet weiß und darum auch überall von da entfließende Formprinzipien ahnt. [...] Simmels Religiosität umgekehrt will auch in der Religion nur die endlos wechselnde Zuständlichkeit innerseelischer funktioneller Verhältnisse, also eine Religion ohne Gott, bloße Religiosität als qualitativer Zustand. An diesem Punkte liegen unsere wesentlichsten Unterschiede« (Theologische Literaturzeitung 44. Jg., 1919, Nr. 17/18, Sp. 207 f.). Zu weiteren, Simmel zustimmenden Äußerungen Troeltschs siehe auch dessen Rezension von Simmels ›Das Problem der historischen Zeit‹ (Berlin: Reuther & Reichard 1916; GSG 15, S. 287-304), Ebd., 42. Jg., 1917, Nr. 16/17, Sp. 343 f.

Religionsbüchlein] Simmel: Die Religion. Zweite, veränderte und vermehrte Auflage. 1912 (GSG 10, S. 39-118). – Simmel hatte das unmittelbar vor seiner Sommerreise ausgelieferte Freiexemplar (siehe Simmel an Margarete von Bendemann vom 4. Aug. 1912) wohl erst nach der Rückkehr im Oktober an Troeltsch gesandt, wohl vornehmlich mit Blick auf die religionswissenschaftlichen Differenzen: Troeltsch hatte die 1. Auflage von 1906 rezensiert (Zur modernen Religionsphilosophie. In: Deutsche Literaturzeitung XXVIII, Nr. 14 vom 6. April 1907, Sp. 838-842), und auf dem Ersten Deutschen Soziologentag hatte Simmel am 21. Okt. 1910 verhältnismäßig heftig in die Diskussion zu Troeltschs Vortrag über ›Das stoisch-christliche Naturrecht und das moderne profane Naturrecht‹ eingegriffen, indem er fragte, ob »das Christentum überhaupt irgend eine soziale oder soziologische Bedeutung« habe (Verhandlungen 1910, S. 204; siehe auch GSG 17, S. 89).

manches Studium widmen werde] Zumindest wahrzunehmen ist dies in der Aktualisierung des Literaturnachweises in dem im Mai/Juni 1913 erschienenen Wiederabdruck von Troeltschs Abhandlung über das ›Wesen der Religion und der Religionswissenschaft‹ (in: Zur religiösen Lage, Religionsphilosophie und Ethik. Gesammelte Schriften von Ernst Troeltsch [...]. Zweiter Band. Tübingen: J. C. B. Mohr [Paul Siebeck] 1913, hier zit. n. dem Neudruck der 2. Auflage von 1922. Aalen: Scientia 1962, S. 454; darin weitere Verweise auf Simmels Schriften zur Religion: S. 91 f., 381 f. – Zum Erscheinungszeitpunkt vgl. Ernst Troeltsch Bibliographie. Herausgegeben, eingeleitet und kommentiert von Friedrich Wilhelm Graf und Hartmut Ruddies. Tübingen: J. C. B. Mohr [Paul Siebeck] 1982, S. 118 f., Nr. A 1913/13).

Georg Simmel an Paul Ernst

Widmung um den 24. Dezember 1912
Hs.; UB Ruhr-Universität Bochum, Bibliothek Ernst

Dem Hause *Ernst* in Freundschaft.

Weihnachten 1912.

Widmung um den 24. Dezember 1912] Widmung auf dem Titelblatt von Simmel: Goethe. Leipzig: Klinkhardt & Biermann [1912] 1913. Zum Erscheinungszeitpunkt siehe Simmel an Marianne Weber vom 9. Dez. 1912.

Georg Simmel an Georg Misch

Brief vom 6. Januar 1913
Hs.; NSUB Göttingen, Nl Misch

Westend 6113

Lieber Herr Misch!

Ich möchte Ihnen doch gleich folgendes mitteilen. Gestern war *Cassierer* bei mir u. erzählte mir, er hätte vor einiger Zeit von der *Cohen*schen Attacke auf Sie gehört u. so gleich C. darüber befragt. Dieser habe ihm versichert, es sei kein wahres Wort daran, er habe nicht daran gedacht, Sie im Kolleg mit dem berühmten Wortspiel anzugreifen; wohl aber sei es möglich, daß die Studenten, die von seiner (wie er zugiebt) nicht freundlichen Gesinnung für Sie wüßten, seine völlig harmlosen Worte in dieser Weise aufgefaßt hätten. An ihn selbst sei das Geklatsch erst vor kurzem gekommen u. habe ihn völlig überrascht.

Nun muß ich allerdings sagen: was man auch gegen *Cohen* auf dem Herzen haben mag – daß er eine solche Erklärung mit bewußter Wahrheitswidrigkeit abgiebt, ist doch wohl ausgeschlossen. Man muß inderthat annehmen, daß hier eines der weltgeschichtlichen Mißverständnisse vorliegt, gegen die es keinen Schutz giebt u. deren Wirkung selbst durch nachträgliche Aufklärung nicht zu beseitigen ist. Immerhin bin ich sehr froh, daß dieser Schmutzfleck in Wirklichkeit nicht auf unserm Stande haftet.

Herr *Dr. Hartmann*, dessen Besuch Sie mir ankündigten, ist bisher nicht erschienen. Er scheint garnicht hergekommen zu sein, da *Cassierer* ihn auch nicht gesehen hat.

Schrieb ich Ihnen schon, daß ich nächstens in der *Kant-Gesellschaft* sprechen werde? Über: *Das individuelle Gesetz*; es wird die völlige Absage an die Kantische Ethik sein u. ich werde wohl von den Marburgern in kleine Bruchstücke zerhackt werden.

Nur noch die schönsten Grüße von Haus zu Haus! Ihr

Simmel

Cassierer] Gemeint ist der Philosoph Ernst Cassirer (1874-1945), Dr. phil. 1899, seit 1906 PD Berlin, ab 1919 o. Prof. Hamburg (NDB, Kürschner GK 1931).

***Cohen*schen Attacke**] Die Äußerung Cohens ist nicht überliefert. Sie muß wohl in der Berliner Lehranstalt für die Wissenschaft des Judentums gefallen sein, wo er nach seiner Emeritierung im WS 1912/13 lehrte. – Der Philosoph Hermann Cohen (1842-1918) promovierte nach einem Studium in Breslau und Berlin 1865 in Halle und habilitierte sich 1873 in Marburg; dort war er ab 1875 als ao. Prof. und von 1876 bis 1912 als o. Prof. tätig. Cohen hat die sog. ›Marburger Schule des Neukantianismus‹ entscheidend geprägt (NDB).

berühmten Wortspiel] Nicht bekannt.

nicht freundlichen Gesinnung für Sie] Der Dilthey-Schüler Georg Misch hatte 1911 das Extraordinariat für Philosophie in Marburg erhalten, für dessen Besetzung Cohen, unterstützt von Paul Natorp, in Form eines Sondervotums vom 1. Jan. 1911 seine Schüler Ernst Cassirer, Albert Görland und Nicolai Hartmann vorgeschlagen hatte. Cohen, der sich für die Anerkennung des Judentums einsetzte, sah sich durch die »fragliche Ernennung« des vom jüdischen zum ev. Glauben übergetretenen Misch, wie er dem Dekan der philosophischen Fakultät am 23. Nov. 1911 mitteilte, in seiner »politischen & literarischen Wirksamkeit für die Wahrung der Gewissensfreiheit im Deutschen Reiche & gegen die Verführung zum Glaubenswechsel [...] persönlich betroffen. / Bei dieser meiner allgemeinen Ansicht enthalte ich mich durchaus des Urteils über den individuellen Fall« (zit. n.: Helmut Holzhey: Cohen und Natorp. Band 2: Der Marburger Neukantianismus in Quellen. Zeugnisse kritischer Lektüre – Briefe der Marburger – Dokumente zur Philosophiepolitik der Schule. Basel/Stuttgart: Schwabe & Co. 1986. S. 509; zum Vorgang und zu Cohens hochgradiger Empfindlichkeit gegen Antisemitismus siehe: Ders: Die Geschichte der ›Marburger Schule‹ als Auseinandersetzung um die Logik des Denkens. Bd. 1: Ursprung und Einheit. Basel/Stuttgart: Schwabe 1986, S. 20f. und 37ff.). – Albert Görland (1869-1952), zunächst Volkschullehrer, 1896 Dr. phil. in Marburg, nach Kriegsende in Hamburg PD und 1923 ao. Prof. für Philosophie (ebd., S. 238; Kürschner GK 1931).

inderthat] Diese eigenwillige Schreibweise Simmels findet sich auch in GSG 5, S. 282, Z. 3.

***Dr. Hartmann*, dessen Besuch**] Gemeint sein muß der wie Misch in Marburg tätige PD der Philosophie Nicolai Hartmann (1882-1950), der in Marburg 1907 promoviert, daselbst 1909 habilitiert hatte und dort 1920 ao., 1922 o. Prof. werden sollte (NDB). – Simmel muß Hartmann noch kennengelernt haben, denn Herman Schmalenbach überliefert,

Simmel habe von Hartmann gesagt: »Wenn er Volumen gewinnt!« (BdD, S. 213)

***Kant-Gesellschaft* sprechen]** Die ›Kantgesellschaft‹ wurde von Hans Vaihinger, Begründer und Herausgeber der ›Kantstudien‹, in Verbindung mit einer ›Kantstiftung‹ anläßlich des hundertjährigen Todestages des Philosophen 1904 zur Existenzsicherung des Organs der Kantforschung gegründet. Simmel war unter jenen ersten, die Vaihingers kurzfristig verschickten Gründungsaufruf erhielten und mit einem Stiftungsbeitrag zum »Dauermitglied« der Gesellschaft wurden (siehe: Vaihinger: An die Freunde der Kantischen Philosophie. Kantstudien IX, 1904, S. 344-350, Mitgliederliste: S. 348). Auf Anregung der Mitglieder von Groß-Berlin wurden im Sommer 1912 die »Berliner Kant-Abende« zum Zwecke des wissenschaftlichen Gedankenaustauschs in Form von Vortragsveranstaltungen mit anschließender Diskussion eingeführt. Simmel war als Referent für 1913 (ohne Themen- und Terminangabe) im Oktoberheft der ›Kantstudien‹ in Aussicht gestellt worden (vgl. Mitteilungen. Kantstudien XVII, 1912, S. 322 f. und 500).

Über: *Das individuelle Gesetz*] Den fünften wissenschaftlichen Vortrag der ›Kantgesellschaft‹ hielt Simmel über ›Das individuelle Gesetz‹ am »Donnerstag, den 23. Januar [...] 8½ Uhr« im »Motivhaus, Hardenbergstraße 6, Kantgesellschaft«, wie es die Berliner Akademischen Nachrichten (7, 1912-13, Nr. 8, S. 106 [= Heft vom 20. Jan. 1913]) ankündigten; auf Drängen Simmels erschien der Vortrag dann schon im Juli 1913 im 2. Heft des Logos IV, S. 117-160 (GSG 12, S. 417-471); siehe Simmel an Margarete von Bendemann vom 26. Juni 1913.

Georg Simmel an Margarete von Bendemann

Brief vom 15. Januar 1913
Hs.; LBI New York, Susman Collection

W. 15. I. 13

Liebe Susa,

ich danke dir sehr für deinen Brief, in dem ich die Unruhe u. Umgetriebenheit dieser Periode zittern fühlte. Ich weiß wohl, wie wenig in Zeiten solcher Ängste auch die besten Freunde einem sein können – u. doch hat man die Vorstellung, man müßte dabei sein. Wir haben auch, als Hans ungefähr so alt war wie Momi, eine ähnliche Epoche mit ihm durchgemacht, die mir noch heute in schreckhafter Erinnerung ist.

Nun will ich gleich sagen: es war eigentlich meine Absicht, die Osterferien, etwa von Mitte März bis nach Mitte April in eurem Hotel *Belvoir* zu verbringen. Vorausgesetzt selbst, daß bei mir nichts dazwischen kommt, so hängt der Plan doch davon ab, wie bei euch die Sachen stehn. Seid ihr nicht in *Rüschlikon* oder fordert Momis Zustand noch eine Pflege, bei der meine Anwesenheit dich in einen äußerlichen oder innerlichen Dualismus verwickelte, so gebe ich es natürlich für dieses Jahr auf. Da ich im vorigen Jahr gesehn habe, wie günstig die Abwesenheit von Berlin für meine Arbeit ist, so bin ich entschlossen, wenn irgend möglich keine Ferien mehr hier zu verbringen, sondern immer in die Stille, aber immer auch in die Nähe von »Menschen« zu gehn. Für dieses Mal, wie gesagt, dachte ich an *Rüschlikon* u. hoffe, daß sich bis dahin alles gebessert u. beruhigt haben wird. Ich hätte noch nicht davon gesprochen, wenn du nicht von deinem Berliner Plan u. seiner Verwicklung geschrieben hättest – da schien es mir doch gut, uns wenigstens *diese* Möglichkeit vor Augen zu stellen.

Über den Fall *Bloch* ist wohl besser zu sprechen als zu schreiben – vielleicht können wir uns dann eher verständigen. Die »Absolutheit des Maßstabes« (die er übrigens, wie ich aus genauster Erfahrung weiß, keineswegs überall anlegt; wo es sich z. B. um einen Genuß handelt, findet er sich mit viel bescheideneren Voraussetzungen ab) – die sagt mir, offen gestanden, in dieser abstrakten Allgemeinheit nicht viel. Es giebt keinen unverschämten Anspruch, keine Gier, keine Ungezügeltheit, die man *nicht*, wenn man in der Abstraktion nur hoch genug aufsteigt, unter den Begriff der »Absolutheit des Maßstabes« bringen könnte; was auch dadurch nicht anders wird, wenn man diesen Begriff, statt in konstruktivem Denken, in einer Intuition oder einem Gefühl ergreift. Im Übrigen liegt mir alles »Anklagen« oder »Rechtfertigen« ihm gegenüber fern, ich bin dazu weder objektiv legitimirt noch subjektiv geneigt. Ich kann nur sagen, daß ich persönlich mit ihm nichts anzufangen weiß u. einen unzweideutigen Abwehrinstinkt gegen ihn habe; wobei ich es durchaus für möglich halte, daß er in zehn oder fünfzehn Jahren ein völlig andrer u. erfreulicher Mensch ist.

Viel Sorge habe ich um Groethuysen. Die Kur, die er noch

immer rigoros u. sogar unter Einschränkung des Rauchens durchführt, hat ihm noch nicht das Geringste genutzt, er fühlt sich miserabel u. ich kann, nach Lage der Sache, seinem Bedenken, sich an einen andern Arzt zu wenden, nicht ganz Unrecht geben. Aber auch seine seelische Attitude ist nicht so, wie ich es möchte u. für fruchtbar halte.

Die Frau ist in Florenz, um die sehr kranke Lola zu pflegen u. *ihre nächste* Zukunft zu dirigiren. Es sind sehr schwierige Verhältnisse u. trägt nicht dazu bei, unsern Horizont aufzuhellen. Manches andre Irritirende u. Kummervolle bleibt besser der Erzählung vorbehalten.

Grüße die Männer, nimm alle Guten Wünsche u. liebe mich.

G.

W.] Westend.

deinen Brief] Verschollen.

Unruhe u. Umgetriebenheit dieser Periode] Margarete von Bendemann befürchtete, aus gesundheitlichen Gründen ihre Vorhaben nicht erfüllen zu können, zumal die plötzliche Erkrankung ihres Sohnes Erwin sie ängstigte und in Unruhe versetzte; entsprechend schrieb sie auch von der »Unruhe dieser Tage«, gesteigert durch die »Erkrankung unseres Jungen« am 26. Dez. 1912 an Martin Buber; es sei »möglich und sogar wahrscheinlich, dass ich mit Momi [s. u.] für den ganzen Rest des Winters in die Berge muss. In den nächsten Tagen wird es sich entscheiden« (JNUL Jerusalem, Buber Archive).

Momi] Kosename für den Sohn Erwin von Bendemann.

ähnliche Epoche] »Unser Junge war lange Zeit recht herunter, von einer langwierigen Drüsenanschwellung«, schrieb Simmel über diese Erkrankung an Heinrich Rickert am 31. Dez. 1898; und Hans Simmel erinnert sich: »Im nächsten Winter [1898] muss ich irgendwie krank gewesen sein; ich wurde ein paarmal zu Dr. Hugo Neumann gebracht. Der unendlich gütige, sehr ruhige, etwas melancholische Mann steht mir deutlich vor Augen. Es war bekannt, dass er von reichen Leuten hohe Honorare nahm und fast alles in seiner Fürsorgearbeit für arme Kinder verschenkte« (Hans Simmel, S. 25). – Hugo Neumann (1858-1912), Facharzt für Pädiatrie (DBE).

von Mitte März] Das WS 1912/13 endete am 15. März 1913. Vgl. HN XXII, Nr. 10, Heft 262, S. 385.

eurem Hotel *Belvoir*] Hotel-Pension »Belvoir […] mit hübschen Spaziergängen und reizender Aussicht« in Rüschlikon am Zürichsee, dem Wohnort der von Bendemanns (Baedeker Schweiz 1913, S. 56f.).

gebe ich es ... auf] Siehe Simmel an Georg von Lukács vom 14. März 1913.

Abwesenheit von Berlin für meine Arbeit] Von Anfang März bis Anfang April 1912 hatte sich Simmel nach Weimar zurückgezogen, um seine Goethe-Studien fortzusetzen; siehe Simmel an Margarete von Bendemann vom 8. März 1912.

deinem Berliner Plan u. seiner Verwicklung] Margarete von Bendemann hatte bereits im Herbst wegen eigener Erkrankung die »Absicht, noch vor Weihnachten nach Berlin zu kommen«, aufgeben müssen (Brief an Martin Buber vom 3. Okt. 1912; JNUL Jerusalem, Buber Archive); jetzt hatte die Erkrankung ihres Sohnes den festen Vorsatz, »im Februar dort zu sein«, beeinträchtigt; sie könne über ihr »Kommen nach Berlin nichts Sicheres sagen«, schrieb sie an Buber am 26. Dez. 1912 (ebd.).

Fall *Bloch*] Siehe Simmel an Margarete von Bendemann vom 11. Nov. 1912.

Sorge ... um Groethuysen] Bernard Groethuysen war zum WS 1911/12 nach Berlin zurückgekehrt und gab an der Königl. Friedrich-Wilhelms-Universität ein einstündiges Kolleg über »Geschichtsphilosophische Probleme« (HN XXII, Nr. 10, Heft 262, S. 390). – Zur angesprochenen Kur siehe Simmel an Margarete von Bendemann vom 11. Nov. 1912.

Die Frau] Gertrud Simmel.

sehr kranke Lola] Gemeint ist die mit Simmels befreundete Lydia de Wiskovatoff, Inhaberin einer Pension in Florenz (siehe Simmel an Husserl vom 12. März 1907), die in Briefen Gertrud Simmels als »Lola Wiskovatoff« bezeichnet wird (z. B. als Besucherin aus der Schweiz erwähnt im Brief an Paul Ernst vom 11. Dez. 1922, DLA Marbach, Nl Ernst). – Lydia (de) Wiskovatoff, geb. 1872 in Woltchinsky, Rußland, lebte vom 1917 bis 1925 mit ihrer 1901 in Pallenza, Italien, geborenen gehbehinderten Tochter Hélène [Elena] in Genf (Mttl. Archives d'Etat, Genève; vgl. auch: E. de Behmer-Wiskovatoff: Acht Radierungen eines Kindes. Herausgegeben von Marcus Behmer. Florenz [Privatdruck] 1908. 8 Bl. [ORadierungen von M. Behmer nach Zeichnungen von E. Wiskovatoff]).

Irritirende u. Kummervolle] Seit Herbst 1912 deutet Simmel in seinen Briefen an Margarete von Bendemann immer wieder auf schwerwiegende Probleme hin, so am 7. Okt., 16. Okt. und 11. Nov. 1912, über die Näheres nicht bekannt ist.

Grüße die Männer] Gemeint sind der Ehemann Eduard und der Sohn Erwin von Bendemann.

Georg Simmel an Margarete von Bendemann
Postkarte vom 25. Januar 1913
Hs.; LBI New York, Susman Collection

Liebe Susa

Ich danke dir sehr für deinen lieben Brief. Inzwischen haben wir von Gertrud gehört, daß die Sorge um Momi noch garnicht gehoben ist, obgleich ich dich nicht zu allem dazu noch mit Bulletins belasten will, so möchte ich doch sehr um ein Zeilchen bitten, wenn nun eine Diagnose gestellt oder eine Krisis überwunden ist. Ich brauche wohl nicht groß zu sagen, wie sehr deine Sorgen auch unsre sind. – Da du meinem *Kant* soviel Hingebung gewidmet hast, so schicke ich dir die neue Auflage, die einige recht erhebliche Zusätze enthält. Gönne ihr wenigstens einen Platz in deiner Bibliothek. Grade wie ich das Buch jetzt wieder durchnahm, wurde mir klar, nach wie neuen Meeren u. Kontinenten jetzt meine Segel stehn u. wie schwer u. schmerzhaft das Losreißen von den mir heimatlich gewordnen Begriffen ist – deshalb so schwer, weil das Neue, das ich gewinnen will, noch wie ein fast ungreifbares Wolkenbild vor mir steht u. ich garnicht hoffen kann, daß mein Leben noch ausreicht, die neuen Begriffe zu formen, deren ich bedarf, damit die ganze jetzige Richtung meines Denkens einen Sinn habe.

Über dies u. noch andres habe ich sehr Sehnsucht mit dir zu reden. Möchte es doch im Frühjahr dazu kommen!

Grüße die Männer schönstens u. behalte mich lieb.

G.

Postkarte vom 25. Januar 1913] Frau / *Marg. v. Bendemann* / *Rüschlikon* bei *Zürich*; mit Poststempel: CHARLOTTENBURG 2 25. 1. 13 6-7 N.

deinen lieben Brief] Verschollen.

von Gertrud gehört] Gemeint ist Gertrud Kantorowicz; die dieser zugegangenen Mitteilungen Margarete von Bendemanns sind nicht überliefert.

die Sorge um Momi] Über den Krankheitszustand des Sohnes Erwin von Bendemann (siehe Simmel an Margarete von Bendemann vom 15. Jan. 1913) schreibt Margarete von Bendemann schon am 10. Jan. 1913 an Martin Buber: »Unserm Jungen geht es besser, obwohl noch nicht ganz gut. Aber in die Berge werde ich wohl nicht mit ihm gehen müssen. Und so hoffe ich wieder auf Berlin – allerdings noch fürchtend und unsicher, weil ich mir eine Trennung von ihm noch nicht recht vorstellen kann und ihn auch nicht nach Berlin mitbringen möchte« (JNUL Jerusalem, Buber Archive).

neue Auflage] Die 3., erw. Aufl. von Simmels ›Kant. Sechzehn Vorlesungen gehalten an der Berliner Universität‹ (zuerst 1904) war Anfang 1913 erschienen. Siehe Simmel an Margarete von Bendemann vom 11. Nov. 1912.

recht erhebliche Zusätze] Die 3. Auflage wurde durch einige inhaltliche Verbesserungen (siehe Simmel ebd.) um 18 S. gegenüber der 1. (1904) und 2. Auflage (1905) auf IV, 199 S. erweitert.

Grüße die Männer] Gemeint sind der Ehemann Eduard und der Sohn Erwin von Bendemann.

Georg Simmel an Friedrich Wolters

Brief vom 4. Februar 1913
Hs.; SGA Stuttgart

Westend 4 II 13

Sehr geehrter Herr Doktor!

Auf Ihr freundliches Schreiben möchte ich zunächst erwiedern, daß ich mich zu einer Äußerung über mein geistiges Verhältniß zu der *Person* Stefan Georges nicht entschließen kann. Nicht nur, weil es sich dabei um Intimitäten handelt, die, mindestens angesichts des Lebenden, meinem Gefühle nach nicht ausgesprochen werden können. Sondern vor allem, weil dieses Verhältniß selbst etwas lebendiges ist – unabhängig von dem wechselnden Maaße unsrer Berührungen – u. jede dokumentarische, begriffliche Fixirung, auch seiner Vergangenheit, irgendwelche starre, präjudizirende, dem Wesen des Lebens u. der Entwicklung hindernd entgegengesetzte Momente hineinbringen würde.

Anders steht es hinsichtlich meiner Eindrücke von seinem *Werk*, das ein objektiv Gegebnes ist; hier will ich Ihnen gern mit einigen Angaben dienen. Etwa um die Wende des Jahres 1896/97 lernte ich durch *Reinhold Lepsius* einige Gedichte Georges kennen, ohne indeß eine stärkere Wirkung von ihnen zu empfangen. Bei Bekanntschaft mit den ganzen ersten Zyklen änderte sich das nur so weit, daß ich hier ein Fremdartiges, eigentümlich Verschlossenes fühlte, das mich indeß mehr u. mehr zu beunruhigen begann. Im Herbst nahm ich die Hefte in die Hochalpen mit u. erinnere mich noch genau einer Sonnenuntergangsstunde in einem Arvenwald, in der mir plötzlich das innere Ohr für diese Kunst sich öffnete. Diese erste Periode meines Verständnisses führte dann zu meinem Aufsatz über George in der *Zukunft* vom Febr. 98. Entsprechend der damaligen Lage der Kunst sah ich das Wesentliche der Georgeschen Poesie in ihrer Abwendung vom Naturalismus, darin u. daß hier, zum prinzipiell ersten Male in der Lyrik, die Formung des Gehaltes zum *Kunst*werk das alleinherrschende Interesse war, dem gegenüber jede bloße Wirklichkeit, auch die des Gefühls u. der Leidenschaft, ein bloßes Material war, für sich nicht wirkungsberechtigt u. zu absolutem Aufgelöstwerden in die artistischen Werte bestimmt. Diesen Gesichtspunkt habe ich allmählig als einen einseitigen, der zentralen Tiefe nach fremden erkannt. Als der *Teppich des Lebens* erschien, begann ich einzusehn, daß hier kein von vornherein nur in der Ebne der Kunst verlaufendes Schöpfertum vorlag, sondern daß eine Lebenstotalität mit all ihren tiefsten Erschütterungen so restlos in die Kunstform eingegangen war, nirgends hinausragend u. nichts leer lassend, daß ich sie eben zuerst garnicht wahrgenommen hatte, sondern grade nur ein Kunstwerk zu sehn meinte. Während diese Erkenntniß sich aufarbeitete, schrieb ich den *zweiten* Aufsatz über Stefan George (in der *Neuen Rundschau*), der deshalb ein einigermaaßen schwankendes, noch nicht rein ergriffnes Bild zeigt. Erst als der Siebente Ring erschienen war, habe ich in der kleinen Besprechung der *Münchner Neuesten Nachrichten* mit größerer Deutlichkeit auszusprechen versucht, was mir das Georgesche Werk bedeutet. Die drei Aufsätze spiegeln die Entwicklungsstadien meines nur langsam sich klärenden Verhältnisses zu diesem Werk in ihren entscheidenden Zügen ab.

Ich stelle Ihnen anheim, diese summarischen Bemerkungen in ihr Werk aufzunehmen, falls sie Ihnen von irgendwelchem

Belang scheinen. Nur wenn Sie sie nicht in dieser Totalform, sondern nur einzelne Sätze daraus reproduziren wollen, möchte ich bitten, mich die Auswahl u. den Zusammenhang ihrer Einreihung vorher wissen zu lassen. Glauben Sie sonst noch einer Auskunft zu bedürfen, die ich Ihnen geben könnte, so stehe ich auch für eine mündliche Form dieser zur Verfügung.

Mit freundlicher Empfehlung Ihr sehr ergebner

Simmel

Brief vom 4. Februar 1913] Mit Umschlag (samt einliegendem Schreiben gleichen Datums von Gertrud Simmel) an: Herrn / *Dr. F. Wolters / Steglitz / Forststr. 17*; mit Poststempel: CHARLOTTENBURG 2 5.2.13 2-3 N. – Vermerk von fremder Hand auf dem Umschlag: Simmel / G. u. Gert. / W 11; Bearbeitungsvermerke im Brief, Bleistift: Gliederungseinschübe 1/, 2/, 3/ zur Kennzeichnung der drei von Simmel genannten Stadien und Unterstreichungen.

freundliches Schreiben] Wolters' Brief ist verschollen. Wie einem zeitgenössischen Prospekt zu entnehmen, plante Wolters die Publikation eines Werks über George bzw. die »Geschichte der Blätter für die Kunst von Wolters« (in: Erscheinungen des Kreises der Blätter für die Kunst im Jahre 1914. Vierseitiger Prospekt [1914]; hier zit. n. Georg Peter Landmann Nr. 306). – Ein ähnliches Anschreiben muß auch Gertrud Simmel erhalten haben, die Wolters ebenfalls am 4. Febr. 1913 antwortete: »Die Antwort, die ich Ihnen zu geben habe, ist eine sehr kurze u. einfache. Von der Wirkung von Stefan Georges Werk auf mich kann ich nur sagen, sie war von je u. ist immer die, welche sein Werk auf Sie alle hat, die Sie ihn verehren und lieben. Ueber den Eindruck der Person zu sprechen scheint mir, auch wo man nur Positives zu sagen hat, wenn es sich um einen Lebenden handelt, nicht recht thunlich, ja nicht recht ziemlich – aus Gründen die in der Sache selbst liegen; nicht weil ich den Fragenden als einen Fremden ansähe. / Nehmen Sie freundliche Empfehlungen und beste Wünsche für Ihre Arbeit.« (SGA Stuttgart).

***Person* Stefan Georges]** Siehe Korrespondentenverzeichnis in GSG 22.

unabhängig von dem wechselnden Maaße unsrer Berührungen] Die Überlieferung der Korrespondenz zwischen Simmel und George endet mit Simmels Einladung vom 7. März 1911 und legt eine Distanzierung nahe, die sich während der Kriegszeit dann verstärkte. Indes weist die bis 1924 nachgewiesene Korrespondenz Gertrud Simmels mit George auf eine geplante Begegnung während der Sommerferien 1911, die Simmels im Oetztal verbrachten (siehe Simmel an Margarete von Bendemann vom 12. Aug. 1911) wie auch auf weitere Gesprächssituationen, solange Simmels in Berlin wohnten (siehe Schreiben vom Aug. 1911, 2. Dez. 1911, 2. Febr. 1912, 27. Jan. 1914 in SGA Stuttgart).

Reinhold Lepsius] Porträtmaler (1857-1922), lebte nach der Ausbildung an der Akademie in München (Loefftz, Lenbach), Studienjahren in Florenz, 1887, und Rom, 1889, seit der Verehelichung, 1892, mit der Malerin Sabine Lepsius in Berlin und war eingebunden in deren langjährige Freundschaft mit Georg und Gertrud Simmel. Lepsius war 1911 zum Prof. und 1916 zum Mitglied der Akademie der Künste ernannt worden (Alexander Amersdorffer in DBJ 4, 1922, S. 335; zu Simmels Freundschaft mit Sabine Lepsius, geb. Graef, siehe Lepsius Künstlerleben, S. 62-65).

ganzen ersten Zyklen ... meinem Aufsatz über George] Siehe Simmel: Stefan George. Eine kunstphilosophische Betrachtung (Die Zukunft 22, 1898, S. 386-396; GSG 5, S. 287-300) und die folgenden, dort eingangs genannten Publikationen Georges: Hymnen. Berlin [Okt.] 1890, Druckvermerk: »In 100 abzügen für den verfasser gedruckt von Wilhelm & Brasch«. 8°, 25 und 4 S.; Pilgerfahrten. Wien [Dez.] 1891, mit Druckvermerk: »Für den Verfasser gedruckt bei Vaillant-Carmanne in Lüttich«, 8°, 44 u. 4 S.; Algabal. Paris [Ende Nov.] 1892, mit Druckvermerk: »Für den Verfasser gedruckt bei Vaillant-Carmanne in Lüttich«, 8°, 38 u. 8 S.; Die Bücher der Hirten- und Preisgedichte, der Sagen und Sänge, und der hängenden Gärten. Berlin im Verlage der Blätter für die Kunst 1895 [Dez.], 8°, 110 S.; Das Jahr der Seele. Berlin, Im Verlage der Blätter für die Kunst [Nov.] 1897, klein-4°, 50 unpag. S. (Georg Peter Landmann, Nr. 1, 6, 19, 62, 89). – Zu Simmels Aufsatz siehe die Erl. zu dessen Schreiben an George vom 28. März 1898; siehe auch Simmels Dank an George vom 13. Nov. 1898 für die Übersendung der im Nov. 1898, mit dem Erscheinungsjahr 1899 erschienenen, leicht erweiterten öffentlichen Ausgabe der genannten Sammlungen Georges.

Im Herbst nahm ich die Hefte in die Hochalpen mit] Mit Herbst muß der Sept. 1897 gemeint sein, denn Simmel weilte mit der Familie nachweislich im Aug. und Sept. in den Alpen. Hans Simmel erinnert sich: »Im Herbst machten wir eine schöne Reise ins Rhônetal und nach Zinal im Val d'Anniviers« (S. 22f.). Siehe Simmel an Célestin Bouglé vom 16. Aug. 1897 und an Paul Ernst vom 3. Sept. 1897; die Postkarte an Georg Jellinek vom 8. Okt. 1897 ist dann bereits in Berlin aufgegeben.

Teppich des Lebens] Stefan George: Der Teppich des Lebens und die Lieder von Traum und Tod, mit einem Vorspiel. Berlin: Verlag der Blätter für die Kunst 1900. gr.-4°, 52 unpag. S. (Georg Peter Landmann,

Nr. 135). – Siehe Simmels Dank an George für die Zusendung dieser Vorzugsausgabe vom 1. Dez. 1899 und für die der zweiten schmucklosen Ausgabe vom 7. Dez. 1900.

***zweiten* Aufsatz]** Simmel: Stefan George. Eine kunstphilosophische Studie. Neue Deutsche Rundschau 13, 1901, Heft 2, S. 207-215; GSG 7, S. 21-35.

Siebente Ring] Stefan George: Der Siebente Ring. Berlin: Blätter für die Kunst [Okt.] 1907, 4°, 218 S. (Georg Peter Landmann, Nr. 267). – Zu Simmels Dank für ein Exemplar dieser Vorzugsausgabe siehe Simmel an Melchior Lechter vom 24. Dez. 1907.

kleinen Besprechung] Simmel: Der siebente Ring. MNN, Nr. 318, Literarische Rundschau von Sonntag, den 11. Juli 1909; GSG 12, S. 51-54.

Ich stelle Ihnen anheim ... vorher wissen zu lassen] Die Bitte wurde hinfällig angesichts des erst Ende 1929 erfolgten Erscheinens von: Friedrich Wolters: Stefan George und die Blätter für die Kunst. Deutsche Geistesgeschichte seit 1890. Berlin: Georg Bondi 1930, 8°, 590 S. [= Werke aus dem Kreis der Blätter für die Kunst – Geschichtliche Reihe] (Georg Peter Landmann, Nr. 636). Statt in der gewünschten »Totalform« ist hier lediglich die Passage »Als der Teppich des Lebens ... Zügen ab« in eine mehrfach aufgegriffene Schilderung des Verhältnisses zwischen Simmel und George eingebunden (S. 115-117, 157-160, 211, 345-347, 458, 483; Briefzitat: S. 160), in dem »in der Anschauung der Welt der größte Gegensatz zwischen dem Denker und dem Dichter bestehen« geblieben sei (S. 116). – Auch Hans Simmel (S. 35 f.) beschreibt diese Beziehung als von Gegensätzen geprägt: »Stefan George [...] lebte damals in jedem Jahr während zweier oder dreier Wintermonate in Berlin, und in dieser Zeit war er regelmässig an einem Abend der Woche bei uns. Mit meinen beiden Eltern war er gleichermassen befreundet. [...] Auch Lepsius' waren seine nahen Freunde; dort las er bisweilen im größeren Kreise vor. Bei uns war er fast immer als einziger Gast. In der sehr nahen persönlichen Beziehung war man sich, zum mindesten auf Seiten meiner Eltern, immer der grossen Gegensätzlichkeit in vielen wichtigen Dingen bewusst. Georges etwas künstliches Sich-Abschliessen von der Unruhe und der Bewegtheit der Mitwelt; seine ablehnende Haltung gegenüber jeglichen sozialen Fragen, auch der ›Frauenfrage‹; Hierarchisch-Katholisches in seinen Anschauungen; die Art der Hingabe seiner Schüler, die er erwartete und verlangte, bis zum ›sacrificium intellectus‹ – all dies war fremd und oft feindlich zu dem Weltbild meiner Eltern. Aber neben der Grossartigkeit, hinter der man immer ein tragisches Ethos empfand, konnten solche Gegensätze leicht beiseite gelassen werden. Dass man mit Künstlern grosser Begabung über Politik – im weitesten Sinne des

Wortes – und über manches andere – nicht rechten und streiten konnte, war ja keine neue Erfahrung. Auch war mein Vater zwar ein Meister des Gesprächs, aber an ›Diskussionen‹ im gewöhnlichen Sinne des Wortes nicht interessiert. Es war ihm meist gleichgültig, Punkte der Diskrepanz zu finden und abweichende Meinungen zu widerlegen. Diejenigen Worte und Auffassungen der anderen, an die er anknüpfen konnte, um das Gespräch zu erweitern, zu bereichern, zu vertiefen – *das* war ihm das Wesentliche und Interessante. [...] So war es durchaus keine künstliche Beschränkung der Beziehung, wenn die Gespräche mit Stefan George gewisse Bereiche vermieden. Die Gebiete, auf denen sie fruchtbar waren, waren umfassend genug. Es war sozusagen das gesprochene und geschriebene Wort aller Zeiten; Plato, Dante, Goethe und Nietzsche und ihre Welten, und vieles, vieles andere.«

Georg Simmel an Felix Weltsch

Brief vom 27. Februar 1913
Hs.; Klaus Christian Köhnke, Berlin

Berlin – Westend 27 II 13

Sehr geehrter Herr Doktor!

Ich danke Ihnen u. Ihrem Herrn Kollegen bestens für die Zusendung Ihrer Arbeit. Sie ist mir beim Anblättern sehr interessant erschienen u. ich werde sie sicher (wenn auch nicht im Augenblick) lesen. Nur bitte ich Sie, kein »Urteil« von mir zu erwarten. Ich pflege von Büchern dankbar aufzunehmen, was mich fördert u. an dem andern, das mir nicht gemäß ist, einfach vorüberzugehn. Zum Richteramt aber fühle ich mich nicht berufen u. bedaure es auch durchaus, daß die kritische Attitüde als die selbstverständlich erste u. oft als die einzige gilt, die der moderne Mensch seiner Lektüre gegenüber einzunehmen hätte.

In größer Hochachtung ergebenst

Simmel

Zusendung Ihrer Arbeit] Gemeint ist: Max Brod und Felix Weltsch: Anschauung und Begriff. Grundzüge eines Systems der Begriffsbildung. Leipzig: Kurt Wolff 1913. Zum Erscheinungszeitpunkt siehe die Selbstanzeige in: Die Zukunft 82, 1913, Heft vom 29. März, S. 427-430. Daß dort das Werk als im Ernst Rowohlt Verlag, Leipzig, erschienen ausgewiesen ist, geht wohl auf die Weiterführung des Verlags durch dessen »stillen Teilhaber« Kurt Wolff zurück, »nachdem Ernst Rowohlt 1912 ausgeschieden war« (LGB, Band 6, S. 393 f.). – Das der Sendung vermutlich beigelegte Anschreiben von Weltsch ist verschollen.

Georg Simmel an Edmund Husserl

Brief vom 2. März 1913
Hs.; Husserl-Archiv, Louvain

Westend 2 III 13

Verehrter Freund!

Dies ist allerdings *vis major*, ja, *vis maxima*. Ich hatte mich sehr darauf gefreut, wieder einmal ein paar Stunden mit Ihnen über die Hauptsachen zu reden. Wir sind beide nicht mehr jung genug, um die guten Dinge unbegrenzt hinauszuschieben. Ich will deshalb versuchen, was ich tun kann, um meine Rückreise, nach Mitte April, über Göttingen zu leiten. Eventuell frage ich seinerzeit an, ob Ihnen der Termin passend wäre.

Ich höre hier einen Vortragszyklus von *Scheler*, über den es mancherlei zu sagen geben wird.

Meine Frau empfiehlt sich bestens u. ich bitte, Ihrer verehrten Gattin meine Grüße zu übermitteln.

Hoffentlich also *doch* auf Wiedersehen! Der Ihrige

Simmel

***vis major*, ja, *vis maxima*]** Lat.: stärkere Kraft, ja, stärkste Kraft, i. S. v. ›höhere Gewalt‹.

sehr darauf gefreut] Es muß ein Treffen in Berlin beabsichtigt gewesen sein. Denn: »Husserl hatte der Kantgesellschaft Berlin für das Jahr 1913 in der Reihe ›Kant-Abende‹ einen Vortrag zugesagt, mußte aber absagen, da sich die Drucklegung der *Ideen* I [Edmund Husserl: Ideen zu einer reinen Phänomenologie und phänomenologischen Philosophie. Erstes Buch. Allgemeine Einführung in die reine Philosophie. Halle/S.: Max Niemeyer 1913 (= Sonderdruck aus: Jahrbuch für

Philosophie und phänomenologische Forschung Band 1, herausgegeben von E. Husserl)] bis zum April des Jahres hinzögerte« (editorische Anmerkung zu obigem Brief in: Husserliana III/6, S. 409).

Rückreise] Zu Simmels Plan, von Mitte März bis »nach Mitte April« in Rüschlikon am Zürichsee zu sein, siehe Simmel an Margarete von Bendemann vom 15. Jan. 1913. Zur Begegnung mit Husserl siehe Simmel an Margarete von Bendemann vom 4. Mai 1913.

Vortragszyklus von *Scheler*] Max Scheler lebte, nachdem er im Dez. 1912 in zweiter Ehe Märit Furtwängler geheiratet hatte, »in einer kleinen Wohnung in Berlin-Wilmersdorf in der Düsseldorfer Straße 1. In Berlin hatte er als junger Student bei Dilthey und Simmel entscheidende Anregungen bekommen. In das geistige Milieu Berlins zog es ihn zurück. Er hielt Privatvorlesungen in Berlin« (Wilhelm Mader: Max Scheler in Selbstzeugnissen und Bilddokumenten. Reinbek bei Hamburg: Rowohlt 1980, S. 42f.). – Scheler erwähnt Simmels Besuch seiner »Vorträge« in einem Brief vom 12. März 1913 an Husserl (Husserliana III/2, S. 216f.); Näheres erinnert der Schweizer Philosoph Arthur Stein, der nach dem Rigorosum vom 18. Mai 1912 (GV) sein in Berlin und Freiburg vollzogenes Studium mit einer Dissertation über den »Begriff des Geistes bei Dilthey« (Bern: Max Drechsel 1913) bei Heinrich Rickert abzuschließen gedachte und im WS 1912/13 Simmels Vorlesungen wie auch das Privatissimum besuchte (vgl. Stein an Jonas Cohn vom 12. Nov. 1912, Cohn-Archiv, Duisburg): »Während Rickert logisch erschloß, überzeugte Scheler dadurch, daß er Phänomene aufwies. Auch Simmel interessierte sich für Scheler. Gemeinsam mit ihm besuchte ich 1912 Schelers Kurse in Berlin. Er rühmte Schelers ›enorm farbigen‹ Aufsatz über die Lebensphilosophie.« (Michael Landmann: Arthur Steins Erinnerungen an Georg Simmel. In: ÄuS, S. 272-276; hier: 272). Auch in den »Erinnerungen an Georg Simmel« von Karl-Theodor Bluth (1892-1964), damals Student der Literaturwissenschaft und Philosophie in Berlin, später, nach Dr. phil. Jena 1914, Schriftsteller und Mediziner (DBE), findet sich ein weiterführender Hinweis, wenn es dort heißt: »Max *Scheler* hielt 1912 Vorlesungen in Berliner Privatwohnungen; er las seine Ethik. Georg Simmel und einige seiner Freunde und Frauen nahmen an diesen Vorlesungen teil« (Ms., hs. vom 5. Mai 1969; S. 2, SBPK Berlin, Nl 125 [M. Landmann]).

Gattin] Malvine Steinschneider (1860-1950; NDB), die 1887 Husserl heiratete.

Georg Simmel an Georg von Lukács

Postkarte vom 14. März 1913
Hs.; Lukács Archiv, Budapest

z. Z. Pension *Bezner*
Geisbergstr. 16[a]

Verehrter Herr Doktor!

Da ich auf einige Tage in Heidelberg bin, möchte ich an der Möglichkeit, Sie einmal wiederzusehn, nicht vorübergehn. Ich schlage Ihnen vor, uns morgen, Sonnabend, um 9 Uhr Abends im *Café Odeon* zu treffen u. hoffe auf eine freundliche Zusage.

In steter Ergebenheit der Ihrige

Simmel

Postkarte vom 14. März 1913] An: Herrn / *Dr. v. Lukács / Heidelberg / Uferstr. 8[a]*; mit Poststempel: HEIDELBERG 1 k 14. 3. 13. 10-11 N.

Pension *Bezner, Geisbergstr.* 16[a]] Fremdenpension in Heidelberg, benannt nach der Eigentümerin, Frl. Klara Bezner, die sich im Stadtteil Weststadt, eine seinerzeit nahe dem Bahnhofsareal gelegene Stadtteilerweiterung, befand (Verzeichnis der Einwohner nach ihren Berufsgeschäften für das Jahr 1913, S. 40; Mttl. Stadtarchiv Heidelberg). Auch Friedrich Gundolf und Stefan George quartierten sich hier mitunter ein (vgl. Seekamp, S. 260, 262, 276).

auf einige Tage in Heidelberg] Anlaß des Aufenthalts in Heidelberg war wohl eine Unterbrechung der Reise nach Rüschlikon am Zürichsee (siehe Simmel an Margarete von Bendemann vom 15. Jan. 1913 und an Heinrich Rickert vom 25. April 1913), um u. a. Max Weber zu treffen; darauf verweist dessen Mitteilung an Marianne Weber vom 12. März 1913: »Simmel kommt dieser Tage, ein Brief an ihn von seiner Frau liegt schon da« (MWG II/8, S. 123).

***Café Odeon*]** Wiener Café Odeon und Restaurant Odeonkeller, Hauptstraße Nr. 37, unter der Leitung von Friedrich Schulten, Direktor des Odeontheaters und des Metropoltheaters (Verzeichnis der Einwohner, a. a. O., S. 52).

Zusage] Näheres nicht bekannt; weitere Korrespondenz mit von Lucács ist nicht überliefert. – Auf die Fortdauer des Verhältnisses weist von Lukács' Anfrage bei Max Weber vom 30. Dez. 1915 und vom 17. Jan. 1916, die Informationen über die mögliche Berufung Simmels oder Heinrich Rickerts nach Heidelberg (Windelband-Nachfolge) ausgelöst hatten, ob ihn »Simmel (oder eventuell Rickert) [...] nicht auf Grund der bereits vorhandenen Teile der Ästhetik habilitieren« könnte

(Lukács Briefwechsel, S. 366, 368). Siehe auch den Nachruf: Georg Lukács: Georg Simmel. Pester Lloyd vom 2. Okt. 1918; wiederabgedruckt in: BdD, S. 171-176.

Oskar Siebeck, Verlag J.C.B. Mohr (Paul Siebeck), an Georg Simmel

Briefdurchschlag vom 26. März 1913
Tps. m.e.U.; VA Mohr Siebeck, Tübingen

26. März 1913.

Hochverehrter Herr Professor,

von Herrn Professor Sombart erhielt ich heute aus Bozen zwei unterschriebene Exemplare des Verlagsvertrags über die Verhandlungen des zweiten Soziologentags und das auch von ihm durchgesehene Manuscript der Diskussionen zurück.

Abgesehen von dem nachträglich eingeschobenen Vortrag des Herrn Professor Ferdinand Schmidt in Leipzig liegt mir nunmehr das vollständige Material für das Berliner Protokoll vor. Beim Manuscript befindet sich eine Notiz des Herrn Professor Max Weber, das Schmidt'sche Referat könne wegbleiben, wenn das Manuscript nicht mehr eingehe. Ich gebe daher heute die in meinen Händen befindlichen Manuscripte in Satz.

Die von Ihnen oder von Herrn Professor Sombart beanstandeten Partieen der Diskussionen lasse ich zunächst nicht setzen, damit Herr Professor Max Weber mir bei der Rücksendung der Korrekturen definitive Vorschrift erteilen kann, ob diese Stücke aufgenommen werden sollen oder nicht.

Das beiliegende Vertragsexemplar bitte ich Sie höflichst zu den Akten des Vorstands der Gesellschaft zu nehmen.

In grösster Verehrung empfehle ich mich Ihnen als Ihr ganz ergebener

Dr. O. Siebeck

Briefdurchschlag vom 26. März 1913] An: Herrn Professor Dr. G. Simmel / Berlin – Westend / Königin Elisabethstr. 54; mit Absenderkürzel: O.S.k.-P. / A.

Exemplare des Verlagsvertrages] Vertrag über die Drucklegung der ›Verhandlungen des Zweiten Deutschen Soziologentages vom 20.-22. Oktober 1912 in Berlin‹, der seitens der DGS von den Vorsitzenden Werner Sombart und Simmel unterzeichnet wurde; dies erfolgte wohl auf Beschluß des Vorstandes der DGS, der zugleich Max Weber bat, wie beim Druck der Verhandlungen 1910 die Redaktion und die Korrekturen zu übernehmen (siehe Simmel an Max Weber vom 15. Juni 1911).

Vortrag des Herrn Professor Ferdinand Schmidt] Gemeint ist Ferdinand Schmid und dessen Vortrag zum Thema ›Das Recht der Nationalitäten‹; siehe Simmel an Ferdinand Tönnies vom 4. Okt. 1912.

Berliner Protokoll] Die Unterlagen für die Drucklegung der Verhandlungen 1912, insbesondere die Diskussionsstenogramme (s. u.).

Schmidt'sche Referat könne wegbleiben] Ferdinand Schmids Vortrag (s. o.) ist in den Verhandlungen 1912 abgedruckt (S. 55-72). – Die hier angedeutete Anregung Max Webers, auf das Referat Schmids notfalls zu verzichten, muß bei Simmel und Sombart als den beiden zuständigen Vorsitzenden der DGS auf Widerspruch gestoßen sein; denn Max Weber versichert Paul Siebeck dann in einem Brief vom 28. März 1913: »An Herrn Prof. *Schmid* werde ich *schreiben*« (MWG II/8, S. 151).

beanstandeten Partieen] Simmel und Werner Sombart waren vom Vorstand beauftragt worden, die Kürzungen der stenographierten Diskussionen vorzunehmen. Das bezog sich auf den Vorschlag Simmels in einer Vorstandssitzung der DGS Ende 1912 (Protokoll nicht nachgewiesen; siehe aber Simmel an Vorstand der DGS vom 11. Juli 1913), die Diskussionen auf dem Soziologentag nur noch im Auszug abzudrukken; dem folgte der Vorstand. Die Begründungen Simmels dürften auf die Max Weber gegenüber am 15. Juni 1911 geäußerte Kritik an den Diskussionsstenogrammen der Verhandlungen 1910 zurückgehen und lassen sich seinem Schreiben an die Vorstandsmitglieder der DGS vom 11. Juli 1913 sowie der ›Vorbemerkung‹ zu den Verhandlungen 1912 entnehmen, in der es heißt: »Gemäß einem Beschluß des Vorstands werden die Referate dieser Tagung hier vollständig, die Diskussionen hingegen nur in kurzem Auszug veröffentlicht. Unvermeidlich wird vielerlei in solchen Diskussionen geäußert, was grade nur durch den aktuellen Moment bedingt ist (z. B. Mißverständnisse und deren Richtigstellung) und woran der Gesamtheit der soziologisch Interessierten keine Teilnahme zuzumuten ist. Selbstverständlich soll an den Aeußerungen, die nicht aufgenommen worden sind, dadurch keine Kritik geübt werden; die Redaktion war nur bemüht, in den zur Verfügung stehenden Raum diejenigen Teile der Diskussion aufzunehmen, für die ihr das Interesse jenes weiteren Kreises am gesichertsten schien« (S. v). – Paul Siebeck muß über diesen Beschluß des Vorstands der DGS nicht informiert gewesen sein, denn er schrieb gleichzeitig an Max Weber, daß Simmel und Sombart »die Streichung einiger Teile der Diskussion beantragt« hätten (VA Mohr Siebeck, Tübingen), worauf Weber am 28. März 1913 antwortete: »Das von den Herren Simmel u. Sombart Gestrichene muß *fortbleiben*« (MWG II/8, S. 151).

Wilhelm von Crayen, G. J. Göschen'sche Verlagshandlung, an Georg Simmel

Briefdurchschlag vom 25. April 1913
Tps.; m.e.U.; SBPK Berlin, VA de Gruyter

Berlin, den 25. April 1913.

Sehr geehrter Herr Professor!

Nachdem die Ostermesse beendet ist, ersehe ich, dass sich von Ihren »Hauptproblemen der Philosophie« recht wenig Exemplare mehr auf meinem Lager befinden. Einige Tausend stehen zwar noch in Kommission aus, aber ich möchte diese nicht gern zurückverlangen, um dem regulären Absatz nicht zu schaden. Ich gestatte mir deshalb, hierdurch die ergebene Anfrage an Sie zu richten, ob Sie damit einverstanden sind, dass ich wiederum einen Plattendruck veranstalte, der, wenn Sie es wünschen, auch die Bezeichnung »III., unveränderte Auflage« erhalten kann. Falls Sie diesen Vorschlag zuzustimmen in der Lage sind, würde ich proponieren, 6000 Exemplare zu drucken.

Sie sehen, das Werkchen geht fortgesetzt gut und ich merke auch aus mir zukommenden Belegen, dass sich die Presse immer noch mit ihm beschäftigt.

In der Erwartung Ihrer geschätzten Rückäusserung verbleibe ich mit verbindlichsten Grüssen Ihr hochachtungsvoll ergebener

Wilhelm Crayen.

Briefdurchschlag vom 25. April 1913] An: Herrn Professor Dr. Georg *Simmel, / Berlin-Westend, /* Königin Elisabethstrasse 14.

Ostermesse beendet] Die Leipziger Messe hatte vom 30. März bis zum 20. April 1913 stattgefunden (Ankündigung in: LNN, Nr. 85 vom 28. März 1913, S. 13).

»Hauptprobleme der Philosophie«] Angesprochen ist die bereits im Jan. 1911 erschienene zweite Auflage, nachdem die im Nov. 1910 erschienene Erstauflage bereits 14 Tage nach Erscheinen zu 85 % verkauft war (siehe G. J. Göschen'sche Verlagshandlung [Wilhelm von Crayen] an Simmel vom 7. und 14. Jan. 1911, bzw. vom 26. Nov. 1910; GSG 14 Editorischer Bericht, S. 462-478).

dem regulären] Original: den regulären.

die Presse immer noch mit ihm beschäftigt] Siehe Auflistung der Rezensionen in: BdD, S. 318.

Georg Simmel an Heinrich Rickert

Postkarte vom 25. April 1913
Hs.; SBPK Berlin, Nl 125 (M. Landmann)

Westend 25 IV 13

Lieber Rickert!

Bitte wollen Sie mir sagen, ob Sie auf den unglaublichen Aufsatz von *Lamprecht* etwas erwiedern werden. Man faßt sich wirklich an den Kopf und fragt sich, ob so etwas überhaupt möglich oder ein böser Traum ist; zugleich ist es doch eine höchst bedenkliche Decolletage von *Wundt*. Es wäre nicht völlig ausgeschlossen, daß, wenn Sie nicht erwiedern, ich es tue. Aber ich bin momentan durch den Semesteranfang völlig okkupirt und fürchte, daß es nachher zu spät ist; ich habe das Zeug erst vorgestern zu Gesicht bekommen.

Mit besten Grüßen allerseits Ihr

Simmel

Postkarte vom 25. April 1913] An: Herrn / Geheimrat Prof. *Rickert / Freiburg (Br.)* / Thurnseestr. 66; mit Poststempel: CHARLOTTENBURG 2 25.4.13 8-9 N.

unglaublichen Aufsatz von *Lamprecht*] Karl Lamprecht hatte mit ›Eine Gefahr für die Geisteswissenschaften‹ in polemischer Weise Stellung gegen die »von den Dozenten der Philosophie an den Hochschulen Deutschlands, Oesterreichs und der Schweiz« unterzeichnete ›Erklärung gegen die Besetzung philosophischer Lehrstühle mit Vertretern der experimentellen Psychologie‹ (s. u.) und deren Versand »in wissenschaftlichen Kreisen« bezogen; er sah darin ein »unerhört[es]«

Novum, ein »Ueberschlagen der Idee der Machtpolitik in das, was man die Universitätspolitik nennen könnte«, und leitete aus einer Ausgrenzung der experimentellen Psychologie aus den Geisteswissenschaften die Gefahr einer künftigen »Beherrschung« der letzteren durch ein von der reinen Philosophie ausgehendes »metaphysisches System« ab (Die Zukunft 21, 1913, Nr. 27 [= vom 5. April], S. 16-24, hier: 16, 18, 24). Simmel und Rickert zählten nicht nur zu den 106 Unterzeichnern der ›Erklärung‹, die der sog. ›Lehrstuhlstreit‹ nach der Besetzung des seit der Emeritierung Hermann Cohens vakanten Marburger Philosophie-Ordinariats durch den Psychologen Erich Jaensch (1883-1940, seit 1910 PD in Straßburg, im WS 1912/13 Lehrstuhlvertretung in Halle/S.; NDB) ausgelöst hatte und die Forderung enthielt, philosophische Lehrstühle zu erhalten und nicht in psychologische umzuwidmen; vielmehr hatten sie sich als Logos-Patrone – und in ganz besonderem Maße Rickert als Initiator und Verfasser der ›Erklärung‹ – für deren ersten Abdruck in dem am 15. März 1913 ausgegebenen Logos-Heft (IV, 1913/14, Heft 1, S. 115 f.; GSG 17, S. 177-179) eingesetzt; dieser Veröffentlichung, der weitere folgten, war, wie von Rickert geplant und ausgeführt, der Versand der ›Erklärung‹ an die Unterrichtsverwaltungen und sämtliche philosophischen Fakultäten vorausgegangen – so z. B. mit Anschreiben von »Heinrich Rickert / Univ. Prof. u. Geh. Hofrath« an den Kurator der KWU vom 13. Febr. 1913 (ADBR Strasbourg, AL 103, Paq. 77, Nr. 266) –, so daß Lamprecht diese bereits seit ihrer Bekanntgabe bei der 6. Sitzung der Philosophischen Fakultät der Universität Leipzig vom 26. Febr. 1913 kannte und entsprechend darauf reagieren konnte (zum Nachweis und ausführlich siehe den Editorischen Bericht in: GSG 17, S. 460-462 und 482-484). – Mit der ›Erklärung‹ war ein seit längerem bestehender Konflikt zum Ausbruch gekommen, den Simmel bereits anonym angesprochen hatte, indem er auf die Unzweckmäßigkeit des inzwischen »gang und gäbe« gewordenen Ersatzes eigentlich philosophischer Lehrstühle durch experimental-psychologische aufmerksam machte: [Unbez.:] Philosophie und Psychologie. Hamburgischer Correspondent vom 18. Sept. 1910, S. 2; GSG 17, S. 336-340; hier S. 336. – Siehe dazu auch Simmel an Husserl vom 13. März 1911.

Decolletage] Entblößung (Lesart fraglich). – Metaphorische Verwendung des frz. décolletage: den Hals (ursprünglich einer Pflanze) entblößen. Vgl. Trésor de la langue française. Dictionnaire de la langue du XIXe et du XXe siècle (1789-1960) publié sous la direction de Paul Imbs. Paris: Ed. CRNS 1971-1994, Bd. 6, S. 85.

***Wundt*]** Wilhelm Wundt (1832-1920), seit 1874 o. Prof. der Philosophie in Leipzig und im Jahre 1879 Gründer des ersten Instituts für experimentelle Psychologie (NDB; siehe Korrespondentenverzeichnis

GSG 22), hatte unmittelbar nach Kenntnisnahme der Vorbereitungen zur Publikation der ›Erklärung‹ mit der noch im Febr. 1913 bei Kröner in Leipzig erschienenen Schrift ›Die Psychologie im Kampf ums Dasein‹ auf diese reagiert (vgl. GSG 17 Editorischer Bericht, S. 461). Den darin vorgetragenen »unwiderleglichen Gründen, daß die Folge des in der ›Erklärung‹ vorgeschlagenen Verfahrens die Abschiebung der experimentellen Psychologie in den Betrieb der Naturwissenschaften« sein werde, hatte sich Lamprecht in seinem Beitrag angeschlossen, zugleich aber auch die Psychologie als »propädeutische Wissenschaft für den tieferen Betrieb der Geisteswissenschaften« charakterisiert (a. a. O., S. 17, 21).

wenn Sie nicht erwiedern] Rickert mußte als erster reagieren können, da Lamprecht ihn und sein »System der Werthurteile« explizit angegriffen hatte (ebd., S. 22f.); zudem war Rickert als Vertreter der Unterzeichner der ›Erklärung‹ aufgetreten, zunächst, als er diese mit persönlichen Anschreiben versandte, und danach, indem er, »einer Aufforderung der Redaktion der ›Frankfurter Zeitung‹ folgend«, auf Wundts Broschüre ›Die Psychologie im Kampf ums Dasein‹ einging und die Intentionen der zu diesem Zeitpunkt noch unveröffentlichten ›Erklärung‹ erläuterte (Zur Besetzung der philosophischen Professuren mit Vertretern der experimentellen Psychologie. FZ, Nr. 63 vom 4. März 1913, 1. Mo. Bl., S. 1).

ich es tue] Siehe Simmel an Rickert vom 30. April 1913.

Semesteranfang völlig okkupirt] Für das Sommersemester, vom 16. April bis 15. Aug. 1913, hatte Simmel angekündigt: »Griechische Philosophie, Mo 4-6, p. – Ethik und Probleme der modernen Kultur, Di 5-7, p. – Übungen in zu bestimmenden Stunden, pg.« (Vorlesungsverz. Berlin SS 1913, S. 122).

vorgestern zu Gesicht] Simmel war von Mitte März bis zum Semesterbeginn verreist, zuletzt hielt er sich vorwiegend bei Margarete von Bendemann in Rüschlikon am Zürichsee auf. Bekannt sind die Stationen der Hinreise: in Heidelberg zwecks einer Begegnung mit Max Weber und Georg von Lukács (siehe Simmel an von Lukács vom 14. März 1913) und wohl auch in Freiburg, um Rickerts zu besuchen, wie dies Gertrud Simmels Mitteilung an Sophie Rickert vom 29. März 1913 nahelegt: »Der Mann ist noch in Rüschlikon« (SGA Stuttgart). Zu Simmels Aufenthalt in Rüschlikon heißt es in Margarete von Bendemanns Brief vom 28. März 1913 an Martin Buber: »Gegenwärtig habe ich […] Besuch, den ich ungern versäume; Simmel u. Gertrud K. [d. i. Kantorowicz] sind jetzt beide hier, Gertrud nur für kürzere Zeit, Simmel für mehrere Wochen« (JNUL Jerusalem, Buber Archive). Die Rückreise nutzte Simmel für »lange Gespräche mit Husserl« in Göttingen und Besichtigungen mit seiner Frau in Braunschweig (Simmel an Margarete von Bendemann vom 4. Mai 1913).

Georg Simmel an Heinrich Rickert

Brief vom 30. April 1913
Hs.; SBPK Berlin, Nl 125 (M. Landmann)

Westend 30IV13

Lieber Rickert!

Ich will meine Gegenerklärung nicht in Druck geben, ohne daß Sie Kenntniß davon nehmen. Denn obgleich ich selbstverständlich nur in meinem Namen spreche, wird für das Publikum doch der ganze Kreis der Unterzeichner, der in Ihnen zentrirt, irgendwie mithineingezogen. Ich habe es verschmäht, *L.* persönlich durch Aufweisung der unglaublichen Unklarheiten u. Widersprüche seiner Erklärung zu blamiren, u. habe mich auf das sachlich Entscheidende beschränkt. – Wenn Sie, der Sie ja die Gesinnungen der Unterzeichner besser kennen als ich, nichts einzuwenden haben, so telegrafiren Sie mir bitte nur: *Einverstanden* – damit ich mein hier behaltnes Exemplar gleich an die *Zukunft* senden kann. Andernfalls bitte ich Sie, mir Ihre Bedenken, gleichfalls mit möglichster Beschleunigung, zugängig zu machen.

In Eile u. mit besten Grüßen Ihr

Simmel

meine Gegenerklärung] Es handelt sich um die Rickert in vorstehendem Schreiben vom 25. April 1913 angekündigte Erwiderung in Form eines offenen Briefes: An Herrn Professor Karl Lamprecht. Die Zukunft 21, 1913, S. 230-234 (= Nr. 33 v. 17. Mai); GSG 17, S. 107-112.

ganze Kreis der Unterzeichner, der in Ihnen zentrirt] Siehe die Liste der Unterzeichner in GSG 17, S. 78f. sowie Simmel an Rickert vom 25. April 1913.

L.] Lamprecht.

telegrafiren Sie mir] Ein entsprechendes Schreiben ist nicht ermittelt.

Georg Simmel an Salomon Friedlaender

Brief vom 2. Mai 1913
Hs.; Friedlaender/Mynona-Archiv Geerken

Westend 2 v. 13

Verehrter Herr Doktor!

Ich bin erst kürzlich wieder heimgekehrt u. sende Ihnen nun Ihre Arbeit zurück. Wenn ich dazu einen Wunsch aussprechen darf, so ist es das: daß Sie Ihren Grundgedanken nun auf die Peripherie des Lebens verbreitern u. seine Fruchtbarkeit für alle Gebiete zwischen dem Innersten u. dem Äußersten zeigen möchten! Für jetzt hat die Form, in der sie ihn geben, sozusagen dasselbe Wesen, wie sein Inhalt: der Nullpunkt, in dem die Fruchtbarkeiten gesammelt, aber noch nicht zu Verwirklichungen erlöst sind, die Spannung, die blos Spannung ist u. ihre Kräfte noch nicht über sich hinaus aktualisirt. Der Weiterbau in Höhe u. Breite würde zugleich als Fundamentirung, als Begründung wirken. Ich meine damit nicht Wiederholung des Motivs in immer neuen *Formen*, sondern seine Erstreckung durch immer neue *Materien*; u. ich glaube auch, daß sich erst so eine Brücke zu weiteren Leserkreisen schlagen ließe.

Für heute nur noch besten Dank u. Gruß Ihres ergebensten

Simmel

kürzlich wieder heimgekehrt] Simmel hatte sich von Mitte März bis Mitte April 1913 in der Nachbarschaft Margarete von Bendemanns in Rüschlikon bei Zürich aufgehalten. Siehe Simmel an Heinrich Rikkert vom 25. April 1913.

Ihre Arbeit] Wahrscheinlich handelt es sich um eine weitere Bearbeitungsstufe des Friedlaenderschen »Grundgedankens« der »Schöpferischen Indifferenz« (siehe Simmel an Friedlaender vom 21. Dez. 1912).

Weiterbau in Höhe u. Breite] Friedlaender sollte seinen »Grundgedanken« dann in drei gleichgewichteten Abschnitten präsentieren, von denen der erste aus drei »Abhandlungen«, der zweite aus vierzehn »Skizzen« und der dritte aus »Aphorismen« besteht, und »nichts als die Variation dieses Themas« in der »Vorrede« zu seinem Werk ankündigen, gemäß der diesem als »Motto« vorangestellten Frage Nietzsches: »Werden sich meine Leser einen einzigen Gedanken und diesen in hundert und aberhundert Wendungen und Beleuchtungen gefallen lassen?« Salomo Friedlaender: Schöpferische Indifferenz. München: Georg Müller 1918, S. IX und XXXII.

Georg Simmel an Margarete von Bendemann

Brief vom 4. Mai 1913
Hs.; LBI New York, Susman Collection

Westend 4 V 13

Liebe, liebe Susa,

Nun seid ihr wohl wieder zu Hause u. soweit in Ruhe, daß ich um eine Postkarte bitten kann: wie es euch in Paris ergangen ist, wie sich Momi in der Schule abfindet u. ob alles im rechten Gleise läuft. Es war doch ein sehr jäher Riß, als mein Zug von Zürich abfuhr. Daß man dann doch gleich so *ganz* weg ist! Die Rüschlikoner Tage mit ihren Abenden waren eigentlich zu gut, als daß sie so plötzlich, ohne jeden Übergang, vorbei sein sollten. Es ist etwas Grausames u. innerlich nicht ganz Begreifliches darin, trotzdem wir uns sagen müssen, daß wir sie ausgenutzt haben – bis auf den Rest, der wohl überhaupt immer unrealisirt bleibt. Ich danke dir noch einmal, noch viele Male, für alles Gute u. Liebe dieser Wochen.

Meine Rückreise war in mancher Hinsicht ertragreich. In Göttingen hatte ich lange Gespräche mit Husserl, die zwar sehr interessant waren, aber mir doch den Abstand zwischen unsren geistigen Naturen wieder sehr klar machten. In Braunschweig traf ich mich mit der Frau, – wir hatten in dieser köstlichen Stadt zwei köstliche Tage. Es giebt da herrliche Rembrandts u. gotische Kirchen u. ganze Straßenzüge, an denen seit drei Jahrhunderten nichts geändert worden ist. Leider hat sich die Frau bei dieser Gelegenheit wohl etwas übernommen, es ist ihr seitdem nicht gut gegangen; jetzt endlich scheint dieser Tiefstand überwunden zu sein. Übrigens geht es auch mir nicht grade berühmt. Die Belastung durch das Leben überhaupt wird schwerer u. schwerer u. spitzt sich immer bohrender zu einzelnen Problemen zu – u. die Kräfte, die in demselben Verhältniß wachsen sollten, werden doch eher geringer. Merkwürdig ist es, dies eigne Altwerden zu beobachten, u. ich kann das vielleicht besser als mancher andre, weil gewisse Elemente in mir noch ganz jung geblieben sind u. ich an ihnen einen Standpunkt außerhalb des Alters habe, von dem aus ich dieses beobachten kann. –

Hat der Mann gute Dinge von der Reise profitirt, hat sie ihn in seinen Plänen befestigt? Ich hörte das gern. U. wie hast du Groethuysen gefunden? Heute grade schreibt mir Graf *Keyserling*, er hätte Bergson durch Amerika um 20 Jahre verjüngt gefunden, Groeth. dagegen »in weniger gutem Fahrwasser«. Ich bin dauernd in Sorge u. in Kummer um ihn. Fühlte er sich bei der kräftigeren Ernährung nicht besser? Es ist doch der helle Wahnsinn, einen Menschen, dessen zerebrales Leben so viel Kräfte verbraucht, auf die Nahrung von kleinen Kindern zu setzen, die überhaupt noch nicht mit dem Gehirn leben!

Hans hat sein Examen – bis auf die letzte, ganz gleichgültige Station – mit der besten Note bestanden. Ich selbst pusle am Rembrandt herum, schließe hier u. da Hintertüren u. Nebenpforten auf, aber zum Sturm auf das Haupttor habe ich noch keinen Mut.

Leb wohl, Liebe, grüße deine beiden Männer sehr herzlich von mir u. liebe mich.

G.

wieder zu Hause] Margarete von Bendemann beabsichtigte, mit ihrer Familie »für 8 Tage« nach Paris zu fahren, »um noch diese letzten Tage vor Momis Schulanfang auszunutzen«; so schrieb sie am 24. April 1913 Martin Buber (JNUL Jerusalem, Buber Archive).

Momi] Kosename für Erwin von Bendemann.

mein Zug von Zürich ... Rüschlikoner Tage] Simmel weilte zwischen Mitte März und Mitte April in Rüschlikon am Zürichsee, um in unmittelbarer Nähe der von Bendemanns zu sein (siehe Simmel an Margarete von Bendemann vom 15. Jan. 1913 und an Heinrich Rickert vom 25. April 1913). Von Rüschlikon kommend, mußte Simmel in Zürich, wohin ihn Margarete von Bendemann offensichtlich begleitete, in den Zug Richtung Basel umsteigen, um dann über Straßburg nach Göttingen zu fahren (s. u.).

Rückreise] Eine erste Station machte Simmel in Straßburg und besuchte dort Georg Friedrich Knapp, worüber dieser am 18. April 1913 an den Nationalökonomen Friedrich Bendixen (1864-1920; NDB) schrieb: »Am 16. April abends war Prof. Georg *Simmel* bei mir, auf seiner Heimreise Halt machend« (Nl G. F. Knapp im Familienarchiv Heuss, Basel).

Gespräche mit Husserl] Zum Plan, mit Husserl über »die Hauptsachen« zu sprechen, siehe Simmel an Husserl vom 2. März 1913.

In Braunschweig traf ich mich mit der Frau] Gertrud Simmel war – vielleicht wegen Hans Simmels Examenszeit (s. u.) – nicht mit in der Schweiz und reiste separat an (siehe Simmel an von Lukács vom 14. März 1913).

herrliche Rembrandts] Das Herzog Anton Ulrich-Museum – 1913 noch »Herzogliches Museum« – in Braunschweig besitzt aufgrund seines Bestandes an Gemälden, Handzeichnungen und Druckgraphiken von der Hand Rembrandts und seiner Mitarbeiter und Nachfolger eine der bedeutendsten Rembrandt-Sammlungen. Als Rembrandts waren 1913 lt. ›Führer durch die Sammlungen des Herzoglichen Museums zu Braunschweig (6. Aufl. Braunschweig: Paul Jonas Meier 1915, S. 66 f.) die folgenden Gemälde ausgestellt (gegenwärtige Bezeichnung in [...]): 1.) Bildnis eines Herrn, signiert und datiert 1632; 2.) ›Bildnis einer Dame‹, signiert und datiert 1633 [1. und 2. zusammengefaßt: ›männliches und weibliches Bildnis‹]; 3.) ›Christus und Maria Magdalena‹, auch: ›Noli me tangere‹, signiert und datiert 1651 [›Christus als Gärtner‹]; 4.) ›Gewitterlandschaft‹, signiert; 5.) ›Familienbild‹, signiert. Ebenfalls unter dem Namen Rembrandt ausgestellt waren 1913 das heute dem ›Umkreis Rembrandt‹ zugeschriebene Gemälde ›Der junge Gelehrte‹, mit falscher Signatur [›der Gelehrte, Jugendwerk‹] sowie das 1915 Ferdinand Bol (1616-1680), heute unsicher Philips Koninck (1619-1688) zugeschriebene Werk ›Junger Mann mit Federbarett‹. Sollte Simmel mit der Museumsleitung auch einen Besuch des Depots verabredet haben, so hat er dort den umfangreichen Bestand an Werken sehr anerkannter Maler des Rembrandt-Umkreises gesehen. (Angaben dankenswerterweise mitgeteilt von Silke Gatenbröcker, Herzog Anton Ulrich Museum, Braunschweig).

der Mann ... von der Reise profitirt ... Plänen gefestigt] Eduard von Bendemann, der »nach dem Besuch der Kunstakademien zu Düsseldorf, Dresden und Paris [...] vorwiegend als Landschaftsmaler tätig« gewesen war, hatte nach der Beschäftigung mit »theoretischen Studien« 1912 beschlossen, »das Studium der Kunstgeschichte systematisch zu betreiben«; seit dem WS 1912/13 hatte er dies in Verbindung mit den Fächern Archäologie und Philosophie in Zürich verfolgt und jetzt wohl den Wechsel nach Basel erwogen, wo er dann vom WS 1913/14 bis zum SS 1915 studieren sollte (Eduard von Bendemann: Gesuch um Zulassung zum Doktorexamen, StA Basel, UA XI 4,3c.) – Siehe Simmel an Margarete von Bendemann vom 2. Dez. 1913, 28. Jan. 1914, 12. April 1914, 11. Jan. 1917.

wie hast du Groethuysen gefunden?] Über die Begegnung Margarete von Bendemanns mit Bernhard Groethuysen in Frankreich ist nichts bekannt: Groethuysen nutzte regelmäßig »die Sommermonate für ausgedehnte Archivrecherchen in Paris und in der französischen Provinz«, um seine bereits für die Habilitation (1907) begonnenen Vorstudien zu den geistesgeschichtlichen Voraussetzungen der Französischen Revolution fortzusetzen (Große Kracht, S. 53; vgl. auch S. 74f.).

schreibt mir Graf *Keyserling*] Das Schreiben von Hermann Graf von Keyserling ist verschollen.

Bergson durch Amerika] Henri Bergson hielt 1913 Gastvorlesungen an der Columbia-Universität in New York (Gilles Deleuze: Bergson zur Einführung. Herausgegeben und übersetzt von Martin Weinmann. Hamburg: Edition SOAK im Junius Verlag 1989, S. 12, 170).

Ernährung] Zu Groethuysens Magenerkrankung siehe Simmel an Margarete von Bendemann vom 11. Nov. 1912.

Hans hat sein Examen] Zum Abschluß des Medizinstudiums erinnert Hans Simmel: »Mitte März [1913] stieg ich mit Naef [Ernst Naef, ein Studienfreund] ins Examen, und nach 8 Wochen gingen wir beide, zeitlich fast als die ersten der ganzen Gruppe von 150, durchs Ziel« (S. 68).

pusle am Rembrandt] Erster Hinweis auf Rembrandt als Untersuchungsgegenstand; siehe Simmel an Margarete von Bendemann vom 26. Juni 1913.

Georg Simmel an Martin Buber

Brief vom 13. Mai 1913
Hs.; JNUL Jerusalem, Buber Archive

Westend 13 V 13

Lieber Herr Doktor!

Wir bitten Sie u. die verehrte Gattin, uns an diesem Sonnabend um 8 Uhr zu ein paar Plauderstunden u. einem Butterbrod zu besuchen.

Ihre baldige Zusage würde uns sehr freuen.

Inzwischen herzlich Ihr

Simmel

verehrte Gattin] Paula Buber-Winkler.

an diesem Sonnabend] D.h. am 17. Mai 1913.

Georg Simmel an Wilhelm von Crayen, G. J. Göschen'sche Verlagshandlung

Brief vom 7. Juni 1913
Hs.; SBPK Berlin, VA de Gruyter

Westend 7 VI 13

Sehr geehrter Herr *Crayen*,

Ich hoffe, daß Sie wohlbehalten aus Italien zurückgekehrt sind, u. frage nun ergebenst an, wie es mit dem Neudruck meiner *Hauptprobleme* steht. Denn ich möchte daran erinnern – was ich bereits mündlich erwähnte –, daß es angesichts der Semesterverhältnisse für den Absatz der Auflage sehr günstig wäre, wenn sie noch innerhalb des Juni den Studenten angeboten werden könnte.

In größter Hochachtung ergebenst

Simmel

Brief vom 7. Juni 1913] Mit Stempelaufdruck: 11. Juni 1913.

Neudruck meiner *Hauptprobleme*] Zu einer notwendig gewordenen dritten Auflage von Simmels ›Hauptprobleme der Philosophie‹ siehe von Crayen an Simmel vom 25. April 1913.

Georg Simmel an Heinrich Rickert

Postkarte vom 8. Juni 1913
Hs.; SBPK Berlin, Nl 125 (M. Landmann)

Westend 8 VI 13

Lieber Rickert,

herzlichen Dank für die *Grenzen*. Ich sehe schon, daß ich sie noch einmal ganz lesen muß, wenn eine Neuauflage meiner *Probleme* in Frage kommt. Es wird übrigens in diesem Fall wiederum ein ganz neues Buch werden, denn die Prinzipienfragen der Geschichte beschäftigen mich fortwährend und nehmen mit jedem inneren Entwicklungsstadium ein andres Gesicht an. Aber ich darf mich ihnen jetzt nicht hingeben und kann deshalb aus Ihrem Buch nur »naschen«.

Lampr. wird scheinbar auf meine Kritik nicht replizieren, wie ich vermute, weil er es unter seiner Würde hält. Im Übrigen bin ich überzeugt, daß all unsere Bemühungen nichts helfen, sondern das Unheil seinen Gang weiter gehen wird, bis die Philosophie nur noch in der *Geschichte* der Universitäten zu finden sein wird.

Herzliche Grüße von Haus zu Haus! Ihr

Simmel

Postkarte vom 8. Juni 1913] An: Herrn / Geheimrat Prof. *Rickert / Freiburg / Breisgau / Thurnseestr.* 66; mit Poststempel: CHARLOTTENBURG 8.6.13 3-4 N.

***Grenzen*]** Simmel bedankt sich für die Sendung von: Heinrich Rickert: Die Grenzen der naturwissenschaftlichen Begriffsbildung. Eine logische Einleitung in die historischen Wissenschaften. Zweite, neu bearbeitete Auflage. Tübingen: J.C.B. Mohr (Paul Siebeck) 1913. Die Erstauflage erschien in zwei Teilen 1896 bzw. 1902.

Neuauflage meiner *Probleme*] Die weitere Entwicklung von Simmels geschichtsphilosophischen Auffassungen hat sich in keiner neuen Fassung der *Probleme der Geschichtsphilosophie* mehr niedergeschlagen; die postume vierte Auflage von 1922 ist vielmehr mit der dritten von 1907 identisch.

Prinzipienfragen der Geschichte] Aus der Beschäftigung mit diesen resultieren ›Das Problem der historischen Zeit‹ von 1916 (GSG 15, S. 287-304; siehe Simmel an Anna Jastrow vom 7. Jan. 1916) und ›Vom Wesen des historischen Verstehens‹ von 1918 (GSG 16, S. 151-179; siehe Simmel an Ernst Troeltsch von Mitte Mai 1918).

jetzt nicht hingeben] Denn: Simmel an Margarete von Bendemann vom 26. Juni 1913: »Jetzt bin ich ganz im Rembrandt«.

***Lampr.* wird ... nicht replizieren]** Zur Kontroverse mit Karl Lamprecht siehe Simmel an Rickert vom 25. und 30. April 1913. – Indes sollte doch erscheinen: Karl Lamprecht: Eine Gefahr für die Geisteswissenschaften. (Antwort an Herrn Professor *Dr.* Georg Simmel). Die Zukunft 21, 1913, Nr. 39, S. 421-429 (=vom 28. Juni).

Konrad Grethlein, G. J. Göschen'sche Verlagshandlung, an Georg Simmel
Briefdurchschlag vom 11. Juni 1913
Tps.; m.e.U.; SBPK Berlin, VA de Gruyter

Berlin, den 11. Juni 1913.

Sehr geehrter Herr Professor!

Herr Crayen ist zwar am Montag aus Italien zurückgekehrt, er ist aber augenblicklich leicht erkrankt und muss für einige Tage das Bett hüten. In seinem Auftrage gestatten wir uns Ihnen auf Ihre freundliche Zuschrift vom 7.d. Mts. ergebenst zu erwidern, dass der Neudruck Ihrer »Hauptprobleme der Philosophie« zwar in die Wege geleitet, aber noch nicht vollendet ist. Der Grund, weshalb wir die Herstellung nicht beschleunigt haben, liegt darin, dass wir zur Ostermesse eine grössere Anzahl von den in Kommission ausstehenden Exemplaren des ersten und zweiten Druckes zurückerhielten und infolgedessen in der Lage sind, den Bedarf bis auf weiteres noch zu decken. Da nun die Ausgabe des Neudrucks im Laufe des Juni nicht gut mehr möglich sein wird, möchten wir mit Ihrer freundlichen Zustimmung das Erscheinen bis zum Herbst zurückstellen und die Anzeige erst zu Beginn des neuen Semesters erlassen. Wir meinen auch, dass wir damit einen ungleich grösseren Erfolg erzielen, denn es ist eine bekannte Tatsache, dass die Studenten unmittelbar vor Semesterschluss so gut wie keine Bücher mehr kaufen, während sie zu Semesterbeginn ungleich leichter zu bewegen sind, ihre Bibliotheken zu ergänzen. Wir haben diese Erfahrung erst vor kurzer Zeit wieder mit einem speziell für Studenten bestimmten Buche machen müssen.

In der angenehmen Hoffnung, dass Sie unser Vorgehen billigen werden, zeichnen wir in vorzüglicher Hochachtung ganz ergeben

K. Grethlein

Briefdurchschlag vom 11. Juni 1913] An: Herrn Professor Dr. Georg *Simmel,* / *Berlin-Westend,* / Königin Elisabeth-Strasse 14.

Neudruck Ihrer »Hauptprobleme der Philosophie«] Zur notwendig gewordenen 3. Auflage von Simmels ›Hauptprobleme der Philosophie‹ (GSG 14, S. 7-157) siehe Wilhelm von Crayen, G. J. Göschen'sche Verlagshandlung, an Simmel vom 25. April 1913.

Ostermesse] Die Leipziger Messe hatte vom 30. März bis zum 20. April 1913 stattgefunden (Ankündigung in: LNN, Nr. 85 vom 28. März 1913, S. 13).

das Erscheinen bis zum Herbst zurückstellen] Siehe Wilhelm von Crayen, G. J. Göschen'sche Verlagshandlung, an Simmel vom 5. Nov. 1913.

Georg Simmel an Wilhelm von Crayen, G. J. Göschen'sche Verlagshandlung

Brief vom 12. Juni 1913
Hs.; SBPK Berlin, VA de Gruyter

Westend 12 VI 13

Sehr geehrter Herr *Crayen*!

Unter den angegebenen Umständen bin ich natürlich damit einverstanden, daß die Neuauflage meiner *Hauptprobleme* erst im nächsten Semester erfolgt. Dann aber müßte es auch *ganz zu Anfang* desselben geschehen, also in den ersten Novembertagen. Es wäre mir sehr lieb, wenn Sie mir mitteilen könnten, daß die Vorbereitungen in diesem Sinne getroffen werden.

Mit bester Empfehlung Ihr sehr ergebner

Simmel

Brief vom 12. Juni 1913] Stempelaufdruck: 14. Juni 1913.

angegebenen Umständen ... Neuauflage meiner *Hauptprobleme*] Zur Verschiebung der 3. Auflage der ›Hauptprobleme der Philosophie‹ siehe vorstehendes Schreiben.

Wilhelm von Crayen, G. J. Göschen'sche Verlagshandlung, an Georg Simmel

Briefdurchschlag vom 14. Juni 1913
Tps. m.e.U.; SBPK Berlin, VA de Gruyter

Sehr geehrter Herr Professor!

Ich kann heute wieder die Arbeit im Geschäft aufnehmen und mein erstes soll sein, Ihre freundlichen Zeilen vom 12. d. M. zu beantworten. Nehmen Sie für Ihr freundliches Eingehen auf die Vorschläge, die ich Ihnen bezüglich des Neudruckes Ihrer »Hauptprobleme der Philosophie« durch meine Firma unterbreiten liess, meinen verbindlichsten Dank entgegen und seien Sie versichert, dass ich Ihren Wünschen prompt Rechnung tragen werde!

Die Herstellung wird also im Laufe der nächsten Woche vorgenommen werden und die Ankündigung bezw. Ausgabe soll sofort zu Semesterbeginn erfolgen.

Mit verbindlichsten Empfehlungen und in vorzüglicher Hochachtung verbleibe ich Ihr ganz ergebener

Wilhelm Crayen.

Briefdurchschlag vom 14. Juni 1913] An: Herrn Professor Dr. *Georg Simmel*, *Berlin-Westend*, / Königin Elisabeth-Strasse 14. – Das Datum ist in dem Durchschlag unkenntlich, ergibt sich indes aus dem Hinweis auf die Beantwortung von Simmels Brief vom 12. Juni 1913.

Ich kann heute wieder die Arbeit im Geschäft aufnehmen] Zu Wilhelm von Crayens Erkrankung siehe Konrad Grethlein an Simmel vom 11. Juni 1913.

Vorschläge] Der Verlag beabsichtigte (siehe ebd.), zu Beginn des Wintersemesters 1913/14 die dritte Auflage von Simmels ›Hauptprobleme der Philosophie‹ auszuliefern.

Georg Simmel an Salomo Friedlaender

Brief vom 20. Juni 1913
Hs.; Friedlaender/Mynona-Archiv Geerken

Westend 20 VI 13

Verehrter Herr Doktor!

Sie werden Sich gewundert haben, daß ich Ihnen über unsre schon vor Monaten geplante Zusammenkunft noch immer keinen Vorschlag gemacht habe. Ich bitte Sie zu glauben, daß das nicht durch Vergeßlichkeit veranlaßt ist, sondern durch allerhand, nicht früher zu bewältigende Umstände. Nun aber würde es mich sehr freuen, wenn Sie sich an diesem Sonntag um 3 Uhr zu mir bemühen wollten.

Inzwischen mit freundlichsten Grüßen Ihr sehr ergebner

Simmel

vor Monaten geplante Zusammenkunft] Simmel hatte Friedlaender am 21. Dez. 1912 brieflich in Aussicht gestellt, mit ihm über seine Publikationsabsicht des Werkes zu sprechen, von dem ihm zwischenzeitlich ein weiterer Teil zugegangen war (siehe Simmel an Friedlaender vom 2. Mai 1913).

diesem Sonntag] D. h., dem 22. Juni 1912.

Georg Simmel an Margarete von Bendemann

Brief vom 26. Juni 1913
Hs.; LBI New York, Susman Collection

26. VI. 13

Liebe, liebe Susa!

Ich will nur einen Gruß dazu setzen, auch an den Mann, den ich aus dem Grunde, den Gertrud schreibt, nicht mehr aufgesucht habe. Zufällig lagen in diesem Tage allerhand Erinnerungsdaten an den Tod von Menschen, die ich liebte – es ist ein Vierteljahrhundert u. mehr, daß ich sie verloren habe – aber es ist etwas Unversehrtes zurückgeblieben, dem gegenüber die »Macht der Zeit« nur bedeutet, daß man selten daran denkt. Tut man es aber, so findet sich die Qualität der Empfindung ganz ungeändert vor. Dabei ist der Tod der Eltern der Schmerz, auf den die menschliche Konstitution sozusagen eingerichtet ist, es ist, wie die Mediziner es nennen würden, ein physiologischer Schmerz, wie der der Geburt, aber kein pathologischer. –

Ich war recht arbeitsam in der letzten Zeit, hoffentlich werde ich es dir im Juli beweisen können. Jetzt bin ich ganz im Rembrandt – aber meine Idee, es könnte ein Gegenstück zum Michelangelo geben, hat sich als illusorisch erwiesen.

U. nochmals tausend Grüße – auch an Momi welche abzugeben.

Immer dein

Georg.

Gruß dazu setzen] Der Brief lag dem Kondolenzschreiben, das Gertrud Simmel »anläßlich des Todes Deiner Schwiegermutter« an Margarete von Bendemann richtete, bei (o.D., DLA Marbach, Nl Susman). Helene von Bendemann, geb. 15. Nov. 1847, Tochter des Kaiserlich Brasilianischen Generalkonsuls in Berlin Johann Jacob Sturz (1800-1877), seit 1873 verehelicht mit Admiral Felix Robert Emil von Bendemann (1848-1915), war am 21. Juni 1913 in Berlin gestorben (Walter von Bendemann: Die Familie und die Nachfahren des Bildhauers Johann Gottfried Schadow. Leipzig: Zentralstelle für Deutsche Personen- und Familiengeschichte e.V. 1932, Sp. 9; vgl. auch NDB II, S. 37).

aus dem Grunde, den Gertrud schreibt] In Gertrud Simmels Brief (s. o.) heißt es: »Deinen Mann haben wir nicht mehr besucht, weil er heut schon abreist u. wir fürchteten es würde eine Störung sein; ich habe das Gefühl, daß er sehr ergriffen u. mitgenommen ist durch seinen Verlust«.

Erinnerungsdaten] Hans Simmels familiengeschichtliche Schilderung, die weitgehend auf Berichte und Einschätzungen Simmels zurückgehen, lassen hier zunächst an den von ihm geschätzten älteren Bruder Eugen, geb. am 23. Aug. 1839 (ELAB, Taufregister A1509/138, Nr. 219), denken, Kaufmann, Buchhändler und zuletzt Redakteur der Norddeutschen Allgemeinen Zeitung, »ein sanfter, gebildeter, in keiner Weise besonders begabter Mann«, der ihm »eine grosse brüderliche Liebe« entgegengebracht und noch gerade seine Antrittsvorlesung hatte erleben können (Hans Simmel, S. 3), bevor er im Alter von 46 Jahren am 25. Juni 1885 »plötzlich am Herzschlage« gestorben ist, wie seinerzeit die »Hinterbliebenen« und die »Norddeutsche Allgemeine Zeitung« in ihrer Todesanzeige mitteilten (Norddeutsche Allgemeine

Zeitung, Nr. 293 vom 26. Juni 1885, Ab. Bl., S. 3; auch: VZ, Nr. 293 vom 27. Juni 1885, 3. Beilage; siehe die Sterbeurkunde in: GSG 24: Dokumente). Sodann zählt zu den vor »mehr« als einem »Vierteljahrhundert« Verstorbenen Simmels Vater Eduard (1810-1874), »zwischen 1830 und 1835 [...] in Paris katholisch« getauft (Hans Simmel, S. 3), ein zunächst erfolgreicher, doch noch vor Simmels Geburt in geschäftliche Schwierigkeiten geratener Kaufmann, von Simmel erfahren als »nachdenklicher und stiller Mann, von Menschenkenntnis und feinem Humor, aber zu wenig nachdrücklich als Persönlichkeit, um einen Mittelpunkt der Familie bilden zu können«, der 1874 »mit 64 Jahren« starb (ebd., S. 6f.). Ferner Simmels Schwester Elisabeth, geb. 17. Sept. 1845 (ELAB, Taufregister A1510/103, Nr. 344), über die es bei Hans Simmel (S. 5) heißt: »Sie war von Jugend auf kränklich; soll ein hübsches und liebenswürdiges Kind gewesen sein. Sie bekam eine schwere Gesichtsneuralgie und ging mit noch nicht 25 Jahren an Morphinismus zugrunde.«

»Macht der Zeit«] Friedrich Schiller: Wallensteins Tod. Erster Aufzug, Dritter Auftritt: »Illo [zu Wallenstein:] Das Heer ist dein; jetzt für den Augenblick / Ists dein; doch zittre vor der langsamen, / Der stillen Macht der Zeit« (Schiller NA 8, S. 180f.).

im Juli beweisen] Simmel hatte das Thema seines Vortrags in der Kantgesellschaft (siehe Simmel an Georg Misch vom 6. Jan. 1913) ausgearbeitet und das Manuskript zu: ›Das individuelle Gesetz. Ein Versuch über das Prinzip der Ethik‹ dem Logos-Herausgeber Georg Mehlis lt. dessen verlagsinternen Vermerks vom 5. Mai 1913 mit der dringenden Bitte um »schleunige Drucklegung« zugeschickt (VA Mohr Siebeck). Zum Erscheinen Ende Juli siehe Simmel an Paul Siebeck, Verlag J. C. B. Mohr (Paul Siebeck) vom 24. Juli 1913.

Rembrandt] Hinweis auf die Arbeit an ›Rembrandtstudie‹ (Logos 5, 1914/15, Heft 1, S. 1-32; GSG 13, S. 16-52); siehe Simmel an Paul Siebeck, Verlag J. C. B. Mohr (Paul Siebeck), vom 12. Dez. 1913).

Michelangelo] Gemeint ist Simmels Künstlerporträt, das im Winter 1909/10 begonnen und im folgenden Sommer druckfertig wurde (siehe Simmel an Heinrich Rickert vom 20. März und 9. Juli 1910); der Erstpublikation unter dem Titel ›Michelangelo. Ein Kapitel zur Metaphysik der Kultur‹ (Logos 1, 1910/11, Heft 2, S. 207-227; GSG 12, 111-136) war die überarbeitete Fassung ›Michelangelo‹ in der Essaysammlung ›Philosophische Kultur‹ (Leipzig: Dr. Werner Klinkhart 1911, S. 157-184; GSG 14, S. 304-329) gefolgt.

Georg Simmel an Martin Buber
Postkarte vom 8. Juli 1913
Hs.; JNUL Jerusalem, Buber Archive

8. VII.

Lieber Herr Doktor,

ich würde Sie gern morgen Mittwoch zwischen 3 u. 4 Uhr bei mir sehn u. stehe Ihnen, jetzt wie sonst, für Ihre Interessen zur Verfügung.

Allseitig bestens grüßend Ihr

Simmel

Postkarte vom 8. Juli 1913] An: Herrn / Dr. *M. Buber / Zehlendorf / Annastr.* 12; mit Poststempel: CHARLOTTENBURG 8.7.13. 9-10 V.

Ihre Interessen] Siehe Simmel an Buber vom 10. Juli 1913.

Georg Simmel an Martin Buber
Postkarte vom 10. Juli 1913
Hs.; JNUL Jerusalem, Buber Archive

10. VII

Lieber Herr Doktor,

Zufällig schreibt uns Prof. Joël eben, daß er nur bis zum 14. d. in Basel ist, dann auf Reisen geht u. den größten Teil vom August u. Sept. in Berlin sein wird. Ihr Schützling wird sich also danach richten müssen.

Beste Grüße von Haus zu Haus Ihr

Simmel

Postkarte vom 10. Juli 1913] An: Herrn / *Dr. M. Buber / Zehlendorf / Annastr.* 12; mit Poststempel: CHARLOTTENBURG 2 10.7.13. 11-12 N. Mit Vermerk unbekannter Hand: Eleahu [sic!] Rappeport.

schreibt uns Prof. Joël] Das Schreiben ist verschollen. – Karl Joël (1864-1934; DBE), Ordinarius für Philosophie in Basel, hatte nach seiner Promotion, Leipzig 1887, »die Winter 87-89 und seit 1894 die meisten Ferienmonate« in Berlin verbracht und in jenen Wintern die »Jahrzehnte hindurch gepflegte Freundschaft mit *Georg Simmel*«

geschlossen (Karl Joël. In: Selbstdarstellungen Bd. 1, 1921, S. 80). Er hatte sich 1893 an der Universität Basel habilitiert, die ihn 1897 zum ao. Prof., 1902 zum o. Prof. der Philosophie ernannt und für das Amtsjahr 1913/14 zum Rektor gewählt hatte (ebd., S. 82, 87).

Schützling] Der Archivvermerk (s. o.) weist auf Ernst Elijahu Rappeport (1889-1952), seinerzeit Student der Mathematik und Philosophie und mit Buber seit 1910 bekannt (Buber-Briefwechsel 1, S. 580). Rappeports Erwägungen, wegen eines Familienkonfliktes und zugunsten seiner literarischen und künstlerischen Ambitionen das Studium »vorläufig« abzubrechen und sich um eine Stellung in einem Verlag zu bemühen, hatte Buber mit Brief vom 25. Mai 1913 entgegengesetzt, »eine philosophische Dissertation ist bei einigem Eifer ein mühelos zu leistendes Werk für Sie« (ebd., S. 334). Buber hat sich dann wohl zwecks Vermittlung eines Doktorvaters an Simmel gewandt. Rappeport, der vom WS 1907/08 – SS 1913 in Wien und Göttingen immatrikuliert war, sollte dann zum WS 1913/14 nach Basel wechseln und unter »der Leitung« Joëls am 26. Juni 1914 promovieren (Vita in: Über die Substanzdefinition in Spinoza's Ethik‹. Inauguraldissertation der hohen philosophischen Fakultät der Universität zu Basel vorgelegt von Ernst Rappeport aus Wien. Wien 1914. 46 S., 1 o.Z. 8°).

Georg Simmel an Vorstand DGS

Abschrift von Brief vom 11. Juli 1913
Tps.; SHLB Kiel, Nl Tönnies

Westend, den 11. Juli 1913.

Da die Verkürzung in der Reproduktion der Diskussionen unserer Tagung sr. Zeit auf meinen Antrag erfolgt ist, halte ich mich verpflichtet, wenigstens unter uns auszusprechen, dass ich die von Herrn Prof. Herkner daran geübte Kritik für völlig unzulässig halte. Es gibt überhaupt keinen Beschluss eines Vorstandes, den man *nicht*, wenn man wollte, als ›subjektives Werturteil‹ bezeichnen könnte; z. B. schon die Wahl der Referenten für die Tagung ist ein ›Werturteil‹, und zwar ein viel einschneidenderes, als es bei der Verkürzung dieses Diskussionsberichtes geübt worden ist. Diese wurde beschlossen, weil die volle Aufnahme der Diskussionen die Mittel der Gesellschaft ganz unverhältnismässig beansprucht hätte, also in einer Abwägung der Interessen der Gesellschaft, zu der wir zweifellos »berechtigt«, ja verpflichtet waren. Und was unsere gleichfalls von Herrn Herkner bezweifelte »Fähigkeit« zu dieser Verkürzung betrifft, so muss ich sagen: wenn eine Anzahl deutscher Universitätsprofessoren, die man doch immerhin als Sachkenner dieses Gebietes bezeichnen muss, nicht wissen sollten, was für die weiteren Kreise ihres Faches von Wichtigkeit ist und was nicht – so sind sie eben absolut untauglich, nicht nur für diese, sondern für jede wissenschaftliche Funktion, und Herr Herkner hätte gegen ihre Wahl in den Vorstand Protest einlegen müssen.

Die Anklage des Herrn Herkner ist so unsubstanziiert, dass ich mir nur denken kann, das Vorkommnis sei für ihn die blosse ›Gelegenheitsursache‹ seines aus anderen Gründen bereits beschlossenen Austritts. Andernfalls wäre es schon wegen des kollegialen Verhältnisses, in dem er zu der Mehrzahl der Vorstandsmitglieder steht, unbegreiflich, dass er nicht vor einer derartig brüsken und personal beleidigenden Erklärung sich mindestens nach den näheren Umständen und Motiven, die unserem Beschluss zu Grunde lagen, erkundigt hätte.

Mit kollegialer Begrüssung hochachtungsvoll

gez.: *Simmel.*

Meine beiden Herren Mitvorsitzenden, Herrn Toennies und Herrn Sombart frage ich ergebenst an, ob sie es nicht für richtig halten, wenn wir drei in einem Brief an Herrn Herkner Verwahrung gegen die Brüskierung durch sein Schreiben einlegten.

Brief vom 11. Juli 1913] Oben: *Abschrift.* – Unter Datumszeile: An die / Herren Vorstandsmitglieder der Deutschen Gesellschaft / für Soziologie.

Verkürzung in der Reproduktion der Diskussionen unserer Tagung] Auf Beschluß des Vorstands der DGS wurden nur die Referate des Zweiten Deutschen Soziologentages vollständig, die Diskussionen dagegen nur auszugsweise veröffentlicht, da in solchen Diskussionen auch vieles geäußert werde, etwa aktuelle Mißverständnisse und deren Richtigstellungen, was der »Gesamtheit der soziologisch Interessierten« nicht zuzumuten sei, wie es in der »Vorbemerkung« des kurz zuvor erschienenen Bandes hieß (Verhandlungen 1912).

auf meinen Antrag erfolgt] Protokoll der Vorstandssitzung liegt nicht vor.

von Herrn Prof. Herkner ... geübte Kritik] Heinrich Herkner, seit 1912 Ordinarius für Nationalökonomie an der Berliner Universität, hatte in einem Brief vom 4. Juli 1913 an die Geschäftsstelle der DGS – ohne Anrede – geschrieben: »Aus den ›Vorbemerkungen‹ zu den eben mir zugehenden Verhandlungen des II. Soziologentages ersehe ich, dass sich der Vorstand berechtigt und befähigt glaubt, ein Urteil darüber abzugeben, was von den Verhandlungen der Tagung für weite Kreise von Interesse ist, und diesen subjektiven Werturteilen entsprechend das Verhandlungsprotokoll nur auszugsweise zu veröffentlichen. / Dieses Vorgehen steht in einem so schroffen Gegensatz zu dem, was mir zulässig erscheint, dass ich mich genötigt sehe meinen Austritt aus der Gesellschaft zu erklären. / Mit der Bitte von dieser Erklärung Notiz zu nehmen zeichne ich / Hochachtungsvoll / H. Herkner« (SHLB Kiel, NL Tönnies). – Heinrich Herkner (1868-1932), Dr. rer.pol. Straßburg 1887, 1888 PD, 1889 ao. Prof. Freiburg, 1892 o. Prof. TH Karlsruhe, Wechsel 1898 nach Zürich, 1907 TH Berlin (NDB; H. Herkner: der Lebenslauf eines ›Kathedersozialisten‹. In: Die Volkswirtschaftslehre der Gegenwart in Selbstdarstellungen. Herausgegeben von Felix Meiner. Leipzig: Meiner 1924, S. 1-40). Herkner war Mitunterzeichner des Aufrufs zur Gründung der DGS (siehe Beilage zu Simmel an Gustav von Schmoller vom 9. Dez. 1908) und hatte deren erstem ›provisorischem‹ Vorstand bis zu seinem Rücktritt unter Angabe persönlicher Gründe vom 31. Aug. 1909 angehört (siehe Protokoll der Vorstandssitzung vom 30. Jan. 1909 und die Abschrift von Herkners Brief an Beck vom 31. Aug. 1909; beides SHLB Kiel, Nl Tönnies).

›Gelegenheitsursache‹] Daß Herkner »so unsubstanziiert« die Werturteilsfrage anspricht und den Vorstand insgesamt anklagt, scheint Simmel angesichts der Tatsachen verdächtig, daß Herkner 1912 Nachfolger von Schmollers geworden war und als Vorsitzender des Vereins für Socialpolitik, in dem der Konflikt über die Werturteilsfragen ausgetragen wurde, für den Beginn des WS 1913/14 eine Ausschußsitzung anberaumt hatte, in der diese Fragen grundsätzlich noch einmal diskutiert und für die den Mitgliedern schriftliche Stellungnahmen abverlangt werden sollten (siehe Rundschreiben »An die Herren Mitglieder des Vereins für Sozialpolitik« [sic!] vom Nov. 1912, abgedruckt in MWG II/8, S. 141 f.); zudem waren die beiden anderen Vorsitzenden der DGS, Tönnies und Sombart, Mitglieder des Vereins für Socialpolitik, wie auch Max Weber, der als einer der Protagonisten in diesen Auseinandersetzungen über die Werturteilsfrage galt und der redaktionell an der Veröffentlichung der Verhandlungen 1912 beteiligt war, was Herkner wohl wußte.

Vorstandsmitglieder] Dem Vorstand der DGS gehörten zu diesem Zeitpunkt an: Simmel, Werner Sombart und Ferdinand Tönnies als Vorsitzende, Paul Barth, Alfred Grotjahn und Karl Rathgen als ordentliche Mitglieder, Hermann Beck als Schriftführer und Rudolf Goldscheid als Rechner. Die drei Vorsitzenden und Karl Rathgen waren auf der Mitgliederversammlung vom 22. Okt. 1912 wiedergewählt bzw. kooptiert worden (siehe Verhandlungen 1912, S. 192); im Dez. 1912 oder im Jan. 1913 wurde Barth in den Vorstand und Goldscheid zum Rechner bestellt, der damit Sombart, der das Amt provisorisch übernommen hatte, ablöste; Grotjahn wurde erst lt. Protokoll der Vorstandssitzung der DGS vom 16. Febr. 1913 auf Vorschlag Rudolf Goldscheids für den Vorstand kooptiert (SHLB Kiel, Nl Tönnies). In der Vorstandssitzung der DGS vom 5. Juli 1913 wurde beschlossen, den Mitgliedern der DGS sollte »in Ergänzung der Mitteilungen am Schluss des 2. Bandes der Schriften (Seite 192) geschrieben werden, dass ausser Herrn Prof. Rathgen noch Prof. Grotjahn in den Vorstand kooptiert wurde und dass das Amt des Rechners von Herrn Prof. Max Weber auf Herrn Rudolf Goldscheid übergegangen sei« (Protokoll der Vorstandssitzung der DGS vom 5. Juli 1913, S. 4, ebd.).

Georg Simmel an Ferdinand Tönnies

Brief vom 13. Juli 1913
Hs.; SHLB Kiel, Nl Tönnies

Berlin-Westend 13 VII 13
Königin Elisabethstr. 14

Verehrter Herr *Tönnies*,

Wir können uns m. E. die Attacke von *Herkner* nicht stillschweigend gefallen lassen. Ich schlage vor, daß wir drei Vorsitzenden dagegen etwa so, wie ich es in dem beil. Brief formulirt habe, protestiren. Sind Sie damit einverstanden, so wollen Sie es mir bitte schleunigst, am besten telegraphisch mitteilen. Es wird Ihnen dann ein Ex. zur Unterschrift zugehn.

Besten Gruß! Ihr ergebenster

Simmel

Attacke von *Herkner*] Siehe Simmel an Vorstand der DGS vom 11. Juli 1913.

drei Vorsitzenden] Simmel, Werner Sombart und Ferdinand Tönnies.

beil. Brief] Nicht überliefert.

Georg Simmel an Paul Siebeck, Verlag J. C. B. Mohr (Paul Siebeck)

Postkarte vom 24. Juli 1913
Hs.; VA Mohr Siebeck, Tübingen

Westend 24 VII 13

Sehr geehrter Herr Doktor!

Da ich Anfangs nächster Woche verreise, bitte ich Sie, das Honorar für meinen *Logos*-Beitrag im Juliheft, falls es nicht bis Dienstag früh in meinen Händen sein kann, an mein Konto bei der *Deutschen Bank Berlin W Kurfürstenstr.* 115 zu senden.

Die Separata erbitte ich an meine gewöhnliche Adresse.

Mit verbindlicher Empfehlung hochachtungsvoll

Prof. Simmel

Postkarte vom 24. Juli 1913] An: Herrn / *Dr. Siebeck* / Verlagsbuchhandlung / *Tübingen*; mit Poststempel: CHARLOTTENBURG 2 24. 7. 13. 6-7 N; hs. Bearbeitungsvermerke: unter Datum: 26. VII. 13.; unten li.: Kroner gemeldet.

Anfangs nächster Woche verreise] Die Familie Simmel beabsichtigte offensichtlich, den im vergangenen Jahr gescheiterten Plan eines Aufenthalts in Saas-Fee nachzuholen (siehe Simmel an Martin Buber vom 17. Juli 1912), und zwar zunächst nur Mutter und Sohn und nach Semesterende dann zu dritt (siehe Simmel an Robert Michels vom 6. Aug. 1913). Dazu schreibt Hans Simmel: »Mitte Juli fuhren meine Mutter und ich nach Saas-Fee (südlich des oberen Rhônetales), wohl der schönste Ort, den ich in den Alpen gesehen habe. Wir machten einige schöne Wege zu dritt und längere Wanderungen zu zweit. Zweimal machte ich allein, d. h. mit Führern, richtige Hochtouren über 4000 m (Weismies und Strahlhorn)« (S. 69). – Am 1. Sept. 1913 teilte Gertrud Simmel Sophie Rickert mit Absender ›Champery, poste restante‹ [westliches Wallis] mit, Georg und sie beabsichtigten, auf der

Rückreise in zehn Tagen dem Ehepaar Rickert in Freiburg einen Besuch abzustatten, für den sie sich dann am 13. Sept. 1913 bei Sophie Rickert in beider Namen bedanken sollte (beide Briefe: SGA Stuttgart).

meinen *Logos*-Beitrag im Juliheft] Der vor kurzem fertiggestellte Aufsatz ›Das individuelle Gesetz. Ein Versuch über das Prinzip der Ethik‹ (siehe Simmel an Margarete von Bendemann vom 26. Juni 1913), erschienen in: Logos IV, 1913/14, Heft 2, S. 117-160 (GSG 12, S. 417-470), wurde spätestens am 29. Juni 1913 ausgeliefert (vgl. die Korrespondenz zwischen Richard Kroner und Paul Siebeck vom Juli 1913, VA Mohr Siebeck; siehe auch die Meldung des LC vom 6. Sept. 1913).

Dienstag] Den 27. Juli 1913.

Georg Simmel an Verlag J.C.B. Mohr (Paul Siebeck)

Bestellzettel von nach dem 24.7.1913
Hs.; VA Mohr Siebeck, Tübingen

25 Separatabzüge.

Berlin – Westend Prof. Simmel

Bestellzettel von nach dem 24.7.1913] Datierung nach Ablage nach dem 24. Juli 1913 des hs. ergänzten Bestellzettelvordrucks: Es wird dringend gebeten, diesen Zettel beantwortet / zurückzuschicken! / Wieviele Separatabzüge? / ... Separatabzüge. / Ort: / Name: / 1911. Nr. 267; mit hs. Bearbeitungsvermerken: Hand A: Logos; Hand B: not.

25 Separatabzüge] Wohl bezogen auf Simmels Logos-Beitrag: Das individuelle Gesetz. Ein Versuch über das Prinzip der Ethik (siehe vorstehendes Schreiben).

Paul Siebeck, Verlag J.C.B. Mohr (Paul Siebeck), an Georg Simmel

Briefdurchschlag vom 26. Juli 1913
Tps. m.e.U.; VA Mohr Siebeck, Tübingen

Tübingen, 26. Juli 1913.

Sehr verehrter Herr Professor,

im Besitz Ihrer freundlichen Zeilen vom 24., für welche ich

Ihnen bestens danke, habe ich Ihren Wunsch bezüglich des Logos-Honorars der Redaktion mitgeteilt, da diese die Ausbezahlung selbst besorgt.

In vorzüglicher Hochachtung Ihr ergebenster

Dr. P. Siebeck.

Briefdurchschlag vom 26. Juli 1913] An: Herrn Professor Dr. G. Simmel in Berlin-Westend; mit Absenderkürzel: [unles.] -wz. A.

Wunsch bezüglich des Logos-Honorars] Siehe Simmel an Paul Siebeck, Verlag J. C. B. Mohr (Paul Siebeck), vom 24. Juli 1913.

Georg Simmel an Edmund Husserl

Widmung von um den 29. Juli 1913
Hs.; Husserl-Archiv, Louvain

Mit herzlichem Gruß!

Widmung von um den 29. Juli 1913] Die Widmung befindet sich auf einem Sonderdruck von Simmels Logos-Beitrag ›Das individuelle Gesetz‹, der spätestens am 29. Juli zur Auslieferung gelangt war (siehe Simmel an Paul Siebeck vom 24. Juli 1913). Deckblatt: Logos. Internationale Zeitschrift für Philosophie der Kultur. Unter Mitwirkung von Rudolf Eucken, Otto von Gierke, Edmund Husserl, Friedrich Meinecke, Heinrich Rickert, Georg Simmel, Ernst Troeltsch, Max Weber, Wilhelm Windelband, Heinrich Wölfflin herausgegeben von Richard Kroner und Georg Mehlis. Separat-Abdruck aus Band IV. 1913. Heft 2. Verlag J. C. B. Mohr (Paul Siebeck) in Tübingen. Nicht im Buchhandel. – Mit hs. Vermerk auf dem Einband: Simmel Das [unles.] Gesetz. Husserl.

Georg Simmel an Anna Jastrow
Postkarte vom 30. Juli 1913
Hs.; LBI New York, Simmel Collection

Liebe Freundin,

In der Stufe der Plotinischen Emanationen stehen diese Urkosmen ganz nahe dem Urquell, dem schlechthin Vollendeten. Ja, sie haben vor ihm noch dies voraus: daß sie nicht *das Eine*, sondern viele sind.

Tausend Dank u. Grüße Ihr

G.S.

Postkarte vom 30. Juli 1913] An: Frau *Anna Jastrow / Westend / Nußbaumallee 24*; mit Poststempel: CHARLOTTENBURG 5f. 30 [Rest unles.].

Plotinischen Emanationen] Der Terminus *Emanation* ist innerhalb der philosophischen Plotin-Rezeption seit Jacob Brucker eingeführt und durch Eduard Zellers Darstellung des Neuplatonismus in seiner ›Geschichte der Philosophie der Griechen‹ (4. Aufl. 1904) geläufig geworden. Dieser Begriff sollte für Plotin keinen *Pantheismus* suggerieren, da die Metapher *Quelle* den Gedanken impliziert, daß sich das Eine nicht – sich verströmend – selbst in das aus ihm Entsprungene aufhebt, sondern *in* oder *trotz* seiner Selbst-Entfaltung in Geist und Seele in sich *es selbst* bleibt (mit Dank für diesen Hinweis an Werner Beierwaltes).

Urkosmen] Unsichere Lesart.

Urquell] Hier wie in der zeitgenössischen Plotin-Literatur verdeutlichend für Quelle, wenn nach Plotin das *Eine*, das schlechthin Einfache, Vielheitlose, die Quelle (oder Ursache) von Allem sei (Enneade III 8, 10, 1 ff.; VI 9, 9, 1).

daß Sie nicht *das Eine*, sondern viele sind] Daß dies die ›Urkosmen‹ dem ›Urquell‹ voraus hätten, entspricht nicht Plotins Bewertung. Für ihn ist vielmehr Alles außerhalb des Einen *gerade* als Vielheit von geringerer Seins-Intensität als das Eine selbst, auch wenn es als eine Einheit *in* der Unterschiedenheit begriffen werden muß. Simmel, der an anderen Stellen (z.B. GSG 14, S. 91, GSG 20, S. 166 f.) Plotin angemessen wiedergibt, mag hier die bessere Situation der Vielen gegenüber der Einsamkeit des Einen ironisiert haben (Hinweis von Werner Beierwaltes).

Georg Simmel an Robert Michels

Brief vom 6. August 1913
Hs.; AFE Turin, Nl Michels

Saas-Fee 6 VIII 13

Verehrter Herr Kollege!

Besten Dank für Ihren Brief, der mir hierher nachgesandt wird. Daß ich auf Ihre freundliche Aufforderung nur mit einem ganz inappellabeln Verzicht antworten kann, werden Sie begreifen, wenn ich Ihnen sage, daß ich schon seit Jahren jedes praktische Interesse an der Soziologie verloren habe. Sie ist mir immer nur ein »Nebenamt« gewesen, mein Herz hat stets der Philosophie gehört u. von den wenigen Jahren voller Leistungsfähigkeit, die mir günstigenfalls noch bleiben, brauche ich jeden Augenblick, um die philosophischen Dinge auszusprechen, die noch im Zustand der Latenz in mir sind u. von denen ich nun einmal die – vielleicht irrige – Meinung habe, daß sie einigen Menschen von Interesse sein könnten. Ich würde sicher in der Soziologie nichts *prinzipiell* Neues mehr vorzubringen haben – was ich in der Philosophie doch noch hoffe. Daß ich unter diesen Umständen noch immer im Vorstand der Soziolog. Gesellsch. geblieben bin, ist ein Opfer, das ich aus gewissen persönlichen Gründen bringe u. das mir schwer genug wird. Sie sehen, daß unter diesen Umständen die Mitarbeit an ihrem Werk, für das ich im übrigen das größte »platonische« Interesse habe, für mich eine innere Unehrlichkeit bedeuten würde – ganz abgesehen davon, daß schon die Momente von Zeit u. Kraft es mir unmöglich machen. Handelt es sich dagegen irgendwann einmal um einen Rat oder einen Aufschluß, den ich Ihnen aus meiner Kenntniß der soziologischen Dinge heraus zu geben imstande wäre, so bitte ich, über mich zu verfügen.

Als Referenten über den mich betreffenden Artikel möchte ich Herrn Prof. *Altmann* in *Mannheim* oder *Dr. Carl Jentsch*, dessen Adresse ich nicht weiß, die aber aus dem *Kürschner* festzustellen ist, vorschlagen. –

Zu Ihrer Berufung nach Basel, von der ich schon durch meinen Freund *Joël* hörte, gratuliere ich Ihnen herzlich. Freilich begreife ich, daß es Ihnen nicht leicht fällt, die Heiterkeit u.

Weiträumigkeit einer italienischen Existenz gegen das etwas enge u. düstre Basel zu vertauschen. Aber vielleicht bringt Ihnen die größere räumliche Nähe zu dem deutschen Geistesleben doch einigen Ersatz.

Mit besten Grüßen bleibe ich Ihr sehr ergebner

Simmel

Brief vom 6. August 1913] Gedr. Briefkopf: HÔTEL- / PENSION / SAAS-FÉE / À / SAAS-FÉE / VALAIS (SUISSE) / IN – ALBON FRÈRES / PROPRIÈTAIRES / HÔTEL DES ALPES ET DE LA GARE / VIÈGE VALAIS (SUISSE); an: *Italien / Illmo Signore / Prof. Roberto Michels / Torino / 35, Via dei Mille*; Poststempel: SAAS-FEE (WALLIS) 6 VIII 13. – Lt. Baedeker Schweiz (S. 411) liegt die Hotel-Pension Saas-Fee »am Eingang des Dorfs« und verfügt über 120 Betten, Zimmerpreis 2,5 bis 5 Franken.

Saas-Fee] Zu Simmels Sommerreise siehe dessen Schreiben an Paul Siebeck vom 24. Juli 1913.

Ihren Brief] Verschollen.

Ihre freundliche Aufforderung] Michels hatte Simmel und andere Soziologen gebeten, an dem von ihm projektierten dreibändigen ›Handwörterbuch der Soziologie‹ mitzuarbeiten, das – zugleich als ›Encyclopédie de Sociologie publiée avec la collaboration de spécialistes éminents de tous les pays‹ – bei Veit & Comp. in Leipzig erscheinen sollte (siehe Michels' Schreiben an Ferdinand Tönnies mit gedrucktem Briefkopf des zweisprachigen Handwörterbuchs vom 28. Sept. 1913 und 7. Jan. 1914, SHLB Kiel, Nl Tönnies; dazu auch: Max Weber an Michels vom 23. Mai 1913, MWG II/8, S. 244). Hinweise auf die Konzeption des Projekts liefert zum einen ein »Vorläufiges Sach- und Namen-Register des Handwörterbuches für Soziologie / herausgegeben von / Prof. Dr. Robert Michels« (Druck, 5 S. à 3 Sp., AFE Turin, Nl Robert Michels, Fasz. Tönnies) und ein ebenfalls deutsch und französisch abgefaßtes Zirkular; diesem zufolge sollen sich die Artikel erstrekken »1) auf die *begriffliche Definition* der wesentlichen soziologischen Termine [sic!]; 2) auf die *Darstellung* der soziologischen *Tatsachenbestände*; 3) auf die Doktrinen der Hauptrichtungen der Soziologie und der Sozialwissenschaften [...]; 4) auf Leben und Entwicklungsgang der bedeutendsten Soziologen und um die Soziologie verdienter anderer Gelehrter« (BA Berlin-Lichterfelde, Nl Friedrich Naumann, N 3001/26). Dieses war wohl – ähnlich wie Ferdinand Tönnies (s.o.) und Friedrich Naumann dann am 8. Jan. 1914 (ebd.; N 3001/6) – auch Simmel zur Stichwortauswahl zugegangen. – Das Unternehmen wurde mit Kriegsausbruch storniert und nach dem Kriege nicht wieder aufgegriffen (siehe die Einleitung zu Robert Michels Doppelrezension von: Vilfredo Paretos ›Trattato di Sociologia generale‹ und Gino Borgattas ›L'opera sociologica e le Feste giubilari di Vilfredo Pareto‹ in: Archiv für Sozialwissenschaft und Sozialpolitik 47, 1920/21, S. 555-560, hier: 555).

inappellabeln] I. S. v. unaufhebbar, keine Möglichkeit mehr bietend, Rechtsmittel einzulegen.

noch immer im Vorstand der Soziolog. Gesellsch. geblieben bin] Simmel war seit der Gründung der DGS am 3. Jan. 1909 Vorstandsmitglied (siehe Hermann Beck an den Vorstand der DGS vom 9. Febr. 1909; SHLB Kiel, Nl Tönnies).

gewissen persönlichen Gründen] Siehe Simmel an Vorstand der DGS vom 11. Okt. 1913.

den mich betreffenden Artikel] Das »Vorläufige Sach- und Namen-Register« des ›Handwörterbuch der Soziologie‹ (s. o.) sieht einen Artikel über Simmel vor; Michels hatte wohl um diesbezügliche Autorenvorschläge gebeten.

Prof. *Altmann*] Sally [seit 1927: Salomon Paul] Altmann (1878-1933), Nationalökonom; Altmann hatte sein in Berlin im WS 1898/99 begonnenes Studium der Philosophie und Naturwissenschaft ab 1900 auf Staatswissenschaften und Geschichte konzentriert und 1906 mit der Promotion bei Adolph Wagner und Gustav Schmoller abgeschlossen; die Dissertation behandelte »Studien zur Lehre vom Geldwert. Beiträge zur Geschichte und Kritik der Geld- und Werttheorie« (Berlin: Ebering [Diss. Druck] 1906, 34 S.). Von 1906-1908 als wissenschaftlicher Beamter der Handelskammer Frankfurt/M. tätig, war Altmann vom WS 1907/08 zunächst nebenamtlich und ab 1909 hauptamtlich Dozent an der neu gegründeten Handels-Hochschule Mannheim, wo er seit Juni 1910 als ao. Prof. für Geld und Kredit und allgemeine Nationalökonomie wirkte – wie dann auch in Heidelberg, wo er sich im Nov. 1910 habilitierte; dort wird er dann 1917 zum ao. Prof. und 1922 zum o. Prof. ernannt (Vita zur Diss; DBA; Drüll). – Altmann hatte Simmels ›Philosophie des Geldes‹ rezensiert (in: Deutschland. Monatsschrift für die gesamte Kultur Bd. 3, 1903/04, S. 88-104 u. S. 213-219), eine Arbeit, die durch Simmels Vermittlung auch im ›American Journal of Sociology‹ (9, 1903, Nr. 1, S. 46-68) erschien. – Die wohl seit Altmanns Berliner Studienjahren bestehende persönliche Beziehung zu Simmel findet sich in Altmanns Brief an Jonas Cohn vom 5. Okt. 1918 angesprochen: »Sehr tief hat mich der Tod Simmels getroffen, mit dem mich zwanzig Jahre der Erinnerung und zehn Jahre der Freundschaft verbanden. Ich danke ihm mehr als irgend einem meiner sonstigen Lehrer« (Cohn-Archiv, Duisburg, Sig. B 001-002).

Dr. Carl Jentsch] Carl [mitunter: Karl] Jentsch (1833-1917), nach dem Studium der Theologie 1856 zum Priester geweiht, wegen seines Übertritts zum altkatholischen Glauben 1875 exkommuniziert und fortan vorwiegend Schriftsteller und Publizist mit sozialpolitischem Engagement. Sein nationalökonomisches Interesse mündete neben zahlreichen Artikeln in die biographischen Monographien ›Rodbertus‹ (1899), ›Friedrich List‹ (1901) und ›Adam Smith‹ (1905). Die Universität Breslau verlieh ihm 1913 den Dr. phil. h.c. (NDB; DBA). – Jentsch hatte die zweite Auflage von Simmels ›Philosophie des Geldes‹ (1907, GSG 6) rezensiert: Was ist Geld? Die Zeit (Wien), Nr. 1910 vom 18. Jan. 1908, Mo. Bl., S. 1-3.

Kürschner] Im Kürschner LK 1913 (Sp. 789) findet sich der Hinweis: »Jentsch, Carl [...] Philosoph; Gegner des Selektionismus. Adresse: Neisse, Kirchplatz 82«.

Ihrer Berufung nach Basel] Von der Universität Basel erging 1913 ein Ruf für die Professur ›Nationalökonomie und Statistik‹ an Robert Michels, der fast ein Jahr zögerte, bevor er den Ruf aus ökonomischen und politischen Gründen annahm (Wilfried Röhrich: Robert Michels. Berlin: Duncker & Humblot 1972, S. 8-9, 84-85; siehe auch Max Weber an Gisela Michels-Lindner vom 30. Juni 1913, MWG II/8; S. 256-258).

meinen Freund *Joël*] Karl Joël, seit 1902 Ordinarius der Philosophie an der Universität Basel.

einer italienischen Existenz] Von Joël mußte Simmel wohl auch erfahren haben, daß Michels zauderte, den Ruf anzunehmen, ohne aber – offensichtlich – über die Gründe informiert zu sein.

Georg Simmel an Martin Buber

Postkarte vom 20. September 1913
Hs.; JNUL Jerusalem, Buber Archive

Westend 20 IX 13

Lieber Herr Doktor!

Frau *v. Wiskovatoff* hat keine Pension mehr; aber sie hat von ihrer (sehr schön gelegenen) Wohnung zwei Zimmer, mit besonderem Eingang, abzugeben – ob sie auch Pension giebt, müßte erfragt werden. Adresse: *Via Monteghi 44, fuori Barriera Ponte Rosso*. Es ist 10 Minuten jenseits ihrer früheren Wohnung in der *Via Cavour*.

Schönen Dank für Ihren neulichen Kollektivgruß. *Ganz gelegentlich* wäre ich Ihnen für Angabe der Adresse von Dr. Singer dankbar.

Auch wir hoffen auf ein baldiges Wiedersehn u. grüßen inzwischen herzlich von Haus zu Haus! Ihr

Simmel

Postkarte vom 20. September 1913] An: Herrn / *Dr. Martin Buber* / Bad Tölz (Bayern) / Villa le Fenbure; mit Poststempel: CHARLOTTENBURG 2 20. 9. 13. 8-9 N.

Frau *v. Wiskovatoff*] Zu der in Florenz lebenden Lydia de Wiskovatoff siehe Simmel an Edmund Husserl vom 12. März 1907 und an Margarete von Bendemann vom 15. Jan. 1913.

neulichen Kollektivgruß] Verschollen.

Dr. Singer] Der Nationalökonom und Simmelschüler Kurt Singer war seit 1912 Assistent des Direktors der Hamburger Hypothekenbank Dr. Friedrich Bendixen (1864-1920; NDB) und seit 1913 Leitender Redakteur des ›Hamburger Korrespondenten‹ (Reichshandbuch); in Singers Korrespondenz mit dem ihm befreundeten Buber finden sich wiederholt Berichte über Begegnungen mit Simmel sowie ihren anhaltenden brieflichen Austausch, der jedoch verschollen ist (siehe z. B. Singer an Buber vom 30. Nov. 1912 und vom 30. April 1916, JNUL Jerusalem, Buber Archive).

Georg Simmel an Eugen Diederichs

Brief vom 20. September 1913
Hs.; DLA Marbach, Nl Diederichs

Westend 20 IX 13

Sehr geehrter Herr *Diederichs*!

Daß Sie Herrn *Dr. Schmalenbach* zur Übersetzung von *Matière et Mémoire* aufgefordert haben, war mir einigermaaßen überraschend, da ich Ihnen doch mitgeteilt hatte, daß ich meinerseits jemanden angefragt hatte u. Ihnen demnächst Bescheid geben würde. Ich habe inzwischen mit Herrn *Dr. Schmalenbach* gesprochen u. verabredet, daß er ein Stück Probeübersetzung liefert, wonach dann die definitive Abmachung erfolgen kann; übrigens zweifle ich nicht daran, daß es gut gelingen wird. Den Herrn, mit dem ich verhandelt hatte, habe ich gebeten zurückzutreten.

Mit ergebensten Grüßen Ihr

Simmel

Brief vom 20. September 1913] Mit Bearbeitungsvermerk: beantw. 21.X.13.

Herrn *Dr. Schmalenbach*] Herman Schmalenbach bezeichnete Simmel als seinen »eigentlich(en) philosophische(n) Lehrer« (Lebenslauf zum Habilitationsgesuch, o.D. [1920]; Tps. Personalakte der Phil. Fak., UA Göttingen).

zur Übersetzung von *Matière et Mémoire*] Gemeint ist die Neuübersetzung von Henri Bergson: Matière et Mémoire. Essai sur la relation du corps à l'esprit. Paris: Félix Alcan 1896. – Kritische Einwände gegen die erste Übersetzung – Materie und Gedächtnis. Essays zur Beziehung zwischen Körper und Geist. Autorisierte und vom Verfasser selbst durchgesehene Übertragung mit Einführung von W. Windelband. Jena: E. Diederichs 1908 – hatten Simmel veranlaßt, bei Bergson und Diederichs auf eine Neuübersetzung zu drängen, wie dies aus einem Brief Bergsons an Isaak Benrubi vom 3. März 1909 hervorgeht (Papiers du Dr. phil. Isaac Benrubi, Bibliothèque publique et universitaire de la Ville de Genève) und bei Hans Simmel (S. 59) anklingt: »Das früheste grosse Werk Bergsons, ›Matière et mémoire‹, war zunächst in einer so unglaublich schlechten Übersetzung erschienen, dass es überhaupt nicht verstanden werden konnte. Nun hatte mein Vater Eugen Diederichs [...] dafür zu interessieren gewusst, alle wichtigen Werke Bergsons in guten Übersetzungen herauszubringen.« – Zu entsprechenden Bemühungen um die Neuübersetzung siehe auch Simmel an Diederichs vom 2. und 5. Mai 1911.

mitgeteilt hatte] Verschollenes Schreiben.

jemanden] Nicht ermittelt.

definitive Abmachung] Über eine »definitive Abmachung« mit Schmalenbach ist nichts bekannt. – Zur dann bereits vor dem Krieg in den Satz gegebenen Neuübersetzung (vgl. Diederichs an Bergson vom 22. Sept. 1919, Durchschlag, DLA Marbach, Nl Diederichs) siehe: Henri Bergson: Materie und Gedächtnis. Eine Abhandlung über die Beziehung zwischen Körper und Geist. Zweites bis Viertes Tausend. Neu übersetzt von Julius Frankenberger. Jena: Eugen Diederichs 1919.

Georg Simmel an Kurt Tucholsky

Postkarte vom 1. Oktober 1913
Hs.; DLA Marbach, A: Tucholsky

Westend 1 x 13

Sehr geehrter Herr!

Es ist mir leider nicht möglich, Ihrer gef. Aufforderung den *Orion* betreffend, nachzukommen.

Hochachtungsvoll

Simmel

Postkarte vom 1. Oktober 1913] an: Herrn / *Kurt Tucholsky / W 50 / Nachodstr. 12*; mit Poststempel: CHARLOTTENBURG 2 -1. 10. 13. 8-9 N.

gef. Aufforderung den *Orion* betreffend] Das – verschollene – Schreiben dürfte ähnlich wie etwa das an andere um Mitwirkung an dem Zeitschriften-Projekt in Briefform Gebetene mit dem folgenden Briefkopf ausgestattet gewesen sein: »*Orion* / Ein Jahreskreis in Briefen / Kurt Tucholsky, Berlin W 50, Nachodstr. 12, Pfalzburg 9274 / Kurt Szafranski, Berlin W 10, Sigismundstr. 5, Kurfürst 4470 / Wir bitten die Vorbesprechungen zum Orion, den bei Zustandekommen der Verlag Kurt Wolff in Leipzig vertreiben wird, vertraulich zu behandeln.« (zit. n.: Kurt Tucholsky an Richard Dehmel vom 14. Okt. 1913, in: Kurt Tucholsky. Ich kann nicht schreiben, ohne zu lügen. Herausgegeben von Fritz J. Raddatz. Reinbek bei Hamburg: Rowohlt 1989, S. 62). Wie in den vergleichbaren Aufforderungen an die Schriftsteller Arno Holz (1863-1929; ebd., S. 65) und den hier vornehmlich als Maler angesprochenen Alfred Kubin (1877-1959; ebd., S. 67) unterzeichnete Tucholsky die Anfragen gemeinsam mit Kurt Szafranski (1890-1964), dem Illustrator seiner im Vorjahr erschienenen Erzählung ›Rheinsberg. Ein Bilderbuch für Verliebte‹, und erläuterte das Projekt etwa so wie im Brief an Richard Dehmel (a. a. O.): »Wir beabsichtigen, unseren – circa 200 – Abonnenten alle vierzehn Tage oder öfter eine Sendung zugehen zu lassen, die faksimiliert das Schreiben eines Schriftstellers, Juristen, Soziologen oder dergleichen enthält. – Wir glauben, daß diese Art Zeitschriftenersatz aus zwei Gründen großen Reiz hat: erstens werden sich die Adressaten freuen, einen Brief gewissermaßen vom Autor selbst zu erhalten und zu sehen, wie ein solches Ding eigentlich aussieht. Zweitens aber ist hier eine Gelegenheit gegeben, Dinge radikaler und persönlicher Natur auszusprechen, die für den Druck nicht geeignet sind – (Erotik ist dabei ausgeschlossen). Der Vorzug vor einer Zeitschrift beruht auch darin, daß der Autor eindringlicher gehört wird, weil stets nur ein Beitrag an den Leser gelangt. Eine solche Arbeit wird natürlich aufmerksamer gelesen, als wenn sie in einem Wust der verschiedensten Dinge erscheint. / Wir haben als Honorar für jeden Beitrag circa 100 Mark veranschlagt«. Der anschließenden, verbunden mit einer individuellen Anregung formulierten Bitte um Mitwirkung durch »einen Beitrag von ungefähr 4 oder 8 Briefseiten« lag eine »Liste der in Aussicht genommenen Mitarbeiter« bei (ebd.). Lt. Anschreiben vom 26. Sept. 1913 an Hans Erich Blaich, enthält sie die Namen der »›bessern Nummern‹ in Deutschland« und listet diese nach den Sachgebieten »Literatur«, »Politik«, »Philosophie«, »Jura«, »Theater«, »Wirtschaft«, »Musik«, »Kultur«, »Bildende Kunst« und »Medizin« auf; unter »Philosophie« sind genannt: »Mauthner / Chesterton / Rathenau / Simmel / Wundt / Mach / Buber / Flamarion [sic!] / Bergson«. An »die Skribenten« sei bereits geschrieben worden (zit. n.: Kurt Tucholsky. Briefe. Auswahl 1913 bis 1935. Berlin: Volk und Welt 1983, S. 13-15). Das Erscheinen des ›*Orion*‹ sollte – wie Tucholsky im Juni 1914 Hans Erich Blaich schrieb (ebd., S. 20) – infolge Abonnentenmangels scheitern. – Hans Erich Blaich (1873-1945) hatte Philosophie und Medizin studiert, war im Hauptberuf bis 1931 Lungenfacharzt, daneben Lyriker, Erzähler und Übersetzer (Ps. Dr. Owlglaß; Ratatöskr) sowie 1912-24 und 1933-35 Chefredakteur der Zeitschrift ›Simplizissimus‹ (Kosch).

Georg Simmel an Vorstand der DGS

Abschrift von Brief vom 11. Oktober 1913
Tps.; SHLB Kiel, Nl Tönnies

Westend, 11. Okt. 1913.

Sehr geehrte Herren!

Ich beehre mich Ihnen mitzuteilen, dass ich genötigt bin, aus dem Vorstand der Gesellschaft für Soziologie auszuscheiden. Diese Nötigung ist freilich eine rein innere, aber deshalb eine um so weniger abzuändernde oder zu verschiebende. Ich fühle mich verpflichtet, dies mit wenigen Worten zu erklären. Ich hatte die ehrenvolle Wahl in den Vorstand von vornherein unter grossen Bedenken angenommen, da ich schon damals wusste, dass meine Interessen nicht bei der Soziologie verbleiben würden; allein ich wollte mich dennoch der Aufforderung nicht entziehen, da damals gerade meine Soziologie erschienen war und mein Fernbleiben von der Gründung der Gesellschaft als eine Art Demonstration erschienen wäre, die ich durchaus vermeiden wollte. Im Lauf der Jahre haben sich nun meine Interessen und meine Arbeitsrichtung so völlig der reinen Philosophie zugewandt und sind mit einem Radikalismus, der mich selbst überrascht hat, der Soziologie entfremdet, dass mein Verbleiben an einer führenden Stelle der Gesellschaft eine innere Unehrlichkeit bedeutet. Ich habe diesen Zustand, um nicht durch einen zu frühen Austritt den Schein der Untreue zu erwecken, Jahre lang getragen – schwer genug, da ich nicht nur mit allem, was ich im Rahmen der Gesellschaft tat, sozusagen gegen den inneren Strom schwimmen musste, sondern auch deutlich fühlte, dass ich in dieser verkehrten Situation durchaus nicht das leisten konnte, was die Gesellschaft wohl von mir erwartet hatte. Solche Widersprüche erreichen, einfach durch die Zeitdauer ihres Bestehens, eine Schwelle, von der an sie schlechthin unerträglich sind – ohne dass man nach aussen hin zu begründen wüsste, warum gerade dieser Augenblick der entscheidende ist. Ich kann Sie nur bitten zu glauben, dass er es ist und dass ich mich zu diesem Schritt erst entschlossen habe, als er ein unbedingtes Gebot der Selbsterhaltung wurde.

In grösster Hochachtung und mit kollegialer Begrüssung

gez. Georg Simmel.

Abschrift von Brief vom 11. Oktober 1913] Gedr. Briefkopf: oben li.: DEUTSCHE GESELLSCHAFT / FÜR SOZIOLOGE / GIRO-CONTO: COMMERZ- UND DISCONTO-BANK, / DEPOSITENKASSE D, BERLIN W. 15, KAISER-ALLEE 211 – oben re.: BERLIN W. 50, Spichernstr. 17. . . .; darunter: *ABSCHRIFT*. – Unter Datumszeile: An den / Vorstand der Deutschen Gesellschaft für Soziologie.

aus dem Vorstand ... auszuscheiden] Simmel gehörte seit Gründung der Gesellschaft im Jan. 1909 als einer der Vorsitzenden zum Vorstand der DGS. Im Rundschreiben des Vorstands der DGS an die Mitglieder der DGS vom 12. Jan. 1914 (SHLB Kiel, NL Tönnies) heißt es dann: »Der unterzeichnende Vorstand beehrt sich den Mitgliedern folgende Beschlüsse der Hauptausschuss-Sitzung vom 3. Januar d.J. zur Kenntnis zu bringen. An die Stelle des aus dem Vorstande ausgeschiedenen Herrn *Prof. Dr. Georg Simmel*, der in den Hauptausschuss übergetreten ist, wurde Herr *Rudolf Goldscheid* gewählt. [...] Deutsche Gesellschaft für Soziologie. / Der Vorstand: / Goldscheid, Sombart, Toennies, / Vorsitzende: / Barth, Beck, Grotjahn, Rathgen, / Michels, Rechner.«

dass meine Interessen nicht bei der Soziologie verbleiben würden] Siehe die ähnliche Argumentation in Simmel an Robert Michels vom 6. Aug. 1913. Bereits in den Schreiben an Célestin Bouglé vom 13. Dez. 1899, an Georg Jellinek vom 23. Dez. 1907 und 20. März 1908 sowie an Hermann Graf von Keyserling vom 31. Okt. 1908 hatte Simmel auf die Grenzen seines Interesses an der Soziologie hingewiesen.

meine Soziologie] Georg Simmel: Soziologie. Untersuchungen über die Formen der Vergesellschaftung, Leipzig: Duncker & Humblot 1908 (GSG 11).

völlig der reinen Philosophie zugewandt] Ein Hinweis auf eine Umorientierung in der Philosophie und das Engagement für den lebensphilosophischen Ansatz findet sich auch in Simmels Brief an Margarete von Bendemann vom 25. Jan. 1913 sowie in seiner Abschiedsvorlesung von der Berliner Universität vom 1. März 1914, in der er gesagt haben soll: Er habe »nämlich das Glück gehabt, den großen Umschwung in der Philosophie mitgemacht zu haben, die sich von ihrer strengen oder auch starren Schulwissenschaftlichkeit entfernt habe, weil besonders die jüngere Generation eingesehen hat, daß die Philosophie so dem vielgestaltigen Leben nicht gerecht wird. Es sei schwierig zu entscheiden, ob die Welle den Strom oder der Strom die Welle machte. Wenn es aber, so schloß Simmel seinen Vortrag, eine Welle gewesen sei, die Spuren in den Seelen seiner Anhänger zurückgelassen hätte, so scheide er befriedigt« (VZ, Nr. 112 vom 3. März 1914, Mo. Bl.).

Georg Simmel an Robert Michels

Postkarte vom 19. Oktober 1913
Hs.; AFE Turin, Nl Michels

Westend 19 X 13
Königin Elisabethstr. 14
Untergrundbahn: Kaiserdamm

Verehrter Herr Kollege!

Ich werde mich sehr freuen, Sie zu sehn. Ich bin freilich für die nächste Zeit derartig mit Arbeiten bepackt, daß ich nur eine schmale Auswahl freier Stunden habe. Ich schlage Ihnen also zunächst vor: Mittwoch um 4 Uhr. Wenn ich keine Antwort bekomme, nehme ich es für Einverständniß.

Inzwischen mit besten Grüßen der Ihrige

Simmel

Postkarte vom 19. Oktober 1913] An: Herrn / Prof. *Robert Michels* / aus *Turin* / *W* / *Kurfürstendamm* 46; mit Poststempel: CHARLOTTENBURG 2 20. 10. 13 5-6 V. – Mit hs. Vermerken von Michels auf der Textseite, oben li.: *Freitag*, unten re.: Kaiserdamm, unten li.: Tel: Wilhelm 3732; auf der Anschriftseite, li. quer: Altmann /So/ *Heidelberg*; darunter durchgestrichen: Oppenh Thon [unles.] Oppenheim[er]; darunter: Hilferding Entw. des Kap.; re. quer: Vierkandt.

Sie zu sehn] Schreiben von Michels, in dem er sein Kommen anzeigte, verschollen.

mit Arbeiten bepackt] Das WS 1913/14 hatte am 16. Okt. 1913 begonnen, und Simmels Lehrprogramm umfaßte: »Allgemeine Geschichte der Philosophie, Mo Di Do Fr 4-5« sowie »Philosophie der Kunst, Mo Do 3-4« (Vorlesungsverz. Berlin WS 1913/14, S. 124). Für beide Veranstaltungen legte Simmel umfangreiche Kolleghefte an, die wohl Grundlage für Veröffentlichungen sein sollten (GSG 21).

Mittwoch um 4 Uhr] Mittwochs von 3-4 Uhr war lt. Vorlesungsverzeichnis (s. o.) Simmels Sprechstunde angesetzt.

Einverständniß] Michels hs. Vermerk (s. o.) deutet auf eine Verschiebung auf Freitag, den 24. Okt. 1913.

Georg Simmel an Edmund Husserl

Widmung um den 1. November 1913
Hs.; Husserl-Archiv Louvain

Ist dies nun auch Phänomenologie?
Sehr viele Grüße!

S.

Widmung um den 1. November 1913] Datiert nach dem Erscheinen des Husserl zugeeigneten Sonderdruckes von Simmel: Das Problem des Schicksals. In: Die Geisteswissenschaften. Wochenschrift für das gesamte Gebiet der Philosophie, Psychologie, Mathematik, Religionswissenschaft, Geschichtswissenschaft, Sprach- und Literaturwissenschaft, Kunstwissenschaft, Rechts- und Staatswissenschaft, Gesellschaftswissenschaft, Volkswirtschaftslehre und Statistik, Militärwissenschaft, Länder- und Völkerkunde, Pädagogik. Herausgegeben von Otto Buek und Paul Herre. 1, Heft 5 vom 29. Okt. 1913, S. 112-115 (GSG 12, S. 483-491). Hier versehen mit gesondertem Deckblatt: Sonderabdruck / aus der Wochenschrift / Die Geisteswissenschaften / Herausgegeben von Dr. O. Buek und Prof. Dr. P. Herre / 1. Jahrgang 1913/14 / Heft 5. – Mit hs. Textunterstreichungen und Vermerk: Gelesen 2. VII 31 St. Märgen.

Wilhelm von Crayen, G. J. Göschen'sche Verlagshandlung, an Georg Simmel

Briefdurchschlag vom 5. November 1913
Tps.; SBPK Berlin, VA de Gruyter

Berlin, den 5. November 1913.

Sehr geehrter Herr Professor!

Die dritte Auflage Ihrer »Hauptprobleme der Philosophie« ist soeben offiziell zur Ausgabe gelangt und ich gestatte mir, Ihnen in der Anlage 10 Freiexemplare zu übermitteln. Gedruckt wurden unserer Vereinbarung gemäss 5000 Exemplare und dafür steht Ihnen nach unserem Vertrag ein Honorar von Mk. 500.- zu, welche Summe ich Ihnen gleichzeitig durch mein Postscheckkonto überweise.

Mit dem Absatz des Büchleins bin ich nach wie vor recht zufrieden, wenngleich naturgemäss gegen früher der Verkauf bedeutend zurückgegangen ist. Ich zweifle nicht, dass das Werkchen auch in seiner neuen Auflage seinen Weg machen wird!

Mit verbindlichsten Grüssen und in vorzüglicher Hochachtung verbleibe ich Ihr ganz ergebener

Wilhelm Crayen.

Briefdurchschlag vom 5. November 1913] An: Herrn Professor Dr. *Georg Simmel*, *Berlin-Westend*, Königin Elisabethstrasse 14. – Der Brief wurde erst am 7. Nov. 1913 abgeschickt; siehe von Crayens Brief dieses Datums.

dritte Auflage] Zur Ausgabe gelangte somit: Georg Simmel: Hauptprobleme der Philosophie. Dritte, unveränderte Auflage. Berlin und Leipzig: G. J. Göschen 1913 [= Sammlung Göschen, 500]. – Zur Dringlichkeit und Planung der Neuauflage siehe von Crayen an Simmel vom 25. April 1913 sowie Simmel an von Crayen vom 7. und 12. Juni 1913, Grethlein an Simmel vom 11. Juni 1913, von Crayen an Simmel vom 14. Juni 1913.

unserem Vertrag] Das überlieferte Exemplar des Verlagsvertrages vom 5. bzw. 10. Juni 1909 sieht für Neuauflagen »ein Honorar von M. 1000 (Eintausend Mark) für je 1000 (eintausend) gedruckte Exemplare« vor – und somit wohl irrtümlich nicht die üblichen 100 M für 1000 Exemplare (SBPK Berlin, VA de Gruyter und GSG 24: Dokumente).

Absatz des Büchleins] Siehe von Crayen an Simmel vom 25. April 1913.

Georg Simmel an Wilhelm von Crayen, G. J. Göschen'sche Verlagshandlung

Brief vom 6. November 1913
Hs.; SBPK Berlin, VA de Gruyter

Westend 6 XI 13

Sehr geehrter Herr *Crayen*,

da nach unsrer Abmachung die neue Auflage meiner *Hauptprobleme* zu Anfang dieses Semesters ausgegeben werden soll, möchte ich Sie darauf aufmerksam machen, daß nach der Entwicklung, die ich an dem diesmaligen Semester beobachte, mir jetzt der geeignete Augenblick gekommen scheint. Es ist wohl jetzt ein gewisser Höhepunkt des Interesses der Studenten an meinen Vorlesungen erreicht u. ich halte es für zweckmäßig, ihnen das kleine Buch jetzt neu vor Augen zu bringen. Ich vermute doch, daß die Universitätsbuchhandlungen die neue Auflage auslegen. Bei *Speyer* u. *Peters* kann ich [dies] noch besonders veranlassen.

Das Honorar bitte ich an die *Deutsche Bank, Kurfürstenstr.* 115 für mein Konto zu überweisen.

Mit freundlicher Empfehlung Ihr sehr ergebner

Simmel

Brief vom 6. November 1913] Mit Bearbeitungsvermerk: 7/XI 13. Textverluste durch Lochung.

Abmachung] Simmel erinnert – in Unkenntnis vorstehenden Schreibens – an die Verschiebung der Ausgabe der dritten Auflage der ›Hauptprobleme der Philosophie‹ auf das WS 1913/14 (siehe die Korrespondenz zwischen G. J. Göschen'schen Verlagshandlung und Simmel vom 11., 12. und 14. Juni 1913).

Höhepunkt des Interesses der Studenten] Simmel muß seine Vorlesungen in seinen letzten Berliner Jahren »vor 300 und mehr Hörern« gehalten haben, wie sich Paul Honigsheim erinnert (BdD, S. 266), und Simmel selbst betonte in seiner Abschiedsvorlesung vom 1. März 1914, wie es die VZ vom 3. März 1918 überliefert: »Im Gegensatz zu dem Ende seiner Berliner Lehrtätigkeit sei ihm der Anfang vor 30 Jahren nicht gerade mit Rosen umwunden worden. Damals seien nur zwei Zuhörer demselben Kolleg gefolgt, wie in späterer Zeit 300« (Nr. 112, Mo. Bl.).

meinen Vorlesungen] Zu Simmels vierstündiger Vorlesung über ›Allgemeine Geschichte der Philosophie‹ im WS 1913/14 siehe Simmel an Robert Michels vom 19. Okt. 1913 und das Kollegheft ›Geschichte der Philosophie‹ (GSG 21).

***Speyer* u. *Peters*]** Gemeint ist die am 1. April 1885 von den Buchhändlern Hans Speyer und Carl Heinrich Peters in Berlin gegründete Sortiments-, Antiquariats- und Verlagsbuchhandlung ›Speyer & Peters‹, deren Geschäftslokal sich seinerzeit »Unter den Linden 43« befand (Adressbuch des Deutschen Buchhandels 74, 1912. Leipzig: Börsenverein der Deutschen Buchhändler in Leipzig, S. 508); zu den beiden Gesellschaftern siehe die Handelsregistermitteilung der VZ, Nr. 171 vom 14. April 1885, Mo. Bl.

dies] Ergänzung infolge Textschwunds durch Lochung.

Wilhelm von Crayen, G. J. Göschen'sche Verlagshandlung, an Georg Simmel

Briefdurchschlag vom 7. November 1913
Tps. m.e.U.; SBPK Berlin, VA de Gruyter

Berlin, den 7. November 1913.

Sehr geehrter Herr Professor!

Umstehender Brief sollte bereits vorgestern an Sie abgehen, da wurde bemerkt, dass der Buchbinder statt der neuen Auflage

Ihres Bändchens versehentlich eine andere Nummer an uns geschickt hatte! Infolgedessen musste reklamiert werden und die richtigen Bände treffen soeben erst ein.

Der Inhalt Ihrer freundlichen Zuschrift von gestern hat somit seine Erledigung gefunden, umsomehr, als ich auch das Honorar noch an die Deutsche Bank zur Gutschrift auf Ihr Konto beordern konnte.

Wiederholt verbindlichst grüssend Ihr ganz ergebener

Wilhelm Crayen.

Umstehender Brief ... vorgestern an Sie abgehen] Siehe von Crayen an Simmel vom 5. Nov. 1913.

Ihrer freundlichen Zuschrift von gestern] Simmel an von Crayen vom 5. Nov. 1913.

Ihr ganz ergebener] Im Original Hs.

Georg Simmel an Wilhelm von Crayen, G. J. Göschen'sche Verlagshandlung

Brief vom 8. November 1913
Hs.; SBPK Berlin, VA de Gruyter

Westend 8 XI 13

Sehr geehrter Herr *Crayen*!

Ich danke Ihnen bestens für die Zusendung der 10 Freiexemplare.

Bezüglich der Auflagenhöhe hat sich offenbar ein Irrtum in Ihre Erinnerung eingeschlichen. Nach Ihrem Schreiben vom 25. April d.J. sollten »*6000* Exemplare« hergestellt werden, die also einem Honorar von 600 M. entsprächen. Ich glaubte übrigens schon damals nicht, daß Sie sogleich die volle Auflagenhöhe herstellen, sondern nur, daß Sie das Recht zu dieser erwerben wollten, um dann je nach Bedürfniß das Ganze allmählig zu drucken. Ich würde natürlich um nur 100 M.-Differenz die Freundlichkeit unserer Beziehungen nicht trüben. Allein da ich diese Folge nicht voraussehe, so werden Sie es mir vielleicht nicht verdenken, wenn ich – angesichts der völlig unzweideutigen u. meines Wissens durch nichts widerrufnen Angaben Ihres damaligen Schreibens – »auf meinem Schein bestehe«.

Mit verbindlichen Grüßen Ihr sehr ergebner

Simmel

Brief vom 8. November 1913] Mit Stempelaufdruck: 11. Nov. 1913.

Schreiben vom 25. April ... »6000 Exemplare«] In diesem Schreiben von Crayens an Simmel hieß es: »[...] würde ich proponieren, 6000 Exemplare zu drucken.« – Zur Honorarvereinbarung siehe von Crayen an Simmel vom 5. Nov. 1913.

Wilhelm von Crayen, G. J. Göschen'sche Verlagshandlung, an Georg Simmel

Brief vom 11. November 1913
Tps.; SBPK Berlin, VA de Gruyter

Berlin, den 11. November 1913.

Sehr geehrter Herr Professor!

Auf Ihre geschätzte Zuschrift vom 8. ds. M. erlaube ich mir, Ihnen ergebenst zu erwidern, dass wegen des Neudrucks Ihrer »Hauptprobleme der Philosophie« allerdings insofern ein Irrtum unterlaufen ist, als tatsächlich nur 5000 Exemplare hergestellt wurden. Der Fehler entstand dadurch, dass in ähnlichen Fällen im allgemeinen die Auflage stets 5000 Exemplare beträgt und dass ich bei der Erteilung des Druckauftrages für Ihr Werkchen von Berlin abwesend und man in meinem Geschäfte von unserer persönlichen Verhandlung nicht unterrichtet war. Wenn Sie mit einem Honorar von M. 600.- gerechnet haben, so ist es ganz selbstverständlich, dass ich Ihnen diese Summe auch jetzt bezahle, und ich lasse demgemäss gleichzeitig weitere M. 100.- Ihrem Konto überweisen. Von der vierten Auflage sind unter diesen Umständen 1000 Exemplare honorarfrei und ich werde seinerzeit veranlassen, dass diese 1000 Exemplare [mehr] hergestellt werden. Hoffentlich trägt die jetzt zur Ausgabe gelangende dritte Auflage dazu bei, dass sich der Absatz wieder in flotteren Bahnen bewegt und wir bald zu der vierten Auflage kommen!

Mit verbindlichsten Grüssen Ihr hochachtungsvoll ergebener

Wilhelm Crayen

Brief vom 11. November 1913] An: Herrn Professor Dr. Georg *Simmel, Berlin-Westend,* Königin Elisabethstrasse 14. Textverlust durch Lochung.

Zuschrift vom 8. ds. M.] Simmel an von Crayen vom 8. Nov. 1913.

mehr] Ergänzt infolge Textschwundes durch Lochung.

wir bald zu der vierten Auflage kommen] Siehe von Crayen an Simmel vom 23. Mai 1917.

Georg Simmel an Wilhelm von Crayen, G. J. Göschen'sche Verlagshandlung

Brief vom 16. November 1913
Hs.; SBPK Berlin, VA de Gruyter

Westend 16 XI 13

Sehr geehrter Herr *Crayen*!

Ich bestätige mit verbindlichem Dank den Empfang des Honorars für die 3. Aufl. meiner *Hauptprobleme* mit 600 M. für 6000 Ex. Da bisher nach Ihrer Mitteilung nur 5000 Ex. gedruckt sind, so bleiben also von dem nächsten Abdruck die ersten 1000 Ex. honorarfrei. Ich will hoffen, daß ich diesen noch erlebe!

Mit ergebensten Grüßen Ihr

Simmel

nach Ihrer Mitteilung] Siehe Wilhelm von Crayen an Simmel vom 11. Nov. 1913.

Georg Simmel an Werner von Melle
Brief vom 18. November 1913
Hs.; StUB Hamburg, Nl von Melle, AG: Simmel

Berlin-Westend 18.XI.13.

Sehr geehrter Herr Doktor!

Ich danke Ihnen verbindlich für die freundliche Übersendung der Bürgerschafts-Verhandlungen über die Universität. Über gewisse Punkte des Für u. Gegen, z.B. die finanziellen, kann sich der Außenstehende kein Urteil erlauben. Wohl aber kann ich, der ich den Gang der geistigen Kultur in Deutschland seit dreißig Jahren mit aktivem Interesse verfolge, es als sicher aussprechen, daß hier wieder einmal eine große Gelegenheit für die Entwicklung des deutschen Geistes verpaßt worden ist. Ich weiß nicht, ob Ihnen die Enquêten über die Frankfurter u. die Dresdner Universität praezis vor Augen gekommen sind; in beiden habe ich mich mit Entschiedenheit *gegen* die Nützlichkeit dieser Gründungen erklärt, während mir die Hamburger Universität von vornherein als ein originelles u. fruchtbares Gebilde erschien.

Es ist mir in den Verhandlungen aufgefallen, welche eigentümlichen Vorstellungen vom »Professor« in weiten Hamburger Kreisen zu herrschen scheinen. Die betr. Herrn haben offenbar den antiquirten kleinstädtischen Professor vor Augen u. kennen den modernen Gelehrten großen Stiles überhaupt nicht. Daß sie deshalb garnicht ahnen, welchen Wert für das Leben von Hamburg (der sich freilich *unmittelbar* nicht in Mark u. Pfennigen ausdrücken läßt) eine Anzahl solcher Persönlichkeiten haben würde – das scheint mir zu den für die Ablehnung nicht unwichtigen Imponderabilien zu gehören. Freilich lag in dieser Richtung auch eine Schwierigkeit des Planes, die nicht einmal von den Gegnern hervorgehoben worden ist. Es ist gar keine Frage, daß die Geisteswissenschaften sich in Deutschland, in Bezug auf ihre akademischen Vertreter, augenblicklich in einem gewissen Tiefstand befinden. Sie hätten relativ leicht ausgezeichnete Naturforscher u. Mathematiker bekommen, aber mit Historikern, Kunstgelehrten, Philosophen, Nationalökonomen ersten Ranges hätte es sehr gehapert – während die ganze Universität nur einen Sinn hatte, wenn es eine Elite-Universität würde u. eine wenn auch nicht große Anzahl solcher Professoren zusammenführte, die einfach von jedem ernsthaften Studenten ihres Faches aufgesucht werden *müßten*. Über die außerordentliche Schwierigkeit, dies zu erreichen, können die großen Titel u. Auszeichnungen unsrer offiziellen Gelehrten nur den Außenstehenden täuschen.

Mit alledem bin ich überzeugt, daß wenn Sie Ihr Vorlesungswesen energisch u. mit rücksichtsloser Ausscheidung aller minderen Leistungen ausbauen, in einer Reihe von Jahren die Universität sozusagen von selbst dasein wird.

In ausgezeichneter Hochachtung Ihr ergebenster

Prof. Georg Simmel

Übersendung der Bürgerschafts-Verhandlungen über die Universität] Gemeint sind die in den ›Verhandlungen zwischen Senat und Bürgerschaft‹ (Hamburg 1913, S. 751-753) niedergelegten »Mitteilungen der Bürgerschaft an den Senat aus deren 36ster Sitzung am 29. Oktober 1913, betreffend *Ausbau des Kolonialinstituts und des Allgemeinen Vorlesungswesens zu einer Universität.*« Gegenstand der Verhandlungen mit den Vertretern der Hamburger Bürgerschaft waren die Anträge für bzw. gegen eingehendere Ausschußberatungen der am 12. Dez. 1912 verabschiedeten Universitätsvorlage des Senats, in der die formalen und finanziellen Rahmenbedingungen für die Ausweitung der bereits bestehenden wissenschaftlichen Institute – vornehmlich das ›Kolonialinstitut‹ zur Ausbildung von Kolonialbeamten und das daran angeschlossene, mit Professuren ausgestattete ›Allgemeine Vorlesungswesen‹ – zu einer Universität beschränkten Umfangs (ohne theologische und medizinische Fakultät) dargelegt wurden. Am Ende der viertägigen Verhandlungen hatte die Bürgerschaft gemäß dem Antrag der Gegner des Universitätsplans mit knapper Mehrheit gegen die Verweisung der Senatsvorlage zur Beratung im Hochschulausschuß votiert (vgl. Dreißig Jahre Hamburger Wissenschaft 1891-1921. Rückblicke und persönliche Erinnerungen von Werner von Melle. Herausgegeben auf Anregung der Hamburgischen Wissenschaftlichen Stiftung. Hamburg: Broschek & Co. Erster Band 1923; Zweiter Band 1924, hier: Bd. II, S. 171-292). – Von Melle sandte Simmel die ›Bürgerschafts-Verhandlungen‹ in Reaktion auf dessen befürwortenden Beitrag in der öffentlichen Diskussion über die Universitätsvorlage des Senats (siehe Simmel: Die Hamburger Universität. Der Tag, Nr. 36 vom 12. Febr.

1913, Illustrierter Teil [GSG 17, S. 103-106]; in Auszügen zitiert in: Dreißig Jahre Hamburger Wissenschaft, a. a. O., S. 197).

Frankfurter u. die Dresdner Universität ... erklärt] Siehe Simmels Beitrag zu: Frankfurter Universität und Gelehrtenwelt. Eine Umfrage bei deutschen Hochschullehrern. Frankfurter Nachrichten und Intelligenzblatt 191, Nr. 83 vom 24. März 1912 (GSG 17, S. 99-102). – Der Beitrag Simmels zu einer Enquête über die Dresdener Universität wurde bisher nicht aufgefunden.

Vorlesungswesen] Gemeint ist die in Hamburg bis in das 17. Jahrhundert zurückreichende Tradition, allgemeinbildende Vorlesungen aus einzelnen Wissenschaftsgebieten zur Fortbildung von Laien und Angehörigen bestimmter Berufsgruppen anzubieten. Das sogenannte ›Allgemeine Vorlesungswesen‹ hatte durch Stiftungen so ausgebaut werden können, daß neben den befristeten Dozenturen 1907 zunächst zwei (Nationalökonomie, Geschichte) und 1910 vier weitere ständige ordentliche Professuren (Philosophie mit Schwerpunkt Psychologie, deutsche Sprachwissenschaft, englische und romanische Sprache und Kultur) vergeben werden konnten. Vgl. Dreißig Jahre Hamburger Wissenschaft, a. a. O., Bd. 1, S. 404 ff. und 687 ff.

Georg Simmel an Elisabeth Förster-Nietzsche

Brief vom 30. November 1913
Hs.; Goethe-Schiller-Archiv, Weimar, Nietzsche-Archiv

Berlin-Westend 30 XI 13

Sehr verehrte Frau!

Ich danke Ihnen von Herzen für die gütige Zusendung Ihres ergreifenden Buches.

In steter Ergebenheit Ihr

Georg Simmel

Zusendung Ihres ergreifenden Buches] Elisabeth Förster-Nietzsche hatte Simmel ihr lt. Copyright noch 1913 fertiggestelltes Buch ›Der einsame Nietzsche‹ (Leipzig: Kröner 1914; XI, 592 S.) gleich nach dessen Erscheinen dediziert. Die Schrift stellt – »im wesentlichen unverändert (S. 102-550), wenn auch umgeschrieben und um mehrere Werk- und Briefstellen aus noch Unveröffentlichtem erweitert« – eine Neuausgabe dar von: Dies.: Das Leben Friedrich Nietzsche's. 2. Bd. 2. Abt. Leipzig: C.G. Naumann 1904 (Richard Frank Krummel: Nietzsche und der deutsche Geist. Bd. II, S. 179, Nr. 416). Wie in jener, hat die Verfasserin auch in dieser Schrift, deren Namensregister sie als Fortsetzung des 1912 erschienenen ›Der junge Nietzsche‹ (siehe Simmel an Förster-Nietzsche vom 30. März 1912) ausweist, wiederholt auf Simmel verwiesen und dessen als »ausgezeichnet« (S. 363) und »vorzüglich« (S. 366) apostrophierten Aufsatz ›Zum Verständnis Nietzsches‹ von 1902 (GSG 7, S. 57-63) umfänglich zitiert (S. 125-126 und 363-366); siehe Elisabeth Förster-Nietzsche an Simmel vom 6. Dez. 1902. – Simmels Umschreibung des Buches als »ergreifend« bezieht sich auf das Unterfangen Förster-Nietzsches, auch über Friedrich Nietzsches Krankheit und Sterben zu schreiben; das sei ihr »sehr schwer geworden, besonders die letzten Kapitel mit ihrem unbeschreiblichen Herzeleid«, bekennt sie im Vorwort (S. v).

Georg Simmel an Margarete von Bendemann
Brief vom 2. Dezember 1913
Hs.; LBI New York, Susman Collection

Westend 2 XII

Sehr liebe Susa!

Wir hören, daß du wieder zu Hause bist u. daß es euch wieder einigermaaßen geht. Nun möchte ich freilich noch wissen, ob du schon zurechtgerückt bist oder ob das Chaos dieser letzten Monate noch nachschwingt. Ich erfahre am eignen Leibe, eine wie schwere u. eigentlich unlösbare Aufgabe es selbst unter meinen relativ günstigen Lebensbedingungen ist, nach dem ›individuellen Gesetz‹ zu existiren u. zu der *Kontinuität* im Gestimmtsein u. Denken zu kommen, die doch schließlich die Bedingung des geistigen u. produktiven Lebens ist, wenn es werden soll, was es werden kann; ich bin über die Zersplittertheit des Tages, eben das Durchreißen der eben angesponnenen Fäden oft bis zur Raserei, ja, bis zur Resignation verzweifelt. U. wie hast *du* es nun erst gehabt! Ich mag in meiner sinnlosen Ohnmacht dem gegenüber garnicht daran denken.

U. dann ist noch die Sinnlosigkeit darüber geklebt, daß ich jetzt ein Kolleg über *Philosophie der Kunst* lese, zu dem ich dich in jeder einzelnen Stunde vermisse. –

Groethuysen sehen wir öfters. Ich finde ihn so frisch u. erfreulich, wie nur je u. jedenfalls wie seit Jahren nicht. Seine geistige Entwicklung ist sehr merkwürdig, insofern es eigentlich keine »Entwicklung« ist. Er denkt ja fortwährend weiter, nimmt auch neue Probleme in Angriff – aber er bleibt immer in derselben Ebene, u. ich finde nicht, daß er höher kommt, es ist derselbe Grad u. dieselbe Art von Schärfe u. Tiefe, die schon vor vielen Jahren vorhanden waren, aber es schließt sich weder objektiv zu einer Gesammtansicht oder einem Gesammtprinzip des Weltbildes, noch wird es subjektiv stärker. Es geht von Punkt zu Punkt, immer weiter u. weiter, wie in der russischen Steppe, wo es keine formende Grenze u. kein Höhersteigen giebt. Es ist, als ob ein Weltproblem nach dem andern durch seinen Kopf ginge, dort eine wundervolle, helle u. magische Beleuchtung erhielte u. ihn dann verläßt, um wieder in dasselbe Dunkel zu sinken, in dem es vorher war. Welch ein unvergleichliches u. doch eigentlich unheimliches Wesen! –

Wenn du wieder einmal schreibst (wozu ich dich aber nicht etwa mit einer Verpflichtung beladen will!), möcht' ich auch gern wissen, was der Mann nun vorhat. U. grüße ihn schön u. den andern Mann auch.

Leb wohl u. liebe mich!

G.

Brief vom 2. Dezember 1913] Jahresangabe erschlossen aus dem Hinweis auf das von Simmel im WS 1913/14 gelesene »Kolleg über Philosophie der Kunst« (siehe Simmel an Robert Michels vom 19. Okt. 1913).

wieder zu Hause bist] Margarete von Bendemann hielt sich im Sept. 1913 zunächst zur Kur in Disentis (Schweiz) und anschließend zu einer Nachkur in Regoledo am Comer See auf. Vgl. Margarete von Bendemann an Martin Buber vom 6. und 18. Sept. 1913 (JNUL Jerusalem, Buber Archive).

Chaos dieser letzten Monate noch nachschwingt] Einem Bericht Margarete von Bendemanns an Buber vom 14. Jan. 1914 zufolge, befiel Sohn Erwin eine Keuchhustenerkrankung »sofort nach meiner Rückkehr vom Comersee« (s. o.), die sie drei Wochen später selbst »in ärgster Form« durchlitten habe. »Seit vier Monaten habe ich keinen Strich mehr arbeiten können« (ebd.).

›individuellen Gesetz‹] Diesem Theoriestück legte Simmel große Bedeutung bei; er hatte es im Jan. 1913 vor der Berliner Kantgesellschaft der Öffentlichkeit vorgestellt (siehe Simmel an Georg Misch vom 6. Jan. 1913) und schon im Juli 1913 publiziert (Logos IV, 1913/14, Heft 2, S. 117-160; GSG 12, S. 417-470). Simmel hatte Margarete von Bendemann im Brief vom 26. Juni 1913 diese Veröffentlichung angekündigt und vermutlich als Sonderdruck zukommen lassen.

Kolleg über *Philosophie der Kunst*] Im WS 1913/14 hielt Simmel diese Vorlesung, die er in einem Kollegheft (in GSG 21) auch als Grundlage für eine spätere Veröffentlichung festhielt (siehe Simmel an Robert Michels vom 19. Okt. 1913).

vermisse] Simmel schätzte die Diskussion mit Margarete von Bendemann über seine theoretischen Überlegungen, und dies vor allem, da ihre Auffassung in Kunstfragen von der seinigen abwich. Schon zu Beginn ihrer Bekanntschaft berichtete die noch unverheiratete Margarete Susman ihrem Freund Erwin Kircher: »Simmel [...] hat manchmal stundenlang mit mir gesprochen, neulich auch über Kunst. Ich konnte gar nichts sagen, aber ich war auf einmal wie erstarrt innerlich. Ich fühlte plötzlich, daß er einer ganz andern Welt angehört als ich. Er gehört so mit Leib und Seele dieser ästhetischen Auffassung an und so bis zur letzten Consequenz wie nicht einmal die Münchner, und dadurch daß er so Gedankenmensch ist, ist das bei ihm alles noch kälter, was bei den anderen Spiegel ist, ist bei ihm Eis. [...] Ich glaube überhaupt nicht, daß er Schönes stark empfindet – ich glaube er denkt es nur stark durch. Alles wird bei ihm Gedanke, und selbst in manchen seiner letzten Vorlesungen – auch wenn sie sehr schön waren – habe ich das zuweilen gefühlt. [...] ich bewundere ihn übrigens immer noch sehr, er ist mir nur auf einmal so fern gerückt« (Brief vom 26. Febr. 1902, DLA Marbach, A: Susman).

***Groethuysen* sehen wir öfters**] Bernhard Groethuysen hielt als PD regelmäßig im Wintersemester Vorlesungen an der Berliner Universität. Im WS 1913/14 las er über »Die französische Philosophie des 18. Jahrhunderts«; das Kolleg stand in Zusammenhang mit seinen während der Sommermonate betriebenen Forschungen zu den geistigen Vorbedingungen der Philosophie zu Beginn der Französischen Revolution (vgl. Große Kracht, S. 53). – Eingegangen sind diese Forschungen Groethuysens in: Die Entstehung der bürgerlichen Welt- und Lebensanschauung in Frankreich. I. Band: Das Bürgertum und die katholische Weltanschauung; II. Band: Die Soziallehren der katholischen Kirche. Halle/S.: Max Niemeyer 1927 und 1930 [= Philosophie und Geisteswissenschaften, 5 und 6].

was der Mann nun vorhat] Angesprochen sind wohl Eduard von

Bendemanns Pläne, sein kunsthistorisches Studium in Basel fortzusetzen und mit der Promotion abzuschließen. Siehe Simmel an Margarete von Bendemann vom 4. Mai 1913.

andern Mann] Sohn Erwin von Bendemann.

Georg Simmel an Eugen Diederichs

Postkarte vom 4. Dezember 1913
Hs.; DLA Marbach, Nl Diederichs

Westend 4 XII 13

Sehr geehrter Herr *Diederichs*!

Besten Dank für die freundliche Zusendung des »*Lachens*«; nach Stichproben zu urteilen, kann man mit der Übersetzung wohl zufrieden sein. – Über *Matière et Mémoire* nächstens.

Mit freundlichem Gruß ergebenst

Simmel

Postkarte vom 4. Dezember 1913] an: Herrn / *Eugen Diederichs* / Verlag / *Jena*; mit Poststempel: CHARLOTTENBURG 2 5.12.13 11-12 V.

Zusendung des »*Lachens*«] Soeben erschienen war: Henri Bergson: Das Lachen. Uebersetzt von Julius Frankenberger und Walter Fränzel. Jena: Eugen Diederichs 1914 (nach der Urfassung: Le Rire. Essai sur la signification du comique. Paris: Félix Alcan 1900). Zur deutschen Fassung brachte das LC vom 28. Febr. 1914 eine Rezension von Karl Holl (Sp. 326f.).

Übersetzung wohl zufrieden] Simmel fühlte sich für die Übersetzung von Bergsons ›Le Rire‹ verantwortlich (siehe Simmel an Diederichs vom 25. März 1911). Der Verlag hatte diese bereits 1911 als »in Vorbereitung« angezeigt in: Henri Bergson: Zeit und Freiheit. Eine Abhandlung über die Bewußtseinstatsachen. Berechtigte Übersetzung. Jena: Diederichs 1911.

Über *Matière et Mémoire*] Angesprochen sind die Anstrengungen zur Neuübersetzung von: Henri Bergson: Matière et Mémoire. Essai sur la relation du corps à l'esprit. Paris: Félix Alcan 1896. Siehe Simmel an Diederichs vom 30. Sept. 1913.

Georg Simmel an Heinrich Rickert
Brief vom 5. Dezember 1913
Hs.; SBPK Berlin, Nl 125 (M. Landmann)

Westend 5 XII 13

Lieber Rickert!

Ich danke Ihnen sehr für Ihren Brief u. alles was ihm von Ihrer Seite vorausgegangen ist. Infolge der tadellos funktionierenden akademischen Diskretion habe ich schon vor 14 Tagen von der Sache erfahren, u. inzwischen hat auch schon der Dekan halb-offiziell an mich geschrieben, um zu fragen, ob ich den Ruf etwa prinzipiell ablehnen würde. Ich habe ihm erwiedert, daß das nicht der Fall sei. Seit der Heidelberger Affaire nämlich besteht der Mythos, daß ich grundsätzlich kein Ordinariat haben will, u. dieser ist auch nach Str. gedrungen. Ferner steht mir, wie ich von dort höre, der Ruf politischen u. sonstigen »Radikalismus« im Wege. Es ist mir doch interessant, bei dieser Gelegenheit einmal nun wirklich zu erfahren, wieso ich denn eigentlich von den offiziellen Instanzen als schlechthin nicht-vorhanden angesehen werde. Übrigens bin ich überzeugt, daß *Elster* dafür sorgen wird, daß sein Verhalten gegen mich nicht durch einen derartig »ehrenvollen« Ruf desavouirt wird. Ich kann es ja ruhigen Blutes mitansehen u. viele hunderte von Studenten trösten mich auch in diesem Semester wieder über mein akademisches Mißgeschick – aber bei dem Gedanken, daß solche Behandlung ebenso einen weniger günstig Situirten treffen kann u. sicher oft trifft, empört sich doch alles in mir. –

Sehr vermisse ich, da Sie doch einmal schrieben, eine Zeile über *Heinis* Ergehen. Wir waren um seinet- u. um Hansens willen ganz außerordentlich betrübt, daß es mit seiner Gesundheit gehapert hat u. haben seit längerer Zeit nichts Zuverlässiges darüber gehört; aber wir denken viel an ihn, denn er ist uns besonders u. herzlich lieb.

Also nochmals vielen Dank u. schönste Grüße allerseits! Ihr

Simmel

Ihren Brief] Dieser Brief – wahrscheinlich am 1. oder 2. Dez. 1913 geschrieben; wie aus den behandelten Themen im obigen Antwortschreiben geschlossen werden kann – ist verschollen. Rickert unterrichtete Simmel darüber, daß er für den ersten Listenplatz für die Wiederbesetzung des Philosophie-Lehrstuhls (Störring-Nachfolge) an der KWU im Gespräch sei und daß er, Rickert, eine gutachterliche Stellungnahme abgegeben habe. Rickert wird auch auf die Schwierigkeiten der Entscheidungsfindung in der Straßburger philosophischen Fakultät zu sprechen gekommen sein, und er wird in diesem Zusammenhang Simmel an die Konflikte um die Besetzung der anderen Straßburger Philosophie-Professur erinnert haben, die Anfang 1913 große Aufmerksamkeit in der Presse erfahren hatten. Als nämlich im WS 1912/13 ein Nachfolger Clemens Bäumkers gesucht wurde, der zum 1. Okt. 1912 einem Ruf nach München gefolgt war, kam es zum Eklat, als der amtierende Dekan, der Historiker Martin Spahn (1875-1945; DBE), der Professorenschaft von einem »Schreiben des Herrn Kurators vom 25. November des Inhalts« unterrichtete, »daß nach den bei den Verhandlungen über die Errichtung einer katholisch-theologischen Fakultät zwischen der Regierung und dem Heiligen Stuhl getroffenen Vereinbarungen der philosophischen Fakultät stets ein katholischer Professor der Philosophie angehören müsse und daß bei der Berufung des Nachfolgers für Herrn Bäumker die Vereinbarung zu beachten sei.« Diese Information löste spontane Empörung aus, und die Sitzung mußte abgebrochen werden (Protokoll X: Sitzung der philosophischen Fakultät am Samstag den 30. November 1912 um 5 Uhr. ADBR Strasbourg, AL 103, Paq. 36, Nr. 120). Diese geheim gehaltene Vereinbarung des Deutschen Reiches mit der Kurie von 1902 anläßlich der Konstitution einer katholisch-theologischen Fakultät an der KWU wurde nun im Wortlaut öffentlich – die einschlägige Passage lautet: »Le gouvernement impérial, prenant en juste considération les besoins des élèves de la faculté de théologie catholique estime qu'il est de son devoir naturel de faire nommer [...] de la faculté de philosophie [...] à l'université de Strasbourg un professeur d'histoire et un professeur de philosophie, appartenant [...] à la religion catholique« (zit. n. StP, Nr. 794 vom 13. Juli 1913) –, und die philosophische Fakultät beschloß daraufhin am 25. Jan. 1913, für eine »konfessionell gebundene Professur« keine Vorschläge zu machen (ADBR Strasbourg, AL 103, Paq. 36, Nr. 120). Die Presse hatte zwischenzeitlich längst die Angelegenheit aufgegriffen und an den ›Fall Spahn‹ von 1902 erinnert. Damals nämlich war erstmals bekannt geworden, daß sich die Reichsregierung mit Errichtung der katholisch-theologischen Fakultät in Straßburg gegenüber der Kurie verpflichtet hatte, daß künftig einer der beiden geschichtswissenschaftlichen Lehrstuhlinhaber Katholik zu sein habe. Und die entsprechende Berufung von Martin Spahn hatte zum hochschulpolitischen Eklat geführt, als die Presse über das Thema langwierig und intensiv berichtete. Und als nun Ende 1912 bekannt wurde, daß jener Vertrag mit der Kurie zudem beinhaltete, daß auch einer der beiden philosophischen Lehrstühle einem Katholiken vorbehalten zu sein habe, machte sich Empörung breit, als in den MNN in einem unmittelbar danach in der StP, Nr. 1515 vom 27. Dez. 1912, abgedruckten Artikel über den Fall zu lesen war und andere Zeitungen das Thema aufgriffen. Konstatierte der Artikel der MNN nur die Folgen für Straßburg – »Man kann gespannt sein, wie sich die Fakultät dazu stellen wird; noch viel gespannter aber, was Rektor, Senat und Plenum zu diesem Novum sagen. Sie haben seinerzeit der Errichtung der katholisch-theologischen Fakultät in Unkenntnis dieses Geheimartikels zugestimmt; ihre Zustimmung wäre also unter falschen Voraussetzungen erfolgt. Wird sich die Straßburger Universität das gefallen lassen?« – so wies die gleichzeitig erscheinende ›Kölnische Zeitung‹ (Nr. 1444 vom 27. Dez. 1912) schon auf die generelle wissenschaftspolitische Problematik hin: »Im Falle Spahn ist man offen verfahren; trotzdem kam es über ihn zum Kampf um die ›voraussetzungslose‹ Wissenschaft: im jetzt vorliegenden Fall ist, vorausgesetzt, daß es sich so verhält, wie eben berichtet, hinterhältig verfahren worden, der Fall liegt also hier viel schlimmer. Es handelt sich um die heimliche Einführung einer konfessionellen Professur: wird sich die deutsche Wissenschaft das gefallen lassen?« Als dann der ›Elsässer Kurier‹ am 31. Dez. 1912 kommentierte: »Wenn die katholische Kirchenbehörde ihre Theologen an die Universität schickt, so hatte sie wohl das Recht zu verlangen, daß sie christliche Philosophie zu hören bekommen! – Die christlich gerichteten Professoren wie Dr. Bäumker und Spahn überragten übrigens an Talent und wissenschaftlicher Leistungsfähigkeit ihre ›ungebundenen‹ Kollegen um ein ganz Bedeutendes und an Schülern hat es ihnen nie gefehlt, ein Beweis, daß für die betreffenden Professuren ein Bedürfnis besteht«, und als in ›Der Elsässer‹ (Nr. 4 vom 3. Jan. 1913) rhetorisch gefragt wurde, ob es zu verstehen sei, »daß kirchlicherseits der Besuch einer Universität mit theologischer Fakultät gestattet werden könnte, wenn in den philosophischen Semestern ein Professor dozieren dürfte, der nicht auf katholischem oder christlichem Standpunkte stehen, sondern kraft ›eigener Wissenschaft‹ seine eigenen philosophischen Theorien oder gar den Monismus – sei es als materialistischen Monismus nach Haeckel, oder als energetischen Monismus nach Ostwald – dozieren würde? Kann das ›Berliner Tageblatt‹ diesen philosophischen Zwangsunterricht eines dem Christentum feindlichen Universitätsprofessors, der das Gegenteil christlicher Philosophie seinen Zuhörern einzupflanzen sucht, ernstlich verlangen? Jeder vernünftige Mensch, auch jeder Jude, wird sich dagegen sträuben, wenn man etwa einen jüdischen Rabbinats-Kandidaten dazu zwingen wollte, an einer Universität christliche Philosophie zu hören« –, da war es kein universitätsinterner oder dann wissenschaftspolitischer Konflikt mehr, sondern nun ein vordergründig konfessioneller Streitfall und galt als Exempel für den ›diktatorischen‹ kulturpolitischen Umgang mit dem Elsaß. »Wir Elsaß-Lothringer haben eine katholisch-theologische Fakultät an der erzliberalen und erzprotestantischen Straßburger Universität nicht gewollt. Wir haben ihre Gründung mit aller Energie bekämpft. Man hat sie uns dennoch aufgedrungen«, erinnerte daher ›Der Volksfreund‹ vom 6. Jan. 1913. Diese Pressekampagne setzte sich bis zum Juli 1913 fort und flaute erst ab, als der Ruf an den katholischen Philosophen Arthur Schneider erging. In der Universität weigerte sich ein Großteil des Lehrkörpers der philosophischen Fakultät, an zur Posse gewordenen Berufungsgesprächen teilzunehmen, und intervenierte beim Senat. Dieser beschloß am 28. Jan. 1913, der Regierung »sein lebhaftes Bedauern« darüber auszusprechen, daß bisher weder dem »Rektor und Senat noch der philosophischen Fakultät« der »Notenwechsel zwischen der Reichsregierung und der Kurie« von 1902 zur Kenntnis gebracht worden sei, und der Senat erklärte zugleich, daß die Anweisung an die philosophische Fakultät, den erledigten Philosophie-Lehrstuhl mit einem katholischen Wissenschaftler besetzen zu müssen, »als eine allgemeine Universitätsangelegenheit« angesehen werde, »da die Interessen mehrerer Fakultäten teils unmittelbar teils mittelbar durch die Frage berührt werden«. Während der Inhaber des ersten Konkordanzlehrstuhls, der Historiker Spahn, als Dekan der philosophischen Fakultät dem Beschluß des Senats zustimmte, ließ der Philologe Enno Littmann protokollarisch festhalten: »Auf Anfrage des Senators Littmann, ob Rektor und Senat dem Wunsch der Mehrheit der phil. Fakultät, der Regierung gegenüber gegen eine Verminderung der freien Professuren dieser Fakultät Verwahrung einzulegen unterstützen würden, erklärte der Rektor [d. i. der ev. Kirchenhistoriker Johannes Ficker (1861-1944); NDB], dass dies gegebenen Falls geschehen werde« (hs. Zusatz zum Protokoll der Senatssitzung, Tps., ADBR Strasbourg, AL 103, Paq. 33-36, Nr. 113). Und entsprechend stimmte der Senat auf seinen Sitzungen vom 13. Juni 1913 (Protokoll, ebd.) und vom 11. Juli 1913 aus Gründen »der Wahrung der allgemeinen Universitätsinteressen und in der Sorge für die Vollständigkeit des Unterrichts« der philosophischen Fakultät insoweit zu, als er beschloß, daß »die aus der konfessionellen Bindung einer der bestehenden Professuren sich ergebende Beschränkung des Kreises der für die Berufung in Betracht kommenden Gelehrten die Vollständigkeit des philosophischen Unterrichts, auf den die Gesamtheit der Universität angewiesen ist, gefährden kann«, und man sprach sich dafür aus, eine weitere, dritte

Professur für Philosophie zu beantragen (zit. n. StP, Nr. 789 vom 12. Juli 1913). In Bindung an diese Forderung stimmte der Senat dem Weiterreichen der Liste mit dem Katholiken Arthur Schneider auf Platz eins zu und setzte sich über das ablehnende Votum der philosophischen Fakultät hinweg. – Der Konflikt schien mit der Bestallung Arthur Schneiders am 19. Aug. 1913 beendet (ADBR, Strasbourg, AL 103, Paq. 145). Aber längst drohte ein neuer, ähnlicher Konflikt, über dessen Hintergründe die philosophische Fakultät der KWU nur nach und nach erfuhr, erstmals Ende Sept. 1913. Bereits am 15. Juli 1913 schrieb der Hochschulreferent im preußischen Kultusministerium Elster vertraulich an den Kurator der KWU: »Mein Herr Minister legt größten Wert darauf, für das durch das Ausscheiden des Professors Dr. Külpe-Bonn zur Erledigung kommende evangelische Ordinariat der Philosophie den ordentlichen Professor an der dortigen Universität Dr. Gustav *Störring* zu gewinnen. Ich gestatte mir daher die ergebenste Anfrage, ob von Ihrer Seite aus Bedenken gegen die Berufung des Herrn Störring zum bevorstehenden Winter-Semester geltend zu machen sind. Ist dies nicht der Fall, so wäre ich Ihnen sehr verbunden, wenn Sie in Hinblick auf die große Eilbedürftigkeit der Sache die Liebenswürdigkeit haben wollten, mir telegraphisch Bescheid zukommen zu lassen, damit ich mich gegebenenfalls unverzüglich mit Professor Störring in Verbindung setzen kann. / Ich bedaure lebhaft, daß ich Euerer Exzellenz erst heute in dieser Angelegenheit schreiben kann, aber die Verhandlungen mit der Bonner Philosophischen Fakultät haben sich über Erwartungen lange hingezogen. Und doch müssen wir unter allen Umständen die in Rede stehende Professur zum Winter wieder besetzen. Mit Rücksicht hierauf würden wir Euerer Exzellenz zu ganz besonderem Danke verpflichtet sein, wenn Sie dem eventuellen Ausscheiden des Herrn Störring mit Ablauf dieses Sommer-Semesters keine Schwierigkeiten in den Weg legen wollten. Es ist selbstverständlich, dass, falls die Straßburger Philosophische Fakultät einen preußischen Dozenten in Vorschlag bringen wird, wir auch Ihren Wünschen in jeder Weise Rechnung tragen werden« (ADBR Strasbourg, AL 103, Paq. 285, Nr. 746, Personalakte Störring). War der Kurator der KWU schon lange in der problematischen Situation, einerseits darauf zu achten, daß jenes Abkommen der Reichsregierung mit der Kurie eingehalten wurde, und andererseits darauf bedacht, den Ruf seiner Universität zu wahren, so befürchtete er, daß die Bitte des Ministeriums einen größeren Konflikt auslösen könnte, wußte er doch um die Ablehnung jenes Abkommens und, damit verbunden, die des Katholiken und Wissenschaftlers Schneider durch die Straßburger Professorenschaft. Daher konnte Kurator Back am 16. Juli 1913 Elster nur zu seinem »Bedauern mitteilen, daß […] von unserer Seite die schwerwiegendsten Bedenken geltend zu machen sind«, – denn – »Ich darf wohl annehmen, daß die bezüglich des Ersetzens des nach München berufenen Prof. Bäumker hier entstandenen Wirren Ihnen nicht ganz unbekannt geblieben sind. Durch die im J. 1902 zwischen dem deutschen Reich und dem H. Stuhl ausgetauschten Noten ist die Regierung verpflichtet, den erledigten Lehrstuhl mit einem kathol. Professor zu besetzen. Unter dem heftigsten Widerspruch der großen Mehrheit der philosophischen Fakultät hat die Regierung sich für die Berufung des Prof. Schneider in Freiburg entschlossen; der Immediatbericht an Seine Majestät, in welchem die Ernennung beantragt wird, ist unterwegs und es unterliegt wohl keinem Zweifel, daß die Ernennung erfolgt. Würde nun auch Störring genommen, so würde, da sich ein Ersatz wohl kaum noch beschaffen lässt, sich die Sache so gestalten, daß der von der Mehrheit der Fakultät und – man kann nach der Haltung des Senats das aussagen – von der übergroßen Mehrheit der ganzen Professorenschaft perhorreszierte katholische Professor, der nach dem Wortlaut der erwähnten Noten, ›den Bedürfnissen der Studierenden der kathol. Theologen‹ gerecht werden soll, der allgemeine Vertreter der Philosophie sein würde. Die große Aufregung, welche jetzt schon herrscht, würde sich dadurch auf das höchste steigern. Ich möchte deshalb auf das dringendste bitten, wenigstens von einer Berufung Störrings für das Wintersemester abzusehen« (Briefentwurf, ebd.). Das Ministerium kam nun schnell Schneiders Gehaltsvorstellungen weit entgegen – man einigte sich auf 9000 Mark, und die Ernennung zum ordentlichen Professor erfolgte dann am 19. Aug. 1913 –, um wenigstens einen philosophischen Lehrstuhl in Straßburg besetzt zu haben; das entsprach dem Wunsch des Kurators, auch wenn er die wissenschaftliche Bedeutung Schneiders recht gering einschätzte, denn »wollte man auf die Berufung Schneider's verzichten, so würde es bei dem großen Mangel an Philosophen katholischer Konfession, wie allseits anerkannt wird, kaum möglich sein, den erledigten Lehrstuhl in einer dem Vertrag mit der Kurie entsprechenden Weise zu besetzen« (Otto Back an Karl Graf von Wedel vom 3. Juli 1913; ADBR Strasbourg, AL 103, Paq. 77, Nr. 212). Das Ministerium mußte akzeptieren, Störring im WS 1913/14 in Straßburg zu belassen, wie Elster dem Universitätskurator mit Schreiben vom 2. Sept. 1913 dann mitteilte. Aber schon im Laufe des Sept. 1913 nahm der Statthalter mit Störring in dieser Angelegenheit Kontakt auf (ADBR Strasbourg, AL 103, Nr. 746; Personalakte Störring), der fast unmittelbar zusagte, worüber dieser den Kurator der KWU am 27. Sept. 1913 informierte (ADBR, Strasbourg, AL 103, Paq. 77). Dieser unterrichtete daraufhin offiziell den Dekan der philosophischen Fakultät,

Enno Littmann, und bat, ihm »demnächst ihre Vorschläge« für die Wiederbesetzung der Stelle einzureichen (ebd.), aber zugleich wurde nun in der Fakultät bekannt, daß die Forderung nach einer dritten philosophischen Professur hinfällig geworden war, da der Kurator aus pragmatisch-politischen Gründen den entsprechenden Beschluß des Senats der KWU nicht weitergeleitet hatte, wie er dem Rektor mündlich auseinandergesetzt hatte (hs. Notiz auf Schreiben des Rektors an den Kurator vom 24. Juni 1913; ebd.). – Der Konflikt bei der Wiederbesetzung der Professur konzentrierte sich dann um die Frage ihrer Ausrichtung: Hielt es der scheidende Lehrstuhlinhaber, der Wundt-Schüler Störring, anfänglich für selbstverständlich, daß der Tenor auf der experimentellen Psychologie liegen bleibe, so mußte er schon bei seinem ersten Gespräch mit dem Kurator in dieser Angelegenheit am 22. Sept. 1913 feststellen, daß auf reine Philosophie Wert gelegt werden sollte; und auch Störrings Schreiben vom 4. Okt. 1913 konnte diese Meinung des Kurators nicht umstimmen (ADBR Strasbourg, AL 103, Paq. 77, Nr. 265). Diese Haltung war nicht bedingt durch die »Erklärung von 106 Dozenten der Philosophie, daß philosophische Lehrstühle nicht mit Experimentalpsychologen besetzt werden« vom Februar 1913 (ebd., Nr. 266; GSG 17, S. 177-179), die allen philosophischen Fakultäten – auch der in Straßburg mit persönlichem Anschreiben Heinrich Rickerts vom 13. Februar 1913 (ebd.) – zugegangen war und sich in den einschlägigen Zeitschriften abgedruckt fand; vielmehr stand sie im engen Zusammenhang mit der katholischen Ausrichtung des anderen philosophischen Lehrstuhls in Straßburg: Wenn hier argumentiert wurde, daß katholische Lehramtskandidaten ihr Philosophikum bei einem Katholiken ablegen können müßten, so schien im Umkehrschluß vertretbar, daß nicht-katholische Lehramtskandidaten nicht gezwungen sein dürfen, bei Katholiken Philosophie zu hören. Die philosophische Fakultät wußte sich unter großem Zeitdruck, sollte doch die Position zum 1. April 1914 besetzt sein; daraus ergab sich, daß die Liste der Fakultät spätestens Mitte Dez. 1913 dem Kurator vorliegen mußte, also die Berufungskommission spätestens Anfang Dez. sich auf einen Listenvorschlag verständigt haben sollte. Fieberhaft wurde schon vor Beginn des WS 1913/14, im Okt. 1913, nach Namen möglicher Kandidaten gesucht, und stieß einer auf Zustimmung, mußte eruiert werden, ob er nach Straßburg zu wechseln bereit sei. Früh schaltete sich Rickert in diese Diskussion ein, der wohl von dem Straßburger PD der Philosophie Otto Baensch, der wie Windelband und Simmel auch die Erklärung gegen die Umwidmung philosophischer Lehrstühle vom März 1913 (s. o.) unterschrieben hatte, über das Geschehen in Straßburg unterrichtet wurde. Baensch war es schon im Okt., der, instruiert von

Rickert, Simmels Namen in die Diskussion brachte, worüber Rickert dann auch Emil Lask in einem Brief vom 12. Nov. 1913 kurz berichtete: »Aber die Straßburger sind jetzt, auf mein Betreiben hin, zu meiner großen Freude dabei, Simmel vorzuschlagen, und behaupten nun, sie könnten nicht noch einen zweiten Juden auf die Liste setzen« (SBPK Berlin, Nl 125 [M. Landmann]), womit wohl Ernst Cassirer gemeint war. Baensch war es auch, der bei Simmel durch Kurt Singer Mitte Nov. 1913 nachfragen ließ, »ob er einen Ruf als ordentlicher Professor der Philosophie und Pädagogik des Reichslandes [seit 1871 Bezeichnung für die zu Deutschland gekommenen Teile von Elsaß und Lothringen] annehmen würde« (BdD, S. 205). Schien die Berufungskommission sich mehrheitlich für Simmel aussprechen zu wollen, so wuchs zugleich die Gruppe derer, die ihn heftig ablehnten. Enno Littmann als Dekan holte Ende Nov. gutachterliche Stellungnahmen von renommierten Philosophen ein, die alle »sehr hohe Lobeslieder« auf Simmel sangen, wie der Straßburger Alt-Philologe Bruno Keil an seinen Berliner Kollegen Hermann Diels am 29. Dez. 1913 rückblickend schrieb (SBPK Berlin, Slg. Darmstädter, Bruno Keil); und unter diesen Gutachtern befanden sich auch Wilhelm Windelband, der von Straßburg 1903 nach Heidelberg gewechselt war (Gutachten verschollen; siehe jedoch Max Weber an Gustav von Schmoller vom 3. Dez. 1913: »Nach Straßburg hat er sich entschieden für ihn [sc. Simmel] ausgesprochen« [MWG II/8, S. 420]) und wohl auch Heinrich Rickert (Simmels obiger Dank läßt darauf schließen; Gutachten verschollen).

vor 14 Tagen von der Sache erfahren] Dieser Informant war wohl Kurt Singer, der sich erinnert: »Otto Baensch, den ich von Straßburg her kannte, hatte durch mich an Simmel die Anfrage seiner Universität geleitet »(BdD, S. 295).

Dekan] Dekan der philosophischen Fakultät der Kaiser-Wilhelms-Universität Straßburg war zu dieser Zeit der 1906 auf den Lehrstuhl für Orientalistik berufene Enno Littmann (1875-1958), der im April 1914 einem Ruf nach Göttingen folgen sollte (NDB). Sein Brief ist nicht überliefert, und es befindet sich, da er privat gehalten war, auch kein Entwurf in den Dekanatsakten. Es muß sich um das Schreiben handeln, von dem Otto Baensch Max Weber am 6. Dez. 1913 (MWG II/8; S. 423) berichtete. Denn der Dekan fühlte sich Anfang Dez. gezwungen, Simmel anzuschreiben, nachdem die Simmelgegner in der Fakultät kolportierten, Simmel habe öffentlich geäußert, nicht nach Straßburg gehen zu wollen. Um »dem Gerede Einhalt zu tun, u. um sich selbst zu vergewissern, nicht für eine aussichtslose Sache zu kämpfen«, habe Littmann Simmel »direkt« gefragt – so Baensch an Weber (ebd.).

Ich habe ihm erwiedert] Simmels Brief an Littmann ist nicht überliefert; nach dem Bericht von Baensch an Max Weber (s. o.) habe Simmel ihm geantwortet, »daß er kommen würde« (ebd.).

Heidelberger Affaire] Angesprochen ist der 1908 gescheiterte Versuch der Heidelberger philosophischen Fakultät, Simmel als Nachfolger Kuno Fischers zu gewinnen (siehe die Briefe an Georg Jellinek und Max Weber zwischen Febr. und Okt. 1908 und GSG 24: Dokumente). Simmel meinte, daß – wie Weber ihm souffliert hatte (siehe Weber an Jellinek vom 21. März 1908, MWG II/5, S. 469 f.) – ein Eingreifen Berlins, d. h. Elsters (s. u.), das Scheitern der Liste bewirkt (siehe Simmel an Rickert vom 20. Dez. 1913) oder daß »die Klerisei aller Richtungen ihren Einfluss bei Hofe geltend« gemacht habe (Hans Simmel, S. 43). Hingegen sahen Weber und Jellinek die Ursache in Windelbands Formulierung von der ›negativen und einreißenden Kritik‹ in der Simmelschen ›Einleitung in die Moralwissenschaft‹ (1892/93; GSG 3 und 4), die dessen Berufungsvorschlag vom 17. Febr. 1908 enthielt (Weber an Jellinek vom 21. März 1908, a. a. O.). – Allseits übersehen wurde jedoch, daß die gutachterliche Stellungnahme Dietrich Schäfers vom 26. Febr. 1908 (siehe GSG 24: Dokumente) für die Entscheidung des badischen Hochschulreferenten Franz Böhm ausschlaggebend war.

Mythos, daß ich ... kein Ordinariat haben will] Dieses Gerücht leitete sich wohl aus dem mehrmals geäußerten Wunsch Simmels ab, nach Heidelberg berufen zu werden und sei es auch nur als Extraordinarius oder Honorarprofessor (siehe Simmel an Jellinek vom 12. Mai 1896, 28. Okt. 1897, 16. Juni 1907 und 3. Juni 1908). Bereits für 1889 ist belegt, daß sich Simmel in Zusammenhang mit einer Professur in Kiel im gleichen Sinne geäußert habe, wie Heymann Steinthal Gustav Glogau berichtete (GSG 22, S. 205 f.). Und im Brief von Max an Marianne Weber vom 20. Jan. 1911 wird gar angesprochen, daß er das »Dozieren aufgeben« werde; Simmels dächten »daran – pßt! – als *Privat*leute nach Heidelberg zu ziehen« (MWG II/7, S. 51).

Ruf politischen u. sonstigen »Radikalismus«] Weber hatte wohl Simmel schon 1908 über dieses in der akademischen Welt kursierende Vorurteil unterrichtet (siehe Simmel an Weber vom 30. März 1908); und auch Hans Simmel bringt diese Beurteilung mit der gescheiterten Berufung nach Heidelberg 1908 in Verbindung (S. 43). – Andere Quellen, aus denen Simmel schöpfte, sind nicht bekannt. Wie tendenziell richtig aber Simmels Einschätzung war, läßt sich der ihm nicht bekannt gewordenen gutachterlichen Stellungnahme Dietrich Schäfers vom 26. Febr. 1908 entnehmen, in der es u. a. heißt: »Ich kann überhaupt nicht glauben, daß man Heidelberg hebt, wenn man den von Simmel vertretenen Lebens- und Weltanschauungen, die sich von unserer deutschen christlich-klassischen Bildung ja deutlich genug abheben, einen noch breiteren Raum gewährt, als sie ohnehin schon im Lehrkörper haben. [...] Richtungen, die mehr zersetzend und negierend als grundlegend und aufbauend sind, haben doch nur ihre begrenzte Berechtigung in einer Zeit, die geneigt ist, alles ins Wanken zu bringen, und nicht nur immer aus Forschungseifer, sondern auch aus Sensationslust. Simmel verdankt seinen Ruf wesentlich seiner ›soziologischen‹ Betätigung. [...] Die ›Gesellschaft‹ als maßgebendes Organ für menschliches Zusammenleben an die Stelle von Staat und Kirche setzen zu wollen, ist nach meiner Meinung ein verhängnisvoller Irrtum. Diese Richtung schon jetzt offiziell einzubürgern, zumal an einer Universität, die eine Bedeutung hat für Staat und Reich wie Heidelberg für Baden und Deutschland, würde mir nicht richtig erscheinen, und gar noch durch eine Persönlichkeit, die mehr durch geistreiche und geistreichelnde Art als durch starkes und zusammenhängendes Denken wirkt« (GSG 24: Dokumente; hier zit. n. BdD, S. 27).

Elster] Der Staatswissenschaftler und Hochschulreferent Ludwig Elster (1856-1935) hatte seine akademische Laufbahn – 1880 PD Halle, 1883 Prof. TH Aachen, 1883 ao. Prof. Königsberg und seit 1887 o. Prof. an der Breslauer Universität – unterbrochen, als er 1897 als Geh. Reg.-Rat und vortragender Rat ins Ministerium der Geistlichen-, Unterrichts- und Medicinalangelegenheiten in Berlin wechselte, als Referent für das Universitätswesen dort 1907 Nachfolger Althoffs wurde, bis er nach Ausscheiden aus dem Amt, 1916, als Honorarprofessor an die Universität Jena ging (NDB, Kürschner GK 1935; Gerhard Albrecht: Ludwig Elster †. Jahrbücher für Nationalökonomie und Statistik 143, 1936, S, 257-273). – *Friedrich* Theodor Althoff (1839-1908; siehe Korrespondentenverzeichnis GSG 22). – Simmel sah in Elster den Verantwortlichen dafür, daß eine ihm wohl 1901 mündlich gegebene Zusage, für sein »unbesoldetes Extraordinariat« werde ein Gehalt »›bald‹ kommen«, nicht eingehalten wurde (Hans Simmel, S. 30; vgl. auch Simmel an Jellinek vom 20. März 1908), und er glaubte, daß Elster 1908 seine Berufung nach Heidelberg (s. o.) wie die nach Greifswald 1910 hintertrieben habe (siehe Simmel an Edmund Husserl vom 19. Febr. 1911). Konnte eine Intervention Elsters weder für den Fall Heidelberg noch für den Greifswald nachgewiesen werden, so kursierte doch unwidersprochen dieses Gerücht jahrelang in der Presse, so wenn z. B. die VZ in ihrem Bericht über Simmels Berufung nach Straßburg am 27. Dez. 1913 schrieb: »Im Jahre 1907 wurde er auf Windelbands Antrag von der Heidelberger Philosophischen Fakultät einstimmig dem badischen Ministerium als Nachfolger Kuno Fischers in Vorschlag gebracht; drei Jahre später empfahl ihn die Greifswalder Fakultät an erster Stelle als Nachfolger Schuppes. Beide Male wußten gewisse Einflüsse, die, wie man sagt, im preußischen Unterrichtsministerium ihren Sitz haben, die Berufung zu hintertreiben« (Nr. 655, Mo. Bl.).

Heinis **Ergehen. Wir waren um seinet- u. um Hansens willen … betrübt]** Rickerts Sohn Heinrich, gen. Heini, hatte geplant, mit seinem Bruder Arnold zum WS 1913/14 nach München zu gehen, wo Hans Simmel, der mit beiden und besonders eng mit Heini befreundet war, zur gleichen Zeit sein Praktikantenjahr abzuschließen gedachte. Hans Simmel hatte dort dann nur Arnold Rickert angetroffen und erinnert: »Leider fiel der seit langem vorbereitete Plan, mit Heini Rickert zusammen zu wohnen, ins Wasser, da er krank wurde […] Das war natürlich eine grosse Enttäuschung« (S. 69).

Gertrud und Georg Simmel an Rudolf Pannwitz

Brief vom 9. Dezember 1913
Hs.; DLA Marbach, Nl Pannwitz

d. 9. XII. 13.
Königin Elisabethstr. 14.

Sehr verehrter lieber Herr Pannwitz!

Ich bin so ergriffen von Ihren Dichtungen, daß ich es Ihnen schon jetzt von ganzem Herzen u. von ganzem Gemüthe sagen muß, obgleich ich fühle, daß ich nur etwas Vorläufiges sage; denn Ihre großen schönen Werke verlangen, daß man wieder u. wieder zu ihnen zurückkehrt u. sie können nicht ausgeschöpft sein in so kurzer Zeit. Mit freudigstem Danke u. Antheil, daß nun so viel von Ihnen doch da ist u. die Welt es hören muß getreu u. verehrend

Ihre

Gertrud Simmel.

Lieber Herr Pannwitz!

Ich habe mich, bedrängt von vielerlei Beanspruchtheiten, Ihrem Werke erst wenig widmen können. Nehmen Sie aber heute schon meinen Dank für Ihre Gabe u. für den großen Eindruck, den ich schon von dem geringen gelesnen Teil davongetragen habe.

Ich bleibe Ihr herzlich ergebner

Simmel

Brief vom 9. Dezember 1913] Beide hs. Briefe befinden sich auf demselben Blatt.

Ihren Dichtungen] Dem Ehepaar Simmel zugeschickt worden war der lt. Umschlagsseite am 1. Dez. 1913 erschienene Band: Rudolf Pannwitz: Werke. Dionysische Tragödien: Der Tod des Empedokles / Philoktetes / Der glückliche König Kroisos / Die Befreiung des Oidipus / Iphigenia mit dem Gotte. Nürnberg: Hans Carl 1913 [= Rudolf Pannwitz Werke, Erster Band].

vielerlei Beanspruchtheiten] Vgl. Simmels Klage über die »Zersplittertheit des Tages« im Brief an Margarete von Bendemann vom 2. Dez. 1913, zu der auch die »halb-offiziell« erfolgte Anfrage aus Straßburg (Simmel an Rickert vom 5. Dez. 1913) beigetragen haben dürfte.

Georg Simmel an Paul Siebeck, Verlag J. C. B. Mohr (Paul Siebeck)

Postkarte vom 12. Dezember 1913
Hs.; VA Mohr Siebeck, Tübingen

Berlin-Westend 12 XII 13

Sehr geehrter Herr!

Ich erlaube mir, Sie an Ihre freundliche Zusage zu erinnern: daß der Satz meines *Logos*-Artikels *Rembrandtstudie* – bis Mitte Dezember abgeschlossen sein sollte! (Denn ich bedarf des Manuskripts, von dem ich keine Kopie besitze, für meine Vorlesungszwecke!) Bisher habe ich aber nur die Korrektur etwa des ersten Viertels erhalten u. seitdem ist eine auffallend lange Pause eingetreten, um deren Abschluß ich nun ergebenst ersuche.

In größter Hochachtung

Simmel

Postkarte vom 12. Dezember 1913] An: Herrn / *Dr. Siebeck* / Verlagsbuchhandlung / *Tübingen*; mit Poststempel: CHARLOTTENBURG 2 13. 12. 13. 12-1 N; Mit hs. Bearbeitungsvermerk: 15. XII. 13.

***Rembrandtstudie*]** Simmel: ›Rembrandtstudie‹ (Logos V, 1914/15, Heft 1, S. 1-32; GSG 13, S. 16-52). – Zum verspäteten Erscheinen siehe Simmel an Hermann Graf von Keyserling vom 22. April 1914; zur

Arbeit an dem Aufsatz siehe Simmel an Margarete von Bendemann vom 26. Juni 1913.

Vorlesungszwecke] Im WS 1913/14 hielt Simmel eine zweistündige Vorlesung zur ›Philosophie der Kunst‹. Das entsprechende Kollegheft ist uns in einer Abschrift überliefert (GSG 21). Darin finden sich weitläufige Entsprechungen (S. 66-93) mit ›Rembrandtstudie‹. Da Simmel das Manuskript für seine Vorlesung brauchte, das Kollegheft aber Änderungen und Ergänzungen aufweist, ist davon auszugehen, daß Simmel das Kollegheft sukzessiv führte und die ›Rembrandtstudie‹ zur Grundlage seiner Ausführungen zu Rembrandt im Kollegheft machte.

Georg Simmel an Julius Bab

Brief vom 13. Dezember 1913
Hs.; I. Fetscher, Frankfurt/M.

Westend 13 XII 13

Sehr geehrter Herr Doktor!

Vor mehr als vier Wochen waren Sie so freundlich, mir die Zusendung eines Werkes von Ihnen anzukündigen. Wenn ich Ihnen mittheile, daß ich dieses bisher nicht erhalten habe, so ist es, um mich nicht in dem Verdacht zu lassen, daß ich einen schuldigen Dank nicht abgestattet hätte.

Mit freundlicher Begrüßung Ihr sehr ergebner

Simmel

Herr Doktor] Daß es sich beim Adressaten des Briefes um Julius Bab handelt, ist der Recherche des LBI New York zu danken, das seine Kopie dieses Schreibens der ›Bab Collection‹ eingegliedert hat.

eines Werkes von Ihnen] Als 1913 erschienene Veröffentlichungen kommen in Frage: Bab, Julius: Nebenrollen. Ein dramaturgischer Mikrokosmos. Berlin: Oesterheld & Co 1913, 254 S.; ders.: Die Stiltendenzen im deutschen Drama der Gegenwart. Mitteilungen der Literarhistorischen Gesellschaft Bonn unter dem Vorsitz von Berthold Litzmann 8, 1913, Heft 5, S. 117-144, Bonn: Cohen. – Erwartbar, da bereits Anfang Febr. rezensiert (siehe Ld-jA 1, S. 275), war wohl auch: Fortinbras oder Der Kampf des 19. Jahrhunderts mit dem Geiste der Romantik. Sechs Reden von Julius Bab. Berlin: Georg Bondi 1914. 207 S.

anzukündigen] Mitteilung verschollen.

Georg Simmel an Margarete von Bendemann
Brief vom 14. Dezember 1913
Hs.; LBI New York, Susman Collection

Westend 14 XII 13

Liebe, liebe Susa!

Wenn es dir nur etwas hülfe, daß wir euch sagen: Es ist zum Verzweifeln! – aber nein, es hilft garnichts. Wie wir die Situation empfinden, kannst du daran sehn: Hans hat seit einiger Zeit eine *Angina* u. wir bekamen neulich eine recht unangenehme Nachricht über Rückfall u. Drüsenschwellung von ihm – u. gleich nachher sagte die Frau: »Die *eigentliche* Sorge ist doch Susa.« (Inzwischen ist Hans in's Krankenhaus gegangen u. meldete »erhebliche Besserung«; von Gefahr ist keine Rede). – Übrigens ist hier noch mancherlei Andres, was das Leben in solche Fetzen reißt, wie man es mit einem wertlosen Brief tut, bevor man ihn in den Papierkorb wirft. Nichts von diesem berührt eigentlich unmittelbar die tiefste Schicht, aber mittelbar doch, indem es sie verhindert, ihrerseits das Leben zu erfüllen u. zu leiten. Ich bin mit meinen Gedanken jetzt an Problemen u. geahnten Lösungen, die sich überhaupt nur in absoluter u. ununterbrochner Konzentration entwickeln können. Was bei früheren Arbeiten möglich war: in abgestohlenen Stunden u. in den zufälligen Chancen des Jahres etwas Nennenswertes zu schaffen, ist bei dieser ganz unmöglich. Ich habe mich deshalb entschlossen – was ich noch nie getan habe – die Hauptsache einfach bei Seite zu legen u. zu warten, bis sie wieder alleinherrschen kann. Auch wäre das nicht weiter schlimm, wenn ich nicht 55 Jahre alt wäre. U. das ist das Einzige, was ich (so schmal u. relativ es ist) als Trost u. Hoffnung für dich empfinde: daß du ein halbes Menschenalter jünger bist. Ich weiß schon, daß man (sozusagen im Vorblick) *niemals* eine Lebensstunde verlieren darf; *hat* man sie aber verloren, so macht es doch einen Unterschied, ob man diese rückblickende Feststellung in deinem oder in meinem Alter vollzieht.

Wenn der Mensch nicht das ekelhaft vernünftige Tier wäre, so käme ich irgendwann einmal zu dir gereist – wenigstens im März, denn bis dahin ist es physisch unmöglich – die Weihnachtsferien sind teils mit Hans, teils mit Wien ausgefüllt, wo ich zu drei Vorträgen verpflichtet bin. Aber auch im März wird es nicht geschehn – eben wegen jener ekelhaften Vernünftigkeit. Übrigens kann man *doch* nicht wissen, was geschieht.

Mancherlei Dinge sind von mir im Druck u. werden dir in den nächsten Monaten zukommen.

Leb wohl u. liebe mich.

G.

Hans ... *Angina*] Im Winter 1913 arbeitete Hans Simmel in der Kinderklinik in München. »Nicht lange vor Weihnachten steckte ich mich bei einem Kinde, das eine schwere Mandelentzündung hatte, an, lag erst einige Tage in meiner Bude, musste dann aber doch ins Krankenhaus, wo mir ein grosser Abszess aufgeschnitten wurde. In den Weihnachtstagen ging es mir schon wieder besser, und ich erfreute mich des Besuches meiner Eltern« (Hans Simmel, S. 69).

die Frau] Gertrud Simmel.

Die *eigentliche* Sorge ist doch Susa] Siehe Simmel an Margarete von Bendemann vom 2. Dez. 1913.

mancherlei Andres] Andeutung des möglicherweise bevorstehenden Rufes an die Universität Straßburg (siehe Simmel an Rickert vom 5. Dez. 1913).

absoluter u. ununterbrochner Konzentration entwickeln können ... bei Seite zu legen] Simmel spricht hier wohl seine Überlegungen zu einer ›Philosophie der Kunst‹ an, die er einerseits für die Vorlesung im WS 1913/14 im entsprechenden Kollegheft zusammengefaßt und strukturiert hatte (in: GSG 21; siehe auch Simmel an Margarete von Bendemann vom 2. Dez. 1913) und die er andererseits überdenken mußte angesichts eines plötzlichen Angebots des Germanisten Georg Witkowski, eine übergreifende Einleitung zur Goethe-Ausgabe in 20 Bänden (im Ullstein-Verlag) zu schreiben (siehe GSG 20, Editorischer Bericht, S. 533-537). – Simmel hoffte spätestens seit der Jahrhundertwende, »eines Tages soweit zu sein, dass er alle Arbeiten vollendet hätte, die ihm ›auferlegt‹ waren. Dann, unbeschwert von anderen Pflichten, wollte er seine ›Kunstphilosophie‹ schreiben. Dafür würde eine Reise den idealen Rahmen geben, nicht nur durch das Material, das ihm auf ihr zuströmen werde«, erinnert sich Hans Simmel mit Bezug auf das Jahr 1904, und man habe »zu dritt eine grosse Mittelmeerreise machen [wollen]: Sizilien, Athen und die griechischen Inseln, vielleicht Konstantinopel und Ägypten würden das Ziel sein« (S. 35). Ende 1912 schien der Scheitelpunkt erreicht: Er wolle »überhaupt nicht mehr auf ein ›Buch‹« losarbeiten – »Von der Sorte habe ich genug gemacht« –, jetzt könne er sich den »wesentlichsten Probleme[n]« zuwenden, schrieb er Margarete von Bendemann vom 16. Okt. 1912. Und er betreibt nun, nach einem Versuch mit ›Michelangelo‹ von 1910 (GSG 12, S. 111-136, vgl. Simmel an Margarete von Bendemann vom 26. Juni 1913), mit ›Goethe‹ und ›Rembrandt‹ (beide: GSG 15) Studien, Künstler als Realisierung je einer der grossen Menschheitsideen und Menschheitsmöglichkeiten zu behandeln (vgl. ›Aus der Familienchronik‹ in: GSG 24).

drei Vorträgen] Zu den drei auf Einladung der Wiener Urania geplanten Vorträgen siehe Simmel an Otto Back, Kurator der KWU, vom 1. Jan. 1914.

im Druck] Als »im Druck« betrachten konnte Simmel die ›Rembrandtstudie‹, deren Drucklegung für Mitte Dez. 1913 zugesagt war (siehe Simmel an Paul Siebeck vom 12. Dez. 1913) und den Artikel ›L'art pour l'art‹ (Der Tag, Nr. 5 vom 4. Jan. 1914, Mo. Bl., Ill. Teil, Nr. 3; GSG 13, S. 9-15).

Georg Simmel an Marianne Weber

Brief vom 14. Dezember 1913
Hs.; Arnold Simmel, New York

Westend, 14. 12. 13.

Liebe Freundin!

Herzlichen Dank für Ihre Zusendung u. – mit den östreichischen Soldaten zu reden – für die »gnädige Straf!« (Bei »gnädig« fällt mir ein, wie interessant die Anwendung des Gnadenbegriffes für die Beziehung der Geschlechter ist. Eine Frau, mag sie auch von einem Mann her die äußerste Seligkeit empfangen u. sich ihm gegenüber auch als durchaus demütig, als die »niedre Magd« empfinden, wird dies vielleicht als eine Gnade des Schicksals, aber doch nicht als eine Gnade von ihm fühlen. Was der Mann aber auch von einer Frau empfange: Liebe, Freundschaft, Güte, ein Gruß – immer ist es für uns eine *Gnade*, die sie uns erweist. Ich glaube, daß sich an dieser psychologischen Tatsache manches Fundamentale demonstriren läßt.)

Ich glaube aus Ihren Auseinandersetzungen nicht entnehmen

zu müssen, daß zwischen unsern Ansichten Todfeindschaft gesetzt ist. Manche Differenzen sind nur scheinbar, weil wir die Erscheinungen von verschiednen Distanzen her beobachten. Auch über die fundamentale Alternative: ob das Entscheidende für die Frau in ihrem Menschentum oder in ihrem Weibtum liegt – scheint sich mir neuerdings ein übergreifender, den Gegensatz lösender Gesichtspunkt zu spannen. Er hängt mit einem Motiv zusammen, das mich seit längerer Zeit ganz beherrscht: daß die Elemente des Lebens, sobald die Begriffsbildung sie aus der Gesamtströmung des Lebens gelöst u. verselbständigt hat, einer ganz andern Logik gehorchen u. ganz andre Bedeutungen zeigen, als innerhalb der Lebenseinheit selbst. Dies hat auch für den Begriff des »Weiblichen« seine Bedeutung – aber ich kann darüber nur in den weitesten Zusammenhängen sprechen, in so weiten, daß ich nicht weiß, ob ich in meinen paar, vielleicht noch gegönnten Jahren zu ihrer Ansprechbarkeit vordringen werde.

Für heute nur noch mit allen unterschiedslos männlichen u. weiblichen Grüßen u. in unveränderlichem Gedenken Ihr

Simmel

Ihre Zusendung] Marianne Weber hatte Simmel ihren Aufsatz ›Die Frau und die objektive Kultur‹ (Logos IV/3, 1913/14, S. 328-363) geschickt, in dem sie sich mit Simmels Aufsätzen ›Das Relative und das Absolute im Geschlechterproblem‹ und ›Weibliche Kultur‹ in der überarbeiteten Fassung, die beide in seinem Essay-Band ›Philosophische Kultur‹ (1911; GSG 14, S. 159-459, 417-459) erschienen waren, auseinandersetzte. In ihren ›Lebenserinnerungen‹ (a.a.O., S. 382) schreibt sie hierzu: »Ich studierte viele seiner Schriften, vor allem immer wieder die unter dem Titel ›Philosophische Kultur‹ veröffentlichte Aufsatzreihe, der ich viel Anregung und Vertiefung verdankte. Es war leicht, dort weiter zu spinnen, wo der Meister aufhörte. Die feinsinnigen Ausführungen über weibliche Kultur, in denen er die durchgängige Verschiedenheit von Mann und Frau, ihre ausschließliche Gegenpolarität nachzuweisen sucht, riefen mich zu lebhaftem Widerspruch auf. Ein großer Aufsatz über ›Die Frau und die objektive Kultur‹ [als Fußnote: In ›Frauenfragen und Frauengedanken‹. Tübingen 1920.] wurde dadurch in mir entbunden, in dem ich nachzuweisen suchte, daß die weibliche Sonderart in jeder Sphäre durch das *Allgemein*-Menschliche, was sie mit dem Manne teilt, umgriffen wird. Meine dem Meister übersandte

Arbeit veranlaßte ihn zu folgender Antwort« – und hier fügt sie Simmels obenstehenden Brief ein.

»gnädige Straf«] »Für gnädige Strafe danken: Wenn ehemals der Gutsherr seine Unterthanen aushauen liess oder das Geschäft selbst besorgte, musste der Gezüchtigte sagen: Ich danke für die gnädige Strafe. Jetzt wird die Redensart angewandt, wenn man beim Kartenspiel verloren oder sonst Schaden erlitten hat.« Als böhmische Redensart nachgewiesen in: Karl Friedrich Wilhelm Wander: Deutsches Sprichwörterlexikon. Ein Hausschatz für das deutsche Volk. In fünf Bänden. Neudruck der Ausgabe Leipzig 1876. Aalen: Scientia Verlag 1963, Bd. 4, S. 888. – Simmel bedankt sich hiermit für die bei aller Kritik seiner ›Weiblichen Kultur‹ in Marianne Webers Aufsatz zum Ausdruck gebrachte Hochschätzung seines Beitrags: »Die andere Art der Betrachtung, welche die Besonderheiten der Frau ins Bewusstsein rückt und als Material ihrer Selbstgestaltung wertet, hat weit mannigfaltigere Gedankengebilde erzeugt. [...] Ihre tiefste Form, die durch psychologische Feinheit und Fülle alle früheren Deutungen weit hinter sich zurückläßt, hat neuerdings Georg Simmel herausgearbeitet« (S. 331).

Gnade] Simmel hatte Gnade in Beziehung zu Liebe in seiner ›Philosophie des Abenteuers‹ von 1910 angesprochen, ein zuerst in Der Tag, Nr. 282 und 284 vom 7. und 8. Juni 1910, Nr. 282 und 284, jeweils Mo. Bl. erschienener Aufsatz (GSG 12, S. 97-110, 104), den er 1911 an den Anfang seiner Essaysammlung ›Philosophische Kultur‹ stellte (GSG 14, S. 168-185, 178).

Richard Wille und Richard Pflug, Verlag J. C. B. Mohr (Paul Siebeck), an Georg Simmel

Briefdurchschlag vom 15. Dezember 1913
Tps. m.e.U.; VA Mohr Siebeck, Tübingen

Tübingen, 15. Dezember 1913.

Hochverehrter Herr Professor,

Ihre freundlichen Zeilen vom 12. kreuzten sich mit den restlichen Korrekturfahnen, die inzwischen rechtzeitig bei Ihnen eingetroffen sein dürften.

In größter Verehrung Ihr ergebenster

J. C. B. Mohr (Paul Siebeck) in Tübingen
i.V. R. Wille R. Pflug

Briefdurchschlag vom 15. Dezember 1913] An: Herrn Professor Dr. Gg. Simmel in Berlin-Westend. Mit Absenderkürzel: [unles.] W.-wz.A. – Das Kürzel steht für Wille, der also den Brief aufgesetzt hatte, den Richard Pflug dann mit unterzeichnete.

Ihre freundlichen Zeilen vom 12.] Siehe Simmel an Paul Siebeck, Verlag J.C.B. Mohr (Paul Siebeck), vom 12. Dez. 1913.

restlichen Korrekturfahnen] Von Simmel: ›Rembrandtstudie‹; siehe ebd.

J.C.B. Mohr (Paul Siebeck) in Tübingen] Stempel.

Georg Simmel an Heinrich Rickert

Brief vom 20. Dezember 1913
Hs.; SBPK Berlin, Nl 125 (M. Landmann)

Westend 20 XII 13

Lieber Rickert,

schönen Dank für Ihren Brief. Ich glaube, daß die ganze Erwägung, ob ich Str. annähme oder nicht, ziemlich illusorisch ist, denn ich glaube nicht, daß der Ruf an mich kommen wird. *Elster* wird ihn ebenso hintertreiben, wie er den Heidelberger hintertrieben hat. Der Dekan hat mir bis jetzt nicht wieder geschrieben. Die Frage wird – nach ihren positiven wie nach ihren negativen ›Chancen‹ – für mich anders aussehn, wenn der Ruf auf dem Tisch liegen wird. Denn die Geschichte mit den 100 möglichen u. den 100 wirklichen Talern stimmt nicht ganz. Übrigens können Sie versichert sein: sollte ich den Ruf schließlich doch ablehnen, so würde es ausschließlich aus *philosophischen Gründen* sein (so daß es des Appells an meine moralischen Verpflichtungen gegen die Philosophie nicht bedarf); denn alle echten philosophischen Gründe sprechen zunächst dafür, daß ich ihn annehme. Lehne ich ab, so gebe ich eine äußere Chance aus der Hand, die sich mir vermutlich nie mehr bieten wird. Nach dieser Seite hin ist also überhaupt nichts zu überlegen. Meine Erwägungen drehen sich vielmehr *ausschließlich* um die Frage, wo ich die günstigeren Arbeitsbedingungen u. den größeren Einfluß auf die philosophische Kultur habe. Darüber aber ist mir im Augenblick noch keine Entscheidung möglich.

Die Gegnerschaft der Ultramontanen ist wahrscheinlich eine Erbschaft von *Bäumker* u. kann nur auf meine Moralwissenschaft zurückgehn. Denn meine späteren Dinge sind erstaunlicherweise gelegentlich auch von dieser Seite estimirt worden, was die dortigen Herrn nicht zu wissen scheinen.

Bezüglich der »Professur *Adickes*« trauen Sie meiner Personalkenntniß zuviel zu. Unter uns gesagt: ich weiß von ihm so gut wie nichts, dachte sogar (woher, weiß ich nicht mehr), daß er ein guter Dozent wäre u. *Praestanda praestirte*, wie es so üblich ist.

Das Gerücht, *Cassirer* würde *a limine* ablehnen, ist unrichtig. Ich habe mehrfach mit ihm über den Fall gesprochen. Obgleich bei ihm die wesentlichen Gründe, aus denen ich gern aus Berlin wegginge, nicht bestehen, so würde er den Antrag doch ernsthaft in Betracht ziehn u. ich habe den (subjektiven) Eindruck, daß er eher zur Annahme, als zur Ablehnung neigt. Übrigens glauben wir beide, daß die Ultramontanen ihn nicht mehr lieben, als mich. Die Marburger Schule ist ihnen ein Dorn im Auge. –

Vielen Dank auch für Ihre Nachrichten über *Heini* u. herzlichste Wünsche für seine Besserung. Sie werden wohl durch *Arnold* gehört haben, daß *Hans* an einer schweren, wenngleich nicht gefährlichen Halsdrüsenentzündung im Münchner Krankenhaus liegt. Meine Frau ist jetzt zu ihm gefahren, so daß auch für uns das Weihnachten in ziemlich trauriger Diffusion vor sich geht.

Ihren Aufsatz hatte ich schon vor Ihrer freundlichen Zusendung zu lesen begonnen. Angesichts einer Zerstreutheit indeß, die aus allerhand äußern u. innern Ursachen mich momentan plagt u. deren ich noch nicht Herr bin, habe ich etwa in der Mitte halt gemacht. Sobald ich meine Gedanken wieder zusammenhabe, wird er das erste sein, dem ich mich widme. Sie haben zwar recht: die Natur hat mir den Sinn für Systematik (genauer: für den *Wert* der Systematik) versagt; aber das hindert nicht, daß ich mich dauernd bemühe, in ihre Bedeutung einzudringen. Unter jenem »Wert« verstehe ich natürlich nicht den historischen; ich weiß sehr wohl, was die Systematik für die Disziplin u. Kultivirung des Geistes gewirkt hat. Nur in Hinsicht ihrer sachlichen u. ihrer zukünftigen Bedeutung bin ich vorläufig etwas farbenblind. –

Sehen Sie sich doch das eben erschienene Werk von *Hedwig Fechheimer: Ägyptische Plastik* – an; es ist über alle Maaßen großartig.

Also nochmals alle guten Wünsche u. Grüße! Ihr

Simmel

Ihren Brief] Rickerts verschollener Brief gab die Nachricht weiter, daß Simmel auf der Straßburger Berufungsliste sei, und berichtete über die Querelen bei der Entscheidungsfindung in der philosophischen Fakultät der KWU. Seit Rickerts Brief, den Simmel am 5. Dez. beantwortete, hatte sich die Situation zugespitzt, als sich in der Ablehnung eines rein philosophischen Lehrstuhls die Befürworter eines experimentalpsychologisch ausgerichteten Philosophielehrstuhls und die römisch-katholischen Mitglieder der Fakultät trafen, die Anfang 1913 sich für die Besetzung der anderen Philosophieprofessur mit Arthur Schneider eingesetzt hatten (siehe Simmel an Rickert vom 5. Dez. 1913). Denn die »klerikale Partei«, so schrieb Bruno Keil an Hermann Diels am 29. Dez. 1913, »– Leiter Spahn –, zu der auch Störring hält, wollte sowohl Störring wie ihrem Getreuen Schneider zuliebe einen experimentalen Psychologen haben; jenem war es natürlich Ernst um die Sache, dieser fürchtete für sich, denn er beansprucht mit erhobener Stirn, hier *der* Vertreter der historischen Philosophie zu sein« (SBPK Berlin, Slg. Darmstädter, Bruno Keil). Und diese Opposition war sich in der Ablehnung Simmels einig. Neben den Kritikpunkten, die dem Gerücht nach zur Ablehnung Simmels in Heidelberg 1908 geführt hatten: Zersetzung ethischer Grundbegriffe, unpatriotische Gesinnung, schlechte Lehre, war es die wiederholte anonyme ›Nachricht‹, Simmel werde einen Ruf nach Straßburg sowieso ablehnen, sowie dann der Hinweis, Simmel sei Jude, und wohl auch die Information, daß er vor kurzem aus der ev. Kirche ausgetreten sei (Hans Simmel, S. 70f.), die dem Dekan den Eindruck vermittelten, es wäre »eine harte Nuss«, den von vielen präferierten Simmel durchzusetzen (Enno Littmann an Theodor Nöldeke vom 31. Dez. 1913; SBPK Berlin, Nl Theodor Nöldeke), dies vor allem, da die Gruppe um Martin Spahn und Gustav Störring ein Sondervotum angekündigt hatte, sollte sich die Mehrheit in der Fakultät für Simmel aussprechen (s. u.). In einem Gespräch mit dem Kurator wurde vereinbart, renommierte Berliner Professoren wegen eines Gutachtens zugunsten Simmels zu bitten. Der Statthalter stimmte dem Vorgehen zu. Wichtig erschienen vor allem Stellungnahmen von Adolf Harnack und Gustav von Schmoller, deren Wort auch im Ministerium Gewicht hatte. An Harnack schrieb Littmann am 3. Dez. 1913: »Ew. Excellenz / bitte ich in einer wichtigen Angelegenheit um freundlichen Rat und Auskunft. / Wir sind hier in grosser Aufregung wegen unseres Philosophen. Ein Teil der Fakultät wünscht als Störring's Nachfolger einen experimentellen Psychologen, ein anderer wünscht einen Philosophen. Die Mehrheit ist für den Philosophen, und auch ich bin dieser Ansicht. Dass wir in erster Linie an Simmel denken, ist selbstverständlich. Aber es wird hier gegen ihn gearbeitet. / Da ich gehört habe, dass Sie sich für Simmel's Arbeiten interessieren und da ferner mir unser Kurator mitgeteilt hat, dass gerade Ihre Stimme für unseren Statthalter die grösste Wichtigkeit haben würde, so wäre ich Ihnen *sehr* dankbar, wenn Sie mir möglichst bald ein Urteil über Simmel's Person und Bedeutung und sein Wirken zukommen lassen würden; dies Urteil würde ich dann dem Kurator übergeben, der seinerseits es dem Statthalter vorlegen würde. / Dass dies Alles mit der grössten Vertraulichkeit und Vorsicht behandelt werden wird, versteht sich von selbst. / Indem ich Ew. Excellenz im Voraus meinen besten Dank ausspreche, verbleibe ich in ausgezeichneter Hochachtung / Ihr ganz ergebener / E. Littmann, z. Zt. Dekan« (SBPK Berlin, Nl Harnack; zu danken ist an dieser Stelle Erwin Schullerus für die Überlassung der Kopien der Dokumente; vgl. auch ders.: Simmel und Schmoller. Briefliche Zeugnisse. SiStu 10, 2000, Heft 2, S. 221-251). Und am gleichen Tag schrieb Littmann an von Schmoller: »Ew. Excellenz bitte ich ergebenst mir ein Gutachten über die Person, die Bedeutung und die Wirksamkeit G. Simmels freundlichst übersenden zu wollen. / Wir haben gehört, dass Sie sich für Simmel interessieren, und uns wäre Ihr Urteil im höchsten Grade wichtig. Ich hoffe, dass unser Bericht, in dem Simmel an 1. Stelle genannt ist, heute von der Fakultät genehmigt wird. Ein Separatvotum ist mir bereits von mehreren Stellen in Aussicht gestellt. Ich habe auch mit dem Kurator gesprochen, der natürlich, wo so starke Gegensätze sind, auch durch massgebende Urteile von auswärts gegenüber dem Statthalter sich den Rücken decken möchte. Ihr Urteil würde sehr ins Gewicht fallen. Ich würde es dem Kurator übermitteln, dieser wahrscheinlich dem Statthalter. Es wäre mir lieb, wenn ich es bis Ende der Woche erhalten könnte. / Indem ich Ew. Excellenz im Voraus meinen besten Dank sage, verbleibe ich in ausgezeichneter Hochachtung / Ihr ganz ergebener / E. Littmann / z. Zt. Dekan« (GStA Berlin, I. HA, Rep. 92, Nl Schmoller, Nr. 205b, Bl. 89f.). Otto Baensch hatte mit Zustimmung des Dekans wohl schon am 2. Dez. 1913 Max Weber gebeten, die in Aussicht gestellte Bitte Littmanns an von Schmoller, sich über Simmel gutachterlich zu äußern, zu unterstützen; besonders bat Baensch wohl, eingedenk der in Straßburg vorgetragenen Argumente gegen Simmel, die Rolle Windelbands bei der verhinderten Berufung Simmels nach Heidelberg 1908 anzusprechen und dem Gerücht entgegenzutreten, Simmel stehe im Ruf des »politischen Radikalismus« (Brief verschollen). Dieser Bitte kam Weber unmittelbar nach und schrieb am 3. Dez. 1913 an von Schmoller, indem er einerseits betonte, daß Simmel »thurmhoch *über* Dem steht, womit man in letzter Zeit die Professuren der Philosophie besetzt« habe, und es als »Schande« bezeichnete, »daß einem solchen Mann die Thore der Fakultäten sich verschließen und er den ihm gebührenden Platz nicht« erhalte; andererseits charakterisierte er Simmel als »völlig *un*politisch« und machte für das Scheitern der damaligen Berufung nach Heidelberg einen »Urias-Brief *Elster's* (er ziehe Russen, = Revolutionäre, an sich, sei ›journalistisch‹ u.s.w.)« verantwortlich, der veranlaßt worden sei durch einen »taktischen Fehler« Wilhelm Windelbands bei der Abfassung der Berufungsvorschläge (GSG 24: Dokumente und MWG II/8, S. 419-20). Von Schmoller und Harnack antworteten Littmann unmittelbar am 4. Dez. 1913 (GSG 24: Dokumente), beide Gutachten wurden von ihm vertraulich an den Kurator weitergereicht. In der Zwischenzeit hatte der Fakultätskonferenz am 3. Dez. 1913 der Vorschlag der Berufungskommission vorgelegen, der kurz vorher noch korrigiert werden mußte, nachdem in Widerspruch zu den positiven Gutachten der eingeholten Stellungnahmen nun vom Berliner Altphilologen Diels eine negative Einschätzung Simmels die Runde machte, die der Straßburger Altphilologe Bruno Keil, der nicht der Berufungskommission angehörte, in Umlauf gebracht hatte. Keil unterrichtete Diels am 29. Dez. 1913, daß er »Ihr mir ja bekanntes Urteil über ihn [sc. Simmel] in die Kommission gelangen zu lassen Gelegenheit gefunden« habe (SBPK Berlin; Slg. Darmstädter, Bruno Keil), und das, verbunden mit der Nachricht, daß Simmel in Berlin zu bleiben geäußert habe, ließ es angesichts des Termindrucks, die Professur zum 1. April 1914 zu besetzen, unverantwortlich scheinen, Simmel allein auf Platz 1 zu belassen. Die Fakultätskonferenz einigte sich nach einem turbulenten Verlauf – süffisant schreibt Keil an Diels: »Was wir dabei haben hören müssen, ist nur mündlich zu berichten; kurz es ist erbaulich hergegangen« (ebd.) – darauf, den ersten Platz uni loco mit Simmel und Ernst Cassirer zu besetzen (s. u.). Während Littmann der Antwort Simmels vertraute, »daß er kommen würde«, wie Baensch am 6. Dez. 1913 Max Weber berichtet hatte, nahm Baensch das Gerücht sehr viel ernster: »nun wird sich Simmel hoffentlich nicht benehmen wie eine Dostojewskische

Romanfigur u. wenns zum Klappen kommt ganz anders handeln«, heißt es weiter, und er bat Weber um Unterstützung in der Sache (MWG II/8, S. 423). Auch Weber wurde Simmel gegenüber mißtrauisch und schrieb unmittelbar – am oder nach dem 6. Dez. 1913 – an Gustav von Schmoller: »Simmel hat offenbar seine Ansicht *geändert*, denn er ist kürzlich gefragt worden (vom *Dekan*) ob er käme und hat *zugesagt*. Ich nehme an, als selbstredend, daß er diese Verpflichtung *ohne Weiteres* hält, andernfalls würde ich persönlich Consequenzen ziehen, denn er ist ja ein grundanständiger Mensch« (MWG II/8, S. 423). Ob Weber auch Simmel angeschrieben hat, ist nicht bekannt; von Schmoller sprach hingegen mit Simmel noch einmal. »Ich habe ihm zugeredet«, schreibt er rückblickend am 30. März 1914 an seinen Freund, den Straßburger Ökonomen Georg Friedrich Knapp (GStA Berlin, I. HA, Rep. 92, Nl Schmoller, Nr. 130b, 153-54). Der Dekan der philosophischen Fakultät hatte am 8. Dez. 1913 zwar schon die von der Mehrheit getragene Liste an den Statthalter Graf Wedel vorliegen, konnte diese aber erst am 12. Dez. an den Kurator weiterreichen, da das angekündigte Separatvotum, ebenfalls an den Statthalter gerichtet, erst an diesem Tag zu seinen Händen gelangte. Man sei davon ausgegangen, heißt es in der von der Mehrheit getragenen Liste, daß für den freien Lehrstuhl »in erster Linie ein historisch systematischer Philosoph« in Betracht gekommen sei, und man merkte an, daß für das von Clemens Bäumker gegründete und von Störring fortgesetzte psychologische Institut »in geeigneter Weise« in Zukunft »Sorge getragen« werden müsse. An die erste Stelle habe die Fakultät mehrheitlich pari loco Georg Simmel und Ernst Cassirer (beide Berlin) gesetzt, an die zweite Stelle, ebenfalls pari loco, seien Bruno Bauch (Jena; s. u.) und Erich Adickes (Tübingen; s. u.) plaziert (Dokumente und ADBR Strasbourg, AL 103, Paq. 266). Vorschnell hatte bereits am 8. Dez. 1913 Kurt Singer an Martin Buber geschrieben: »Ganz im Vertrauen eine Nachricht, die ich Ihnen nicht verschweigen möchte: Simmel ist, wie ich aus Strassburg höre, von der philosophischen Fakultät dort an erster Stelle als Ordinarius vorgeschlagen worden.« Und erstaunlicherweise weiß er Vertrauliches anzumerken: »Harnack und Schmoller haben glänzende Gutachten abgegeben. Jetzt ist nur die Entscheidung der Regierung abzuwarten« (JNUL Jerusalem, Buber Archive). Das Sondervotum monierte hingegen, daß die vier Kandidaten der offiziellen Liste weder in Pädagogik noch in Psychologie ausgewiesen seien. Man stimme grundsätzlich mit der Fakultätsmehrheit überein, daß der zu berufende Philosoph »nicht nur Historiker sondern auch vollgiltiger Systematiker sein müsse«. Dieses Kriterium treffe aber nicht für Bauch und Adickes zu und selbst Cassirer sei »einseitig« erkenntnistheoretisch ausgerichtet. Ausführlich ist dann die Kritik an Simmel: Er könne zwar Studenten in der Lehre »durch Paradoxien« momentan anlocken, aber seine philosophische Anschauung könne ihnen nichts Dauerhaftes geben, »da bei ihm das Negierende und zersetzende Moment bei weitem im Vordergrunde steht«; seine theoretischen Schriften zielten auf die Auflösung der ethischen Grundbegriffe, unterminierten den Wahrheitsbegriff. »Mit diesem zersetzenden Zuge seines Philosophierens dürfte es nicht in letzter Linie zusammenhängen, dass die Ausländer (die Russen) vor allem bei ihm hören. Es ist uns daher unverständlich, wie Simmel geeignet sein soll, unseren künftigen Lehrern und auch den Studierenden anderer Fakultäten, insbesondere denjenigen der evangelisch theologischen Fakultät [...] Ethik vorzutragen.« Und das Sondervotum kommt in seiner Kritik an Simmel abschließend zu dem Urteil: »Ja wir stehen nicht an zu erklären, dass die Berufung dieses Mannes nach unserer festen Ueberzeugung geradezu ein Verhängnis wäre«. Das Sondervotum präsentierte dann eine eigene Liste, wobei man mit Rücksicht auf die KWU darauf verzichtet habe, den Katholiken Karl Marbe zu nennen, der eigentlich auf den ersten Platz gehöre; statt dessen wurden pari loco Gottlob Friedrich Lipps und Erich Becher, und an zweiter Stelle Jonas Cohn vorgeschlagen. Unterschrieben hatten das Sondervotum die Professoren Martin Spahn, Albert Thumb (s. u.), Oskar Schultz-Gora (s. u.), Gustav Störring, Franz Schultz und Arthur Schneider (ADBR Strasbourg, AL 103, Paq. 266; siehe GSG 24: Dokumente). – Karl Marbe (1869-1953; kath.), Psychologe, 1893 Dr. phil. (Bonn), 1896 Habil. (Würzburg), 1905 o. Prof. Ak. f. Sozial- u. Handelswiss. (Frankfurt/M.), seit 1909 o. Prof. Würzburg (NDB); Gottlob Friedrich Lipps (1865-1931), Dr. phil. Leipzig 1888 bei Wundt, PD 1904 und 1907 ao. Prof. ebd., seit 1911 o. Prof. für systematische Philosophie, Pädagogik und Psychologie in Zürich (Minerva 1912/13; Kürschner GK 1931, 1935: Totenliste); Erich Becher (1882-1929; kath.), Dr. phil. Bonn 1904, PD 1907 ebd.; 1909 o. Prof. in Münster/Westf., seit 1916 in München (NDB).

***Elster* wird ihn ebenso hintertreiben]** Zu Simmels Einschätzung des preußischen Hochschulreferenten Ludwig Elster siehe Simmel an Rickert vom 5. Dez. 1913.

Dekan hat mir bis jetzt nicht wieder geschrieben] Der Dekan der philosophischen Fakultät der KWU, Enno Littmann, hatte um den 1. Dez. 1913 »halb-offiziell« bei Simmel angefragt, ob er einen »Ruf prinzipiell ablehnen würde« (Simmel an Rickert vom 5. Dez. 1913); aber über das weitere Geschehen in Straßburg hatte er ihn nicht unterrichtet.

Geschichte mit den 100 ...Talern] Angesprochen ist hier Kant, bei dem es heißt: »Hundert wirkliche Thaler enthalten nicht das Mindeste mehr, als hundert mögliche. Denn da diese den Begriff, jene aber den Gegenstand und dessen Position an sich selbst bedeuten, so würde, im Fall dieser mehr enthielte als jener, mein Begriff nicht den ganzen Gegenstand ausdrücken und also auch nicht der angemessene Begriff von ihm sein. Aber in meinem Vermögenszustande ist mehr bei hundert wirklichen Thalern, als bei dem bloßen Begriffe derselben (d. i. ihrer Möglichkeit). Denn der Gegenstand ist bei der Wirklichkeit nicht bloß in meinem Begriffe analytisch enthalten, sondern kommt zu meinem Begriffe (der eine Bestimmung meines Zustandes ist) synthetisch hinzu, ohne daß durch dieses Sein außerhalb meinem Begriffe diese gedachte hundert Thaler selbst im mindesten vermehrt werden« (KrV, B 627).

Appells an meine moralischen Verpflichtungen] Rickerts Appell an die Verpflichtung gegenüber der Philosophie richtet sich gegen die Einstellung von Otto Baensch und Max Weber, Simmel sei verpflichtet, sein Wort zu halten (s. o.), – von der aber Simmel nichts wußte. Der Widerspruch beruhte auf einem Mißverständnis: Simmel hatte Littmann so verstanden, daß dieser wissen wollte, ob er »den Ruf etwa prinzipiell ablehnen würde«; und Simmel will ihm geantwortet haben, »daß das nicht der Fall sei« (Simmel an Rickert vom 5. Dez. 1913). Baensch referierte das mit den Worten: »Simmel hat geantwortet, daß er kommen würde« (Brief an Max Weber vom 6. Dez. 1913, MWG II/8, S. 423); und Max Weber schrieb dann an von Schmoller: Der Dekan Littmann habe Simmel gefragt, »ob er käme und er hat *zugesagt*« (Brief vom oder nach dem 5. Dez. 1913; MWG II/8, S. 423).

im Augenblick noch keine Entscheidung möglich] Da Simmel annahm, Elster würde schon verhindern, daß er einen Ruf erhielte, schien ihm eine Frage, ob er einen solchen nach Straßburg annähme, müßig, solange der Ruf noch nicht »auf dem Tisch« liege (Simmel an Rickert vom 5. Dez. 1913). Ein Ruf nach Straßburg wäre angesichts seines Alters wohl die letzte »äußere Chance«, die sich ihm böte, eine ordentliche Professur zu bekommen und verbeamtet zu werden. Bedürfe es bei diesen Kriterien keiner weiteren Überlegungen, so liege das bei den Kriterien »günstigere Arbeitsbedingungen u. den größeren Einfluß auf die philosophische Kultur« anders.

Gegnerschaft der Ultramontanen] Als Anhänger eines politischen Katholizismus, für die sich im Deutschen Reich seit dem Kulturkampf diese Bezeichnung durchsetzte, wurden in der Straßburger philosophischen Fakultät die Befürworter der den beiden Katholiken vorbehaltenen Lehrstühle verstanden; dazu zählten zuerst die beiden Inhaber der konfessionell gebundenen Lehrstühle, also der Philosoph Clemens

Bäumker bzw., ab 1913, dessen Nachfolger Arthur Schneider und der Historiker Martin Spahn, sodann der Indogermanist Albert Thumb, der Germanist Franz Schultz und der Romanist Oskar Schultz-Gora (1860-1942; Kürschner GK 1925; ebd. 1950: Totenliste). Mit Ausnahme des nicht mehr in Straßburg lehrenden Bäumkers hatten sich alle gegen die Berufung Simmels gewandt und das Sondervotum unterzeichnet (s. o. und GSG 24: Dokumente). Von solcher Konfliktkonstellation in der Fakultät bei der Erstellung der Liste muß Simmel berichtet worden sein. Aber auch von außen (zur Einflußnahme von Diels s. o.) und anderen Ultramontanen wurde versucht, in das Verfahren einzugreifen. So hält z. B. der ›5. Kommissionsbericht der philosophischen Fakultät‹ vom 25. Nov. 1913 – der letzte nach Diskussionen über 20 Kandidaten – fest, daß vor der Abstimmung über die endgültige Liste noch ein Brief von Oswald Külpe an den Straßburger Historiker Walter Goetz (1867-1958; DBE) verlesen wurde, der wohl zu einer Ablehnung Simmels aufrief und bei dem Altphilologen Otto Plasberg auf Widerstand stieß: »Herr Schneider beantragt, den Brief [...] zu den Fakultätsakten zu geben. Herr Plasberg beantragt, diesen Antrag als formell unzulässig zu erklären. Der Antrag Plasberg wird angenommen« (ADBR, AL 62, Paq. 34, Dekanat 1913/14). Auch noch nach Simmels Ernennung sollten Ultramontane seine Berufung als Fehler anprangern: So las man in der StP (Nr. 223 vom 27. Febr. 1914, Mi.Bl.) über die Sitzung des Landtags für Elsaß-Lothringen vom 26. Febr. 1914, daß der Zentrumsabgeordnete Dr. Pfleger (Joseph Alexandre Pfleger, 1873-1957, Arzt, Politiker; NDBA) gesagt habe: »Auf den Lehrstuhl des Professor Störring, des Leiters des psychologischen Instituts unserer Universität, wurde ein *Berliner Gelehrter gerufen, dessen negativer Unterricht auf dem Gebiete der Religion und Moral* bekannt ist. Interessant ist diese Berufung auch noch dadurch, daß die seinerzeitige Behauptung des Kollegen Peirotes [...] dadurch schlagend widerlegt wird. Er hat nämlich behauptet, daß *Juden* an unserer Universität systematisch ausgeschlossen sind. Die Zahl jüdischer Dozenten hat sich um eine vermehrt. [...] Der Inhaber des neubesetzten Lehrstuhls soll nicht allein Psychologie, sondern auch *Pädagogik* dozieren [...] Zur Erziehung der Lehrer unserer zukünftigen Generation dürfte er sich wohl nicht sehr eignen.« (Angesprochen ist hier der 1911 in den Landtag, 1912 in den Reichstag gewählte Sozialdemokrat Jacques Peirotes, 1869-1935; NDBA, DBA). – Zu dieser Landtagsdiskussion über Simmel siehe auch den ungezeichneten Artikel ›Gleiches Recht‹, VZ, Nr. 110 vom 2. März 1914, Mo. Bl.). – Wie unzureichend aber letztlich Simmel informiert war, läßt sich an der fehlerhaften familieninternen Überlieferung ablesen, wenn es bei Hans Simmel (S. 70f.)

heißt: »Die philosophische Fakultät schlug meinen Vater an erster und einziger Stelle und ›einstimmig‹ vor – natürlich mit Ausnahme ihrer katholisch-festgenagelten Mitglieder. Diese machten ausserdem die katholisch-theologische Fakultät mobil, die eine Eingabe mit schwerem Geschütz gegen Georg Simmel an die Regierung losliess. Und nun ereignete sich etwas Erstaunliches: die evangelisch-theologische Fakultät machte einen Gegenantrag, der dringend diese Berufung befürwortete. Die ganze Sache dürfte ein Unikum in der Hochschulgeschichte sein – schließlich war mein Vater doch rein jüdischer Abstammung, als Kind evangelisch getauft und nun vor einigen Jahren – zusammen mit meiner Mutter – aus der evangelischen Kirche wieder ausgetreten.«

Bäumker] Clemens Bäumker (1853-1924) gehörte zu den bekanntesten deutschen katholischen Philosophen im wilhelminischen Deutschland; er hatte nach dem Studium der klass. Philologie, Germanistik und Philosophie 1877 in Halle promoviert und war nach Ordinariaten in Breslau (1883), Bonn (1900), Straßburg (1903), 1912 einem Ruf nach München gefolgt (NDB). – Wenn Bäumker schreibt, er sei nach Straßburg gegangen, als »von Fakultät und Regierung ein eindringlicher Ruf mich traf, dem Folge zu leisten ich als vaterländische Pflicht betrachtete« (Clemens Baeumker. In: Selbstdarstellungen, 2. Bd., S. 45), so unterschlägt er, daß die Fakultät ihn nur auf Platz 2 der Berufungsliste gesetzt hatte (ADBR Strasbourg, AL 103, Paq. 77).

»Professur *Adickes*«] Rickert wird Simmel mitgeteilt haben, daß Adickes uno loco mit Bruno Bauch auf dem zweiten Platz der Liste stehe. Erich Adickes (1866-1928), nach Studium der ev. Theologie, Philosophie und Geschichte Dr. phil. Tübingen 1887, danach im Schuldienst, 1895 Habilitation in Kiel, 1898 ao. Prof. ebd., 1902 o. Prof. für Philosophie in Münster, seit 1904 und bis zum Lebensende in Tübingen. Adickes errang sich seinerzeit als Bearbeiter und Herausgeber des hs. Nachlasses von Kant für die Kantausgabe der Preuß. Akademie der Wissenschaften (Bd. I-III, 1911-1914) den Ruf eines ausgezeichneten Kantforschers und -kenners (NDB). – Bruno Bauch (1877-1942), Rikkert- und Windelband-Schüler, Dr. phil. Freiburg 1901, PD Halle 1903, 1911 nach Jena berufen; 1903-1916 Mitherausgeber der ›Kant-Studien‹ (NDB).

Praestanda praestirte] Feste Fügung ›Praestanda praestieren‹ (lat.): ›etwas zu Leistendes leisten; seine Schuldigkeit tun‹.

a limine] Lat.: ›vom Anfangspunkt her‹, von vornherein.

Marburger Schule] Bezeichnet – wie auch »logischer Idealismus« – die Richtung des Neukantianismus, die in ihrer Kantrezeption von der ›transzendentalen Deduktion‹ ausgeht; Objekt ist ihr die Wissenschaft als Denken der Wissenschaft. Die Marburger Schule als logizistische

Richtung des Neukantianismus gruppierte sich um den Marburger Philosophen Hermann Cohen; zu deren Vertretern zählten Ernst Cassirer, Paul Natorp und Karl Vorländer (1860-1928; NDB).

Heini ... Arnold] Zur Erkrankung von Rickerts Sohn Heini (Heinrich) und Hans Simmels Begegnungen mit dessen Bruder Arnold siehe Simmel an Rickert vom 5. Dez. 1913.

***Hans* ... Weihnachten in ... trauriger Diffusion**] Siehe Simmel an Margarete von Bendemann vom 14. und 28. Dez. 1913.

Ihren Aufsatz] Das Heft mit Rickerts Abhandlung ›Vom System der Werte‹ (Logos IV, 1913/14, Heft 3, S. 295-327) lag Simmel seit etwa einer Woche vor (siehe Simmel an Marianne Weber vom 14. Dez. 1913).

Systematik] Fehlende Systematik wurde Simmel von Rickert und Max Weber häufiger vorgehalten; siehe z. B. Max an Alfred Weber vom 9. Nov. 1912 (MWG II/7, S. 734-740). – Die Passage, auf die sich Simmel an dieser Stelle bezieht, ist nicht ermittelt.

Werk von *Hedwig Fechheimer*] Die Plastik der Ägypter. Mit 156 Abbildungen. Berlin: Bruno Cassirer 1914. – Zu Hedwig Fechheimers Biographie ist wenig bekannt: lt. Namensregister im BdD sowie der Berliner Adreßbücher seit 1905 war sie eine geborene Brühl; eine Internetquelle legt nahe, daß sie Siegfried Fechheimer, geb. 1876, geehelicht hatte und 1942 gestorben ist (http://www.familytreemaker.genealogy.com); schließlich war ein in Berlin ansässiger Siegfried Fechheimer mit Margarete von Bendemann befreundet, aus deren Korrespondenz auch eine unmittelbare Bekanntschaft Simmels mit diesem Fechheimer hervorgeht (vgl. etwa ihre Briefe an Fechheimer vom 6. Jan. 1901 und an Erwin Kircher, o.D. [1903], DLA Marbach, A: Susman), und vermutlich war dies jener »Herr Fechheimer«, dessen Teilnahme an Simmels Privatissimum im Jahre 1901 Edith Landmann erinnert (in: BdD, S. 210). – Zur Hedwig Fechheimers Bekanntschaft mit Simmel siehe Simmel an Rainer Maria Rilke vom 7. Jan. 1915 und Rilke an Simmel vom 6. März 1915.

Otto Back, Kurator der KWU, an Georg Simmel

Briefentwurf vom 20. Dezember 1913
Hs., m.e.U.; ADBR Strasbourg, AL 103 Paq. 77, Nr. 266

Str. 20. 12. 13

In Folge der Berufung des Professors *Störring* nach Bonn ist vom 1. April 1914 an der Kaiser Wilhelms-Universität eine ordentliche Professur für Philosophie neu zu besetzen. Für dieselbe hat die philosophische Fakultät Eure ... in Vorschlag gebracht.

Bei Mitteilung dieses Fakultäts-Beschlusses gestatte ich mir an Sie die ergebenste Anfrage zu richten, ob Sie event. [u.] unter welchen Bedingungen bereit sind, dem Rufe Folge zu leisten. Sollten Sie eine mündliche Verhandlung in dieser Angelegenheit wünschen, so stehe ich dazu jederzeit zur Verfügung und bitte Sie um gef. Angabe des Tages, an welchem ich Sie erwarten darf.

Der Kur. d. K. W. Universität.
B.

Briefentwurf vom 20. Dezember 1913] Oben re.: *Noch heute! / V1 3465 u. 3482.* – Oben li. neben Datum / An / den außerordentlichen Professor der Philosophie / Herrn Dr. *Simmel* / Hochwohlgeboren / Berlin Universität. – Unten zentriert von unbekannter Hand: not. 20/12 / ab 20/12. – Korrekturen im Entwurf sind nicht wiedergegeben.

Kurator] Nach §§7 und 8 des Universitätsstatuts der KWU verkehrten die Fakultäten in Berufungsangelegenheiten unmittelbar mit dem Kurator, der auch die Berufungsverhandlungen zu führen hatte.

Berufung des Professors *Störring*] Auf ausdrücklichen Wunsch des preußischen Kultusministeriums hatte sich Gustav Störring am 27. Sept. 1913 bereit erklärt, zum 1. April 1914 die Philosophie-Professur in Bonn zu übernehmen (ADBR, Strasbourg, AL 103, Paq. 77, Nr. 265). – Gustav (Wilhelm) Störring (1860-1946), nach Studium der Psychologie und Medizin (bei W. Wundt) Dr. phil. et med. Leipzig 1889, PD ebd. 1896-1902, 1902 o. Prof. Zürich, 1911 Straßburg, 1914 bis zur Emeritierung 1927 in Bonn (DBE; Wer ist's? 1928, Kürschner GK 1931).

eine ordentliche Professur für Philosophie] Seit Gründung der KWU gab es in der philosophischen Fakultät zwei ordentliche Professuren für Philosophie; Inhaber der einen waren Emil *Alfred* Weber (1872-1882), dem Wilhelm Windelband (1882-1903), dann, für Katholiken vorbehalten, Clemens Bäumker (1903-1912) und ab Aug. 1913 Arthur Schneider folgten; die andere Professur war mit Ernst Laas (1872-1885), Theobald Ziegler (1886-1911) und schließlich Gustav Störring (1911-1914) besetzt worden (Vgl. Mitglieder der philosophischen Fakultät [bzw. der humanistischen Section der philosophischen Fakultät] seit der Gründung der Universität nach der durch das Statut der Univ. v. 24. Febr. 1875 § 4 festgestellten Anciennetät [sic!], ADBR, Strasbourg, AL 103, Paq. 145).

in Vorschlag gebracht] Dem Kurator war am Freitag, dem 12. Dez. 1913 das Schreiben Enno Littmanns, Dekan der philosophischen Fakultät, zugegangen, dem die Mehrheitsliste vom 8. Dez. 1913 und das Sondervotum vom 12. Dez. 1913 beilagen (siehe GSG 24: Dokumente). Die Liste der Majorität schlug für den ersten Platz pari loco Cassirer und Simmel und für den zweiten Platz Adickes und Bauch vor (siehe Simmel an Heinrich Rickert vom 20. Dez. 1913). Der Dekan hatte zudem die gutachterlichen Äußerungen von Adolf Harnack, Gustav von Schmoller und möglicherweise anderen (siehe ebd.) weitergereicht. Der Kurator hatte sich über die Sachlage mit dem Statthalter verständigt und wohl Anfang der darauffolgenden Woche die evangelisch-theologische Fakultät gebeten, die Vorschlagsliste der Majorität der philosophischen Fakultät zu prüfen und vor allem zu dem an erster Stelle gemachten Vorschlag offiziell Stellung zu nehmen, war man doch von einem Beschluß der ev.-theol. Fakultät vom 29. Nov. 1913 unterrichtet, der besagte, »daß der Herr Dekan, sobald die Vorschläge der ph. Fak. im Senat vorliegen, sich offiziell mit der Regierung in Verbindung setzen soll, um die Wünsche der ev. theol. Fak. zum Ausdruck zu bringen« (Protocollbuch der evangelisch-theologischen Fakultät, S. 163; Archiv des ev.-theol. Instituts, Université Strasbourg). Als sich eine Antwort hinauszögerte, wurde dem Kurator auf dessen Nachfrage am 18. Dez. 1913 mitgeteilt, daß die evangelisch-theologische Fakultät gegen die Liste keinen Widerspruch einlegen werde (ebd.) und zwar gegen die ihr genannte Listenfolge: Simmel an Platz 1, Adikkes an Platz 2 und Bauch an Platz 3 (Der Dekan der ev.-theol. Fakultät, E. W. Mayer, an den Kurator vom 18. Dez. 1913; ADBR Strasbourg, AL 103, Paq. 77; siehe GSG 24: Dokumente). Die Einbeziehung der evangelisch-theologischen Fakultät war auch durch den Statthalter veranlaßt, meinte er doch, das Sondervotum im Schreiben an Kaiser Wilhelm II. nicht unterschlagen zu können, dessen zentrales Argument gegen Simmel war, daß er »kaum geeignet sein dürfte, auch den Studierenden anderer Fakultäten, namentlich denjenigen der evangelisch-theologischen Fakultät, Ethik zu lehren« (GStA PK Berlin, Rep. 89 H, Univ. Straßburg, Bd. V, Nr. 21 607; siehe GSG 24: Dokumente). Auf Grundlage eines Beschlusses der eilig einberufenen Fakultätskonferenz konnte der Dekan der evangelisch-theologischen Fakultät den Kurator informieren und am 19. Dez. 1913 dann schreiben, daß die Fakultät »dem Wunsch Euer Excellenz gemäß geprüft hat«; sie sei »nach langer und sorgfältiger Erwägung und auf Grund eingezogener Erkundigungen zu dem Ergebnis gelangt, daß sie keinen Anlaß hat gegen die Herren Simmel, Adickes und Bauch, wie man auch immer deren Qualifikation im einzelnem bewerten möge, prinzipielle Bedenken zu erheben«

(ADBR Straßburg, AL 103, Paq. 77). Diese Passage sollte dann der Statthalter in seinem Schreiben an den Kaiser übernehmen, nun jedoch endend, »daß sie [d. i. ev.-theol. Fakultät] keinen Anlaß habe, gegen die Berufung des Herrn Simmel Bedenken zu erheben« (a. a. O.). Daß bei der Entscheidung für die alleinige Nominierung Simmels auf den ersten Platz große Bedeutung den Gutachten zukam, vor allem dem Harnacks, war schnell in der Fakultät bekannt geworden; »ein Brief Harnacks«, teilte Bruno Keil Hermann Diels am 29. Dez. 1913 mit, habe »der Regierung den Mut eingegeben, entgegen der klerikalen Partei doch Simmel zu berufen« (a. a. O.), und auch der Statthalter berief sich bei seinem Votum für Simmel im Brief an den Kaiser vom 23. Jan. 1914 auf den »bekannte(n) Professor Harnack in Berlin«, der gutachterlich geäußert habe, »daß er, ›wenn er für Straßburg – oder auch eine andere deutsche Universität – einen Ordinarius für Philosophie vorzuschlagen hätte, Simmel in die erste Linie stellen würde‹« (a. a. O.). Schon bevor das offizielle Schreiben des Dekans der evangelisch-theologischen Fakultät beim Kurator eintraf, schrieb dieser am 18. Dez. 1913 dem zuständigen Hochschulreferenten im Kultusministerium Elster, daß zur Nachfolge Störrings die philosophische Fakultät der KWU »den außerordentlichen Professor an der dortigen Universität Dr. Simmel in Vorschlag gebracht« habe. »Euer ... würden mich durch eine bald gef. Mitteilung denkbar zu Dank verpflichten, ob Seitens der Kgl. Preuß. Regierung gegen diese Berufung Bedenken erhoben werden und verneinendenfalls, wie hoch sich das Einkommen des Prof. Simmel an Gehalt und Nebenbezügen in s. jetzigen Stellung beläuft »(ADBR Strasbourg, AL 103, Paq. 77). Elster reagierte sofort und hatte keine Bedenken gegen Simmel; der Kurator notierte das Telefongespräch für die Akten: »Nach Mitteilung des Herrn Geheimrat Elster vom 19 des Mts. ist Simmel im J. 1858 in Berlin geboren, konfessionslos, im J. 1900, als die Beförderung in ein außeretatmäßiges Extraordinariat in Preußen noch möglich war, zum unbesoldeten außerordentlichen Professor ernannt worden. Er bezieht somit kein Gehalt, auch sonst keinerlei laufende Remuneration. Seine Vorlesungshonorare beziffern sich auf jährlich etwa 7-8000 M.; 1911 waren es 6951 M., 1912 7426 M. Anderweitige Einnahmen fließen ihm aus seiner akademischen Stellung nicht zu« (ebd.). Damit war der Weg geebnet für den hier vorliegenden Brief Backs an Simmel.

B.] Otto Back.

Georg Simmel an Friedrich Gundolf

Brief vom 22. Dezember 1913
Hs.; Gundolf Archiv, London

Westend 22 XII 13

Lieber Herr Gundolf!

Ich danke Ihnen herzlich – auch im Namen meiner Frau – für die gütige Zusendung Ihrer Schrift. Es ist der ganz seltne Fall, in dem ich dem Autor vielleicht nichts Besseres sagen kann, als daß er mir nichts Neues gesagt hat – –

Ich beschränke mich auf diese Zeile, da ich sehr zerstreut u. bedrängt bin: morgen oder übermorgen reise ich zu Hans, der seit Wochen in München krank liegt; meine Frau ist schon bei ihm. Außerdem habe ich eben einen Ruf nach Straßburg bekommen, dessen erste Folge ist, daß ich sehr viele Briefe schreiben muß. Ob ich ihn annehme, läßt sich vorläufig garnicht bestimmen.

Ich habe recht sehr den Wunsch, Sie bald wiederzusehn u. hoffe, daß dies in absehbarer Zeit möglich sein wird.

Für heute nur noch sehr herzliche Grüße u. Wünsche. Immer Ihr

Simmel

Brief vom 22. Dezember 1913] Mit Umschlag an: Herrn / *Dr. F. Gundolf* / Privatdozent / *Heidelberg* / Schloßberg 49. Die Adresse wurde von unbekannter Hand geändert: Anschriftseite: 24/12 *Darmstadt*; Rückseite: *Darmstadt / Grüner Weg* 37 [namentl. gez.: unles.]; mit Poststempel: Charlottenburg 23. 12. 13 5-6 v.

Ihrer Schrift] Es handelte sich wohl um: Friedrich Gundolf: Stefan George in unserer Zeit. Heidelberg: Weiss'sche Universitäts-Buchhandlung 1913 – ein Vortrag, gehalten in Göttingen am 15. Dez. 1913, dessen Druck am 16. Dez. 1913 ausgeliefert wurde (vgl. Wolfskehl/Gundolf, Bd. 2, S. 264).

morgen oder übermorgen reise ich] Es wurde der »Weihnachtsabend« (Simmel an Margarete von Bendemann vom 28. Dez. 1913).

Hans, der seit Wochen in München krank liegt] Zum Krankenhausaufenthalt von Hans Simmel in München und Gertrud Simmels vorzeitiger Abreise dorthin siehe Simmel an Margarete von Bendemann vom 14. Dez. 1913.

eben einen Ruf nach Straßburg] Siehe Back an Simmel vom 20. Dez. 1913.

Georg Simmel an Otto Back, Kurator der KWU
Brief vom 22. Dezember 1913
Tps. m.e.U.; ADBR Strasbourg, AL 103, Paq. 77, Nr. 266

Berlin-Westend, 22. Dezember 1913
Königin Elisabethstr. 14

Ew. Excellenz

danke ich für das Anerbieten der Strassburger Professur, das mich in hohem Masse ehrt.

Von den Bedingungen, nach denen Ew. Excellenz gütigst fragen, ist es mir schwer, die auf die ökonomische Seite bezüglichen zu fixieren, da ich hier kein Gehalt habe, das mir einen festen Massstab gäbe. Trotzdem sind meine Einkünfte verhältnismässig hoch, weil ich mich grosser Hörerzahlen erfreue und sehr ansehnliche Honorare für gewisse ausserakademische Leistungen beziehe, die ausschliesslich an die Berliner Stellung geknüpft sind. Es wäre mir deshalb lieb, wenn Ew. Excellenz mir das überhaupt in Frage kommende Gehalt nennen würden, damit ich daran einen Anhaltspunkt für meine Erwägungen hätte. Doch möchte ich jedenfalls aussprechen, dass mir der Modus einer Garantie für eine bestimmte Höhe der Kolleggeldeinnahmen nicht angenehm wäre.

Ferner bitte ich Ew. Excellenz um Auskunft über folgende zwei Punkte: Welche Mindestzahl wöchentlicher Kollegstunden vorgeschrieben ist – und ob mit dieser Stellung die Pflicht verknüpft ist, in die Kommission für die Lehrerprüfungen einzutreten.

Ich würde diese Fragen gern nach Ew. Excellenz freundlicher Aufforderung persönlich besprechen, wenn ich nicht leider genötigt wäre, in den allernächsten Tagen zu meinem in München erkrankten Sohn zu reisen. Doch kommen alle unter der obigen Adresse eintreffenden Schreiben mit geringer Verspätung in meine Hand.

Ich verbleibe Ew. Excellenz verehrungsvoll ergebener

Georg Simmel

Brief vom 22. Dezember 1913] Mit Vermerk von unbekannter Hand: Oben re.: ZK. 25/12 K *3534*. – Unter Simmels Schreiben: Beginn des Entwurfs von Kurator an Simmel vom 27. Dez. 1913 (siehe dort).

Anerbieten] Gemeint ist das Angebot des Kurators vom 20. Dez. 1913, die ordentliche Professur für Philosophie an der Straßburger Universität zu übernehmen.

kein Gehalt] Daß Simmel als Inhaber eines außeretatmäßigen Extraordinariats an der Berliner Universität »kein Gehalt, auch sonst keinerlei laufende Remuneration« bezog, hatte sich der Kurator nach »Mitteilung des Herrn Geheimrat Elster vom 19. des Mts.« bereits am 22. Dez. 1913 unter den Entwurf seiner dem preuß. Hochschulreferenten vorgelegten Frage nach dem »Einkommen des Prof. Simmel an Gehalt und Nebenbezügen in s. jetzigen Stellung« notiert (18. Dez. 1913; siehe GSG 24: Dokumente).

meine Einkünfte] Simmels »Vorlesungshonorare beziffern sich auf jährlich etwa 7-8000 M; 1911 waren es 6951 M, 1912: 7426 M. Anderweitige Einnahmen fließen ihm aus seiner akademischen Stellung nicht zu«, heißt es in o. gen. Aktennotiz des Kurators. Über die Höhe der Honorare für »ausserakademische Leistungen«, Vortragstätigkeiten und Publikationen sowie Kapitalerträge ist Näheres nicht überliefert.

München] Zur Reise nach München siehe Simmel an Margarete von Bendemann vom 14. und 28. Dez. 1913.

Otto Back, Kurator der KWU, an Georg Simmel

Briefentwurf vom 27. Dezember 1913
Hs. m.e.U.; ADBR Strasbourg, AL 103, Paq. 77, Nr. 266

Str. 27. 12. 13.

Euer ... beehre ich mich auf das gef. Schreiben vom 22. des Mts. Folgendes ergebenst zu erwiedern.

Das Einkommen der ordentlichen Professoren an der Kaiser Wilhelms-Universität setzt sich zusammen aus einem festen Gehalt, aus den Kollegien-Honoraren, Promotions- und Prüfungsgebühren. Das feste Gehalt bleibt dem Professor auch nach s. Emeritierung bis an sein Lebensende. Die Emeritierung kann nur mit der Einwilligung des Professors erfolgen, derselbe ist berechtigt, seine Emeritierung zu verlangen.

a) wenn er das 65. Lebensjahr vollendet hat;

b) wenn ihm die Leitung einer wissenschaftlichen Universitätsanstalt oder einer Universitätsklinik von der Regierung entzogen wird.

Nach dem gegenwärtigen Stande des Universitätsetats würde ich in der Lage sein, Ihnen ein festes Lebensgehalt von M. 6000 anzubieten. Um Ihnen einen Anhalt bezüglich der Höhe der Nebeneinnahmen zu geben, bemerke ich, daß Professor *Störring* im Rechnungsjahr 1912 (1. April 1912-31. März 1913) folgende Beträge eingenommen hat:

	Kollegien-Honorare	Promotions-gebühren	Prüfungs-gebühren
Sommersemester 1912:	4238,50	257,48	} 795 M.
Wintersemester 1912/13:	4233,60	266,03	
		9790, 61 M.	

Dabei ist zu bemerken, daß der Spezialkollege von *Störring*, der Professor *Bäumker* am 1. Oktober 1912 ausgeschieden ist, so daß *Störring* während des Wintersemesters 1912/13 der einzige Professor der Philosophie war, da der Nachfolger *Bäumker's* noch nicht berufen war. Die Übernahme einer Garantie für eine bestimmte Höhe der Kolleggeldeinnahmen ist hier nicht üblich.

Eine Mindestzahl wöchentlicher Kollegstunden ist nicht vorgeschrieben. Auch besteht ein Zwang, in die Kommission für die Lehrerprüfungen einzutreten, nicht. Von Seiten der zu berufenden Professoren wird aber stets eine Zusicherung dafür verlangt, daß sie dieser Kommission angehören, da erfahrungsgemäß die Mitgliedschaft auf den Besuch des Kollegs durch die betreffenden Studierenden günstig einwirkt. Mit der Professur für Philosophie ist die Mitdirektion des philosophischen Seminars verbunden.

Indem ich annehme, die von Ihnen gestellten Fragen sachgemäß beantwortet zu haben, und Ihren weiteren Mitteilungen entgegensehe, verbleibe ich mit vorzüglicher Empfehlung

Euer ... ergebenster

B.

Briefentwurf vom 27. Dezember 1913] Festgehalten auf Simmel an Kurator vom 22. Dez. 1913 und zwei Folgeseiten. Oben li. neben

Datum: Herrn Professor Dr. Simmel / Hochw. / *Berlin Westend* / Königin Elisabethstraße / 14. – Unter Unterschrift von fremder Hand: erl. 27.12./ab 27.12.

festes Lebensgehalt von M. 6000] Dem Angebot des Kurators ging dessen Rückfrage bei Elster voraus (siehe Back an Simmel vom 20. Dez. 1913); zudem orientierte es sich am Gehaltsspiegel der philosophischen Fakultät. Deren Mitglieder erhielten im Jahr 1914 an Gehalt und nicht pensionsfähigen Zulagen lt. ›Ordentlicher Etat der Kaiser Wilhelms-Universität Strassburg für das Rechnungsjahr 1915‹ in Mark: »o. Prof. Neumann 8000,- / o. Prof. Henning 6700,- / o. Prof. Koeppel 7300,- / o. Prof. Leumann 6200,- / o. Prof. Spahn 6800,- / o. Prof. Spiegelberg 5000,- / o. Prof. Thumb 6800,- / o. Prof. Sapper 9600,- / o. Prof. Schultz-Gora 9000,- / o. Prof. Plasberg 9000,- / o. Prof. Schultz 5000,- / o. Prof. Götz 10 000,- / o. Prof. Schneider 9000,- / o. Prof. Schulthess 7000,- / o. Prof. Schwartz 12 000,- / o. Prof. Simmel 8000,- / o. Prof. Frikkenhaus 5000,- / o. Prof. Stählin 6000,- / ao. Prof. Ludwig 2400,- / ao. Prof. Crönert 2400,- / ao. Prof. Karst 2400,- « (ADBR Strasbourg, AL 27, Paq. 608b). – Karl Johannes Neumann (1857-1917), Althistoriker, seit 1884 ao. Prof., 1890 o. Prof. KWU; DBE. – Rudolf Henning (1852-1930), Germanist, seit 1895 o. Prof. KWU; DBA. – Ernst Leumann (1859-1931), Indogermanist, seit 1897 o. Prof. KWU; DBE. – Wilhelm Spiegelberg (1870-1930), Ägyptologe, 1894 PD KWU, 1899 ao., 1907 o. Prof. ebd., später Heidelberg und München; DBE; Drüll. – Friedrich Schulthess (1878-1922), o. Prof. für semitische Philologie, seit 1914 in Straßburg; DBA; Minerva 1913/14. – Eduard Schwartz (1858-1940), klassischer Philologe, 1884 PD Bonn, 1887-1914 o. Prof. Rostock, Gießen, Straßburg, Göttingen, Freiburg i. Br., seit SS 1914 Straßburg; DBE. – August Frickenhaus (1882-1925), Archäologe, 1913 ao. Prof., 1914 o. Prof. in Straßburg; DBA. – Karl Stählin (1865-1939) Historiker, Dr. phil. Leipzig 1902, PD 1905 Heidelberg, 1910 ao. Prof. ebd., seit 1914 o. Prof. KWU; Drüll. – Friedrich Ludwig (1842-1930), Musikwissenschaftler, 1906 PD Straßburg, 1910 ao. Prof. ebd.; NDB. – Wilhelm Crönert (1874 - ?), klass. Philologe, 1898 Dr. phil. Göttingen, 1911 PD Straßburg, 1914 ao. Prof. ebd.; Wer ist's? 1912: Friedrich Crönert (Vater); GV, Minerva 1911-1914). – Joseph Karst (1871-1962), Orientalist, seit 1912 ao. Prof. Straßburg; NDBA.

***Störring*]** Gustav Störring, Inhaber des Simmel angebotenen Lehrstuhls.

***Bäumker*]** Clemens Bäumker hatte bis 1912 den zweiten, konfessionell gebundenen Philosophie-Lehrstuhl inne.

B.] Otto Back.

Georg Simmel an Margarete von Bendemann
Postkarte vom 28. Dezember 1913
Hs.; LBI New York, Susman Collection

München 28 XII 13
Ainmillerstr. 17
Pension *Hohenzollern*

Liebe Susa,

ich bekam noch in Berlin einen sehr lieben Brief von dir. Inzwischen war die Frau zu Hans gefahren u. ich tat dasselbe am Weihnachtsabend. Es war ihm recht schlecht gegangen, am letzten Montag ist er geschnitten worden, seitdem ist er in zweifelloser Besserung, aber er sieht noch ziemlich erschreckend aus. 14 Tage muß er noch in der Klinik bleiben, dann mindestens 4 Wochen ins Gebirge. Doch liegt nicht der geringste Grund vor, anzunehmen, daß er diese Sache nicht völlig überwindet. Ich bleibe bis zum 2. früh hier, gehe dann bis zum 7. nach Wien zu Vorträgen, am 8. wieder Kolleg in Berlin, am 9. werde ich vielleicht nach Straßburg fahren. Ich bin nämlich, was du ev. schon weißt, dorthin berufen. Zuerst war ich eigentlich entschlossen, es abzulehnen, nach u. nach hat mich das stürmische Drängen der Straßburger weicher gemacht, so daß ich wohl wenigstens einmal hinfahren werde, um mir die Sache aus der Nähe anzusehn. Straßb. hat wenigstens *einen* Vorteil: die Nähe der Schweiz. Wir könnten uns über den Sonntag besuchen! Ich bin in einer recht komplizirten Lage – du wirst ungefähr kombiniren können, was alles dafür u. was dagegen spricht. Zu aller Bedrängniß durch das Persönliche u. das Unpersönliche des Momentes kommt noch das Überpersönliche: allerhand metaphysische Embryonen, die »gern entstehn möchten«. Aber ich untersage es mir fast gewaltsam, um nicht meine Nervenkraft bis in's Letzte zu verbrauchen. Die letzten Wochen waren schon geeignet, den Kopf zum Platzen zu bringen.

Wir alle grüßen u. lieben dich. Tu du desgleichen.

G.

Die Frau bleibt vorläufig unbestimmt hier, auch unter obiger Adresse.

Postkarte vom 28. Dezember 1913] An: Frau / *Marg. v. Bendemann / Rüschlikon* bei *Zürich*; mit Poststempel: MÜNCHEN 2 28.12.13 9 [unles.].

München ... Pension *Hohenzollern*] Zu der geplanten Reise nach München wegen der Erkrankung Hans Simmels siehe Simmel an Heinrich Rickert vom 20. sowie an Friedrich Gundolf vom 22. Dez. 1913.

Brief] Verschollen.

die Frau zu Hans gefahren] Gertrud Simmel war am 20. Dez. nach München vorgefahren (siehe ebd.).

am letzten Montag] Am 22. Dez. 1913.

Wien zu Vorträgen] Zu den Wiener Vorträgen siehe Simmel an Otto Back, Kurator der KWU, vom 1. Jan. 1914.

am 8. wieder Kolleg] Donnerstag, den 8. Jan. 1914; zu Simmels Lehrprogramm siehe Simmel an Robert Michels vom 19. Okt. 1913.

vielleicht nach Straßburg fahren ... berufen] Zur Berufung siehe Otto Back an Simmel vom 20. Dez. 1913; zum Gesprächstermin: Simmel an Back vom 1. Jan. 1914.

»gern entstehn möchten«] Möglicherweise Zitat; nicht ermittelt.

Kopf zum Platzen] Das mag Simmel auch zu Kurt Singer gesagt haben, als dieser ihn besuchte »am Tage, als er die Entscheidung fällen sollte«, und Simmel, der ihm »bis zum Reißen gespannt, fast dem Wahnsinn nahe« erschien, seine Entscheidungsproblematik schilderte: »Sollte er, der in Berlin die wachsten und bewegtesten unter den anspruchsvolleren Studenten und Gäste aus der Hauptstadt als Privatdozent mit dem Professorentitel in seinem Hörsaal gebannt hielt, auch die Widerstrebendsten und Rebellierenden, diese – seit Hegel – einzige Position aufgeben, nur um endlich nach einem Vierteljahrhundert in die Stellung eines Ordinarius aufzurücken, ohne daß ihn wirtschaftliche Nöte dazu drängten?« (BdD, S. 295). Der Besuch Singers bei Simmel muß nach Eingang des Schreibens von Otto Back an Simmel vom 20. Dez. 1913 und vor der Abfahrt nach München »am Weihnachtsabend« stattgefunden haben.

Georg Simmel an Ludwig Fulda

Postkarte vom 30. Dezember 1913
Hs.; FDH, Frankfurter Goethemuseum

München 30 XII 13

Lieber Fulda,

schönen Dank, Ihnen u. Ihrer Frau, für Ihre freundlichen Glückwünsche. Wir sind in München, um unserm Sohn Gesellschaft zu leisten, der schwer krank war, aber wieder in der Besserung ist. – Ich habe Ihnen noch für die gütige Zuwendung Ihrer Shakespeare-Sonette zu danken. Ich hätte Ihnen zur Erwiderung etwas ›vom Eignen‹ angeboten, wenn ich nicht von Ihrer Abwesenheit gehört hätte. Nun gestatten Sie, daß ich es nach meiner Heimkehr tue.

Inzwischen herzlich grüßend wie immer Ihr

Simmel

Postkarte vom 30. Dezember 1913] An: Herrn / *Dr. Ludwig Fulda / Berlin-Dahlem / Miquelstr.* 86; mit Poststempel: München 2 30.12.13 11-12 N.

Ihrer Frau] Seit Fuldas zweiter Eheschließung 1908: Helene Fulda, Tochter des Schauspielers Prof. Karl Hermann (NDB).

Glückwünsche] Das Schreiben der Eheleute Fulda ist verschollen, aber als am 28. Dez. 1913 geschrieben vermerkt in: Ludwig Fulda: Kalenderauszug 1913, FDH, Frankfurter Goethemuseum. – Die Glückwünsche galten wohl Simmels Ruf nach Straßburg, über den die Berliner Presse am Sonnabend, den 27. Dez. 1913 berichtet hatte: So hatte dies die VZ (Nr. 655, Mo. Bl.) zum Anlaß eines Porträts des Philosophen in der Rubrik ›Kunst, Wissenschaft, Literatur‹ genommen und das BT (Nr. 655, Mo. Bl.) zu einer Meldung unter ›Wissenschaftliche Nachrichten‹.

unserm Sohn Gesellschaft zu leisten] Gertrud und Georg Simmel waren nach München zu ihrem Sohn gereist, der nach einem chirurgischen Eingriff noch im Krankenhaus lag; vgl. Brief an Margarete von Bendemann vom 28. Dez. 1913.

Zuwendung Ihrer Shakespeare-Sonette] Shakespeares Sonette. Erläutert von Alois Brandl. Übersetzt von Ludwig Fulda. Stuttgart und Berlin: J. G. Cotta'sche Buchhandlung 1913, LV, 156 S.

Ihrer Abwesenheit] Simmel spricht wohl Fuldas zweite ausgedehnte Vortragsreise »durch die Vereinigten Staaten von Amerika als

Gast der Germanistic Society of America« (Reichshandbuch) an, die Fulda zu einer Erweiterung seiner nach der ersten Reise, 1906, veröffentlichten ›Amerikanischen Eindrücke‹ (Stuttgart/Berlin: Cotta 1906) veranlaßte. Siehe den Hinweis auf die ›Dritte und vierte, umgearbeitete Auflage‹, 1914 im LC vom 5. Dez. 1914, Sp. 1535.

nach meiner Heimkehr tue] Eine entsprechende »Erwiderung« Simmels ist nicht nachgewiesen.

Otto Back, Kurator der KWU, an Georg Simmel

Briefentwurf vom 30. Dezember 1913
Hs., m.e.U.; ADBR Strasbourg, AL 103, Paq. 77, Nr. 266

Str. 30. 12. 13.

Euer … beehre ich mich im Nachgang zu meinem Schreiben vom 27. d. Mts. K 3534 ergebenst mitzuteilen, daß nach vorläufigen Feststellungen Herr Prof. *Störring* im Rechnungsjahr 1913 an Kollegienhonoraren 6705,65 M bezogen hat. Die Höhe der Gebühren ist noch nicht festgestellt.

Mit vorzüglicher Hochachtung
Euer … ergebenster

B.

Briefentwurf vom 30. Dezember 1913] Oben li., unter Datum: An … *Simmel* – Unten li. von fremder Hand: erl. u. ab. 30. 12.

Nachgang zu meinem Schreiben] Siehe Otto Back an Simmel vom 27. Dez. 1913.

B.] Back.

Georg Simmel an Otto Back, Kurator der KWU

Brief vom 1. Januar 1914
Hs.; ADBR Strasbourg, AL 103, Paq. 77, Nr. 266

z. Zeit München 1. 1. 14.

Ew. Excellenz

danke ich verbindlichst für das freundliche Schreiben vom 27. December. Ich möchte nun von Ew. Excellenz gütigem Anerbieten einer mündlichen Verhandlung Gebrauch machen. Wollen Ew. Excellenz mich gütigst unter folgender Adresse: Wien 1, Hotel Klomser, Herrengasse – wissen lassen, ob und wo ich Ew. Excellenz am Freitag den 9. Januar, möglichst in einer frühen Nachmittagsstunde aufsuchen darf. Es ist mir peinlich keinen früheren Termin vorschlagen zu können, da hierdurch, für den Fall des Scheiterns unserer Verhandlungen, die Zeit für die Besetzung der Professur in gewiss sehr unerwünschter Weise verkürzt wird. Allein ich bin seit lange durch Vortragsverpflichtungen in Wien gebunden, deren Absage für das betreffende Institut schwere Verlegenheiten zur Folge hätte.

Ich verbleibe Ew. Excellenz verehrungsvoll ergebener

Georg Simmel

Brief vom 1. Januar 1914] Von der Hand Gertrud Simmels (Lateinschrift), m.e.U. Simmels.

z. Zeit München] Gertrud Simmel war nach München gereist, als der Sohn Hans stationär behandelt werden mußte; »am Weihnachtsabend« war dann auch Georg Simmel in München (Simmel an Margarete von Bendemann vom 28. Dez. 1913).

Wien ... 9. Januar, möglichst in einer frühen Nachmittagsstunde] Simmel beabsichtigte, am Freitag, den 2. Jan. »früh« (ebd.) von München nach Wien weiterzureisen, um dort drei Vorträge zu halten (s. u.), und zu seinen Kollegien am Donnerstag, den 8. Jan. 1914 wieder in Berlin zu sein. Da letztere am Nachmittag stattfanden (siehe Simmel an Robert Michels vom 19. Okt. 1913), war ein früheres Eintreffen in Straßburg nach einer vermutlich in Frankfurt/M. für die Nacht zu unterbrechenden Anreise nicht möglich.

Fall des Scheiterns unserer Verhandlungen] Simmel hatte einerseits Vorbehalte bezüglich des ihm von Back mit den Schreiben vom 27. und 30. Dez. 1913 unterbreiteten Angebotes (siehe Back an Simmel vom 12. Jan. 1914) und beharrte grundsätzlich auf der bereits in den Briefen an Heinrich Rickert vom 20., Friedrich Gundolf vom 22. und an Margarete von Bendemann vom 28. Dez. 1913 ausgesprochenen Option, den Ruf zugunsten besserer Wirkungsmöglichkeiten in Berlin abzulehnen.

Zeit für die Besetzung der Professur] Zur Dringlichkeit der Wiederbesetzung des Ordinariats Gustav Störring zum SS 1914 siehe Back an Simmel vom 20. Dez. 1913. – Da sich in den Schreiben des Kurators kein qualitativer Hinweis auf den Termindruck findet, Simmel diesen aber anspricht, ist anzunehmen, daß Simmels nähere Kenntnis der Situation auf ein Gespräch im preußischen Kultusministerium zurückgeht, das er unmittelbar nach Eingang des Berufungsschreibens vom 20. Dez. 1913 angestrebt und noch vor seiner Abreise nach München (s.o.) – wahrscheinlich am 23. oder 24. Dez. 1913 – geführt haben dürfte; siehe Simmel an Margarete von Bendemann vom 28. Dez. 1913.

Vortragsverpflichtungen in Wien] Simmel hatte der Wiener Urania zugesagt, einen in deren Jahresübersicht dem Fach ›Bildende Kunst‹ zugewiesenen Vortrag über ›Rembrandts religiöse Kunst‹ zu halten und im Fach ›Philosophie‹ zu den Themen ›Vom künstlerischen Realismus‹ und ›Das Problem des Schauspielers‹ zu sprechen (Übersicht der Vorträge in der Saison 1913/14 nach Fächern. Urania. Wochenschrift für Volksbildung VII, Nr. 29 vom 18. Juli 1914, S. 344 und Nr. 33 vom 15. Aug. 1914, S. 407). Einer kalendarischen Übersicht des Vortragsprogramms (ebd. Nr. 25 vom 20. Juni 1914, S. 280) und den überlieferten Vortragsberichten zufolge sprach Simmel am 3. Jan. 1914 »über den künstlerischen Realismus« (Bericht: Die Zeit vom 4. Jan. 1914, zit. n. Frisby, S. 225), hielt am »Montag«, den 5. Jan. 1914 mit ›Das Problem des Schauspielers‹ »seinen zweiten Vortrag« (Bericht ebd. vom 7. Jan. 1914, zit. n. Frisby, S. 227) und referierte am 7. Jan. 1914 über ›Rembrandts religiöse Kunst‹ im Rahmen dieses von Toni Stolper als »philosophisch-ästhetische Vortragsreihe des bahnweisenden Straßburger Denkers Georg Simmel« erinnerten Zyklus (Ein Leben in Brennpunkten unserer Zeit. Wien – Berlin – New York – Gustav Stolper 1888-1947. Tübingen: Rainer Wunderlich Verlag Hermann Leins 1960, S. 73). – Die Themen und Vortragsberichte weisen auf den Rück- bzw. Vorgriff auf die folgenden Aufsätze Simmels: Vom Realismus in der Kunst (Der Morgen 2, Nr. 31 vom 31. Juli 1908; GSG 8, S. 404-415); Der Schauspieler und die Wirklichkeit (BT, Nr. 11 vom 7. Jan. 1912; GSG 12, S. 308-315); Rembrandts religiöse Kunst (FZ,

Nr. 179 vom 30. Juni 1914, 1. Mo. Bl.; GSG 13, S. 70-89). – Toni Stolper (1890-1988), österreichische Journalistin, verehelicht mit dem Wirtschaftspublizisten Gustav Stolper (1888-1947); DBE.

Georg Simmel an Adolf Harnack

Brief vom 3. Januar 1914
Hs.; SBPK Berlin, Nl Harnack

z. Z. Wien, den 3. I 1914

Sehr verehrter Herr Geheimrat!

Ich danke Ihnen herzlich für Ihre freundlichen Glückwünsche zu dem Straßburger Ruf. Sie können sich denken, daß, wenn ich ihn annehme (worüber ich mich noch nicht entschieden habe), es nicht leichten Herzens geschieht. Denn die Wirkungen auf unsre philosophische Kultur, die ich in Berlin ausüben kann, lassen sich nicht leicht anderswo erzielen. Daß auch Sie mein Fortgehen bedauern, ist sehr gütig von Ihnen. Es wäre leicht gewesen, mich zu halten – eine ganz bescheidne materielle Sicherung hätte dazu ausgereicht.

Sollte es wirklich zu meinem Weggang kommen, so hoffe ich jedenfalls, Ihnen noch einmal die Hand drücken zu können.

Ich bleibe in dauernder Verehrung u. Ergebenheit Ihr

Simmel

Brief vom 3. Januar 1914] Gedr. Briefkopf: Oben li.: HOTEL KLOMSER / Familienhotel 1. Ranges. / Gegründet im Jahre 1870. / Telegramm-Adresse: / HOTEL KLOMSER, WIEN. / Interurbanes Telephon Nr. 18999. / Postsparkassen-Clearing-Verkehr Nr. 5745. / Konto bei der k.k. priv. österr. Länderbank. / Elegantes Bad sowie Lese-, Schreib- und Musik- / zimmer im Hause. Im Winter geheiztes Stiegen- / haus und Korridore. – Appartements in allen / Preislagen. – Vorzügliches Restaurant. – Über / Wunsch Pension. – Oben re.: Wien, den ... 191 / I Herrengasse 19.

z. Z. Wien] Hs. in Briefkopf eingefügt. – Zum Reiseanlaß siehe Simmel an Otto Back vom 1. Jan. 1914.

Glückwünsche] Das Schreiben Harnacks ist verschollen; vermutlich war es Simmel nach seiner Abreise von Berlin (siehe ebd.) nachgesandt worden.

Straßburger Ruf] Siehe Otto Back, Kurator der KWU, an Simmel vom 20. Dez. 1913. – Von Harnack war persönlich in das Straßburger Berufungsverfahren involviert, da er auf die Bitte des Dekans der Straßburger philosophischen Fakultät, Enno Littmann, vom 3. Dez. 1913, »möglichst bald ein Urteil über Simmel's Person und Bedeutung und seine Wirkung« zu schreiben (SBPK Berlin, Nl Harnack), unmittelbar geantwortet hatte; in seiner Stellungnahme vom 4. Dez. 1913 heißt es einleitend: »Wenn ich für Strassburg – oder auch für eine andere deutsche Universität – einen Ordinarius für Philosophie vorzuschlagen hätte, würde ich Simmel in die erste Reihe stellen« (ADBR, AL 103, Paq. 77, Nr. 266; siehe GSG 24: Dokumente). Diesem Gutachten kam entscheidende Bedeutung im Berufungsverfahren zu, siehe Statthalter Karl Graf von Wedel an Kaiser Wilhelm II. vom 23. Jan. 1914 (GStA PK Berlin, Rep 89, Bd. V, Nr. 21697; siehe GSG 24: Dokumente); siehe auch Bruno Keil an Hermann Diels vom 29. Dez. 1913 (SBPK Berlin, Slg. Darmstädter, Bruno Keil).

noch nicht entschieden habe] Simmels Vorbehalt, den Ruf anzunehmen, findet sich in Simmels Briefen dieser Wochen regelmäßig angesprochen (siehe zuletzt an Otto Back vom 1. Jan. 1914); ähnlich zurückhaltend klingt es aus Gertrud Simmels Briefen; so schreibt sie am 4. Jan. 1914 aus München an Margarete von Bendemann: »Georg hält jetzt Vorträge in Wien und will dann mal nach Straßburg« (DLA Marbach, Nl Susman) und am gleichen Tag an Sophie Rickert: »Mein Mann [...] wird am 9. in Straßburg unterhandeln. Daß eine Stunde kein Trennungsgrund sein wird für uns, *wenn* wir nach Straßburg kommen – an das Wort, liebe Frau Rickert, sollen Sie mir denken, das kann ich Ihnen sagen. Sonst spricht es sich für mich mißlich über eine Sache, die nicht abgeschlossen ist – es ist mir so wider den Strich« (SGA Stuttgart).

Es wäre leicht gewesen, mich zu halten] Damit deutete Simmel an, daß das zuständige preußische Kultusministerium ihm mitgeteilt habe, daß es keine Verhandlungen aufzunehmen gedächte, um ihn in Berlin zu halten. Und dabei war Simmel im Kultusministerium vorstellig geworden, um die Möglichkeiten auszuloten, »in Berlin ein Gehalt zu erhalten oder Ordin[arius]. zu werden«, wie der wohlunterrichtete Gustav von Schmoller später in seinem Brief an Georg Friedrich Knapp vom 30. März 1914 schrieb, aber die »Aussichten für ihn« seien »bei Elster nicht vorhanden« gewesen, ja, Elster könne »Leute wie Simmel gar nicht verstehen. Althoff hätte es gekonnt, aber er nicht« (GStA PK Berlin, I. HA, Rep. 92, Nl Schmoller, Nr. 130b, 153-54). Dieses Gespräch muß am 23. oder 24. Dez. 1913 stattgefunden haben, denn erst am 21. wird Simmel den Ruf aus Straßburg erhalten haben (Otto Back an Simmel vom 20. Dez. 1913), und am »Weihnachtsabend« reiste er dann nach München (Simmel an Margarete von Bendemann vom

28. Dez. 1913). Simmel war davon überzeugt, der erhaltene Ruf garantiere, daß ihm auch für ein Bleiben in Berlin ein Gehalt oder sonstige Remuneration zugestanden werde – so überraschte ihn die strikte Ablehnung Elsters. Der aber war, was Simmel nicht wußte, dem Kurator der KWU im Wort, hatte er ihm doch versprochen, daß er, werde ein »preußischer Dozent« für die Philosophieprofessur vorgeschlagen, eine Verzögerung durch Verhandlungen zu unterbinden wisse (vgl. Simmel an Heinrich Rickert vom 5. Dez. 1913). Simmel blieb nach dem Gespräch mit Elster zwar noch die Alternative zwischen Beibehaltung seines außeretatmäßigen Extraordinariats ohne Vergütung in Berlin und der Annahme des Rufes nach Straßburg; aber die Entscheidung war eigentlich gefallen, denn auch weiterhin sprachen »alle echten philosophischen Gründe« für die Annahme des Rufes als wohl letzter sich bietenden »äußere[n] Chance« (Simmel an Rickert vom 20. Dez. 1913). Mochte Simmel bis zum Gespräch im Ministerium die Absicht verfolgt haben wollen, in Berlin zu bleiben, so machte er sich nach dem Gespräch mit dem Wechsel nach Straßburg vertraut. Einige der jetzt relevant werdenden Gründe finden sich bei Kurt Singer und Hans Simmel: Singer schreibt zum Wechsel nach Straßburg: »Es ist für seine [Simmels] Denkart bezeichnend, daß er schließlich den Ruf annahm: er war so tief von den Forderungen des ›objektiven Geistes‹ durchdrungen, der sich in gesellschaftlichen Gebilden seine Körper schafft, daß er die normgemäße Vollendung einer einmal begonnenen Laufbahn als ein hohes Gut betrachtete, für das die Aufopferung einer personbedingten Stellung kein zu geringer Preis war« (BdD, S. 295); und Hans Simmel überliefert: Simmel »war sich klar darüber, dass er an keiner anderen Universität ausser etwa München einen ähnlich ausgedehnten Wirkungskreis haben würde. ›Wäre es nicht fast ein Verrat, diese Möglichkeit, die geistige Entwicklung der Jugend zu beeinflussen, aufzugeben – um eines Gehaltes willen?‹ Solchen Erwägungen gegenüber stand die verlockende Aufgabe, nun einmal für eine andere Universität seine Leistung einzusetzen und etwas philosophischen Geist dort zu pflanzen und zu pflegen, wo er einer solchen Pflege besonders bedürftig schien« (S. 71). – Simmel hatte sich mehrmals bei von Schmoller in Berlin und Georg Friedrich Knapp in Straßburg über jene Alternative vertraulich Rat geholt, vor der er seit dem Gespräch mit Elster stand. Schrieb Knapp am 15. März 1914 an von Schmoller, er habe Simmel »aufs Dringendste abgerathen, weil seine ganze Wirksamkeit hier des Untergrundes entbehrt, den er in Berlin hat. Es scheint mir, dass allerlei Privatverhältnisse bei seinem Entschlusse mitspielen. In diesem Falle hätte das preuß. Unterrichtsministerium ohne große Opfer einschreiten können: es hätte genügt, ihm eine mässig besoldete aber feste Stel-

lung anzubieten – dann wäre er sicher dort geblieben« (GStA PK Berlin, 1. HA, Rep. 92, Nl Schmoller); so rechtfertigt von Schmoller in seiner Antwort Simmels Entscheidung trotz des »bessern Boden[s]« in Berlin: »ich habe ihm auch zugeredet und durch ein Gutachten über ihn [siehe GSG 24: Dokumente] dazu beigetragen, die Bedenken in Straßburg zu beschwichtigen. [...] Simmel muß sich in Straßburg entschlies[s]en, statt 2-400 zu unterhalten, 20-40 zu belehren. Und das kann er sicher auch. Behagt ihm Straßburg nicht oder wird er 65 Jahre alt, so kann er immer mit einer guten Pension nach Berlin zurück kehren und wird dann wieder große Schaaren um sich sammeln« (ebd.).

Otto Back, Kurator der KWU, an Georg Simmel

Telegrammentwurf vom 12. Januar 1914
Hs.; ADBR Strasbourg, AL 103, Paq. 77, Nr. 266

Bedingungen der Berufung Ihren Wünschen entsprechend geregelt. Brief folgt.

Back Kurator

Telegrammentwurf vom 12. Januar 1914] Oben li: Professor *Simmel* / Berlin Westend / Königin Elisabethstraße 14 – Mit Vermerk von fremder Hand: Telegramm abgesandt am 12. 1. 1914.

Ihren Wünschen entsprechend] Angesprochen sind die Ergebnisse der mündlichen Verhandlungen vom 9. Jan. 1914 (siehe Otto Back an Simmel vom 12. Jan. 1914).

Otto Back, Kurator der KWU, an Georg Simmel

Briefentwurf vom 12. Januar 1914
Hs. m.e.U.; ADBR Strasbourg, AL 103, Paq. 77, Nr. 266

12. 1. 14

Euer ... beehre ich mich unter Bezugnahme auf die stattgehabte mündliche Verhandlung nachstehend die Bedingungen mitzuteilen, unter welchen Ihre Berufung an die Kaiser-Wilhelms-Universität stattfinden wird:

1. Dienstantritt: 1. April 1914;

2. Lehrauftrag: Philosophie und Pädagogik;
3. Gehalt 8000 Mk, bestehend aus 7000 Mk pensionsfähigem Gehalt und 1000 Mk nicht pensionsfähige Zulage;
4. Erstattung der Umzugskosten und der Kosten der Dienstantrittsreise nach den für Professoren der Universität bestehenden Sätzen. Sollten Sie vor Ablauf von 3 Jahren die hiesige Universität verlassen, so sind diese Kosten zurückzuerstatten;
5. Witwenversorgung nach Maßgabe der bestehenden gesetzlichen Bestimmungen;
6. Ernennung zum Mitdirektor des philosophischen Seminars.

Indem ich Sie bitte, Ihr Einverständniß mit diesen Bedingungen und die Annahme des an Sie ergangenen Rufes zu erklären, ersuche ich Sie zugleich ergebenst um Ausfüllung und Rücksendung des anliegenden Personalnachweises.

Der Kur. der K.W.U.
B.

Briefentwurf vom 12. Januar 1914] Oben re.: Auf Vortrag!/E.O.K. 80 / Oben li. neben Datum: An Herrn Professor Dr. *Simmel* / Hochw. / *Berlin Westend* / Königin Elisabethstraße 14. – Unten li. Bearbeitungsvermerk: notiert / ab 12/1/14.

mündliche Verhandlung] Am 9. Jan. 1914; siehe Simmel an Back vom 1. Jan. 1914.

Lehrauftrag: Philosophie und Pädagogik] Die Fächerkombination entsprach der traditionellen Besetzung des Straßburger Philosophielehrstuhls. Pädagogik wurde als nicht selbständiges akademisches Fach von der Philosophie mitvertreten und war Pflichtfach in der an den Universitäten angesiedelten (Gymnasial-)Lehrerausbildung.

3. Gehalt 8000 Mk] Otto Back hatte Simmel in seinem Schreiben vom 27. Dez. 1913 nur ein »festes Lebensgehalt von M. 6000« angeboten. – Trotz der von Simmel erreichten Steigerung des Angebots zeigt schon ein Vergleich dieses Verhandlungsergebnisses mit dem des im Vorjahr auf den katholisch-gebundenen zweiten Philosophielehrstuhl berufenen und weit weniger renommierten Arthur Schneider, dem schließlich Mitte 1913 ein Gehalt in Höhe von 9000 Mark zugebilligt wurde (siehe Otto Back an Simmel vom 20. Dez. 1913), daß der Verhandlungsspielraum keineswegs ausgeschöpft wurde. Vgl. auch Otto Back an Simmel vom 27. Dez. 1913 mit Gehaltsspiegel der philosophischen Fakultät.

Georg Simmel an Herman Schmalenbach

Postkarte vom 14. Januar 1914
Hs.; UB Basel, Nl Schmalenbach

Verehrter Herr Doktor,

darf ich Sie bitten, mich morgen, vielleicht um 3 Uhr, zu einer kurzen Unterredung zu besuchen?

Bestens grüßend Ihr

Simmel

Postkarte vom 14. Januar 1914] An: Herrn / *Dr. Schmalenbach / Westend / Kastanienallee* 24; mit Poststempel: CHARLOTTENBURG 2n 14. 1. 14 8-9 N.

morgen] Donnerstag, der 15. Jan. 1914. Siehe aber Simmel an Schmalenbach vom 15. Jan. 1914.

kurzen Unterredung] Der Gegenstand ist nicht bekannt.

Georg Simmel an Otto Back, Kurator der KWU

Brief vom 14. Januar 1914
Hs.; ADBR Strasbourg, AL 103, Paq. 77, Nr. 266

Berlin-Westend 14 Jan. 14

Ew. Excellenz

danke ich verbindlichst für die Übersendung meiner Berufungsbedingungen. Ich bin mit diesen einverstanden, mit der Maßgabe, daß die Umzugsentschädigung nicht weniger als 1500 M. beträgt; nach dem Anschlag des Transporteurs ist dies das Minimum meiner Baarauslagen. Ich würde sehr wünschen, daß, um ein nicht voraus zu berechnendes, wahrscheinlich aber nicht vermeidliches Plus zu decken, eine Erhöhung dieser Summe möglich wäre.

Ich darf nun wohl Ew. Excellenz bitten, mir das Anstellungsdekret tunlichst bald zugehn zu lassen, da ich mich, wie ich Ew. Excellenz mündlich andeutete, bezüglich meiner hiesigen Wohnungsverhältnisse in einer gewissen Zwangslage befinde. Ich kann die Situation, die mir auf Entschädigung für hiesige

Miete zu verzichten gestattet, erst nach offiziellem Vollzug der Anstellung herbeiführen.

Ich verbleibe Ew. Excellenz in vorzüglicher Hochachtung ergebner

Georg Simmel

P.S.

Den Personalbogen kann ich leider im Augenblick nicht erledigen, da mir die betr. Daten nicht im Gedächtniß sind u. ich erst versuchen muß, sie mir zu beschaffen.

Brief vom 14. Januar 1914] Mit hs. Vermerken Hand A: Er. 15/1; Hand B: K 110.

Übersendung meiner Berufungsbedingungen] Siehe Otto Back an Simmel vom 12. Jan. 1914.

einverstanden] Simmel war bereits nach den mündlichen Verhandlungen am Freitag, den 9. Jan. 1914 (siehe Simmel an Back vom 1. Jan. 1914) weitgehend entschieden, den Ruf nach Straßburg anzunehmen. Denn, wie Hans Simmel (S. 71 f.) überliefert, er traf noch an dem Wochenende 10./11. Jan. 1914 in Straßburg »die Männer – viele ihm persönlich ganz unbekannt – die sich so energisch bemüht hatten, die Berufung durchzusetzen«. – Es ist anzunehmen, daß er mit dem Dekan, Enno Littmann, zusammenkam, der wahrscheinlich die Kollegen zum Gespräch gebeten hatte, die für die Nominierung Simmels eingetreten waren, so wohl den Kunsthistoriker Georg Dehio, den Ägyptologen Wilhelm Spiegelberg, den Altphilologen Otto Plasberg, den Graezisten Eduard Schwartz und den Philosophen Otto Baensch. – Und Hans Simmel fährt fort: Der Vater »entschloss sich anzunehmen, und die Eltern suchten gleich eine Wohnung zum 1. April.« Ins Auge gefaßt wurde vorläufig eine Stadtwohnung (Simmel an Margarete von Bendemann vom 28. Jan. 1914). – Simmels nun erfolgte offizielle Entscheidung wurde unmittelbar der Presse bekanntgegeben. So berichtete das BT (Nr. 26 vom 15. Jan. 1914, Ab. Bl.): »Professor Georg Simmel, dessen Berufung nach Straßburg wir vor einigen Tagen gemeldet haben, hat sich, wie wir hören, entschlossen, die Berufung auf den Straßburger Lehrstuhl für Philosophie anzunehmen. [...] Georg Simmel, einer der feinsten und scharfsinnigsten Köpfe unter den lebenden Philosophen, dessen Name auch im Auslande aufs höchste geschätzt wird, ist in kurzer Zeit der zweite Verlust, mit dem sich die Berliner Universität abzufinden hat. Durch die geistreiche Art seines Lehrvortrags hat Simmel einen großen Kreis Schüler um seinen Katheder versammelt, auch aus dem Ausland besucht mancher die Universität Berlin, um Simmel zu hören. Nun wird also Straßburg sich über diese große Anziehungskraft im Lehrkörper seiner Universität freuen dürfen. Simmel, der ein geborener Berliner ist und durch viele Fäden mit seiner Vaterstadt verknüpft, hat frühere Berufungen immer ausgeschlagen. Es ist bedauerlich, daß es dem Kultusministerium nicht gelungen ist, Georg Simmel in Berlin zu halten.« Auch die VZ (Nr. 25) notierte unter der Rubrik ›Kunst, Wissenschaft, Literatur‹ am selben Tage die Rufannahme Simmels. Und auch in Straßburg war, ebenfalls am 15. Jan. 1914, in den StNN zu lesen: »Von der Universität. [...] Professor Simmel hat den an ihn ergangenen Ruf nach Straßburg angenommen und wird sein neues Amt bereits mit dem nächsten Sommersemester antreten. – Straßburg kann sich beglückwünschen, diese hervorragende Kraft für seine Hochschule gewonnen zu haben.«

Georg Simmel an Herman Schmalenbach

Postkarte vom 15. Januar 1914
Hs.; UB Basel, Nl Schmalenbach

Eben fällt mir ein, daß ich ja um 3 Kolleg habe. Verzeihung! Vielleicht Freitag Vormittag zwischen 10 u. 11?

Der Ihrige

Simmel

15. I.

Postkarte vom 15. Januar 1914] An: Herrn / *Dr. Schmalenbach / Westend / Kastanienallee* 24; mit Poststempel: Charlottenburg 2n 15 1.14 11-12 V.

Eben fällt mir ein] Siehe Simmel an Hermann Schmalenbach vom 14. Jan. 1914.

um 3 Kolleg] »Do 3-4« hielt Simmel sein Kolleg über ›Philosophie der Kunst‹ (siehe Simmel an Robert Michels vom 19. Okt. 1913).

Otto Back, Kurator der KWU, an Georg Simmel
Briefentwurf vom 15. Januar 1914
Hs., m.e.U.; ADBR Strasbourg, AL 103, Paq. 77, Nr. 266

Straßburg den 15. Jan. 1914

Euer ... beehre ich mich auf das gef. Schreiben vom gestrigen Tage ergebenst zu erwiedern, daß die Ihnen nach den maßgebenden Bestimmungen zustehenden Umzugs- und Reisekosten sich auf 1471,40 Mk belaufen. Falls Sie den Nachweis erbringen, daß die Ihnen tatsächlich erwachsenden Kosten sich mit dieser Summe nicht bestreiten lassen, so kann Ihnen ein angemessener Zuschuß in Aussicht gestellt werden.

Sollte die gegenwärtig von Ihnen innegehabte Wohnung bis zum Verlassen derselben nicht anderweitig vermietet werden können, und sind Sie dadurch genötigt, die Miete weiter zu bezahlen, so kann Ihnen aus diesseitigen Mitteln eine noch näher zu vereinbarende Entschädigung gewährt werden. –

Zur möglichst beschleunigten Herbeiführung Ihres Anstellungsdekrets bin ich bereit. In den an S.M. den Kaiser in Form eines Immediatberichts zu stellenden Antrag müßten aber die von Ihnen in dem Personalbogen geforderten Notizen aufgenommen werden, so daß der Bericht erst erstattet werden kann, nachdem diese Notizen mir mitgeteilt sind. Ebenso muß der Bericht die Mitteilung enthalten, daß Sie sich zur unumwundenen Annahme der Ernennung auch bereit erklärt haben. Ich darf daher bitten, mir mit den verlangten Personal-Notizen diese Erklärung baldigst zukommen zu lassen.

Der Kur.
B

Briefentwurf vom 15. Januar 1914] Oben li. unter Datum: An / Herrn Professor *Dr. Simmel* / Hochw. / *Berlin Westend* / Königin Elisabethstr. 14. – Vermerk unbekannter Hand neben Unterschrift unten li.: not. 16/1. / ab 16./1.

1471,40 Mk] Die Berechnung geht auf eine vor dem Briefentwurf abgelegte hs. Kostenaufstellung zurück: »*Berlin* – Straßburg / 1 *Umzugskosten*: / 1) *allgemeine Kosten* 560 M / 2. *Transportkosten* für je 10 km. / 12 M, also für Berlin – Straßbg / 689,1 od. 690 km. = 690 × 12:

10 = 528 M/[Summe] 1388 M./11 *Persönliche Reisekosten und Tagegelder:*/745 km Eisenbahn à 10 Pf = 74,50 M/1 Zu- u. Abgang je 1.- M./ Tagegeld für 1 Reisetag je 8.- M./[Summe] 83,50 M/zusammen 1471, 50 M«.

Anstellungsdekrets] Es muß Simmel bis spätestens 24. Jan. 1914 zugegangen sein, da am 26. Jan. 1914 die Bestallung erfolgte. Das Dekret ist verschollen.

Immediatsberichts] Das an den »Kaiser und König« Wilhelm II. selbst gerichtete Schreiben des Statthalters Karl Graf von Wedel vom 23. Jan. 1914 (siehe GSG 24: Dokumente) greift nur in zwei Sätzen auf die im »Personalbogen geforderten Notizen« zurück: »Friedrich Eduard *Georg Simmel* wurde am 1. März 1858 in Berlin geboren. Derselbe promovierte zum Dr. phil. und zum Dr. rer.pol.; im Oktober 1911 wurde er zum Ehrendoktor der Staatswissenschaften der Universität Freiburg i. Br. ernannt« (GStA PK Berlin, Rep. 89 [Geheimes Zivilkabinett], Bd. 11, Nr. 21697). Die mißverständliche Aufzählung der Doktortitel geht wohl auf Simmel zurück, der für die 6. Ausgabe von Wer ist's? (1912) angab: »Simmel, Georg, Dr. phil. et rer.pol. a.o. Prof. d. Philos. Univ. Berlin; E.-Dr. Univ. Freiburg, B. XI 11« (GSG 17, S. 191).

Personalbogen] Der dann von Simmel ausgefüllte Personalbogen ist verschollen.

Annahme der Ernennung ... Erklärung] Siehe Simmel an Otto Back vom 18. Jan. 1914.

Georg Simmel an Adolf Harnack

Brief vom 16. Januar 1914
Hs.; SBPK Berlin, Nl Harnack

Westend 16 I 14
Königin Elisabethstr. 14

Hochverehrter Herr Geheimrat!

Vor meinem Weggang von Berlin habe ich das Bedürfniß, Ihnen ein Abschiedswort zu sagen. Darf ich in den nächsten Tagen bei Ihnen vorsprechen? Außer morgen, Sonnabend, Abend, u. Montag u. Dienstag Nachmittag wäre ich zu jeder Zeit verfügbar.

Mit herzlicher Empfehlung der Ihrige

Simmel

Bedürfniß, Ihnen ein Abschiedswort zu sagen] Siehe Simmel an Harnack vom 3. Jan. 1914.

Georg Simmel an Kurt Schede

Brief vom 18. Januar 1914
Hs.; BSB München

Charlottenburg 18 I 14
Königin Elisabethstr. 14

Sehr geehrter Herr!

Ich erhielt Ihr freundliches Schreiben vom 16. d. Vielleicht werden Sie mir nachfühlen, daß ich mich nicht entschließen kann, mich gerade in diesem Augenblick den Straßburgern literarisch vorzustellen. Es würde darin ein gewisser Mangel an Reserve liegen, der mit Recht peinlich berühren könnte. Ich hoffe, daß sich später Gelegenheit zu einer Verbindung mit Ihrem geschätzten Blatt ergeben wird.

Andererseits begreife ich Ihr redaktionelles Interesse, gerade jetzt irgendwie von mir Notiz zu nehmen u. möchte Ihnen in dieser Hinsicht den Zweitdruck eines Essais von *Dr. Emil Ludwig* (dem Verf. des bekannten Bismarck-Buches) über meinen *Goethe* vorschlagen. Dieser Essai ist vor einiger Zeit im *Tag* erschienen u. versucht, über sein eigenes Thema hinaus, mein Verhältniß zu der jüngeren Generation zu charakterisiren. Ich vermute, daß Herr *Dr. Ludwig* den Nachdruck unter nicht zu schwierigen Bedingungen gestatten wird. Seine Adresse ist: *Ascona (Ct. Tessin),* Schweiz.

In vorzüglicher Hochachtung ergebenst

Prof. Simmel

Schreiben vom 16. d.] Verschollen.

Ihrem geschätzten Blatt] Kurt Schede war Redakteur der ›Straßburger Post‹, des meistgelesenen Organs der Deutschen im Elsaß.

***Dr. Emil Ludwig*]** Der Schriftsteller Emil Ludwig, eigentl. Cohn (bis 1883), (1881-1948), schloß nach dem Studium der Geschichte und Jurisprudenz u. a. in Heidelberg, Lausanne, Breslau und Berlin mit dem Dr. iur. in Breslau ab, betätigte sich von 1904-1906 in der Handelsfirma seines Onkels und übersiedelte anschließend als freier Schriftsteller in die Schweiz, wo ihm 1932 in Ascona das Ehrenbürgerrecht verliehen wurde. Nach Jahren in der Emigration (1940-1945; Paris, London, USA) starb er 1948 in Moscia bei Ascona (Killy; DBE). – Simmels Beziehung zu Emil Ludwig ist nur einseitig überliefert: Ludwig, den Simmel während des Studiums »fesselte« (Ders.: Geschenke des Lebens. Ein Rückblick. Berlin: Rowohlt 1931, S. 54), bedauerte dessen Weggang nach Straßburg (s. u.) wie auch dann seinen Tod (Simmels Vortrag. VZ, Nr. 540 vom 22. Okt. 1918, Mo. Bl.); der erhaltene Korrespondenzbestand wurde 1982 an einen unbekannten Erwerber versteigert (Mttl. Gordon Ludwig).

Bismarck-Buches] Emil Ludwig: Bismarck. Ein psychologischer Versuch. Berlin: S. Fischer 1911.

meinen *Goethe*] Simmel: Goethe. Leipzig: Klinkhardt & Biermann [1912] 1913 (GSG 15, S. 7-269).

Dieser Essai] Simmels ›Goethe‹. Von Emil Ludwig. Der Tag, Nr. 206 vom 3. Sept. 1913, Illustrierter Teil.

Verhältniß zu der jüngeren Generation zu charakterisiren] Diesbezüglich schreibt Ludwig (ebd.): »Eine neue Jugend ist aufgewacht. Sie schaut sich um nach einem Führer, zu Goethe. Wir lernten nach: Schiller und Goethe. Die heutige Jugend, diese ernste und heitere, besonnene und umdunkelte Jugend fühlt schon: Lionardo und Goethe. Für diese Formel gibt es noch keine Deutung. Man fühlt sie, doch wer hätte sie dargestellt. [...] Als überhaupt Erster hat Simmel dies Werk angebahnt, indem er Goethe an seine Stelle rückte: heraus aus der Aufklärung, heraus aus der Literaturgeschichte, heraus sogar aus seinen Werken, die ihm ja nur Übungen waren. Als erster hat er den kosmischen Goethe, man möchte sagen: berechnet. Berechnet wie Leverrier [sic!] den Uranus, den achten Planeten, den noch niemand gesehen. / Da nunmehr Goethes kosmische Lage berechnet ist, kann es nicht fehlen, daß man ihn sehen wird. Wer ihn dann sähe und hätte zugleich die bildnerische Gabe, die Simmel der Denker nie prätendiert hat: der wird ihn zeichnen, fern von der Aufklärung, fern von der Literaturgeschichte: nach dem kosmischen den mythischen Goethe. / Aber in der Geschichte wird nicht Galle, der ihn sah, sondern Leverrier, der ihn zuerst bestimmte, stets als Entdecker des Planeten gelten.«

Nachdruck ... gestatten] Schede verzichtete wohl auf den Beitrag Ludwigs; stattdessen brachte die StP Nr. 72 aus Anlaß der offiziellen Annahme des Rufes am 18. Jan. 1914 (Mo. Bl.) den Artikel ›Georg Simmel‹ von Hermann Friedemann (Berlin), in dem u. a. zu lesen war: »Georg Simmel ist der Mann, der das Ansehen der Philosophie in Deutschland gerettet hat.«. – Indes schrieb Emil Ludwig anläßlich

Simmels Abschied von Berlin: »Daß Simmel nun die Universität verläßt, an der er dreißig Jahre tätig war, bedeutet nicht nur für diese einen Verlust – auch für ihn. [...] Simmels Kolleg ist in den letzten zwanzig Jahren zur berliner Tradition geworden. Straßburger Tradition wird es nie« (Simmel auf dem Katheder. Die Schaubühne 10, Nr. 15 vom 9. April 1914, S. 411-413; hier: 413).

Georg Simmel an Otto Back, Kurator der KWU

Brief vom 18. Januar 1914
Hs.; ADBR Strasbourg, AL 103, Paq. 77, Nr. 266

Berlin-Westend 18 I 14

Ew. Exzellenz

gebe ich infolge des gefälligen Schreibens vom 15. d. die Erklärung ab, daß ich unter den in unserm Briefwechsel festgestellten Bedingungen zur Übernahme der philosophischen Professur an der Universität Straßburg bereit bin.

In ausgezeichneter Hochachtung Ew. Exzellenz ergebenster

Georg Simmel

Brief vom 18. Januar 1914] Mit hs. Bearbeitungsvermerk oben li.: Er. 19/1 K 135.

Georg Simmel an Heinz Tiessen

Brief vom 23. Januar 1914
Hs.; SAdK Berlin, Nl Tiessen

Westend 23 I 14

Sehr geehrter Herr *Tiessen*!

Nichts liegt mir ferner, als die Versendung Ihres Aufsatzes behindern zu wollen. Verfahren Sie bitte damit ganz nach Ihren eigenen Absichten – für mich ist mit der gestrigen »Moralpredigt« der Zwischenfall erledigt, den ich aber auch vorher keineswegs mit jenem *Tango*-Artikel evozirt hatte.

Übrigens ist es ein Mißverständnis, daß ich »das bevorstehende Erscheinen meiner Kunstphilosophie angekündigt« hätte. Ich wüßte nicht, wann u. wo das geschehen wäre, u. weiß nicht, ob ich je zu dieser Arbeit kommen werde. Aber um wenigstens einige Hauptgedanken nicht ganz unausgesprochen zu lassen, halte ich das Kolleg dieses Semester.

Hoffentlich also auf Wiedersehn in Straßburg!

Ihr ergebenster

Simmel

23 I 14] Im Original: 22 I 1914; zum Änderungsgrund s. u.: »gestrige ›Moralpredigt‹«.

Versendung Ihres Aufsatzes] Gemeint ist wohl das Manuskript von Tiessens Aufsatz ›Zur Kunstästhetik unserer Zeit. II. Grundfragen in der Aesthetik der Programm-Musik‹ (Neue Musik-Zeitung XXXV, 1914, Heft 8, S. 145-150). Denn Ausgangspunkt des Beitrags sind »Formulierung[en] *Simmels*« (S. 145) über die Kunst, die, zum großen Teil frei wiedergegeben, auf Äußerungen im Rahmen des im WS 1913/14 montags und donnerstags gehaltenen Kollegs ›Philosophie der Kunst‹ (siehe Simmel an Robert Michels vom 19. Okt. 1913) zurückgehen dürften und Tiessen Simmels Einverständnis erbitten ließen.

gestrigen »Moralpredigt«] Angesprochen ist der höchstwahrscheinlich am Donnerstag, den 22. Jan. 1914 während der Vorlesung ›Philosophie der Kunst‹ aufgetretene Vorfall, den der Schriftsteller und Wirtschaftsjournalist Richard Lewinsohn (1894-1968, Ps. Morus; NDB) in seinem Nachruf auf Simmel erinnert: »Mit zunehmender Sublimität seines [d. i. Simmels] Geistes steigerte sich die Empfindlichkeit gegenüber den Ereignissen, die auf ihn eindrangen. So bannte ihn bald der eine, bald der andere Gegenstand und ließ ihn nicht früher los, bis er ihn aufs Letzte ausgedacht hatte. Nach außen hin mochte diese gesteigerte, für einen Philosophen ganz ungewöhnliche Reaktionsfähigkeit als ein Haften am Aktuellen erscheinen. Doch das momentan Gegebene war für Simmel immer nur Anlaß zum Schürfen in die zeitlosen Untergründe des Lebens. [...] Es war in jenem letzten wundervollen Kolleg über die Philosophie der Kunst, das er an der Berliner Universität hielt, als er in irgendeinem Zusammenhange den damals viel diskutierten Tangotanz erwähnte. Am Tage darauf las man in einer Zeitung die Notiz: Professor Simmel über den Tango. Niemals habe ich Simmel erregter gesehen als in der folgenden Vorlesung, als er den Vorwitz des Einsenders als Vertrauensbruch geißelte« (Georg Simmel †. FZ, Nr. 276 vom 5. Okt. 1918, 1. Mo. Bl.). Als Hintergrund für Simmels Verhalten in dieser Angelegenheit siehe dessen Leserbrief ›Zum Fall Schmoller‹ (GSG 17, S. 62-63).

***Tango*-Artikel]** Das BT hatte am Dienstag, den 20. Jan. 1914 (Nr. 34,

Mo.Bl., S. 2), unter der Überschrift ›Professor Simmel über den Tango‹ gemeldet: »Man schreibt uns: ›In seiner Vorlesung über *Philosophie der Kunst* kam am Montag Nachmittag der demnächst von Berlin scheidende Professor Simmel, dessen Hörerschar sich ähnlich wie die Bergsons in Paris zum großen Teil aus Nichtstudenten zusammensetzt, auch auf den *Tango* zu sprechen. Er sah das Entscheidende dieses Tanzes in der Freiheit, mit der sich die innere Leidenschaft in das Künstlerische dieses Tanzes umsetzt. Das Fehlen der festen Formen, der objektiven Rhythmik, sei eine Folge des subjektiv-naturalistischen Moments, das den inneren Anlaß des Tangos bilde. Die in die Erscheinung tretende Form sei Nebensache, Hauptsache die Leidenschaft. Daher könnten solche Tänze einmal sehr verfänglich, andererseits wieder sehr harmlos aussehen.‹ / Hoffentlich verstehen alle Tänzer und Tänzerinnen des Tangos diese geistvolle Philosophie des hervorragenden Gelehrten, den wir nun leider an Straßburg abgeben müssen. Aus welchem Grunde man an den bekannten maßgebenden Stellen nicht versucht hat, die bemerkenswerte Persönlichkeit Georg Simmels der Berliner Hochschule zu erhalten, ist übrigens auch seinen Fachgenossen ein Rätsel. Wie es scheint, hat bei den Beratungen im Ministerium die Tatsache eine gewisse Rolle gespielt, daß Simmels Vorlesungen besonders *Ausländer*, und von diesen wieder russische Studenten beiderlei Geschlechts nach Berlin zogen – ein Erfolg, der nach den herrschenden Tendenzen dem Gelehrten weit eher schaden als nützen mußte. Wie engherzig eine solche Ansicht ist und wie sie jedem Begriff freier Wissenschaft widerspricht, wurde vor einiger Zeit in einem Leitartikel des ›Berliner Tageblattes‹ auseinandergesetzt.« – Ein um die Schlußsätze verkürzter Abdruck erfolgte in den StNN vom 21. Jan. 1914. – Simmels Thematisierung des Tango ist der modischen Verbreitung des Tanzes in den europäischen Metropolen des Winters 1913/14 und der Diskussion um dessen Gesellschaftsfähigkeit geschuldet. Der Schriftsteller Otto Flake (1880-1963; DBE) erinnert eine gemeinsam mit dem Künstler Hans Arp (1886-1966; AKL) im Okt. 1913 unternommene Reise von Straßburg nach Berlin: »Arp, der im vergangenen Winter in Paris den Tango kennengelernt hatte und von ihm besessen war, wußte schon, Berlin bereite sich auf ihn vor. In der Tat, was nun folgte, war der Tangowinter. Es ist ohne Übertreibung wahr, daß sich das Bild Berlins unter der Herrschaft dieses vom Westen herüberkommenden Tanzes völlig veränderte. / Im Anfang mußte man noch ins Alte Ballhaus gehen, und nur alle halbe Stunde traten in langen, cremefarbenen Gewändern die Iphigenien von Pankow zum Tango an. Bald aber taten sich im Westen allerlei Lokale auf, wo schon zum Five o'clock getanzt wurde und man selbst mit oder ohne Cutaway mittanzen konnte« (Flake, S. 196).

»das bevorstehende Erscheinen meiner Kunstphilosophie angekündigt«] Vermutlich eine in der Druckfassung eliminierte Äußerung aus Tiessens Manuskript (s. o.).

das Kolleg] In Simmels zweistündiger Vorlesung ›Philosophie der Kunst‹ (s. o.), die als Kollegheft überliefert ist, heißt es mit Bezug auf den Tango: »Jedenfalls wird das klar, wovon ich ausging, daß der Naturalismus auch in anderen Künsten als in denen, die einer Nachahmung zugänglich sind, dominieren kann, also in der Lyrik, Musik, Tanz, Architektur. Es kann z. B. ein Tanz, der äußerlich in rein konventionellen Formen verläuft, von einer erotischen Hingerissenheit durchglüht sein, die nicht künstlerisch geformt ist, sondern psychisch unmittelbar ist, die sich in lauter Imponderabilien ausdrückt. Das würde ich einen naturalistischen Tanz nennen, obgleich er sich in seinem Aussehen vielleicht gar nicht unterscheidet von einem rein nach künstlerischen Normen ausgeführten. Dies scheint mir das letzte Moment zu sein, aus dem der Tango heute eine solche Bedeutung erlangt hat. Wenn ich nicht irre, so ist das Charakteristische des Tango, daß er in außerordentlich vielen Formen getanzt wird, daß er dadurch mehr als irgend ein Tanz die Möglichkeit eben dieses subjektiven Naturalismus gibt; daß sich hier eine innere Bewegung fesselloser als sonst in diese scheinbar oder auch wirklich künstlerische Äußerung fortsetzen kann. Und das Entscheidende ist dabei diese Freiheit, mit der sich die innere Bewegung oder Leidenschaft fortsetzt in das künstlerische Gebilde des Tanzes. So können dann solche Tänze äußerlich auch ziemlich harmlos aussehen, entscheidend ist nicht wo es hingeht sondern wo es herkommt« (Ms., S. 53 f., Simmel-Archiv Bielefeld; in GSG 21).

auf Wiedersehn in Straßburg!] Anspielung auf Tiessens Absicht, Simmel nach Straßburg zu folgen, die jener auch in seinem Lebensabriß anspricht: »Übrigens bin ich nicht, wie man vielfach lesen kann, von der Jurisprudenz zur Musik hinübergewechselt, sondern zur Philosophie. (Musik studierte ich von Anfang an und mit Vorrang!) Gelegentlich hörte ich auch musikalische und literarische Vorlesungen, regelmäßig und fasziniert aber nur den Philosophen Georg Simmel, ob er nun über Grundprobleme, über Logik oder – für mich am reizvollsten – über Kunstphilosophie sprach. Als ich von seiner Berufung als Ordinarius nach Straßburg gehört hatte, besuchte ich ihn im März 1914 und erklärte ihm meine Absicht, ihm dorthin zu folgen und bei ihm zu promovieren. Aus diesem Plan wurde jedoch nichts.« Heinz Tiessen: Wege eines Komponisten. Berlin: Akademie der Künste 1962, S. 35 f. – Der Besuch bei Simmel hat zweifellos nicht erst im März, sondern bald nach Bekanntwerden des Rufes nach Straßburg im Jan. 1914 stattgefunden.

Georg Simmel an Heinrich Rickert
Brief vom 28. Januar 1914
Hs.; SBPK Berlin, Nl 125 (M. Landmann)

Westend 28 I 14

Lieber Rickert!

Gestern ist nun die letzte Besiegelung der Straßburger Angelegenheit erfolgt – ich nehme sie keineswegs mit dem Bewußtsein hin, das unbedingt Richtige getan zu haben.

Allein, statt darüber zu reflektiren, will ich über etwas Praktisches sprechen. Es schwebt mir die Idee vor, ob zwischen Heidelberg, Freiburg u. Straßburg eine Art philosophischer ›Kartellirung‹ möglich wäre. Es ließe sich vielleicht eine südwestdeutsche Ecke philosophischer Kultur herstellen, wenn wir möglichst viele Studenten bewegen können, zwischen den drei Universitäten zu kursiren. Was an ihnen geboten wird, ist so verschieden u. ergänzt sich, wie mir scheint, so glücklich, daß damit ein recht zulänglicher Bildungsgang erreichbar wäre. Im Lauf der Zeit müßte man dann den Begriff der »philosophischen Kultur« zu erweitern u. eine gewisse, philosophisch orientirte Kooperation dieser Universitäten auch in den benachbarten Fächern einzuleiten suchen. Darüber wird es noch mancherlei zu reden geben. –

Ihren Logos-Aufsatz habe ich inzwischen gelesen u. vieles darin gefunden, was mir nah geht u. Wege in Neuland zu zeigen scheint. Nur, wie ich Ihnen schon schrieb, mit der Systematik als solcher weiß ich nichts anzufangen u. ich habe das ganz deutliche Gefühl, daß die Inhalte Ihrer Gedanken diese Form, mit ihren Abgrenzungen u. Begriffssymmetrien, fortwährend überschwellen u. daß der objektive Wille in diesen Gedanken auf eine Kontinuität geht, der die »Offenheit« des Systems nicht genügt, sondern die auf eine prinzipiell andre Anordnungsform drängt. Auch kann ich nicht finden, daß das, was das System als solches fruchtbar macht: daß es der Empirie durch logische Heuristik die Wege weist – auf diesem Gebiete anwendbar ist. Ich habe die bescheidne Vermutung, daß der ganze Wert Ihrer Gedanken sich erst entfalten wird, wenn sie diese Form, die gar keine innerlich-sachliche Notwendigkeit für sie besitzt, auch äußerlich gesprengt haben werden. Auch darüber wird manches zu sagen sein, wenn wir nun, wie ich hoffe, öftere u. reichlichere Gelegenheit dazu als bisher haben.

Mit herzlichen Grüßen von Haus zu Haus Ihr

Simmel

Von Hans haben wir gute Nachrichten. Möchten Sie auch solche von Heini bekommen! Über den angeregten Plan schreibe ich auch an Windelband u. Lask.

Besiegelung der Straßburger Angelegenheit] Gemeint ist der Eingang der Bestallungsurkunde für die Straßburger Professur vom 26. Jan. 1914 (GSG 24: Dokumente).

›**Kartellirung**‹] Simmel dachte also an eine Kooperation in der Philosophie-Ausbildung zwischen Straßburg, Freiburg (Rickert) und Heidelberg (Windelband und Lask).

südwestdeutsche Ecke philosophischer Kultur] Hier klingt wohl erstmals an, was als ›südwestdeutsche Schule des Neukantianismus‹ und zwar für die Richtung, die einen werttheoretischen Kritizismus vertrat (K. Fischer, W. Windelband, H. Rickert, E. Lask), dann sich zum Fachbegriff verdichtete; vgl. die 12. Aufl. von Friedrich Ueberwegs Grundriss der Geschichte der Philosophie, 4. Teil: Die deutsche Philosophie des XIX. Jahrhunderts und der Gegenwart (völlig neubearbeitet von Traugott Konstantin Oesterreich, Berlin: E. S. Mittler & Sohn 1923, S. 417), in der die werttheoretische Richtung des Neukritizismus auch als »südwestdeutsche oder badische Schule« bezeichnet wird, was in der 11. Aufl. von 1916, S. 364, noch fehlte.

»**philosophischen Kultur**«] Damit ist Simmels Verständnis von Philosophie gemeint, seine, wie er sagte, »philosophische Haltung«, für die, wie er in der Einleitung zur gleichnamigen Essay-Sammlung von 1911 schreibt, das Wesentliche der Philosophie »nicht oder nicht nur der Inhalt ist, der jeweils gewußt, konstruiert, geglaubt wird, sondern eine bestimmte geistige Attitüde zu Welt und Leben, eine funktionelle Form und Art, die Dinge aufzunehmen und innerlich mit ihnen zu verfahren.« Und, verbleibe auch die Philosophie »in der Diskontinuität dogmatischer Parteiung, so liegen doch, wie diesseits und jenseits dieser, zwei Einheitlichkeiten: die funktionelle […] und diese teleologische, für die Philosophie ein Träger, ein Element oder eine Form der Kultur überhaupt ist. Beide Einheitlichkeiten sind gleichsam unterirdisch verbunden; die philosophische Kultur jedenfalls muß sich labil erhalten, muß von jeder singulären Theorie auf die funktionellen Gemeinsamkeiten aller zurücksehen können«. Die ›Philosophische Kultur‹ sei nicht als Eklektizismus oder Kompromißweisheit einzustufen; vielmehr handele es sich um »die prinzipielle Wendung von der Metaphysik als Dogma sozusagen zu der Metaphysik als Leben oder als Funktion, nicht um die Art des Inhalts der Philosophie, sondern um die Art ihrer Form, nicht um die Verschiedenheiten zwischen den Dogmen, sondern um die Einheit der Denkbewegung, die all diesen Verschiedenheiten so lange gemeinsam ist, bis sie eben an einem Dogma erstarren und sich damit die Rückkehr zu den Schnittpunkten aller philosophischen Wege und also zu dem Reichtum aller Bewegungs- und Umfassungsmöglichkeiten abschneiden« (GSG 14, S. 162, 166, 165). – Das von Simmel aufgewiesene Problem der Philosophie jenseits der singulären Theorie findet sich später auch von Rickert in Zusammenhang mit der ›Heidelberger Tradition in der deutschen Philosophie‹ (Tübingen: J.C.B. Mohr [Paul Siebeck] 1931) aufgegriffen.

Logos-Aufsatz ... inzwischen gelesen] Rickerts Abhandlung ›Vom System der Werte‹ (Logos IV, 1913/14, Heft 3, S. 295-327), deren Lektüre Simmel lt. Brief an Rickert vom 20. Dez. 1913 »in der Mitte« abgebrochen hatte.

»Offenheit« des Systems] Rickert hatte in seiner Abhandlung in Anerkennung der Einwände gegen geschlossene Systematiken für die Philosophie die Möglichkeit entfaltet, dennoch »systematisch zu verfahren, wenn sie dabei anstrebt, was man ein *offenes* System nennen kann«, wobei sich die Offenheit »lediglich auf die Notwendigkeit, der Unabgeschlossenheit des geschichtlichen Lebens gerecht zu werden«, beziehe (a. a. O., S. 297).

Von Hans ... gute Nachrichten] Hans Simmel war zur Erholung nach dem Krankenhausaufenthalt (siehe Simmel an Margarete von Bendemann vom 14. und 28. Dez. 1913) nach Garmisch-Partenkirchen gereist und wohnte in der Pension Hager. Seine Mutter war mit ihm gereist, um ihn zu »installiren«, wie sie vorher schon Sophie Rickert mitgeteilt hatte (Brief vom 4. Jan. 1914; SGA Stuttgart). Am 12. Jan. berichtete zwar Gertrud Simmel von dort aus Rudolf Pannwitz: »Er ist doch noch so angegriffen, daß die Akklimatisation etwas Zeit braucht« (DLA Marbach, Nl Pannwitz), doch waren lt. Hans Simmel in den restlichen Januarwochen »die Reste meiner Krankheit« beseitigt (S. 72).

Heini] Zu Heini Rickerts Erkrankung siehe Simmel an Heinrich Rickert vom 5. Dez. 1913.

Windelband und Lask] Simmels Schreiben an Wilhelm Windelband und Emil Lask in Heidelberg wegen der »Kartellirung« sind nicht überliefert.

Georg Simmel an Margarete von Bendemann
Postkarte vom 28. Januar 1914
Hs.; LBI New York, Susman Collection

Liebe Susa,

für heute nur einen Gruß. Straßburg ist nun seit gestern perfekt geworden – ob zu meinem u. seinem Heile, muß abgewartet werden u. ist mir keineswegs vollkommen sicher. Nur die Nähe von Zürich ist sicher u. das ist nicht wenig. Wir denken in der 2. Märzhälfte umzuziehn, leider vorläufig in eine Stadtwohnung, da sich kein geeignetes Häuschen im Freien gefunden hat. Der Abschied von Berlin, d. h. nicht von der Stadt, aber von den Freunden u. meinem Auditorium wird mir entsetzlich schwer. In Str. sind bedeutende u. folgenreiche Aufgaben zu lösen, nur habe ich nicht recht das Gefühl, daß es *meine* Aufgaben sind. Wunderlich u. beschämend ist es, wie sich in das Jammergeheul der Berliner das Freudengeheul der Südwestdeutschen mischt. Die Presse hat sich bei dieser Gelegenheit meiner in höchst lebhafter u. höchst widerwärtiger Weise angenommen. Ich bin für fünf Minuten einmal »Sensation« gewesen. Im Übrigen habe ich so viel zu tun, daß ich nicht weiß, wo mir der Kopf steht. – Groethuysen ist wohl frisch u. sehr erfreulich. Bei Hans scheint sich die Rekonvaleszens normal zu vollziehn.

Wir werden in Str. ein Logirzimmer haben! U. der Mann kann ja unter diesen Umständen auch in Str. promoviren!

Tausend Grüße von u. nach allen Seiten!

U. behalte mich lieb!

Georg.

28. 1. 14

Postkarte vom 28. Januar 1914] An: *Marg. v. Bendemann / Rüschlikon* bei *Zürich*. Anschrift von fremder Hand geändert in: Grindelwald / Hotel Bellary; mit Poststempeln: CHARLOTTENBURG 28. 1. 14 [unles.] 2 N; RÜSCHLIKON 30. 1. 14 VIII.

seit gestern perfekt] Eingegangen war die Bestallungsurkunde vom 26. Jan. 1914 (siehe GSG 24: Dokumente).

Nähe von Zürich] Anspielung auf Margarete von Bendemanns Wohnort Rüschlikon.

leider vorläufig in eine Stadtwohnung] Die wohl am Samstag, den

10. Jan. 1914 angemietete (siehe Simmel an Back vom 14. Jan. 1914) »Stadtwohnung« in Straßburg, Sternwartstr. 17, 2. Etage, lag zentral und wenige Schritte von der Universität entfernt; das »Häuschen im Freien«, das Simmels bereits in Berlin angestrebt hatten (siehe Simmel an Margarete von Bendemann 16. Okt. 1912), dürfte vor allem in Ruprechtsau (heute Robertsau) gesucht worden sein, wo die Professoren im Grünen wohnten.

Abschied von Berlin ... wird mir entsetzlich schwer] Ähnlich wird Gertrud Simmel nach dem Umzug schreiben: »Georg ist der Abschied von seinem Auditorium furchtbar schwer geworden – es hat ihn ordentlich mitgenommen. Die Studenten waren sehr herzlich u. sympathisch, man fühlte einen Zusammenhang mit ihm. Es war ein Abgehen auf der vollen Höhe der Lebens und der Wirkung – darum sehr schwer, aber darum rundet sich auch die Erinnerung an die Berliner Universitätszeit zu etwas Ganzem, das nicht mehr zerstört u. ihm nicht mehr genommen werden kann. Wieviel Georg dort verläßt hat sich eigentlich ganz erst beim Abschiednehmen ergeben – ich weiß noch heut nicht, ob er gegangen wäre, wenn er das vorher übersehen hätte« (Brief an Marianne Weber, 10. April 1914, Privatbesitz Arnold Simmel, New York). – An Simmels letzte Kollegstunde erinnert Kurt Gassen: »Wohl selten ist einem Universitätslehrer eine von allen derart tief und innerlich empfundene Abschiedsstunde bereitet worden, wie an jenem Frühlingstage Simmel, als er auf rosengeschmücktem Katheder zum letzten Male zu uns sprach. Einem jeden von uns wurde in diesem Augenblick erschütternd bewußt: hier wechsle nicht einfach ein Dozent, und es würde nun eben ein anderer über dieselben sachlichen Probleme sprechen, hier höre vielmehr für uns etwas auf, für das es keinen Ersatz gab, und wir müßten nun versuchen, ob wir ohne seine Gegenwart imstande wären, in seinem Geiste weiterzudenken und fortzuwirken« (in BdD, S. 302). Auch Simmels »Abschiedsworte« während dieser Veranstaltung hatte Gassen als »Notiz« bewahrt, später aber nicht mehr auffinden können (Gassen an Michael Landmann vom 11. Juli 1949; SBPK Berlin, Nl 125). – Zu Kurt Gassen (1892-1981), der 1918 mit einer Arbeit über Kleist in Berlin promovierte und wissenschaftlicher Bibliothekar wurde, siehe: Alexandra Habermann / Peter Kittel: Lexikon deutscher wissenschaftlicher Bibliothekare. Die wissenschaftlichen Bibliothekare der Bundesrepublik Deutschland (1981-2002) und der Deutschen Demokratischen Republik (1948-1990). Frankfurt/M.: Vittorio Klostermann 2004, S. 50.

bedeutende u. folgenreiche Aufgaben .... es *meine* Aufgaben sind] Wer Simmel welche Aufgaben übertragen hat, konnte bisher nicht ermittelt werden.

Die Presse ... in höchst lebhafter u. höchst widerwärtiger Weise] Auch Hans Simmel erinnert sich, daß sich die Zeitungen mit Simmels Weggang befaßten, »einige unter heftigen Ausfällen gegen die Berliner Fakultät und die preuss. Regierung, die ihn hätten einfach gehen lassen. Eine Zeitung überschrieb ihren Artikel sogar ›Berlin ohne Simmel‹. Solche und andere Erfahrungen der letzten Wochen in Berlin brachten meinen Vater dazu, sich gelegentlich zu fragen: ›War es nicht doch eine Feigheit, diese Berufung anzunehmen –?‹« (S. 72). – Welche Gazetten Simmel und sein Sohn ansprechen, ist nicht ermittelt. Weder sind die Berliner Berichte in der VZ oder dem BT unter »Jammergeheul«, noch die Straßburger Einlassungen in der StP und den StNN unter »Freudengeheul« zu subsumieren (siehe Simmel an Otto Back vom 14. Jan., Kurt Schede vom 18. Jan. 1914), auch nicht die Heidelberger (HNN, Nr. 14 vom 17. Jan. 1914). Als »widerwärtig« mag Simmel das Aufgreifen seiner Einlassungen zum Tango empfunden haben (siehe Simmel an Heinz Tiessen vom 23. Jan. 1914).

Groethuysen ist wohl frisch] Groethuysens gesundheitliche Probleme waren wohl überwunden (siehe Simmel an Margarete von Bendemann vom 4. Sept. 1912); er hielt während des WS 1913/14 in Berlin an den Dienstagabenden von 7-8 eine Vorlesung über ›Französische Philosophie des 18. Jahrhunderts‹ (Vorlesungsverz. Berlin WS 1913/14, S. 47).

Rekonvaleszenz] Hans Simmel erholte sich im Anschluß an seinen Krankenhausaufenthalt in Garmisch; siehe Simmel an Heinrich Rickert vom 28. Jan. 1914.

der Mann ... in Str. promoviren] Eduard von Bendemann hatte 1912 ein Studium der Kunstgeschichte, Archäologie und Philosophie aufgenommen; siehe Simmel an Margarete von Bendemann vom 4. Mai 1913.

Ernst Pariser an Georg Simmel

Brief (Abschrift) vom 29. Januar 1914
Privatdruck; Georg Simmel Gesellschaft, Bielefeld

Jena, Beethovenstr. 9, 29. Januar 1914.

Hochverehrter Herr Professor!

Es ist vielleicht anmaßend, daß ich meine Arbeit noch mit biographischen Notizen belaste, aber die Tatsache, daß ich mich heute zum ersten Male persönlich an Sie wende, bedeutet für mich mehr, als daß ich sie ignorieren könnte.

Seit ich als Student nach einer Methode religiöser Phänomene zu suchen begann, haben Ihre Schriften mich unaufhörlich gefördert. Die Beiträge zur Erkenntnistheorie der Religion wurden zum Ausgang meines Philosophierens. Dann habe ich später wohl manchesmal in ›erkenntnistheoretischem‹ Hochmut Ihre Philosophie gescholten – meine Dissertation (1909), die ich Ihnen unterschlage, ist nicht frei davon. – Aber mir ist die transzendentale Maske, diejenige, welche man nicht lüften darf und à tout prix tragen muß, immer schlecht bekommen, und ich bekenne, daß mich der Reichtum Ihres scheinbaren Relativismus weitergetragen hat als die Versuchssysteme unserer anspruchvolleren Zeitgenossen.

Ich hoffe, daß Sie in meiner Arbeit, die in manchen Punkten von Troeltsch abhängig ist, Ihren Einfluß nicht ungern spüren werden.

Meine frühesten Studienfreunde von Pannwitz und Hörth an bis zu Steppuhn und Arthur Stein haben alle das Glück gehabt, Ihnen persönlich zu begegnen; ich gestehe, daß ich auf alle neidisch war, die Ihre Anregung persönlich empfangen durften. Vielleicht bringt mir die »Einführung in die Religionspsychologie« den Gewinn, daß ich Sie einmal besuchen darf.

Ich bin voller Verehrung Ihr sehr ergebener

Ernst Pariser

Privatdruck] [Ernst Pariser] 4. Januar 1883/23. August 1915. Privatdruck o.O., o.J. [Leipzig: Drugulin ca. 1915/16], 232 S., S. 217f. Die Abschrift ist als Brief »[An Georg Simmel.]« gekennzeichnet. – Es handelt sich wohl um einen von einer nicht näher ermittelten »Eva« (S. 7) veranstalteten Privatdruck zum Gedenken an Ernst Pariser. Inhalt: An Ernst/Geleitwort/Gedichte/*Aus Feridans Poetischem Tagebuch*/Aus einer Novelle »Dorothee«/*Huckele*, Eine Fastenpredigt/Brief von Karl Voßler/Das *Religiöse Element in Brentanos Lyrik*/Tagebuchblatt/*Briefe*.

meine Arbeit] Ernst Pariser: Einführung in die Religionspsychologie. Beiträge zu einer kritischen Methodenlehre der Religionswissenschaft. Tübingen: Max Niemeyer 1914. 56 S.

Beiträge zur Erkenntnistheorie der Religion] Siehe den von Simmel unter diesem Titel veröffentlichten Aufsatz in: Zeitschrift für Philosophie und philosophische Kritik (vormals Fichte-Ulricische Zeitschrift), im Verein mit Dr. H. Siebeck und Dr. J. Volkelt hg. und redigiert von Dr. Richard Falckenberg, Bd. 119, 1902, Heft 1, S. 11-22 (in GSG 7 – dort irrtümlich als von 1901 ausgewiesen -, S. 9-20).

meine Dissertation ... ist nicht frei davon] Zur Logik der religiösen Begriffsbildung. Phil. Diss. Erlangen. Berlin: A. W. Hayn's Erben 1909, 49 S. – Pariser rekurriert hier einerseits auf das »Mitgesetztsein des religiösen Gefühls im Bewußtsein als eines selbständigen, von andern Gefühlsbeziehungen unterschiedenen Gefühls«, das ihm »neuerdings durch die Arbeiten von Simmel hinreichend illustriert zu sein« scheint (S. 6), und meint hiermit vornehmlich Simmels gelegentlich auch zitiertes (S. 12) Buch: Die Religion (Frankfurt/M.: Rütten & Loening 1906 [= Die Gesellschaft. Sammlung Sozialpsychologischer Monographien. Herausgegeben von Martin Buber, Bd. 2]; GSG 10, S. 39-118). Andererseits merkt Pariser in seiner als »Streitschrift« verstandenen Arbeit kritisch zu Simmels ›Beiträge[n] zur Erkenntnistheorie der Religion‹ (a. a. O.) an, Simmel mache »sich die erkenntnistheoretische Frage doch etwas zu einfach, wenn er in jeder psychologisch selbständig auftretenden rel. Grundvorstellung eine entsprechende Kategorie auffindet« (S. 7), und bemängelt, Simmel sei »von seinem psychologischen Standpunkt aus weniger geneigt [...], erkenntnistheoretische Konsequenzen aus seinen Analysen zu ziehen« (S. 13).

von Troeltsch abhängig] Pariser hatte auf »Anraten« und »Empfehlung« seines Erlanger Doktorvaters Paul Hensel (1860-1930; DBE) von 1906 bis 1908 bei Ernst Troeltsch in Heidelberg studiert (Lebenslauf zum Promotionsgesuch, UA Erlangen C4, 3b Nr. 3083).

Ihren Einfluß] Pariser bezieht sich in seiner ›Einführung in die Religionspsychologie‹ (a. a. O.) neben den bereits für seine Dissertation (s. o.) herangezogenen Schriften Simmels vornehmlich auf dessen Beitrag ›Die Persönlichkeit Gottes‹ nach dem Abdruck in: Philosophische Kultur. Gesammelte Essais. Leipzig: Werner Klinkhardt 1911 [= Philosophisch-Soziologische Bücherei, 27; GSG 14, S. 349-366]. – Zeichen reger Simmellektüre sind zudem Parisers in o.g. Privatdruck veröffentlichten Briefen an die Freundin »Eva« zu entnehmen, so etwa am 8. März 1912: »Die Simmelschen Essays – soweit ich sie noch nicht kannte, haben unsere [...] Herzen mit gleicher Freude erfüllt. Der Aufsatz über den Henkel ist raffiniert fein – besonders gegen Ende der metaphysische Aufguß!« (S. 201). Ebenso im Brief vom 21. Juni 1912, der die auf eine Sommerreise mitzunehmenden Bücher auflistet (S. 205), darunter Simmels ›Philosophische Kultur‹ (GSG 14), ›Schopenhauer und Nietzsche‹ (GSG 10) und ›Hauptprobleme der Philosophie‹ (GSG 14).

Pannwitz] Nach Rudolf Pannwitz' Erinnerung von 1921 an die Zeit um 1902/03 war es seine Aufgabe, »einen gymnasiasten zum abitur zu bringen: den jetzt verstorbenen ich glaube als wissenschafter [sic!] bekannt gewordenen ernst pariser der damals wertvolles dichtete und so mit mir befreundet wurde. (als e.p. und erich ryl später im charon)« (Grundriss einer Geschichte meiner Kultur. 1881-1906. Regensburg: Franz Ludwig Habbel 1921, S. 31).

Hörth] Franz Ludwig Hörth (1883-1934), Dirigent; studierte Philosophie, Germanistik, Kunst- und Musikwissenschaft in Heidelberg, Freiburg, München und überwiegend Erlangen, wo er mit »Zur Problematik der Wirklichkeit. Eine Metakritik des transzendentalen Idealismus« (Frankfurt/M.: Gebr. Knauer 1906) promovierte (Verweis auf Simmel, S. 6); doch wurde die bereits während der Schulzeit in Frankfurt/M. genossene Ausbildung in Klavierspiel und Musiktheorie am Raff'schen Konservatorium, u. a. auch in Schauspiel und Rezitation, Grundlage weiterer Fortbildung an der Berliner Musikhochschule und der Berufstätigkeit als Schauspieler, Kapellmeister, Dramaturg und Regisseur. Hörth war 1913 Oberregisseur an der Metropolitain Opera in New York, wurde später Direktor der Berliner Staatsoper und Leiter der Opernschule an der Hochschule für Musik in Charlottenburg (Lebenslauf zum Promotionsgesuch, UA Erlangen, C4, 3b, Nr. 2835; DBE; Wer ist's? 1928). – Über eine »persönliche« Begegnung Simmels mit Franz Hörth ist nichts bekannt. In Frage kommt vielleicht auch eine Vermittlung durch Hörths Vater Otto Hörth (1842-1935), seit 1872 Redakteur der FZ für politische Angelegenheiten Süddeutschlands, zudem durch Feuilleton-Beiträge mit (kunst)historischem und literarischem Bezug einer der bedeutendsten Mitarbeiter des Blattes, dessen Geschäftsführer er seit 1903 war (Erich Schneider: Die Feier der Enthüllung des Denkmals für die gefallenen Reichsverfassungskämpfer in Kirchheimbolanden [1872]. Ein Beitrag zum 150. Geburtstag des demokratischen Journalisten Otto Hörth. Mitteilungen des Historischen Vereins der Pfalz Bd. 91 [1993], S. 355-376).

Steppuhn] Gemeint ist Friedrich Steppuhn, bzw. Fedor Stepun (1884-1965) aus Moskau, vom WS 1903/04 bis 1908 Philosophiestudent in Heidelberg und Freiburg, der 1909 bei Windelband promovierte und seit 1910 überwiegend in Moskau als Publizist und Vortragsredner lebte; Stepun war mit den Freiburger PD und Redakteuren des Logos, Richard Kroner und Georg Mehlis, befreundet und von 1910 bis 1914 Mitherausgeber des russischen Logos; 1922 emigriert, wurde er 1926 Prof. für Soziologie an der TH Dresden und lehrte dort bis 1937 (Christian Hufen: Fedor Stepun. Ein politischer Intellektueller aus Rußland in Europa. Die Jahre 1884-1945. Berlin: Lukasverlag 2001, S. 39-67). – Zur Begegnung mit Simmel: Im ersten Heft des Logos war Stepuns Aufsatz ›Friedrich Schlegel, als Beitrag zu einer Philosophie des Lebens‹ (Band 1, 1910-11, S. 261-282) erschienen; Simmel hatte ihn »völlig beglückt« gelesen (siehe Simmel an Heinrich Rickert vom 4. Okt. 1910) und – wie Stepun überliefert – eine Begegnung gesucht: »Simmel bat mich um einen Besuch. Ich kam nachmittags und blieb gleich bis zum späten Abend« (Vergangenes und Unvergängliches. Aus meinem Leben. Erster Teil 1884-1914. München: Kösel 1947, S. 198).

Arthur Stein] Arthur Stein (1888-1978), promovierte nach dem Philosophiestudium in Berlin und Freiburg 1913 bei Rickert, wurde 1920 PD in Bern, 1931 ao. Prof. und 1946 o. Prof. ebd. (Kürschner GK 1950, ebd. 1980, Nekrolog). – Zu Steins Vertrautheit mit Simmel siehe Simmel an Edmund Husserl vom 2. März 1913 und an Gustaf F. Steffen vom 2. Aug. 1914.

»Einführung in die Religionspsychologie«] s. o.

Georg Simmel an Gottfried Traub

Brief vom 30. Januar 1914
Hs.; BA Koblenz, Nl Traub

Westend 30 I 14
Königin Elisabethstr. 14

Sehr verehrter Herr Traub!

ich danke Ihnen herzlich für Ihren Brief. Es wird mir jederzeit ein wertvolles Bewußtsein sein, daß meine Arbeit für Sie eine gewisse Bedeutung gehabt hat. Man wird mit steigenden Jahren über den wirklichen u. echten Erfolg der eigenen Bemühungen so zweifelhaft – auch wenn u. grade wenn die Expansion des Erfolges nichts zu wünschen übrig läßt –, daß eine Stimme darunter, an die man wirklich glauben kann, vom größten Gewicht ist.

Ihre Absicht, Ihr Mandat zur Besserung unsrer z. T. sehr verfahrnen Universitätsverhältnisse zu benutzen, begrüße ich mit großer Freude. Nur ist es sehr schwer, Ihnen diese Dinge in einer Weise an die Hand zu geben, die innerhalb des Parlamentes eindrucksfähig ist. Vielfach handelt es sich um verderbliche

Tendenzen der Verwaltung, die jeder im Universitätsleben Stehende kennt, für die man aber ersichtlich keine juristischen Beweise beibringen kann u. die die Regierung einfach ableugnen würde, z. B. den Antisemitismus, die schlechte Behandlung selbständiger Persönlichkeiten, die Zurücksetzung der Geisteswissenschaften gegen die Naturwissenschaften. Ich werde darüber nachdenken, in welcher Weise sich über diese Tendenzen, denen der Rückgang der Bedeutung, die unsre Universitäten für die geistige Führung der Nation haben, großenteils zuzuschreiben ist – ein anführbares Material beibringen läßt u. Ihnen ev. Mitteilung davon machen. Vielleicht würde Ihre Zeit es erlauben, daß wir in diesem Fall mündlich verhandeln.

Mit verbindlichster Empfehlung Ihr sehr ergebner

Simmel

Brief vom 30. Januar 1914] Mit Bearbeitungsvermerk: Zu den Briefen im *Juli rechts* unterstes Fach.

Ihren Brief] Verschollen.

meine Arbeit für Sie eine gewisse Bedeutung gehabt hat] Auf Traubs Simmelrezeption weist z. B. seine Schrift: Ethik und Kapitalismus. Grundzüge einer Sozialethik. Heilbronn: Eugen Salzer 1904. Hier heißt es im ›Vorwort zur ersten Auflage‹ vom ›Herbst 1904‹: »Öffentlich danken möchte ich den Männern, aus deren Schriften ich für das Verständnis der einschlägigen Fragen am meisten gelernt habe, den Professoren Simmel, Sombart, Stammler, Neumann, besonders Pfarrer Naumann« (unpag.). Dementsprechend erfolgen Literaturverweise: so auf »*Simmel's* glänzendes Kapitel über Altruismus und Egoismus in der Einleitung in die Moralwissenschaft I.« [GSG 3] (ebd., S. 121) und so – in der 2. Aufl. von 1909 – auf »*Simmels* Soziologie« (S. 272).

Ihr Mandat ... zu benutzen] Traub war am 3. Juni 1913 im 9. Wahlbezirk des Regierungsbezirks Potsdam als Vertreter der Fortschrittlichen Volkspartei in das Preußische Abgeordnetenhaus gewählt worden; er galt als der kulturpolitische Sprecher seiner Partei, und dies mag seine Anfrage bei Simmel motiviert haben. Vgl. Willi Henrichs: Gottfried Traub (1869-1956). Liberaler Theologe und extremer Nationalprotestant. Waltrop: Hartmut Spenner 2001, S. 34 und S. 46 [= Schriften der Hans Ehrenberg-Gesellschaft, Bd. 8].

mündlich verhandeln] Ob es zu einem Gespräch über die von Simmel hier angesprochenen Themen gekommen ist, bleibt ungeklärt: Traub sollte zwar in seiner Rede am 28. April 1914 anläßlich der zweiten Beratung des Staatshaushalts (Ministerium der geistlichen und

Unterrichtsangelegenheiten) hochschulpolitisch argumentieren, dies jedoch im Rahmen seines Generalthemas, der grundsätzlichen Problematisierung des derzeitigen Verhältnisses zwischen Staat und Kirche, auf die Kritik an der »Klerikalisierung« der theologischen Fakultäten infolge der kirchlichen Einflußnahme bei Lehrstuhlbesetzungen beschränken und mit Bezug auf die Lehrstuhlinhaber aller Fakultäten dafür eintreten, daß Sekretäre anzustellen seien, damit sich die Ordinarien stärker der Forschung und Lehre widmen können (vgl. ebd., S. 48-51). Erst 1916 – und erneut 1917 – sollte Traub in einer bildungspolitischen Grundsatzrede auf die Bedeutung der Universitäten ausführlich eingehen, wobei er der »Philosophie, besonders der philosophischen Ethik« einen vorrangigen Platz zuwies (vgl. ebd., S. 180 ff.).

Georg Simmel an Herman Schmalenbach

Brief vom 6. Februar 1914
Hs.; UB Basel, Nl Schmalenbach

Westend 6 II 14

Sehr geehrter Herr Doktor,

Falls Ihre Zeit es erlaubt, möchte ich Sie bitten, mich morgen, Sonnabend, um 3 Uhr oder bald nachher zu besuchen.

Mit ergebensten Empfehlungen, auch an Ihre Gattin Ihr

Simmel

Gattin] Sala Schmalenbach, geb. Müntz.

Karl Graf von Wedel, Kaiserlicher Statthalter in Elsaß-Lothringen, an Georg Simmel

Briefentwurf vom 6. Februar 1914
Hs.; m.e.U., ADBR Strasbourg, AL 103, Paq. 77, Nr. 266

Strassburg, den 6. Februar 1914.

Nachdem Ew. Hochwohlgeboren Sich bereit erklärt haben, in der philosophischen Fakultät der Kaiser-Wilhelms-Universität Strassburg eine ordentliche Professur für Philosophie und Pädagogik vom 1. April 1914 ab zu übernehmen, habe ich Ihre

Ernennung bei Seiner Majestät dem Kaiser beantragt. Die unterm 26. v. Mts. Allerhöchst vollzogene Bestallung und die heute von mir ausgefertigte Ernennung zum Mitdirektor des mit der Universität verbundenen philosophischen Seminars lasse ich Ihnen anbei zugehen.

Sie werden in Ihrer neuen Stellung vom 1. April 1914 ab eine Besoldung von jährlich 8000 M., in Worten pp., bestehend in 7000 M Gehalt und 1000 M nicht pensionsfähiger Zulage, in vierteljährlichen Raten im voraus aus der Universitätskasse beziehen.

Die Kosten des Umzugs und der Dienstantrittsreise werden Ihnen nach Maßgabe der bei Versetzung elsaß-lothringischer Landesbeamten zur Anwendung kommenden Vorschriften und zwar nach den für die Professoren der Universität bestimmten Sätzen vergütet werden. Sollten Sie vor Ablauf von drei Jahren, vom Tage des Dienstantritts an gerechnet, aus Ihrer hiesigen Stellung ausscheiden, so sind Sie verpflichtet, die empfangenen Umzugs- und Reisekosten sowie das Tagegeld zurückzuerstatten.

(Name des Herrn Statthalters)

[Beilage:]

Ernennung
zum Mitdirektor des philosophischen Seminars
an der Kaiser-Wilhelms-Universität
Strassburg
für
den ordentlichen Professor
in der philosophischen Fakultät dieser Universität
Dr. Georg Simmel.

Der ordentliche Professor in der philosophischen Fakultät der Kaiser-Wilhelms-Universität Strassburg, Dr. Georg Simmel, wird hierdurch auf Grund des § 82 des Statuts der Universität zum Mitdirektor des mit der Universität verbundenen philosophischen Seminars ernannt.

Strassburg (Datum wie oben)

Der Kais. Statthalter in Els. Lothr.
Reinschr. gez. Grf. v. Wedel

Briefentwurf vom 6. Februar 1914] Es handelt sich um den Entwurf der ersten beiden von insgesamt sechs Schreiben, die ihrerseits Teil einer vom Kurator der Universität, Otto Back, gezeichneten Liste mit acht numerierten Anweisungen und einer Schlußnotiz sind. Der Entwurf des Briefes an Simmel enthält die folgenden hs. Randnotizen auf der li. Seitenhälfte, von oben nach unten, wobei Hand A die des Entwurfschreibers ist; Hand A.: *K. 212* / 1) An / den außerordentlichen Professor / Herrn *Dr. Simmel* / *Berlin Westend* / Königin Elisabethstr. 14. / *Einschreiben* / (Kopfbogen: d. K. Statthalter in E. Lothr.) / Hand B: ger.: 6/2. 1914. St. 859. 4 Anl. 1 Heft. / Hand A: Dem Herrn Statthalter / (Bureau) / Durch Vermittlung des Herrn Staatssekretärs, mit der Reinschrift von 1 u. 2. vorzulegen. / Hand C: Gesehen. / Der St. S. / [Unterschriftskürzel]. Der mit »2)« gekennzeichnete Entwurf der Ernennung zum Mitdirektor des philosophischen Seminars trägt unten li. den Vermerk von Hand D: ab 7/2. – Die Anweisungen 3) – 8) betreffen die Unterrichtung der Universitätskasse, erfolgt am 7. Febr. 1914, des Dekans der philosophischen Fakultät und des Rektors der Universität, jeweils erfolgt am 10. Febr. 1914, der amtlichen Mitteilungsorgane, erfolgt am 7. Febr. 1914, und zu beachtende hausinterne Vorgänge; siehe hierzu GSG 24: Dokumente.

Bestallung] Überliefert sind lediglich der Entwurf der Bestallungsurkunde und der ›Umschlag zur Bestallung‹ vom 26. Jan. 1914; siehe ebd.

Ernennung] Nach der offiziellen Unterrichtung des Rektors am 10. Febr. 1914 (s. o.) meldeten die StNN am 11. Febr. 1914: »Der außerordentliche Professor der Philosophie an der Universität Berlin *Dr. Georg Simmel*, von dem anläßlich seiner Berufung an die hiesige Hochschule in den Zeitungen so viel die Rede gewesen ist, ist jetzt zum ordentlichen Professor in der philosophischen Fakultät unserer Straßburger Kaiser-Wilhelms-Universität ernannt worden, gleichzeitig auch zum Mitglied des philosophischen Seminars«.

Reinschr. gez. Grf. v. Wedel] Nachträglich eingefügt, höchstwahrscheinlich von der Hand Graf von Wedels.

Georg Simmel an Sala Schmalenbach

Brief vom 13. Februar 1914
Hs.; UB Basel, Nl Schmalenbach

Westend 13 II 14

Sehr verehrte Frau!

Bitte entschuldigen Sie, daß meine Frau u. ich Ihren freundlichen Besuch noch nicht erwiedert haben. Wir sind nicht nur durch den nahen Umzug, sondern außerdem noch durch eine Häufung höchst beanspruchender Angelegenheiten mit unsrer Zeit so bedrängt, daß sie oft für das Dringlichste nicht zureicht. Indem wir also unter diesen Umständen auf Ihre Nachsicht rechnen, bitten wir Sie u. Ihren Gatten, uns an diesem Sonntag um ½5 mit Ihrem Besuch zu einer Tasse Tee zu erfreuen.

In der Hoffnung auf Ihre Zusage u. mit den besten Empfehlungen bleibe ich Ihr sehr ergebner

Simmel

Ihren freundlichen Besuch] Sala und Herman Schmalenbach hatten im Dez. 1913 geheiratet (Lebenslauf in Habilitations-Akte Schmalenbach, UA Göttingen) und wohl gemeinsam Simmels am 7. Febr. 1914 einen Besuch abgestattet (siehe Simmel an Herman Schmalenbach vom 6. Febr. 1914).

nahen Umzug] Simmels Umzug von Berlin nach Straßburg war für die Zeit vom 14. bis 20. März 1914 geplant (siehe Gertrud und Georg Simmel an Paul Ernst vom 5. März 1914).

Häufung höchst beanspruchender Angelegenheiten] Im Einzelnen nicht bekannt.

an diesem Sonntag] Also am 15. Febr. 1914.

Georg Simmel an Gottfried Salomon

Brief vom 18. Februar 1914
Hs.; IISG Amsterdam, Nl Salomon

Westend 18 II 14

Sehr geehrter Herr!

Unter den Themen, die Sie für eine ev. Dissertation angeben, wird sich sicherlich ein geeignetes finden lassen. Wenn Sie etwa im Lauf des April einmal nach Straßburg kommen wollten, so könnten wir das Nähere besprechen.

Ganz ergeben

Simmel

Themen, die Sie für eine ev. Dissertation angeben] Gottfried Salomon, der Naturwissenschaften in München und Heidelberg studiert hatte, wollte in Philosophie promovieren und wurde von Fritz Wichert, seit 1909 Gründungsdirektor der Mannheimer Kunsthalle, an Simmel empfohlen. Denn daß man bei ihm gemäß Wicherts Aussage »nach eigener Façon denken« dürfe, sei ihm, der »kein ›ianer‹ ..., kein Kantianer und kein Neukantianer etc.« sein wollte, entgegengekommen (Gottfried Salomon: Als Doktorand in Straßburg. SNL 1, 1991, S. 36-38, hier: 36). – Auf die seit langem bestehende, wohl durch Heinrich Rickert vermittelte Bekanntschaft Simmels mit Fritz Wichert (1878-1951), der sein in Freiburg i. Br., Basel und Berlin absolviertes Studium der Philosophie und Kunstgeschichte zwar mit einer Freiburger Dissertation 1906 abgeschlossen hatte, sich jedoch als Wölfflin-Schüler und -Freund betrachtete und von 1906 bis 1909 Assistent am Städelschen Institut in Frankfurt/M. sowie Kunstreferent der FZ war, weist die Nachfrage nach »Wichert in Frkft.« in Gertrud Simmels Brief an Sophie Rickert vom 11. Juli 1907 (SGA Stuttgart). – Zu Wichert siehe DBE sowie: Von Fritz Wichert selbst 1923 an die Presse gegebene biographische Notizen. In: Fritz Wichert. Aus Wicherts Schriften ausgewählt und zusammengestellt von Jens Howoldt. Herausgegeben von der Städtischen Kunsthalle Mannheim und dem Förderkreis der Mannheimer Kunsthalle 1978, S. 13. – Das Empfehlungsschreiben Wicherts und das Anschreiben Gottfried Salomons sind verschollen.

im Lauf des April ... kommen] Gottfried Salomon nahm dieses Angebot wahr: »Ich bin am 25. 4. 1914 in die Sternwartstraße gekommen, und schon in der ersten Unterredung ist mein eigenes Thema angeregt und aufgenommen worden: Die Problematik des Glaubens. Ganz abgesehen von Schule und Schülerschaft erschien Simmel nur darauf bedacht, ob ich verstünde, was Philosophieren heißt« (Gottfried Salomon de la Tour [sic!]: Erinnerungen an Simmel. In: BdD, S. 291 f.).

Georg Simmel an Célestin Bouglé
Brief vom 23. Februar 1914
Hs.; Sorbonne Paris, Bibl. Victor Cousin, Fonds Léon

Berlin-Westend 23 II 14

Sehr geehrter Herr Kollege!

Ich danke Ihnen für Ihren freundlichen Brief. Da ich in der nächsten Zeit nach Strassburg übersiedle, werde ich in absehbarer Zeit bald einmal nach Paris kommen u. es wird mir ein Vergnügen sein, dort mit Ihnen zusammenzutreffen. Es ist mir eine grosse Ehre, dass Sie mir eine meinethalben einzuberufende Sitzung der Société de philosophie in Aussicht stellen. Nur fürchte ich, dass ich Ihre Erwartungen nach dieser Richtung nicht werde erfüllen können, nicht nur, weil meine Gewandtheit im französischen Ausdruck gering ist, sondern vor allem, weil mir die mündliche Verteidigung meiner Theorien überhaupt nicht sehr gelegen ist. Das Talent zur Diskussion, das in Ihrem Vaterland so häufig ist, geht mir leider ganz ab. Ich habe meine Kraft immer nur auf die Produktion verwandt, ohne mich auf die Abwehr von Angriffen einzulassen – nicht aus Hochmut oder weil ich meine Gedanken für unangreifbar hielte, sondern weil ich glaube, auf diese Weise dem philosophischen Fortschritt besser zu dienen, als es durch Polemik geschehen könnte.

Mit freundlicher Empfehlung Ihr sehr ergebner

Simmel

Brief vom 23. Februar 1914] Mit hs. Vermerk neben Anrede: (Bouglé); daher wird das Schreiben auch hier als an Bouglé gerichtet wiedergegeben, der es an Xavier Léon (s. u.) weitergereicht haben dürfte.

freundlichen Brief] Das Anschreiben ist verschollen.

nach Strassburg übersiedle] Simmels planten den Umzug von Berlin nach Straßburg zwischen dem 14. und 20. März 1914 (siehe Gertrud und Georg Simmel an Paul Ernst vom 5. März 1914).

nach Paris kommen] Diesen Plan konnte Simmel wegen des Ausbruchs des Ersten Weltkriegs nicht mehr verwirklichen.

Sitzung der Société de philosophie] Die ›Société française de Philosophie‹, 1901 von Xavier Léon (siehe Korrespondentenverzeichnis

GSG 22) initiiert und gemeinsam mit André Lalande (1867-1963; DdPh) und dem Kreis um die ›Revue de Métaphysique et de Morale‹ als geschlossene Gesellschaft von maximal 60 Mitgliedern gegründet, veranstaltete etwa fünf bis acht Sitzungen jährlich. Die Wiedergabe der Vorträge und Diskussionsbeiträge in dem dreimonatlich erscheinenden ›Bulletin de la Société française de Philosophie‹ spiegelt diese Sitzungen als Expertengespräche zu knapp umrissenen Thesen des geladenen Referenten, unter denen vor 1914 kein Deutscher war. Zur Gründung vgl. Séance du 7 Février 1901. Bulletin de la Société française de Philosophie 1, 1901/02, Heft 1/2, S. 1-4.

Gertrud und Georg Simmel an Paul Ernst

Brief vom 5. März 1914
Hs.; DLA Marbach, Nl Paul Ernst

5.III.14
Königin Elisabethstr. 14
(Sternwartstr. 17)

Lieber Freund,

nehmen Sie die schönsten Wünsche zum 7. ten. Zugleich schicken wir Ihnen und Ihrer Frau den Ausdruck unsrer großen Freude über den schönen Erfolg der Ariadne.

Es wird ein kleines Figürchen kommen über München, das soll zum Geburtstag sein von uns.

Am 14. März reisen wir hier ab und ich habe mich eine Reihe von Stunden in Angelegenheiten anderer Leute – sehr schmerzlichen – in Weimar aufzuhalten; ich muß *so* weiter, daß ich noch abends nach Frankfurt komme. Wollen Sie mir sagen, ob ich Sie beide antreffen kann, falls mir eine Stunde bleibt, was ich leider nicht sicher wissen kann. Die in Betracht kommende Zeit würde ich Ihnen dann noch genauer schreiben. Wir gehen hier schwer fort und doch nicht ungern dorthin – Abschiedszeilen, die allzusehr dazu auffordern in mancher Beziehung ein *facit* zu ziehen und schon deshalb schwer sind. Dazu kommt die äußerliche Wühlerei im Haus. Hans ist wieder gesund und in der Arbeit.

Möge bei Ihnen Allen es gut gehen. Viele Grüße von Haus zu Haus

Getreulich und herzlich Ihre

Gertrud Simmel.
u. Ihr Georg Simmel

Brief vom 5. März 1914] Von der Hand Gertrud Simmels; gedr. Briefkopf: li.: PROF. SIMMEL; re: STRASSBURG (ELS.). Datum und Anschrift ober- und unterhalb eingefügt.

Sternwartstr. 17] Die neue Straßburger Adresse, unter der sich die Eheleute Simmel als Bewohner der 2. Etage am 20. März 1914 angemeldet hatten (AVCUS Strasbourg).

Wünsche zum 7. ten] Die Wünsche galten dem 48. Geburtstag von Paul Ernst am 7. März 1914.

schönen Erfolg der Ariadne] Paul Ernst: Ariadne auf Naxos. Ein Schauspiel in drei Aufzügen. Weimar: Gesellschaft der Bibliophilen 1912, 94 S. [= Veröffentlichungen der Gesellschaft der Bibliophilen, 17] – Angesprochen ist die Uraufführung des Dramas am 26. Febr. 1914 im Weimarer Hoftheater (vgl. Aus der Praxis. Die Schaubühne 10, Nr. 11 vom 12. März 1914, S. 321); hierüber berichtete Paul Ernst Georg von Lukács zunächst in einem auf Ende 1913 datierten Brief aus Weimar: »Meine Reisepläne sind jetzt sehr unsicher, es stehen nämlich Aufführungen bevor; zunächst, Ende Februar, hier die Ariadne«, und dann am 13. März 1914: »Ariadne war ein großer Erfolg« (Ernst/Lukács, S. 47, 51).

kleines Figürchen] Nicht ermittelt.

Am 14. März reisen wir hier ab] Gemeint ist die Abreise zur Übersiedelung nach Straßburg (s. o.).

Angelegenheiten anderer Leute] Näheres ist nicht bekannt.

ob ich Sie beide antreffen kann] Die Begegnung mit Paul und Lilli Ernst schien realisierbar, kündigte doch Paul Ernst Georg von Lukács mit Brief vom 13. März 1914 aus Weimar seine Abreise in »etwa 2-3 Wochen« an (Ernst/Lukács S. 51).

abends nach Frankfurt komme] Dort wollte Gertrud Simmel wohl mit ihrem Mann zusammentreffen und Station auf dem Umzugsweg nach Straßburg machen. Simmel selbst verließ Berlin wohl erst am 20. März nach einer Begegnung mit Bernhard Groethuysen am Vortag (siehe Simmel an Margarete von Bendemann vom 19. März 1917).

***facit*]** Lat.: ›es macht‹, zusammenfassendes Ergebnis, Resümee.

Hans ist wieder gesund] Zu Hans Simmels Erkrankung siehe Simmel an Margarete von Bendemann vom 14. und 28. Dez. 1913 und an Heinrich Rickert vom 28. Jan. 1914.

u. Ihr Georg Simmel] Von Simmels Hand.

Georg Simmel an Martin Buber

Visitenkarte von nach dem 20. März 1914
Hs.; JNUL Jerusalem, Buber Archive

herzliche Grüße allerseits!

Sternwartstr. 17

Visitenkarte von nach dem 20. März 1914] Vordruck: *Dr. Georg Simmel / Professor an der Universität / Strassburg (Els.)*; die undatierte Karte wurde hier eingeordnet, da sie Simmel wohl nach dem Umzug nach Straßburg am 20. März 1914 zur Mitteilung der neuen Anschrift benutzte.

Georg Simmel an Margarete von Bendemann

Postkarte vom 25. März 1914
Hs.; LBI New York, Susman Collection

Straßburg Els. 25.III.14
Sternwartstr. 17

Liebe Susa!

die bisherigen drei Zeilen sind eigentlich alles, was von uns im Augenblick an dich kommen soll. Wir haben eine schöne Wohnung u. hohe Bäume uns gegenüber u. solange sie kahl sind, sehen wir den Münsterturm – weißt du, was das bedeutet?

Grüße deine Männer sehr, hoffe wie wir auf ein nicht fernes Wiedersehn u. habe uns lieb!

Georg.

Postkarte vom 25. März 1914] An: Frau / *Marg. v. Bendemann* / *Rüschlikon* bei *Zürich*; mit Poststempel: Straßburg (Els.) 1 25.3.14 5-6 N.

die bisherigen drei Zeilen] Anspielung auf die neue Anschrift nach dem Umzug nach Straßburg am 20. März 1914.

hohe Bäume uns gegenüber ... Münsterturm] Die Sternwartstraße ist nur einseitig mit um die Jahrhundertwende entstandenen mehrstöckigen Häusern bebaut und grenzt unmittelbar an den botanischen Garten der Universität, in dessen Zentrum sich die Sternwarte befindet. Zum »Münsterturm« siehe Simmel an Agathe Liepmann vom 30. März 1914.

Männer] Ehemann Eduard und Sohn Erwin von Bendemann.

Georg Simmel an Agathe Liepmann
Brief vom 30. März 1914
Hs.; I. Flatau, Saratoga Springs N.Y., USA

30 III 14
Sternwartstr. 17

Liebe u. verehrte Freundin!

Mit dem Äußerlichsten des Äußerlichen sind wir nun hier in Ordnung u. ein halbes Dutzend Fakultätsbesuche sind schon erledigt. Dies scheint mir der richtige Augenblick zu einem ersten Gruß von uns beiden an Sie beide. Wir haben eine wunderschöne Wohnung, gegenüber stehen hohe Bäume u. solange die kahl sind, sehen wir den Münsterturm! Man muß ihn in allen Stimmungen, den atmosphärischen u. den subjektiven, sehn, um zu wissen, was er bedeutet u. daß es ganz unangemessen ist, ihn ebenso als »Baukunst« zu bezeichnen, wie all das andre, was rings umher gebaut ist. Goethe sagt einmal (es scheint mir einer seiner tiefsten Worte): alles, was in seiner Art wirklich vollkommen wäre, ginge über seine Art hinaus. Weil diese Architektur schlechthin vollkommen ist, ist sie mehr als Architektur. Es ist wohl der tiefe Sinn des Goetheschen Satzes, daß das Vollkommene sich überhaupt nicht in der Begrenztheit einer einzelnen »Art« verwirklicht, sondern, daß es in einem ganz allgemeinen Menschlichen oder Göttlichen wurzelt oder mündet; seine besondre Art ist nur der zufällige Kanal, den dieses sich für seine Strömung gesucht hat u. über den es natürlich hinausströmt. U. das Merkwürdige ist dabei, daß die Dinge auch in ihrer *Art* eben nur dann vollkommen sind, wenn sie so mehr sind als ihre Art – ganz wie der Künstler auch *als solcher* nur ganz groß ist, wenn er mehr ist, als blos Künstler.

Überhaupt muß ich sagen, daß unsre ersten Eindrücke von Straßburg viel sympathischer sind, als ich erwartete. Es ist zwar als Stadt ein Monstrum, in sofern die alte, elsässische, höchst lebendige Volksstadt u. die künstliche, abstrakte Stadt der deutschen Beamten u. Offiziere innerlich u. äußerlich fast unverbunden nebeneinander stehn. Aber dadurch ist die Enge u. Unfreiheit der kleinen Stadt, in der fast immer das Ganze als einheitliche Masse auf den Einzelnen drückt, aus dem Wege geräumt u. man ist hier ersichtlich viel umgängiger als sonst in kleinen Universitäten. Wir haben bisher nur sehr wenig Menschen gesehn, sie sind auch meistens angenehm, freundlich u. schätzenswert – aber sie machen uns doch verdammt klar, wie verwöhnt wir sind u. daß wir, als Ergebniß einer mehr als zwanzigjährigen Bemühung, eine Anzahl von Menschen in Berlin gewonnen haben, deren Gewinn wir nun damit bezahlen müssen, daß sie uns alle andren verleiden. Ein hoher Preis! Aber wie gern bezahle ich ihn für das, was wir hatten – aber wir hatten es ja nicht nur, sondern wir haben es. Denn ich weiß garnicht, wie wir es machen sollten, es zu verlieren – wenigstens von uns aus – –

Werden wir Sie sehen? Werden Sie durch Straßburg reisen, u. nicht nur *durch*? Es ist noch vieles zu sagen, was nicht zu schreiben ist u. was in meinem Alter nicht allzulange aufgeschoben werden darf. –

Ihrem Mann schreibe ich voraussichtlich bald einmal, auch in der Hypothekenangelegenheit, von der Sie wissen u. in der ich die Gefälligkeit, die er mir so freundschaftlich anbot, vielleicht erbitten werde. Doch ist noch alles unsicher. Für heut nur noch ein herzliches Lebewohl u. Gedenken an ihn u. Sie; u. behalten Sie uns lieb!

Immer Ihr

Simmel

Das Blatt von *Ernst Gundelfinger* war natürlich eine Radierung. Daß ich mich darüber täuschen konnte, ist nur durch den Stumpfsinn zu erklären, der mich in den letzten Tagen von Berlin manchmal in Bezug auf äußerliche Dinge überfallen hat, wahrscheinlich als Reaktion gegen die inneren Erregtheiten. Aber Sie müssen nun schon gestatten, daß ich Ihnen zur Entschuldigung eine nun ganz zweifellose Federzeichnung desselben Künstlers überreiche.

Brief vom 30. März 1914] Gedr. Briefkopf, li: PROF. SIMMEL; re.: STRASSBURG (ELS.)

Fakultätsbesuche] Gemeint sind die nach einem Zuzug üblichen privaten Antrittsbesuche eines neu berufenen Professors bei den Kollegen der eigenen Fakultät. Dazu schreibt Gertrud Simmel an Marianne Weber am 10. April 1914: »Von den Kollegen haben wir nur ganz wenige angetroffen, grade Spahn u. Schneider, die Uebel-Wesen, haben wir kennen gelernt. Ich finde, Georg hat nicht ganz den würdigen Gegner an denen [...]. Schwartz u. seine Frau haben uns sehr herzlich empfangen – mit denen wird man sich verstehen« (Privatbesitz Arnold Simmel, New York). – Zur »Freundschaft« und »Geselligkeit« des Ehepaars Simmel mit dem 1914 nach Straßburg zurückberufenen Graezisten Eduard Schwartz (1858-1940) und dessen Gattin Emma, geb. Blumenbach (1861-1942), siehe Gustav Schwartz: Alles ist Übergang zur Heimat hin. Mein Elternhaus. Eduard Schwartz und die Seinen in ihrer Zeit 1897-1941. Wiesbaden: Schwartz 1964, S. 47, 91. – Neben den obligatorischen Besuchen bei den Kollegen der eigenen Fakultät sprach Simmel selbstverständlich auch bei den Straßburger Bekannten vor, so auch bei Georg Friedrich Knapp, der seiner Tochter Dr. Marianne Lesser am 10. April [»Charfreitag«] 1914 schrieb: »Professor Simmel wohnt in der Sternwartenstrasse und ist sehr befriedigt; er ist Optimist. Seine Frau ist sehr liebenswürdig«; und am 14. April 1914: »Wir leben still dahin. Herr und Frau Prof. Simmel sind unsere Unterhaltung« (Nl G. F. Knapp im Familienarchiv Heuss, Basel).

Sie beide] Das Ehepaar Hugo und Agathe Liepmann.

wunderschöne Wohnung] Siehe auch Simmel an Margarete von Bendemann vom 25. März 1914.

»Baukunst« ... Goethe] Goethe hier anzusprechen hieß, an seine Betrachtungen zum Straßburger Münster zu erinnern: Von deutscher Baukunst. D. M. Ervini a Steinbach. 1773 (WA 1/37, S. 139-151); Von deutscher Baukunst 1823 (WA 1/49, 2, S. 159-167; Einleitung zu Sulpice Boisserées Aufsatz über die ›Herstellung des Straßburger Münsters‹ (ebd., S. 168-177).

über seine Art hinaus] Goethe: Die Wahlverwandtschaften. Ein Roman. Theil 2 (1809): »Alles Vollkommene in seiner Art muß über seine Art hinausgehen, es muß etwas anderes, Unvergleichbares werden.« (WA 1/20, S. 310). – Vgl. Simmel: Goethe, GSG 15, S. 85.

Volksstadt ... künstliche ... Stadt] Simmel spricht hier den Kontrast zwischen der Altstadt und der nach 1871 eingeleiteten nordöstlichen Stadterweiterung an. So berichtet Lujo Brentano, der 1882 einem Ruf nach Straßburg gefolgt war, in seinen ›Elsässer Erinnerungen‹ (2. und 3. Aufl. Berlin: Reiß 1917, S. 7): »Straßburg hatte damals noch völlig den Charakter einer Festungsstadt alten Stils. Auf engem Raum innerhalb der Umwallung waren seine Bewohner beim Anwachsen der Stadtbevölkerung zu immer dichterem Zusammenwohnen genötigt gewesen. Daher in der Altstadt ein enges Gewirr von

Gassen und Gäßchen. Von 311 Straßen hatten 127 nur eine Breite von 1 bis 5 Metern. Nur an der Seite der die Stadt durchschneidenden und später zugeworfenen Kanäle fanden sich breitere Straßen.« Und wenn er dann mit Blick auf die Wohnungsnot schreibt (ebd.): »die Stadterweiterung hatte zwar stattgefunden, aber die dadurch neu gewonnenen Gelände waren nur erst wenig bebaut«, so meint er das nordöstlich an die Altstadt anschließende Gebiet, in dem sich das Kaiserpalais und die ihm gegenüberliegende, durch die breite ›Kaiser Wilhelmstraße‹ verbundene Universitätspalais (Bauabschluß 1884) sowie die ihm angeschlossenen Gebäude und Wohnviertel der deutschen Beamten befinden; letztere sind auch im Stadtplan der Straßburger ›Neustadt‹ von 1914 in der Straßenlage zwar als geplant, aber als erst etwa zur Hälfte bebaut ausgewiesen (Guide Joanne, nach S. 340).

Sie durch Straßburg reisen] Agathe Liepmanns Reisepläne sind nicht bekannt; doch verbrachte sie häufig die Sommerferien im Schwarzwald (vgl. Hamburger-Liepmann).

Hypothekenangelegenheit] Näheres zu dieser in der Korrespondenz mit Liepmanns wiederholt angesprochenen »Hypothek« ist nicht bekannt; auf Simmelschen Grundbesitz verweist lediglich Hans Simmels Überlieferung, daß das von Julius Friedländer 1889 ererbte Vermögen (siehe Simmel an Max Abraham vom 31. Mai 1890) zum Teil »aus Häusern, die irgendwie spekulativ gekauft waren«, bestand, welche aber 1896 »verkrachten«, so daß »etwa 1/3. des Vermögens« verlorenging (Hans Simmel, S. 21). Die Hausbesitzersparten der Berliner Adreßbücher – einschließlich Charlottenburg – der Jahre 1912 bis 1915 führen weder Georg noch Gertrud Simmel auf. Es muß sich daher entweder um eine von Simmel auf eigenen Grundbesitz an unbekanntem Ort aufgenommene und abzutragende Hypothek oder um eine von ihm auf ein Haus gewährte Hypothek, deren Nehmer seinen Verpflichtungen nicht nachgekommen ist, handeln. Siehe Simmel an Hugo Liepmann vom 11. Aug. 1914.

***Ernst Gundelfinger* … Federzeichnung desselben Künstlers überreiche]** Gemeint ist Friedrich Gundolfs Bruder Ernst Gundolf, ursprünglich Gundelfinger (1881-1945), der nach Abschluß des juristischen Referendariats als Privatier im vom Vater ererbten Haus in Darmstadt lebte und sich ebenfalls Stefan George angeschlossen hatte. Er soll – wie Michael Landmann aus späteren Jahren berichtet – jeden Tag damit begonnen haben, eine Tuschzeichnung zu machen, häufig der chinesischen und japanischen Kunst verwandte Landschaften, von denen einige in Abzügen als Mappe im Verlag der ›Blätter für die Kunst‹ 1905 erschienen seien. »War man bei ihm, so durfte man sich beliebige Mengen Zeichnungen […] mitnehmen. Sie füllten seit Jahrzehnten seine Schubladen« (Ernst Gundolf 1881-1945. In: Michael Landmann: Figuren um Stefan George. Zehn Porträts. Castrum Peregrini, CLI, 1982, S. 66-79, hier: 67; vgl. auch: Stefan George: Dokumente seiner Wirkung. Aus dem Friedrich Gundolf Archiv der Universität London herausgegeben von Lothar Helbing und Claus Victor Bock mit Karlhans Kluncker. Amsterdam: Castrum Peregrini Presse 1974, S. 75-79). – Die Eheleute Simmel waren offensichtlich seit langem auch mit Ernst Gundolf gut bekannt, beantwortete doch Gertrud Simmel am 22. Juni 1907 einen wohl nur mit »Gundolf« unterzeichneten Brief (verschollen): »Lieber Herr Gundolf, welcher Sie auch seien (denn im Genaueren verschweigen Sie sich – zum Glück macht es für die Anrede nichts aus, da ich die Beiden [Brüder] liebe)« (SGA Stuttgart, Gertrud Simmel Briefe 1, 15). Als Anlaß, die »Radierung«, bzw. die »Federzeichnung« zu verschenken, bot sich Agathe Liepmanns Geburtstag am 10. März 1914 an, der mit dem Abschiedsbesuch bei den Freunden zusammengefallen sein dürfte.

Georg Simmel an Ludwig Fulda

Brief vom 5. April 1914
Hs.; FDH, Frankfurter Goethemuseum

5 IV 14
Sternwartstr. 17

Lieber Fulda,

Ich wollte Ihnen in diesen Tagen einen Straßburger Gruß von uns schicken u. nun ist er dunkel gefärbt! Denn ich glaube, daß man Ihnen zu dem Tode Heyses kondoliren soll wie zu dem Verlust eines Nächsten. Es wird Ihnen wohl sein, als ob wieder ein Stück Ihrer Jugend zu Grabe ginge. Wir kommen jetzt in das Alter – oder sind schon eine Weile darin – wo von den Fäden, die uns noch mit unsrer eignen Jugend verbanden u. uns, wie elektrische Drähte, ihre längst verklungnen Klänge u. längst erkaltete Wärme zuleiteten, Jahr für Jahr ein weitrer abgeschnitten wird. Wohl uns, wenn uns nach dem Fallen der letzten, neue Wärmen u. neue Klänge laben – die wunderbaren Gewinnste des Alters, von denen ich das Gefühl habe, daß sie so viel erdgesättigter u. zugleich so viel erderlöster sind als alles, was die Jugend zu bieten hatte. –

Nun also nehmen Sie u. Ihre liebe Frau herzliche Grüße aus unsrer neuen – ich kann nicht sagen: Heimat. Wir sind zu alt, um uns noch einmal zu beheimaten, u. so weit ich überhaupt eine Heimat habe – was ich nicht mit Sicherheit behaupten will – so wird es immer Berlin, oder genauer Westend bleiben. Jedenfalls aber scheinen zunächst die reinen Äußerlichkeiten des Lebens uns das Fremdlingstum möglichst zu erleichtern. Wie das Wesentliche sich gestaltet, wird erst das nächste Jahr zeigen – ich habe mit diesem Entschluß einen Sprung in's Dunkle gewagt u. werde erst im Lauf der Zeit erfahren, wohin er mich eigentlich geführt hat.

Mit allen guten Wünschen u. in Treue bleibe ich Ihr

Simmel

Brief vom 5. April 1914] Gedr. Briefkopf: li.: PROF. SIMMEL; re.: STRASSBURG (ELS.).

Tode Heyses] Der Schriftsteller Paul Heyse (siehe Korrespondentenverzeichnis GSG 22) war am 2. April 1914 gestorben.

Verlust eines Nächsten] Fulda, der von 1884 bis 1888 in München als freier Schriftsteller wohnte, hatte dort Heyse kennengelernt; beide korrespondierten freundschaftlich von 1884 bis 1914. Fulda hielt bei der Trauerfeier am 5. April 1914 eine Gedächtnisrede: Grabrede für Paul Heyse. Der Sammler (Augsburg), Nr. 42 vom 7. April 1914, S. 6f. Vgl. Ludwig Fulda: Briefwechsel 1882-1939: Zeugnisse des literarischen Lebens in Deutschland. Herausgegeben von Bernhard Gajek und Wolfgang v. Ungern-Sternberg. Frankfurt/M. u. a.: Peter Lang 1988, Teil 2, S. 988. – Lt. Tagebucheintrag antwortete Fulda Simmel am 11. April 1914; das Schreiben ist verschollen. Vgl. ebd., S. 878.

Ihre liebe Frau] Fuldas zweite Frau, Helene Fulda, geb. Hermann (NDB).

Berlin, oder genauer Westend] Simmel war 1858 in Berlin geboren und lebte von März 1901 bis März 1914 in Westend, das dann Berlin eingemeindet wurde.

Georg Simmel an Margarete von Bendemann
Brief vom 12. April 1914
Hs.; LBI New York, Susman Collection

12. IV.

Liebe Susa!

Ich will nur gleich schreiben, daß dein Schützling mir willkommen ist. Ihre Zulassung zur Universität hat hier keine Schwierigkeit, es können hier auch Leute ohne Abiturium sich auf einfache Meldung hin für die Vorlesungen einschreiben lassen. Ich will auch – zuerst u., wenn es nicht andres ist, auch zuletzt um deinetwillen – mich persönlich ihres Studienganges annehmen.

Also du hast wieder einmal einen Menschen auf Dich genommen! Ich habe es aufgegeben, dagegen aufzubegehren, denn ich sehe allmählig ein, daß das unmittelbar zu dem Schicksal von unsereinem gehört. Grade jetzt habe ich auch wieder so eine Seele auf der Seele. Eine Berliner Studentin. Ein unseliges Gemisch aus Unbildung u. Verbildetheit, mit 19 Jahren die schauderhaftesten Schicksale durchlitten, körperlich sehr krank, vielleicht nicht mehr heilbar, u. ganz arm – u. doch eine Seele, die zu Grunde gehn zu sehn, schwer erträglich ist, irgendetwas ganz Zartes u. Edles, aber vom Leben verschüttet, zernagt, schief u. krumm geworden. Ich tue auch für sie was ich kann, aber aus mehr als einem Grunde ist das jammervoll wenig, u. selbst die materielle Hülfe, die ich ihr bieten könnte, kann sie um zwingender Familienverhältnisse willen nicht annehmen. Ich bin eine Zeitlang ganz krank daran gewesen. –

Es wäre herrlich, wenn du Anfang Mai kämst. Am 5. fange ich zu lesen an u. es wäre mir eine so große Freude, wieder einmal auch in dieser Form zu dir sprechen zu können. Produktiv, im Sinne des Verlegens, war ich in der letzten Zeit garnicht. Aber ich weiß jeden Tag besser, wo meine Probleme liegen – wenn ich nur auch wüßte, wo meine Lösungen liegen!

Dies ist wenig, aber es muß alles für heute sein! Lebwohl u. liebe mich.

Georg.

Wenn der Mann bei *Heidrich* promoviren will, so wird ihm nun doch nichts übrig bleiben, als nach Straßburg zu kommen u. in meine Hände zu fallen. Wehe ihm!

Brief vom 12. April 1914] Gedr. Briefkopf; li.: PROF. SIMMEL; re.: STRASSBURG (ELS.) – Jahresangabe ergänzt, bzw. erschlossen aus Simmels Straßburger Adresse und dem Hinweis auf den »Schützling«, der in Simmel an Margarete von Bendemann vom 26. April 1914 erneut angesprochen wird.

dein Schützling] Nicht ermittelt.

Eine Berliner Studentin] Nicht ermittelt; möglicherweise Betty Heimann, siehe Simmel an Gertrud Jaspers vom 21. Nov. 1917.

Am 5. fange ich zu lesen an] Der 5. Mai 1914 fiel auf einen Dienstag. Simmel hatte für das SS 1914 (20. April - 8. Aug. 1914) angekündigt: »*Logik und Einleitung in die Philosophie* [...] Dienstag, Mittwoch, Donnerstag und Freitag von 5-6 Uhr. [...] *Kulturprobleme der Neuzeit* [...] Mittwoch von 6-7 Uhr. [...] *Im Seminar: Philosophische Besprechungen für Vorgerückte*« (Vorlesungsverz. Straßburg SS 1914, S. 20f.). – Die Erinnerung von Otto Klemperer (1885-1973; NDB), seinerzeit Dirigent am Straßburger Theater, an eine überfüllte »Antrittsvorlesung über Nietzsche« (Notiz ›Klemperer über Simmel. 30 XII 65‹, SBPK Berlin, Nl Landmann), ließ sich aus anderen Quellen nicht bestätigen. Aber das am 6. Mai beginnende Kolleg ›Kulturprobleme der Neuzeit‹ war ein öffentliches; auf dessen Zugänglichkeit für jedermann durch »simple inscription« hatte Fritz Kiener in seinem Porträt ›Georg Simmel. Un mot de bienvenue‹ das elsässische Publikum in werbendem Sinne aufmerksam gemacht (Journal d'Alsace 127, Nr. 120 von Sonntag, 3. Mai 1914). – Der 1913 zum Titular-Prof. an der Straßburger philosophischen Fakultät ernannte Historiker Friedrich (Fritz) Kiener (1874-1942), der nach dem Studium in Berlin, Leipzig, München und Paris in Berlin 1899 promoviert und sich mit Studien zur elsässischen Geschichte 1904 in Straßburg habilitiert hatte (DBF; NDBA), war nicht nur seit der Studienzeit mit dem Lehrstil, Denken und Werk Simmels, sondern vermutlich auch mit ihm persönlich vertraut (siehe Simmel an Pierre Bucher vom 19. Mai 1914).

wieder einmal ... zu dir sprechen zu können] Und Margarete von Bendemann kam Anfang Mai nach Straßburg, um Simmels ›erstes Kolleg‹ an der dortigen Universität zu hören, woran Simmel dann in einem Schreiben an sie vom 5. Mai 1918 erinnert. Sie hatte wohl schon seit 1901 wiederholt Simmels Vorlesungen besucht. Siehe ihre Berichte an Erwin Kircher aus den Jahren 1901-03 (DLA Marbach, Nl Susman) sowie ihre Vorlesungsnachschrift in GSG 21.

Mann bei *Heidrich* promoviren ... in meine Hände zu fallen] Eduard von Bendemann studierte in Basel Kunstgeschichte, Archäologie und Philosophie (siehe Simmel an Margarete von Bendemann vom 4. Mai 1913) und nahm dort »vor allem an den Vorlesungen und Übungen des Professor Heidrich« teil (Eduard von Bendemann: Gesuch um Zulassung zum Doktorexamen, StA Basel, UAXI 4, 3c). Der Kunsthistoriker *Ernst* Friedrich Rudolf Heidrich (1880-1914; 1905 bei Heinrich Wölfflin promoviert und 1909 in Berlin habilitiert) lehrte seit 1910 als ao. Prof., ab 1912 als o. Prof. in Basel und war im Frühjahr 1914 zum Nachfolger von Georg Dehio nach Straßburg berufen worden (NDB; HN XXIV, März 1917, Heft 6, S. 262). Die von Simmel mit Brief vom 28. Jan. 1914 an Margarete von Bendemann angeregte Promotion ihres Gatten in Straßburg war daher wahrscheinlich geworden.

Georg Simmel an Graf Hermann Graf von Keyserling

Brief vom 22. April 1914
Hs.; ULB Darmstadt, Hermann Keyserling-Archiv

22. IV. 14
Sternwartstr. 17

Mein lieber Graf!

Die obige Adresse zeigt Ihnen, daß Sie zutreffend berichtet sind. Warum ich diesen Sprung ins Dunkle gewagt habe, unter Verzicht auf eine Einwirkung auf die deutsche Kultur, die in ihrer Art einzig u. unersetzlich war – das wird nicht so leicht jemand begreifen u. es ist auch vielleicht nicht zu begreifen. Aber gewisse Dinge tut man nicht aus einem angebbaren Grunde; sie geschehen eben, eine praktische *causa dei*. Jedenfalls möchte ich es nicht schriftlich erörtern – denn ich gebe um dieser Translocirung willen doch die Hoffnung, daß wir uns von Zeit zu Zeit begegnen, nicht auf. Ich rechne dabei nicht nur auf Heidelberg, sondern auch auf Straßburg, das z. B. auf dem Weg nach Paris leicht zu erreichen ist.

Auch bietet sich vielleicht dadurch eine Chance, daß ich zu ein paar Vorträgen in Petersburg für Oktober aufgefordert bin – freilich weiß ich noch nicht, ob es sich realisiren wird. Man hat mir zugleich nahegelegt, daß sich daran auch Vorträge in

Riga schließen könnten. Dann ließe sich doch wohl leicht eine Begegnung verabreden. Übrigens habe ich vorläufig gar keine Kenntniß davon, welche Vereinigung in Riga derartige Unternehmungen inszenirt. –

Zu der Vollendung Ihres Buches gratulire ich Ihnen u. uns herzlich. U. sehr begierig bin ich, von den Inhalten Ihres »innerlichen Weitergekommenseins« zu erfahren. Ich setze mit Sicherheit voraus, daß das Psychologische hier zugleich ein Metaphysisches ist.

In kurzem sende ich Ihnen eine kleine Arbeit über *Rembrandt*, die noch einige Motive des *Goethe* weiterführt. Alles dies ist Anlauf u. Atemschöpfen, bevor ich den großen Sprung wage. Aber ich selbst weiß nicht, ob ich ihn wirklich wagen werde – u. ob er mich selbst in diesem Fall an das ›andre Ufer‹ tragen wird.

Unser Sohn ist seit einiger Zeit wieder völlig wohl.

Meine Frau grüßt bestens u. wir bitten, Gräfin *Leonie* von uns zu grüßen.

Wie immer Ihr

Simmel

Brief vom 22. April 1914] Gedr. Briefkopf: li.: PROF. SIMMEL; re.: STRASSBURG (ELS.).

Sprung ins Dunkle] Simmel hatte unter Zögern am 18. Jan. 1914 den Ruf nach Straßburg angenommen (siehe Simmel an Adolf Harnack vom 3. Jan. und an Otto Back vom 18. Jan. 1914).

***causa dei*]** Lat.: Ursache, Grund Gottes; hier i.S.v. ›Fügung Gottes‹.

Translocirung] Latiniserte Bezeichnung für den Ortswechsel, den Umzug.

auf Heidelberg] Simmel spricht hier vermutlich die freundschaftlichen Beziehungen an, die von Keyserling während seiner drei Studiensemester in Heidelberg, 1900-1901, geknüpft hat. Siehe ausführlich: Gahlings, S. 29.

auf dem Weg nach Paris] Anspielung auf von Keyserlings häufige Aufenthalte in Paris, wo er von 1903 bis 1906 auch seinen Wohnsitz hatte (NDB).

ein paar Vorträgen in Petersburg für Oktober … Vorträge in *Riga*] Über diese Aufforderung, deren Realisierung der Kriegsausbruch vereitelt haben dürfte, ist nichts bekannt.

Begegnung] Graf von Keyserling hatte 1908 das von seinem Großvater ererbte Landgut Rayküll, Estland, zu seinem ständigen Wohnsitz gemacht (NDB).

Vollendung Ihres Buches] Gemeint ist ›Das Reisetagebuch eines Philosophen‹, das seit Anfang 1914 weitgehend druckfertig seinem Verlag vorlag, aber erst im folgenden Herbst gedruckt werden konnte (siehe Simmel an von Keyserling vom 21. Juni 1918).

Inhalten Ihres »innerlichen Weitergekommenseins«] Simmel spielt hier auf von Keyserlings Motiv an, eine Weltreise zu unternehmen und das ›Reisetagebuch‹ (s. o.) zu schreiben. In von Keyserlings Selbstdarstellung wird dessen Entstehungszeit als eine Phase erinnert, in der ihn trotz der bis zu seinem Auftritt auf dem III. Internationalen Philosophenkongreß 1911 erreichten Erfolge als Philosoph »das Gefühl unaufhaltsam wachsender Unbefriedigung, ja Leere«, beherrscht habe: »Ein Wort Simmels aus früheren Berliner Tagen beschäftigte erneut meinen Sinn: ›Sie werden gewiß noch viele Bücher schreiben, sogar gute Bücher; aber das ist es nicht, dergleichen *können* sie nur. Ihre eigentliche Aufgabe scheint mir doch die zu sein, irgendeinmal ein ›Sein‹ darzustellen‹. Ein ›Sein‹ [...] wahrhaftig ein Sein hatte ich bis dahin, seit Dorpat wenigstens überhaupt nicht im Bewußtsein dargestellt; ich hatte vielmehr jede Auswirkung meiner Subjektivität als solcher nach Möglichkeit verhindert, oder doch innerlich abgelehnt. Auf einmal fiel es mir wie Schuppen von den Augen [...] Ich erkannte, daß der Weg zu meiner Entstehung in meinem Falle nur über eine Geistesschöpfung führen konnte; daß ich mein Sein erst herausstellen mußte, um es alsdann zu erobern. Bald fiel mir auch ein, in welcher Form dies am besten glücken mußte: indem ich mich der Veränderungen der Erscheinung, die eine Weltreise selbstverständlich in mir bewirken würde, als Ausdrucksmittel für mein persönliches Wesen bediente« (Hermann Keyserling. In: Selbstdarstellungen Bd. 7, 1923, S. 99-125, hier: 13-15).

In kurzem sende ich ... Arbeit über *Rembrandt*] Simmel: Rembrandtstudie. Logos V, 1914/15, Heft 1, S. 1-32 (GSG 13, S. 16-52). Die Drucklegung hatte sich verzögert (siehe Simmel an Paul Siebeck vom 12. Dez. 1913). Das Heft wurde in den ersten Maitagen ausgeliefert, wie dem lediglich mit Verfasser-Symbol gezeichneten Referat über »Eine Rembrandt-Studie von Simmel« im ›Kleinen Feuilleton‹ der StP, Nr. 522 vom 7. Mai 1914, Mi.Bl. zu entnehmen ist. Siehe auch: LC, Nr. 20 vom 16. Mai 1914, Sp. 686.

Goethe] Simmel: Goethe. Klinkhardt & Biermann [1912] 1913; GSG 15, S. 7-271.

Anlauf u. Atemschöpfen, bevor ich den großen Sprung wage] Dies deutet auf Simmels Absicht, seine lebensphilosophischen Überlegungen in einer ›Metaphysik‹ in einem »abschließenden Buch« niederzulegen, wie er Heinrich Rickert am 15. April 1917 schrieb; aus den bis 1918 erstellten Vorarbeiten wählte er dann »Vier metaphysische Kapitel« aus, die zur ›Lebensanschauung‹ (GSG 16, S. 209-425) zusammengefaßt wurden; vgl. Editorischer Bericht, ebd., S. 438-442. Zu denken wäre hier aber auch an Simmels Vorhaben, eine ›Kunstphilosophie‹ zu schreiben; vgl. Simmel an Margarete von Bendemann vom 14. Dez. 1913.

Unser Sohn ist ... wohl] Zu Hans Simmels Erholung nach langwieriger Erkrankung siehe Simmel an Heinrich Rickert vom 28. Jan. 1914.

Gräfin *Leonie*] Graf von Keyserlings Schwester Leonie (1887-1945), promovierte Historikerin (siehe Simmel an Hermann Graf von Keyserling vom 29. Mai 1911).

Georg Simmel an Verlag J. Singer & Co., Berlin

Abschrift von Brief vom 22. April 1914
Tps.; University Library, Cambridge

22.4.14.

Sehr geehrte Herren.

Nach längerer Ueberlegung kann ich mich nun doch nicht entschliessen, für die Freigabe von Schnitzlers ›Reigen‹ einzutreten. Es handelt sich für mich dabei gar nicht um das Werk selbst, in dem ich eine der erschütterndsten Menschheitstragödien und selbstverständlich keine Spur von Laszivität oder unkünstlerischer Pikanterie erblicke. Allein unser Publikum ist dafür absolut nicht reif. Es würde, in seiner überwältigenden Majorität, das Buch nur im pornographischen Interesse lesen und meiner Meinung nach sollte angesichts der schweren Schädigung unserer Volksgesundheit durch die ungeheure Masse der Literatur, die solchen Zwecken dient oder zu ihnen missbraucht wird, die Prophylaxis eher zu rigoros als zu weitherzig sein, – selbst um den Preis, dass ein so bedeutendes Werk darunter leidet. Bedürfte es hierfür noch einer Bestätigung, so würde sie mir durch die in dem Bande abgedruckten Kritiken geliefert, die nicht nur das Aeusserste an Verständnislosigkeit leisten, sondern bei denen, mindestens zum Teil, die von mir angedeuteten Reaktionen unter dem entgegengesetzten Schein deutlich spürbar sind.

Aus diesen Erwägungen heraus bin ich zu meinem eigenen grossen Bedauern nicht imstande, Ihre Aktion zu unterstützen.

Mit grosser Hochachtung

Simmel.

22.4.14.] Datumsangabe ungenau; abgeschrieben ist der gedr. Briefkopf: li.: PROF. SIMMEL; re: STRASSBURG (ELS.).

Freigabe von Schnitzlers ›Reigen‹ ... Aktion] Angesprochen ist der österreichische Erzähler und Dramatiker Arthur Schnitzler (1862-1931) und dessen Theaterstück: ›Reigen. Zehn Dialoge. Geschrieben Winter 1896/97‹. Buchschmuck von Berthold Löffler. Wien und Leipzig: Wiener Verlag 1903. 250 S. (Wilpert/Gühring) – Schnitzlers, den Egoismus und die Gefühlskälte in sexuellen Beziehungen entlarvende szenische Gespräche über die Liebe waren seit der am 16. März 1904 in Leipzig erfolgten Beschlagnahme der soeben angekündigten Ausgabe des 15.-20. Tsd. in Deutschland ein verbotenes Buch; ein Tatbestand, den dann auch das Urteil des Landgerichts 1 (Berlin, Strafkammer 2) mit Bezug auf § 184, Abs. 1 des Reichsstrafgesetzbuches (Verbreitung pornographischer Schriften) am 31. Jan. 1905 bestätigt hatte. Trotz wiederholter Konfiszierungen war es jedoch der Kommissions- und Exportbuchhandlung Josef Singer & Co. GmbH, Berlin, die 1908 die Verlagsrechte des ›Wiener Verlags‹ erworben hatte, durch Übernahme des Signets ›Wiener Verlag‹ und geschickter Werbung möglich, bereits 1911 das 41.-43. Tsd. herauszubringen. Erst nachdem der Verkauf dieser Ausgabe infolge der verschärften Fahndung nach verbotenen Büchern im Anschluß an die Gründung der ›Zentralstelle zur Bekämpfung der Schmutzliteratur‹ in Berlin deutlich langsamer verlaufen war, hatte Schnitzler die Verhandlungen über das 44.-46. Tsd. zum Anlaß genommen, dem J. Singer Verlag nicht nur, wie in früheren Verträgen, einen Freigabeprozeß zu empfehlen, sondern die vertragliche Verpflichtung auferlegt, einen eventuell gegen den Verlag angestrengten Prozeß bis zur letzten Instanz auf eigene Kosten durchzuführen (vgl. Kristina Pfoser-Schewig und Gerhard Renner: Eine Leidensgeschichte: *Reigen*, Verlage und Schnitzler. In: Alfred Pfoser und Dies.: Schnitzlers ›Reigen‹. Zehn Dialoge und ihre Skandalgeschichte. Analysen und Dokumente. Band 1: Der Skandal. Frankfurt/M.: Fischer 1993, S. 43-71, 235-240). Lt. Schnitzlers Tagebucheintrag vom 5. Okt. 1913 waren gemeinsam mit dem Verlag »Prozessmöglichkeiten und -chancen« erwogen worden (Arthur Schnitzler-Tagebuch 1913-1916. Unter Mitwirkung von Peter Michael Braunwarth, Richard Miklin u. a. herausgegeben von der Kommission für literarische Gebrauchsformen der Österreichischen Akademie der Wissenschaften, Obman: Werner Welzig. Wien: Österreichische Akademie der Wissenschaften 1983, S. 66), und diese auszuloten, war im Frühjahr 1914 um so dringlicher geworden, da Schnitzlers Vertrag mit dem J. Singer Verlag bei einem Restbestand von 500 Exemplaren die Veranstaltung einer Neuauflage vorsah (vgl. Pfoser-Schewig und Renner: A.a.O., S. 59). Jetzt kam es, wie Schnitzler am 12. Juni 1914 Hermann Bahr mitteilen sollte, für diese »Neuauflage [...], deren Beschlagnahme vorauszusehen ist [...], dem Verlag darauf an bei einem eventuellen Prozeß etliche Gutachten zur Verfügung zu haben«; und dieser hatte zwischenzeitlich bereits die Stellungnahme Simmels wie die des Berliner Professors für Strafrecht, Franz von Liszt (1851-1919), und seines Heidelberger Kollegen Karl von Lilienthal (1853-1927), des Berliner Neurologen Prof. Albert E. Eulenburg (1840-1917), des Malers Max Liebermann (1847-1935) und des Schriftstellers Ludwig Fulda (1862-1939) erhalten. Abweichend von Simmels Äußerung wird in den übrigen, sämtlich zwischen dem 14. und 24. April 1914 verfaßten Schreiben kein Grund für die Aufrechterhaltung des Verbots angeführt (Arthur Schnitzler: Briefe 1913-1931. Herausgegeben von Michael Braunwarth, Richard Miklin, Susanne Pertlik und Heinrich Schnitzler. Frankfurt/M.: S. Fischer 1984, S. 43 u. S. 847-850). Doch kam es zunächst nicht zu einem neuen Prozeß über den ›Reigen‹, und auch der 1921 unternommene Versuch, auf der Grundlage dieser Gutachten die Freigabe zu erwirken, sollte mangels Rechtsmittel zur Aufhebung der Vorkriegsurteile scheitern (vgl. Pfoser-Schewig und Renner: A.a.O., S. 64).

erschütterndsten] Im Original: erschütternsten.

Majorität, das] Im Original: Majorität das.

in dem Bande abgedruckten Kritiken] Simmel dürfte die letzte Ausgabe des ›Reigen‹ zur Beurteilung zugesandt worden sein; diese 1913 ohne Jahresangabe gedruckten 44.-46. Tausend, erschienen lt. Pfoser-Schewig und Renner (a. a. O., S. 59) sowohl mit der Verlagsangabe ›Wiener Verlag, Wien‹ wie unter dem Signet ›Verlag J. Singer & Co, Berlin‹; die Wiener Ausgabe bietet auf den letzten beiden ungezählten Druckseiten: »Einige Besprechungen / über / ARTHUR SCHNITZLER / REIGEN / ›Münchner Neueste Nachrichten‹: ›Es ist das Buch der Saison, das Schnitzler geschrieben hat – es ist ein scharmantes Werk, voll Anmut und Grazie ... Das scheint schon ein gewichtiges Lob und doch erklärt es noch nicht, warum diesen zehn Dialogen ein Massenerfolg beschieden war. ›Reigen‹ ist ein gewagtes, ein ›frivoles‹ Buch, und sein Erfolg ist ein Pikanterie-Erfolg. Damit soll beileibe nicht der Dichter getadelt werden, sondern das Publikum. Die künstlerischen Qualitäten der Gespräche haben mit dem Aufsehen, das sie erregen, nichts zu tun. Daß sich hinter den erotischen Ereignissen dieser Szenen eine beinahe überfeinerte Psychologie und eine vornehme lächelnde Menschenverachtung bergen, merkt auch die in der Kunst stets am Stoffe klebende Menge nicht. Wie wären sonst die zahlreichen Entrüstungen eifriger Moralisten zu erklären, die es wagten, den Dichter als skandalsüchtigen Zotenreißer hinzustellen! Es sei ohne weiteres den nach Polizei schreienden Tugendwächtern zugegeben, daß die Kühnheit der Dialoge etwas Herausforderndes hat. Es sind zehn kleine Komödien des Geschlechtstriebes, in deren Höhepunkten der Dichter stets zu schweigen und die Interpunktion zu reden beginnt. Dirne und Soldat, Soldat und Stubenmädchen, Stubenmädchen und der junge Herr, der junge Herr und die junge Frau, die junge Frau und der Ehegatte, der Ehegatte und das süße Mädel, das süße Mädel und der Dichter, der Dichter und die Schauspielerin, die Schauspielerin und der Graf bilden einen Reigen, der sich mit der Vereinigung des Grafen und der Dirne schließt. Die Vorhänge der verschwiegensten Alkoven öffnen sich, und die geheimsten Geheimnisse dürfen wir hören. Die Liebe in ihrer konkretesten Form ist das einzige, zehnmal variierte Thema des Buches und trotz der außerordentlichen Wahrhaftigkeit des Tones, in dem die Gespräche gehalten sind, fällt kaum ein unzartes Wort. Vielleicht noch nie sind die femininen Listen sicherer beobachtet und diskreter nachgezeichnet worden. Ein Chirurg der Seele zeigt uns ihre verborgensten Verrichtungen und dringt hier in Gebiete, die bisher der Kunst terra incognita waren.‹ / ›Frankfurter Zeitung‹: ›Lucians Hetärengespräche sind bekannt und berühmt. In Schnitzlers ›Reigen‹ besitzen wir etwas Ähnliches, eine Psychologie des Geschlechtslebens, die sich an Offenherzigkeit und geistiger Freiheit, aber auch an künstlerischer Feinheit mit Lucian messen kann … ‹ / ›Die Zeit‹: ›Schnitzler führt bekanntlich in diesen ebenso kühnen wie geistvollen Dialogen eine Reihe unehelicher und ehelicher Sentiments, Extasen der Liebe und ihre wechselvollen Reaktionen zwischen zehn Personen vor. Es braucht schon das ganze artistische Raffinement, die sichere Gestaltungskraft und die feine Grazie ›im Unanständigen‹ eines Schnitzler, um auf diesem schlüpfrigen Boden nicht zu entgleisen und die höchst eindeutige Situation nicht ins Laszive, nicht in das beliebte Milieu: ›Nur für Herren‹ zu vergröbern. Man muß es aufrichtig bewundern, mit welcher Feinheit des Geschmackes Arthur Schnitzler hier die größten Kühnheiten ausspricht, wie er die verborgensten Regungen im Geschlechtskampf aufzuspüren weiß.‹ / ›Neue Deutsche Rundschau‹, Berlin: ›Das Buch enthält Szenen. Jede zwischen einer Frau und einem Mann.

Jedesmal mittendrin eine Zeile von Gedankenstrichen. – Ein wundervolles Buch. Sein Wert liegt in den Lebensaspekten und in ihrer komischen Gestaltung. Die komische Kraft ist ein neuer Zug an Schnitzler. Er hat eine Schauspielerin auf zwei … gestellt, deren Wesen in dunklen Situationen erschütternd wirkt. Er gibt einen kostbaren Poeten, der sich pseudonym Biebitz nennt und das süße Mädel als Unterlage für Betrachtungen ansieht. Man schreit beim Lesen. – Es ist ein kleiner Dekameron unserer Tage.‹ / ›Bühne und Welt‹: ›Arthur Schnitzler hat in seinem Reigen das gewagteste Buch unserer heutigen deutschen Literatur und dennoch eine der keuschesten Dichtungen geschaffen, deren ein blutvoller Künstler fähig ist.‹«

Georg Simmel an Salomo Friedlaender

Brief vom 24. April 1914
Hs.; Friedlaender/Mynona-Archiv Geerken

24. IV. 14
Sternwartstr. 17

Verehrter Herr Doktor!

Ihr Brief hat mich in hohem Maaße betroffen u. betrübt – ich dachte, die ökonomische Frage wäre für absehbare Zeit erledigt. Nun bin ich vorläufig ganz ratlos. An Ihre bisherigen Mäcene kann ich angesichts meines Verhältnisses zu ihnen nicht herantreten, meine eigenen Mittel sind auf lange Zeit hinaus festgelegt u. überhaupt sehr bescheiden, meine paar wohlhabenden Freunde habe ich für entsprechende »gute Zwecke« schon so in Anspruch genommen, daß ich von ihnen nichts erbitten kann. So sind zu meinem großen Kummer alle Türen verschlossen. Aber ich werde Ihre Frage dauernd im Auge behalten u. jede Möglichkeit ergreifen, die sich etwa bietet.

Haben Sie einen Verleger für Ihr Buch? Wenn es innerlich u. äußerlich möglich ist, will ich Ihnen ev. gern behilflich sein.

Mit besten Grüßen, auch von meiner Frau Ihr

Simmel

Brief vom 24. April 1914] Gedr. Briefkopf: li.: PROF. SIMMEL; re.: STRASSBURG (ELS.); mit Umschlag an: Herrn / *Dr. S. Friedlaender / Ber-*

lin-Halensee / Johann Georgstr. 20; mit Poststempel: Straßburg (Els.) 1 24.4.14 12-1 N.

Ihr Brief] Verschollen.

ökonomische Frage ... bisherigen Mäcene] Zwar sind die angesprochenen Personen nicht bekannt, doch überliefert Friedlaender in seiner 1936 verfaßten Autobiographie über seine seit etwa 1907 bestehende Bekanntschaft mit Simmel: »Simmel [begann] sich auch privatim für mich zu interessieren und kam zu dem Resultat, ich müsse, um unabhängig arbeiten zu können, eine kleine Rente haben. Auf seine Veranlassung wahrscheinlich wurde ich philosophischer Vorleser in zwei wohlhabenden Familien der Villenkolonie Grunewald: bei einer sehr kultivierten Dame und bei einer Schwester des damaligen Kolonialministers Dernburg. In der Folge setzte man mir in der Tat eine solche Rente aus, deren spärliche Überreste mich noch jetzt erreichen« (Salomo Friedlaender/Mynona: Ich. Autobiographische Skizze 1871-1936. Aus dem Nachlaß herausgegeben von Hartmut Geerken. Bielefeld: Aisthesis 2003, S. 70). – Bernhard Dernburg (1865-1937), seit 1907 erster Staatssekretär des neugegründeten Reichskolonialamtes, hatte eine Schwester namens Emma, verehelicht mit dem Juristen Johannes Biermann (1863-1915), zuletzt Ordinarius für Römisches und bürgerliches Recht in Halle/S. (NDB; DBE).

Ihr Buch ... behilflich sein] Salomo Friedlaenders Schrift über die »Schöpferische Indifferenz«; siehe Simmel an Friedlaender vom 21. Dez. 1912, 2. Mai 1913 und 26. Okt. 1914.

Georg Simmel an Margarete von Bendemann

Postkarte vom 26. April 1914
Hs.; LBI New York, Susman Collection

Str. 26 IV 14

Liebe Susa,

Nun werden wir also bald deine »Wirklichkeit« haben (Briefe sind doch nur die ›Möglichkeit‹ eines Menschen; wobei man wieder sieht, wie zu Unrecht Kant behauptet, 100 wirkliche Taler enthielten keinen Groschen mehr als 100 mögliche), u. ich schreibe deshalb nichts weiter, als daß die Stelle über Hamlet in den *Lehrjahren*; 4. Buch, 13. Kap., letzter Absatz steht – u. daß dein Schützling allerdings von einer Nervosität ist, die ihr offenbar ein Teil Zurechnungsfähigkeit nimmt. Es wird schwer fallen, sie so ruhig zu bekommen, daß sie die Objekte wieder objektiv ansehn kann. Vorläufig scheint sie mir, wie es Menschen mit so verqueren Schicksalen oft geht, die einfachsten Dinge schief und quer anzusehn, z.B. mein Verhalten zu ihr, das ganz einfach u. freundlich war.

Dein Kommen ist uns an *jedem* Tage lieb u. wir sind (soweit Menschen vorhersehen können) an jedem für dich frei. Für den Fall, daß du mich hier noch *ex cathedra* hören willst, bemerke ich, daß ich Dienstag, Mittw., Donnerst., Freitag lese.

U. jetzt nur noch tausend Grüße!

G.

Postkarte vom 26. April 1914] An: Frau / *Marg. v. Bendemann / Rüschlikon* bei *Zürich*; mit Poststempel: STRASSBURG (ELS.) 1 26. [Rest unles.].

deine »Wirklichkeit«] Der Besuch war für »Anfang Mai« erwartet; siehe Simmel an Margarete von Bendemann vom 12. April 1914.

Kant behauptet] Siehe Simmel an Heinrich Rickert vom 20. Dez. 1913.

Stelle über Hamlet in den *Lehrjahren*; 4. Buch, 13. Kap.] Der bezeichnete Absatz in Goethes ›Lehrjahren‹ lautet: »Ein schönes, reines, edles, höchst moralisches Wesen, ohne die sinnliche Stärke, die den Helden macht, geht unter einer Last zu Grunde, die es weder tragen noch abwerfen kann; jede Pflicht ist ihm heilig, diese zu schwer. Das Unmögliche wird von ihm gefordert, nicht das Unmögliche an sich, sondern das, was ihm unmöglich ist. Wie er sich windet, dreht, ängstigt, vor- und zurücktritt, immer erinnert wird: sich immer erinnert und zuletzt fast seinen Zweck aus dem Sinne verliert, ohne doch jemals wieder froh zu werden« (WA I/22, S. 76).

dein Schützling] Nicht bekannt; vgl. Simmel an Margarete von Bendemann vom 12. April 1914.

***ex cathedra*]** Lat.: vom (Päpstlichen) Stuhl aus, i.S.v. unfehlbar; hier bezogen auf das Katheder des Professors.

Dienstag, Mittw., Donnerst., Freitag lese] Zu Simmels Vorlesungsprogramm siehe ebd.

Georg Simmel an Richard Oehler

Brief vom 4. Mai 1914
Hs.; Goethe-Schiller-Archiv, Weimar, Nietzsche-Archiv

4 V 14

Sehr geehrter Herr Doktor!

Ihr Ersuchen, den *Nietzsche*-Fonds betreffend, bringt mich in eine schwierige Situation. Über meine Verehrung Nietzsches brauche ich kein Wort zu verlieren: ich habe sie nicht nur bewiesen, als es leicht war, sich zu ihm zu bekennen, sondern schon in der Zeit seiner schlimmsten Verkennung u. Mißachtung. Für jede Aktion, die den Werten seiner geistigen Persönlichkeit weiterwirkende Akzente gäbe, bin ich ohne weitres zu haben. Für die Zwecke des geplanten Nietzschefonds aber habe ich, offen gestanden, keinerlei Interesse. Ob noch ein mittelmäßiges Denkmal mehr in Weimar steht, ist sehr gleichgültig, abgesehn davon, daß mir Philosophendenkmäler von Stein oder Erz überhaupt als sehr problematische Werke erscheinen. Die wissenschaftlichen Aufgaben des Nietzschearchivs sind m. E. im Wesentlichen gelöst u. ich weiß nicht, warum es für alle Zeiten gesichert werden soll – abgesehn von der Aufbewahrung der Handschriften, die ja so wie so nicht fraglich ist. Die Öffentlichkeit aufzurufen, um Frau *Förster-Nietzsche* in ihren Ausgaben für das Archiv zu unterstützen oder sie dafür zu entschädigen, halte ich nicht für richtig. Denn so wertvoll das ist, was sie dafür getan hat, so ist es doch nur das moralisch garnicht diskutable Abtragen einer Dankespflicht für die außerordentlichen materiellen u. personalen Vorteile, die ihr aus der Hinterlassenschaft ihres Bruders gekommen sind. Wir sind heute so oft genötigt, wegen der bittersten Notstände geistiger Menschen an Wohltätigkeit zu appelliren, daß es mir wirklich nicht angemessen scheint, für das geplante Unternehmen die Öffentlichkeit aufzurufen. Mit der Verehrung Nietzsches u. den Bemühungen für seine kulturelle Weiterwirksamkeit hat dies ersichtlich nicht das Geringste zu tun.

In ausgezeichneter Hochachtung Ihr ergebner

Prof. Simmel

Brief vom 4. Mai 1914] Gedr. Briefkopf: li.: PROF. SIMMEL; re.: STRASSBURG (ELS.).

Ihr Ersuchen, den *Nietzsche*-Fonds betreffend] Zum Sachverhalt von Oehlers verschollenem Schreiben: Elisabeth Förster-Nietzsche hatte im April 1914 auf Drängen ihres Vetters Richard Oehler, der sich eine feste Anstellung im Nietzsche-Archiv erhoffte, zugestimmt, anläßlich des 70. Geburtstags des Philosophen einen Aufruf zur Bildung eines Nietzsche-Fonds »An die Freunde und Verehrer Friedrich Nietzsches!« zu versenden (vgl. Roswitha Wollkopf: Das Nietzsche-Archiv im Spiegel der Beziehungen Elisabeth-Förster-Nietzsches zu Harry Graf Kessler. Jahrbuch der Deutschen Schillergesellschaft 34, 1990, S. 125-170, hier: 135). Der als »Nicht für die Öffentlichkeit« gekennzeichnete Aufruf führt aus: »Es soll ein ›*Nietzsche-Fonds*‹ im Zusammenhang mit der Nietzsche-Stiftung in Weimar begründet werden. / Mit diesem ›Nietzsche-Fonds‹ werden zwei Absichten verfolgt: 1) zunächst soll damit die dauernde *materielle Sicherstellung der Stiftung Nietzsche-Archiv* bis zu dem Zeitpunkt, da ihr eine testamentarisch vermachte Summe zufällt, erreicht werden; ferner soll der Fonds der Vollendung der wissenschaftlichen und kulturellen Aufgaben des Archivs dienen. [...] 2) des weiteren ist die Errichtung eines *Nietzsche-Denkmals* in der Nähe des Nietzsche-Archivs in Aussicht genommen [...] Zum 15. Oktober 1914 soll Frau Förster-Nietzsche sowie dem Verwaltungsrat der Stiftung Nietzsche-Archiv eine Urkunde über den ›Nietzsche-Fonds‹ überreicht werden. / Über die Art der Verwendung des ›Nietzsche-Fonds‹ resp. der Zinsen aus ihm für die oben genannten Zwecke wird der Verwaltungsrat der Stiftung Nietzsche-Archiv im Einverständnis mit Frau Förster-Nietzsche entscheiden und den Spendern Mitteilung machen.« Diesbezügliche Anfragen und Mitteilungen seien an Herrn Dr. Richard Oehler zu richten. Der Aufruf war von dreißig namhaften Vertretern aus Wissenschaft, Kunst und Verwaltung unterzeichnet (Druck, 3 S., Goethe-Schiller-Archiv, Weimar, 72/1608). Der Ausbruch des Krieges bereitete der Initiative ein Ende.

Über meine Verehrung Nietzsches ... Mißachtung] Simmel zu Friedrich Nietzsches Werk und dessen Rezeption: Elisabeth Försters Nietzsche-Biographie. BT vom 26. Aug. 1895, Beilage ›Der Zeitgeist‹, Nr. 34 (GSG 1, S. 338-346); Friedrich Nietzsche. Eine moralphilosophische Silhouette. Zeitschrift für Philosophie und philosophische Kritik (vormals Fichte-Ulricische Zeitschrift), im Verein mit Dr. H. Siebeck u. Dr. J. Volkelt hg. und redigiert von Dr. Richard Falckenberg, NF. 107, 1896, 2. Heft, S. 202-215 (GSG 5, S. 115-129); [Rezension von:] Ferdinand Tönnies: Der Nietzsche-Kultus. Eine Kritik. Leipzig: O. R. Reisland, 1897. XII u. 115 S. M. 2. DLZ 18, 1897, Sp. 1645-1651 [= Nr. 42 vom

23. Okt. 1897]; in: GSG 1, S. 400-408); Zum Verständnis Nietzsches. Das Freie Wort. Frankfurter Halbmonatsschrift für Fortschritt auf allen Gebieten des geistigen Lebens. Begründet von Carl Saenger, hg. von Max Henning, 2, 1902, S. 6-11 (= Nr. 1 vom 5. April 1902; GSG 7, S. 57-63); Nietzsche und Kant. FZ, Nr. 5 vom 6. Jan. 1906, 1. Mo. Bl., Feuilleton-Teil, S. 1-2 (GSG 8, S. 15-23); Schopenhauer und Nietzsche. VZ, Nr. 102 vom 2. März 1906, Mo. Bl. (GSG 8, S. 58-68); Schopenhauer und Nietzsche. Ein Vortragszyklus. München und Leipzig: Duncker & Humblot 1907, XII, 263 S. (GSG 10, S. 167-408); Nietzsches Moral. Der Tag. Moderne illustrierte Zeitung, Nr. 225 vom 4. Mai 1911, Mo. Bl., Illustrierter Teil, Nr. 104, S. 1-3 (GSG 12, S. 170-176).

Georg Simmel an Rudolf Unger

Brief vom 11. Mai 1914
Hs.; UB Göttingen: R. Unger 123

11. V. 14

Sehr geehrter Herr Doktor!

Ich danke Ihnen für die freundliche Zusendung Ihrer Kritik. Die anerkennende, ja überschätzende Aufnahme meines Buches seitens vieler Ihrer Fachgenossen kann mich nicht darüber täuschen, daß das, was ich mit dem Buch eigentlich will, den Herrn meistenteils entgangen ist. Hier bildet nun Ihre Besprechung eine sehr wohltuende Ausnahme.

Betroffen bin ich freilich von Ihrer Äußerung: *Goethe* erschiene bei mir als Verpersönlichung des Schellingianismus oder Hegelianismus. Vorher sagen Sie zwar selbst: »*Goethe*, der wie kein andrer den objektiven Idealismus – in der Totalität seiner menschlichen Gesammtexistenz gelebt hat« – aber jene Äußerung am Schluß ist ein Mißverständniß meiner Absichten, an dem ich die Schuld irgendwelchen Unzulänglichkeiten meines Ausdrucks zuschreiben muß. Ich meinte, daß schon das Kapitel *Wahrheit* die tiefe Diskrepanz zwischen *Goethe* u. jenem Idealismus mit aller Schärfe herausstellte. Hegel hat das Leben aus den Begriffen entwickelt, Goethe die Begriffe aus dem Leben. Diese Formulirung ist gewiß sehr grob; aber ich will mit ihr auch nur andeuten, wie unzulässig mir die Interpretation Goethes scheint, die mir jener Satz ihrer Kritik zuschiebt. Übrigens gebe ich gern zu, daß das Verhältnis von Goethes Rationalismus zu seinem Irrationalismus eine höchst wichtige prinzipielle Ausmachung forderte, die eigentlich in mein Buch gehört hätte. Ich würde mich sehr freuen, wenn wir sie von Ihnen zu erwarten hätten.

Vielleicht führen Ihre Wege Sie bald einmal nach Straßburg. Ich hoffe sehr darauf, in diesem Fall Ihre persönliche Bekanntschaft machen zu können.

Mit verbindlicher Empfehlung Ihr ergebner

Simmel

Brief vom 11. Mai 1914] Gedr. Briefkopf: li.: PROF. SIMMEL; re.: STRASSBURG (ELS.).

Zusendung ihrer Kritik] Rudolf Unger: Simmels ›Goethe‹. DLZ 35, 1914, Nr. 19 [= vom 9. Mai 1914], Sp. 1757-1766. – Zum Erscheinen des ›Goethe‹ siehe Simmel an Marianne Weber vom 9. Dez. und an Maximilian Harden vom 12. Dez. 1912.

Ihrer Fachgenossen] Aus den Reihen der neueren Literaturgeschichte bzw. Germanistik hatten sich als Rezensenten von Simmels ›Goethe‹ auch geäußert: der Literaturhistoriker Richard M. Meyer (1860-1914, seit 1901 ao. Prof. in Berlin; NDB) mit dem Beitrag ›Metaphysik und Individualität‹ (Neue Freie Presse, Wien, 26. Jan. 1913; abgedruckt in Frisby, S. 298-302); der für seine Goethestudien bekannte Georg Witkowski (1863-1939 oder 1941; seit 1896 ao. Prof. in Leipzig; Kürschner LK, Nekrolog 1936-1970; IBDCEE 1933-1945) in einer Sammelbesprechung ›Goethes Schriften II‹ (Das Literarische Echo 15, 1913, Heft 23 vom 1. Sept. 1913, Sp. 1618-1629, hier: 1625-1627); ebenso der Germanist und Kunstwissenschaftler Richard Meßlény [Messer] (1881-?; Wer ist's? 1935), seinerzeit PD in Genf, mit ›Neuere Goethe-Literatur‹ (Die Grenzboten 72, 1913, Heft III, S. 603-612, bes. 603-605); der als Goethe-Forscher geachtete Max Morris (1859-1936, Dr. med., Dr. phil. h.c.; Kürschner LK, Nekrolog 1901-1935) mit der Rezension in: Euphorion. Zeitschrift für Literaturgeschichte, herausgegeben von Josef Nadler und August Sauer, 21, 1914, S. 227-229; und schließlich auch die als Literaturkritiker tätigen Schriftsteller Julius Bab mit: Simmels ›Goethe‹ (Die Gegenwart. Zeitschrift für Literatur, Wirtschaftsleben und Kunst, 83, 1913, S. 309-311) und Max Hochdorf (1880-1948; Reichshandbuch; Kürschner LK, Nekrolog 1936-1970) in den Sozialistischen Monatsheften 19, Heft 10 vom 27. Mai 1913, S. 946.

»*Goethe*, der ... gelebt hat«] Unger: A.a.O., Sp. 1161: »Goethe, der wie kein anderer den objektiven Idealismus nicht nur gedacht oder gestaltet, sondern in der Totalität seiner menschlichen Gesamtexistenz gelebt hat.«

jene Äußerung am Schluß] Diese lautet: »Nach *einer* Seite freilich bleibt m. E. eine Vertiefung der Untersuchung zu wünschen: Goethe erscheint hier, ähnlich wie einst bei Hehn, zu einseitig als Verpersönlichung des objektiven Idealismus schlechthin; hier wie dort entsteht fast der Eindruck, als habe Goethe einfach das gelebt, was gleichzeitig Schelling und namentlich Hegel gelehrt haben. Allerdings kommt Simmel gelegentlich (S. 121 ff.) auf die dualistische und irrationalistische Umsäumung der Weltauffassung und des Lebensgefühles Goethes und zugleich auf die charakteristische Tatsache, daß der Meister diese Momente geflissentlich in die äußerste Peripherie seines Denkens und seines Lebens zurückgedrängt hat, zu sprechen, ohne aber auf diesen Problemkomplex näher einzugehen« (ebd. Sp. 1166). – Viktor Hehn (1813-1890), Kulturhistoriker, Sprach- und Literaturforscher (Killy). –

das Kapitel *Wahrheit*] Angesprochen ist das zweite Kapitel des ›Goethe‹ (1913, S. 20-49, bzw. GSG 15, S. 32-61).

sie von Ihnen zu erwarten] Simmel nimmt Bezug auf den bei Unger der oben zitierten Passage angefügten Schlußsatz: »Die bezüglichen Gedankengänge des Philosophen insbesondere auch in geistesgeschichtlicher Hinsicht, an anderer Stelle weiterzuführen und prinzipiell zu unterbauen, ist Wunsch des Referenten« (ebd., Sp. 1166). – Zu dieser Publikation ist es nicht gekommen; indes findet sich eine erneute Würdigung des Simmelschen ›Goethe‹ in Ungers Aufsatz von 1921: Wandlungen des literarischen Goethebildes seit hundert Jahren. Abdruck in: Ders.: Gesammelte Studien. Zweiter Band: Aufsätze zur Literatur- und Geistesgeschichte. Berlin: Junker & Dünnhaupt 1929, S. 220-232, hier: 226-231 [= Neue Forschung 2].

Ihre persönliche Bekanntschaft machen zu können] Über einen Besuch Ungers in Straßburg ist nichts bekannt.

Georg Simmel an Pierre Bucher

Brief vom 19. Mai 1914
Hs.; SBPK Berlin, VA de Gruyter

19. V. 14

Sehr verehrter Herr Doktor!

Mein Dienstmädchen hat die *Sattlerschen* Werke heute bei dem Portier Ihres Hauses abgegeben, da, wie sie berichtete, ihr die Wohnungstür auf ihr Klingeln nicht geöffnet wurde. Ich möchte dies in jedem Fall melden, obgleich ich hoffe, daß die Mappen inzwischen richtig in Ihre Hände gelangt sind.

Zugleich spreche ich nochmals meinen herzlichen Dank für Ihre gütige Vermittlung dieser Dinge aus, die mir innerlich ein dauernder Besitz bleiben werden.

Wir erinnern uns mit Freude des gestrigen Abends u. ich hoffe auf ein Wiedersehn, bezüglich dessen ich im Lauf der nächsten Wochen mir erlauben werde, bei Ihnen anzufragen.

In vollkommener Ergebenheit Ihr

Simmel

Sattlerschen Werke] Um welche graphischen Blätter von Josef Sattler es sich handelt, ist nicht mehr zu ermitteln. Der in München ausgebildete Zeichner, Radierer und Illustrator Josef Sattler (1867-1931) hatte von 1891 bis 1895 an der Kunstgewerbeschule Straßburg und anschließend in Berlin gelehrt, bevor er 1904 nach Straßburg zurückkehrte, wo er bis zum Kriegsende lebte (Thieme/Becker). Sattler war seit 1891 mit Bucher befreundet (vgl. Loth, S. 34, 37-39); die von ihm mit dem Maler Charles Spindler (1868-1938; Thieme/Becker) herausgegebenen ›Elsässischen Bilderbogen‹ (1893-1896) wurden, um einen literarischen Teil erweitert, zu der von Bucher geleiteten ›Illustrierten elsässischen Rundschau‹ (s. u.).

Portier Ihres Hauses] Bucher wohnte in Straßburg, Brandgasse 2 (2-2½), ca. 10 min. von Simmels Wohnung entfernt.

Vermittlung dieser Dinge] Nicht ermittelbar; anzunehmen ist, daß Bucher Simmel auf den Stil Sattlers hingewiesen hatte.

gestrigen Abend] Montag, der 18. Mai 1914. – Simmels Formulierung deutet auf eine von Bucher ausgegangene Einladung. Simmels Bekanntschaft mit dem Verfechter der französischen Kulturkomponente des Elsaß, der unter den jüngeren Intellektuellen und Künstlern Straßburgs als »hochgebildet, literarisch und künstlerisch sehr versiert« galt

(Dirk Forster: Erinnerungen an Ernst Stadler. Literaturwissenschaftliches Jahrbuch, N.F. 8, 1967, S. 316), hatte der Historiker Fritz Kiener vermittelt. Kiener war Elsässer und gehörte seit 1900 zum Freundeskreis der von Bucher herausgegebenen Wochenschrift ›Revue alsacienne illustrée / Illustrierte elsässische Rundschau‹, der für die kulturelle Eigenständigkeit des Elsaß als Kern- und Brückenregion eines ›neuen Europas‹ eintrat (vgl. Loth, S. 73, 81, 146, 165 f.); in der Absicht, Simmel mit diesen Kreisen vertraut zu machen, hatte er bereits mit Brief vom 28. März 1914 Bucher zu einer Begegnung eingeladen: »Mon cher ami, Seriez vous libre dimanche prochain le 5 avril et pourriez-vous venir prendre une tasse de thé avec les Simmel, qui préfèrent une tasse de thé à un dîner? Ce serait à 4 ou 5 heures. / Simmel comme type le juif berlinois (nicht der großschnauzige), mais on sent en lui une très grande bonté qui rachète triplement ce petit détail. Comme esprit homme spirituel, esthéticien, collectionneur, moderne, au courant de tout, *ami*, véritablement ami, de Rodin, Stephan George et de tout ce qui se dit en tête du mouvement moderne. Nullement mondain. Elle gentille, un peu précieuse comme lui, écrit.« Bucher möge verstehen, daß er sich den Kopf zerbreche, wen er Simmels vorstellen könne »du côté alsacien pour leur montrer notre vitalité. J'avoue que je constate une fois de plus, à cette occasion la médiocrité de notre niveau. J'ai donc pensé inviter vous et le Dr. Thomas et comme lien entre vous deux Eccard. [...] Lenel est absent, je pourrais peut-être inviter Baensch qui s'occupe passablement de philosophie française, connaît Bergson. Il est gentil, mais j'ignore s'il est à Strasbourg en ce moment. [...] Voyez-vous encore F. Dollinger dans ce milieu, c.à.d. sera-t'il là à sa place? Vous savez que c'est difficile à réaliser une symphonie quand les voix ne sont pas très fortes. Je ne voudrais pas qu'il y ait gêne à ce petit thé sans prétention aucune. Vous avez l'habitude de réunir des gens, donnez moi un petit conseil quant au choix. Ce serait des deux cotés *confidentiel.* / M. Goetz a eu un grand plaisir à faire votre connaissance. Mais je crois que Simmel est plutôt votre genre et que vous aurez très grand intérêt à le cultiver. Enfin vous verrez. C'est le penseur détaché de tout. Quels seront ses succès ici, je me le demande. [...] Je compte écrire un petit article sur Simmel dans le Journal d'Alsace. Faudrait, je pense, le publier dans le no. de dimanche« (SBPK Berlin, VA de Gruyter, Dep. 42, K. 225). Kieners Brief und die darin genannten Personen machen deutlich, daß die Initiative einerseits Kieners Interesse, Bucher mit reichsdeutschen Gelehrten zusammenzuführen, entsprach wie auch dem Simmels, möglichst umgehend mit den engagierten elsässischen Intellektuellen in Verbindung zu treten: Zu den potentiellen Gästen gehörten – neben dem nicht identifizierten »Dr. Thomas«: der Jurist und spätere Politiker Frédéric-François [Friedrich] Eccard (1867-1952), 1889 zunächst in Straßburg, 1893 auch in Paris promoviert, seit 1897 in Straßburg niedergelassener Anwalt und für die französischen Interessen in Elsaß-Lothringen engagierter Mitarbeiter u. a. der ›Revue d'Alsace-Lorraine‹ (DBF); Walter Lenel (1868-1937), Sohn des Mannheimer Industriellen Viktor Lenel (1838-1917), in Straßburg 1893 promovierter Jurist und dort bis 1918 als Privatgelehrter lebender Historiker (Drüll); ihn hatte Kiener Bucher bereits als höchst intelligent und mit den Interessengebieten »art, problèmes de frontières – par exemple Venise, Istrie – problèmes alsaciens, influence du système social et capitaliste sur le mouvement politique etc.« vorgestellt (Kiener an Bucher, o. D. [Anfang März 1914], SBPK Berlin, a.a.O.); der Philosoph Otto Baensch, Kollege Kieners (siehe Simmel an Heinrich Rickert vom 5. Dez. 1913); und schließlich Ferdinand Dollinger (1862-1936), Arzt, als Weggefährte Buchers seit 1898 Chefredakteur der ›Illustrierten elsässischen Rundschau‹, 1902-07 Mitbegründer des ›Musée alsacien‹ (Loth, S. 316). – Offenbar nicht als Gast vorgesehen war Simmels Kollege Walter Goetz (1867-1958), der zum WS 1913/14 den Lehrstuhl für Mittlere und neuere Geschichte in Straßburg (Nachfolge Bresslau) übernommen hatte (NDB), obgleich Goetz und der Graezist Eduard Schwartz in der philosophischen Fakultät der KWU die einzigen Ordinarien waren, die der Trennung zwischen dem reichsdeutschen Universitätsmilieu und dem alteingesessenen elsässischen Bildungsbürgertum entgegenzuwirken trachteten (vgl. Craig, S. 191; Walter Goetz: Aus dem Leben eines Historikers. In: Ders.: Historiker in meiner Zeit. Köln/ Graz: Böhlau 1957, S. 44f.). Und auch Georg Friedrich Knapp war nicht berücksichtigt worden, mit dem Bucher gelegentliche Sonntagsgespräche führte, die auf die von dessen Tochter Elly (1881-1952; NDB) gesuchte Nähe zu dem von Bucher ins Leben gerufenen »geistigen Zentrum im kulturellen Sinne« zurückgingen (Heuss-Knapp, S. 53; vgl. auch S. 43, 58, 61, 94). Hingegen hatten einige jüngere Dozenten seit langem Buchers kulturpolitisches Engagement mitgetragen, auch wenn sie Buchers Vision eines autonomen Elsaß-Lothringen unter dem Dach der »Grande Patrie« nicht teilten (vgl. Loth, S. 153): so der Finanzwissenschaftler Werner Wittich (1867-1937, seit 1901 a.o. Prof.; DBA), ein enger Freund Buchers (vgl. Loth, S. 66), so der Hon.-Prof. für Kunstgeschichte und Direktor der Gemäldegalerie und des Kunstgewerbemuseums in Straßburg Ernst Polaczek (1870-1938?), ein Schüler Georg Dehios und Heinrich Wölfflins (NDBA; Kürschner GK 1925-1935; Mttl. Stadtarchiv Freiburg i. Br.), so der Schriftsteller und PD für Deutsche Literatur Ernst Stadler, regelmäßiger Beiträger zu Buchers 1912 gegründeten ›Cahiers alsaciens / Elsässer Hefte‹; Stadler war neben dem jungen Schriftsteller René Schickele (1883-1940; DBE) geistiger Führer der reichsdeutsch ausgerichteten Dichter- und Literatengruppe, die sich das ›Jüngste Elsaß‹ nannte (Stadler Freundeskreise, S. 33) und Buchers kulturelles Engagement teilte, sofern und solange es sich mit ihrer Zielvorstellung einer »Mittlerrolle des Landes in einem künftigen geeinten Europa« (Forster, a. a. O., S. 313) verbinden ließ. – Der in Kieners Brief noch geplante Artikel über Simmel erschien unter dem Titel ›Georg Simmel. Un mot de bienvenue‹ im Journal d'Alsace 127, Nr. 120 von Sonntag, den 3. Mai 1914. – Mit Argwohn wurde von vielen das Treffen von Bucher und Simmel wahrgenommen und vielfach als Politikum gewertet, so von den jungen Elsässern wie Stadler (siehe Simmel an Bucher vom 18. Juni 1914), so von der reichsdeutschen Seite; das klingt nach in einer pro-deutschen Schrift von einem G. Hilger aus dem Jahre 1926: »Pierre Bucher benutzte auch den kleinsten Vorteil und mißbrauchte sehr oft die ehrliche Ueberzeugung aufrichtiger Leute. Da kam z. B. ein neuer Professor von Ruf nach Straßburg. In dem intimen Bucher'schen Kreise wurde dieser Mann genau unter die Lupe genommen, und es wurde überdacht, mit wieviel Prozent er für Ideen der ›Revue alsacienne‹ empfänglich sei. Irgend jemand, der mit dem Professor näher bekannt war, wurde ausersehen, ihn Dr. Bucher zuzuführen. Es ergab sich eine zufällige Begegnung auf der Straße, eine erste Vorstellung, die aber bis in alle Einzelheiten verabredet war. Dann folgte ein Zusammentreffen bei einem Ausfluge in einem größeren Kreise, eine Einladung zu einem Essen an dritter Stelle, wo die Rollen, wie schon einmal erwähnt, aufs sorgfältigste verteilt waren, und dann war dieser Mann geistig soweit massiert, daß er von der Harmlosigkeit der Bestrebungen überzeugt war, daß er zum mindesten als kein scharfer Gegner gelten konnte. Schließlich wurde solch ein Mann durch vorsichtigste Behandlung dazu gebracht, in einer deutschen Zeitung oder in den ›Elsässer-Heften‹ einen Artikel zu schreiben, in dem die Beeinflussung zum mehr oder weniger starken Ausdruck kam. Verkündeten nicht die ›Elsässer-Hefte‹ die höchste Achtung vor dem deutschen Erbe der Väter« (G. Hilger: Pierre Bucher: Der »Apostel« französischer Propaganda im deutschen Elsaß 1897-1918. Eine Lebensskizze nach französischen Quellen. Freiburg i. Br.: Die Rheinbrücke 1926, S. 42). Veröffentlichungen Simmels in den ›Elsässer-Heften‹ sind nicht zu finden.

Georg Simmel an Pierre Bucher

Brief vom 30. Mai 1914
Hs.; SBPK Berlin, VA de Gruyter

30. V. 14

Verehrter Herr Doktor!

Ich danke Ihnen herzlich für Ihre freundlichen Zeilen. Nichts würde mir lieber sein, als ein Stück des Elsaß unter Ihrer Führung ansehn zu können; nur möchte ich bitten, diesen Plan noch etwas hinausschieben zu dürfen, weil wir in der Pfingstwoche unsern Sohn zu Besuch haben u. unser Zusammensein für diese wenigen Tage nicht unterbrechen möchten. Nur an einem der von Ihnen angegebnen Nachmittage werde ich mir erlauben, bei Ihnen vorzusprechen.

Meine Frau hat Ihre gütige Gabe mit großem Dank entgegengenommen u. sendet Ihnen ihre verbindlichsten Empfehlungen. Das Buch scheint mir, neben seinem sonstigen Inhalt, ein interessantes *document humain* zu sein.

Also hoffentlich auf baldiges Wiedersehn!

Ihr sehr ergebner

Simmel

Brief vom 30. Mai 1914] Gedr. Briefkopf: li: PROF. SIMMEL; re.: STRASSBURG (ELS.).

freundlichen Zeilen] Sämtliche Schreiben Buchers an Simmel sind verschollen.

Pfingstwoche] Die Woche nach Pfingstsonntag, den 31. Mai 1914.

Sohn zu Besuch] Gertrud Simmel hatte den erwarteten Besuch ihres Sohnes in einem Brief an Rudolf Pannwitz vom 20. Mai 1914 erläutert: »Hans soll nun kommen zu Pfingsten und zum ersten Mal die neue Heimath sehen. Heimath – wo haben wir sie! Großstadtleute, wie wir es immer waren, d.h. auf einem Boden wachsend, in den Wurzeln nicht eindringen. Deutschland ist die Heimath – das fühlt man. Aber hier ist nicht ganz Deutschland – es ist die Grenzprovinz Preußen u. Antipreußen. So wird man sich wohl dahin entschließen müssen, seine Heimath nur in sich selbst zu haben u. so viel es angehen will etwas davon auszustrahlen« (DLA Marbach, Nl Pannwitz). – Hans Simmel kam lt. Melderegistereintrag am Samstag, den 30. Mai 1914, aus München anreisend, in Straßburg an (AVCUS Strasbourg), um während einer Woche, wie er in seinen Lebenserinnerungen schreibt, »mir meine neue Heimat anzuschauen. Ich hatte dort gerade so mein Zimmer wie ich es in Berlin gehabt hatte. Ich lernte einige von Vaters neuen Kollegen kennen. Der Kunsthistoriker Georg Dehio und der Aegyptologe Wilhelm Spiegelberg gefielen mir besonders gut« (Hans Simmel, S. 72). – Georg Dehio (1850-1932) war nach der Habilitation in München, 1877, zunächst 1883 ao. Prof. und 1884 o. Prof. in Königsberg, bevor er 1892 als Ordinarius nach Straßburg wechselte; 1918 Übersiedelung nach Tübingen (NDB).

Ihre gütige Gabe ... Das Buch] Der Titel des Buches ist nicht ermittelbar.

***document humain*]** Frz.: menschliche Urkunde, Zeugnis, hier zugleich Anspielung auf das Schlagwort der französischen Naturalisten für deren programmatische Forderung, dem literarischen Werk eine Sammlung (natur-)wissenschaftlich genauer Beobachtungen des Menschen, seiner Lebensumstände und seines Milieus zugrunde zu legen. Der Begriff geht auf den Schriftsteller Edmond de Goncourt (1822-1896) zurück, der in der Préface zu seinem Roman ›Les Frères Zemganno‹ (Paris: G. Charpentier 1879) diese Vorgehensweise propagierte – »Car seuls [...] les documents humains font des bon livres« (S. x) – und der angesichts seiner raschen Verbreitung in der Préface zu ›La Faustin‹ (Paris: G. Charpentier 1882) die »Vaterschaft« für diesen Audruck reklamierte »comme la formule définissant le mieux et le plus significativement le mode nouveau de travail de l'école qui a succédé au romantisme: l'école du *document humain*« (S. II). Goncourts Anhänger und Konkurrent Émile Zola (1840-1902) hatte den »documents humains« in seinen unter dem Titel ›Le Roman expérimental‹ (1880) versammelten literaturtheoretischen Studien ein Unterkapitel gewidmet (Les œuvres complètes. 51. Band. Paris: François Bernouard 1928, S. 209-215).

Henri Bergson an Georg Simmel

Brief vom 14. Juni 1914
Hs.; Luis Arizcorreta Buchholz, Mexico

Villa Montmorency
18 avenue des Tilleuls
Auteuil
Paris
14 juin 1914

Monsieur et très honoré Collègue,

Je tiens à vous remercier tout de suite pour la belle étude que vous m'avez fait l'honneur de me consacrer dans »Die Güldenkammer«. C'est une interprétation très fidèle, et pourtant très personnelle, des vues essentielles de mes travaux. Elle témoigne d'une grande sympathie entre votre manière de penser et la mienne, – sympathie que j'ai déjà plus d'une fois constatée. J'ai particulièrement remarqué le rapprochement avec Nietzsche, et aussi les observations que vous présentez à la page 520. À mon sens, l'Intelligence n'embrasse pas la Vie; mais comme elle est accordée sur la matière inerte (qui conserve ses propriétés quand elle entre dans un organisme vivant) elle nous fait connaître par là, tout de même, quelque chose de la Vie. C'est à peu près ce que nous connaîtrions d'un mouvement si nous ne percevions que des *positions* du mobile: ces positions successives nous renseignent sur le mouvement, et pourtant elles sont en réalité l'inverse du mouvement, puisqu'elles consistent en autant d'immobilités.

Je suis sûr que vous avez, à Strasbourg, plus de loisir qu'à Berlin. Tant mieux pour la philosophie! Plus j'avance en âge, plus je vois que l'action qu'on exerce par la parole parlée se réduit à peu de chose, quoiqu'elle fasse illusion sur le moment même et puisse paraître considérable. C'est la parole écrite qui compte; l'influence qu'on exerce par le livre est la seule qui ait de l'étendue et de la profondeur. En ce qui me concerne, je me suis arrangé pour vivre à Paris dans l'isolement, comme si j'étais en province; et je passe d'ailleurs mes »vacances« – qui sont ma période de travail véritable – à la campagne. Vous voulez bien me demander où j'en suis de mes travaux? Je ne suis pas libre de choisir mes problèmes; ils s'imposent à moi. Celui devant lequel je me suis trouvé, tout de suite après avoir étudié l'évolution de la vie, est celui de l'évolution de l'homme, – plus particulièrement de l'évolution sociale. Je suis loin de l'avoir débrouillé; j'en suis encore à la période des tâtonnements; et peut-être n'en sortirai-je jamais. Mais, si j'écris quelque chose là-dessus, j'aurais plus d'une fois occasion de vous citer.

Je n'ai pas encore reçu le travail auquel vous faites allusion; mais ce que vous m'en dites m'intéresse beaucoup et me paraît tout à fait original.

Je vous remercie encore une fois, et je vous prie, cher et très honoré Collègue, de croire à mes sentiments très distingués et dévoués.

Henri Bergson

la belle étude … dans »Die Güldenkammer«] Simmel: Henri Bergson. Die Güldenkammer. Eine bremische Monatsschrift, herausgegeben von Sophie Dorothea Gallwitz, Gustav Friedrich Hartlaub und Hermann Smidt 4, 1914, Heft 9, S. 511-525 (= vom Juni 1914); GSG 13, S. 53-69.

le rapprochement avec Nietzsche] Gemeint ist die Stelle auf S. 516 (GSG 13, S. 58 f.): »Ich sehe hier eine tiefgelegene motivische Verwandtschaft mit Nietzsche, die man auf die Formel bringen mag: daß das Leben und seine Höhe nicht auf das zu begründen ist, was unterhalb seiner liegt. Nur daß dies bei dem Naturphilosophen Bergson auf die Wirklichkeit des Lebens, bei dem Moralphilosophen Nietzsche auf seinen Wert geht«.

les observations que vous présentez à la page 520] Simmel schrieb: »Es ist hier im allgemeinen nicht meine Absicht, in eine Kritik der Bergsonschen Theorien einzutreten. […] Immerhin möchte ich an einer gewissen Problematik der Bergsonschen Stellungnahme nicht einfach vorübergehen. Wenn unser Verstand die Wirklichkeit nicht als Wirklichkeit erfaßt und als Werkzeug des Handelns gar nicht erfassen kann, wenn er uns statt ihrer lauter irreale Symbole bietet, auf die hin wir zu handeln haben – wie kommt es, daß dieses Handeln, das doch selbst eine Realität ist und in der realen Welt verläuft, in real förderlicher Weise verläuft? Die Welt, die ihm antwortet, ist nicht jene fiktive, intellektgefälschte, sondern die absolut wirkliche – und dennoch antwortet sie auf die falsch gestellte, sie eigentlich gar nicht treffende Frage mit einer Antwort die – wenigstens im allgemeinen – nicht nützlicher, erwarteter, genauer sein könnte, wenn sie auf tatsächlich richtige Voraussetzungen hin erfolgte! Hier scheint mir die innerliche Unverbundenheit der wirklichen, d. h. vitalen und der mechanistischen Welt einen Spalt zwischen den subjektiven Voraussetzungen und den objektiven Erfolgen unseres Handelns zu lassen, über den ich bei Bergson keine Brücke finde. Und wie Bergson ihn als Tatsache nicht fühlbar macht, so ebensowenig als Wertmoment. Es ist als ob er die Tragik davon gar nicht bemerkte, daß das Leben, um nur existieren zu können, sich in Nichtleben verwandeln muß. Innerhalb der tiefen Paradoxien des Christentums wäre das möglich: ›Wer seine Seele verliert, der wird sie gewinnen.‹ Dort dagegen ist ja alles auf das Leben als auf das Absolute gestellt, und daß dies gerade seiner eigenen Aufhebung, der

Erstarrung zu seinem eigenen Gegenteil bedarf, nicht um einer tragischen Dialektik, nicht um eines metaphysischen Dualismus willen, sondern einfach um seine Wirklichkeit äußerlich durchzusetzen – das ist viel dämonischer, als wenn jene tieferen Notwendigkeiten es begründeten; gerade wie es die erschütterndste Tragik mancher Schicksale ist, daß sie es zu keiner rechten Tragik bringen können. / In welche wertmäßigen Folgen aber diese Theorie auch verlaufe, als Tatsache jedenfalls hält sie fest, daß der Intellekt bisher nicht imstande gewesen ist, das Leben zu begreifen –« (GSG 13, S. 63 f.).

d'immobilités.] Schlußpunkt fehlt im Original.

à Strasbourg] Bergsons Erwähnung der Übersiedelung Simmels nach Straßburg legt nahe, daß ihn Simmel in einem Begleitschreiben (nicht überliefert) erst jetzt hierüber unterrichtet hatte.

l'évolution de la vie] Anspielung auf Bergson: L'Évolution créatrice. Paris: Félix Alcan 1907.

si j'écris quelque chose là-dessus] Ein Werk der hier angedeuteten Thematik hat Bergson nicht veröffentlicht; siehe aber die Betrachtungen zu den Verhältnissen von Natur und Gesellschaft, Individuum und Gesellschaft im ersten Kapitel seines Spätwerks: Les deux sources de la morale et de la religion. Paris: Félix Alcan 1932.

occasion de vous citer] Die als Edition du Centenaire erschienene Werkausgabe enthält keinen Hinweis (mehr) auf Simmel; vgl. Henri Bergson: Œuvres. [...] Textes annotés par André Robinet. Introduction par Henri Gouhier. Paris: Presses Universitaires de France 1970; ders.: Mélanges. [...] Textes publiés et annotés par André Robinet avec la collaboration de Marie-Rose Mossé-Bastide, Martine Robinet et Michel Gauthier. Avant-propos par Henri Gouhier. Ebd. 1972.

le travail] Welche von Simmel Bergson angekündigte, aber diesem noch nicht zugegangene Arbeit gemeint ist, bleibt vage; zu denken wäre an die ›Rembrandtstudie‹, die Simmel als »Anlauf u. Atemschöpfen« vor dem »großen Sprung« zur abschließenden Arbeit an einer Metaphysik auch Hermann Graf von Keyserling mit Brief vom 22. April 1914 angekündigt hatte.

Georg Simmel an Pierre Bucher

Brief vom 17. Juni 1914
Hs.; SBPK Berlin, VA de Gruyter

17. VI. 14

Sehr geehrter Herr Doktor!

Ich danke Ihnen sehr für Ihr freundliches Anerbieten eines gemeinsamen Ausflugs u. schlage Samstag, d. 20., dazu vor. Soll ich einen Wunsch äußern, so wäre mir ein solcher, bei dem möglichst viel *Landschaft* zu genießen ist, am sympathischsten. Man könnte also etwa nach *Rappoltsweiler* fahren u. entweder zum *Welschen Hochfelsen* oder nach *Hohrappoltstein* gehen. Doch stelle ich Ihnen, der Sie die Situation so viel besser kennen als ich, alles anheim. Wenn wir 11 Uhr 13 fahren, so könnten wir uns 10 Minuten zuvor am Fahrkartenschalter treffen. Vielleicht lassen Sie mich noch wissen, ob es ratsam ist, Proviant für den Tag mitzunehmen oder ob wir unterwegs Gelegenheit zur Mahlzeit hätten.

Inzwischen mit freundlichster Begrüßung, auch von meiner Frau – die am Samstag nach Freiburg fährt – Ihr sehr ergebner

Simmel

Brief vom 17. Juni 1914] Gedr. Briefkopf: li: PROF. SIMMEL; re.: STRASSBURG (ELS.). – Mit Umschlag an: Herrn / *Dr. Bucher / Hier / Brandgasse* 2; mit Poststempel: Straßburg (Els.) 17. 6. 14 2-3 N.

freundliches Anerbieten eines gemeinsamen Ausflugs] Schreiben verschollen. – Für das Angebot Buchers, Simmel ein »Stück des Elsaß« zu zeigen, hatte sich Simmel schon im Schreiben vom 30. Mai 1914 bei Bucher bedankt.

Samstag, d. 20.] Der Termin war mit den Plänen Gertrud Simmels abgestimmt: sie hatte am 16. Juni 1914 bei Sophie Rickert angefragt, ob sie am Sonnabend zum Abendbrot nach Freiburg kommen könne; sie beabsichtige aber nicht zu übernachten, denn sie wolle dann zu Heini Rickert fahren. Sie werde aber am Montag auf der Rückreise noch einmal bei Sophie Rickert vorbeischauen (Postkarte, SGA, Stuttgart).

Landschaft] Die Hervorhebung im Text mag auf Simmels Überlegungen zu ›Landschaft‹ hinweisen, die er gegenüber Bucher angestellt hatte und die sich in seiner Abhandlung ›Philosophie der Landschaft‹ finden (Die Güldenkammer. Eine bremische Monatschrift, herausgegeben von Sophie Dorothea Gallwitz, Friedrich Hartlaub umd Hermann Smidt, 3, 1913, Heft 11, S. 635-644; GSG 13, S. 471-482).

Rappoltsweiler] Rappoltsweiler (frz.: Ribeauvillé), malerische Kleinstadt in den Vogesen auf 184 m Höhe am Eingang des Strengbachtals, beliebter Ausgangspunkt für Exkursionen; 50 km südlich von Straßburg, über die Bahnstrecke nach Colmar und Busanschluß in ca. 1,5 Std. zu erreichen (Guide-Joanne, S. 416-421). – Rappoltsweiler war auch beliebtes Ausflugsziel der jungen elsässischen Schriftsteller, u. a. von René Schickele und Ernst Stadler, der Simmel darauf hingewiesen haben mag (vgl. Ulrich Rauscher: Nachruf auf einen Gefallenen. FZ, Nr. 312 vom 10. Nov. 1914, 2. Mo. Bl.).

Welschen Hochfelsen] Der Welsche Hochfelsen (frz.: Hochfelsen Français) liegt östlich von Hohrappoltstein, Richtung Markirch (frz.: Sainte-Marie-aux-Mines), weist eine Höhe von 940 m auf und bietet eine schöne Aussicht. Er ist in gut 3 Std. von Rappoltsweiler zu erreichen (Guide-Joanne, S. 420).

Hohrappoltstein] Die Ruine Burg Hohrappoltstein (frz.: Château de Rappoltstein) liegt auf 642 m Höhe, knapp 1,5 Std. Fußweg von Rappoltsweiler entfernt. Vom gut erhaltenen Bergfried bietet sich ein großartiges Panorama (ebd.).

Georg Simmel an Pierre Bucher

Postkarte vom 18. Juni 1914
Hs.; SBPK Berlin, VA de Gruyter

18. VI. 14

Verehrter Herr Doktor!

An u. für sich ist bei dem warmen Wetter der frühere Zug wohl ratsamer; allein da wir doch in *jedem* Fall die heißen Stunden in Kauf nehmen müssen, so möchte ich – da ich vielleicht am Morgen noch Korrespondenz zu erledigen habe – Ihren ersten Vorschlag festhalten: um 11.13 abzufahren. Ich werde Sie also am Samstag einige Minuten nach 11 Uhr am Fahrkartenschalter erwarten. Ich möchte allerdings gegen 7 wieder in Straßburg sein, allein eine Notwendigkeit besteht dafür nicht u. wenn die Situation es mit sich bringt, kann es auch später werden. Ich setze voraus, daß diese Verabredung bei *positiv schlechtem* Wetter, das keinen Aufenthalt im Freien ermöglichen würde, nicht gilt; hoffentlich würde es sich in diesem Falle aber nur um Verlegung auf einen andern Tag handeln.

Also auf gutes Wiedersehn!

Ihr ergebner

Simmel

Postkarte vom 18. Juni 1914] An: Herrn/*Dr. Bucher/Hier/Brandgasse* 2; mit Poststempel: STRASSBURG (ELS.) 1 [unles.] 14 8-9 [unles.].

bei dem warmen Wetter] Lt. »Wetterbericht der Meteorologischen Landesanstalt« waren am 18. Juni 1914 der Rückgang einer »Gewitterdisposition« und »Temperaturextreme in der Ebene 22 und 11, auf dem Belchen 12 und 9« Grad bestimmend (StP, Nr. 698 vom 18. Juni 1914, Mi.Bl.). Gleichwohl wurde am Folgetag über »strichweise sehr heftige Gewitter« im Rheintal berichtet (StP, Nr. 702 vom 19. Juni 1914, Mi.Bl.).

Ihren ersten Vorschlag] Buchers Antwort auf Simmels Schreiben vom 17. Juni 1914 ist verschollen.

Samstag] Gemeint ist der 20. Juni 1914.

diese Verabredung bei *positiv schlechtem* Wetter ... nicht gilt] Unter der Wetterprognose »Vorwiegend heiter, vereinzelt lokale Gewitter, steigende Temperatur.« (StP, Nr. 707 vom 20. Juni 1914, Mi.Bl.) konnte die Verabredung offensichtlich eingehalten werden. – Der Ausflug wurde in der Öffentlichkeit wahrgenommen und politisch gedeutet, ja, ihm kam vor dem Hintergrund der Zabern-Affäre besondere Bedeutung zu, galt doch Pierre Bucher als politischer Sprecher der frankreichorientierten Kreise, stand zunehmend in Opposition zur preußischen Regierung und Verwaltung, was ihn aber auch den Kreisen der Elsässer entfremdete, die eine kulturelle elsässische Eigenständigkeit gegenüber Frankreich und Deutschland sowie eine politische Unabhängigkeit von Preußen wollten (Heuss-Knapp, S. 45 ff.) und deren Hauptvertreter René Schickele und Ernst Stadler waren. In diesem Sinne thematisiert Stadler den Ausflug in einen Brief an seinen Freund Schickele, um dessen Hochschätzung Simmels (siehe Simmel an Siegfried Kracauer vom 5. Juli 1914) er wohl wußte; (der undatierte Brief ist von Schickele 15 Jahre später mit »zweite Hälfte des Monats Juli 1914« datiert; wahrscheinlicher ist, daß er zwischen dem 21. und 30. Juni 1914 geschrieben wurde): »In Straßburg bereitet sich allerhand vor. In Simmel haben wir einen wertvollen Bundesgenossen unsrer Sache bekommen. Er ist voller Aktionseifer, sucht eine stärkere Auswirkung der Universität auf die Stadt, ist politisch höchst vernünftig und dem Elsässischen gegenüber verständnisvoll. Ich habe mich neulich eine Stunde mit ihm über die elsässische Frage unterhalten. Eine gewisse Bedenklichkeit besteht darin, daß Bucher ihn schon stark an sich zu ziehen sucht, was bei seiner genialen Geschicklichkeit wohl auch gelingen wird. Einstweilen macht er Ausflüge mit ihm, führt ihn in die elsässischen Cercles des in solchen Fällen immer einspringenden Fräulein Koeberlé ein und dergleichen. Immerhin ist das tausendmal besser, als wenn ihn die Gegenseite besäße. / Bucher selbst steckt wieder einmal voller Pläne, über die ich dir ein andermal ausführlicher berichte; neue Zeitschrift, deren Redaktion ich nach meiner eventuellen Rückkunft – mit [Ferdinand] Dollinger zusammen! – übernehmen soll, freie Universität neben der staatlichen, und so weiter, kurz: Straßburg als kulturelles Zentrum unter Heranziehung französischer und deutscher Kapazitäten, Bergson und Simmel *et cetera*. Das ist alles etwas phantastisch und vag, aber es scheint mir wirklich, als wäre der Augenblick nahe, wo hier etwas zu machen ist« (Originalbrief verschollen. Abdruck dieses Ausschnitts in: René Schickele: Die Grenze. Berlin: Rowohlt 1932, S. 33-34). Stadler, PD an der KWU, der seit 1910 an der Université Libre in Brüssel lehrte, hatte sich unmittelbar zuvor beurlauben lassen, nachdem sein Vortrag ›La jeunesse allemande d'aujourd'hui‹ in der deutschen Kolonie einen Eklat heraufbeschworen hatte. Ein ausführlicher Bericht des Journal de Bruxelles 94, Nr. 95 vom 5. April 1914, überliefert Stadlers Rede: »In das Elsaß, das von seinem Charakter und seinen Traditionen her demokratisch gesinnt ist, legt die elsässische Jugend alle ihre Hoffnung. Sie wünscht, es möge beim Kampf um seine Autonomie eine aktive Rolle beim Sieg der politischen Freiheiten in Deutschland spielen und den modernen Kräften des Reiches eine Stütze sein. / Früher hatte das Elsaß teil an den Freiheiten des alten Deutschland; es wurde in dem Moment französisch, wo diese Freiheiten in Gefahr gerieten, und es trug in bedeutendem Maße zu den revolutionären Errungenschaften bei; dann wurde es wieder einem absolutistischem Deutschland einverleibt. Dieses Joch hat die Elsässer mit Sicherheit in ihrem Freiheitsstreben verletzt; aber aus der Sicht des Reiches stellen sich all ihre Interessen als ökonomische dar. An dem Tag, da man ihnen politische Autonomie zugestehen würde, wäre die Frage Elsaß-Lothringen schlagartig gelöst, ohne daß die Elsässer jemals aufhören würden, Frankreich zu verehren, mit dem sie so viele gemeinsame Erinnerungen verbindet. So wird das Elsaß von den beiden großen Nachbarn umworben und fühlt sich aus verschiedenen Gründen abwechselnd mal zu diesem, mal zu jenem hingezogen: auch der Pazifismus wird in Straßburg eine natürliche Heimat finden.« Und Stadler selbst schrieb diesbezüglich am 24. April 1914 an Schickele: »Der ganze Sturm ist heraufbeschworen durch die Referate der belgischen Presse [...]. Jedenfalls werde ich von allen Gesinnungstüchtigen geschnitten. Moral des Ganzen: unsere optimistischen Wünsche u. Hoffnungen sind noch reichlich verfrüht, wenn wir überhaupt jemals ihre Erfüllung erleben sollten. Ich bin reichlich deutschlandmüde [...]« (jeweils zit. n.: Stadler, Freundeskreise, S. 227f., 229; zum Kontext vgl. S. 223). Schickeles politisches Engagement war 1909 in Paris erwacht: »Was innerlich lange vorbereitet war, wohin die ganze Spannung seines Wesens drängte, das vollendet diese Stadt. Ein neues Ideal wird in seiner Seele wirksam: der politische Kampf. Die Ästhetenträume zerflattern vor der aufreizenden Lust aktiver Mitarbeit an der Realisierung der Idee. In Paris, wo die Luft fiebert von politischer Aktualität, wo in ganz anderem Maße als in dem eben erst langsam sich politisierenden Deutschland die Gesamtheit des Volkes an der politischen Bewegung teilnimmt, wo Politik der Lebensnerv der Nation ist, wandelt sich der weltabgewandte Ästhet zum passionierten Kämpfer [...]. / In der Hingabe an die politische Arbeit in Paris entdeckt Schickele eine neue Mission, die ihm zur elsässischen Mission innerhalb Deutschlands wird: für seinen Teil mitzuwirken an der Demokratisierung des Reiches« (Ernst Stadler: René Schickele. In: Ernst Stadler. Dichtungen, Schriften, Briefe. Kritische Ausgabe. Herausgegeben von Klaus Hurlebusch und Karl Ludwig Schneider. München: C.H. Beck 1983, S. 288ff.). Stadler kehrte am 7. oder 8. Juni 1914 nach Straßburg zurück, um – jetzt dort – am 9. Juni seine Vorlesungen zu beginnen (Stadler Freundeskreise, S. 238). Aber der politische Konflikt, der ihn in Brüssel belastet hatte, holte ihn im vom Zabern-Konflikt gezeichneten Straßburg ein. So überliefert der junge Schriftsteller Kasimir Edschmid (1890-1966; DBE), Freund Stadlers und Schickeles, daß Stadler »zum Rektor der Universität zitiert wurde, der ihm heftige Vorwürfe machte, daß er für die ›francillons‹ gegen die ›germanisateurs‹ Partei ergriffen habe« (In Memoriam Ernst Stadler. Nachruf. Die weißen Blätter 2, 1915, Heft 1, S. 122). Und in dieser Situation nahm er »mit Simmel sogleich Kontakt auf und fand bei ihm viel Verständnis für die elsässischen Probleme« (Stadler, Freundeskreise, S. 237). – Die Schriftstellerin Elsa Köberlé (1881-1950) gehörte, wie Elly Heuss-Knapp berichtet, zur »elsässischen Oberschicht« und war »durch den interessantesten und für das Deutschtum gefährlichsten Menschen, der damals in Straßburg lebte: Dr. Pierre Bucher [...] langsam und planmäßig [...] in die Kulturpolitik« hineingezogen worden. In ihrem Salon verkehrte eine gewisse frankreichorientierte »Elite von Elsässern«, ein »zahlenmäßig [...] nur kleiner Kreis« (Heuss-Knapp, S. 42f.). Und daß Köberlé Simmel kennen gelernt hatte, ist dem Brief Elly Heuss-Knapps an sie vom 9. Juni 1914 zu entnehmen, wenn es dort heißt: »Ich freue mich, dass Du Simmel kennen gelernt hast, vielleicht triffst Du ihn einmal bei meinem

Vater, er kommt scheints oft hin« (SBPK Berlin, VA de Gruyter). – Zu Buchers Weggefährten Ferdinand Dollinger siehe Simmel an Bucher vom 19. Mai 1914.

Georg Simmel an Friedrich Meinecke

Brief vom 1. Juli 1914
Hs.; GStA PK Berlin, I. HA, Rep. 92, Meinecke, Nr. 40

I. VII. 14
Sternwartstr. 17

Sehr geehrter Herr Kollege!

Meinen lange gehegten Wunsch, Ihre persönliche Bekanntschaft zu machen, möchte ich jetzt endlich in Erfüllung zu bringen versuchen. Ich bin am nächsten Sonntag in Freiburg, etwa von 12 Uhr an, u. würde mich sehr freuen, wenn Sie mir gestatteten, zu irgendeiner Stunde des Tages bei Ihnen vorzusprechen; oder noch am Montag Vormittag. Vielleicht darf ich mir Antwort nach hierher erwarten.

Inzwischen bleibe ich, in ausgezeichneter Hochschätzung Ihr sehr ergebner

Simmel

Brief vom 1. Juli 1914] Gedr. Briefkopf: li: PROF. SIMMEL; re: STRASSBURG (ELS.).

lange gehegten Wunsch, Ihre persönliche Bekanntschaft zu machen] Weiteres über diesen »Wunsch« ist nicht bekannt; er mag damit in Zusammenhang stehen, daß Friedrich Meinecke ein guter Bekannter Heinrich Rickerts war und wie Simmel zu den sog. Patronen des ›Logos‹ zählte.

am nächsten Sonntag in Freiburg] Spätestens an diesem Sonntag, den 5. Juli 1914, verwirklichte Simmel, was Gertrud Simmel mit der Absage der ursprünglich für die Pfingstfeiertage geplanten Begegnung der Ehepaare Rickert und Simmel in Freiburg angekündigt hatte: »Aber dann wird mein Mann zunächst bald kommen u. freut sich sehr auf das Haus Rickert« (Brief an Sophie Rickert, o. D., SGA Stuttgart). Gertrud Simmel hatte zwischenzeitlich bereits mehrfach Rickerts besucht, da ihre Nichten aus St. Petersburg, Eva und Gertrud Jacobs, im SS 1914 in Freiburg i. Br. studierten (vgl. Gertrud Simmel an Sophie Rickert vom 10. April bis 16. Juni 1914, ebd.).

bei Ihnen vorzusprechen] Dieses Treffen muß zustande gekommen sein. Friedrich Meinecke erinnert sich, daß Max Weber – ebenfalls sog. Patron des ›Logos‹ – anläßlich eines Besuches in Freiburg seine Erwartung bestätigt habe, »daß wir, trotz sehr verschiedener Artung und Kraft, am selben Strange zögen. Da fällt mir ein, daß auch Georg Simmel, als er um 1913/14 nach Straßburg übersiedelte, zu einer ähnlichen Sympathieerklärung mich besucht hat. Aber da sprang aus dem Gespräch mit dem übergescheiten Manne für mich nicht viel heraus, oder doch nur Funken, die rasch verglühten. Ich bot ihm, wie er kam, den Stuhl an, er aber blieb stehen und fing an, eine Philosophie des Stuhles und des Stuhlanbietens aus dem Ärmel zu zupfen« (Friedrich Meinecke: Straßburg – Freiburg – Berlin 1901-1919. Erinnerungen. Stuttgart: K. F. Koehler 1949, S. 102 f.). – Margarete von Bendemann sollte in ihren ›Erinnerungen an Simmel‹ (in: BdD, S. 278-291) diese Schilderung heranziehen, um zu konstatieren, daß »selbst ein Meinecke« Simmels »eigentümliche Beziehung auf die den Menschen umgebenden Dinge« nicht verstanden habe: »Dies ist eines der großen Mißverständnisse, denen Simmel immer wieder begegnet ist. Denn natürlich wußte er, daß ein Stuhl zum Sitzen da ist und daß man dem Gast einen Stuhl anbietet, aber er war nicht in jedem Augenblick bereit zu sitzen, weil jeder Gegenstand, auch der unbedeutendste, auch der rein zum Gebrauch bestimmte, ihm zunächst als Problem gegeben war und eine Stellungnahme seines Geistes forderte. Keineswegs hat er sich die Philosophie des Stuhles aus dem Ärmel gezupft, sondern es überfiel ihn die Frage nach der menschlich-soziologischen Bedeutung und Anwendung dieses Dinges, das, von Menschenhand geschaffen, sich wieder dienend dem Menschen zur Verfügung stellt, und das für Simmel immer wieder zum Anlaß einer Frage wurde. Hätte Meinecke den Zusammenhang des Simmelschen Denkens gekannt, so hätte er gewußt, daß eine solche Betrachtung ganz Simmels Geistesart entsprach und daß dieser spielende Intellekt als Strahl aus einer metaphysischen Tiefe aufstieg. Tief innen brannte das Fünklein des Meister Eckhart, das in dem modern empfindenden großstädtischen Denker nach außen in tausend Gedankenfunken versprühte. Meinecke hat nur diese Funken gesehen, nicht das Fünklein, dem sie entstammten. Gerade der Stuhl, der in jedem Zimmer ist, war das Ding, an dem Simmel vieles Menschliche exemplifizierte. Und immer, wenn er eine Betrachtung über ein so alltägliches Ding ausgesprochen hatte, brach er – scheinbar sein eigenes Wort zum Scherze machend – in ein seltsames schütterndes Lachen aus, das oft erheiternd, zuweilen fast erschreckend klang« (S. 285 f.).

Antwort nach hierher erwarten] Die von Meinecke gegebene Antwort ist verschollen.

Georg Simmel an Herman Schmalenbach
Postkarte vom 4. Juli 1914
Hs.; UB Basel, Nl Schmalenbach

Straßburg 4 VII 14

Sehr geehrter Herr Doktor!

Ich habe meine Bank angewiesen, die Angelegenheit nach Ihrem Wunsche zu reguliren u. würde mich freuen, wenn meine Vermittlung dieser Sache Ihre Interessen gefördert hätte. – Den Leibnitz-Aufsatz bitte ich Sie unmittelbar an Herrn *Dr. Mehlis* in *Freiburg* (*Br.*) *Hildastr.* 27 zu senden, mit dem Bemerken, er möge sich an mich wenden, falls die Aufnahme in den *Logos* irgendwelchen Schwierigkeiten begegnen sollte. Ich kann nicht verhehlen, daß der angegebne Umfang für die redaktionellen Verhältnisse des *Logos* etwas bedenklich ist. Historische Arbeiten liegen ja überhaupt nur sehr begrenzter Weise in seinem Programm u. ich weiß deshalb nicht, wie sich eine solche mit seinen Raumverhältnissen verträgt. Aber jedenfalls soll das Mögliche geschehen.

Mit besten Grüßen Ihr

Simmel

Postkarte vom 4. Juli 1914] An: Herrn / *Dr. Schmalenbach / Berlin – Westend / Kastanienallee 24*; mit Poststempel: Straßburg (Els.) 1 4.7.14 [unles.]; mit hs. Vermerken: Hand A: Nachs. Darmstadt / Heidelberger Str. 77; Hand B: 6/7 Darmstadt.

Angelegenheit] Über diese »Angelegenheit« und Simmels »Vermittlung« ist nichts bekannt. – Zu denken ist an eine materielle Förderung Schmalenbachs, der sich in dieser Zeit, in der er sich auf die Habilitation vorbereitete, als Privatlehrer betätigte – so auch Stefan Lepsius, geb. 1897, unterrichtete (Lepsius Künstlerleben, S. 210) – und auch Arbeiten wie etwa die »Probeübersetzung« von Henri Bergson: Matière et Mémoire erstellte (siehe Simmel an Eugen Diederichs vom 30. Sept. 1913) übernahm.

Leibnitz-Aufsatz … das Mögliche geschehen] Weder die hier angeregte Korrespondenz Schmalenbachs mit Georg Mehlis noch die anschließende Publikation vom »Leibnitz-Aufsatz« sind nachzuweisen. Siehe aber die Habilitationsschrift: Leibniz. Von Hermann Schmalenbach. Privatdozent der Philosophie an der Universität Göttingen. München: Drei Masken 1921. xv, 610 S. Darin bemerkt der Verfasser, es sei »im wesentlichen das ganze vorliegende Buch [...] seit 1917 abgeschlossen« (S. 24); zudem finden sich hier mehrere Bezugnahmen auf Schriften Simmels, vornehmlich ›Die Hauptprobleme der Philosophie‹ und ›Rembrandt‹ (S. VIII, 24, 39, 48, 488).

Dr. Mehlis] Georg Mehlis, Redakteur und Mitherausgeber des Logos; siehe Korrespondentenverzeichnis GSG 22.

Siegfried Kracauer an Georg Simmel

Abschrift von Brief vom 5. Juli 1914
Hs.; DLA Marbach, Nl Kracauer

Frankfurt [a]/Main 5. VII. 1914
Bäckerweg 52

Sehr verehrter Herr Professor!

Für Ihren geehrten Brief danke ich Ihnen von Herzen. Ich hatte es kaum zu hoffen gewagt, daß Sie einen Blick in meine Arbeit tun würden, und schätze mich nun glücklich, daß Sie mir gestatten Sie aufzusuchen, und mit mir über meine weitere philosophische Ausbildung sprechen wollen. Einige Umstände treffen zusammen, die meine Reise zu Ihnen in diesem Monat unmöglich machen. Ich muß voraussichtlich in der folgenden Woche zu meinem Dr. ing. Examen nach Berlin und bin von Mitte Juli ab als Architekt nach München verpflichtet, von wo ich nicht gleich abkommen kann. Da ich annehme, daß Sie während der akademischen Ferien nicht in Strassburg sind, werde ich mir erst gegen das Ende der Ferien erlauben, Sie wegen des Ihnen genehmen Zeitpunktes meines Besuches anzufragen.

Welchen Gewinn für meine Zukunft, welche moralische Förderung meines Wesens ich mir von einer Unterredung mit Ihnen erhoffe, vermag ich gar nicht auszusprechen. Ich wünsche nur, mich Ihres Interesses auch wert zu erzeigen.

In tiefer Verehrung ganz ergebenst

Siegfried Kracauer.

Abschrift von Brief vom 5. Juli 1914] Von der Hand Siegfried Kracauers.

Ihren geehrten Brief] Simmels Brief ist verschollen. – Kracauer war

Simmel seit 1907 persönlich bekannt; dies hatte der zum WS 1907/08 an die Technische Hochschule zu Berlin gewechselte Architekturstudent mit ausgeprägtem Interesse für Philosophie sogleich angestrebt, notierte er doch in seinem Tagebuch unter dem 29. Okt. 1907 eine Inhaltsangabe des Vortrages über ›Das Problem des Stils‹ im Verein für Kunst, den Simmel am 17. Okt. 1907 gehalten hatte, und für »Mittwoch«, den 30. Okt. 1907: »Früh bis 4 Uhr in der Hochschule. Dann im Gehrock zu *Simmel*. Ich benutzte den Vorwand, ihn über seine soziol[ogischen] Übungen um Auskunft zu bitten. Es war ein sehr kurzer Besuch. Er war reserviert« (zit. n.: Kracauer Magazin, S. 11 f.). – Zu dem hier angesprochenen Vortrag Simmels siehe die Ankündigung in der VZ, Nr. 479 vom 12. Okt. 1907, Mo. Bl. und den ausführlichen Bericht vom 19. Okt. 1907 (ebd., Nr. 492, 2. Beilage). Auch René Schickele hinterließ ein Referat dieses Vortrags (Der ›Verein für Kunst‹ in Berlin. Entwurf vom 3. Nov. 1907 für das Leipziger Tageblatt. Tps. im DLA Marbach, Nl Schickele), für ihn »das grösste Ereignis in sämtlichen Bezirken zeitgenössischer Ästhetik« (abgedruckt in: Angela Rammstedt: René Schickele zum *Verein für Kunst* in Berlin und Simmels Vortrag über Stil. SiStu 16, 2006, Heft 1, S. 93-105). – Der Vortrag ist Grundlage von Simmel: Das Problem des Stiles. Dekorative Kunst. Illustrierte Zeitschrift für angewandte Kunst, herausgegeben von Hugo Bruckmann, 11, Band 16, 1908, S. 307-316 (= Nr. 7 vom April 1908); GSG 8, S. 374-384.

meine Arbeit] Gemeint ist die zu Kracauers Lebzeiten unveröffentlichte Untersuchung ›Über das Wesen der Persönlichkeit. Eine Abhandlung‹, abgedruckt in SKW 9.1, S. 7-120. Vgl. Ingrid Belke: Nachbemerkung und editorische Notiz. In: SKW 9.2, S. 296.

gestatten Sie aufzusuchen] Kracauer überliefert Simmels positive Beurteilung der »Arbeit« in einem Brief an Margarete von Bendemann vom 17. Okt. 1920: Die zugesandte Arbeit »beeindruckte« Simmel (DLA Marbach, Nl Kracauer).

Dr. ing. Examen nach Berlin … Architekt nach München] Kracauers Doktorprüfung an der Technischen Hochschule zu Berlin fand am 16. Juli 1914 statt; Grundlage war die Dissertation über: Die Entwicklung der Schmiedekunst in Berlin, Potsdam und einigen Städten der Mark vom 17. Jahrhundert bis zum Beginn des 19. Jahrhunderts. Worms: Verlags- und Druckereigesellschaft 1915. – Kracauer hatte sich zur Mitarbeit an einem Architekturwettbewerb im Büro des Münchner Architekten Hermann Haas verpflichtet. Vgl. Kracauer Magazin, S. 24.

meines Besuches] Der Ausbruch des Ersten Weltkriegs hat diesen Besuch Kracauers in Straßburg wohl vereitelt (Vgl. Ingrid Belke: Nachbemerkung und editorische Notiz. In: SKW 9.2, S. 297).

Georg Simmel an Pierre Bucher
Brief vom 11. Juli 1914
Hs. SBPK Berlin, VA de Gruyter

Sternwartstr. 17
11. VII. 14

Verehrter Herr Doktor!

Es würde meine Frau u. mich sehr freuen, wenn Sie am Montag (d. 13.) um ½5 bei uns den Tee trinken wollten. Sie würden voraussichtlich eine Reihe jüngerer Universitätskollegen antreffen.

Auf Ihre freundliche Zusage hoffend u. mit den ergebensten Grüßen Ihr

Simmel

Brief vom 11. Juli 1914] Mit Umschlag an: Herrn / *Dr. Bucher / Hier / Brandgasse* 2; Poststempel: Straßburg (Els.) 1 11. 7. 14. 12-1 N.

den Tee trinken] Die Einladung zum Tee am Montag um ½5 weist darauf hin, daß Simmel die ›Jours‹, die in der Berliner Zeit am Montagnachmittag stattfanden, auch in Straßburg einzuführen gedachte. Wie Hans Simmel überliefert, waren sie aus den Privatissima, die Simmel ab ca. 1901 hielt und bei denen er selbst ab 1904/05 »beim Tee-Eingiessen helfen durfte«, hervorgegangen: »Wenn der Dozent sich das Recht, seine Hörer hierfür [d. i. Übungen] auszuwählen, vorbehalten wollte, so zeigte er ›privatissime‹ an; es fand bisweilen in der Wohnung des Professors statt. Mein Vater hat viele Jahre hindurch, meist im Wintersemester, an einem Abend der Woche ein solches Privatissimum gehalten über verschiedene Gebiete der Philosophie, wiederholt über Kunstphilosophie. Aus einer grösseren Zahl von Bewerbern wählte er 10-12 aus, meist ältere Semester oder sogar Leute, die schon ihr Dr.-Examen gemacht hatten. Man sass um den ausgezogenen Esstisch, aber vorher wurde etwa 20 Minuten im Wohnzimmer geplaudert, und dabei bekamen die Leutchen Tee [...]. / Eine Reihe von späteren nahen Freunden meines Elternhauses kamen zuerst als Hörer des Privatissimum zu uns: Bernhard Groethuysen, der Mann, mit dem mein Vater wohl mehr und intensiver zusammen philosophiert hat als mit irgendjemand anderm sonst; Martin Buber, der damals die Legende der Chassidim herausgab; Ernst Gradmann, ein Architekt und Kunsthistoriker, den wir alle sehr liebten und der eifrig mit uns Tennis spielte; Gertrud Kantorowicz, auch Kunsthistorikerin und Tennisspielerin, die selbst im Westend wohnte und zum engsten Westender Freundeskreis gehörte« (Hans Simmel, S. 38). Aus der Perspektive des Gastes erinnert Ernst Robert Curtius, der wohl 1904 erstmals zum Jour gebeten war: »Nur mächtige Zauber öffneten den Zugang zu den Teenachmittagen bei Georg und Gertrud Simmel [...]. Simmels Philosophie war das letzte Wort intellektueller Subtilität. Sie galt als ›zersetzend‹, aber ihre Verführung war um so stärker, als sie Stoffe ergriff, die bis dahin in der Philosophie nicht vorkamen: das Geldwesen, die chinesische Kunst. Georg Simmel sammelte Spitzen, weil sie ›die höchste Vergeistigung des Stoffes‹ darstellten. Seine Geschichtsphilosophie trug eine Widmung an Stefan George. Gertrud Kantorowicz, deren Leben in Theresienstadt enden sollte [dazu Anm.: Über sie Ludwig Curtius im *Merkur* Band 2, 1948, S. 474], und Margarete Susman (deren Simmelbiographie leider ein unerfüllter Wunsch geblieben ist) belebten den Salon mit Geist und Anmut. Es war jener flüchtige Augenblick, da die Analyse Simmels und die neue Weise des jungen George in demselben Klima der Seele zu wohnen schienen. Der einzige Mann, der neben Simmel geistig zur Geltung kam, war der junge Bernhard Groethuysen. Er stand Dilthey und Simmel gleich nahe« (Ernst Robert Curtius: Charles Du Bos. Die Neue Rundschau. Herausgegeben von Gottfried Bermann-Fischer, 63, 1952, Heft 4, S. 500-524, hier: 500). Für eine eingehende Schilderung der Privatissima mit Teegespräch »nach [!] beendetem Vortrag« in den Jahren 1908ff. siehe die ›Erinnerungen an Simmel‹ von Karl Berger (1883-?), in: BdD, S. 241-250, zit. 247. – Ernst Gradmann (1876-1927; Mttl. Stadtarchiv Konstanz) hatte nach Abschluß des Architekturstudiums Philosophie in München und Berlin studiert und promovierte, wohl auf Empfehlung Simmels, bei Karl Joël in Basel über ›Subjekt und Objekt des ästhetischen Aktes: eine psychologische Untersuchung‹ (Basel: Friedrich Reinhardt, Universitäts-Druckerei 1904). Wenngleich von Cohen in Marburg zur Fortführung philosophischer Studien aufgefordert, wandte sich Gradmann wieder der künstlerischen Aufgabe als Architekt zu (vgl. sp.: Dr. Ernst Gradmann †. Konstanzer Zeitung vom 9. Juli 1927). – Simmels Bemühungen um die Wiedereinrichtung der ›Jours‹ wurden mit Beginn des Weltkriegs zeitweilig aufgegeben und erst Anfang 1915 erneuert; siehe Simmel an Margarete von Bendemann vom 5. März 1915.

Reihe jüngerer Universitätskollegen] Es ist nicht mehr zu ermitteln, wen Simmel für den ›Jour‹ eingeladen hatte. Jedoch ist anzunehmen, daß er bei den jüngeren Kollegen an die Privatdozenten dachte. Denn fast gleichzeitig betont er im Brief an Anna und Ignaz Jastrow vom 13. Juli 1914, daß er mit »den Kollegen in der Fakultät [...] nicht viel anfangen« könne, während eine Reihe von Privatdozenten »sehr erfreulich« sei. Im SS 1914 gab es an der philosophischen Fakultät 15

Privatdozenten: Friedrich Kiener, Otto Baensch, Max Wundt, Paul Hartmann, Otto Frhr. von der Pfordten (beurlaubt), Ernst Stadler, Karl Frank, Anton Henrich, Otto Janssen, Ludwig Pfannmüller, Hans Naumann, Robert Hedicke (beurlaubt), Alfred Hessel, Johannes Stroux und Ernst Hohl (Kaiser Wilhelms-Universität Strassburg *Personalverzeichnis* im Sommersemester 1914. Strassburg: Universitäts-Buchdruckerei von J. H. Ed. Heitz [Heitz & Mündel] 1914, S. 7); von diesen sind nur für Friedrich Kiener, Otto Baensch, Hans Naumann und Ernst Stadler Kontakte zu Simmel bekannt: Der Historiker Kiener hatte Simmel mit Pierre Bucher zusammengebracht (siehe Simmel an Bucher vom 19. Mai 1914); der Philosoph Otto Baensch kannte Simmel vom Studium her (siehe Simmel an Heinrich Rickert vom 5. Dez. 1913), war wissenschaftlich ähnlich Simmel ausgerichtet und sollte 1918 von Simmel für Arbeiten am Nachlaß hinzugezogen werden; Hans Naumann (1886-1951) lehrte seit 1913 Germanistik und Mittellateinisch in Straßburg, wo er nach Studienjahren in München, Kiel und Berlin 1911 promoviert hatte (DBE); er war mit Ernst Stadler (s. u.) befreundet und registrierte sofort, daß Simmel im SS 1914 »nach Straßburg eine durchaus neue Note gebracht« habe (Hans Naumann: Ernst Stadler. Worte zu seinem Gedächtnis. Berlin-Wilmersdorf: Meyer 1920, S. 13); er nahm auch nach seiner Berufung zum a.o. Prof. in Jena, 1919, die Verbindung zu Gertrud Simmel wieder auf (vgl. Gertrud Simmel an Paul Ernst vom 17. und 19. Juni 1921, DLA Marbach, Nl Paul Ernst); den Literaturwissenschaftler Stadler hatte Simmel kurz zuvor kennen- und als einen »höchst interessanten u. wesentlichen Menschen« schätzengelernt (siehe Simmel an Bucher vom 18. Juni 1914 und an die Eheleute Liepmann vom 23. März 1915). – Von Simmels jüngeren Kollegen kommen noch in Frage: der Archäologe August Frickenhaus, der, wie Simmel, mit dem Graezisten Eduard Schwartz befreundet war (siehe Simmel an Agathe Liepmann vom 30. März 1914 sowie Ludolf Malten: August Frickenhaus. Biographisches Jahrbuch für Altertumskunde. Begründet von Conrad Bursian, herausgegeben von Karl Münscher, 46, 1926, S. 1-29); wohl auch der in Simmels unmittelbarer Nachbarschaft wohnende Mathematiker Paul Epstein (1871-1939, 1903-1918 PD in Straßburg, danach in Frankfurt/M.; DBE) und der Kunsthistoriker Ernst Polaczek (siehe Simmel an Bucher vom 19. Mai 1914 und an Elsa Bruckmann vom 23. Juni 1916).

Georg Simmel an Anna und Ignaz Jastrow
Brief vom 13. Juli 1914
Hs.; LBI New York, Simmel Collection

13. VII. 14

Liebe Freunde!

Trotz der Mündigkeit meines Sohnes will ich Ihnen noch meinerseits für die ganze Fülle von Liebem u. Gutem danken, mit der Sie ihn diese Berliner Tage über erfreut haben. Die Mädchen sollen auch ihren gebührenden Teil davon haben. Es war mir ein so freundlicher Gedanke, ihn bei Ihnen zu wissen u. zwar grade in dieser Zeit, die doch eine gewisse Wichtigkeit für ihn hatte u. [in der] die Erregtheit der Jugend eine Expansion forderte. Daß er da unter Freunden war u. sich aussprechen konnte u. nicht mit sich allein u. einem leeren Hotelzimmer fertig zu werden brauchte – daß Sie ihm das ermöglichten, wird ihm sicher diese Woche zu einer hellen Erinnerung für lange Zeit machen u. ich danke Ihnen dafür, nicht in seinem Namen – das kann er allein, sondern in meinem.

Wir haben lange nichts von Ihnen gehört u. wie der Himmel nun aussieht, nachdem die Gewitter sich verzogen haben. *Dr. de Gruyter* war vor einigen Wochen bei mir, um eine Aktion zu besprechen, die ich in der Form, wie er sie vorschlug, für ganz unzweckmäßig erklären mußte. Ich habe ihn auch wohl davon überzeugt. Wir schieden mit dem Problem, ob sich eine andre Form finden ließe, aber weder ist mir eine eingefallen, noch habe ich von ihm etwas seitdem gehört, noch hat sich aus einer Unterhaltung, die ich neulich mit *Max Weber* über dies Thema hatte, etwas zu Verwirklichendes ergeben. *Weber* wäre natürlich bereit, in Allem, was Ihnen eine Genugtuung geben könnte, mitzutun. –

Uns hier geht es ganz gut. Freilich geht der Verlust des großen Forums von Berlin nicht ohne Resignation ab. Und was dies ersetzen könnte: ein in gleicher Gesinnung u. gleicher Kulturhöhe verbundener geistiger Kreis – wie Heidelberg ihn in so vollkommner Weise besitzt – fehlt hier gänzlich. Die Universität ist ein Haufen von gelehrten Atomen, ohne jede Einheit u. Gemeinsamkeit, ohne überindividuellen Geist des Ganzen, deshalb auch nur mit einem Minimum allgemeiner kultureller Wirkung auf die Studenten u. auf das umgebende Milieu. Meine ganze Bemühung geht darauf, eine solche Wirkung herbeizuführen, aber die personalen, soziologischen u. politischen Verhältnisse lassen mich sehr am Erfolg zweifeln, der günstigstenfalls in vielen Jahren eintreten könnte.

Mit den Kollegen in der Fakultät kann ich nicht viel anfangen. Sehr erfreulich dagegen sind eine Reihe von Privatdozenten. Von all diesen Menschen u. Dingen kann ich Ihnen vielleicht sehr bald erzählen, denn es ist möglich, daß ich Ende dieser Woche nach Berlin fahren muß; es handelt sich um eine sehr unangenehme Angelegenheit, freilich nur um Geld, aber um sehr vieles. Aber der Gedanke, wieder einmal in Ihrer Nische zu sitzen, giebt dieser Reise einen helleren Ton. Übrigens ist es noch garnicht sicher.

Für heute nur noch die herzlichsten Grüße an Sie u. die Kinder. Ebith könnte mir wieder mal schreiben, aber sie soll sich nicht etwa dazu genötigt fühlen.

Immer Ihr

GS.

Brief vom 13. Juli 1914] Gedr. Briefkopf: li.: PROF. SIMMEL; re: STRASSBURG (ELS.).

Sie ihn diese Berliner Tage über erfreut haben] Hans Simmel, seinerzeit Volontärassistent in Heidelberg, erinnert, sein Vater habe ihn am Wochenende der Meldung über den »Mord von Sarajevo«, also am 27./28. Juni 1914 besucht und: »Kurz danach fuhr ich auf ein paar Tage nach Berlin zum mündlichen Doktorexamen. Jastrows hatten mich zu sich eingeladen, so war ich wieder im alten Westend. [...] Alles war sehr vergnüglich, und bei Jastrows wurde ich gefeiert und mit einem interessanten, vielbändigen medizinischen Wörterbuch aus der Mitte des 19. Jh. beschenkt« (S. 74). – Dazu Gertrud Simmel an Rudolf Pannwitz vom 16. Juli 1914: »Hans hat eine dissertatio eximia geschrieben und geht nun bedoktert durchs Leben« (DLA Marbach, Nl Pannwitz).

Mädchen] Die Töchter des Ehepaars Jastrow: Elisabeth, geb. am 7. 10. 1890 in Berlin (Mttl. UA Heidelberg), und Charlotte Beate, geb. 1894 (NDB).

Gewitter sich verzogen haben] Angesprochen ist der in der Berliner wie auch in der überregionalen Presse als ›Fall Jastrow‹ nachhaltig beachtete Konflikt, den die mit Schreiben vom 24. März 1914 von den

Ältesten der Berliner Kaufmannschaft als Träger der Berliner Handelshochschule gegenüber ihrem hauptamtlichen Dozenten Ignaz Jastrow ausgesprochene Kündigung des Anstellungsvertrages zum 1. Okt. 1914 ausgelöst hat. Jastrow, seit 1905 a.o. Prof. an der Berliner Universität, hatte sich seit zehn Jahren in unterschiedlichen Vertragsverhältnissen um die Handelshochschule verdient gemacht: Von 1903 bis 1909 wirkte er als volkswirtschaftlicher Beirat der Ältesten der Berliner Kaufmannschaft wesentlich an der Konzeption der Hochschule mit und war von 1906 bis 1909 deren Gründungsrektor. Der vier Jahre zuvor abgeschlossene Vertrag für seine hauptamtliche Lehrtätigkeit sicherte ihm »mit Rücksicht darauf, daß er nicht lebenslänglich war, neben einem Jahreseinkommen von 21 000 Mk. eine Abfindung von 42 000 Mk.« im Falle einer Kündigung zu, die formal notwendig gewesen sei, um »Verhandlungen über den Abschluß eines neuen Vertrages auf veränderter Grundlage« einleiten zu können – so die nachträgliche offizielle Erklärung der Ältesten der Kaufmannschaft (VZ, Nr. 218 vom 1. Mai 1914, 5. Beilage), nachdem Jastrow selbst am 29. April 1914 der Presse gegenüber die Gerüchte um sein Ausscheiden aus der Handelshochschule bestätigt und sein Befremden über den »schroffen [...] ganz ungewöhnlichen Brief« der Ältesten ohne Angabe von Kündigungsgründen zum Ausdruck gebracht hatte; »selbstverständlich« habe er weder geantwortet noch von sich aus Verhandlungen aufgenommen, die »Angelegenheit« sei für ihn erledigt (zit. n. FZ, Nr. 119 vom 30. April 1914, 1. Mo. Bl.). Daß die Kündigung zum Zwecke neuer Verhandlungen eine Minderung seiner Bezüge zum Ziel hatte, war aus Kreisen der Ältesten der Kaufmannschaft verlautbart: »seine Doppelstellung als hauptamtlicher Dozent an der Handelshochschule und als außerordentlicher Professor an der Universität« sei für den Wunsch nach einer Neuregelung des Vertragsverhältnisses »bestimmend« gewesen (VZ, Nr. 216 vom 30. April 1914, Mo. Bl.). Unmittelbar nach Jastrows Pressemitteilung hatte das Dozentenkollegium der Handelshochschule auf den Zusammenhang dieser »persönliche[n] Momente mit wichtigen sachlichen und prinzipiellen Gesichtspunkten«, wie die Unvereinbarkeit von kündbaren Anstellungsverträgen und Lehrfreiheit, hingewiesen und erklärt, diesen Standpunkt gegenüber den Ältesten und den Ministerien vertreten zu wollen (vgl. ebd.). Der nunmehr zur Frage nach der Lehr- und Lernfreiheit an einer mit den übrigen Hochschulen gleichrangigen Einrichtung angeschwollene ›Fall Jastrow‹ hatte die folgenden Wochen beherrscht: als Diskussionsgegenstand bei den Beratungen des Preußischen Abgeordnetenhauses zum Kultusetat (VZ, Nr. 219 vom 1. Mai 1914, Ab. Bl.), als Grund der Studentenschaft der Handelshochschule, vom 4. Mai 1914 an in einen Proteststreik zu treten (VZ,

Nr. 220 vom 2. Mai 1914, Mo.Bl.) und diesen erst auf Drängen der Dozentenschaft und deren Meldung eines Verhandlungserfolgs am 10. Mai wieder einzustellen. Denn eine Garantie der Lehrfreiheit durch den künftigen Abschluß von Lebenszeitverträgen mit hauptamtlichen Dozenten war den Ältesten der Kaufmannschaft abgerungen worden, was indes »den *Fall Jastrow*« betreffe, »so hat das Dozentenkollegium seine Bemühungen, ein Einvernehmen zwischen den Herrn Ältesten und Herrn Professor Jastrow herbeizuführen, aufgeben müssen, nachdem Professor Jastrow ausdrücklich und wiederholt den Dozenten gegenüber erklärt hat, daß er *unter keinen Umständen* von neuem in ein Vertragsverhältnis zur Handelhochschule treten wolle« (VZ, Nr. 235 vom 10. Mai 1914, Mo.Bl.). Dies sei eine in ihrem »späteren Leben in einer ähnlichen Situation« gewiß nachvollziehbare Entscheidung, hatte dann Jastrow selbst am 11. Mai den enttäuschten Hörern seiner Vorlesung erläutert und auf den Vorrang der von der »Personenfrage« ausgelösten »Prinzipienfragen« verwiesen (VZ, Nr. 239 vom 12. Mai 1914, Ab.Bl.). Siehe auch die Berichte über den ›Fall Jastrow‹ in HN XXIV, Nr. 7, Heft 283 vom April 1914 und Nr. 8, Heft 284 vom Mai 1914; ebenso der Rückblick in: Akademische Rundschau 1913/14, S. 510-512 (= Juni 1914).

***Dr. de Gruyter* war … bei mir, um eine Aktion zu besprechen]** Walter de Gruyter, Verleger und u.a. Inhaber des in Straßburg angesiedelten Karl J. Trübner Verlags, war Ignaz Jastrow sowohl als Autor als auch als Rektor der Handelshochschule vertraut, waren doch mehrere Monographien Jastrows wie auch die Vorlesungsverzeichnisse der Handelshochschule, deren Jahresberichte und weitere Nachrichtenblätter in dem ebenfalls in de Gruyters Besitz befindlichen Georg Reimer Verlag angesiedelt.

Unterhaltung … neulich mit *Max Weber*] Anlaß war Simmels Besuch in Heidelberg am 27. Juni 1914 (s.o.).

Ihnen eine Genugtuung geben könnte] Zu einer mit Walter de Gruyter und/oder Max Weber gemeinsam gestarteten »Aktion« zugunsten Jastrows ist es nicht gekommen; zu Simmels Unternehmung mit dem Beitrag ›Zum Fall Jastrow‹ (GSG 17, S. 115-118) siehe dessen Brief an Anna und Ignaz Jastrow vom 16. Aug. 1914 und GSG 17, S. 463-465.

Meine ganze Bemühung … am Erfolg zweifeln] Als Teil und Zeugnis der Bemühungen Simmels ist die nur fragmentarisch überlieferte Aufnahme von Beziehungen mit dem frankophilen Zirkel um Pierre Bucher und vor allem mit der auf kulturelle und politische Unabhängigkeit ausgerichteten jungen elsässischen Bewegung anzusehen, wobei er offensichtlich bemüht war, Brücken zwischen diesen sowohl französisch- wie deutschnahen Straßburger Akademikern und jüngeren Universitätslehrern zu schlagen (siehe jeweils Simmel an Pierre Bucher vom 19. Mai, 18. Juni und 11. Juli 1914).

Reihe von Privatdozenten] Siehe Simmel an Pierre Bucher vom 11. Juli 1914.

Ende dieser Woche nach Berlin fahren] Da Simmel freitags zwischen 17 und 18 Uhr seine Vorlesung über ›Logik‹ hielt (Simmel an Margarete von Bendemann vom 12. April 1914), konnte er die Ankunft in Berlin nur für Samstag, den 18. Juli 1914 planen.

sehr unangenehme Angelegenheit ... Geld, aber um sehr vieles] Näheres ist nicht bekannt, allenfalls zu vermuten ist ein Zusammenhang mit der problematischen »Hypothekenangelegenheit«, die in der Korrespondenz mit Agathe Liepmann vom 30. März 1914 angesprochen wird, wie dann wohl auch in Gertrud Simmels Brief vom 16. Juli 1914 an Rudolf Pannwitz: »Wir sind gerade im Begriff (ohne unser Verschulden) eine für unsere Verhältnisse immense Summe zu verlieren u. dann werde ich wohl die ›Gertrud, die nichts mehr da hat‹, sein. [...] Übrigens nehmen wir solche Dinge als sehr schwere Unmenschlichkeiten aber nicht als Schicksalsschläge« (DLA Marbach, Nl Pannwitz).

die Kinder] Zu den beiden Jastrow-Töchtern s. o.

Ebith könnte mir wieder mal schreiben] Gemeint ist die älteste Jastrow-Tochter Elisabeth, die seit 1909 Alte Sprachen und Philosophie teils in Berlin, teils in Heidelberg studierte (Mittl. UA Heidelberg); sie habe in Berlin Simmels »Kollegs gehört« und sei überhaupt »geistig sehr stark von Simmels [sic!] beeinflußt« worden, schrieb ihre Schwester Michael Landmann am 11. Jan. 1957 auf dessen Bitte um einen Erinnerungsbeitrag für das BdD (Brief von Beate Hahn, SBPK Berlin, Nl 125). Elisabeth Jastrows Schreiben an Simmel sind verschollen und Simmels Schreiben an sie nicht nachgewiesen.

Georg Simmel an Margarete von Bendemann

Brief vom 22. Juli 1914
Hs.; LBI New York, Susman Collection

22. VII. 14

Liebe Susa,

Ob ich dir »böse« bin? Das könnte ich doch nur, wenn ich überhaupt »böse« wäre – unter andern Umständen scheint es mir ziemlich ausgeschlossen. U. obgleich ich nicht gut bin (wenigstens nur dir), so hoffe ich doch auch nicht grade böse zu sein.

Trotzdem kann ich nicht bestimmen, wann ich zu euch kommen könnte; hoffentlich am Schluß unsrer Sommerreise, um den 1. Okt. herum. Nachher reise ich nach Berlin u. Petersburg.

Einen Aufsatz über *Rembrandt* in der Frankf. Zeitung habe ich euch nicht geschickt, da ihr die Zeitung wohl selbst bekommt. Sollte das nicht der Fall sein, so erwähnst du es wohl gelegentlich, ich schicke ihn dann, weil mir daran liegt, daß ihr ihn kennt.

Ich rechne bestimmt darauf, daß Groethuysen nach *Lenk* kommt, u. zwar ist es für ihn [am] bequemsten, es *vor* dem Besuch bei dir zu tun. Er kommt doch so wie so durch Bern oder nah vorbei u. von da ist es nur ein ganz kleiner Sprung.

Sonst sag' ich für heut nichts. Manches wird dir die Frau erzählen u. das Andre muß auf die Mündlichkeit warten.

Grüß die Männer sehr von mir u. behalte mich sehr, sehr lieb.

G.

Ob ich dir »böse« bin] Es scheint, daß Margarete von Bendemann einen Besuch Simmels reklamiert hat, wie dies wohl zu Beginn der Sommerreise der Eheleute Simmel geplant (s. u.) und ihr grundsätzlich, in Anbetracht der Nähe Straßburgs zur Schweiz, als leicht realisierbarer Besuch »übers Wochenende« (Simmel an diese vom 28. Dez. 1913) in Aussicht gestellt worden war. Margarete von Bendemanns Schreiben, in dem sie als Grund eine Verärgerung Simmels annahm, ist verschollen.

zu euch kommen ... Schluß unsrer Sommerreise, um den 1. Okt.] Simmels planten wohl einen Ferienaufenthalt in der Schweiz (s. u.); dort wohnten von Bendemanns in Rüschlikon am Zürichsee.

reise ich nach Berlin u. Petersburg] Simmel war zu »ein paar Vorträgen in Petersburg für Oktober aufgefordert« (Simmel an Hermann Graf von Keyserling vom 22. April 1914); Näheres ist nicht bekannt.

Aufsatz über *Rembrandt*] Simmel: Rembrandts religiöse Kunst. FZ, Nr. 180 vom 1. Juli 1914, 1. Mo. Bl., S. 1-2 (GSG 13, S. 70-89). – Der Beitrag geht auf einen Wiener Vortragszyklus (siehe Simmel an Otto Back vom 1. Jan. 1914) zurück.

Groethuysen nach *Lenk* kommt] Vermutlich beabsichtigte Bernhard Groethysen erneut einen Kuraufenthalt in der Schweiz (siehe Simmel an Margarete von Bendemann vom 4. Aug. 1912), so daß Simmel mit einer Begegnung auf der »Sommerreise« (s. o.), die er wohl u. a. in Lenk im Berner Oberland zu verbringen gedachte, rechnete. Das »hübsch gelegene Dorf« Lenk, etwa 80 km südlich von Bern auf 1070 m Höhe, »wird als Luftkurort und Wintersportplatz viel besucht« (Baedeker Schweiz, S. 240).

die Frau erzählen] Eine persönliche Begegnung hatte Gertrud Simmel Margarete von Bendemann am 16. Juli 1914 angekündigt: »ich muß am 2. Aug. abends in Berlin sein – könnte am 1. Aug. mittags bei Dir eintreffen – würde das passen?« (DLA Marbach, Nl Susman).

Männer] Ehemann Eduard und Sohn Erwin von Bendemann.

Georg Simmel an Anna Jastrow

Postkarte vom 22. Juli 1914
Hs.; LBI New York, Simmel Collection

Str. 22 VII 14

Liebe Freundin,

ich hätte Ihnen heute oder morgen geschrieben; die Westender Stunden dieser Tage sollten nicht so ganz kraß vorüber sein, sie forderten für mein Gefühl einen Ausklang u. Übergang. Nun kommt Ihre Karte u. ich will gleich melden, daß meine Anwesenheit wenigstens einen gewissen Aufschub des Verlustes bewirkt hat, so daß die Rettung irgendeines Minimums wenigstens noch nicht *völlig* ausgeschlossen, wenn auch völlig unwahrscheinlich ist. Ich danke Ihnen für die Fragen u. für alles Gute und Liebe, mit dem Sie mir die Berliner Tage erwärmt u. damit ein erquickendes Gegengewicht gegen die physische Temperatur geschaffen haben. Ich will keine Freundschafts-Renommage treiben, aber ich muß doch sagen, daß seitdem Ihre *emergency* mich weit mehr beschäftigt, als meine eigne.

Für heute u. aus außerordentlicher Beanspruchtheit heraus tausend herzliche Grüße an Sie alle.

Treulich Ihr

Simmel

Postkarte vom 22. Juli 1914] An: Frau *Anna Jastrow / Berlin-Westend* / Nußbaumallee 24; mit Poststempel: Straßburg (Els.) 1a 22. 7. 14 12- 1 N.

Westender Stunden dieser Tage] Angesprochen ist der Besuch Simmels bei Jastrows anläßlich seiner Reise nach Berlin, die er im Brief an sie vom 13. Juli 1914 noch als »garnicht sicher« angekündigt hatte. Seinen Geschäften wird er am 18. nachmittags und am 20. vormittags nachgekommen sein, denn am Dienstagnachmittag, den 21. Juli 1914, mußte er wegen der Vorlesung wieder in Straßburg sein. Der Besuch bei Jastrows wird wohl am Sonntag, den 19. Juli 1914 stattgefunden haben.

Ihre Karte] Verschollen.

Verlustes] Es handelt sich um die gegenüber Jastrows bereits angedeutete (ebd.) und in Simmels Schreiben an Agathe Liepmann vom 30. März 1914 angesprochene »Hypothekenangelegenheit«.

Freundschafts-Renommage] Renommage (frz.), Wortbildung der Studentensprache, hier i. S. v. ›prahlerischer Wichtigtuerei‹ (Kluge).

Ihre *emergency*] Engl.: Notfall; hier Anspielung auf die mit Ignaz Jastrows Dienstentlassung einhergehenden Einschnitte (siehe Simmel an Anna und Ignaz Jastrow vom 13. Juli 1914).

Georg Simmel an Karl Rosner

Brief vom 30. Juli 1914
Hs., I. Fetscher, Frankfurt/M.

30 VII 14

Sehr geehrter Herr!

Ich beeile mich, auf Ihre freundliche Aufforderung vom 29. zu erwiedern, daß es mir unmöglich ist, ihr nachzukommen. Die Aufgabe würde, bei meiner Arbeitsweise, nicht Wochen, sondern Monate in Anspruch nehmen u. ich bin von einer solchen Häufung schwierigster Probleme bedrängt, daß die Übernahme einer irgend ausgedehnten Verpflichtung sich schlechthin verbietet. Ich bedauere das um so mehr, als die Aufgabe an u. für sich höchst anziehend ist, u. ich Ihnen nicht einmal einen Autor zu nennen wüßte, in dessen Betätigungsrichtung ihre würdige Lösung läge. Wenigstens im Augenblick nicht. Da mich aber die Angelegenheit sehr lebhaft interessirt, so gestatten Sie vielleicht, daß ich, falls mir bei längerem Nachdenken noch jemand einfällt, Ihnen diesen vorschlage. –

Was Ihren liebenswürdigen Wunsch betrifft, mich überhaupt

bald wieder im *Greif* zu Worte kommen zu lassen, so teile ich ihn durchaus. Vielleicht geben meine Arbeiten im Lauf des Herbstes wieder einmal einen Ausschnitt her, der sich zu dieser Sonderpublikation eignet u. den ich Ihnen dann gern anbieten würde.

In ausgezeichneter Hochachtung Ihr ergebenster

Simmel

an Karl Rosner] Der Adressat des freundlicherweise vom Besitzer zur Verfügung gestellten Briefes galt bisher als unbekannt (vgl. das Angebot im Stargardt-Auktionskatalog Nr. 631, 1984, S. 237). Der Briefinhalt weist auf die Herausgeber der Literaturzeitschrift ›Der Greif‹ (s. u.), wobei Simmels Gewohnheit, ihm nicht persönlich nahestehende Personen mit ihrem akademischen Titel anzusprechen, auf Karl Rosner schließen läßt, auch wenn das Interesse des promovierten und ausgewiesenen Goethekenners Eduard von der Hellen (s. u.) sich mit dem Simmels mehr berührt haben mag.

Brief vom 30. Juli 1914] Gedr. Briefkopf: li.: PROF. SIMMEL; re: STRASSBURG (ELS.).

Aufforderung vom 29.] Verschollen.

die Aufgabe] Näheres ist nicht bekannt.

bald wieder im *Greif* zu Worte kommen zu lassen] Nahezu zeitgleich war erschienen: Simmel: Goethes Gerechtigkeit. Der Greif. Cotta'sche Monatsschrift. Herausgegeben von Karl Rosner und Dr. Eduard v. d. Hellen, 1, 1913/14, Zweiter Band von April 1914 bis September 1914, S. 381-387 (= Heft 11 vom Aug. 1914), Stuttgart und Berlin: J.G. Cotta'sche Buchhandlung Nachfolger (GSG 13, S. 90-97). – Eduard von der Hellen (1863-1927), Literaturhistoriker, Schriftsteller, Verlagsdirektor, war nach der Promotion zum Dr. phil., 1888, Archivar am Goethe-Schiller-Archiv, Weimar, wirkte mit an der Einrichtung des Nietzsche-Archivs und der ersten Nietzsche-Gesamtausgabe und war daneben: 1900-1923 literarischer Beirat des Cotta-Verlages, seit 1910 Aufsichtsrat und seit 1920 Vorsitzender der ›Union Deutscher Verlagsgesellschaften‹. Bekannt wurde er als Verfasser von Erzählungen und Dramen und vor allem durch seine umfangreiche Herausgebertätigkeit, u. a. der Jubiläumsausgabe von Goethes Werken, 1902-1912, und der Säkular-Ausgabe von Schillers Werken, 1904ff. (Kürschner GK 1926, Kürschner LK 1925; Kosch).

anbieten] Dies erübrigte sich, da die Zeitschrift nach Erscheinen des Heftes im Sept. 1914 eingestellt wurde.

Georg Simmel an Norbert von Hellingrath
Brief vom 31. Juli 1914
Hs.; WLB Stuttgart, Cod. hist. 4°626, v, 815

Straßburg, 31. VII. 14

Sehr geehrter Herr Doktor!

Ich danke Ihnen herzlich für die Zuwendung des *Hölderlin*-Bandes, den mir mein Sohn eben überbracht hat u. der mir ein freundliches Zeichen Ihres Gedenkens an unsre Begegnung ist. Mehr als dies Persönliche [–] u. den Wunsch, daß jene Begegnung nicht die letzte gewesen sein möge – auszusprechen ist die Stunde nicht geeignet.

Für heute also nur mit besten Empfehlungen Ihr sehr ergebner

Simmel

Brief vom 31. Juli 1914] an: Herrn / *Dr. Norbert v. Hellingrath / Heidelberg* / Schloßberg 21; mit Nachsendeadresse von fremder Hand: *München / Wolfratshauserstr. 34/a*; mit Poststempel: STRASSBURG (ELS.) 1 31.7.14 3 N.

***Hölderlin*-Bandes]** Norbert von Hellingrath hatte die Ausgabe der Schriften des Dichters Friedrich Hölderlin (1770-1843; NDB) in Angriff genommen: Hölderlin. Sämtliche Werke. Historisch-kritische Ausgabe unter Mitarbeit von Friedrich Seebass besorgt durch Norbert von Hellingrath. München-Leipzig: Georg Müller: 1913 ff. Schon 1913 lagen mit Band I die ›Jugendgedichte und Briefe 1784-1794‹ (besorgt von Friedrich Seebass. Vorrede von Norbert von Hellingrath) und Band V die ›Übersetzungen und Briefe 1800-1806‹ (besorgt durch Norbert von Hellingrath) die ersten beiden Bände dem Verlag vor. Es ist jedoch anzunehmen, daß Simmel den erst 1916 erschienenen Band IV ›Gedichte 1800-1806‹ (besorgt durch Norbert von Hellingrath) empfangen hat; denn diesen hatte Hellingrath als unverkäufliche Vorausgabe, betitelt ›Hölderlin, erste vollständige Ausgabe der hymnischen Gedichte‹ (siehe Georg Peter Landmann, Nr. 371 u. 387) »im Sommer 1914 [...] an die befreundete und gelehrte Welt« versandt, wie Jochen Schmidt der »Flut der Zustimmung und des Dankes« im Nachlaß entnahm (Der Nachlass Norbert von Hellingraths. Hölderlin-Jahrbuch. Begründet von Friedrich Beißner und Paul Kluckhohn. Im Auftrag der Hölderlin-Gesellschaft herausgegeben von Wolfgang Binder und Alfred Kelletat, 13, 1963/64 [1965], S. 147-150, hier: 150).

Sohn eben überbracht hat] Zur Bekanntschaft mit von Hellingrath berichtet Hans Simmel, seinerzeit zwecks wissenschaftlicher Fortbildung »als ›Volontärassistent‹ im pharmakologischen Institut in Heidelberg«: »Ich wohnte in einer Dachstube oberhalb der Stadt in einer steilen alten Gasse nahe dem Schloss. Gundolf hatte seine 2 bescheidenen Zimmer im gleichen Hause. [...] Mittags ass ich mit Gundolf und seinen Freunden, unter denen Norbert von Hellingrath die interessanteste Persönlichkeit war« (Hans Simmel, S. 73). Und zu seinem Umzug nach Straßburg: »Erst in der letzten Juliwoche fingen wir [d. i. seine Freunde in Heidelberg und er] an zu begreifen, was vielleicht geschehen konnte. Da ich nicht wusste, ob Strassburg, das eine Festung war, nicht vielleicht am ersten Tage der Mobilmachung gesperrt werden würde, machte ich am 29. 7. vormittags mein letztes Experiment und fuhr am Nachmittag nach Strassburg. Die Eisenbahnbrücken waren schon bewacht, an der Rheinbrücke standen Maschinengewehre. In Strassburg sah man natürlich schon sehr viele unmittelbare Kriegsvorbereitungen« (ebd., S. 75).

unsre Begegnung] Hinweise auf diese vermutlich während Simmels Besuch des Sohnes in Heidelberg am Wochenende des 27./28. Juni 1914 (siehe Simmel an Anna und Ignaz Jastrow vom 13. Juli 1914) stattgehabte »Begegnung« sind nicht bekannt. – Simmel hatte sich während dieses Heidelberg-Aufenthaltes auch mit Friedrich Gundolf getroffen, wie dieser Stefan George um den 1. Juli berichtete: »Simmel [...] war vorgestern hier, er sieht gut aus, ist resigniert zufrieden mit Strassburg und lässt dir mitteilen dass er dort ein herrliches stilles Fremdenzimmer hat, das deiner harre ...« (Briefauszug in: BdD, S. 144).

Georg Simmel an Hugo Liepmann

Postkarte vom 2. August 1914
Hs.; I. Flatau, Saratoga Springs N.Y., USA

Straßburg 2 VIII 14

Lieber Herr *Liepmann*,

wir wollen Ihnen doch einen Gruß schicken, nur auf einer Karte, da Briefe jetzt hier weder herein noch herausgelassen werden. Ich erlebe die erschütterndsten Tage meines Lebens. Man ahnt doch anderswo nicht, was es heißt, jetzt in der Grenzfestung zu sein. Wenn wir uns noch wiedersehn, so giebt es viel zu sagen, von inneren Wertverschiebungen, deren Möglichkeit ich nicht ahnte. Vielleicht gehen wir fort, um die Festung von unnützen Essern zu entlasten. Hans bleibt natürlich hier fürs Lazareth. Vorläufig schichten wir unsre Perserteppiche auf, zum Nachtlager für einzuquartirende Soldaten.

Wo ist Ihre Frau? Bitte schreiben Sie uns ein Kärtchen, aber ja keinen Brief. Immer Ihre

Simmels

Postkarte vom 2. August 1914] An: Herrn / Prof. *Dr. H. Liepmann / Berlin W 62 / Ahornstr.* 1; mit Poststempel: STRASSBURG (ELS.) 1 2. 8. 14 9-10 N; Prüfstempel: Strassburg (Els.) / Geprüft u. zu befördern / Post Commission.

erschütterndsten Tage meines Lebens] Ähnlich überliefert der Sohn Hans Simmel, daß der Kriegsausbruch seinen Vater »seelisch furchtbar mitgenommen (habe), wenn er es sich äusserlich auch nicht so sehr merken liess«. Und Simmel habe in den ersten Kriegstagen in seinem Tagebuch notiert: »1. August, Krieg! Die grösste Erschütterung meines Lebens... Es ist unfassbar, dass ein paar machtgierige russ. Grossfürsten und serbische Lausbuben dies unermessliche Unglück herbeiführen konnten. ... Vielleicht war ein europäischer Krieg unvermeidlich, aber eine bessere (deutsche) Politik hätte es dahin bringen können, dass Deutschland nicht im Mittelpunkt des Krieges stehen würde. Nun da es so gekommen ist, gibt es nur eines: Deutschland muss um seine Existenz kämpfen bis aufs letzte ... der furor teutonicus ist losgelassen und rast auch in mir.« Und Hans Simmel vermerkt unmittelbar anschließend: »Dabei war er persönlich tief unglücklich. Er hatte das Gefühl, dass der grösste Teil seiner Lebensarbeit vernichtet sei. Würde es nach einem solchen Kriege zunächst irgendwelchen Raum geben für philosophisches Denken, für eine geistige Kultur? Sein ganzes Denken war wie gelähmt. ›Zum ersten Male in meinem Leben hat der Drang nach Arbeit aufgehört, der mich sonst unablässig verfolgte. Mein Ferientag hat begonnen, der der äusserste Gegensatz zu einem Feiertag ist‹« (Hans Simmel, S. 76; Auslassungen im Original).

Grenzfestung] Die spezielle Situation in Straßburg wurde mit der ›Öffentlichen Bekanntmachung‹ des Gouverneurs der Festung Straßburg vom 1. August 1914 fühlbar: »Straßburg im Belagerungszustand. / Mit der Verkündigung des Kriegzustands ist die vollziehende Gewalt für den ganzen Bezirk der Festung Straßburg auf den Gouverneur der Festung übergegangen, wie dies auch an den öffentlichen Anschlagstellen durch das weiße, schwarz-weiß-rot geränderte Plakat kundgetan wird. Aus den dort getroffenen Verordnungen heben wir in Kürze folgende hervor: Oeffentliche Versammlungen dürfen nicht mehr stattfinden, alle politischen Vereine sind aufgelöst. Die Zeitungen unterliegen der Zensur, das Erscheinen der Freien Presse, des Journal d'Alsace-Lorraine und des Nouvelliste ist verboten worden. Sämtliche Wirtschaften und Cafés müssen von 10 Uhr abends bis 5 Uhr morgens geschlossen sein. Der Postverkehr unterliegt den gesetzlich vorgesehenen Beschränkungen, Mitteilungen über Truppenbewegungen sind auch in Briefen verboten, und der Telephonverkehr ist gesperrt.« Zu letzterem wird gesondert bekanntgegeben: »Die Post und der Kriegszustand. / Der *Postverkehr* unterliegt während des Kriegszustandes den Beschränkungen, die im Interesse der Sicherheit des Reichs notwendig sind. Hauptzweck der Beschränkung ist, alle Mitteilungen über Truppenbewegungen und Verteidigungsmaßnahmen zu unterbinden, die, so harmlos sie auch sein mögen, in der Hand des Feindes doch eine gefährliche Waffe gegen die innere Sicherheit werden können. *Alle Mitteilungen über Truppenbewegungen* und sonstige militärische Maßnahmen sind also verboten, und zur Kontrolle der Durchführung dieses Verbots ist folgendes bestimmt: *Verschlossene Briefe und Pakete* werden nicht angenommen, soweit sie aufgegeben sind, dem Absender zurückgegeben oder als unbestellbare Sachen behandelt, also geöffnet und dann zurückgegeben, wenn sich der Absender ermitteln läßt. *Briefe sind offen* in den *Briefkasten zu legen*. Telegramme sind nur in offener deutscher Sprache zulässig und müssen bei der Auslieferung mit der Angabe des Namens und der Wohnung des Absenders versehen sein. Auf Verlangen müssen sich Absender und Empfänger legitimieren. Chiffretelegramme und solche in fremden Sprachen sind nicht zulässig. Der private *Fernsprechverkehr* hört im allgemeinen auf, Ausnahmen sind nur mit militärischer Erlaubnis zulässig. Der *Funkentelegraphenverkehr* ist eingestellt. / Diese Bestimmungen gelten für ganz *Elsaß-Lothringen* und in der Rheinpfalz; in der Weise, daß sowohl von hier ausgehende, als auch nach hier bestimmte Sendungen davon betroffen werden. In gleicher Weise gelten sie für die benachbarten *preußischen Kreise*« (StP, Nr. 876 vom 1. Aug. 1914, Mo. Bl.).

Festung von unnützen Essern zu entlasten] Simmel muß von der Sorge, im Belagerungsfall die Zivilbevölkerung in der Grenzfestung vor einer Ernährungsnotlage zu schützen, und den geheimen Plänen des Generalstabs und der Stadtverwaltung gehört haben: »Bei Kriegsausbruch drohte der Zivilbevölkerung eine ganz besondere und eigenartige Gefahr. Der Generalstab der Festung hatte nämlich die *Abschiebung mehrerer zehntausend Einwohner* für die ersten Wochen nach der Mobilmachung vorgesehen. Hierfür bestand schon ein genauer *Eisenbahnfahrplan.*« Nach gewissen Grundsätzen »wurde auf Ersuchen des Generalstabs unmittelbar nach der Kriegserklärung von der Stadtverwaltung schleunigst eine Karthotek der abzuschiebenden Personen aufgestellt und für jeden Einzelnen eine genaue Verfügung vorbereitet. Von diesen Maßnahmen und Gefahren, die ihr drohten, hatte die Zivilbevölkerung keine Ahnung« (Alexander Dominicus: Straßburgs Bürgermeister Back und Schwander 1873-1918. Frankfurt/M. 1939, S. 88). – Dank für sechs Monate ausreichender Lebensmitteleinlagerung konnte Straßburgs Bürgermeister Rudolf Schwander am 15. Aug. 1914 den Generalstab zum Verzicht auf diesen Abschiebungsplan bewegen; in Metz hingegen mußte eine solche Abschiebung durchgeführt werden (vgl. ebd., S. 89).

Wo ist Ihre Frau?] Simmel wußte offensichtlich, daß Agathe Liepmann mit ihren Kindern zu einem Ferienaufenthalt nach Laboe aufgebrochen war, wo sie in diesen Tagen noch war (vgl. Hamburger-Liepmann, S. 157f.).

Georg Simmel an Gustaf F. Steffen

Postkarte vom 2. August 1914
Hs.; UB Göteborg

Strassburg (Elsass) 2. VIII. 14
Sternwartstr. 17

Sehr verehrter Herr Kollege!

Darf ich Sie in der jetzigen Lage, deren Bedrängnisse ich nicht anzudeuten brauche, ohne Vorrede um einen Dienst bitten? Wir haben Verwandte in Petersburg, mit denen wir jetzt außer Verbindung sind u. deren Schicksal, da sie Deutsche sind, uns sehr beunruhigt. Würden Sie wohl die Güte haben, eine Postkarte folgenden Inhalts zu schreiben: Herrn Louis Jacobs, St. Petersburg, Jamskaja 40/44 Comptoir C. Siegel. Professor Simmel lässt Sie bitten, eine Nachricht über Ihr Ergehen auf einer Postkarte an mich gelangen zu lassen. Dann Ihre Adresse. Falls Sie Antwort erhalten bitte ich Sie um die weitere Gefälligkeit, diese auf eine offene Postkarte abzuschreiben (geschlossene Briefe werden jetzt nicht nach Strassburg hineingelassen) u. diese mir zu senden. – Ich hoffe, dass Sie diese Inanspruchnahme mit der Not dieser furchtbaren Zeit entschuldigen u. überzeugt sein werden, dass ich Ihnen jederzeit zu Gegendiensten bereit bin. Für heut einen herzlichen Dank im Voraus!

Ihr sehr ergebner

Simmel

Postkarte vom 2. August 1914] An: *Herrn / Professor Gustaf F. Steffen / Göteborg (Schweden) / Universität*; mit Poststempel: STRASSBURG (ELS.) 1 2. 8. 14 9-10 N.

ohne Vorrede um einen Dienst bitten] Zur Beziehung zwischen Simmel und Steffen siehe Simmels Briefe an Steffen in GSG 22.

Verwandte in Petersburg] In Sankt Petersburg ansässig war Gertrud Simmels ältere Schwester Helene (1862-1945) und der ihr am 25. Juni 1885 angetraute Ludwig (Louis) Jacobs (1858-1927), Direktor der Aktiengesellschaft C. Siegel, St. Petersburg, sowie deren dort geborene Kinder: Friedrich Ludwig (Fritz), geb. 11. Mai 1891, Gertrud, geb. am 28. Mai 1893, Eva, geb. am 14. Jan. 1895, und Werner, geb. am 13. Juli 1901 (Mttl. H. Kupffer und B. Davis; Hochzeitsanzeige in VZ, Nr. 295 vom 28. Juni 1885, S. 22).

deren Schicksal ... uns sehr beunruhigt] Dies vor allem auch im Interesse von Gertrud und Eva Jacobs, die im SS 1914 in Freiburg i. Br. studierten und sich beunruhigt über das Schicksal der Eltern an Simmels gewandt hatten: Gertrud Jacobs schreibt in ihrem Tagebuch am 6. Aug. 1914, daß sie am 27. Juli 1914 morgens erfahren habe, »daß der Krieg zwischen Österreich und Serbien schon begonnen habe. Eva war schon im Kolleg. Ich begab mich zugleich auf die Kaiserstraße [heute: Kaiser-Joseph-Straße], wo ich dasselbe angeschlagen fand. In Zeitungen, die ich mir kaufte, war natürlich schon die Frage über Rußlands Verhalten – die für uns und alle wichtigste Frage – angerührt. In dem Augenblick setzte die Erregung ein und es begann die Zeit von beständigem Auf- und Abschwanken der Hoffnung. Mittags traf ich Eva und wir überlegten alles. Wir hatten kein Geld zum Reisen, es stand aber zu erwarten. Wir sprachen vom Kriege als etwas, daß man in Betracht ziehen müsse, das aber doch ganz sicher nicht eintreffen werde. – Immerhin saß ich in ziemlicher Unruhe Nachmittags zu Hause, als Herr Stein [d. i. Arthur Stein] kam, um sich ein Buch zu holen. Ich fragte ihn über Reisemöglichkeiten im Mobilisierungsfalle aus, allein er wusste nicht ordentlich Bescheid und versprach sich zu erkundigen. Abends kam er wieder und war bei Rickerts gewesen. Rickert hatte ihm gesagt: wenn wir reisen wollen, müßten wir das sofort tun, denn in den nächsten Tagen könne man nichts mehr wissen. Unterdessen war schon ein

Boote von Tante Trude [d. i. Gertrud Simmel] gekommen, ob Vater schon über uns verfügt habe, und wir sollten doch nichts unternehmen ohne seinen Befehl. So gingen wir an die Post und telegraphierten: ›Sollen wir sofort reisen?‹ – [...] Am Dienstag [28. Juli 1914] blieb ich zuhause, um das Telegramm vom Vater nicht zu verfehlen. Allein es kam nicht. Dafür kam das Geld und mit ihm Briefe von Vater und Mutter, vom Sonnabend datiert, die nicht ein einziges Wort von Kriegsgedanken enthielten. Ich ging an die Kaiserstraße, um die Aushänge zu sehen. Die Sorge wurde ernsthafter, allein alles sprach von Hoffnung auf Vermittlung und Lokalisierung des Krieges. Den ganzen Nachmittag warteten wir auf das Telegramm, aber vergeblich. Wir hörten, daß der Telegraphenverkehr schon abgeschnitten sei. Wir schrieben wieder an Simmels. [...] Ich hörte fernes Hurrarufen und raffte mich plötzlich auf, um unter Menschen zu kommen. Ich ging auf die Kaiserstraße, wo viele Menschen hin- und herwogten. Vor den Zeitungsstellen standen schwarze Haufen. Ich drängte mich herzu: Österreichs offizielle Kriegserklärung an Serbien. Dann hörte man Gesang sich nähern. Ein Trupp von etwa 80-100 halbwüchsigen Burschen kam in beinahe Laufschritt heranmarschiert. Sie sangen die Wacht am Rhein und Deutschland, Deutschland über alles. Vorauf gingen drei, von denen der mittelste alle 5 Minuten seine Mütze herunterriß, und sich umwendend rief: ›nieder mit Serbien!, Österreich hoch!‹ Dann schwenkten sie ihre Mützen und schrien hurra. Am nächsten Tage erfuhr ich, daß sie kurz vorher einen sozialdemokratischen Redner, der gegen den Krieg hatte sprechen wollen, am Reden verhindert hatten. [...] – Am Mittwoch ging Eva wieder früh ins Kolleg, und ich ins Institut. Dort konnte ich es wieder nicht aushalten und lief nach Hause. Ein Telegramm von Tante Trude war da, die sich zum Mittag bei uns anmeldete. Den ganzen Nachmittag berieten wir nun, was zu tun sei. Inzwischen erfuhren wir von Rußlands Mobilmachung im Süden und Südwesten. Wir telegraphierten noch einmal dringend an den Vater und beschlossen, wenn nichts käme, am nächsten Tage nach Berlin zu reisen. Gegen Abend kam Stein und riet, doch noch in der Nacht zu reisen. Wir packten rasch, Tante Trude reiste ab, Stein besorgte uns Billets und bestellte einen Wagen zu ½12, der uns an die Bahn bringen sollte, dann nahm auch er Abschied« (Tagebuch Jacobs, S. 40-44).

geschlossene Briefe] Zur Regelung des Postverkehrs siehe Simmel an Hugo Liepmann vom 2. Aug. 1914.

Georg Simmel an Hugo Liepmann

Postkarte vom 8. August 1914
Hs.; I. Flatau, Saratoga Springs N.Y., USA

Str. 8 VIII 14

Lieber Herr Liepmann,

Dank für Ihre Karte. Die Frage, wo wir uns aufhalten werden, will ich nur gleich beantworten: wir bleiben so lange hier, bis es zweckmäßig ist, die Festung von Zivilisten zu entlasten. Ich habe heute einen nicht unwichtigen Posten übernommen. Meine Frau ist eifrig beim Samariter-Bund, Hans praktizirt vorläufig noch bei der Ortskrankenkasse. Ich habe den Eindruck, daß das deutsche Volk eine Kraft entfalten wird, wie sie in diesem Umfang noch nicht in der Weltgeschichte aufgetreten ist. Ich meine, jeder muß empfinden, daß eine *absolute* Situation da ist, wie man sie sonst im Leben kaum kennt, in der es Relativitäten u. Bedingheiten überhaupt nicht mehr giebt. Es ist das ungeheuerste Erlebniß.

Wir sind hier in unsrer Abgeschlossenheit, in die nur wenig Nachrichten dringen u. wo geschlossene Briefe verboten sind, für jede Karte doppelt dankbar. Gedenken Sie unser, in dieser u. jeder andern Hinsicht!

Ihnen u. Ihrer Frau das Herzlichste von uns dreien! Ihr

Simmel

Postkarte vom 8. August 1914] An: Herrn / Professor *Dr. H. Liepmann / Berlin W 62* / Ahornstr. 1; mit Poststempel: Straßburg (Els.) 1u 8.8.14. 3-4 N; Prüfstempel: Strassburg (Els.) P. K. Gepr. und zu beförd.

Karte] Verschollen.

wir bleiben] Noch am 2. Aug. 1914 hatte Simmel Liepmann mitgeteilt, man werde vielleicht fortgehen. – Die Frage, ob man Straßburg verlassen sollte, wurde wohl in Universitätskreisen heftig diskutiert. Sie wollten »da bleiben, da so viel zu helfen sei«, hatten Simmels auf einer Postkarte die Nichte Gertrud Jacobs wissen lassen und diese damit irritiert, habe doch »Gertrud K. [d.i. Kantorowicz] eine andere Karte erhalten«, derzufolge Simmels »wohl Strbg. verlassen« würden (Eintrag vom 5. Aug. 1914 in: Tagebuch Jacobs, S. 66). Auch Georg Friedrich Knapp schrieb seiner Tochter Marianne Lesser: »Wir denken gar nicht an Fortgehen; hinaus kann man noch lange [...] Herr Prof.

Kohlrausch hat die Seinigen heute nach Ingelheim gebracht, er selbst bleibt hier, wie die meisten« (Postkarte vom 13. Aug. 1914, Nl Knapp im Familienarchiv Heuss, Basel). – Eduard Kohlrausch (1874-1948), Jurist, seit 1913 o. Prof. in Straßburg (DBE).

nicht unwichtigen Posten] Gemeint ist wohl die dann aufgrund einer Mitteilung Gertrud Simmels an Gertrud Jacobs in deren Tagebuch unter dem 13. Aug. 1914 erstmals erwähnte, »täglich 7 Stunden« einnehmende Tätigkeit auf der Post zur »Zensur der Telegramme«. Außerdem habe Simmel einen »freiwilligen Botendienst von Radfahrern in Straßburg« eingerichtet (Tagebuch Jacobs, Einträge vom 13., 15. und 17. Aug. 1914, S. 88, 93, 96). – Über diesen Einsatzbereich unterrichtet der Rückblick des Kirchenhistorikers Johannes Ficker, der die von ihm angeregte und »in der ersten Kriegswoche [...] in einer vom Rektor einberufenen Versammlung der Professoren« beschlossene »zentrale Kriegsstelle der Universität« leitete: »Auch zur Mithilfe bei der Bewältigung der im Kriege der Post- und Telegraphenverwaltung zuströmenden Arbeit ist eine Anzahl von Männern der Universität herangezogen worden. Die Mobilmachung nahm sofort für die Prüfung der Telegramme besondere Kräfte in Anspruch. Mit der Arbeit, die in einem der großen Säle des Telegraphenamts unter dem unaufhörlich zuckenden und anschlagenden Geräusche der vielen Apparate zu erfolgen hat, sind außer den beiden, die nach freiwilligem Erbieten militärdienstlich dies Amt übernommen hatten und seiner jetzt noch walten, von Anfang an bis jetzt acht beschäftigt worden, nacheinander in mehrmonatlicher Tätigkeit sich ablösend.« Bericht über die Tätigkeit der Kriegsstelle der Kaiser Wilhelms-Universität vom Ausbruche des Krieges bis zum Beginn des Sommer-Halbjahrs 1915. In: Stiftungsfest KWU 1915, S. 21 u. 24.

Meine Frau ist eifrig beim Samariter-Bund] Gertrud Simmel besuchte einen Verbandkursus, wie ihre Nichte Gertrud Jacobs unter dem 13. Aug. 1914 vermerkt (Tagebuch Jacobs S. 88).

Hans praktizirt] Hans Simmel hält fest: »Als am 1. August die Mobilmachung verkündet wurde, ging ich zum Garnisonsarzt und stellte mich zum Dienst in irgendeinem der Strassburger Lazarette zur Verfügung. Als regulärer ›Kriegsfreiwilliger‹ konnte ich mich nicht melden, da ich dann erst 6 Wochen Rekrutendrill hätte machen müssen, was ich wegen der Ischias nicht leisten konnte; aber ich konnte mich ja auch ohne das als Arzt in gleicher Weise nützlich machen. [...] Da der Garnisonsarzt nicht sofort Arbeit für mich hatte, ging ich zum ärztlichen Verein. Der war gerade dabei, eine Art Poliklinik einzurichten zur Entlastung der Aerzte; viele hatten sich ja schon in den ersten Tagen zum Heeresdienst zu melden, und die Versorgung der Zivilbevölkerung musste zunächst einmal provisorisch geregelt werden. Da konnte ich gleich tüchtig mithelfen. Vom 4. Aug. ab war ich dem Festungslazarett XI zugeteilt als Assistenzarzt. Der Chefarzt […], ein älterer Frauenarzt, war eine Seele von einem Menschen, ärztlich mäßig begabt und organisatorisch völlig hilflos. Ich tat mein Bestes, um ihm bei der Einrichtung des Lehrerseminars als Lazarett für leichtere chirurgische Fälle behilflich zu sein« (Hans Simmel, S. 75, 77).

geschlossene Briefe] Zur Regelung des Postverkehrs im Bereich der Festung Straßburg siehe Simmel an Liepmann vom 2. Aug. 1914.

Georg Simmel an Margarete von Bendemann

Postkarte vom 9. August 1914
Hs.; LBI New York, Susman Collection

Straßburg 9 VIII 14

Liebe Susa,

ihr sollt doch in diesen furchtbaren u. großen Tagen einen Gruß von uns haben. Es ist ein unerhörtes Erlebniß, wenn ein Volk von 65 Millionen, vom Kaiser bis zum eben gebornen Proletarierkind vor der Frage: Sein oder Nichtsein steht. Alles, was ich bisher an Erschütterndem erlebt habe, ist dünn u. schmal dagegen, persönliche Schicksale sind überhaupt nicht in einem Atem damit zu nennen. Aber ich glaube, daß es zu einer Kraftentfaltung des Volkes kommen wird, wie die Weltgeschichte sie noch nie erlebt hat.

Die Existenz in der Grenzfestung ist doch noch ganz anders, als sie jetzt in Berlin sein kann. Es dringen sehr wenig Nachrichten zu uns, geschlossne Briefe werden nicht herein u. nicht heraus gelassen, auf den Straßen giebt es buchstäblich seit 8 Tagen keinen Wagen, der nicht militärischen Zwecken diente, für die notwendigen Lebensmittel sind Preistaxen festgesetzt. – Wenn wir diesen Krieg überleben, so werden wir, in irgendeinem, aber sehr radikalen Sinne, andre Menschen sein. – Hans wird in einem hiesigen Lazarett praktiziren, Gertrud wird pflegen u. nimmt einen entsprechenden Kurs, ich selbst suche mich auf irgend eine Weise nützlich zu machen, was leider nicht so schnell gelingt.

Laß auf einer *Karte* hören, was von euch zu melden ist. Tausend Grüße u. alles Liebe!

Georg.

Weißt du etwas von *Groethuysen*?

Eben bekomme ich die angenehme Nachricht, daß man mich zu einem Vertrauensposten verwenden will.

Postkarte vom 9. August 1914] An: Frau / *Margarete v. Bendemann / Rüschlikon* bei *Zürich*; mit Poststempel: STRASSBURG (ELS.) 1 9. 8. 14 [unles.]; mit Prüfstempel: Straßburg (Els.) PK Geprüft und zu befördern.

in diesen furchtbaren u. großen Tagen] Zu Simmels Stimmungslage siehe Simmel an Hugo Liepmann vom 2. Aug. 1914.

Existenz in der Grenzfestung] Siehe ebd.

Preistaxen festgesetzt] Als sich Mitte Juli 1914 abzeichnete, daß der Krieg nicht zu umgehen sei, häuften sich Bevorratungskäufe vor allem von Lebensmitteln, was zu spürbaren Preissteigerungen führte. Die Stadt meinte daher Ende Juli, den Handel ermahnen zu müssen (StP, Nr. 870 vom 30. Juli 1914., Mi.Bl.). Da das erfolglos blieb (vgl. StP, Nr. 876 vom 1. Aug. 1914, Mo.Bl.), verordnete der Gouverneur von Straßburg am 3. Aug. 1914 »Kleinverkaufspreise für Nahrungsmittel« und drohte bei Zuwiderhandlung mit »Ladenschließung und Warenbeschlagnahme« (StP, Nr. 886 vom 4. Aug. 1914, Mi.Bl.).

Hans ... Lazarett praktiziren] im Original: Lazaret. – Zu Hans Simmels Einsatz siehe Simmel an Hugo Liepmann vom 8. Aug. 1914.

Gertrud wird pflegen] Da es hier um die Aktivitäten der Familie Simmel geht, ist wahrscheinlich von Gertrud Simmel die Rede (siehe Simmel an Hugo Liepmann vom 8. Aug. 1914), auch wenn dies Simmels Gewohntheit, diese mit »die Frau« oder »meine Frau« zu bezeichnen, entgegensteht. Gertrud Simmel und Margarete von Bendemann waren per Du. Denkbar ist allerdings auch, daß Gertrud Kantorowicz gemeint ist, über deren Ausbildung zur Krankenpflege nichts bekannt ist, wohl aber, daß sie eine Lazarettätigkeit anstrebte und seit Okt. 1914 auch ausübte (siehe Simmel an Margarete von Bendemann vom 20. Okt. 1914).

Groethuysen] Angesprochen ist Margarete von Bendemanns Briefkontakt mit Bernhard Groethuysen, der sich zu Forschungszwecken in Frankreich aufhielt.

Vertrauensposten] Gemeint ist wohl die Zensur der Telegramme; siehe Simmel an Hugo Liepmann vom 8. Aug. 1914.

Georg Simmel an Hugo Liepmann

Postkarte vom 11. August 1914
Hs.; I. Flatau, Saratoga Springs N.Y., USA

Straßburg 11.VIII.14

Verehrter Freund,

Ihre Karte vom 7. habe ich *heute* erhalten; von Berlin hierher braucht es jetzt oft 5 Tage, zurück scheint es schneller zu gehn. Ich habe übrigens von dem, was mir Ihr Freundschaftsdienst zur Verfügung stellte, die Hälfte erhoben, wodurch es mir möglich wurde, den *sichren* Verlust des Ganzen abzuwenden. Die betr. Summe ist zum allergrößten Teil so verwendet, daß sie bei der spätren Subhastation *vor* der *1.* Hypothek bezahlt werden muß; freilich u. hoffentlich wird die Regulirung so lange hinausgeschoben, bis wieder erträgliche Verhältnisse herrschen. Da ich von meinem Anwalt lange keine Nachricht habe (ich vermute, daß das ganze Büro im Felde ist), so möchte ich Sie bitten, sich mit der Rechnungslegung so lange zu gedulden, bis ich selbst die Dinge übersehen kann. Hätte man den Krieg kommen sehn, so hätte ich natürlich keinen Finger in der Sache gerührt. Ich gebe zugleich mit diesem an die D.B. Order, die noch ausstehende Summe an Sie zurückzuüberweisen, so daß Sie keine weitre Mühe davon haben. Nochmals herzlichen Dank für das Getane u. das Gewollte. – Das wie äußre Leben ist hier wunderbar geräuschlos, es ist ein Erlebniß, das zwischen alle Vergangenheit u. alle vielleicht noch zu erlebende Zukunft einen dicken Strich setzt. Ich habe jetzt einen eigenartigen Vertrauensposten bekommen. Hans richtet ein Lazarett ein. Die Frau ist in Vorbereitung ihrer Pflegetätigkeit. – Die Trennung von den alten Freunden ist sehr hart. Jetzt, wo die Frucht von allem, was ich im Leben gearbeitet habe, auf dem Spiel steht, wäre es ein großer Trost, die Menschen vor Augen zu haben, die man nicht mehr verlieren kann, komme was wolle.

Leben Sie wohl u. gedenken Sie unser in Treue! Ihre

Simmels

Postkarte vom 11. August 1914] An: Herrn / Prof. *Dr. H. Liepmann / Berlin W 62 / Ahornstr.* 1; mit Poststempel: [unles.] (ELS.) 1 a

11.8. 14. 11-12 V; Prüfstempel: Straßburg (Els.) P.K. Geprüft und zu befördern.

Karte] Verschollen.

Ihr Freundschaftsdienst ... Verlust des Ganzen abzuwenden] Gemeint ist Liepmanns Angebot, Simmel in einer »Hypothekenangelegenheit« zu helfen (Simmel an Agathe Liepmann vom 30. März 1914); diese steht wahrscheinlich in Zusammenhang mit der »sehr unangenehmen Angelegenheit« (Schreiben an Ehepaar Jastrow vom 13. Juli 1914), für die Simmel dann in Berlin »einen gewissen Aufschub des Verlustes« erwirken konnte (Brief an Anna Jastrow vom 22. Juli 1914).

Subhastation] Frz.: gerichtliche Versteigerung.

meinem Anwalt] Name konnte nicht ermittelt werden.

D. B.] Deutsche Bank.

Vertrauensposten] In der Telegrammzensur; siehe Simmel an Hugo Liepmann vom 8. Aug. 1914.

Hans richtet ein Lazarett ein] Zu Hans Simmels Einsatzbereich siehe ebd.

Vorbereitung ihrer Pflegetätigkeit] Siehe ebd.

Georg Simmel an Ignaz und Anna Jastrow

Postkarte vom 16. August 1914
Hs.; LBI New York, Simmel Collection

Str. 16 VIII 14

Liebe Freunde,

für uns gehört es zu den großen Härten dieser furchtbaren u. großen Zeit, daß wir von allen unsern Freunden getrennt sind. Wir haben ja das große Glück, noch zu dreien zusammenzusein, aber im Übrigen leben wir wie auf einer einsamen Insel, unsre Straße u. ein großer Teil der Stadt ist wie ausgestorben, man sieht nichts sich Bewegendes als Artilleriezüge u. Verpflegungskolonnen, dann u. wann rast ein Auto mit einem Offizier hindurch – sonst ist alles totenstill. Diese Abgeschnürtheit der Grenzfestung, in der wir schließlich doch noch Fremde sind u. keinen Freund haben, zu ertragen, ist bisher die eigentliche Leistung, die mir auferlegt ist. Natürlich kommt es auf dieses Persönliche so wenig an, wie auf irgend ein andres; nur daß eben all das Gewaltige u. Absolute, in dem dies untergeht, uns unter den hiesigen Umständen so viel weniger anschaulich u. sozusagen sinnlich mitreißend ist, als wenn man sich unter Tausenden von Gleichgesinnten u. dabei sehr Nahestehenden befindet. Ich habe täglich von 1-8 Dienst beim Telegraphen, der übrigens in keiner Weise schwer ist, außer an sehr heißen Tagen. Dies sind natürlich die erträglichsten Stunden des Tages, schlimm sind die beschäftigungslosen; denn Arbeit ist innerlich unmöglich, u. nur äußerlich setze ich mich täglich ein Stündchen daran, aus einem Gefühl, daß man in unserm Alter die Gewohnheit nicht ganz abbrechen dürfe; man fände sie vielleicht nicht wieder. Aber freilich, in dem Deutschland, das zurückbleiben wird, ist das wahrscheinlich sehr gleichgültig.

Haben denn meine Zeilen über den Fall J. in der *Zukunft* gestanden? Ich habe sie hier nicht zu sehen bekommen.

Wir grüßen Sie alle von Herzen Ihr

Simmel

Postkarte vom 16. August 1914] An: Herrn u. Frau / Prof. *Jastrow / Berlin-Westend* / Nußbaumallee 24; mit Poststempel: STRASSBURG (ELS.) 1 17.8.14 11-12 v; Prüfstempel: Straßburg (Els.) P. K. Geprüft und zu befördern.

Härten dieser furchtbaren u. großen Zeit] Zur Lage Simmels in der Grenzfestung Straßburg siehe Simmel an Hugo Liepmann vom 2. Aug. 1914 und an Margarete von Bendemann vom 9. Aug. 1914.

zu dreien] Also die Familie Simmel: Gertrud, Georg und Hans.

von 1-8 Dienst beim Telegraphen] Siehe Simmel an Hugo Liepmann vom 8. Aug. 1914. – Dagegen erinnert Sohn Hans: »Uebrigens hatte inzwischen auch mein Vater einen Kriegsdienst gefunden: auf der Zensurstelle des Strassburger Telegraphenamtes fehlte es bald an Arbeitskräften, besonders für den Spätdienst. So hat er in vielen Nächten von 8 bis 2 dort gearbeitet« (Hans Simmel, S. 78).

meine Zeilen über den Fall J. in der *Zukunft*] Simmels Stellungnahme zu Jastrows Ausscheiden aus der Handelshochschule (siehe Simmel an Anna und Ignaz Jastrow vom 13. Juli 1914) sollte erst im Oktober erscheinen: Simmel: Der Fall Jastrow. Die Zukunft 89, 1914, Heft 10, S. 32-36; GSG 17, S. 115-118.

Sie alle] Eingeschlossen sind die Jastrow-Töchter Elisabeth und Beate.

Georg Simmel an Margarete von Bendemann
Postkarte vom 22. August 1914
Hs. o. U.; LBI New York, Susman Collection

Str. 22. VIII. 14

Liebe Susa,

Gott sei Dank, daß nun, seit gestern, Nachricht von Euch da ist. Wir waren schon ganz verzweifelt über diese Verschollenheit. Ja, es sind furchtbare u. große Tage, das Leben steht auf einer ganz neuen Basis, deren Weite u. Tiefe ich nicht ahnte. U. es ist nicht denkbar, daß es je wieder, solange wir leben, zu den unbefangnen alten Voraussetzungen zurückkehren könnte. Ein unerhörtes Erlebniß, das Schicksal der ganzen Kulturwelt unmittelbar als das ganz persönliche zu fühlen, nicht mehr ein Teil, sondern zugleich nun absolute Unwichtigkeit u. der Träger des Ganzen u. jedes einzelnen ist das! Mit dem eignen Gefühl das Ganze zu umfassen u. zugleich mit dieser Erweiterung, die fast zersprengt, der Gedanke der Vernichtung! Gestern war die Spannung auf einen Grad gestiegen, daß ich es kaum zu überleben glaubte. Da kam die Nachricht von unserm wundervollen Sieg u. löste sie, wenn auch nur vorübergehend. Denn das Schwerste steht uns natürlich noch bevor. Aber Deutschland ist offenbar allen Schicksalen gewachsen. Es ist eine Größe, ein Ernst, eine Tüchtigkeit in diesen Wochen an die Oberfläche gekommen, an der man in den letzten Jahren manchmal hätte irre werden können. Andrerseits aber scheint es, als ob bei den meisten von unsren Feinden alles, was die Menschheit an Gemeinheit birgt, an die Oberfläche gekommen wäre. Die Franzosen sind noch die besten. Aber England u. vor allem Japan haben einen solchen Abgrund an räuberischer Gemeinheit entwickelt, daß man sich seines Menschentums schämt. Ich bin wahrhaftig kein Chauvinist, aber auf das Deutschland dieser Tage werde ich stolz sein bis an mein Ende – auch wenn es dann nicht mehr bestehen sollte. Groeth. ist völlig unbegreiflich.

10 000 Grüße!

Postkarte vom 22. August 1914] An: Frau / *Margarete v. Bendemann* / *Rüschlikon* bei *Zürich*; mit Poststempel: STRASSBURG (ELS.) 1

[unles.]; mit Prüfstempel: Straßburg P.K. Geprüft und zu befördern; mit hs. Trennlinie am Textende und Absenderangabe: Prof. *Simmel*, Sternwartstr. 17.

Nachricht von Euch ... verzweifelt über diese Verschollenheit] Margarete von Bendemanns Antwort auf Simmels Postkarte vom 9. Aug. 1914 ist verschollen. – Hans Simmel vermerkte für diese Tage ganz allgemein: »Man schrieb viele Briefe, um sich zu erkundigen, wo dieser oder jener wäre« (Hans Simmel, S. 78 f.).

Gestern war die Spannung ... Nachricht von ... Sieg] Gemeint sind die Gefechte in Elsaß-Lothringen: Die 14. Division unter General Bonneau hatte am 8. Aug. 1914 Steinbach, Sennheim und Mülhausen erstmals und nach der deutschen Rückeroberung am 10./11. Aug. 1914 und dem Vormarsch der 1. und 2. Französischen Armee auf das Elsaß am 19. Aug. 1914 erneut vorübergehend besetzt; seit dem 20. Aug. 1914 hatten anhaltende Gefechte in den mittleren Vogesen für Beunruhigung unter den Deutschen im Elsaß gesorgt, bis schließlich am 22. Aug. 1914 über die Abwehr der französischen Offensive unter der Schlagzeile »*Der erste große Sieg*« in der StP (Nr. 925 vom 22. Aug. 1914, Mo. Bl.) als erste Meldung zu lesen war: »*Zwischen Metz und den Vogesen.* / Berlin, 21. Aug. Unter Führung Sr. Kgl. Hoheit des Kronprinzen von Bayern haben Truppen aller deutschen Stämme gestern in *Schlachten zwischen Metz und den Vogesen* einen *Sieg* erkämpft. Der mit starken Kräften in Lothringen vordrängende Feind wurde auf der ganzen Linie unter schweren Verlusten zurück geworfen. *Viele tausend Gefangene* und zahlreiche Geschütze sind ihm abgenommen. Der Gesamterfolg läßt sich noch nicht übersehen, da das Schlachtfeld einen größeren Raum einnimmt, als in den Kämpfen von 1870/71 unsere gesamte Armee in Anspruch nahm. Unsere Truppen, beseelt vom unaufhaltsamen Drängen nach vorwärts, *folgen dem Feind* und setzen den Kampf auch heute fort.« – Vgl. dazu Otto Flake: »Die Franzosen, die mit roten Hosen und roten Käppis ins Feld rückten, hatten in der Mühlhauser Gegend einen Einbruch versucht; er war zum Stillstand gekommen, und die Gefahr, daß Straßburg belagert werde, bestand nicht mehr« (Flake, S. 215 f.).

England ... Japan] Bezugnahme auf die Angriffe auf deutsche Kolonien, insbesondere die englische Besetzung von Lome (Togo) am 8. Aug. 1914 und das Abkommen Englands mit Japan hinsichtlich des Vorgehens gegen Kiautschou mit der Folge des vom japanischen Botschafter am 19. Aug. 1914 in Berlin gestellten Ultimatums, »wonach Kiautschou bis zum 15. Sept. ohne Gegenleistung an Japan übergeben werden sollte«. Der Krieg in den Kolonien vom Kaiserl. Bezirksamtmann a. D. Dr. Karstedt in Steglitz. In: Meyers, Kriegsnachtrag III, S. 120-123; hier: 123.

Groeth. ist völlig unbegreiflich] Die Bemerkung bezieht sich wohl auf Margarete von Bendemanns Mitteilungen über ihre seit Kriegsausbruch abgebrochene Korrespondenz mit Bernhard Groethuysen; dieser war im Sommer 1914 erneut für seine Forschungen über ›Die Entstehung der bürgerlichen Welt- und Lebensanschauung in Frankreich‹ nach Paris gereist und hatte der Freundin von der Entdeckung einer »ganz unbekannte[n] Bibliothek« in Rouen berichtet: »Es liegen Tausende von Broschüren, Memoiren, Predigten da, ich kann sie jetzt nicht im Stich lassen« (Brief o. D., abgedruckt in: Große Kracht, S. 76). Und noch am 28. Juli 1914 hatte er ihr eine erneute Reise nach Rouen angekündigt (ebd.).

Richard Wille und Richard Pflug, Verlag J.C.B. Mohr (Paul Siebeck), an Georg Simmel

Briefdurchschlag vom 26. August 1914
Tps. m.e.U.; VA Mohr Siebeck, Tübingen

26. August 1914.

Sehr verehrter Herr Professor,

von Herrn Dr. Beck habe ich schon längere Zeit nichts mehr gehört. Ich weiss auch nicht, ob er vielleicht am Kriege teilnimmt. Für alle Fälle gestatte ich mir deshalb, den beiliegenden Kontoauszug für die Deutsche Gesellschaft für Soziologie an Sie zu senden und Sie höflichst zu bitten, Ihrerseits freundlichst dafür Sorge tragen zu wollen, dass mein Guthaben an mich abgeführt wird.

In vorzüglicher Hochachtung Ihr ergebenster

J.C.B. Mohr (Paul Siebeck) in Tübingen
i.V. R. Wille R. Pflug

Briefdurchschlag vom 26. August 1914] An: Herrn Professor Dr. G. Simmel / *Berlin – Westend* / Königin Elisabethstrasse 16. Mit Absenderkürzel: W.-n.2.A. – Handschriftlich unterschrieben von R. Wille und R. Pflug.

Dr. Beck] Hermann Beck, Schriftführer der DGS.

Kontoauszug] Nicht überliefert. – Er sollte belegen, daß die DGS die Drucklegungskosten für die 1913 verlegten Verhandlungen des

Zweiten Deutschen Soziologentages bisher nicht beglichen hatte. Simmel war angeschrieben worden, da er den Verlagsvertrag als Vorstandsmitglied der DGS unterzeichnet hatte (siehe Oskar Siebeck an Simmel vom 26. März 1913).

J.C.B. Mohr (Paul Siebeck) in Tübingen] Stempel.

Georg Simmel an Agathe Liepmann

Postkarte vom 30. August 1914
Hs.; I. Flatau, Saratoga Springs N.Y., USA

Straßburg 30 VIII 14

Verehrte Freundin,

ich habe sehr das Bedürfniß, Ihnen beiden wieder einen Gruß von uns zu schicken u. von Ihnen ein Wort zu hören. Es ist die merkwürdigste Existenz in dieser einsamen, idyllischen, grünen Straße, wo von den ungeheuren Entscheidungen dieser Tage nicht einmal ein Hurrahruf hindringt oder eine allgemeine Begeisterung, wie Sie sie in Berlin vor sich sehn. All diese unerhörten Geschehnisse, von denen die persönlichste wie die europäische Existenz für alle absehbare Zeit bestimmt wird, gehen innerhalb der Schildwände vor sich, ohne die geringste sinnliche Abreagirung – wie meine Frau sie hat, wenn sie ihre Verwundeten pflegt. U. ganz merkwürdig u. schwer auszudrücken ist es, daß all die Erholungen durch unsre Siege die Schicht nicht voll berühren wollen, in der die Erschütterungen durch diesen Krieg vor sich gehen. Ich empfinde unsre ganze Existenz, bis in ihre letzten Tiefen hin, in einer Weise in's Wanken geraten u. von ihrer bisherigen selbstverständlichen Basis losgerissen, die durch all die maßlosen, über aller Bewunderung stehenden Erfolge nicht in's Gleise kommt.

Äußerlich giebt es nichts zu berichten. Hans hat c. 180 Verwundete in seinem Lazarett u. ist mit ihnen intensiv beschäftigt. Meine Funktion am Telegraphenamt, die zuerst ziemlich verantwortlich war, verliert diese Qualität mit dem Weiterrücken des Kriegsschauplatzes allmählig u. das nutzlose Dasitzen – da ich so bald nicht die Sammlung zu meiner Arbeit haben werde – ist ungefähr das Schwerste, was diese Zeit mir auferlegt.

Dies ist alles für heut, es sollte nur ein Gruß sein u. ich hoffe, daß ich bald von Ihnen höre.

Herzlichstes von uns dreien an Sie beide. Ihr

Simmel

Postkarte vom 30. August 1914] An: Frau / Professor *Liepmann / Berlin W / Ahornstr.* 1; mit Poststempel: STRASSBURG (ELS.) 1 p 31.8.13 [sic!] 2-3 N; Prüfstempel: Straßburg (Els.) P. K: Geprüft und zu befördern.

idyllischen, grünen Straße] Zur Sternwartstraße siehe Simmel an Margarete von Bendemann vom 25. März 1914 und an Agathe Liepmann vom 30. März 1914.

Frau ... Verwundeten pflegt] Spätestens am 20. Aug. 1914 hatte Gertrud Simmel ihren Verbandkursus (siehe Simmel an Hugo Liepmann vom 8. Aug. 1914) abgeschlossen, schrieb sie doch unter diesem Datum an Sophie Rickert, sie »helfe nach bescheidenen Kräften diese wundervollen Kerls, unsere Soldaten, pflegen« (SGA Stuttgart); und Sohn Hans erinnert: »Meine Mutter half oft, die mit dem Dreck des Schlachtfeldes hereinkommenden Verwundeten zu waschen« (Hans Simmel, S. 78).

Hans hat c. 180 Verwundete] Zu Hans Simmels Lazaretteinsatz siehe Simmel an Hugo Liepmann vom 8. Aug. 1914.

Funktion am Telegraphenamt] Siehe ebd. sowie Simmel an Ignaz und Anna Jastrow vom 16. Aug. 1914.

so bald] Original: sobald.

Georg Simmel an Anna Jastrow

Postkarte vom 3. September 1914
Hs.; LBI New York, Simmel Collection

Straßburg 3 IX 14

Liebe Freundin,

es giebt zwar von unserm einsamen Leben in seiner äußern Einförmigkeit nichts zu erzählen, aber ich habe das Bedürfniß, Ihnen wieder einen Gruß zu senden. Der Verlauf der Ereignisse erleichtert mir, was mir am Anfang fast unerträglich schien: diese Zeit in der Getrenntheit von den alten Freunden, von Freunden überhaupt durchzumachen. Daß ich den Eindruck des jetzigen Berlin nicht habe, mag ein ungeheurer Verlust sein; allein allmählig wird mir klar, daß diese Zeit so ganz abgeschlossen zu erleben, so ganz nur innerhalb der eignen Schildwände, ungestützt, ungeborgen von einer anschaulichen, begeisterten Menge – daß dies doch auch etwas Einziges ist. Haben wir die Kraft, dies durchzuhalten, in der Angewiesenheit auf uns ganz allein, sozusagen ganz allein für uns verantwortlich, die ungeheure Breite u. Tiefe dieses Geschehens innerlich mit uns allein abzumachen, ohne Gefährten, ohne sichtbaren Gesamtgeist, in dem wir mitschwimmen – so ist doch auch dies, in all seiner Härte, groß u. wunderbar. Freilich, das Lachen wird man wohl für lange, vielleicht für den Rest des Lebens, verlernt haben. Aber das wird wohl auch manchen so gehen, die nicht in dieser singulären Lage sind. – Angesichts der vielen Erbärmlichkeiten unsrer Feinde (man möchte sich beinah selbst verachten, daß man solche Feinde hat) ist es eine Art Genugtuung, daß die verwundeten Franzosen in unserm Lazarett sich würdevoll benehmen. Neulich hatte der Chefarzt die Taktlosigkeit, einen zu fragen, ob denn das Volk in Frankreich den Krieg gewollt hätte; worauf er ernst erwiderte: *Je ne sais pas qui l'a voulu; moi, je me tiens.* – So viel für heute, u. alle guten Wünsche u. Grüße!

Immer Ihr

GS.

Postkarte vom 3. September 1914] An: Frau / Professor *Jastrow* / *Berlin*-Westend / Nußbaumallee 24; mit hs. Absenderangabe: Prof. *Simmel* / Straßburg Els. – Poststempel: 4. 9. 14. 11-12 V.; Prüfstempel: Straßburg (Els.) 1. P.K. [Rest unles.].

vielen Erbärmlichkeiten unsrer Feinde] Siehe Simmel an Margarete von Bendemann vom 22. Aug. 1914.

unsrem Lazarett ... Chefarzt] Gemeint ist wohl das Festungslazarett XI, in dem Hans Simmel seit Kriegsbeginn mit kritischem Blick auf die Leistungsfähigkeit des Chefarztes arbeitete (siehe Simmel an Hugo Liepmann vom 8. Aug. 1914) und berichtet: »Auch unter den verwundeten gefangenen Franzosen waren einige, zu deren Behandlung die chirurg[ischen] Kenntnisse des Chefarztes meiner Ansicht nach nicht ausreichten. Wir hatten etwa 20 Franzosen im Lazarett« (Hans Simmel, S. 78).

Georg Simmel an Margarete von Bendemann
Postkarte vom 4. September 1914
Hs. o. U.; LBI New York, Susman Collection

Straßburg 4. IX 14

Liebe Susa,

Dank für deine Karte. Wenn wir uns noch wiedersehn, so wird vielleicht mehr unser Aussehn, als unsre Worte dir von dieser Straßburger Kriegszeit erzählen, denn äußerliche »Ereignisse« gehen hier nicht vor, das Leben ist unsäglich still u. alle Maßlosigkeiten spielen sich als unanschauliche »Vorstellungen« ab. Wenigstens für mich, die Frau u. Hans haben in ihrer Besorgung der Verwundeten doch ein Zeugniß des Geschehens vor Augen. Wie ich sie beneide! Ich bin eben zur Pflege nicht fähig, wegen eines chronischen Rheumatismus, der mir jedes Heben u. Bücken unmöglich macht. Wenn ich aber diese ungeheure Spannung, diese reine Innerlichkeit des Kriegsschauplatzes durchmache, ohne daran kaput zu gehn, so werde ich in mancher Hinsicht ein andrer geworden sein. U. dies ist überhaupt die Alternative für uns Ältere. Freilich wird es dann doch auch *unsre* Aufgabe sein, von den Werten des vergangenen Deutschlands in das neue überzuretten, was in ihm noch bestehen kann u. soll; vor allem, im guten Fall, Deutschland davor bewahren zu helfen, daß es nicht, wie nach 70/71, eine »Gründerperiode« erlebe. – Die Frau wäre dir herzlich dankbar, wenn du ihr mehr über St. G. berichtetest, dessen Stellungnahme zu diesen Ereignissen sie oft beschäftigt. Man kann ohne Weiteres Briefe hierher schreiben, sie dürfen nur *nicht geschlossen* sein, wir haben schon viel solche Briefe aus der Schweiz bekommen. – Die Nachricht über Groeth. ist natürlich sehr aufregend, doch habe ich keine wirklich ernsthaften Besorgnisse über ihn. Die Franzosen gehen gewiß mit den Deutschen, die sie in Händen haben, nicht sehr sanft um, aber es ist kein Fall bekannt, daß es einem ans Leben gegangen wäre. Sie haben auch allen Grund, sich vor solchen Ausschreitungen zu hüten. – Welch ungeheure Erfahrung, einmal »Geschichte« zu erleben – nicht das Zeitlose, auch nicht das, was in irgend einer Form zu jeder Zeit vorgeht, sondern das schlechthin

Einmalige; u. daß das ruhige, selbstverständliche Gefühl für Deutschland noch einmal als jugendliche Liebe u. Leidenschaft aufflammt!

Euch dreien alles Herzlichste von uns dreien!

Postkarte vom 4. September 1914] An: Frau / *Marg. v. Bendemann* / *Rüschlikon* bei *Zürich*; mit Poststempel: STRASSBURG (ELS.) 1 4. 9. 14 [unles.] V; mit hs. Absenderangabe über dem Anschriftbereich: Prof. *Simmel*, Straßburg Els.

deine Karte] Verschollen.

die Frau u. Hans ... Besorgung der Verwundeten] Siehe Simmel an Hugo Liepmann vom 8. Aug. 1914, an Agathe Liepmann vom 30. Aug. 1914 und an Anna Jastrow vom 3. Sept. 1914.

»Gründerperiode«] Auch ›Gründerjahre‹, zeitgenössische Bezeichnung für den rapiden wirtschaftlichen Aufschwung in der Phase der industriellen Revolution in Deutschland, die mit Ende des Deutsch-Französischen Krieges (1870/71) begann und bis zur sog. ›Krise der Gründerzeit‹ andauerte, die im Frühjahr 1873 mit einem internationalen Börsenkrach einsetzte und mit dem Zusammenbruch von knapp 30 Banken im Deutschen Reich zur Wirtschaftskrise führte.

St. G. ... dessen Stellungnahme] Margarete von Bendemann hatte wohl in ihrer »Karte« den Besuch Stefan Georges erwähnt, der sich seit Anfang Juli 1914 in der Schweiz aufhielt; noch am 13. Aug. teilte er Friedrich Gundolf mit, er sehe »keinen grund vorläufig in eile die Schweiz zu verlassen« (zit. n. Seekamp, S. 250). In den letzten Augusttagen hielt er sich in Zürich auf (vgl. ebd.). Autobiographisch berichtet Margarete von Bendemann über diesen Besuch Georges in »den ersten Wochen des Krieges«: »Veranlassung war wohl das erst kürzlich von mir erschienene Buch ›Das Wesen der modernen deutschen Lyrik‹ [Stuttgart: Strecker & Schröder 1910, 180 S.], in dem ein großer Teil ihm gewidmet ist. Ich war erstaunt über die Schlichtheit seines Auftretens und die Großartigkeit seines Gesichts, das mir den ganzen Raum zu erfüllen schien. Schlicht war auch seine Sprache und sein ganzes Wesen, wenn er nicht im Kreise seiner Jünger war. Einen Zug zum Bösen oder Kalten, den man ihm später – vielleicht auch schon damals – nachgesagt hat, habe ich in seinen Zügen, seinen stillen leuchtenden Augen nicht gesehen. Ich erinnere mich noch an die meisten unserer Gespräche und auch daran, dass ich ihm zum Schluß den ersten reifen Pfirsich von unserem Spalier in die Hand drückte« (Susman, S. 84). Über Georges Ansichten zum Weltkrieg – Gertrud Simmels Frage – also kein Wort. – Siehe Simmel an Margarete von Bendemann vom 21. Sept. 1914.

Nachricht über Groeth.] Bernhard Groethuysen, dessen Lage und Aufenthalt in Frankreich seit Kriegsausbruch im Ungewissen geblieben war (siehe Simmel an Margarete von Bendemann vom 22. Aug. 1914), hatte durch seine Freundin Alix Guillain Margarete von Bendemann übermittelt, daß er in Sicherheit sei und sie bitte, dies sowie die dringende Notwendigkeit einer Geldüberweisung seine Mutter, Olga Groethuysen, wissen zu lassen (Postkarte vom 16. Aug. 1914, DLA Marbach, Nl Susman). Groethuysen war am 1. Aug. 1914 in das Zivilgefangenenlager der südwestlich von Paris gelegenen Kleinstadt Châteauroux gebracht worden (vgl. den von Große Kracht, S. 77, zitierten Bericht des Präfekten von Châteauroux vom 20. Juli 1915). – Zu Alix Guillain siehe Simmel an Félix Alcan vom 18. Febr. 1910.

Euch dreien] Margarete, Eduard und Sohn Erwin von Bendemann.

Georg Simmel an Hans Delbrück

Brief vom 5. September 1914
Hs.; SBPK Berlin, Nl Delbrück

5 IX 14
Sternwartstr. 17

Sehr verehrter Herr Kollege!

Ein Gedanke, der mir in den letzten Tagen gekommen ist, hat sich zu einem Vorschlage verdichtet, den ich Ihnen ohne andre Einleitung als die einer freundlichen Begrüßung, machen möchte. Der Reichsverband gegen die Sozialdemokratie hat bekanntlich seine Tätigkeit aufgegeben. Wie wäre es nun, wenn man entsprechend anregte, daß auch die Antisemitenvereine auf die ihrige verzichteten? Über die Begründung einer solchen Anregung aus der jetzigen Lage unsres Vaterlandes heraus brauche ich mich Ihnen gegenüber nicht auszusprechen. Ich selbst kann, da ich jüdischen Blutes bin, das Wort dazu nicht ergreifen, dagegen wüßte ich Niemanden, der es in wirkungsvollerer Weise tun könnte, als Sie. Soweit meine – nicht kompetente – Kenntnis reicht, würde es sich im Wesentlichen um den *Deutschen Antisemitenbund* u. den *Verein zur Abwehr der Übergriffe des Judentums* handeln u. die betr. Veröffentlichung müßte in einem Blatt geschehen, das hinreichend verbreitet u.

von jedem Verdacht des Philosemitismus frei ist: Kreuzzeitung, Tägliche Rundschau, o. ähnl.

Ich will kein Wort weiter hinzufügen, sondern diesen Vorschlag, der mir nach jeder Richtung hin der jetzigen u. hoffentlich auch der künftigen Stimmung Deutschlands zu entsprechen scheint, Ihrer Erwägung überlassen.

Mit freundlichsten Empfehlungen bleibe ich Ihr sehr ergebner

Simmel

Noch Eines (weil es Ihnen vielleicht entgangen ist): die erste französische Fahne ist, in den Vogesengefechten, von einem Juden erobert worden.

Brief vom 5. September 1914] Gedr. Briefkopf: li.: PROF. SIMMEL; re: STRASSBURG (ELS.).

Reichsverband gegen die Sozialdemokratie ... Tätigkeit aufgegeben] Unter der Überschrift »Keine Parteien mehr!« hatte die StP, Nr. 941 vom 31. Aug. 1914, Mi.Bl., gemeldet, daß der ›Reichsverband gegen die Sozialdemokratie‹ seine Tätigkeit mit der folgenden Erklärung eingestellt habe: »Der Reichverband gegen die Sozialdemokratie hat *unmittelbar nach dem denkwürdigen Reichstagsbeschluß vom 4. August seine gesamte Tätigkeit eingestellt* und seine Provinzialstellen und Ortsgruppen angewiesen, so lange der Kriegszustand dauert, völlig passiv zu bleiben. Das glänzende Verhalten des gesamten deutschen Volkes während der Mobilmachung und vor dem Feinde gibt dem Vorstand Veranlassung, auszusprechen, daß der Reichsverband nicht nur unbedingten Gottesfrieden während der Dauer des Krieges halten wird, sondern auch die *Hoffnung hegt, daß späterhin eine politische Bekämpfung der Sozialdemokratie nicht mehr erforderlich sein möge.* Er gibt sich der Zuversicht hin, daß in Zukunft nach Ueberwindung aller das deutsche Vaterland bedrohenden Feinde etwa entstehende wirtschaftliche Schwierigkeiten ausschließlich *auf nationaler Grundlage* sich werden erledigen lassen. Der Vorstand des Reichsverbandes hat das gesamte Büropersonal, Schreibmaschinen, sowie seine Druckerei unentgeltlich den nationalen Wohlfahrtsbestrebungen zur Verfügung gestellt und eine Spende für das Rote Kreuz bewilligt.« Auslöser war der auf der Reichstagssitzung vom 4. Aug. 1914 vereinbarte ›Burgfriede‹ zwischen den Parteien, zu dem der Kaiser in seiner Eröffnungsrede die Abgeordneten aufgerufen hatte: »*Ich kenne keine Parteien mehr. Ich kenne nur Deutsche* [...]; und zum Zeichen, daß Sie fest entschlossen sind, ohne Parteienunterschiede, ohne Standes- und Konfessionsunterschiede zusammenzuhalten mit Mir durch dick und dünn, durch Not und Tod zu gehen, fordere ich die Vorstände der Parteien auf, vorzutreten und mir dies in die Hand zu geloben« (zit. n. TR vom 4. Aug. 1914). – Der ›Reichsverband gegen die Sozialdemokratie‹ war aus Kreisen der Schwerindustrie, der ›Reichs- und freikonservativen Partei‹ und des rechten Flügels der Nationalliberalen Partei 1904 mit dem Ziel politischer und ideologischer Bekämpfung der sozialistischen Arbeiterbewegung gegründet worden und verbreitete in verbandseigenen Zeitschriften und Flugblättern seine Propaganda (Dieter Fricke: Reichsverband gegen die Sozialdemokratie [RgS] 1914-1918. In: Ders. u. a. [Hg.]: Lexikon zur Parteiengeschichte. Die bürgerlichen und kleinbürgerlichen Parteien und Verbände in Deutschland [1789-1945]. In Vier Bänden. Band 4. Köln: Pahl-Rugenstein 1986, S. 63-77).

Antisemitenvereine] Gemeint sind die bis in die Zeit um 1880 zurückreichenden politischen Gruppierungen, die sich zum modernen ›Antisemitismus‹ bekannten, ein Begriff, der auf den Journalisten Wilhelm Marr (1819-1904) und dessen 1879/80 besonders zugespitzt judenfeindliche Agitation zurückgeführt wird. Marrs im Spätsommer 1879 pressewirksam eingeleitete Gründung des Vereins ›Antisemiten-Liga‹ in Berlin, dessen Zielsetzung, die Aufhebung der Emanzipationsgesetze voranzutreiben, vorwegnahm, was ein Jahr danach mit der Antisemitismus-Petition an den Reichskanzler Otto von Bismarck zum Politikum werden sollte, hatte, wie etwa auch der im gleichen Jahr in Dresden gegründete ›Deutsche Reformverein‹ dazu beigetragen, daß der 1874 an die Berliner Universität berufene Historiker und ehemals nationalliberale, dann parteilose Reichstagsabgeordnete Heinrich von Treitschke (1834-1896; NDB) schon im Nov. 1879 im ersten seiner die ›Salonfähigkeit‹ des Antisemitismus fördernden Artikel von derzeit zusammentretenden »Antisemitenvereinen« sprechen konnte (Unsere Aussichten. Preußische Jahrbücher 44, 1879, S. 559-576; hier: 572).

Niemanden, der es in wirkungsvollerer Weise tun könnte, als Sie] Simmel spricht den politischen Publizisten Delbrück an, der sich vor allem in der ›Politischen Korrespondenz‹ der Preußischen Jahrbücher regelmäßig zu Wort meldete.

***Deutschen Antisemitenbund*]** Die im Febr. 1884 durch den Kaufmann und damaligen Berliner Stadtverordneten Wilhelm Pickenbach (geb. 1850) gegründete Vereinigung nannte es als ihr Ziel, »dem organisierten Judentum ein organisiertes Deutschtum« entgegenzusetzen und durch »eine *sehr weitgehende Sozialreform*« die »Ausbeutung der Arbeiter durch das jüdische Kapital« zu verhindern. In seinem vornehmlich auf Berlin beschränkten Wirkungskreis hatte der Verein 1885 insgesamt 975 eingeschriebene Mitglieder (zit. n. Dieter Fricke: Antisemitische Parteien 1879-1894. In: Lexikon zur Parteiengeschichte, a.a.O., Band 1, S. 80). – Zu Pickenbach vgl. Stefan Scheil: Die Entwicklung des politischen Antisemitismus in Deutschland zwischen 1881 und 1912. Eine wahlgeschichtliche Untersuchung. Berlin: Duncker & Humblot 1999, S. 252.

Verein zur Abwehr der Übergriffe des Judentums] Ein so bezeichneter »Verein« wurde nicht ermittelt; hingegen der hier wohl gemeinte, 1912 als Zusammenschluß aus den Kreisen der ›Alldeutschen‹, der ›Völkischen Turner‹, des ›Deutschvölkischen Studentenverbandes‹ und des ›Antisemitenbundes‹ (s. o.) gegründete ›Verband gegen die Überhebung des Judentums‹ (Willi Buch: 50 Jahre antisemitische Bewegung. Ein Beitrag zu ihrer Geschichte. München: Deutscher Volksverlag 1937, S. 27). Das mit Nr. 1 vom 3. Juli 1912 als Wochenschrift, dann als Monatsschrift erscheinende Organ ›Auf Vorposten. Mitteilungen des Verbandes gegen die Ueberhebung des Judentums. E.V.‹ hatte zwar noch im Heft vom Aug. 1914 in einer redaktionellen Mitteilung auf die Kriegslage reagiert: »Unser Verband wurde gegründet zur Abwehr jüdischer Ueberhebung; er wird auch während des Krieges nach dieser Richtung auf Vorposten bleiben. Da die deutschen Staatsbürger jüdischen Blutes in dieser ernsten Zeit wohl weniger Veranlassung zu Klagen bieten werden, so soll unsere Zeitschrift hauptsächlich die kriegerischen und wirtschaftlichen Ereignisse von deutscher Warte aus beleuchten« (Umschlaginnenseite). Gleichwohl brachte das Heft unter dem Titel »Vom jüdischen Geiste« eine namentliche Auflistung der »Juden« und »jüdisch verheiratet[en]« unter den Herausgebern und Mitarbeitern jüngst erschienener Publikationen (S. 328 f.). Die Zeitschrift wurde im »November 1914 eingezogen« (Mitteilung des Vorstands bei Wiedererscheinen des Blattes, Auf Vorposten 3, Juni 1916, Heft 12, S. 337). – Simmels Assoziation des Vereinsnamens ist vielleicht auch hervorgerufen durch den »Verein zur Abwehr des Antisemitismus (Abwehrverein)«; dieser war in Reaktion auf den beträchtlichen Einfluß der antisemitischen Bewegungen der 80er Jahre dank der Initiative des Staatsrechtlers Rudolf von Gneist (1816-1895; DBA) von der ›Nationalliberalen Partei‹ und des Reichtagsabgeordneten Heinrich Rickert (siehe GSG 22, S. 293) von der ›Deutschen Freisinnigen Partei‹ im Dez. 1890 gegründet worden und sollte bis 1933 bestehen (vgl. Lexikon zur Parteiengeschichte, a.a.O., Band 4, S. 375-378).

Kreuzzeitung] Die nach dem im Titelkopf geführten Eisernen Kreuz benannte, 1848 von Ernst Ludwig von Gerlach (1795-1877; NDB) gegründete ›Neue Preußische Zeitung‹; sie galt als Organ der preußischen Konservativen.

Tägliche Rundschau] Tägliche Rundschau. Unabhängige Zeitung für nationale Politik. Berlin, seit 1881; sie galt als nationalkonservativ und protestantisch.

Ihrer Erwägung überlassen] Eine explizit dem Thema gewidmete Publikation Hans Delbrücks ist nicht nachzuweisen. – Als Hinweis auf Delbrücks Haltung mag dessen Erläuterung zu dem unter seiner Mitwirkung entstandenen Programm und Gründungsaufruf der parteiunabhängigen ›Freien Vaterländischen Vereinigung‹ dienen: Dort heißt es unter dem Datum »26. 3. 1915« zum Ziel der inneren Geschlossenheit Deutschlands: »Sozialdemokraten, Polen und Juden haben für das Deutsche Reich gefochten und geblutet, dafür soll ihnen der Dank nicht vorenthalten werden und das Reich auch ihnen freundliche, nicht von Argwohn umzäunte Wohnung bieten.« Hans Delbrück: Bismarcks hundertster Geburtstag – Die Zukunft unserer inneren Politik – Freie Vaterländische Vereinigung. Preußische Jahrbücher 61, April-Juni 1915, S. 176-180; hier: 178.

erste französische Fahne ... von einem Juden erobert] In der StP (Nr. 947, Mo. Bl.) war am 3. Sept. 1914 zu lesen: »Zu der Mitteilung über die *Eroberung der ersten französischen Fahne* wird der Frankf. Ztg. geschrieben, daß jener Infanterist aus Rimbeck bei Paderborn, der die Siegestrophäe an sich riß, nicht Fischer, sondern *Fischel* heißt. Er ist ein Sohn armer jüdischer Eltern.«

Georg Simmel an Richard Wille, Verlag J. C. B. Mohr (Paul Siebeck)

Brief vom 5. September 1914
Hs.; VA Mohr Siebeck, Tübingen

5. IX. 14

Sehr geehrter Herr!

Mit den Angelegenheiten der *Deutschen Gesellschaft für Soziologie*, auf die sich Ihr gef. Schreiben vom 26. August (es kam erst gestern in meine Hände) bezieht, bin ich nicht mehr befaßt: ich bin schon etwa seit einem Jahr aus dem Vorstand ausgetreten, aus Gründen, die sich nicht auf die Gesellschaft, sondern auf die gewechselten Interessenrichtungen meiner Arbeit beziehen. Sie wenden sich wohl am besten an den jetzigen Rechner der Gesellschaft, Herrn *R. Goldscheid*, Wien III, Jaquingasse 45. Die übersandte Rechnung lege ich wieder bei.

In größter Hochachtung ergebenst

Prof. Simmel

Brief vom 5. September 1914] Gedr. Briefkopf: re.: PROF. SIMMEL; re: STRASSBURG (ELS.); mit hs. Bearbeitungsvermerk: Hand A: unter Datum: 8.9.14.; Hand B: li. Seitenrand: Adr. not. 12. IX. 14.

Angelegenheiten ... bezieht] Siehe Richard Wille und Richard Pflug an Simmel vom 26. Aug. 1914.

aus dem Vorstand ausgetreten] Siehe Simmel an Vorstand der DGS vom 11. Okt. 1913.

***R. Goldscheid*]** Rudolf Goldscheid war auf der Vorstandssitzung der DGS vom 5. Juli 1913 zum Rechner gewählt worden (Protokoll, S. 4, SHLB Kiel, Nl Tönnies).

übersandte Rechnung] Siehe den »Kontoauszug«, der dem Schreiben von Richard Wille und Richard Pflug an Simmel vom 26. Aug. 1914 beilag.

Richard Wille und Richard Pflug, Verlag J.C.B. Mohr (Paul Siebeck), an Georg Simmel

Briefdurchschlag vom 8. September 1914
Tps. m.e.U.; VA Mohr Siebeck, Tübingen

Tübingen, den 8. September 1914.

Sehr verehrter Herr Professor,

für Ihre freundliche Benachrichtigung vom 5. danke ich Ihnen bestens. Ich werde den Rechnungsauszug für die Deutsche Gesellschaft für Soziologie nunmehr an Herrn R. Goldscheid in Wien senden.

In vorzüglicher Hochachtung Ihr ergebenster

J.C.B. MOHR (Paul Siebeck) in TÜBINGEN
i.V. R. Wille R. Pflug

Briefdurchschlag vom 8. September 1914] An: Herrn Professor Dr. Georg Simmel in Strassburg. Mit Absenderkürzel: W.-n.2.-A.- Der Brief ist handschriftlich von beiden unterzeichnet.

Benachrichtigung] Siehe vorstehendes Schreiben.

J.C.B. MOHR (Paul Siebeck) in TÜBINGEN] Stempel.

Georg Simmel an Hugo Liepmann
Brief vom 9. September 1914
Hs.; I. Flatau, Saratoga Springs N.Y., USA

9 IX 14

Lieber Herr *Liepmann*,

Vielen Dank von uns für die Karte von Ihnen u. Ihrer Frau. In unsrer Straßburger Einsamkeit – von deren merkwürdigen Charakter man sich in Berlin wohl schwer eine Vorstellung machen kann – ist uns jedes Lebens- u. Gedenkzeichen der Freunde doppelt wertvoll. Obgleich ich ja unmittelbar so wenig von den entscheidenden Vorgängen sehe, wie ich es in Berlin täte (nur während der ersten Vogesenkämpfe schien einmal Kanonendonner herzudringen), so habe ich doch nach allen Berichten aus Berlin den bestimmten Eindruck, daß die Nähe der Ereignisse hier eine ganz andre Atmosphäre erzeugt. Von »Siegesrausch« ist in dieser ernsten, stillen, fast verlaßnen Stadt nichts zu spüren. Auch habe ich aufs stärkste die Empfindung, die Ihre Frau andeutet: zu eigentlicher *Freude* nicht berechtigt zu sein, trotz aller Erhebung u. Erschütterung durch die Größe der deutschen Leistung. Das wäre mir wie ein feiges Genießen dessen, was andre mit Blut u. Tod erwarben, ein patriotisches Rentiertum, zu dem ich mich um so weniger bringen kann, als der Zusammensturz des bisherigen Deutschlands u. die Problematik des künftigen, in dem wir vielleicht wie Fremdlinge stehen werden, mir immer als die tiefste Stimmungsgrundlage gegenwärtig ist. Diese Schicht wird von dem ungeheuren Eindruck unsrer Siege nur wenig berührt. In Berlin, wo eine Massenstimmung den Einzelnen mit sich reißt, wäre das wahrscheinlich anders. –

Nun aber die herzlichsten Glückwünsche zu Ihrer neuen Stellung! Es war uns eine große, große Freude, da es offenbar Ihnen eine ist. Ein anderes Kriterium für den Wert des Ereignisses habe ich nicht. Nur dies empfinde ich sehr deutlich, daß es sich für Sie, grade wie für mich, als ich nach Straßburg ging, eine sehr veränderte Einstellung zum Leben bedeutet. Die Veränderung kann natürlich bei unsereinem nicht mehr bis zum letzten Grund gehn, aber doch bis ziemlich nahe an ihn heran.

Noch ein Wort über unsere ›Geschäftsangelegenheit‹. Als ich mir die fragliche Summe von Ihnen geben ließ, durfte ich sicher annehmen, daß das Haus in einigen Wochen, längstens Monaten, in eine feste Hand kommen u. ich die hereingesteckte Summe herausziehen würde. Der Krieg hat all diese Berechnungen umgeworfen, nicht nur der Wert des Hauses, sondern auch der Zeitpunkt, an dem selbst ein sehr herabgesetzter sich realisiren läßt, ist ganz fraglich geworden. Ich möchte also darauf rechnen dürfen, daß Sie mir meine Schuld bis zu der *melior hora* stunden, auf die wir alle hoffen. Denn ich weiß nicht einmal, ob ich meine Papiere jetzt verkaufen *könnte*, abgesehn von dem ganz unverhältnißmäßigen Verlust, den dies mit sich brächte. Übrigens ist noch eine andre Hypothek, die ich besitze, durch die jetzigen Umstände höchst problematisch geworden, so daß es mit meinem bischen ›Wohlhabenheit‹ wohl zu Ende sein dürfte. Allein wenn, wie wir jetzt doch wohl annehmen dürfen, das Elsaß deutsch bleibt, so behalte ich ja meine Stellung, die mir unter allen Umständen die Existenz ermöglicht. U. ich habe nicht den Eindruck, als ob man, wenn man diese Kriegszeit durcherlebt hat, noch je den Wunsch nach einem in materieller Hinsicht irgendwie extensiven Leben haben wird. Wie vieles, was einem bisher, wenn nicht im Herzen selbst, so doch in einem Vorzimmer des Herzens gewohnt hat, ist jetzt gleichgültig geworden u. ich kann mir nicht denken, daß es, in meinem Alter, noch einmal den alten Platz gewinnen wird. In der entschiedenen Reduzirung des Lebens auf das wirklich Wesentliche sehe ich einen der hauptsächlichen Gewinne, die wir alle aus dieser furchtbaren Zeit mitnehmen werden.

Ihnen u. Ihrer Frau in Treue. Ihr

Simmel

Eben erzählte mir ein Bekannter einen hübschen Beitrag zur Entstehung der *communes opiniones*: Seine Haushälterin hätte ihm gesagt: »Nein, was die Franzosen doch alles tun! Da haben sie die Deutschen in eine Stadt hineingelockt, in der nur ›Löwen‹ sind!«

Brief vom 9. September 1914] Gedr. Briefkopf: li: PROF. SIMMEL; re: STRASSBURG (ELS.).

die Karte von Ihnen u. Ihrer Frau] Die Schreiben von Hugo und Agathe Liepmann sind verschollen.

Berichten aus Berlin ... »Siegesrausch«] Simmel spricht Zeitungs- und Privatberichte über die nach den Siegen der deutschen Armeen bei Metz in Lothringen am 20./21. Aug., in Belgien am 25. Aug., bei Verdun am 26. Aug., bei St. Quentin am 27. und 29. Aug. und bei Tannenberg am 28. Aug. 1914 (Kriegskalender in: Meyers, Kriegsnachtrag, Bd. 2) anhaltende euphorische Stimmung in Berlin an. Unter »Der Jubel in Berlin« berichtet die von Simmel regelmäßig gelesene FZ (Nr. 232 vom 22. Aug. 1914, 2. Mo.Bl).: »Die Nachricht von dem großen Siege der Deutschen bei Metz hat in der Bevölkerung ungeheuren *Jubel* hervorgerufen. Alle öffentlichen und zahlreiche private Gebäude sind geflaggt. [...] gegen Abend durchzogen größere Trupps unter Absingen patriotischer Lieder die Straßen. Zur Siegesfeier fällt am morgigen Samstag die Schule aus.« Und am 28. Aug. 1914 heißt es: »Man schreibt uns aus der Reichshauptstadt: Es vergeht hier kaum ein Tag, an dem nicht unsere Nationalhymne von Hunderten auf Straßen und Plätzen gesungen wird. Zuversicht und Siegesfreude klingt aus den Liedern und alle finden sich unter dem Hymnus zusammen: ›Deutschland, Deutschland über alles‹« (FZ, Nr. 238, 1. Mo. Bl.). Ähnliches beschreibt Simmels Nichte Gertrud Jacobs – nicht ohne Ambivalenz – in ihren Tagebucheinträgen bis zum 11. Sept. 1914, etwa auch die Beobachtung vom 2. Sept. 1914: »Franzosen-Kanonen werden unter dem Beifall der Menge durch die Stadt gefahren« (Tagebuch Jacobs, S. 119).

Ihrer neuen Stellung] Hugo Liepmann sollte am 1. Okt. 1914 zum ›Direktor der Städtischen Irrenanstalt Herzberge‹ ernannt werden. Den von Hamburger-Liepmann (S. 159) überlieferten Briefauszügen zufolge hatte Liepmann mit Übernahme dieser Stellung die Absicht verbunden, »in dieser Zeit wenigsten etwas praktisches zu leisten, da er doch keine Musse und Sammlung zu wissenschaftlicher Arbeit« habe. »Er schlug all seine und Agathes [d.i. seiner Ehefrau] Bedenken in den Wind, dass er neben der medizinischen Leitung die Verantwortung fuer die Verwaltung (1000 Kranke), fuer die angeschlossene Landwirtschaft, die Werkstaetten, in denen die Kranken arbeiteten, mit zu tragen hatte.«

als ich nach Straßburg ging] Simmel hatte mit Schreiben an Otto Back vom 14. Jan. 1914 seiner Berufung nach Straßburg zugestimmt und war Mitte März dorthin gezogen (siehe Simmel an Sala Schmalenbach vom 13. Febr. 1914).

›Geschäftsangelegenheit‹] Der Sachverhalt konnte bisher nicht geklärt werden. Bekannt ist nur: Hugo Liepmann bietet Simmel in einer »Hypothekenangelegenheit« finanzielle Hilfe an (Simmel an Agathe Liepmann vom 30. März 1914); im Juli 1914 muß Simmel in dieser »unangenehmen Angelegenheit« nach Berlin eilen (Simmel an Anna und Ignaz Jastrow vom 13. Juli 1914), in der Erwartung, ohne eigenes Verschulden »eine für unsere Verhältnisse immense Summe zu verlieren«, wie dazu Gertrud Simmel am 16. Juli 1914 an Rudolf Pannwitz schrieb (DLA Marbach, Nl Pannwitz). Simmel erreicht in Berlin einen »gewissen Aufschub« (Simmel an Anna Jastrow vom 22. Juli 1914) und verwendet die Hälfte der von Hugo Liepmann angebotenen Summe; jedoch muß die beabsichtigte Versteigerung der Immobilie wegen des begonnenen Krieges hinausgeschoben werden (Simmel an Hugo Liepmann vom 8. Aug. 1914).

melior hora] Lat.: bessere Stunde.

andre Hypothek] Nicht ermittelt.

das Elsaß deutsch bleibt] Nach Niederschlagung der französischen Offensive zwischen Metz und den Vogesen am 21. Aug. 1914 schien die Gefahr gebannt, daß die Franzosen bis Straßburg vorrücken könnten (siehe Simmel an Margarete von Bendemann vom 22. Aug. 1914).

communes opiniones] Lat.: gewöhnliche, volkstümliche Meinungen, Volkes Stimme.

Stadt ..., in der nur ›Löwen‹ sind] Dies bezieht sich auf die Besetzung der Stadt Löwen (Louvain) am 19. Aug. und die dort vollzogenen Zerstörungen, insbesondere durch den Brand der Bibliothek am 25./26. Aug. 1914; hierüber hatte die deutsche Presse seit dem 2. Sept. lebhaft berichtet, galt es doch, dem Vorwurf der Zerstörung von Kulturgütern entgegenzutreten (siehe Simmel an Harald Höffding vom 2. Okt. 1914; vgl. Wolfgang Schivelbusch: Die Bibliothek von Löwen. Eine Episode aus der Zeit der Weltkriege. München/Wien: Carl Hanser 1988).

Georg Simmel an Emil Faktor

Notiz über Brief vom 20. September 1914
[Hs. 2 S.]; Angeboten im J. A. Stargardt-Auktionskatalog, Nr. 599 (1972), S. 133

[...] Der [...] Brief schildert die Stimmung in Straßburg zu Kriegsbeginn. Er wollte sich beim Roten Kreuz und in der Armenfürsorge nützlich zu machen suchen.

Notiz über Brief ... J. A. Stargardt-Auktionskatalog Nr. 599] Die Angaben sind der Angebotsbeschreibung entnommen: »Simmel, Georg [...] 2 e. Br. m. U. Straßburg 20.IX.1914 und 22.III.1915. 3 S. 4°« (J. A. Stargardt-Auktionskatalog Nr. 599 [= Auktion vom 20.-21. Juni 1972], S. 133, Nr. 506.). – Vermutlich besteht dieser Brief aus 2 Seiten. Siehe entsprechend Simmel an Emil Faktor vom 22. März 1915.

Stimmung in Straßburg] Vgl. entsprechende Äußerungen in Simmel an Margarete von Bendemann vom 9. und an Ignaz und Anna Jastrow vom 16. Aug. 1914.

beim Roten Kreuz und in der Armenfürsorge] Im »Bezirkspräsidium (Hohenlohestraße)« in Straßburg habe sich »im Zeichen des Roten Kreuzes eine Zentralstelle für die gesamte freiwillige Liebestätigkeit aufgetan«, der sich die verschiedenen Wohltätigkeitsorganisationen angeschlossen hätten, war am 6. Aug. 1914 in der StP (Nr. 891, Mo. Bl.) zu lesen. Diese »freiwillige Liebestätigkeit« betrifft – im zeitgenössischen Sprachgebrauch – die von Vereinen, Verbänden und Privatpersonen eingebrachte praktische und finanzielle »Kriegshilfe« für die vom Krieg besonders betroffenen Bevölkerungsschichten. Dazu bot sich ein weites Betätigungsfeld, insbesondere die ehrenamtliche Mitwirkung bei der unter dem Stichwort »Kriegsfürsorge« den Kommunen zufallenden Aufgabe, Maßnahmen zu ergreifen, »welche die Aufhebung oder doch bestmögliche Milderung der wirtschaftlich und sozial ungünstigen Einwirkungen des Krieges bezweckten«. Oblag die Durchführung dieser teils vom Reich – insbesondere durch das Ermächtigungsgesetz vom 4. Aug. 1914 (RGBl., S. 327) –, teils von einzelnen Bundesstaaten aus geregelten Maßnahmen den Gemeinden, so waren diese ihrerseits gefordert, »über das Vorgeschriebene hinaus eine weitverzweigte und tiefgreifende *freiwillige* Wirksamkeit zum Wohl ihrer Gemeindeglieder zu entfalten. Sie erst ist die wirkliche *kommunale Kriegswohlfahrtspflege.* / Ihre *Gegenstände* waren teils die im Heeresdienst befindlichen Kriegsteilnehmer; teils deren, des Ernährers zeitweise oder dauernd beraubte Angehörige; teils einzelne andere, von den Folgen des Krieges ganz besonders betroffene Bevölkerungsschichten; teils schließlich die Gesamtheit der Bevölkerung«. Entsprechend gliederten sich die Leistungsbereiche in die Fürsorge für die Kriegsteilnehmer, ihre Angehörigen und Hinterbliebenen, die Fürsorge für besonders kriegsgeschädigte Berufsgruppen (vornehmlich Erwerbslose und der gewerbliche Mittelstand) und die Fürsorge für die Gesamtbevölkerung, deren Kernproblem in der Organisation der Ernährungs- und Bekleidungsfürsorge bestand. Die in den einzelnen Gemeinden unterschiedliche Organisation innerhalb der Verwaltung bedingten die örtlichen Verhältnisse, die Ein- bzw. Ausgliederung der

Aufgaben in die bereits zu Friedenszeiten bestehenden Dezernate und nicht zuletzt auch das Maß, »in dem neben der behördlichen auch eine *freie*, von Vereinen, gemeinnützigen Einrichtungen u. dgl. getragene *Kriegsfürsorge* sich betätigte« (Otto Most: Kriegsfürsorge. In: Handwörterbuch der Kommunalwissenschaften. Herausgegeben von J. Brix, H. Lindemann, O. Most, H. Preuss u. A. Südekum. Dritter Band: Kommunalpolitik der politischen Parteien-Staatsgeschäfte in den Gemeinden. Jena: Gustav Fischer 1924, S. 169-184, hier: 170f.). Demgemäß ist die »Zentrale für Armenpflege und Privatwohltätigkeit [...] am 11. August 1914 für die Ausübung der *Kriegsfürsorge* in Strassburg i. E. gegründet worden«, deren vorrangige Aufgabe in »der *Auskunftserteilung*, *Beratung* und *Vermittlung* für hilfe*suchende* und hilfe*leistende* Personen, Vereine und Anstalten, namentlich auf dem Gebiet der Ernährung, der Unterkunft und Beschäftigung unter besonderer Berücksichtigung der verschämten Armen, Hand in Hand gehend mit den öffentlichen und privaten Wohlfahrtseinrichtungen Strassburgs« bestand; die »Erledigung der laufenden Geschäfte« übernahm ein Vorstandsausschuß, dem der Direktor der städtischen Armenverwaltung angehörte« (Zentrale für Armenpflege u. Privatwohltätigkeit [Satzung]. Strassburger Blätter für Sozialpolitik und Armenwesen, 1914, Nr. 11 [Okt. und Nov.], S. 189f.).

nützlich zu machen suchen] Unter dem Stichwort »Armendienst« von Universitätsangehörigen berichtet diesbezüglich Johannes Ficker: »Für die Prüfung der zahlreichen Unterstützungsgesuche, die bei der Armenverwaltung einliefen, erbat das Bürgermeisteramt Mitte August [1914] einige Hilfskräfte. Zehn unserer Dozenten stellten sich daraufhin dem Armenamte zur Verfügung, vier von ihnen, mit den nachträglich zu ihnen getretenen im ganzen sechs, sind für diese Aufgabe der Kriegsfürsorge tätig gewesen« (Bericht über die Tätigkeit der Kriegsstelle der Kaiser Wilhelms-Universität vom Ausbruche des Krieges bis zum Beginn des Sommer-Halbjahrs 1915. In: Stiftungsfest KWU 1915, S. 23). – Zu Simmels Engagement zugunsten des Roten Kreuzes durch die Abgabe seiner Vortragshonorare siehe Simmel an Hugo Liepmann vom 9. Nov. 1914; zu seiner Tätigkeit in der Armenverwaltung der Stadt Straßburg siehe Simmel an Margarete von Bendemann vom 1. April 1915.

Georg Simmel an Margarete von Bendemann
Teil-Abschrift von Brief vom 21. September 1914
Druck in: Für Margarete Susman – Auf gespaltenem Pfad

Strassburg (Els.), 21. IX. 14

Liebe Susa,

vielen, vielen Dank für Deinen Brief, der zwar von Mühen anderer Leute spricht, aber so ganz voll von Dir ist – ohne daß das eine irgendwie dem andern den Raum streitig machte. Die Nachricht von Groet[huysen] war natürlich eine Erlösung. Daß er diese große, unwiederholbare Zeit in einer derartig vertrackten und abstrusen Situation verbringt – im Gefängnis und als Gefängnisorganisator – darin scheint mir, in irgendeiner Ecke, etwas von Sinn zu stecken. Es ist ein, freilich ins Groteske umschlagendes Symbol der singulären und paradoxen Stellung, die er der Welt gegenüber nicht nur hat, sondern auch sucht; dieses Schicksal enthält ein wenig mehr als bloßen äußeren Zufall. Und daß zwischen den Menschen, die diese Zeit erlebt haben und denen, die von ihr nur abgesperrt waren, künftig eine Lücke und Leere liegen wird, ist gewiß richtig; allein, was mich persönlich betrifft, so ist damit nur eine schon bestehende Negativität zwischen Gr(oethuysen) und mir quantitativ erweitert. Ich habe nie Bedürfnis noch innere Möglichkeit gehabt, mit ihm über subjektiv Persönliches zu sprechen. Ja, diese Hemmung geht sogar in das objektiv Persönliche hinein: über meine eigenen zentralen philosophischen Probleme und Lösungsversuche äußere ich mich kaum ihm gegenüber, ich folge ihm immer in *seine* Probleme hinein und unsere Unterhaltungen bewegen sich um seine primären und produktiven Interessen, nicht um meine …

Was Du über St. G[eorge]. berichtest, entspricht genau meiner Erwartung. Freilich kann ich ihm in dieser Umgrenztheit nicht folgen, und ich müßte Dir kurz andeuten, in welchen Hinsichten ich anders empfinde. Meine letzten ideellen Leitpunkte habe ich in dieser Zeit so wenig geändert wie er. Aber ich bin mir aufs Lebhafteste des *historischen* Momentes bewußt, in dem sich die *Verwirklichungsbedingungen* dieser Zeitlosen völlig geändert haben. Ob im günstigen oder ungünstigen

Sinn, kann ich jetzt noch nicht entscheiden, und in dieser Frage, in diesem Dasitzen vor einem geschlossenen Vorhang, dessen Öffnung jedenfalls ein ganz neues Verhältnis zwischen Idee und Wirklichkeit zeigen wird – liegt für mich die ungeheuerste Erschütterung. Und darum: wir kämpfen jetzt mit äußeren Waffen um etwas gar nicht Äußeres: um Weltstellung, Macht, materielle Existenz. Wir kämpfen mit unseren Körpern sozusagen um den Körper von Deutschland. Allein er ist eben der Körper der *Seele* von Deutschland. Gewiß liegt mir, als Individuum, nur an meiner Seele und den ideellen Werten, die sie trägt; allein wenn ein Rowdy mich überfällt, so kämpfe ich dennoch, mit Einsatz aller meiner Kräfte, um meinen Körper mit ihm, obgleich dieser Körper mir ziemlich gleichgültig ist; aber ohne ihn kann die Seele, die mir nicht gleichgültig ist, eben nicht existieren. Was jetzt bedroht ist, ist *der* Körper von Deutschland, ohne den seine Seele nicht existieren kann. Wir kämpfen sozusagen weder um die Seele noch um die Idee, sondern darum, daß diese Seele und diese Idee in der *Form der Wirklichkeit* leben könne. Auch Georges Idee: der höchste Mensch als der Sinn der Erde – ist, wie auch für *ihn* die Dinge liegen, nur in demjenigen Deutschland als Lebendigkeit, als wirksame Idee, denkbar, dem jetzt von dem übrigen Europa der Untergang geschworen ist. Ob sie in diesem Deutschland Kraft und Platz findet, steht dahin, aber daß sie es *ohne* dieses Deutschland nicht kann, ist sicher. Und weil der Kampf, den wir jetzt um Deutschland führen, um die Lebensmöglichkeit der Seele und der Idee geht, darum fühlen wir uns nicht als »Glieder«, als Teile oder Elemente von Deutschland, sondern jeder hat das *Ganze* in sich, fühlt sich für das Ganze verantwortlich.

Das Gleichnis von dem Organismus und seinen Zellen paßt nicht mehr. In einer logisch freilich nicht recht ausdrückbaren Art ist das Ganze und das Einzelne überhaupt nicht mehr geschieden, Deutschlands Leben und Verderben ist *unmittelbar* mein eigenes Leben und Verderben. Dies ist das Gefühl, das jetzt, mehr oder weniger deutlich, das ungeheure Gesamtphänomen des Augenblicks erzeugt. Es beherrscht sowohl den, dessen Leben und Verderben auf sinnlose und materielle Dinge, wie den, bei dem es auf die größten Werte gestellt ist. Deshalb steht dieses Phänomen ersichtlich ganz jenseits der Georgeschen Frage nach dem Volksmäßigen und dem großen Einzelnen und dem Mißverhältnis beider.

Und dann ist noch anderes dabei, was überhaupt nicht begründet und gerechtfertigt werden kann: ich *liebe* Deutschland, wie man einen Menschen liebt und das eigene Sein und Haben für ihn einsetzt und es nicht ertragen könnte, daß er zugrunde geht. Solche Liebe hat mit keiner ratio, mit keiner »Idee« zu tun, sondern lebt in einer völlig anderen Schicht, sie ist schlechthin eine Tatsache des Seins, in ihrem eigentümlichen Festigkeitsmaße nur vergleichbar der Tatsache des Sittengesetzes wie Kant und Fichte es vorstellten. Es wäre ein Mißverständnis, diese Liebe aus den besonderen Werten Deutschlands herzuleiten, die es vor Frankreich oder China voraushat, es ist einfach eine letzte Tatsache, wie die Liebe zu einem Menschen, die sich auch nicht an nur ihm eigene Fähigkeiten heftet. Nur der abstrakte, allgemeine Mensch würde sich erst solcher Angebbarkeit und Abwägungen hier entscheiden müssen. Ich aber, der ich ein konkretes, individuelles Wesen bin, habe auf Grund dieser einseitigen Bestimmtheit noch eine einseitig bestimmtere Liebe. Und wie ich will, daß der Mensch, den ich liebe, auch lebe, so will ich, daß Deutschland lebe. In dieser Leidenschaft für die Wirklichkeit dessen, was man liebt, liegt ein letztes metaphysisches Geheimnis, dieses Ungenügen an seinem ideellen »Gelten«, seinem von Sein oder Nichtsein unabhängigen Werte, ist natürlich nicht wieder aus einer »Idee« herzuleiten. Und es gehört zu den Erträgnissen dieser Zeit, daß uns, die wir ziemlich ungestört im »Dritten Reich« zu leben gewohnt waren, der Wert einer *Wirklichkeit* wieder einmal an einem Faktum als ein unergründbares und deshalb [um so] absoluteres eindringlich geworden ist. Wir fühlen uns jetzt mit einer Ausschließlichkeit so im Letzten verknüpft wie nur ein Christ mit der Idee. Und schließlich, ist denn Deutschland nicht auch eine Idee? – so gut wie die Menschheit, die Schönheit, die Güte – von denen wir doch auch wissen, daß sie sich nur in einem rein *abschließbaren Prozeß* über ihre historisch bedingten Einzelgestaltungen hineinentwickeln?

Aber für heute kann ich nicht weiter. Nimm tausend, tausend Grüße von mir.

In Liebe Dein

Georg

Teil-Abschrift ... Auf gespaltenem Pfad] Der hier wiedergegebene Brief folgt in Orthographie, Interpunktion, Ergänzungen und Auslassungen dem Abdruck in: Für Margarete Susman – Auf gespaltenem Pfad. Zum Neunzigsten Geburtstag von Margarete Susman herausgegeben von Manfred Schlösser. Darmstadt: Erato-Presse 1964, S. 308-311. – Die an den Herausgeber gerichtete Bitte um Auskunft über den Fundort der in den beiden Teilnachlässen Susman, LBI New York und DLA Marbach, nicht enthaltenen Urschrift des Briefes oder um Einsichtnahme in eine eventuell ihm vorliegende Fotokopie blieb unbeantwortet.

Deinen Brief] Verschollen.

Groet[huysen] ... im Gefängnis und als Gefängnisorganisator] Margarete von Bendemann hatte Simmel wohl ausführlich über Bernhard Groethuysen berichtet, über dessen Lage im Internierungslager von Châteauroux sie zunächst ausschließlich durch Alix Guillain (siehe Simmel an Margarete von Bendemann vom 4. Sept. 1914), zuletzt aber auch – wie dies Groethuysens auf französisch verfaßter Brief vom 20. Sept. 1914 (s. u.) nahelegt – von ihm selbst unterrichtet worden war. Guillain und Groethuysen hatten sie zugleich bedrängt, Groethuysens organisatorische Bemühungen zur Verbesserung der Lage der unter freiem Himmel und unzureichend ernährten mittellosen Internierten durch Eintreiben von Geldspenden und deren Weiterleitung zu unterstützen. Die im Susman-Nachlaß des DLA Marbach überlieferten Schreiben von Groethuysen, dessen Mutter Olga, und seiner Lebensgefährtin Alix Guillain sowie die wenigen, im Konvolut ›Internierte‹ bewahrten Mitteilungen an Margarete von Bendemann dokumentieren fragmentarisch die Initiative, über die Margarete von Bendemann rückblickend am 6. Nov. 1914 Martin Buber berichten sollte: »Ich bin jetzt intensiv beschäftigt, für die in Frankreich internierten Deutschen zu sammeln. Groethuysen, der in Châteauroux für das Gefangenenwesen arbeitet u. der persönlich dort offenbar recht gut aufgehoben ist u. gute Freunde gefunden hat, machte mich vorsichtig, aber energisch auf diesen Notstand aufmerksam. Ich habe dann lange gebraucht, bis ich es so weit brachte, eine Möglichkeit u. Sicherheit der Beförderung u. authentische Berichte über die Zustände zu bekommen; zuletzt war ich in Bern u. habe mit dem Leiter des Bureaus für Heimschaffung internierter Civilpersonen gesprochen, der mir die dringende Notwendigkeit der Hülfe bestätigte u. auch einen Weg sicherer Hinschaffung u. der Garantie richtiger Verwendung der Summen zeigte. Nun endlich ist diese schwierige Sache, die alle meine Gedanken u. meine ganze Zeit in Anspruch genommen hat, ins Werk gesetzt, u. ich hoffe wirklich, eine größere Summe hinschaffen zu können, um das Allernötigste: Decken, Kleidungsstücke, Medikamente für die Unglücklichen dort in den Konzentrationslagern, vor allem die leidenden Frauen u. Kinder, beschaffen zu können. Es ist nicht ausgeschlossen, daß ich deswegen noch nach Berlin kommen muß« (JNUL Jerusalem, Nl Buber).

Was Du über St. G[eorge]. berichtest] Simmel hatte mit Brief vom 4. Sept. 1914 Margarete von Bendemann gebeten, ihm »mehr« über ihre während Georges Besuch bei ihr in Rüschlikon gewonnenen Eindrücke im Hinblick auf dessen »Stellungnahme« zu den aktuellen »Ereignissen« zu berichten.

gar nicht Äußeres] Vorlage: gar nichts Äußeres.

Georgeschen Frage nach dem Volksmäßigen ...] Georges Einstellung klingt in dessen Brief vom 19. Sept. 1914 an Friedrich Gundolf an: »Du redest die Sprache der Begeisterung; sie ist jugendlich und immer schön und wer die Sprache der Vernunft redet erscheint dem Begeisterten kalt und nüchtern. Aber die Begeisterung allein macht nicht die Dinge. [..] Was die Jugendlichen angeht so würde ich keinen auch wenn ich ihn noch so sehr liebte und wenn ich könnte vom Kriege abhalten. Darin liegt etwas von dem Geschick das wir alle tragen. Aber wer nicht nur den Ansturm liebt sondern um das künftige Schicksal seines Volkes besorgt ist der muss schon jetzt alles das bedenken was er für die nächste Zukunft voraussieht. Jeder dient dem Ganzen am besten auf dem ihm zukommenden natürlichen Platz« (zit. n. Seekamp, S. 251 f.).

ratio] Lat.: Vernunft.

Sittengesetzes wie Kant und Fichte] Angesprochen sind die allgemeinen, überindividuellen Gesetze für das Verhalten des Einzelnen. Nach Kant lautet das Grundgesetz: »Handle so, daß die Maxime deines Willens jederzeit zugleich als Prinzip einer allgemeinen Gesetzgebung gelten könne« (KpV, A 54) und nach Johann Gottlieb Fichte: »handle schlechthin gemäß deiner Überzeugung von deiner Pflicht« (Das System der Sittenlehre. Sämmtliche Werke, herausgegeben von Immanuel Hermann Fichte [1845/46], Band 4, S. 163). Beide Philosophen bestimmen das Sittengesetz als formales, als unabhängig von menschlicher Willkür und machen es für das vernünftige Wesen jenseits dessen Verhaltensfreiheit zur Auflage, es als immanente Pflicht einzuhalten. Einlassungen Simmels zu diesem Sittengesetz finden sich in: Kant. Sechzehn Vorlesungen gehalten an der Berliner Universität. München/Leipzig:

Duncker & Humblot 1904, Vorlesung acht und neun (GSG 9, S. 108 ff., 123 ff.) und in seinem Kollegheft: Geschichte der Philosophie (WS 1913/14; GSG 21).

»Dritten Reich«] Angesprochen ist der philosophische Begriff i.S.v. »Sphäre des Ideellen, Gedachten, der ›idealen Geltungen‹, das System geltender Urteils- und Wertgehalte, der allgemeingültigen, vom einzelnen Denken unabhängigen Relationen als objektiver Denkinhalte im Unterschiede von den physischen, realen Existenzen und den psychischen Vorgängen und Akten, in welchen die ›idealen Bedeutungen‹, die Wahrheiten und Werte erfaßt werden« (Rudolf Eisler: Handwörterbuch der Philosophie. 2. Aufl. Berlin: Mittler 1913, S. 147).

Georg Simmel an Margarete von Bendemann

Postkarte vom 29. September 1914
Hs.; LBI New York, Susman Collection

Straßburg 29 IX 14

Liebe Susa,

etwa am 12. Okt. würde ich vielleicht *Joël* besuchen, der vom 10. an wieder in Basel ist, wenn du auch herkämst u. wir einige Stunden zusammen verbringen könnten. Ich will über den eudämonistischen Wert dieser Möglichkeit nichts weiter sagen. Gieb mir bitte Nachricht, ob du das in Betracht ziehen willst. Eine ganz sichre Verabredung kann ich natürlich im Augenblick nicht treffen, weil der Gang der Ereignisse bis dahin noch manches ändern kann. Aber immerhin müßte ich jetzt bald *prinzipiell* wissen, wie du dazu stehst.

Hast du meinen letzten ausführlichen Brief bekommen?

Wie immer dein

Georg

Postkarte vom 29. September 1914] An: Frau / *Margarete v. Bendemann / Rüschlikon* bei *Zürich*; mit Poststempel: STRASSBURG (ELS.) 1 29. 9. 14 6-7 N; mit Prüfstempel: [unles.]; mit hs. Absenderangabe: Prof. *Simmel* / Straßburg Els.

***Joël*]** Karl Joël, o. Prof. der Philosophie in Basel; zu dessen Beziehung zum Ehepaar Simmel einerseits und Margarete von Bendemann andererseits siehe Simmel an Martin Buber vom 10. Juli 1913 und an Heinrich Rickert vom 12. Juli 1912.

Gang der Ereignisse] Angesprochen sind der Kriegsverlauf und die Auswirkungen auf den Reiseverkehr wie auf das alltägliche Leben in der Grenzfestung Straßburg (siehe Simmel an Hugo Liepmann vom 2. Aug. 1914).

letzten ausführlichen Brief] Siehe Simmel an Margarete von Bendemann vom 21. Sept. 1914.

Georg Simmel an Harald Höffding

Brief vom 2. Oktober 1914
Hs.; KB Kopenhagen

2 X 14
Sternwartstr. 17

Sehr verehrter Herr Kollege!

Es sind Jahre vergangen, seit wir gelegentlich einige Zeilen wechselten; die Veranlassung aus der ich mich heute an Sie wende, lag uns damals so fern, wie überhaupt nur etwas fernliegen kann. Allein Deutschland, von den stärksten Mächten Europas bedrängt, weiss sich zwar mit den Waffen gut zur Wehr zu setzen; aber es sieht sich von seinen Feinden in ein Netz so unerhörter Lügen u. Verleumdungen versponnen, das nicht so leicht von Kanonenkugeln zerrissen werden kann – dass ein jeder Deutsche die Pflicht u. das moralische Recht hat, jeden Weg in die neutralen Länder zu benutzen, um uns gegen diese finsteren Mächte zu verteidigen. Ihnen zwar brauche ich nicht zu beweisen, dass wir keine »Hunnen u. Barbaren« sind; aber nicht nur, dass das neutrale Ausland vielfach der von den mächtigen Presse-Mitteln unsrer Feinde ausgeübten Suggestion nach dieser Richtung unterlegen ist, so wissen wir, dass auch manche der Besten einen Groll gegen uns haben, weil sie glauben, dass *Deutschland* die Veranlassung zu diesem entsetzlichen Kriege gegeben habe. An diesem entscheidenden Punkte – obgleich ich nicht weiss, wie Sie über ihn denken – möchte ich Sie bitten, sich von der absoluten Falschheit dieses Glaubens überzeugen zu lassen u., im Interesse der Ihnen wie mir heiligen Wahrheit, andere zu überzeugen.

Es giebt keinen Menschen in Deutschland, vom Kaiser bis zum ärmsten Krüppel in einem abgelegenen Dorf, der nicht wüsste, dass Deutschland nur Krieg führt, wenn es durch die unausweichlichste Notwendigkeit dazu gezwungen ist. Das wissen wir nicht, weil die Zeitungen es uns sagen, sondern ein jeder weiss es *von sich* aus. Ein Volk, von dem jeder wehrhafte Mann ins Feld zieht, wo nicht eine einzige Familie ist, die nicht um den Vater, die Söhne, die Freunde zu sorgen oder zu trauern hätte, ein Volk, das nach keinem Besitz seiner Nachbarn Begehr trägt u. durch einen Krieg *nichts zu gewinnen* hat – ein solches Volk wäre nicht nur verbrecherisch u. selbstmörderisch, wenn es freiwillig einen Krieg begönne, sondern geradezu irrsinnig. Wir, die wir doch wirklich alles haben, was eine Nation *als Nation* wünschen kann – wir werden alles dies u. die geliebtesten u. kostbarsten Existenzen in die Gefahr der Zermalmung bringen, wenn wir nicht absolut müssen? Hält man uns denn für verrückt? Man braucht von der Vorgeschichte dieses Krieges, von der jetzt allmählig aufgedeckten Verschwörung unsrer Gegner überhaupt nichts zu wissen; die einfachste Überlegung, was Deutschland bei einem Krieg aufs Spiel setzt, muss jeden, der sich nicht absichtlich blind macht, davon überzeugen, dass nur die bitterste Notwendigkeit, nur die äusserste Bedrohung unsrer gesammten Existenz uns in den Krieg treiben konnte. Weil das jeder Mensch in Deutschland weiss, darum gab es überhaupt keine dissentirende Stimme in Deutschland, darum haben ihm die leidenschaftlichsten Friedensfreunde unter uns entschlossen zugestimmt, darum hat er eine Einheitlichkeit, eine Kraftentfaltung, eine rückhaltlose Hingabe jedes Einzelnen an das Ganze hervorgebracht, die vielleicht, ihrem Umfange nach – da sie 65 Millionen Menschen ohne eine Ausnahme ergriffen hat – die gewaltigste Erscheinung sittlich-politischer Energie ist, die die Weltgeschichte bis jetzt gesehen hat.

Ich will die Abwehr all der unsinnigen Anklagen, mit denen die Feinde das neutrale Ausland gegen uns eingenommen haben, nicht dadurch führen, dass ich meinerseits anklage – bis auf einen, allerdings ganz entscheidenden Punkt. Wir sind »Barbaren«, weil wir in der äussersten Notwehr ein paar alte Bauwerke etwas beschädigt (keines übrigens zerstört) haben. Aber, um des Himmels willen, sieht man denn nicht die unerhörte Barbarei, die die Franzosen u. die Engländer damit begangen haben, dass sie den alten Kulturboden Deutschlands *den russischen Horden preisgeben wollten?* In den Städten Kants u. Goethes, Humboldts u. Hegels hausten heute die Kosaken, wenn es nach den Wünschen der Franzosen u. Engländer gegangen wäre! Dies wenigstens wird man uns nicht abstreiten, dass Deutschland das Land der tiefsten u. ausgebautesten Wissenschaften u. der grossartigsten Organisationen jeder Art ist. U. das wollten jene »Kulturnationen« von den Pferden der moskovitischen Heere zertrampeln lassen! Hat es je in der Welt eine unerhörtere Barbarei gegeben, eine tötlichere Sünde gegen alles, was geistig u. kulturell wertvoll ist?

Über Frankreichs u. Englands »Recht«, uns mit Krieg zu überziehen, mag die Geschichte so oder so urteilen; dass sie sich dazu aber mit Russland verbanden u. über die Hoffnung jauchzten, dass bald »die Lanzenspitzen der Kosaken das Brandenburger Tor berühren würden« – darüber kann es für alle Zeiten nur *ein* Urteil geben. In hundert Jahren kann u. wird Deutschland dies nicht vergeben u. vergessen.

Ich bitte Sie, sehr verehrter Herr Kollege, diese Äusserungen als eine Notwehr anzusehn, zu der die Entstellungen u. Fälschungen des Sachverhaltes durch unsre Feinde uns zwingen. Ich habe – u. viele mit mir – das höchste Interesse daran, dass die höchststehenden Geister der neutralen Länder auch *unsre* Stimme hören.

Darum habe ich mir erlaubt, Ihnen diese Sätze, von denen Sie beliebigen privaten oder öffentlichen Gebrauch machen mögen, vorzulegen. Zugleich bitte ich Sie, die Auseinandersetzung zweier Kollegen, die ich gleichzeitig abgehen lasse, Ihrer Aufmerksamkeit zu würdigen.

In bekannter Hochschätzung bleibe ich Ihr sehr ergebner

Simmel

Brief vom 2. Oktober 1914] Gedr. Briefkopf: li.: PROF. SIMMEL; re: STRASSBURG (ELS.); mit Unterstreichungen von fremder Hand (nicht wiedergegeben).

gelegentlich einige Zeilen wechselten] Diese Korrespondenz ist nicht überliefert. Bekannt ist nur, daß Simmel Höffding seine ›Hauptprobleme der Philosophie‹ durch den Verlag zusenden ließ (vgl. Brief an Wilhelm von Crayen vom 15. Dez. 1910), woran sich ein Briefwechsel angeschlossen haben muß (vgl. Brief an von Crayen vom 5. Jan. 1911).

Veranlassung ... Netz so unerhörter Lügen u. Verleumdungen] Die Entkräftung der alliierten Propaganda war Hauptziel des »›Kriegsdienst[s] mit der Feder‹, den jüdische Intellektuelle leisteten« (Ulrich Sieg: Jüdische Intellektuelle im Ersten Weltkrieg. Kriegserfahrungen, weltanschauliche Debatten und kulturelle Neuentwürfe. Berlin: Akademie Verlag 2001, S. 77). Auch Simmel hatte sich »in den Dienst der Bemühungen« um die Aufklärung des neutralen Auslands »gestellt« (siehe Simmel an Hermann Beck vom 7. Okt. 1914) und wandte sich in diesem Rahmen gegen Wissenschaftler, die Propaganda betrieben, und an Wissenschaftler als Rezipienten der Propaganda, indem er auf die Wahrheit als Medium von Wissenschaft rekurrierte (siehe ebd.); unter Simmels öffentlichen Stellungnahmen ist hier einerseits seine Reaktion auf Bergsons propagandistisch gefärbte Akademie-Rede (s. u.) mit »Bergson und der deutsche ›Zynismus‹« vom 1. Sept. 1914 (s. u.) zu nennen und andererseits seine Kritik an Friedrich Gundolf, erschienen unter dem Titel »›Aufklärung des Auslands‹« in der FZ, Nr. 287 vom 16. Okt. 1914, 1. Mo. Bl. (siehe Friedrich Gundolf an Simmel vom 17. Okt. 1914, Simmel an Gundolf vom 20. Okt. 1914 und Karl Wolfskehl an Simmel vom 17. Okt. 1914).

dass wir keine »Hunnen u. Barbaren« sind] Damit sind die geläufigsten antideutschen Schlagwörter in der englischen bzw. französischen Kriegspropaganda angesprochen. Beide Begriffe greifen auf eine Tradition zurück. Dominierte in England der Bezug auf die Hunnen (›Hunnenrede‹ Kaiser Wilhelms II. von 1900), so setzte sich in Frankreich die ›barbarie‹ in Wechselwirkung mit der ›civilisation‹ durch, mit der der kulturell-gesellschaftliche Fortschrittsprozeß auf den Begriff gebracht wurde und in dem sich das Selbstbild Frankreichs als führende Kulturnation widerspiegelt (vgl. Thomas Raithel: Das »Wunder« der inneren Einheit. Studien zur deutschen und französischen Öffentlichkeit bei Beginn des Ersten Weltkrieges. Bonn: Bouvier 1996, S. 346 ff.) Zu den Initiatoren dieser Facette in der antideutschen Propaganda von 1914 gehörte Henri Bergson, der am 8. Aug. 1914 in einem »Discours prononcé à l'Académie des Sciences Morales et Politiques« geäußert hatte: »La lutte engagée contre l'Allemagne est la lutte même de la civilisation contre la barbarie. Tout le monde le sent, mais notre Académie a peut-être une autorité particulière pour le dire. Vouée en grande partie à l'étude des questions psychologiques, morales et sociales, elle accomplit un simple devoir scientifique en signalant dans la brutalité et le cynisme de l'Allemagne, dans son mépris de toute justice et de toute vérité, une régression à l'état sauvage« (Le Figaro vom 9. Aug. 1914; zit. n.: Henri Bergson: Mélanges. Textes publiés et annotés par André Robinet. Avant-propos par Henri Gouhier. Paris: Presses Universitaires de France 1972, S. 1102). Gegen den ›Barbarenvorwurf‹ Bergsons hatte sich der Dichter Gerhart Hauptmann (1862-1946; NDB) mit dem in mehreren Zeitungen am 26. Aug. 1914 erschienenen Beitrag ›Gegen Unwahrheit‹ (u. a. BT und TR) gewehrt, woraufhin dessen französischer Kollege Romain Rolland (1866-1944; ABF) mit einem ›Offenen Brief‹ an Hauptmann im ›Journal de Genève‹ vom 29. Aug. 1914 reagierte und Hauptmann darin aufforderte, sich »gegen die *Hunnen* zu erheben, die Sie befehligen«; dieser hier nach der Wiedergabe in der FZ vom 12. Sept. 1914 (Nr. 253, 1. Mo. Bl.) zitierte Brief Rollands hatte mit und nach Hauptmanns ›Antwort an Herrn Romain Rolland‹ (ebd.; zuerst: VZ vom 10. Sept. 1914, Mo. Bl.) das Fremdbild von den »Hunnen und Barbaren« zum zentralen Thema der Intellektuellen in der deutschen Presse gemacht. Simmel, der Bergsons Rede wohl Zeitungsmeldungen entnahm, hatte auf den Barbaren- und Zynismus-Vorwurf seines langjährigen Korrespondenzpartners Bergson mit dem auf den »1. September 1914« datierten Artikel ›Bergson und der deutsche »Zynismus«‹ reagiert; der Beitrag erschien verspätet in: Internationale Monatsschrift für Wissenschaft, Kunst und Technik 9, 1914/1915, Sp. 197-200 (= Heft 3 vom 1. Nov. 1914; wiederabgedruckt in StP, Nr. 1084 vom 4. Nov. 1914, Mo. Bl. [GSG 17, S. 121-123]). – Zu entsprechenden Äußerungen von Émile Boutroux über die deutsche »barbarie savante« siehe Simmel an Friedrich Curtius vom 16. März 1915. Vgl. Michael Jeismann: Das Vaterland der Feinde. Studien zum nationalen Feindbild und Selbstverständnis in Deutschland und Frankreich 1792-1918. Stuttgart: Klett-Cotta 1992, S. 339 ff. [= Sprache und Geschichte. Herausgegeben von Reinhart Koselleck und Karlheinz Stierle, Band 19].

ein paar alte Bauwerke etwas beschädigt] Im Mittelpunkt des öffentlichen Interesses standen die Zerstörung Löwens, insbesondere die Vernichtung seiner Bibliothek am 26. Aug. 1914, und die Beschießung von Reims durch das deutsche Militär, bei der auch die Kathedrale getroffen wurde. Wurden diese Maßnahmen in der deutschen Presse lange Zeit nicht gemeldet und dann verharmlost und als kriegsnotwendig hingestellt, so galten beide der französischen Propaganda als Beleg für das Barbarische Deutschlands. Vgl. Wolfgang Schivelbusch: Die Bibliothek von Löwen. Eine Episode aus der Zeit der Weltkriege. München/Wien: Carl Hanser 1988.

»Kulturnationen«] Ironische Bezeichnung Simmels für England und Frankreich, deren Kriegspropaganda das wilhelminische Deutschland als kulturlos hinstellte.

»die Lanzenspitzen der Kosaken das Brandenburger Tor berühren würden«] Zitat nicht ermittelt.

Auseinandersetzung zweier Kollegen] Als Beilage zum Brief nicht überliefert.

Georg Simmel an Hermann Beck

Abschrift von Brief vom 7. Oktober 1914
Tps.; SHLB Kiel, Nl Tönnies

Strassburg i/Els., den 7. Okt. 1914

Sehr geehrter Herr Doktor!

Ich habe mich seit einiger Zeit in den Dienst der Bemühungen gestellt, das neutrale Ausland über die entsetzlichen Lügen und Verleumdungen aufzuklären, mit denen unsere Feinde die Meinungen über Deutschland in der ganzen Welt vergiften. Der Erfolg dieser Aktion bei den Neutralen ist unverkennbar und ich halte es für unsere Pflicht, jeden möglichen Schritt zur Remedur zu ergreifen, auch wenn man nicht in jedem einzelnen Falle der Wirkung sicher sein kann. Mir ist nun eingefallen, dass die Gesellschaft für Soziologie eine freilich kleine Anzahl einflussreicher Männer im neutralen Ausland zu Mitgliedern hat und ich würde meinen, dass die Gesellschaft einfach im Interesse der objektiven geschichtlichen Wahrheit Recht und Pflicht hat, diesen Mitgliedern das Material für eine gerechte Beurteilung der jetzigen Lage zugänglich zu machen. Wenn Sie mir die betreffenden Adressen aus dem Mitgliederverzeichnis herausschreiben, so würde ich veranlassen, dass die durchaus objektiv gehaltenen Drucksachen der Süddeutschen Nachrichtenstelle für die Neutralen an diese gesandt werden. Zu erwägen wäre, ob als Absender die Deutsche Gesellschaft für Soziologie genannt werden soll; ich habe mich darüber mit Herrn Goldscheid in Verbindung gesetzt, der vollkommen einverstanden ist. Man könnte auch so verfahren, dass man nur der Adresse hinzusetzt ›Mitglied der Deutschen Gesellschaft für Soziologie‹.

Vielleicht äussern Sie hierüber Ihre Meinung. Bei Ihrer grossen Bekanntschaft mit dem Ausland wissen Sie vielleicht noch andere Persönlichkeiten, an die man sich auf diesem oder jenem Wege in dem fraglichen Interesse wenden könnte, die Aufklärung bedeutender Einzelner auf unmittelbarem Wege muss meines Erachtens durchaus noch neben der durch die Presse erfolgen, insbesondere weil wir offenbar kein grosses Geschick haben, ausländische Zeitungen zu beeinflussen.

Ich freue mich, Ihnen in dieser harten und grossen Zeit wenigstens einen Gruss senden zu können und bleibe in alter Ergebenheit Ihr

gez.: *Simmel.*

Bitte Ihre Antwort unverschlossen zu senden, geschlossene Briefe sind hier untersagt.

Abschrift von Brief vom 7. Oktober 1914] Gedr. Briefkopf; li. oben: DEUTSCHE GESELLSCHAFT / FÜR SOZIOLGIE / GIRO-CONTO: COMMERZ- UND DISCONTO-BANK, / DEPOSITENKASSE D, BERLIN W. 15, KAISER-ALLEE 211; darunter Referenzkürzel: S.G.; oben re.: BERLIN W. 15, Schaperstr. 25 .... – Zentriert: *Abschrift.* – Absenderzeile: Professor Simmel / Strassburg i/Els. / Sternwartstr. 17.

in den Dienst der Bemühungen gestellt, das neutrale Ausland … aufzuklären] Hierzu angeregt hatten zum einen Zeitungsannoncen mit der Bitte um Weitergabe von Anschriften an den von Paul Rohrbach (1869-1956) – Publizist und seit Mitte Juli 1914 Mitarbeiter der Nachrichtenabteilung des Reichsmarineamtes – gegründeten Arbeitskreis zur Versendung von Druckschriften ins neutrale Ausland, der zur Keimzelle der im Laufe der ersten Oktoberhälfte dem Auswärtigen Amt unterstellten ›Zentralstelle für Auslandsdienst‹ (Z.f.A.) wurde. Ihr oblag es in der Folgezeit, die zahlreichen Initiativen zu bündeln; sie erachtete es als ihre Hauptaufgabe, »daß sich das Deutsche Reich im Krieg nicht nur gegen die Waffen seiner Feinde zu wehren hätte, sondern auch gegen die von ihnen verbreiteten falschen Nachrichten und Anschauungen über Deutschland«; in das neutrale Ausland versandte »Druckschriften, Zeitungen, Flugblätter, Bilder und Briefe« sollten der Aufklärung, bzw. der Gegen-Propaganda dienen (Kurt Koszyk: Deutsche Pressepolitik im Ersten Weltkrieg. Düsseldorf: Droste 1968,

S. 239-249, hier: 241 f.). Zum andern hatte sich der Göttinger Mathematiker und Physiker Carl Runge (1856-1927; DBE) in seiner Funktion als Prorektor der Universität und vermutlich infolge einer Anregung aus dem preußischen Ministerium für geistliche und Unterrichtsangelegenheiten mit einem »Schreiben vom 8. September 1914« an die Universitätsrektoren gewandt, um durch Weiterleitung seines Schreibens in Erfahrung zu bringen, welche Universitätsprofessoren bereit wären, im neutralen Ausland »aufklärend zu wirken«, insbesondere durch Reisen, aber auch durch »Uebermittlung von Material, welches von Göttingen zu liefern wäre, an deutschfreundliche Private«. Dies geht aus dem hier zitierten Antwortschreiben des Dekans der Staatswissenschaftlichen Fakultät der Universität München an deren Rektor vom 26. Sept. 1914 (GStA PK Berlin, Rep. 76 Vc. Sekt. 11, Tit. 11, Teil VII, Nr. 40, S. 23) ebenso hervor wie aus der Antwort des Rektors der Kieler Universität an Runge vom 25. Sept. 1914 (ebd., S. 19 f. – siehe auch Ferdinand Tönnies an Carl Runge vom 1. Okt. 1914; ebd., S. 26). Weiterhin dürften Aufforderungen von der Süddeutschen Nachrichtenstelle (s. u.) ausgegangen sein. – Simmels Anliegen findet sich in seinem Beitrag ›Aufklärung des Auslands‹ (FZ, Nr. 287 vom 16. Okt. 1914, 1. Mo. Bl.; GSG 17, S. 119-120) artikuliert: »Wir können die *Atmosphäre der Lüge* nicht ertragen, die Europa verpestet. [...] Nicht um *Rechtfertigung* willen oder um Gunst reden wir zum Ausland, dies Subjektive kümmert uns jetzt nicht; wir reden zu ihm, damit Wahrheit sei« (S. 119; siehe dazu auch die Schreiben an Simmel von Friedrich Gundolf und von Karl Wolfskehl vom 17. Okt. 1914 sowie Simmel an Gundolf vom 20. Okt. 1914). – Von Simmels Briefen im Rahmen dieser Bemühungen ist nur der an Harald Höffding vom 2. Okt. 1914 ermittelt; die Antwort Albion W. Smalls vom 29. Okt. 1914 läßt auf einen wohl ähnlichen Brief schließen. Ob Michael Landmanns Mitteilung, daß Simmel »einem holländischen Kollegen« mehrere »Kriegsbriefe« geschrieben habe, »die so waren, daß dieser sie aus Scham später vernichtete« (BdD, S. 13), auch auf diesen Zusammenhang verweist, ist nicht nachzuprüfen, da Landmann keine Quellen nennt.

Der Erfolg ... ist unverkennbar] Die Simmel bis zu diesem Zeitpunkt zugegangenen Reaktionen sind verschollen.

Männer im neutralen Ausland zu Mitgliedern] Dabei handelt es sich lt. der ca. 1912 erstellten Mitgliederliste mit insgesamt 228 Mitgliedern, darunter 23 im Ausland lebend (SHLB Kiel, Nl Tönnies), um die folgenden ordentlichen Mitglieder der DGS: Dimitrie Gusti (1880-1955), Rumäne, nach Philosophie-Studium in Berlin (u. a. bei Simmel), 1899-1901, und Leipzig (bei Wilhelm Wundt und Karl Bücher) 1904 Dr. phil. und 1908 Dr. jur., Berlin, seit 1910 Prof. für Philosophie, Ethik und

Soziologie an der Universtät Jassy, später in Bukarest (ISL; Biographisches Lexikon zur Geschichte Südosteuropas. München: Oldenbourg 1976). – Robert Michels in Basel und Turin. – Heinrich Sieveking (1871-1945), Nationalökonom, Dr. jur. Leipzig 1893, Dr. phil. ebd. 1895, nach Habilitation in Freiburg (Max Weber) 1897 PD ebd., 1900 a.o. (Titular-)Prof. ebd., 1902 etatmäßiger a.o. Prof. der Sozialökonomie in Marburg, seit 1907 o. Prof. in Zürich, 1922-36 in Hamburg (MWG II/8, S. 861). – Hans Schorer (1871-1963), Studium in München und Berlin, Dr. oec. 1899, 1905 PD und 1907-1927 Ordinarius für Finanzwissenschaft und Statistik an der Universität Freiburg, Schweiz, daneben 1906-1922 Leiter der statistischen Abteilung des Kantons Freiburg (DBA; www.Statistique Fribourg.ch). – Markus Oscar Wettstein (1866-1952), nach Studium in Straßburg, Zürich, Montpellier und Leipzig Dr. jur. Erlangen, 1890 Journalist in Berlin, 1895-1914 Redakteur der ›Zürcher Post‹, 1903-1938 PD für Zeitungswissenschaft der Universität Zürich, daneben diverse politische Ämter (Neue Schweizer Biographie; www.Stadtarchiv-Schaffhausen.ch). – Unterstützendes Mitglied war der Niederländer Nicolaas Wilhelmus Posthumus (1880-1960), Wirtschaftshistoriker, Staatswissenschaftler, 1913-1921 Prof. an der Handelhochschule in Rotterdam, danach bis 1949 an der Universität Amsterdam (Grote Winkler Prins: Enzyclopedie in 25 Delen. Amsterdam, Brüssel: Elsevier 1979-84).

Drucksachen der Süddeutschen Nachrichtenstelle für die Neutralen] Ob eine direkte Beziehung Simmels zu dieser Stelle bestanden hat, ist nicht ermittelt. – Die so bezeichnete Nachrichtenstelle wurde Mitte Aug. 1914 von dem Kunsthistoriker Hans Hildebrandt (1879-1957), seinerzeit PD an der TH Stuttgart, angeregt und, nach deren Genehmigung durch das 13. Armeekorps, geleitet; der Gründungsaufruf »war von angesehenen Vertretern der Regierung, des inaktiven Militärs und der Wissenschaft unterzeichnet«. Die Süddeutsche Nachrichtenstelle beschränkte sich darauf, »besonders in *Italien* und der *Schweiz*, als den Württemberg zunächst gelegenen Ländern, aufklärend zu wirken«, tat dies anfangs durch die Versendung amtlicher Nachrichten, »Flugblätter mit neuesten Meldungen, Zeitungen« und, als ihr dies bald als zu »aufdringlich« erschien, nur noch »durch die Uebermittlung von Originalaufsätzen« bzw. Briefen und Reden deutscher Professoren und deren Übersetzungen (Hermann Kraemer: Die süddeutsche Nachrichtenstelle für die Neutralen. Sonderdruck aus dem Kriegstagebuch aus Schwaben. Stuttgart: Carl Grüninger o.J. [1915], S. 1-5; vgl. auch die ›Biographical note‹ zu Hans Hildebrandt in www.getty.edu). – Als 1914 von der Süddeutschen Nachrichtenstelle herausgegebene »Drucksachen« sind nachgewiesen: [o.V.]: Aktenstücke zu Englands Neutralitätsheuchelei. Stuttgart: Technische Hochschule, 2 Bl. (Drahtbericht); vermutlich auch: [o.V.]: Non è vero ... Ebd., o.J., 4 Bl.; Adolf Harnack: La questione inglese: Il punto di viste tedesco secondo, con un discorso del medesimo ai cittadini americani residenti in Germania. Stuttgart: R. Politecnico 1914, 19 S., 8 [Übersetzung von: Was wir schon gewonnen haben und was wir noch gewinnen müssen. Rede am 29. September 1914 gehalten von D. Adolf Harnack. Berlin: Heymann 1914 (= Deutsche Reden in schwerer Zeit. Herausgegeben von der Zentralstelle für Volkswohlfahrt und dem Verein für volkstümliche Kurse von Berliner Hochschullehrern)]; Hermann Oncken: L'Allemagne ou l'Angleterre? Stuttgart 1914, 4 Bl. 4.; ders.: Germania o Inghilterra. Stuttgart: Politecnico o.J., 14 S., 8. [jeweils Übersetzung von: Deutschland oder England? Süddeutsche Monatshefte, Sept. 1914, S. 801-811].

mit Herrn Goldscheid in Verbindung gesetzt] Simmels Korrespondenz mit Rudolf Goldscheid ist verschollen. – Goldscheid war Simmels Nachfolger im DGS-Vorstand (siehe Simmel an Vorstand der DGS vom 11. Okt. 1913).

Georg Simmel an Margarete von Bendemann

Brief vom 7. Oktober 1914
Hs.; LBI New York, Susman Collection

7 X 14

Liebe Susa,

unverdient u. beschämend sind für mich die Beschwörungen deiner Karte; aber ich bin doch sehr glücklich mit ihnen, u. um so mehr, als es ihrer garnicht bedurfte: ich kann sehr gut auch *nach* dem 15. nach Basel kommen. Abhängig bin ich dabei nur von meinem Telegraphendienst, aber dies wird sich einrichten lassen. Nun ist es mir zum Zweck eben dieser Einrichtung wichtig zu wissen, ob du nur über Tag kommen oder in Basel übernachten kannst. Letzteres wäre natürlich schon um des rein örtlichen Arrangements wegen sehr wünschenswert, u. auch weil der damit gewonnene weitere Zeit-Spielraum angesichts der unzuverlässigen Eisenbahnverhältnisse etwas Beruhigendes hätte. Aber du sollst dir darum kein irgend beschwerliches Opfer zumuten. Geht es nicht, so müssen wir eben aus den Tagesstunden herausschlagen, was sie hergeben.

Du wirst inzwischen von der Frau die Bitte bezüglich des jungen *Keibel* bekommen haben. Die Eltern sind ungefähr in der fürchterlichsten Lage, die ausdenkbar ist. Ich habe zufällig heut die näheren Angaben erhalten, so daß du auf die Nachricht von Frau Rickert nicht zu warten brauchst: *Hans Keibel* aus Freiburg, 138. Infanterieregiment, in den 20er Augusttagen in den Vogesen schwer verwundet u. seitdem vermißt. Wenn Groeth. noch die Funktion für die Gefangenenlager, von der du schriebst, ausübt, so gehen sicher eine Reihe von Listen mit den Namen der Gefangenen durch seine Hand oder sind ihm zugängig. Wenn du ihn veranlassen könntest, nach dem jungen Mann zu forschen u. dir eine Nachricht zu geben, positiv oder negativ, so wäre damit eines der besten Werke getan.

Da heut schon der 7. ist so schreibe auch ich nichts weiter, nur daß wir euch von Herzen grüßen. U. jeder Gruß in *dieser* Zeit ist so voll von Leben u. Schicksal, wie er in andern Zeiten nicht tragen konnte.

In aller Liebe

Georg.

Brief vom 7. Oktober 1914] Gedr. Briefkopf: li.: PROF. SIMMEL; re: STRASSBURG (ELS.).

deiner Karte] Verschollen.

auch *nach* dem 15. nach Basel kommen] Siehe Simmel an Margarete von Bendemann vom 29. Sept. 1914.

meinem Telegraphendienst] Siehe Simmel an Hugo Liepmann vom 8. Aug. 1914 und an Ignaz und Anna Jastrow vom 16. Aug. 1914.

von der Frau die Bitte bezüglich des jungen *Keibel*] Gertrud Simmels Schreiben an Margarete von Bendemann ist nicht überliefert, der Sachverhalt wird jedoch deutlich aus ihrem Brief an Sophie Rickert vom 6. Okt. 1914 (SGA Stuttgart): Demnach hatten Simmels tags zuvor Sophie Rickerts Bruder, den gerade auf eine ord. Professur nach Straßburg berufenen Anatom Franz Keibel (1861-1929) nebst Gattin Susanna, geb. Wehrenpfennig (1865-1919; NDB) »mit warmer Freude kennen« gelernt und von deren Sorge um ihren »verwundeten u. vermißten« jüngsten Sohn Hans erfahren. Im Vertrauen auf die, wenngleich als »minimal« einzuschätzende Chance, daß Bernhard Groethuysen aufgrund seiner Arbeit »in der Organisation des Kriegsgefangenen-Wesens in Frankreich« (siehe Simmel an Margarete von Bendemann vom 21. Sept. 1914) »etwas über ihn ergründen könnte (resp. Wege der Erkundigung angeben könnte)«, hatte Gertrud Simmel dann »gleichzeitig« bei Sophie Rickert dienliche Personalangaben »zu Ihrem Neffen Hans Keibel« erbeten und vorab »Frau v. B. geschrieben«, da nur sie Groethuysen schreiben könne. – »*Keibel* Johannes Rudolf Julius (gen. Hans), Fahnenjunker, geb. 22. 6. 95 in Freiburg, † 26. 8. 14 bei Deinvilliers (vermißt)« heißt es im ›Freiburger Ehrenbuch des Weltkriegs‹ (Im Auftrag der Stadt bearbeitet und herausgegeben von Wilhelm Fladt, Freiburg i. Br.: Jos. Waibel, Universitätsbuchhandlung 1930, S. 105).

Groeth. … Funktion für die Gefangenenlager] Siehe Simmel an Margarete von Bendemann vom 21. Sept. 1914.

Georg Simmel an Friedrich Curtius

Brief vom 9. Oktober 1914
Hs.; ULB Bonn

9 X 14

Sehr verehrter Herr Präsident!

Mit herzlicher Anteilnahme u., wie ich nicht leugnen will, mit einer gewissen Ergriffenheit lese ich die Mitteilung von Ihrer Amtsniederlegung. Ich würde Ihnen dies mündlich aussprechen, wenn es mir nicht freundschaftlicher erschiene, Sie in diesen sicherlich überlasteten Tagen mit Besuch zu verschonen. Es bleibt mir nur der Wunsch – der von Haus zu Haus geht – daß die Veranlassungen u. Umstände Ihres Schrittes nicht mit weitererstreckten Schmerzlichkeiten verbunden sein möchten.

Treulich ergeben Ihr

Simmel

Brief vom 9. Oktober 1914] Gedr. Briefkopf: li.: PROF. SIMMEL; re: STRASSBURG (ELS.).

Präsident] Friedrich Curtius war seit 1903 Präsident des Direktoriums der Kirche Augsburgischer Konfession im Elsaß.

Mitteilung] Die Straßburger Presse hatte am Mittag gemeldet: »*Rücktrittsgesuch des Präsidenten Dr. Curtius.* Wie wir hören, hat der Präsident des Direktoriums und Oberkonsistoriums der Kirche Augsburgischer Konfession Dr. *Curtius* bei der Regierung um seine Entlassung nachgesucht. Dr. Curtius war, bevor er als Nachfolger Dr. Petris sein bisheriges Amt übernahm, Kreisdirektor in Thann und Straßburg-Land« (StP, Nr. 1024 vom 9. Okt. 1914, Mi.Bl.). – Christian Friedrich Petri (1826-1907), Jurist, 1856-1885 Anwalt, daneben kommunalpolitische Ämter, seit 1872 Mitglied des Direktoriums der Kirche Augsburgischer Konfession, 1885-1903 deren Präsident (NDBA).

Amtsniederlegung] Curtius sah sich gezwungen, als Kirchenpräsident im Elsaß zurückzutreten, da er eine Verordnung des kommandierenden Generals in Straßburg, die Abhaltung von Gottesdiensten in französischer Sprache im Elsaß zu verbieten, nicht billigte. Dazu heißt es in Friedrich Curtius: Deutsche Briefe und Elsässische Erinnerungen. Frauenfeld: Huber & Co. 1920, S. 246-249: »Am 31. August verbot der stellvertretende Kommandeur des 15. Armeekorps die ›Abhaltung von Gottesdiensten mit französischer Predigt‹ in den Gemeinden seines Bezirks, welche nicht zum französischen Sprachgebiet gehörten. Dieses Verbot wurde vom Direktorium [d. i. Leitung der protestantisch-kirchlichen Verwaltungsbehörde] veröffentlicht [...] Am 3. September bat mich der Staatssekretär Graf Rödern, zu ihm zu kommen und verlangte im Namen der Regierung, daß das Direktorium die von dem stellvertretenden kommandierenden General getroffene Anordnung nunmehr auch von sich aus in einer Form verkündige, welche die Fortdauer nach der Aufhebung des Kriegszustandes sicher stelle. Der Bischof habe sich dazu bereit erklärt, unter der Voraussetzung, daß die protestantische Kirche das gleiche tue. Ich wies darauf hin, daß für die Kriegszeit die Sache durch das Generalkommando erledigt, daß daher die von der Regierung geforderte Maßregel zurzeit nicht nötig sei. Es scheine mir der Würde der Kirche zu widersprechen, daß diese Frage ohne sachliche Prüfung, ohne Anhörung der interessierten Gemeinden und des Oberkonsistoriums entschieden werde, nur zu dem Zwecke, der während des Krieges bestehenden militärischen Diktatur über das gesetzlich Gebotene hinaus zu huldigen. Diese Ausführungen fanden bei dem Staatssekretär und dem anwesenden Unterstaatssekretär für Justiz und Kultur keine Beachtung. Am Vormittag des 4. September erkundigte ich mich im Bistum [...]. Es wurde mir bestätigt, daß der Bischof die von dem Grafen Rödern erwähnte Verfügung in Aussicht gestellt und eine gleichartige Verfügung für die Protestanten zur Bedingung gemacht habe. Ich bat um eine Abschrift der vom Bischof zu erlassenden Verfügung, weil ich Wert darauf legte, dieselbe Form zu wählen. / Von dieser Unterredung wurde durch Ungeschick des bischöflichen Unterhändlers Graf Rödern unterrichtet. Als ich nachmittags auf seinen Wunsch noch einmal zu ihm kam, überfiel er mich mit

Vorwürfen wegen meines Vorgehens. Weshalb den Vertretern der lutherischen Kirche verboten sein soll, über einen Gegenstand, der Protestanten und Katholiken angeht, mit dem Vertreter der anderen Kirche zu sprechen, wurde mir nicht gesagt. Die ganze Unterredung mit dem Staatssekretär Grafen Rödern verlief in temperamentvollen Gefühlsausbrüchen und unbestimmten Drohungen von seiner Seite. Ueber die Stellung der Kirche zum Staat tat Graf Rödern die charakteristische Aeußerung: ›Für mich ist die wahre Kirche nur die, deren summus episcopus der König von Preußen ist.‹ Da der Staatssekretär äußerte, es sei jetzt Zeit, Farbe zu bekennen, mußte ich mir diese Anzweiflung meiner patriotischen Gesinnung verbitten. Am 6. September sprach ich mit dem Statthalter, der [...] in der Sache selbstverständlich mit dem Grafen Rödern übereinstimmte. Die Unterredung verlief glatt und ohne Anstoß. / In der Sitzung des Direktoriums vom 7. September fehlte das geistliche Mitglied. Mit den drei außer mir anwesenden weltlichen Mitgliedern hatte Graf Rödern vorher gesprochen. Zwei von ihnen waren mit der Regierung gleichen Sinnes. Der dritte, der meine Bedenken teilte, glaubte doch, aus Gründen der Klugheit, von jedem Widerstand abraten zu müssen. Ich habe dann einen Beschluß redigiert, der so gefasst war, daß ich ihn unterschreiben konnte, weil er sich als eine Verfügung ›zur Ausführung der Verordnung des kommandierenden Generals‹ ankündigte, somit den Schein ausschloß, als handele das Direktorium aus eigener Initiative. Jene Verordnung mußte ja ausgeführt werden, und ein Beschluß des Direktoriums war schon dazu nötig, um den Gemeinden des französischen Sprachgebiets die Fortdauer der französischen Predigt zu sichern. Es waren dies nur die fünf Gemeinden des Steintals. In dem Begleitschreiben an das Ministerium wurde ausgeführt, daß für die nach der Forderung der Regierung getroffene allgemeine Verfügung nicht das Direktorium, sondern das Oberkonsistorium zuständig sei, daß eine Tagung des letzteren während der Kriegszeit Schwierigkeiten biete, daher das Direktorium die Verantwortung für die Ueberschreitung seiner Zuständigkeit auf sich genommen habe, daß aber das Oberkonsistorium bei seiner nächsten Versammlung die von dem Direktorium getroffene Anordnung gut heißen müsse. Mit der Genehmigung des Beschlusses durch den stellvertretenden General war die Angelegenheit geschäftlich erledigt. / Ich hätte mich dabei beruhigen und meine Amtstätigkeit bis auf weiteres fortsetzen können. Aber dann wäre die Krisis bei der nächsten Sitzung des Oberkonsistoriums eingetreten. Die Regierung rechnete darauf, daß die Unterdrückung der französischen Predigt in Straßburg auch nach der Beendigung des Kriegszustands gesichert werde, und meine Kollegen im Direktorium hatten in diesem Sinne ihre Stimme abgegeben. Wenn also das Oberkonsistorium zusammen kam, mußte das Direktorium in demselben Sinne die Vorlage abfassen und vertreten. Dazu wäre ich nicht imstande gewesen. Ich hielt ein unbedingtes Verbot der französischen Predigt in der französischen Pfarrei zu St. Nicolai für rechtswidrig, weil dem stiftungsgemäßen Charakter dieser alten, noch aus der deutschen Vergangenheit Straßburgs stammenden Gemeinde widersprechend. Auch sah ich in dem Bestand einer solchen Gemeinde, wie es deren auch in deutschen Städten gibt, in einer Grenzstadt von der Bedeutung Straßburgs kein patriotisches Aergernis, das auf rechtlichem oder rechtswidrigem Wege unbedingt beseitigt werden müsse.[...] Die kirchliche Verwaltung soll den Gemeinden dienen, sie nicht bureaukratisch meistern, sondern ihre Eigenart respektieren. Dieser meiner Ueberzeugung von dem Charakter protestantischen Kirchentums konnte [...] ich nicht untreu werden. Ein System, nach welchem die Gemeinde dem Direktorium ausgeliefert war, dieses der Regierung gehorchte, welche ihrerseits die Impulse ihres Verhaltens von den militärischen Gewalthabern empfing, konnte ich nicht vertreten. Ich war also außerstande, die Vorlage, welche das Direktorium dem Oberkonsistorium machen mußte, diesem zu empfehlen. Mein Abschiedsgesuch, das die notwendige Folge dieser Sachlage war, wurde von dem Statthalter angenommen, und am 22. Dezember 1914 habe ich das Haus am Thomasstaden und die Stadt, die mir Heimat geworden war, verlassen.« – Siegfried Friedrich Wilhelm Erdmann Graf von Rödern (27. Juli 1870 Marburg/Lahn – 13. April 1954 Sonnenleitenhof in Bergen, Oberbayern), seit 1914 Staatssekretär und Leiter der Innenabteilung des Ministeriums für Elsaß-Lothringen (NDB).

Besuch zu verschonen] Curtius' Wohnung am Thomasstaden 1 A (AVCUS Strasbourg) befand sich etwa 1km von der Simmels entfernt.

von Haus zu Haus] Friedrich Curtius lebte zusammen mit seiner Gattin Louise, geb. Gräfin von Erlach-Hindelbank (1857-1919), und der noch unverheirateten Tochter Olympia, geb. 1887 (Heinrich Lausberg: Ernst Robert Curtius. In: Bonner Gelehrte. Beiträge zur Geschichte der Wissenschaften in Bonn. Bonn: Bouvier 1970, S. 214; NDB). – Simmel hatte Curtius' Rücktrittsgründe, da er sie hier wie selbstverständlich signalisiert, wohl von diesem selbst bereits zuvor erfahren, und sie werden auch Gegenstand des »freundschaftlich[en]« Empfangs der Familie Curtius bei Simmels am 10. Okt. 1914 gewesen sein, über den Tochter Olympia ihrem Bruder Ernst Robert am folgenden Tag berichtete (Brief, ULB Bonn, Nl Ernst Robert Curtius). Ernst Robert Curtius, seit 1913 PD in Bonn, kannte Simmel seit dem Studium in Berlin und nutzte seine Aufenthalte in Straßburg, um Simmel zu sprechen; so teilte er aus Straßburg Friedrich Gundolf am 30. März 1914 mit: »Simmels sind jetzt hier, ich sah sie schon einmal«; und dann wieder am 21. Nov. 1914: »Ich sehe Simmel des öfteren und gewinne immer grössere Sympathie und Verehrung für seine schlichte vornehme Art. Er lebt und denkt diese Zeit mit wie wenige« (Gundolf Briefwechsel, S. 236, 239).

Georg Simmel an Hermann Beck

Abschrift von Brief vom 12. Oktober 1914
Tps.; SHLB Kiel, Nl Tönnies

Strassburg (Els.) 12. Okt. 1914.

Sehr geehrter Herr Doktor!

Ich danke Ihnen herzlich für Ihre mir sehr wertvollen Mitteilungen und Sendungen. Wenn Sie meinen, dass ich mit irgend einem Tun noch auf den von Ihnen eingeschlagenen Wegen nützlich sein kann, so bitte ich um Ihre Vorschläge. In welchem Sinne ich von mir aus die Aufklärung des Auslandes betreibe, wird ihnen nächstens ein kleiner Artikel in der Frankfurter Zeitung zeigen.

In Sachen des Institut Solvay habe ich zwar nichts mehr mitzubestimmen, aber als Mitglied der Gesellschaft und da der Vorschlag zu dieser Beziehung seinerzeit von mir ausgegangen ist, darf ich Sie und die Herren Kollegen vielleicht um einen Augenblick Gehör für meine Ansicht bitten. Zweifellos hat Herr Sombart Recht, dass es mit der »internationalen Solidarität« zunächst einmal zu Ende ist. Allein *Beziehungen* sind noch nicht Solidarität, und dass es nach dem Kriege wieder Beziehungen zu den jetzigen Feinden geben wird und soll, kann überhaupt nicht bestritten werden. Für das allein richtige Verhalten in Bezug auf diejenigen Verhältnisse, die *ihrem Sachgehalt nach* mit Politik nichts zu tun haben, halte ich natürlich völlige Negativität: es muss so jetzt sein, *als ob* sie nicht beständen. Wie und ob sie später aufzunehmen sind, darüber soll man jetzt weder bejahend noch verneinend urteilen. Unser positives Verhalten zu den Feinden spielt sich auf den Schlachtfeldern ab, nicht aber auf Briefbogen, und die billigen Demonstrationen auf den Gebieten jenseits der Schlachtfelder, jenseits aller *Opfer*, sollte man unterlassen. Ich habe deshalb die Erklärung unserer Intellektuellen bezüglich der Niederlegung aller wissenschaftlichen Ehrungen durch englische Universitäten etc. missbilligt, ich sehe darin nicht die grosse handelnde und selbst im Zerstörungswerk des Krieges produktive Kraft unseres Volkes, sondern nur kleinliche Ranküne und ich muss dies als meine oft geprüfte Ueberzeugung aussprechen, so gross und verehrungswürdig auch die Namen sind, gegen die sie sich richtet. Die »Revolutionierung unserer Seele«, mit der Sombart schön und treffend das einzige, das ganze Leben werte Erlebnis dieser Zeit bezeichnet, ist durchaus positiver Natur, im Schaffen und Kämpfen, im Opfern und Umgestalten unserer selbst und unserer Welt. Im Zurückschicken von Ehrendiplomen, die man seinerzeit recht gern angenommen hat, kann ich keine Heldentat sehen. – Was nun im Besonderen Solvay betrifft, so können wir die Tatsache nicht aus der Welt schaffen, dass unsere Gesellschaft von ihm einen nicht unerheblichen Dienst erbeten und angenommen hat. Dass wir uns dieser unleugbaren moralischen Verpflichtung dadurch quitt machen, dass wir ihm seine Gabe jetzt, wo wir die Sieger sind, ins Gesicht werfen – das würde mir, im absoluten Gegensatz zu der Beschiessung von Reims, als »deutsche Barbarei« erscheinen. Gewiss hat Sombart Recht, dass die Politik jetzt auf das Leben und Wirken auch wissenschaftlicher Vereine überzugreifen hat. Allein diese Einwirkung hat m. E. in der schweigenden Stillegung aller Beziehungen zu bestehen, nicht in provokatorischen Zerstörungen, die am wenigsten in diesem Augenblick am Platz sind, wo die Zukunft und ihre Forderungen uns noch ganz verhüllt ist.

»Denn es soll am deutschen Wesen Einmal noch die Welt genesen« – und darum finde ich es nicht richtig, die Kanäle, durch die noch einmal deutsches Wesen in die Welt strömen könnte, ohne Not zu verschütten; allen Forderungen unserer Würde und unserer Lage genügt es, sie trocken zu legen.

Mit freundlichen Empfehlungen Ihr ergebenster

gez. Simmel.

Abschrift von Brief vom 12. Oktober 1914] Oben: ABSCHRIFT. – Anrede: Doktor (Beck)!

mir sehr wertvollen Mitteilungen und Sendungen] Zwar ist die

Postsendung an Simmel verschollen, deren Inhalt läßt sich aber aus dem ›Rundschreiben‹ (Tps.; 6 S.), das Beck an die Mitglieder des Vorstandes der DGS unter dem Datum 9. Okt. 1914 nebst Anlagen versandte (SHLB Kiel, Nl Tönnies), erschließen; Simmel, der zu diesem Zeitpunkt dem Vorstand nicht mehr angehörte (siehe Simmel an den Vorstand der DGS vom 11. Okt. 1913), muß dennoch dieses ›Rundschreiben‹ erhalten haben, enthielt es doch quasi Becks Antwort auf seinen Brief vom 7. Okt. 1914, bzw. auf die darin ausgesprochene Anregung zur Aufklärung des neutralen Auslands seitens der DGS. Denn auf diese »Anregung des Herrn Professor Simmel« bezieht sich Becks Stellungnahme zu den dem Rundschreiben beigelegten Abschriften jenes Briefes von Simmel wie auch eines Schreibens von Werner Sombart an Beck vom 3. Okt. 1914, das dazu aufforderte, den zwischenzeitlich zwischen der DGS und dem ›Institut de Sociologie Solvay‹ (Brüssel) geschlossenen Vertrag zu lösen. Für Simmel »sehr wertvoll« dürften die im Folgenden wiedergegebenen bzw. angesprochenen »Mitteilungen« und »Sendungen« Becks gewesen sein: »Ich bin durchaus nicht der Meinung des Herrn Prof. Sombart, dass die internationale Solidarität für unsere Generation zerstört ist. Ich habe mich, wie die Herren aus meinen Bemerkungen zu dem Briefe des Herrn Prof. Simmel des näheren entnehmen werden, damit befasst, einen aus Vertretern von 13 neutralen Auslandsstaaten zusammengesetzten Ausschuss zu bilden, der [es] sich nun seit Wochen angelegen sein lässt, das neutrale Ausland mit wahrheitsgemässen Schilderungen der wirtschaftlichen, moralischen und organisatorischen Leistungen des deutschen Volkes zu versorgen, um dem Auslande eine richtige Einschätzung der inneren Kräfte Deutschlands auch in dieser Kriegszeit zu vermitteln. Als Leiter dieses Ausschusses, der auch im gesamten neutralen Auslande eine umfassende Propaganda in der Presse veranstaltet hat, stehe ich mit im Brennpunkte der gegenwärtigen Ausstrahlungen des neutralen Auslandes und ich habe Gelegenheit gehabt, mir aus tausenden von Briefen von Ausländern ein Urteil zu bilden. Es würde viel zu weit führen, wenn ich auch nur andeutungsweise versuchen wollte, diese Eindrücke geordnet wiederzugeben, aber das eine kann ich sagen, dass man selbst für den gegenwärtigen Augenblick von einer Zertrümmerung der internationalen Solidarität nicht sprechen kann; wenn man mir als Beweis für das Gegenteil die Stimmen führender Geister im feindlichen Ausland entgegenhalten will, so möchte ich dazu sagen, dass es keines besonderen psychologischen Raffinements bedarf, um solchen Aeusserungen nicht mit dem üblichen sprachlosen Erstaunen gegenüberzustehen. […] 2) Die Anregung des Herrn Professor Simmel erscheint mir durchaus beachtenswert und auch ich bin der Meinung, dass unsere Gesellschaft die vaterländische Pflicht hat, im Interesse der objektiven geschichtlichen Wahrheit nach Kräften dahin zu wirken, dass die Wahrheit ins Ausland kommt. Ich würde befürworten, dass die Gesellschaft für Soziologie, d. h. mit Begleitschreiben auf ihren Briefbogen und Briefumschlägen mit ihrem Aufdruck, geeignete aufklärende Druckschriften, die sie ja nicht selbst herzustellen braucht, sondern von den verschiedenen in Frage kommenden Stellen beziehen kann, verschickt. Sie finden in der Anlage ein Rundschreiben, das ich [im Namen des Ausschuss für objektive Pressberichte] am 5. d.M. an die mir bekannt gewordenen, sich mit der Aufklärung des Auslands befassenden Organisationen gerichtet habe. Diese Organisationen selbst sind in einer Anlage dem Rundschreiben beigefügt. Ich möchte über die Anregung des Herrn Professor Simmel hinausgehend anregen, dass unser Vorstand ein Rundschreiben an unsere Mitglieder erlässt und die Mitglieder auffordert, ihm etwaige Beziehungen zu Auslandsdeutschen und zu Angehörigen neutraler Auslandsstaaten zur Verfügung zu stellen. Die Schwierigkeit besteht natürlich nicht darin, Adressen zu beschaffen oder Berichte herzustellen, zu drucken und zu versenden, sondern darin, es zu erreichen, dass diese Berichte gelesen und verbreitet oder gar in der ausländischen Presse abgedruckt werden. Man muss also mit den ersten Berichten persönliche Einführungsschreiben an die betreffenden Adressaten, vor allem auch an Redaktionen, Zeitungsverleger und Zeitungsmitarbeiter senden, um den Nachrichten selbst wirksamen Eingang verschaffen zu können. Ich kann mir denken, dass sich unter unseren ca. 400 Mitgliedern zahlreiche befinden, die derartige einflussreiche Beziehungen zum Auslande unterhalten und in den Dienst der guten Sache stellen könnten.« Abschließend regte Beck an, mit einem Teil des angesammelten DGS-Vermögen – »jetzt über 5000 M.« – den »Neutralen Ausschuss« zu unterstützen, um dessen Unabhängigkeit von der Einflußnahme durch deutsche amtliche Stellen, deren Geldangebote er ausdrücklich abgelehnt habe, abzusichern, und fügte in der Anlage »Probenummern der deutschen Ausgabe« der »von dem Ausschuss der Neutralen versandten Berichte« bei (im Nl Tönnies nicht überliefert).

Artikel in der Frankfurter Zeitung] Simmel: ›Aufklärung des Auslands‹. FZ, Nr. 287 vom 16. Okt. 1914, 1. Mo.Bl. (GSG 17, S. 119-120). Simmel antwortete damit auf Friedrich Gundolfs in der FZ vom 11. Okt. 1914 (Nr. 282, 1. Mo.Bl.) erschienenen Artikel ›Tat und Wort im Krieg‹; siehe Friedrich Gundolf an Simmel vom 17. Okt. 1914.

Institut Solvay] Angesprochen ist das am 3. Juni 1901 gegründete »Institut de Sociologie«, nach einem 1894 eingerichteten physiologischen das zweite der nach ihrem Stifter, dem Chemiker und Industriellen Ernest Solvay (1838-1922) benannten und der Université libre de Bruxelles angegliederten »Instituts Solvay« (Meyers 1978, Minerva 1901/02). Die Planung des Instituts geht auf dessen Direktor Émile Waxweiler zurück, der bereits seit 1909 mit der DGS in Verbindung stand und ihr als unterstützendes Mitglied angehörte (siehe Simmel an Beck vom 16. Juli 1909 sowie ›Mitgliederliste‹ [ca. 1911] in SHLB Kiel, Nl Tönnies). – Émile Waxweiler (1867-1916) war nach der Ausbildung zum Straßen- und Brückenbauingenieur und einem staatlichen Reisestipendium in die USA (1893) zunächst in der Kommunalverwaltung in Gent und beim Ministerium für Industrie und Arbeit in Brüssel tätig, wo er überwiegend sozialwissenschaftliche Untersuchungen durchführte; zudem war Waxweiler seit 1898 Professeur an der ›École des Sciences politiques et sociales de l'Université libre de Bruxelles‹. Die Lehre an der Universität wie auch an der von ihm im Auftrag Solvays konzipierten und seit 1904 ebenfalls unter seiner Leitung stehenden Handelshochschule sollte Waxweiler zeitlebens mit der Direktion des »Institut de Sociologie« vereinen. Neben den 1906 begonnenen Arbeiten mit Blick auf eine eigene Konzeption der Soziologie gab Waxweiler die ab 1910 regelmäßig erscheinende Zeitschrift des Instituts heraus, das ›Bulletin mensuel‹ (de l'Institut de Sociologie Solvay), bzw. dessen Bestandteil, die ›Archives Sociologiques‹ (Minerva 1898/99; Biographie nationale, publiée par l'Académie Royale des Sciences, des Lettres et des Beaux-Arts de Belgique. Bruxelles 1938; Pierre de Bie: La sociologie d'Émile Waxweiler. Bruxelles 1974, S. 13-22 [= Académie Royale de Belgique, Fondation Émile Waxweiler]).

Vorschlag zu dieser Beziehung] Lt. Protokoll der Sitzung des Vorstandes der DGS vom 5. Juli 1913 (SHLB Kiel, Nl Tönnies) hatte Simmel zur »Frage der Schaffung einer periodischen Publikation mit soziologischen Literaturberichten, die den Mitgliedern der Gesellschaft als Gegenleistung für den Mitgliedsbeitrag geboten werden soll«, angeregt, »mit dem Institut Solvay in Verbindung zu treten zwecks Bezuges der ›Archives Sociologiques‹ für die Mitglieder der Gesellschaft zu ermässigten Preisen«. Hermann Beck hatte den Vorschlag mit der Aussicht, »dass das Institut Solvay eventuell eine deutsche Ausgabe oder jedenfalls eine den deutschen Verhältnissen mehr Rechnung tragende Ausgabe seiner Publikationen selbst unter finanziellen Opfern veranstalte, um die Arbeit des Institutes in Deutschland und Oesterreich mehr zu verbreiten« (ebd.), aufgegriffen und war im Auftrag des Vorstandes mit Émile Waxweiler in Verhandlungen getreten (siehe die überlieferte Korrespondenz in SHLB Kiel, Nl Tönnies). Waxweiler hatte der DGS die Modalitäten einer deutschen Ausgabe des Bulletins unterbreitet (Waxweiler an Beck vom 12. Dez. 1913) und ihr nach erneuten Verhandlungen schließlich, obgleich die Ausgabe sein Institut »etwa 2000-2400 Mark pro Jahr netto kosten« werde, einen Vertragsentwurf vorgelegt (Waxweiler an Vorstand der DGS vom 16. März 1914); am 22. April 1914 wurde dieser Vertrag zwischen der DGS, vertreten durch Sombart, Tönnies und Goldscheid, und der Wiener Soziologischen Gesellschaft, vertreten durch Goldscheid, einerseits und dem Institut de Sociologie Solvay, vertreten durch Waxweiler andererseits, in seiner deutschen Fassung unterzeichnet (ebd.). Er sah vor, daß die Aufsätze der »Abteilung ›Archives Sociologiques‹ in der bisherigen Form beibehalten«, jedoch mit einer Inhaltsübersicht in deutscher Sprache versehen werden, ferner, daß die Literaturberichte der »Abteilung ›Wissenschaftliche Chronik‹ [...] insoweit ihre bisherige Form beibehalten, als es sich um Beiträge in der Originalsprache der besprochenen Bücher und Aufsätze handelt«, während die bisher französischsprachigen ins Deutsche übersetzt werden; und schließlich, daß die »Abteilung ›Chronique de l'Institut‹ entfällt, bzw. durch Mitteilungen der DGS und der Wiener Soziologischen Gesellschaft ersetzt werden. Für die jeweils an die beteiligten Gesellschaften zu liefernden »300 Exemplare« ist von diesen jährlich »ein Kaufpreis in Höhe von 1800 M« zu entrichten. Das Abkommen sollte jeweils für ein Kalenderjahr gelten. Den Eingang »der ersten Hefte des Soziologischen Archiv[s]« hatte Beck am 18. Juli 1914 melden können (Rundschreiben an den Vorstand der DGS; ebd.). Zwei Nummern wurden bis zum Kriegsausbruch geliefert (Rundschreiben, Beck an Vorstand der DGS vom 12. Sept. 1914), deren eine Ferdinand Tönnies beschreibt als »unter dem Titel ›Soziologisches Archiv‹ herausgegeben von Prof. E. Waxweiler, am 29. Juni 1914 als Bulletin Nr. 32 (5. Jahrgang) erschienen« (Die deutsche Gesellschaft für Soziologie. Kölner Vierteljahreshefte für Sozialwissenschaft 1, 1921, Heft 1, S. 42-46, hier: 44).

Herren Kollegen] Gemeint sind die seinerzeitigen Mitglieder des Vorstandes der DGS: Sombart, Tönnies, Goldscheid, Barth und Rathgen sowie Michels als Rechner und Beck als Schriftführer, nachdem Grotjahn sich – aufgrund einer durch Tönnies ausgelösten Verstimmung – mit Schreiben vom 8. März 1914 »aus der Liste der Vorstandsmitglieder sowie der Mitglieder beider Rangstufen der Deutschen Gesellschaft für Soziologie« hatte streichen lassen« (SHLB Kiel, Nl Tönnies).

hat Herr Sombart Recht] Simmel bezieht sich auf Becks ›Rundschreiben‹ (s. o.) beigelegten Brief Werner Sombarts an Beck vom 3. Okt. 1914 und die Forderung, die Beziehungen zum ›Institut de Sociologie Solvay‹ zu lösen. Sombart hatte dies – »sofort – auch für die Zukunft« – bereits mit Schreiben an Beck vom 28. Aug. 1914 gefordert und jetzt nach den sein Verlangen zurückdrängenden Meinungsäußerungen von Beck (Brief an Sombart vom 7. Sept. 1914), Tönnies (Brief an Vorstand vom 11. Sept. 1914), Goldscheid (Brief an Beck vom 18. Sept. 1914) und vor allem von Michels (Brief an Beck vom 26. Sept. 1914) geschrieben: »Ich gestehe offen, dass mir ein solcher Standpunkt unerklärlich ist. Sollen wir warten, bis *uns* das Institut Solvay den Bettel vor die Füsse wirft. Denn dass es das tun wird, traue ich dem Ehr- und Anstandsgefühl der Belgier zu. *Allerdings* wird ›die Politik‹ ›auf das Leben und Wirken wissenschaftlicher Vereine‹ übertragen werden und zwar sehr energisch. Mit der ›internationalen Solidarität‹ ist es für *diese* Generation aus und ich kann es mir nur aus der internationalen Stellung Prof. Michels erklären, dass er diese ›Uebertragung‹ nicht für ein selbstverständliches Gebot nationaler Selbstachtung hält, weil er im Auslande nicht weiss, was seit zwei Monaten für eine Revolutionierung unserer Seele vorgegangen ist. Für mich wäre jedenfalls des Bleibens keinen Augenblick länger in einer ›Deutschen! Gesellschaft für Sociologie‹, die eine *belgische* Zeitschrift als ihr Organ herausgibt. Ich empfinde eine solche Situation geradezu als komisch, ganz abgesehen davon, dass sie würdelos ist. Ich bitte Sie, meine Auffassung dem Vorstand zur Kenntnis zu bringen. Den Rückäusserungen der Herren Kollegen im Vorstand gemäss werde ich dann mein Verhalten einrichten« (sämtliche Schreiben in Abschrift, SHLB Kiel, Nl Tönnies).

Erklärung unserer Intellektuellen] »Erklärung deutscher Hochschullehrer über die Niederlegung englischer Auszeichnungen« vom 7. Sept. 1914. Im Wortlaut: »Unter einem nichtigen Vorwande, der am wenigsten vor seiner eigenen Geschichte standhält und der durch zahlreiche Dokumente in seinem wahren Wesen klargestellt ist, hat England uns den Krieg erklärt. / Aus *schnödem Neid* auf Deutschlands wirtschaftliche Erfolge hat das uns bluts- und stammverwandte England seit Jahren die Völker gegen uns aufgewiegelt und insbesondere sich mit Rußland und Frankreich verbündet, um unsere Weltmacht zu vernichten, unsere Kultur zu erschüttern. / Nur im Vertrauen auf Englands Mitwirkung und Hilfe konnten Rußland, Frankreich, Belgien und Japan uns den Fehdehandschuh hinwerfen. *England vor allem trifft die moralische Verantwortung für den Völkerbrand*, der furchtbares Unheil für Millionen von Menschen zur Folge hat und unerhörte Opfer an Gut und Blut fordert. Der *brutale nationale Egoismus* von England hat ihm eine untilgbare Schuld aufgeladen. Wir sind uns wohl bewußt, daß hochbedeutende englische Gelehrte, mit denen die deutsche Wissenschaft in fruchtbarer Arbeit jahrelang verbunden war, gegen diesen frevelhaft begonnenen Krieg gesinnt sind und gegen ihn gesprochen haben. / Gleichwohl verzichten, in deutschem Nationalgefühl, diejenigen von uns, welchen *Auszeichnungen von englischen Universitäten, Akademien und gelehrten Gesellschaften* erwiesen sind, hierdurch auf diese Ehrungen und die damit verbundenen Rechte« (hier zit. n. TR, Nr. 426 vom 8. Sept. 1914, Mo. Bl.). Die – mit der Aufforderung zur Leistung weiterer Unterschriften abschließende – Erklärung war von 31 Gelehrten und Künstlern unterzeichnet, und als das LC vom 19. Sept. 1914 die ›Erklärung‹ und ihre Unterzeichner abdruckte, berichtete es, zwischenzeitlich habe sich »eine etwa gleiche Anzahl von Vertretern der beteiligten Kreise angeschlossen« (Sp. 1260).

Beschiessung von Reims] Siehe Simmel an Harald Höffding vom 2. Okt. 1914.

»deutsche Barbarei«] Anspielung auf die den Deutschen von Henri Bergson und der französischen Propaganda zugewiesene »barbarie« (siehe ebd.).

»Denn es soll am deutschen Wesen Einmal noch die Welt genesen«] Das Wort ist in dieser Form von Kaiser Wilhelm II. zum geflügelten Wort gemacht worden, das in dem provozierten Verständnis eine Umdeutung des von Emanuel Geibel gemeinten Sinnes beinhaltete. Das geflügelte Wort geht auf dessen Gedicht ›Deutschlands Beruf‹ aus dem Jahre 1861 (In den ›Heroldsrufen‹, Stuttgart 1871) zurück, deren letzte Strophe korrekt lautet: »Macht und Freiheit, Recht und Sitte, / Klarer Geist und scharfer Hieb / Zügeln dann aus starker Mitte / Jeder Selbstsucht wilden Trieb, / Und es mag am deutschen Wesen / Einmal noch die Welt genesen« (zit. n. [31]Büchmann, S. 338).

Georg Simmel an Margarete von Bendemann

Postkarte vom 14. Oktober 1914
Hs.; LBI New York, Susman Collection

Str. 14 x 14

Liebe Susa,

die Reise nach Basel hat die Schwierigkeit für mich, daß die Grenze für die direkte Strecke Straßb.-Basel so gut wie gesperrt ist. Ich muß also entweder versuchen, einen Passirschein zu bekommen, was sehr schwierig sein soll, oder muß einen Umweg machen, der auch seine Bedenken hat. In den nächsten Tagen gebe ich genauere Nachricht. Es soll durchaus gelingen. Willst du ein Hotel in Basel vorschlagen?

Die Eltern des jungen *Keibel* haben sich natürlich schon selbst an das Rote Kreuz in Genf gewandt. Bitte tue nach dieser Richtung hin nichts mehr. Diese Verschollenheiten sind fürchterlich; auch ein Sohn von *Gothein* in Heidelberg ist seit dem Sturm auf *Lüttich* verschollen. –

Die äußere Ruhe u. Behaglichkeit des Lebens der Daheimgebliebnen ist kaum erträglich. Man wird erdrückt von der Schuld gegen die im Felde.

Tausend Grüße inzwischen! Dein

G.

Postkarte vom 14. Oktober 1914] An: Frau / *Marg. v. Bendemann* / *Rüschlikon* bei *Zürich*; mit Poststempel: STRASSBURG (ELS.) 1 [unles.]; mit Prüfstempel: [unles.]; mit hs. Absenderangabe: Prof. *Simmel* / Straßburg Els.

Reise nach Basel] Siehe Simmel an Margarete von Bendemann vom 29. Sept. und 7. Okt. 1914.

Grenze ... gesperrt] Simmel spricht die Bahnstrecke von Straßburg über Colmar und Mühlhausen nach Basel an (Baedeker Süddeutschland, S. 47-51) und hat wohl nur als Gerücht erfahren, was die StP vom 20. Okt. (Nr. 1048, Mo. Bl.) mit Bezug auf ein »Privattelegramm« melden sollte: die »Armeegruppe Gaede vom 14. Reservearmeekorps« habe »angeordnet, daß die *Grenze* zwischen dem *Elsaß* und der *Schweiz für jeden Verkehr* gesperrt wird.« Das Überschreiten des Rheins sei nur »in dringenden Fällen und auf Grund eines militärischen Passierscheins zulässig«.

Eltern des jungen *Keibel*] Zur Sorge von Franz und Susanna Keibel um ihren Sohn Hans siehe Simmel an Margarete von Bendemann vom 7. Okt. 1914.

ein Sohn von *Gothein* ... seit dem Sturm auf *Lüttich* verschollen] Eberhard Gothein hatte vier Söhne (Drüll); »verschollen« war Wilhelm Gothein (1890-1914; NDB), worüber Marie Luise Gothein (geb. Schröter, Schriftstellerin, 1863-1931; NDB) berichtet: »Er [Wilhelm] ist am 22. August in der Schlacht bei Neufchâteau-Angloy gefallen; aber zwei furchtbare Monate blieben wir in Ungewißheit um sein Schicksal.« (Eberhard Gothein: Ein Lebensbild. Seinen Briefen nacherzählt von Marie Luise Gothein. Stuttgart: W. Kohlhammer 1931, S. 257; vgl. die Todesanzeige im Heidelberger Tageblatt vom 3. Nov. 1914, Nr. 257, S. 3). – Lüttich war am 7. Aug. 1914 von den Deutschen erobert worden (Meyers, Kriegsnachtrag II, Kriegskalender).

Georg Simmel an Marianne Weber

Abschrift von Brief vom 16. Oktober 1914
Tps.; Arnold Simmel, New York; SBPK Berlin, Nl 125 (M. Landmann)

Straßburg, [16. 10. 14.]

Liebe Freundin;

vielen Dank für Ihren Brief. Ich würde mehr als dieses dünne Zeilchen darauf sagen, wenn ich nicht hoffen dürfte, Sie bald zu sehen. Am 5. oder 6. November soll ich einen Vortrag in Heidelberg halten. Auch er wird bei der »Forderung des Tages« bleiben. Aber das ist doch das Unvergleichliche dieser Zeit, daß endlich, endlich einmal die Forderung des Tages und die Forderung der Idee eine und dieselbe sind. Das kann freilich nur »intuitiv« oder vielmehr, im praktischen Erleben erfaßt werden und wenn *Lukács* dieses Erleben nicht hat, so kann man es ihm nicht vordemonstrieren. Dann ist es allerdings ganz konsequent, wenn er »Militarismus« in alle dem sieht; für uns ist es aber gerade die Befreiung von allem Militarismus, weil es diesem seine Selbstzweckhaftigkeit (die er gerade im Frieden anzunehmen droht) entkleidet und ihn zu einer Form und Mittel einer Gesamterhöhung des Lebens macht.

Ich leide wie Sie darunter, daß ich die Opfer der Kämpfer ohne Gegenleistung annehmen muß, denn was ist das Bischen, das man hier in seiner Behaglichkeit tun kann, auch wenn man vom Morgen bis abends keinen anderen Gedanken und Willen hat! Eher rettet mich der Gedanke an das vergangene Leben: daß ein jeder, der seine Pflicht zu tun versucht hat, ein Billionstel dazu beigetragen hat, daß unser Volk jetzt ist, was es ist.

Leben Sie wohl und grüßen Sie den Mann herzlich von mir, die Frau will selbst schreiben.

Auf bald und liebevoll Ihr

G.S.

Brief vom 16. Oktober 1914] Der Brief, bzw. möglicherweise die Postkarte, liegt uns nur in zwei voneinander abweichenden Abschriften vor: ein nur auszugsweise, wahrscheinlich von Hans Simmels Witwe Else erstelltes Tps. im Besitz Arnold Simmels (Tps. I) und ein vollständiges, vermutlich von Michael Landmann gefertigtes (Tps. II) in dessen Nl (SBPK Berlin), abgedruckt unter dem Datum »14. 8. 14«

in: BdD, S. 133f. Letzteres wurde als Textvorlage herangezogen, jedoch umdatiert: Dies begründet die amerikanische Datierungsweise »14-10-16« des genannten Auszugs (Tps. 1), ein fälschliches Lesen der bei Simmel geläufigen Monatsangabe in römischen Ziffern (hier 8 statt x), die in dem Schreiben zum Ausdruck gebrachte Beurteilung der gegenwärtigen Situation wie auch die Bezeichnung »bald« für ein in ca. drei Wochen – und nicht drei Monaten – in Aussicht stehendes Wiedersehen anläßlich eines Vortrags in Heidelberg, für den sich in der zur Absicherung geprüften Heidelberger Presse im Nov. 1916 kein Pendant bzw. Hinweis finden ließ. – Zu den Abweichungen im Text (Orthographie, Interpunktion ausgenommen) von Tps. 1 s. u.

Ihren Brief] Das Schreiben ist verschollen.

Am 5.] Beginn von Tps. 1.

Vortrag in Heidelberg] Der für den 5. oder 6. Nov. 1914 geplante Kriegsvortrag ›Das andere Deutschland‹ wurde dann auf den 30. Okt. 1914 vorverlegt; siehe Simmel an Margarete von Bendemann vom 27. Okt. 1914.

»Forderung des Tages«] Anspielung auf die ›Maximen und Reflexionen‹ Goethes ›Aus Wilhelm Meisters Wanderjahren‹: »Wie kann man sich selbst kennen lernen? Durch Betrachten niemals, wohl aber durch Handeln. Versuche deine Pflicht zu thun und du weißt gleich, was an dir ist. – Was aber ist deine Pflicht? Die Forderung des Tages« (WA 1/42, S. 167). – Simmel meint das Zurückstellen aller individuellen Interessen hinter die je aktuellen militärisch-politischen Erfordernisse. Wenn er betont, daß aktuell »persönliche Schicksale« überhaupt nicht »in einem Atem« mit dem Schicksal des Volkes zu nennen seien (Brief an Margarete von Bendemann vom 9. Aug. 1914), so findet sich das gesteigert bei Marianne Weber, wenn sie den Kriegsbeginn als Stunde von »ungeahnter Erhabenheit« bezeichnet und von der »Stunde der *Entselbstung*, der gemeinsamen Entrückung in das Ganze« schreibt (Max Weber Lebensbild, S. 526).

***Lukács*]** Zu diesem Brief Simmels an Marianne Weber erinnert Georg Lukács in einem Interview mit István Eörsi von 1969/1971: »Der Simmel-Brief ist insofern interessant, als ich sehr stark argwöhne, daß die Menschen ihre eigene Vergangenheit umstilisieren. So fragte ich mich also mit einem gewissen Argwohn oder, besser gesagt, mit kritischem Zweifel, ob es wahr sei, daß ich vom ersten Tag an Kriegsgegner gewesen sei. Und da fiel mir sofort ein, daß ich einmal – ich konnte nur das Datum nicht sagen – mit Marianne Weber, Max Webers Frau, eine Unterhaltung gehabt hatte, in der sie den moralischen Wert der Heldentaten lobte, worauf ich ihr antwortete, je besser die Heldentaten seien, desto schlimmer sei es. Jetzt bekam ich zufällig ein Buch in die

Hand, das Simmel zu Ehren herausgegeben worden ist [d. i. BdD]. Hierin wird ein Teil seiner Briefe publiziert, darunter ein Brief an Marianne Weber, datiert auf Anfang August 1914 [s. o.], worin er schreibt, wenn Lukács nicht in der Lage sei, die Großartigkeit dieses Krieges zu begreifen, dann sei das eine hoffnungslose Sache, man könne diesen Krieg nur intuitiv begreifen, so habe es in diesem Fall auch gar keinen Sinn, mit ihm darüber zu sprechen. Hierdurch wird belegt, daß sich unsere Unterhaltung Anfang August abgespielt haben kann, Marianne berichtete Simmel darüber, und das war Simmels Antwort darauf. Das bestärkt mich darin, daß ich mich tatsächlich richtig erinnere, daß ich bereits in den Augusttagen gegen den Krieg gewesen bin. [...] *Interviewer*: Simmel hat darin recht, daß man die Großartigkeit des Krieges nur intuitiv begreifen kann [...]. *Lukács*: Darin gebe ich ihm recht, aber mich interessiert die Sache nur insofern, als es hier einen objektiven Beweis dafür gibt, daß sich diese Unterhaltung in den ersten Tagen nach Kriegsausbruch abgespielt hat« (Georg Lukács: Gelebtes Denken. Eine Autobiographie im Dialog. Red.: István Eörsi. Aus dem Ungarischen von Hans-Henning Paetzke. Frankfurt/M.: Suhrkamp 1981, S. 70f.).

»Militarismus«] Daß Simmel sich bemüßigt sieht, sein Verständnis dieses Begriffes mitzuteilen, zeigt an, daß ein einheitliches Verständnis fehlte. Als Schlagwort des 19. Jahrhunderts bezeichnete ›Militarismus‹ die Vorherrschaft der Militärgewalt in der zivilen Gesellschaft; wurde dieses Verständnis in Frankreich und England beibehalten, so änderte es sich im Wilhelminischen Deutschland: »Bereits im Oktober 1914 wurde der Begriff ›Militarismus‹ als Eigenbezeichnung für die Institution des Heeres und den gesamten deutschen Staatsaufbau übernommen, der ›Militarismus‹ wurde als Legitimation und Erklärung des Kaiserreiches und sehr schnell auch des ›deutschen Wesens‹ herangezogen« (Michael Geyer: Militarismus. In: Geschichtliche Grundbegriffe. Historisches Lexikon zur politisch-sozialen Sprache in Deutschland. Herausgegeben von Otto Brunner, Werner Conze, Reinhart Koselleck. Bd. 4. Stuttgart: Klett 1978, S. 39f.). Diese Semantik findet sich bereits in Simmels Überlegungen zu Sittlichkeit und Antimilitarismus in ›Das individuelle Gesetz. Ein Versuch über das Prinzip der Ethik‹ (Logos IV, 1913, Heft 2 [= Juli], S. 117-160; GSG 12, S. 417-471, bes. 458), die er 1918 in der ›Lebensanschauung‹ wiederholt (siehe GSG 16, S. 408-409).

alle dem] Tps. I: allem dem.

leide wie Sie] Wenn Marianne Weber ihren Mann mit den Worten zitiert, »marschieren kann ich ja leider nicht und bin daher nicht an der Front zu brauchen, was Einem doch sehr hart ankommt« (Max Weber

Lebensbild, S. 527), so entspricht das dem immer wieder betonten Unbehagen Simmels, sich nicht angemessen für die Verteidigung Deutschlands engagieren zu können (siehe z. B. Simmel an Margarete von Bendemann vom 4. Sept. 1914), eine Einstellung, die übrigens von den jeweiligen Ehefrauen geteilt wurde.

vom Morgen] Tps. I: von morgens.

mich] Tps. I: noch.

daß] Tps. II und BdD: das; Tps. I: dass.

der seine Pflicht] Tps. I: der sein Lebelang [sic!] seine Pflicht.

grüßen Sie den Mann] Max Weber hatte sich bei Kriegsausbruch beim »Garnisonskommando« gemeldet; »man überträgt ihm bei der Reservelazarettkommission den Posten des Disziplinoffiziers, und [...] die Einrichtung der Reservelazarette in Heidelberg« (Max Weber Lebensbild, S. 527). Dies muß Marianne Weber Simmel in ihrem Brief mitgeteilt haben.

die Frau will selbst schreiben] Ein Brief Gertrud Simmels an Marianne Weber vom Okt. 1914 wurde nicht ermittelt.

Friedrich Gundolf an Georg Simmel

Briefentwurf vom 17. Oktober 1914
Druck in: Gundolf Briefe NF, S. 144 f.

17. X. 1914

Es hat mich gefreut und geehrt, dass mein Aufsatz ein Anlass zu Ihren Worten in der Frankfurter Zeitung geworden ist: nur zwei Dinge möchte ich zur Behauptung meines Standpunkts Ihnen entgegenhalten.

Zunächst: der Sinn der Wahrheitsfeststellung *könnte*, tiefer gefasst, der sein, den Sie ihr unterschieben. Tatsächlich erfolgten alle diese Feststellungen durchaus als *Verteidigung* und wirken so, und dieser Wirkung und Wirklichkeit gegenüber schien mir not zu betonen, dass uns Verteidigung nicht gebührt. Ferner: ihr Leben opfern wertvolle Menschen nicht für einen Hügel, sondern für den Sieg und eine Idee. Ein geopfertes, selbst relativ umsonst geopfertes Leben ist als heroische Tat selbst ein absoluter Wert; ein umsonst geschriebener Artikel, das heisst, einer, der weder auf Hörer wirkt, noch eine neue Wahrheit schafft, sondern nur eine alte für taube Ohren konstatiert, ist kein Opfer, ist auch kein Heroismus und hat also keinen Wert in sich. Das Absolute ist hier gewiss nicht im Aussprechen, sondern nur im stummen Sein.

Druck] in: Gundolf Briefe. Neue Folge. Herausgegeben von Lothar Helbing und Claus Victor Bock. Zweite Auflage. Amsterdam: Castrum Peregrini 1965, S. 144f. – Der lt. Angabe des Herausgebers als »Handschriftliches Konzept« überlieferte Entwurf ist eingegangen in einen tatsächlich gelaufenen Brief an Simmel (siehe Simmel an Gundolf vom 20. Okt. 1914) und findet sich als solcher zusammenfaßt wiedergegeben in Gundolfs Brief an Karl Wolfskehl vom 19. Okt. 1914 (Wolfskehl/Gundolf II, S. 111).

mein Aufsatz] Friedrich Gundolf: ›Tat und Wort im Krieg‹. FZ, Nr. 282 vom 11. Okt. 1914., 1. Mo. Bl. – Der Beitrag gehört zu den Reaktionen auf den öffentlichen Briefaustausch zwischen Gerhart Hauptmann und Romain Rolland über den von französischer Seite als Barbarismus bezeichneten Einmarsch Deutschlands in Belgien und die dort angerichteten Zerstörungen, insbesondere der Bibliothek von Löwen (siehe Simmel an Harald Höffding vom 2. Okt. 1914). Deutlich wird dies aus Gundolfs Mitteilungen an Karl Wolfskehl, der neben Gerhart Hauptmann ebenfalls unmittelbar und »als einer der Zugehörigen des Kreises um Stephan George« auf den »Offenen Brief« Romain Rollands mit einem Gegenbrief reagiert hatte (Romain Rolland: Gerhart Hauptmann und unser Krieg. FZ, Nr. 263 vom 12. Sept. 1914, 1. Mo. Bl.), wenn Gundolf am 12. Okt. 1914 schreibt: Der Aufsatz sei »ein äusserst schnell gezeugter, empfangener und geborener Sprössling Ihres Wortes an Romain Rolland und trägt sichtlich die (etwas verwässerten) Züge seines kompakteren Vaters.« Er habe sich »zu einem möglichst öffentlichen Wort zugunsten des geheimen Deutschlands gegen die Aktuellen und zugunsten des kundbaren Deutschlands gegen die ratlos geistigen [...] gedrungen gefühlt« (Wolfskehl/Gundolf II, S. 108) und dies ohne vorherige Rücksprache mit George, der in den vorausgehenden Wochen seine Kriegsbegeisterung und »franzosen-wut« getadelt hatte (ebd., S. 269f.). – Mit »geheimen Deutschlands« greift Gundolf einen Gedanken Wolfskehls auf, der zum ideologischen Schlagwort des George-Kreises in den 1920er Jahren wurde: Schürte Wolfskehl 1910 damit noch die Vision, daß in der deutschen Kultur ein Potential liege, das »aus seiner berg- und höhlenentrückung herauf [...] ans Licht« dränge (Die Blätter für die Kunst und die neuste Literatur. Jahrbuch für die geistige Bewegung. Herausgegeben von Friedrich Gundolf und Friedrich Wolters. Berlin 1910, S. 15), so läßt Stefan George dann im

Gedicht gleichen Titels (1928) das Politisch-Ümstürzlerische mit romantisch-historischem Bezug zum Staufer Friedrich II. anklingen.

Ihren Worten in der Frankfurter Zeitung] Simmel: ›Aufklärung des Auslands‹. FZ, Nr. 287 vom 16. Okt. 1914, 1. Mo. Bl. (GSG 17, S. 119-120). – Zu Simmels Engagement für die Aufklärung des neutralen Auslands siehe Simmel an Harald Höffding vom 2. Okt. und an Hermann Beck vom 7. und 12. Okt. 1914.

Wahrheitsfeststellung ... als *Verteidigung*] Simmel hatte gegen Gundolfs »Behauptung«, die »*Aufklärung* des neutralen *Auslands* gegenüber den böswilligen Verfälschungen unseres Wollens und Handelns« sei nicht – oder zumindest nicht eine dringliche – Aufgabe der Intellektuellen, eingewandt, dieses Argument könne nur überzeugen, wenn es – wie Gundolf unterstellt hatte – um Verteidigung oder das Werben um Gunst ginge; doch nicht »um *Rechtfertigung* willen« seien er und andere um Aufklärung des neutralen Auslands bemüht, sondern »damit Wahrheit sei, mag es dann seine Neigung oder Abneigung verteilen, wie es wolle« (GSG 17, S. 119).

Leben opfern] Bei Simmel hieß es gegen Gundolfs Einwand des zweifelhaften Erfolgs der Aufklärungsbemühungen: »Zu einem Augenblick, in dem hundert kostbare Existenzen sich aufs Spiel setzen, um einen kleinen Hügel in den Argonnen vielleicht einzunehmen, der morgen vielleicht wieder geräumt wird, werden wir wohl nicht fragen, ob wir hundert Flugblätter, Erklärungen, Briefe vielleicht umsonst schreiben« (ebd., S. 120).

Das Absolute] Simmel hatte geschrieben: »Denn endlich sind wir einmal in einer *absoluten* Situation, endlich fragen wir nicht mehr nach dem Preise und der Relativität seiner Abwägungen. Heut setzt ein jeder *alles* ein für die erfüllende und zu erfüllende Idee, unabhängig von dem Maß des Erfolges, das er gerade von *seinem* Tun erwarten kann; dies eben gibt uns, unter dem fast zermalmenden Druck von Gefahr, Opfer und Schicksal das Gefühl von Freiheit, in dem wir jetzt alle atmen« (ebd.).

Karl Wolfskehl an Georg Simmel

Abschrift von Brief vom 17. Oktober 1914
Hs.; Gundolf Archiv, London

Sehr Verehrter Herr:

Wir haben seit einer Reihe von Jahren einander nichts mehr

zu sagen gehabt von Seele zu Seele, allein dies Verstummen wie begreiflich auch uns beiden, braucht noch nicht endgiltig zu sein und heute ist es mir Pflicht ein Wort an Sie zu richten. Sagen muss ich Ihnen dass nicht blos mein innerlichstes Empfinden jede Stimme meines Gewissens eine »Aufklärung des Auslandes« gleich rückhaltlos (ja noch leidenschaftlicher) ablehne wie Gundolf, denn das ist bei der vollkommenen Einheit der Kreis-gemeinde selbstverständlich, sondern dass auch mein prüfendes Urteil die Gründe nicht anerkennen kann, damit Sie diese Richtung des deutschen Wahrheitdranges objectivieren wollen. Die Aufklärung mit dem Wirklichen Verhalten, Wirklicher Soldaten gleich zu setzen, aus ihr Gestalt aus ihr Situation machen zu wollen, scheint mir nicht erlaubt. Die Arbeit des Soldaten als lebendige Auswirkung seiner Idee ist im tragischen Verstande bildhaft, sie ist ihrem eigentlichsten Wesen nach Aufhebung der Relation, ob sie sich auch um Gegebenes und an Widerständen zu mühen scheine. Jeder nach aussen gelenkte Versuch »wie es thatsächlich sei und gewesen sei[«], wenn auch um der Wahrheit willen unternommen, nimmt Zufälliges ernst, übersieht den Unterschied von Situation und Verknüpfungsmoment, verwechselt Gegenwart und Jetzt, überschätzt also – er mag wollen oder nicht – die Empirie bis zum Unerträglichen. Die *seelische* Parallele zum absoluten Verhalten des Soldaten ist in all seinen wie all ihren Abstufungen einzig die geheimnisvolle Wirklichkeit von Meister und Gemeinde in ihrer nie zeitartigen Stellung innerhalb gegebener Zeit. Gerade weil wir Deutsche wie Sie so schön betonen uns heut in einer »absoluten Situation« befinden ist von uns Anderes zu fordern (und ist von uns mit anderem Werkzeug zu leisten) als was in Absicht und Mittel beim bisherigen Thun um des Thuns willen bereits sittlich sich rechtfertigte. Sie nehmen dem Wort Wahrheit in dem Sie es zugleich in seinem tiefsten Gehalt als Selbstgleichsein und in der Absicht auf das was richtig ist gebrauchen seine mythische Ein-Viel-deutigkeit als ἕν καὶ πᾶν, denn nie kann auch die genaueste Feststellung von Thatsächlichkeiten absoluten Sinn haben, sie ist aufs höchste Ab-Bild nie Bild ja immer voll von der Gefahr das Bild zu verschleiern oder zu verzerren. So ist es selbst wenn Sie wie Ihre Absicht zu sein scheint die Aufklärung des Auslandes ohne jede Beziehung und Abzielung auf das Ausland betreiben. Darum – weil er die Idee dieses Krieges die Idee der Erneuerung gefährdete – ist – Sie erfühlen dies ja auch richtig, der freilich nicht zu erwartende Erfolg der Aufklärung eher zu fürchten, ja mit Scham zu vermeiden. Selbst als Nebeneffect sehr ein Stoffwechselprodukt der reinen Absicht und desshalb giftig wie alle Stoffwechselprodukte. Die heutige Situation hat Aufgabe wie Mittel sich selber zu erschaffen und mit denen der alten Welt nichts mehr gemein.– ….

K.W.

Abschrift von Brief vom 17. Oktober 1914] Es handelt sich um eine von Hanna Wolfskehl vorgenommene Abschrift, überliefert als Beilage zu einem auf »ca 17. 10. 1914« datierten Brief Karl Wolfskehls an Friedrich Gundolf, in dem es in Reaktion auf Simmels in der FZ vom 16. Okt. 1914 erschienenen Beitrag ›Aufklärung des Auslands‹ (siehe Friedrich Gundolf an Simmel vom 17. Okt. 1914) heißt: »[…] sende ich Ihnen beifolgende Abschrift eines Briefes den ich heut an den Philosophieprofessor Simmel geschrieben habe auf dessen Aufsatz in der Frankfurter hin. […] Da Simmel wohl befremdet sein wird wollte ich Ihnen die Ursache dieses vermutlich recht unphilosophischen Staunens vorher unterbreitet haben« (Wolfskehl/Gundolf II, S. 110f., 271). Das Original ist verschollen, lag aber Simmel bei Abfassung seines Briefes an Friedrich Gundolf vom 20. Okt. 1914 vor.

seit einer Reihe von Jahren einander nichts mehr zu sagen gehabt] Von der früheren Korrespondenz zwischen Simmel und Wolfskehl sind lediglich vier Briefe Simmels aus dem Jahre 1909 (GSG 22) überliefert, doch muß sie bereits um die Jahrhundertwende eingesetzt haben, berichtet doch Friedrich Gundolf 1901 von Simmels Klage über die »Unleserlichkeit« der Briefe Wolfskehls (Brief an Wolfskehl vom 31. Okt. 1901 in: Wolfskehl/Gundolf I, S. 140). Zu Besuchs- und Begegnungsanlässen beider siehe Simmels Schreiben an Georg Jellinek vom 5. Sept. 1901, an Stefan George vom 11. Nov. 1897, 20. Okt. 1902 und vom 16. Okt. 1906. Auf Begegnungen »hin- und rückreisig« auf Simmels Weg nach Italien verweist auch Hanna Wolfskehls Brief an Friedrich Gundolf vom 30. Okt. 1905 (Wolfskehl/Gundolf II, S. 35).

»Aufklärung des Auslandes« … ablehne wie Gundolf] Zu Simmels Reaktion auf Gundolfs Aufsatz siehe Friedrich Gundolf an Simmel vom 17. Okt. 1914.

Einheit der Kreis-gemeinde] Gemeint ist der George-Kreis.

die Gründe nicht anerkennen kann, damit Sie … objectivieren

wollen] Siehe die Erläuterungen zu Friedrich Gundolf an Simmel vom 17. Okt. 1914 sowie Simmel an Gundolf vom 20. Okt. 1914.

ἕν καὶ πᾶν] Alt-Griech. Ἕν καὶ Πᾶν (hen kai pân), wörtlich: Ein und Alles. »Formel der *griechischen Philosophie* und des *Neuplatonismus* zur Bezeichnung der Einheit der Welt, die sich in ihrer Mannigfaltigkeit aus Einem entfaltet habe und in das Eine wieder eingehe. Zuerst von Heraklit gebraucht: ›Aus allem eins und eins aus allem‹ (Diels 10, 12B). Von Lessing wieder aufgenommen zur Umschreibung des Grundprinzips des Pantheismus« (Philosophisches Wörterbuch. Herausgegeben von Georg Klaus und Manfred Buhr. 7., berichtigte Auflage. Berlin: VEB 1964, Bd. 1, S. 473). Goethe verwendet diese Denkfigur als Ausdruck für ein letztes Prinzip (vgl. Italiänische Reise. Zweiter Römischer Aufenthalt, 6. Sept. 1787; WA 1/32, S. 77).

Georg Simmel an Albert Thumb, Dekan der philosophischen Fakultät der KWU

Notiz von nach dem 19. Oktober 1914
Hs.; ADBR Strasbourg, AL 62, Paq. 35

Simmel Botanisches Institut Mittwoch Samstag 4-5
Übungen ausschließlich in meiner Wohnung.

Notiz von nach dem 19. Oktober 1914] Es handelt sich um den Eintrag in die Anlage des von Albert Thumb als amtierender Dekan am 19. Okt. 1914 »An alle Kollegen« gerichteten Rundschreibens (Hs.) bezüglich der kriegsbedingten zeitlichen und räumlichen Änderungen des Lehrangebots, nachdem das Universitätsgebäude der Lazarettverwaltung zur Verfügung gestellt worden war: »Die Fakultät hat beschlossen, dass die Dozenten sowohl hinsichtlich der Stunden wie der Themen der Vorlesungen nicht an das Vorlesungsverzeichnis des *W. S.* gebunden sind, damit sie die Freiheit haben, ihre Vorlesungen und Übungen ganz nach den Bedürfnissen der Studierenden einzurichten. Der Beginn ist auf den 3. November festgelegt. [...] Über die zustandegebrachten Vorlesungen und Übungen wolle man bis spätestens 1. Dezember dem Dekan Mitteilung machen«. Neben den Seminarien seien die Hörsäle »im *Psycholog. Institut*, für etwa 20 Hörer« zu bereits beschränkten Zeiten, »im *Geolog. – mineralog. Institut* der grosse Hörsaal, für 80 Hörer, täglich (den ganzen Tag)« und »im *Botanischen Institut* der grosse Hörsaal täglich (den ganzen Tag), der kleine Hörsaal (für 30 Hörer)« in sehr begrenztem Zeitrahmen verfügbar. Die Kollegen seien gebeten, »auf beifolgendem Blatt die zur Verfügung stehenden Hörsäle zu belegen«. – Entsprechend schrieb auch Georg Friedrich Knapp seiner Tochter am 20. Okt. 1914: »Für die Vorlesungen, die am 2. Nov. beginnen sollen, stehen nur Seminarräume zur Verfügung, da die Hörsäle zum Lazarett No. XIX. gehören (es gibt hier 63 Lazaretts)« (Postkarte an Marianne Lesser; G. F. Knapp im Familienarchiv Heuss, Basel).

Botanisches Institut … 4-5] Hier reservierte Simmel den grossen Hörsaal für seine den zeitlichen Beschränkungen angepaßte Philosophie-Vorlesung; ursprünglich hatte er für das für die Zeit vom 19. Okt. 1914 bis 20. März 1915 anberaumte WS 1914/15 angekündigt: »*Philosophie der letzten 120 Jahre (von Fichte bis Bergson) nebst einer Einleitung über die Philosophie Kants* […], Montag, Dienstag, Mittwoch von 4-5 Uhr. […] *Soziologie* […], Dienstag von 6-7 Uhr. Gratis. / *Ethik* […], Montag und Mittwoch von 5-6 Uhr. […] *Im Seminar: Privatissimum über Kunstphilosophie* […], in noch festzusetzender Stunde« (Vorlesungsverz. Straßburg WS 1914/15, S. 20f.). – Zur veränderten und für die Kriegsjahre anhaltenden Lehrsituation Simmels heißt es in den Erinnerungen von Charles Hauter: »Die Mobilmachung […] entzog Simmel seinen gewöhnlichen Schülerkreis, der sonst seinen Vorlesungen gefolgt wäre. Das Universitätsgebäude wurde der Lazarettverwaltung zur Verfügung gestellt, so daß nur verhältnismäßig kleine Räumlichkeiten in Nebenbauten frei waren. Simmel las im Amphitheater des Botanischen Institutes, dies bis in die letzte Kriegsperiode […]. Die Hörer Simmels setzten sich weniger aus Studenten als aus Freunden der Philosophie zusammen, zum Teil älteren Leuten, die für die Anwesenheit dieses Mannes in Straßburg ein großes Interesse hatten. / Der Krieg und die mit ihm zusammenhängenden Begebenheiten fanden in den Vorlesungen kaum Erwähnung. Die Themen waren die, die man bei solchen Gelegenheiten anzutreffen gewohnt war. Der Vortrag fügte sich streng den Linien der philosophia perennis ein, so wie Simmel sie sah« (BdD, S. 252). – Karl (nachmals: Charles) Hauter (1888-1981), der nach dem Studium der ev. Theologie und Philosophie 1911 zunächst Vikar in Bischweiler, dann in Straßburg geworden und seit 1913 ebd. Deutsch- und Religionslehrer am protestantischen Gymnasium sowie Inspecteur des Thomasstiftes war, schloß sich damals Simmel an; er wurde 1919 Maître de Conférences an der Faculté de Théologie Protestante de l'Université de Strasbourg und dort nach seiner Thèse de doctorat d'État von 1929 zum Professeur ernannt (vgl. Roger Mehl: À la mémoire de Charles Hauter. Revue d'histoire et de philosophie religieuse 62, 1982, N.3, S. 213-216; NDBA).

Georg Simmel an Friedrich Gundolf

Brief vom 20. Oktober 1914
Hs.; Gundolf Archiv, London

20. X. 14

Lieber Herr Gundolf!

Ich danke Ihnen für Ihren Brief. Es scheint wirklich sehr schwer, sich verständlich zu machen – selbst unter uns! Die Kategorie, unter der für mich die ›Aufklärung des Auslands‹ steht, ist freilich nicht leicht mit einem bestehenden Begriff zu bezeichnen; ich würde sie noch am ehesten als Bekennertum charakterisiren, als ein *Dixi et salvavi animam meam*. Das gehört natürlich zu den persönlichen Notwendigkeiten, in die sich die eine unbedingte Notwendigkeit, unter [der] wir alle gleichmäßig stehen, je nach Temperament u. Anlage differenzirt. Daß Wahrheit da ausgesprochen wird, wo Lüge herrscht, ist ein eigentümlicher Wert, der in die Alternative: subjektiv oder objektiv – nicht aufgeht, u. deshalb auch nicht in die von Ihnen aufgestellte: die Wahrheit müsse entweder eine *neue* sein, oder, wenn eine alte, müsse sie *gehört* werden, sonst sei ihr Aussprechen sinnlos. Nein, dies ist ein Drittes. Als Jesus bei der Beauftragung die Predigt in der unbelehrbaren Stadt keineswegs als etwas Überflüssiges bezeichnete, da waren sicher viel andre Motive in ihm wirksam; *ein* Element aber, für meine Empfindung ganz deutlich, war eben dies: wo das Unwahre besteht, soll das Wahre gesagt werden, alt oder neu, gehört oder nicht. Niemand scheint mir dadurch herabgesetzt, daß er für diese Form des Wahrheits-Idealismus kein Organ hat oder sie, aus irgendwelchen Motiven heraus, abweist. Ich aber kann mir nicht das Recht nehmen lassen, sie zu vertreten u. es ist mir einigermaaßen befremdlich, daß *Wolfskehl* in einem Schreiben an mich sie als »unerlaubt« bezeichnet.

Ein eigentliches Mißverständnis aber liegt an einem andern Punkt: als hätte ich den Kampf unsrer Soldaten in den Argonnen irgendwie in eine *wertmäßige* Parallele mit dieser Aufklärungsarbeit gesetzt. Wie kann man mir nur einen solchen Unsinn zutrauen! Das gehört zu den Dingen, von denen man sich von vornherein sagen muß: das *kann* ein vernünftiger Mensch nicht gemeint haben, auch wenn man seine Worte nicht anders verstehen kann. Die Parallele bedeutete sozusagen etwas Formales: daß in unsrer jetzigen »absoluten« Situation für jedes einmal gesetzte Einzelziel der Einsatz nicht nach der uns sonst gewohnten Chancenberechnung abgewogen werden darf. Der Soldat will zwar, wie Sie richtig meinen, überhaupt siegen u. sich daher opfern u. dies ist seine »Idee«. Allein außerdem (natürlich im *ideellen* Sinne »außerdem«) wollen bestimmte Soldaten an einem bestimmten Tage einen bestimmten Hügel erstürmen. Nur dem, wie sich in diesem singulären Falle, sozusagen technisch betrachtet, Einsatz und Chance verhalten, galt meine Gegenhaltung des einen Tuns gegen das andre. Daß dabei das eine von einem unendlich hohen Werte, das andre vielleicht von einem sehr geringen getragen wird u. daß die Synthese beider garnicht in diese Blickrichtung eingestellt werden darf – das glaubte ich freilich nicht aussprechen zu brauchen.

Da sich *Wolfskehls* Brief im wesentlichen Inhalt mit dem Ihrigen deckt, so gewähren Sie mir, dem das Schreiben schwer fällt, vielleicht die Erleichterung, ihn gelegentlich mit diesen Erläuterungen bekannt zu machen – mit freundlichen Grüßen von mir u. meinem Dank für die Zusendung seines Schreibens an *Rolland*, von dem ich schon zuvor mit Befriedigung und Freude Kenntniß genommen hatte.

Ich werde voraussichtlich am 30. Okt. in Heidelberg einen Vortrag halten. Wie gut wäre es, wenn wir uns sehen könnten!

Alles Herzliche von mir u. meinen Leuten! Immer Ihr

Simmel

Brief vom 20. Oktober 1914] Gedr. Briefkopf: li.: PROF. SIMMEL; re: STRASSBURG (ELS.); mit Umschlag an: Herrn / *Dr. Friedrich Gundolf / Darmstadt* / Grüner Weg 37; mit hs. Absenderangabe: Prof. *Simmel* / Straßburg Els.; Poststempel: Straßburg (Els.) 20. 10. 14; Prüfstempel: [unles.] (Els.) P.K; hs. Vermerk, oben li.: *offen*.

Ihren Brief] Friedrich Gundolf an Simmel vom 17. Okt. 1914.

sehr schwer, sich verständlich zu machen – selbst unter uns] Friedrich Gundolf hatte während seiner Berliner Studienzeit Simmels Veranstaltungen besucht (vgl. etwa dessen Brief an Karl Wolfskehl vom 31. Okt. 1901, Wolfskehl/Gundolf 1, S. 139 f.) und war von Stefan George in das Haus Simmel eingeführt worden (siehe Simmel an Stefan George vom 29. Nov. 1900 und 28. April 1901). Es entwickelte sich eine anhaltende freundschaftliche Beziehung zu den Simmels.

›**Aufklärung des Auslands**‹] Titel der Simmelschen Gundolf-Replik, auf die sich Gundolfs Brief vom 17. Okt. 1914 bezogen hatte; siehe dort.

Dixi et salvavi animam meam] Lat: »Ich habe gesprochen (d. h. gewarnt) und meine Seele gerettet (d. h. mein Gewissen beruhigt).« Bei [31]Büchmann (S. 49) zurückgeführt auf »Hesekiel 3,19 [...]: ›Wo du aber den Gottlosen warnest und er sich nicht bekehret von seinem gottlosen Wesen und Wege: so wird er um seiner Sünde willen sterben; aber du hast eine Seele errettet‹.«

Predigt in der unbelehrbaren Stadt] Wohl Hinweis auf das Lukas-Evangelium 24, 44-48, wo es heißt: »Er aber sprach zu ihnen: Das sind die Reden, die ich zu euch sagte, da ich noch bei euch war, denn es muß alles erfüllet werden, was von mir geschrieben ist im Gesetz Mosi, in den Propheten und in den Psalmen. / Da öffnete er ihnen das Verständniß, daß sie die Schrift verstunden, / Und sprach zu ihnen: Also ist's geschrieben, und also mußte Christus leiden, und auferstehen von den Todten am dritten Tage / Und predigen lassen in seinem Namen Buße und Vergebung der Sünden unter allen Völkern, und anheben in Jerusalem. / Ihr aber seid des alles Zeugen. / Und siehe, ich will auf euch senden die Verheißung meines Vaters. Ihr aber sollt in der Stadt Jerusalem bleiben, bis daß ihr angetan werdet mit Kraft aus der Höhe« (Wiedergabe nach der Übersetzung Martin Luthers). – Mit »Beauftragung« ist der Sendungsbefehl an die Jünger und mit der »unbelehrbaren Stadt« Jerusalem gemeint (Für den Hinweis ist Volkhard Krech zu danken).

***Wolfskehl* in einem Schreiben**] Karl Wolfskehl an Simmel vom 17. Okt. 1914.

mit diesen Erläuterungen bekannt zu machen] Siehe Karl Wolfskehl an Simmel vom 25. Okt. 1914.

Schreibens an *Rolland*] Gemeint ist Karl Wolfskehls unter ›Romain Rolland, Gerhart Hauptmann und unser Krieg‹ in der FZ vom 12. Sept. 1914 (Nr. 253, 1. Mo. Bl.) abgedruckte Reaktion auf Romain Rollands ›Offenen Brief‹ an Hauptmann; siehe Simmel an Harald Höffding vom 2. Okt. 1914 und Friedrich Gundolf an Simmel vom 17. Okt. 1914.

30. Okt. in Heidelberg einen Vortrag] Siehe Simmel an Marianne Weber vom 16. Okt. 1914 und an Margarete von Bendemann vom 27. Okt. 1914.

Georg Simmel an Margarete von Bendemann
Postkarte vom 20. Oktober 1914
Hs.; LBI New York, Susman Collection

Liebe Susa,
es türmen sich Schwierigkeiten über Schwierigkeiten vor meine Basler Reise: jetzt hat die Schweiz den Eintritt vom Elsaß aus radikal verboten. Es scheint freilich nicht ebenso unmöglich, von Baden aus hinzugelangen, allein gegen diesen Umweg habe ich aus verschiednen Gründen Bedenken. Jedenfalls muß ich noch ein wenig abwarten, ob diese oder ob das Schweizer Interdikt beseitigt wird. Daß ich die Hoffnung nicht aufgebe, dich bald zu sehn, steht fest. Es ist höchste Zeit – du würdest mich sonst vielleicht nicht wiedererkennen. Denn uns alle hier hat diese Zeit auch äußerlich verändert u. um Jahre gealtert. Wenn freilich unsre Zusammenkunft hinsichtlich der Groethuysenschen Pläne ein praktisches Ergebniß haben könnte, so dürfte es keine Zögerung geben – allein das ist ja leider doch ausgeschlossen.

Hast du meine paar Zeilen über die Aufklärung des Auslands in der Frankf. Z. gelesen? Ich habe mir damit den allerhöchsten Zorn des *George*-Kreises zugezogen. – Von Gertrud hatte ich heut wieder einmal einen Brief, nach langer Zeit; er klingt sehr frisch u. lebendig, sie hat jetzt außer ihrer sozialen Arbeit noch Nachmittags-Pflege in einem Lazarett übernommen. Aber ich fürchte, daß sie vom Kapital lebt u. mehr Kräfte verbraucht, als sie eigentlich hat. Freilich, wer, der überhaupt die *Möglichkeit* hat, über seine Kräfte zu arbeiten, täte es jetzt nicht? Mir ist es unendlich schmerzlich, daß ich diese Möglichkeit nicht habe – u. trotzdem nachher wahrscheinlich so verbraucht sein werde wie die andern, bei denen es sich lohnte. Der einzige würdige Aufenthalt wäre jetzt der Schützengraben.

U. 1000, 1000 Grüße!

G.

Postkarte vom 20. Oktober 1914] An: Frau / *Margarete v. Bendemann / Rüschlikon* bei *Zürich*; mit Poststempel: Straßburg (Els.) 20. 10. 14 9-10 N; Prüfstempel: Straßburg (Els.) 1. [unles.]; hs. Trennlinie am Textende und Absenderangabe: Prof. Simmel / Straßburg Els. 20.X. 14.

Basler Reise] Siehe Simmel an Margarete von Bendemann vom 14. Okt. 1914.

jetzt hat die Schweiz ... verboten] Zu den tatsächlichen Gründen der Grenzsperre siehe ebd.

Groethuysenschen Pläne] Gemeint ist wohl nicht nur eine Unterstützung der Bemühungen für die mit Groethuysen in Frankreich internierten deutschen und österreichischen Zivilpersonen (siehe Simmel an Margarete von Bendemann vom 21. Sept. 1914), sondern auch der Vorschlag Groethuysens, diese »Aktion [...] in dem Prinzip der Wechselseitigkeit« zu gründen und »in Deutschland Geld für die französischen Verwundeten zu sammeln«, damit er im positiven Falle in Frankreich »etwas Ähnliches unternehmen« könne (Groethuysen an Margarete von Bendemann vom 20. Sept. 1914, zit. n. Große Kracht, S. 80). Ähnlich insistiert er am 6. Okt. 1914 auf einer Sammlung für die »blessés français en Allemagne« (DLA Marbach, Nl Susman). Die Korrespondenz erfolgt auf Französisch und ist, wie einem beiliegenden Zettel zu entnehmen, verschlüsselt (ebd.). Siehe Simmel an Margarete von Bendemann vom 16. Nov. 1914.

Zeilen über die Aufklärung des Auslands] Siehe Friedrich Gundolf an Simmel vom 17. Okt. 1914.

Zorn des *George*-Kreises zugezogen] Dies schlußfolgert Simmel aus den Reaktionen Friedrich Gundolfs (ebd.) und Karl Wolfskehls vom 17. Okt. 1914.

Von Gertrud ... einen Brief] Der Brief von Gertrud Kantorowicz ist verschollen.

außer ihrer sozialen Arbeit noch Nachmittags-Pflege in einem Lazarett] Bereits am 2. Aug. 1914 hatte Gertrud Kantorowicz in einem Brief an Rudolf Pannwitz angekündigt, daß sie »eine Tätigkeit zur Kriegshilfe übernehme, die mich von früh bis Abend in Atem halten wird. Ich tat es, einmal weil es das Richtige ist, zum anderen, weil es jetzt unerträglich wäre, ohne intensive Arbeit am Praktischen, am Nächsten zu sein« (DLA Marbach, Nl Pannwitz). Es handelte sich um die ihr von Anna Jastrow angetragene organisatorische Leitung der Armenpflege im größten der zehn Bezirke Charlottenburgs, wie die dann »unter ihrer Leitung« ebenfalls für diese »Unterstützungsstelle« arbeitende Nichte Simmels, Gertrud Jacobs, am 2. Aug. 1914 in ihrem Tagebuch festhält (Tagebuch Jacobs, S. 56). Anna Jastrow, die, wie auch Ignaz Jastrow, seit 1904 Mitglied der Charlottenburger Verwaltungsdeputation ›Armendirektion‹ war (vgl. Wilhelm Gundlach: Geschichte der Stadt Charlottenburg. 2 Bde. Berlin: Springer 1905, Bd. 1., S. 605),

»hatte angeregt, alle soziale Hilfsbedürftigkeit, die jetzt vonnöten sein würde, einheitlich mit dem Magistrat zusammen zu ergreifen« (Tagebuch Jacobs, ebd.). Sie übernahm somit einen Bereich der ehrenamtlichen »Kriegsfürsorge« (siehe Simmel an Emil Faktor vom 20. Sept. 1914), deren Ausprägung in Charlottenburg dargestellt ist in: Ignaz Jastrow: Im Kriegszustand. Die Umformung des öffentlichen Lebens in der ersten Kriegswoche. Berlin: Georg Reimer 1914, S. 117f. (Vorwort, datiert: »September 1914«). – Gertrud Kantorowicz hatte bereits am 19. Aug. 1914 an Pannwitz über die angestrebte Tätigkeit in der Kriegskrankenpflege berichtet: Der Krieg sei jetzt die Wirklichkeit, in Berlin jedoch nur ein »falscher Friedenszustand«, den sie fliehen wolle, die »Arbeit an der Fürsorgestelle« sei nur eine »Ausstrahlung« des Krieges (DLA Marbach, Nl Pannwitz).

Karl Wolfskehl an Georg Simmel

Abschrift von Brief vom 25. Oktober 1914
Druck in: Wolfskehl/Gundolf II, S. 114-115

[Sehr Verehrter Herr]

Die Idee des Soldaten ist nicht »sich zu opfern und zu siegen«. Dies sind vielmehr Richtungen (»Tendenzen« im Schlegelschen Sinn) dieser Idee denen sich die weiteren Richtungen des Unterordnens, des Gemeinschaftstums, der Ausschliesslichkeit ebenbürtig beigliedern. Die Idee des Soldaten ist: der Kriegszustand und deshalb weil sie diesen Zustand vollkommen darstellen – nur darum – sind sie in einer absoluten Situation, die Soldaten nämlich, nicht wir Deutsche überhaupt. Darum allerdings giebt es heute ein absolutes Deutschland in seiner tragischen (= selbstdarstellenden, nicht »kostbare Existenzen opfernden«) Wirklichkeit und es geht wohl nicht an ein solch »tötlich faktisches« unter einem formalen Gesichtspunkt zu nehmen. Hier leite uns das Wort aus dem Vorspruch zum »Jahr der Seele«: »Hüte sich auch jeder sich nicht unweise um das menschliche oder landschaftliche Urbild zu kümmern« – ich ziehe aus dem Gedächtnis hier an – denn was da zum *Werk* wurde von bestimmten Einzelnen das ist im falle Argonnenhügel Zustand im tragischen Verstand und darum ebengleich sacrosankt und unvergleichlich einzig und unteilbar. Darum (nicht weil man die Parthenonskulpturen nicht auch als Fundort für feinkörnigen Marmor bezeichnen könnte) nur aus diesem Erlebnis der besonderen Qualitas hab ich einen Vergleich zwischen einem schlechthin absoluten und einem zufälligen d. h. individualistischen Thun für unmöglich erklärt.

In der von Ihnen unter die Kategorie Bekennertum gebrachten Wahrheitsverbreitung mochte ich auf meine Frage um was für Wahrheit und was für Lüge es sich denn handle nochmals hingewiesen haben. Die Wahrheit die man durch »hundert Flugblätter, Erklärungen, Briefe« bekennen kann ist nie und nimmer eine vor der Pilati ewige frage nicht bestände! Die aber die Jesus die Seinen in die Welt tragen lässt, seine Idee, ist diesen Jüngern wie Sie confessionell ja noch besser wissen denn ich, durch die Ausgiessung des Geistes, in flammenzungen wandelnd, eingefahren und ganz gewiss nicht von dieser Welt und ihrem Recht- und Reinlichkeitsbedürfnis! – Dies hab ich zu Ihren Erläuterungen noch sagen wollen …

K. W.

Abschrift von Brief vom 25. Oktober 1914] Es handelt sich um ein Postskript oder eine Beilage zu Karl Wolfskehls Brief an Friedrich Gundolf vom 25. Okt. 1914, in dem Wolfskehl nach Einsichtnahme in den an ihn weitergeleiteten Brief Simmels an Gundolf vom 20. Okt. 1914 (siehe dort) den Versand dieses Briefes anspricht, wenn er einleitend schreibt: »Liebster Gundolf, der Brief ›Erläuterungen‹ ist von mir bis auf ein unwichtiges Wort aufgedröselt. Er missversteht Ihre und meine Positionen so platt, redet so daran vorbei verzappelt sich in so üblen Genialitätsverrenkungen zückt dabei so viel ›foine‹ verborgne Spitzen und rümpft voller Hautainigkeiten [die Nase] dass ich ihm nochmals und ihm wohl endgiltig für diesen wie für alle folgenden Fälle geschrieben habe. Ich lege meine Antwort bei, sie ist erheblich elementarer wie mein erster Brief und vielleicht drum eingängiger« (Wolfskehl/Gundolf II, S. 113 f.).

[Sehr Verehrter Herr]] Den Abdruck des Briefes eröffnet das Kürzel »S.O.H.«, was wohl eher als ›S.V.H.‹ zu lesen ist und hier in Anlehnung an die Anrede in Wolfskehls Brief an Simmel vom 17. Okt. 1914 wiedergegeben ist.

»sich zu opfern und zu siegen«] Siehe Simmel an Friedrich Gundolf vom 20. Okt. 1914: »Der Soldat will zwar, wie Sie richtig meinen, überhaupt siegen u. sich daher opfern u. dies ist seine ›Idee‹«.

»Tendenzen« im Schlegelschen Sinn] Friedrich Schlegel (1772-1829; NDB) gebraucht »Tendenz [...] für die Charakteristik der Literatur sowie für die seiner Gegenwart insgesamt und führt den Begriff auch in seine Logik ein: T. ist hier die ›strebende Kraft‹ in den Dingen, ›als worin das innere Wesen steht‹« (Christoph Kann: Tendenz. In: HWdPh, Bd. 10, Sp. 999).

»kostbare Existenzen opfernden«] Anspielung auf Simmels Gundolf-Replik ›Aufklärung des Auslands‹: »Zu einem Augenblick, in dem hundert kostbare Existenzen sich aufs Spiel setzen, um einen kleinen Hügel in den Argonnen vielleicht einzunehmen, der morgen vielleicht wieder geräumt wird, werden wir wohl nicht fragen, ob wir hundert Flugblätter, Erklärungen, Briefe vielleicht umsonst schreiben« (GSG 17, S. 120).

»tötlich faktisches«] Dazu die Kommentierung dieser Briefstelle in Wolfskehl/Gundolf II, S. 271: »In seinen Anmerkungen zur *Antigone* schreibt Hölderlin: ›Und so ist wohl das *tödlich Faktische*, der *wirkliche Mord aus Worten, mehr als eigentümlich griechische und einer vaterländischeren Kunstform subordinierte Kunstform zu betrachten*. Eine vaterländische mag, wie wohl beweislich ist, mehr tötendfaktisches als tödlichfaktisches Wort sein‹«.

Vorspruch zum »Jahr der Seele«] Gemeint ist die »Vorrede zur zweiten Ausgabe« von Stefan George: Das Jahr des Seele. [zuerst: Berlin: Verlag der Blätter für die Kunst 1897] Berlin: Georg Bondi 1899. Diese beginnt: »Auch einige die sich dem sinn des verfassers genähert haben meinten es helfe zum tieferen verständnis wenn sie im Jahr der Seele bestimmte personen und örter ausfindig machten – möge man doch (wie ohne widerrede bei darstellenden werken) auch bei einer dichtung vermeiden sich unweise an das menschliche oder landschaftliche urbild zu kehren: es hat durch die kunst solche umformung erfahren dass es dem schöpfer selber unbedeutend wurde und ein wissen darum für jeden andren eher verwirrt als löst.« Zit. n. Stefan George: Gesamt-Ausgabe der Werke. Endgültige Fassung. Band IV. Berlin: Georg Bondi 1928, o.S.

Argonnenhügel] Siehe das Simmel-Zitat oben.

hab ich einen Vergleich ... für unmöglich erklärt] Verweis auf Wolfskehls Brief an Simmel vom 17. Okt. 1914.

von Ihnen unter die Kategorie Bekennertum gebrachten Wahrheitsverbreitung] Siehe Simmel an Friedrich Gundolf vom 20. Okt. 1914.

»hundert Flugblätter, Erklärungen, Briefe«] Siehe das Simmel-Zitat oben.

Pilati ewige frage] Anspielung auf das im Johannes-Evangelium (18,

37-38) überlieferte Verhör Jesus durch Pilatus: »Da fragte ihn Pilatus: So bist du dennoch ein König? Jesus antwortete: Du sagst es, ich bin ein König. Ich bin dazu geboren und in die Welt gekommen, daß ich die Wahrheit bezeugen soll. Wer aus der Wahrheit ist, der hört meine Stimme. Spricht Pilatus zu ihm: Was ist Wahrheit?«.

Georg Simmel an Salomo Friedlaender

Brief vom 26. Oktober 1914
Hs.; Friedlaender/Mynona-Archiv Geerken

26.X14

Sehr geehrter Herr Doktor!

Nach den Mitteilungen Ihres freundlichen Briefes, für den ich Ihnen sehr danke, ist es mir wahrscheinlich, daß ich bei einem Verleger für die Übernahme Ihrer Schrift würde eintreten können. Nur sind Sie im Irrtum, wenn Sie den jetzigen Augenblick für dazu geeignet halten. Ich glaube mit Sicherheit behaupten zu können, daß kein einziger Verleger in Deutschland jetzt den Verlag eines philosophischen Werkes auch nur entfernt in Frage zieht. Es werden überhaupt so gut wie keine Bücher gekauft, außer den auf den Krieg bezüglichen, u. die Verleger sitzen mit ihren unverkäuflichen Verlagsvorräten da; sie erleiden so ungeheure Verluste, daß, glaube ich, jeder Verleger mich auslachen würde, dem ich ein neues Unternehmen zumuten wollte. Einer unsrer größten u. reichsten Verleger schrieb mir dieser Tage, daß er auf Grund der jetzigen Verhältnisse vor der Veröffentlichung einer Schrift von mir strengstens Abstand nehmen mußte, *über die bereits ein Vertrag besteht* u. die schon lange fertig ist. Unterhaltungen mit meinem hiesigen Buchhändler haben mir diese Lage der Dinge bestätigt. Vor Beendigung des Krieges kann man überhaupt nicht daran denken, die Sache in die Hand zu nehmen, u. auch dann hängen natürlich alle Chancen davon ab, mit welchem Erfolge er beendet ist u. wie schnell sich das deutsche Wirtschaftsleben von dieser furchtbaren Katastrophe erholen wird. Denn von dieser Erholung wird die Fähigkeit des Publikums zum Bücherkauf bedingt.

Ich gehe auf den übrigen Inhalt Ihres Briefes nicht ein – seit

Beginn des Krieges bin ich von ihm innerlich in einem Maaße in Anspruch genommen, das mir nur eine minimale Möglichkeit für anders gerichtete Gedanken läßt. Nach allem, was ich aus Berlin höre, ist das dortige Leben sehr viel weniger durch den Krieg bestimmt, als das Straßburger. Hier in der Grenzfestung riecht es doch offenbar mehr nach Blut. Dazu kommt, daß das Wenige, was ich jetzt auf philosophischem Gebiet arbeiten kann, nach einer ganz andern Richtung hin liegt. Es geht mir mit dem *Goethe* wie mit all meinen Büchern: habe ich sie einmal abgeschlossen, so habe ich für lange Zeit eine förmlich physische Abneigung gegen ihr Thema u. kann überhaupt nicht hindenken, sondern muß mich mit möglichst davon abgelegnen Gegenständen beschäftigen. Augenblicklich mit *Rembrandt* – natürlich nicht im kunstgeschichtlichen Sinne; es handelt sich vielmehr um das Problem des *Lebens* in der *Kunst*. Komme ich damit zustande u. wird es wieder möglich sein, Bücher in Deutschland erscheinen zu lassen (beides ist garnicht abzusehn), so wird wohl ein ganz kleines Büchlein daraus werden.

Für heute nur noch die besten Grüße Ihres in bekannter Gesinnung ergebnen

Simmel

Brief vom 26. Oktober 1914] Gedr. Briefkopf: li.: PROF. SIMMEL; re: STRASSBURG (ELS.); mit Umschlag, an: Herrn / *Dr. Friedlaender / Berlin-Halensee / Johann Georgstr.* 20; hs. Absenderangabe: Prof. *Simmel* / Straßburg Els.; Poststempel: Straßburg (Els.) 1 [unles.] 12 V; Prüfstempel: Straßburg (Els.) 1. PK. Geprüft und zu befördern.

Briefes] Verschollen.

Ihrer Schrift ... ein neues Unternehmen zumuten] Angesprochen ist das ›Manuskript‹ bzw. die ›Arbeit‹ Friedlaenders über die ›Schöpferische Indifferenz‹ (siehe Simmel an Friedlaender vom 21. Dez. 1912 und 2. Mai 1913). – Friedlaenders briefliche Bitte um Fürsprache für sein Buch beim Georg Müller Verlag, die er am 27. März 1915 an den österreichischen Künstler Alfred Kubin (1877-1959) richten sollte, unterrichtet über den zu jenem Zeitpunkt vorgesehenen Titel des Werks – »›*Eigne Allmacht*‹ / (Vom / Prinzip des Indifferentismus polarer Observanz / zur / Einführung des Begriffs der / *neutralen Größe* / in die / Philosophie)« – und deutet die hier zum Ausdruck gebrachte Ablehnung Simmels: Dieser betrachte sein »echtes Buch« – »das Beste, was ich mir zutraue« – als »zum Scheintod verurteilt«, Simmel sei

»jetzt nur noch Patriot, wie es scheint; er lehnt vorläufig *dieses* Interesse als aussichtslos ab!« (Zit. n.: Salomo Friedlaender/Mynona – Alfred Kubin. Briefwechsel. Herausgegeben von Hartmut Geerken und Sigrid Hauff. Wien/Linz: edition neue texte 1986, S. 16). – Das Buch erschien unter dem Titel: Schöpferische Indifferenz. München: Georg Müller 1918, 474 S.

Verleger schrieb mir dieser Tage] Es handelt sich wohl um ein Schreiben aus dem Hause Ullstein (s. u.), wahrscheinlich von Dr. jur. Franz Ullstein (1868-1945; Kalliope), der gemeinsam mit dem Germanisten Emil Herz (1877-1971; Würffel) die Verantwortung für den Buchverlag trug (vgl. Georg Bernhard: Die Geschichte des Hauses. In: 50 Jahre Ullstein 1877-1927. Berlin: Ullstein [1927], S. 54-56).

Schrift von mir ... die schon lange fertig ist] Dabei kann es sich nur um die ›Allgemeine Einleitung: Werte des Goetheschen Lebens‹ zu der von Georg Witkowski geplanten Ausgabe von ›Goethes sämtliche Werke‹ im Ullstein-Verlag handeln; die Simmel per Vertrag (nicht überliefert) übertragene ›Gesamt-Einleitung‹ in die auf 20 Bände angelegte Ausgabe, die in deren erstem Band im zweiten Halbjahr 1914 erscheinen sollte, hatte dem Verlag fristgemäß als Manuskript Anfang 1914 und dann im Juli des Jahres im Umbruch vorgelegen (vgl. Editorischer Bericht, GSG 20, S. 533-536). – Zur Veröffentlichung kam es erst 1923: Allgemeine Einleitung: Werte des Goetheschen Lebens. In: Goethes sämtliche Werke. Mit Einleitungen von Hermann Bahr, Max Dessoir, Paul Ernst, Herbert Eulenberg, Cäsar Flaischlen, Ernst Hardt, Gerhart Hauptmann, Wilhelm Hegeler, Hermann Hesse, Hugo von Hofmannsthal, Wilhelm Ostwald, Karl Scheffler, Wilhelm von Scholz, Georg Simmel, Martin Wackernagel, Jakob Wassermann, Bruno Wille. Herausgegeben nach einem von Georg Witkowski aufgestellten Gesamtplan von Curt Noch und Paul Wiegler. Erster Band: Gedichte. Erster Teil 1756-1796. Mit Vorwort von Gerhart Hauptmann, Gesamt-Einleitung von Georg Simmel und Einleitung zu den Gedichten von Cäsar Flaischlen. Berlin: Verlag Ullstein o. J. [1923], S. 11-97 [= Pandora-Klassiker]; GSG 20, S. 11-79.

hiesigen Buchhändler] Vielleicht Speyer & Peters; siehe Simmel an Wilhelm von Crayen vom 6. Nov. 1913.

Berlin ... Straßburger] Zu der in den Städten unterschiedlichen Erfahrung des Krieges siehe Simmel an Hugo Liepmann vom 2. Aug. und 9. Sept. 1914.

***Goethe*]** Simmel: Goethe. Leipzig: Klinkhardt & Biermann [1912] 1913 (GSG 15, S. 7-270).

Rembrandt [...] Büchlein] Erster Hinweis auf: Simmel: Rembrandt. Leipzig: Kurt Wolff 1916 (GSG 15, S. 305-515).

Georg Simmel an Margarete von Bendemann

Postkarte vom 27. Oktober 1914
Hs.; LBI New York, Susman Collection

Straßburg 27 X 14

Liebe Susa,

wie soll man solcher Beschwörung widerstehn? – namentlich wenn man das garnicht beabsichtigt. Jetzt liegt die Sache so: ich reise morgen nach Frankfurt, um mit *Simon*, der sich natürlich jetzt nicht von Fr. fortrühren kann, einiges zu besprechen. Donnerstag nach Heidelberg, wo ich am Freitag einen Kriegsvortrag halte. Sonnabend will ich wieder in Straßb. sein. Dann beginnt am 4. die Vorlesung – vorausgesetzt, daß sich einige Hörer einfinden, was keineswegs sicher ist. Kommt das Kolleg zustande, so muß ich auch am 7. lesen. Dann endlich könnte ich, am 8., nach Basel kommen, etwa Mittags ½ 2; *Hotel Krafft*. Montag am späten Nachmittag würde ich wieder abfahren, so daß wir, wenn für *Joël* u. für den Schlaf nicht allzuviel abgeht, eine leidliche Zahl von Stunden vor uns hätten. Schreib mir bitte zunächst, ob dieser Plan dir genehm ist. Verläuft alles, wie ich es denke, so würde ich dir ein oder zwei Tage zuvor depeschiren.

Für heute nur noch alles, was es Gutes u. Liebes giebt! Dein

G.

Postkarte vom 27. Oktober 1914] An: Frau / *Margarete v. Bendemann / Rüschlikon* bei *Zürich*; mit Poststempel: Straßburg (Els.) 2 27. 10. 14 11-12 N; mit hs. Absenderangabe auf Anschriftseite unten li.: Prof. *Simmel* / Straßburg Els.

solcher Beschwörung] Margarete von Bendemanns Schreiben mit Bezug auf die seit langem geplante Begegnung in Basel (siehe zuletzt Simmel an Margarete von Bendemann vom 20. Okt. 1914) ist verschollen.

morgen] Mittwoch, den 28. Okt. 1914.

mit *Simon* … einiges zu besprechen] Zum Gegenstand des Gesprächs mit Heinrich Simon, dem Herausgeber der FZ, ist nichts bekannt.

Kriegsvortrag] »Prof. Dr. Georg Simmel-Straßburg wird heute abend in der Akademischen Gesellschaft für Dramatik einen Kriegsvortrag halten, betitelt: ›Das andere Deutschland‹. Der Vortrag findet im Neuen Kollegienhaus statt und beginnt um 8½ Uhr. Der Reinertrag wird dem Roten Kreuz zugewandt« (Ankündigung in: Heidelberger Tageblatt-General-Anzeiger, Nr. 254 vom 30. Okt. 1914). Dem am 31. Okt. 1914 erschienenen Bericht (o. V., HNN, Nr. 255) ist die Nähe zu Simmels Vortrag ›Deutschlands innere Wandlung‹ (GSG 15, S. 271-286; siehe Simmel an Hugo Liepmann vom 9. Nov. 1914) zu entnehmen.

am 4. die Vorlesung] Zu der am Mittwoch, den 4. Nov. 1914 beginnenden Philosophievorlesung siehe Simmel an Albert Thumb, Dekan der philosophischen Fakultät der KWU, vom 19. Okt. 1914.

***Hotel Krafft*]** Hotel Krafft, am rechten Rheinufer, »55 B[etten] zu 2½-4½ F[ranken]« (Baedeker Schweiz, S. 3).

für *Joël*] Zu Simmels Absicht, den Baseler Freund und Kollegen Karl Joël zu treffen, siehe Simmel an Margarete von Bendemann vom 29. Sept. 1914.

Albion W. Small an Georg Simmel

Brief vom 29. Oktober 1914
Abdruck in: The Sociological Review VIII, 1915, S. 106-111

THE UNIVERSITY OF CHIGAGO
October 29, 1914.

Professor Dr. Georg Simmel, Strassburg

My dear colleague and friend, –

A message from you is always welcome, but I share most genuinely with you the pain of the occasion which gives rise to any conferring at all upon the subject which is uppermost in my mind, as it is in yours. Indeed, I have postponed my reply from day to day because I felt unequal to the delicate problem of conveying on paper precisely my own reaction, which so far as I can discover is substantially that of nine out of every ten academic men in the United States. There are certain things which must be emphasized: first of all, that in a mere measuring of sympathy with the various peoples of Europe, apart from any judgment upon specific issues in controversy between them, American academic sentiment for the past thirty years, and today as emphatically as ever, is overwhelmingly in favour of the

Germans. We do not express ourselves in the German way. We do not pronounce German civilization as a whole superior to other civilizations. We think that is repeating in varied form our own naive blunder in the formative days of our nation, viz., for nearly a hundred years it was the almost unchallenged American formula that our Constitution is not only the best possible for ourselves at the given moment, but that it is the only government fit for progressive human beings anywhere. We have changed our minds about that. So we try to restrain ourselves from violations of courtesy when we encounter, face to face, German expressions of the German estimate that German culture is superior to that of the rest of the world. We think – or at least the Americans who know the Germans best think, and say very freely – that the Germans are particularly strong in traits which we conspicuously lack, and that Americans would be a nobler people than they are if we could reinforce American life with a liberal infusion of German superiorities.

In the second place, it would be a great mistake for Germans to suppose that Americans are relatively misinformed about the great outstanding facts in the European situation. On the contrary, it has been evident from the second day of August that, as compared with the other nations of the world, the Americans are posted up to date. I heard Professor Kühnemann say this with emphasis to a large audience of Germans a week ago. He confessed that he was astonished on arriving here to find out how much more fully informed the Americans are than any of the Europeans about what has actually occurred. The main reason for this is obvious. Not being at war we have no censorship, as each of the belligerents must have. Each of the warring nations gets only such statements about the war as its own censors think it wise for the public to have. We get everything that the wires are allowed to take from every country in Europe, and Amsterdam and Rome send us every day more or less useful means of checking up the statements of the combatants. Our newspapers are the greediest in the world for news. In this upheaval of civilization, the only news that is sure to be read by everybody is that from the different war zones. The great rival newspapers are in the keenest competition to be known as purveyors of the most complete and accurate reports. Every day we read in them side by side the official statements of each of the contending nations, together with all the other evidence that can be collected by their regiments of European correspondents. The sources of these reports are carefully indicated – whether official, semi-official, the unsupported statements of such and such an individual, or mere rumours, the source of which cannot be traced. Each of the leading papers has a staff of so-called »military experts«, i.e., retired graduates of West Point and Annapolis, our military and naval academies, who digest the official reports every day, and interpret the strategic meaning of the different situations as they develop. Maps drawn by them are published sometimes as often as every day. These digests and charts are syndicated to the smaller papers throughout the country. Of course, we are not informed of precise military details until they are ancient history, measured by our attentive interest; but the experience of two months proves that our information has kept us in the main accurately informed several days, and often weeks, ahead of the general public in either of the countries directly involved.

To what extent this is true about the developments in the several countries among the civilians, we are in a less favourable condition to judge. The situation is such that we are evidently more in the dark about the civilians in Germany than in France or England. We had long since made up our minds, however, that we were mistaken in our primary theory as to the probable reaction in Germany. The Americans are extremely rare – I have been unable to find one in my own range of acquaintances – who believed that the governments would allow the spark which started the conflagration to kindle anything more general than a settlement between Austria and Serbia. It was the well nigh invariable opinion here that the governments could not permit themselves to be drawn into the incredible folly of a general war. When we found that the unbelievable was actual, we declared that the great body of the German people certainly could not endorse a war which from our standpoint is the most damning indictment of European diplomacy that has ever been drawn. We were early convinced that we were again mistaken.

We now know that the Germans are making one of the most wonderful exhibitions of national unity in the history of the world. We also admire the spirit of this unity while we believe the course of reasoning upon which it is based is one of the most deplorable mistakes in history. I will say more about that in a moment.

In the third place, because of what I have already said you may be able to see at once that two things are quite probable: first, that the lies which have been told about Germany have not had the influence in America which you suppose; secondly, that you do not sufficiently take into account the effect which lies told in Germany about the other nations have had upon the minds of Germans. As to the first, I think it is highly probable that the Americans are the most incredulous people in the world. »That which is written« has notorious potency to palsy the judgment, and Americans are no exceptions to the rule. On the other hand, Americans are omnivorous newspaper readers, and one of the few mitigating circumstances connected with this fact is that it results in a gratifying case under the law »familiarity breeds contempt«. We have an unlimited capacity to swallow sensational reports, but we have a corresponding scepticism about their value. In the first days of consternation that war was possible at all, the only reports we could get came from Belgian and French and English sources, and were, of course, of the most lurid character. They had the effect of increasing the general horror and indignation. After there had been time for second thought, and after we had heard substantially the same stories about each of the armies, that whole phase of the situation lost its hold upon our interest. We not only doubt that one army is more guilty than another of unnecessary brutality, but we decline to be excited about the by-products of war so long as the essential barbarity of war itself is unrestrained.

As to the other matter, I may not be able to convince you, but I state the facts as we see them. The German people will some time discover that at least one lie has been in circulation in Germany about the other peoples of the world for every lie that has been invented elsewhere about the Germans. As we Americans see it, one of the antecedents which have made this war possible, and which have made the Germans regard it as a holy war, is a whole fictitious psychology of the other peoples. A single illustration on which I can give testimony will indicate what I mean. Shortly after your letter reached me I received a paper from Berlin, on the first page of which, under prominent headlines, was an account of an alleged disturbance on the Canadian border, with indications that the United States would presently take possession of Canada! One would hardly suppose that a Berlin editor could imagine that there is a single individual in Berlin stupid enough to regard such a report as worth the ink which it took to print it. There is less probability that such an idea could be taken seriously on either side of the Canadian border than that Saxony at this moment should fear an incursion from Prussia: yet a whole mythology of this sort has misinterpreted the rest of the world to Germany. I do not mean to assert that all Germans have been uncritical about these fables. All that I urge is that it would be extremely hazardous for the Germans to assume that they have clear white light about the other nations, while the other nations are befogged about the Germans. It is perfectly evident, for instance, that the Germans have taken for granted many things that are wide of the facts about the relations of the British colonies to the mother country, and that these misconceptions have had not a little weight in calculations of the probable fortunes of war.

Then I want to testify about the American judgment as to the antecedents of the war. In a word, we have debated in private and in public, in newspapers and magazines, on the lecture platform and in the pulpit, the merits of the cases as presented by the warring nations each for itself. We shall doubtless make these claims the texts for much more discussion till long after peace is concluded. But our first reaction has been ratified by the general consensus of our accumulating conviction, viz., »a plague o' both your houses.« Our general judgment is that if the controversy were settled beyond dispute, it would merely save the face of one chancellory or another as to the matter of skill in diplomatic manœuvres. That whole question looks to us unspeakably paltry in comparison with the underlying fact. The essential thing, as we see it, is that all Europe is living on a militaristic basis, and is sacrificing the interests of the citizens as human beings to an arbitrary monster of »military necessity«. The report has reached us within a few days that a delegation of German professors will be sent to this country after Christmas to lecture on the German side of the war. They will be welcomed almost everywhere, and audiences will listen to them and applaud them. But so far as changing any one's opinion is concerned, they would do Germany much more good by staying at home than by bringing to us amplifications of the type of argument by which German scholars have thus far tried to support the German programme.

We do not believe the political morality of Germany is either higher or lower than that of England or France. We are not very much deceived about the essence of the Belgian incident. We know perfectly well that if the objective and subjective conditions had been turned about, and if England or France or for that matter the United States had been in the place of Germany in the closing days of last July, either of the three would in all probability have done just what Germany did in Belgium. Not being directly concerned in the complication, however, we can see that in fact it was an appalling confession of the essential barbarism of a militaristic civilization. To Americans this is not a war of Germans against Slaves, nor of Germans against England. In its ultimate causes and effects we believe it will turn out to be a *war against war.*

Americans are judging the Germans to-day not on the ground of anything that anybody else has said about them, but on the basis of their own declarations about themselves. Nobody knows better than the Germans that they have nowhere more startlingly exemplified their racial superiority of *thoroughness* than in their preparedness for war and in their theories about war. The German literature of militarism from Treitschke – not to go back further – to Bernhardi has not been hid in a corner. In this country we have been reading it, particularly for the last dozen years, but we have regarded it as what Herbert Spencer would call the »professional bias« of the officers. Very few of us have believed, even in our most imaginative moments, that the German people could ever be manœuvred into a position in which as one man they would regard it as the only moral alternative to endorse that militaristic philosophy. In this country all but a feeble minority regard the militaristic conception as a betrayal of reason and an appeal to chaos as the ultimate cosmic principle.

Kühnemann's address that I referred to above filled two hours, and was the most passionate declamation that I have ever heard. He announced as his subject »German Militarism«. It turned out to be one of the most curious webs of fallacy that I have ever met. He never once in the two hours so much as hinted at »militarism« in the sense which every one in this country attaches to that term. He assumed throughout that »militarism« has no other meaning than the »German people armed for defence of the Fatherland«, and he wasted his breath defending the right of the Germans to train themselves for military duty. To Americans that sort of thing proves either stupidity or evasion. We mean by »militarism« the creed that war is the foremost means of national self-realisation, and that the »interests of the state« justify the making of war by a stronger nation upon a weaker. Americans do not want any nation of Europe to gain a foot of the territory of any other nation without the free consent both of the nation and of the occupants of the possible cession. They do not believe that there is any difference worth speaking of between the European nations in their willingness to make the most of their military or naval strength in pursuit of the militaristic ideal. They know what is open to all the world, that *Germany has done more than all the rest of the world put together in the way of elaborating and publishing this militaristic ideal.* They do not want Germany humbled, but *they do want this hideous cult so discredited that no nation in Europe will profess it after this war is done.*

When I began this reply I had no intention of letting it run to this length, and what I have said amounts only to the introduction to what I wanted to say; but I must stop. Let me assure you that Americans hate the idea of aggressive might so genuinely that they will have no sympathy with vindictive might, however the war results. So far as I can judge of our whole people by the indexes which I can use, we hope the war will result in an absolute stalemate. We should be delighted if every bit of military and naval equipment of all the nations were to be wiped out of existence to-morrow, without the loss of another life, and if the cabinets should then be forced by the respective peoples to do what was their duty in the first place – join in a candid and rational adjustment of a *modus vivendi*. Our most influential men are talking seriously of proposing to Europe at the close of the war a system of international police composed of quotas of troops from all the nations, representing an international tribunal, and proceeding against any nation which refuses to abide by the findings of the tribunal. Possibly we are so far removed from the fumes of the battlefield that this, which Europe would regard as a diseased dream now, may turn out to be a forward look into the clear air of a better day.

Sincerely,

ALBION W. SMALL.

Brief vom 29. Oktober 1914] Original und Druckvorlage sind verschollen. Die zahlreichen Germanismen lassen vermuten, daß der Originalbrief in Deutsch abgefaßt war und dann, möglicherweise von Smalls deutschstämmiger Frau, wörtlich ins Englische übersetzt wurde.

Abdruck in: The Sociological Review VIII, 1915, S. 106-111] Unter dem Titel ›Germany and the American opinion. Professor Albion Small to Professor Georg Simmel‹. Dem Brief geht als Vorbemerkung voraus: »For the following communication, addressed by a representative American sociologist to a German sociologist no less representative, we are indebted to Professor Charles A. Ellwood, of the University of Missouri, who writes: It may be of interest to the members of the Sociological Society to know the trend of academic opinion in the United States, and especially of American sociologists, regarding the present war. I have tried to keep in close touch with this matter, and I think it safe to say that nine out of ten American academic men in responsible positions are non-sympathetic with Germany in this war, in spite of the systematic campaign which German professors have undertaken to influence the opinions of their American colleagues, and in spite of the traditional influence of German over American universities. The enclosed copy of a letter from Professor Albion W. Small, of the University of Chicago, to Professor Georg Simmel, of the University of Strassburg, well illustrates the attitude of those Americans who have been most friendly to German scholarship. As your readers know,

Dr. Small is editor of the *American Journal of Sociology*, is a leader of sociological thought in America, and was for two years president of the American Sociological Society. He has always been a protagonist of German scholarship in the social sciences, and is closely related by family ties to the German people. His letter was written in reply to one of Dr. Simmel's claiming that ›all the world is believing lies about Germany‹«. – Charles Abram Ellwood (1873-1946), 1899 Ph.D. bei Small, 1900 Prof. University of Missouri, 1930 Duke University; während des Studiums ein Jahr in Deutschland, wo er u. a. Simmel hörte, dessen formale Soziologie er jedoch ablehnte, auch wenn er einräumte, »some of his ideas« seien ihm »very stimulating« gewesen. 1914/15 verbrachte er in England (siehe Nachruf Edgar T. Thompsons in: American Sociological Review 11, 1946, No. 6, S. 753-754).

message from you is always welcome] In dem verschollenen Schreiben hatte sich Simmel wohl in ähnlicher Form wie an Harald Höffding (siehe Schreiben vom 2. Okt. 1914) an Small gewandt – ganz im Rahmen seiner Bemühungen, durch das Anschreiben einzelner Persönlichkeiten im neutralen Ausland über verzerrte Darstellungen Deutschlands »aufzuklären« (siehe Simmel an Hermann Beck vom 7. Okt. 1914). – Simmels Briefe an Small sind nicht nachgewiesen. Die sieben von Small von 1896 bis 1910 übersetzten soziologischen Schriften Simmels legen eine relativ kontinuierliche Korrespondenz nahe (siehe Editorischen Bericht GSG 18).

I heard Professor Kühnemann say this ... a week ago] Der Philosoph Eugen Kühnemann (1868-1946), der 1889 in München promovierte, sich 1895 in Marburg habilitierte und, nachdem er von 1903-1906 Gründungsrektor der Akademie in Posen war, 1906 ein Ordinariat in Breslau übernehmen konnte, hatte aufgrund seiner Amerikaaufenthalte (1905 im Auftrag des preuß. Kultusministeriums, 1906 und 1908 als Austauschprofessor in Harvard, 1912 als Inhaber der Carl-Schurz-Professur in Wisconsin) unmittelbar nach Kriegsausbruch beim preußischen Kultusministerium vorgesprochen, um sich zu Vortragsreisen in den Vereinigten Staaten zu verpflichten: »Die öffentliche Meinung Amerikas flammte auf in einem Haß gegen Deutschland, der zunächst ganz unverständlich erschien. Der Ruf lag in der Luft nach Freiwilligen zum mindesten zu einem Versuch des geistigen Kampfes mit dem schlimmsten und gefährlichsten Schwelen der Verkennung und Mißdeutung. Jeder deutsche Mann in jenen Tagen kannte nur die eine Frage, wo gerade er am besten das ganze seiner Kraft einsetzen könne für die deutsche Sache. Meine Aufgabe war klar umgeben. Am 7. September 1914 landete ich in New York« (Eugen Kühnemann. In: Selbstdarstellungen, Bd. 6, 1927, S. 9; siehe auch S. 18). Kühnemanns

Vortragsreise begann »Ende September« an der Ostküste und führte danach u. a. nach »Chikago« (Ders.: Mit unbefangener Stirn. Mein Lebensbuch. Heilbronn: Eugen Salzer 1937, S. 243).

»That which is written«] Anspielung auf die Kraft des ›geschriebenen Wortes‹ gemäß der biblischen Wendung, z. B. Paulus an die Galater 3, 10: »Denn es steht geschrieben, (5. Mose 27, 26): ›Verflucht sei jeder, der nicht bleibt bei alledem, was geschrieben steht in dem Buch des Gesetzes, daß er's tue!‹«.

»familiarity breeds contempt«] Engl. Sprichwort; siehe dazu die deutsche Entsprechung bei Grimm: »Vertraulichkeit [...] 3) in neuerer sprache insbesondere ›inniger, zwangloser, rückhaltloser verkehr‹ [...] in verächtlichem sinne: die vertraulichkeit gebähret verachtung«.

paper from Berlin ... possession of Canada] Nicht ermittelt.

»a plague o' both your houses«] W. Shakespeare: Romeo and Juliet III/1, 86; nach der Übersetzung von Wilhelm Schlegel: »Zum Teufel beider Sippschaft!«

»military necessity«] Terminus des Völker- bzw. Kriegsrechts, im Deutschen als ›militärische Notwendigkeit‹ und ›Kriegsnotwendigkeit‹ bezeichnet; letztere steht mit der Forderung nach »Einsatz aller Mittel, um den Gegner niederzuwerfen oder der eigenen Niederlage zu entgehen«, im Gegensatz zu der humanitären Forderung nach Verzicht auf »unnötige Grausamkeit« und »gewisse, militärischen Erfolg versprechende Maßnahmen«. In wieweit die ›Kriegsnotwendigkeit‹ vor der humanitären Forderung weichen muß, klärt das Kriegsrecht von Fall zu Fall. Eine einheitliche Definition der Normverletzung besteht nicht (Achim Tobler: Kriegsnotwendigkeit. In: Wörterbuch des Völkerrechts. Begründet von Karl Strupp, völlig neubearbeitete 2. Aufl., herausgegeben von Hans-Jürgen Schlochauer. Zweiter Band. Berlin: Walter de Gruyter 1961, S. 351-353).

The report has reached us ... that a delegation of German professors will be sent] Nachrichtenquelle nicht ermittelt; die Nachricht selbst dürfte einen Plan im status nascendi betreffen, der auf die im Ministerium für geistliche und Unterrichtsangelegenheiten eingefädelte Initiative, Professoren ins neutrale Ausland zu entsenden, zurückgeht. Gegen die »Gefahr des Aufruhrs gegen Deutschland in der öffentlichen Meinung Amerikas« hatte der Ministerialdirektor Friedrich Schmidt-Ott (1860-1956; DBE), Eugen Kühnemann Ende Aug. 1914 entsandt (Eugen Kühnemann: Mit unbefangener Stirn, a. a. O., S. 238) und offensichtlich sowohl über den Prorektor der Universität Göttingen (siehe Simmel an Hermann Beck vom 7. Okt. 1914) wie auch direkt nach weiteren potentiellen Vortragsreisenden angefragt; die »vorläufige, unverbindliche Form« dieser Anfrage, die Unabgeklärtheit jeglicher Rahmenbedingen, offenbart die Antwort des Frankfurter Juristen Berthold Freudenthal (1872-1929; DBE) an den »Herr[n] Ministerialdirektor« vom 23. Sept. 1914, der allerdings zweifelt, ob er »für die Aufgabe der Bearbeitung demokratischer Massen – und zwar von Laien der rechte Mann wäre, der z. B. Herr Prof. Kühnemann geneigt ist« (GStA PK Berlin, Rep 76 Vc. Sekt. II, Tit. II, Teil VII, Nr. 40, S. 4-6). Indes weist die diesbezügliche Überlieferung die Entsendung einer ›Professorendelegation‹ in die USA in dieser frühen Kriegsphase – entsprechend der »belgischen Kommission, [...] die jetzt von Universität zu Universität zieht«, wie der in Harvard lehrende Hugo Münsterberg am 26. Sept. 1914 dem Ministerium berichtete (ebd., S. 83) – nicht nach. Auch in dem der ›Zentralstelle für Auslandsdienst‹ (siehe Simmel an Hermann Beck vom 7. Okt. 1914) unterstellten und eigens eingerichteten ›Pressebüro‹ unter der Leitung des in die USA entsandten Staatssekretärs Bernhard Dernburg, an dessen Arbeit sich Hugo Münsterberg maßgeblich, wenngleich mit Rücksicht auf die Universität nicht mit Vorträgen, beteiligen sollte, scheint zu diesem Zeitpunkt die Einladung weiterer Professoren allenfalls erwogen worden zu sein, drängte doch Dernburg erst in der Konferenzsitzung des Pressebüros vom 5. Nov. 1914 darauf, daß nach den »beachtenswerten Erfolge[n]« Kühnemanns vor deutsch-amerikanischen Gruppen »noch ein zweiter namhafter deutscher Professor für diese Zwecke nach Amerika entsandt wird, und zwar, wenn möglich, Hermann Oncken in Heidelberg oder Dietrich Schäfer in Hamburg oder Ernst Marx in Stuttgart« (Protokoll, zit. n. Reinhard R. Doerries: Washington – Berlin 1908/1917. Die Tätigkeit des Botschafters Johann Heinrich Graf von Bernstorff in Washington vor Eintritt der Vereinigten Staaten von Amerika in den Ersten Weltkrieg. Düsseldorf: Schwann 1975, S. 63, Anm. 42).

literature of militarism from Treitschke] Angesprochen scheint hier vor allem das Spätwerk des Historikers Heinrich (Gotthard) von Treitschke (1834-1896; NDB) und dessen Popularisierung antiliberalen, nationalistischen und antisemitischen Gedankenguts; die Forderung nach einem sich kriegsfähig und kulturell werterhaltenden Deutschland findet sich insbesondere in von Treitschkes ›Politik: Vorlesungen gehalten an der Universität zu Berlin. Zwei Bände (herausgegeben von Max Cornicelius. Leipzig: Hirzel 1897/98), die im Okt. 1914 auszugsweise in englischer Übersetzung vorlag: Selection from Treitschke's lectures on politics. Translated by Adam L. Gowans. New York: F.A. Stokes, o.J. [1914; vgl. NUC].

Bernhardi] Friedrich (Adam Julius) von Bernhardi (1849-1930), hatte sich nach dem Abschied von der Karriere als aktiver Militär, zuletzt als kommandierender General in Münster i. W., der Schriftstellerei gewidmet und die Unvermeidbarkeit eines Krieges propagiert (DBE), u. a. in ›Deutschland und der nächste Krieg‹ (Stuttgart: Cotta 1912); das Buch hatte 1913 bereits die 6. Auflage und dessen englische Übersetzung (Germany and the next War. Translated by Allan H. Powles. London: Edward Arnold 1912) 1914 die 18. Auflage erreicht.

Herbert Spencer would call the »professional bias« of the officers] Angesprochen sind die von Herbert Spencer (1820-1903; ISL) als »bias«, bzw. »Vorurtheil« bezeichneten Einschränkungen in Hinblick auf eine objektive Sozialwissenschaft; siehe die Kapitel VIII-XII über »The educational bias« bzw. »Das Vorurtheil der Erziehung«, »The bias of patriotism« bzw. »Das Vorurtheil des Patriotismus«, »The class-bias« bzw. »Das Klassenvorurtheil«, »The political bias« bzw. »Das politische Vorurtheil« und »The theological bias« bzw. »Das theologische Vorurtheil« in: The Study of Sociology by Herbert Spencer. London: Kegan Paul, Trench Trübner (1872) 18. Aufl. 1897, S. 178-313, bzw.: Einleitung in das Studium der Sociologie. Von Herbert Spencer. Nach der zweiten Auflage des Originals herausgegeben von Heinrich Marquardsen. Leipzig: F. A. Brockhaus 1875, Erster Theil, S. 224-258, und Zweiter Theil, S. 1-141.

»German Militarism« ... »German people armed for defence of the Fatherland«] Vergleiche etwa die Ausführungen Eugen Kühnemanns zur Verteidigung des »deutschen Militarismus« und dessen wirtschaftlichen und kulturellen Erfolges, zum »Volksheer« als dessen Träger und zu der »fürchterliche[n] Enge, in der uns die Feinde von allen Seiten umpressen«, die erst den »deutschen Militarismus«, verstanden als »die entschlossene Zusammenfassung aller Kräfte der Nation als Selbstverteidigung gegen eine Welt von Feinden«, notwendig mache, in: Eugen Kühnemann: Deutschland, Amerika und der Krieg. Chicago: A. Kroch 1915, S. 25-31; bes. 30.

Georg Simmel an Friedrich Gundolf

Brief vom 3. November 1914
Hs.; Gundolf Archiv, London

3 XI 14

Lieber Herr Gundolf!

Ich danke Ihnen für Ihren Brief. Man kann über Standpunkte, wie über den zwischen uns zur Frage gewordnen, natürlich endlos hin- u. herstreiten. Die Begriffe, auch wenn man sie in ihrem überbegrifflichen Zentrum zu fassen sucht, laden doch immer nach entgegengesetzten Seiten hin aus u. indem der eine das Zentrum von der einen, der andre von der andren Seite her erblickt, entsteht die unfruchtbare Kontroverse. Wo so viel menschliche u. freundschaftliche Einheit vorliegt wie zwischen uns, könnten wir uns mit der Einsicht beruhigen, daß [d]er eine die äusseren, in die Praxis auslaufenden Erscheinungen der »absoluten Situation« anders begrenzt als der andre.

Daß ich Sie nicht in Heidelberg fand, war mir eine große Enttäuschung. Ich hatte auf einige gute Stunden mit Ihnen gerechnet u. möchte nun doch die Hoffnung nicht aufgeben, daß wir solche im Lauf des Winters doch irgendwie erreichen können.

Mit den herzlichsten Grüßen, natürlich auch von meinen beiden Leuten immer Ihr

Simmel

verte

Ich muß übrigens doch noch eines sagen, ohne damit unsre Kontroverse verlängern zu wollen: was ich unter Aufklärung des Auslands verstehe, ist prinzipiell garnichts andres, als *Wolfskehl* es in seinem Brief an *Rolland* geübt hat. Würden meine Äußerungen allgemein anders aufgefaßt, so müßte ich zugeben, mich im Ausdruck vergriffen zu haben.

Brief vom 3. November 1914] Gedr. Briefkopf: li.: PROF. SIMMEL; re: STRASSBURG (ELS.); mit Umschlag an: Herrn / *Dr. Friedrich Gundolf / Darmstadt / Grüner Weg* 37; darauf Adressenänderung von fremder Hand: *Heidelberg Karlstr.* 2 1; Absender: Prof. Simmel / Straßburg Els.; Poststempel: Straßburg (Els.) 1 3. 11. 14 2-3 N; Prüfstempel: Straßburg (Els.) PK Geprüft und zu befördern; hs. Vermerk: *offen.* – Im Anschluß an Simmel wohl von Gundolfs Mutter, Amalie Gundelfinger, geb. Gunz (1857-1919; Drüll) angefügt: L. F. / Montag war Dr. Dornseif [d. i. wohl der Altphilologe Franz Dornseiff (1888-1960); Kürschner GK 1950, 1961:Nekrolog] hier und bedauerte sehr dich nicht getroffen zu haben, er kommt Sonntag nach Heidelberg, wenn du noch dort bist möchte er dich sehen. Hier war er nur 2 Tage. Die Ztg. an Geist kam wegen ungenügender Adresse zurück. Es fehlte die Regimentsnummer. Wenn du sie schreibst, schicke ichs nochmal. Viele Grüße dir u. deinen Freunden, namentlich Frau Socha [d. i. die Gattin von Arthur Salz, Sophie, geb. Kantorowicz (1887-1960); MWG II/8, S. 856] von der getr. Mutter.

Ihren Brief] Verschollen.

Standpunkte, wie über den zwischen uns zur Frage gewordnen] Siehe Gundolf an Simmel vom 17. und Simmel an Gundolf vom 20. Okt. 1914.

Sie nicht in Heidelberg fand] Anläßlich Simmels Vortrag; siehe Simmel an Gundolf vom 20. Okt. 1914 und und an Margarete von Bendemann vom 27. Okt. 1914.

***verte*]** Lat.: wende um!, hier: siehe Rückseite!

***Wolfskehl* es in seinem Brief an *Rolland*]** Siehe Simmel an Gundolf vom 20. Okt. 1914.

Georg Simmel an Friedrich Markus Huebner

Brief vom 5. November 1914
Hs.; DLA Marbach, A: Zeit-Echo

5 XI 14
Sternwartstr. 17

Sehr geehrter Herr Doktor!

Ich danke Ihnen für Ihre freundliche Aufforderung vom 30. Okt. Ich bin prinzipiell nicht abgeneigt, in Ihrem *Zeit-Echo* mit einem Beitrag aufzutreten; allein ob u. wann es mir möglich sein wird, kann ich leider im Augenblick nicht bestimmen.

In vorzüglicher Hochachtung

Simmel

Briefe nach Straßburg müssen *offen* gesandt werden. Ich habe den Ihrigen nur durch einen Zufall erhalten.

Brief vom 5. November 1914] Gedr. Briefkopf: li.: PROF. SIMMEL; re: STRASSBURG (ELS.).

Aufforderung vom 30. Okt.] Verschollen.

***Zeit-Echo* ... einem Beitrag]** Gemeint ist die auf Anregung von Friedrich Markus Huebner gemeinsam mit dem Maler O. T. W. Stein (1877-1958) und dem als Finanzier und Herausgeber mitwirkenden Verleger von Graphik Otto Haas-Heye (1879-1959) in München gegründete Zweimonatsschrift ›Zeit-Echo. Ein Kriegstagebuch der Künstler‹. Das künstlerisch anspruchsvolle, um Absetzung von der Vielzahl der Flugschriften und graphischen Blätter über den Krieg bemühte Organ hatte seine Intention in einem kurz vor Erscheinen des ersten Heftes am 15. Okt. 1914 gedruckten Prospekt erläutert: »Was an künstlerischen Äußerungen der Krieg bisher zeitigte, waren Versuche, ihn, den Krieg, irgendwie auf eine Formel und Urteil zu bringen. Man gab Meinungen ab, [...] die Gedichte bestanden aus Inhaltsangaben und die Kriegsbilder, auch die empfundensten, blieben schlechterdings in der Klugheit der Illustration stecken. [...] Darum vielleicht, weil sie [die Künstler] in der Hauptsache auf die Zeitung angewiesen waren. [...] So sei denn jetzt und hier eine stillere Stätte eröffnet, wo keine Scheu sie zurückhalten soll, ihre Person an die Erregung Aller hinzugeben und diese Erregung als ein beseeltes Echo an Mit- und Nachwelt weiterklingen zu lassen.« (Biographien und Zitat nach: Vera Grötzinger: Der Erste Weltkrieg im Widerhall des ›Zeit-Echo‹ (1914-1917). Zum Wandel im Selbstverständnis einer künstlerisch-politischen Literaturzeitschrift. Bern u. a.: Peter Lang 1993, S. 109 [= Berliner Studien zur Germanistik 4]). Das ›Zeit-Echo‹, für dessen Schriftleitung Friedrich Markus Huebner verantwortlich zeichnete, betonte in den ersten Heften: »Die Veröffentlichung der literarischen und graphischen Beiträge erfolgt nur auf Grund persönlicher Einladung der Redaktion.«

Georg Simmel an Margarete von Bendemann

Postkarte vom 7. November 1914
Hs.; StLB Dortmund, Nr. 17848

Straßburg 7 XI 14

Liebe Susa,

das Unwahrscheinliche, das mich doch an der Basler Reise zum 15. hindern könnte, ist allerdings eingetreten: ich bin zu einem Kriegsvortrag in Karlsruhe eingeladen u. glaube, daß ich ihn nicht ablehnen kann; nicht nur um der Sache willen, sondern weil er auch ein Sümmchen für das Rote Kreuz einträgt. Man denkt ja doch immerzu nur daran, wie man diesen wundervollen Soldaten, die uns den Kriegsschrecken auf deutschem Boden ersparen, irgend ein Dankesscherflein abtragen könnte. Der Vortrag soll am 16. sein. Dann kann ich in der betr. Woche wegen meiner hiesigen Verpflichtungen nicht fort, sondern erst wieder am 22. Schreib mir bitte, ob dieser Tag dir paßt – u. verzeihe diese Umstände, für die ich aber in diesem Fall nicht einmal ein schlechtes Gewissen aufbringen kann.

Tausend Grüße! Dein

Georg

Postkarte vom 7. November 1914] An: Frau / *Margarete v. Bendemann* / *Rüschlikon* bei *Zürich*; mit Poststempel: Straßburg (Els.) 1 7. 11. 14 [unles.]; mit hs. Absenderangabe auf Anschriftseite unten li.: Prof. *Simmel* / Straßburg Els.

Basler Reise] Siehe Simmel an Margarete von Bendemann vom 27. Okt. 1914.

Kriegsvortrag in Karlsruhe ... soll am 16. sein] Den kurzfristigen Einsatz erläutert folgende Anzeige im Karlsruher Tageblatt vom 10. Nov. 1914 (Nr. 312, S. 5): »*Kaufmännischer Verein Karlsruhe. e. V.* / Privatdozent *Dr. Ohr* (zurzeit Leutnant im Felde) [d.i. Wilhelm Ludwig Ohr (1877-1916), Historiker in Frankfurt/M.; DBE], der am *11.* d. M. / sprechen sollte, ist dienstlich verhindert. – An seiner Stelle wird / *Montag, den 16. d M.* / Prof. Dr. *Georg Simmel,* Straßburg / über: / »*Die innere Wandlung Deutschlands*«, sprechen. / [...] Der Vorstand«. Eine weitere Ankündigung per Anzeige klärt Zeit, Ort und Ertragsverwendung: »abends 8½, im großen Eintrachtssaale [...] Der Reinertrag der Abendkasse sowie das Honorar des Redners fließen dem Roten Kreuz zu« (ebd., Nr. 316 am 14. Nov. 1914, 3. Bl., S. 9).- Simmel hielt diesen Vortrag unter dem Titel ›Deutschlands innere Wandlung‹ am Absendetag dieser Karte, Samstag, den 7. Nov. 1914, in Straßburg, im Vortragssaal der Aubette (siehe den Bericht in der StP, Nr. 1094 vom 9. Nov. 1914, Mi. Bl.), und zwar im Rahmen der im »Oktober und November [...] auf Anregung des Professors Dr. Sartorius Freiherr von Waltershausen [gehaltenen] 6 Vorträge über auf den Krieg bezügliche Themata von Dozenten der Universität« (Jahresbericht, erstattet von dem Rektor Prof. Dr. H. Chiari. In: Stiftungsfest KWU 1915, S. 13.). Lt. Ankündigung (StP, Nr. 1044 vom 18. Okt. 1914, Mo. Bl.) sprachen vor und nach Simmel: Eduard Schwartz über ›Der Krieg als nationales Erlebnis‹ am 24. Okt. 1914, Harry Bresslau über ›1813-1870-1914‹ am 31. Okt. 1914, Martin Spahn über ›Der gegenwärtige Weltkrieg und die früheren Entscheidungskämpfe der Großmächte untereinander‹ am 14. Nov. 1914, Nikolai Guleke [ao. Prof. Straßburg (1878-1958); DBE] ›Über die Heilung von Kriegsverletzungen‹ am 21. Nov. 1914, und August Siegmund Schultze sollte am 28. Nov. 1914 ›Völkerrechtliche Kriegsbetrachtungen‹ vortragen (StP, Nr. 1044 vom 18. Okt. 1914, Mo. Bl.), wurde aber wohl ersetzt durch den Kollegen Hermann Rehm (vgl. Jahresbericht, a.a.O.). – Simmels Straßburger Kriegsvortrag gelangte zur Veröffentlichung: Simmel: Deutschlands innere Wandlung. Rede. Straßburg: Trübner, 1914. 14 S. (GSG 15, S. 271-285) und ist überarbeitet eingegangen in Simmel: Der Krieg und die geistigen Entscheidungen. Reden und Aufsätze. München und Leipzig: Duncker & Humblot 1917, S. 7-30; GSG 16, S. 7-57 bzw. 13-29.

hiesigen Verpflichtungen] Zu Simmels Lehrprogramm siehe Simmel an Albert Thumb, Dekan, vom 19. Okt. und 17. Nov. 1914.

wieder am 22.] Sonntag, dem 22. Nov. 1914.

Georg Simmel an Leopold Ziegler

Postkarte vom 8. November 1914
Hs.; BLB Karlsruhe

Straßburg Els. 8 XI 14
Sternwartstr. 17

Sehr geehrter Herr Doktor!

Am Montag den 16. halte ich in Karlsruhe einen Vortrag u. würde mich sehr freuen, Sie bei dieser Gelegenheit einmal wiederzusehn. Würden Sie – u. vielleicht auch Ihre Frau Gemahlin? – mich wohl an diesem Tage zwischen 4 u. 5 Uhr im *Hotel Germania* aufsuchen u. mit mir Tee trinken? Ich schreibe so früh u. bitte auch um möglichst sofortige Antwort, weil Briefe jetzt oft ganz unwahrscheinlich lange gehn.

Mit freundlichen Grüßen Ihr sehr ergebner

Simmel

Postkarte vom 8. November 1914] An: Herrn / *Dr. Leopold Ziegler / Ettlingen bei Karlsruhe / (Baden) / Sedanstr.* 27; mit Poststempel: Straßburg (Els.) 8. 11. 14 [teils unles.]; Prüfstempel: Straßburg (Els.) 1. P.K. geprüft u. zu befördern.

in Karlsruhe einen Vortrag] Siehe Simmel an Margarete von Bendemann vom 7. Nov. 1914.

Ihre Frau Gemahlin] Johanna Ziegler (1879-1940), geb. Keim; Mttl. BLB Karlsruhe.

***Hotel Germania*]** Gasthof beim Karlsruher Bahnhof. Vgl. Baedeker Süddeutschland, S. 19.

Georg Simmel an Hugo Liepmann

Postkarte vom 9. November 1914
Hs.; I. Flatau, Saratoga Springs N.Y., USA

Straßburg 9 XI 14

Liebe Freunde!

Es ist wohl Zeit, wieder einmal von einander zu hören. Zwar ist nichts Lokales mitzuteilen – nur daß der Krieg grade zuletzt unter unsern Straßburger Bekannten so viele Opfer gefordert hat, daß wir ganz verstört davon sind. U. dabei empfindet man es doch als einen unwürdigen Zustand, daß man, wenn man schon nicht selbst im Schützengraben liegen kann, nicht ein Kind hingiebt. Es ist, als ob man eine egoistische Ausnahmestellung für sich beanspruchte, wenn man so garnichts opfert während das edelste Blut von Deutschland vergossen wird, damit wir in Geschütztheit u. Ungestörtheit unser äußerlich ungerundetes Leben fortsetzen können. U. es ist eigentlich grotesk, daß der Zurückbleibende in gewissem Sinne mehr leidet, als wer sich betätigen kann – u. mit diesem Leiden garnichts fördert. Es muß eine ungeheure Erleichterung sein, wenigstens an irgend einer Ecke den ganzen Tag für die Sache zu arbeiten, weil eine begrenzte Forderung davon erlöst, immerzu den maßlosen Druck des Ganzen zu fühlen, wie der Unbeschäftigte es muß. Ich kann meinesteils nur etwas ganz Minimes tun: ich halte in einigen Städten Kriegsvorträge, die ein ganz hübsches Sümmchen für das Rote Kreuz abwerfen. Eine Zeitlang war ich in den Bemühungen für die Aufklärung des neutralen Auslands betätigt. Das habe ich aber aufgegeben, weil in dieser Hinsicht nun genug, ja vielfach schon zu viel, geschehen ist. – Sehr wohltuend empfinden wir die Ruhe u. Gehaltenheit in der Stadt, während es mir aus den Berliner Berichten hervorzugehn scheint, daß man das Große u. Erschütternde der Ereignisse doch schon wieder zu Sensationen mißbraucht. – Es ist sehr hart, keinen von den alten Freunden zu sehn – das ist auch eines von den Opfern, die gänzlich unproduktiv sind. Aber davon, wie überhaupt von irgend einem persönlichen Leiden, sollte man jetzt nicht sprechen.

Leben Sie wohl u. lassen einmal von sich hören. Mit herzlichsten Grüßen von uns dreien Ihr

Simmel

Postkarte vom 9. November 1914] An: Herrn / Direktor Prof. *H. Liepmann / Berlin* / Städtische Irrenanstalt *Herzberge*; mit Poststempel: STRASSBURG (ELS.) 1 [unles.] 11.14 2-3 N.

Kriegsvorträge] Simmel hielt 1914 (zumindest) drei inhaltlich sich weitgehend entsprechende Kriegsvorträge, deren Reingewinn jeweils dem ›Roten Kreuz‹ zuging: am 30. Okt. 1914 in Heidelberg zum Thema ›Das andere Deutschland‹ (siehe Simmel an Marianne Weber vom 16. Okt. 1914 und an Margarete von Bendemann vom 27. Okt. 1914), am 7. Nov. 1914 in Straßburg zum Thema ›Deutschlands innere Wandlung‹ (GSG 15, S. 522-523; siehe Simmel an Margarete von Bendemann vom 7. Nov. 1914) und am 16. Nov. 1914 in Karlsruhe zum Thema ›Die innere Wandlung Deutschlands‹ (siehe ebd. und Simmel an Gertrud Simmel vom 17. Nov. 1914).

Aufklärung des neutralen Auslands] Im Sept. und Okt. 1914 hatte er seine Kräfte »in den Dienst der Bemühungen gestellt«, die Neutralen über die alliierte Kriegspropaganda aufzuklären (siehe Simmel an Hermann Beck vom 7. Okt. 1914). In diesem Rahmen schrieb er an Kollegen und Bekannte im neutralen Ausland und ließ ihnen »durchaus objektiv gehaltene Drucksachen der Süddeutschen Nachrichtenstelle für die Neutralen« zusenden (ebd.). Erhalten geblieben ist der Brief an Harald Höffding vom 2. Okt. 1914. Michael Landmann berichtet, Simmel habe auch »einem holländischen Kollegen [...] Kriegsbriefe« geschrieben, »die so waren, daß dieser sie aus Scham später vernichtete« (BdD, S. 13); vielleicht war der Adressat Nicolaas Wilhelmus Posthumus (siehe Simmel an Hermann Beck vom 7. Okt. 1914). Albion Smalls Antwort auf ein entsprechendes Schreiben Simmels vom 29. Okt. 1914 scheint das Ende von Simmels Engagement in dieser Sache zu bedeuten, die er theoretisch in einer öffentlichen Kritik an Friedrich Gundolf in der FZ vom 16. Okt. 1914 (Nr. 187, 1. Mo. Bl.; GSG 17, 119-120) umrissen hatte.

Georg Simmel an Friedrich Gundolf

Postkarte vom 13. November 1914
Hs.; Gundolf Archiv, London

Straßburg Els. 13 XI
Sternwartstr. 17

Lieber Herr Gundolf!

Ich halte am Montag, d. 16, in Karlsruhe einen Vortrag. Könnte dies eine Gelegenheit sein, Sie zu sehn? Wenn Sie etwa am Dienstag möglichst früh nach Karlsruhe kommen wollten, so würde ich noch einen halben Tag dableiben, damit wir wieder einmal ein paar gute Stunden zusammen hätten. Bejahendenfalls bitte ich Sie um eine Depesche, entweder bis Sonntag Abend hierher oder bis Montag Abend nach Karlsruhe, wo ich im *Hotel Germania* wohnen will.

Das ist eine schöne Hoffnung.

Treulich Ihr

Simmel

Postkarte vom 13. November 1914] An: Herrn / *Dr. Friedrich Gundolf / Darmstadt / Grünerweg* 37; mit hs. Absenderangabe: Prof. *Simmel* / Straßburg Els.; Poststempel: STRASSBURG (ELS.) 13. 11. 14 3-4 N; Prüfstempel: Straßburg (Els.) P.K. [unles.] zu befördern.

Vortrag] Siehe Simmel an Margarete von Bendemann vom 7. Nov. 1914.

Bejahendenfalls] Eine positive Antwort ist höchst fraglich, denn Simmel erwähnt ein solches Treffen auf der Postkarte an seine Frau vom 17. Nov. 1914 nicht; zudem schreibt Gundolf am 13. oder 14. Nov. 1914 aus Darmstadt an Karl Wolfskehl, daß er gerade von seinen Vorlesungen aus Heidelberg zurück sei und Stefan George sich seit »Sonntag«, den 7. Nov. 1914, für »längere Zeit« bei ihm aufhalte (Wolfskehl/Gundolf II, S. 116). Zudem trafen in der nächsten Zeit zahlreiche Besucher in Darmstadt ein (vgl. Seekamp, S. 254).

***Hotel Germania*]** Gasthof beim Bahnhof. Vgl. Baedeker Süddeutschland, S. 18.

Georg Simmel an Margarete von Bendemann

Postkarte vom 16. November 1914
Hs.; SBPK Berlin, Nl 125 (M. Landmann)

16. XI. 14

Liebe Susa,

Also auf Sonntag! Ich treffe 12.54 in Basel-Leopoldshöhe ein, hoffe also zugleich oder bald nach dir, im Hotel zu sein. Richte dich doch bitte so ein, daß du mindestens bis 2 Uhr Mittags in B. bleiben kannst.

Alles u. Vieles andre dann!
Grüße herzlich den Mann und den Sohn. Dein

G.

Postkarte vom 16. November 1914] An: Frau / *Marg. v. Bendemann / Rüschlikon* bei *Zürich*; Poststempel: STRASSBURG (ELS.) 1 16. 11. 14 3-4 N; mit hs. Trennlinie am Textende und Absenderangabe: Prof. Simmel / Straßburg Els.

Hs.; SBPK Berlin, Nl 125 (M. Landmann)] Überliefert als Reproduktion unbekannter Herkunft und Abschrift (Tps.) von Michael Landmann.

Also auf Sonntag] Sonntag, den 22. Nov. 1914; siehe Simmels Vorschlag für ein Treffen in Basel vom 7. Nov. 1914, den Margarete von Bendemann in einem verschollenen Schreiben bestätigt hatte. – Mangels weiterer Dokumente über Reisen Simmels in das neutrale Ausland vor dem Frühsommer 1915 (siehe Simmel an Margarete von Bendemann vom 9. Juni 1915) kommt es durchaus in Frage, daß die Reise nun doch der Unterstützung der »Groethuysenschen Pläne« zugunsten der Zivilgefangenen in Frankreich und Deutschland galt (siehe Simmel an Margarete von Bendemann vom 20. Okt. 1914); denn Simmel erinnert in einem Zeitungsartikel von Anfang Juli 1915: »Vor mehreren Monaten traf ich in einem neutralen Land mit einem in wichtigen Missionen tätigen Franzosen zu einer Besprechung zusammen, in der es sich um unsere Zivilgefangenen in Frankreich handelte; der Franzose hatte sich bereit erklärt, für Verbesserungen in der Lage gewisser internierter Deutscher zu wirken« (Europa und Amerika. Eine weltgeschichtliche Betrachtung. BT, Nr. 336 vom 4. Juli 1915, Mo. Bl., 2. Beiblatt; GSG 13, S. 138-142, hier: 138).

in Basel-Leopoldshöhe] Simmel hat demnach die geöffnete Strecke über Appenweier, Offenburg und Müllheim gewählt (siehe Simmel an Margarete von Bendemann vom 14. Okt. 1914), auf der ›Basel-Leopoldshöhe‹ die letzte Station, bzw. 4 km vor dem Badischen Bahnhof der Stadt Basel ist (vgl. Baedeker Süddeutschland, S. 52).

Mittags] Original: Montags.

Mann ... Sohn] Ehemann Eduard und Sohn Erwin von Bendemann.

Georg Simmel an Gertrud Simmel
Postkarte vom 17. November 1914
Hs.; DLA Marbach

Nur einen Gruß aus Karlsruhe.

Der Vortrag ist vor einem großen, sehr guten Publikum angemessen verlaufen. – Am Sonntag waren *Keibels* bei mir.

Windelbands ältester Sohn ist gefallen.

Meine Grüße an alle!

Prof. Simmel, Straßburg Els.

Postkarte vom 17. November 1914] An: Frau Prof. Simmel / bei Frau *Jacobs / Charlottenburg / Kantstr.* 129; mit Poststempel: KARLSRUHE (BADEN) 17. 11. 14 10-7 V. – Auf der Rückseite Notizen von unbekannter Hand: Ab Anhalter 10. 13 / An Frankfurt 6-44 / Anschluss gleich / Mannheim 9. – Die Berliner Anschrift weist auf einen Aufenthalt von Gertrud Simmel bei ihrer Schwester Helene Jacobs hin.

Vortrag] Simmel hatte am Vortag in Karlsruhe über ›Die innere Wandlung Deutschlands‹ referiert; siehe Simmel an Margarete von Bendemann vom 7. Nov. 1914.

Sonntag ... *Keibels*] Der Besuch von Franz und Susanna Keibel (siehe Simmel an Margarete von Bendemann vom 7. Okt. 1914) fand am 15. Nov 1914 in Simmels Straßburger Wohnung statt.

***Windelbands* ältester Sohn]** Wohl Siegfrid [sic!] Windelband, geb. am 27. Jan. 1883, der ältere Sohn neben Wolfgang (1886-1945, Historiker; DBE) und den drei Windelband-Töchtern, geb. 1876, 1877 und 1879 (Mttl. UA Heidelberg).

Grüße an alle!] Angesprochen ist die Familie Jacobs (siehe Simmel an Gustaf Steffen vom 2. Aug. 1918), deren Mitglieder seit Anfang Sept. 1914 unter obiger Anschrift wohnten (Tagebuch Jacobs: Eintrag vom 30. Aug. 1914).

Georg Simmel an Albert Thumb, Dekan der philosophischen Fakultät der KWU

Notiz von oder nach dem 17. November 1914
Hs.; ADBR Strasbourg, AL 62, J.-N. 349

Simmel	Philosophie des 19. Jahrh.	Mittw. Samstag 4-5
		Botanisches Institut
	Privatissimum	Privatwohnung

Notiz von oder nach dem 17. November 1914] Die Notiz ist ein Eintrag in die vom amtierenden Dekan Albert Thumb in Umlauf gebrachte handschriftliche Aufstellung über »Tatsächlich gehaltene Vorlesungen und Uebungen des WS 1914/15 (Festgestellt am 17. November)«. Diese ist in die drei Spalten »Name des Dozenten«, »Titel der Vorlesungen bez. Uebungen«, »Zeit und Ort« gegliedert.

Philosophie des 19. Jahrh. ... Privatwohnung] Zum kriegsbedingt veränderten Lehrangebot siehe Simmel an Albert Thumb, Dekan der philosophischen Fakultät, vom 19. Okt. 1914.

Georg Simmel an Friedrich Markus Huebner

Brief vom 21. November 1914
Hs.; DLA Marbach, A: Zeit-Echo

21. XI. 14
Sternwartstr. 17

Sehr geehrter Herr Doktor!

Infolge unseres Briefwechsels sende ich Ihnen hier einen Beitrag für das *Zeit-Echo*. Es wäre mir natürlich lieb, Korrektur zu erhalten, sollte dies aber unter den gegenwärtigen Umständen nicht angehn, so bitte ich Sie dringend, die Korrektur persönlich zu überwachen, da hier ein einziger Druckfehler unter Umständen den ganzen Sinn zerstören könnte.

In vorzüglicher Hochachtung

Simmel

[Beilage:]

Dies ist: von je u. je empfunden worden: dass unser empirisches Ich, wie es aus Stücken der Stunden seine Tage zusammen-

setzt, vielspältig, zufällig, dem Schicksal preisgegeben, blos wirklich – dass dies nicht unser ganzes Sein ausmachen kann. Irgend etwas muss dasein, gleichviel welchen Wesens, das für uns als Idee, Forderung, metaphysische Mächtigkeit lebt u. jenem Zerspaltnen, Fragmentarischen Einheit gäbe, Notwendigkeit u. Sinn. Dieses Etwas ist nun aber doch unser eignes eigentliches Ich, im Gegensatz zwar gegen jenes empirische Sein, ist unser tiefstes Sein selbst, u. grade weil es in solchen Grundtiefen unter jenem liegt, befähigt, über ihm zu stehn als sein Gesolltes, sein Wert u. Ideal. Das »reine« Ich nennt es Fichte, d. h. dasjenige, was wirklich nur Ich ist, dem nichts Fremdes, Schicksalsmässiges, blos Partielles einwohnt; u. dem es Aufgabe ist, das äusserliche, tägliche, so u. so aussehende Ich zu vernichten, indem es durch dieses gleichsam hindurchwächst; so dass Sittlichkeit ihm nichts anderes ist, als dass »das empirische Ich vermöge einer unendlichen Annäherung in das reine Ich zurückgeht«.

Das Abstruse verschwindet aus diesem Ausdruck einer ewigen Wahrheit, indem wir ihre Verwirklichung erleben: in dem Soldaten, der sich in Freiheit opfert, ist das empirische Ich überwunden u. vernichtet von dem reinen, alles Zufalls u. alles äusserlich Bestimmenden entledigten Ich. U. dieses ist, wie es Fichte verlangte, nicht eine einseitig charakterisirte, zufällig so u. so gefärbte Individualität, sondern, obgleich u. weil der tiefste Grund der Persönlichkeit, ein Übereinzelnes, in der gleichen Wurzelschicht eines Jeden Lebendes. Denn wie sollte es kein Allgemeines sein, wie sollte es die blosse Individualität nicht übergreifen, da es sich mit seinem Opfer doch in das Allgemeine grade einschmilzt u. auflöst? Was man von den Kämpfern unzählige Mal hört u. was auch unausgesprochen als die seelische Verfassung hervorleuchtet: ein völliges Sich-selbst-Vergessen u. zugleich ein unerhört gesteigertes Gefühl seiner selbst – ist die Verwirklichung jenes Fichteschen Bildes der »Sittlichkeit«. Im »reinen Ich« vollzieht sich das Wunder, dass der tiefste Kern der Persönlichkeit Eines ist mit einem Allgemeinen, einer lebendigen Idee, einem Gemeinsamen vereinheitlichter Millionen – u. dieses hat das »empirische Ich« so übergriffen u. so in sich hineingenommen, dass dessen seelische Vergleichgültigung sich in die selbstverständlich hingenommene physische Vernichtung fortsetzt.

Freilich, Fichte spricht nur von einer »unendlichen Annäherung«; denn das Allgemeine, dem das Ich metaphysisch geeint ist, ist für ihn nicht Vaterland u. Nation, sondern das Allgemein-Menschliche, Allgemein-Geistige, das jenseits jeder Seele, auch der Seele eines Volkes steht. In dessen Richtung vielleicht liegt die Aufgabe derer, die den Krieg überleben – eine nun allerdings unendliche. Für den Krieger, der den Opfertod gestorben ist, ist das Unendliche eingegangen in die Form: Deutschland, er hat wirklich »vollendet«. Wir aber müssen, dass wir leben dürfen, mit der Unabschliessbarkeit unsrer Aufgabe bezahlen, unser relatives Ich in das Absolute aufgehn zu lassen. Nur die Gnade ward uns, dass die uns *mögliche Hingebung u. Opferung für die Menschheit in der Gestalt unsres Deutschlands uns sicher macht, dass unser Weg jetzt wirklich eine unendliche Strecke jener unendlichen Annäherung ist.*

Georg Simmel

Brief vom 21. November 1914] Gedr. Briefkopf: li.: PROF. SIMMEL; re: STRASSBURG (ELS.).

unseres Briefwechsels] Siehe Simmel an Huebner vom 5. Nov. 1914.

hier einen Beitrag für das *Zeit-Echo*] Simmel: Vollendung und Aufgabe. Zeit-Echo. Ein Kriegstagebuch der Künstler 1914-1915, S. 54 f. (= 4. Heft, Anfang Dez. 1914); GSG 17, S. 124-125.

unter den gegenwärtigen Umständen] Möglicherweise auch Anspielung auf die Zensur: »Schon im November 1914 gehört das ›Zeit-Echo‹ zu den ›in München erscheinenden periodischen vorlagepflichtigen Druckschriften‹, die sich einer Präventivzensur unterziehen müssen« (Vera Grötzinger: Der Erste Weltkrieg im Widerhall des ›Zeit-Echo‹ (1914-1917). Zum Wandel im Selbstverständnis einer künstlerisch-politischen Literaturzeitschrift. Bern u. a.: Peter Lang 1993, S. 52 [= Berliner Studien zur Germanistik, 4]).

ein einziger Druckfehler … den ganzen Sinn zerstören könnte] Der Druck weist neben orthographischen Anpassungen eine einzige Textänderung auf, die sowohl Simmel wie auch Huebner vorgenommen haben kann; statt »In dessen Richtung vielleicht liegt die Aufgabe derer, die den Krieg überleben« heißt es in der Druckfassung vom ›Zeit-Echo‹: »In jener Richtung aber liegt vielleicht die Aufgabe derer, die den Krieg überleben«; in der Fassung von GSG 17 ist von der Korrektur abgesehen worden (S. 559).

***»das empirische Ich … zurückgeht«*]** Als Zitat Johann Gottlieb

Fichtes nicht ermittelt; jedoch findet sich in der Vorrede seines Sohnes als Herausgeber seiner ›sämmtlichen Werke‹ eine nahezu gleichlautende Passage: »Hier kann daher auch die transscendentale Theorie des Bewusstseyns erst vollendet werden; die Sittenlehre ist der Schluss und das Ziel derselben, indem in ihr die Entstehung des empirischen Ich aus dem reinen vollständig gezeigt, aber auch jenes in dieses völlig zurückgeführt wird. (Vgl. Sittenlehre, S. 254, 55) Das Ineinsfallen des reinen und des empirischen Ich, wiewohl nur unter der Gestalt einer unendlichen Annäherung, ist allein nemlich in der *Sittlichkeit* möglich« (Johann Gottlieb Fichte's sämmtliche Werke. Herausgegeben von Immanuel Hermann Fichte. Vierter Band, zweite Abteilung. A. Zur Rechts- und Sittenlehre. Zweiter Band. Berlin: Veit und Comp. 1845, S. x). Auch in Simmels Kollegheft ›Geschichte der Philosophie‹ vom WS 1913/14 findet sich das Zitat fast wörtlich: »Sie werden einen Satz von Fichte nunmehr vestehen, den ich für fundamental bei ihm halte: ›Durch die Sittlichkeit geht das empirische Ich vermöge einer unendlichen Annäherung in das reine Ich zurück‹« (in GSG 21).

Georg Simmel an Leopold Ziegler

Brief vom 25. November 1914
Hs.; BLB Karlsruhe

25 XI 14

Lieber Herr Doktor!

Ich sende Ihnen erst heute die Briefe zurück, weil ich sie meiner Frau zeigen wollte, die bis jetzt verreist war. Entschuldigen Sie bitte die Verzögerung u. nehmen Sie meinen besten Dank. Der *Thema-Brief* ist etwas Köstliches.

Auch ich hatte den Eindruck, daß unser Zusammensein viel zu kurz war u. daß vielerlei verschwiegen blieb, was wohl hätte gesagt werden sollen. Es ist mein aufrichtiger Wunsch, daß dies in absehbarer Zeit nachgeholt werde.

Mit herzlichen Grüßen Ihr

Simmel

Brief vom 25. November 1914] Gedr. Briefkopf: li.: PROF. SIMMEL; re: STRASSBURG (ELS.).

Briefe zurück] Verfasser der Briefe ist nicht bekannt.

meiner Frau zeigen wollte] Gertrud Simmel kehrte von einem Besuch in Berlin zurück (siehe Simmel an Gertrud Simmel vom 17. Nov. 1914).

***Thema-Brief*]** Nicht ermittelt.

Auch ich] Zieglers Schreiben ist verschollen.

unser Zusammensein] Anläßlich Simmels Vortrag in Karlsruhe; siehe Simmel an Ziegler vom 8. Nov. 1914.

Georg Simmel an Hugo Liepmann

Postkarte vom 8. Dezember 1914
Hs.; I. Flatau, Saratoga Springs N.Y., USA

Straßburg 8 XII 14

Liebe Freunde,

Soweit man unter den gegenwärtigen Umständen überhaupt etwas für die Zukunft bestimmen kann, will ich vom 28. Dez. bis zum 4. Jan. in Berlin sein. Ein Hauptmotiv für diesen Entschluß ist, daß ich durchaus *Liepmanns* wiedersehen möchte. Nun hat aber meine Frau eine dunkle Prophezeiung mitgebracht: Daß Sie über Weihnachten verreisen wollen. Bitte lassen Sie mich mit einer Zeile wissen, wie es sich damit verhält. Den Gedanken, daß ich in Berlin sein u. Sie überhaupt nicht sehen sollte, kann ich vorläufig nicht vollziehen.

Für heute nur noch herzliche Grüße!

Immer Ihr

Simmel

Postkarte vom 8. Dezember 1914] An: Herrn / Prof. *Dr. H. Liepmann / Berlin W 62 / Ahornstr.* 1; mit Poststempel: Straßburg (Els.) 2 8. 12. 14. 6-7 N.

28. Dez. bis zum 4. Jan. in Berlin] Siehe Simmel an Margarete von Bendemann vom 19. Dez. 1914.

Prophezeiung mitgebracht] Gertrud Simmel hatte sich im Nov. in Berlin aufgehalten und dort wohl das Ehepaar Liepmann getroffen; siehe Simmel an Gertrud Simmel vom 17. Nov. 1914.

Georg Simmel an Edmund Husserl
Postkarte vom 15. Dezember 1914
Hs.; Husserl-Archiv, Louvain

Straßburg Els. 15 XII 14
Sternwartstr. 17

Verehrter Freund!

Ich finde es *contra naturam*, daß wir in dieser schweren u. großen Zeit nicht einmal einen Gruß tauschen sollen. Persönliches zwar mag man nicht über das Knappste hinaus mitteilen: ich fühle innerhalb dieser ungeheuren Schicksale meine Existenz als etwas recht überflüssiges, obgleich ich natürlich von Anfang an gesucht habe, mich hier u. da nützlich zu machen. Meine Frau kann schon mehr für die Sache tun, am meisten mein Sohn, der Arzt in einem hiesigen Lazarett ist u. recht vieles u. Nützliches zu tun hat. Doch habe ich das Gefühl, daß, wer weder selbst hinausgeht noch ein Kind hinausschickt, die Weihe nicht empfangen hat – als wäre er nicht würdig befunden, am Opfer teilzunehmen. Es bleibt nur die schwache Hoffnung, daß das erhoffte künftige Deutschland uns wieder ein Leben ermöglichen wird, von dem Sinn u. Segen ausgehn kann.

Lassen Sie mich ein Wort von sich u. den Ihrigen hören! Mit allen guten Grüßen u. Wünschen Ihr

Simmel

Postkarte vom 15. Dezember 1914] An: Herrn / Professor *E. Husserl / Göttingen / Hoher Weg 7*; hs. Absenderangabe: Prof. Simmel / Straßburg Els.; mit Poststempel: STRASSBURG (ELS.) 1 [unles.].

contra naturam] Lat.: wider die Natur, unnatürlich.

hier u. da nützlich zu machen] Telegrammzensur, Vorträge zugunsten des Roten Kreuzes, ›Aufklärung des Auslands‹: siehe Simmel an Hugo Liepmann vom 8. Aug. und 9. Nov. 1914 und an Hermann Beck vom 7. und 12. Okt. 1914.

Meine Frau ... für die Sache tun] Zu Gertrud Simmels Pflegetätigkeit im Lazarett siehe Simmel an Agathe Liepmann vom 30. Aug. 1914.

hiesigen Lazarett] Mit Blick auf seine berufliche Fortbildung hatte sich Hans Simmel Anfang Okt. 1914 erfolgreich um die Versetzung von seiner bisherigen Wirkungsstelle (siehe Simmel an Hugo Liepmann vom 8. Aug. 1914 und an Anna Jastrow vom 3. Sept. 1914) auf eine »verlockende Assistentenstelle am Laz[arett]. No. XVI« bemüht: »Der Chef war Prof. Erich Meyer, vorher Direktor der Poliklinik, seit einigen Monaten Ordinarius und Direktor der medizinischen Universitätsklinik [...], gleichbedeutend als Forscher, Lehrer und Arzt. Das Lazarett war für innerlich Kranke bestimmt; wir waren 3 Assistenten, jeder hatte 70-80 Soldaten zu betreuen; wir hatten ein Labor; der Chef kam täglich 1-2 Stunden. Es war, wenn auch nicht mit allen technischen Hilfsmitteln versehen, ein richtiger klinischer Betrieb mit viel Arbeit und viel Gelegenheit zum Lernen. [...] Da es nur einen Block von unserer Wohnung entfernt war, wohnte ich zu Hause, schlief nur jede 3. Nacht als ›Diensthabender‹ im Lazarett.« (Hans Simmel, S. 79f.).

den Ihrigen] Ehefrau Malvine, Tochter Elisabeth, geb. 2. Juni 1892, sowie die Söhne Gerhart, geb. 22. Dez. 1893, und Wolfgang, geb. 18. Okt. 1895 (Husserliana III/9, S. 11).

Georg Simmel an Margarete von Bendemann

Postkarte vom 19. Dezember 1914
Hs.; LBI New York, Susman Collection

Straßburg 19 XII 14

Liebe Susa,

es hat etwas Erschreckendes, daß wenn man ein paar so gute u. nahe Stunden gehabt hat wie wir neulich, alles nachher ganz unmittelbar aus u. wie abgeschnitten ist. Für heut will ich nur sagen, daß ich diesen Sonntag, den 27., in Berlin sein u. bis zum 5. Jan. dort bleiben will. Ich soll einen Vortrag in der *Kantgesellschaft* halten – in Berlin besteht, wie ich von allen Seiten höre, ein leidenschaftliches Interesse für Philosophie, die philos. Vorlesungen an der Universität sind beinahe so besucht, wie zuvor! U. dabei haben wir 25 000 Studenten im Feld! Diese Kraft unsres Volkes ist kaum begreiflich u. das Beglückendste in dieser schweren Zeit, die einzige Beruhigung über die Tatsache, daß wir *nach* dem Kriege noch gewaltigere Aufgaben zu lösen haben werden, die nicht durch Blut u. Eisen zu lösen sind. Was hörst du von Groeth.? U. von deinem Unternehmen? Hier ist alles äußerlich unverändert. Einen sehr schweren Schlag habe ich erlitten, indem ein Schüler von mir, auf den ich die größten Hoffnungen setzte, der wirklich von seiner eignen Natur her auf meinen Wegen ging, in Ostpreußen gefallen ist.

Werde ich dich in Berlin sehn? Für unsre Freunde wäre das zwar nicht günstig, denn da jeder jetzt nur sehr wenig freie Zeit hat (Gertrud offenbar so gut wie gar keine), so würde es in dieser Hinsicht besser sein, wir kämen nacheinander. Daß *ich* darüber anders empfinde, wirst du mir hoffentlich nachfühlen. U. was hat der Mann vor? Grüße ihn sehr von mir u. den lieben Jungen.

Alles Gute u. Liebe von uns dein

Georg.

Postkarte vom 19. Dezember 1914] An: Frau / *Marg. v. Bendemann / Rüschlikon bei Zürich*; mit Poststempel: STRASSBURG (ELS.) 2 19.12.14 [unles.]; hs. Absenderangabe: Prof. Simmel / Straßburg Els.

wie wir neulich] Angesprochen ist das Treffen vom 22. Nov. 1914 in Basel; siehe Simmel an Margarete von Bendemann vom 16. Nov. 1914.

27., in Berlin sein u. bis zum 5. Jan. dort bleiben] Simmel reiste bereits am 27. Dez. 1914 nach Berlin, um seine Verwandten (s.u.), Gertrud Kantorowicz (s.u.) und wohl auch ›alte Freunde‹ (siehe Simmel an Hugo Liepmann vom 8. Dez. 1914) wiederzusehen.

Vortrag in der *Kantgesellschaft*] Zu Simmels zweitem Vortrag in der ›Kantgesellschaft‹ (den ersten hielt er im Jan. 1913; siehe Simmel an Georg Misch vom 6. Jan. 1913) erfolgte bereits im BT vom 15. Dez. 1914 (Nr. 637, Ab. Bl.) die Ankündigung: »*Ein Vortrag von Professor Simmel.* Am 4. *Januar* hält vor der *Kant-Gesellschaft* im Berliner Anwaltshaus Professor Georg *Simmel*, der jetzt in Straßburg das Ordinariat für Philosophie bekleidet, einen Vortrag über das Thema ›*Vom Tode in der Kunst*‹. Der Vortrag wird am 5. Januar wiederholt, wobei etwa 200 Plätze für die Studierenden der Berliner Universität frei gehalten werden.« Siehe auch die Ankündigung des Vortrages für »Montag, 4. Januar 1915, um ½9 Uhr [...] Dienstag, 5. Januar, aber um 7 Uhr« in der VZ vom 30. Dez. 1914 (Nr. 661, Mo. Bl.) sowie die Rubrik »Wissenschaftliche Nachrichten« des BT vom 28. Dez. 1914 (Nr. 658, Ab. Bl.) mit einer Ankündigungswiederholung. – Den Wiederholungs-Vortrag hörten auch Simmels Berliner Angehörige, mit denen er den Jahreswechsel verbracht hatte, wie die Nichte Gertrud Jacobs festhält: »Heute«, am 5. Jan. 1914 (Tagebuch Jacobs, S. 56). – Siehe auch Simmel an Rainer Maria Rilke vom 7. Jan. 1915.

Blut u. Eisen] In seiner Vertauschung sprichwörtlich gewordenes Bismarck-Zitat. Das Originalzitat lautet: »Preußens Grenzen nach den

Wiener Verträgen sind zu einem gesunden Staatsleben nicht günstig, nicht durch Reden und Majoritätsbeschlüsse werden die großen Fragen der Zeit entschieden – das ist der große Fehler von 1848 und 1849 gewesen – sondern durch Eisen und Blut.« In: Otto von Bismarck: Rede vor der 94. Sitzung der Budgetkommission am 30. September 1862. In: Ders.: Die gesammelten Werke. Bearbeitet von Wilhelm Schüßler, Bd. 10: 1847-1869. Berlin: Otto Stollberg 1924ff. S. 138-140, hier: 140.

Was hörst du von Groeth.? U. von deinem Unternehmen?] Zu Bernhard Groethuysen und der mit ihm verbundenen Internierten-Problematik siehe Simmel an Margarete von Bendemann vom 21. Sept. und 20. Okt. 1914.

ein Schüler von mir] Hans Simmel nennt in der Reihe »persönlicher Verluste« zu Anfang des Krieges: »Bernhard Veil, ein Student der Philosophie in Strassburg, der sich gleich sehr meinem Vater angeschlossen hatte« (S. 83). Gemeint ist wohl Gerhard Veil (1890-1914, Mittl. AVCUS Strasbourg), einer der gefallenen Studenten der philosophischen Fakultät (Jahresbericht des Prorektors Prof. Dr. Eduard Schwartz. In: Stiftungsfest KWU 1916, S. 7). – Obgleich ein promovierter Gerhard Veil nicht nachzuweisen ist, liegt es nahe, in dem Philosophie-Studenten Veil den Autor »Dr. phil. Gerhard Veil (Straßburg)« zu sehen, der sich mit dem Artikel »Georg Simmels ›negativer Unterricht auf dem Gebiete der Moral‹« in der StP, Nr. 275 vom 10. März 1914, für Simmel gegen die in der »Landtagssitzung der Zweiten Kammer« vom 26. Febr. 1914 gefallene Kritik (siehe Simmel an Heinrich Rickert vom 20. Dez. 1913) eingesetzt hatte, indem er aus dessen ›Hauptprobleme[n] der Philosophie‹ den »ethischen Standpunkt« herausschälte.

Werde ich dich in Berlin sehn?] Margarete von Bendemann plante eine Reise nach Berlin im Interesse ihrer Initiativen zugunsten der in Frankreich internierten Deutschen, zu der es wohl erst im Frühjahr 1915 kam (siehe Simmel an Margarete von Bendemann vom 21. Sept. 1914, 5. März und 1. April 1915).

Gertrud … kämen nacheinander] Gertrud Kantorowicz, die Margarete von Bendemann bei einem Berlin-Aufenthalt auch zu treffen beabsichtigte, arbeitete jetzt bereits als Lazarettschwester beim Roten Kreuz; den Erinnerungen ihrer Nichte zufolge kam sie bei Ankunft der Lazarettzüge auf den Berliner Bahnhöfen zum Einsatz (Ellen Fischer: ›Tante Gertrud‹, unveröffentliches Tps., engl., o.J., 5 S., Privatbesitz).

Mann … lieben Jungen] Angesprochen sind Ehemann Eduard von Bendemann und Sohn Erwin.

Paul Siebeck, Verlag J.C.B. Mohr (Paul Siebeck), an Georg Simmel
Durchschlag von Brief vom 4. Januar 1915
Tps. m.e.U.; VA Mohr Siebeck, Tübingen

4. Januar 1915

Sehr verehrter Herr Professor,

mit grosser Freude hat der Verlag es seinerzeit begrüsst, dass Sie sich bereit erklärten, als Patron des ›Logos‹ auf dem Titel dieser Zeitschrift genannt zu werden. Der Logos ist jetzt in einer schwierigen Lage, da vor Ausbruch des Krieges nicht genug Manuscripte zur Füllung von Band v vorlagen. Die beiden geschäftsführenden Herausgeber des Logos stehen im Feld und können für die Beibringung von Beiträgen nichts tun. Auch Herr Geheimrat Rickert, der die Redaktion zr. Zt. vertretungsweise führt, konnte bis jetzt nichts erhalten. Ich gestatte mir daher, mit diesem Briefe an die Herren Patrone des Logos heranzutreten und zu fragen, ob nicht der eine oder andere der Herren für das 3. Heft des v. Bandes einen Beitrag zur Verfügung stellen könnte. Dieses Heft sollte notwendig trotz des Krieges erscheinen, da der Abonnementsbetrag für den Band vorausbezahlt ist.

Einer gütigen Benachrichtigung sehe ich gern entgegen und verbleibe in vorzüglicher Hochachtung Ihr ergebenster

Dr. P. Siebeck.

Durchschlag von Brief vom 4. Januar 1915] An: Herrn Professor / Dr. Georg *Simmel* / Strassburg. i.E. / Sternwartstrasse 17. Mit Absenderkürzel: W.-wz./A.

seinerzeit ... bereit erklärten, als Patron des »Logos« auf dem Titel ... genannt zu werden] Siehe Simmel an Heinrich Rickert vom 14. Dez. 1909: »wenn ich mich hier also auf das titelblatt begebe, so will ich auch wirklich *mitarbeiten*«. Zu Simmels Einbindung in den Kreis der ›Mitwirkenden‹ der Gründungsphase des Logos siehe auch Simmel an Max Weber vom 6., 11. und 15. Dez. 1909 sowie Simmel an Heinrich

Rickert vom 15. Dez. 1909. Als ›Patrone‹ bzw. Mitwirkende wies das Titelblatt seit seinem Erscheinen aus: »Unter Mitwirkung von / Rudolf Eucken, Otto von Gierke, Edmund Husserl, Friedrich Meinecke, / Heinrich Rickert, Georg Simmel, Ernst Troeltsch, / Max Weber, Wilhelm Windelband, Heinrich Wölfflin«. – Otto von Gierke (1841-1921), geadelt 1911, Jurist, Rechtshistoriker, 1871 ao. Prof. in Berlin und im selben Jahr o. Prof. in Breslau, seit 1887 in Berlin (DBE). – Rudolf Eucken (1846-1926), 1871 Ordinarius der Philosophie in Basel, 1874-1920 in Jena (NDB). – Heinrich Wölfflin (1864-1945), Kunsthistoriker, Dr. phil. München 1886, PD ebd. 1888, 1893 ao. Prof. Basel, 1894 o. Prof. ebd. (Nachfolge Jacob Burckhardts), 1901 in Berlin, seit 1912 in München, 1924-34 in Zürich (DBA).

geschäftsführenden Herausgeber ... stehen im Feld ... Redaktion vertretungsweise führt] Angesprochen sind Georg Mehlis und Richard Kroner. »Bald gehts ins Feld«, hatte Georg Mehlis Paul Siebeck am 22. Sept. 1914 mitgeteilt (VA Mohr Siebeck, Tübingen). – Richard Kroners Ehefrau Alice hatte Paul Siebeck am 1. Sept. 1914 geschrieben: »Mein Mann steht seit 4 Wochen als Offizier der Feldartillerie im Feld u. es ist demnach ausgeschlossen, dass er während des Krieges seine Tätigkeit als Redakteur des Logos ausübt« (ebd.). Kroner sollte erst »nach 4½ jähriger Abwesenheit [...] die Mitarbeit am Logos wiederaufnehmen, für den ich während all dieser Jahre leider garnichts tun konnte, obwohl mein Name weiter auf dem Titelblatte stand« (Richard Kroner an Paul Siebeck o.D. [nach Briefordnung: Dez. 1918], ebd.). Während des Feldeinsatzes der beiden geschäftsführenden Redakteure war Heinrich Rickert für Paul Siebeck zum Ansprechpartner in Sachen ›Logos‹ geworden (vgl. die Korrespondenz zwischen Paul Siebeck und Heinrich Rickert vom 20. Sept. 1914 und 3. Febr. 1915, ebd.).

Georg Simmel an Paul Siebeck, Verlag J. C. B. Mohr (Paul Siebeck)

Brief vom 7. Januar 1915
Hs.; VA Mohr Siebeck, Tübingen

7 I 15

Sehr geehrter Herr!

Ich bin zwar überzeugt, daß eine, sogar erhebliche, Verschiebung der Ausgabe des 3. *Logos*-Heftes unter den jetzigen Umständen keinerlei Reklamationen seitens der Abonnenten nach sich ziehen würde. Da Sie aber entschlossen sind, es erscheinen zu lassen, u. ich, jetzt wie immer, das größte Interesse an der Zeitschrift habe u. auch für die Zukunft viel von ihr erhoffe, so will ich eine meiner ungedruckten Arbeiten für das nächste Heft zurechtmachen u. werde Sie Herrn Geheimrat *Rickert* zusenden, den Sie vielleicht inzwischen davon verständigen.

In ausgezeichneter Hochachtung

Simmel

Brief vom 7. Januar 1915] Gedr. Briefkopf: li.: PROF. SIMMEL; re: STRASSBURG (ELS.); mit hs. Bearbeitungsvermerken: Hand A: unter Datum: *11. 1. 15.*; Hand B: re. Rand, letzte Zeile: ja.

Ich bin zwar überzeugt ... ziehen würde] Siehe die Anfrage Paul Siebecks vom 4. Jan. 1915.

3. *Logos*-Heftes] Gemeint ist das abschließende dritte Heft des fünften Logos-Bandes (1914/15), das generell Anfang des Jahres hätte ausgeliefert werden sollen, wovon Richard Kroner als Herausgeber auch noch am 2. Juli 1914 in einem Brief an Paul Siebeck ausgegangen war (VA Mohr Siebeck, Tübingen).

eine meiner ungedruckten Arbeiten] Siehe Simmel an Heinrich Rickert vom 16. Jan. 1915.

Georg Simmel an Rainer Maria Rilke

Postkarte vom 7. Januar 1915
Hs.; Rilke-Archiv, Gernsbach

Straßburg Els. 7 1 15
Sternwartstr. 17

Lieber Herr Rilke!

Hier sende ich Ihnen meinen Aufsatz über *Michelangelo* u. erlaube mir, auch einen über *Venedig* beizulegen. Da beides meine letzten Exemplare sind, bitte ich Sie, sie mir nach geschehener Lesung zurückzuschicken.

Zugleich übernehme ich, eine Verbindung zwischen Ihnen u. Frau *Fechheimer* zu knüpfen; falls Frau *F.* in Berlin ist, hoffe ich, daß Sie von ihr hören werden. Abgesehen von dem, was nun Sie von ihr selbst über ägyptische Kunst erfahren werden, ist sie auch in Bezug auf weiterführende Auskünfte kompetent.

Möchte der Zwischenraum bis zu unsrem nächsten Wiedersehn erheblich kürzer sein, als der letzte!

Mit den besten Grüßen, auch von meiner Frau Ihr

Simmel

Postkarte vom 7. Januar 1915] An: Herrn / *Rainer Maria Rilke / Berlin W / Bendlerstr.* 6; mit Poststempel: Straßburg (Els.) 1 7.1.15 9-10 N.

Hier sende ich ... Aufsatz über *Michelangelo*] Anlaß für die Übersendung des Aufsatzes ›Michelangelo. Ein Kapitel zur Metaphysik der Kultur.‹ Logos 1, 1910/11, Heft 2, S. 207-227 (GSG 12, S. 111-136) war eine Begegnung mit Rilke, der sich von Ende Nov. 1914 bis zum 6. Jan. 1915 in Berlin aufhielt und am 4. Jan. 1915 an Hertha König schrieb: »ich gehe in einen Vortrag Simmels, der heute hier spricht« (zit. n. Ingeborg Schnack: Rainer Maria Rilke. Chronik seines Lebens und seines Werkes. Zweiter Band. Frankfurt/M.: Insel-Verlag 1990, S. 1369). Gemeint war der in der VZ (Nr. 8 vom 5. Jan. 1915, Ab. Bl., gez. M.O.) wie auch im BT (Nr. 9 vom 6. Jan. 1915, Mo. Bl. gez. R.K.N.) referierte »Vortrag Professor Simmels in der Kant-Gesellschaft« zum Thema »Der Tod in der Kunst« (siehe Simmel an Margarete von Bendemann vom 19. Dez. 1914). Aus den Berichten geht nicht hervor, ob Simmel im Zusammenhang mit den Ausführungen zur Individualität des Sterbens in der Kunst – »indem jeder seinen eigenen Tod stirbt« (BT, a. a. O.) – bereits Rilke zitierte mit: »O Herr, gib jedem seinen eignen Tod, / Das Sterben, das aus jenem Leben geht, / Darin er Liebe hatte, Sinn und Not.« (Das Stunden-Buch, 3. Buch: Das Buch von der Armut und vom Tode [1903]. Rainer Maria Rilke: Gesammelte Werke, o. Hg. 6 Bände. Leipzig: Insel 1927, 2. Band, S. 273), – den er in der Veröffentlichung ›Vom Tode in der Kunst. Nach einem Vortrag‹ anführte (FZ vom 2. April 1915, Nr. 92, 1. Mo. Bl.; GSG 13, S. 123-132, hier: 131). – Vermutlich nach Simmels Vortrag besprachen Rilke und Simmel die im vorliegenden Brief angesprochenen, wohl um einen Veröffentlichungsplan Rilkes (s. u.) kreisenden Themen, berichtet doch Rilke Marianne Mitford am 15. Jan. 1915: »Vor meinem Fortgehen neulich hatte ich ein langes merkwürdiges Gespräch mit Georg Simmel und lese hier einen Aufsatz über Michelangelo, den er selbst für seine beste Arbeit hält« (zit. n. Ingeborg Schnack: a.a.O., S. 491). – Rilkes Werk weist auf eine intensive Beschäftigung mit Michelangelo: Kreiste die Erzählung ›Von einem, der die Steine belauscht‹ bereits um den Bildhauer (in: Vom lieben Gott und Anderes. An Große für Kinder erzählt [1900], Gesammelte Werke, a. a. O. 4. Band, S. 129-136), so hatte Rilke spätestens im Jan. 1914 seine Übertragungen von Michelangelos Dichtungen begonnen und sich im Juli 1914 die Publikation einer Auswahl im nächsten

Insel-Almanach erhofft (vgl. Ingeborg Schnack: a.a.O., S. 455 und 475); siehe auch: Dichtungen des Michelangelo. Übertragen von Rainer Maria Rilke. Leipzig: Insel-Verlag [1936] [= Insel-Bücherei Nr. 496].

über *Venedig*] Simmel: Venedig (Der Kunstwart. Halbmonatsschau über Dichtung, Theater, Musik, bildende und angewandte Künste, herausgegeben von Ferdinand Avenarius, 20, 1907, 2. Juniheft, S. 299-303; GSG 8, S. 258-263). Simmel muß eine gewisse Nähe zu dem mit Rilke geführten Gespräch zur Übersendung auch dieses Beitrages veranlaßt haben. – Rilke hatte Venedig in Gedichten thematisiert, so in dem kleinen Zyklus von vier Gedichten unter dem Titel ›Venedig‹, erschienen in: ›Advent‹ [1898], Gesammelte Werke, a.a.O., 1. Band, S. 197-199; ebenso in ›Venezianischer Morgen‹, ›Spätherbst in Venedig‹, ›San Marco. Venedig‹ und ›Ein Doge‹, die in der Sammlung ›Der Neuen Gedichte anderer Teil‹ [1908], Gesammelte Werke, a.a.O., 3. Band, S. 203-206, erschienen waren.

Verbindung ... Frau *Fechheimer* zu knüpfen] Gegenstand des Gesprächs zwischen Simmel und Rilke war wohl auch dessen im Nachklang zu seiner Ägyptenreise vom Winter 1911/12 seit etwa einem Jahr wiedererwachtes und mit Publikationserwägungen verbundenes Interesse an der ägyptischen Plastik, das er während seines sechswöchigen Aufenthaltes in Berlin besonders nachhaltig verfolgte: Rilke hatte sich Anfang Dez. 1914 mit dem Ägyptologen und Direktor des Ägyptischen Museums in Berlin, Adolf Erman (1854-1937), verabredet (vgl. Ingeborg Schnack: a.a.O., S. 487) und Ende Dez. den Konservator des Museums den Kopf des Amenophis IV., den er sich im Juli 1913 als ein Zentrum seiner »etwas langezogenen geistigen Ellypse« entdeckt hatte (ebd., S. 435), aus der Vitrine nehmen lassen, damit Lulu Albert-Lazard ihn zeichnen konnte (vgl. ebd., S. 488). – Zu Hedwig Fechheimers Kenntnis und Werk über die Plastik der Ägypter siehe Simmel an Heinrich Rickert vom 20. Dez. 1913.

nun] Unsichere Lesart.

Wiedersehn] Die Initiative hierzu ging von Rilke aus, der sich wieder seit längerem mit Simmels Gedanken beschäftigte; so etwa mit Simmels ›Goethe‹ (GSG 15, S. 7-270), den Rilke lt. Bericht vom 2. Dez. 1913 an Lou Andreas-Salomé »mit ununterbrochener Zustimmung und Freude gelesen« hatte (Rainer Maria Rilke – Lou Andreas-Salomé: Briefwechsel. Herausgegeben von Ernst Pfeiffer. 2., erweiterte Ausgabe. Frankfurt/M.: Insel 1975, S. 307). – Die Überlieferung legt nahe, daß sich Simmel und Rilke zuletzt im Juni/Juli 1905 persönlich begegnet waren: »Vormittag gibt es noch zwei Simmelsche Kollegien und eine letzte Zusammenkunft mit ihm«, hatte Rilke am 15. Juli 1905 an Clara Rilke geschrieben und Lou Andreas-Salomé in einem nur als

Bruchstück erhaltenen, nach dem 26. Juni 1905 verfaßten Brief über ein Gespräch mit Simmel berichtet, dessen Gegenstand einerseits Rilkes Absicht, unter Simmels Ägide erneut ein Studium in Angriff zu nehmen, gewesen sein dürfte und andererseits Rodins Naturverständnis war: »2.) sich zufrieden gäbe –; einen Zustand, in dem man den Inbegriff seiner Vorbilder nach vielen Verwandlungen wieder nur *la nature* nennen durfte, mit einem einzigen ganz großen Namen, konnte Simmel sich nicht vorstellen. *La nature* war für ihn der Vorwurf des plattesten Naturalimus, während das Modell Rodin's nothwendig etwas anderes, zusammengesetzteres sein müsse ... Ich weiß nicht, ob Du verstehen kannst, wie das war? Ich müßte es sicher besser erzählen, kann es aber jetzt nicht« (Rainer Maria Rilke – Lou Andreas-Salomé: Briefwechsel, a. a. O., S. 207 u. 540). Diese Mitteilungen Rilkes lassen sich in Korrespondenz mit Simmels auf den Mai 1905 datierten Widmungszeilen an Rodin (GSG 22) und seiner anläßlich Rodins Tod veröffentlichten ›Erinnerung an Rodin‹ (1917; GSG 13, S. 307-312) lesen, in der er die »Begegnung mit ihm [...] im Jahre 1905« und Rodins Selbstverständnis als »Naturalisten« evoziert (S. 307, 309). Rilke hatte dem Bildhauer den Besuch Simmels – bei dem er künftig studieren werde – am 16. April 1905 für Samstag, den 22. April 1905 angekündigt und infolge von dessen Aufenthalt »vom 15.-30. April in Paris« nur Gertrud Simmel angetroffen, als er sich Ende April in Westend aufhielt (Rainer Maria Rilke – Ellen Key: Briefwechsel. Mit Briefen von und an Clara Westhoff. Herausgegeben von Theodore Fiedler. Frankfurt/M.: Insel 1993, S. 153, 365 f.; vgl. auch Rainer Maria Rilke – Lou Andréas-Salomé, a. a. O., S. 201, 203). Siehe hierzu wie auch zu Rilkes Studienabsichten bei Simmel und zu dessen Förderungsbereitschaft die 1905 an Ellen Key gerichteten Briefe Rilkes vom 22. Febr., 30. und 31. März, 13. April, 7. Juni und 26. Juli, a. a. O., S. 139-156.

Paul Siebeck, Verlag J. C. B. Mohr (Paul Siebeck), an Georg Simmel

Durchschlag von Brief vom 11. Januar 1915
Tps. m.e.U., VA Mohr Siebeck, Tübingen

11. Januar 1915.

Hochverehrter Herr Professor,

für Ihren freundlichen Brief vom 7. sage ich Ihnen meinen verbindlichsten Dank. Es freut mich ausserordentlich, dass Sie einen Beitrag für das nächste Heft des Logos liefern wollen und ich werde nicht versäumen, Herrn Geheimrat Rickert hiervon unverzüglich in Kenntnis zu setzen.

Ihre Annahme, dass die Verzögerung der Hefte keinerlei Reklamationen seitens der Abonnenten nach sich ziehen könnte, trifft leider nicht zu. Wenn ich die Reklamationen, die mir z.B. wegen Heft 2 zugegangen sind, zusammenzählen könnte, so würden es kaum weniger als 50 sein.

In grösster Verehrung Ihr ergebenster

Dr. P. Siebeck

Durchschlag von Brief vom 11. Januar 1915] An: Herrn Professor Dr. Georg *Simmel*/*Strassburg* i.E./Sternwartstrasse 17. Mit Absenderkürzel: W.-n.2./A.

Geheimrat Rickert ... in Kenntnis zu setzen] Entsprechend schrieb Siebeck an Heinrich Rickert am 12. Jan. 1915; »meine Umfrage bei den Logos-Patronen hat bis jetzt ergeben, dass Herr Professor Simmel, Herr Geheimrat Wölfflin und Herr Professor Eucken einen Beitrag für das nächste Logosheft zugesagt haben« (VA Mohr Siebeck, Tübingen).

Reklamationen ... wegen Heft 2] Das von Richard Kroner bereits mit Brief vom 2. Juli 1914 an Paul Siebeck infolge ausgefallener Beiträge auf »das Ende der Herbstferien« 1914 verschobene Erscheinen des zweiten Heftes von Logos v (VA Mohr Siebeck, Tübingen) hatte sich bis Anfang 1915 verzögert. Erscheinen angezeigt in LC, Nr. 8 vom 20. Febr. 1915, Sp. 189.

Georg Simmel an Heinrich Rickert

Brief vom 16. Januar 1915
Hs.; SBPK Berlin, Nl 125 (M. Landmann)

Straßburg, 16 I 15

Lieber Rickert!

Hier schicke ich Ihnen einen Beitrag für das nächste *Logos*-Heft, um den *Siebeck* mich angegangen hat. Eigentlich war es nicht meine Absicht, diese Stücke, die zu einem künftigen *Rembrandt*-Buch gehören, gesondert zu veröffentlichen. Allein den *Logos* kann ich nicht im Stich lassen, u. so mögen sie denn laufen. Wie steht es denn mit sonstigen Beiträgen? Wenn Sie es wünschen, könnte ich versuchen, von einem der jüngeren talentvollen Leute etwas zu erhalten.

Von hier ist nichts Besonderes zu berichten. Die Universität ist verödet, mein Kolleg ist – was schon ein unerwarteter Erfolg ist – von 46 Studenten belegt. Neulich habe ich ein paar Vorträge in Berlin gehalten, endlich wieder einmal vor einem verstehenden u. mitgehenden Publikum. Erstaunlich u. erhebend ist dies Interesse für Philosophie (die Vorträge waren überfüllt) in einer Zeit, in der Deutschland um die nackte Existenz ringt. Im Übrigen ist das Leben von kaum erträglicher Schwere – womit ich Ihnen nicht grade etwas Neues sagen dürfte.

Mit herzlichen Grüßen von Haus zu Haus Ihr

Simmel

Bitte um Empfangsbestätigung.

Brief vom 16. Januar 1915] Gedr. Briefkopf: li.: PROF. SIMMEL; re: STRASSBURG (ELS.).

Beitrag für das nächste *Logos*-Heft ... einem künftigen *Rembrandt*-Buch] Auf das Drängen Paul Siebecks (siehe dessen Schreiben an Simmel vom 4. Jan. 1915) übersandte Simmel ›Studien zur Philosophie der Kunst, besonders der Rembrandtschen‹ (dann in: Logos v, 1914/15, Heft 3, S. 221-228; GSG 13, S. 143-164). Simmel betrachtete sie als »Stücke« seiner Monographie: Rembrandt. Ein kunstphilosophischer Versuch, die erst 1916 erschien (Leipzig: Kurt Wolff; GSG 15. S. 305-515). Vgl. dort den Abschnitt ›Der Tod‹, S. 400-410.

Wie steht es denn mit sonstigen Beiträgen ... jüngeren talentvollen Leute] Obwohl neben Simmel auch Rudolf Eucken, Heinrich Wöfflin und Edmund Husserl Beiträge zugesagt hatten (vgl. Paul Siebeck an Heinrich Rickert vom 12. Jan. und 29. Jan. 1915, VA Mohr Siebeck, Tübingen), kam nur Simmels Beitrag im 3. Heft des Logos v zum Abdruck (Erscheinen angezeigt: LC vom 24. Juli 1915, Sp. 734), denn das Inhaltsverzeichnis weist außerdem nur Beiträge aus von: Fritz Medicus, Georg Mehlis, Jonas Cohn, Georg Misch, Nicolai Hartmann, Oscar Ewald, NN (d. i. Hermann Graf von Keyserling, vgl. Paul Siebeck an Georg Mehlis vom 13. März 1915, VA Mohr Siebeck, a. a. O.) und Ernst Robert Curtius. – Eine Vermittlung Simmels war nicht zu belegen.

mein Kolleg] Gemeint ist wohl das Kolleg über ›Philosophie der letzten 120 Jahre (von Fichte bis Bergson) nebst einer Einleitung über die Philosophie Kants‹; siehe Simmel an Margarete von Bendemann vom 27. Okt. 1914.

ein paar Vorträge in Berlin ... Existenz ringt] Simmel war vom 27. Dez. 1914 bis zum 7. Jan. 1915 in Berlin (siehe Simmel an Margarete von Bendemann vom 19. Dez. 1914) und hielt zwei Vorträge, nämlich am 4. und am 5. Jan. 1914, jeweils zum Thema ›Vom Tode in der Kunst‹. In einem Vortragsbericht zur ersten Veranstaltung hieß es: »Man könnte fragen: Ist es jetzt, da der Tod so furchtbare Ernte hält, an der Zeit, kritisch zu untersuchen, wie sich sein Wesen und Walten in den bildenden Künsten spiegelt? Doch von den Mitgliedern und Freunden der *Kant-Gesellschaft*, die gestern den Festsaal des Anwaltshauses bis zum letzten Platz füllten, um einen Vortrag von Georg Simmel zu hören, brauchte niemand einen kühlen historischen, stoffgeschichtlichen Ueberblick zu befürchten. Mit tiefer Anteilnahme folgten sie den Ausführungen des ausgezeichneten Denkers und Redners, der Erfahrungen der künstlerischen Anschauung benutzte, um in die verborgenen Gänge des Problems vom Tode hineinzuleuchten [...]« (VZ, Nr. 8 vom 5. Jan. 1915, Ab. Bl., gez. M. O.).

Haus zu Haus] Von den drei Simmels an Heinrich und Sophie Rickert sowie deren vier Söhne.

Empfangsbestätigung] Verschollen; doch schreibt Rickert am 23. Jan. 1915 an Paul Siebeck: »Den Beitrag von Simmel habe ich bereits erhalten. [...] Leider handelt er wieder über Rembrandt, aber das läßt sich nun nicht ändern« (VA Mohr Siebeck, Tübingen).

Georg Simmel an Caroline Bresslau

Brief vom 21. Januar 1915
Hs.; SBPK Berlin, Nl Bresslau

Straßburg 21 I. 15

Verehrteste Frau!

Wenn die Zeit, die wir erleben, nicht jede scherzhafte Stimmung ausschlösse, so hätte ich versucht, mit einem »zieren Verslein« für Ihre große Güte zu danken, deren Beweis ich gestern bei meiner Rückkehr vorfand. So muß es denn – wenigstens im Ausdruck – bei der Prosa des Dankes bleiben. Aber in dem Bedürfniß, ihn noch irgendwie zu betonen, bitte ich Sie, den beiliegenden kleinen Aufsatz freundlichst von mir anzunehmen.

Mit besten Grüßen von Haus zu Haus Ihr herzlich ergebener

Simmel

»zieren Verslein«] Als Zitat nicht ermittelt. Die im Mittelhochdeutschen gebräuchliche adjektivische Verwendung von ›zier‹ im Sinne von *»prächtig, kostbar, herrlich, schön, schmuck«* (Mittelhochdeutsches Handwörterbuch von Matthias Lexer. Dritter Band. Leipzig: S. Hirzel 1878) hatte im 19. Jahrhundert eine Wiederbelebung erfahren, *»wobei es die bedeutung aus der höfischen periode, welche auf zucht, anständige haltung, künstlerische schönheit, gepflegtheit hinausläuft, übernimmt«* (Grimm). Sie blieb in der Literatursprache bis ins 20. Jahrhundert erhalten, u.a. in der frühen Dichtung Rilkes.

Ihre große Güte] Zusammenhang nicht ermittelt.

gestern bei meiner Rückkehr] Von woher Simmel am Mittwoch, den 20. Jan. 1915 zurückgekehrt war, ist nicht ermittelt. Zu denken wäre an eine Reise in die Schweiz zwecks Besprechung zur Verbesserung der Lage der Zivilgefangenen in Frankreich (siehe Simmel an Margarete von Bendemann vom 16. Nov. 1914).

beiliegenden kleinen Aufsatz] Welchen Aufsatz Simmel dem Brief beigelegt hat, ist nicht bekannt; da anzunehmen ist, daß es sich um einen jüngeren Sonderdruck handelte, müßte es ›Goethes Gerechtigkeit‹ gewesen sein (in: Der Greif. Cotta'sche Monatsschrift, herausgegeben von Karl Rosner und Dr. Eduard von der Hellen, 1 1913/14, Zweiter Band, Heft 11 [= Aug. 1914], S. 381-387; GSG 13, S. 90-98).

Georg Simmel an Anna Jastrow

Brief vom 28. Januar 1915
Hs.; LBI New York, Simmel Collection

28 I 15

Liebe Freundin!

Würden Sie so gut sein, mir als »Auskunftsstelle« für die folgenden zwei Angelegenheiten zu dienen, vorausgesetzt, daß es ohne nennenswerte Bemühung Ihrerseits möglich ist?

Die Wollsammlung für die Herstellung von Decken, die in der vorigen Woche im Reich stattfand, hat sich nicht auf das Elsaß erstreckt. Nun haben wir aber ein größeres Quantum geeigneter Stoffe, die wir gern diesem Zweck zuführen möchten, wissen aber nicht, an welche Stelle sie zu senden wären. Ich habe zwar schon dem Reichsausschuß für warme Unterkleidung einiges zugewendet, aber das war nur Geld u. ging an *Mendelssohn* u. ich nehme nicht an, daß dieselbe Adresse auch für die Wollstoffe gilt. Wenn Sie also die richtige wissen, so bitte ich um ihre Mitteilung. Ferner wird jetzt die Einlagerung von Räucherwaaren nicht nur als praktisch sondern auch als patriotische Pflicht anempfohlen, was mir sehr einleuchtet. Wissen Sie vielleicht eine Adresse, von der man solche zweckmäßig beziehen kann? Denn hier in Straßburg scheint es damit ziemlich unvollkommen bestellt zu sein. – Wie solche praktischen Fragen jetzt eine Weihe haben u. mit einer Verantwortung beladen sind, die wir sonst nur für unsre seelischen Entscheidungen kannten, das ist wirklich ein Symbol dieser wunderbaren Zeit, in der man keinen Schritt tun u. keinen Gedanken denken kann, mit dem man sich nicht ganz unmittelbar dem Ganzen verantwortlich fühlte. Etwas, das *blos* Privatangelegenheit wäre, giebt es nicht mehr. Gestern machten wir in einem Lazarett die Kaisergeburtstags-Feier mit. Auch hier war das Banale u. Sentimentale so durchdrungen von der Wucht u. Tragik der Zeit, so ganz aufgelöst in das ungeheure Schicksal, das wir erleben, daß ein völlig unvergeßlicher Eindruck entstand.

U. nun will ich nur noch sagen, wie gut u. wertvoll mir neulich die Berliner Tage waren. Aber so unverlierbar u. von keiner Trennung bedroht ich empfinde, was ich, nehmend u. gebend, an meinen Freunden besitze – so war der Abschied doch sehr hart u. ich stehe noch heute in seinem Schatten.

Leben Sie wohl, Sie u. alle um Sie, u. behalten mich lieb.

Ihr

GS.

Brief vom 28. Januar 1915] Gedr. Briefkopf: li.: PROF. SIMMEL; re: STRASSBURG (ELS.).

»Auskunftsstelle«] Wohl Anspielung auf Anna Jastrows Einsatz in der Organisation der ehrenamtlichen Kriegsfürsorge (siehe Simmel an Margarete von Bendemann vom 20. Okt. 1914) wie auch auf die für Anfragen zur freiwilligen Kriegshilfe in Berlin eingerichtete »Zentral-Melde- und Auskunftstelle« (vgl. Ignaz Jastrow: Im Kriegszustand. Die Umformung des öffentlichen Lebens in der ersten Kriegswoche. Berlin: Georg Reimer 1914, S. 98).

Wollsammlung ... im Reich] Der Kriegsausschuß für warme Unterkleidung hatte »in der Zeit vom 18. bis 24. Januar in ganz Deutschland eine Reichs-Woll-Woche« veranstaltet, deren Ziel die Sammlung häuslicher Stoffvorräte war: »jedes Stück Textilware, das sich im Haushalt vorfindet [...] gewinnt heute eine unschätzbare Bedeutung. Geschickte Hände der Heimarbeiterinnen reihen Stoffe ähnlicher Beschaffenheit und Stärke aneinander und fertigen Decken daraus. [...] Natürlich werden Hosen, Jacken und Westen, soweit sie noch verwendbar sind, unmittelbar zu Unter-Kleidungsstücken verarbeitet« (A. D.: Die Reichs-Woll-Woche. VZ, Nr. 22 vom 13. Jan. 1915, Mo. Bl.).

Mendelssohn] Angesprochen ist wohl das Bankhaus Mendelssohn & Co, dessen seinerzeitiger Mitinhaber, Franz von Mendelssohn (1865-1935), von 1904 bis 1913 erster Vizepräsident, seit 1915 Präsident der Industrie- und Handelskammer war und sich »neben seiner wirtschaftlichen und wirtschaftspolitischen Tätigkeit [...] in besonderem Maße für Künste, Wissenschaft und Wohlfahrtspflege« engagierte (NDB). Franz von Mendelssohn wirkte auch seit der Gründung der ›Kaiser-Wilhelm-Gesellschaft zur Förderung der Wissenschaften‹ 1911 als deren 1. Schatzmeister (vgl. Eckart Henning und Marion Kezemi: Chronik der Kaiser-Wilhelm-Gesellschaft zur Förderung der Wissenschaften. Band 1. Berlin: Veröffentlichungen aus dem Archiv zur Geschichte der Max-Planck-Gesellschaft, 1988, S. 11.)

Einlagerung von Räucherwaaren [...] als patriotische Pflicht anempfohlen] »Sorgt für Fleischdauerware. Ein Mahnruf des Landwirtschaftsministers«, unter diesem Titel war mit Blick auf ein bestehendes Überangebot an Schweinefleisch zur »Herstellung von Dauerwaren aller Art« aufgefordert worden: »Richten das Fleischergewerbe und die Fleischwarenindustrie hierauf ihr Augenmerk [...] und *versorgen sich namentlich die Haushaltungen bald mit angemessenen Vorräten an Dauerwaren,* so wird einer Vergeudung des Ueberflusses vorgebeugt. [...] Das ist auch ein Stück Kriegsarbeit, der sich die nicht im Felde Stehenden mit vaterländischem Pflichtgefühl unterziehen müssen« (VZ, Nr. 18 vom 11. Jan. 1915, Mo. Bl.).

Kaisergeburtstags-Feier] Wilhelm II., von 1888 bis 1918 Deutscher Kaiser und König von Preußen, geboren am 27. Jan. 1859.

Berliner Tage] Simmel war am 27. Dez. 1914 nach Berlin gereist und nach seinen Vorträgen vor der Kantgesellschaft und in der Öffentlichkeit am 4. und 5. Jan. 1915 nach Straßburg zurückgekehrt; siehe Simmel an Margarete von Bendemann vom 27. Dez. 1914 und an Rainer Maria Rilke vom 6. Jan. 1915.

alle um Sie] Ehemann Ignaz und die Töchter Elisabeth und Charlotte Beate Jastrow.

Georg Simmel an Heinrich Rickert

Brief vom 19. Februar 1915
Hs.; SBPK Berlin, Nl 125 (M. Landmann)

19 II 15

Lieber Rickert!

Sie äußerten neulich einen gewissen Neid, daß ich doch wenigstens durch meine frühere Tätigkeit in der Telegrammzensur mich irgendwie an den Interessen der Allgemeinheit hätte praktisch beteiligen können, während Sie zu völliger Passivität in dieser Hinsicht verurteilt wären. Inzwischen ist mir eine Betätigung eingefallen, die Sie von Ihrem Schreibtisch aus leisten könnten u. für die ich Sie gern interessiren möchte. Ich habe es unternommen, für die Aufklärung der Bevölkerung in der Nahrungsfrage zu wirken, da die Unkenntniß u. der Leichtsinn in dieser Hinsicht noch erschreckend endemisch ist. Ich habe das beil. Blatt drucken u. es in c. 30000 Ex. durch Vermittlung der Bürgermeister in den Schulen der kleinen elsaß-lothringischen Städte verbreiten lassen. Die Kinder sollen es ihren Müttern bringen, u. wenn man dadurch nur ein Prozent der Frauen zur Vernunft bringt, so lohnt das schon. Ich habe nun noch c. 7000 Ex. zur Verfügung u. möchte gern, daß diese in Baden untergebracht werden. Wollen Sie sich in den Dienst dieser guten Sache stellen? Falls in Freiburg noch nichts Durchgreifendes in ihr geschehen ist, so wäre es das Einfachste, Sie setzten sich mit den Leitern aller Freiburger Schulen (vor allem der Mädchenschulen) in Verbindung u. ersuchten sie, die Blätter in geeigneter Weise in den Klassen zu verteilen. Zu Ihrer Information lege ich das Schreiben bei, das ich an die Bürgermeister gerichtet habe. Man müßte Ihnen die Zahl der Schüler in jeder Schule angeben, damit an jede die entsprechende Zahl von Ex. gelangt, ev. müßte sie wohl *pro rata* etwas verringert werden.

Ist in Freiburg schon das Nötige geschehen, so könnten Sie ähnlich wie ich in den kleineren badischen Städten die Verbreitung bewirken. Sind Sie zu der Unternehmung bereit, die ja ausschließlich schriftlich zu erledigen ist, so würde ich Ihnen die Ex. mit Fracht zugehn lassen.

Für heute nur noch die besten Grüße von Haus zu Haus! Ihr

Simmel

Brief vom 19. Februar 1915] Gedr. Briefkopf: li.: PROF. SIMMEL; re: STRASSBURG (ELS.).

Sie äußerten neulich] Sprech- oder Schreibanlaß nicht bekannt.

meine frühere Tätigkeit in der Telegrammzensur] Siehe Simmel an Hugo Liepmann vom 8. Aug. 1914 und an Ignaz und Anna Jastrow vom 16. Aug. 1914. – Für diese »von der Kriegsstelle der Universität aus organisierte Hilfstätigkeit [...] auf dem Telegraphenamte war allmählich eine größere Zahl von Offizieren wieder verfügbar geworden, so daß der größere Teil der hier arbeitenden Professoren ersetzt werden konnte« (Johannes Ficker: Zweiter Bericht über die Tätigkeit der Kriegsstelle der Kaiser Wilhelms-Universität vom Anfang des Sommerhalbjahrs 1915 bis zum Schlusse des Winterhalbjahrs 1915/16. In: Stiftungsfest KWU 1916, S. 24 u. 26).

Aufklärung der Bevölkerung in der Nahrungsfrage] Weder ein Exemplar des »beil. Blatt« noch des Schreibens an die Bürgermeister war bisher in den kleineren elsaß-lothringischen Gemeindearchiven aufzufinden. – Auf Simmels Initiative deutet der ›Bericht über die Tätigkeit der Kriegsstelle der Kaiser Wilhelms-Universität vom Ausbruche des Krieges bis zum Beginn des Sommer-Halbjahrs 1915‹, vorgelegt von Johannes Ficker, Professor für Kirchengeschichte: Ein »durch einen der Professoren neu redigiertes Flugblatt ›Offener Brief einer Hausfrau an alle Hausfrauen in Deutschland‹« sei anläßlich der von der ›Kriegsstelle der Kaiser Wilhelms-Universität‹ »in sämtlichen Lazaretten« veranstalteten Vorträge über »Krieg und Volksernährung« allen Hörern »in die Hand gegeben worden, um es zu lesen und zur Nutzanwendung nach Hause zu schicken« (in: Stiftungsfest KWU 1915, S. 43). Entsprechend heißt es bei K. Peter: »Seitens eines Dozenten wurde die Belehrung der elsässischen Hausfrauen über rationale Kriegsernährung mit umfassenden Massnahmen betrieben« (Die Schulen und der Krieg. Strassburger Blätter für Sozialpolitik und Armenwesen. Herausgegeben vom Armenrat. 1915, Nr. 5, Juli, S. 179). – Simmel reagierte mit dieser Initiative auf die im Dez. 1914 zunächst als lebhafte Erörterung in der Presse aufgetretene Frage der Bevölkerungsernährung, die mit der reichsweiten Rationierung der Mehl- und Getreidewaren – und dann der Einführung der Brotkarte im Febr. 1915 – erstmals den erweiterten Beschränkungen unterworfen wurde. Siehe: Bekanntmachung über die Regelung des Verkehrs mit Brotgetreide und Mehl (VZ, Nr. 46 vom 26. Jan. 1915, 3. Beilage).

Georg Simmel an Rainer Maria Rilke

Postkarte vom 24. Februar 1915
Hs.; Rilke-Archiv, Gernsbach

Straßburg Els. 24 II 15
Sternwartstr. 17

Lieber Herr Rilke,

wenn es möglich wäre, daß Sie mir meine beiden Drucksachen – die letzten Exemplare – in absehbarer Zeit zurücksendeten, so würde ich es Ihnen sehr danken.

U. ich will hoffen, daß der Zwischenraum bis zu einem Wiedersehn nicht so groß wie der letzte wird – denn viele solcher habe ich nicht mehr zu vergeben.

Herzlich Ihr

Simmel

Postkarte vom 24. Februar 1915] An: Herrn / *Rainer Maria Rilke / Berlin W / Bendlerstr.* 6; mit Poststempeln: Straßburg (Els.) 1 24.2.15 5-6 N; MUENCHEN 27 FEB 15 V 6-8.

Drucksachen] Siehe Simmel an Rilke vom 7. Jan. 1915.

Wiedersehn] Siehe ebd. – Über eine erneute Begegnung zwischen Simmel und Rilke ist nichts bekannt.

Georg Simmel an Margarete von Bendemann

Postkarte vom 5. März 1915
Hs.; LBI New York, Susman Collection

Straßburg 5 III 15

Liebe Susa,

die zeitliche Ewigkeit, in der wir nichts von einander gehört haben, soll doch nicht zu einer zeitlosen werden, u. so will ich dir wenigstens einen Gruß schicken. Wie es uns hier geht, kannst du jeden Tag unmittelbar aus der Zeitung sehn. Im Übrigen ist die Frau in der Armenpflege u. Hans im Lazarett sehr tätig, letzterer bis an die Grenze der Leistungsfähigkeit. Er hat z.B. gestern zwölf Stunden, mit einer ganz kleinen Mittagspause, durchgearbeitet. u. dann nicht einmal in der Nacht Ruhe gehabt. Er hat eine sehr verantwortungsvolle, aber freilich sehr schöne Tätigkeit u. hat die große Chance, daß sein Lazarett das in ärztlicher Hinsicht angesehenste ist – was natürlich seinen Ehrgeiz noch besonders anspornt. Ich selbst bemühe mich um die Propaganda für richtige Ernährung. Die Nahrungsmittelfrage ist jetzt das wichtigste Problem der Zuhause Gebliebnen u. da der Leichtsinn u. die Einsichtslosigkeit in dieser Hinsicht noch gradezu erschreckend sind, so bedarf es einer fortwährenden Aufklärungsarbeit. Im Übrigen will ich versuchen, meine Arbeiten wieder aufzunehmen, zweifle aber sehr am Erfolg. Seit dem Krieg ist meine Fantasie gelähmt, jeder Gedanke ist von der Schwere des deutschen u. des europäischen Schicksals so beladen, daß er nicht vorwärts kommt. Dennoch darf man keine andre Stimmung aufkommen lassen, als unbedingte Entschlosssenheit, u. darf der Sehnsucht, wieder einmal »leichte Füße« zu spüren, keinen Raum geben. – Du weißt wohl, daß Gertrud in Posen pflegt. Sie scheint von der Tätigkeit sehr befriedigt, hofft aber doch, noch näher an die Front zu kommen. Übrigens haben wir lange nichts von ihr gehört. – Wie haben sich denn die tristen Erfahrungen mit dem Pastor weiterentwickelt? Und was hörst du von *Groeth.*? – Denke dir, wir haben wieder »Montage« eingerichtet, es giebt hier liebe, sympathische u. wertvolle Menschen, die gern zu uns zu kommen scheinen. Aber freilich, es hat etwas Gespenstisches, dabei an die Montage in Westend zu denken. Wie hat nur diese Spannung des Erlebens in einer Seele Platz!

Laß von dir hören, nehmt 1000 Grüße von uns u. behaltet uns lieb. Dein

G.

Postkarte vom 5. März 1915] An: Frau / *Marg. v. Bendemann* / [danach überklebt; von fremder Hand:] *z. Zt. Berlin W 30 / Landshuterstraße No. 4* / p.Adr. Kammergerichtsrat *Hammerschlag*. – Mit Absenderstempel: Prof. Simmel / Strassburg (Els.); Poststempeln: Strassburg (Els.) 5.3.15 2-3 N – und: Zürich 8.III.15 [unles.].

wir nichts von einander gehört] Gemäß einer Postkarte Gertrud Simmels an Margarete von Bendemann vom 3. Febr. 1915 (DLA Marbach, Nl Susman) ist der letzte Posteingang um den 1. Febr. 1915 anzunehmen (s.u.).

die Frau in der Armenpflege] »Meine Frau war in der Recherche für die Kriegs-Familien-Unterstützung tätig«, erinnert Simmel in seiner Notiz von nach dem 13. April 1916, und bei Hans Simmel heißt es: »Meine Mutter arbeitete in der Fürsorge für die Frauen und Kinder der Soldaten« (S. 84). Zum Rahmen der Kriegsfürsorge-Tätigkeit siehe Simmel an Emil Faktor vom 20. Sept. 1914.

Hans im Lazarett] Siehe Simmel an Edmund Husserl vom 15. Dez. 1914.

Propaganda für richtige Ernährung] Siehe Simmel an Heinrich Rickert vom 19. Febr. 1915. Und in gleicher Angelegenheit erschien am 5. März 1915 in der FZ Simmels anonym gehaltener Aufruf ›Die Umwertung der Werte. Ein Wort an die Wohlhabenden‹ mit dem ausdrücklichen Zusatz »Nachdruck gestattet« (Nr. 64, 2. Mo. Bl.; GSG 17, S. 341-343).

Arbeiten wieder aufzunehmen] Gemeint ist wohl weniger der Abschluß des künftigen »*Rembrandt*-Buch[es]« (Simmel an Heinrich Rickert 16. Jan. 1915), sondern vielmehr die Wiederaufnahme der im Dez. 1913 zurückgestellten metaphysischen Studien (siehe Simmel an Margarete von Bendemann vom 14. und 28. Dez. 1913).

»leichte Füße«] Vielleicht in Anspielung auf Friedrich Nietzsche: Also sprach Zarathustra: »Und wenn es auf Erden auch Moor und dicke Trübsal gibt: wer leichte Füße hat, läuft über Schlamm noch hinweg und tanzt wie auf gefegtem Eise« (in: Werke in sechs Bänden. Herausgegeben von Karl Schlechta. Dritter Band. München-Wien: Hanser 1980, S. 530). – Nach Grimm: »ein leichter fusz, *der leicht auftritt, einen leichten tritt hat, aber auch ein fusz der von gröster geschwindigkeit und gewandtheit im laufen ist*: Asahel aber war von leichten füssen, wie ein rehe auf dem felde. 2. Sam. 2,18«.

Gertrud in Posen] Gertrud Kantorowicz war spätestens seit Ende Jan. 1915 in Posen als Lazarettschwester tätig: »Der Aufenthalt in Posen ist Vorbereitung für ein Weitergehn nach Russland«, hatte sie am 30. Jan. 1915 Rudolf Pannwitz mitgeteilt (DLA Marbach, Nl Pannwitz).

tristen Erfahrungen mit dem Pastor ... *Groeth.*?] Angesprochen sind die auf Initiative Bernhard Groethuysens angestrengten Bemühungen von Margarete von Bendemann und Olga Groethuysen, Geldspenden nach Châteauroux für die dort internierten Deutschen gelangen zu lassen (siehe Simmel an Margarete von Bendemann vom 21. Sept., 20. Okt. und 16. Nov. 1914). Die beiden Frauen hatten im Nov. 1914 darauf vertraut, daß die »Geldbeförderung durch die Persönlichkeit des Herrn Pastor Zimmerli gelöst sei«, da dieser offiziell »mit der Sorge und Prüfung der Konzentrationslager« betraut war und

»versprochen« hatte, »auch speziell Châteauroux aufzusuchen und dasjenige, was von uns gesammelt wird, für die dortigen Internierten zu verwenden« (Olga Groethuysen an Margarete von Bendemann vom 20. Nov. 1914, DLA Marbach, A: Susman). Groethuysen selbst hatte Margarete von Bendemann am 12. Dez. 1914 bereits über die konkreten Verwendungsabsichten unterrichtet (Teilabdruck in Große Kracht, S. 80, Anm. 40), und diese muß Simmel Ende Jan. ihre Beunruhigung angesichts des Ausbleibens jeder Nachricht über den Verbleib der Zimmerli von Olga Groethuysen – deren Brief vom 8. Dez. 1914 zufolge (DLA Marbach, A: Susman) – Anfang Dez. übergebenen Summe mitgeteilt haben; denn hierauf ist wohl Gertrud Simmels Postkarte vom 3. Febr. 1915 (s. o.) zu beziehen bzw. deren Empfehlung, Margarete von Bendemann solle sich an Ignaz Jastrow wenden, damit dieser das Auswärtige Amt kontaktiere. Erst kurz nach Gertrud Simmels Postkarte konnte Olga Groethuysen Margarete von Bendemann mitteilen, daß Zimmerli die »rätselhaft verschwundenen« 600 M kommentarlos zurücküberwiesen habe und vermutlich nicht in Châteauroux gewesen sei (Brief vom 5. Febr. 1915, ebd.).

»Montage« eingerichtet] Angesprochen sind die bereits in Berlin »an den Montag-Nachmittagen [...], an denen wir für unsere Freunde zu Hause sein werden« veranstalteten Jours (Simmel an Unbekannt vom 19. Jan. 1906; vgl. ähnlich bereits Simmel an Ria Schmujlow-Claassen vom 12. März 1902 und an Marcus Behmer vom 3. April 1902), die, in Straßburg zunächst fortgesetzt (siehe Simmel an Pierre Bucher vom 11. Juli 1914), seit Kriegsausbruch jedoch unterblieben. – Hans Simmels Lebenserinnerungen für das Jahr 1915 (S. 79 f.) erweitern den bereits bei Simmels Schreiben an Pierre Bucher vom 30. Mai und 11. Juli 1914 angesprochenen Gästekreis um Kollegenehepaare, mit denen man freundschaftlich verkehrte: mit dem Kunsthistoriker Georg Dehio, nebst Gattin Charlotte, geb. Friedländer (1859-1932; NDB), mit Wilhelm Spiegelberg, dem Ägyptologen, und seiner Frau Elisabeth, geb. von Recklinghausen (?-?; Drüll) sowie – da von Hans Simmel mitgenannt – wohl auch mit deren Bruder, dem Arzt und Experimentalpsychologen Heinrich von Recklinghausen (1867-1942), der gesundheitlicher Einschränkungen wegen von 1904 bis zum Wiedereinsatz als Lazarettarzt privatim in seinem Straßburger Elternhaus medizinische und philosophische Studien betrieben hatte und in dessen unveröffentlichtem philosophischem Nachlaß sich die Anregung durch die Simmelsche Lebensphilosophie aufzeigen ließ (siehe Josef Habbel: Die Philosophie Heinrich von Recklinghausens. Mit einem Begleitwort von Prof. Dr. Aloys Wenzl. Regensburg: Josef Habbel 1957, S. 1 f., 86); mit dem evangelischen Theologen Erich Klostermann (1870-1963, seit

1911 o. Prof. in Straßburg; NDB) und Gattin Melanie, geb. Smugge (1879-1952; ebd.); mit dem Nationalökonomen Georg Friedrich Knapp – dessen Tochter Elly [Heuss-]Knapp war schon 1905 Gast bei Simmels Westender Jours gewesen und hatte dort Ladislaus von Bortkiewicz (siehe GSG 22) und Lou Andreas-Salomé (ebd.) getroffen (Briefe von Elly Knapp an Georg Friedrich Knapp vom 3. Febr. und 14. März 1906; Nl G. F. Knapp im Familienarchiv Heuss, Basel); mit dem Graecisten Eduard Schwartz und Gattin Emma (siehe Simmel an Agathe Liepmann vom 30. März 1914) und dem Historiker Harry Bresslau nebst Gattin Caroline. Den von Hans Simmel genannten Personenkreis bestätigt und ergänzt Simmels Schüler Karl (nachmals: Charles) Hauter: »Ich habe wöchentlich am Montag Abend dem kleinen Kreise seiner [d. i. Simmels] Freunde angehört, die sich in seiner Wohnung versammelten, wo sich trafen Eduard Schwartz, der Philologe, Spiegelberg, der Egyptologe [sic!], Kaibel [d. i. Franz Keibel], der Anatom, Erich Klostermann, der Theologe, Pfitzner, damals Musikdirektor in Strassburg, und hie und da vorübergehend in unserer Stadt anwesende Persönlichkeiten« (Brief an Michael Landmann vom 5. Juni 1957, SBPK Berlin, Nl 125). Von Hans Simmel wie auch Hauter unerwähnt blieb der Altphilologe Otto Plasberg, dessen Frau Hildegard sich in einem Brief an Aby Warburg vom 27. Nov. 1925 (Warburg Institute, London) der »Freude« erinnert, Simmel, auf den sie schon ihr Vater aus persönlicher Bekanntschaft eingestimmt habe, als Nachbarn in der Sternwartstraße gewonnen und häufig »in seinem schönen Heim« besucht zu haben; auch Plasberg stand in »freundschaftlichem Verkehr« mit den Kollegen Schwartz, Bresslau, Spiegelberg und Klostermann (Rudolf Helm: Otto Plasberg. Geb. 24. Okt. 1869, gest. 6. April 1924 [DBA]). Und zu denken ist schließlich auch an Otto Klemperer, der »oft« mit Simmel »in den Jahren 1914 bis 1917« zusammenkam (BdD, S. 270), sowie an Gertrud Kantorowicz bei ihren Besuchen in Straßburg – und ebenso – später – an den neuen Leiter des Theaters Paul Legband (siehe Simmel an Margarete von Bendemann vom 25. März 1917), von dem Gertrud Simmel am 26. Mai und 10. Juni 1917 Paul Ernst berichtet (DLA Marbach, Nl Ernst), daß sie mit ihm »bekannt geworden sind«.

nehmt ... behaltet] Gerichtet an Margarete von Bendemanns Ehemann Eduard und Sohn Erwin.

Georg Simmel an Heinrich Rickert

Postkarte vom 5. März 1915
Hs.; SBPK Berlin, Nl 125 (M. Landmann)

Straßburg 5 III 15

Lieber Rickert,

es muß ein Briefverlust zwischen uns vorgekommen sein. Ich schrieb Ihnen vor längerer Zeit einen Brief, betr. die Propaganda in der Ernährungsfrage, der eine praktische Frage enthielt; ich habe aber keine Antwort bekommen u. würde gern wissen, woran das liegt. Im Übrigen glaube ich gelesen zu haben, daß die badische Regierung schon die Belehrung durch die Schulen in Angriff genommen hat.

Von hier ist keine Veränderung zu berichten. Meine Frau u. Hans sind sehr tätig, letzterer sogar bis an die Grenze der Leistungsfähigkeit. Ich selbst bemühe mich weiter um das Ernährungsproblem. Im Übrigen will ich den Versuch machen, meine Arbeiten wieder aufzunehmen, bin mir aber über den Erfolg sehr zweifelhaft.

Mit herzlichen Grüßen von Haus zu Haus Ihr

Simmel

Postkarte vom 5. März 1915] An: Herrn Geheimrat Prof. *Rickert / Freiburg (Br.) / Thurnseestr. 66*; mit Absenderstempel: Prof. Simmel / Strassburg (Els.); Poststempel: Straßburg (Els.) 1 5. 3. 15 2-3 N.

vor längerer Zeit einen Brief] Siehe Simmel an Heinrich Rickert vom 19. Febr. 1915.

Ernährungsfrage] Siehe ebd.

Meine Frau u. Hans sind sehr tätig] Siehe Simmel an Margarete von Bendemann vom 5. März 1915.

meine Arbeiten wieder aufzunehmen] Siehe ebd.

Rainer Maria Rilke an Georg Simmel
Abschrift von Brief vom 6. März 1915
Tps.; Rilke-Archiv, Gernsbach

Zur Zeit München, Finkenstr. 2/IV
am 6. März 1915

Verehrter Professor Simmel,

Es fällt mir recht zur Schande aus, dass Sie mich mahnen mussten; Vergesslichkeit wars nicht, äussere Unruhe vielmehr, indem ich seit Mitte Januar wieder in München bin und, wochenlang, in Münchens Nähe auf dem Lande; jedesmal wenn ich die beiden Hefte zurückschicken wollte, waren sie mir gerade nicht erreichbar, (in der Stadtwohnung zurückgeblieben), dann aber wars, offengestanden, auch die blosse Entschließung zu schreiben, zu schicken, die mir schwerfiel, beladen wie ich bin mit allem Druck der sich auf uns alle aufstützenden Zeit. In anderen Verhältnissen wäre ich pünktlicher gewesen, hätte Ihnen auch den Michel Angelo nicht zurück gegeben, ohne Ihnen ausführlicher zu sagen, wie sehr er mich berührt, gestärkt und überzeugt hat; sicher reichen Sie hier an die Mitte dieses fast undurchdringlichen Lebens hin, haben geruht in ihr und kommen von ihr her. Wer doch in solcher Weise die Ägyptische Skulptur einmal in sich reissen dürfte, – Sie können sich vorstellen, wie sehr, grade über dem Lesen dieses Aufsatzes, meine solchen Absichten sich an einer inneren Stelle zu starker Spannung zusammenzogen. Aber was trennt mich nicht alles von diesem Vorhaben.

Frau Hedwig Fechheimer hatte mir, auf Ihre Vermittlung hin, sehr gütig geschrieben, mich eingeladen, sie zu besuchen –, aber ich war schon fort von Berlin. Meine dortige Wohnung ist indessen noch nicht aufgegeben, es ist möglich, dass ich in drei Wochen wieder dort bin: dann würde ich diese Anknüpfung eifrig auffassen.

Hier, vielfach abgezogen und gestört, bin ich auf ganz andere Beschäftigungen verfallen, und fast steht die Gestalt des Venezianers schon wieder in näherer Konstellation zu der Unruhe meines Geistes.

Ausserdem versuche ich Henri Poincaré zu lesen; aber es

scheitert, scheint mir, an meinem mathematisch entwöhnten Denken.

Stellen Sie sich vor, daß ich erst vergangenen Herbst von der Existenz der Pieta Rondanini erfuhr, durch eine kleine Abbildung in der ›Zeitschrift für bildende Kunst‹. Dass die Absage ans eigene Werk doch noch in den Bereich seiner Verwirklichung fiele, das ist doch wohl jener dunkle Sieg, jener innere Untergang in sich selbst, der eine kunstgeschaffene Welt erst zum Ganzen zusammen nimmt und sie, als vollzählige, unter die nicht mehr vom Schicksal erreichten Dinge des reinen Daseins stellt. (Auch Strindbergs Grösse, vermuth ich, ist auf diese Art gesichert).

Im herzlichsten Gedenken, das auch Ihrer Frau Gemahlin gilt, Ihr ergebener

Rilke

Sie mich mahnen] Siehe Simmel an Rilke vom 24. Febr. 1915.

die beiden Hefte] Simmels Aufsätze ›Michelangelo‹ und ›Venedig‹; siehe Simmel an Rilke vom 7. Jan. 1915.

meine solchen Absichten] Rilke hatte in seinem Gespräch mit Simmel (siehe ebd.) offensichtlich sein Bemühen um eine spezifische Betrachtungsweise der ägyptischen Kunst erläutert, die sich lediglich erwähnt findet in Simmels Antwort auf Rilkes hier ausgesprochene Bedenken vom 11. März 1915. – Rilkes »Absichten« wie auch wachsende Widerstände finden sich dann auch in weiteren Briefen aus dem März 1915 angesprochen: So schreibt er noch unter dem Eindruck eines erneuten Besuchs der Berliner Ägyptischen Sammlung am 10. März 1914: »Dann immer wieder die Aegypter, Amenophis, – jetzt stehn alle die neuen Wunder um ihn herum, die kleine Kalksteinstatuette der Königin, ein Kopf der Königin in warmdunkelbraunem Sandstein, bemalt – dann wieder viele Gipsabgüsse, die für bearbeitete Abgüsse nach der Natur gehalten werden [...] alles das zusammen ist fast verwirrend, denn nun muß man sich anders damit einlassen, nun drohts schon wieder, eine Wissenschaft zu werden mit auf und ab und allen Komplikationen, dem Amenophis allein gegenüber hatte man nur die stille Aufgabe, das Wunder hinzunehmen, die liegt mir viel mehr« (Rainer Maria Rilke und Marie von Thurn und Taxis. Briefwechsel. Erster Band. Frankfurt/M.: Insel 1986, S. 365 f.). Wenig später, am 18. März 1915, schob Rilke die Entscheidung über »den sehr bedeutenden Vorschlag« seines Verlegers Anton Kippenberg, ein Buch »zur Ägyptischen Plastik« zu schreiben, auf die Rückkehr in seine Pariser Wohnung hinaus, »denn es hätte ja das beteiligteste Wort mitzureden: erst im Lichte meines Raums werd ich diese Aufgabe ihrer Form und Größe nach absehen, vor der Hand scheint sie mir nur ein Wogen und Schwingen auf mich zu, dem allerdings [...] ein freudiger Gegendruck in meinem Innern das Gleichgewicht hält« (Rainer Maria Rilke: Briefe an seinen Verleger. 1906 bis 1926. Neue, erweiterte Ausgabe. 1. Band. Frankfurt/M.: Insel 1949, S. 266 f.).

Aber was trennt mich nicht alles von diesem Vorhaben] Rilke äußert am 18. Febr. 1915 aus München: Es »liegt das Bewußtsein der jetzigen Welt mit einem solchen Gewicht über mir, daß ich mich zu keinem Aussprechen aufraffen mag; mein Zustand ist ein bedrücktes Abwarten des Nächsten und Übernächsten, ich möchte am liebsten nicht athmen jetzt, wie in einem langen Tunnel, nur die *eine* Sehnsucht erfüllt mich, es möchte wieder licht werden und eine unbedrängte reine Landschaft möchte wieder von beiden Seiten in die Fahrt des Lebens hereinscheinen, die nun durch Wände von Grauen und Finsternis dröhnend weiterstürzt« (Rainer Maria Rilke. Briefe an Sidonie Nádherný von Borutin. Herausgegeben von Bernhard Blume. Frankfurt/M: Insel 1973, S. 231 f.)

Hedwig Fechheimer ... geschrieben] Am 21. Jan. 1915 schrieb Hedwig Fechheimer an Rilke: »Sehr geehrter Herr, es freute mich besonders, durch Herrn Professor Simmel von Ihnen zu hören. Vielleicht interessiert es Sie, neue aegyptische Aufnahmen bei mir zu sehn? Sie würden mich mit Ihrem Besuch an diesem Sonnabend gegen ½6 oder Mittwoch Nachmittag von 5 Uhr sehr erfreuen« (Rilke-Archiv, Gernsbach); siehe Simmel an Rilke vom 7. Jan. 1915.

Anknüpfung eifrig auffassen] Ob es dann im März 1915 zu einem Treffen Rilkes mit Hedwig Fechheimer anläßlich seines Aufenthalts in Berlin gekommen war, ist nicht zu ermitteln.

Gestalt des Venezianers] Wohl Anspielung auf die Wirklichkeitsferne, die Simmel in seinem Aufsatz ›Venedig‹ den Menschen dieser Stadt mit »der zweideutigen Schönheit des Abenteuers, das wurzellos im Leben schwimmt« zuschreibt (in GSG 5, S. 263).

Henri Poincaré] Jules Henri Poincaré (1854-1912), Mathematiker, Physiker und Philosoph; siehe dazu Rilkes Brief vom 22. Juli 1915 an Sidonie Nádherný von Borutin: »Wissen Sie, was ich nun gern triebe? Mathematik. [...] Die herrlichen Bücher von Henri Poincaré (›Der Werth der Wissenschaft‹, ›Wissenschaft als Hypothèse‹) liegen hier vor mir und ich kann mich, mangels mathematischer Vorübungen, nicht wirklich damit einlassen« (Rainer Maria Rilke. Briefe an Sidonie Nádherný von Borutin, a. a. O., S. 239). Beide Werke Poincarés lagen übersetzt vor: Der Wert der Wissenschaft. Mit Genehmigung des Verfassers ins Deutsche übertragen von E. Weber. Mit Anmerkungen und Zusätzen von H. Weber. Leipzig: B. G. Teubner 1906; Wissenschaft und Hypothese. Autorisierte deutsche Ausgabe mit erläuternden Anmerkungen von F. und L. Lindemann. Leipzig: B. G. Teubner 1904.

Pieta Rondanini] »Michelangelo Buonarroti, *Pietà Rondanini* um 1555-64. Marmor, 191 cm hoch. Mailand, Castello Sforzesco. [...] Diese Pietà ist das letzte Werk Michelangelos. Noch wenige Tage vor seinem Tod arbeitete er daran, so berichtet ein Brief von Daniele da Volterra von 1564. Erst 1954 [sic!] wurde sie im römischen Palazzo Rondanini wiederentdeckt, nach dem sie benannt ist [...]. Die zweifigurige, unvollendete Gruppe mit der stehenden Maria, die den Leichnam Christi vor sich hält, [...] zeugt von Michelangelos von Giorgio Vasari und Ascanio Condivi berichtetem Ringen um die formale Artikulation einer Idee [...]. Nicht künstlerisch beabsichtigt ist das Unvollendete, sondern eigentlich Scheitern im Zwiespalt zwischen Idee und Ausführung, das jedoch schon von den Zeitgenossen als einem vollendeten Werk ebenbürtig anerkannt wurde. Die *Pietà Rondanini* ist typisch für Michelangelos Spätstil, als er sich von den Gestaltungsprinzipien der Renaissance löste. Die schmalen, entkörperlichten Figuren sind an nordischen Darstellungen des späten Mittelalters orientiert. Die zunehmende Abstraktion führte zur Vergeistigung und Zeichenhaftigkeit der Form« (Lexikon der Kunst. Malerei, Architektur, Bildhauerkunst. Freiburg/Basel/Wien: Herder 1989, Band 8, S. 161).

›Zeitschrift für bildende Kunst‹] Rilkes Entdeckung bezieht sich auf: Victor Wallerstein: Die Pietà des Michelangelo zu Palestrina. Zeitschrift für bildende Kunst 49, N.F. xxv, 1914, Heft 12, S. 325-332. Wallerstein hebt einleitend auf die Wiederentdeckung des Werkes ab, obgleich es Wölfflin 1901 schon in seiner klassischen Kunst erwähnt und »zur Nachforschung angeregt« habe (S. 325), und verweist abschließend mit Bezug auf Simmels Logos-Aufsatz ›Michelangelo‹ auf dessen Einordnung des Werks in das Schaffen des Bildhauers (vgl. S. 331).

Absage ans eigene Werk...] Angesprochen sind hier und im folgenden Simmels Ausführungen zur Pietà Rondanini in ›Michelangelo. Ein Kapitel zur Metaphysik der Kultur‹: »Es gibt ein Werk Michelangelos [...], in dem weder der Dualismus der Lebensrichtungen in seiner künstlerisch formalen Aufhebung fühlbar ist, noch der hoffnungslosere zwischen dem im Anschaulichen beschlossenen Gebilde und der Forderung und Begehrung des Unendlichen. In der Pietà Rondanini ist die Gewaltsamkeit, die Gegenbewegung, das Ringen ganz verschwunden, es ist sozusagen kein Stoff mehr da, gegen den die Seele sich zu wehren hätte. Der Leib hat den Kampf um seinen Eigenwert aufgegeben, die Erscheinungen sind wie körperlos. Damit hat Michelangelo das Lebensprinzip seiner Kunst verleugnet; aber wenn dieses Prinzip ihn in jene fürchterliche Unerlöstheit, jene Spannung zwischen einer transzendenten Leidenschaft und ihrer körperhaften Form und notwendig inadäquaten Ausdrucksform verstrickte, so ist hier die Verneinung des Renaissanceprinzips dennoch nicht Schlichtung dieses Widerstreits geworden. Die Erlösung nämlich bleibt eine rein negative, nirwanaähnliche; der Kampf ist aufgegeben, ohne Sieg und ohne Schlichtung. Die Seele, hier von der Körperschwere befreit, hat den Siegeslauf ins Transzendente nicht angetreten, sondern ist an der Schwelle zusammengebrochen. Es ist das verräterischste und tragischste Werk Michelangelos, es ist das Siegel unter seine Unfähigkeit, auf dem Wege des künstlerischen, in der sinnlichen Anschauung zentrierten Schaffens zur Erlösung zu gelangen« (GSG 12, S. 127f.). – Dazu Rilke im oben zitierten Brief vom 18. Febr. 1915 an Sidonie Nádherný von Borutin: »jetzt die Decke der Sixtina sehen können! Ich habe mich viel mit Michelangelo beschäftigt [...]. Kennen Sie sein *letztes* Werk, die Pietà Rondanini (im Palazzo Rondanini)? es ist von einer unbeschreiblich großen Trauer und Aufgegebenheit im Menschlichen: ich wußte nichts von der Gruppe, sah sie jetzt nur in schlechten Abbildungen: könnten Sie mir eine gute Fotografie davon verschaffen? (womöglich mehrere Ansichten)« (a.a.O., S. 232).

Strindbergs Grösse] Die Dramen des schwedischen Schriftstellers August Strindberg (1849-1912) sind »Rilke spätestens um 1904 vertraut. Rilke liest u. a. *Die Brandstätte*, *Wetterleuchten*, *Der Scheiterhaufen* und *Fräulein Julie*. Herausragend aus Rilkes zustimmender Reaktion zu diesem dramatischen Werk sind 1915 die zwei Stücke *Totentanz* und *Gespenstersonate* [...]. Rilke sieht ›nach der unerhörten Gespenstersonate, den Totentanz‹ und ist ›durch diese szenischen Erscheinungen fast mit dem Theater ausgesöhnt, das mir seit Jahren nichts mehr gegeben hatte. Erst nimmt sichs so heillos eigensinnig aus, die Trostlosigkeit des Menschen als sein eigentlich Absolutes darzustellen, aber indem da einer Macht hat auch noch über das Trostloseste, schwebt, unausgesprochen, ein Begriff nicht abzugrenzender Menschengröße über dem Ganzen. Und eine verzweifelte Liebe‹ [Rilke an Marie von Thurn und Taxis, 2. Aug. 1915]« (Tina Simon: Rilke als Leser. Untersuchungen zum Rezeptionsverhalten; ein Beitrag zur Zeitbegegnung des Dichters während des ersten Weltkrieges. Frankfurt/M. u.a.: Peter Lang 2001, S. 162 [= Europäische Hochschulschriften: Reihe 1, Deutsche Sprache und Literatur; Band 1785]) – Siehe dazu Rilkes Brief an Thankmar Freiherrn von Münchhausen – ebenfalls am 6. März 1915: »Was wir hier tun, soweit Lesen noch als Handeln gilt

[…], lesen wir Hölderlin (: ihn immer wieder), ich für meinen Teil Strindberg, Montaigne, Flaubert, die Bibel« (Rainer Maria Rilke: Briefe. Herausgegeben vom Rilke-Archiv in Weimar. In Verbindung mit Ruth Sieber-Rilke besorgt durch Karl Altheim. 14.-15. Tsd. Frankfurt/M.: Insel 1980, S. 482.)

Georg Simmel an Rainer Maria Rilke

Briefkarte vom 11. März 1915
Hs.; Rilke-Archiv, Gernsbach

Straßburg 11 III 15

Lieber Herr Rilke,

diese Rechnung lag in Ihrer Rücksendung.

Kennen Sie das Buch von *Hermann Schneider*: *Kultur u. Denken der alten Ägypter*? Ich habe es eben bekommen, es scheint der erste Versuch, das ägyptische Wesen von einer *Idee* her zu fassen – obgleich, dem Eindruck beim Durchblättern nach, die Idee nicht besonders tief ist. Ob das Problem: die Lebensinnerlichkeit der ägypt. Kunst in derselben Weise zu erfassen, wie ich es mit der Kunst *Michelangelos* versucht habe – ob dies Problem überhaupt gestellt werden kann, ist mir sehr fraglich. Die Faktoren des Lebens *Michelangelos* sind noch so weitgehend die unsrigen, daß der Schluß von dem vorliegenden Werk auf seine seelischen Bedingungen an einer ziemlich fest verankerten Kette entlang geht. Bei den Ägyptern aber hat sich das Werk aus so maßlos fremden Voraussetzungen heraus entwickelt, daß eben dieser Schluß höchst unsicher wird. Daraus, daß wir die Früchte dieses Bodens genießen können, folgt noch nicht, daß die Kräfte, die sie aus ihm hervorgetrieben haben, uns zugängig sein müssen. Ich weiß nicht, ob Sie sich nicht die Frage ganz gradlinig so stellen sollten: was ist *uns* die ägypt. Kunst? – Das Problem dieser Kunst von der jetzigen, nicht von der damaligen Lage her zu lösen suchen. Auch dies wäre eine Aufgabe höchsten Ranges. Auch hierfür würden Unterhaltungen mit Frau *Fechheimer* Ihnen von Belang sein.

In dauerndem Gedenken Ihr herzlich ergebner

Simmel

Briefkarte vom 11. März 1915] Mit Umschlag an: Herrn / *Rainer Maria Rilke / München / Finkenstr.* 2 IV; mit Poststempel: [unles.] 11 3 15 6-7 N.

Rechnung] Als Anlage nicht überliefert.

Ihrer Rücksendung] Siehe Rilke an Simmel vom 6. März 1915.

Buch von *Hermann Schneider*] Hermann Schneider: Kultur und Denken der alten Ägypter. Leipzig: Voigtländer 1907; XXXVI, 564 S.; 2. Aufl. 1909 [= Entwicklungsgeschichte der Menschheit, 1].

Ob das Problem ... fraglich] Zur Verbindung von Rilkes geplanter Schrift über die ägyptische Plastik mit Simmels Aufsatz über Michelangelo siehe Simmel an Rilke vom 7. Jan. 1915 und Rilke an Simmel vom 6. März 1915.

Unterhaltungen mit Frau *Fechheimer*] Siehe ebd.

Georg Simmel an Friedrich Curtius

Brief vom 16. März 1915
Hs.; ULB Bonn, Nl Curtius

16 III 15

Sehr verehrter Herr Präsident!

Da Sie die Diskussion über die Zukunft des geistigen Europa aufgenommen haben, möchte ich auf den Punkt, der Ihnen offenbar der entscheidende ist, kurz eingehen. Ihre Meinung, daß diese Zukunft wesentlich von der Haltung der deutschen Intellektuellen abhängen wird, da die Franzosen »ganz von selbst« zur Vernunft zurückkehren würden, wird von den Erfahrungen, die wir nach 1870 gemacht haben, keineswegs bestätigt. Im Gegenteil. Während wir an Aufnahme französischer Kunst, Literatur, Philosophie wirklich das Menschenmögliche geleistet haben, hat bei den Franzosen Zurückhaltung, Abschluß u. Abneigung *prinzipiell* überhaupt nicht aufgehört u. ist nur für kurze Perioden u. an einzelnen Punkten hier u. da durchbrochen worden. Gerade die Franzosen haben sich als diejenigen gezeigt, die nicht vergessen können, der Revanchegedanke ist (außer in ihren gewissenlosen u. abenteuernden, auch) in ihren edelsten u. kräftigsten Elementen untrennbar mit ihrem Nationalgefühl verschmolzen geblieben. Der Haß gegen

Deutschland war bei ihnen keineswegs, wie Sie es glauben, eine vorübergehende Exaltation, sondern etwas durchaus chronisches, wozu sich in dem geistigen Deutschland gar kein Gegenstück findet. Die Eindrücke, die Sie gesammelt haben, sind so lokal bedingt u. betreffen so wenig (das brauche ich Ihnen nicht zu sagen) das geistig entscheidende Deutschland, daß es ungerecht wäre, dessen Haltung Frankreich gegenüber danach zu beurteilen. Die letzten Ereignisse bestätigen durchaus meine Ansicht über dieses verschiedenartige Verhalten der beiden Länder. In all den leidenschaftlichen u. oft bedenklichen Aufwallungen, die sie als Kriegspsychose bezeichnen, habe ich keine einzige Verunglimpfung des französischen Geistes seitens einer ernst zu nehmenden Persönlichkeit gefunden, die mir irgendwie den Schmähungen des deutschen Geistes durch *Boutroux*, *Bergson*, neuerdings durch *Rodin* u. die Elite der französischen Kunst u. Literatur gleichkäme. Wir haben uns immer u. überall auf *Abwehr* beschränkt u. die vielleicht sehr angreifbare große Erklärung der deutschen Intellektuellen vom August oder September enthält bezeichnenderweise nur Thesen, die mit dem Satz beginnen: »Es ist *nicht* wahr – «. Nein, in Bezug auf pathologische Verkennung des Gegners in seinem tiefsten geistigen Wesen haben wir uns nichts vorzuwerfen, während ich die französischen Erklärungen, abgegeben von reifen auf der Höhe der Entwicklung stehenden Männern, in ausführlichen durchdachten Begründungen, unmöglich für einen vorübergehenden Rausch ansehen kann. Weder ihre unmittelbare Art noch jene Erfahrungen der früheren Jahrzehnte geben dazu ein Recht. Die Deutschen sind, das zeigt ihre ganze Geschichte, ein leicht versöhnliches Volk; allein hier sind Dinge gesagt worden, die zu vergessen der gegenwärtigen Generation einfach nicht zugemutet werden kann. U. wollte man selbst alle Einzelheiten vergessen – daß Äußerungen, wie die erwähnten der französischen Intellektuellen, überhaupt *möglich* waren, erschüttert das *Vertrauen* in die geistige Haltung dieses Volkes, ohne das das Aufwachsen eines neuen geistigen Europa nicht geschehen kann.

Ich sage dies mit einem noch nie erlebten Kummer. Mehr als irgend einer meiner gleichaltrigen Fachgenossen habe ich für

»Europa« gearbeitet u. glaubte ein Europäer zu sein – darum nicht weniger ein guter Deutscher. Daß Europa fast zertrümmert ist, daß ich erst auf Kinder und Enkel die Hoffnung setzen kann, sie könnten es wieder aufbauen – das streicht einen kaum abzusehenden Teil meiner Lebensarbeit einfach aus. Sie haben vielleicht schon aus meinem neulichen Aufsatz herausgefühlt, welche tiefe innere Not ihn erzeugt hat. Vielleicht macht Ihnen gerade mein Fall deutlich, daß es nicht eine heilbare »Kriegspsychose« der deutschen Intellektuellen ist, die uns hoffnungslos vor den Trümmern von Europa stehen läßt, sondern daß hier tiefere Unheilbarkeiten vorliegen.

Mit den besten Grüßen an Ihre Damen u. von meiner Frau bleibe ich Ihr treulich ergebener

Simmel

Brief vom 16. März 1915] Gedr. Briefkopf: li.: PROF. SIMMEL; re: STRASSBURG (ELS.).

Da Sie die Diskussion ... aufgenommen haben] Eine publizistische Äußerung von Curtius ist nicht nachgewiesen, so daß hier offensichtlich von einem verschollenen, persönlichen Schreiben auszugehen ist, in dem Curtius auf Simmels jüngst erschienenen Artikel Bezug nahm: Die Idee Europa. BT, Nr. 121 vom 7. März 1915, Mi.Bl., 2. Beiblatt (GSG 13, S. 112-116).

Boutroux] Émile Boutroux (1845-1921), seit 1888 Inhaber des Lehrstuhls für die Geschichte der modernen Philosophie an der Sorbonne, Mitglied der Académie des Sciences morales et politiques seit 1898 und der Académie française seit 1912 (DdPh), war der Aufforderung der Revue des Deux Mondes, sich als einen der besten Kenner Deutschlands zum gegenwärtigen Kriegsgeschehen zu äußern, mit einem Brief vom 28. Sept. 1914 gefolgt; darin geht Boutroux der Frage nach der Vereinbarkeit des Ansehens der ›deutschen Kultur‹ und der Brutalität der Kriegsführung nach und entfaltet die These einer »barbarie savante«. Aus dem in der Nachfolge Fichtes gepflegten »Deutschtum« (germanisme) leitet er sein Bild des nach 1870 vom preußischen Geist beherrschten, sich einer göttlichen Vorsehung unterworfen glaubenden Deutschen ab, der mit wissenschaftlichem Eifer alles Fremde zu zerstören trachte und »le maximum de science au maximum de barbarie« vereinige (L'Allemagne et la guerre. Lettre de Émile Boutroux. Revue des Deux Mondes LXXXIV, 6. Folge, 23. Band, 1914, Heft vom 15. Okt., S. 385-401; hier: 398). Verbunden mit Boutroux' Beitrag unter dem Titel ›1870-1914‹ im ›Petit Parisien‹ vom 1. Dez. 1914, erschien der Brief broschiert in hoher Auflage: L'Allemagne et la guerre. Paris/Nancy: Librairie Militaire Berger-Levault 1914 [= Pages d'histoire 1914-1915, 27] und in England: Germany & the War. London: Nutt 1915. Siehe unter Boutroux' Reaktionen im ersten Kriegsjahr auch: La guerre et la vie de demain. Revue bleue, janvier 1915, S. 18-25; La nation comme personne morale. In: Eugène Baie: Le Droit des Nationalités. Consultations de MM. Émile Boutroux, Carton de Wiart [u. a.]. Paris: Alcan 1915, S. 17-27. – Die deutsche Presse beachtete die Äußerungen von Boutroux, so z. B. noch vor der Veröffentlichung von dessen erstem Brief: Französische Kriegsphilosophie. TR, Nr. 228 vom 29. Sept. 1914, Unterhaltungsbeilage.

Bergson] Henri Bergson, der mit seiner Rede vor der ›Académie des Sciences morales et politiques‹ den ›Intellektuellenkrieg‹ begonnen hatte, indem er den Krieg gegen Deutschland »la lutte même de la civilisation contre la barbarie« nannte (siehe Simmel an Harald Höffding vom 2. Okt. 1914), hatte sich auch weiterhin propagandistisch geäußert; so zuerst mit dem Beitrag: La force qui s'use et celle qui ne s'use pas (Bulletin des armées de la République 42, 4 nov. 1914, S. 1; abgedruckt in: Henri Bergson – Mélanges. Textes publiés et annotés par André Robinet. Avant-propos par Henri Gouhier. Paris: Presses Universitaires de France 1972, S. 1105-06) und so, als er über die Ursachen dieser »barbarie« in der öffentlichen Rede anläßlich der Abgabe seines Vorsitzes in der ›Académie des Sciences morales et politiques‹ am 12. Dez. 1914 sprach und diese Rede – teilweise in Auszügen und unter verschiedenen Titeln bis zum März 1915 – wiederholt in Zeitungen erscheinen ließ (siehe die Drucknachweise beim Wiederabdruck in: Mélanges, a.a.O:, S. 1107-1129).

neuerdings durch *Rodin* u. die Elite der französischen Kunst u. Literatur] Simmel nimmt hier wohl Bezug auf jüngst erschienene Zeitungsmeldungen wie etwa die der TR: »*Frankreich protestiert wieder einmal!* Wie ›Agence Havas‹ meldet: *Französische Künstler und Gelehrte* richten einen *Aufruf an alle Kunstfreunde*, als Vertreter der wahren Kultur und Zivilisation *gegen die deutsche Barbarei zu protestieren*. Dem Aufruf sind amtliche Berichte und Zeugenaussagen beigefügt, welche beweisen sollen, daß Reims, Arras, Senlis, Löwen und Soissons von den Deutschen nur aus Zerstörungslust und mit Vorbedacht zerstört wurden. Unter den Unterzeichnern des Aufrufes befinden sich Maurice Barrès, Albert Besnard, Bonnat, Clémenceau, Faguet, Flammarion, Anatole France, Vincent d'Indy, Pierre Loti, Octave Mirbeau, Edmond Perrier, Auguste Rodin, Edmond Rostand und Saint Saëns.« (TR, Nr. 126 vom 11. März 1915, Mo. Bl., 1. Beilage, S. 4) – Barrès, Maurice (1862-1923), Schriftsteller, Politiker (ABF); Besnard, Paul-Albert (1849-1936), Maler, seit 1912 directeur de l'Académie de France in Rom (DBF); Bonnat, Léon (1844-1922), Maler, Prof. an der École de Beaux Arts, Paris, und deren Direktor, Sammler, Mäzen (ABF); Clémenceau, Georges (1841-1929), Politiker (ABF); Faguet, Émile (1841-1916), Prof. für Französische Dichtung, Sorbonne, Mitglied der Académie française (ABF); Flammarion, Nicolas-Camille (1853-1925), kath. Theologe, Verfasser populärwissenschaftlicher Schriften zur Astronomie (DBF); France, Anatole (1844-1924), Schriftsteller (ABF); d'Indy, Vincent (1851-1931), Komponist (Larousse); Lotti, Pierre [= Julien Viaud] (1850-1923), Schriftsteller (ABF); Mirbeau, Octave (1848-1917), Schriftsteller (ABF); Perrier, Edmond (1844-1921), Zoologe (ABF; google); Rostand, Edmond (1868-1918), Schriftsteller (ABF); Saint-Saëns, Camille (1835-1921), Komponist (ABF).

Erklärung der deutschen Intellektuellen ... »Es ist *nicht* wahr – «] Simmel erinnert hier an den Aufruf deutscher Gelehrter und Künstler ›An die Kulturwelt!‹, ein mit einem sechsfachen »Es ist nicht wahr« erhobener »Protest gegen die Lügen und Verleumdungen, mit denen unsere Feinde Deutschlands reine Sache in dem ihm aufgezwungenen schweren Daseinskriege zu beschmutzen trachten«. Der nach der Zahl der Unterzeichner auch als ›Manifest der 93‹ bekannte Aufruf war im Sept. 1914 verfaßt, in zehn Sprachen übersetzt, in mindestens 14 neutrale Länder versandt und in den ersten Oktobertagen in der ausländischen und schließlich – größtenteils am Sonntag, den 4. Okt. 1914 – in der deutschen Presse veröffentlicht worden. Zum Zustandekommen des Textes unter maßgeblicher Beteiligung von Ludwig Fulda und der Unterzeichnerliste (Simmel nicht aufgeführt) siehe die Dokumentation: Jürgen und Wolfgang von Ungern-Sternberg: Der Aufruf ›An die Kulturwelt!‹. Das Manifest der 93 und die Anfänge der Kriegspropaganda im Ersten Weltkrieg. Mit einer Dokumentation. Stuttgart: Franz Steiner 1996, S. 13-105 [= Historische Mitteilungen, Beiheft 18].

neulichen Aufsatz] Die Idee Europa (s. o.).

Ihre Damen] Gemeint sind Friedrich Curtius' Gattin Louise und Tochter Olympia; siehe Simmel an Friedrich Curtius vom 9. Okt. 1914.

Georg Simmel an Emil Faktor

Notiz zu Brief vom 22. März 1915
Angeboten im J. A. Stargardt-Auktionskatalog Nr. 599 (1972), S. 133

[Straßburg]

Die Fähigkeit zu einer kurzfristig angeforderten Arbeit, wie einem Bismarck-Artikel, sei ihm »*völlig versagt*« [...]

Notiz zu Brief] Es handelt sich um die Inhaltsangabe zum Angebot im J. A. Stargardt-Auktionskatalog Nr. 599 (= Auktion vom 20.-21. Juni 1972), S. 133, Nr. 506: »Simmel, Georg [...] 2 e. Br. m. U. Straßburg 20. IX. 1914 und 22. III. 1915. 3 S. 4°.« – Vermutlich besteht dieser Brief aus einer Seite. Siehe Simmel an Emil Faktor vom 20. Sept. 1914.

Bismarck-Artikel] Anlaß gab wohl der 100. Geburtstag Otto von Bismarcks (1815-1898) am 1. April.

Georg Simmel an Agathe und Hugo Liepmann

Brief vom 23. März 1915
Hs.; I. Flatau, Saratoga Springs N.Y., USA

23. III. 15

Liebe Freunde!

Die Gelegenheit der Übersendung meiner Wucherzinsen, benutze ich, Ihnen wieder einmal einen Gruß zu senden, wonach ich lange das Bedürfniß hatte. Denn so lieb es mir ist, jetzt nicht in Berlin zu sein – nach allem, was ich dort sah u. noch höre, ist es kein besonders sympathischer Aufenthalt – so schwer entbehre ich die wenigen Menschen, die mir die persönlichen Werte über dem Allgemeinbegriff Berlin waren. Aber ich entschließe mich schwer, zu schreiben. Wie es einem in der Hauptsache geht, weiß ja jeder vom andern aus der täglichen Depesche. U. die ganz subjektiven Reflexe macht man, aus mehr als einem Grunde, am besten mit sich allein ab. Es kommt da eben alles darauf an, Nietzsches Wort zu realisiren: »Was mich nicht umbringt, macht mich stärker.« So will ich Ihnen einiges mehr Objektive erzählen – obgleich es eigentlich jetzt so wenig Objektives giebt, wie Subjektives, sondern dieser Gegensatz sich in der Größe der Zeit aufgehoben hat.

In *Besançon* gehen die Kinder in die Lazarette u. singen für die Kranken, als *petits chanteurs de St. Jean*. Deutsche Soldaten, die auch dort gepflegt wurden, waren glücklich über das Singen u. riefen die Kinder zu sich, von denen die Kleinsten aus Angst vor den *boches* nur unter Tränen heranzubringen waren. Dann steckten die ihnen aber die Taschen mit Chocolade voll u. suchten mit ihnen zu reden u. einer, dem ein Bein amputirt war, sagte auf französisch: »Siehst du, das Bein habe ich meinem Kaiser gegeben, aber wenn es nötig ist, will ich ihm auch noch das andre dazu geben«. Die Kinder sollen ganz außer sich gewesen sein. Diese Geschichte ist wahr, obgleich (oder weil) sie nicht in den Zeitungen gestanden hat. Eine andre soll in einer Zeitung gestanden haben, Sie werden sie aber vielleicht nicht kennen. Ist Ihnen der Name *Péguy* etwas? Ein junger französischer Dichter, dessen Sachen jetzt als die tiefsten u. bedeutendsten gelten. Sie sind übersetzt von einem Straßburger Privatdozenten, *Stadler*, mit dem ich im Sommer verkehrte, einem höchst interessanten u. wesentlichen Menschen. Diese beiden lagen sich im Schützengraben gegenüber, auf 20 mtr. Entfernung. *Stadler* schickte einen Zettel hinüber, den *Péguy* wohl nicht lesen oder verstehen konnte; er antwortete: *Mon ami, je ne vous comprends pas, mais je vous aime*. U. nach einigen Tagen waren sie beide gefallen. – Ich weiß kaum eine Einzelheit, die so das ganze Symbol für das wäre, was an diesem Kriege eigentlich nicht zu ertragen ist.

Am Sonntag war ich mit Hans im Schwarzwald – für ihn der zweite freie Nachmittag seit Kriegsbeginn! Es war über alle Maaßen schön, der reinste Sommerhimmel über diesem wundervollen, geliebten Land; pausbäckige Kinder in Masse, die Bauern in den roten Sonntagswesten, die Felder versorgt wie im tiefsten Frieden. U. dann lagerten wir oben auf einer Bergwiese, überall die ersten Knospen um uns herum, in der ungestörtesten, sonnigsten Einsamkeit – u. unaufhörlich rollte der Donner von den Vogesengefechten zu uns herüber! Daß man solche Spannungen aushalten kann, zwischen diesem stillsten Sonntag Mittag an dem beglücktesten Fleck der Erde u. dem Krachen der Geschütze, die eben menschliche Leiber zerstückelten – daß man die aushalten kann, ohne zu zerreißen, das weiß man, wie manches andre, erst seit diesem Krieg. – Neulich kam wieder ein französischer Ballon über Straßburg, er stand sehr hoch u. glänzte in der Sonne wie ein Stern. Er wurde von hier mit Shrapnells beschossen u. ihre weißen Wölkchen standen freundlich leuchtend unter ihm. Dann ratterte, dicht über uns, einer von unsern Fliegern zu ihm herauf, genau wie ein Raubvogel, der sich auf seine Beute stürzt. Es war nur ein kleines, für uns gefahrloses Episödchen, aber doch ein unvergeßlicher Eindruck.

Dies ist alles für heute. Lassen Sie mich auch einmal mit einem Wort wissen, wie es bei Ihnen steht u. wie Sie den Druck der Zeit ertragen.

Wie immer Ihr

GS.

Brief vom 23. März 1915] Gedr. Briefkopf: li.: PROF. SIMMEL; re: STRASSBURG (ELS.).

Wucherzinsen] Anspielung auf die Zinsen für das von Hugo Liepmann gewährte Darlehen; siehe Simmels Briefe an Liepmann vom 11. Aug. und 9. Sept. 1914.

»Was mich nicht umbringt, macht mich stärker«] Friedrich Nietzsche: Götzendämmerung, Sprüche und Pfeile 8: »*Aus der Kriegsschule des Lebens* – Was mich nicht umbringt, macht mich stärker.« Friedrich Nietzsche. Werke in sechs Bänden. Herausgegeben von Karl Schlechta. München-Wien: Hanser 1980, Band 4, S. 943.

***Besançon*]** Verwaltungssitz des Departements Doubs im Osten Frankreichs, im Norden an das Elsaß, im Osten an die Schweiz angrenzend, mit Vauban-Festung, Universität und Bischofssitz (Brockhaus).

***petits chanteurs de St. Jean*]** Original: petits chanteur. – Mit den ›kleinen Sängern‹ angesprochen ist vermutlich der Knaben- bzw. Kinderchor der Gemeinde St. Jean in Besançon.

***boches*]** Plural von frz. »boche«, eine umgangssprachliche, pejorative Bezeichnung für »Deutscher«, etymologisch »zuerst 1866 in der Bedeutung ›übel beleumdetes Subjekt‹ bezeugt, taucht dann 1874 im Rotwelsch der flämischen und elsässischen Schriftsetzter als *tête de boche* ›harter Schädel‹ auf, spielt im Krieg 1870/71 gar keine Rolle. Seit 1896 findet sich *tête de boche* und daraus losgelöst *boche* als Bezeichnung für den Deutschen, *tête de boche* in Weiterbildung von *tête carée*, das für den Deutschen schon 1866 bezeugt ist; *boche* ist im Rotwelsch entstandene Rückbildung von *caboche* ›harter Schädel‹« (Etymologisches Wörterbuch der französischen Sprache von Ernst Gamillscheg. 2., vollständig neu bearbeitete Auflage. Heidelberg: Carl Winter 1969, S. 123).

Péguy] Charles Péguy (1873-1914), hatte nach der Licence in Philosophie von 1894-1897 an der École Normale Supérieure die Agrégation in Philosophie angestrebt, sich dann jedoch als Journalist, Dichter, Verfasser von Dramen und vor allem als Begründer wie auch Herausgeber der Literaturzeitschrift ›Les Cahiers de la Quinzaine‹ (seit 1901) engagiert, dies zunächst auf der Seite der Dreyfusards und der Sozialisten, dann, nach dem Bruch mit jenen, im Zuge der Verehrung Bergsons und der Rückkehr zum Glauben, zunehmend kulturpolitisch (Dictionnaire des littératures de langue française. Herausgegeben von Jean-Pierre de Beaumarchais, Daniel Couty und Alain Rey. Paris: Bordas 1984).

Stadler] Ernst (Maria Richard) Stadler (1883-1914), Lyriker, Essayist, Übersetzer, Literaturwissenschaftler. 1901 Veröffentlichung erster Gedichte und Anschluß an die Literatengruppe des ›Jüngsten Elsaß‹; 1902-1906 Studium (Germanistik, Romanistik, Vergleichende Sprachwissenschaft) in Straßburg und München, Dr. phil. Straßburg 1906, anschließend zwei Jahre Stipendiat der Cecil-Rhodes-Stiftung in Oxford, ab 1908 PD für Deutsche Philologie und Literatur in Straßburg, daneben ab 1910 Lehrtätigkeit als ao. Prof. in Brüssel, zum WS 1914/15 an die University of Toronto, Canada, berufen (Killy; Stadler Freundeskreise, S. 11 f.). – Stadler, ein Bewunderer Péguys, verfolgte mit dessen Einverständnis seit Anfang 1912 die Absicht, das deutsche Publikum in einem kritischen Essay und einer Reihe ins Deutsche übertragener Artikel und Gedichte mit Péguys Schriften bekannt zu machen (Vgl. Stadler an Péguy vom 8. und 21. Mai 1912, in: Raymond Winling: Péguy et l'Allemagne. Thèse présentée devant l'Université de Strasbourg le 11. mai 1972. Lille/Paris: Champion 1975. Band II, S. 579 f.). Die Absicht bezeugte die zeitgleich erschienene, von Stadler übersetzte erste deutsche Veröffentlichung Péguys, ›Republikanisches Heldentum‹ [ein Auszug aus Péguys Schrift ›Notre Jeunesse‹ (1910)]. Die Aktion. Wochenschrift für Politik, Literatur und Kunst herausgegeben von Franz Pfemfert 2, 1912, Heft 19 vom 8. Mai 1912, Sp. 581-583). Doch konnte Stadler das Péguy mit Brief vom 19. April 1913 (Winling, a. a. O., S. 581) angekündigte Buchprojekt wegen allzu großer Arbeitsüberlastung vor Kriegsausbruch nicht vollenden (vgl. Stadler Freundeskreise, S. 171). – Auch Stadlers Freund Ernst Robert Curtius setzte sich in seinen Bonner Vorlesungen im Sommer 1914 für die Verbreitung Péguys in Deutschland ein (siehe Charles Péguy. In: Ernst Robert Curtius: Die literarischen Wegbereiter des neuen Frankreich. Potsdam: Gustav Kiepenheuer 1919, S. 207-247).

mit dem ich im Sommer verkehrte] Siehe Simmel an Pierre Bucher vom 18. Juni und 11. Juli 1914.

Diese beiden lagen sich im Schützengraben gegenüber ... beide gefallen] Péguy, am 2. Aug. 1914 mobilisiert, war mit seinem Infanterieregiment vom 20. bis 28. Aug. 1914 in Lothringen und fiel, auf dem Rückzug, in der Nähe von Villeroy, 22 km vor Paris, am 5. Sept. 1914, dem ersten Tag der Marneschlacht (Dictionnaire des littératures, a. a. O.). Stadler, am 31. Juli 1914 als Leutnant der Reserve einberufen, war mit seiner Truppe durch die Vogesen gezogen und hatte am 29. Aug. Raon l'Étape, ca. 80 km westlich von Straßburg, erreicht; er fiel am 30. Okt. 1914 in der Schlacht bei Ypern in Flandern (Stadler Freundeskreise, S. 247-252, 269). – Zu der »Geschichte«, deren Niederschlag als Zeitungsnotiz hier nicht weiter verfolgt wurde, schreibt Hans Naumann, der auch mit Simmel bekannte Freund Stadlers (siehe Simmel an Bucher vom 11. Juli 1914): »Es haben sich an Stadlers Tod alsobald mancherlei seltsame Legenden geknüpft. [...] Aber die schönste Legende ist die, die zu berichten weiß, wie er von Schützengraben zu Schützengraben bei Vailly oder Craonne Charles Péguy, den ihm geistesverwandten jungen französischen Dichter, in dem die Neigung zur gleichen brüderlichen Güte brannte und dessen Verse er 1913 übersetzt hatte, begrüßt und gesprochen haben soll. Wie ein wehmütig-glücklich-sehnsüchtiges Traumbild, schnell wieder nach wenigen Augenblicken ersterbend und verlöschend, soll diese Begegnung den beiden Dichtern gewesen sein« (Ernst Stadler: Worte zum Gedächtnis. Berlin-Wilmersdorf: Alfred Richard Meyer 1920, S. 30f.). Wäre dies nicht eine Legende, so hätte wohl ›Die Aktion‹ entsprechend berichtet, als sie Péguys Tod anzeigte (Heft vom 10. Okt. 1914), dann mit einem Bekenntnis zu Péguy und dessen Erzählung ›Maria in Schmerzen‹ (ohne Übersetzerangabe) das Heft vom 24. Okt. 1914 eröffnete und einen Monat später Stadlers Tod anzeigte mit dem Nachsatz: »Nun ist er seinem Freund Charles Péguy, dessen Werke er uns vermittelte, gefolgt« (Deckblatt des Heftes vom 21. Nov. 1912).

Am Sonntag war ich mit Hans] Also am 21. März 1915. – Über diesen Ausflug ist sonst nichts bekannt. Hans Simmel erinnert sich generell: »Im Laufe des Sommers [1915] konnten die Eltern und ich manchmal in den Schwarzwald fahren und Wanderungen machen. Die Mutter ging oft bis zu einem schönen Punkt mit, der Vater und ich liefen noch ein Stück weiter und holten sie dann wieder ab« (S. 81).

Donner von den Vogesengefechten] Auch Hans Simmel, der sich im Aug. 1915 nachts mit Heini Rickert auf dem Feldberg im Schwarzwald traf, gibt einen ähnlichen Eindruck wieder: »Es waren damals schwere Gefechte in den Vogesen am anderen Rande des Rheintales. Unaufhörlich hörte man das Schiessen, und oft zitterte der Boden bei uns von den schweren Explosionen. Unten im Tal, in Strassburg oder Freiburg, hörte man das alles viel schwächer – so war es eine sehr eindrucksvolle und nachdenkliche Stimmung« (S. 82).

Shrapnells] Nach der englischen Schreibweise des von Henry Shrapnel (1761-1842) erfundenen, mit Hartblei- oder Stahlkugeln gefüllten Artelleriegeschosses, dessen Wirkung auf der Streuung der großen Zahl von Kleinstgeschossen beruhte, die in eine rauchbildende Masse (›Shrapnel-Wölkchen‹) eingebettet waren (EEW; Brockhaus).

Georg Simmel an Martin Buber

Brief vom 31. März 1915
Hs.; JNUL Jerusalem, Buber Archive

Straßburg 31 III 15

Lieber Herr Doktor!

Ich weiß aber nicht, ob meine Bürgschaft noch den erforderlichen Kredit hat.

Wie es uns geht, kann ich nicht sagen. Wer giebt sich jetzt Rechenschaft über sein persönliches Ergehen? Will man aber durchaus wissen, wie es dem andern geht, so lese man die täglichen Depeschen.

Mit besten Grüßen von Haus zu Haus Ihr

S.

meine Bürgschaft … Kredit hat] In welchem Zusammenhang Buber in einem verschollenen Schreiben Simmels Bereitschaft zu einer »Bürgschaft« erfragte, ist nicht bekannt. Vielleicht betraf es die Vorphase zur Gründung der Zeitschrift ›Der Jude‹, für die Buber über die Bürgschaft hinaus auch Simmels Mitwirkung als Beiträger erhoffte (siehe Simmel an Martin Buber vom 17. Nov. 1915).

Georg Simmel an Margarete von Bendemann

Postkarte vom 1. April 1915
Hs.; LBI New York, Susman Collection

Straßburg I IV 15

Liebe Susa,

ich habe von Lepsius' deine Adresse erfragt, da ich hörte, daß du in Berlin bist u. alle bisherigen Versuche, zu dir zu dringen, gescheitert sind. Werden dir denn Postsachen nach Rüschlikon nicht nachgeschickt? Wir wissen seit Monaten nichts von dir. – Von hier giebt es nichts zu berichten, wie es einem so von Tag zu Tag geht, weiß ja jeder vom andern, wenn er die Nachmittagsdepesche liest. Ich habe für einige Wochen eine einigermaaßen nützliche Tätigkeit bei der Zuteilung der Kriegsunterstützungen gefunden. Die Frau ist auch in diesem Ressort tätig, Hans übt weiter seine recht anstrengende, aber sehr befriedigende Arbeit aus. Es ist eine wunderliche, völlig unkonstruirbare Existenz, in die Gegenwart versenkt wie nie zuvor, u. für die Zukunft lebend, wie gleichfalls nie zuvor. Wenn dies nur [für eine] nennenswerte Zahl von Deutschen als Ertrag d[er Zeit] bliebe: das Bewußtsein, mit jeder Minute u. jedem Gedanken *verantwortlich* zu sein, so lohnte es die Opfer. Vorher waren wir entweder uns selbst verantwortlich oder der Idee – nun aber sind wir *historisch* verantwortlich, für Deutschland, u. durch Deutschland hindurch für Europa, u. durch Europa hindurch für die Menschheit. Oder vielleicht, wir waren es immer, aber kaum irgend jemand hat es mit konkreter Empfindung gewußt. Das ist so ungeheuer in dieser Zeit: das *Konkretwerden* des Abstrakten u. Ideellen. Damit sind so viele Gegensätze, die sich innerhalb der Abstraktion auftaten, einfach hinfällig geworden: zwischen dem Individuellen u. dem Sozialen, zwischen der Deutschheit überhaupt u. dem Reich, zwischen der absoluten Forderung u. dem blos Zulässigen u. viel andres. U. hier wie sonst empfinde ich die Umgestaltungen durch den Krieg nicht als seine Improvisationen, sondern er hat nur gereift, was längst vorbereitet war, aber sich nicht recht entschließen konnte, reif zu werden. So ist er, so wenig wir ihn gewollt haben, doch ein organischer Prozeß des deutschen Geistes. –

Deinen Beitrag im *Zeitecho* habe ich gelesen. – Alles Liebe u. Gute von uns an dich u. die Männer.

G.

Postkarte vom 1. April 1915] An: Frau / *Marg. v. Bendemann / Berlin W / Landshuterstr. 4* / bei Frau *Hammerschlag*; mit Absenderstempel: Prof. Simmel / Strassburg Els. – Poststempel: Straßburg (Els.) 1 2.4.15 3-4 N; Prüfstempel: Straßburg (Els.) P.K. [unles] zu befördern. Textverluste durch Wassereinwirkung.

Lepsius'] Gemeint sind die in Berlin-Westend lebenden Freunde Sabine und Reinhold Lepsius.

in Berlin bist] Margarete von Bendemann hielt sich von spätestens 8. März bis Anfang April 1915 in Berlin bei ihrer Schwester Paula Hammerschlag auf (vgl. die Postnachsendung von Simmel an Margarete von Bendemann vom 5. März 1915 sowie Olga Groethuysen an Margarete von Bendemann vom 9. April 1915, DLA Marbach, Nl Susman).

seit Monaten nichts von dir] Zur vermutlich letzten Nachricht siehe Simmel an Margarete von Bendemann vom 5. März 1915.

Tätigkeit bei der Zuteilung der Kriegsunterstützungen gefunden] Simmel war wohl einer der beiden in diese Tätigkeit nachgerückten Dozenten, die das Bürgermeisteramt zur Unterstützung angefordert hatte (siehe Simmel an Emil Faktor vom 20. Sept. 1914). Zur Dokumentation siehe Simmel an Unbekannt vom 18. Aug., 21. Sept. und 18. Okt. 1915 sowie Karl Hauters Berichte: »So hatte er [d. i. Simmel] in der ersten Kriegszeit ein Amt in der sozialen Kriegsversorgung angenommen. Man konnte ihn in einem Büro des Bürgermeisteramtes treffen. Umgeben von einem von ihm selber zusammengestellten Mitarbeiterkreis, beschäftigte er sich mit den Angehörigen der in den Militärdienst berufenen Väter und Söhne, deren Arbeitslohn der Familie nicht mehr zufloß« (Erinnerungen an Simmel. In: BdD, S. 252). »Er arbeitete an der Berechnung der diesen Familien zustehenden Entschädigungen« (Brief an Michael Landmann vom 18. April 1961, SBPK Berlin, Nl 125).

Die Frau ist auch in diesem Ressort tätig] Siehe zu Gertrud Simmels Tätigkeit Simmel an Margarete von Bendemann vom 5. März 1915.

Hans ... Arbeit] Zu Hans Simmels Dienst im Lazarett XVI siehe Simmel an Edmund Husserl vom 15. Dez. 1914.

Beitrag im *Zeitecho*] Margarete Susman: Vom Krieg und von Gott. Zeit-Echo. Ein Kriegstagebuch der Künstler, 1914-1915, Heft 11, S. 164-167. – Zum Zeit-Echo und Simmels eigener Beiträgerschaft siehe Simmel an Friedrich Markus Huebner vom 5. und 21. Nov. 1914.

die Männer] Ehemann Eduard und Sohn Erwin von Bendemann.

Georg Simmel an Helmer Key

Brief vom 12. April 1915
Tps. m.e.U.; SBPK Berlin, Autogr. I/2463

Strassburg (Elsass), den 12. April 1915.

Sehr geehrter Herr!

Ihre Frage, welche Aussichten für das Wiederaufleben einer europäischen Gemeinschaft der geistigen Kultur bestehen, ist heute noch nicht in einer Weise zu beantworten, die selbst auf das geringste Mass wissenschaftlicher Objektivität und Wahrscheinlichkeit Anspruch machen kann. Gerade so dunkel, wie die politische und die wirtschaftliche Zukunft Europas, ist die geistig-kulturelle. Dies scheint freilich paradox, weil jedes europäische Land einen alten, seine geistige Weiterentwicklung bedingenden Besitz an wissenschaftlicher und religiöser, künstlerischer und philosophischer Kultur besitzt, der mit dem Besitz des andern in einer Weise verwandt und verbunden ist, zu der die politischen und wirtschaftlichen Interessen kaum eine Analogie zeigen. Allein dies wird dadurch ausgeglichen, dass die geistigen Beziehungen von Land zu Land viel mehr als diese anderen von den Stimmungen und Neigungen einzelner Persönlichkeiten abhängig sind. Und diesen scheint im allgemeinen eine Wiederaufnahme solcher Beziehungen so völlig fern zu liegen, dass es ganz nutzlos ist, jetzt über deren Chancen Betrachtungen anzustellen. Wir müssen abwarten, ob der Friedensschluss hier etwa einen unerwarteten Umschwung bringt. Wenn ich meine *ganz persönliche* Meinung aussprechen darf, so ist sie freilich ziemlich pessimistisch. Das geistige Gebilde Europa, an dem wir älteren gebend und nehmend teil zu haben glaubten, ist so zerrissen, dass mir sein Wieder-Zusammenwachsen in ganz weiter Ferne zu liegen scheint. Nicht nur die akute Erbitterung hat es gesprengt, sondern bei dieser Gelegenheit zeigt sich eine Fremdheit und Spaltung der tiefsten Wesensrichtungen und letzten Ueberzeugungen, die von dem Gemeinsamen und den friedlichen, hin- und hergehenden Beziehungen nur oberflächlich überdeckt waren. Mit Grauen sehen wir in diese Abgründe zwischen den Gesinnungen der Gelehrten und Künstler der verschiedenen Nationen hinein, die stets bestanden haben müssen und die die jetzige Erschütterung erst sichtbar gemacht hat. In dieser Lage scheint es mir nur zwei praktische Direktiven zu geben. Zunächst, dass man diese Zerrissenheit nicht unnütz steigere, nicht über die notwendige Selbstbehauptung hinaus, und dass man den rein sachlichen Wert der Leistungen der Gegner unangerührt lässt. Zweitens aber – und das ist das wichtigere – dass man innerhalb der nationalen Begrenzung, in der voraussichtlich das geistige Leben der nächsten Jahre verlaufen wird, die Leistungen auf das höchste zu steigern sucht. Je vortrefflichere Werke eine Nation auf jeglichem Kulturgebiet hervorbringt, desto mehr werden die andern Nationen veranlasst, ja genötigt sein, sich darum zu kümmern und es sich zu eigen zu machen. Wenn die Leistungen der Kulturvölker sich aus ihrem nationalen Boden heraus in eine neue, unerhörte Höhe heben, so werden sie in dieser ganz von selbst einander berühren, zusammenwachsen, einander unentbehrlich werden. Diese rein *sachliche* Steigerung des nationalen Schaffens scheint mir am meisten, vielleicht allein die Hoffnung zu begründen, dass in absehbarer Zeit ein irgendwie zusammengehöriges, geistig-kulturelles Europa entstehe.

Ueber die Stimmungsgrundlage, von der aus die Wiederanknüpfung friedlicher Beziehungen zu unsern Gegnern in Frage kommen wird, lässt sich deshalb nichts sagen, weil der Ausgang des Krieges sehr wesentlich über sie entscheiden wird. Da Sie aber nach dem *jetzigen* Stande der Stimmungen fragen, kann ich Ihnen eine, wohl ziemlich allgemein gültige Auskunft geben. Gegen Frankreich besteht in Deutschland keinerlei Hass, wenn man von vereinzelten Fanatikern absieht und von der Erregung, die die Behandlung unserer Zivilgefangenen in Frankreich bei uns hervorgerufen hat. Im allgemeinen aber achten wir die Franzosen als die in kriegerischer Tugend am höchsten stehenden unter unsern Gegnern und für die der Krieg am wenigsten eine Frivolität war. Zudem sind wir überzeugt, dass das französische *Volk* den Krieg so wenig gewollt hat wie wir, sondern dass es durch seine frühere Politik einfach *genötigt* ist, sich für England und, in zweiter Linie, für Russland zu verbluten. So sehr jeder Mensch in Deutschland entschlossen ist, den Krieg gegen Frankreich mit der äussersten Kraftanstrengung zu führen, so wenig wir jetzt zu Sentimentalitäten geneigt sind, so besteht daneben doch in weiten Kreisen von Deutschland ein tiefes Bedauern über das tragische Verhängnis dieser genialen Nation. Bei aller Leidenschaftlichkeit in unsern litterarischen Kriegsäusserungen – deren Geschmack ich nicht in allen Fällen verteidigen will – habe ich niemals niedrige Schmähungen und Verleumdungen des französischen Volkes gefunden, die irgendwie denen entsprächen, zu denen ein Bergson und Boutroux, ein Anatole France und Sabatier sich Deutschland gegenüber haben hinreissen lassen. – In Bezug auf Russland empfinden wir unversöhnliche Feindschaft nur gegen die sogenannte ›Grossfürstenpartei‹, die wir für den eigentlichen Urheber dieses entsetzlichen Krieges halten. Eine Empörung gegen das russische *Volk* ist eigentlich erst seit der sinnlosen Verwüstung Ostpreussens entstanden. Allein auch diese Empörung ist sozusagen akuter Natur, im allgemeinen empfindet man in Deutschland die Russen als etwas so Fremdartiges, so wenig Europäisches – wie ihre besten Geister es ja auch tun – dass man sie weder lieben noch eigentlich hassen kann. Ueber unsere Empfindungen gegen England aber brauche ich Ihnen wohl nichts zu sagen. Dass ein Volk, das nie die geringste Feindseeligkeit von uns erfahren hat, über uns herfällt und unsere Existenz vernichten will, und zwar ausschliesslich im Interesse seiner kommerziellen Machtsphäre – darüber werden Generationen nicht hinwegkommen. Uns ist wahrhaftig nicht zum Lachen zumute. Aber über das Pathos, mit dem Engländer verkünden: sie kämpften für den demokratischen und liberalen Gedanken in der Welt gegen die in Deutschland verkörperte Autokratie und Tyrannei – darüber können wir wirklich nicht ernsthaft reden, und umso weniger, als uns dies nicht einmal auf Heuchelei zu beruhen scheint, sondern nur auf einer wahrhaft atemraubenden Unkenntnis und Unverständnis des wirklichen Deutschlands.

Was nun die Neutralen angeht, so hat das Verhalten einiger derselben eine tiefschmerzliche Stimmung bei uns hervorgerufen. Ich will hierauf nicht eingehen, sondern nur die Tatsache feststellen. *Ganz* rein ist unsere Stimmung nur gegenüber den skandinavischen Völkern; an ihnen allein empfinden wir eine Neutralität, die nicht nur notdürftig und äusserlich ist, von der wir nicht verlangen können und nicht verlangen, dass sie mehr Sympathien für uns als für unsere Gegner enthalte, die es uns aber nicht verwehrt, unsererseits unsere Sympathien dorthin zu richten. Es liegt tief im deutschen Wesen, fremde Völker zu lieben. Wir haben entsetzliche Erfahrungen damit gemacht. Und es ist uns ein Lichtpunkt in dem Dunkeln um uns herum, dass es irgendwo in Europa noch Völker giebt, von denen wir solches nicht zu befürchten haben.

*

Sie werden diesen Brief natürlich in schwedischer Sprache veröffentlichen. Da ich aber aus vielen Erfahrungen weiss, wie äusserst schwierig es ist, meine Ausdrucksweise in einer andern Sprache wiederzugeben und da viele Ihrer Landsleute deutsch verstehen, so halte ich es für richtig, daneben auch den Abdruck des Originals zur Bedingung dieses Beitrags zu machen.

In vorzüglicher Hochachtung

Prof. Dr. Georg Simmel

Brief vom 12. April 1915] Mit hs. Korrekturen Simmels (s. u.) und im Folgenden nicht näher vermerkten Bleistiftanstreichungen von fremder Hand.

Ihre Frage] Das Anschreiben von Helmer Key ist verschollen; es erfolgte im Auftrag des Svenska Dagbladet, das von Sonntag, den 25. April bis Sonntag, den 25. Juli 1915 insgesamt 64 Antworten auf eine an herausragende Persönlichkeiten aus aller Welt gerichtete Umfrage zu den Möglichkeiten der künftigen internationalen Zusammenarbeit auf kulturellem Gebiet veröffentlichte und zu der den Adressaten vorgelegten Frage schreibt: »Hvilka följder kommer kriget att medföra för det internationella samarbeted på kulturens område? / I hvilken mån kommer det, sedan freden en gång blitvit sluten, att möta svårigheter att återknyta de förbindelser, som vetenskavernas, litteraturens och konsternas utöfvare ingått till främjandet af andliga intressen, men som nu äro upprifna på grund af de intresse- och känslomotsatser som under kriget framträdt och skärpts?« (Hur slall det genom kriget afbrutna intellektuella samarbeit kunna återknytas? Svenska Dagbladet anordnar en värdsenquête med svar från kulturarbetets främste. In: Svenska Dagbladet, Nr. 110 vom 25. 4. 1915, S. 1). – Zum Abdruck von Simmels Antwort im Svenska Dagbladet, Nr. 130 vom 16. Mai 1915, siehe GSG 17, S. 128-131, 469-471 und 560-561.

Wieder-Zusammenwachsen] Gemäß hs. Korrekturanweisung im Abdruck: Wiederzusammenwachsen.

Leistungen] Original und Abdruck: Leistung.

Zivilgefangenen in Frankreich] Zu Simmels Bemühungen um die deutschen Internierten in Frankreich siehe Simmel an Margarete von Bendemann vom 21. Sept., 20. Okt. und 16. Nov. 1914 sowie vom 5. März 1915.

als] Von Simmel hs. eingefügt.

verbluten] Hs. Korrektur Simmels von ursprünglich: verbünden.

Bergson] Zu den propagandistischen Äußerungen Henri Bergsons siehe Simmel an Friedrich Curtius vom 16. März 1915. – Simmel wohl unbekannt war Bergsons kurze Antwort auf die Umfrage des Svenska Dagbladet, Nr. 117 vom 2. Mai 1915, S. 1.

Boutroux] Siehe Simmel an Friedrich Curtius vom 16. März 1915. – Auch von Emile Boutroux sollte später eine Stellungnahme zur Umfrage des Svenska Dagbladet erscheinen (Nr. 164 vom 20. Juni 1915, S. 7).

Anatole France] Der Schriftsteller Anatole France (eigentlich Jacques-François Thibault, 1844-1924) hatte mit einem offenen Brief an den Herausgeber von ›La guerre sociale‹ (Paris, 22. Sept. 1914) gegen die Zerstörung der Kathedrale von Reims erstmals Stellung zu den kriegerischen Ereignissen bezogen. Da er seinen patriotischen Beitrag im Sinne seiner sozialistischen Grundeinstellung mit der Forderung, »que le peuple français admet dans son amitié l'ennemi vaincu« abgeschlossen und sich in der Folge starken Anfeindungen innerhalb Frankreichs ausgesetzt gesehen hatte, ließ er am 28. Sept. 1914 in derselben Zeitung einen Widerruf bzw. eine explizite Bejahung der Siegesgewißheit Frankreichs und der Angemessenheit künftiger Reparationsforderungen erfolgen, der auch im ›Journal des débats politiques et littéraires‹ abgedruckt, jedoch als Ironie mißverstanden wurde, so daß France jetzt den Kriegsminister brieflich und öffentlich aufforderte: »Faites de moi un soldat« (in: Le Gaulois: Journal de défense vom 2. Okt. 1914). Weitere patriotische Artikel waren gefolgt: so ›Pour la Noël 1914‹ (Le petit parisien vom 24. Dez. 1914), so ein Protest gegen die Bombardierung der Kathedrale von Soissons (Journal des débats politiques et littéraires vom 17. Jan. 1915) und so ein offener Brief an Alexis Thompson (Le Clarion vom 7. Mai 1915; zum Nachweis vgl. Marie-Claire Bancquart: Anatole France Polémiste. Paris: A. G. Nizet 1962, S. 559-568). Wie Bancquart an Briefen und Tagebüchern aufzeigt, entsprachen die Artikel nicht der persönlichen Meinung Anatole France, der sie 1923 als »la plus mauvaise action« seines Lebens bezeichnen sollte (ebd., S. 566). Vgl. auch Bancquart: Anatole France. Un sceptique passioné. Paris: Calman Lévy 1984, S. 342-354. – Daß das

Verhalten des Schriftstellers wie auch die Reaktion der französischen Öffentlichkeit Beachtung in der deutschen Presse fand, zeigt u. a. der Bericht (gez. E.) ›Anatole France macht Ernst‹ in der TR, Nr. 252 vom 27. Okt. 1914 (Unterhaltungsbeilage) oder auch die Zeitungsmeldung über den Protest der französischen Künstler und Gelehrten (siehe Simmel an Friedrich Curtius vom 16. März 1915).

Sabatier] Gemeint ist wohl nicht der Chemiker Paul Sabatier (1854-1941), seit 1882 Professor in Toulouse und 1912 mit dem Nobelpreis ausgezeichnet (ABF; Harenberg-Lexikon der Nobelpreisträger. Dortmund: Harenberg 1998, S. 77), dessen Antwort auf die Umfrage des Svenska Dagbladet als erste abgedruckt wurde (Nr. 110 vom 25. April 1915, S. 1). Vielmehr dürfte Simmel den ev. Theologen Charles *Paul* Marie Sabatier (1858-1928) gemeint haben. Dieser, seit dem Abschluß theologischer Studien in Paris, 1885, zunächst Vikar in Straßburg, hatte die ihm für eine Weiterbeschäftigung im Elsaß von den deutschen Behörden 1889 ultimativ auferlegte Annahme der deutschen Staatsangehörigkeit abgelehnt und wenige Jahre später dank seines neben der Tätigkeit als Pastor einer französischen Berggemeinde erarbeiteten Werkes ›La Vie de Saint François d'Assise‹ (Paris: Fischbacher 1894) binnen weniger Monate Weltruhm erlangt. Die dadurch sowie infolge weiterer Studien zur Bewegung der Franziskaner geknüpften internationalen Beziehungen hatte Sabatier nach Kriegsausbruch genutzt, um mit offenen Briefen an Mariano Falcinelli, seinerzeit Präsident der ›Société internationale des Études franciscaines‹, für die Verteidigung Frankreichs »contre une ›Kultur‹ qui n'est que l'adoration du sabre et du veau« einzutreten. Die Briefe – der erste vom 23., der hier zitierte vom 29. Dez. 1914 (s. u.) und der letzte vom 3. Juni 1915 – wurden vollständig im ›Giornale d'Italia‹ (Rom) veröffentlicht, auszugsweise auch in weiteren italienischen Zeitungen, sowie am 22. Jan. 1915 in der Londoner ›Times‹; auch broschürte Ausgaben erschienen kurz darauf (Paul Sabatier: Lettres d'un Français à un Italien. In: Entretiens des Non-Combattants. Union pour la Vérité, 1915; neu aufgelegt: Paris: Fischbacher 1916, daraus das Zitat, S. 11; ders.: The Ideals of France. Letter reprinted from *the Times* 22nd January 1915. London: Unwin 1915). Sabatier wurde 1919 zum Prof. für Kirchengeschichte an die Université de Strasbourg berufen. Vgl. Gabriel Maugain, Henri Lemaître: Paul Sabatier 1858-1928. Paris: Fischbacher 1931; Maurice Causse: Le témoignage de Paul Sabatier (1858-1928). Études Théologiques et Religieuses 66, 1991, Heft 2, S. 207-215, Heft 3, S. 383-395, Heft 4, S. 505-521.

›**Grossfürstenpartei**‹] Simmel spricht hier wohl die konservativen Anhänger der Kriegspolitik des Zaren an, der anläßlich der allgemeinen

Mobilmachung 1914 Nikolaj Nikolajewitsch (1856-1929), Großfürst von Rußland, zum Höchskommandierenden aller russischen Land- und Seestreitkräfte ernannt hatte (Vgl. EEW, S. 743).

befürchten haben] Ende des Abdrucks (s. o.)

Abdruck des Originals zur Bedingung ... zu machen] Das Svenska Dagbladet nahm die »Bedingung« an und erläuterte einleitend zur deutschen Fassung: »Professor Simmel har í ett särskildt tillägg fordrat att hans svar tryckes äfven pà originalspràket, då han betviflar möjligheten af en exakt nyansered öfversättning. Villkoret, uppfylles härmed, och sakkuniga lăsare må själfva döma, om prof. Simmel haft skăl för sina farhågor.«

Georg Simmel] Die im Abdruck faksimiliert wiedergegebene Unterschrift entspricht nicht der des Briefes.

Georg Simmel an Margarete von Bendemann

Postkarte vom 2. Mai 1915
Hs.; LBI New York, Susman Collection

Straßburg 2 v 15

Liebe Susa,

es scheint, als ob du nur durch die schärfsten Zwangsmittel zu einem Lebenszeichen zu bewegen wärst. Vielleicht tut diesen Dienst die Frage, ob ihr in den nächsten Wochen oder Monaten sicher in Rüschlikon seid – da ich den, freilich noch sehr problematischen Plan habe, einmal herüberzufahren. Es wäre doch recht angebracht, wenn man sich wieder einmal sähe! – Von hier ist nichts mitzuteilen, das Leben geht in diesem abgeschlossenen, von außen eigentlich unzugänglichen Bezirk, in größter äußerer Regelmäßigkeit u. Stille vor sich u. es ist schwer, damit zusammenzubekommen, daß kontinuirlich wie die Zeit selbst das ungeheure Schicksal darüber schwebt. Täglich wird einem die Aufgabe unüberwindlicher, aber auch unerläßlicher: daß der Weg zu allem Zeitlosen u. Überwirklichen jetzt durch ein Zeitlich-Aktuelles, unmittelbar Konkretes hindurchgeht!

Was weißt du von Groethuysen?

Alles Gute u. Liebe von deinem

G.

Postkarte vom 2. Mai 1915] An: Frau / *Marg. v. Bendemann / Rüschlikon* bei *Zürich*; mit Absenderstempel: Prof. Simmel / Strassburg Els. – Poststempel: Straßburg (Els.) 3. 5. 15 5-6 V – Prüfstempel: Geprüft und zu befördern P.K. Strassburg (Els.).

schärfsten Zwangsmittel] Siehe Simmel an Margarete von Bendemann vom 1. April 1915.

Rüschlikon] Heimatadresse der Familie von Bendemann.

Was weißt du von Groethuysen?] Es bleibt ungewiß, ob Simmels Frage dem Ausgang der Bemühungen Margarete von Bendemanns, Bernhard Groethuysens Rückkehr nach Deutschland zu erwirken, galt. Groethuysen befand sich seit Kriegsausbruch im Internierungslager von Châteauroux (siehe Simmel an Margarete von Bendemann vom 21. Sept. 1914); Margarete von Bendemann, die aufgrund ihres Wohnsitzes in der Schweiz mit ihm korrespondieren konnte, war offensichtlich beteiligt an den auch von Groethuysens französischen Freunden und Kollegen betriebenen Bemühungen um dessen Freilassung, deren Ergebnis sich allerdings darauf beschränkte, daß Groethuysen auf »Initiative des Innenministeriums« ärztlich untersucht und aufgrund des nachweislich labilen gesundheitlichen Zustandes Ende März 1915 für haftunfähig erklärt wurde; fortan konnte er »unter strengen Auflagen in Châteauroux eine eigene Wohnung« mieten und ortsgebunden seine Forschungen fortführen (Große Kracht, S. 79f., 90). Dies bildet den Hintergrund zu Margarete von Bendemanns Erinnerung an ihr Engagement zu Beginn des Weltkrieges: »Ich versuchte zunächst, Deutsche aus den französischen Gefangenenlagern zu befreien, und bei manchen, zum Beispiel Bernhard Groethuysen, ist es mir durch eine langwierige Korrespondenz mit französischen Geistlichen und Regierungsstellen auch wirklich gelungen« (Susman, S. 83). Zu Simmels eigenen Bemühungen siehe Simmel an Margarete von Bendemann vom 16. Nov. 1914.

Georg Simmel an Anna Jastrow

Postkarte vom 6. Mai 1915
Hs.; LBI New York, Simmel Collection

Str. 6 v 15

Liebe Freundin,

vielen Dank für Ihren Brief. Sie müssen es mir aber verzeihen, wenn ich im Augenblick nicht gebührend darauf antworten kann. In dem Fieber der Gegenwart u. dem kaum erträglichen Druck der Gedanken an die Zukunft kann ich die Stimmung zu einem Brief nicht finden, die doch immer eine Art von Distanz voraussetzt. Ich kann jetzt nicht betrachten, sondern nur dasein, ich bin zu tief in den Strom versenkt, um zugleich am Ufer zu stehn. *Sprechen* könnte man, ja man müßte es, aber nicht schreiben, denn das Sprechen ist ein unmittelbareres Leben, als Briefschreiben. Was äußerlich von hier zu erzählen ist, werden Sie von Hans hören. Ich gönne ihm so sehr ein paar Berliner Tage, denn er ist nun 9 Monate Tag für Tag im Amt u. entbehrt namentlich Jugend. Es ist traurig für ihn, immer nur mit uns alten Leuten zu sein, die mit aller Bemühung, die Luft um ihn möglichst leicht u. frei zu halten, eben doch ein völlig andres Lebensgefühl haben, als er. Er hat in seiner Tätigkeit einen Gegenwartswert, in dem er unmittelbar reifen u. aus dem er Kraft ziehen kann. Für mich, bei meiner Tatenlosigkeit (trotz allerhand Geschäftigkeit u. Arbeiten) ist die Gegenwart schlechthin erdrückend u. ich kann nur davon leben, daß meine Vergangenheit ein Millionstel dazu beigetragen hat, daß die deutsche Seele so ist, wie sie sich zeigt, u. daß meine Zukunft noch ein halbes Millionstel zu dem Aufbau des künftigen Deutschland beitragen soll.

Alles Gute u. Herzliche Ihnen Allen! Ihr

GS.

Postkarte vom 6. Mai 1915] An: Frau / Anna Jastrow / Charlottenburg-Westend / Nußbaumallee 24; Poststempel: STRASSBURG [Datum unles.]; Prüfstempel: Straßburg (Els.) P.K. Geprüft und zu befördern.

Ihren Brief] Verschollen.

Hans … paar Berliner Tage] Hans Simmel erinnert sich an diese Unterbrechung seiner Arbeit im Straßburger Lazarettdienst (siehe Simmel an Margarete von Bendemann vom 9. Aug. 1914 und an Edmund Husserl vom 15. Dez. 1914): »Im Frühjahr 1915 war ich ein paar Tage in Berlin, wo einem alles sonderbar ›entfernt‹ vorkam und viele Leute noch nicht zu wissen schienen, was Krieg bedeutet« (S. 81).

Arbeiten] Unsichere Lesart.

Ihnen Allen] Ehemann Ignaz Jastrow und den Töchtern Elisabeth und Charlotte Beate.

Georg Simmel an Karl Sapper, Dekan der philosophischen Fakultät der KWU

Notiz von oder nach dem 21. Mai 1915
Hs.; ADBR Strasbourg, AL 62, Paq. 36

Gesch. d. Philosophie bis Kant	Mi Do Fr 4-5
Grundzüge der Logik	Mi Fr 5-6
Übungen	Do 5-6

Notiz von oder nach dem 21. Mai 1915] Die Notiz befindet sich auf einem hs. Schreiben des amtierenden Dekans Karl Sapper mit dem Briefkopf »Die Philosophische Fakultät der Kaiser Wilhelms-Universität zu Straßburg«, dem Datum »Straßburg, den 21. Mai 1915« und des Wortlauts: »Ich ersuche die Herren Kollegen nachstehend mitteilen zu wollen: die Vorlesungen u. Übungen, die in diesem Semester tatsächlich gehalten wurden, unter Angabe der Zeiten (Tage u. Stunden) Sapper.« Simmels namentlich nicht gezeichneter Eintrag ist der 10. der insgesamt 32, in der Regel signierten Einträge der Lehrenden der Fakultät.

Gesch. d. Philosophie ... Übungen] Dies entsprach thematisch und zeitlich den von Simmel für das SS 1915 (15. April – 14. Aug. 1915) angekündigten Veranstaltungen: »Allgemeine Geschichte der Philosophie von den Griechen bis Kant«, »Grundzüge der Logik« und »Im Seminar: Übungen über Schopenhauers Ethik« (Vorlesungsverz. Straßburg SS 1915, S. 21 f.).

Georg Simmel an Karl Sapper, Dekan der philosophischen Fakultät der KWU

Notiz von oder nach dem 21. Mai 1915
Hs.; ADBR Strasbourg, AL 62, Paq. 36, J.-N. 49

Simmel Donnerstag 6 Uhr im philosophischen Seminar

Notiz von oder nach dem 21. Mai 1915] Die Notiz befindet sich auf einer hs. Bitte des amtierenden Dekans Karl Sapper (Briefkopf und Datumsangabe entsprechen vorstehendem Schreiben): »Ich ersuche die Herren Kollegen nachstehend mitteilen zu wollen, wann u. wo dieselben am sichersten zu sprechen wären.«

Georg Simmel an Margarete von Bendemann
Postkarte vom 27. Mai 1915
Hs. o. U.; LBI New York, Susman Collection

Str. 27 V 15

Liebe Susa,

ich überlegte mir schon das Datum meiner Reise nach Zürich, als Italien – –. Nun bricht die Idee Europa noch rettungsloser auseinander, als ich glaubte, der alte europäische Boden, auf dem wir so sicher hingingen, ist von solchen Abgründen durchrissen, daß man nicht weiß, ob man nicht beim nächsten Schritt in einen hineinstürzt. Die deutsche Grenze jetzt zu überschreiten, ist ganz undenkbar. Daß wir dieses Schicksal in Getrenntheit von allen Freunden durchleben müssen – das gehört auch zu ihm. Könnte man wenigstens nachher (nachher!) zusammensein, wenn es wiederaufzubauen gilt! Man darf ja an das Nachher nicht denken, um nicht die gesammelte Kraft für die Gegenwart zu schwächen. Aber ich habe ein nicht weiter zu begründendes Gefühl, daß für die unerhörten Aufgaben des künftigen Deutschland ein näherer Zusammenschluß (auch räumlich!) der Zusammengehörigen segensreich wäre. Nur über Groeth. habe ich ein ängstliches Gefühl – es ist ja garnicht möglich, all das Schiefe u. Verquere wieder zurechtzurücken, mit dem sein Bewußtsein in dieser Zeit erfüllt worden ist. Unsre Erlebnisse lassen sich nicht nachholen, sie sind an ihre Wirklichkeit gebunden u. wer diese Wirklichkeit nicht miterlebt hat, der hat für uns tote Stellen, über die hier keine Berührung möglich ist. – Wir leben hier still u. fleißig, freilich ist es immer zu wenig was man tun kann. Ich habe auch angefangen, wieder zu arbeiten, die italienischen Ereignisse haben wieder alles durchrissen, doch beginne ich wieder, mich etwas zu fassen. Ich arbeite an einem Büchlein über *Rembrandt*, um den Sinn der germanischen Kunst gegenüber der romanischen herauszustellen. Augenblicklich interessirt mich das Problem des Dreiecks, für das ich in der ganzen Literatur keine Lösung finde, ich glaube auf dem Wege dazu zu sein – aber wer kann jetzt einen Weg des Geistes zu Ende gehn?

Tausend Grüße von uns an euch, u. alles Liebe u. Gute.

Postkarte vom 27. Mai 1915] An: Frau / *Marg. v. Bendemann / Rüschlikon* bei *Zürich*; mit Absenderstempel: Prof. Simmel / Strassburg (Els.); Poststempel: Straßburg (Els.) 27. 5. 15 5-6 N; Prüfstempel: Geprüft und zu befördern P.K. Strassburg (Els.).

Reise nach Zürich] Siehe die von Simmel mit Schreiben vom 2. Mai 1915 gegenüber Margarete von Bendemann angesprochene Erwägung, die Familie von Bendemann in Rüschlikon am Zürichsee anläßlich einer Reise in die Schweiz zu besuchen. Ziel und Zweck der beabsichtigten Reise sind nicht ermittelt.

als Italien] Italien hatte Österreich-Ungarn am 23. Mai 1915 den Krieg erklärt (EEW: Chronik, S. 987).

Nur über Groeth. ... sein Bewußtsein in dieser Zeit erfüllt worden ist] Bernhard Groethuysen, seit 1. Aug. 1914 in Châteauroux interniert, engagierte sich dort für die Organisation des Gefangenenwesens. Simmel mag die hierfür erforderliche Zusammenarbeit mit französischen Verwaltungsstellen und Groethuysens privilegierte Stellung (siehe Simmel an Margarete von Bendemann vom 21. Sept. 1914 und 2. Mai 1915) dafür verantwortlich gesehen haben, daß Groethuysen seiner Ansicht nach nicht mehr wie selbstverständlich »das *Vertrauen* in die geistige Haltung dieses Volkes« hätte, »ohne das das Aufwachsen eines neuen geistigen Europa nicht geschehen« könne (Simmel an Friedrich Curtius vom 16. März 1915). Dazu komme die Sorge, daß die Zivilgefangenen in Frankreich »gebrochne Menschen« werden könnten (Simmel an Hugo Liepmann von Ende Juni 1915).

Wir leben hier ... fleißig] Angesprochen sind die Betätigungen der Eheleute Simmel bei der »Zuteilung der Kriegsunterstützungen« (Simmel an Margarete von Bendemann vom 1. April 1915) sowie Hans Simmels Arbeit im Lazarett (siehe ebd.).

Büchlein über *Rembrandt*] Rembrandt. Ein kunstphilosophischer Versuch. Leipzig: Kurt Wolff 1916 (GSG 15, S. 305-515).

Dreiecks] Im Original: Dreieck.

Gute.] Im Original folgt hier der Absenderstempel.

Georg Simmel an Margarete von Bendemann
Postkarte vom 9. Juni 1915
Hs.; LBI New York, Susman Collection

Straßburg 9 VI 15

Liebe Susa,

also – wenn die Götter es nicht anders beschlossen haben, treffe ich an diesem Sonntag um 12.36 in *Müllheim* ein, u. du einige Minuten früher. Ich denke, daß wir uns auf dem Bahnhof treffen. Für alle Fälle: ich schlage vor, im *Schwanen* zu wohnen. Es giebt zwar ein Bahnhofshotel, das ¼ St. näher ist, aber für einen ganzen Tag lohnt es sich, hübscher zu wohnen.

Deine Karte ist erst am 5. Tage eingetroffen. Wenn du also nicht schon am Montag spätestens geschrieben hast (d.h. abgeschickt), so telegraphire bitte im Verhinderungsfalle. Bekomme ich keine Nachricht, so nehme ich alles als geordnet an u. freue mich über alle Maaßen auf diesen Tag.

Herzliches an die Männer! Dein

G.

Postkarte vom 9. Juni 1915] An: Frau / *Marg. v. Bendemann* / *Rüschlikon* bei *Zürich*; mit Absenderstempel: Prof. Simmel/Strassburg (Els.); Poststempel: Straßburg (Els.) 9.6.15 9-10 N; Prüfstempel: Geprüft und zu befördern P.K. Strassburg (Els.).

diesem Sonntag] Simmel schrieb am Mittwoch, den 9. Juni und meinte folglich den 13. Juni 1915.

***Müllheim … Schwanen …* Bahnhofshotel]** Müllheim war Bahnstation zwischen Basel und Offenburg; das Städtchen mit 4500 Einwohnern lag 2 km östlich von der Bahn am Abhang des Schwarzwaldes am Klemmbach; dort befand sich wohl der neben dem Bahnhofshotel nachgewiesene Gasthof Schwan (Baedeker Süddeutschland, S. 52).

Deine Karte] Verschollen.

die Männer] Ehemann Eduard und Sohn Erwin von Bendemann.

Georg Simmel an Hugo Liepmann

Brief von 25. Juni 1915
Hs.; I. Flatau, Saratoga Springs N.Y., USA

25 VI 15

Verehrter Freund!

Die Zinsensendung giebt mir erwünschte Gelegenheit zu herzlichen Grüßen an Sie u. Ihre Frau. Briefeschreiben ist jetzt noch problematischer als sonst. Einerseits erscheint einem alles Persönliche unwichtig u. nicht mitteilenswert. Andrerseits habe ich oft ein ängstliches Gefühl, als könnte die Getrenntheit von allen alten Freunden während dieser ungeheuren Zeit eine Kluft entstehen lassen, über die man sich nachher schwer wieder zusammenfindet. Die Zeit hat jeden irgendwie verändert u. unvermeidlich jeden in einer besondren Weise. U. wenn man das nicht gemeinsam erlebt, so könnte man sich nachher in dieser oder jener Weise fremd vorkommen. Darum sollte man wenigstens von Zeit zu Zeit einmal ein Wort schreiben, um sich wenigstens dessen zu versichern, was von solchen Wandlungen überhaupt bleibt.

Es giebt von hier auch nichts Bemerkenswertes zu berichten. Das Straßburger Leben, in seinem Festungscharakter u. seiner Abgeschiedenheit von der Außenwelt, hat etwas Klösterliches, die Nähe der Sperrlinien übt einen Druck, wie man ihn im Reich doch wohl nicht fühlt. Wir bemühen uns alle, ein einigermaaßen nützliches Leben zu führen, was mir am wenigsten, Hans am meisten gelingt.

Übrigens will ich doch folgendes sagen. Einer nahen Freundin von uns, die in der Schweiz lebt, ist es nach vielen Mühen gelungen, einen Weg zu unsern Zivilgefangenen in Frankreich zu finden, auf dem man ihnen sicher u. schnell Unterstützungen zukommen lassen kann. Ich halte dies für sehr nötig, nicht nur aus *caritas* für diese, großenteils in der schlimmsten Lage befindlichen Opfer des Krieges, sondern weil es Männer von 20-45 Jahren sind, die Deutschland, mit seiner dezimirten Jugend, nachher dringend brauchen wird. Wir müssen also durchaus dafür sorgen, daß sie nicht als gebrochne Menschen zurückkommen. Ich habe deshalb eine private Sammlung für sie eingeleitet, die schon ein hübsches Sümmchen ergeben hat. Ich teile Ihnen dies für den Fall mit, daß Sie sich an diesem Werk beteiligen wollen u. stelle Ihnen meine Mittlerdienste zur Verfügung. Es ist tatsächlich eine in jedem Sinne gute Sache.

Für heute also nur sehr Herzliches von uns allen an Sie u. Ihre Frau! Ihr

Simmel

Es ist nicht völlig ausgeschlossen, daß ich in den ersten Augusttagen für ganz kurze Zeit nach Berlin komme; würde ich Sie u. Ihre Frau dann treffen?

Brief von 25. Juni 1915] Gedr. Briefkopf: li.: PROF. SIMMEL; re: STRASSBURG (ELS.); auf der letzten Seite Eingangsstempel: Prof. H. Liepmann/Berlin-Lichtenberg/Herzberg/Tel. Lichtenberg 192.

Zinsensendung] Diese bezieht sich auf das von Hugo Liepmann gewährte Darlehen; siehe Simmels Briefe an Liepmann vom 11. Aug. und 9. Sept. 1914 sowie vom 23. März 1915.

Straßburger Leben] Zur Normalisierung des unnormalen Lebens in der Festung Straßburg siehe Simmel an Hugo Liepmann vom 2., an Jastrows vom 16. und Agathe Liepmann vom 30. Aug. 1914.

Sperrlinien] Lesart unsicher.

nützliches Leben ... Hans am meisten gelingt] Zum kriegsbedingten kommunalen Einsatzbereich der Eheleute Simmel und zur Lazaretttätigkeit von Sohn Hans siehe zuletzt: Simmel an Margarete von Bendemann vom 1. April 1915.

Freundin ... Weg zu unsern Zivilgefangenen in Frankreich] Simmel spricht die von Margarete von Bendemann gemeinsam mit Alix Guillain, Bernhard Groethuysen und dessen Mutter verfolgten Bemühungen an, die problematische Situation der in Frankreich internierten Deutschen zu lindern (siehe Simmel an Margarete von Bendemann vom 21. Sept., 20. Okt. und 16. Nov. 1914 sowie vom 5. März 1915). Die im Teilnachlaß Susman (DLA Marbach) erhaltenen Dokumente weisen darauf hin, daß Versuche, über offizielle Stellen private Spenden an die Lager gelangen zu lassen, rasch an politische und bürokratische Schranken gestoßen waren; so hieß es etwa in einem Schreiben des Internationalen Roten Kreuzes vom 5. Okt. 1914, daß private Sammelaktionen – wie die von Margarete von Bendemann und Bernhard Groethuysen intendierte – von den Regierungen nicht geduldet würden und Spenden nur für die Heimschaffung Internierter verwendet werden könnten. Indes stellte der ›Ausschuss für deutsche Kriegsgefangene‹ vom Verein vom Roten Kreuz in Frankfurt/M. Margarete von Bendemann mit Schreiben vom 22. Juli 1915 die Übermittlung einer individuellen Unterstützung von Gefangenen in Frankreich in Aussicht; einige Briefe dokumentieren zudem, daß Margarete von Bendemann Beziehungen zu kirchlichen Vertretern knüpfen konnte, die über Schweizer Banken eingegangene Spenden in den örtlichen Lagern verteilten, und daß individuelle Patenschaften sich als ein Modus der Unterstützung bewährten (vgl. die an Margarete von Bendemann gerichteten Briefe von Paul Morice, Église Réformé de Bergerac, aus dem Jahr 1915 und die Mitteilung von Clara von Faber du Faur [1860-1944; ULB Münster: HANS], Zürich, vom 19. Aug. 1915 über wiederholte Schenkungen an einzelne Familien). – Siehe Simmel an Margarete von Bendemann vom 13. Juli 1915.

caritas] Lat.: Nächstenliebe.

nach Berlin komme] Zur Verschiebung des Plans siehe Simmel an Hugo Liepmann vom 26. Juli 1915.

Georg Simmel an Siegfried Kracauer

Brief vom 26. Juni 1915
Hs.; DLA Marbach, Nl Kracauer

Straßburg 26 VI 15

Sehr geehrter Herr Doktor!

Ihre Zuschrift hat mich sehr erfreut, da das lange Ausbleiben jeder Nachricht von Ihnen mir schon Besorgnisse erweckt hatte, die unter den jetzigen Umständen sehr nahe liegen.

Ich habe Ihren Aufsatz gleich gelesen u. will, da Sie meine aufrichtige Meinung hören wollen, sagen, daß ich ihn so wie er vorliegt nicht zu veröffentlichen raten würde. Für eine philos. Zeitschrift fehlt es ihm doch an originaler Produktivität, ganz abgesehn davon, daß ich gegen Ihre psychologische Grundvorstellung mancherlei einwenden möchte; sie scheint mir einen *circulus vitiosus* zu enthalten. Für eine Zeitung aber ist der erste Teil doch wieder zu fachmäßig. Der mittlere Teil, die Schilderung des modernen Seelenzustandes, ist zudem schon ein garzuoft mit dem gleichen Inhalt behandeltes Thema. Dagegen erscheint mir die zweite Hälfte, von S. 8 an, zur Veröffentlichung in einer Zeitung oder populären Zeitschrift geeignet. Es bedarf auch zu seinem Verständniß des Vorhergehenden garnicht, es wäre nur noch eine kurze Einleitung vonnöten. Ich halte es nicht für ausgeschlossen (wenn auch keineswegs für sicher), daß die Frankfurter Zeitung ihn nimmt. Vielleicht auch die Vossische oder die Magdeburger Zeitung.

In der Hoffnung, gelegentlich wieder von Ihnen zu hören Ihr sehr ergebner

Simmel

Ihre Zuschrift] Verschollen.

Ausbleiben jeder Nachricht ... Besorgnisse erweckt] Kracauer hatte sich wohl nach seinem Brief vom 5. Juli 1914 nicht mehr an Simmel gewandt. So blieb Simmel unbekannt, daß Kracauer, der sich gleich nach Kriegsausbruch sowohl in München wie auch in seiner Heimatstadt Frankfurt/M. vergeblich als Freiwilliger gemeldet hatte, lediglich zu örtlichen Einsätzen als freiwilliger Krankenträger reklamiert worden war. Vgl. Inge Belke: Nachbemerkung und editorische Notiz. In: SKW 9.2, S. 297.

Ihren Aufsatz] Bei dem von Kracauer überreichten Manuskript (verschollen) muß es sich um eine frühe Fassung des Aufsatzes ›Vom Erleben des Kriegs‹ gehandelt haben, der dann im Sept. 1915 in den Preußischen Jahrbüchern (CLXI, 1915, Heft 3, S. 410-422) erscheinen sollte. Inwieweit Kracauer für die Druckfassung Simmels Anregungen berücksichtigte, ist nicht zu ermitteln.

***circulus vitiosus*]** Lat.: fehlerhafter Zirkelschlag; meint heute im Allgemeinen einen »Beweis, in dem das zu Beweisende bereits vorausgesetzt wird« (HWdPh, Band 1, Sp. 1018).

Georg Simmel an Unbekannt

Widmung vom 9. Juli 1915
Hs.; Sammlung Elazar Benyoëtz

Mit verbindlichem Dank.

Simmel

Straßburg 9 VII 15

Widmung vom 9. Juli 1915] Am li. Seitenrand neben dem Titel auf einem Sonderdruck von: Simmel: Aus einer Aphorismensammlung.

Der Kunstfreund. Illustrierte Zeitschrift der Vereinigung der Kunstfreunde. Berlin-Schöneberg: Vereinigung der Kunstfreunde 2, 1915, Heft 9 [= Juni], S. 284-286; in GSG 17, S. 132-135. – Zum Adressaten: Der Besitzer des Dokuments, Elazar Benyoëtz, geb. am 24. März 1937 in Wiener Neustadt/Österreich, lebt und arbeitet seit 1939 in Jerusalem als freier Schriftsteller. Als er Anfang der 1960er Jahre am Aufbau der ›Bibliographia Judaica‹, der Vorarbeit zum Ld-j.A (seit 1964 fortgesetzt von Renate Heuer, Universität Frankfurt/M.), mitwirkte und zahlreiche Autoren persönlich kennenlernte, entstand u. a. auch seine Freundschaft mit Margarete von Bendemann, aus deren Besitz das Dokument wohl stammt. Daß sie oder auch ihr Gatte Eduard von Bendemann der Adressat der Widmung war, scheint möglich, zugleich aber in Anbetracht der distanzierend-»verbindlichen« Formulierung im Rahmen des vertraulich-freundschaftlichen Verhältnisses zwischen Simmels und von Bendemanns unwahrscheinlich (vgl. www.lyrikwelt.de/autoren/benyoetz.htm; Susman, S. 175).

Georg Simmel an Heinrich Rickert

Brief vom 12. Juli 1915
Hs.; SBPK Berlin, Nl 125 (M. Landmann)

Straßburg 12 VII 15

Lieber Rickert,

erst gestern habe ich gehört, daß *Lask* gefallen ist! Das gehört auch zu der Furchtbarkeit dieser Zeit, daß dies geschehen konnte u. ich erfahre es nach vier Wochen durch einen Zufall, wie beiläufig. Wenigstens nachträglich will ich Ihnen, der Sie doch wohl von uns der Nächstbetroffene sind, ein Wort der Teilnahme sagen. Sie werden die Empfindung haben, daß ein gutes Teil Ihrer Ernte in der Scheuer verbrannt ist. Auch von mir sind große u. schöne Hoffnungen in Masuren u. in Flandern begraben, u. einen uns sehr nahe stehenden jungen Freund haben wir an einer Krankheit verloren, ein andrer ist in Frankreich interniert u. ich habe die größte Sorge um ihn. Manchmal hat man den Eindruck, daß es eine ganze Generation kostet, ein *ver sacrum*, u. daß dies der Preis ist, der immer wieder nach Jahrhunderten gezahlt werden muß, damit alle künftigen Generationen eine neue Welt erleben. Es ist ebenso sinnlos, hier nach einem »Sinn« zu fragen, wie es unangemessen ist, das persönliche Leiden in diese große Weltrechnung einzustellen.

Meine Frau trägt mir auf, Ihnen ihren herzlichsten Anteil an Ihrem Verlust zu übermitteln.

Treulich Ihr

Simmel

***Lask* gefallen]** Der Heidelberger Philosoph Emil Lask war am 25. Mai 1915 in Turza-Mala (Galizien) gefallen (NDB; Drüll). – Lask, geb. 1875, hatte vorwiegend bei Rickert in Freiburg i. Br. und Windelband in Heidelberg studiert, 1902 sich bei Rickert promoviert und 1905 in Heidelberg habilitiert, wo er 1910 zum ao. Prof ernannt und ihm zum 1. April 1914 ein etatmäßiges Extraordinariat und die Mitdirektion des philosophischen Seminars übertragen wurde (Drüll; Schreiben des Dekans der philosophischen Fakultät an das Kultusministerium vom 24. Febr., 4. und 22. März 1913, GLA Karlsruhe 235/3134 ›Ministerium des Kultus und Unterrichts. Universität Heidelberg. Dienste. Die Lehrkanzel der Philosophie und deren Besetzung betreffend‹).

von uns der Nächstbetroffene] Heinrich Rickert und Emil Lask hatten einen regen wissenschaftlichen und freundschaftlichen Austausch gepflegt, der sich – lt. Lasks Vita zur Habilitation – auf dessen erstes Studiensemester, 1894, und »den dann auch für mein ganzes wissenschaftliches Arbeiten entscheidend gewordenen Einfluß durch die Vorlesungen und den sonstigen Unterricht des Herrn Professor Rickert« zurückverfolgen läßt (zit. n.: Uwe B. Glatz: Emil Lask. Philosophie im Verhältnis zu Weltanschauung, Leben und Erkenntnis. Würzburg: Königshausen & Neumann 2001, S. 13 [= Studien und Materialien zum Neukantianismus, Band 17]). Wechselseitige Bezugnahmen im Werk wie auch die im Lask-Nachlaß erhaltene Korrespondenz sind hier ebenso Zeugnis wie dann auch: Heinrich Rickert: Emil Lask. Ein Nachruf. FZ, Nr. 288 vom 17. Okt. 1915, 1. Mo. Bl. – Die hier angesprochene Nähe Simmels zu Lask spiegelt sich in Hans Simmels Hinweis: »Emil Lask, Privatdozent in Heidelberg, Schüler und Freund meines Vaters« (S. 83); sie dürfte in der Zeit zwischen 1901 und 1904 entstanden sein, als Lask in Berlin lebte und – lt. Berta Lasks Schlüsselroman – manchen Abend »nach dem Seminar bei Simsons [d. i. Simmels] in angeregten Gesprächen« verbrachte (Stille und Sturm. Roman. Erster Teil: Irren und Suchen. Halle/S.: Mitteldeutscher Verlag 1955, S. 294). Zu Lasks den Publikationen Simmels gewidmeter Aufmerksamkeit siehe die zahlreichen Verweise in dessen Schriften, insbesondere den nachgelassenen, die eine Auseinandersetzung mit Simmels

›Goethe‹ enthalten, im Register von: Emil Lask: Gesammelte Schriften. Herausgegeben von Eugen Herrigel. III. Band. Tübingen: J. C. B. Mohr (Paul Siebeck) 1924. Daß »ein Einfluß der Simmelschen Lebensphilosophie auf Lask nicht in toto von der Hand zu weisen ist«, betont, nicht zuletzt bestärkt durch briefliche Aussagen, Glatz (a. a. O., S. 222).

schöne Hoffnungen in Masuren u. in Flandern begraben] Simmel spricht hier wohl u. a. seinen im Nov. 1914 gefallenen »Schüler« Gerhard Veil (siehe Simmel an Margarete von Bendemann vom 19. Dez. 1914) und Ernst Stadler an, der am 30. Okt. 1914 »in Zandevoorde südöstlich von Ypern« starb (siehe Simmel an Hugo und Agathe Liepmann vom 23. März 1915).

jungen Freund ... an einer Krankheit verloren] Dazu liegt lediglich folgender Hinweis unter dem Datum 26. Juni 1915 im Tagebuch von Gertrud Jacobs (Hs., Privatbesitz) vor: »Hans Meier ist gestorben, nicht gefallen, an einer Influenza. Ich habe Tante Trude [d. i. Gertrud Simmel] noch nie so wirklich traurig gesehen [...] sie sagte: ›Das werde ich nie verschmerzen‹«. Und über Hans Meier: »Er schrieb ein Buch [als Veröffentlichung nicht ermittelt] und lebte ganz dafür. Sein größtes Interesse waren die sozialen Fragen. Er versetzte sich so in alles hinein, daß es ihm unmöglich war, mehr zu essen als ein armer Arbeiter. Und anstatt seine Kraft zu erhalten, hat er sich wirklich verhungern lassen. Sein Körper konnte keiner Krankheit mehr widerstehen [...]. Er war 22 Jahre alt. Er wollte viel Gutes.« (ebd.)

ein andrer ... interniert] Gemeint ist Bernhard Groethuysen; siehe Simmel an Margarete von Bendemann vom 21. Sept. 1914 und 2. Mai 1915.

***ver sacrum*]** Lat.: heiliger Frühling, metaphorisch gebraucht für: »Ein in Notzeiten geübter italischer Brauch. Er bestand darin, daß man den Ernteertrag eines Frühlings sowie die in diesem Frühling geborene Jungmannschaft den Göttern weihte. Während man das Vieh opferte, wurde die Jungmannschaft, sobald sie herangewachsen war, aus der Gemeinde vertrieben bzw. zur Auswanderung gezwungen. Zum letzten Mal wurde der Brauch im Jahre 216 v. Chr. geübt.« Konrad Fuchs, Heribert Raab: Wörterbuch zur Geschichte, Band 2. München: Deutscher Taschenbuch Verlag 1972, S. 822 f.

Georg Simmel an Anna und Ignaz Jastrow
Brief vom 13. Juli 1915
Hs.; LBI New York, Simmel Collection

13 VII 15

Liebe Freunde!

Vielen herzlichen Dank für Ihre Briefe zum 11. Es war schon eine wunderliche Feier! Wie aber dieses deutsche Schicksal so viele Dinge, die in dem bisherigen Verlaufe angelegt u. reif waren, wie mit einem raschen, gewaltsamen Entschluß hervorgetrieben u. sichtbar gemacht hat, manchmal freilich in Übersteigerung, immer aber in ihrer eignen, längst eingeschlagnen Richtung – so auch hier. Unter allen Umständen hätten wir diesen Tag als eine ernste, durchaus geräuschlose Feier begangen. Die Tiefe u. Schwere, zu der sich 25 Jahre Leben gesammelt haben, hätten mir etwas andres ganz unmöglich gemacht, so golden der Faden auch sein mag, der sich durch diesen Lebensabschnitt hindurchgesponnen hat u. ihn an diesem Tage zu messen diente.

Vielleicht ist es nicht richtig, von Lebens*abschnitt* zu reden. Denn ich kann wohl sagen, daß diese 25 Jahre ein *ganzes* Leben waren. Vorher war etwas Dumpfes, Dunkles, Chaotisches, in dem ich mich selbst noch nicht gefunden hatte; *ich* lebte damals noch nicht. U. nachher – dem, was noch kommt, sehe ich mit Gefaßtheit u. sicheren Entschlüssen, aber für mich persönlich mit völliger Entsagung entgegen. Auch hier hat der Krieg nur unterstrichen u. definitiv gemacht, was vorher da war, aber noch keine ganze Entschiedenheit besaß. Als ich zum letzten Mal von dem Berliner Katheder herunterstieg, wußte ich: Es ist vorbei! Ich wußte, daß die Hochebene des Lebens, auf der ich so lange gegangen war, sich nun langsam abwärts neigen würde – wußte es ohne Klage. Denn ein so weitausladendes u. volles Leben, wie diese letzten 15 Jahre, war so viel u. mehr, als ich vom Schicksal erwarten konnte. Aber der Krieg hat einen Punkt gesetzt, wo ich vorläufig ein Semikolon erwartete. Ich bin überzeugt, daß eine neue Weltperiode beginnt (wenn sie auch natürlich nicht gleich in *allen* Teilen neu sein wird) u. daß ich zur alten gehören werde. Gewiß glaubte ich, mit manchem in die Zukunft hineinzuwirken; aber die Welt hat eine Wendung genommen, in der die von mir mit vorbereitete Zukunft, aller Wahrscheinlichkeit nach, *nicht* liegt. Das ist das *persönlich* Schwere dieser Zeit, das ich freundschaftlich ausspreche, so wenig es auf Persönliches ankommt: Daß mein Tun u. Denken sich in eine Zukunft hineinstreckte, die nicht Gegenwart werden wird, daß ich den Samen wo hingestreut habe, wo kein Ackerboden ist.

Ich weiß sehr wohl, was alles Tröstliches u. Hoffnungsvolles sich dagegen sagen läßt. Ich brauche mir das aber um so weniger ausführlich vorzusagen, als ich gar keines Trostes bedarf – denn ich bin mit dem Schicksal abgefunden u. ruhig entschlossen, meine Pflicht im Objektiven zu tun, wo sie in Frage kommt. Das wichtigere aber ist mir, daß die subjektive Seite des Lebens in ungebrochner Richtung u. ohne ins Leere zu enden, fortgehe. Wie sehr die Freundschaft meiner Freunde dazu gehört, brauche ich nicht auszusprechen; Tag für Tag fühle ich, welcher Segen es ist, daß hier wenigstens ein fester u. unverlierbarer Boden für den Weg gewonnen ist, der uns eben noch bevorsteht.

Leben Sie wohl u. behalten mich lieb!

GS.

Brief vom 13. Juli 1915] Gedr. Briefkopf: li.: PROF. SIMMEL; re: STRASSBURG (ELS.).

Briefe zum 11.] Verschollen; Anna und Ignaz Jastrow gedachten des 25. Hochzeitstages von Gertrud und Georg Simmel (siehe Simmel an Max Abraham vom 31. Mai 1890).

wunderliche Feier] Die »silberne Hochzeit meiner Eltern wurde mit einem […] Ausflug [in den Schwarzwald] in aller Stille gefeiert«, erinnert sich Hans Simmel (S. 81).

Georg Simmel an Margarete von Bendemann

Postkarte vom 13. Juli 1915
Hs.; SBPK Berlin, Nl 125 (M. Landmann)

Straßburg 13. VII. 15

Liebe Susa,

ich würde die Möglichkeit haben, einen Aufruf zu Gunsten der deutschen Internirten in den redaktionellen Teil großer Zeitungen zu bringen – wenn ich nur eine Form dafür wüßte! Es ist mir angeboten worden, man wolle einen von mir allein unterzeichneten aufnehmen, aber das ist schlechthin unmöglich. Eine Privatperson, selbst eine titulirte, kann dies nicht unternehmen. U. selbst wenn ich ein Komitee zustande brächte, so bleibt immer die Schwierigkeit, daß es durch dich allein gehen kann, die du auch eine Privatperson bist u. weder den Weg zu den Intern. öffentlich angeben, noch eine absolute, mehr als moralische Garantie dafür geben kannst, daß er auf die Dauer gangbar sein wird. Kurz, es scheint mir, daß wir die Verantwortung, die mit einer solchen Sammlung verbunden ist, nicht tragen können. Auch würden wir möglicherweise einem öffentl. Einspruch des R. Kr. begegnen, dessen Folgen nicht abzusehn sind. Andrerseits ist es entsetzlich, daß man sich aus solchen Gründen die Chancen entgehn lassen soll – denn ich zweifle nicht, daß ein Aufruf Erfolg haben würde. Als letzte Möglichkeit fällt mir ein, daß man eine Auseinandersetzung der Sachlage, mit Schilderung der Situation der Internirten, veröffentlichen könnte u. angeben, daß ein Weg zu ihnen gefunden ist u. daß Interessenten das Nähere von mir erfahren könnten. Ich würde dann Leute, die sich an mich wenden, an dich weisen und du müßtest ihnen genauere Angaben, die mit der Schreibmaschine zu vervielfältigen wären, zukommen lassen. Dann könnte sich der Einzelne entscheiden, ob er es daraufhin wagen will, so daß keine Verantwortung für uns bestünde. Bitte schreibe mir bald, was du darüber denkst, oder ob dir etwas Besseres einfällt. Jedenfalls wäre auch der eben eingeschlagene Weg nicht leicht, du müßtest mir Material geben, am besten einen Brief aus einem dortigen Lager.

Dies nur für heute u. 1000 Grüße! Sind die 1300 M. angekommen?

G.

Postkarte vom 13. Juli 1915] An: Frau / *Marg. v. Bendemann* / *Rüschlikon* bei *Zürich*; mit Absenderstempel: Prof. Simmel / Strassburg (Els.); Prüfstempel: Geprüft und zu befördern. P. K. Strassburg (Els.); Poststempel: STRASSBURG (ELS.) 13. 7. 15. 1-3 N. – Eine mitunter vom Original abweichende Transkription von Michael Landmann findet sich im BdD, S. 126f.

Aufruf zu Gunsten der deutschen Internirten] Angesprochen ist der von Margarete von Bendemann aufgefundene »Weg«, den deutschen Internierten in Frankreich, »sicher u. schnell Unterstützungen zukommen zu lassen« (Simmel an Hugo Liepmann vom 25. Juni 1915).

Intern.] Internierten.

öffentl. Einspruch des R. Kr.] Öffentlichen Einspruch des Roten Kreuzes.

etwas Besseres einfällt] Die Verwirklichung einer der von Simmel angedeuteten »Möglichkeiten« ist nicht nachweisbar, wohl aber ein Sammelrundbrief und Spendenaufruf vom 5. Dez. 1915 (DLA Marbach, Nl Susman), der auf die im »August« 1915 gewählte Lösung eines allein von Frauen getragenen und firmierten Netzwerks zurückverweist: »Euer Hochwohlgeboren, Im August d.J. traten in Bern und Zürich hervorragende Schweizer Frauen zusammen und gründeten das Schweizer Initiativ-Komité für Gefangenenschutz, an dessen Spitze sich Frau Generalstabschef Oberst Sprecher von Bernegg [d.i. Helene Sprecher von Bernegg (1861-1951), seit 1888 Gattin von Theophil Sprecher von Bernegg (1850-1927); DBA; www.nb.admin.ch] stellte«. Zu den nur unter Titel und Namen ihrer Ehemänner auftretenden Komité-Mitgliedern gehörte auch »Frau Dr. von Bendemann«. Erstmals werde es »in diesen Tagen« möglich, daß zwei Schweizer Delegierte des Komités »nach Frankreich reisen, um die deutschen Frauen und Kinder, die sich in den französischen Zivil- und Geisellagern zum Teil in bitterster Not befinden, aufzusuchen und ihnen an Ort und Stelle jede Art Hilfe zu leisten.« Auch der Besuch deutscher Kriegsgefangener in französischen Lazaretten sei angestrebt. »Jede deutsche Frau und Mutter« werde sicher zu einer »reichlichen Geldspende« bereit sein, um die Hilfe dieser »Schweizer Frauen« zu unterstützen. Zur Spendenübermittlung stellten sich als Unterzeichnerinnen des Aufrufs unter Angabe ihrer Berliner Adressen zur Verfügung: »Alice Freifrau von Bissing, geb. Gräfin Königsmarck [seit 1890 Gattin von Moritz-Ferdinand von Bissing (1844-1917), Generaloberst der Kavallerie, 1914 Gouverneur von Belgien; NDB] / Ottilie von Hansemann [geb. von Kusserow (1840-1919), Stifterin zugunsten der Frauenbewegung, Gattin des Bankiers Adolph von Hansemann (1826-1903); NDB; www.berlingeschichte.de] / Frau Prof. Antonie Meinecke [(1875-1971), Gattin des Historikers Friedrich Meinecke; NDB] / Dr. Helene Meyer [vermutlich: geb. 1884, Dr. phil. (Romanistik) Berlin 1911; GV] / Frau Bürgermeister Sabine Reicke [geb. Kolscher, Portraitmalerin, Gattin von Georg Reicke (1863-1923), Jurist, Schriftsteller, 1903-1939 Zweiter Bürgermeister von Berlin; NDB] / Frau Ministerialdirektor Schmidt [nicht ermittelt] / Ellen von Siemens, geb. Helmholtz [(1864-1941), verehelicht mit Arnold von Siemens, Mitbegründerin des Lyceum-Clubs, im Vorstand zahlreicher Vereinigungen, u.a. des Frauen-Lazarett Vereins vom Roten Kreuz; NDB; Reichshandbuch] / Frau Prof. Ida Doeltz, Mitglied des Arbeitsausschusses der Hilfe für kriegsgefangene Deutsche [geb. Rothert, seit 1894 verehelicht mit Otto Doeltz, geb. 1863, o. Prof. der Metallurgie TH Berlin; Wer ist's? 1912; Kürschner GK 1926-31] / Helene Gräfin von Harrach, geb. Gräfin von Pourtalès [(1849-1940), seit 1890 Salonière, seit 1904 Palastdame der deutschen Kaiserin Auguste Viktoria; Harry Graf Kessler: Das Tagebuch. Sechster Band 1916-1918. Herausgegeben von Günter Riederer. Stuttgart: Cotta 2006, S. 811 (= Veröffentlichungen der Deutschen Schillergesellschaft, Band 50.6)] / [Elisabeth] Gräfin von Radolin, geb. Gräfin Königsmarck, 1. Vorsitzende des Auslandsbundes deutscher Frauen [seit 1866 verheiratet mit Alfred Graf von Radolin; NDB] / Gabriele Reuter [(1859-1941), Schriftstellerin; NDB] / Frl. Else Schulhoff [geb. 1863, nachmals Schulhoff-Hilzeimer, Verfasserin von Bühnenbearbeitungen; Kürschner LK 1925 ff.] / Ruth von Velsen, stud. phil. [(1892-1970), Dr. phil. Jena 1917 über griechische Dialekte, ehelichte den Altphilologen Eduard Fraenkel (1888-1970); William Musgrave Calder III: Seventeen Letters of Ulrich von Wilamowitz-Moellendorff to Eduard Fraenkel. Havard Studies in Classical Philology 81, 1977, S. 275-297, hier: 295]«.

1300 **M. angekommen]** Wohl »das hübsche Sümmchen« der von Simmel eingeleiteten privaten Sammlung (Simmel an Hugo Liepmann vom 25. Juni 1915).

Georg Simmel an Hugo Liepmann

Brief vom 26. Juli 1915
Hs.; I. Flatau, Saratoga Springs N.Y., USA

26 VII 15

Verehrter Freund!

Zunächst über *Arno Holz*. Ich glaube, daß er in gewissem – nicht allzuhoch gesteigertem – Maaße zu den ›historischen Persönlichkeiten‹ des literarischen Deutschland gehört. Vor zwanzig u. mehr Jahren war er einer der Stürmer u. Dränger des Naturalismus u. so wenig eines der damals entstandenen Werke m. E. auf Unsterblichkeit Anspruch hat, so gehört die Bewegung als ganze doch zu den unentbehrlichen Durchgangsepochen unsrer künstlerischen, ja, allgemein geistigen Entwicklung. Sie hat kritisch reinigend gewirkt, sie hat für Viele die süßliche, matte Verlogenheit in Lyrik, Drama u. Roman aufs wirkungsvollste klar gemacht u. das soll ihr unvergessen bleiben. *Holz* war entschieden einer der wichtigeren Träger der Bewegung u. als solcher doch bedeutend genug, um einen ›Dank des Vaterlandes‹ zu verdienen – eigentlich unabhängig von dem dichterischen Wert seiner einzelnen Werke. Ich kenne von diesen nicht so viel, um ein abschließendes Urteil über sie zu wagen. Aber wie gesagt, als kulturhistorische Persönlichkeit scheint er mir der Unterstützung würdig, um so mehr, als man, so viel ich von ihm weiß, vor seinem Ethos allen Respekt haben muß. Er hat unter den schwierigsten Umständen die Fahne seiner Überzeugungen immer hochgehalten, ich glaube nicht, daß er je eine Konzession gemacht hat, daß die Not ihn je zu Produktionen veranlaßt hat, die ihm nicht innerlich notwendig waren. Seine Zeit scheint freilich vorüber zu sein – aber die Tragik dieser Tatsache sollte das Interesse für ihn eher steigern als verringern.

Besten Dank für Ihr Anerbieten betr. der Internirten-Hilfe. Ob u. in welcher Weise davon Gebrauch gemacht werden kann, ist im jetzigen Stadium der Verhandlungen nicht zu bestimmen.

Meine Sommerreise nach Berlin habe ich verschoben; so weit die Lage Deutschlands überhaupt eine Disposition auf Monate hinaus gestattet, will ich um Mitte Oktober herum in Berlin sein.

Augenblicklich brüte ich über die amerikanische Note. Leider können wir es nicht darauf ankommen lassen, uns auch noch die Amerikaner offiziell zu Feinden zu machen. Auch wenn sie uns nicht den Krieg erklären, können sie uns noch unermeßlich schaden – mehr als selbst das rücksichtsloseste Vorgehn unsrer U.-Boote uns nützen kann. Vielleicht wäre es möglich, durch eine ihnen gemäße Konzession eine Einschränkung der Munitionslieferungen zu erzielen, was *in summa* noch immer das Vorteilhaftere wäre.

So viel für heute u. die herzlichsten Grüße von uns allen an Sie alle. Immer Ihr

Simmel

Brief vom 26. Juli 1915] Gedr. Briefkopf: li.: PROF. SIMMEL; re: STRASSBURG (ELS.).

Zunächst] Die diesen Briefanfang begründende Anfrage Hugo Liepmanns ist verschollen.

***Arno Holz*]** *Arno* Hermann Oscar Alfred Holz (1863-1929), Ps.e: Bjarne P. Holmsen, Hans Volkmar, Lyriker, Dramatiker, Erzähler, Literaturtheoretiker; er war als zentraler Vertreter eines »konsequenten Naturalismus«, in den 1880-90er Jahren eingebunden in die Gruppe um die Kunstzeitschrift ›Pan‹, zeitweise Schriftleiter der ›Freien Bühne‹ und später isolierter Einzelgänger (Killy; NDB). – Daß Simmel Arno Holz nicht so fernstand, wie dieser Brief vorgibt, ist anzunehmen. Denn spätestens 1894 müßten sie sich begegnet sein, waren doch beide postalisch unter ›Wormserstraße‹ in Berlin angesiedelt (siehe Klaus Christian Köhnke: Der junge Simmel – in Theoriebeziehungen und sozialen Bewegungen. Frankfurt/M.: Suhrkamp 1996, S. 86) und signalisiert dann ein Brief von Holz an N.N. vom 1. Juli 1898 eine Nähe zu Simmel, wenn er die Simmelsche Rezension eines Gedichtbandes von Paul Ernst (Polymeter [von Paul Ernst. Sassenbach/Berlin/Leipzig] in: Die Zeit, Wien, herausgegeben von Isidor Singer, Hermann Bahr und Heinrich Kanner, XV und XVI, April-Sept. 1898, S. 16f.; GSG 1, S. 409-414) nicht richtigstellen will: »Simmel, der von Ernst wie von einer originalen Erscheinung spricht, scheint dies nicht gewusst zu haben«, daß nämlich Ernst mit dem ›Polymeter‹ den Gedichtband ›Phantasus‹ (1898/1899) von Holz plagiiert habe. »Den von Ihnen gewünschten Aufsatz würde ich daher nicht schreiben können, ohne Simmel in diesem Punkt zu berichtigen. Das möchte ich aber nicht!« (Arno Holz: Briefe. Eine Auswahl. Herausgegeben von Anita Holz und Max Wagner, mit einer Einführung von Hans Heinrich Borcherdt. München: Piper 1948, S. 121).

einen ›Dank des Vaterlandes‹ zu verdienen] Mangels Kenntnis der konkreten Anfrage Hugo Liepmanns kann hier nur generell auf die seit 1913 von Holz und seinen Freunden verstärkt betriebenen Bemühungen um eine die Leistungen des in wirtschaftliche Not geratenen Dichters anerkennende Unterstützung verwiesen werden, insbesondere auf den Appell des Gesangslehrers Robert Reß (1871-1935; NDB) an die nationale Verpflichtung gegenüber Holz in ›Arno Holz und seine künstlerische, weltkulturelle Bedeutung. Ein Mahn- und Weckruf an das deutsche Volk‹ (Dresden: Carl Reißner 1913). Diese Bemühungen waren, wie aus einem Brief von Arno Holz an den Schriftsteller Hermann Bahr (1863-1934; NDB) vom 13. Febr. 1915 hervorgeht, jüngst wieder aufgefrischt worden: Nachdem weder der u. a. auch von Bahr signierte, 1913 »an mindestens 30000 [sic!] ausgewählte Adressen« versandte und als »Ehrenspende für Arno Holz« bezeichnete Aufruf, noch eine eigne, zweite »Agitation« erfolgreich gewesen seien, habe er sich jetzt, »ganz zuletzt [...] nochmals an eine Reihe von Leuten gewandt« (Arno Holz: Briefe. A.a.O., S. 204f.). Der ›Dank des Vaterlandes‹ klingt auch in der Tatsache an, daß Arno Holz durch die Fürsprache seiner Freunde 1914 eine ›Ehrengabe‹ der Deutschen Schillerstiftung von dreimal jährlich 1000 Mark erhalten hat (vgl. Robert Reß an die Schillerstiftung vom 22. Mai 1913 und Schillerstiftung an Arno Holz vom 16. Jan. 1914 in: Die Akte Arno Holz. Herausgegeben von Alfred Klein. Weimar o.J. [1965], S. 9, 14 [= Veröffentlichung aus dem Archiv der Deutschen Schillerstiftung, Heft 8]). Für die Möglichkeit, daß Hugo Liepmann Adressat des jüngsten Spendenersuchens von Arno Holz war, spricht die von Liepmanns Vater, dem Tuchhändler und Bankier Louis Liepmann (1816-1906) hinterlassene Stiftung von 125 000 Mark, wovon ein Drittel für die Unterstützung von Christen, zwei Drittel für die von Juden und für arme Verwandte und Bräute eingesetzt werden sollten (Hamburger-Liepmann, S. 141).

Anerbieten betr. der Internirten-Hilfe] Simmel hatte Liepmann in seinem Schreiben vom 25. Juni 1915 über seine »private Sammlung« unterrichtet.

Stadium der Verhandlungen] Angesprochen sind wohl die Verhandlungen zur Zusammenarbeit der deutschen Gefangenenhilfe mit dem Schweizer Initiativ-Komitee für Gefangenenschutz (siehe Simmel an Margarete von Bendemann vom 13. Juli 1915).

Sommerreise nach Berlin ... Mitte Oktober] Zu diesen Plänen siehe Simmel an Liepmann von Ende Juli 1915 sowie an Agathe und Hugo Liepmann vom 12. Okt. 1915.

amerikanische Note] Simmel bezieht sich auf die in der Presse vom Vortag – Sonntag, den 25. Juli 1915 – im Wortlaut veröffentlichte dritte Note der amerikanischen Regierung an die Kaiserlich Deutsche Regierung mit Bezug auf den Beschuß des britischen Luxusdampfers Lusitania vor der irischen Küste durch das deutsche Torpedoboot U 20 am 7. Mai 1915. Durch die geladene Munition war das Schiff nach dem ersten und einzigen Schuß rasch gesunken und hatte 1198 Personen, darunter 128 Amerikaner, in den Tod gerissen. Die Reichsregierung hatte zwar in ihrer Erklärung vom 11. Mai 1915 gegenüber den USA und den neutralen Regierungen den Verlust von Menschenleben bedauert, die Verantwortung jedoch bei der Regierung Großbritanniens und dessen »Aushungerungsplan« gesehen (zit. n. TR, Nr. 237 vom 12. Mai 1915, Mo. Bl.). In dem sich daran anschließenden Notenwechsel zwischen den Regierungen der Vereinigten Staaten und Deutschlands hatte die völkerrechtliche Frage des Schutzes der Angehörigen neutraler Staaten im Zentrum gestanden, für den die USA in ihrer zweiten Note (10. Juni 1915) eine Garantie gefordert hatten. Die deutsche Antwort vom 8. Juli 1915 enthielt den Vorschlag, die bereits zugesicherte Garantie ungehinderter Passage amerikanischer Passagierdampfer auf »eine angemessene, der genaueren Vereinbarung unterliegende *Zahl neutraler Dampfer unter amerikanischer Flagge*« auszudehnen und – sollte dies nicht in ausreichendem Umfang möglich sein – zuzulassen, »*daß die amerikanische Regierung vier Passagierdampfer feindlicher Flagge für den Passagierverkehr Nordamerika-England unter amerikanische Flagge bringt*« (zit. n. TR, Nr. 344 vom 10. Juli 1915, Mo. Bl.). Die nunmehr dritte »amerikanische Note« vom 23. Juli 1915 betonte einerseits den die USA und Deutschland verbindenden Kampf für die Freiheit der Meere und die »in den letzten zwei Monaten« von der deutschen Marine gezeigte »Übereinstimmung mit den anerkannten Gebräuchen einer geordneten Kriegsführung« und somit der Möglichkeit, die »hergebrachten Regeln der Seekriegsführung innezuhalten«; die deutsche Regierung sei eingeladen »zu praktischer Mitarbeit, im jetzigen Augenblick, wo diese Mitarbeit am meisten durchsetzen kann und dieses große gemeinsame Ziel am schlagendsten und wirksamsten erreicht werden kann«. Andererseits verbiete gerade der gemeinsame Kampf für die Freiheit der Meere eine Annahme der »Anregung« Deutschlands, möge sie auch von »freundschaftlichem Geist« geprägt sein, denn die Vereinbarung »würde stillschweigend andere Schiffe widerrechtlichen Angriffen aussetzen«. Die amerikanische Regierung sehe sich daher veranlaßt, »bei der Kaiserlich Deutschen Regierung *feierlichst auf der Notwendigkeit einer gewissenhaften Beobachtung der neutralen Rechte in dieser kritischen Angelegenheit zu bestehen* [...]« und ihr »zu sagen, daß die Regierung der Vereinigten Staaten *eine Wiederholung von Handlungen, die Kommandanten deutscher Kriegsschiffe in Verletzung der neutralen Rechte begehen sollten, falls sie amerikanische Bürger betreffen, als vorsätzlich unfreundliche Akte betrachten müßte*« (zit. n. TR, Nr. 372 vom 25. Juli 1915, Mo. Bl.). Zur Dokumentation der Hintergründe des Lusitania-Untergangs: Colin Simpson: Die Lusitania. Amerikas Eintritt in den Ersten Weltkrieg. Aus dem Englischen übersetzt von Hermann Stiehl. Frankfurt/M.: Fischer 1973.

in summa] Lat.: in der Summe, im ganzen, insgesamt.

das Vorteilhaftere wäre] Entgegen Simmels Wahrnehmung einer Verhandlungschance durch die Einschränkung des U-Boot-Krieges reagierte die deutsche Presse unmittelbar nach Veröffentlichung der amerikanischen Note überwiegend negativ: Selbst gemäßigte Blätter wie das BT und die FZ betrachteten – so Joachim Schröder (Die U-Boote des Kaisers. Die Geschichte des deutschen U-Boot-Krieges gegen

Großbritannien im Ersten Weltkrieg. [Diss. 1999] Lauf a.d. Pregnitz: Europaforum Verlag 2000, S. 159) – die amerikanische Regierung bereits als ›unsere Gegner‹ und rieten, die Note unbeantwortet zu lassen und den U-Boot-Krieg auf eine Drohung hin nicht preiszugeben.

Georg Simmel an Ludwig Fulda

Brief vom 27. Juli 1915
Hs.; FDH Frankfurter Goethemuseum, Nl Fulda

27 VII 15

Lieber Fulda!

Die Aufforderung des Goethebundes bringt mich in eine peinliche Lage. Daß ich nach meinen geringen Kräften tue, was die jetzige Wirklichkeit verlangt, will ich nicht erst betonen, u. ein paar Zeilen für ein Gedenkbuch zu schreiben, ist nicht einmal unter »Tun« zu rechnen; auch bin ich in andern Fällen schon dazu bereit gewesen. Allein die Zusammensetzung des Vorstandes des Goethebundes macht es mir schwierig. Ich kann nicht in einem Band auftreten, der unter der Ägide von Sudermann – u., etwas weniger akzentuirt, von Bölsche – erscheint. Persönliche Gründe hat das nicht, denn ich kenne keinen der Herrn von Angesicht, u. es ist überhaupt nichts Persönliches, das jetzt einfach zurückzutreten hätte. Sondern unter dieser Führerschaft aufzutreten, ist eine objektive Tatsache, der ich aus objektiven Gründen widerstrebe. Was mein Beitrag der Sache nützen könnte, steht in gar keinem Verhältniß zur Beiseitesetzung dieser Gründe.

Die Angelegenheit wäre deshalb für mich sehr einfach zu entscheiden – wenn *Sie* nicht in diesem Vorstand wären u. das Ersuchen unterstützten. Auf dieses Moment hin will ich den folgenden Vorschlag machen: ich stelle Ihnen die beiliegenden Zeilen für die Sammlung zur Verfügung, vorausgesetzt, daß als Herausgeber nur der Goethebund, bezw. der Vorstand des Goethebundes figurirt; sollten dagegen die erwähnten Namen auf dem Titel oder in der Vorrede genannt werden, so bitte ich Sie, das Blatt zu vernichten.

*

Persönliche Dinge, über die man sonst gern spricht, zu äußern, widerstrebt einem in dieser Zeit, in der man den Atem anhalten möchte, als wäre schon dieser eine eigenmächtige, rechtlose Störung in dem ungeheuren Sich-Entscheiden der Weltgeschichte. Vielleicht aber wird es uns noch einmal so gut, ohne diese Weltenlast auf der Seele ein gutes Wort zusammen zu reden.

Herzlich Ihr

Simmel

[Beilage:]

Das ist das Wundervolle dieser Zeit, daß der Tag über den Tag hinausreicht, daß alles Praktische, alles Augenblickliche, das kleinste wie das größte, für Grundlegung u. Gestaltung des künftigen Deutschland, in unabsehbare Zukunft hinein, wichtig ist. Früher war jedes solche Tun viel mehr mit seinen nächsten Folgen abgeschlossen, es lief sich an der Stabilität der Verhältnisse tot. Jetzt aber, wo alles labil geworden ist, fließend, durcheinander geworfen, von Neuem bildsam – jetzt streckt sich die Wirkung jeder einzelnen Handlung sehr viel weiter hinaus, ist unberechenbar wichtig, u. wir sind deshalb für jede in sehr viel höherem Maße verantwortlich als früher. Daß wir jetzt nichts denken u. nichts tun können, das nicht Bestimmung u. Baustein für die ganze Zukunft würde, das giebt dem heutigen Leben seine Schwere, aber auch seine Würde.

Straßburg (Els.) *Georg Simmel*

Brief vom 27. Juli 1915] Gedr. Briefkopf: li.: PROF. SIMMEL; re: STRASSBURG (ELS.).

Aufforderung des Goethebundes] In einem Rundschreiben vom Juli 1915 (SBPK Berlin, Nl G. Hauptmann) wurde im Namen des Berliner Goethebundes um Beiträge für das Gedenkbuch ›Das Land Goethes‹ gebeten, dessen Ertrag dem Wiederaufbau Ostpreußens zugute kommen sollte. Dort heißt es: »Was bisher in Beiträgen in Wort, in Bild und Ton von unseren Staatsmännern, unseren Gelehrten, Dichtern und Künstlern reichlich einging, läßt erkennen, dass sich unser Gedenkbuch, das im Frühherbst erscheinen soll, zu einem schönen Denkmal deutscher Gesinnung und Stimmung im Kriegsjahre gestalten wird.« Unterzeichnet war das Rundschreiben vom Vorstand des Goethebundes, namentlich von den Schriftstellern Wilhelm Bölsche (1861-1939; NDB), Hermann Sudermann (1857-1928; Killy) und Ludwig Fulda, den Literatur- und Theaterkritikern Eugen Zabel (1851-1924; DBA) und Alfred Klaar (1848-1927; NDB) sowie von dem Maler und Illustrator Carl Langhammer (1868-1956; DBE). (Rundschreiben zit. n. der editorischen Anmerkung zu diesem Brief in: Ludwig Fulda: Briefwechsel 1882-1939: Zeugnisse des literarischen Lebens in Deutschland. Herausgegeben von Bernhard Gajek und Wolfgang von Ungern-Sternberg. 2. Teil. Frankfurt/M. u.a.: Peter Lang 1988, S. 883 f.). – Fulda hatte am 15. März 1900 gemeinsam mit Sudermann den Berliner Goethebund ins Leben gerufen, nachdem kurz zuvor in München die erste dieser dann auch in weiteren Städten erfolgten Gründungen von dem Schriftsteller Max Halbe (1865-1944; NDB) unter dem Ehrenvorsitz von Fuldas Freund Paul Heyse stattgefunden hatte. Der Berliner Goethebund zeichnete sich vor allem durch seinen erfolgreichen Kampf gegen Zensur und Unterdrückung der Freiheit von Kunst und Wissenschaft aus (vgl. die ›Einführung‹ in Ludwig Fulda: Briefwechsel, a.a.O., S. xxx). Überregional verzeichnete der Goethebund 1903 etwa 10000 Mitglieder (Meyers, Band 8, S. 168).

in andern Fällen schon dazu bereit gewesen] Zu denken wäre z.B. an Simmels Einlassung ›Vollendung und Aufgabe‹ im ›Zeit-Echo‹ vom 15. Okt. 1914 (GSG 17, S. 124-125) oder an den unbetitelten, mit »Durch alle Furchtbarkeit der jetzigen Ereignisse« einsetzenden Beitrag zu: Das eiserne Buch. Die führenden Männer und Frauen zum Weltkrieg 1914/15 nebst interessanten Schlachten-Schilderungen, Erzählungen, Gedichten, Dokumenten [...]. Herausgegeben von Georg Gellert. Hamburg: Gebrüder Ennoch 1915, S. 79-80 (GSG 17, S. 126-127); letzteres war ein Textausschnitt aus ›Rembrandt und die Schönheit‹ (VZ, Nr. 655 vom 25. Dez. 1914; Mo.Bl., 4. Beilage. – GSG 17, S. 105-111).

objektive Tatsache, der ich ... widerstrebe] Vermutlich spricht Simmel hier die Richtung und Popularität von Sudermann und Bölsche an. Sudermann, Erfolgsautor naturalistischer Dramen und Romane in den Jahren um 1880/90, hing noch immer die ihm und seinem Werk aus literarischen Kreisen entgegengebrachte Kritik an, er trivialisiere die vorgestellten Problemlagen um des Bühneneffekts willen und scheue nicht das Plagiat; bis hin zum Spott überspitzt, war sie ihm vornehmlich aus den Beiträgen des Theaterkritikers Alfred Kerr (1867-1948; DBE) im ›Tag‹ und denen von Maximilian Harden in der ›Zukunft‹ entgegengeschlagen und nach Sudermanns Gegenwehr mit ›Verrohung der Theaterkritik‹ (Stuttgart: Cotta; Berlin: Lehmann 1902) sowie den nunmehr gesammelt erschienenen Kritiken in Kerrs ›Herr Sudermann, der D.. Di.. Dichter‹ (Berlin: Helianthus 1903) bzw. Hardens ›Kampfgenosse Sudermann‹ (Berlin: Verlag der Zukunft 1903) neu entfacht worden war. Trotz seines erfolgreichen Engagements an der Spitze berufsständischer Vereinigungen stand Sudermann im Ruf des sich der Konvention anpassenden Opportunisten, den Blätter wie der ›Kladderadatsch‹ oder der ›Simplizissimus‹ karikierend bestärkten. Zudem sahen sich viele Intellektuelle in ihrer Ablehnung Sudermanns bestätigt, nachdem diesem 1912 der Preußische Kronenorden dritter Klasse durch Kaiser Wilhelm II. verliehen wurde und er selbst dann unmittelbar nach Kriegsausbruch mit einem pathetischen Lied ›An den Kaiser‹ an die Öffentlichkeit getreten war. Vgl. dazu Klaus Matthias: Kerr und die Folgen. Analyse der Sudermann-Kritik als Perspektive einer Neubewertung seiner Dramen. In: Hermann Sudermann. Werk und Wirkung. Mit Beiträgen von Thomas Buschhorn u.a. Herausgegeben von Walter T. Rix. Würzburg: Königshausen u. Neumann 1980, S. 31-86, und Arno Panzer: Hermann Sudermann – eine politische Biographie. Ebd., S. 9-30. – Bei Wilhelm Bölsche, der nach dem Studium der Philosophie und Kunstgeschichte und zwei wenig beachteten Romanen mit ›Die naturwissenschaftlichen Grundlagen der Poesie. Prolegomena zu einer realistischen Aesthetik‹ (Leipzig: Reißner 1887) eine der programmatischen Schriften des Naturalismus verfaßt hatte, handelte es sich seit dessen Publikumserfolg mit ›Das Liebesleben in der Natur‹ (3 Folgen. Leipzig: Diederichs 1900-1903) um den Verfasser zahlreicher populärwissenschaftlicher Bücher über die Abstammungslehre und die Entwicklungsgeschichte der Natur im Sinne des Darwin-Schülers Ernst Haeckel (1834-1919; NDB). Unter Anhängern des Monismus gilt Bölsche als Vertreter eines »ästhetischen Pantheismus« (Ueberweg 1916, S. 293; Killy; NDB).

beiliegenden Zeilen ... vernichten] Die Beilage ist im Nl Fulda nicht erhalten. Er mußte sie auch nicht vernichten, konnte sie vielmehr der Druckvorlage für den Goethe-Band unmittelbar einfügen lassen, der entsprechend den Simmelschen Vorstellungen publiziert wurde: Das Land Goethes 1914-1916. Ein vaterländisches Gedenkbuch. Herausgegeben vom Berliner Goethebund. Der Reinertrag ist für die Errichtung von Volksbüchereien in Ostpreußen bestimmt. Schriftleitung: I. Landau und Eugen Zabel. Stuttgart/Berlin: Deutsche Verlags-Anstalt 1916; die Simmelschen »beiliegenden Zeilen« finden sich als Faksimile auf S. 109 (GSG 17, S. 136). – Einer der ersten Rezensenten, der Theaterkritiker Ludwig Sternaux (1885-1938; Killy), griff »Simmels Worte« aus der »langen Reihe stolzer Gelehrtennamen« heraus, um sie als »zum Schönsten« gehörig, »was aus dieser Zeit über unsere Zeit gesagt worden ist« in extenso zu zitieren (Das Land Goethes 1914-1916. TR, Nr. 155 vom 5. Juli 1916). – Zu Simmels Einfügung dieses

Textes in die zweite Fassung von ›Deutschlands innere Wandlung‹, – dessen erste Fassung (GSG 15, S. 271-285) übrigens Fulda am 21. Jan. 1915 gelesen hatte (vgl. den Lektürevermerk im Kalender-Auszug 1915, FDH Frankfurt, Nl Fulda) – siehe den Abdruck in Simmel: Der Krieg und die geistigen Entscheidungen. Reden und Aufsätze. München und Leipzig: Duncker & Humblot 1917; S. 7-58 (GSG 16, S. 13-29, hier: 15 f.).

ein gutes Wort zusammen zu reden] Über ein folgendes Treffen der beiden ist nichts bekannt. Zwar blieb man brieflich in Kontakt, jedoch sind keine weiteren Briefe überliefert. Belegen läßt sich das mittels der Vermerke Fuldas über ausgegangene Post in seinen ›Kalender-Auszug‹-Blättern (1879-1918) und seinen Tagebüchern (FDH, Frankfurter Goethemuseum, Nl Fulda): Die für die Jahre 1886/87 aufgeführten Schreiben Fuldas an u. a. O. Brahm, F. Mauthner, Hoffory und P. Schlenther wiesen schon auf ein gemeinsames Bezugsfeld mit Simmel; dies wurde aber möglicherweise erst nach der persönlichen Bekanntschaft »auf einer Reise« (Hans Simmel S. 26) entdeckt. Das erste Schreiben von Fulda an Simmel ist unter dem Datum 24. Okt. 1888 als »Brief an Dr. Simmel« (Tagebuch; wiederholt als »An Dr. Simmel« im Kalender-Auszug) vermerkt. Fulda hielt sich zu diesem Zeitpunkt in Berlin auf. – Ob dieser Brief in Zusammenhang mit dem Gedicht steht, das sich als Brief Simmels an Fulda mit der Datierung »ca. 1888?« in GSG 22 aufgenommen findet, scheint jetzt sehr fraglich, abgesehen von dem Verdacht, daß Fulda nicht der Adressat war. – Weitere Korrespondenznachweise: 8. April 1890 (aus Frankfurt/M.) an Frau Simmel; 24. Sept. 1897 (aus Berlin); 17. Juli 1903 (aus Misurina); 29. Jan. (aus Berlin) und 1. Febr. 1905 (aus Hamburg), jeweils an Simmel. – Die letztgenannten Schreiben stehen vermutlich im Zusammenhang mit Fuldas Einladung zu einem ›Gorki-Kommitée‹, das am 29. Jan. bei Fulda tagte und einen Aufruf zu Gunsten des inhaftierten russischen Schriftstellers Maxim Gorki (1868-1936) im BT erscheinen ließ; am 1. Febr. 1905 fand unter Fuldas Leitung eine ›Gorki-Verhandlung‹ im Verein Berliner Presse statt, am 3. Febr. eine Gorki-Veranstaltung in Berlin (vgl. Ludwig Fulda: Briefwechsel, a. a. O., S. 824). Denn auch Simmel forderte als Mitunterzeichner eines solchen Aufrufs zur Beteiligung an diesen Versammlungen auf (VZ, Nr. 51 vom 31. Jan. 1905, Mo. Bl.; siehe GSG 24: Nachträge). – Weitere Schreiben Fuldas: 28. Juni 1908 an Simmel (aus Karersee bei Bozen, wo Fulda sich drei Monate erholte); 10. Febr. 1911 an »Fr. Simmel« (aus Berlin); 28. Dez. 1913 an Simmel (aus Frankfurt/M., Fulda war gerade aus USA zurückgekehrt); 11. April 1914 an Simmel (aus Berlin in Beantwortung von Simmel an Fulda vom 5. April 1914); 8. Aug. 1915 an Simmel (aus Berlin); 27. Aug. 1916 an Simmel (aus

Frankfurt/M., wohl Reaktion auf ein Kondolenzschreiben zum Tode von Fuldas Mutter am 16. Aug. 1916), 8. Sept. 1917 an Simmel (aus Berlin); 5. Sept. und 1. Okt. 1918 an Frau Simmel (aus Berlin).

Georg Simmel an Hans von Dallwitz, Kaiserlicher Statthalter in Elsaß-Lothringen

Brief vom 16. August 1915
Hs.; ADBR Strasbourg, AL 22, Paq. 25 ›Presse-Zensur‹, Vol. v

16. Aug. 15

Ew. Exzellenz

gestatte ich mir einliegend einige meiner Veröffentlichungen aus letzter Zeit zu überreichen, in der Hoffnung, daß sie allein ausreichen werden, den gegen mich erhobnen Vorwurf unpatriotischer Gesinnung als absoluten Widerspruch gegen die Tatsachen zu erweisen. Den Angaben, die ich bereits dem Herrn Kurator der Universität gegenüber gemacht habe, darf ich vielleicht noch hinzufügen, daß ich im Winter die Abfassung einer Anweisung zu zweckmäßiger Kriegsernährung für die elsässischen Hausfrauen veranlaßt habe, dieselbe in mehr als 30000 Exemplaren drucken ließ u. durch Vermittlung der Bürgermeister in allen kleineren elsässischen Städten verbreitet habe. Ich habe ferner durch private Sammlung größere Summen zur Unterstützung der in Frankreich internierten Deutschen zusammengebracht u. bin augenblicklich in der Agitation für die Versorgung unsrer, von keinem Angehörigen bedachten Krieger mit Feldpaketen tätig. Da ich meines Alters wegen nicht in's Feld gehen kann, habe ich mich wenigstens dem Kriegsministerium zur Verfügung gestellt, mit dem Erfolge, daß dessen ›Zentrale für Auslandsdienst‹ sich an mich gewandt hat, um meine Mitwirkung für ihre Arbeit zu erbitten. Dies Amt hat seine Korrespondenz mit mir noch fortgesetzt, nachdem jener Artikel im *Svenska Dagbladet* erschienen u. ihm zweifellos bekannt geworden war.

Ich hoffe, daß diese Angaben Ew. Exzellenz überzeugen werden, daß die mich treffende Anschuldigung in einem Gegensatz gegen meine innere u. äußere Haltung zur deutschen Sache steht, wie er größer nicht erdacht werden kann.

In tiefster Ehrfurcht Ew. Exzellenz untertänigster

Prof. Georg Simmel

Brief vom 16. August 1915] Gedr. Briefkopf: li.: PROF. SIMMEL; re: STRASSBURG (ELS.). – Mit hs. Vermerken: Hand A: 17/8 15; Hand B: St. 4464. 4 Anl.

einliegend ... Veröffentlichungen] Simmel hatte beigelegt: 1) ein Exemplar seines gedruckten Vortrages ›Deutschlands innere Wandlung‹ (Straßburg: Trübner 1914; GSG 15, S. 271-285; siehe Simmel an Margarete von Bendemann vom 7. Nov. 1914); 2) eine Seite des ›Schwabenspiegel‹ (Wochenschrift der Württembergischen Zeitung, Stuttgart, Nr. 41 vom 13. Juli 1915, S. 161-162) mit seinem Beitrag ›Werde, was du bist‹, einem gleichlautenden Nachdruck der Veröffentlichung in: Der Tag, Nr. 291 vom 10. Juni 1915, Mo. Bl., Illustrierter Teil (GSG 13, S. 133-137); 3) drei Feuilleton-Streifen ohne Herkunftsangaben mit seinem Beitrag ›Geld und Nahrung‹, der sich entsprechend findet in: Der Tag, Nr. 74 vom 28. März 1915, Mo. Bl., Illustrierter Teil (GSG 13, 117-122); 4) einen Sonderdruck seines Aufsatzes: Bergson und der deutsche ›Zynismus‹ (GSG 17, S. 121-123); siehe dazu Simmel an Harald Höffding vom 2. Okt. 1914.

gegen mich erhobnen Vorwurf unpatriotischer Gesinnung] Simmel war am Vormittag des 16. Aug. 1915 zu Beanstandungen seines »politischen Verhaltens« durch den Kurator der KWU vernommen worden (Otto Back an Hans von Dallwitz vom 16. Aug. 1915, ADBR Strasbourg, AL 22, Paq. 25 ›Pressezensur‹, Vol. v). Diese gingen auf die folgende Mitteilung des Stellvertretenden Gouverneurs von Straßburg, Generalleutnant Heinrich von Vietinghoff gen. Scheel, an den Kaiserlichen Staatssekretär, Graf Siegfried von Rödern, vom 11. Aug. 1915, bzw. auf die darin angeführten, von der Pressezensur zusammenhangslos und teils unkorrekt gelieferten Simmelzitate zurück: »Der ordentliche Professor der Philosophie an der Universität Strassburg, Dr. Georg *Simmel* hat im ›Svenska Dagbladet‹ kürzlich geschrieben: ›Was die Stimmung in Deutschland anbetrifft, so muss erwähnt werden, dass das tragische Schicksal der genialen französischen Nation tief bedauert wird‹ [siehe Simmel an Helmer Key vom 12. April 1915]. Im ›Berliner Tageblatt‹ hat Prof. Simmel ebenfalls in letzter Zeit geschrieben: ›So unzweifelhaft Deutschland um seiner selbst willen bis zum letzten Mann das Elsass halten muss und wird – weltgeschichtlich ist es ziemlich gleichgültig, ob diese vierzehntausend Quadratkilometer von Elsass-Lothringen (an Umfang und Bevölkerung etwa der vierzigste Teil von Deutschland) deutsch oder französisch sind, fast so gleichgültig, wie ob das Trentino zu Oesterreich oder zu Italien gehört‹ [zit. aus: Europa und Amerika. BT, Nr. 336 vom 4. Juli 1915, Mo. Bl., 2. Beiblatt; GSG 13, S. 138-142, hier: 141]. Ich verfehle nicht, Euer Exzellenz hiervon mit der Bitte Kenntnis zu geben, das weitere gegen diesen Vertreter des Deutschtums an der Strassburger Hochschule zu veranlassen« (ebd.). Das hieß dem Kaiserlichen Staatssekretär als »vorgesetzte Dienstbehörde der Professur [...] die Einleitung eines Disciplinarverfahrens gegen Simmel mit dem Ziele der Entfernung aus dem Amt« (von Dallwitz an von Rödern vom 17. Aug. 1915, ebd.) vorzubereiten. Dementsprechend hatte er die Unterlagen dem Statthalter mit Schreiben vom 12. Aug. 1915 zur »Entscheidung vorgelegt« (ebd.) und von Dallwitz seinerseits den Kurator der KWU beauftragt, Simmel zu den Äußerungen, die auch er »jetzt während des Krieges und besonders für einen Lehrer an der hiesigen Landesuniversität in hohem Maße unangebracht und unangemessen« beurteilte, zu hören und selbst Stellung zu nehmen (Briefentwurf vom 13. Aug. 1915, ADBR Strasbourg, AL 27, Paq. 668). – Sämtliche Schreiben in GSG 24: Dokumente.

Den Angaben ... Kurator der Universität] Während der o.g. Vernehmung hatte Simmel dem von ihm und Otto Back unterzeichneten Verhandlungsprotokoll zufolge erklärt: »Ich erkenne an, die in dem Schreiben des Herrn Gouverneurs beanstandeten Ausführungen im ›Berliner Tageblatt‹ veröffentlicht zu haben. Ob ich die in dem angeführten Artikel des *Svenska Dagbladet* gebrauchten Ausdrücke wörtlich verwendet habe, kann ich mich nicht genau erinnern. Der Sinn der aus dem Zusammenhang herausgerissenen Sätze ging dahin, daß der Ruin Frankreichs, den es sich in unbegreiflicher Verblendung zuzieht, in kulturell interessierten Kreisen nicht ohne Bedauern angesehen werden kann. Niemals habe ich in diesen und anderen Veröffentlichungen den geringsten Zweifel darüber gelassen, daß unser Aller Wille nur auf die rücksichtsloseste und unbedingte Niederzwingung unserer Gegner gehen darf und geht. Ich füge hinzu, daß ich vom ersten Tage des Krieges an meine Kräfte, wo irgend Gelegenheit sich bot, in den Dienst unserer Sache gestellt habe. Ich verweise u. a. auf meine Tätigkeit im Telegraphen-Amt [siehe Simmel an Hugo Liepmann vom 8. und 30. Aug. 1914], in der Arbeit für die Kriegs-Familien-Unterstützung [siehe Simmel an Margarete von Bendemann vom 1. April 1915], in der Agitation für die Ernährungsfrage [siehe Simmel an Heinrich Rickert vom 19. Febr. 1915], auf meine im November in der hiesigen Aubette gehaltene Kriegsrede [siehe Simmel an Margarete von Bendemann vom 7. Nov. 1914] hin. Uebrigens gebe ich zu, daß die Ausdrucksweise eines

Gelehrten, dessen Lebensarbeit in abstrakten und überzeitlichen Gedanken verläuft, gelegentlich Mißverständnissen unterliegen mag, die aber nicht bestehen können, sobald das *Ganze* der Gesinnung der betreffenden Veröffentlichung in's Auge gefaßt wird. Ich kann nicht unterlassen, meinen Schmerz darüber auszudrücken, daß ich, dessen ganzes Sinnen und Trachten der Sache des Vaterlandes aufs leidenschaftlich[st]e gewidmet ist, in den Verdacht unpatriotischer Gesinnung kommen kann. / Ich behalte mir vor, Seiner Exzellenz dem Herrn Statthalter einige von mir in jüngster Zeit erschienene Veröffentlichungen zuzusenden, aus denen sich die Sinnlosigkeit der Verdächtigungen, die aus herausgegriffenen Sätzen aufgebaut sind, ohne Weiteres ergeben wird« (Anlage zu Back an von Dallwitz vom 16. Aug. 1915, ebd.).

Anweisung zu zweckmäßiger Kriegsernährung] Zu Simmels Flugblatt ›Offener Brief einer Hausfrau an alle Hausfrauen in Deutschland‹ siehe Simmel an Heinrich Rickert vom 19. Febr. 1915.

private Sammlung] Siehe Simmel an Hugo Liepmann vom 25. Juni 1915 und – zum Zusammenhang – an Margarete von Bendemann vom 21. Sept., 20. Okt., 16. Nov. 1914 sowie vom 5. März, 9. Juni und 13. Juli 1915.

Agitation für die Versorgung ... mit Feldpaketen] Dieser Aufgabe widmete sich die ›Feldpakethilfe‹ der Kriegsstelle der KWU seit Ende Juni 1915 intensiv, um die Soldaten, die aus den verschiedensten Gründen keine Pakete aus ihrer Heimat erhalten konnten, statt anonym, doch »von einer Gegend aus versorgen zu lassen, mit der sie irgendwie verbunden sind, sei es der engeren Heimat, sei es der Landschaft oder dem Orte ihrer Garnison«. Die »Agitation« galt der Einwerbung von Anschriften betroffener Soldaten und zu deren Versorgung, sei es organisatorisch, sei es durch Paketversand, bereiter Personen und – vorwiegend – Frauen-Vereinigungen. Ausführlich schildert der Leiter der Kriegsstelle Johannes Ficker in seinem ›Zweiten Bericht über die Tätigkeit der Kriegsstelle der Kaiser Wilhelms-Universität vom Anfang des Sommerhalbjahrs 1915 bis zum Schluss des Winterhalbjahrs 1915/16‹ (in: Stiftungsfest KWU 1916, S. 16-68, hier: 56) die Entwicklung der Unternehmung: »Bis jetzt sind durch die Kriegsstelle [...] rund 12 000 ›Einsame‹ in Versorgung gegeben worden« (S. 65).

Kriegsministerium zur Verfügung gestellt] Simmels Schreiben ist nicht überliefert.

dessen ›Zentrale für Auslandsdienst‹ sich an mich gewandt hat] Schreiben verschollen. – Simmel meint hier die dem Auswärtigen Amt unterstellte »Zentralstelle für Auslandsdienst« (siehe Simmel an Hermann Beck vom 7. Okt. 1914).

Korrespondenz fortgesetzt] In der Überlieferung der Zentralstelle für Auslandsdienst (BA Potsdam, 09.01) wurde keinerlei »Korrespondenz« mit Simmel aufgefunden. Siehe aber Simmel an Anna Jastrow vom 30. Sept. 1917.

Georg Simmel an Unbekannt

Brief vom 18. August 1915
Hs.; GSA Bielefeld

18 VIII 1915

Sehr geehrtes Fräulein!

Ist Ihnen vielleicht bei Ihren sozialen Bemühungen in *Ruprechtsau* eine Familie *Heimburger*, *Wanzenauerstr.* 55, vorgekommen? Ich wäre Ihnen im Interesse der Kriegsunterstützungsangelegenheit sehr dankbar, wenn Sie mir eine Auskunft über die Leute verschaffen könnten. Wären Sie oder eine Ihnen bekannte Dame in Ruprechtsau etwa bereit, die Pflegschaft über die angeblich unwirtschaftliche Frau zu übernehmen?

In größter Ergebenheit Ihr

Prof. Simmel

Brief vom 18. August 1915] Gedr. Briefkopf: Armenverwaltung der Stadt Strassburg/den [...] 19. Vordruck am linken unteren Seitenrand: Form. II/1. – Der Brief dokumentiert Simmel in Ausübung der Margarete von Bendemann mit Schreiben vom 1. April 1915 mitgeteilten »Tätigkeit bei der Zuteilung der Kriegsunterstützungen«, zu deren Eingliederung in die kommunale Administration es in einem Schreiben der Armenverwaltung der Stadt Straßburg, Schloßplatz Nr. 5, vom 14. Okt. 1915 heißt: »Durch Verfügung vom 11. d. Mts. (in Ergänzung der Verfügung vom 29. Juni 1915 [...]) ist die Ausübung der Kriegswohlfahrtspflege der Armenverwaltung übertragen worden« (AVCUS Strasbourg, Dossiers Divers XIX, Nr. 83 A 86). – Seit 1904 wurde mit Amtsantritt Rudolf Schwanders als Bürgermeister die Armenverwaltung in Straßburg »ganz neu organisiert, in einem geistvollen System, einem Ineinander von beruflicher und ehrenamtlicher Tätigkeit. Es heißt seitdem das Straßburger System [...]. Schwander rief in Straßburg alle Bürger zur Mitarbeit auf. Keiner sollte mehr als zwei bis drei Fälle betreuen, und zwar nach persönlicher Eignung [...]. Die Bezirksversammlung bewilligte die Unterstützungen und sonderte aus, welche Fälle sich für ehrenamtliche Pflegschaften eigneten, nämlich alle, die erziehliche Beeinflussung erforderten. Die einfachen Fälle vorübergehender Unterstützung wurden den Berufspflegern überwiesen, die auch die Erkundigungen zu machen hatten. Damit war das Amt der beruflichen Wohlfahrtspfleger geschaffen« (Heuss-Knapp, S. 49, die in diesem Bereich mitgewirkt hatte).

Ruprechtsau] Vorort von Straßburg (siehe Simmel an Margarete von Bendemann vom 28. Jan. 1914); heute: Robertsau.

Familie *Heimburger*] Nicht ermittelt.

Heinrich Pauli, Kaiserliches Ministerium für Elsaß-Lothringen, an Georg Simmel

Briefentwurf vom 19. August 1915
Hs.; ADBR Strasbourg, AL 22, Paq. 25 ›Pressezensur‹, Vol. v

St. 19/8. 15

Euer Hochwohlg. teile ich erg. mit, daß Seine Exz. der H. Staatssekretär Graf v. Rödern Sie ersuchen läßt, am Samstag, den 21/8. Vorm. 10 Uhr auf seinem Amtszimmer vorsprechen zu wollen.

i.V. P.

Briefentwurf vom 19. August 1915] Als Verfasser des Briefentwurfs kann Heinrich Pauli aufgrund der hs. Vermerke auf dem Schreiben (s. u.) nur mit hoher Wahrscheinlichkeit angenommen werden. Pauli war seit »1. Oktober 1912 als Geh. Regierungsrat politischer und militärischer Referent im Ministerium« und seit Kriegsbeginn »sozusagen die rechte Hand des Staatssekretärs Grafen Rödern« (StP, Nr. 319 vom 14. Juni 1918, Mi.Bl.: Straßburger Stadtnachrichten: Wechsel im Bezirkspräsidium). – Das Schreiben trägt die folgenden hs. Vermerke: auf der li. Seitenhälfte: Hand Pauli: 1. An Herrn / Univ. Professor Dr. G. Simmel / hier / f. Deguet / Ich bitte *vor* Abgang des Schreibens durch Nachfrage bei der Universität festzustellen, ob Prof. Simmel zur Zeit sich in Straßburg befindet / Pauli 19/8. / 2. Seiner Exzellenz zum Termin vorlegen. Oben li., Hand A: Z.B. Geh. 51; unten li.: Hand B: Prof. Simmel ist nach Mitteilung des Univ. Kuratoriums heute und morgen hier anwesend. / Deguet 20/8; Hand C: Geh. vorgelegt / St. 21/8 / 50/19; Hand D [unles.] 20/8 S.

Graf v. Rödern Sie ersuchen läßt ... vorsprechen zu wollen] Zum Abschluß der Prüfung, ob gegen Simmel wegen der Vorhaltungen des Stellvertretenden Gouverneurs von Straßburg ein Disziplinarverfahren eingeleitet werden müsse (siehe Simmel an Hans von Dallwitz vom 16. Aug. 1915), hatte der Statthalter dem Staatssekretär von Rödern mit Schreiben vom 17. Aug. 1916 seine Entscheidung in der Angelegenheit mitgeteilt: Aus Simmels Vernehmung und den Äußerungen des Kurators ergebe sich ihm, »daß den vom stellvertretenden Gouverneur beanstandeten Ausführungen Simmels eine deutschfeindliche Gesinnung nicht zu Grunde liegt«; er sehe folglich von der »Einleitung eines Disciplinarverfahrens« ab, halte es jedoch für angezeigt, »Simmel darauf hinzuweisen, daß derartige Wendungen und Ausführungen seitens eines an der hiesigen Landesuniversität tätigen Lehrers unangebracht sind, zu Mißverständnissen führen können und daher in Zukunft unbedingt unterbleiben müssen.« Daher ersuche er den Staatssekretär als vorgesetzte Dienstbehörde, »Professor Simmel die hiernach erforderlichen Eröffnungen zu machen« und das Gouvernement darüber zu unterrichten (ADBR Strasbourg, AL 22, Paq. 25 ›Pressezensur‹, Vol. v). Unmittelbar darauf hatte von Rödern das Gespräch mit Simmel terminieren lassen (s. o.). – In seinem Bericht an den stellvertretenden Gouverneur Generalleutnant von Vietinghoff gen. Scheel vom 21. Aug. 1915 (Briefentwurf, ebd.) sollte von Rödern an das »Einverständnis, daß die Angelegenheit als erledigt betrachtet werden kann« appellieren (zu allen Schreiben siehe GSG 24: Dokumente).

i.V.P.] In Vertretung Pauli.

Georg Simmel an Heinrich Rickert

Postkarte vom 29. August 1915
Hs.; SBPK Berlin, Nl 125 (M. Landmann)

Str. 29 VIII 15

Lieber Rickert,

die Adresse von *Baensch* ist *München, Habsburger Platz 1* IV. Er ist ein rechtes Pechkind, jeder Anlauf zu kriegerischer Betätigung wird ihm gleich abgeschnitten. Vielleicht liegt darin doch etwas Symbolisches.

Haben Sie die neue Auflage vom Überweg, über die neuste Phil., gesehn? Das ist ungefähr die erstaunlichste Arbeitsleistung, die mir je vorgekommen ist. Wie kann ein Mensch nur so viel lesen!

Herzliche Grüße von Haus zu Haus! Ihr

Simmel

Postkarte vom 29. August 1915] An: Herrn Geheimrat Prof. *Rickert / Freiburg (Br.) / Thurnseestr. 66*; mit Poststempel: Straßburg (Els.) 1 9.8.15 8-9 N; Prüfstempel: Straßburg Els.1 P.K. / Geprüft und zu befördern.

Adresse] Die entsprechende Anfrage Rickerts ist verschollen.

***Baensch* ... Pechkind]** Otto Baensch (1878-1936), nach Philosophie-Studium in Freiburg, Berlin und Straßburg 1901 Dr. phil., Straßburg, seit 1906 PD ebd., war 1914 als Kriegsfreiwilliger ausgerückt und hielt sich wohl jetzt nach einer Kriegsverletzung in München auf, wo er nach 1918 dann als Privatgelehrter lebte (Wer ist's? 1935; MWG II/8, S. 827).

Überweg, über die neuste Phil.] Friedrich Ueberwegs Grundriß der Geschichte der Philosophie vom Beginn des neunzehnten Jahrhunderts bis auf die Gegenwart. 11., mit einem Philosophen-Register versehene Auflage. Neu bearbeitet und herausgegeben von Konstantin Oesterreich. Berlin: Mittler 1916. (Copyright 1915). – Im vierten Band (Die deutsche Philosophie des XIX. Jahrhunderts und der Gegenwart) wird unter »§ 42. VI: Die relativistische Umbildung des Kritizismus« Simmels Philosophie als eigenständige Richtung des Neukantianismus vorgestellt (S. 398-401).

Georg Simmel an Gottfried Salomon

Postkarte vom 29. August 1915
Hs.; IISG Amsterdam, Nl Salomon

Str. 29 VIII 15

Geehrter Herr Salomon!

Ich bitte Sie, mich am 7. Sept. nicht Vormittags, sondern gegen ½4 zu besuchen, da ich Vormittags im Armenamt beschäftigt bin.

Ihr ergebner

Simmel

Postkarte vom 29. August 1915] An: Herrn / *Gottfried Salomon / Frankfurt (Main) / Bäckerweg 22*; mit Prüfstempel: Straßburg Els.1 P.K. [unles.] zu befördern; Poststempel: Straßburg (Els.)1 29.8.15.8-9 N.

7. Sept.] Der 7. Sept. 1915 fiel auf einen Dienstag.

zu besuchen] Daß dieser Antwort Simmels vorausgegangene Schreiben von Gottfried Salomon[-Delatour] ist verschollen. In ihm wird Salomon um einen Termin gebeten haben, um die Abgabe seiner Dissertation zu besprechen (siehe Simmel an Salomon vom 18. Febr. 1914).

Armenamt beschäftigt bin] Siehe Simmel an Margarete von Bendemann vom 1. April 1915 und an Unbekannt vom 18. Aug. 1915.

Georg Simmel an Max Scheler

Postkarte vom 3. September 1915
Hs.; BSB München, Nl Scheler

Straßburg Els. 3 IX 15
Sternwartstr. 17

Verehrter Herr Doktor,

Wenn es sich irgend machen läßt, bin ich gern bereit, nach Heidelberg zu kommen. Bisher habe ich für September keine Abwesenheit von Str. vor, insbesondre, da ich hier eine Kriegsfürsorge-Funktion ausübe, von der ich mich außer Sonnabend u. Sonntag nur schwer freimachen kann. Wenn Sie also ein Zusammentreffen vorschlagen so müßte es auf diese Tage fallen. Ich würde mich auf ein Wiedersehn sehr freuen.

Mit unsern besten Grüßen, auch an Ihre Gattin Ihr

Simmel

Postkarte vom 3. September 1915] An Herrn / *Dr. Max Scheler / Berlin W 15 / Düsseldorferstr.* 1; mit Poststempel: Straßburg (Els.) 1 3.9.15 7-8 N; Prüfstempel: Straßburg Els. 1 P.K. geprüft und zu befördern.

bin ich gern bereit, nach Heidelberg zu kommen] Der in Schelers verschollenem Anschreiben angesprochene Anlaß für eine Begegnung in Heidelberg war nicht zu ermitteln.

Kriegsfürsorge-Funktion ausübe] Siehe Simmel an Margarete von Bendemann vom 1. April 1915.

Gattin] Märit Scheler, geb. Furtwängler; siehe Simmel an Edmund Husserl vom 2. März 1913.

Georg Simmel an Friedrich Gundolf

Postkarte vom 5. September 1915
Hs.; Gundolf Archiv, London

Straßburg 5 IX 15

Lieber Herr Gundolf!

Ihre Karte an Hans habe ich ihm auf den Feldberg nachgeschickt, wo er sich nach der strengen Arbeit der ganzen Kriegszeit zwei Wochen erholen soll.

Ich denke im Lauf des Sept. für zwei Tage nach *Heidelb.* zu gehn. Würden Sie wohl herüberkommen? Es ist mir ein rechtes Bedürfniß, Sie einmal wiederzusehn.

Herzliches auch von meiner Frau. Immer Ihr

Simmel

Postkarte vom 5. September 1915] An: Herrn / *Dr. F. Gundolf / Darmstadt / Grüner Weg* 37; mit Poststempel: [Straßburg (Els.)] 5. 9. 15 4-6 N; Prüfstempel [unles.] Els. 1 P.K. [unles.] zu befördern.

auf den Feldberg nachgeschickt ... erholen soll] Hans Simmel, der seit Kriegsausbruch fast ohne Unterbrechung in Straßburger Lazaretten gearbeitet hatte (siehe Simmel an Hugo Liepmann vom 8. Aug. 1914 und an Edmund Husserl vom 15. Dez. 1914), befand sich im Schwarzwald auf dem Feldberg (1495 m), bzw. in dem auf der Südostseite des kahlen Feldbergrückens gelegenen Hotel ›Feldberger Hof‹ (Baedeker Süddeutschland, S. 426). Er berichtet dazu: »Im August bekam ich 2 Wochen Urlaub. Da ich ein sehr anstrengendes Jahr hinter und voraussichtlich ein ebensolches vor mir hatte, ging ich auf den Feldberger Hof, ein schönes Hotel 1200 m hoch direkt unter dem Gipfel des Feldberges gelegen« (Hans Simmel, S. 81 f.).

für zwei Tage nach *Heidelb.* zu gehn] Dieser Plan einer Reise nach Heidelberg steht wohl in Zusammenhang mit der in Simmels Schreiben an Max Scheler vom 3. Sept. 1915 geäußerten Absicht.

Georg Simmel an Max Scheler
Postkarte vom 18. und 22. September 1915
Hs.; BSB München, Nl Scheler

Straßburg 18 IX 15

Lieber Herr Doktor,

Ich warte auf Ihren Vorschlag bezüglich Heidelbergs – meine Möglichkeiten dazu sind nicht unbegrenzt. Nur der nächste u. übernächste Sonnabend steht noch zur Verfügung. Nachher muß ich verreisen, komme übrigens auch nach Berlin.

22 IX

Seit ich das Obige geschrieben habe, hat sich einiges an der Lage geändert. Ich werde voraussichtlich vom 8.-10. Okt. in Heidelberg sein (vorher geht es nicht) u. würde mich freuen, Sie dort zu treffen. Wenn nicht, so gebe ich Ihnen eine Nachricht von Berlin aus wo ich etwa am 12. einzutreffen denke.

Bestens grüßend Ihr

Simmel

Postkarte vom 18. und 22. September 1915] An: Herrn / *Dr. Max Scheler / Berlin W / Düsseldorferstr.* 1; mit Poststempel: STRASSBURG (ELS.) 1 23.9.15 6-7 V.

warte auf Ihren Vorschlag] Siehe Simmel an Scheler vom 3. Sept. 1915.

nächste u. übernächste Sonnabend] Der 18. Sept. 1915 fiel auf einen Sonnabend, so daß Simmel nur den 25. Sept. und 2. Okt. 1915 meinen konnte.

Nachher muß ich verreisen ... auch nach Berlin] Simmel »war für den 11. zu einem Vortrag in Erfurt verpflichtet« und wollte wohl vorher nach Berlin (Simmel an Agathe und Hugo Liepmann vom 12. Okt. 1915).

einiges an der Lage geändert ... (vorher geht es nicht)] Offenbar hatte Simmel die endgültige Mitteilung über das ihn selbst einschließende Vortragsprogramm der Wiener Urania erhalten und konnte infolge des erforderlichen Visumsantrages Straßburg erst nach Rückerhalt seines Passes verlassen (siehe Simmel an Margarete von Bendemann vom 25. Sept. 1915). Darauf verweisen Meldungen über jene »größere Reihe von zeitgemäßen Vorträgen« in der Urania (LC vom 9. Okt. 1915, Sp. 1021), insbesondere die des BT vom 27. Sept. 1915

(Nr. 494, Ab.Bl.) unter dem Titel »Kriegsvorträge in Wien«: »Das Volksbildungsheim der Urania in Wien veranstaltet auch im zweiten Kriegsjahr eine größere Reihe von zeitgemäßen Vorträgen, die von bekannten deutschen, österreichischen und deutsch-schweizerischen Gelehrten, Politikern und Schriftstellern gehalten werden. Das Programm verzeichnet Namen wie: Friedrich Naumann [1860-1919, Theologe, Politiker; DBE], Georg Kerschensteiner, Paul Deussen [1845-1919, Philosoph; DBE], Johannes Müller [1864-1949, Theologe, Schriftsteller; DBE], Gottfried Traub, Hugo v. Hofmannsthal [siehe Korrespondentenverzeichnis, GSG 22], Martin Spahn, Bernhard Harms [1876-1939, Nationalökonom; NDB], Ernst Troeltsch, Gertrud Bäumer [1873-1954, Schriftstellerin, Frauenpolitikerin; DBE], Ernst Jäckh [1875-1959, Politologe, Publizist; DBE], Georg Simmel, Henry Thode [1857-1929, Kunsthistoriker; DBE], Stefan Zweig [1881-1942, österr. Schriftsteller; DBE], Ernst Lissauer [1882-1937, Schriftsteller; DBE], Max Maurenbrecher [1876-1930, Theologe, Politiker; DBE] und andere« (Mit Dank an F. W. Graf für diesen weiterführenden Hinweis). – Zu Simmels Vorträgen siehe Simmel an Hugo Bruckmann vom 21. Okt. 1915.

voraussichtlich vom 8.-10. Okt. in Heidelberg] Auf dem Hinweg nach Erfurt (s. o.).

Berlin ... etwa am 12. einzutreffen] An diese Perspektive hielt sich Max Scheler, als er am 3. Okt. 1915 an Jonas Cohn (Freiburg i. Br.) schrieb: »Am 12. seh ich Simmel hier; er wünschte, daß ich 7.-9. nach Heidelberg käme u. ich hatte vor, dahinzufahren, da ich dort Freund [Emil von] Gebsattel zu finden hoffte; da aber dieser nicht hingeht, ging ich jetzt auch nicht hin« (Cohn-Archiv, Duisburg).

Georg Simmel an Unbekannt

Brief vom 21. September 1915
Hs.; GSA Bielefeld

den 21 IX 1915

Sehr geehrtes Fräulein!

Würden Sie so freundlich sein, sich zu näherer Besprechung der Funktion, zu der Sie sich gütigst erboten haben, in den nächsten Tagen 10-11 in mein Büro zu bemühen.

Mit ergebenster Begrüßung Ihr

Simmel

Ich hoffe, daß bezüglich des Vornamens keine Verwechslung mit Ihrem Fräulein Schwester vorliegt.

Brief vom 21. September 1915] Gedr. Briefpapier: Kopf: Armenverwaltung der Stadt Strassburg / den [...] 19. Seitenrand unten li.: Form. II/1.

Fräulein] Die Adressatin dürfte dieselbe wie in Simmels Schreiben an Unbekannt vom 18. Aug. 1915 sein; denn dieses und der vorliegende Brief wurden als Konvolut unbekannter Herkunft erworben.

Funktion ... erboten haben] Siehe ebd. und die dort angesprochene Pflegschaftsübernahme.

mein Büro] Gemeint ist der Arbeitsplatz »im Bürgermeisteramt« (siehe Charles Hauters Bericht in Simmel an Margarete von Bendemann vom 1. April 1915).

Georg Simmel an Margarete von Bendemann

Postkarte vom 25. September 1915
Hs.; LBI New York, Susman Collection

Straßburg 25 IX 15

Liebe Susa,

die Aussicht, dich in Appenweier zu sehn, ist etwas sehr Gutes. Auch hoffe ich, daß es am 28. oder 29. möglich sein wird – ich würde es ganz bestimmt sagen, wenn nicht ein ganz törichter Zufall es vereiteln könnte. Ich muß nämlich im Okt. nach Wien reisen u. habe meinen Paß an die östreich. Gesandtschaft in Berlin geschickt, um ihn visiren zu lassen. Nun rechne ich zwar darauf, ihn bis zum 28. wiederzubekommen, allein wenn nicht, so kann ich nicht aus Straßburg. Ohne Paß werde ich nicht heraus- u. nicht hereingelassen. Wir müssen uns ev. telegraphisch in Verbindung setzen. Wenn du von Karlsruhe 12.15 abfährst, bist du um 1 in App., wo ich dich entweder schon erwarte oder eine halbe Stunde später eintreffe.

Warum ziehst du eigentlich nicht in Betracht, daß doch auch die Frau nach App. kommen könnte?

Herzliches an dich u. den Mann von uns dreien. Immer dein

G.

Postkarte vom 25. September 1915] An: Frau / *Marg. v. Bendemann / Ettlingen (Baden) / Schöllbronnerstr. 37*; mit Absenderstempel: Prof. Simmel / Strassburg (Els.); Poststempel: STRASSBURG (ELS.) 1 25 [unles.]; Prüfstempel: Straßburg Els. P.K. geprüft und zu befördern. – Zur Anschrift s. u.

die Aussicht, dich in Appenweier zu sehn] Margarete von Bendemann hatte Simmel wohl in einem verschollenen Schreiben über den Anlaß ihres kurzfristigen Aufenthaltes in Deutschland bzw. ihrer Rückkehr in die Schweiz unterrichtet: Eduard von Bendemann war, wie Emmy von Egidys Brief an Margarete von Bendemann vom 7. Sept. 1915 (DLA Marbach, A: Susman) zu entnehmen, Anfang des Monats eingezogen worden; etwa bis Mitte Okt. befand er sich im Landsturm-Ausbildungs-Bataillon, Ettlingen, und firmierte mit o.g. Privatanschrift (vgl. seine Schreiben an Leopold Ziegler vom 13. und 15. Okt. 1915, BLB Karlsruhe, Nl Ziegler). Daß er beim »kaiserlichen Pressedienst in Frankfurt« eingesetzt würde (Susman, S. 85), war wohl bereits entschieden, denn Margarete von Bendemann hatte jetzt die Lage geprüft, um – wie sie Martin Buber am 27. Okt. 1915 schrieb (JNUL Jerusalem, Buber Archive) – »im Winter« ebenfalls nach Frankfurt zu ziehen; sie habe jedoch für den neunjährigen Sohn Erwin »noch nichts Ideales gefunden« (ebd.). Für die Rückreise bot sich Appenweier für eine Begegnung mit Simmel an, da die Bahnstation auf der Strecke Frankfurt-Karlsruhe-Basel zugleich der Anschlußknotenpunkt für die Bahnlinie nach Kehl bzw. Straßburg war (Baedeker Rheinlande, S. 370).

im Okt. nach Wien reisen] Siehe Simmel an Max Scheler vom 18. und 22. Sept. 1915.

visiren ... Ohne Paß] Seit dem 19. Dez. 1914 galt für Elsaß-Lothringen die Verordnung, die jedem, »der das Gebiet von Elsaß-Lothringen verließ, den Ausweis durch Paß vorschrieb«. Im Verkehr mit dem Ausland bestand Visumpflicht (Felix Nelken: Die innere Verwaltung. In: Elsass-Lothringen 1871-1918. Band II, Erster Teil, S. 169-217, hier: 213).

die Frau] Gemeint ist Gertrud Simmel.

den Mann] Eduard von Bendemann.

von uns dreien] Simmel, seine Frau Gertrud und ihr Sohn Hans.

Georg Simmel an Max Scheler

Postkarte vom 6. Oktober 1915
Hs.; BSB München, Nl Scheler

Straßburg 6 x 15

Verehrter Herr Doktor

Meine Berliner Reise ist vereitelt, durch einen mit dem Kriege in Zusammenhang stehenden Umstand. Da ich aber die Reise nach Heidelberg nicht aufschieben kann, so fürchte ich, daß der schöne Plan unsres Zusammentreffens vereitelt ist.

Vor dem 1. Jan., ev. sogar vor dem 1. März werde ich nicht nach Berlin kommen können.

Die Besprechung Ihres Buches von *Dr. Böhm* ist so verständig, daß ich mich freue, sie bei der Frkf. Zeit. veranlaßt zu haben.

Beste Grüße, auch an Ihre Gattin! Ihr

Simmel

Postkarte vom 6. Oktober 1915] An: Herrn / *Dr. M. Scheler / Berlin W 50 / Düsseldorferstr.* 1; Straße von unbekannter Hand geändert: Pragerstr. 26; mit Poststempel: Straßburg (Els.) 1 6.10.15 4-5 N; Prüfstempel: Straßburg Els. 1 P.K. Geprüft und zu befördern.

Berliner Reise … Plan unsres Zusammentreffens vereitelt] Siehe die Vorschläge für eine Begegnung in Heidelberg und Berlin in Simmels Schreiben an Scheler vom 3. und 18. und 22. Sept. 1915; zum Grund der Vereitelung siehe Simmel an Agathe und Hugo Liepmann vom 12. Okt. 1915.

Reise nach Heidelberg … nicht aufschieben] Die zwingenden Gründe für den Aufenthalt »vom 8.-10. Okt. in Heidelberg« (Simmel an Max Scheler vom 18. und 22. Sept. 1915) sind nicht bekannt.

Vor dem 1. Jan. … nicht nach Berlin kommen] Angedacht ist wohl eine Vortragsreise nach Berlin (siehe Simmel an Anna Jastrow vom 7. Jan. 1916).

Besprechung Ihres Buches von *Dr. Böhm*] Max Böhm: Zur Philosophie Max Schelers. Neue Wege. FZ, Nr. 270 vom 29. Sept. 1915, 1. Mo.Bl.). Die »Besprechung« gilt sowohl Max Schelers »kürzlich erschienenen« (ebd.) ›Abhandlungen und Aufsätze[n]‹ (Erster und Zweiter Band. Leipzig: Verlag der Weissen Bücher 1915) wie auch der lt. Vorrede im Nov. 1914 verfaßten Schrift ›Der Genius des Krieges‹ (Leipzig: Verlag der Weißen Bücher 1915). – Scheler war in den ›Abhandlungen und Aufsätze[n]‹ mehrfach auf Simmelsche Gedanken eingegangen: So in ›Das Ressentiment im Aufbau der Moralen‹ (I. Band, S. 39-274) auf die von Simmel aufgezeigte »Haltung der ›Vornehmheit‹« (S. 64ff.); so in ›Zur Idee des Menschen‹ (I. Band, S. 318-367) mit einem Verweis auf das »beachtenswerte« Konzept der ›Person‹ in Simmels Aufsatz ›Die Persönlichkeit Gottes‹ in dessen ›Philosophische Kultur‹ (1911, GSG 14, S. 349-366), den Scheler als »Zur Idee Gottes« erinnert (S. 354); so mit dem Verweis auf Simmels ›Philosophie des Geldes‹ (1900, GSG 6) in ›Die Idole der Selbsterkenntnis‹ (II. Band, S. 3-168; hier: 129) und mit der Zustimmung zu Simmels Entlarvung der männlichen Prägung »alle[r] Grundbegriffe unserer neueren Philosophie [...] als Ausdruck der neueren Kultur« in ›Zum Sinn der Frauenbewegung‹ (ebd., S. 263-293, hier: 278).

Frkf. Zeit. veranlaßt zu haben] Simmel hatte wohl Max Hildebert Boehm (siehe Korrespondentenverzeichnis) »veranlaßt« und seine Beziehung zu Heinrich Simon, dem Herausgeber der FZ, eingesetzt.

Georg Simmel an Agathe und Hugo Liepmann

Brief vom 12. Oktober 1915
Hs.; I. Flatau, Saratoga Springs N.Y., USA

12 X 15

Liebe Freunde,

Wenn es gegangen wäre, wie es sollte, so wäre ich heute in Berlin u. vielleicht bei Ihnen. Ich war für den 11. zu einem Vortrag in Erfurt verpflichtet u. hätte dem einen kurzen Aufenthalt in Berlin angeschlossen. Plötzlich aber kam die Nachricht, daß alle Erfurter Sääle militärischerseits beschlagnahmt seien, so daß der Vortrag eine physische Unmöglichkeit wurde. U. damit mußte ich auf Berlin verzichten. Leider besteht auch keine Aussicht, daß ich vor Ende des Wintersemesters hinkommen kann. Denn freilich soll es geschehen, so weit die täglich rätselhafter werdende Zukunft es gestattet, dem Schicksal ein solches Sollen aufzuerlegen. Man begreift wohl, daß Deutschland weiter u. weiter siegen wird, aber wie Frieden werden soll, begreift man nicht. Man geht wie in einem dichten Nebel, in dem man wohl den nächsten Schritt vor sich sieht, aber den ganzen Weg u. wo er hinführt, absolut nicht übersehn kann. Das ist keine Zeit zum Briefe schreiben, so sehr es die Zeit zum unmittelbaren Gespräch wäre.

Wir stehen hier noch immer unter dem Druck eines furchtbaren Verlustes. Einer der nächsten Freunde von Hans ist in Frankreich gefallen – ein Arzt, der mit noch zwei andern ihren verwundeten Obersten im Unterstand aufsuchte; alle vier wurden durch den Luftdruck einer Granate getötet, keiner hatte eine Verwundung. Es war einer der wertvollsten Menschen, einer von denen, auf die ich für die deutsche Zukunft die größten Hoffnungen gesetzt hatte. – Hans selbst hat alle Anstrengungen gemacht, um an die Front zu kommen, aber es ist ihm nicht gelungen. Objektiv darf er sich darüber nicht beklagen, denn er hat hier eine durchaus notwendige u. segensreiche Tätigkeit, aber subjektiv ist es natürlich für einen jungen Menschen hart, jetzt in der sicheren Heimat zu sitzen. U. nicht nur für einen *jungen* Menschen. Auch für mich empfinde ich es als etwas Sinnloses u. schwer Erträgliches. Denn es ist mir durchaus zweifelhaft, ob etwas dabei herauskommen wird, daß ich mich für die Zukunft aufbewahre. Aber auch meine Bemühungen um eine unmittelbare Dienstleistung hatten kein Ergebniß.

Im Übrigen giebt es aus dem schweigsamen, eingeengten Leben in der Grenzfestung nichts zu berichten. Lassen Sie doch bald ein Wort hören, wie es Ihnen u. den Kindern geht. Es ist uns immer eine große Wohltat, in unsrer Einsamkeit einen Gruß von den Freunden zu bekommen. Das Leben, das ich hier führe, hat in einem gewissen, schwer zu erklärenden Sinn etwas Unwirkliches; u. ein Wort aus der Welt, in der ich *wirklich* war, giebt mir ein unschätzbares Gefühl davon, daß ich überhaupt noch da bin.

Von uns dreien alles Herzliche an Sie! Immer Ihr

Simmel

Verzeihen Sie, daß ich den Zinsenscheck erst jetzt sende. Ich wollte es bei meiner Anwesenheit in Berlin erledigen.

Brief vom 12. Oktober 1915] Gedr. Briefkopf: li.: PROF. SIMMEL; re: STRASSBURG (ELS.).

für den 11. zu einem Vortrag in Erfurt] Hinweise auf den Vortrag in Erfurt waren in der örtlichen Presse nicht zu ermitteln. – Die Vortragsreise mit einem Berlin-Aufenthalt zu verbinden, hatte Simmel die Chance eröffnet, die im Schreiben an Hugo Liepmann vom 26. Juli 1915 abgesagte »Sommerreise nach Berlin« nachzuholen.

einer der nächsten Freunde von Hans] Nach den Andeutungen von Hans Simmel (S. 64, 83, Notizen) kommt nur dessen Münchner Studienkollege Ernst Kertess in Frage.

segensreiche Tätigkeit] Zu Hans Simmels Arbeit im Lazarett siehe Simmel an Hugo Liepmann vom 8. Aug. 1914 und an Edmund Husserl vom 15. Dez. 1914.

meine Bemühungen um eine unmittelbare Dienstleistung] Schreiben in dieser Angelegenheit sind nicht überliefert.

Grenzfestung] Straßburg war mit Beginn des Krieges zur Grenzfestung ausgerufen worden; siehe Simmel an Hugo Liepmann vom 2. Aug. 1914.

den Kindern] Käthe, Charlotte, Dorothee und Hans Walter Liepmann.

Zinsenscheck] Zu Simmels Zinsenzahlung für eine von Hugo Liepmann abgesicherte Hypothek siehe Simmel an Hugo Liepmann vom 30. März, 11. Aug. und 9. Sept. 1914.

uns dreien] Simmel, seine Frau Gertrud und ihr Sohn Hans.

Georg Simmel an Unbekannt

Brief vom 18. Oktober 1915
Hs.; GSA Bielefeld

18 X 15

Sehr verehrtes Fräulein!

Den Fall *Baumgärtner* habe ich nach so langer Zeit nicht mehr im Kopf. Da sich übrigens Quittungen über alles ihr ausgezahlte Geld in dem Karton auf dem Pult befinden, so muß sich daraus feststellen lassen, wie viel sie erhalten hat u. ob sie noch Ansprüche hat. Freilich wäre das eine mühevolle Arbeit. In diesem Karton befindet sich eine Quittung der Stadtkasse über c. 90 M., die ich ihr als nicht verbraucht vor einigen Wochen zurückgeliefert habe. Sollte sich herausstellen, daß Frau B. wirklich noch etwas zu verlangen hat, so müßte dieses Geld dafür aufkommen. Das wäre ev., um endlose Schreibereien zu vermeiden, am besten durch gefällige Rücksprache mit Herrn *Grasser* zu erreichen.

Ich verreise morgen auf acht Tage u. werde in der nächsten Woche auf dem Büro vorsprechen, um zu sehn, ob es etwas für mich zu tun giebt.

Mit ergebensten Grüßen Ihr

Simmel

Über die Zahlungen an Frau B. bitte ich auch das schwarze Kontobuch, das gleichfalls auf dem Pult liegt, zu vergleichen.

Fräulein] Die Adressatin ist vielleicht identisch mit der von Simmels Schreiben an Unbekannt vom 18. Aug. und 21. Sept. 1915.

Fall *Baumgärtner*] Der »Fall« betrifft offensichtlich Simmels »Tätigkeit bei der Zuteilung der Kriegsunterstützungen« (Simmel an Margarete von Bendemann vom 1. April 1915); Näheres wurde nicht ermittelt.

Herrn *Grasser*] Nicht ermittelt.

Ich verreise morgen] Simmel hatte sich zu Vorträgen in Wien verpflichtet (siehe Simmel an Max Scheler vom 18. und 22. Sept. 1915 sowie an Hugo Bruckmann vom 21. Okt. 1916).

Hugo Liepmann an Georg Simmel

Briefentwurf (Fragment) vom 18. Oktober 1915
Hs.; I. Flatau, Saratoga Springs N.Y., USA

18.x 15

Lieber Freund!

Diesmal war Ihr Brief paradoxerweise keine reine Freude, da er statt Ihrer selbst kam. In welcher Zeit leben wir, daß Sie nicht nach Berlin kommen, weil es in Erfurt keinen freien Saal giebt! Ja in welcher Zeit leben wir!

So unerhört groß die leibliche Not ist, die dieser Krieg gebracht hat, – die Einbuße, welche der geistige Besitz erlitten hat, dürfte nicht weniger wiegen! Wie viel an echten [Errungenschaften des] Geistes müssen wir begraben oder mindestens auf längere Zeit vergraben! Nicht einmal nur im Busen. Denn Manches scheut man sich, sich selbst zu gestehen. Welche unselige Durchtränkung aller Stellungnahmen mit der Leidenschaft, die aus augenblicklichen Interessengegensätzen geboren ist.

Keine Zeit war der Pflege ewiger Werte so ungünstig. Vaterlandsliebe u. Begeistrung für Deutschland's Sieg sind, namentlich wenn Sie sich betätigen, gewiß u. als Bürger unsres Landes reelle u. [...] hehre Gefühle. Aber, daß unter dem Druck der Lage alles sonstige Hohe von diesem einen Gefühl verschlungen wird, ist doch ein [...] wunderliches Schauspiel; daß nicht nur die Masse, sondern die geistigen Führer in allen Ländern sich über das Schaurige des Zustands mit derselben Beschwichtigung ihrer bessren Menschen hinwegtäuschen: daß gerade ihre Seite für die höchsten Güter der Menschheit kämpft, daß Granaten, Maschinengewehre, giftige Gase u. Torpedos nur die Mittel für sittliche Zwecke sind! Tut man das aber nicht, sagt man nüchtern u. gerecht: Hier platzen Interessengegensätze, Macht-, Geltungs- und Besitzstreben unvereinbar auf einander – mein Platz ist selbstverständlich durch meine Vaterlandszugehörigkeit gegeben – wie viel von dem, was an höherem Sehnen in uns lebt, muß man dann ersticken, wenigstens als auf etwas in der Welt der Wirklichkeit nicht Placirbares gerichtet ansehen!

Das heißt kurz: Das Ziel, das dann Praxis und Streben gewaltsam in Übereinstimmung bringen müssen mit dem gegebenen Ziel der nationalen Machtentfaltung – ist eine niederschmetternde Forderung für Jeden, der [...].

Und dabei kann doch Niemand umhin, von unsern ungeheuren Leistungen und Erfolgen bewundernd zu sprechen.

Briefentwurf vom 18. Oktober 1915] Gedr. Briefkopf: li.: PROF. H. LIEPMANN / DIREKTOR DER STÄDTISCHEN IRRENANSTALT HERZBERGE; re.: BERLIN-LICHTENBERG / HERZBERGE / TEL. LICHTENBERG 192. – Es handelt sich um einen sehr flüchtigen, nicht abgeschlossenen Entwurf (4 S.) mit zahlreichen Streichungen und Korrekturen in Form von Überschreibungen vorausgegangener Fassungen; die infolgedessen nicht entzifferbaren Teile, die in der Regel nicht mehr als drei Wörter umfassen, sind durch [...] signalisiert bzw. vom Hg. ersetzt. – Daß ein Brief dieses Inhalts tatsächlich an Simmel geschickt wurde, ergibt sich aus dessen Antwort vom 30. Okt. 1915.

Ihr Brief] Siehe Simmel an Hugo und Agathe Liepmann vom 12. Okt. 1915.

in Erfurt keinen freien Saal] Siehe ebd.

wir!] Das Ausrufungszeichen steht für die folgende, im Entwurf gestrichene Fortführung des Satzes: »wenn selbst Sie, dessen Beruf es ist, die Rätsel des Dasein's zu lösen, von der Rätselhaftigkeit unserer jetzigen Zustände sprechen«.

Stellungnahmen] Original: Stellungnamen.

Leidenschaft ... geboren ist] Darunter im Original gestrichen: Leidenschaft und zwar einer temporär bedingten und lokal und emotional beschämenden Leidenschaft.

in allen Ländern] Darunter gestrichen: überall.

Georg Simmel an Hugo Bruckmann

Postkarte vom 21. Oktober 1915
Hs.; BSB München, Bruckmanniana Suppl.

M. 21 X 15

Verehrter Herr *Bruckmann*!

Ich überlege mir eben, daß ich mich mit meinen Reisedaten verrechnet habe: nicht Montag, sondern schon Sonntag will ich wieder in München sein, Montag in Straßburg. Lassen Sie mich bitte mit einer Zeile in das *Hotel Schottenhammel* wissen, ob Ihnen mein Besuch am Sonntag recht ist. Wenn irgend ein Hinderniß vorliegt, so bitte ich Sie *dringend*, Ihre Pläne in keiner Weise zu ändern. Ich komme schon wieder einmal nach München, um es nachzuholen.

Mit bester Empfehlung Ihrer verehrten Gattin Ihr ergebenster

Simmel

Postkarte vom 21. Oktober 1915] An: Herrn / *H. Bruckmann* / *Hier* / *Karolinenplatz* 5; mit Poststempel: MÜNCHEN 2 21. 10. 15 2-3 N.

M.] München, wo Simmel seine am 19. Okt. angetretene Reise nach Wien (siehe Simmel an Max Scheler vom 18. und 22. Sept. und an Unbekannt vom 18. Okt. 1915) unterbrach und zu Verabredungen nutzte – wie etwa die den folgenden Mitteilungen Simmels zu entnehmende mit Hugo Bruckmann. – In Wien sollte Simmel am Freitag, den 22. und

Samstag, den 23. Okt., jeweils um ½8 Uhr im großen Saal der Urania über ›Die Krisis der Kultur‹ und ›Die religiöse Zukunft‹ vortragen (Wochenplan der Wiener Urania. Urania. Wochenschrift für Volksbildung VIII, Nr. 42 vom 16. Okt. 1915, S. 486). Über beide Vorträge wurde ausführlich berichtet (ebd., Nr. 44 vom 30. Okt. 1915, S. 503 f.). Demnach handelt es sich wohl einerseits um eine Vorfassung von ›Die Krisis der Kultur‹ (in Simmel: Der Krieg und die geistigen Entscheidungen. Reden und Aufsätze. München und Leipzig: Duncker & Humblot 1917, S. 7-58; GSG 16, S. 37-53), wobei die im Abdruck erfolgte Titelergänzung: »Rede, gehalten in Wien, Januar 1916« mangels entsprechender Hinweise im Programm der Urania (IX, Nr. 1-5 vom Jänner 1916) oder auch auf eine Wien-Reise Simmels zu diesem Zeitpunkt als ein Erinnerungslapsus anmutet, der eintrat, als sich Simmel im März 1917 für den Abdruck dieses Vortrags entschied (vgl. Editorischer Bericht. GSG 16, S. 428). Der Vortrag über ›Die religiöse Zukunft‹ andererseits deutet auf die dann in Simmel: Der Konflikt der modernen Kultur. Ein Vortrag (München und Leipzig: Duncker & Humblot 1918; GSG 16, S. 181-207) ausgeführten Überlegungen zur Religiosität (vgl. ebd., S. 201-205).

nicht Montag, sondern schon Sonntag … wieder in München] Folglich am Sonntag, den 25. Okt. 1915 auf der Rückreise von Wien (s. o.).

***Hotel Schottenhammel*]** In München, für den Bereich zwischen »Hauptbahnhof und Karlsplatz«, nachgewiesenes Hotel an der Ecke Luitpold- und Prielmayerstraße (Baedeker Süddeutschland, S. 227).

Gattin] Elsa Bruckmann.

Georg Simmel an Hugo Liepmann

Brief vom 30. Oktober 1915
Hs.; I. Flatau, Saratoga Springs N.Y., USA

30 X 15

Lieber Freund,

die Probleme, von denen Ihr letzter Brief voll ist – ich fand ihn nach einer achttägigen Abwesenheit von Str. vor – sind natürlich für jeden von uns die Lebensfragen schlechthin. Aber ich kann nicht leugnen, daß das, was mich in jeder Stunde so bedrückt, daß mir wie im Angsttraum zumute ist – daß dies der Wahnsinn dieses Weltschicksals überhaupt u. der europäischen

Vernichtung ist, sehr viel weniger aber die Zurückdrängung der geistigen Werte durch die Forderungen dieser Tage. Meinen Sie damit freilich den Verlust der wundervollen jungen Menschen, die die höchsten geistigen Leistungen als ihre Zukunft in sich trugen, so haben Sie Recht; auch nur derer, die ich persönlich kannte, sind genug, um mich bis an mein Lebensende in Trauer gehn zu lassen. Aber es scheint mir, daß Sie eher die Übertönung u. Entwertung des Geistigen in den *Lebenden* meinen. Allein da muß ich sagen: ich halte es für kein Unglück, daß das Geistesleben für eine Weile vor dem Willensleben zurücktritt. Wie es für das Individuum Epochen giebt, in denen das Interesse für das Zeitlose u. die geistigen Werte dem Praktischen u. der Bewahrung der Willensenergie Platz macht, so giebt es solche auch für das Völkerleben u. es giebt gar keinen Grund, zu bezweifeln, daß es sich jetzt eben um eine solche Epoche handelt, wie sie in der Rhythmik des seelischen Daseins der Völker gewissermaaßen vorgezeichnet ist.

Was die Objektivität der Wertungen angeht, die Ihnen durch die nationale Leidenschaft verloren scheint, so gebe ich unbedingt zu: ich weiß nicht, wie der liebe Gott entscheiden würde; vielleicht anders als ich. Aber das geht mich jetzt garnichts an, denn ich bin Partei u. weiß, daß ich es bin. Vielleicht liegt grade in diesem Bewußtsein ein Unterschied gegen viele unsrer Feinde, die sich vorreden – u. manchmal auch glauben –, daß sie für Kultur, Gerechtigkeit, Freiheit u. andre schöne Dinge kämpfen. Wenn ich selbst ein Kämpfer wäre, würde ich sagen: Nein, für solche »allgemein menschlichen« Werte kämpfe ich heute keineswegs. Sondern für Deutschland, weil ich es liebe, u. will, daß es leben u. atmen könne u. nicht von Kosaken, Turkos u. Cily-Männern zu Tode getrampelt werde; grade wie ich für einen Menschen kämpfen würde, den ich liebe, auch wenn ich garnicht beweisen kann, daß ich damit eines jener Ideale rette. Alle die Verzerrtheiten, die unsre geistigen Führer an den Markt gebracht haben u. die Sie mit Recht beklagen, kommen nur daher, daß sie diesen einfachen, menschlichen Standpunkt verlassen u. unsre Feinde nachahmen, die ihren Kampf von allgemein menschlichen Werten her rechtfertigen wollen. Das ist ganz unsinnig, denn grade an *solchen* Werten *vernichtet* er mehr, als je gesagt u. gedacht werden kann. Gewiß glauben wir, daß die Existenz Deutschlands ein objektiver Wert ist; aber nicht um dessentwillen kämpfen wir für sie, sondern weil wir es lieben.

Es scheint mir, daß grade dieser Standpunkt die Objektivität am besten wahrt. Freilich ist grade für ihn noch *ein* Unterschied zwischen uns u. unsern Feinden unverkennlich. Niemand in Deutschland, der noch seine Sinne zusammenhat, will die uns feindlichen Nationen schlechthin vernichten. Wir müssen sie besiegen, weil wir leben wollen, u. müssen ihnen vielleicht, wenn es geht, zu eben diesem Zweck noch einiges abnehmen. Darüber hinaus aber, auf eine Ausradierung von Frankreich oder einem andern feindlichen Lande von der Karte Europas, geht doch wohl niemandes Wunsch. Aber grade solche radikale Vernichtung Deutschlands ist der leidenschaftliche Wunsch unsrer Feinde. Ich fuhr neulich durch einen großen Bezirk von Süddeutschland: Baden, Württemberg, Bayern – u. war richtig hingerissen von der Schönheit des Landes, seiner liebevollen Gepflegtheit, dem intensiven Leben seiner Städte mit ihrer, jetzt freilich beschatteten Fröhlichkeit, dieser ganz ungebrochnen, zukunftsvollen Vitalität. U. zu denken, daß es im jetzigen Europa Millionen von Menschen giebt, deren heißeste Sehnsucht ist, dieses Leben um jeden Preis zu vernichten, womöglich Mann für Mann zu töten (wie es der englische Minister neulich ausgesprochen hat), es aus der Weltgeschichte verschwinden zu lassen – das könnte einen wahrhaftig teufelsgläubig machen. Ich maße mir, wie gesagt, keine objektive Entscheidung über Recht u. Wert zwischen uns u. unsren Feinden an. Hier eben liegt ein objektiver, von Niemandem bestrittner Unterschied vor: den teuflischen Vernichtungsgedanken haben nur unsre Feinde, aber Niemand bei uns. U. das ist denn doch in dem Chaos u. der Ratlosigkeit der sittlichen Weltlage ein fester Punkt, an dem wir uns beruhigt u. gerechtfertigt fühlen dürfen.

Nun aber ist es für heute genug. Dieses Überpersönliche ist doch das Persönlichste, was man heute sagen kann. Nehmen Sie noch unsre herzlichsten Grüße für Sie u. Ihre liebe Frau. Ich sehne mich sehr danach, wieder einmal an Ihrem Tisch zu sitzen. Ihr

Simmel

Brief vom 30. Oktober 1915] Gedr. Briefkopf: li.: PROF. SIMMEL; re: STRASSBURG (ELS.).

Ihr letzter Brief] Siehe den Briefentwurf Hugo Liepmanns vom 18. Okt. 1915. – Die erste Seite ist durch Tintenflecke, vornehmlich am rechten Rand, stark beschmutzt.

achttägigen Abwesenheit von Str.] Gemeint ist Simmels Reise nach Wien; siehe Simmel an Unbekannt vom 18. und an Hugo Bruckmann vom 21. Okt. 1915.

die ich persönlich kannte] Simmel nennt solche persönlichen »Verluste« in seinem Brief an Heinrich Rickert vom 12. Juli 1915.

Bewahrung] Wegen Tintenflecken unsichere Lesart; könnte auch als ›Bewährung‹ gelesen werden.

Völkerleben] Unsichere Lesart infolge eines Tintenflecks.

Turkos] Turko, eigtl.: Türke, Turko-Tartare, auch: farbiger Fußsoldat des französischen Kolonialheeres (Duden).

Cily-Männern] Nicht ermittelt.

Bayern] Original: Baiern.

wie es der englische Minister neulich ausgesprochen hat] Nicht ermittelt.

Ihre … Frau] Agathe Liepmann.

Georg Simmel an Leopold Ziegler

Postkarte vom 3. November 1915
Hs.; BLB Karlsruhe

Straßburg 3 XI 15

Sehr geehrter Herr Doktor,

die Adresse von Herrn *v. Bendemann* ist mir nicht bekannt. Ich habe mein Beileidsschreiben nach *Rüschlikon* gerichtet, weiß aber nicht, ob die geplante Übersiedlung der Familie nach Frankfurt schon geschehen ist. Jedenfalls würde eine nach *Rüschlikon* bei *Zürich* gesandte Karte (Briefe sind, wenigstens von hier, nicht zulässig) nachgeschickt werden.

Wenn ich wieder einmal nach Heidelberg komme u. etwas mehr Zeit habe als bei meinen letzten dortigen Besuchen, werde ich mir erlauben, Ihnen ein Zusammentreffen vorzuschlagen.

Mit ergebensten Grüßen Ihr

Simmel

Postkarte vom 3. November 1915] An: Herrn / *Dr. Leopold Ziegler / Ettlingen* (*Baden*) / *Waldstr.* 8; mit Absenderstempel: Prof. Simmel / Strassburg (Els.); Poststempel: Straßburg (Els.) 3. 11. 15 [teils unles.]; Prüfstempel: Straßburg (Els.) P.K. Geprüft u. zu befördern.

Adresse von Herrn *v. Bendemann* ... nicht bekannt] Gemeint ist Eduard von Bendemanns neue Anschrift an seinem Einsatzort Frankfurt/M. (siehe Simmel an Margarete von Bendemann vom 25. Sept. 1915). Ziegler hatte ihn während dessen Landsturm-Ausbildung in Ettlingen (siehe ebd.) zu sich eingeladen und beide hatten über kunsttheoretische Fragen debattiert (vgl. Eduard von Bendemann an Ziegler vom 13. und 15. Okt. 1915, BLB Karlsruhe, Nl Ziegler).

mein Beileidsschreiben] Eduard von Bendemanns Vater, der 1905 geadelte Kaiserliche Admiral Felix Robert Emil von Bendemann, geb. am 8. Mai 1848, war am 31. Okt. 1915 in Berlin-Halensee gestorben (NDB). Simmels »Beileidsschreiben« ist nicht überliefert.

***Rüschlikon*]** Die Familie von Bendemann wohnte seit 1912 in Rüschlikon am Zürichsee.

Übersiedlung der Familie nach Frankfurt] Siehe Simmel an Margarete von Bendemann vom 25. Sept. 1915.

letzten dortigen Besuchen ... Zusammentreffen] Gemeint ist wahrscheinlich Simmels Begegnung mit Ziegler im Spätherbst 1914 (siehe Simmel an Ziegler vom 8. Nov. 1914), und Simmel war wohl zuletzt vom 8. bis 10. Okt. 1915 in Heidelberg (siehe Simmel an Max Scheler vom 6. Okt. 1915).

Georg Simmel an Martin Buber

Brief vom 17. November 1915
Hs.; JNUL Jerusalem, Buber Archive

Straßburg 17 XI 15

Lieber Herr Doktor!

Ich kann Ihnen in dem Unternehmen, von dem Sie schreiben, leider garnicht behilflich sein. Von der Lage der osteuropäischen Juden weiß ich grade so viel, wie eine sehr fragmentarische Zeitungslektüre mir vermittelt. Meine Reaktion darauf ist die allgemein menschliche, sozusagen selbstverständliche, u. hat an keinem Punkte zu einem originellen u. mitteilenswerten Gedanken geführt. Ich gehöre absolut nicht zu den Leuten, die, weil sie auf einem begrenzten Gebiet Sachkenner sind, sich einreden, sie wären ›Autorität überhaupt‹. Ich will den Chorus derer nicht vermehren, die über Dinge reden, von denen sie nichts verstehen – es giebt schon davon genug! Das Maaß dessen aber, was ich von diesem Thema weiß, würde mich nicht über Banalitäten hinauskommen lassen, die vielleicht richtig u. wichtig sind, mit deren nochmaliger Aussprache ich aber der Sache nicht dienen würde.

Es tut mir sehr leid, nicht mündlich mit Ihnen über den Gegenstand sprechen zu können, ich würde mich gern über Vieles von Ihnen belehren lassen. –

Auch auf Ihre freundliche Frage nach meinem Ergehn weiß ich keine rechte Antwort. Wer kann jetzt eigentlich sagen, wie es ihm persönlich geht u. wer interessirt sich selbst dafür? Wir zuhause Gebliebnen haben ja keine Gegenwart, sondern nur eine Zukunft, von der ich gestehe auch nicht die allgemeinsten Umrisse ahnen zu können.

Mit herzlichen Grüßen von Haus zu Haus treu ergeben Ihr

Simmel

Unternehmen, von dem Sie schreiben] Bubers Brief ist verschollen. Er dürfte Mitteilungen über das Zeitschriftenprojekt ›Der Jude‹ enthalten haben, wie Buber sie im Nov. 1915 mehreren Adressaten zukommen ließ, so z.B. Ernst Elijahu Rappeport am 15. Nov. 1915: »Nun bekommen Sie auch von mir einmal einen Schreibmaschinen-Brief und das kommt daher, daß ich mich entschlossen habe, die lang geplante Monatsschrift ›Der Jude‹ nun endlich und zwar von Januar ab trotz allen gegenwärtigen Schwierigkeiten und gerade ihretwegen herauszugeben. Allerdings wird sie zunächst (ich habe die Leitung nur für die Dauer des Krieges und die erste Zeit danach übernommen) nicht ganz so aussehen, wie ich sie mir dachte; denn zu der vertieften Behandlung jüdischer Probleme muß nun auch eine zulängliche Vertretung der jüdischen Interessen und Postulate, insbesondere der sich aus der Lage der östlichen Juden ergebenden hinzukommen. Aber auch in dieser veränderten Gestalt rechnet die Zeitschrift sehr auf Ihre Mitwirkung [...]. Als erleichternd kommt hinzu, daß ich mit Vorliebe knappe und prägnante Aufsätze und daneben noch kürzere, darunter ganz kurze Glossen zu den Ereignissen und mannigfachen Äußerungen des Tages bringen will. Meine ständigen Mitarbeiter sollen, wenn ihnen etwas Mitteilungswertes einfällt, es nicht zurückstellen müssen, weil sie es im

Augenblick nicht zu einem ›Aufsatz‹ auszugestalten vermögen« (Buber-Briefwechsel 1, S. 403; zu weiteren Mitarbeiterwerbungen und deren Antworten siehe ebd., S. 403-411). – Bereits seit 1903 hatte Buber eine gleichnamige unabhängige Zeitschrift angestrebt; diesen Plan griff er wieder auf, um über ein Organ für seine Sorgen um das Ostjudentum zu verfügen, die ihm mit den Nachrichten über den Verlauf des Krieges in den osteuropäischen Gebieten 1915 kamen. Buber sollte die schließlich im April 1916 im Jüdischen Verlag, Berlin, erstmals erschienene Zeitschrift bis 1924 leiten (vgl. Grete Schaeder: Einleitung. In: Buber-Briefwechsel 1, S. 48).

Georg Simmel an Karl Sapper, Dekan der philosophischen Fakultät der KWU

Notiz vom 22. November 1915
Hs.; ADBR Strasbourg, AL 62, Paq. 36

Philosophische Weltanschauungen	Mittwoch Freitag 4-5
Pädagogik	Mittw. Donnerst. 5-6
Übungen	Donnerstag 7-8

Simmel

Notiz vom 22. November 1915] Es handelt sich um den Eintrag auf dem hs. Ersuchen des amtierenden Dekans Karl Sapper an »die Herren Kollegen nachstehend mitteilen zu wollen, welche Vorlesungen u. Übungen tatsächlich in diesem Semester abgehalten werden (unter Angabe der Zeiten: Tage u. Stunden)«. Simmel hatte für das vom 18. Okt. 1915 bis 18. März 1916 anberaumte WS 1915/16 angekündigt: »*Die hauptsächlichen philosophischen Weltanschauungen* [...] Mittwoch und Freitag von 4-5 Uhr. [...] *Grundzüge der Pädagogik* [...] Mittwoch und Donnerstag von 5-6 Uhr. [...] *Im Seminar: Übungen.* Nähere Bestimmung vorbehalten« (Vorlesungsverz. Straßburg WS 1915/16, S. 20).

Georg Simmel an Margarete von Bendemann
Postkarte vom 26. November 1915
Hs.; LBI New York, Susman Collection

Straßburg 26 XI 15

Liebe Susa,

nun sei also in Deutschland willkommen! Es ist jetzt allerdings nicht die Zeit, im Ausland zu leben, selbst wenn es uns freundlich gesonnen *wäre*. Ich glaube, daß du dich unvergleichlich freier fühlen wirst. Selbst als ich neulich von Östreich kam, atmete ich doch ganz anders, sobald die deutsche Grenze überschritten war. Was deutsch ist, gehört jetzt auch räumlich zusammen. – Sehr verlangt auch mich nach einem Wiedersehn u. ich zweifle nicht, daß es in absehbarer Zeit gelingen wird. Nur kann ich im Augenblick keinen Vorschlag machen, vielerlei bindet mich hier, anderes aber wieder macht wahrscheinlich, daß ich in einiger Zeit in die Nähe von Frankfurt kommen werde. – Inzwischen ist eine Schwester von mir gestorben, eine andere, die letzte, liegt an einer Krankheit, die wohl ihre letzte sein wird. Beide Fälle gehen mir nicht nah, keine von diesen Frauen hat je eine Ahnung von mir gehabt, so waren es überhaupt garnicht *meine* Schwestern, sondern nur die meines Körpers. Sonst ist nichts von hier zu berichten, außer daß das Semester mir mehr u. erfreulichere Zuhörer gebracht hat, als zu erwarten war. Im Übrigen wird der Druck des Weltschicksals immer unheimlicher, eine gewisse Gewöhnung daran, die die lange Dauer u. die Notwendigkeit des äußeren Lebens mit sich gebracht hat, ist grade dasjenige, woran man sich im Tiefsten am wenigsten gewöhnen kann, was man als das Allerunmöglichste empfindet.

Leb tausend mal wohl, u. grüße beide Männer sehr von uns.
Immer dein

Georg.

Postkarte vom 26. November 1915] An: Frau / *Marg. v. Bendemann / Frankfurt (Main) / Brentanostr.* 1; mit Absenderstempel: Prof. Simmel / Strassburg (Els.); Poststempel: Straßburg (Els.) 27. 11. 15 4-5 N; Prüfstempel: Straßburg (Els.) P.K. Geprüft und zu befördern.

in Deutschland willkommen] Margarete von Bendemann hatte Simmel offensichtlich den Vollzug ihrer »Übersiedelung« nach Frankfurt/M. mitgeteilt (siehe Simmel an Leopold Ziegler vom 3. Nov. 1915); das Schreiben ist verschollen.

ich neulich von Östreich kam] Zu Simmels Wiener Vorträgen siehe Simmel an Hugo Bruckmann vom 25. Sept. 1915.

wahrscheinlich ... in die Nähe von Frankfurt kommen werde] Den gemeinten Anlaß gab wohl Simmels Schwester Anna von Korth (s. u.), die seit etwa 1901 in Wiesbaden lebte (lt. Adressbuch 1901/2 bis 1915, Mttl. Stadtarchiv Wiesbaden).

eine Schwester von mir gestorben] Am 14. Nov. 1915 war Simmels Schwester Marie, verw. Friedländer, geb. am 10. Dez. 1842 in Berlin (ELAB, Taufregister-Karteiband 1112, S. 274, Nr. 44), lt. Totenschein an Gebärmutterkrebs und Herzschwäche verstorben und anschließend in der Kaiser-Wilhelm-Gedächtniskirche bestattet worden (aus der Gemeindeüberlieferung dankenswerterweise ermittelt von Renate Wiriadidjaja, ELAB). – Hans Simmel (S. 4) nennt eine »Lungenentzündung« als Todesursache.

eine andere, die letzte, liegt an einer Krankheit, die wohl ihre letzte sein wird] Simmels Schwester Anna, geb. am 29. Nov. 1840 (ELAB, Taufregister-Karteiband 1112, S. 182, Nr. 16), verw. von Korth, sollte am 8. Dez. 1915 sterben (Karteikarte zum Testament, Amtsgericht Berlin-Mitte), der Familienüberlieferung nach »an den Folgen von Gicht und Arteriosklerose, wahrscheinlich an einer Schrumpfniere« (Hans Simmel, S. 4). – Simmel hatte zwei weitere Schwestern: Clementine, geb. 15. April 1844 (ELAB, Taufregister-Karteiband 1112, S. 21, Nr. 139), Witwe von Hugo Bodstein, auf deren Todesjahr mangels Nachweisen bei Hans Simmel und in den einschlägigen Kirchenbuchregistern nur der letzte Eintrag im Berliner Adreßbuch von 1908 verweist, und Elisabeth, geb. 17. Sept. 1845 (ebd., S. 103, Nr. 344), die bereits um 1870 infolge einer »sehr schwere[n] Gesichtsneuralgie [...] an Morphinismus« gestorben war (Hans Simmel, S. 5).

Semester mir mehr u. erfreulichere Zuhörer] Zu Simmels Veranstaltungen siehe die Notiz an Karl Sapper, Dekan, vom 22. Nov. 1915. Bezüglich der »Vorlesungen über Pädagogik« überliefert Karl Hauter: »Da das Kollegiengebäude in ein Lazarett umgewandelt war, fanden sie im botanischen Institut statt. Der kriegerischen Verhältnisse wegen waren nur wenig Studenten in Straßburg anwesend. Der kleine Saal des genannten Instituts genügte daher, die anwesenden Studenten und freien Zuhörer zu fassen. Aber grade der enge Kreis gab den Stunden einen besonderen, intimen Charakter. Simmel, für dessen Vorlesungen in normalen Zeiten das Auditorium maximum zu klein war, trug mit der gleichen Liebe und Andacht seine Gedanken vor. So sehr war Simmel von den Gedanken ergriffen, daß sie immer im Augenblick selber produziert und aus dem unmittelbaren Leben hervorzudringen schienen. Dieser Reiz des Simmelschen Vortrags trat im kleinen Kreise besonders eindrucksvoll hervor« (Karl Hauter: Vorrede des Herausgebers. In: Simmel: Schulpädagogik. Vorlesungen gehalten an der Universität Strassburg von Georg Simmel. Osterwieck/Harz: A.W. Zickfeldt 1922, o.S.; GSG 20, S. 311-472, hier: 313). – Unter den neuen »erfreulichere[n] Zuhörer[n]« dürfte auch die dann später von Simmel promovierte Betty Heimann gewesen sein (siehe Simmel an Gertrud Jaspers vom 17. Nov. 1917). – Zur kleinen Hörerzahl: Im WS 1915/16 waren an der gesamten Universität nur 466 der 1494 eingeschriebenen Studierenden anwesend (vgl. Jahresbericht des Prorektors Prof. Dr. Eduard Schwartz. In: Stiftungsfest KWU 1916, S. 14f.).

beide Männer] Ehemann Eduard und Sohn Erwin von Bendemann.

Georg Simmel an Heinrich Rickert

Brief vom 13. Dezember 1915
Hs.; SBPK Berlin, Nl 125 (M. Landmann)

13 XII 15

Lieber Rickert,

ich freue mich sehr, daß die Lage nun geklärt ist. Denn ich nehme mit Sicherheit an, daß Sie dem Rufe folgen. Die Regierung *kann* ja garnicht anders, als Sie für Ihre materiellen Opfer schadlos halten u. es giebt in Deutschland Niemanden, der so unbedingt an diese Stelle gehörte wie Sie. Auch war ich mir innerlich vollkommen sicher, daß die 2. Stelle jetzt nicht besetzt werden würde. Mein Bedauern darüber ist rein sachlicher Natur, wenn ich einmal von dem *ganz* Personalen unsres räumlichen Zusammenseins absehe. Zu einem Kummer über die nicht realisirte Chance der Stellung als solcher giebt die Weltlage, in die wir verschlungen sind, keinen Raum.

Aber die Freiburger Fakultät tut mir leid, dieser Blutverlust ist ja wahrhaft letal. Mit Ihrem Fortgang erlischt das letzte ›Licht‹ in Freiburg. Hat sich übrigens Ihr Besuch aus Karlsruhe nach dieser Richtung hin über *Husserl* geäußert? Die prinzipiellen Schwierigkeiten des Antisemitismus u. des Lebensalters stehen seinen Chancen leider genau so im Wege wie den meinen.

Daß sich für den *Logos* wieder eine Aussicht öffnet, interessirt mich sehr. Handelt es sich nur um Stoff, so wäre ich in der Lage, aus dem Kapitel, dem das Ihnen bekannte Stück entnommen ist, noch eine Verlängerung hinzuzufügen.

Vorläufig arbeite ich noch etwas an dem eigentlich abgeschlossnen *Rembrandt*. Dann aber werde ich an die Neubearbeitung meiner *Geschichtsphilosophie* gehn, deren 4. Aufl. wieder ein ganz neues Buch werden soll. Es sind mir in der letzten Zeit einige neue Einsichten über die ›Zeit‹ im historischen Sinne aufgegangen. Wenn ich Leben u. Kraft habe, sie durchzuführen, so hoffe ich, damit einige Dunkelheiten prinzipiellster Art zu erhellen, an denen die Geschichtstheorie, soweit ich sehe, bisher vorübergegangen ist. Aber wer mag sich heute eine Zukunft zutrauen?!

Mit allen Grüßen herzlich Ihr

Simmel

Brief vom 13. Dezember 1915] Gedr. Briefkopf: li.: PROF. SIMMEL; re: STRASSBURG (ELS.).

die Lage nun geklärt] Simmel reagiert hier auf Rickerts Mitteilungen (Schreiben verschollen) über den Stand seiner am 11. Dez. 1915 mit Victor Schwoerer, dem Leiter der Hochschulabteilung des Badischen Ministerium für Kultus und Unterricht, geführten Verhandlungen über das Angebot, die Nachfolge des am 22. Okt. 1915 verstorbenen Wilhelm Windelband auf dem Ordinariat für Philosophie in Heidelberg anzutreten (vgl. die Notiz Schwoerers vom 14. Dez. 1915, GLA Karlsruhe, 235/3134 ›Ministerium des Kultus und Unterrichts. Universität Heidelberg. Dienste. Die Lehrkanzel der Philosophie und deren Besetzung betreffend‹). Denn bis dahin nicht »geklärt« war das Vorgehen des Ministeriums, nachdem die Heidelberger Philosophische Fakultät Schwoerers Aufforderung vom 28. Okt. 1915, »Vorschläge für die Wiederbesetzung« des Windelband-Lehrstuhls »im Laufe des Monats November d. J. durch Vermittlung des Engeren Senats vorzulegen« (Erlaß Nr. A. 9582, UA Heidelberg ›Acten der Philosophischen Fakultät 1915/16‹, Bl. 33), nachgekommen war, indem sie bei ihrem dann unter dem Datum vom 18. Nov. 1915 eingereichten Vorschlag »Die Vertretung der Philosophie betr.« mit Bezug auf den seit dem Tod von Emil Lask verwaisten zweiten, zuletzt lediglich als Extraordinariat ausgewiesenen Heidelberger Philosophielehrstuhl (siehe Simmel an Rickert vom 12. Juli 1915) auf zwei ordentliche Professuren ausdehnte. Mit den Argumenten, »dass die *gleichzeitige Besetzung zweier Ordinariate* ein dringendes Bedürfniss der Universität ist; dass die Besetzung durch einen Ordinarius und einen étatmässigen Extraordinarius besten Falls einen unzulänglichen interimistischen Zustand [...] mit sich bringt, dass uns aber dadurch namentlich die Möglichkeit, einheitlich und in bester Weise die Frage der Vertretung der Philosophie an unserer Hochschule zu lösen endgültig genommen sein würde«, hatte die Fakultät dementsprechend und in der Absicht, nur erreichbare »Kräfte ersten Ranges zu benennen [...] ohne *beabsichtigte* Rangfolge« die folgenden Herren vorgeschlagen: 1. Heinrich Rickert, 2. Georg Simmel, 3. Edmund Husserl, 4. Georg *Heinrich* Maier, 5. Eduard Spranger [1882-1963, seit 1912 o. Prof. Leipzig; DBE], 6. Ernst Cassirer (GLA Karlsruhe, 235/3134, a. a. O. Siehe auch: GSG 24: Dokumente). In Anbetracht der gegenwärtig nur über ein Ordinariat und ein Extraordinariat verfügenden Philosophie war angeregt worden, »dass dem Einen der zu Berufenden vorläufig ein persönliches Ordinariat bis zur Einstellung einer neuen Stelle im nächsten Etat verliehen wird« (ebd.). Der somit vorgelegte Antrag auf zwei Ordinariate entsprach dem Bericht der am 30. Okt. 1915 eingesetzten Berufungskommission, deren Mitglieder – der Altphilologe Franz Boll (1867-1924), der Nationalökonom und Kulturhistoriker Eberhart Gothein (1853-1923), der Kunsthistoriker Carl Neumann (1860-1934), der Historiker Karl Hermann Oncken (1869-1945) sowie der Archäologe Friedrich von Duhn (1851-1930) als amtierender Dekan (für alle Angaben: Drüll) – zunächst nur mit »Vorschlägen für das Ordinariat« beauftragt worden waren (Protokoll der Fakultätssitzung vom 30. Okt. 1915, UA Heidelberg, a. a. O., Bl. 31); dies entsprach der durch den Dekan und Gothein an die Fakultät weitergeleiteten Empfehlung Schwoerers, trotz der auch seitens der Regierung beabsichtigten Wiederbesetzung des Extraordinariats und dessen späterer Umwandlung in ein Ordinariat »zu warten, bis auch der Nachfolger Windelbands darüber gehört werden könne« (ebd.). Über die bereits im Vorfeld und während der Kommissionsberatungen getroffenen Absprachen bezüglich des Ordinariats, die personellen Alternativen zur Besetzung des Extraordinariats und das Durchsetzen der schließlich vorgelegten Liste unterrichten Max Webers Mitteilungen an Heinrich Rickert (GStA Berlin, Nl Rickert, Bl. 82-93): »Die Fakultät will Sie *und* einen Andern haben, der möglichst nicht Professor von Ihren Gnaden sein soll«, schreibt Weber bereits am 5. Okt. 1915 (Bl. 82), übermittelt dann am 5. Nov., unter Berufung auf

Gothein, die derzeitige Meinung der Kommission, »*Sie und Simmel* haben zu wollen (wenn möglich; – S. als *persönlicher* Ordinarius vorläufig)« (Bl. 88) und gegen Mitte Nov.: »Nach Gotheins Mitteilung ist die Kommission entschlossen, den Vorschlag zu machen, *Sie und Simmel* durchzusetzen (in der von mir erwähnten Art). [...] Nächste Woche soll G. nach Karlsruhe fahren um die Sache zu besprechen« (Bl. 91). Auf seiner Sitzung vom 29. Nov. 1915 hatte der engere Senat der Universität Heidelberg die Vorschläge der Fakultät beraten und unterstützt (vgl. UA Heidelberg, RA 825 ›Senatsprotokolle 1909-19‹). Näheres überliefern auch Tagebucheinträge des Heidelberger Historikers Karl Hampe (1869-1936; Drüll): Heißt es unter dem 22. Nov. 1915: »Die Vorschläge unserer Fakultät für Besetzung von zwei philosophischen Professuren scheinen recht ordentlich zu sein: Rickert dürfte wahrscheinlich kommen, sonst sind Simmel, Husserl, Maier (Göttingen), Spranger und Cassirer genannt«, so dann zur Diskussion im Senat am 2. Dez. 1915: »Im engeren Senat haben letzten Montag die Vorschläge für die Philosophieprofessuren allerlei Bedenken erregt, namentlich daß Simmel etwa allein berufen werden könnte, wofür bei der Regierung sicher keine Neigung besteht; unausgesprochen ist es auch die Abneigung gegen drei Juden, die unter den sechs Vorgeschlagenen sind. Man kann nun auf die Entscheidung der Regierung sehr gespannt sein« (Kriegstagebuch 1914-1919. Herausgegeben von Folker Reichert und Eike Wolgast. München: Oldenbourg 2004, S. 325, 328 [= Deutsche Geschichtsquellen des 19. und 20. Jahrhunderts, Band 63]). – Victor Schwoerer (1865-1943), Jurist, 1900 Landgerichtsrat in Freiburg, 1905 Staatsanwalt in Karlsruhe, 1905 Erster Staatsanwalt in Konstanz, seit 1910 in der badischen Justiz- und Kultusverwaltung tätig, 1911-1928 Leiter der Hochschulabteilung ebd., 1928-1935 Stellvertretender Präsident der Notgemeinschaft der deutschen Wissenschaft (Julius Schwoerer: Zum 100. Geburtstag des Badischen Hochschulreferenten Victor Schwoerer. In: Rupperto-Carola. Mitteilungen der Vereinigung der Freunde der Studentenschaft der Universität Heidelberg e.V., Band 37, Juni 1965, S. 225-229).

daß Sie dem Rufe folgen] Diesbezüglich hatte Rickert bereits am 31. Okt. 1915 auf Max Webers Anfrage bezüglich der Neubesetzung der Lehrstühle geantwortet: »Um mit *mir* zu beginnen, so wäre ich durchaus nicht *principiell* abgeneigt, nach Heidelberg zu gehen. Nur muß die Fakultät wissen, daß ich für keine Art ›Repräsentation‹ zu haben bin. Freilich: es käme für mich auch als sehr wesentlich in Betracht, mit *wem* ich dort zusammenwirken würde. Auf einen Collegen, mit dem jede sachliche und persönliche Verständigung unmöglich wäre, hätte ich keine Lust. Das wird wohl auch bei andern Collegen, die in guten

Positionen sind, ausschlaggebend sein, u. daher würde ich es für taktisch falsch halten, wenn man nicht *zunächst* einmal einen Nachfolger *Windelbands* zu bekommen suchte, u. dann im Einverständniß mit diesem das 2. Ordinariat besetzte. Wäre *ich* in Heidelberg, so würde ich dann mit aller Entschiedenheit für *Simmel* und *Husserl* eintreten. Sie sind weitaus die Erheblichsten, die überhaupt in Betracht kommen« (BSB München, Ana 446). Und mit derselben sachlich-personalen Präferenz beantwortete Rickert dann am 1. Nov. 1915 Webers im Auftrag Gotheins gestellte Frage, ob er »*mit gleichem Gehalt*« wie in Freiburg kommen würde (Schreiben vom 31. Okt. 1915, GStA Berlin, Nl Rickert, Bl. 84): »An der *Gehaltsfrage* werde ich die Sache also *auf keinen Fall* scheitern lassen. Ja, ich bin bereit, mich zu *verpflichten*, ein höheres *Gehalt* nicht zu verlangen, falls die Regierung mir den Heidelberger Lehrstuhl anbietet. [...] Ihnen *persönlich* will ich noch Folgendes sagen, u. Sie dürfen davon ruhig auch Gothein Mitteilung machen: wenn ich den Ruf erhalte, werde ich ihn *wahrscheinlich* annehmen. Heidelberg hat eine große philosophische Tradition, die Windelband in der Hauptsache auf das Glücklichste aufrecht erhalten hat. Da ich mich ohne Selbstüberschätzung für Windelbands erheblichsten Schüler halten darf, liegt mir sehr viel daran, daß diese Tradition nicht zu Grunde geht, u. ich müßte *sehr* triftige Gründe haben, persönlicher oder sachlicher Art, um es abzulehnen, *Windelbands Nachfolger* zu werden« (BSB München, Ana 446).

Ihre materiellen Opfer] Diese betrafen befristete Entschädigungen im Falle eines längeren Leerstandes von Rickerts eigenem Freiburger Haus, so daß sich Rickert in dem Gespräch mit Schwoerer (s. o.) die Entscheidung, »ob er zum 1. April 1916 als Nachfolger Windelbands nach Heidelberg überzusiedeln wünsche«, zunächst »vorbehalten«, und erst nach Erhalt eines entsprechenden Angebots vom 13. Dez. mit »Schreiben an den Referenten vom 15. Dez. [...] den Ruf nach Heidelberg angenommen« hat (Notiz Schwoerers vom 14. und 16. Dez., GLA Karlsruhe, a. a. O. – Siehe dazu auch Rickerts Brief an Paul Siebeck vom 16. Dez. 1915, VA Mohr Siebeck).

Niemanden, der so unbedingt an diese Stelle gehörte wie Sie] Diese Einstellung spricht auch aus Simmels Äußerung gegenüber Max Weber, der sie dem offensichtlich um den Ausgang der Fakultätsberatungen besorgten Freund Rickert in einem Brief (o.D.) übermittelte: »Auch *Simmel* hat mir erklärt: er würde nichts thun, was wie eine Bewerbung aussähe, würde sich überlegen, ob er bei fester Zusage des Ordinariats als *persönliches* Ord. neben Ihnen kommen würde, *falls* in der *Art der Begründung* dieses Modus *keinerlei* Zurückstellung gegen Sie liegen sollte [...]. Er billigt, daß man die Tradition hier erhält, in erster Linie einen *Logiker* beruft und also: Sie« (GStA Berlin, Nl Max Weber, Bl. 92).

daß die 2. Stelle jetzt nicht besetzt werden würde] Diese Information dürfte Rickert dem Gespräch mit Schwoerer entnommen und an Simmel, als den hiervon Betroffenen (s. o.), weitergegeben haben. Zur Begründung heißt es im Schreiben des Ministeriums des Kultus und Unterrichts (Nr. A. 11 453) vom 20. Dez. 1915 an den Großherzog von Baden (Friedrich II.; 1857-1928; DBE): »Wir erkennen an, daß die Schaffung eines zweiten ordentlichen Lehrstuhls für Philosophie, wie er in den Jahren 1903 bis 1913 voranschlägig bestand, dann aber infolge Überweisung des damals nicht [vormals von Kuno Fischer] besetzten Lehrstuhls an das Fach Geologie in Wegfall kam, den Bedürfnissen der Hochschule entsprechen würde. Allein die derzeitige Lage des Staatshaushalts läßt ein sicheres Urteil darüber nicht zu, ob es möglich sein wird, den Lehrstuhl schon im Staatsvoranschlag 1918/19 anzufordern. Wir tragen deshalb Bedenken, schon jetzt neben der Besetzung des Windelband'schen Lehrstuhls einen Gelehrten als ›persönlichen Ordinarius‹ mit der auf 1918 zu eröffnenden Aussicht auf Übertragung eines Ordinariats zu berufen.« Auch wolle man dem Windelband-Nachfolger »Gelegenheit zur Äußerung geben« und habe daher nur die Besetzung des erledigten Ordinariats verfolgt (GLA Karlsruhe, a. a. O.).

Ihr Besuch aus Karlsruhe nach dieser Richtung hin über *Husserl* geäußert] Gemeint ist die Ansicht des Hochschulreferenten Schwoerer (s. o.) hinsichtlich einer Berufung Edmund Husserls auf Rickerts frei werdenden Lehrstuhl in Freiburg.

Schwierigkeiten des Antisemitismus u. des Lebensalters] Husserl galt, obwohl 1886 zum lutherischen Glauben übergetreten (NDB), in Berufungsfragen als Jude (vgl. etwa Max Webers Äußerungen über Husserls Berufungschancen gegenüber Rickert vom 18. Mai 1907 in MWG II/5, S. 309f. und gegenüber Alfred Weber vom 9. Nov. 1912 in MWG II/7, S. 737); zudem näherte er sich mit 56 Jahren der Altersgrenze für Berufungen.

für den *Logos* wieder eine Aussicht] Der Verleger Paul Siebeck hatte bereits im Sommer 1915 angekündigt, er werde angesichts der Verzögerungen von Band V des Logos mit Band VI erst beginnen, wenn sämtliche Beiträge vorliegen; dies teilte er Georg Mehlis mit (vgl. die Briefe vom 25. Juni und 12. Aug. 1915, VA Mohr Siebeck), der nach einer Verwundung in »den Kämpfen bei Ypern« im Nov. 1914 nach Freiburg i. Br. zurückkehrt war und, da er nicht mehr an der Front eingesetzt wurde, ab Febr. 1915 »die redaktionellen Geschäfte des ›Logos‹ wieder« besorgte (Paul Siebeck an Georg Mehlis vom 5. Nov. 1914 und 6. Febr. 1916, ebd.).

aus dem Kapitel, dem das Ihnen bekannte Stück entnommen ist] Angesprochen ist der dann im ersten Heft des Logos VI, 1916/17, erschienene Aufsatz: Der Fragmentcharakter des Lebens (siehe Simmel an Verlag J. C. B. Mohr [Paul Siebeck] vom 30. März 1916), dessen Untertitel ›Aus den Vorstudien zu einer Metaphysik‹ auf das angesprochene »Kapitel« der von Simmel bereits vor dem Krieg geplanten Monographie zur Metaphysik weist. Simmel hatte sich im Dez. 1913 aus Mangel an »absoluter u. ununterbrochener Konzentration« dazu entschlossen, »die Hauptsache einfach bei Seite zu legen u. zu warten«, somit die Entfaltung der »allerhand metaphysischen Embryonen, die ›gern entstehn möchten‹«, zunächst nicht weiter verfolgt (Simmel an Margarete von Bendemann vom 14. und 28. Dez. 1913) und erst im Frühjahr 1915 wiederaufgenommen (siehe Simmel an Margarete von Bendemann und an Heinrich Rickert, jeweils vom 5. März 1915). Auf Rickerts Kenntnisnahme des genannten Kapitelausschnitts deutet es, wenn Paul Siebeck bereits am 12. Aug. 1915 wußte, »dass für das nächste Logosheft« ein Beitrag von Simmel »zu erwarten« war (Brief an Mehlis, VA Mohr Siebeck).

Verlängerung hinzuzufügen] Vermutlich der Logos-Beitrag: Vorformen der Idee. Aus den Studien zu einer Metaphysik (siehe Simmel an Verlag J. C. B. Mohr [Paul Siebeck] vom 18. Sept. 1916).

***Rembrandt*]** Simmel: Rembrandt. Ein kunstphilosophischer Versuch. Leipzig: Kurt Wolff 1916 (GSG 15, S. 305-515).

Neubearbeitung meiner *Geschichtsphilosophie*] Zu Simmels nicht verwirklichtem Plan einer erneuten Umarbeitung der ›Probleme der Geschichtsphilosophie‹ vgl. die Erläuterung zu Simmels Schreiben an Rickert vom 8. Juni 1913.

einige neue Einsichten über die ›Zeit‹ im historischen Sinne] Etwas davon mag eingegangen sein in Simmel: Das Problem der historischen Zeit. Berlin: Reuther & Reichard 1916 [= Philosophische Vorträge. Veröffentlicht von der Kantgesellschaft. Unter Mitwirkung von Ernst Cassirer und Max Frischeisen-Köhler. Herausgegeben von Arthur Liebert, Nr. 12]; GSG 15, S. 287-304. – Siehe Simmel an Anna Jastrow vom 7. Jan. 1916.

Georg Simmel an Hugo Liepmann
Brief vom 22. Dezember 1915
Hs.; I. Flatau, Saratoga Springs N.Y., USA

Straßburg 22 XII 15

Lieber Freund,

Da sich nun herausgestellt hat, daß die Hypothek, zu deren Rettung Sie mir Ihre freundschaftliche Hülfe geliehen haben, verloren ist u. die Versuche zu ihrer Rettung mich noch ziemlich viel Geld gekostet haben, möchte ich meine Schuld an Sie abtragen. Ich kann es freilich für jetzt nur in Gestalt von Kriegsanleihe, aber wenn meine freilich nicht sehr sachkundige Berechnung mich nicht täuscht, wird sich ihr Nominalwert, unter Berücksichtigung des Zinsunterschiedes, mit dem meiner Schuld decken. Wollen Sie mir bitte angeben, ob Ihnen das recht ist u. wohin ich an Sie die Stücke schicken soll.

Der Verlust von 85000 M. ist für meine Verhältnisse sehr hoch – allein die Erlebnisse der Zeit haben mich gegen derartige Dinge stumpf gemacht. Wenn Europa Selbstmord begeht – was kann es mich viel kümmern, unter welchen materiellen Umständen ich die paar Jahre verbringe, die mir vielleicht noch beschieden sind? Es hat eine schauerliche Größe, den Untergang einer Welt am eignen Leib zu erleben. Mir ist kein Zweifel, daß die europäische Kultur ihren Spätnachmittag hat. Zwar, es geht immer nur *eine* Welt unter, nicht *die* Welt. Eine andre wird kommen, in der die Trümmer der unsrigen (die ich etwa von Plato an rechne) als unverstandne Antiquitäten dastehen werden, wie die Reste der altägyptischen oder der altmexikanischen Kultur in der unsrigen. *Jakob Burckhardt* hat schon Recht gehabt, als er vor 30 Jahren ahnungsvoll sagte, wir rechneten viel zu sehr mit der »Sekurität« unsrer Verhältnisse. Ich kann wohl sagen, daß ich jetzt zum ersten Male Weltgeschichte als unmittelbares Erlebniß fühle, daß ich zum ersten Mal die grausame Vergänglichkeit, das spurlose Verschwinden-Werden alles dessen, was wir gelebt u. gedacht, geschaffen u. gefühlt haben, nicht nur theoretisch weiß – *gewußt* haben wir es immer – sondern es von innen her erlebe. Es sind dieselben Worte, die man auch früher gebraucht hat, aber sie haben auf einmal einen andern Sinn. Es ist ein Weltgeschick, von dem dieser Krieg nicht die Ursache, sondern nur das Symptom oder das raschere Vollstrecken ist.

Tausend Grüße von uns an Sie u. die liebe Frau! Ihr

Simmel

Hypothek .... Ihre freundschaftliche Hülfe geliehen haben] Zu Liepmanns »Hülfe« zugunsten der nicht näher bekannten ›Hypothekenangelegenheit‹ siehe Simmels Schreiben an Hugo bzw. an Agathe Liepmann vom 30. März, 11. Aug. und 9. Sept. 1914.

Plato] Lat. Bezeichnung für Platon, griechischer Philosoph (428 oder 427-348 oder 347 v. Chr.; Eisler Lexikon).

***Jakob Burckhardt*]** Jacob Burckhardt (1818-1897), Kulturhistoriker, begann 1836 Studium der Geschichte, Philologie und Theologie in Basel, Berlin und Bonn, um 1843 in Basel zu promovieren; nach publizistischer Tätigkeit bis 1845 erhielt er nach der Veröffentlichung seiner Werke zur italienischen Kunst 1855 das Ordinariat für Kunstgeschichte an der Eidgenössischen Technischen Hochschule in Zürich und 1858 den Lehrstuhl für Geschichte an der Universität Basel, den er bis 1893 innehatte (NDB).

»Sekurität« unserer Verhältnisse] Zitat nicht ermittelt. – Simmel spricht hier wohl Burckhardts Zeitkritik an, die nicht nur in seine Briefe, sondern auch in seine kulturhistorischen Schriften eingeflossen ist, vornehmlich in die zwischen 1868 und 1873 verfaßten und 1905 veröffentlichten ›Weltgeschichtlichen Betrachtungen‹; hierin mahnt er, für das Studium der Geschichte im Interesse der »reinen Erkenntnis« die Begriffe »Glück und Unglück für die Weltgeschichte« weitgehend zu eliminieren oder zu beschränken, und verweist auf die »Sekurität« als modernen, kulturbedingten Maßstab diesbezüglicher Urteile: Das »Urteil nach der *Sekurität*« verlange »als Vorbedingung jeglichen Glückes die Unterordnung der Willkür unter polizeilich geschütztes Recht, die Behandlung aller Eigentumsfragen nach einem objektiv feststehenden Gesetz, die Sicherung des Erwerbs und Verkehrs im größten Maßstab. Unsere ganze jetzige Moral ist auf diese Sekurität wesentlich orientiert [...]. An dieser Sekurität fehlte es in bedenklichem Grade in mehreren Zeitaltern, welche sonst einen ewigen Glanz um sich verbreiten und in der Geschichte der Menschheit bis aufs Ende der Tage eine hohe Stelle einnehmen werden« (Jacob Burckhardt: Weltgeschichtliche Betrachtungen. Herausgegeben von Jakob Oeri. Berlin und Stuttgart: W. Spemann 1905, S. 12, 260). – Vgl. zu dieser Briefstelle auch die im Untertitel angedeutete und im Text ausgesprochene Anspielung auf Burckhardt in Simmel: ›Europa und Amerika. Eine weltgeschichtliche Betrachtung‹ (BT, Nr. 336 vom 4. Juli 1915, Mo.Bl., 2. Beiblatt; GSG 13, S. 138-142). – Hans Simmel (S. 83) überliefert für die Zeit um 1913: sein »Vater zitierte gern einen Satz von Rudolf Burkhardt [sic!]: ›Wir vertrauen gemeiniglich viel zu sehr auf die Sekurität der Verhältnisse.‹«

Georg Simmel an Heinrich Rickert

Brief vom 26. Dezember 1915
Hs.; SBPK Berlin, Nl 125 (M. Landmann)

26 XII 15

Lieber Rickert!

Herzlichen Dank für Ihren Brief und Ihre Bemühungen. Ich weiß, es besteht um mich ein Sagenkreis über alles mögliche, was ich bin und nicht bin, kann und nicht kann – und immer, wenn es sich um Erwägungen von Fakultäten und Regierungen über mich handelt, tritt bald das eine, bald das andere Segment dieses Kreises in Wirksamkeit. Bald bin ich zu einseitig, bald zu vielseitig, hier »eigentlich nur Soziologe«, dort »nur von talmudischem Scharfsinn«, meistens »nur kritisch und negirend« usw. Ich habe es aufgegeben, gegen diesen Unsinn anzukämpfen, der gerade mit den wirklichen Unzulänglichkeiten, deren ich mir sehr wohl bewußt bin, sich überhaupt nicht berührt. Insofern haben Sie Recht, daß ich nicht enttäuscht bin; aber daß mir die Entscheidung schmerzlich ist, kann und will ich nicht leugnen. Nach Ihren Andeutungen scheint es, als sähe die Fakultät *Husserl* als weniger »einseitig« an, als mich. Dies hat etwas Groteskes, wenn man die Gegenstände unsrer literarischen und akademischen Tätigkeit betrachtet. Daneben ist es mir freilich aus persönlich-freundschaftlichen Gründen eine aufrichtige Freude, daß *H.* aus Göttingen erlöst wird, wo er sich sehr wenig wohl fühlt.

Ich vermisse in Ihrem Brief eine Mitteilung über *Heini*. Wenn Sie etwas von ihm wissen, wäre es uns hier sehr erwünscht, es zu erfahren. An Hans hat er nach der Zeit meines letzten Besuches in Fr. nicht geschrieben.

Inzwischen schleppt man die Last dieses Weltschicksals weiter, ungewiß, wie lange die Kraft dazu reichen wird. In die Arbeit habe ich mich übrigens wieder einigermaßen zurückgefunden.

Mit herzlichen Grüßen allerseits Ihr

Simmel

Brief vom 26. Dezember 1915] Gedr. Briefkopf:li: li.: PROF. SIMMEL; re: STRASSBURG (ELS.).

Ihren Brief und Ihre Bemühungen] Gegenstand des verschollenen Briefes war das Ergebnis von Rickerts »Bemühungen«, die Freiburger Fakultät für Simmel als seinen Nachfolger auf dem Philosophielehrstuhl zu gewinnen, nachdem er selbst die Windelband-Nachfolge in Heidelberg angenommen hatte (siehe Simmel an Rickert vom 13. Dez. 1915). Lt. Protokoll der VIII. Sitzung der Philosophischen Fakultät der Universität Freiburg i. Br. vom 18. Dez. 1915 (UA Freiburg i. Br., B3/797), an der Rickert nicht teilgenommen hat, war mit der »Mitteilung« über Rickerts Annahme des Rufes zum 1. April 1916 an die Fakultät die »Aufforderung der Regierung, baldmöglichst Vorschläge zu machen«, ergangen und nach »längerer Debatte, ob die Möglichkeit vorhanden sei, noch vor Jahresabschluß Vorschläge vorzulegen«, eine Kommission gewählt worden, der neben Rickert angehörten: der amtierende Dekan Heinrich Finke (1855-1938, Historiker; DBE), der Mediävist Georg von Below (1858-1927; ebd.), der Romanist Gottfried Baist (1853-1920; DBA) und der klassische Philologe Otto Immisch (1862-1936; DBE). Bereits am 23. Dez. 1915 entschied die Fakultät nach Verlesung des Gutachtens der Kommission die Vorschlagsliste mit Husserl an erster und den Ordinarien Heinrich Maier, Göttingen (1867-1933; Drüll) an zweiter, Paul Hensel (1860-1930; DBE), Erlangen, an dritter und Fritz Medicus (1876-1956, DBE), Zürich, an vierter Stelle, wobei über »die beiden ersten einstimmig, die beiden letzten mit einer Stimmenthaltung« entschieden worden war (Protokoll der IX. Sitzung, UA Freiburg i. Br., B3/797). Findet sich in den Fakultätsprotokollen kein Hinweis auf Rickerts »Bemühungen« oder eine Diskussion der Fakultät über Simmel, so doch in Rickerts noch am 23. Dez. 1915 erfolgter Mitteilung über die Fakultätsbeschlüsse an Jonas Cohn, seit 1901 außeretatmäßiger ao. Prof in Freiburg i. Br., für den er sich ebenfalls eingesetzt hatte: »Die Fakultät hat heute die Vorschläge für meinen Nachfolger gemacht, und im *strengsten Vertrauen* möchte ich Ihnen das Ergebnis mitteilen. Für Sie und für Simmel war nichts zu machen. Es sind genannt: 1) Husserl, 2) Heinrich Maier, 3) Hensel, 4)

Medicus. Außerdem hat die Fakultät für Sie von Neuem ein Extraordinariat für Psychologie und Pädagogik beantragt. [...] Man wolle nicht Sie *allein* (ebenso wollte man auch Simmel nicht *allein*) sondern wünscht Sie als Extraordinarius und einen der Vorgeschlagenen als Ordinarius« (Cohn-Archiv, Duisburg).

»eigentlich nur Soziologe« ... »nur von talmudischem Scharfsinn« ... »nur kritisch und negirend«] Simmel gibt hier ihm zu Ohren gekommene Urteile wieder. So gehörte etwa die Qualifikation als »nur Soziologe« zu den herabwürdigenden Argumenten Dietrich Schäfers gegen Simmels Berufung nach Heidelberg (siehe GSG 24: Dokumente) und die Facette des »spezifisch jüdisch-grübelnden, in allen Farben schimmernden, vor lauter Spitzfindigkeit und Scharfsinn unfruchtbaren Geist[es]« hatte lt. Gustav von Schmollers Auskunft an Georg Friedrich Knapp bereits 1894 Simmels Chancen auf eine Professur eingeschränkt (siehe ausführlich: Simmel an Bessersche Buchhandlung [Wilhelm Hertz] vom 3. März 1894).

***H.* aus Göttingen erlöst wird]** Simmel wußte um Husserls Einschätzung der Göttinger Stellung aus einem Gespräch vom Herbst 1908, dessen Inhalt er Heinrich Nelson damals übermittelte: »sein [Husserls] Einfluß in G. sei schwach, da er nur ›persönlich‹ Ordinarius sei, während seine Stellung die eines Extraordinariats wäre; Husserl habe ihm selbst gesagt, daß so etwas an einer kleinen Universität einen großen Unterschied mache, und daß er sich deshalb auch in seiner Stellung nicht recht wohl fühle« (Heinrich Nelson an Leonard Nelson vom 25. Okt. 1908; Archiv der sozialen Demokratie der Friedrich-Ebert-Stiftung, Bonn, Nl Nelson). Noch deutlicher wird die Situation in Husserls Antwort auf Heinrich Rickerts Mitteilungen über die Fakultätsentscheidung: »Ihr Brief brachte mir eine große und schöne Weihnachtsüberraschung. Wie könnte ich anders als mich von Herzen darüber freuen, daß die Freiburger Fakultät mir die Ehre erwiesen hat, mich an 1ter Stelle zu Ihrem Nachfolger vorzuschlagen, und vor allem auch darüber, daß Sie, lieber Herr Kollege, in großherziger Weise für mich eingetreten sind! Schon dieser Umstand würde mich geneigt machen, gegebenenfalls den an mich ergehenden Ruf anzunehmen. Dafür würden zudem noch andere Motive stark ins Gewicht fallen. Es bedeutet für mich viel, daß ich in jene Atmosphäre philosophischen Geistes käme, an die der Name Freiburg jeden Freund der Philosophie sofort erinnert; sie ist – ich glaube damit Ihren Vorgängern Riehl und Windelband nicht Unrecht zu thun – Ihr eigenstes Werk. Freilich würde es mir nicht leicht sein von dem Göttinger Boden zu scheiden, den ich, nachdem er mit dem Abgange Lotze's allmälig zur philosophischen Wüstenei geworden war, in harter und, wie ich wohl sagen darf, nicht unvergoltener Arbeit in Kultur genommen habe. Daß diese Kultur Erziehung zum idealistischen Geiste war, konnte meinen, bekanntlich ganz anders gerichteten Kollegen Baumann und Müller allerdings nicht besonders liebsam sein, und Sie verstehen (es handelte sich ja um Männer, die zum ältesten Bestande unserer Fakultät gehören), daß daraus manche Schwierigkeiten erwachsen mußten, die sich mir im Laufe der Jahre zum Wunsche nach günstigeren Verhältnissen des Lebens und Wirkens verdichteten. Ich bin also sehr geneigt einen Ruf anzunehmen« (Brief vom 26. Dez. 1915, Husserliana III/5, S. 178ff.). – Der Philosoph Hermann Lotze (1817-1881), Dr. phil. und Dr. med. Leipzig 1838, PD ebd. 1839, war seit 1844 Ordinarius der Philosophie in Göttingen gewesen (NDB). Der Lotzeaner Julius Baumann (1837-1916; DBE) besetzte seit 1869 den zweiten Göttinger Philosophie-Lehrstuhl (Husserliana III/5, S. 179), und der Experimentalpsychologe Georg Elias Müller (1850-1934) war 1881 als Nachfolger Lotzes nach Göttingen zurückgekehrt, wo er 1873 promoviert und von 1876 bis zu seiner Berufung nach Czernowitz 1880 gewirkt hatte (NDB). – Husserl erhielt den Ruf nach Freiburg i. Br. bereits am 6. Jan. 1916, reiste am »Sonntag«, den 8. Jan. dorthin, um sich mit Rickert zu einem Vorgespräch für die auf Dienstag, den 10. Jan. angesetzten Verhandlungen zu treffen (Husserl an Rickert vom 7. Jan. 1916, Husserliana III/5, S. 180), und wurde am 9. Febr. 1916 zum Ordinarius der Universität Freiburg i. Br. ernannt; zum 1. April 1916 übernahm er den Lehrstuhl (UA Freiburg i. Br., Personalakten des Rektorats B24/1515 und 1516).

Mitteilung über *Heini* … Hans … **nicht mehr geschrieben]** Die Nachfrage gilt dem Ergehen und Einsatzort von Rickerts ältesten Sohn Heinrich. Bezüglich der jüngsten Begegnungen schreibt Hans Simmel (S. 81, 83), er sei während seines Urlaubs auf dem Feldberg (siehe Simmel an Friedrich Gundolf vom 5. Sept. 1915) zufällig mit dem in einer »Abteilung Gebirgstruppen« marschierenden Freund zusammengekommen, und habe ihn dann, als er »in Rastatt Rekruten ausbildete, […] noch 2mal besuchen können, ehe er an die Front in Serbien geschickt wurde«. Letzteres war, gemäß einem Brief Gertrud Simmels an den als »Okkupationssoldat in Serbien« Angesprochenen, spätestens Anfang März 1916 der Fall (Brief vom 22. März 1916, SGA Stuttgart). Über den Zeitpunkt und die Umstände von Simmels letztem Besuch in Freiburg i. Br. ist nichts bekannt.

Georg Simmel an das Königliche Amtsgericht Berlin-Mitte

Brief vom 26. Dezember 1915
Hs.; Amtsgericht Berlin Mitte, Testamentzentralkartei

26 XII 15
Sternwartstr. 17

Folgende letztwillige Verfügungen meinerseits sind bei Ihnen niedergelegt:

Am 7. Juli 1890 Erbvertrag zwischen mir u. meiner damaligen Braut, *Gertrud Kinel*. Lfd. Nr. 33752.

Am 3. August 1901 Verfügung von Todeswegen. Lfd. Nr. 79248, Geschäftsnummer 95. V.2010/01.

Am 2. März 1911 Verfügung von Todeswegen, von mir u. meiner Frau. Lfd. Nr. 107660, Geschäftsnr. 95. IV.740/3/11.

Diese drei Verfügungen ziehe ich zurück u. bitte Sie, mir dieselben herzusenden. Den entsprechenden Antrag meiner Frau u. die drei Hinterlegungsscheine füge ich bei.

Dr. Georg Simmel
ord. Prof. a.d. Universität Straßburg

Brief vom 26. Dezember 1915] Gedr. Briefkopf: li.: PROF. SIMMEL; re: STRASSBURG (ELS.). An/das Königl. Amtsgericht Berlin-Mitte/Abt. f. Testamente. – Posteingangsstempel: Gemeinschaftl. Briefannahme des Landgerichts I und des Amtsgerichts I. Pr. 29 Dec. 15 1-2./Berlin. – Hs. Bearbeitungsvermerke: oben zentriert: Hand A: ff 30 4 [Unterschriftskürzel]; unten re. Hand B: [Unterschriftskürzel]; unten li. Hand C: T 33752/5.

Testamentzentralkartei] Az: 95 T 33752/1890, Blatt 9.

Am 7. Juli 1890 Erbvertrag] Simmel und seine damalige Braut Gertrud Kinel hatten unmittelbar vor der Trauung am 11. Juli 1890 (Hans Simmel, S. 19) einen Erbvertrag beim Königlichen Amtsgericht zu Berlin hinterlegt, dessen Kostenberechnung sich auf einen Wert von 60000 Mark bezog (siehe GSG 24: Dokumente). Zum Inhalt der vertraglichen Vereinbarungen ist lediglich bekannt, daß »die Hinzufügung von Nachträgen vorbehalten ist« (Simmel an das Königliche Amtgericht I vom 28. Febr. 1911; GSG 24: Nachträge).

Am 3. August 1901 Verfügung von Todeswegen] Simmel hatte mit Schreiben vom 2. Aug. 1901 dem Königlichen Amtsgericht I (GSG 24: Nachträge) einen »beiliegenden Nachtrag« zur Hinzufügung zum Erbvertrag (s.o.) zugesandt, über dessen Inhalt Näheres nicht bekannt ist. Den Wert des in dieser »Verfügung in Frage kommenden Nachlasses« hatte er auf 60 000 Mark geschätzt (Simmel an das Königliche Amtsgericht I vom 17. Aug. 1901, ebd.).

Am 2. März 1911 Verfügung von Todeswegen] Unter dem Datum vom 28. Febr. 1911 hatte Simmel das Königliche Amtsgericht I ersucht, »den beiliegenden Nachtrag zur Aufbewahrung zugleich mit dem Erbvertrag anzunehmen« (GSG 24: Nachträge) und bezüglich der Höhe des darin verfügten Wertes 60 000 Mark angegeben (Simmel an das Königliche Amtgericht vom 7. März 1911, ebd.). Weiteres ist nicht bekannt.

Antrag meiner Frau] Unter Verwendung eines Bogens von Simmels Briefpapier (s. o.) schrieb Gertrud Simmel unter dem Datum »26. XII 15« an das Königliche Amtsgericht Berlin-Mitte: »Auf dem Berliner Amtsgericht-Mitte ist am 7. Juli 1890 unter Nr. 33752 ein Erbvertrag zwischen mir und meinem damaligen Bräutigam, und am 2. März 1911 unter Nr. 107660 eine weitere letztwillige Verfügung von meinem Mann dem Professor Georg Simmel und mir niedergelegt. Beide Verfügungen ziehe ich zurück und bitte dieselben meinem Manne wieder zuzustellen. / Geschäftsnummer der letztgenannten Verfügung: 95 IV 740/3 / 11. Für die erstgenannte ist keine Geschäftsnummer angegeben. / Frau Gertrud Simmel. / geb. Kinel« (Amtsgericht Mitte Berlin, Testamentzentralkartei, 95 T 33752/1890, Bl. 10).

drei Hinterlegungsscheine] Diese sind überliefert (ebd., Bl. 11-13) und von den jeweils amtierenden Richtern und Gerichtsschreibern unterzeichnet, und zwar 1) als hs. Eintrag in »Formular No. 3 Auszug aus dem Verwahrungsbuche für letztwillige Verfügungen« mit der lfd. Nr. 33752, unter Angabe des 7. Juli 1890 als Tag der Annahme wie auch der Annahmeverfügung und der Angabe: »Erbvertrag des Privatdocenten Dr. phil. Friedrich Eduard Georg *Simmel* und des Fräulein Johanna Florentine Gertrud *Kinel.* / Der Umschlag, in welchem sich der Erbvertrag befindet, ist mit drei Privatsiegelabdrücken und zwei Abdrücken des Gerichtssiegels verschlossen. / Berlin den [o. Angabe] ten Juli 1890« (Bl. 11); 2) hs. Eintrag in »Formular No. 4 Hinterlegungsschein über eine Verfügung von Todeswegen« mit der lfd. Nr. 79248, der Geschäftsnummer der Annahmeverfügung V 2010/01, datiert auf den 3. Aug. 1901 und mit der genauen Bezeichnung: »Die am 3. August 1901 eingegangene Verfügung von Todeswegen des Dr. phil. Friedrich Eduard Georg *Simmel* zu Westend. Die Verfügung ist mit einem Amtssiegel des Amtsgerichts I verschlossen« (Bl. 12); 3) hs. Eintrag in »Formular No. 4 Hinterlegungsschein über eine Verfügung von Todeswegen« mit der lfd. Nr. 107660, der Geschäftsnummer der Annahmeverfügung 95 IV. 740/3 / 11, datiert auf den 2. März 1911 und mit der genauen Bezeichnung: »Die am 2ten März 1911 eingegangene eigenhändige Verfügung von Todeswegen des Professors Dr. Friedrich Eduard Georg *Simmel* und dessen Ehefrau Johanna Florentine Gertrud geborene *Kinel* in Westend. Die Verfügung ist mit einem Amtssiegel des Amtsgerichts Berlin Mitte und mit drei Privatsiegeln verschlossen« (Bl. 13).

Georg Simmel an Georg Hermann Borchardt

Postkarte vom 28. Dezember 1915
Hs.; LBI New York, AR 3109/63 Georg Hermann

Sehr geehrter Herr Borchardt!

Besten Dank für die freundliche Zusendung Ihres Buches, in dem ich schon viel gelesen habe. Tatsächlich scheint mir der Titel in bedeutsamer Weise eine der Ebenen zu markiren, die man durch die Menschenwelt legen kann, um sie jeweils in zwei Parteien zu sondern.

Übrigens, da Sie mehrfach von *Giorgiones Concerto* sprechen: soviel ich weiß, gilt dies jetzt als ein Frühwerk Tizians. Vielleicht können wir über mancherlei Probleme Ihres Buches gelegentlich in Heidelberg sprechen, wohin ich ab u. zu komme.

Mit ergebensten Grüßen Ihr

Simmel

Postkarte vom 28. Dezember 1915] An: Herrn / *H. Borchardt / Neckargemünd / Poststr.* 2; mit Poststempel: Strassburg (Els.) 1 P 28.12.15.6-7 N.

freundliche Zusendung Ihres Buches] Gemeint ist der Essay-Band: Georg Hermann: Vom gesicherten und ungesicherten Leben. Ernste Plaudereien. Berlin: Fleischel 1915, vii, 246 S. (Erscheinen angezeigt: LC vom 18. Dez. 1915, Sp. 1283), wie sich dem freien Zitat obigen Briefes in Borchardts unter dem Schriftstellerpseudonym Georg Hermann veröffentlichten Nachruf auf Simmel entnehmen läßt: »Das beste Wort, das ich über meinen Essay-Band ›Vom gesicherten und ungesicherten Leben‹ hörte, waren ein paar Zeilen, die er [Simmel] mir darüber schrieb, ein echtes Simmel-Wort. ›Dieses ist auch einer der Querschnitte, die man an die Menschheit anlegen kann, und es ist bisher verabsäumt worden, es zu tun. Es getan zu haben, bedeutet aber ein unbedingtes Verdienst von Ihnen‹« (VZ, Nr. 498 vom 29. Sept. 1918, 1. Beilage, S. 1-2; abgedruckt in: BdD S. 165). – Weitere Dokumente der von Borchardt erinnerten Korrespondenz mit Simmel, mit dem es spätestens seit etwa 1912 zu wechselseitigen Besuchen in Berlin und Gesprächen über Kunst gekommen sei (ebd.), sind nicht überliefert.

mehrfach von *Giorgiones Concerto* sprechen ... Frühwerk Tizians] In dem Essay ›Die Frühverstorbenen‹ hatte Borchardt Leben und Werk Giorgiones (eigentl. Giorgio da Castelfranco, geb. um 1478, gest. kurz vor dem 25. Okt. 1510) exemplarisch herangezogen, u. a. mit Hinweisen auf »Die Blicke des Mannes im ›Konzert‹« bzw. auf das »›Konzert‹ in Florenz« (a. a. O., S. 142, bzw. 146). Auszuschließen sind daher das Gemälde: Giorgione: Konzert (Drei Lebensalter), Florenz: Palazzo Pitti, Galeria Palatina, Inv. 1912: Nr. 110, wie auch das im Louvre befindliche »Concert champêtre«, für das Giorgiones Autorschaft schon seit 1839 zweifelhaft war und das in der neueren Forschung als ein Werk Giorgiones oder Tizians (Vecellio, Tiziano, nach 1477) diskutiert wird (vgl. Gabriele Frings: Giorgiones Ländliches Konzert. Darstellung der Musik als künstlerisches Programm in der venezianischen Malerei der Renaissance. Berlin: Gebr. Mann 1999, S. 25-29). Gemeint sein kann nur das seit 1675 in der Galeria Palatina des Palazzo Pitti in Florenz befindliche Gemälde mit der Bezeichnung »Concerto« (Inv. 1912: Nr. 185) bzw. »Konzert (Unterbrochenes Konzert)«, dessen Urheberschaft erstmals bedingt dem jungen Tizian zugeschrieben wurde durch das Simmel vermutlich bekannte Werk von Ivan Lermolieff [d. i. Giovanni Morelli], ›Die Werke italienischer Meister in den Galerien von München, Dresden und Berlin. Ein kritischer Versuch‹ (Aus dem Russischen übersetzt von Dr. Johannes Schwarze. Leipzig: E. A. Seemann 1880, S. 185 f.), in dessen Nachfolge sich die Annahme von Tizians Autorschaft des auf die Zeit zwischen 1511 und 1513 datierten Gemäldes zunehmend durchgesetzt hat (vgl. Mina Gregori: Uffizien und Palazzo Pitti. Die Gemäldesammlungen von Florenz. München: Hirmer 1994, S. 249, 261; Georg Gronau: Giorgione. In: Thieme/Becker Band 14, S. 86-90, bes. 88; T. Hetzer: Vecellio, Tiziano. Ebd., Band 34, S. 158-172, bes. 162; Filippo Pedrocco: Tizian. München: Hirmer 2000, S. 23).

gelegentlich in Heidelberg sprechen] Georg Hermann Borchardt wohnte seit März 1915 etwa 10 km von Heidelberg entfernt in Neckargemünd (vgl. Cornelis G. Van Liere: Georg Hermann. Materialien zur Kenntnis seines Lebens und seines Werkes. Amsterdam: Rodopi N.V. 1974, S. 43 f. [= Amsterdamer Publikationen zur Sprache und Literatur, 17. Band]). Zu Begegnungen mit Simmel in Heidelberg schreibt Hermann in o.g. Nekrolog: »In Heidelberg sah ich Simmel noch öfter vorüberhuschen [...]. Aber der unglückliche Zufall des Krieges machte es, daß ich ihn nie mehr aufsuchen konnte. Und auch ihn riß wohl das Leben in den letzten Jahren zu viel hin und her, als daß er einmal bei mir vorsprach«.

Georg Simmel an Anna Jastrow

Brief vom 7. Januar 1916
Hs.; LBI New York, Simmel Collection

Straßburg 7 I 16

Liebe Freundin,

wir haben wohl Monate nichts voneinander gehört. U. wie alle Kategorien, unter denen man sonst empfand u. dachte, umgestülpt sind u. mit lauter Maßen u. Kombinationen wirken, vor denen man mehr oder weniger ratlos steht, so ist es auch hier: ich habe ein höchst lebhaftes Bedürfniß, mich den Freunden gegenüber auszusprechen u. von ihnen zu hören – u. zugleich einen Widerstand, als wäre das eine schmerzhafte u. gefährliche Operation, zu der ich mich nicht entschließen kann. U. dieselbe Problematik trifft den Inhalt. Einerseits hätte man sich das Wichtigste zu sagen, das man überhaupt je sagen kann, andrerseits fühlt man, daß der Andre ja doch schon alles weiß u. garnichts mehr gesagt zu werden braucht. Der Druck des Weltschicksals, der in jedem Augenblick fühlbar ist, hat eben die ganze, leidlich geformte Existenz zermahlen u. die Stücke suchen sich neue Synthesen u. ehe sie die gefunden haben – vorausgesetzt, daß sie sie je noch finden u. daß wir nicht als ein Chaos von Fragmenten zu Ende gehen – wirbeln sie in den wunderlichsten Mischungen u. Entmischungen herum.

Ich will also von der Hauptsache nichts sagen, sondern nur einen Gruß schicken. Dutzi erzählte einiges von Ihnen allen, aber es ließ sich nicht viel Wesentliches daraus entnehmen. Nur Lotte strahlte als ein ganz unbewölkter Lichtpunkt aus ihren Erzählungen heraus. Das ist doch herrlich, daß aus diesem wunderlichen Kind ein so ganz »richtiger« Mensch geworden ist! Alle Hoffnung für das künftige Deutschland steht auf solchen »richtigen« Menschen. In den meisten von uns Alten stekken zu viele Rechenfehler.

Von uns werden Sie auch durch Dutzi gehört haben – viel

giebt es da nicht zu sagen, das Straßburger Leben ist von größerer Einförmigkeit, als wahrscheinlich das Leben in jeder andern deutschen Stadt. Hans hat eine wundervolle, nach jeder Richtung hin fruchtbare Tätigkeit u. ist dadurch für seinen Kummer, nicht im Feld zu sein, wenigstens so weit wie möglich entschädigt. Meine Frau u. ich haben uns wieder einigermaßen in die geistige Arbeit zurückgefunden. Da wir im Augenblick keinen rechten Dienst an der unmittelbaren Allgemeinheit leisten können, ist es Pflicht, das zu tun, was wir tun können u. es so gut wie möglich zu machen. Ob man freilich später an dem, was in dieser Zeit geistig geschaffen worden ist, nicht die Spuren der bloßen »Garnisondienstfähigkeit« finden wird, steht dahin. Ich habe ein Buch über *Rembrandt* abgeschlossen, bin aber nicht geneigt, es noch während des Krieges zu veröffentlichen. Es ist freilich überhaupt ein wunderliches Produkt, ganz vergrübelt u. so in sich selbst eingesponnen, daß nicht Viele den Zugang dazu finden werden.

So weit jetzt überhaupt Dispositionen mit Sicherheit zu treffen sind, werde ich um den 1. März herum in Berlin sein, da ich am 3. einen Vortrag in der Kantgesellschaft halten soll.

Für heut nun noch alles Gute u. Herzliche für Sie u. alles, was um Sie ist.

Immer Ihr

GS.

voneinander gehört] Die letzte überlieferte Korrespondenz lag fast ein halbes Jahr zurück; vgl. Simmel an Anna und Ignaz Jastrow vom 13. Juli 1915.

Dutzi erzählte] Gemeint ist Gertrud Simmels Nichte, Gertrud Jacobs, die im WS 1915/16 ihr Studium der Kunstgeschichte in Straßburg fortführte und wohl die Weihnachtstage in Berlin verbracht hatte (siehe: Studierendenliste der phil. Fak. WS 1915/16, ADBR Strasbourg, AL 103, Paq. 7). Dazu Hans Simmel: »Um jene Zeit [...] studierte Gertrud Jacobs einige Semester in Str. [...] Sie wohnte ganz in unserer Nähe und war natürlich sehr oft bei uns.« (S. 84). Sie hatte sich am 3. Nov. 1915 angemeldet, wohnte in Untermiete bei Welfing, Sternwartstr. 17, 4. Etage, und meldete sich am 29. Febr. 1916 ab, um nach Berlin-Steglitz zu ziehen; sie war dann wieder vom 31. Okt. 1916 bis zum 5. März 1917 in Straßburg und wohnte diesmal »bei Simmel« (AVCUS Strasbourg). – Zu der besonderen Beziehung zwischen Simmel und Gertrud Jacobs siehe auch: Erinnerungen an Simmel von Gertrud Kupffer, in: BdD, S. 270-272.

Nur Lotte ... »richtigen« Menschen] Angesprochen ist die Jastrow-Tochter Lotte Beate, nachmals Hahn, die in ihrer Ausbildung und späteren Tätigkeit Erziehung und Gartenbau verbinden und mit einschlägigen Publikationen hervortreten sollte (NDB; Lexikon der Frau in zwei Bänden. Zürich: Encyclios 1953); ein Rückblick auf ihre in Kindheit und Jugend bereits ausgeprägte »Entwicklung« zum Beruf findet sich in Beate Hahn: Der Kindergarten, ein Garten der Kinder. Ein Gartenbuch für Eltern, Kindergärtnerinnen und Alle, die Kinder liebhaben. Zürich und Leipzig: o. J. [1936], S. 11.

Hans ... entschädigt] Hans Simmel, seit Kriegsbeginn im Lazarettdienst (siehe Simmel an Edmund Husserl vom 15. Dez. 1914), war im Herbst 1915 gemustert und zu seinem Bedauern »nur für ›garnisonsdienstfähig‹ erklärt« worden. »Meine Dienstbezeichnung änderte sich nun von ›vertraglich verpflichteter Zivilarzt‹ in ›Landsturmpflichtiger‹ (Leutnant) und ich erhielt ein bisschen weniger Gehalt« (Hans Simmel, S. 82).

Meine Frau ... die geistige Arbeit zurückgefunden] Sie sei »jetzt im Gegensatz zu den ersten 1½ Jahren sehr wenig Kriegs-beschäftigt, nur ein paar Stunden in der Woche in einer Kinderlesehalle«, heißt es dementsprechend in einem Brief Gertrud Simmels vom 22. März 1916 an Rickerts Sohn Heinrich (GSA Stuttgart); vermutlich arbeitete sie am Manuskript zu: Marie Luise Enckendorff: Über das Religiöse. München/Leipzig: Duncker & Humblot 1919.

Buch über *Rembrandt*] Das Buch erschien dann doch schon 1916 (Leipzig: Kurt Wolff; GSG 15, S. 305-515).

am 3. einen Vortrag in der Kantgesellschaft] Es handelte sich um Simmels dritten Vortrag in der Berliner Kantgesellschaft (siehe Simmel an Georg Misch vom 6. Jan. 1913 und an Margarete von Bendemann vom 19. Dez. 1914). Die VZ, Nr. 99 vom 23. Febr. 1916, Ab. Bl., kündigte an: »*Ein Vortrag von Georg Simmel.* In der Kant-Gesellschaft wird am Freitag, den 3. März, Prof. Dr. Simmel (Straßburg i. E.) über das Thema ›Erkenntnistheorie der historischen Zeit‹ sprechen. Der Vortrag findet abends 8½ Uhr im Anwaltshause, Schöneberger Ufer 40, statt.« Eine Zusammenfassung des Vortrags erschien ebd., Nr. 118 vom 4. März 1916, Ab. Bl., gez. H.H.-tz sowie im BT, Nr. 117 vom 4. März 1916, Mo. Bl., gez. f.l. – Zum Abdruck gelangte der Vortrag unter dem Titel: Das Problem der historischen Zeit. Berlin: Reuther & Reichard 1916 [= Philosophische Vorträge, veröffentlicht von der Kantgesellschaft. Unter Mitwirkung von Ernst Cassirer und Max Frischeisen-Köhler herausgegeben von Arthur Liebert, Nr. 12]; GSG 15, S. 287-304.

Georg Simmel an Anna Jastrow
Brief vom 22. Januar 1916
Hs.; LBI New York, Simmel Collection

Str. 22 I 16

Liebe Freundin,

ich habe Ihnen noch für einen Brief zu danken. Aber ich will jetzt nicht auf ihn eingehn, oder vielmehr, ich kann es nicht. Wenn man jetzt Briefe über unsre seelische Verfassung schreiben soll, ist es, als müßte man die Last, die man jeden Morgen neu auf sich nimmt, auch noch Gramm für Gramm nachwiegen. U. das ist noch eine weitere Kraftprobe, der ich mich nicht gewachsen fühle. Mündlich ist das anders, eher erleichternd. Ich habe große Sehnsucht, mit Ihnen beiden zu reden u. hoffentlich wird dies doch nun in sechs Wochen geschehen!

Für heute möchte ich Sie um eine Gefälligkeit bitten. Wir sind in unsrer hiesigen Abgeschlossenheit nicht in der Lage, zu überblicken, an welcher Stelle die geringen Geldopfer, die unsereiner für die deutsche Sache bringen kann, jeweils am besten angebracht sind. Natürlich tut man mancherlei für hiesige Hilfsbedürftige u. für unsre Armenkorps, aber ich möchte gern anderweitig noch 500 M. verwenden u. Sie, die Sie die Verhältnisse besser übersehn können, mit der Verteilung davon belasten. Es kann natürlich auch an *eine* Stelle gegeben werden, sei es für irgend einen Teil der Front, sei es für die Unterstützung der zu Hause Gebliebenen. Nur grade für den Wiederaufbau Ostpreußens möchte ich *diese* Summe nicht verwendet haben. Ich frage nicht erst an, sondern lege das Geld gleich bei, da ich nicht zweifle, daß Sie zu diesem Liebesdienst willig sind.

Tatsächliches ist nicht zu berichten. Jeder von uns arbeitet nach seinen Kräften, aber nur Hans ist von der wägenden Frage frei, ob grade dies das Richtige ist u. ob das Richtige nicht immer woanders läge.

In alter Treue Ihr

Simmel

Brief] Verschollen.

in sechs Wochen] Zu Simmels Plan einer Reise nach Berlin siehe Simmel an Anna Jastrow vom 7. Jan. 1916.

die Sie die Verhältnisse besser übersehn] Zu Anna Jastrows Einbindung in die Berliner Kriegsfürsorge siehe Simmel an diese vom 28. Jan. 1915.

Wiederaufbau Ostpreußens] Unter dem Stichwort ›Wiederaufbau Ostpreußens‹ lief das bereits im Sept. 1914 eingeleitete und per Gesetz vom 10. Nov. 1914 verabschiedete Vor-Entschädigungsprogramm der Reichsregierung, das 400 Millionen Mark zum Ausgleich der infolge der Besetzung Ostpreußens durch die russische Armee erlittenen Schäden der Zivilbevölkerung – Flucht, Brand, Zerstörung, Plünderung, Verschleppung u.ä. – vorsah. Insgesamt 39 Städte und 1900 Dörfer seien – so die Propaganda – bis zum entgültigen Rückzug der russischen Verbände nach der Winterschlacht in Masuren (7.-21. Febr. 1915) zerstört und dem Wiederaufbau zuzuführen (vgl. EEW, S. 764; zur Abwicklung des Programms: Der Wiederaufbau Ostpreussens. Eine kulturelle, verwaltungstechnische und baukünstlerische Leistung. Herausgegeben von Erich Göttgen [...] Königsberg: Gräfe und Unzer 1928). Unmittelbar vor Simmels Schreiben an Anna Jastrow war im Rahmen der Haushaltsdebatte bezüglich der Ausführung des Programms verlautbart, daß bereits »350 Millionen ausgegeben« und weitere Mittel verfügbar zu machen seien (Eröffnungsrede des Präsidenten des preußischen Abgeordnetenhauses, Sitzung vom 13. Jan. 1916; TR, Nr. 23 vom 14. Jan. 1916, Mo. Bl.) und daß jede Kritik des Reichstages, die Äußerungen über zu hohe Forderungen der Betroffenen auslösen könnten, vermieden werden müsse (Bericht über die Debatte im Reichstag; TR, Nr. 25 vom 15. Jan. 1916, Mo.-Bl.).

Jeder von uns arbeitet] Siehe Simmel an Anna Jastrow vom 7. Jan. 1916.

Hans ist von der wägenden Frage frei] Zu Hans Simmels Absicht, eingezogen zu werden, siehe ebd.

Georg Simmel an Gottfried Salomon

Brief vom 4. Februar 1916
Hs.; IISG Amsterdam, Nl Salomon

Straßburg 4 II 16

Geehrter Herr Salomon!

Ich bin von der nochmaligen Verschiebung Ihres Examens sehr überrascht u. fürchte, daß es unter diesen Umständen nicht mehr in diesem Semester stattfinden kann. Wenn Sie etwas an der Arbeit ändern, so muß ich sie nochmals prüfen u. es scheint mir nach Ihren Angaben ausgeschlossen, daß dies bis Ende Febr. geschehen sein kann.

Mit freundlichem Gruß

Simmel

Verschiebung Ihres Examens] Gemeint ist die mündliche Prüfung im Promotionsverfahren.

Arbeit] Die Dissertationsschrift »Beitrag zur Problematik von Mystik und Glaube« (siehe Simmel an Salomon vom 28. Dez. 1916).

Ihren Angaben] Salomons Schreiben ist verschollen.

Georg Simmel an Gottfried Salomon

Brief vom 7. Februar 1916
Hs.; IISG Amsterdam, Nl Salomon

Straßburg 7 II 16

Geehrter Herr Salomon!

Ich möchte Ihnen auf Ihren Brief doch mitteilen, daß der 26. Febr. der allerspäteste Termin wäre, der für Ihr Examen noch in Frage käme, da ich sehr bald nach Schluß der Vorlesungen verreisen muß. Kann dieser Tag nicht festgehalten werden, so muß die Angelegenheit bis zum nächsten Semester verschoben werden.

Ihr sehr ergebner

Simmel

Brief] Verschollen; Gottfried Salomon hatte wohl in Beantwortung von Simmels Schreiben vom 4. Febr. 1916 von einer Überarbeitung seiner Dissertation abgesehen und die Absicht geäußert, noch im laufenden Semester zur mündlichen Prüfung nach Straßburg zu kommen.

26. Febr. der allerspäteste Termin] Die mündliche Prüfung im Promotionsverfahren fand dann auch am 26. Febr. 1916 statt (siehe Simmel an Salomon vom 28. Dez. 1916). Simmel hat das Erstgutachten geschrieben (siehe die Akten zum Promotionsverfahren G. Salomon, ADBR, AL 62, Paq. 37, J.-N. 202, sowie GSG 24: Dokumente).

Schluß der Vorlesungen] Offizielles Ende des WS 1915/16 war der

18. März 1916; siehe hierzu wie auch zu Simmels Vorlesungen: Simmel an Margarete von Bendemann vom 26. Nov. 1915.

verreisen muß] Vortragsreise nach Berlin (siehe Simmel an Anna Jastrow vom 7. Jan. 1916 und an Paul Ernst vom 5. März 1916).

Georg Simmel an Max Hildebert Boehm

Brief vom 13. Februar 1916
Hs.; UA Jena, Nl Boehm

Str. 13 II 16

Geehrter Herr Doktor!

Ich sende Ihnen auf Ihren Wunsch Ihre Antikritik zurück. Obgleich es sozusagen logisch richtig ist, daß die Antwort von *Dr. G.* dem *unmittelbaren* Problem, das Sie behandeln, nicht genugtut, so geht sie doch – ich möchte sagen mit instinktiver Richtigkeit – auf das tiefere Fundament, das Ihre Behandlungsart des Problems bestimmt. Denn trotz aller Ihrer Kautelen ist die aus dem Ganzen Ihres Artikels hervorgehende Gesinnung ganz einfach antisemitisch. Dies ist mir – so gänzlich fern ich den *Cohen*schen u. jüdisch-parteilichen Meinungen stehe – aus sachlichen wie aus persönlichen Gründen höchst bedauerlich.

Ihr sehr ergebner

Simmel

Ihren Wunsch] Schreiben verschollen.

Ihre Antikritik] Es handelt sich offensichtlich um das Manuskript zu: Max Hildebert Boehm: Nochmals: Vom jüdisch-deutschen Geist. Preußische Jahrbücher, herausgegeben von Hans Delbrück, 163, 1916, Heft 3 (= März), S. 510-512. – Boehms »Antikritik« richtet sich gegen den im Februar-Heft der Preußischen Jahrbücher erschienenen Artikel von Hermann Goldschmidt-Faber: Von Deutschen und Juden. *Eine Entgegnung* (163, 1916, Heft 2, S. 257-280), der sich gegen Boehms Beitrag zum Dezember-Heft der Preußischen Jahrbücher mit dem Titel ›Vom jüdisch-deutschen Geist‹ (162, 1915, Heft 12, S. 404-420) gerichtet hatte. – Mit der Zusendung dieser »Antikritik« an Simmel erhoffte sich Boehm möglicherweise, sein Verhältnis zu Simmel zu retten; denn dieser hatte ihn vermutlich bereits wissen lassen, was Boehm Martin Buber am 16. April 1916 mitteilt: »mein langjähriger verehrter Lehrer

Simmel hat auf Grund meines Dezemberartikels seinen Verkehr mit mir abgebrochen« (Briefdurchschlag, Tps., UA Jena, Nl Boehm). Zum Artikel s. u.

Dr. G.] Hermann Louis Goldschmidt-Faber, geb. am 18. Juli 1860 in Frankfurt/M., Dr. jur. 1882 Marburg, lebte seit 1909 vorwiegend als freier Schriftsteller (Ps. Hermann Faber) in Berlin, wo er bis 1938 als Rechtsanwalt gemeldet war (Ld-jA; Berliner Adressbücher). – Zur Freundschaft von Goldschmidt-Faber mit Simmel siehe Simmel an Fritz Mauthner vom 14. Nov. 1889, an Hugo Liepmann vom 8. Sept. 1918 und Hans Simmel, S. 26).

***unmittelbaren* Problem, das Sie behandeln, nicht genugtut]** Simmel greift hier die Argumentationslinie von Boehms »Antikritik« auf: Er, Boehm, habe sich in seinem Aufsatz ›Vom deutsch-jüdischen Geist‹ an Hermann Cohens jüngst erschienenen Schriften – ›Ueber das Eigentümliche des deutschen Geistes‹ (Philosophische Vorträge der Kantgesellschaft; Berlin 1914) und ›Deutschtum und Judentum‹ (Von deutscher Zukunft. 1. Stück; Gießen 1915) – orientiert, um sich gegen dessen auf einer »Weltanschauung, deren rationalistisch-nivellierende Grundtendenz ein Verständnis individuell-nationaler Sonderart überhaupt ausschließt«, beruhende These von der »innigen Verwandtschaft von Deutschtum und Judentum« zu wenden und unter Berufung auf »die Gedankengänge eines positiven Judentums« – niedergelegt in: Vom Judentum. Ein Sammelbuch. Herausgegeben vom Verein Jüdischer Hochschüler Bar Kochba in Prag. Leipzig: Kurt Wolff 1913 – eine Theorie zu bekämpfen, »die einen in der unmittelbar gelebten Wirklichkeit bewährten Gegensatz aus der Welt diskutieren will« (a. a. O., S. 510 f.). Nur »das Bestehen eines solchen Gegensatzes sicherzustellen, nicht aber ihn begrifflich befriedigend zu fassen«, sei seine Intention gewesen, und entsprechend habe die »Feststellung der Einzelmerkmale dieses als substanziell trotz aller geschichtlichen Variabilität anerkannten Judentums [...] durchaus nicht im Mittelpunkt« seiner Ausführungen gestanden, sondern sei vielmehr von Goldschmidt-Faber »in den Mittelpunkt gerückt worden«, vorbei am »Kern« seiner Ausführungen: Dieser »bestand theoretisch in der Aufrechterhaltung eines wesenhaften Gegensatzes zwischen Judentum und Deutschtum[,] auch gegen dessen Bestreitung durch Cohen[,] und praktisch in der Forderung, daß sich auf dieser Grundlage innerhalb des Judentums eine klarere Scheidung von entschlossener Selbstaufgabe und entschlossener Selbstbehauptung, von Assimilationsjudentum und Zionismus durchsetzen möge« (ebd., S. 511 f.).

Ihre Behandlungsart des Problems] Diese war Anlaß für die Kritik von Hermann Goldschmidt-Faber, die mit der Frage einsetzte, wie man auf die von Boehm abschließend »erwünschte Zusammenschweißung von Juden und Deutschen durch die gemeinsame Not unserer Zeit hoffen« dürfe, »wenn wahr ist, was der Verfasser vorher zum Teil aus dem eisernen Bestand der völkischen Literatur vorbringt«; und Goldschmidt-Faber hatte dann die von Boehm zustimmend erwähnten und »als Tatsachen hingestellten« Argumente und Vorurteile im einzelnen durchleuchtet: so »die alte Anklage wegen der dekompositorischen Wirkung des Judentums; den Rassengegensatz zwischen Deutschen und Juden, der sich auch in der Erotik zeige; die im Bewußtsein der Deutschen und Juden lebende und auf Gegenseitigkeit beruhende Antipathie des Blutes und eine letzte Fremdheit und Sondergeartetheit der Juden« (a. a. O., S. 258) sowie schließlich auch den »Vorwurf kapitalistischer Gesinnung der Juden« (ebd., S. 269).

***Coben*schen u. jüdisch-parteilichen Meinungen**] Siehe die oben genannten Publikationen, auf die sich Boehm in seinem Artikel bezogen hatte.

Max Hildebert Boehm an Georg Simmel

Briefentwurf vom 14. Februar 1916
Hs.; UA Jena, Nl Boehm

Strb. 14/2.16.

Sehr geehrter Herr Professor!

Wenn *Goldschm.-Faber* in seiner Polemik meine Haltung vergröbert, so war mir das aus verschiedenen Gründen ärgerlich. Wenn sein Instinkt auch die Richtung nicht verfehlt, so ist er doch andrerseits, wie bei Assimilationsjuden natürlich, so überreizt, daß er die persönliche Nüance im Gegner nicht mehr empfinden kann. Wie ich aus der Antwort sah, hat er wenig Grund, sich mit *Cohen* allzu eng zu liieren, und so war auch ich nicht sein eigentlicher Gegner, jedenfalls nicht, wie ich noch einmal wiederhole, in dem, was ich hier sagte und zu sagen hatte.

Immerhin ist es mir, wennschon höchst peinlich, so doch verständlich, daß *G.-F.* mich so als Antisemiten überhaupt nimmt und mich damit schlankweg in eine Linie mit dem stellt, was an häßlicher und bornierter Hetzerei unter dieser Spitzmarke gefehlt worden ist. Im höchsten Grad schmerzlich dagegen war es mir, daß meine stets bezeigte aufrichtige Verehrung u. Dankbarkeit Ihnen gegenüber, sowie die Ihnen bekannte Freundschaft mit Ihrem Neffen Eichelbaum, das sehr freundliche Verhältnis zwischen Arthur Stein und mir – mich nicht davor bewahrt hat, daß auch Sie, dessen geistiger Einfluß so sehr bestimmend in meine Entwicklung eingetreten ist, meine Position als »ganz einfach« antisemitisch festlegen. Nicht diese in der persönlichen Sphäre höchst peinliche Erörterung weiter zu spinnen, sondern nur diesem tiefen Bedauern Ausdruck zu geben, war die Absicht dieser meiner Zeilen.

Ihr Ihnen dankbar verbundener Schüler

MHBoehm

Briefentwurf vom 14. Februar 1916] Aus Simmels Antwort an Boehm vom 16. Febr. 1916 ist zu schließen, daß dieser Entwurf in einen tatsächlich gelaufenen Brief eingegangen ist.

Wenn *Goldschm.-Faber* ... zu sagen hatte] Siehe die in Simmels Brief an Max Hildebert Boehm vom 13. Febr. angesprochene Kritik von Hermann Goldschmidt-Faber.

Spitzmarke] Begriff aus der Druckersprache für die »einem kleineren zeitungsartikel unmittelbar vorgesetzten worte, die kurz und treffend seinen inhalt markieren sollen« (Grimm). Da die Zeitungen bis ins 20. Jahrundert hinein noch wenig durch Überschriften und Schlagzeilen gegliedert waren, dienten Spitzmarken dem Leser zur Orientierung und erleichterten ihm die Auswahl des Lesestoffes (LGB).

Ihrem Neffen Eichelbaum] Gemeint ist der Sohn von Simmels Schwägerin, lt. Hans Simmel eine geborene »Margarete Bussenins«, die nach dem frühen Tod Eugen Simmels den »späteren Reichsgerichtsrat Eichelbaum« geheiratet habe; er selbst sei als Jugendlicher mit »den Kindern aus dieser Ehe [...] öfters zusammengewesen« (S. 3). Demnach galt Boehms »Freundschaft« dem mit »drei Schwestern« aufgewachsenen *Ernst* Theodor Eichelbaum (1893-1991), Sohn von Julius Eichelbaum (1850-1921) und »Margarethe geborene Bushenius [sic!]« (1854-1915), der sich seit 1911 »Studien, und zwar an den Universitäten München, Leipzig und Berlin auf dem Gebiete der Philosophie, der Theologie, der europäischen Geschichte und der deutschen Literatur« gewidmet hat und seit Kriegsausbruch im Feld war (Ernst Eichelbaum: Lebenslauf vom 12. 10. 1946, Tps., Stadtarchiv Leipzig, Kap. 10E, Nr. 533, Bd. 2). Er wirkte 1919-43 und – nach Berufsverbot wegen seines jüdischen Vaters – erneut 1945/46 als Lehrer an der Thomasschule in Leipzig, war 1945 Mitgründer der CDU Leipzig und bis 1948 Stadtverordneter sowie zweiter Bürgermeister von Leipzig; nach Flucht in die Bundesrepublik wurde er 1949 Oberstudiendirektor in Wuppertal und 1957-1965 Mitglied des Bundestages; daneben veröffentlichte er Lyrik (DBA; www.kas.de/archiv). – Zu Julius (Jacob) Eichelbaum und dessen Stellung als Reichsgerichtsrat 1902-1920 siehe Adolf Lobe, Hg.: Fünfzig Jahre Reichsgericht am 1. Oktober 1929. Berlin und Leipzig: Walter de Gruyter & Co. 1929, S. 371.

Arthur Stein] Zur Vertrautheit des Rickert-Schülers Arthur Stein, seit 1913 PD in Freiburg, mit der Familie Simmel siehe Simmel an Edmund Husserl vom 2. März 1913 und an Gustaf F. Steffen vom 2. Aug. 1914.

als »ganz einfach« antisemitisch festlegen] Siehe Simmel an Boehm vom 13. Febr. 1916.

Georg Simmel an Hans Pfitzner

Brief vom 14. Februar 1916
Hs.; Österreichische Nationalbibliothek, Wien

14 II 16

Lieber u. verehrter Meister!

Ich war heut an Ihrer Tür, um – ich kann es nicht anders ausdrücken – mir einen Kondolenzbesuch zu machen. Wir waren völlig verstört, als wir am Samstag Ihren Rücktritt erfuhren. Wenn Sie Straßburg verlassen, so ist das nicht nur ein ganz schwerer, persönlicher u. künstlerischer Verlust für uns (an Besitz wie an Hoffnungen) – sondern jeder solche Sieg des Unsinns erschwert für lange den Kampf, den unsereiner tagtäglich um den Sinn führt.

Umso mehr haben wir den Wunsch, Sie u. Ihre Gattin wiederzusehn; aber wir wissen nicht, ob es nicht, angesichts äußerer u. innerer Umstände, jetzt etwa unangebracht ist.

Treu ergeben Ihr

Simmel

Brief vom 14. Februar 1916] Gedr. Briefkopf: li.: PROF. SIMMEL; re: STRASSBURG (ELS.).

Ich war heut an Ihrer Tür] Bei dieser Gelegenheit hinterließ Simmel wohl die Visitenkarte mit der Aufschrift: DR. GEORG SIMMEL / PROFESSOR AN DER UNIVERSITÄT / STRASSBURG (ELS.), die sich bei dem Brief abgelegt findet.

am Samstag Ihren Rücktritt erfuhren] Unter ›Neues vom Tage‹ hatte die StP am Samstag, den 12. Febr. 1916, (Nr. 120, Mi.Bl.) gemeldet: »*Hans Pfitzner verläßt Straßburg.* Da der Straßburger Gemeinderat davon abgesehen hat, Hans Pfitzners Vertrag als Opern-Direktor zu erneuern, hat Prof. *Dr. Pfitzner*, wie wir hören, seine *Gesamtstellung niedergelegt*. Hans Pfitzner tritt also auch von der Leitung des Städtischen Konservatoriums zurück. Die zahlreichen Freunde des ausgezeichneten Künstlers werden diese Nachricht mit *tiefem Bedauern* aufnehmen. Was das gesamte Musikleben Straßburgs durch das Ausscheiden einer so hervorragenden Kraft verliert, ist zu bekannt, als daß es in diesem Augenblick erörtert zu werden brauchte. Die Verantwortlichkeit für diesen Verlust trifft jedenfalls nicht Dr. Pfitzner, der in achtjähriger rastloser Tätigkeit sein Bestes zur Hebung unsres Musiklebens gegeben hat. Nach Lage der Dinge war für ihn jedoch ein anderer Entschluß nicht möglich.« – Zu den Hintergründen berichtet Kurt Schede (StP, Nr. 122 vom 13. Febr. 1916, Mo. Bl.): Die Stellung Pfitzners, seit 1908 mit der Leitung des Städtischen Konservatoriums und der Abonnementskonzerte betraut, seit 1910 Operndirektor und somit verantwortlich für das gesamte Musikleben der Stadt, habe neben der des später angestellten, aber »in Verwaltungsdingen [...] höhere Machtbefugnisse« besitzenden Intendanten des Schauspiels zu einem »*Dualismus*« und in der Folge zu »Unstimmigkeiten« geführt, die »die jetzige Entscheidung« beeinflußt hätten.

Ihre Gattin] Maria (Mimi) Pfitzner (1879-1926), Tochter des Pianisten und Komponisten James Kwast (NDB; Wer ist's? 1922).

Georg Simmel an das Königliche Amtsgericht Berlin-Mitte

Brief vom 16. Februar 1916
Hs.; Amtsgericht Berlin-Mitte, Testamentzentralkartei

Straßburg Els. 16 II 16

Auf Ihre Anfrage vom 10. d. zur Antwort, daß mein u. meiner Frau Vermögen jetzt auf ungefähr 120000 M. zu schätzen sein wird. Eine Gewähr für die Richtigkeit kann ich nicht übernehmen, da unter den augenblicklichen Verhältnissen für viele Werte keine genaue Schätzung möglich ist.

Prof. Dr. Simmel

Brief vom 16. Februar 1916] An / die Gerichtsschreiberei des K. Amtsgerichts Berlin Mitte. – Posteingangsstempel: Gemeinschaftl. Briefannahme des LANDGERICHTS I und des AMTSGERICHTS BERLIN-MITTE. / Pr. 17 FBR. 16 4.8. / BERLIN. – Mit hs. Bearbeitungsvermerken: oben li. Hand A: *Abt. 95 / 95.t.33752.90. / 7.*; unten li. Stempel bzw. Hand B (kursiv wiedergegeben): Gebühr für die *Rückgabe* der Testamente §444/*114 Pr.* Gerichtskosten-Ges. *26,40 M.*; unten re. Stempel bzw. Hand C (kursiv): 14773 / Ges. Westphal / *28/2. Rch. 2/20*; darunter zentriert Hand D: VIII / Deb. Ehel. Simmel R 25/2 16. [Unterschriftskürzel]; darunter li.: Hand E: 95 T 337 521 010/8.

Testamentzentralkartei] Az: 95 T 33752/1890, Bl. 19.

Ihre Anfrage] Verschollen. – Die Frage galt der Wertschätzung des Vermögens der Eheleute Simmel zwecks Berechnung der Gebühren für die Rückgabe der drei letztwilligen Verfügungen, um die Simmel das Amtsgericht Berlin-Mitte mit Brief vom 26. Dez. 1915 ersucht und die er am 20. Jan. 1916 erhalten hatte (siehe die Empfangsbestätigung in GSG 24: Dokumente). – Eine neue, nunmehr beim Straßburger Amtsgericht hinterlegte letztwillige Verfügung ließ sich in den in das ADBR Strasbourg übergegangenen Beständen nicht nachweisen; siehe aber die Rechtsnachfolgeverfügungen Simmels an die G. J. Göschen'sche Verlagshandlung und an die J. G. Cotta'sche Buchhandlung vom 11. Sept. 1918.

Georg Simmel an Max Hildebert Boehm

Brief vom 16. Februar 1916
Hs.; UA Jena, Nl Boehm

Straßburg 16 II 16

Geehrter Herr Doktor!

Den Antisemitismus, den ich in Ihrem Artikel empfinde, habe ich – ich sollte dies nicht zu sagen brauchen – in keiner Weise mit den »häßlichen u. bornierten Hetzereien unter dieser Spitzmarke« identifiziert. Ich kenne seinen Typus sehr wohl: er ist durchaus geistig u. von vornehmer Haltung, ist von Metaphysik oder ganz tiefen Gefühlsschichten unterbaut, u. bildet keinerlei Hinderniß für *individuelle* Verhältnisse zu Juden, wie Sie sie anführen. Kurz, ein Antisemitismus, der sich durchaus nicht zu einem moralischen Vorwurf (so scheinen Sie meine Äußerung irrigerweise aufgefaßt zu haben) wenden läßt.

Täusche ich mich *aber* darin u. liegt Ihnen auch *dieser* Antisemitismus fern – so muß ich sagen, daß zwischen Ihrer Gesinnung u. dem Ausdruck eine erhebliche Differenz besteht. Kein Unbefangener wird von Ihrem Aufsatz einen anderen Eindruck, als den einer (zwar durchaus reservirten) antisemitischen Grundgesinnung haben. Meine literarische Erfahrung ist wohl alt u. breit genug, um das Vorliegen der Faktoren solcher Eindrücke mit Sicherheit zu erkennen. Sind diese, in Hinsicht des subjektiven Tatbestandes, dennoch irrig – so ist etwa die Feder anderswo hingegangen als die Intention.

Sehr ergeben Ihr

Simmel

Brief vom 16. Februar 1916] Die Datierung auf den 16. Febr. 1916 schien den Archivaren des Dokuments aufgrund des infolge mangelhaften Tintenflusses nur fragmentarisch erhaltenen Datums mit Zweifeln behaftet, die allerdings in Anbetracht der vorausgegangenen Korrespondenz zwischen Simmel und Boehm behoben sein dürften.

»häßlichen u. bornierten Hetzereien unter dieser Spitzmarke«] Zitat aus Boehms Schreiben an Simmel vom 14. Febr. 1916.

Ihrem Aufsatz] Gemeint ist Boehms Aufsatz vom Dez. 1916, siehe Simmel an Boehm vom 13. Febr. 1916.

Konrad Grethlein, G. J. Göschen'sche Verlagshandlung, an Georg Simmel

Briefdurchschlag vom 24. Februar 1916
Tps. m.e.U.; SBPK Berlin, VA de Gruyter

Berlin, den 24. Februar 1916.

Sehr geehrter Herr Professor!

Wir verhandelten dieser Tage mit unserem Autor Herrn Professor Dr. Blind in Köln, Machabäerstrasse 51 wegen einer Neuauflage seines in der Sammlung Göschen erschienenen Werkchens »Mass-, Münz- und Gewichtswesen«. In seinem Antwortschreiben bemerkt Herr Professor Blind zum Schluss folgendes:

»Ich benutze die Gelegenheit, um Ihnen nochmals für die Uebersendung von ›Simmel, Hauptprobleme der Philosophie‹ zu danken. Das Büchlein ist mir in schwerer Krankheit, wo ich wenig lesen, aber um so mehr denken konnte, ein lieber Begleiter und Tröster gewesen. Wenn Sie zufällig Gelegenheit haben sollten, dem Herrn Verfasser dies mitzuteilen, so würden Sie mich sehr verbinden.«

Es ist uns eine besondere Freude, Ihnen diese Worte weitergeben zu können.

Persönlich gestatten wir uns zu bemerken, dass der Absatz Ihres Werkchens durch den Krieg eine Verminderung erfahren hat, was ja auch sehr leicht zu begreifen ist, da der grösste Teil der Interessenten unter den Fahnen steht. Es dürfte aber keinem Zweifel unterliegen, dass nach der Beendigung des Völkerringens das Interesse vornehmlich an der Philosophie sich stark heben wird.

Mit verbindlichsten Empfehlungen Ihre hochachtungsvoll ergebene

ppa. G. J. Göschen'sche Verlagshandlung G.m.b.H.
K. Grethlein

Briefdurchschlag vom 24. Februar 1916] An: Herrn Professor Dr. Georg *Simmel, / Strassburg i. Els.* / Universität.

Professor Dr. Blind in Köln] August Blind, geb. 1. Mai 1852, Dr. phil. Bonn 1876; Prof. Handelsschule Köln (Kürschner LK 1910).

Werkchens] Maß-, Münz- und Gewichtswesen von Dr. August Blind. Professor an der Handelsschule in Köln. Leipzig: G. J. Göschen'sche Verlagshandlung 1906 [= Sammlung Göschen, Nr. 283].

Simmel, Hauptprobleme der Philosophie] Gemeint: Dritte unveränderte Auflage. Berlin und Leipzig: G. J. Göschen'sche Verlagshandlung 1913 [= Sammlung Göschen, Nr. 500]; GSG 14, S. 7-157.

ppa. G. J. Göschen'sche Verlagshandlung G.m.b.H.] Stempel.

Georg Simmel an Paul Ernst

Brief vom 5. März 1916
Hs.; DLA Marbach, Nl Paul Ernst

z.Z. Charlottenburg 5 III 16

Lieber Freund,

Zu Ihrem 50. Geburtstag sende ich Ihnen sehr herzliche Grüße. Wünsche freilich – wer wagt in einer Zeit, in der das Schicksal seine Vergewaltigung aller menschlichen Wünsche so unerhört deutlich gezeigt hat, noch Wünsche auszusprechen? Nehmen Sie mit diesem Wort u. einem Händedruck vorlieb.

Treulich Ihr

Simmel

z.Zt. Charlottenburg] Simmel war nach Berlin gereist, um dort am 3. März 1916 vor der Kantgesellschaft zu sprechen (siehe Simmel an Anna Jastrow vom 7. Jan. 1916); er blieb dort bis nach seinem öffentlichen Vortrag über ›Goethes Liebe‹ am 16. März 1916 (siehe Simmel an Elsa Bruckmann vom 24. März 1916), vermutlich bis zum 23. März 1916 (lt. Absenderangabe ebd.); dies bestätigt auch der ausführliche Bericht Gertrud Simmels über diese Reise ihres Gatten in einem Brief an Rickerts Sohn Heini vom 22. März 1916: »Mein Mann ist in Berlin, hat auf dem Hinweg noch Ihre Eltern in Heidelberg gesehen grade an dem Tag an dem sie angekommen waren. [...] Mein Mann hat in Berlin Vorträge gehalten, wissenschaftl. u. auch zum Besten der in Sibirien Internirten; hat die alten dortigen Freunde besucht, im Uebrigen scheint ihm Berlin wie ein Sodom und Gomorrha vorzukommen. Nachts um 12 ist nicht ein Stuhl frei in den Cafés, nachmittags ebensowenig, Theaterbillets sind überhaupt nicht zu haben, und durch die neuen Kriegs-Gewinn-Leute gehen die Geschäfte der Juweliere, Bilder- und Raritätenhändler besser als jemals. An Büchern wird produzirt u. an Büchern wird nachgefragt, daß es unheimlich ist – Erfolg: daß mein Mann auch eins drucken läßt, das er bis nach dem Kriege hatte liegen lassen wollen – ein Buch über Rembrandt. ›Damit wenigstens auch etwas Vernünftiges dazwischen ist‹« (GSA Stuttgart). – Simmel wohnte in diesen Tagen zeitweise bei Prochowniks (siehe Simmel an Elsa Bruckmann vom 24. März 1916), Wichmannstr. 26 (Berliner Adressbuch 1916), besuchte Jastrows (Simmel an Anna Jastrow vom 16. April 1916), wohl auch Liepmanns, und traf sich u.a. mit Max Scheler (vgl. Schelers Bericht an Edmund Husserl über ein Gespräch mit Simmel im Brief vom 8. März 1916, Husserliana III/2, S. 229), Hans Mühlestein (Brief vom 8. März

1916) und wahrscheinlich Georg Heinrich Meyer vom Kurt Wolff Verlag (Simmel an diesen vom 26. März 1916).

50. Geburtstag] Paul Ernst war am 7. März 1866 in Elbingerode/Harz geboren. – Über Simmels Ablehnung, an der ›Festgabe‹ zu diesem 50. Geburtstag mitzuwirken, schreibt Ernst am 23. März 1916 an Georg von Lukács: »Sie haben sich mit an der Festgabe für meinen Geburtstag beteiligt, vielen herzlichen Dank dafür [...]. Auch Simmel war mit aufgefordert, sich an der Festgabe zu beteiligen, hat aber, wie Scheffler [d. i. Karl Scheffler, Kunstschriftsteller, 1869-1951; DBE] schreibt, in einem wunderlichen Brief [nicht nachgewiesen] abgelehnt, in dem er ein ›fabelhaftes Talent, haarscharf an dem entscheidenden Punkt vorbeizuschießen‹ gezeigt habe. Ich glaube, das Problem Simmels, über das wir ja oft gesprochen haben, ist das Problem des klugen und instinktlosen Menschen. Er hat keine Wurzeln, so ist er in jungen Jahren sehr überraschend aufgeschossen und in den Jahren, wo er sich hätte breiten müssen, versagt die Kraft bei ihm. Ich weiß nicht, ob er selbst es fühlt; ich empfinde ihn doch als tragische Erscheinung und kann ihn eigentlich immer nur mit dem stärksten Mitgefühl betrachten« (Lukács Briefwechsel, S. 369 f.). – Paul Ernst. Zu seinem 50. Geburtstag. Herausgegeben von Dr. Werner Mahrholz. Beiträge von Emanuel von Bodman / Robert Faesi / Dr. Georg von Lukács / Dr. Werner Mahrholz / Wilhelm Schäfer / Karl Scheffler / Johannes Schlaf / Dr. Wilhelm von Scholz / Dr. Otto Stoessl. München: Georg Müller 1916.

Georg Simmel an Hans Mühlestein

Postkarte vom 8. März 1916
Hs.; GSA Bielefeld

8. III. 16
Charlottenburg, *am Knie*
Hotel Bismarck

Lieber Herr Mühlestein,

Bei der Eile des gestrigen Abschieds habe ich eine ärgerliche Konfusion begangen: es war absolut nicht meine Absicht, Ihren heutigen Besuch abzusagen, die Zeit war für Sie reservirt. Bitte verzeihen Sie diese momentane Geistesstörung. Wenn es Ihnen paßt, mich am Sonntag um ½ 10 zu besuchen, so wird es mich freuen, aber nur, wenn Sie nichts Besseres oder Dringlicheres vorhaben.

Herzlich Ihr

Simmel

Postkarte vom 8. März 1916] An: Herrn / *H. Mühlestein / Wilmersdorf / Helmstedterstr.* 26 / II; mit Poststempel: CHARLOTTENBURG 2 8.3.16 2-3 N.

***Hotel Bismarck*]** Das Hotel ›Fürst Bismarck‹, Am Knie, Berlin-Charlottenburg, ist als »gut« ausgewiesen (Baedeker Berlin, S. 6).

gestrigen Abschieds] Näheres zur Begegnung mit Mühlestein am 7. März 1916 war nicht zu ermitteln.

am Sonntag] Den 12. März 1916.

Georg Simmel an Gottfried Salomon

Postkarte vom 21. März 1916
Hs.; IISG Amsterdam, Nl Salomon

z. Z. Charlottenburg 21 III 16

Geehrter Herr Doktor!

Ich komme jetzt nicht nach München, so daß ich leider nicht mit Prof. Jaffé sprechen kann. Im übrigen werde ich Ihre Wünsche im Auge behalten, so wenig ich auch im Moment weiß, in welcher Weise ich dafür wirken könnte.

Sehr ergeben Ihr

Simmel

Postkarte vom 21. März 1916] An: Herrn / *Dr. G. Salomon / Frankfurt Main / Bäckerweg* 22; mit Poststempel: Charlottenburg 2 21. 3. 16. 11-12 V.

nicht nach München] Ob Simmel geplant hatte, von Berlin über München nach Straßburg zurückzureisen, ist nicht bekannt.

Prof. Jaffé … Ihre Wünsche] Der Nationalökonom Edgar Jaffé (1866-1921) sollte wohl in Hinblick auf die beruflichen Perspektiven Salomons angesprochen werden. Jaffé, 1888-98 kaufmännischer Teilhaber in der von seinem Vater gegründeten Textilexportfirma in Manchester, promovierte 1902 zum Dr. phil in Heidelberg und habilitierte sich ebd. 1904. Seit 1909 ao. Prof. ebd., seit 1910 Ordinarius für Geld- und Kreditwesen an der Handelshochschule München, wurde er 1914 als wissenschaftlicher Sachverständiger beim Generalgouvernement in Brüssel eingesetzt. Jaffé gab mit Werner Sombart und Max Weber das ›Archiv für Sozialpolitik und Sozialwissenschaft‹ und seit 1916 die ›Europäische Staats- und Wirtschaftszeitung‹ heraus (NDB; MWG II/8, S. 842).

Georg Simmel an Elsa Bruckmann

Brief vom 24. März 1916
Hs.; BSB München, Bruckmanniana I

Straßburg 24 III 16
Sternwartstr. 17

Sehr verehrte Frau!

Darf ich Sie im Interesse der Sache, die uns jetzt allein bewegt, um eine Auskunft oder eine Bemühung bitten? Ich habe neulich in Berlin zum Besten unserer Gefangenen in Sibirien einen Vortrag über *Goethes Liebe* gehalten, der eine relativ große Summe eingebracht u., wie es schien, den Zuhörern gefallen hat. Es ist mir nun der Plan gekommen, mit diesem Vortrag zu den gleichen oder andern kriegsmäßigen Zwecken »hausiren« zu gehn u. ich möchte gern wissen, ob u. mit welchen Arrangements ich auch in München versuchen könnte, damit den Leuten etwas Geld aus den Taschen zu locken. Rein als Privatperson kann ich es, schon aus technischen Gründen, nicht unternehmen, sondern ein Verein (Rotes Kreuz, Gefangenenhilfe, Nationaldank oder ähnl.) müßte die Sache mit Reklame, Saalbeschaffung u. was sonst noch zu arrangiren ist, in die Hand nehmen. Können Sie mir einen Rat geben, welcher der Münchner Vereine überhaupt derartige Veranstaltungen schon inszenirt hat oder würden Sie vielleicht selbst eine Anregung geben, daß ein solcher an mich herantritt?

Für heute nur dies u. die besten Grüße von Haus zu Haus!

Treulich ergeben Ihr

Simmel

Brief vom 24. März 1916] Mit Umschlag, an: Frau / *Elsa Bruckmann / München / Karolinenplatz* 5; mit Absenderstempel: Prof. Simmel / Strassburg (Els.); Poststempel: 24. 3. 16. 7-8 N; hs. Bearbeitungsvermerk: beantw. 30. III. 16.

neulich in Berlin ... einen Vortrag] Im BT, Nr. 131 vom 11. März 1916, Ab. Bl., fand sich angekündigt: »*Simmel über ›Goethes Liebe‹*. Professor *Dr. Georg Simmel* von der Universität *Straßburg i. E.* wird auf Bitte der *Hilfe für kriegsgefangene Deutsche* und der *Frauenhilfe zur Linderung der Not unserer Gefangenen in Sibirien* am 16. März, abends 8 Uhr, im Auditorium Maximum der *Berliner Universität* einen Vortrag über: ›*Goethes Liebe*‹ halten.« Dieselbe Zeitung erinnerte am 15. März 1916 (Nr. 137, Mo. BL.), daß für diesen Vortrag »Karten beim Kastellan der Universität und bei A. Wertheim zu haben« sind.

***Goethes Liebe*]** »Simmel über Goethes Liebe« betitelte das BT, Nr. 141 vom 17. März 1916, Mo. Bl., gez.: f.l., einen ausführlichen Vortragsbericht: »Professor *Dr. Georg Simmel* bot seinen zahlreichen Hörern im großen Hörsaal der Universität gestern abend keine Anekdoten aus der gestaltenreichen Geschichte der Goetheschen Erotik, sondern versuchte als scharfspürender Psychologe und objektivierender Erkenntnistheoretiker den Nachweis, daß die irritierende Vielheit der Goetheschen Liebesbeziehungen sich trotz allem harmonisch seiner Gesamterscheinung einfügt. [...] Der beziehungsreiche und geistvolle Vortrag fand starken Beifall; der überfüllte Saal gab auch die Bürgschaft, daß dem Zweck der Veranstaltung, der Hilfe für kriegsgefangene Deutsche, durch Professor Simmel eine stattliche Summe gewonnen wurde« (vgl. auch Vortragsankündigung und -bericht der VZ, Nr. 131 vom 11. März 1916, Ab. Bl. und Nr. 141 vom 17. März 1916, Mo. Bl.). – Den vereitelten Besuch dieses Vortrags, für den Simmel wohl auf seinen Aufsatz ›Goethes Liebe‹ (FZ, Nr. 200 vom 21. Juli 1912; GSG 12, S. 351-361) bzw. auf das Kapitel ›Liebe‹ in seinem ›Goethe‹ (Leipzig: Klinkhardt & Biermann 1913; GSG 15, S. 201-217) zurückgegriffen hat, erinnert Simmels Großnichte Edda Prochownik als familiengeschichtliche Episode: »Mit Onkel Schorsch, wie ich ihn kurz nannte, verbindet sich ein heiteres Erlebnis. 1916 war er nach Berlin gekommen, um einen Vortrag im Auditorium Maximum über ›Goethe und der Eros‹ zu halten. Er wohnte damals bei uns, und am Abend zog die ganze Familie zur Universität, um den berühmten Verwandten zu hören. Auch ich, blutjunge Lehramtskandidatin, wollte dabeisein. Aber Onkel Georg erklärte mit seiner leisen, überpräzisierten Sprache, daß ich dafür noch nicht reif genug wäre. Ich fühlte mich in meiner pädagogischen Würde tief gekränkt und meinte beleidigt, daß Tante Grete und Tante Martha wohl kaum mehr davon verstehen dürften als ich. Darauf er: ›Du hast völlig recht, mein Kind, aber denen darf ich's leider nicht sagen.‹ Also blieb ich zu Hause und habe nun leider niemals die letzte Erleuchtung über Goethes Eros mitbekommen« (So lebten wir einst in Berlin. Mit Zeichnungen von Werner Müller-Rilon. Berlin-Grunewald: arani 1963, S. 7). – Edda Prochownik, geb. 1898 (Reichshandbuch), später Schriftstellerin, war die älteste Tochter des von Simmel geschätzten Berthold Prochownik (siehe Simmel an Rickert vom 10. Mai und 19. Juli 1898), seit 1899 Chefredakteur der Berliner Morgen-Zeitung (Reichshandbuch), und seiner ihm 1896 angetrauten, ebenfalls im Feuilleton schreibenden Gattin Gertrud (geb. 15. Juli 1873; Evangelisches Zentralarchiv, Berlin (EZA): Trauzeugnis, Kaiser-Wilhelm-Gedächtniskirche; Kürschner LK 1916, dort mit dem Geburtsjahr »1874«), eine Tochter von Simmels Schwester Clementine, die mit dem Kaufmann Hugo Bodstein verheiratet war. Mit »Tante Grete« ist Clementine Bodsteins älteste Tochter Margarethe (geb. am 14. März 1864; EZA, Taufkarteiband der Gemeinde ›Neue Kirche‹, S. 34, Nr. 154) gemeint, lt. Hans Simmel »unverheiratet und das reinste Beispiel einer ›Familientante‹ im nützlichen und beliebten Sinne des Wortes« (S. 5), und mit »Tante Martha« deren mehrfach, zuletzt mit einem Dr. Litten verehelichte Schwester (ebd.), die am 29. Aug. 1871 geboren und am 19. Nov. 1871 getauft wurde (EZA, Taufkarteiband der Gemeinde ›Neue Kirche‹, S. 119, Nr. 417).

relativ große Summe] Mindestens 1800 Mark; siehe Simmel an Elsa Bruckmann vom 4. April 1916.

Georg Simmel an Georg Heinrich Meyer, Kurt Wolff Verlag

Brief vom 26. März 1916
Hs.; YUBL New Haven, Conn., Kurt Wolff Archive

Straßburg Els. 26 III 16
Sternwartstr. 17

Sehr geehrter Herr!

Sie hatten in Aussicht gestellt, Ihr mündlich gemachtes Verlagsangebot brieflich zu bestätigen u. ich möchte Sie bitten – falls Sie nicht inzwischen andrer Meinung geworden sind – dies nicht länger hinauszuschieben. Denn die Ihnen angedeuteten Verhandlungen nach andrer Seite hin werden sowieso längere Zeit in Anspruch nehmen u. nach Ihren Angaben dürfte die Drucklegung nicht mehr weit hinausgeschoben werden, wenn das Buch im Herbst erscheinen soll.

In ausgezeichneter Hochachtung

Simmel

Briefe nach Straßburg dürfen nicht geschlossen sein!

geehrter Herr] Als Adressat dieses und weiterer Schreiben Simmels an den Kurt Wolff Verlag wird Georg Heinrich Meyer, seit April 1914 Geschäftsführer des Verlags, angenommen; denn durch ihn ließ sich der ins Feld berufene Kurt Wolff während der Kriegsjahre vertreten, sofern er nicht auf Heimaturlaub war (siehe Kurt Wolff an Simmel vom 15. Juni 1916). Vgl. Göbel, Sp. 567, 691 ff.

in Aussicht gestellt] Während Simmels Berlin-Aufenthalt im März 1916 war es zu einem Gespräch mit dem Kurt Wolff Verlag gekommen (siehe Simmel an Paul Ernst vom 5. März 1916); ungeklärt ist, ob im Leipziger Verlagshaus oder in Berlin, wo Meyer seinerzeit häufig »für drei bis vier Tage«, meist von Donnerstag bis Sonntag, weilte (Berthold Hack: Auf den Spuren von Georg Heinrich Meyer. Börsenblatt für den Deutschen Buchhandel – Frankfurter Ausgabe, Nr. 52 vom 28. Juni 1968, S. 1564). Anlaß war wohl Simmels Monographie ›Kant und Goethe‹ (GSG 10, S. 119-166), die als Band 10 der Reihe ›Die Kultur. Sammlung illustrierter Einzeldarstellungen‹ 1906, bzw. in 2. Auflage 1907 im Verlag Marquart & Co., Berlin, erschienen war und nach der Übernahme dieser Reihe durch den Kurt Wolff Verlag im Jahre 1915 Verhandlungen über die 3. Auflage erforderte. Simmels ›Kant und Goethe‹ ist einer der beiden Titel, die der Verlag aus dieser ansonsten eingestellten Reihe zu übernehmen gedachte (vgl. Göbel, Sp. 752, 1379 f.), und zwar mit der Absicht, das Bändchen »möglichst schnell zur Versendung in's Feld bereit zu haben« (Simmel an Georg Heinrich Meyer vom 30. Mai 1916).

Verlagsangebot] Dies betraf die zunächst auf die Zeit nach dem Krieg geplante Drucklegung des »abgeschlossnen *Rembrandt*« (Simmel an Heinrich Rickert vom 13. Dez. 1915 und an Anna Jastrow vom 7. Jan. 1916), zu der sich Simmel einem Brief Gertrud Simmels zufolge während seines Aufenthaltes in Berlin entschlossen hatte (siehe Simmel an Paul Ernst vom 5. März 1916).

Verhandlungen nach andrer Seite] Nicht bekannt.

Briefe nach Straßburg ... geschlossen sein] Zu den Regelungen des Postverkehrs in der Festung Straßburg siehe Simmel an Hugo Liepmann vom 2. Aug. 1914.

Georg Simmel an Verlag J.C.B. Mohr (Paul Siebeck)

Bestellzettel vom 30. März 1916
Hs.; VA Mohr Siebeck, Tübingen

25 Separatabzüge

Straßburg Els. 30 III 16 Prof. Simmel.

Bestellzettel vom 30. März 1916] Bestellzettelvordruck mit hs. Eintragungen: Es wird dringend gebeten, diesen Zettel beantwortet / zurückzuschicken! / Wieviele Separatabzüge? / ... Separatabzüge*. / Ort und Zeit: / Name: / *) 25 völlig unveränderte Separate werden auf Wunsch unentgeltlich angefertigt, weitere gegen Berechnung von 1 Pfg. pro Druckseite geliefert. Bei Bezug von 100 berechneten Separaten tritt eine Ermässigung um 25 %, bei 200 berechneten Separaten eine Ermässigung um 40 % ein. / Dissertationen unterliegen besonderen Bestimmungen, ebenso alle Abweichungen von der üblichen Form der Separate. / Alle Bestellungen müssen spätestens bei Rücksendung der Korrektur gemacht werden, da nachträglich weitere Separatabzüge in der Regel nicht hergestellt werden können. / 1915 Nr. 198. – Mit Bearbeitungsvermerk: »not.«

25 Separatabzüge] Die Bestellung gilt wohl Simmels Aufsatz: Der Fragmentcharakter des Lebens. Aus den Vorstudien zu einer Metaphysik. Logos VI, 1916/17, Heft 1, S. 29-40; GSG 13, S. 202-216. – Simmel hatte diesen Beitrag Heinrich Rickert mit Schreiben vom 13. Dez. 1915 als ein »Kapitel« seiner geplanten Metaphysik in Aussicht und unmittelbar danach – lt. Schreiben von Georg Mehlis an Paul Siebeck vom 29. Dez. 1915 (VA Mohr Siebeck) – als Manuskript über »das Fragmentarische des Lebens« für das nächste Heft zur Verfügung gestellt. Obwohl Mehlis den Verleger am 13. Febr. 1916 drängte, »den Druck dieses Heftes tunlichst beschleunigen zu wollen« (ebd.), gelangte es erst im Sommer zur Ausgabe (Erscheinen angezeigt in LC vom 5. Aug. 1916).

Georg Simmel an Heinrich Rickert
Postkarte vom 3. April 1916
Hs.; SBPK Berlin, Nl 125 (M. Landmann)

Straßburg 3 IV 16

Lieber Rickert,

[Ich] beschäftige mich seit einiger Zeit eingehend mit Ihrem *Gegenstand der Erkenntniss*, u. dabei ist mir ein Punkt problematisch geblieben, über den ich gerne aufgeklärt würde: die Erörterung p. 271. Sie sehen den Unterschied von Sein und Wert darin, daß die Aufhebung des Seins ein Nichts, die des Wertes einen positiven Unwert ergiebt. Zugegeben. Ebenso soll die Aufhebung des Sinnes kein Nichts, sondern den positiven Unsinn ergeben. Gleichfalls zugegeben. Aber wieso folgt aus dieser Gleichheit der formalen Struktur, daß der Sinn ein Wert ist? Könnte es sich nicht um zwei Kategorien handeln, die sich in dieser Hinsicht analog verhalten, ohne daß daraus eine Wesensbeziehung, eine notwendige Subordination des einen Begriffs unter den andern folgte? Wenn zwei Begriffe im Verhältniß zu einem dritten (hier: der Verneinung) die gleiche Struktur zeigen, so läßt sich doch daraus für das Verhältniß, das sie *untereinander* haben, nichts schließen! Warum soll eigentlich der »Sinn« nicht ein Gebilde *sui generis* sein, das zwar manche Ähnlichkeiten mit dem »Wert« hat, ohne daß diese Ähnlichkeiten ihn aber unter den Wert als Oberbegriff rangirten? Ich kann (wenigstens bis zu dieser Stelle) nichts finden, was diese Möglichkeit ausschlösse. Hierüber also würde ich gern eine Aufklärung [v]on Ihnen bekommen. – Von Heini hatte Hans heute einen recht zufriedenstellenden Brief.

U. welches Gesicht zeigt Ihnen Heidelberg? U. wie geht es Ihrer lieben Frau?

Herzlich grüßend Ihr

Simmel

Postkarte vom 3. April 1916] An: Herrn / Geheimrat Prof. *Rickert* / *Heidelberg* / Scheffelstr.; mit Absenderstempel: Prof. Simmel / Strassburg (Els); Poststempel: Straßburg (Els.) 3. 4. 16 9-10 N.; Prüfstempel: Straßburg (Els.) P.K. Geprüft u. zu befördern. – Textverluste durch Lochung.

Gegenstand der Erkenntniss ... p. 271] Der Gegenstand der Erkenntnis. Einführung in die Transzendentalphilosophie. Von Heinrich Rickert. Dritte, völlig umgearbeitete und erweiterte Auflage. Tübingen: J. C. B. Mohr (Paul Siebeck) 1915, XVI, 456 S. – Zu vorhergehenden, weniger umfangreichen Auflagen siehe Simmel an Rickert vom 28. Okt. 1892.

Aber wieso folgt ..., daß der Sinn ein Wert ist?] Rickert schreibt: »Das Wort Sinn hat demnach, so wie wir es verstehen müssen, wenn wir den objektiven Urteilsgehalt ›Urteilssinn‹ nennen, eine weitere und eine engere Bedeutung von der Art, die das Wort Wert besitzt. Wir haben als untergeordnet dem Sinn überhaupt ein Gegensatzpaar: Sinn und Unsinn, das den Gegensatzpaaren menschlich und unmenschlich, Natur und Unnatur zu koordinieren ist und wie diese nur ein *Wertpaar* sein kann. In seiner weiteren Bedeutung umfaßt der Sinn den positiven und den negativen Sinn gleichmäßig, wie jeder Wert den positiven und den negativen Wert umfaßt. In seiner engeren Bedeutung als positiver Sinn dagegen steht der Sinn im Gegensatz zum negativen Sinn oder zum Unsinn, wie jeder positive Wert im Gegensatz zum negativen Wert steht. Die Terminologie, die unter Unsinn das Sinnindifferente versteht und nur Widersinn für das Sinnfeindliche braucht, können wir nicht akzeptieren. Sie scheint geeignet, gerade den Wertcharakter zu verdecken, den *jeder* Sinn trägt. [...] Nur an Sätzen haftet theoretischer Sinn, der entweder positiver Wert und Sinn oder negativer Wert und Sinn, also Unsinn, Widersinn ist. [...] Der mit einer wahren Aussage verbundene objektive Sinn jedoch ist immer positiver theoretischer Sinn und als solcher notwendig *positiver theoretischer Wert.*« A.a.O., S. 271 f.

Von Heini hatte Hans heute ... Brief] Rickerts ältester Sohn Heinrich, Freund Hans Simmels, befand sich als Soldat in Serbien und hatte wohl auf Gertrud Simmels »an Stelle von Hans« am 22. März 1916 geschriebenen langen Brief geantwortet (siehe Simmel an Rickert vom 26. Dez. 1915).

Heidelberg] Rickert, seit Dez. 1915 Inhaber des ehemaligen Windelband-Ordinariats, war in den ersten Tagen des März 1916 nach Heidelberg umgezogen (siehe Simmel an Rickert vom 13. und 26. Dez. 1915); zum Leerstand des Rickertschen Hauses »in Freiburg ab 1. April 1916« siehe den Vermerk in der Personalakte PA 5468, UA Heidelberg.

Georg Simmel an Elsa Bruckmann

Brief vom 4. April 1916
Hs.; BSB München: Bruckmanniana I

Straßburg 4 IV 16
Sternwartstr. 17

Sehr verehrte Frau!

Infolge Ihrer freundlichen Auskunft bin ich gern bereit, meinen Vortrag zu Gunsten Ihrer *Kriegshilfe f. geistige Berufe* zu halten. Vielleicht könnte man indeß einen Betrag als obere Grenze festsetzen, z.B. 1000 M., mit der Bestimmung, daß alles, was eventuell *darüber* einkommt, für die *Gefangenenhilfe* verwendet wird. Ich glaube, daß die Angabe dieses Doppelzwecks dem Besuch förderlich sein würde. Auf Ihre Fragen möchte ich folgendes erwiedern:

1) Als Zeitpunkt scheint mir die zweite Maihälfte geeignet, etwa der 20. oder der 22. Innerhalb des Semesters kommt für mich nur Samstag u. Montag in Betracht, nur im äußersten Fall auch noch Freitag. Dann müßte ich aber die Nacht durch fahren, was die Qualität des Vortrags beeinträchtigen könnte.

2) Die erforderliche Größe des Saales können Sie wohl besser beurteilen als ich. In Berlin hatte ich, bei hohen Preisen, über 600 Zuhörer. In München muß man es, glaube ich, billiger machen, nicht über 3 M., u. jedenfalls noch eine Anzahl Plätze zu 1 M.

3) Meine Barauslagen schätze ich auf r. 60 M. Ließe sich eine Wiederholung des Vortrags in einer andern Stadt damit verbinden, z.B. in Nürnberg, so wären die Spesen geringer. Können Sie vielleicht etwas dafür tun, daß sich ein großer Nürnberger Verein dieserhalb an mich wendet?

Dies ist wohl Alles für heut. Ich bitte nur noch, mir die Ihnen passenden Termine möglichst bald anzugeben, denn es stehen noch mancherlei andre Reisen zu dem gleichen Zweck in Aussicht, so daß ich mein Programm möglichst früh festsetzen muß, um Kollisionen u. Hetzereien zu vermeiden.

Mit allen herzlichen Grüßen Ihr treu ergebner

Simmel

Ihrer freundlichen Auskunft ... Vortrag] Elsa Bruckmann hatte am 30. März 1916 auf Simmels Vorschlag, in München mit dem Vortrag ›Goethes Liebe‹ zu »kriegsmäßigen Zwecken ›hausiren‹ zu gehn« geantwortet (siehe Simmel an Elsa Bruckmann vom 24. März 1916). Das Schreiben ist verschollen.

Ihrer *Kriegshilfe f. geistige Berufe*] Dazu heißt es u.a. in einem wohl 1919 unter dem Zeichen P. E. erschienenen Rückblick: »Die Kriegshilfe für geistige Berufe hat mit dem 1. Juli ihre Tätigkeit eingestellt. Von Frau Elsa *Bruckmann-Cantacuzène* im Verein mit anderen sozial empfindenden Frauen und Männern zu Ende des Jahres 1914 ins Leben gerufen, hat die Kriegshilfe ihr gut Teil dazu beigetragen, die Not der durch den Krieg in ihrer Existenz entwurzelten Angehörigen aller geistigen Berufe zu beseitigen oder doch zu mildern. Auf die verschiedenste Art hat sie versucht, die oftmals verzweifelte Lage der Bedrängten zu bessern; zwei Leitsätze hatte sie sich dabei für ihr Handeln vor allem aufgestellt: erstens nicht bloß mit den Händen zu geben, sondern sich um das Los und die Umstände jedes Hilfeheischenden wirklich zu kümmern, und zweitens, wo immer es nur anginge, das Beschämende, das eine Unterstützung für feiner Empfindende haben kann, dadurch hinwegzuräumen, daß sie entweder Erwerb vermittelte oder aber selbst Einrichtungen schüfe, die dem Notleidenden statt Almosen ehrlichen Lohn für geleistete Arbeit gewähren. So gelang es ihr, indem sie Hand in Hand mit anderen Institutionen ging und außerdem die weitverzweigten persönlichen Beziehungen benutzte, vielen Hilfeheischenden Stellungen zu verschaffen. So rief sie ferner ihre Unterrichtskurse in verschiedenen Schuldisziplinen und in Musik ins Leben, die sowohl dem Lehrenden eine Daseinsgrundlage, als auch den Unbemittelten ganz frei gegen bescheidnes Entgelt Gelegenheit zur Fortbildung gaben. So trat sie als Veranstalterin von künstlerischen Unterhaltungen und von wissenschaftlichen Vorträgen auf, die zum großen Teil dazu dienten, für Angehörige von Kunst und Wissenschaft die Verbindung mit der Oeffentlichkeit anzuknüpfen oder zu erhalten. Daneben ging die in mannigfacher Form gebotene unmittelbare Unterstützung mit Geld, Lebensmitteln, Kleidern, Lehrwerken, durch Miete von Musikinstrumenten usw. / Es ist klar, daß eine solche Tätigkeit viel Geld erforderte. Wie sich gleich im Anfange eine Reihe hochherziger Persönlichkeiten fand, die sich verpflichtete, während der ganzen Kriegsdauer regelmäßige Beiträge zu stiften, so flossen ihr auch immer von Zeit zu Zeit namhafte Einzelbeiträge zu; außerdem verschafften ihr Vorträge von Gelehrten, die sich ihr zur Verfügung stellten, Konzerte, Aufführungen, Ausstellungen u. ä. den notwendigen Unterhalt. Staats- und Stadtbehörden unterstützten sie aufs kräftigste. Die Seele des Ganzen war und bleib ihre Gründerin, Frau Elsa Bruckmann, die bis zur Selbstaufopferung unermüdlich ihr gutes Werk tatkräftig betreute und Behörden und gemeinnützige Anstalten wie private Gönner für ihre Ziele zu erwärmen suchte« (Zeitungsartikel über Elsa Bruckmann und ihre Tätigkeit, o.D. und Quelle, BSB München, Bruckmanniana Suppl., Schachtel 15).

Gefangenenhilfe] Siehe die in Simmels Schreiben an Elsa Bruckmann vom 24. März 1916 als Begünstigte seines Berliner Vortrags genannten Hilfsorganisationen.

Als Zeitpunkt ... Freitag] Die von Simmel vorgeschlagenen Termine fielen 1916 auf einen Samstag und einen Montag, so daß die Reise die für Mittwoch und Donnerstag angesetzten Vorlesungen (siehe Simmel an Anna Jastrow vom 1. Mai 1916) nicht beeinträchtigte.

mancherlei andre Reisen zu dem gleichen Zweck] So zumindest die Reisen zu den Vorträgen am 5. Mai 1916 in Heidelberg (siehe Simmel an Anna Jastrow vom 1. Mai 1916), am 8. Mai 1916 in Frankfurt/M. (siehe Simmel an Siegfried Kracauer vom 10. Mai 1916) und am 8. Juli 1916 in Leipzig (siehe Simmel an Georg Heinrich Meyer vom 28. Juni 1916).

Georg Simmel an Georg Heinrich Meyer, Kurt Wolff Verlag

Brief vom 6. April 1916
Hs.; YUBL New Haven, Conn., Kurt Wolff Archive

Straßburg 6 IV 16

Sehr geehrter Herr!

Ich habe nach Empfang Ihres freundlichen Angebotes vom 31. März an den Verlag geschrieben, von dessen Entscheidung es, wie ich Ihnen mitteilte, abhängt, ob für dieses Mal eine Abmachung zwischen uns zustande kommen kann. Die Firma teilt mir mit, daß ihr Chef sich z. Z. im Felde befindet u. daß mein Brief ihm nachgeschickt ist. Bei dieser Sachlage kann ich nicht voraussehn, wann ich zu einer Antwort kommen werde. Sobald sie eintrifft, werde ich Ihnen sofort Mitteilung machen.

In ausgezeichneter Hochachtung

Simmel

Das von Ihnen angekündigte Ex. meines *Kant u. Goethe* habe ich noch nicht erhalten. Ich muß mich dann erst wieder ein wenig mit dem Buch beschäftigen, ehe ich mich über Ihren gef. Vorschlag äußern kann.

Angebotes vom 31. März] Schreiben verschollen; gemeint ist die von Simmel mit Schreiben vom 26. März 1916 erbetene briefliche Bestätigung der mündlichen Verhandlungen zu Simmel: Rembrandt. Ein kunstphilosophischer Versuch.

Verlag geschrieben ... Mitteilung machen] Angesichts der verschollenen Korrespondenz bleibt der bereits in Simmels Brief vom 26. März angedeutete Sachverhalt verschlossen; Simmel mag für eine spätere Drucklegung seines ›Rembrandt‹ den Verlag von Klinkhardt & Biermann in Leipzig angesprochen haben, bei dem sein ›Goethe‹ ([1912] 1913; GSG 15, S. 7-270) erschienen war, galt ihm diese Publikation doch als wissenschaftliches Pendant zum ›Rembrandt‹ (siehe seinen Brief an Georg Heinrich Meyer vom 15. April 1916).

Ex. meines *Kant u. Goethe* ... gef. Vorschlag] Zur geplanten Neuauflage von Simmels ›Kant und Goethe‹ siehe Simmel an Georg Heinrich Meyer vom 26. März 1916.

Georg Simmel an Heinrich Rickert

Brief vom 8. April 1916
Hs.; SBPK Berlin, Nl 125 (M. Landmann)

Straßburg 8 IV 16

Lieber Rickert,

schönen Dank für Ihren Brief. Aber ich kann Sie mit der Negationsfrage noch nicht loslassen. Die Aufhebung einer Existenz, sagen Sie, hinterließe ein Nichts, die eines Gültigen hinterließe positiven Unsinn. Wenn ich Sie nun richtig verstanden habe, so bedeutet der Satz: A existiert nicht – soviel wie: der Satz, daß A existiert, ist falsch, die Existenz von A soll nicht anerkannt werden. U. in der Tat, wie sollte auch ein Gedanke eine *Existenz* aufheben? Er kann allerdings nur den *Gedanken* dieser Existenz, nur das *Urteil*, daß A existiert, aufheben. Unter dieser Voraussetzung aber ergiebt sich folgende Alternative:

1) Das Urteil: A existiert – sei tatsächlich falsch. Dann ist seine

Aufhebung gewiß unterschieden von der des Satzes: 2 + 2 = 5. Es ist einfach ein Irrtum berichtigt, ein Nichtiges ist in seiner Nichtigkeit erkannt. U. wenn dies Nichtige ein Gültigkeitssatz war, wie solcher also, der ein Gültiges, nicht ein Existierendes behauptete, so hinterläßt seine Aufhebung genau dasselbe Nichts, wie die Aufhebung eines nichtigen Existenzialsatzes.

2) Das Urteil: A existiert – sei tatsächlich wahr. Dann hinterläßt seine in Gedanken vollzogene Aufhebung keineswegs Nichts sondern genau denselben Unsinn, dieselbe Zerstörung des Wahrheitszusammenhanges überhaupt, wie die Aufhebung des Satzes: 2 + 2 = 4. Nur daß, wo es sich um konkrete Einzeldinge handelt, der durch die Aufhebung ihrer tatsächlichen Existenz entstehende Unsinn sich nicht so leicht, sondern nur auf dem Umwege über die Totalität des Wahrheitszusammenhanges ergeben wird. Dies macht aber erstens keinen prinzipiellen Unterschied, u. zweitens bin ich nicht sicher, ob Bestand oder Aufhebungsmöglichkeit der von Ihnen als gültig behaupteten Sätze nicht im letzten Grunde denselben Umweg fordert. In keinem Fall also scheint mir die Aufhebung des Existenzialsatzes in ihrer erkenntnistheoretischen Struktur von der Aufhebung des Gültigkeitssatzes abzuweichen. Ich wüßte auch nicht, wie das möglich sein sollte, sobald die Existenz von A nur als Wahrheit des Urteils: A existiert – für uns besteht. Dadurch wird die Existenz von A ja selbst in die Gültigkeitssphäre emporgehoben u. unterliegt also denselben Bedingungen wie die *unmittelbar* als gültig angesprochenen Sätze.

Habe ich einen Rechenfehler begangen?

Man scheint freilich einwenden zu können: diese Rechnung gelte nur für irgend eine Teilexistenz, ein umschriebenes A, das tatsächlich in die Welt gehört, könne man allerdings nicht herausbrechen, ohne daß ein Unsinn zurückbleibt. Allein die ganze Existenz überhaupt könne man mit dem Resultat des einfachen Nichts aufheben, was Sie von den Gültigkeiten aber in Abrede stellen. Davon aber haben Sie mich nicht überzeugt. U. hier sind wir an dem Kardinalpunkt, an dem es über die blos logische Problematik hinausgeht.

Ich bin mir nämlich keineswegs sicher, ob die Unmöglichkeit, das Gültige in das reine Nichts aufzuheben, nicht auch nur für den einzelnen gültigen Satz gilt, ob wirklich ein Un-Sinn dabei herauskommt, wenn das gesammte Gebiet der gültigen Inhalte aufgehoben wird. Ist dieses Gebiet erst einmal da (*nicht* etwa im Sinne der »Existenz«, sondern ganz in dem von Ihnen behaupteten) u. enthält es z. B. unser Zahlensystem, so kann ich freilich nicht den Satz 2 + 2 = 4 aufheben, ohne einen Unsinn zu hinterlassen, einen Widerspruch gegen dasjenige, was ich sonst noch als gültig anerkenne. Dagegen sehe ich keinen logischen Widerspruch darin, dies Gebiet in toto aufzuheben, denn dann ist ja nichts da, dem widersprochen werden könnte! Ich sehe nicht ein, warum ich nicht das Gültige schlechthin in seiner Gültigkeit ebenso aufheben könnte, wie das Existierende in seiner Existenz. Daß das größeren psychologischen Schwierigkeiten begegnet, eine weiter ausgreifende Abstraktion fordert, gebe ich zu – aber logisch scheint es mir möglich. Damit ist nicht etwa gegeben, daß man nun behaupten könnte: 2 + 2 = 5; denn dies wäre wieder ein Anspruch auf »Gültigkeit«, den man ja eben prinzipiell abgewiesen hat. Auch wende man nicht ein, daß die Behauptung: Nichts ist gültig – ein Widerspruch sei, womit sie ja, als Behauptung, selbst schon Gültigkeiten voraussetzte. Dieser billige Scherz würde niemanden überzeugen, selbst dem Skeptizismus gegenüber ist er ein bloßer Advokatenkniff. Nicht einmal die Behauptung: es giebt eine Wahrheit – kommt ohne diesen Zirkel (nur hier in positiver Wendung) aus. Denn um sie nur als Behauptung auszusprechen, muß ich ihre Gültigkeit schon voraussetzen. Außerdem ist noch sehr die Frage, ob, wo es sich nicht um eine Behauptung, sondern (nach dem, was man *meint*) um eine rein problematische Denkarbeit handelt, das Argument auch nur formal-logisch anwendbar ist. Auf dieses Problem will ich aber nicht eingehn, sondern nur dabei bleiben, daß m. E. bei Aufhebung aller Gültigkeit überhaupt (ohne daß etwa eine inhaltlich andre an ihre Stelle gesetzt würde) genauso »Nichts« übrig bliebe, wie bei der Aufhebung aller Existenz, am wenigsten aber ein »Unsinn«, für den in diesem Fall alle Bedingungen fehlten. Wobei ich Ihnen, ev. kapitulierender Weise, zugebe, daß für die Aufhebung des *einzelnen* gültigen Satzes, bei Weitergültigkeit aller andern, Ihre Behauptung gilt.

*

An Ihrer Sorge um Ihre Frau nehmen wir herzlichen Anteil, u. wären Ihnen sehr dankbar, wenn Sie uns das Ergebnis der Röntgen-Untersuchung mitteilten. Man kann sich diese absolut leistungsfähige Frau gar nicht im Zustand der Herabgesetztheit denken! All unsere Wünsche sind mit Ihnen!

Hans hat in diesen Tagen eine kleine Diphterie durchgemacht, es scheint aber, als ob die Krankheit schon ganz vorbei wäre.

Mit besten Grüßen Ihr

Simmel

Brief vom 8. April 1916] Von Michael Landmann fälschlich mit der Jahresangabe »1910« versehen (BdD, S. 104); der Brief ist sowohl gemäß Simmels Schreibweise wie auch dem Inhalt nach zwischen Simmels Schreiben an Rickert vom 3. und 15. April 1916 zu verorten.

Ihren Brief] Rickerts Antwort auf Simmels Schreiben vom 3. April 1916 ist verschollen.

mit der Negationsfrage noch nicht loslassen] Siehe ebd.

Sorge um Ihre Frau ... Röntgen-Untersuchung] Näheres zu Sophie Rickerts gesundheitlicher Beeinträchtigung wurde nicht ermittelt.

***Hans* hat ... eine kleine Diphterie durchgemacht]** Hans Simmel erinnert die Diphterie-Infektion im »Frühjahr 1916 [...], aber da bei mir die Sache von vornherein klar lag, bekam ich frühzeitig Serum und war nur wenige Tage leicht krank. Aber für drei Monate war ich Bazillenträger« (S. 83).

Georg Simmel an Martin Buber

Brief vom 10. April 1916
Hs.; JNUL Jerusalem, Buber Archive

Straßburg 10 IV 16

Lieber Herr Doktor!

Ich danke Ihnen herzlich für die Zusendung Ihres Buches, mit dem ich mich eingehend beschäftigt habe. Allerdings kann ich nicht überall zustimmen. So haben Sie mich nicht überzeugt, daß der orientalische Mensch motorischer Natur ist – daß ein paar einzelne Zitate diesen Beweis nicht liefern können, wissen Sie natürlich so gut wie ich. Es scheint mir vielmehr hierin grade die spezifische Differenz des Juden (für den es sicher zutrifft) von der übrigen orientalischen Welt zu liegen. Allenfalls könnte man es noch, in etwas andrem Sinne, für den Japaner zugeben. Aber in diesem liegt überhaupt etwas, was sich von dem allgemeinen Charakter des Orientalen stark abhebt. U. dann scheint mir das germanische Wesen nicht recht in diese Alternative hineinzupassen, das verlangt einen dritten Grundbegriff, der erörtert werden müßte, wenn man das Wesen des Judentums an seinen Gegensätzen klarstellen will. – Auch gegen Ihre Darstellung der Religiosität des Judentums, so schön u. tief sie ist, habe ich insofern einen Vorbehalt, als mir dies als das Wesen aller Religiosität überhaupt erscheint, es hat zu allen Zeiten u. an allen Orten bestanden, ist mit keinem Stamm u. keiner »Religion« solidarisch, u. alle diese (die jüdische eingeschlossen) sind, von ihm aus gesehn, eben nur – Religion. So wenigstens stellt sich mir das Verhältniß dar.

Schreiben Sie mir doch bitte Ihre genaue Adresse. Vielleicht kann ich Ihnen in absehbarer Zeit ein Zusammentreffen vorschlagen.

Mit den besten Grüßen, auch an Ihre Gattin Ihr

Simmel

Brief vom 10. April 1916] Mit Umschlag an: Herrn / *Dr. Martin Buber / Heppenheim (Baden)* / [statt Straßenangabe:] falls dort nicht aufzufinden nach / *Berlin-Zehlendorf, Annastr.* 12; mit Absenderstempel: Prof. Simmel / Strassburg (Els.); Poststempel: Straßburg (Els.) 1 10.4.16 7-8 N; Prüfstempel: [unles.]. – Auf demselben Bogen der Brief Gertrud Simmels, Hs.: »Verehrtester Herr Doktor, / Ich lese mit vieler Dankbarkeit Ihr schönes Buch. / Zugleich meldet sich lebhafter die freundliche Erinnerung an die Zeiten, als man sich manchmal sehen konnte. Ich grüße Sie und Ihre verehrte und liebe Frau sehr herzlich. Es soll ihr ja körperlich nicht sonderlich gut gehen – ich bedaure es herzlich. Es wäre schön, wenn einmal ein Wort über Ihr menschliches Ergehen herkäme und über Frau u. Kinder – soweit man jetzt etwas Persönliches noch ist und hat. Sie hörten vielleicht, daß unser Sohn seit dem Krieg bei uns in Straßburg ist – er ist hier Lazarettarzt. Dies – u. daß man lebt ist eigentlich alles, was es zu sagen giebt. Was macht Gustav Landauer u. seine Familie. Vielleicht komme ich mit nach Heidelberg und kann Sie dann auch sehen. In herzlicher Ergebenheit / Ihre / Gertrud Simmel / geb. Kinel«.

Ihres Buches] Vom Geist des Judentums. Reden und Geleitworte von Martin Buber. Leipzig: Kurt Wolff 1916. 191 S., 2 S. o. S.

der orientalische Mensch motorischer Natur] Simmel bezieht sich auf die erste der Buberschen Reden »Der Geist des Orient und das Judentum« (a. a. O., S. 9-48) und die Ausführungen im Anschluß an die folgende Passage: »Ich möchte den orientalischen Menschentypus, wie er ebenso in den Urkunden der asiatischen Antike wie im heutigen Chinesen oder Inder oder Juden erkennbar ist, im Gegensatz zum abendländischen, der etwa durch den Griechen der Perikleischen Zeit oder durch den Italiener des Trecento oder durch den Deutschen unserer Tage repräsentiert wird, als den motorischen im Gegensatz zum sensorischen ansprechen. Ich nenne sie so nach den Vorgängen, die bei dem einen und bei dem andern im Mittelpunkt des seelischen Prozesses stehen; wobei ich wohl weiß, daß ich vereinfachen [...] muß, um das Wesentliche aufzuzeigen. / Der psychische Grundakt des motorischen Menschen ist zentrifugal: ein Antrieb geht von seiner Seele aus und wird zur Bewegung. Der psychische Grundakt des sensorischen Menschen ist zentripetal: ein Eindruck fällt in seine Seele und wird zum Bilde. Beide sind empfindende, beide handelnde Menschen; aber der eine empfindet in Bewegungen, der andre handelt in Bildern; der erste hat, wenn er wahrnimmt, das Erlebnis der Tat, der zweite hat, wenn er tut, das Erlebnis der Gestalt. Beide denken; aber des einen Denken meint Wirken, des andern Denken meint Form« (S. 11 f.).

Darstellung der Religiosität des Judentums] Gemeint ist die zweite Bubersche Rede: »Jüdische Religiosität« (ebd., S. 49-74), in der Buber die »Erneuerung des Judentums« an die »Erneuerung der jüdischen Religiosität« gebunden und Religiosität in Absetzung von Religion definiert hatte: »Religiosität ist das ewig neu werdende, ewig neu sich aussprechende und ausformende, das staunende und anbetende Gefühl des Menschen, daß über seine Bedingtheit hinaus und doch mitten aus ihr hervorbrechend ein Unbedingtes besteht, sein Verlangen, mit ihm lebendige Gemeinschaft zu schließen, und sein Wille, es durch sein Tun zu verwirklichen und in die Menschenwelt einzusetzen. Religion ist die Summe der Bräuche und Lehren, in denen sich die Religiosität einer bestimmten Epoche eines Volkstums ausgesprochen und ausgeformt hat, in Vorschriften und Glaubenssätzen festgelegt, allen künftigen Geschlechtern ohne Rücksicht auf deren neu gewordene, nach neuer Gestalt begehrende Religiosität als für sie unverrückbar verbindlich überliefert. [...] Es ist also Religiosität das schaffende, Religion das organisierende Prinzip« (ebd., S. 50 f.).

genaue Adresse] Simmel hatte wohl zwischenzeitlich erfahren, daß Buber im Sept. 1915 »kurz entschlossen ein Haus in Heppenheim [...] zum 1. April [1916] gemietet« hatte (Buber an Gustav Landauer vom 4. Sept. 1915, Buber-Briefwechsel I, S. 396).

in absehbarer Zeit ein Zusammentreffen] Siehe den Hinweis auf die geplante Fahrt nach Heidelberg in Gertrud Simmels oben wiedergegebenem Begleitbrief sowie Simmel an Buber vom 5. Mai 1916.

Ihre Gattin] Paula Buber-Winkler.

Georg Simmel an Edmund Husserl

Brief vom 10. April 1916
Hs.; Husserl-Archiv, Louvain

Straßburg 10 IV 16

Verehrter Freund!

Durch *Jonas Cohn*, den ich zufällig in der Eisenbahn traf, habe ich erfahren, daß nun auch Ihr Sohn ein Opfer des Weltschicksals geworden ist. Jedes Wort, das man darüber sagen wollte, wäre eine Entweihung. Aber nehmen Sie u. Ihre Frau von mir u. der meinigen einen Händedruck an u. glauben Sie an unsre tiefe u. innige Teilnahme.

Immer Ihr

Simmel

***Jonas Cohn*]** Jonas Cohn (1869-1947) hatte nach dem Studium der Naturwissenschaften und der Philosophie als Nebenfach in Leipzig, Berlin und Heidelberg 1892 promoviert, bis 1894 an Wundts Psychologischem Laboratorium in Leipzig gearbeitet, bevor er sich mit einer philosophischen Arbeit 1897 bei Windelband habilitierte; er war seit 1901 außeretatmäßiger ao. Prof. für Philosophie mit zusätzlichem Lehrauftrag für Pädagogik in Freiburg i. Br., wo er später als planmäßiger ao. Prof bis zur Zwangsemeritierung 1933 lehrte. Von 1939 bis 1947 war er Prof. in Birmingham, Engl. (BEdPh; NDB; Ld-jA).

in der Eisenbahn] Über einen Reiseanlaß Simmels nach der Berlin-Reise (siehe Simmel an Paul Ernst vom 5. März 1916) ist nichts bekannt.

Sohn ein Opfer des Weltschicksals] Wolfgang Husserl war am 8. März 1916 gefallen (Husserliana III/6, S. 410).

Ihre Frau] Malvine Husserl.

Ludwig Jost, Rektor der KWU, an Georg Simmel u. a.

Rundschreiben vom 13. April 1916
Tps. m.e.U.; ADBR Strasbourg, AL 103, Paq. 57, Nr. 194

13. April 1916

Auch für den diesjährigen Jahresbericht soll wieder ein besonderer Bericht über die Tätigkeit der Universität in der Kriegsfürsorge vorbereitet werden. Ich bitte daher die Herren Kollegen ergebenst, hierunten gefälligst verzeichnen zu wollen, was sie selbst oder ihre Familienangehörigen an Kriegsfürsorge irgendwelcher Art geleistet haben. sehr dankbar wäre ich, wenn diejenigen Herren, denen eine besondere Tätigkeit dieser Art von den draussen im Felde stehenden Kollegen bekannt ist, dies hierunten anzugeben die Güte haben wollten.

Der Rektor der Universität

Jost

Rundschreiben vom 13. April 1916] Gedr. Briefkopf: Kaiser Wilhelms-Universität / Straßburg i. E., den . . .; mit hs. Vermerk unter Briefkopf: J. N. 858; stenographischem Vermerk über Briefkopf: [nicht erschlossen].

diesjährigen Jahresbericht] Jahresbericht der ›Kriegsstelle der Universität‹; siehe nachfolgendes Schreiben.

Georg Simmel an Ludwig Jost, Rektor der KWU

Notiz von nach dem 13. April 1916
Hs.; ADBR Strasbourg, AL 103, Paq. 57, Nr. 194

Simmel.

Ich war in der Verwaltung der Kriegs-Familien-Unterstützung tätig. Außerdem betrieb ich im Frühjahr vorigen Jahres die Agitation für kriegsgemäße Lebensweise im Elsaß, indem ich ein Flugblatt darüber verfassen u. in über 30000 Ex. in den kleinen elsässischen Städten durch Bürgermeister u. Schulvorstände verteilen ließ. Augenblicklich halte ich in großen deutschen Städten Vorträge zum Besten unsrer Kriegsgefangenen und Kriegsgeschädigten. Meine Frau ist in der Recherche für die Kriegs-Familien-Unterstützung tätig.

Notiz von nach dem 13. April 1916] Die Notiz ist auf vorstehendem Rundschreiben des Rektors der KWU vom 13. April 1916 festgehalten; die infolge des Umlaufverfahrens möglicherweise spätere Datierungsmöglichkeit wurde ignoriert. – Das Rundschreiben wurde in der folgenden Reihenfolge gegengezeichnet und handschriftlich mit den je individuellen Angaben versehen von: Emil Walter Mayer, Georg Dehio, Friedrich Spitta (1852-1924, ev. Theologe, seit 1887 o. Prof. KWU Straßburg; DBE), Martin Spahn, Erich Klostermann, Gustav Anrich (1867-1930, ev. Theologe, seit 1914 o. Prof. für Kirchengeschichte; NDB), Hans Kaiser (1874-1952, Archivdirektor u. Hon.-Prof. für geschichtliche Hilfswissenschaften, Straßburg; DBA), Georg Wolfram (1858-1940, seit 1909 Direktor der Universitätsbibliothek in Straßburg, seit 1913 Hon.-Prof. für historische Hilfswissenschaften; DBE), Frau Landauer (i.V. von Samuel Landauer 1846-1937, Orientalist, seit 1894 Hon.-Prof., seit 1905 Oberbibliothekar; DBE), Friedrich Küchler (1874-1921, ao. Prof. ev.-theol. Fakultät; DBA), Arthur Schneider, Wilhelm Spiegelberg, Otto Plasberg, Karl Johannes Neumann, Freiherr Otto von der Pfordten (1861-1918, Chemiker, seit 1907 PD der Philosophie in Straßburg; DBE), Gottfried Naumann (1876-1921, ev. Theologe, 1914 nach Straßburg berufen; BBKL), Ernst Leumann, Georg Simmel, Eduard Schwartz, Theodor Nöldeke (1836-1930, Orientalist, seit 1872 o. Prof. Straßburg; NDB), Johannes Ficker, Karl Sapper, Wilhelm Nowack (1850-1928, ev. Theologe, seit 1881 o. Prof. Straßburg; DBE), Rudolf Henning, Hans Naumann, Franz Schultz.

Kriegs-Familien-Unterstützung] Siehe Simmel an Margarete von Bendemann vom 1. April 1915.

kriegsgemäße Lebensweise] Im Tätigkeitsbericht der Kriegsstelle wieder zu lesen als: »Es traten aus der großen Mannigfaltigkeit dessen, was der Tag mit sich brachte, allmählich einzelne große Aufgaben in den Mittelpunkt der Aufmerksamkeit und nahmen die besondere Erfahrung oder die besondere persönliche Begabung in Anspruch. Unter ihnen, immer weitere Kreise ziehend, stand die Frage der Ernährung unseres Volkes. Einer der Professoren hat noch im Frühjahre des vergangenen Jahres seine Agitation für kriegsgemäße Lebensweise über weite Kreise des Landes ausgedehnt, indem er das auf seine Veranlassung verfaßte Flugblatt in 30000 Exemplare durch die Bürgermeister und Schulvorstände in kleineren elsässischen Städten verteilen ließ« (Johannes Ficker: Zweiter Bericht über die Tätigkeit der Kriegsstelle der Kaiser Wilhelms-Universität vom Anfang des Sommerhalbjahres 1915 bis zum Schlusse des Winterhalbjahres 1915/16. In: Stiftungsfest KWU 1916, S. 21 f.). – Siehe Simmel an Heinrich Rickert vom 19. Febr. 1915.

Vorträge] Dazu heißt es dann im Jahresbericht von Johannes Ficker (ebd., S. 23): »Einer der Professoren hat seine Redegabe mit Vorträgen in größeren Städten zugunsten der Kriegsgefangenen und Kriegsgeschädigten fruchtbar gemacht [...]«. – Angesprochen sind die Vorträge über ›Goethes Liebe‹, die Simmel – soweit ermittelt – am 16. März in Berlin (siehe Simmel an Elsa Bruckmann vom 24. März 1916), am 5. Mai in Heidelberg (siehe Simmel an Anna Jastrow vom 1. Mai 1916), am 8. Mai 1916 in Frankfurt/M. (siehe Simmel an Siegfried Kracauer vom 10. Mai 1916), am 22. Mai in München (siehe Simmel an Elsa Bruckmann vom 26. Mai 1916), am 8. Juli 1916 in Leipzig (siehe Simmel an Georg Heinrich Meyer vom 28. Juni 1916) und am 6. Nov. 1916 in Straßburg (ausführliche Ankündigung in StP, Nr. 836 vom 4. Nov. 1916, Mi.Bl.) hielt.

Georg Simmel an Theodor Haering

Abschrift von Brief vom 13. April 1916
Tps.; SBPK Berlin, Nl 125 (M. Landmann)

Straßburg 13. IV. 16

Sehr geehrter Herr Kollege!

Mit der Kürze, die Sie selbst wünschen, will ich Ihre freundliche Anfrage dahin beantworten, daß mir die Fragen, die der Geist an den Geist stellt, nicht mehr so ausschließlich auf »historisch-psychologischem« Wege beantwortbar erscheinen, wie sie es vor 25 Jahren taten. Ich sehe jetzt, daß ein Sachgehalt dadurch noch nicht verstanden ist, daß ich verstehe, wie er *geworden* ist. Damit hängt zusammen, daß mir die soziologische Begründung der Moral nicht mehr genügt, daß es sich hier vielfach um Probleme handelt, die mit den »Anderen« entweder überhaupt nichts, oder nur ihrer Äußerlichkeit nach zu tun haben. Im Übrigen will ich nicht leugnen, daß mir im Maaß des Anwachsens dieser Erkenntnis die wissenschaftliche Fragestellung der Ethik immer schwieriger und dunkler geworden ist und daß ich auch heute das Problem: was die Ethik als Wissenschaft eigentlich will – nicht befriedigend zu beantworten weiß.

Von allen Teilen der historisch vorliegenden Philosophie erscheint mir die Ethik als der primitivste und ungenügendste: kein Ethiker sagt uns, was wir *eigentlich* wissen wollen.

Ich erlaube mir, Ihnen das beil. kleine Buch zu insinuiren, dessen letztes Kapitel Ihnen vielleicht für die einschlägigen Fragen ein paar Motive gibt. Im Übrigen wäre die Weiterentwicklung meiner Anschauungen aus meinen Büchern: Die Religion[2.], und: Philosophische Kultur (1911) zu ersehen.

Mit verbindlichster Empfehlung Ihr ergebener

Simmel

Abschrift von Brief vom 13. April 1916] Die im Nl 125 (M. Landmann) gelagerte Abschrift befindet sich in einem an Michael Landmann adressierten Umschlag mit Absenderstempel ›Thomas-Institut an der Universität / Köln-Lindenthal / Universitätsstr. 22‹ und Poststempel vom 27. 1. 1961. Er trägt die hs. Inhaltsangabe »Georg Simmel an Dr. Haering (Abschriften)« und die Bemerkung »Die Abschriften befinden sich im Thomas-Institut a. d. Universität Köln«. Dort sind sie lt. Mittl. von Martin Pickavé vom Thomas-Institut vom 17. April 2003 nicht nachgewiesen.

freundliche Anfrage] Verschollen.

vor 25 Jahren ... soziologische Begründung der Moral] Simmel reagiert hier wohl auf Einlassungen Haerings zu Simmel: Einleitung in die Moralwissenschaft. Eine Kritik der ethischen Grundbegriffe. Dritte Auflage. Zweiter anastatischer Nachdruck der Ausgabe von 1892/93. Erster und Zweiter Band, jeweils Stuttgart und Berlin: J. G. Cotta'sche Buchhandlung Nachfolger 1911 (GSG 3 und GSG 4). – Diese Ausgabe befand sich lt. Inventarverzeichnis des Nachlasses in Theodor Haerings Bibliothek (Mttl. Iris Biesinger, UB Tübingen). – Haering mag sich auf die Passage bezogen haben, die sich in GSG 4, S. 292 findet; in Betracht käme auch GSG 3, S. 45 f.

beil. kleine Buch ... dessen letztes Kapitel] Das Inventarverzeichnis des Nl Haering (s. o.) verweist auf: Simmel: Die Probleme der Geschichtsphilosophie. Eine erkenntnistheoretische Studie. Dritte erweiterte Auflage. Leipzig: Duncker & Humblot 1907 (GSG 9, S. 227-419); das »letzte Kapitel« handelt »Vom Sinn der Geschichte«. – Auf die geschichtsphilosophische Anregung u. a. durch Simmels »einschlägige Arbeiten« verweist Haering in der ›Einleitung‹ (gez. »Juli 1920«) zu: Die Struktur der Weltgeschichte. Philosophische Grundlegung zu einer jeden Geschichtsphilosophie (In Form einer Kritik Oswald Spenglers) Tübingen: J. C. B. Mohr (Paul Siebeck) 1921, S. 10.

Motive] die Abschrift vermerkt: »Motive?«

Die Religion²] Simmel: Die Religion. Zweite, veränderte und vermehrte Auflage. Frankfurt/M.: Literarische Anstalt Rütten & Loening 1912, 103 S. [= Die Gesellschaft. Sammlung sozialpsychologischer Monographien, herausgegeben von Martin Buber, Band 2]; GSG 10, S. 39-118.

Philosophische Kultur (1911)] Simmel: Philosophische Kultur. Leipzig: Dr. Werner Klinkhart 1911; GSG 14, S. 159-459.

Georg Simmel an Georg Heinrich Meyer, Kurt Wolff Verlag

Brief vom 15. April 1916
Hs.; YUBL New Haven, Conn., Kurt Wolff Archive

Straßburg Els. 15 IV 16

Sehr geehrter Herr!

Die Hindernisse, die der Überlassung meines *Rembrandt* an Sie entgegenstanden, scheinen nunmehr beseitigt zu sein, so daß ich Sie jedenfalls bitten kann, mir den Vertragsentwurf baldmöglichst zukommen zu lassen. Wollen Sie bitte darin bemerken, daß die Ausstattung der meines *Goethe* ähnlich sein, insbesondre der Seiteninhalt der gleiche sein soll (die lebenden Kolumnentitel fallen fort). Der Ladenpreis muß, da das Manuskript schwer genau zu schätzen ist, späterer Vereinbarung vorbehalten bleiben. Hinsichtlich der bei Ablieferung des Manuskripts zu zahlenden Honorarhälfte bedarf es nur einer ganz ungefähren Schätzung, die Sie besser als ich vornehmen können. Ferner: die Korrektur bitte ich in Fahnen zu liefern, da die Kapiteleinteilung erst in diesen geschehen kann. Die Einteilung kann aber erst definitiv sein, wenn ich das Ganze im Druck übersehe, so daß alle Fahnen bis zur Vollendung des Satzes stehen bleiben müssen u. Umbrechen u. Ausdrucken erst geschehen kann, wenn die letzte Korrektur abgeliefert ist. Nach dem Umbrechen erbitte ich noch eine Revision.

Die in Ihrem gef. Schreiben vom 31. März erwähnte Sendung meines *Kant u. Goethe* habe ich noch immer nicht erhalten!

In vorzüglicher Hochachtung Ihr

Simmel

An der möglichst schnellen Zusendung des Vertrages liegt mir deshalb, weil die definitive Beseitigung der erwähnten Schwierigkeiten erst dann möglich sein wird.

Hindernisse ... entgegenstanden] Siehe Simmel an Georg Heinrich Meyer vom 26. März und 6. April 1916 mit den dort angedeuteten Einschränkungen im Vorfeld der Verhandlungen zu Simmel: Rembrandt. Ein kunstphilosophischer Versuch. Leipzig: Kurt Wolff 1916; GSG 15, S. 305-515.

***Goethe*]** Simmel: Goethe. Leipzig: Klinkhardt & Biermann [1912] 1913; GSG 15, S. 7-270.

***Kant u. Goethe*]** Siehe Simmel an Meyer vom 26. März und 6. April 1916.

Georg Simmel an Heinrich Rickert

Brief vom 15. April 1916
Hs.; SBPK Berlin, Nl 125 (M. Landmann)

Straßburg 15 IV 16

Lieber Rickert!

Vielen Dank für Ihren Brief. Bitte beschämen Sie mich nicht mit Entschuldigungen über Ihre Schrift. Was müßte *ich* dann erst sagen, da es meiner Schrift z. B. gelungen ist, aus einem *Advokatenkniff* den von Ihnen gelesenen *Akrobatenkniff* zu machen! Offenbar haben Sie ganz Recht gehabt, es so zu lesen, aber es ist ein hübsches Beispiel vom Unterschied des »Gemeinten« vom »Seienden« – –

Über die Negationsfrage ließe sich noch viel hin u. wieder sagen, aber ich weiß nicht, ob es sehr fruchtbar wäre. An dem Unterschied des Seienden u. des Geltenden zweifle ich natürlich so wenig wie Sie u. es handelt sich für Sie mit jener Frage ja auch nur um ein *Kriterium*, das ev. durch ein andres ersetzt werden könnte. Es ist mir diesmal übrigens nicht alles in Ihrem Brief ganz klar. Sie sagen: »daß die Negation eines Sinnes auch zum Nichts führen *kann*, habe ich nicht in Zweifel gezogen« u. auf der nächsten Seite: »die Verbindung mit einem Sinngebilde ergiebt *niemals* bloß Nichts, sondern immer noch ein Sinngebilde, das zum Etwas gehört.« Ich will damit keine Wortklauberei treiben oder Ihnen eine Ausdrucksflüchtigkeit aufmützen, aber es bestärkt mir doch einen leisen Verdacht, als ob in Ihrer Anwendung der Negation eine Amphibolie der letzteren versteckt wäre; als ob der Unterschied des von ihr hinterlassnen Nichts oder hinterlassnen Etwas nicht nur im Unterschied der von ihr negirten Inhalte begründet wäre, sondern auch die logische Struktur der Negation selbst im einen Fall etwas andres wäre als im andern. Wenn ich ein positives Schönheits-Urteil seiner Bedeutung nach negire, so bleibt zunächst Nichts übrig. Gilt aber die Alternative: Was nicht schön ist, ist häßlich – so bleibt ein positives Häßlichkeitsurteil. Nun ist diese Alternative ja aus dem reinen Begriffsinhalt nicht zu legitimiren, da dieser dem *tertium*: ästhetische Indifferenz – Raum geben würde. Wenn aber ein Imperativ gälte: Schönheit soll schlechthin sein (bei Strafe der Häßlichkeit!) – oder wenn ich ein metaphysisches Weltbild habe, das die Dinge in schöne u. häßliche teilt, so ist allerdings die Verneinung des Sinnes Schönheit gleich der Bejahung des Sinnes Häßlichkeit. Dementsprechend ist es mir nun nicht ganz sicher, ob nicht in derjenigen Verneinung, die für Sie nicht o, sondern o + x angiebt, außer ihrer bloß logischen Bedeutung noch etwas Imperativisches oder Metaphysisches steckt, das dann im Resultat als das x zum Vorschein kommt. Das würde aber eine sehr tiefgreifende Erörterung fordern, in der u. A. das ganze Problem des Konträren u. Kontradiktorischen aufgerollt würde.

Immerhin, hierüber würden wir uns ev. verständigen können. Dagegen in der Frage des Relativismus u. der Grundvoraussetzung der Wahrheit ist das nicht zu hoffen. Hier besteht offenbar zwischen unsren Denknotwendigkeiten ein Spalt, der bis auf den Grund geht u. der sich wahrscheinlich historisch so ausdrücken läßt, daß Sie fester zu Kant halten, als ich es tue; meine Entwicklung führt langsam immer weiter von ihm ab. Auch habe ich den Verdacht, daß Sie mich für einen heimlichen Skeptiker halten, was völlig irrig ist. Freilich ist, was man vielfach unter Relativismus versteht, nicht viel andres: daß alle Wahrheiten relativ, also vielleicht Irrtümer sind, daß alle Moral relativ ist, d. h. anderswo andre Inhalte hat, u. ähnliche Plattheiten. Was ich unter R. verstehe, ist ein durchaus positives metaphysisches Weltbild u. so wenig Skeptizismus, wie der physische R. von *Einstein* oder *Laue*. Er geht sogar grade darauf aus, dem Zirkel des Satzes: es giebt Wahrheit – seine vom logischen Standpunkt aus unleugbare Bedenklichkeit zu *nehmen*. Aber damit berühre ich Dinge, die ich in meinem abschließenden Buch sagen will – wenn es mir vergönnt ist, es zu verfassen. Ich bin jetzt darangegangen, aber ich muß außerordentlich weit ausholen. Nur zwei kurze Bemerkungen. Sie schreiben: »Einiges Wahre mag nur relativ sein, aber daß *alles* Wahre nur relativ wahr ist, das ist ein Ungedanke«. Ich habe also offenbar nicht klargemacht, was ich unter dem Relativismus der Wahrheit verstehe. Er bedeutet für mich durchaus nicht, daß Wahrheit u. Unwahrheit zueinander relativ sind; sondern: daß Wahrheit eine *Relation* von Inhalten zueinander bedeutet, deren keiner für sich sie besitzt, grade wie kein Körper für sich schwer ist, sondern nur im Wechselverhältnis mit einem andern. Daß *einzelne* Wahrheiten in Ihrem Sinne relativ sind, interessirt mich dabei garnicht, grade nur ihr *Ganzes* ist es, oder richtiger: ihr *Begriff*. Ihr Ausdruck: »*nur* relativ« – verrät, daß Sie meinen Gedanken mißverstehn. Denn ich will den Wahrheitsbegriff nicht gegen einen »höheren« herabstimmen, sondern ihm nur eine haltbarere Grundlage geben, als jener Zirkel es ist, eine Grundlage, die zwar nicht *gegen* die Logik sein darf, aber *aus* der Logik allein nicht zu gewinnen ist. Aus diesem Punkt ist die tiefste Differenz zwischen uns zu entwikkeln.

U. nun ein Letztes. Sie schreiben: »Es giebt nichts Absolutes, ohne daß es Relatives giebt, aber es giebt auch nichts Relatives, ohne daß es Absolutes giebt. Das Eine fordert das Andre«. Rein gedanklich angesehen, ist mir das Erstere zweifelhaft. Ich kann mir sehr wohl ein Absolutes denken, das sozusagen mit sich allein ist, ohne daß es etwas Relatives dazu giebt – wie Gott vor der Weltschöpfung. Ja sogar eine »Welt« von lauter Absolutheiten scheint mir (unter entsprechender Modifikation des Begriffes Welt) nicht undenkbar: die Welt der »fensterlosen Monaden«, oder (der Absicht nach) die Herbartische sind Annäherungen daran. Davon aber abgesehen, *spannt ja Ihre Be-*

hauptung grade die Relativität über Absolutes und Relatives, macht auch diese äußersten Begriffe noch zueinander relativ! Das ist ja grade die unendliche Relativität, auf die ich metaphysisch hinaus will!

*

Daß Arthur Stein sich nicht bei uns gemeldet hat, um ein Zusammentreffen auf seinem Weg zu ermöglichen, ist mir sehr betrüblich. Wo ist er hingereist u. welches ist seine Adresse? U. die von *Heini*, um die Hans sehr bittet? Hans selbst ist wieder ganz wohl, hat aber vielleicht noch Bazillen. Am 5. Mai spreche ich in Heidelberg für unsre Kriegsgefangenen u. hoffe sehr, Sie zu sehen.

Für heute nur noch herzliche Grüße Ihnen u. Ihrer Frau! Ihr

Simmel

Brief vom 15. April 1916] Das Schreiben ist zweifelsfrei aus dem Jahr 1916; siehe dagegen Michael Landmanns Datierung »15. IV. 17?« in: BdD, S. 117.

Brief] Verschollen.

***Advokatenkniff*]** Siehe Simmel an Rickert vom 8. April 1916.

Über die Negationsfrage ließe sich ... sagen] Siehe ebd.

Amphibolie] Griech.: Mehrdeutigkeit.

***tertium*]** Lat.: das Dritte.

***Einstein*]** Der Physiker Albert Einstein (1879-1955) – ao. Prof. Zürich 1909, o. Prof. Prag 1911, ab 1912 Zürich, 1914 an die Preußische Akademie der Wissenschaften Berlin berufen – hatte seit 1905 mit seiner ›Speziellen Relativitätstheorie‹ die Wende von der klassischen Physik zur Wissenschaft des 20. Jahrhunderts eingeleitet (NDB; DBE).

***Laue*]** Max von der Laue (1879-1960) – 1906 in Berlin habilitiert, 1909 PD München, 1912 ao. Prof. Zürich, 1914 o. Prof. Frankfurt/M., Nobelpreis 1914 – hatte mit der ersten Monographie über ›Die Relativitätstheorie‹ (1. Band: Die spezielle Relativitätstheorie. Braunschweig 1911) entschiedenen Anteil an der Verbreitung der Einsteinschen Lehre (NDB; DBE).

meinem abschließenden Buch ... Ich bin jetzt darangegangen] Gemeint ist die geplante ›Metaphysik‹, deren erste »Vorstudien« und »Studien« Simmel dem ›Logos‹ bereits zur Verfügung bzw. in Aussicht gestellt hatte (siehe Simmel an Rickert vom 13. Dez. 1915 und an Verlag J. C. B. Mohr [Paul Siebeck] vom 30. März und 18. Sept. 1916) und die teilweise eingehen sollten in Simmels ›Lebensanschauung. Vier metaphysische Kapitel‹ (München und Leipzig: Duncker & Humblot 1918; GSG 16, S. 209-425).

die Welt der »fensterlosen Monaden«] Bezieht sich auf Gottfried Wilhelm Leibniz' Prinzipien der Philosophie, der sog. Monadologie, der zufolge die Monaden, einfachste, unausgedehnte Substanzen, die Elemente aller Dinge sind. Leibniz nennt sie Atome, aber nicht im physikalischen Sinne, sondern meint sie als metaphysische Punkte, die durch ihre Kräfte tätig werden, die in Vorstellungen bestehen; in diesem Sinne sind die Monaden beseelt und gelten als nach außen abgeschlossen, als Individuen. Der Vorstellungslauf in jeder einzelnen Monade beruht auf einer immanenten Kausalität. »Es gibt auch kein Mittel zu erklären, wie eine Monade in ihrem Inneren von irgendeinem anderen Geschöpfe verändert oder gewandelt werden könnte [...], wie das bei zusammengesetzten Dingen geschehen kann, wo es Veränderungen zwischen den Teilen gibt. Die Monaden haben keine Fenster, durch die irgendetwas in sie hinein- oder aus ihnen heraustreten könnte«. Andererseits beruht die Wechselwirkung durch Bewegung, Verbindung und Trennung zwischen den Monaden auf einer rein mechanischen Kausalität. Jedoch waltet zwischen dem Vorstellungslauf und den Bewegungen eine von Gott vorausbestimmte, prästabilierte Harmonie (Die Prinzipien der Philosophie oder die Monadologie. [Zuerst 1714]. In: Gottfried Wilhelm Leibniz: Kleine Schriften zur Metaphysik. Opuscules Métaphysiques. Herausgegeben und übersetzt von Hans Heinz Holz. Frankfurt/M.: Insel 1965, S. 439-483, hier: 441).

die Herbartische] Johann Friedrich Herbart (1776-1841) sieht in seiner Metaphysik die eigentliche Aufgabe darin, die Widersprüche zu beheben, die im Begriff der Veränderung u. a. enthalten sind. Es sei davon auszugehen, daß das Sein keine Widersprüche in sich aufweise; solche im Begriff der Veränderung annehmen zu müssen, fordere eine Theorie der Selbsterhaltung. »Die Selbsterhaltung der Realen ist das eigentliche Geschehen«, subsumiert Simmel Herbarts Theorie in seinem Kollegheft zur Geschichte der Philosophie (GSG 21) und kritisiert zugleich dessen Metaphysik als »eigentümlich, phantastisch«. Daher ist anzunehmen, daß solche Überlegungen Herbarts Simmel bei dieser Brief-Passage vor Augen standen.

Arthur Stein] Zu dem Rickert-Schüler Arthur Stein und dessen Vertrautheit mit Simmels siehe Simmel an Edmund Husserl vom 2. März 1913, an Ernst Pariser vom 29. Jan. und an Gustaf Steffen vom 2. Aug. 1914.

die von *Heini*, um die Hans sehr bittet] Zum Feldeinsatz von

Rickerts Sohn, Heini, und dessen Freundschaft mit Hans Simmel siehe Simmel an Rickert vom 26. Dez. 1915 und vom 3. April 1916.

Hans ... Bazillen] Siehe Simmel an Rickert vom 8. April 1916.

Am 5. Mai spreche ich in Heidelberg] Über ›Goethes Liebe‹; siehe Simmel an Anna Jastrow vom 1. Mai 1916.

Georg Simmel an Anna Jastrow

Postkarte vom 16. April 1916
Hs.; LBI New York, Simmel Collection

Straßburg 16 IV 16

Liebe Freundin,

Haben Sie sich noch nicht entschlossen, für welchen Zweck Sie die kleine Spende verwenden wollen, die ich Ihnen zur Verfügung stellte? Ich warte immer, daß Sie darüber bestimmen.

Es sind nun vier Wochen, seit ich von Ihnen Abschied nahm. Durch den unerhörten Rhythmus der Ereignisse seit dem Krieg ist einem auch das Zeitgefühl ganz aus seiner Bahn u. Verläßlichkeit gekommen. Manchmal ist mir, als hätten wir uns vorgestern gesehn, u. dann wieder, als lägen Jahre dazwischen. Die Zeitformel bedeutet einem jetzt garnichts mehr, ihr Schema verschwindet ganz vor den Erlebnissen, mit denen es vollgestopft ist u. deshalb kann man es garnicht mehr sicher taxiren. Die Berliner Wochen waren sehr bedeutsam für mich aber ich kann mich über das Warum nicht aussprechen, wenigstens vorläufig nicht.

Ist Ebith bei Heidelberg geblieben? Ich wüßte es gern, auch wann sie hinkommt u. wo sie wohnt. Vom 5.-7. Mai bin ich in Heidelberg, wo ich meinen Berliner Vortrag wiederhole, diesmal für die Kriegsgeschädigten.

Mit herzlichsten Grüßen ringsum Ihr

Simmel

Postkarte vom 16. April 1916] An: Frau / *Anna Jastrow / Berlin-Charlottenburg / Westend, Nussbaumallee* 24; mit Absenderstempel: Prof. Simmel/Strassburg (Els.); Poststempel: Straßburg (Els.) 1 17.4.16 5-6 N; Prüfstempel: Straßburg (Els.) P.K. Geprüft u. zu befördern.

kleine Spende] Vermutlich handelt es sich um eine weitere in Aussicht gestellte Spende zu ähnlichen Bedingungen wie die Anna Jastrow mit Brief vom 22. Jan. 1916 übersandten »500 M«.

Berliner Wochen] Simmel hatte sich anläßlich zweier Vorträge etwa drei Wochen in Berlin aufgehalten; siehe Simmel an Paul Ernst vom 5. März 1916.

Ebith bei Heidelberg geblieben?] Angesprochen sind die Pläne der Jastrow-Tochter Elisabeth (Kosename Ebith), ihr Studium wieder aufzunehmen bzw. abzuschließen (siehe Simmel an Jastrows vom 13. Juli 1914); sie hatte es bei Kriegsausbruch zugunsten eines Einsatzes im »Lazarettdienst« Berlins zurückgestellt (vgl. Tagebuch Jacobs, Eintrag vom 8. Okt. 1914 und 5. Jan. 1915) und zwischenzeitlich auch einen Wechsel nach Straßburg erwogen, worauf ihre Anfrage an das Dekanat der philosophischen Fakultät verweist, ob dort eine Promotion in Archäologie als Hauptfach und Griechisch und Philosophie als Nebenfach möglich sei (Schreiben vom 23. April 1915, ADBR Strasbourg, AL 62, Paq. 36, J.-N. 6). – Siehe Simmel an Anna Jastrow vom 1. Mai 1916.

in Heidelberg … Berliner Vortrag wiederhole] Gemeint ist der Vortrag über ›Goethes Liebe‹; siehe ebd. und Simmel an Elsa Bruckmann vom 24. März 1916.

Georg Simmel an Georg Heinrich Meyer, Kurt Wolff Verlag

Brief vom 21. April 1916
Hs.; YUBL New Haven, Conn., Kurt Wolff Archive

Straßburg 21 IV 16

Sehr geehrter Herr!

Ich danke Ihnen für die schnelle Übersendung des Vertrages. Beide Exemplare folgen hier vollzogen zurück, ich bitte, sie stempeln zu lassen u. mir ein Ex. wieder zukommen zu lassen. Meinen Anteil vom Stempelbetrag z[iehe]n Sie gef. vom Honorar ab. Letzteres bitte ich meinem Konto bei der *Deutschen Bank*, Berlin W, Kurfürstenstr. 115 zu überweisen.

Bezüglich des Seiteninhalts halte ich bei nochmaliger Überlegung doch eine kleine Verringerung für günstig, u. zwar etwa so, daß die Seite um 2 Zeilen u. die Zeile um 2 Buchstaben verkürzt wird. Über das erstere brauchen wir uns ja im Augenblick noch nicht zu entschließen, da erst nach Abschluß des Ganzen umbrochen werden soll. Vielleicht lassen Sie gleich eine Probeseite setzen, auch in dem Format, das Sie sich denken; dann wird sich auch hinsichtlich der Zeilenlänge ein definitives Bild gewinnen lassen. Da ich Anfang Mai auf c. 8 Tage verreise, wäre es mir lieb, wenn ich diese Probe bis dahin erhielte. Gegen den Zusatz über die künftigen Aufl. werden Sie nichts einzuwenden haben.

Ich sende das Manuskript so bald ab, wie es bei den komplizirten hiesigen Postverhältnissen angänglich ist. Wollen Sie bitte der Druckerei die äußerste Sorgfalt in der Bewahrung des Manuskriptes noch besonders an's Herz legen. Verlorene Seiten wären absolut nicht rekonstruirbar. Das wunderliche ungleichmäßige Aussehen des Manuskripts entstammt der langsamen Entstehung des Buches, den Vordrucken einzelner Teile u. meinem hiesigen Angewiesensein auf ganz verschiedenartige Schreibhilfen. Indeß ist das Ganze doch sehr leserlich u. wird der Druckerei keine Schwierigkeiten machen. Über jene Vordrucke will ich ausdrücklich bemerken, daß Art u. Ort derselben jeden Schaden für den Absatz des Buches ausschließen.

Was den *Kant u. Goethe* angeht, sehe ich allerdings, daß das kleine Buch, das ich seit vielen Jahren nicht in der Hand hatte, mancherlei wesentliche Verbesserungen u. Zusätze vertragen könnte. Da diese sich mit meinen augenblicklichen Arbeitsinteressen ziemlich eng berühren würden, wäre ich bereit, bald daran zu gehen, ohne mich freilich an einen bestimmten Ablieferungstermin zu binden; garzulange würde es indeß nicht dauern, insbesondre da ich glaube, daß das Büchlein zur Sendung in's Feld recht geeignet ist. Wollen Sie mir freundlichst einen Vorschlag über die materiellen Bedingungen machen.

Dies ist für heute wohl alles Wesentliche u. ich will nur noch die Hoffnung aussprechen, daß unsre neu geknüpfte Verbindung beiden Teilen zu dauernder Befriedigung gereiche.

In vorzüglicher Hochachtung Ihr

Simmel

Ich möchte noch bemerken, daß ich dringend bitte, auch über Titel u. Einband erst nach gemeinsamer Beratung zu entscheiden. Giebt es gar kein Mittel, die greulichen »Originalbände« auszuschalten, mit denen die Zwischenhändler die Bücher oft entstellen?

Brief vom 21. April 1916] Mit Textverlust durch Lochung.

schnelle Übersendung des Vertrages] Der schon von Simmel mit Brief vom 15. April 1916 »baldmöglichst« erbetene Vertrag zur Drucklegung des ›Rembrandt‹ ist verschollen.

stempeln ... Stempelbetrag] Angesprochen ist die Stempelsteuer, die nach dem Preußischen Stempelgesetz von 1822 und dem Stempelsteuergesetz von 1895 auch für Beurkundungen über die Sicherstellung und Abtretung von Rechten erhoben wurde (vgl. Meyers: Stempel, Stempelsteuern).

Seiteninhalts ... nochmaliger Überlegung] Siehe die in Simmels Schreiben an Meyer vom 15. April 1916 geäußerten Bedingungen.

Anfang Mai auf c. 8 Tage verreise] Anlaß waren die Vorträge am Freitag, den 5. Mai 1916 in Heidelberg (siehe Simmel an Anna Jastrow vom 1. Mai 1916) und am Montag, den 8. Mai in Frankfurt/M. (siehe Simmel an Siegfried Kracauer vom 10. Mai 1916).

hiesigen Postverhältnissen] Zu den besonderen Versandbeschränkungen in der Festung Straßburg siehe Simmel an Hugo Liepmann vom 2. Aug. 1914.

Vordrucken einzelner Teile] Zu den bis zum Zeitpunkt des vorliegenden Briefes erfolgten »Vordrucken« siehe den editorischen Bericht zu Simmels ›Rembrandt‹ in GSG 15, S. 520-521.

Was den *Kant u. Goethe* angeht] Gemeint ist die Planung der 3. Auflage des ›Kant und Goethe‹; siehe Simmel an Meyer vom 26. März und 6. April 1916.

»Originalbände«] Vermutlich die gehefteten Buchblöcke mit einem (vorläufigen) Papierumschlag.

Georg Simmel an Elsa Bruckmann

Postkarte vom 22. April 1916
Hs.; BSB München, Bruckmanniana I

Straßburg 22 IV 16
Sternwartstr. 17

Sehr verehrte Frau!

Ich wäre Ihnen sehr dankbar, wenn Sie mir recht bald mitteilen wollten, ob mein Vorschlag, am 20. oder 22. Mai für Ihren

Verein zu sprechen, ausführbar sein wird. Es ist mir wegen anderweitiger Dispositionen wichtig zu wissen.

Inzwischen mit herzlicher Begrüßung Ihr

Simmel

Postkarte vom 22. April 1916] An: Frau / *Elsa Bruckmann / München / Karolinenplatz* 5; mit Absenderstempel: Prof. Simmel / Strassburg (Els.); Poststempel: Strassburg (Els.) 1 [unles.] 16 4-5 N; Prüfstempel: [unles.] Geprüft u. zu befördern.

mein Vorschlag] Siehe Simmel an Elsa Bruckmann vom 4. April 1916.

Georg Simmel an Theodor Haering

Abschrift von Brief vom 24. April 1916
Tps.; SBPK Berlin, Nl 125 (M. Landmann)

Straßburg 24. IV. 16

Verehrter Herr Doktor!

Was Sie von der Behandlung der Religion in den modernen philosophischen Systemen sagen, ist schon lange mein eigener Eindruck. Man macht ihr zum Schluß, gewissermaßen zur ästhetischen Abrundung, eine höfliche Verbeugung, schiebt ihr noch rasch einige ungelöste Probleme zu und ist froh, die rein konventionelle Verpflichtung gegen sie erfüllt zu haben. Fast nirgends finde ich ein aus dem Erlebnis (so vorübergehend dies etwa auch sei) kommendes Verständnis für sie, fast überall nur ein Jonglieren mit starren, überlieferten Begriffen. Übrigens kann ich nicht leugnen, daß ich auch von Ihren Fachgenossen vielfach keinen anderen Eindruck habe.

Ich danke Ihnen herzlich für die Zuwendung Ihres großen Buches. Sie haben damit meine minime Gabe so sehr überwogen, daß ich – obgleich ich nicht den Bettlerstolz habe, mich nicht beschenken lassen zu wollen – der Versuchung nicht widerstehn kann, mein kleines Buch durch ein andres kleines zu ergänzen. Manches darin wird Ihnen nicht sympathisch sein; aber verlieren Sie bitte nicht aus den Augen, daß es sich hier um *Psychologie* handelt.

Mit bester Empfehlung bleibe ich Ihr ergebenster

Simmel

Abschrift] Zur Herkunft siehe Simmel an Haering vom 16. April 1916.

Was Sie ... sagen] Haerings Schreiben ist verschollen.

Ihren Fachgenossen] Simmel spricht hier wohl Haerings theologische Vorbildung an.

Zuwendung Ihres großen Buches] Vermutlich: Theodor [Lorenz] Haering: Untersuchungen zur Psychologie der Wertung. (Auf experimenteller Grundlage). Mit besonderer Berücksichtigung der methodologischen Fragen. Leipzig: Wilhelm Engelmann 1912, 306 S.

mein kleines Buch] Siehe Simmel an Haering vom 16. April 1916.

ein andres kleines] Wohl Simmel: Das Problem der historischen Zeit. Berlin: Reuther & Reichard 1916; GSG 15, S. 287-304 (siehe Simmel an Anna Jastrow vom 7. Jan. 1916). Haering besaß zwei Exemplare dieser Schrift, wovon eines hs. Lesevermerke auf dem Deckblatt trägt (Inventarverzeichnis Nl Haering nach Mttl. von Iris Biesinger, UB Tübingen).

Georg Simmel an Elsa Bruckmann

Postkarte vom 26. April 1916
Hs.; BSB München, Bruckmanniana I

Straßburg 26 IV 16

Sehr verehrte Frau!

Die Nachricht von Ihrer Erkrankung ist mir sehr betrübend. Ich wünsche Ihnen – u. meine Frau mit mir – von Herzen baldige Genesung.

Der Brief Ihres Büros, von dem das freundliche Schreiben Ihres Gatten spricht u. der die Annahme meines Vorschlags für den 20. oder 22. Mai enthalten sollte, ist nicht in meine Hände gelangt. Ich würde meinen, daß der 22. (obgleich er mir nicht ganz so bequem liegt wie der 20.) der günstigere Tag ist, weil am Samstag Abend sicher viele eventuelle Interessenten schon in's Freie gehen. Wenn also sonst nichts dagegen spricht, bin ich dafür, es beim 22. zu belassen u. erwarte Ihren endgültigen Bescheid.

Inzwischen mit den allerbesten Grüßen Ihr

Simmel

Postkarte vom 26. April 1916] An: Frau / *Elsa Bruckmann / München / Karolinenplatz* 5; mit Absenderstempel: Prof. Simmel / Strassburg (Els.); Poststempel: Strassburg (Els.) 1 26.4.16. 4-5 N; hs. Bearbeitungsvermerk: beantw. 22.v. Vortrag angesetzt.

Schreiben Ihres Gatten] Hugo Bruckmanns verschollenes Schreiben beantwortete Simmels Anfrage bei Elsa Bruckmann vom 22. April 1916 bezüglich der Terminierung von Simmels Vortrag über ›Goethes Liebe‹ in München; siehe Simmel an Elsa Bruckmann vom 4. April 1916.

22. … nicht ganz so bequem] Wohl wegen der knappen Reisezeit, um für die auf Mittwoch und Donnerstag gelegten Lehrveranstaltungen (siehe Simmel an Anna Jastrow vom 1. Mai 1916) wieder in Straßburg zu sein.

Ihren endgültigen Bescheid] Siehe Simmel an Elsa Bruckmann vom 15. und 26. Mai 1916.

Georg Simmel an Georg Heinrich Meyer, Kurt Wolff Verlag

Brief vom 26. April 1916
Hs.; YUBL New Haven, Conn., Kurt Wolff Archive

Straßburg 26 IV 16

Sehr geehrter Herr!

Verbindlichen Dank für die Zusendung des Vertrags. Ich habe noch einige, den Satz erleichternde Arbeit an dem Manuskript getan u. schicke es morgen, mit 10 000 M. versichert. Wollen Sie mir freundlichst dann den Empfang bestätigen.

Mit dem *Kant u. Goethe* geht es nun aber nicht ganz so, wie Sie vorschlagen. Für ein paar formelle Änderungen würde ich kein Honorar beanspruchen. Ich denke vielmehr an ein gründliches Durcharbeiten, das übrigens den Umfang des Büchleins nur ganz wenig vermehren, aber doch noch einige Tiefen aufgraben soll. Ich werde sofort mit der Arbeit beginnen u. hoffe – vorausgesetzt, daß die politische Situation einem nicht die Konzentrationsfähigkeit raubt – im Lauf des Mai fertig zu werden. Es wird leider dann noch lange Zeit haben, in's Feld zu gehn – –

Mit besten Empfehlungen Ihr sehr ergebner

Simmel

Zusendung des Vertrags ... Manuskript] Das für Simmel bestimmte Exemplar des Verlagsvertrages zur Drucklegung des Rembrandt-Buches ist verschollen; siehe Simmel an Georg Heinrich Meyer vom 15. und 21. April 1916.

Mit dem *Kant u. Goethe* ... in's Feld zu gehn] Zu Überarbeitung und Druck einer 3. Auflage von Simmels ›Kant und Goethe‹ siehe Simmel an Georg Heinrich Meyer vom 26. März sowie vom 6. und 21. April 1916.

Georg Simmel an Otto Plasberg, Dekan der philosophischen Fakultät der KWU

Brief vom 28. April 1916
Hs.; ADBR Strasbourg, AL 62, Paq. 37, J.-N. 172

28 IV 16

Sehr verehrter Herr Kollege!

Ich halte im Interesse der Kriegsfürsorge am 7. oder 8. Juli einen Vortrag in Leipzig u. melde dies sogleich, um die Bitte hinzuzufügen, auf diese Tage möglichst keine Fakultätssitzung anzuberaumen, damit ich mich nicht wiederum meiner Protokoll-Verpflichtung zu entledigen brauche. Vom 12. an stehe ich wieder zur Verfügung.

Mit ergebenster Empfehlung Ihr

Simmel

Vortrag in Leipzig] Zu Simmels Leipziger Vortrag über ›Goethes Liebe‹ zugunsten des Nationalen Frauendienstes am 8. Juli 1916 siehe Simmel an Georg Heinrich Meyer vom 28. Juni 1916.

Vom 12. an] Der 12. Juli 1916 fiel auf einen Mittwoch, dem Tag der Simmelschen Lehrverpflichtungen im SS 1916 (siehe Simmel an Anna Jastrow vom 1. Mai 1916).

Georg Simmel an Anna Jastrow
Postkarte vom 1. Mai 1916
Hs.; LBI New York, Simmel Collection

Straßburg I V 16

Liebe Freundin,

schönsten Dank für das Buch, mit dem Sie mir einen großen Dienst leisten. – Unser Beitrag ist an die Bankadresse, die Sie angaben, überwiesen. – Daß Ihr Mann das Wagnersche Kolleg liest, macht mir große Freude, er wird damit eine erhebliche Wirksamkeit üben, im äußersten Gegensatz zu meinen jetzigen Möglichkeiten. Ich will froh sein, wenn ich am Mittwoch ein Dutzend Hörer finde.

Im Übrigen mag man im Augenblick nichts andres als Äußerlichkeiten sagen. Angeblich kann der Mensch kaum mehr als eine Minute den Atem anhalten – wir aber erfahren, daß er es Jahre u. Jahre kann. Auch empfinde ich täglich schärfer, an wie entgegengesetzten Polen jetzt – d. h. in Hinsicht auf die Zukunft – Jugend u. Alter stehn. Für uns bleibt, im besten Fall, (schrieb ich es nicht schon neulich?) nur noch dies: unsre Arbeit u. die Liebe einiger Menschen. Freilich wird man sagen können, daß dies nicht nur der beste, sondern ein guter Fall ist.

Am Freitag hoffe ich *Ebith* in Heidelb. zu sehn u. freue mich sehr darauf. – Hans ist noch immer Bazillenträger u. muß zu seiner Verzweiflung weiter baronisiren.

Herzlichstes allerseits Ihr

GS.

Postkarte vom 1. Mai 1916] An: Frau / *Anna Jastrow* / *Charlottenburg* / *Westend*, Nußbaumallee 24; mit Absenderstempel: Prof. Simmel / Strassburg (Els.); Poststempel: STRASSBURG (ELS.) 2. 5. 16 6-7 V; Prüfstempel: Straßburg (Els.) Geprüft u. zu befördern.

Buch … großen Dienst leisten] Die entsprechende Publikation wurde nicht ermittelt.

Unser Beitrag … Bankadresse, die Sie angaben] Anna Jastrows Begleitschreiben ist verschollen und der darin möglicherweise genannte Adressat »für die kleine Spende« Simmels (Simmel an Anna Jastrow vom 16. April 1916) nicht zu ermitteln.

Wagnersche Kolleg] Zum Ausfall der Vorlesung des Volkswirtschaftlers und Finanzwissenschaftlers Adolph Wagner (1835-1917, ord. Prof. seit 1865, zunächst in Dorpat, 1868 in Freiburg i. Br. und seit 1870 in Berlin; Wer ist's? 1911; DBE): »Professor Wagner wollte in diesem Semester noch ein Kolleg über *Finanzwissenschaft* lesen; für ihn liest nunmehr Prof. Jastrow über diesen Gegenstand« (HN XXVI, 1916, Nr. 7-8, Heft 307/8, S. 323 [= VI. Kriegsheft: Hochschulbetrieb und Vorlesungswesen im Sommer-Semester 1916, II. Teil]).

am Mittwoch] Für das vom 1. Mai bis 12. Aug. angesetzte SS 1916 hatte Simmel angekündigt »*Erkenntnistheorie* [...] Mittwoch und Donnerstag von 5-6 Uhr« und »*Philosophie des neunzehnten Jahrhunderts* [...] Mittwoch und Donnerstag von 6-7 Uhr«; außerdem: »*Im Seminar: Übungen*«, deren »Gegenstand und Stunde vorbehalten« geblieben waren (Vorlesungsverz. Strassburg 1916, S. 20f.). – Siehe Simmel an Otto Plasberg, Dekan, von nach dem 22. Juli 1916.

am Freitag hoffe ich *Ebith* in Heidelb. zu sehn] Simmel wollte sich mit Jastrows Tochter Elisabeth, gen. »Ebith«, treffen, und zwar anläßlich seines für »Freitag, den 5. Mai 1916, abends um 8½ im Saale des Neuen Kollegienhauses« angesetzten Vortrages über ›Goethes Liebe‹ (Ankündigungen der HNN, Nr. 101 und 103 vom 1. bzw. 3. Mai 1916). Die erneute Ankündigung vom 5. Mai 1916 (ebd., Nr. 105) wirbt: »Es handelt sich um eine Wiederholung eines Vortrages, der kürzlich in Berlin unter großer Anteilnahme der dortigen geistigen Kreise stattgefunden hat« (siehe Simmel an Elsa Bruckmann vom 24. März 1916). In dem am 6. Juni 1916 erschienenen Bericht (gez. F., ebd., Nr. 106) wird eingangs erläutert: »Einer Anregung des Heidelberger Roten Kreuzes, dem der Reinertrag der Veranstaltung zufließen wird, ist dieser Vortrag zu danken, der den Straßburger Universitätslehrer gestern wieder in die Mitte seiner zahlreichen Heidelberger Gemeinde führte.« Vgl. auch die Ankündigungen im Heidelberger Tageblatt (Generalanzeiger) vom 1., 3. und 5. Mai 1916 (Nr. 101, 103, 105) sowie den Bericht, gez. G., zum »Vortrag Simmel über Goethes Liebe« vom 6. Mai 1916 (Nr. 106). – Elisabeth Jastrow war von Berlin nach Heidelberg gewechselt, um dort ihr Studium abzuschließen; sie immatrikulierte sich am 10. Mai 1916 in Heidelberg als Studentin der Archäologie, wurde am 13. Juli 1916 exmatrikuliert und dann am 16. Nov. 1917 mit der Dissertation über »Ton-Altärchen aus den westgriechischen Kolonien« promoviert (Mittl. UA Heidelberg, Angaben nach Karteieintrag wegen Verlusts der Promotionsakten).

Hans ist noch Bazillenträger] Zu Hans Simmels Diphtherieinfektion siehe Simmel an Heinrich Rickert vom 8. April 1916.

Georg Simmel an Martin Buber

Postkarte vom 5. Mai 1916
Hs.; JNUL Jerusalem, Buber Archive

Freitag

Lieber Herr Doktor,

ich werde Sie also morgen, Samstag, bald nach 11 Uhr im *Hotel Reichspost* (ganz nahe Bahnhof) erwarten.

Bestens grüßend Ihr

Simmel

Postkarte vom 5. Mai 1916] An: Herrn/*Dr. M. Buber/Heppenheim (Bergstrasse)*; mit Poststempel: Heidelberg 1k 5.5.16 1-2 N.

ich werde Sie also morgen ... erwarten] Die seit Simmels Schreiben an Buber vom 10. April 1916 erfolgte Korrespondenz zu der hier ausgesprochenen Verabredung ist verschollen. Simmel hielt sich vom 5. bis 7. Mai aus Anlaß eines Vortrages in Heidelberg auf (siehe Simmel an Anna Jastrow vom 16. April und 1. Mai 1916).

***Hotel Reichspost*]** Das Heidelberger »*Hotel Reichspost*« ist als »neben der Post« und »recht gut« ausgewiesen (Baedeker Süddeutschland, S. 12).

Georg Simmel an Siegfried Kracauer

Postkarte vom 10. Mai 1916
Hs.; DLA Marbach, Nl Kracauer

Straßburg 10 v 16

Geehrter Herr Doktor!

Ich finde Ihr gef. Schreiben vom 4. erst bei meiner Rückkehr nach Straßburg vor. Dies ist der Grund, weshalb ich Ihnen keine Gelegenheit zu einer Unterredung gegeben habe, die mir selbst durchaus erwünscht gewesen wäre.

Sehr ergeben Ihr

Simmel

Postkarte vom 10. Mai 1916] An: Herrn/*Dr. S. Kracauer/Frankfurt (Main)/Bäckerweg* 52; mit Absenderstempel: Prof. Simmel/Strassburg (Els.); Poststempel: Straßburg (Els.) 1u 10.5.16 1-2 N; Prüfstempel: Straßburg (Els.) P.K. Geprüft u. zu befördern.

gef. Schreiben vom 4.] Verschollen.

Rückkehr nach Straßburg] Simmel war nach Heidelberg zu einem Vortrag am 5. Mai 1916 gereist (siehe Simmel an Anna Jastrow vom 1. Mai 1916) und wohl von dort nach Frankfurt/M., um am folgenden Montag, den 8. Mai 1916, im »Bürgersaal des *Frankfurter* Rathauses [...] über ›Goethes Liebe‹ zum Besten der Kriegsbeschädigten-Fürsorge des Roten Kreuzes« zu sprechen (Vortragsbericht: Simmel über ›Goethes Liebe‹. FZ, Nr. 128 vom 9. Mai 1916, Ab.Bl.).

keine Gelegenheit zu einer Unterredung] Kracauer, der seit Juli 1915 im Büro des Frankfurter Architekten Max Seckbach arbeitete (vgl. Kracauer Magazin, S. 24), hat Simmel offensichtlich erst nach der erneuten Ankündigung von dessen Vortrag (s.o.) in der FZ vom 4. Mai 1916 (Nr. 123, Ab.Bl.) angeschrieben.

Georg Simmel an Elsa Bruckmann

Brief vom 15. Mai 1916
Hs.; BSB München, Bruckmanniana 1

Straßburg 15 v 16

Sehr verehrte Frau!

Daß ich Ihren Gatten versäumen muß, ist mir natürlich eine große Enttäuschung. Ich wäre gern einen Tag länger geblieben, aber das ist wegen meiner hiesigen Vorlesungen unmöglich. Um so mehr aber werde ich mich freuen, wenn Sie eine Stunde für mich übrig haben.

Wenn Sie *Aufforderungs*-Karten drucken lassen, wäre es wohl ratsam solche an Frau *Furtwängler*, Prof. *Jaffé* u. seine Frau (die, glaube ich, eine besondere Adresse hat), Frau *Wolfskehl*, Prof. *Brentano*, Dr. *Burger* (den Kunsthistoriker), Prof. *v.d. Leyen* zu senden – (vielleicht auch an *Ricarda Huch* u. Frau *Böhlau*) – aber bitte *nicht* als von *mir* ausgehend.

Ferner möchte ich raten, den Vortrag in der Universität am schwarzen Brett anzukündigen; der Pförtner besorgt den Anschlag m.W. für ein geringes Entgeld. Man müßte dann eine Anzahl Plätze für Studenten zu ermäßigtem Preise reserviren, vielleicht für 50 Pf.

Es wäre nicht ausgeschlossen, daß ich mir schon Freitag Abend erlaube, bei Ihnen vorzusprechen. Vielleicht lassen Sie mich im *Hotel Schottenhammel* am Vormittag eine Nachricht finden.

Mit den ergebensten Grüßen der Ihrige

Simmel

Brief vom 15. Mai 1916] Mit Umschlag: an: Frau / *Elsa Bruckmann / München / Karolinenplatz* 5; mit Absenderstempel: Prof. Simmel / Strassburg (Els.); Poststempel: STRASSBURG (ELS.) 1 15. 5. 16. 1-2 N; mit Prüfstempel: [unles.].

Ihren Gatten versäumen] Gemeint ist eine Begegnung mit Hugo Bruckmann anläßlich Simmels Vortrag am Montag, den 22. Mai 1916 in München (siehe Simmel an Elsa Bruckmann vom 26. April 1916).

hiesigen Vorlesungen] Zu Simmels Reisebeschränkung infolge der im SS 1916 auf Mittwoch und Donnerstag angesetzten Vorlesungen siehe ebd. und Simmel an Anna Jastrow vom 1. Mai 1916.

Frau *Furtwängler*] Adelheid Furtwängler (1862-1944), Witwe des Archäologen Johann Adolf Michael Furtwängler (1854-1907), 1884 ao. Prof. in Berlin, seit 1894 ord. Prof. in München (NDB). Adelheid Furtwängler hatte zu Lebzeiten ihres Gatten in beider Wohnsitz, »im Gartenhause Maria-Josefa-Straße 8« und in der »Villa« am Ufer des Tegernsees, das gesellige Gespräch geleitet: »Da fand jeder Zutritt, der etwas Besonderes zu sagen hatte, Künstler, Dichter, Gelehrter, Politiker« (Ludwig Curtius: Adolf Furtwängler. Badische Biographien, VI. Teil: 1901-1910. Im Auftrag der Badischen Historischen Kommission herausgegeben von Albert Krieger und Karl Obser. Heidelberg: Carl Winters Universitätsverlag 1935, S. 683). – Über nähere Beziehungen Simmels mit dem Haus Furtwängler ist allenfalls bekannt, daß es dem im WS 1910/11 in München studierenden Sohn als Kontakt-Adresse genannt worden sein dürfte, erinnert Hans Simmel doch: »Verhältnismässig selten kam ich mit älteren Leuten zusammen. Allerlei interessante Menschen traf man bei Frau Furtwängler, der Witwe des berühmten Archäologen und Mutter des Musikers [d. i. der Komponist und Dirigent Wilhelm Furtwängler (1886-1954); NDB]« (S. 65).

Prof. *Jaffé* u. seine Frau] Edgar Jaffé hatte 1902 die promovierte Nationalökonomin Else [Elisabeth] Jaffé von Richthofen (1874-1973) geehelicht, seinerzeit die erste deutsche Fabrikinspektorin. Else Jaffé war nach der Trennung von ihrem Gatten Ende April 1911 von Heidelberg nach Wolfratshausen ins Isartal gezogen (NDB; MWG II/7, S. 135 und 1012 f.). Mit dem Ehepaar Simmel war Else Jaffé seit ihren Berliner

Studienjahren (1898-1900) und dem Besuch von Simmels soziologischen Lehrveranstaltungen bekannt (vgl. Wolfgang Bocks: Jaffé, Elisabeth. In: Badische Biographien im Auftrag der Kommission für Geschichtliche Landeskunde in Baden-Württemberg, herausgegeben von Bernd Ottnad. Stuttgart: Kohlhammer, N.F. Bd. 2, 1987, S. 149f.). Daß Jaffés wie Simmels Besuchsgelegenheiten bei Reisen wahrnahmen, ist der in Gertrud Simmels Brief an Margarete von Bendemann vom 4. Jan. 1914 (DLA Marbach) erwähnten Begegnung mit Else Jaffé zu entnehmen, und auch Sohn Hans war während seines Münchner Studiensemesters (s. o.) wiederholt zu geselligen Anlässen »bei dem Nationalökonomen Prof. Jaffé« (Hans Simmel, S. 65).

Frau *Wolfskehl*] Hanna Wolfskehl, geb. de Haan (1878-1946), seit 1898 Gattin des Dichters Karl Wolfskehl und Veranstalterin der wöchentlichen Jours im Wolfskehlschen Haus in München (IBDCEE 1933-1945). – Karl und Hanna Wolfskehl verkehrten seit 1910 gemeinsam mit Friedrich Gundolf und Stefan George im Hause Bruckmann, vor dem indes Stefan George im Febr. 1916 Ernst Glöckner gewarnt hatte (Seekamp, S. 211, 262).

Prof. *Brentano*] Der Nationalökonom Lujo [Ludwig Josef] Brentano (1844-1931), Emeritus in München, wo er nach den Ordinariaten in Breslau 1873, Straßburg 1882, Wien 1888 und Leipzig 1889 von 1891-1914 gelehrt hat (MWG II/7, S. 997).

Dr. *Burger*] Gemeint ist der Renaissance-Forscher Fritz Burger (1877-1916), 1907-1914 PD, 1915 ao. Prof. der Kunstgeschichte an der Münchner Universität, der jedoch, zu Kriegsbeginn eingezogen, am 22. Mai 1916 bei Verdun gefallen ist (Metzler Kunsthistoriker; DBA). Burger, der sich auf Anregung Adolf Furtwänglers habilitiert hatte, dürfte demnach Simmel persönlich gekannt haben; auch findet sich Simmels ›Zur Metaphysik des Todes‹ von 1910 (GSG 12) zitiert in Burgers postum veröffentlichten kunsttheoretischen Darlegungen: Einführung in die moderne Kunst. 14.-17. Tsd. Berlin-Neubabelsberg: Akademische Verlagsanstalt Athenaion [[1]1917; 1919], S. 24 [= Die Kunst des 19. und 20. Jahrhunderts, 1].

Prof. *v. d. Leyen*] Friedrich von der Leyen (1873-1966), Germanist und Volkskundler, 1894 in Berlin promoviert, 1899 PD und 1906 außerplanmäßiger ao. Prof. in München, betätigte sich bis zur Berufung nach Köln, 1920, vorwiegend als Schriftsteller und Journalist (NDB). Von der Leyen zählte sich zu den regelmäßigen Gästen im »Haus Bruckmann [...] vor 1923« (Leben und Freiheit der Hochschule. Erinnerungen. Köln: Verlag der Löwe – Dr. Hans Reykers 1960, S. 123f.).

***Ricarda Huch*]** Die Dichterin, Schriftstellerin und promovierte Historikerin (1864-1947) lebte zu diesem Zeitpunkt noch in München;

erst im Juli 1916 ging sie für die Dauer des Krieges mit ihrer Tochter in die Schweiz. Vgl. Ricarda Huch: Erinnerungen an das eigene Leben. Mit einem Vorwort von Bernd Balzer. Köln: Kiepenheuer & Witsch 1980, S. 415 ff. – Zu Simmels Korrespondenz mit Ricarda Huch siehe GSG 22.

Frau *Böhlau*] Helene Böhlau (1856-1940), Verfasserin autobiographischer Romane und Witwe des Architekten und Privatgelehrten Friedrich Helvig Arndt [nach Übertritt zum Islam: Omar al Raschid Bey] (1839-1910), dessen Schrift ›Das hohe Ziel der Erkenntnis. Aranada Upanishad‹ (München: R. Piper 1912) sie edierte (NDB).

***Hotel Schottenhammel*]** Siehe Simmel an Hugo Bruckmann vom 21. Okt. 1915.

Georg Simmel an Georg Heinrich Meyer, Kurt Wolff Verlag

Brief vom 17. Mai 1916
Hs.; YUBL New Haven, Conn., Kurt Wolff Archive

Straßburg 17 v 16

Sehr geehrter Herr!

Ich bestätige den Empfang eines Schecks über M. 1500 [als] Abschlagshonorar für mein *Rembrandt*-Buch. Ich erlaube mir zu bemerken, daß Ihr letztes gef. Schreiben dieses erste Honorar auf 2000 M. angab. Dies soll durchaus nicht etwa ein Monitum sein, ich bin vielmehr mit der gesandten Summe völlig einverstanden. Ich erwähne die Differenz zwischen Ihren beiden Äußerungen nur, weil Sie sich vielleicht eine Notiz, die der ersten konform ist, gemacht haben u. dadurch irgend welche späteren Weiterungen entstehen könnten.

Den Satz des *Kant u. Goethe* können wir ja, da die frühere Schriftart geeignet ist, möglichst bald beginnen, u. uns nach Herstellung der ersten Fahnen über den Seitenumfang einigen. Ich bin in diesem Fall für möglichste Beschleunigung, damit das Buch so rasch wie möglich in's Feld gelangen kann. Was das Honorar betrifft, so kann ich mich darüber erst erklären, wenn ich über Auflagehöhe u. Ladenpreis unterrichtet bin. Wir werden uns schon einigen.

Nochmals bitte ich, Honorarsendungen nicht an mich direkt, sondern an mein Konto bei der *Deutschen Bank, Berlin W 62, Kurfürstenstr.* 115 gelangen zu lassen.

Mit verbindlicher Empfehlung Ihr ergebner

Simmel

Brief vom 17. Mai 1916] Mit Textverlust durch Lochung.

Empfang eines Schecks] Das Anschreiben zum »Scheck« ist verschollen.

***Rembrandt*-Buch]** Simmel: Rembrandt. Ein kunstphilosophischer Versuch. Leipzig: Kurt Wolff 1916 (GSG 15, S. 305-515).

letztes gef. Schreiben] Meyers dem Verlagsvertrag beigefügtes Schreiben ist verschollen (siehe Simmel an Meyer vom 26. April 1916).

Satz des *Kant* u. *Goethe*] Für die geplante 3. Auflage von Simmel ›Kant und Goethe‹; siehe Simmel an Georg Heinrich Meyer vom 26. März, 6., 21. und 26. April 1916.

***Nochmals*]** Siehe Simmel an Meyer vom 21. April 1916.

Georg Simmel an Paul Ernst

Brief vom 25. Mai 1916
Hs.; DLA Marbach, Nl Paul Ernst

Straßburg 25 V 16

Lieber Freund!

Auf den Anfang Ihres Briefes möchte ich prinzipiell erwiedern, daß sowohl ich wie meine Frau *stets* uns darüber klar waren, von dieser traurigen Angelegenheit nur ein einseitiges Bild zu haben. Ihre Meinung, daß wir dieses Bild für abgeschlossen u. schlechthin zutreffend hinnehmen, entspricht dem Sachverhalt nicht. Eine gewisse Reserve, die Sie insbesondre von Seiten meiner Frau bemerkt haben, geht auf Differenzen in ganz anderen Überzeugungen zurück. Ich würde mir nie erlaubt haben, mir ein definitives Urteil in einem Streit zu bilden, in dem ich nur *eine* Partei gehört habe – ganz abgesehn davon, daß ich überhaupt wenig Neigung habe, mich in so individuellen, dem Dritten nie ganz zugängigen Angelegenheiten auf den Stuhl des Richters zu setzen.

Aber darauf kommt es jetzt ja auch garnicht an, sondern ausschließlich darauf, ob ich es für wünschenswert u. tunlich halten kann, Ihnen irgendwie zu der Ermöglichung der neuen Ehe behilflich zu sein. Wünschenswert erscheint mir dies freilich im höchsten Maße; ob tunlich, ist eine andre Frage. Der Weg, den Sie vorschlagen, ist ganz ungangbar. Ich kann mir keinerlei Recht zusprechen, einer Frau, die sich mir gegenüber stets freundschaftlich gezeigt u. nie einen Grund zu persönlichen Vorbehalten gegeben hat, plötzlich mit Aussetzung der Beziehungen zu drohen. Ich kann wohl, wenn ein bisheriger Freund sein Inneres als ein sittlich unmögliches enthüllt, den Verkehr mit ihm abbrechen. Ich kann ihm aber nicht drohen: wenn er dies u. das nicht *täte*, würde ich den Verkehr mit ihm abbrechen; denn dieses Tun ändert ja das Innere garnicht u. ändert es um so weniger, je mehr es infolge meiner Drohung einträte. Es wäre einfach eine Erpressung u. eine Brutalität, die Sie mir zumuten, u. grade weil es eine solche wäre, würde es seinen Zweck gänzlich verfehlen, ja, aller Wahrscheinlichkeit nach genau das Gegenteil bewirken.

Da ich aber, wie gesagt, diesen Zweck selbst für wünschenswert halte, so will ich versuchen, das Meinige dafür zu tun. Den Weg dazu aber muß ich selbst wählen, wie er mir mit meinem Gewissen vereinbar scheint.

Ich füge für heute nur alle Wünsche hinzu, die sich aus den Leiden u. Schwierigkeiten Ihrer Lage ergeben, u. alle Grüße Ihr

Simmel

Ihres Briefes ... traurigen Angelegenheit] In dem verschollenen Brief hatte Paul Ernst wohl Simmel gebeten, bei der Überwindung des Widerstands von Lilli Ernst, in eine Scheidung einzuwilligen, mitzuwirken. Simmels wußten seit längerer Zeit von Ernsts Absicht, eine eheliche Verbindung mit der verwitweten Erzählerin und Kunstgewerblerin Else von Schorn, geb. Apelt (1874-1946; NDB) einzugehen und seine Vaterschaft für den am 2. Jan. 1912 in Italien geborenen Sohn Karl zu legalisieren; für den als »Carlo Lucetti« eingetragenen Sohn hatte Georg von Lukács die nach den italienischen Rechtsvorschriften erforderliche Vormundschaft bis zur Adoptionsfreigabe nach 4 Jahren übernommen (vgl. Paul Ernst an Georg von Lukács vom 4. bis [6. oder 7.] Jan. und 16. März 1912 in: Ernst/Lukács, S. 33 f., 37 sowie die ›Einleitung‹, ebd., S. XXII). Hatte Paul Ernst noch am 20. Dez. 1914 aus Oranienburg bei Berlin an Georg von Lukács schreiben können: »Meine Scheidung ist jetzt in Gang [...] Ich lebe jetzt hier, habe mit Fr. v. S. ein kleines Haus gemiethet« (ebd., S. 63), so hatte Lilli Ernst, um die Heirat mit Else von Schorn zu verhindern, 1916 »nach anfänglich gütlichem Vergleich ihren Mann wegen böswilligen Verlassens verklagt und eine äußerst schwierige Lage bewirkt« (ebd., S. 223, Anm. 87; vgl. Paul Ernst an Georg von Lukács 23. März 1916, ebd., S. 84 f.). Paul Ernst hatte noch am 28. April 1915 gegenüber Georg von Lukács befürchtet, er werde wegen seiner »Scheidungsangelegenheiten wahrscheinlich mit Simmels auseinander kommen; es ist ja möglich, daß sich durch eine persönliche Zusammenkunft der Gegensatz löst, ich glaube es aber nicht« (ebd., S. 351); es dürfte jedoch zwischenzeitlich zu einem klärenden Gespräch mit Georg Simmel gekommen sein, wie dies auch Gertrud Simmel andeutet, indem sie Ernst am 9. März 1916 einen Besuch auf der Sommerreise nach Berlin ankündigt, »damit man sich aussprechen könnte. Gerüchte habe ich nicht gehört, sie würden mich auch nicht beeinflußt haben« (DLA Marbach, Nl Ernst.).

Differenzen in ganz anderen Überzeugungen] Eine solche Differenz zeichnete sich bereits in einem Brief Gertrud Simmels an Paul Ernst vom Aug. 1909 ab: »Bei der ›Insel‹ [d. i. Paul Ernst: Die selige Insel. Ein Roman. Leipzig: Insel 1909] fiel mir ein, wie sonderbar es ist, daß wir zwei bei unserer grenzenlosen Verschiedenheit der Meinung über ›Frauen u. Männer‹ nie davon gesprochen haben. Ich nehme Ihren Standpunkt hin und verehre die Schönheit mit der sie ihn fassen [...] u. so braucht es keines Theoretisierens. [...] Jedenfalls glaube ich, daß diese meine Haltung zu Ihren Gefühlen hierüber für mich das Fruchtbare ist« (DLA Marbach, Nl Ernst).

das Meinige dafür zu tun] In welcher Form Simmel reagierte, ist nicht bekannt.

Georg Simmel an Elsa Bruckmann

Brief vom 26. Mai 1916
Hs.; BSB München, Bruckmanniana I

Straßburg 26 v 16

Sehr verehrte Frau!

Ich möchte – insbesondere da wir schließlich ohne Abschied auseinandergegangen sind – noch einmal aussprechen, eine wie große Befriedigung es mir war, in dem großen Münchner Kreise u. für die vortrefflichen Zwecke Ihres Unternehmens sprechen zu dürfen. Ich habe von München vielerlei Eindrücke mitgenommen, die mich auf lange Zeit hin erfrischen werden – was ich sehr nötig hatte.

Darf ich nun noch einige Bitten hinzufügen, die Ihnen hoffentlich keine große Bemühung bereiten, sondern sich von Ihrem Büro erledigen lassen. Ich möchte im Interesse meiner Statistik wissen, welchen Ertrag mein Vortrag ergeben hat. Ferner hätte ich gern die Aufsätze von *Dr. Wolff* u. *Dr. Friedenthal* über mich; in den ersten habe ich nur hineingesehn, der andre ist mir ganz entgangen. Endlich bitte ich, mir die Diana-Silhouette (ohne Rahmen) schicken zu lassen. Den Preis dafür bitte ich von dem Ersatz meiner Reiseauslagen, die ich auf 70 M. angebe, abzuziehen.

In der Hoffnung, Sie u. die verehrten Ihrigen in absehbarer Zeit wiedersehn zu können u. mit herzlicher Begrüßung bleibe ich Ihr treu ergebener

Simmel

sprechen zu dürfen] Angesprochen ist Simmels Vortrag über ›Die Liebe in Goethes Leben‹, den er lt. Presseankündigungen und -berichten »am Montag, 22. Mai, Abds. 8¼ Uhr« im »Konzertsaal Vier Jahreszeiten« gehalten hat und dessen Ertrag – bei einem Kartenpreis von »M 1- [...] 5,10« für die ›Kriegshilfe für geistige Berufe‹ verwendet wurde (Ankündigungen in MNN, Nr. 258 bzw. 259 vom 21. bzw. vom 22. Mai 1916, jeweils Mo. Bl.). Dem gleichlautend überschriebenen Bericht, gez. Tb., ist zu entnehmen, daß trotz »des schönen Maienabends [...] eine recht zahlreiche Zuhörerschaft erschienen« war (MNN, Nr. 263 vom 24. Mai 1916, Mo. Bl.). Siehe auch die Ankündigungen in der Münchner Post, Nr. 115 vom 17. Mai 1916 und Nr. 120 vom 23. Mai 1916, sowie den Bericht, gez. K.E., in Nr. 122 vom 25. Mai 1916.

welchen Ertrag] Nicht bekannt.

von *Dr. Wolff*] Zur Einstimmung des Publikums auf Simmels Vortrag hatten die MNN bereits am 19. Mai 1916 (Nr. 254, Mo. Bl.) unter dem Titel »Die Liebe in Goethes Leben« ein Porträt des Philosophen, gez. E. Wolff, abgedruckt. Der Autor war vermutlich der Anglist Emil J. H. Wolff (1879-1952; Kürschner GK 1954, Totenliste), seit 1911 PD an der Universität München, an der er sein zeitweise in Berlin verfolgtes Studium 1907 mit einer preisgekrönten Dissertation über Francis

Bacon abgeschlossen hatte; er wurde 1917 ao. Prof. und wechselte 1919 auf ein Ordinariat in Hamburg (Wer ist's? 1935).

Dr. Friedenthal] Dem ›Adreßbuch für München 1916‹ zufolge kommt nur der politische Schriftsteller Dr. iur. Joachim Friedenthal (geb. 30. März 1887) in Frage, ausgewiesen als Korrespondent des BT, Verlagsdirektor in München und Herausgeber des Wedekind-Nachlasses (Kürschner LK 1924-1928). Der hier angesprochene »Aufsatz« über Simmel konnte nicht ermittelt werden.

Diana-Silhouette] Ein als »Geschnittene Silhouette ›Diana‹« bezeichnetes Werk des Münchner Silhouettenkünstlers Ernst Moritz Engert (1892-1986), erstmals abgebildet und wie folgt beschrieben von C. Weinmayer: Ernst Moritz Engert – München. Neueste Silhouetten. Deutsche Kunst und Dekoration XX, Band XL, 1917, Heft 8 (= April), S. 85-87, hier: 86 (mit Abb. auf S. 89): »Die Diana stellt das reifste Werk des Künstlers dar. [...] Hier siegt die Schönheit der Form und die relative Größe. Ein einziges, leichtfüßiges, sich schneidendes Eilen, aus einer Quelle, nach einem Ziel, von vollkommenen Gleichgewichts-Bedingungen. Jede Bewegung von aalhafter Geschmeidigkeit, eine Linie die andre aufnehmend und weiterführend und zugleich zurückschauend im Kreisbild bindend und jede Linie lebendig, keine tot, nirgends Leier«. – Engert, der seit 1910 der Schwabinger Künstler-Bohème angehörte, war 1916 verwundet vom Kriegsdienst an der Westfront nach München zurückgekehrt. Vgl. Engert zum 100. Geburtstag. Im Gegenlicht – Ein Schattenbild. Ausstellung in den Kunstsammlungen der Stadt Limburg, Ernst-Moritz-Engert-Museum im Stadtmuseum Hadamar, 24. Februar-5. April 1992. Herausgegeben vom Magistrat der Stadt Hadamar und Magistrat der Kreisstadt Limburg a. d. Lahn. Limburg a. d. Lahn / Hadamar 1992.

Georg Simmel an Georg Heinrich Meyer, Kurt Wolff Verlag

Brief vom 30. Mai 1916
Hs.; YUBL New Haven, Conn., Kurt Wolff Archive

Straßburg 30 V 16

Sehr geehrter Herr!

Ich bin verwundert, noch keine Korrektur des *Kant u. Goethe* erhalten zu haben. Sie hatten die Angelegenheit sehr dringlich gemacht, um das Büchlein möglichst schnell zur Versendung in's Feld bereit zu haben u. da ich gleichfalls dies für sehr wünschenswert halte, so hatte ich – was mir keineswegs bequem war – die Arbeit möglichst beschleunigt. Das Manuskript ist nun schon einige Wochen in Ihren Händen u. ich bitte Sie sehr, die Veröffentlichung schnell zu bewirken. Während des Druckes können wir uns dann über die Ausstattung u. die übrigen Bedingungen verständigen.

U. wie steht es mit dem Satz des *Rembrandt*, den Ihr letztes Schreiben gleichfalls als unmittelbar bevorstehend [an]kündigte?

Mit vorzüglicher Hochachtung Ihr

Simmel

Brief vom 30. Mai 1916] Mit Textverlust durch Lochung.

keine Korrektur des *Kant u. Goethe* ... beschleunigt] Siehe Simmel an Georg Heinrich Meyer vom 6., 21. und 26. April 1916 sowie 17. Mai 1916.

Satz des *Rembrandt*] Simmel: Rembrandt. Ein kunstphilosophischer Versuch. Leipzig: Kurt Wolff 1916; GSG 15, S. 305-515.

Ihr letztes Schreiben] Verschollen.

Georg Simmel an Georg Heinrich Meyer, Kurt Wolff Verlag

Brief vom 30. Mai 1916

Hs.; YUBL New Haven, Conn., Kurt Wolff Archive

Straßburg 30 v 16

Sehr geehrter Herr!

Mein Brief hat sich mit Ihrer Sendung gekreuzt. Ich habe die Korrektur sogleich erledigt u. bitte nun um Revision. *Ein Ex*. dieser, mit der Korrektur, senden Sie bitte an mich, ein zweites an folgende Adresse: Frau *Gertrud Simmel*, bei Frau *Jacobs*, *Berlin-Steglitz, Paulsenstr.* 47.

Ich schlage vorläufig vor, 36 Zeilen auf die Seite zu setzen u. bitte Sie, eine Probeseite, genau in dem von Ihnen beabsichtigten Format, herstellen zu lassen, vielleicht auch eine mit 37 Zeilen, damit ich mir darüber schlüssig werden kann. – Die Kapitelüberschrift gefällt mir noch nicht. Die Schriftgrößen der beiden Zeilen sollten vertauscht werden u. dann ein etwas größeres Spatium bis zum Textbeginn gelassen werden.

Wenn der Druck schnell vorschreitet, könnte das Buch vielleicht schon Ende Juni herauskommen. Dies wäre ein großer Gewinn, es würde dann auch für den Absatz an den Universitäten in eine rech[t gü]nstige Zeit treffen.

Mit vorzüglicher Hochachtung Ihr

Simmel

Brief vom 30. Mai 1916] Mit Textverlust durch Lochung; Bearbeitungsvermerk: Bleistiftunterstreichungen.

Mein Brief] Siehe vorstehendes Schreiben.

Korrektur] Satz-Korrektur von Simmel: Rembrandt. Ein kunstphilosophischer Versuch. Leipzig: Kurt Wolff 1916; GSG 15, S. 305-515.

Frau *Jacobs, Berlin-Steglitz, Paulsenstr.* 47] Es handelt sich um die Anschrift von Helene Jacobs, Gertrud Simmels älterer Schwester.

Ende Juni herauskommen] Zum Erscheinungszeitpunkt des ›Rembrandt‹ siehe Simmel an Margarete von Bendemann vom 28. Nov. 1916.

Georg Simmel an Georg Heinrich Meyer, Kurt Wolff Verlag

Brief vom 2. Juni 1916
Hs.; YUBL New Haven, Conn., Kurt Wolff Archive

Straßburg 2 VI 16

Sehr geehrter Herr!

Da man jetzt mit Postverlusten rechnen muß, will ich doch melden, daß ich die seit Tagen erwartete Titelprobe – nebst Vor[wor]t u.s.w. – noch immer nicht erhalten habe. Die Verzögerung ist höchst ärgerlich, da angesichts der vorgeschrittenen Sommerzeit jeder Tag früher oder später von erheblicher Wichtigkeit ist. Auch von dem Umschlagpapier möchte ich Proben sehn.

Ihre gef. Nachricht darüber, ob ich Sie an diesem Sonnabend Vormittag in Ihrem Büro antreffe, bitte ich mir *umgehend* mitzuteilen, da ich schon am Donnerstag von hier abreise. Sie berücksichtigen dies wohl auch hinsichtlich sonstiger Sendungen.

Von Sonntag bis Dienstag bin ich in Berlin, (*Charlottenburg, Hotel Bismarck, Am Knie*), Mittwoch wieder in Straßburg.

In vorzüglicher Hochachtung

Simmel

Brief vom 2. Juni 1916] Mit Textverlust durch Lochung; Bearbeitungsvermerke: Bleistiftanstreichungen.

Titelprobe – nebst Vor[wor]t] Betrifft den Druck von Simmel: Rembrandt. Ein kunstphilosophischer Versuch. Leipzig: Kurt Wolff 1916; GSG 15, S. 305-515.

diesen Sonnabend ... in Ihrem Büro] Simmel schrieb am Freitag, den 2. Juni 1916; am Sonnabend, den 3. Juni führte er das Protokoll der 2. Sitzung der philosophischen Fakultät in Straßburg (ADBR, AL 103, Paq. 36, Nr. 121); demnach plante Simmel wohl, da er am »Donnerstag«, den 8. Juni 1916, (mit unbekanntem Ziel) zu verreisen beabsichtigte, den Verlagsbesuch in Leipzig für Sonnabend, den 10. Juni 1916.

Von Sonntag bis Dienstag ... in Berlin, ... Mittwoch wieder in Straßburg] Offensichtlich wollte Simmel vom Sonntag, den 11. (Pfingsten), bis Dienstag, den 13. Juni 1916 in Berlin sein, wo sich zur gleichen Zeit Gertrud Simmel aufhielt und Rembrandt-Korrekturen bearbeitete (siehe Simmel an Meyer vom 30. Mai, 5. und 16. Juni 1916), und im Hotel ›Fürst Bismarck‹ (siehe Simmel an Hans Mühlestein vom 8. März 1916) wohnen; möglicherweise plante er die Rückkehr nach Straßburg für den 14. Juni 1916 mit Blick auf seine Lehrverpflichtungen (siehe Simmel an Anna Jastrow vom 1. Mai 1916). – Gegen die Realisierung dieses Reiseplans spricht Simmels Brief an Meyer vom 12. Juni 1916 aus »Straßburg«.

Georg Simmel an Georg Heinrich Meyer, Kurt Wolff Verlag

Brief vom 5. Juni 1916

Hs.; YUBL New Haven, Conn., Kurt Wolff Archive

Straßburg 5 VI 16

Sehr geehrter Herr!

Nach Einsicht in die Probeseiten stimme ich für die Seite von 36 Zeilen. Daß die Zahlen *unten* an der Seite angebracht werden, ist mir recht.

Meine frühere Bedingung, die Fahnen unumbrochen bis zum

Abschluß der Korrektur stehen zu lassen, will ich fallen lassen. Ich bitte Sie vielmehr, die von mir korrigirten Teile umbrechen u. die Revision dann, wie ausgemacht, außer an mich auch noch an meine Frau, z. Z. in Steglitz, senden zu lassen.

Meinen Brief, der sich über die Bildbeigaben im negativen Sinne ausspricht, haben Sie hoffentlich inzwischen erhalten, ebenso meine Bitte um Titelproben. Meinesteils habe ich dann nur noch, nach Abschluß der Revision, das Inhaltsverzeichniß zu liefern, das zwischen Vorrede u. Text gesetzt werden soll.

In vorzüglicher Hochachtung Ihr

Simmel

U. wie steht es mit dem *Kant u. Goethe*?

Brief vom 5. Juni 1916] Mit Bearbeitungsvermerken: Textunterstreichungen.

Probeseiten] Siehe Simmel an Meyer vom 30. Mai und 2. Juni 1916.

frühere Bedingung] Siehe Simmel an Meyer vom 15. April 1916.

wie ausgemacht] Siehe Simmel an Meyer vom 30. Mai 1916.

meine Frau, z. Zt. in Steglitz] Zur Unterkunftt Gertrud Simmels siehe ebd.

Meinen Brief … über die Bildbeigaben] Dieses Schreiben ist nicht überliefert.

meine Bitte um Titelproben] Siehe Simmel an Meyer vom 2. Juni 1916.

***Kant u. Goethe*]** Angesprochen ist der Satz der überarbeiteten und zum Druck gegebenen 3. Auflage von Simmel ›Kant und Goethe‹; siehe Simmel an Meyer vom 17. Mai 1916.

Georg Simmel an Georg Heinrich Meyer, Kurt Wolff Verlag

Brief vom 12. Juni 1916
Hs.; YUBL New Haven, Conn., Kurt Wolff Archive

Straßburg 12 VI 16

Sehr geehrter Herr!

Ich habe bei der folgenden Angelegenheit, die an mich herangetreten ist, an Sie gedacht. Ein mir bekannter Privatdozent für französische Literatur (an einer preußischen Universität) hat ein Buch verfaßt, über dessen Inhalt er auf meine Veranlassung in den beil. Zeilen Rechenschaft gegeben hat. Er hatte mich, da er buchhändlerisch ganz unerfahren ist, um einen Rat bezüglich der Veröffentlichung gebeten. Ich glaube, es wäre nicht nur in seinem, sondern auch in Ihrem Interesse, wenn das Buch in Ihre Hände käme. Ich habe es teilweise gelesen: es ist durchaus *allgemeinverständlich* (viel mehr als z. B. der *Rembrandt*), wissenschaftlich natürlich vollkommen exakt, aber keineswegs nur für Gelehrte geschrieben, sondern für das weiteste gebildete Publikum, das sich wahrscheinlich jetzt u. in der näheren Zukunft besonders lebhaft für die Äußerungen des modernsten französischen Geistes interessiren wird. Denn man weiß bei uns so gut wie nichts von ihm, u. grade wie die politischen Dinge stehn, ist es uns bitter nötig, die geistigen Kräfte der uns jetzt feindlichen Völker genauer zu kennen, als bisher. Ich glaube also – unter allem selbstverständlichen Vorbehalt solcher Prognosen – daß dem höchst interessanten Buch auch äußerlich eine gute Laufbahn bevorsteht, u. frage Sie deshalb an, ob es Ihnen recht wäre, wenn der Verf. Ihnen das Manuskr. zur Prüfung zusendete.

*

Der Drucker hat sich offenbar erheblich verspätet. Sie hatten mir geschrieben, daß er den Satz bis zum *vorigen Dienstag* beenden wollte – u. nun fehlt mir heut, Montag, noch ein großes Stück! Er u. der Buchbinder müssen sich sehr beeilen, wenn wir noch in diesem Monat herauskommen sollen. Bitte halten Sie doch auch darauf, daß mit dem Umbrechen gleich begonnen wird, damit ich die Revision lesen kann. Bezüglich der vorgeschlagenen Seitentitel möchte ich bemerken, daß wenn auf der Seite, auf der ein Abschnitt endet, noch ein neuer beginnt, in jedem Fall der Titel dieses neuen für die Überschrift der Seite zu verwenden ist, auch wenn der Abschnitt erst ganz unten anfängt.

In größter Hochachtung Ihr

Simmel

Privatdozent für französische Literatur ... Buch verfaßt] Gemeint ist Ernst Robert Curtius, seit 1913 PD in Bonn, gelegentlicher Gast bei Simmels in Straßburg (siehe Simmel an Friedrich Curtius vom

9. Okt. 1914) sowie das Manuskript zu dessen Buch ›Die literarischen Wegbereiter des neuen Frankreich‹ (Potsdam: Gustav Kiepenheuer o.J. [1919], 290 S.). – Wie Curtius am 18. Jan. 1916 dem Verlag Karl J. Trübner, dem er ein Buch über die französische Literatur im 19. Jahrhundert in Aussicht gestellt hatte, mitteilte, war er nach einer Verwundung in »dauernde Feld- und Garnisonsunfähigkeit« versetzt und somit in der Lage, sein »z.T. ausgearbeitetes Manuskript« über »fünf repräsentative Schriftsteller des heutigen Frankreich: R. Rolland, A. Gide, Claudel, Suarès, Péguy« in ca. zwei Monaten druckfertig zu machen und unter dem Titel »Geistige Führer in der französischen Literatur der Gegenwart« herauszubringen (SBPK Berlin, VA de Gruyter, Dep. 42 Tr). Entsprechend hatte er im Laufe des Febr./März 1916 Friedrich Gundolf über die abschließenden Arbeiten zur »Umarbeitung eines Collegs über die neue geistige Bewegung in Frankreich« berichtet (Brief vom 27. Febr. 1916, Gundolf Briefwechsel, S. 250f.; siehe auch die Schreiben vom 1. u. 16. März 1916, ebd., S. 254 und 255f.). Wie Curtius' Schreiben an den Trübner-Verlag vom 16. Juli 1916 zu entnehmen, lag ihm sehr daran, sein »in tadelloser Maschinenschrift« vorliegendes »Buch ›Die Wegbereiter des neuen Frankreich‹ [...] noch während des Krieges [...] zu veröffentlichen« (SBPK Berlin, VA de Gruyter, a.a.O.). Dies sollte Trübner wegen zur Neige gehender Papiervorräte ablehnen (Antwort von Curtius an Verlag vom 22. Juli 1916, ebd.). Daß es Curtius um den vermittelnden Blick auf die neue Geisteshaltung im literarischen Frankreich ging, findet sich in seinem Vorwort vom 22. Nov. 1918 ausgesprochen: »Das vorliegende Buch – erwachsen aus Vorlesungen, die im Sommer 1914 an der Universität Bonn gehalten wurden – möchte die ungeprüft übernommenen Vorstellungen von französischer Geistesart berichtigen, die bei uns umlaufen; es möchte den jungen Deutschen ein Bild von dem neuen geistigen Frankreich geben, wie seine Wegbereiter es erschauen. [...] Es handelt sich um eine Auslese dessen, was auf dem Boden des zeitgenössischen Schrifttums einer gemeinsamen neuen Geisteswelt Europas zuwächst. Deshalb war alles auszuschliessen, was rein innerfranzösische Bezüge hat: was nur Fortsetzung französischer Tradition ist; vor allem die nationalistische und neuklassizistische Literatur. / Auf die Stimmen des geister- und seelenverwirrenden Hasses, die aus Frankreich erklungen sind, habe ich nicht gehört. Mögen andere sich berufen fühlen, hier und dort nachzurechnen und zu rechten« (Vorwort zur ersten Auflage, zit. n.: 2. und 3. Tsd. 1920, [S. 3]). Und in einem späten Rückblick sollte Curtius an die »politische Forderung [...] zwischen den Zeilen der ›Wegbereiter‹« erinnern, die auf seine Straßburger Erfahrungen der Vorkriegsjahre und vor allem die Begegnungen mit Ernst Stadler zurückzuführen

seien (Ernst Robert Curtius: Büchertagebuch. Mit einem Nachwort von Max Rychner. Bern/München: Francke 1960, S. 108-112).

beil. Zeilen] Beilage nicht überliefert.

der *Rembrandt*] Simmel: Rembrandt. Ein kunstphilosophischer Versuch. Leipzig: Kurt Wolff 1916 (GSG 15, S. 305-515).

Drucker ... Sie hatten mir geschrieben] Meyers Schreiben bezüglich der Druckfahnenherstellung von Simmels ›Rembrandt‹ (s. o.) ist verschollen bzw. ein Durchschlag nicht überliefert.

Kurt Wolff, Kurt Wolff Verlag, an Georg Simmel

Durchschlag von Brief vom 15. Juni 1916
Tps. o. U.; YUBL New Haven, Conn., Kurt Wolff Archive

Sehr geehrter Herr Professor!

Ein Urlaub ermöglicht es mir, einige Tage im Verlag zu arbeiten, und ich möchte die Gelegenheit benutzen, um persönlich Ihnen gegenüber meine grosse Freude zum Ausdruck zu bringen, dass Sie sich entschlossen haben, meinem Verlag Ihr neues Buch zu übergeben. Ich weiss nicht, ob Sie sich entsinnen werden, dass ich schon vor langen Jahren, als mein Verlag noch unter der Firma Ernst Rowohlt Verlag tätig war, mich an Sie wandte, meiner Verehrung für Ihr Werk und meinem verlegerischen Interesse an Ihrem Schaffen Ausdruck gebend.

Erlauben Sie mir, Ihnen anschliessend an die Korrekturbogen Ihres Buches, die ich sah und las, zur publizistischen Seite der Angelegenheit noch folgendes zu sagen (trotzdem ich weiss, dass Aehnliches Ihnen schon Herr G.H. Meyer schrieb oder sagte):

Seien Sie versichert, sehr geehrter Herr Professor, dass ich durchaus begreife, wie sehr es Ihnen widerstreben muss, bei der Publikation Ihrer Bücher Dingen zuzustimmen, die ein Kokettieren mit dem Publikum bedeuten würden. Ohne mich hier auf weitläufige Auseinandersetzungen über die Grenzen des vom Verleger zu beweisenden publizistischen Taktes äussern zu wollen, darf ich aber vielleicht doch kurz an folgendes erinnern:

Ich glaube, dass jeder Autor, soweit ihm überhaupt an Resonanz und Wirkung seiner Bücher gelegen ist, sich zu gewissen Konzessionen verstehen muss, von denen nachweislich diese Wirkung nach aussen, die sich letzten Endes doch nur ziffernmässig an der Anzahl der Auflagen ablesen lässt, ausgeht. Soweit diese Konzessionen lediglich auf dem Gebiete guter Buchausstattung typographischer Art liegen, kann wohl auch der peinlichste und zurückhaltendste Autor nichts dagegen haben. Da Sie eine übereinstimmende Form des Rembrandt-Buches mit Ihrem Goethe-Buch wünschten, ist dieses neue Buch allerdings typographisch vollkommen reizlos geworden. (Ich bitte Sie, Ihrem Verleger zu glauben, dass Ihr Rembrandt-Buch, ebenso luxuriös gedruckt wie Bubers neues Buch »Vom Geist des Judentums«, mit 10-20 Rembrandt-Illustrationen, die nichts nützen und nichts schaden, versehen, unbedingt von vornherein die zwei- bis vierfache Absatzmöglichkeit hat, wie das äusserlich unansehnliche – um im Sinne heutiger Forderungen nicht zu sagen: schäbige – Aussehen, das es jetzt hat.) ...

Da nun andererseits, wie mir Herr Meyer sagt, und wie ich Andeutungen Ihrer Briefe entnehme, Ihnen eine starke Wirkung Ihres neuen Buches nicht unerwünscht ist, so glaube ich, nochmals anfragen zu dürfen, ob Sie Ihrem Verleger das Erzielen dieser Wirkung nicht dadurch ermöglichen wollen, dass Sie der Beigabe einer Anzahl Illustrationen zustimmen.

Ich bitte Sie sehr, mir freundlichst Vertrauen und Glauben zu schenken, wenn ich Ihnen versichere, dass diese Ausführungen nicht als Motiv die Absicht haben, an diesem Buch viel Geld zu verdienen. Ein Buch dieser Art, das Sie zum Verfasser hat, zu verlegen, ist für meinen Verlag eine Freude und Auszeichnung. Dass ich aber zugleich für Sie durch meine Arbeit eine Vertiefung Ihrer Wirkung in Deutschland, eine Erweiterung Ihres Leserkreises will, ist der einzige Wunsch, den ich daran knüpfe. Zum Erzielen grosser wirtschaftlicher Vorteile sind andere Publikationen und Publikationsmöglichkeiten im Rahmen meines Verlages vorhanden.

Es würde mich freuen, wenn Sie, verehrter Herr Professor, von diesem Standpunkt aus die Frage der Buchausstattung nochmals überlegen und eine Abweichung von der spartanischen Strenge Ihrer Vorschriften vertrauensvoll dem Verleger gestatten würden.

Ich begrüsse Sie in vorzüglicher Hochschätzung und Ergebenheit

Durchschlag von Brief vom 15. Juni 1916] Wohl in den Verlagsbriefkopf eingefügt: 15. Juni [191]6 / Herrn / Professor Dr. Georg *Simmel,/ Strassburg i/E.*; mit Absenderkürzel li. oben: W/K.

Ein Urlaub ... im Verlag zu arbeiten] Kurt Wolff war an der Balkanfront im Einsatz; »während eines längeren Urlaubs« arbeitete er im Sommer 1916 »wiederholt im Verlag« (Göbel, Sp. 693); zum Zeitpunkt dieses Briefes blieben ihm »nur noch wenige Tage« bis zur Rückkehr ins Feld, wie er am 14. und 19. Juni 1916 an Gustav Landauer schrieb (Kurt Wolff: Briefwechsel eines Verlegers 1911-1963. Herausgegeben von Bernhard Zeller und Ellen Otten. Frankfurt/M.: Heinrich Scheffler 1966, 242 ff.).

Ihr neues Buch] Simmel: Rembrandt. Ein kunstphilosophischer Versuch. Leipzig: Kurt Wolff 1916; GSG 15, S. 305-515. Zum Vertragsabschluß siehe Simmel an Georg Heinrich Meyer vom 26. April 1916.

mein Verlag noch unter der Firma Ernst Rowohlt Verlag] Kurt Wolff war im Juli 1910 stiller Teilhaber des Ernst Rowohlt Verlages, Leipzig, geworden, hatte diesen im Herbst 1912 übernommen und im Febr. 1913 in Kurt Wolff Verlag umbenannt. Vgl. Göbel, Sp. 560-565.

mich an Sie wandte] Schreiben verschollen.

Herr G. H. Meyer schrieb oder sagte] Das Schreiben des Verlagsleiters Georg Heinrich Meyer, das die von Kurt Wolff im folgenden angesprochene Ausstattung des Simmelschen ›Rembrandt‹ mit Bildbeigaben thematisierte, ist verschollen; auch die in Simmels Schreiben an Meyer am 5. und an Wolff am 16. Juni 1916 erwähnte ablehnende Antwort Simmels ist nicht überliefert.

ausgeht] Im Original: anstrebt.

Da Sie eine übereinstimmende Form ... wünschten] Siehe Simmel an Georg Heinrich Meyer vom 15. April 1916.

Bubers neues Buch »Vom Geist des Judentums«] Vom Geist des Judentums. Reden und Geleitworte von Martin Buber. München: Kurt Wolff Verlag 1916. – Siehe Simmel an Buber vom 10. April 1916.

Dass ich] Original: »Dass es«.

die Frage der Buchausstattung nochmals überlegen] Simmel hatte sich lt. Schreiben an Meyer vom 5. Juni 1916 bereits »im negativen Sinne« geäußert. – Siehe Simmel an Kurt Wolff vom 16. Juni 1916.

Georg Simmel an Georg Heinrich Meyer, Kurt Wolff Verlag
Postkarte vom 16. Juni 1916
Hs.; YUBL New Haven, Conn., Kurt Wolff Archive

Straßburg 16 VI 16

Sehr geehrter Herr!

Ich bitte Sie, ev. Revisionen an meine Frau nicht mehr später als Sonntag, d. 18., abzusenden, alles von Montag an Fertige mir noch hierher zu schicken. –

Für den Fall, daß Sie den Einband schon jetzt herstellen lassen wollen, bemerke ich, daß der Untertitel auf die Vorderseite auch des Einbands kommen muß; auf dem Rücken ist er nicht nötig. Sie senden mir doch wohl auch dann eine Probe? Als Farbe würde ich ein dunkles Grün (aber nicht Oliv!) vorschlagen; vielleicht aber grade nur so dunkel, daß der Aufdruck schwarz sein kann, aber in ziemlich großen Buchstaben. Hoffentlich haben wir hinreichende Zeit zur Prüfung, denn ich möchte gern, daß die Ausstattung, bei aller Einfachheit, so harmonisch u. geschmackvoll wie möglich sei.

In diesem Augenblick bekomme ich den Brief Ihres Herrn *Kurt Wolff*, auf den ich gesondert antworten werde.

In vorzüglicher Hochachtung

Simmel

Postkarte vom 16. Juni 1916] An: *Firma / Kurt Wolff* Verlag / *Leipzig / Kreuzstr.* 3[b]; mit Absenderstempel: Prof. Simmel / Strassburg (Els.); Prüfstempel: Straßburg (Els.) [unles.]. Mit Bearbeitungsvermerken: Hand A, über der Textseite, unterstrichen: »Erledigt«; Hand B, quer über die Textseite: »erledigt grün«.

ev. Revisionen an meine Frau ... Sonntag, d. 18.] Simmel hatte mit Brief vom 30. Mai und 5. Juni 1916 um die Versendung eines zweiten Revisions-Exemplars seines Rembrandt-Buches an Gertrud Simmel nach Berlin gebeten.

Brief Ihres Herrn *Kurt Wolff*] Siehe vorstehendes Schreiben.

gesondert antworten] Siehe nachfolgenden Brief.

Georg Simmel an Kurt Wolff, Kurt Wolff Verlag
Brief vom 16. Juni 1916
Hs.; YUBL New Haven, Conn., Kurt Wolff Archive

Straßburg 16 VI 16

Sehr geehrter Herr!

Ich danke Ihnen für Ihr freundliches Schreiben von gestern. Sie können mir glauben, daß ich mir die Frage der Bild-Beigaben sehr genau überlegt habe u. daß, wenn ich sie ablehne, es auf Grund einer mehr [als] 25jährigen literarischen Erfahrung u. einer gründlichen Kenntniß des für mich in Betracht kommenden – u. für mich wünschenswerten – Publikums geschieht. Ich schrieb übrigens Herrn *Meyer* schon, daß ich für eine ev. zweite Auflage einer Reihe von Bild-Beigaben nicht abgeneigt wäre. Die Motive für diesen Unterschied lassen sich brieflich nicht gut entwickeln.

Was die sonstige Ausstattung betrifft, so hat offenbar von vornherein ein Mißverständniß bestanden. Ich hatte zwar eine, meinem *Goethe* analoge Ausstattung in unsern Kontrakt hineingeschrieben, aber Herrn *Meyer* doch mitgeteilt, daß ich dies nur als einen Vorschlag betrachte. Ich erwartete damals verschiedenartige Druckproben, als aber ohne weitere Anfrage der *Goethe*-Satz ankam, nahm ich an, daß dieser auch dem Verlage recht sei. Dies ist nun einmal geschehen u. es ist unnütz zu diskutiren, wer von uns das Mißverständniß verschuldet hat. Liegt Ihnen indeß an einer jetzt noch möglichen Steigerung der Eleganz, so wäre diese m. E. durch die Wahl eines besonders guten Papiers zu erreichen. Das Papier des *Goethe* gefällt mir allerdings auch garnicht, u. ich glaube, daß das Papier des *Buberschen* Buches (es ist mir augenblicklich nicht zur Hand) allerdings dem Aussehen des meinigen sehr aufhelfen würde; auch ein breiter Rand würde dazu beitragen, obgleich der *Buber*sche mir übertrieben scheint. Nur bitte ich zu beachten, daß mein Publikum im Wesentlichen das akademische ist u. daß für dieses eine durch elegante Ausstattung bedingte Preishöhe eine bedenkliche Hemmung bedeutet.

Meine Anfrage bez. des Buches über das Neue Frankreich ist hoffentlich in Ihre Hände gekommen?

Mit verbindlicher Empfehlung Ihr sehr ergebner

Simmel

Brief vom 16. Juni 1916] Mit Textverlusten durch Lochung; Bearbeitungsvermerken: Textunterstreichungen.

Schreiben von gestern] Siehe Kurt Wolff an Simmel vom 15. Juni 1914.

schrieb ... Herrn *Meyer*] Das Schreiben an den Geschäftsführer des Verlags ist verschollen.

meinem *Goethe*] Simmel: Goethe. Leipzig: Klinkhardt & Biermann [1912] 1913; GSG 15, S. 201-217.

unsern Kontrakt] Simmel: Rembrandt. Ein kunstphilosophischer Versuch. Leipzig: Kurt Wolff 1916 (GSG 15, S. 305-515). – Siehe Simmel an Georg Heinrich Meyer vom 15. April 1916.

Wahl eines besonders guten Papiers] Vor allem »dickes« (Simmel an Kurt Wolff am 23. Juni 1916).

***Buberschen* Buches]** Siehe Kurt Wolff an Simmel vom 15. Juni 1914.

breiter Rand ..., obgleich der *Buber*sche mir übertrieben scheint] Martin Bubers ›Vom Geist des Judentums‹ (siehe Simmel an Buber vom 10. April 1916) hat Oktav-Format und ist sehr luftig in Fraktur mit 24 Zeilen pro Seite gesetzt; die Randbreite beträgt: li. 2,5cm; re. 3,5cm, oben 3,5cm, unten 5,5cm.

Anfrage bez. des Buches über das Neue Frankreich] Zum Manuskript von Ernst Robert Curtius siehe Simmel an Georg Heinrich Meyer vom 12. Juni 1916.

Georg Simmel an Fritz Heyder Verlag

Brief vom 20. Juni 1916

Hs.; SAdK Berlin, VA Fritz Heyder

Straßburg Els. 20 VI 16

Sternwartstr. 17

Sehr geehrter Herr!

Infolge Ihres gef. Schreibens vom 17. d. stelle ich Ihnen den beil. Aphorismus für Ihren Kalender zur Verfügung. Mit dem Honorar von 10 M. bin ich einverstanden, unter der Voraussetzung, daß Ihr Honorar für derartige Beiträge in *keinem* Fall ein höheres ist. Denn mit einem geringeren Honorar, als es irgend einem Ihrer Mitarbeiter für die entsprechende Leistung bezahlt wird, könnte ich mich allerdings nicht befriedigt erklären.

Hochachtungsvoll –

Prof. Simmel

Brief vom 20. Juni 1916] Simmels Datumsangabe geht möglicherweise auf einen Irrtum zurück, da die in nachfolgendem Schreiben wiedergegebene Antwort des Fritz Heyder Verlages vom 19. Juni 1916 stammt.

Schreibens vom 17. d.] Verschollen.

beil. Aphorismus für Ihren Kalender] Beilage nicht mehr am Brief; Simmel sandte den Aphorismus: »Wenn die Menschen damit großtun [...]«, abgedruckt in: Kunst und Leben 9, 1917. Ein Kalender mit 53 Originalzeichnungen und Originalholzschnitten deutscher Künstler und Versen und Sprüchen deutscher Dichter und Denker. Mit einem Titelbilde von Hans Thoma. Schrift und Schmuck von Peter Behrens. Berlin-Zehlendorf: Fritz Heyder 1916, Kalenderblatt für die 9. Woche, Febr.-März 1917 (GSG 17, S. 137). Der Aphorismus stellt eine Überarbeitung des bereits im Juni 1915 in Simmels Beitrag ›Aus einer Aphorismensammlung‹ eingegliederten dar, erschienen in: Der Kunstfreund. Vereinigung der Kunstfreunde, 2, 1914/15, S. 284-286; hier: 284 (GSG 17, S. 132-135, hier: 132). – Bei dem Angebot und Teilabdruck von J. A. Stargardt (Katalog Nr. 673, Auktion am 4. und 5. Juli 2000, S. 263, Nr. 659) mit der näheren Bezeichnung: »E. Manuskript m.U. 2/3 S. 8o« (darin Abweichungen in der Schreibweise: ss statt ß; »sehn« statt »sehen«) handelt es sich vermutlich um das dem Fritz Heyder Verlag eingereichte Manuskript.

Fritz Heyder Verlag an Georg Simmel

Abschrift von Brief vom 21. Juni 1916
Hs.; SAdK Berlin, VA Fritz Heyder

19./6.

Sehr geehrter Herr!

Ich danke Ihnen sehr für die Erfüllung meiner Bitte und dies kräftig anpackende Wort. Das Honorar sende ich gleichzeitig.

Ich zahlte noch niemals für einen Aphorismus mehr als ich Ihnen bot und ich bitte Sie, mir zu glauben, daß ich nicht daran denke Ihren Beitrag irgendwie geringer zu bewerten als den irgendeines anderen der bedeutenden [Mitarbeiter des Kalenders].

Abschrift von Brief vom 21. Juni 1916] Die in der letzten Zeile bis zur Unlesbarkeit verblichene Abschrift ist dem Copierbuch des Verlags (Nr. 9, 1915-1917, S. 412) entnommen; sie trägt die Adressatenangabe »Herrn Professor Dr. Georg Simmel, Straßburg.« und das Datum »19/6.«; die hier vorgenommene Datierung ist dem Umstand geschuldet, daß es sich zweifellos um die Antwort auf Simmels Brief vom 20. Juni 1916 handelt.

Erfüllung meiner Bitte ... Ich zahlte] Siehe ebd.

Georg Simmel an Kurt Wolff, Kurt Wolff Verlag

Brief vom 21. Juni 1916
Hs.; YUBL New Haven, Conn., Kurt Wolff Archive

Straßburg 21 VI 16

Sehr geehrter Herr!

Es haben sich bei der Revision doch noch ziemlich bedeutende Korrigenda herausgestellt u. ich möchte Ihnen an's Herz legen, deren Ausführung vor dem Druck recht sorg[fä]ltig zu überwachen; andernfalls wären eine ganze Reihe von Sinnentstellungen zu befürchten. Unter andern Umständen hätte ich noch um eine zweite Revision ersucht; allein da die Zeit schon so weit vorgerückt ist u. große Beschleunigung ratsam ist, um noch einen für die Veröffentlichung günstigen Termin zu erreichen, so will ich darauf verzichten, im Vertrauen, daß die Kontrolle bei Ihnen sehr genau ausgeübt wird.

Ich wiederhole meine Bitte um Übersendung des Verzeichnisses der mit Ex. zu bedenkenden Zeitungen u. Zeitschriften, besonders da ich an solche hier u. da einen Wunsch hinsichtlich geeigneter Referenten geben kann. Ich möchte deshalb auch seinerzeit erfahren, wann diese Versendungen geschehen.

[Wie] denken Sie über meine neulichen Vorschläge betreffs des Papiers u. des Formates?

In vorzüglicher Hochachtung Ihr

Simmel

Brief vom 21. Juni 1916] Textverluste durch Lochung.

Sehr geehrter Herr] Als Adressat wurde Kurt Wolff angenommen, da Simmel den Zeitrahmen von dessen Feldurlaub nicht kannte (siehe Kurt Wolff an Simmel vom 15. Juni 1916), Vorschläge seines letzten Schreibens an Kurt Wolff anspricht (s. u.) und auch noch am 23. Juni den Verleger anschreibt. Bedenken gegen diese Zuschreibung ergeben sich aus Simmels Rückgriff auf eine früher ausgesprochene »Bitte«, die vermutlich gegenüber Georg Heinrich Meyer erfolgte, indes in der schriftlichen Überlieferung nicht nachgewiesen ist.

Revision] Betrifft Simmel: Rembrandt. Ein kunstphilosophischer Versuch. Leipzig: Kurt Wolff 1916 (GSG 15, S. 305-515).

wiederhole meine Bitte ... Zeitschriften] Ein Schreiben dieses Inhalts ist nicht überliefert.

neulichen Vorschläge] Siehe Simmel an Kurt Wolff vom 16. Juni 1916.

Georg Simmel an Elsa Bruckmann

Brief vom 23. Juni 1916

Hs.; BSB München, Bruckmanniana I

Straßburg 23 VI 16

Sehr verehrte Frau!

Es wird Ihnen Freude machen zu hören, daß ich noch zwei Ex. der Engertschen Silhouette untergebracht habe – insbesondere, daß das hiesige Museum eines haben will. Dieses wird unmittelbar deshalb an Ihre *Kriegshilfe* schreiben. Das andre Ex. bitte ich Sie unter Nachnahme an Frau *Luise Kauffmann, Berlin-Wannsee, Endestr. 2* senden u. dazu bemerken zu lassen, daß es auf Veranlassung von Herrn *Dr. Kroner* geschieht.

Soll ich Ihnen im Winter wieder einen Vortrag halten? Das scheint ja ein ganz gutes Mittel zu sein, den Leuten Geld aus der

Tasche zu ziehen. U. ich möchte glauben, daß im Wintersemester der Erfolg noch besser sein wird.

Mit herzlichen Grüßen von Haus zu Haus Ihr treu ergebner

Simmel

noch zwei Ex. der Engertschen Silhouette] »Diana« von Ernst Moritz Engert; siehe Simmel an Elsa Bruckmann vom 26. Mai 1916.

hiesige Museum] Die Vermittlung verdankte sich wohl Simmels näherer Bekanntschaft mit dem Kunsthistoriker Ernst Polaczek, geb. 1870, nach Promotion 1894 in Straßburg, daselbst ab 1900 PD und von 1905/06 bis 1918 Tit. Prof. an der KWU sowie Direktor des städtischen Kunstmuseums und des Hohenlohe-Museums (städtisches Kunstgewerbemuseum) in Straßburg, 1928-1933 Direktor des Kaiser-Friedrich-Museums, Görlitz, danach wohnhaft in Freiburg i. Br. und dort auf der Meldekarte seiner Witwe 1940 als »verstorben« bezeichnet (Minerva 1900/01 ff.; Kürschner GK 1925-1935, Mttl. Stadtarchiv Freiburg). Weder das Werk Engerts noch Dokumente zu dessen Erwerb sind in den Straßburger Museen nachgewiesen (Mttl. Franck Knoery, Musée d'Art moderne et contemporain, Strasbourg).

Dieses wird ... an Ihre *Kriegshilfe* schreiben] Ein entsprechendes Schreiben an die von Elsa Bruckmann begründete ›Kriegshilfe für geistige Berufe‹ (siehe Simmel an Elsa Bruckmann vom 4. April 1916) ist nicht überliefert.

***Luise Kauffmann*]** Vermutlich handelt es sich um eine Angehörige von Alice Kroner, geb. Kauffmann, seit 1908 verehelicht mit Richard Kroner (NDB).

***Dr. Kroner*]** Richard Kroner, PD der Philosophie in Freiburg i. Br. und Redakteur des Logos, hatte Simmel wohl während eines Feldurlaubs besucht.

Georg Simmel an Kurt Wolff, Kurt Wolff Verlag

Brief vom 23. Juni 1916

Hs.; YUBL New Haven, Conn., Kurt Wolff Archive

Straßburg 23 VI 16

Sehr geehrter Herr!

Ich habe mir das Problem: Ihren Wunsch nach einer mit Reproduktionen versehenen Ausgabe des *Rembrandt* mit meinen Intentionen zu vereinigen, noch weiter durch den Kopf gehn lassen u. bin auf folgenden Ausweg gekommen. Ich würde nichts dagegen haben, wenn *ein Teil* der ersten Aufl. bereits so, wie Sie es beabsichtigen u. wie ich es für eine spätere Aufl. vorschlug, ausgestattet wird, etwa die Hälfte. Es würden dann die beiden Ausgaben nebeneinander angeboten werden, auch im Preise unterschieden, u. das wäre mir ganz recht. Diese zweite Ausgabe könnte natürlich erst im Herbst erscheinen, u. auch das wäre mir sehr recht, daß in den ersten Monaten nur die einfache angeboten würde. Die Auswahl der Bilder u. ihrer Reproduktionsart müßte ich mir natürlich vorbehalten, denn die ganze Sache hat nur eine Chance u. führt nur dann nicht zu einem inneren Widerspruch, wenn sie auf das sorgfältigste u. das durchdachteste ausgeführt wird. Dazu gehören einige Monate u. ich muß dazu auch nach Berlin reisen, weil ich nur dort d[ie] Vorlagen für die Reproduktionen aussuchen kann; das Material dazu ist an keiner andern Stelle vorhanden. Wollen Sie mir bitte mitteilen, ob Sie geneigt sind, mir den, möglichst bescheiden berechneten, Aufwand für diese Reise zu ersetzen. Andrerseits bemerke ich, um kein Mißverständniß aufkommen zu lassen, daß mein Honorar, das ja nach dem Preise der Gesammtauflage berechnet werden soll, natürlich nur den Preis der *Text*ausgabe zur Basis haben soll u. daß die Erhöhung des Preises auf Grund der Bildausstattung ohne Einfluß darauf bleibt. –

Was den *Kant u. Goethe* angeht, so bin ich von der ungeheuren Größe der Typen betroffen. Ich hatte leider keine Probe bekommen, sonst hätte ich sogleich Einspruch erhoben. Zum leichteren Verständniß des Buches ist es durchaus erforderlich, daß der Seiteninhalt nicht zu klein sei. Philosophische Auseinandersetzungen, mit ihren langgebauten Sätzen, gehen sehr viel schwerer ein, wenn ein gar zu kleiner Teil mit einem Male zu übersehen ist u. wenn man alle Minute einmal umblättern muß. Das zerreißt den sowieso schon schwierigen Zusammenhang. Ich bitte Sie also dringend, nun wenigstens die Seiten so *lang* zu machen, wie es sich noch irgend mit dem Satz verträgt. Das Buch ist total entstellt, wenn es als zierlicher Damen-Almanach wirkt! Auch war ich mit Herrn *Meyer* dahin übereingekommen, daß das Büchlein in weitem Maaße für die Front bestimmt sein soll. Dem Soldaten aber kommt es nicht auf pompöse Ausstattung an, sondern darauf, daß er mit möglichst geringer Belastung einen möglichst großen Inhalt mit sich führe. In diesem Interesse also bin ich hier für lange Seiten u. dünnes Papier, während ich für den *Rembrandt* ein dickes vorschlage.

Ich hoffe nun demnächst die Titelproben u. die Revision des Vorworts etc. zu bekommen, damit das Buch so schnell wie möglich herauskommen kann – es ist höchste Zeit, weil es sonst zu nahe an die akademischen Ferien herankommt. Die gebundenen Ex. können ja ruhig etwas später erscheinen, damit die Ausgabe nicht verzögert werde.

In vorzüglicher Hochachtung Ihr

Simmel

Brief vom 23. Juni 1916] Textverlust durch Lochung. Bearbeitungsvermerk: Textunterstreichung.

Ihren Wunsch] Siehe Kurt Wolff an Simmel vom 15. Juni 1916.

spätere Aufl. vorschlug] Siehe Simmel an Kurt Wolff vom 16. Juni 1916.

nach Berlin reisen … vorhanden] Wahrscheinlich ist hier zuerst an die Sammlung der Rembrandt-Radierungen im Kupferstichkabinett zu denken, von denen Simmel eine Reihe – wie auch einige Rembrandtgemälde, die in der Nationalgalerie hingen – in seinem Buch angesprochen hatte. Zu Simmels Kenntnis der Berliner Rembrandt-Sammlungen siehe Uta Kösser: Simmels ›Rembrandt‹. SiStu 13, 2003, Heft 2, S. 439-483, hier: 471-480.

***Kant u. Goethe*]** Druckprobe von Simmel: Kant und Goethe. Zur Geschichte der modernen Weltanschauung. Dritte Auflage. Leipzig: Kurt Wolff 1916 (zuerst: Berlin: Marquardt & Co. 1906, [2]1907); GSG 10, S. 119-166.

mit Herrn *Meyer* … übereingekommen] Mit dem Geschäftsführer Georg Heinrich Meyer. Zur Sache siehe Simmel an diesen vom 21. und 26. April sowie 17. Mai 1916.

Georg Simmel an Gottfried Salomon

Brief vom 27. Juni 1916
Hs.; IISG Amsterdam, Nl Salomon

Straßburg 27 VI 16

Geehrter Herr Doktor!

Ich sende Ihnen anbei ein paar Zeilen, von denen Sie geeigneten Gebrauch machen mögen. Herrn *Dr. Elias* kenne ich zu flüchtig, um eine persönliche Empfehlung an ihn geben zu können. Teilen Sie mir bitte mit, wann Sie nach Berlin gehen. Ich werde Ihnen dann eine Einführung an einen meiner dortigen Freunde geben, der zwar selbst keine Stellung zu vergeben hat, aber Ihnen vielleicht mit einem Rat nützen kann. Ich selbst habe wenig Beziehungen zu den in Frage kommenden Kreisen. Vielleicht versuchen Sie es einmal mit einem Gesuch um Anstellung bei der Königl. Bibliothek. Bei Exz. *Harnack* würde die beil. Empfehlung nicht wirkungslos sein, aber ich weiß nicht, ob dort irgend eine Vakanz ist.

Mit freundlichem Gruß Ihr

Simmel

Ich möchte doch daran erinnern, daß Sie selbst sich noch nicht als *Dr.* bezeichnen dürfen.

ein paar Zeilen] Es handelte sich wohl um ein – nicht überliefertes – Empfehlungsschreiben zum »Gebrauch« bei Salomons Bemühungen um berufliche Einbindung (s. u.).

Dr. Elias] Nicht ermittelt. – Angesprochen war vielleicht der Kunst- und Literaturhistoriker Julius Elias (1861-1927), Dr. phil. München 1888, der sich 1890 als Schriftsteller in Berlin niedergelassen hatte, sich zwischenzeitlich habilitierte und als Dozent für Kunstgeschichte an der TH Berlin lehrte. Elias' Bekanntheit und weiter Berliner Freundeskreis geht u.a zurück auf den Ruf als Mitbegründer der ›Freien Bühne‹, Mitherausgeber der deutschen Werkausgabe Henrik Ibsens, als Propagator des französischen Impressionismus in Deutschland, Kunstkritiker und -förderer und vor allem als Gründer und Herausgeber des von ihm von 1892 bis 1916 finanzierten bibliographischen Unternehmens der ›Jahresberichte für neuere deutsche Literaturgeschichte‹ (NDB; Ld-jA).

Einführung an einen meiner dortigen Freunde] Näheres ist nicht bekannt; vielleicht dachte Simmel an Ignaz Jastrow oder auch Hugo Liepmann.

Exz. Harnack] Adolf von Harnack, seit 1910 Wirklicher Geheimer Rat mit Prädikatstitel Exzellenz (Wer ist's? 1922), gehörte seit 1903 dem Kuratorium der Königlichen Bibliothek in Berlin an, der er als Generaldirektor seit 1905 zunächst nebenamtlich und kommissarisch und ab 1906 per Ernennung vorstand. Vgl. Agnes von Zahn-Harnack: Adolf Harnack. Berlin-Tempelhof: Hans Bott 1936, S. 323 f.

beil. Empfehlung] Nicht überliefert.

noch nicht als *Dr.* bezeichnen] Gottfried Salomons Dissertation ›Beitrag zur Problematik von Mystik und Glauben‹ wurde erst im Dez. 1916 veröffentlicht; siehe Simmel an Gottfried Salomon vom 29. Dez. 1916.

Georg Heinrich Meyer, Kurt Wolff Verlag, an Georg Simmel

Durchschlag von Brief vom 27. Juni 1916
Tps. o. U.; YUBL New Haven, Conn., Kurt Wolff Archive

Sehr verehrter Herr Professor!

Verzeihen Sie, dass ich erst heute auf Ihren Brief vom 23. cr. antworten kann. – Es freut mich ausserordentlich, dass ich ihm entnehmen durfte, dass Sie bereits für einen Teil der ersten Auflage des Rembrandt-Buches mir die Beigabe einer Auswahl von Bildern nach Ihrer Wahl konzedieren. Die Ihnen durch die Beschaffung der Reproduktionen erwachsenen Spesen einer Reise nach Berlin vergüte ich Ihnen selbstverständlich bereitwilligst und bitte Sie, mir nur mitzuteilen, welchen Betrag ich Ihnen überweisen darf.

Nach langem Hin und Her ist es mir auch gelungen, die Papierfrage zu regeln. (Das war der Grund, weshalb ich Ihnen erst heute antworten konnte.) Die Papierfrage ist, wie Sie wohl auch von anderer Seite bereits gehört haben, allmählich katastrophal geworden. Das Kilo Papier, das vor Jahresfrist noch 40 Pf. kostete, kostet heute M. 1,30. Ich freue mich, dass es mir gelungen ist, das Papier wie zu Bubers »Geist vom Judentum« noch aufzutreiben, und der raschen Drucklegung steht meinerseits nichts mehr im Wege.

Eine Frage bliebe nur noch zu erwägen: ob wir die ganze Auflage von 5000 gleich drucken dürfen, oder ob Sie im Hinblick auf die Bildbeigaben noch Aenderungen im Text vornehmen wollen. Ich nehme an, dass das wohl nicht erforderlich sein wird, und dass es genügt, wenn Sie am Schlusse mit einigen Worten auf die Bildbeigabe der – sagen wir – illustrierten Ausgabe verweisen.

Die Drucklegung soll dann also jetzt rasch erfolgen. Und was »Kant und Goethe« betrifft, so bin ich überzeugt, dass das fertige Buch Sie in jeder Weise befriedigen wird.

Ich bin der glücklichen Lösung sehr froh und empfehle mich Ihnen in vorzüglicher Hochachtung als Ihr Ihnen immer ganz ergebener

Durchschlag von Brief vom 27. Juni 1916] In Verlagsbriefkopf eingefügt: 27. Juni [191]6. / Herrn / Professor Dr. Georg *Simmel,* / *Strassburg.* – Das Schreiben enthält keine Absenderkürzel, so daß die Autorschaft Georg Heinrich Meyers aufgrund der Tatsache, daß Kurt Wolff ins Feld zurückgekehrt sein dürfte (siehe Kurt Wolff an Simmel vom 15. Juni 1916) und erst im Aug. wieder einen »längeren Urlaub« bekam (Göbel, Sp. 693), nur vermutet werden kann.

Ihren Brief] Siehe Simmel an Kurt Wolff vom 23. Juni 1916.

Papier wie zu Bubers »Geist vom Judentum«] Gemäß dem in Simmels Schreiben vom 16. Juni 1916 an Kurt Wolff herangetragenen Wunsch.

Und was »Kant und Goethe« ... befriedigen wird] Siehe Simmels Bedenken im Brief an Kurt Wolff vom 23. Juni 1916 mit Bezug auf den Druck von: Simmel: Kant und Goethe. Zur Geschichte der modernen Weltanschauung. Dritte Auflage. Leipzig: Kurt Wolff 1916 (GSG 10, S. 119-166). – Zum Erscheinungstermin siehe Simmel an Anna und Ignaz Jastrow vom 11. bzw. 12. Mai 1917.

Georg Simmel an Georg Heinrich Meyer, Kurt Wolff Verlag

Brief vom 28. Juni 1916

Hs.; YUBL New Haven, Conn., Kurt Wolff Archive

Straßburg 28 VI 16

Sehr geehrter Herr!

Infolge Ihres freundlichen Briefes von gestern telegraphirte ich Ihnen soeben: *Bildausgabe ungeändert, sogleich Gesammt-*

auflage drucken. Angesichts der schlimmen Verspätung, die die Ausgabe des Buches entgegen der ursprünglichen Festsetzung erleidet, wollte ich wenigstens den Beginn des Druckes nicht noch warten lassen.

Der Text bleibt also für beide Ausgaben der identische. In dem Buche selbst kann ich auf die Bildausgabe unmöglich aufmerksam machen, das würde dem Stil des Buches kraß widersprechen. Dagegen hätte ich von diesem Standpunkte aus nichts gegen die Beilage eines Blattes einzuwenden, das das Erscheinen der Bildausgabe anzeigte. Nur vom praktischen Gesichtspunkt halte ich es für ungünstig. Es scheint mir sehr naheliegend, daß Leute, die das Buch im Laden oder in der Ansichtssendung sehen, auf Grund dieser Anzeige die Anschaffung bis zum Erscheinen jener Ausgabe aufschieben. Haben sie das aber einmal getan, so ist es ganz zweifelhaft, ob sie nachher noch darauf zurückkommen. Es ist nicht vorteilhaft, Interessenten auf solche Weise von dem sofortigen Zugreifen abzuhalten. Auch ist die Bildausgabe, wenn sie unerwartet kommt, eine Neuerscheinung, die mehr Interesse erregt, als wenn man sich dunkel erinnert, vor Monaten schon davon gelesen zu haben. Wir dürfen m. E. nichts tun, was dem *sofortigen* Absatz jedenfalls Scha[den] tut; denn je weiter es schon verbreitet *ist*, wenn die Bildausgabe erscheint, einen desto besseren Boden wird diese finden. Ich würde also raten, von dieser Art der Ankündigung ganz abzusehen – u. zwar, wie gesagt, nur vom buchhändlerischen Interesse aus.

Ich komme wahrscheinlich in der nächsten Woche nach Leipzig u. würde mich freuen, zu hören, daß ich Sie am Sonnabend (d. 9.) Vormittags aufsuchen kann.

In vorzüglicher Hochachtung Ihr

Simmel

Brief vom 28. Juni 1916] Textverlust durch Lochung.

Briefes von gestern] Siehe Meyer an Simmel vom 27. Juni 1916.

telegraphirte ich] Telegramm nicht überliefert.

Gesammtauflage] Von Simmels ›Rembrandt‹; siehe ebd.

Ich komme … nach Leipzig] Simmel hatte sich in Leipzig zu einem Vortrag im »Interesse der Kriegsfürsorge« verpflichtet (siehe Simmel an Otto Plasberg, Dekan, vom 28. April 1916), und zwar für »Sonnabend, den 8. Juli, abends, ½9 Uhr, im Großen Saale der Frauenhochschule« zum Thema »Goethes Liebe«. Der Reinertrag der dann »bis auf den letzten Platz« ausverkauften Veranstaltung war für den ›Nationalen Frauendienst‹ bestimmt. Siehe die Ankündigungen und Berichte im Leipziger Tageblatt vom 4. Juli (Nr. 335, Ab. Bl.) und 11. Juli 1916 (Nr. 347, Mo. Bl.) sowie in LNN vom 8. und 9. Juli 1916.

Sonnabend (d. 9.)] Falsches Datum für »Sonnabend«, den 8. Juli 1916.

Georg Simmel an Georg Heinrich Meyer, Kurt Wolff Verlag

Brief vom 5. Juli 1916
Hs.; YUBL New Haven, Conn., Kurt Wolff Archive

Straßburg 5 VII 16

Sehr geehrter Herr!

Ich danke Ihnen für Ihre heutige Depesche. Der Schlußsatz indeß: *Brieflich Nachricht Berlin* – ist mir n[icht] verständlich. Dies wird sich ja aber aufklären, da ich, wie ich schon mitteilte, am Sonnabend Vormittag (etwa gegen 10 Uhr) in Ihrem Büro vorzusprechen denke.

Es wäre mir lieb, wenn ich am Freitag Nachmittag im *Hotel Palmbaum* eine Nachricht vorfände, ob Ihnen dies paßt. Ferner bitte ich, wenn irgend möglich, die noch ausstehende Titelprobe u. das Umschlagspapier dann bereit zu halten, damit wir uns auf dem kürzesten Wege darüber verständigen können.

In vorzüglicher Hochachtung

Simmel

Brief vom 5. Juli 1916] Textverlust durch Lochung.

heutige Depesche] Verschollen. – Die Nachricht bezog sich auf Simmels Anfrage vom 28. Juni 1916.

Der Schlußsatz indeß: *Brieflich Nachricht Berlin*] Meyer hatte möglicherweise fälschlich angenommen, Simmel wolle ihn in Berlin treffen und wisse um seine Vorliebe, sich von Donnerstag bis Sonntag dort aufzuhalten (siehe Simmel an Meyer vom 26. März 1916).

***Hotel Palmbaum*]** Das Hotel Palmbaum, Leipzig, Gerberstr. 3, lag nahe dem Bahnhof und verfügte über 120 Betten der mittleren bis gehobenen Preisklasse (Baedeker Nordost-Deutschland, S. 291).

Titelprobe u. das Umschlagspapier] Des ›Rembrandt‹; siehe Simmel an Georg Heinrich Meyer vom 16. Juni 1916.

Georg Simmel an Georg Heinrich Meyer, Kurt Wolff Verlag

Notiz von nach dem 5. Juli 1916
Hs.; YUBL New Haven, Conn., Kurt Wolff Archive

Rembrandt. Für den Buchhandel.

Im Unterschied von derjenigen kunstwissenschaftlichen Methode, die die einzelnen Elemente des Kunstwerks gesondert behandelt u. seine Wirkung aus diesen herausanalysirten Teilwirkungen zusammensetzen will, wird h[ie]r die *einheitliche* Wirkung, in der der wirklich erlebte ästhetische Wert besteht, zu Grunde gelegt. Die innere Klärung dieses Totalerlebnisses wird gesucht, nicht durch Atomisirung, sondern durch Einstellung in die weitesten seelischen u. künstlerischen Zusammenhänge, in denen sich sowohl die unmittelbare Aufnahme wie die sachliche Bedeutsamkeit des Kunstwerks gründet. Die Anwendung dieses Prinzips auf Rembrandt vollzieht sich großenteils in der Zeichnung des weltgeschichtlichen Gegensatzes von germanischem u. romanischem Wesen.

Notiz von nach dem 5. Juli 1916] Mangels Überlieferung weiterer Korrespondenz zwischen Simmel und dem Kurt Wolff Verlag vor Erscheinen des ›Rembrandt‹ ist das Blatt hier zeitlich eingeordnet, das Simmel Meyer als Briefanlage zugesandt oder bei seinem Besuch im Verlag am 8. Juli 1916 (siehe vorstehendes Schreiben) übergeben haben könnte. – Textverlust durch Lochung; mit hs. Bearbeitungsvermerk oben li.: Simmel.

***Rembrandt*. Für den Buchhandel]** Simmel: Rembrandt. Ein kunstphilosophischer Versuch. Leipzig: Kurt Wolff 1916 (GSG 15, S. 305-515). – Zum verspäteten Erscheinen des Werkes Ende Nov. siehe Simmel an Margarete von Bendemann vom 28. Nov. 1916.

Georg Simmel an Konrad Grethlein, G. J. Göschen'sche Verlagshandlung
Brief vom 13. Juli 1916
Hs.; SBPK Berlin, VA de Gruyter

Straßburg 13 VII 16
Sternwartstr. 17

Sehr geehrter Herr!

Es ist neuerdings an die Universitätslehrer die Aufforderung herangetreten, sich an der Versorgung unsrer kriegsgefangenen Akademiker (in Rußland u. England) mit wissenschaftlicher Literatur zu beteiligen. Nach den Wünschen, die von den Gefangenenlagern hergelangen, kann ich mit Sicherheit schließen, daß meine *Hauptprobleme der Philosophie* einem besonders häufigen Bedürfniß entgegenkommen würden u. erlaube mir deshalb – da wir ja gegen diese Unglücklichen eine garnicht zu solvirende Verpflichtung haben – Sie zu einer größeren Spende von Exemplaren des Büchleins anzuregen. Ich selbst will für 30 M. Exemplare stiften u. wäre Ihnen dankbar, wenn Sie mir mitteilten, wieviele dafür zu haben sind u. wieweit Sie ev. diese Zahl von sich aus vermehren wollen. Ich bitte Sie, die gesamte Spende bei dem *Ausschuss für Liebesgaben an kriegsgefangene Akademiker, Kleine Museumstr. 5^{b}* abgeben zu lassen.

In ausgezeichneter Hochachtung

Simmel

30 M. in Scheck liegen bei.

Brief vom 13. Juli 1916] Mit hs. Bearbeitungsvermerk: 17/7 16.

Sehr geehrter Herr!] Da Simmel den Verleger Wilhelm von Crayen namentlich anzusprechen pflegte und wohl auch über dessen Einsatz im Feld wußte (siehe Walter de Gruyter an Simmel vom 8. Mai 1917), wird hier der Prokurist Konrad Grethlein als Adressat vermutet.

Es ist neuerdings an die Universitätslehrer die Aufforderung ... zu beteiligen] Wie der Überlieferung zu »Wissenschaftssachen« im GStA PK Berlin (I. HA, Rep. 76, Va, Sekt. 1, Tit. 1, Nr. 36, Bd. 1) zu entnehmen, war mit Blick auf die »Versorgung der kriegsgefangenen Akademiker in Frankreich, England und Russland« die »Organisation der

Lagerbibliotheken [...] in feindlichen Ländern« Tagesordnungspunkt einer für den 10. Mai 1916 anberaumten Sitzung des ›Ausschusses zur Versendung von Liebesgaben an kriegsgefangene deutsche Akademiker‹, der unter dem »Ehrenvorsitz Ihrer Kaiserlichen und Königlichen Hoheit der Frau Kronprinzessin des Deutschen Reiches« stand (Einladungsschreiben, gez. »U. v. Wilamowitz-Moellendorff, Rektor der Universität Berlin [...] Michaelis, Unterstaatssekretär« vom 2. Mai 1916, ebd., Bl. 79-83). Ulrich von Wilamowitz-Moellendorff (1848-1931), klassischer Philologe, seit 1897 o. Prof. in Berlin (DBE); (wahrscheinlich:) Georg Michaelis (1857-1936), Unterstaatssekretär im preuß. Finanz-Ministerium, seit Kriegsausbruch mit Sonderaufgaben, insb. der Volksernährung betraut, 1917 Reichskanzler (NDB; Wer ist's? 1922). – Harald Höffding, Kopenhagen, zählte zu den Eingeladenen und galt in der weiteren ministerialen Korrespondenz als »Urheber« des Plans für ein dänisches »Komitee zur Versendung von Büchern an kriegsgefangene deutsche Studierende in Rußland und England« (ebd., Bl. 118, 130); Höffding selbst schildert diese Initiative in einem Brief an Ferdinand Tönnies vom 27. März 1916: »In dieser für alle Nationen, auch die neutralen [...] schweren Zeit ist es ein Bedürfnis etwas zu thun um das Leiden zu vermindern. Auf Veranlassung eines jungen Freundes von mir hat sich hier eine ›section pour les livres destinés aux prisonniers de guerre‹ gebildet (unter dem rothen Kreuze), deren Vorsitzender ich bin.« Er habe sich in »durch die hiesigen Gesandten« vermittelten Verhandlungen mit dem deutschen und dem russischen Kriegsministerium als »neutrales Zwischenglied für Büchersendungen angeboten« und inzwischen seien bereits »grosse Büchersendungen« für beide Länder eingelagert (Tönnies/Höffding, S. 122 f.). Auf entsprechende Spendenaufforderungen »an die Universitätslehrer« weist Tönnies' Mitteilung an Höffding vom 7. Aug. 1916, daß auch in Kiel »von Universitäts wegen« gesammelt worden sei (ebd., S. 125). – Zur Initiative Höffdings siehe auch: Harald Höffding: Erindringer. Copenhagen: Gyldendalske Boghandel Nordisk Forlag 1928, S. 266-285.

meine *Hauptprobleme der Philosophie*] Zuletzt erschienen als: Hauptprobleme der Philosophie. Dritte, unveränderte Auflage. Berlin und Leipzig: G. J. Göschen'sche Verlagshandlung 1913 [= Sammlung Göschen, Nr. 500]; GSG 14, S. 7-157.

Konrad Grethlein, G. J. Göschen'sche Verlagshandlung, an Georg Simmel

Briefdurchschlag vom 17. Juli 1916
Tps. m.e.U.; SBPK Berlin, VA de Gruyter

Berlin, den 17. Juli 1916

Sehr geehrter Herr Professor!

Verbindlichst dankend bestätigen wir den Eingang Ihrer Zuschrift vom 13. d.M. Wir haben bereits für die Zwecke der Versorgung unserer Truppen im Felde, in den Lazaretten und in der Kriegsgefangenschaft mehrere Tausend unserer Sammlung Göschen-Bändchen gestiftet und müssen jetzt leider eine Grenze ziehen, denn der wissenschaftliche Verlagsbuchhandel hat unter der Einwirkung des Krieges besonders stark zu leiden und wir können unser Lager beim besten Willen für die Folge nicht mehr zu Geschenkzwecken zur Verfügung stellen. Gerade in der letzten Zeit sind zahlreiche unserer Herren Autoren in der gleichen Weise wie Sie an uns herangetreten, und wenn wir diesen Wünschen allen Genüge leisten wollten, würden wir noch viele tausend Bände abgeben müssen. Das lässt sich unmöglich machen, Sie dürfen aber versichert sein, dass wir diese Unmöglichkeit um der guten Sache willen selbst am meisten bedauern.

Wir sind jedoch gern bereit, Ihnen für Ihr Bändchen und zu dem gedachten Zweck einen Ausnahmepreis zu bewilligen und haben demgemäss Auftrag gegeben, dass für die von Ihnen freundlichst eingesandten M. 30.- an den Ausschuss für Liebesgaben an kriegsgefangene deutsche Akademiker, hier, als in Ihrem Auftrage 60 Stück der »Hauptprobleme der Philosophie« ausgeliefert werden.

In vorzüglicher Hochachtung Ihre ganz ergebene

ppa. G. J. Göschen'sche Verlagshandlung G.m.b.H.
K. Grethlein

Briefdurchschlag vom 17. Juli 1916] An: Herrn Professor Dr. Georg *Simmel, / Strassburg i. Els.* / Sternwartstrasse 17.

Zuschrift vom 13. d.M.] Siehe Simmel an Konrad Grethlein vom 13. Juli 1916.

Bändchen ... Ausnahmepreis] Simmel: Hauptprobleme der Philosophie. Dritte, unveränderte Auflage. Berlin/Leipzig: G. J. Göschen'sche Verlagshandlung 1913 [= Sammlung Göschen, Nr. 500]; GSG 14, S. 7-157. – Der Ladenpreis von 90 Pf. pro Band war konstant geblieben (vgl. die Werbebeilage, ebd., wie auch die Buchanzeige im LC vom 4. Nov. 1916, Sp. 1137).

in Ihrem Auftrage ... ausgeliefert werden] Siehe dazu das Titelverzeichnis: Ausschuss zur Versendung von Liebesgaben an deutsche Akademiker: Hauptbücherei für die deutschen Kriegsgefangenen. (Druck, o.O., o.J. 23 S.; GStA PK Berlin, I. HA, Rep. 76, Va, Sekt. 1, Tit. 1, Nr. 36, Bd. 1); Simmels ›Hauptprobleme der Philosophie‹ sind hier als Nr. 17 der insgesamt 20 Schriften zu »Philosophie, Psychologie, Pädagogik« aufgeführt (S. 8), und im ›Vorwort‹ von Theodor Kipp zu diesem »Verzeichnis der ›Hauptbücherei‹, die wir in den Kriegsgefangenenlagern in Rußland, dann aber auch in England und Frankreich aufstellen lassen wollen«, wird erläutert: »Die ›Hauptbücherei‹, die 325 Werke im Gesamtkostenwert von 620 Mark umfaßt, soll in 300 Exemplaren zur Versendung kommen [...]. Die Auswahl [...] ist [...] von dem Gesichtspunkte beherrscht, den Kriegsgefangenen von höherer Bildung, die nach edler geistiger Nahrung hungern, solche in vielseitiger Gestalt darzubieten. Daß neueste Erscheinungen in dem Verzeichnis fehlen, liegt an den russischen Zensurbestimmungen: es dürfen keine Bücher eingeführt werden, die nach 1913 gedruckt sind. Bücher zum strengen Studium einer Fachwissenschaft sind weniger berücksichtigt worden, als solche allgemein wissenschaftlichen Inhalts, die Anregung auf den verschiedensten Gebieten gewähren sollen« (S. 3 f.).

ppa. G. J. Göschen'sche Verlagshandlung G.m.b.H.] Stempel.

Georg Simmel an Heinrich Rickert

Brief vom 21. Juli 1916
Hs.; SBPK Berlin, Nl 125 (M. Landmann)

Straßburg 21 VII 16

Lieber Rickert!

Herr *Dr. Schmalenbach*, der in der nächsten Woche bei Ihnen vorsprechen möchte, bittet mich um eine Einführung, die ich ihm gern gebe. Er gehört zu den nicht häufigen, von Natur ganz philosophischen Geistern u. ich erwarte von seiner Begabung schöne Ergebnisse, wenn seine zarte Konstitution u. seine schwierigen äußren Verhältnisse die Entwicklung nicht behindern. Seine Dissertation über die Vorsokratiker hat mir, trotz mancher sachlicher Vorbehalte, einen erheblichen Eindruck gemacht. Ich habe ihn jetzt sehr lange nicht gesehn, weiß also nicht, ob sein nicht grade sympathisches, etwas anmaßendes Wesen – das übrigens schon in der Rückbildung begriffen war – sich inzwischen noch weiter modifizirt hat. Wenn Sie mit ihm gleich über die Hauptsachen reden, werden Sie, wie ich glaube, einen bedeutenden Eindruck haben, obgleich sachlich wahrscheinlich nicht viel Berührungspunkte zwischen Ihnen bestehn. –

Ich hoffe in absehbarer Zeit wieder einmal bei Ihnen vorzusprechen, unwahrscheinlicherweise schon Ende der nächsten Woche, jedenfalls aber wohl im Laufe des August.

Herzliche Grüße von Haus zu Haus! Ihr

Simmel

Dr. *Schmalenbach* … bittet] Das Schreiben von Hermann Schmalenbach ist verschollen.

Einführung] Schmalenbach war im Frühjahr 1916 »wegen ›Muskelrheumatismus‹« aus dem Heeresdienst entlassen worden und jetzt wohl auf der Suche nach einer ihm angemessenen Stellung und der Möglichkeit zur Habilitation (Schmalenbach: Lebenslauf zum Habilitationsgesuch, Tps., UA Göttingen, Personalakte der Phil. Fak.).

Dissertation über die Vorsokratiker] Herman Schmalenbach: Das Seiende als Objekt der Metaphysik: Erster Teil einer Erkenntnistheorie der Metaphysik; 1. Die erste Konzeption der Metaphysik im abendländischen Denken. Darmstadt: Wittig 1909 [Diss. Jena 1910].

Ende der nächsten Woche … jedenfalls aber wohl im Laufe des August] Simmel dachte an eine Reiseunterbrechung in Heidelberg auf dem Hin-, bzw. Rückweg nach Berlin; siehe nachfolgenden Brief sowie Simmel an Margarete von Bendemann vom 17. Aug. 1916.

Georg Simmel an Otto Plasberg, Dekan der philosophischen Fakultät der KWU

Notiz von nach dem 22. Juli 1916
Hs.; ADBR Strasbourg, AL 62, Paq. 37

1) Erkenntnisstheorie	priv. Mi Do 5-6	Botan. Institut
2) Philos. d. letzten 100 Jahre	" " " 6-7	" "
Übungen im Seminar	Di 4-5	

Notiz von nach dem 22. Juli 1916] Die Notiz befindet sich auf einer Aufstellung von der Hand des Dekans Otto Plasberg mit dem Titel »Vorlesungen und Übungen an der philosophischen Fakultät im Sommersemester 1916« und den Spalten (von li. nach re.) »Dozent«, »Gegenstand«, »priv. / prss. / publ. / grat.«, »Zeit« und »Ort«. In der Spalte »Dozent« sind die Namen und Angaben wie z. B. die Beurlaubung eines Lehrenden von Plasberg eingetragen. Die weiteren Angaben wurden in der Regel von den Lehrenden selbst hs. ausgefüllt, so auch die Simmels auf Bl. 3. – Zur Datierung herangezogen sind zwei auf den Juni 1916 bezogene Vermerke des Dekans hinsichtlich des Ausfalls von Veranstaltungen wegen Erkrankung des Dozenten, so daß angenommen wurde, daß die Aufstellung sich – wie während des Krieges üblich – auf die tatsächlich zustande gekommenen Veranstaltungen bezieht und während oder nach der Fakultätssitzung am Samstag, den 22. Juli 1916, der letzten im SS 1916, an der Simmel teilgenommen hat (ADBR, AL 103, Paq. 36, Nr. 121), in Umlauf gebracht wurde. – Zu Simmels Veranstaltungsankündigung siehe Simmel an Anna Jastrow vom 1. Mai 1916.

Georg Simmel an Otto Plasberg, Dekan der philosophischen Fakultät der KWU

Brief vom 26. Juli 1916
Hs.; ADBR Strasbourg, AL 62, Paq. 37, J.-N. 218

Straßburg 26 VII 16

Sehr verehrter Herr Kollege!

Ich muß behufs Einsicht in ein wissenschaftliches Material, das nur noch in den nächsten Tagen zugängig ist, am Freitag nach Berlin fahren u. bitte Sie deshalb, meine Abwesenheit bei den etwa noch stattfindenden Fakultätssitzungen entschuldigen zu wollen.

Mit verbindlichster Empfehlung Ihr

Simmel

Einsicht in ein wissenschaftliches Material] Zusammenhang nicht bekannt; wahrscheinlich handelt es sich aber um die Auswahl der »Vorlagen für die Reproduktionen« für die ins Auge gefaßte illustrierte Ausgabe des Rembrandt-Buches; siehe Simmel an Kurt Wolff vom 23. Juni 1916.

Freitag] Der 28. Juli 1916.

Fakultätssitzungen] Das 5. Fakultätssitzungsprotokoll 1916/1917 vermerkt für Dienstag, den 1. Aug. 1916 Simmels entschuldigtes Fehlen (ADBR Strasbourg, AL 103, Paq. 36, Nr. 121).

Georg Simmel an Harald Höffding

Brief vom 5. August 1916
Hs.; KB Kopenhagen

z. Z. Charlottenburg, den 5. VIII 1916
»Am Knie«.
Dauernde Adresse: Strassburg Els.

Sehr verehrter Herr Kollege!

Ich danke Ihnen für Ihren freundlichen Brief. Ich muss indess gestehen, dass mir der Vorschlag von Herrn Prof. Larsson nicht ganz verständlich ist. Wieso die »Anerkennung des Nationalitätsprinzips« je einen Krieg zwischen Deutschland u. England verhindern sollte, kann ich nicht einsehn. Ich bin indess für alle Unternehmungen, die eine Wiederholung des jetzt erlebten Grauens verhindern wollen, so lebhaft interessirt, dass ich Sie bitten möchte, Herrn Prof. Larsson zu einer direkten Äusserung an mich zu veranlassen. Vielleicht können wir doch zu einer gegenseitigen, praktisch wirksamen Verständigung gelangen.

Ich freue mich, dass der Krieg Sie wenigstens nicht an Ihren Studien hindert. Uns Deutschen ist die Arbeit am Zeitlosen nur mit Aufbietung aller Abstraktionskräfte möglich; dennoch versuchen wir, sie zu leisten, da wir ihre dringende Notwendigkeit erkennen.

Mit den ergebensten Grüssen bleibe ich Ihr

Simmel

Brief vom 5. August 1916] Gedr. Briefbogen: *Hotel »Fürst Bismarck«* / Besitzer: H. Brüchner. / Fernsprecher: Amt Charlottenburg Nr. 632 / Telegramm-Adresse: Bismarckhotel, Charlottenburg. / Charlottenburg, den ..... 191. / »Am Knie«.

z. Z. Charlottenburg 5. VIII 1916] Hs. Eintrag in Briefkopf (s. o.). – Simmel war am 28. Juli 1916 zur Einsichtnahme »wissenschaftlichen Materials« nach Berlin gereist; siehe Simmel an Otto Plasberg, Dekan, vom 26. Juli 1916.

»Am Knie«] Anschrift des von Simmel offensichtlich bevorzugten Hotels (s. o. und Simmel an Hans Mühlestein vom 8. März 1916).

freundlichen Brief] Verschollen.

Vorschlag von Herrn Prof. Larsson] Näheres überliefert Höffdings wohl aus gleichem Anlaß an Ferdinand Tönnies gerichteter Brief vom 31. Juli 1916 in leicht gebrochenem Deutsch: »Ein schwedischer Freund und Kollege, Professor Hans Larssen [gemeint: Larsson] in Lund, hat mich gebeten, Ihnen zu schreiben um die Stellung einem Gedanken, von der er in hohem Grade aufgenommen [gemeint: fasziniert] ist, gegenüber zu erfahren. Als eifriger ›Pacifist‹ fragt er, ob nicht ein dauernder Friedenszustand möglich wäre, wenn die verschiedenen Staaten das Nationalprinzip in der Bedeutung anerkannten, dass jedes Volk, sei es nun selbst ein selbständiger Staat, sei es einem Staate einverleibt, in welchem es nur eine Minorität ausmacht, volles <Recht> [Erg. d. Hg.] zum Gebrauch seiner Sprache und überhaupt zur Entwickelung seines eigentümlichen nationalen Lebens, unter gleichzeitigem Genusses, aller staatsbürgerlichen Rechte, haben sollte. / Was mich selbst betrifft, habe ich hier vielleicht eine Hoffnung, aber keinen Glauben. Aber ich habe kein Vertrauen dazu, dass ein Resultat in dieser Richtung auf dem Wege der Diskussion und der Agitation erreicht werden könnte. –« (Tönnies/Höffding, S. 123 f. – Mit Dank für diesen Hinweis an David Stockelberg, Schweden). – Hans Larsson (1862-1942), ein Schüler Höffdings, war seit 1901 ord. Prof. für theoretische Philosophie an der Universität Lund; er vertrat Positionen der Lebensphilosophie und betonte die Bedeutung der Intuition auch für die Wissenschaft (Ueberweg 1916, S. 697 f.; DdPh).

bitten ... direkten Äusserung an mich] Über den Erfolg ist nichts bekannt.

Ihren Studien] In oben zitiertem Brief an Ferdinand Tönnies schreibt Harald Höffding, er befasse sich mit »meinen erkenntnistheoretischen Studien und [...] dem Niederschreiben meiner ›Erinnerungen‹« – und meint mit ersteren wohl sein Buch ›Der Totalitätsbegriff. Eine erkenntnistheoretische Untersuchung‹ (Leipzig: Reisland 1917), das, wie er Tönnies am 31. Dez. 1917 mitteilt, »(vielleicht die letzte) erkenntnistheoretische Erörterung meiner Auffassung« beinhalte (Tönnies/Höffding, S. 130).

Georg Simmel an Margarete von Bendemann

Postkarte vom 17. August 1916
Hs.; LBI New York, Susman Collection

Str. 17 VIII 16

Liebe Susa,

Ich sende dir den Logosaufsatz noch einmal, in der Voraussetzung, daß die metaphysischen Bedürfnisse des Herrn, der dir den ersten abgenommen hat, zu leidenschaftlich sind, als daß du auf Wiedergabe hoffen könntest.

In Heidelberg bin ich in voriger Woche gewesen u. bin überhaupt so viel umhergefahren, daß ich deiner, allerdings der Sachlage höchst angemeßnen Aufforderung für jetzt nicht folgen kann – besonders, da wir in 14 Tagen für ebenso lange in's Freie gehen wollen. Es sind nun drei Jahre her, daß ich zum letzten Male eine Erholung hatte – *welche* drei Jahre! – u. ich fühle mich ziemlich heruntergekommen. Ich will also versuchen ob ein paar Wochen Schwarzwald mich etwas in die Höhe bringen; obgleich ich nicht recht daran glaube. Man wird eben von innen her aufgefressen u. kann das nicht von außen wieder ansetzen. Nach meinen bisherigen Plänen komme ich gegen Mitte Okt. durch Frankf. u. hoffe, dich dann zu sehn, bin auch bereit, dich in Heidelberg zu erwarten oder in Darmstadt, wenn du dies vorziehst. Ach, das ist noch lange hin – vielleicht kann ich dir doch schon einen Vorschlag im September machen, obgleich es nicht sehr wahrscheinlich ist.

Es scheint, daß jetzt auch »Freundschaftskarten« eingeführt sind, die einem nur ein ganz beschränktes Maaß dessen, was man eigentlich brauchte, gestatten; obgleich hier – d. h. in allen Dingen, die über der Zeit sind – die einzige Ausgleichung für die Leiden an der Zeit liegen kann.

Schreib doch mal, ob du arbeiten kannst u. in welcher Richtung. – Ich *könnte* jetzt etwas schreiben, was ich seit vielen Jahren vorhabe – aber es gehört die Stimmung des Symposion dazu – –

Viele Grüße an die Männer.

Dir alles Liebe!

Georg.

Postkarte vom 17. August 1916] An: Frau / *Marg. v. Bendemann / Frankfurt (Main) / Brentanostr. 1*; mit Absenderstempel: Prof. Simmel / Strassburg (Els.).; Poststempel: Straßburg (Els.) 1 18. 8. 16 7-8 N; Prüfstempel: Straßburg (Els.) P.K. [unles.] zu befördern.

Logosaufsatz] Simmel: Der Fragmentcharakter des Lebens. Aus den Vorstudien zu einer Metaphysik. Logos VI, 1916/17, Heft 1, S. 29-40; GSG 13, S. 202-216. Siehe Simmel an den Verlag J. C. B. Mohr (Paul Siebeck) vom 30. März 1916.

des Herrn] Unbekannt.

In Heidelberg ... viel umhergefahren] Neben Heidelberg und Berlin (siehe Simmel an Heinrich Rickert vom 21. Juli und an Otto Plasberg, Dekan, vom 26. Juli 1916) sind keine weiteren Reiseziele bekannt.

deiner ... Aufforderung] Das Schreiben ist verschollen; es betraf wohl einen Besuch bei von Bendemanns in Frankfurt/M.

Plänen ... gegen Mitte Okt. durch Frankf.] Näheres ist nicht bekannt.

»Freundschaftskarten«] Näheres nicht ermittelt; kaum gemeint sein dürften die im 19. Jahrhundert aufgekommenen bestickten, später auch geprägten, zwischen Freundinnen ausgetauschten Karten.

etwas schreiben, was ich seit vielen Jahren vorhabe] In Frage kommt zunächst die geplante und mit o.g. »Logosaufsatz« sowie dessen »Verlängerung« wiederaufgenommene Arbeit an einer ›Metaphysik‹ (siehe Simmel an Heinrich Rickert vom 13. Dez. 1915), auf die dann auch der Anfang Sept. 1916 abgegebene Beitrag des nächsten, im Febr. 1917 erschienenen Logos-Heftes weist: Vorformen der Idee. Aus den Studien zur Metaphysik (siehe Simmel an den Verlag J. C. B. Mohr [Paul Siebeck] vom 18. Sept. 1916), wie auch die für das WS 1916/17 angekündigte Vorlesung ›Metaphysik‹ (siehe Simmel an Siegfried Kracauer vom 8. Okt. 1916); vor allem ist hier an seine Ausführungen ›Vom Wesen der Wahrheit‹ zu denken, die er im Brief an Rickert vom

15. April 1916 angesprochen hatte und die er bis zu seinem Tode weitgehend abschloß (siehe Gertrud Simmel an Graf Hermann von Keyserling vom 22. Jan. 1919 [Keyserling-Archiv, Darmstadt] und Editorischer Bericht, GSG 20, S. 481-553; hier: 490, 504) – Sodann: die Neufassung der ›Probleme der Geschichtsphilosophie‹, ein Projekt, das Simmel gegenüber Heinrich Rickert bereits brieflich am 3. Juni 1913 und am 13. Dez. 1915 angesprochen hatte und dann am 26. Dez. 1916 als »ein ganz andres Buch, auch mit einem andern Titel« umschreiben sollte. Im Kontext dieser neuen Überlegungen stehen die Schriften: ›Das Problem der historischen Zeit‹ von 1916 (GSG 15, S. 287-304), ›Die historische Formung‹ von 1918 (GSG 13, S. 321-369) und ›Vom Wesen des historischen Verstehens‹ von 1918 (GSG 16, S. 151-179). Nach Hans Simmels Überlieferung kommen hier die »seit vielen Jahren« zurückgestellten, wenngleich in Einzelstudien wiederholt aufgegriffenen Untersuchungen zur ›Philosophie der Kunst‹ (siehe Simmel an Heinrich Rickert vom 28. Mai 1901 und vom 8. Mai 1905) kaum noch in Frage. Für ihren Abschluß hatte sich Simmel bis zum Kriegsausbruch erhofft, »eines Tages so weit zu sein, dass er alle Arbeiten vollendet hätte, die ihm ›auferlegt‹ waren. Dann, unbeschwert von anderen Pflichten, wollte er seine ›Kunstphilosophie‹ schreiben«. Der »ideale Rahmen« dafür schien ihm eine in ein Freisemester gelegte Mittelmeerreise – »Sizilien, Athen und die griechischen Inseln, vielleicht Konstantinopel und Ägypten«. Aber: »Mit dem Ausbruch des Krieges wusste er, dass all solche Pläne endgültig abgetan waren« (Hans Simmel, S. 35).

Stimmung des Symposion] Wohl Anspielung auf die in Anlehnung an das ›Symposion‹ des Sokrates von Simmel in Berlin in Verbindung mit seinen Privatissima gepflegte Gewohnheit, neue Überlegungen den Teilnehmern vorzutragen. So berichtet etwa Edith Landmann von Simmels Übung über Ästhetik im Jahre 1901: Einige Teilnehmer »trugen [...] ihre Arbeiten vor, doch hatte ich nicht den Eindruck, daß Simmel sehr darauf einging, sein Anliegen schien mehr, seine eignen neuen ästhetischen Bemühungen [...] im kleinen Kreis vorzutragen« (Erinnerung an Simmel, in: BdD, S. 210).

an die Männer] Ehemann Eduard und Sohn Erwin von Bendemann.

Georg Simmel an Margarete von Bendemann
Postkarte vom 9. September 1916
Hs.; LBI New York, Susman Collection

Baden-Baden 9 IX 16
Hotel Korbmattfelsenhof

Liebe Susa,

es zeigt sich eine Möglichkeit zu einem Zusammentreffen in Heidelberg, falls du noch dazu geneigt bist. Am geeignetsten wäre Dienstag wegen der Fleischkarte. Wenn du 9.38 abfährst, bist du 11.18 in Heidelberg, ich eine Minute später. Du könntest bis 4.25 bleiben, so daß wir immerhin über 5 Stunden hätten. Kommt diese Karte noch Sonntag an u. antwortest du gleich, so trifft es mich rechtzeitig; kommt sie erst Montag, so brauchst du ev. nur zu depeschiren: *Einverstanden*.

Ich schlage vor, daß der früher Eintreffende den späteren am Zuge erwartet, oder, falls erheblichere Verspätung vorliegt, im Wartezimmer.

In Eile u. Liebe dein

Georg.

Postkarte vom 9. September 1916] An: Frau / *Marg. v. Bendemann / Frankfurt Main / Brentanostr. 1*; mit Poststempel: BADEN-BADEN 1 [unles.] 9.16 5-6 N.

Baden-Baden ... *Hotel Korbmattfelsenhof*] Seit Anfang des 19. Jahrhunderts aufgeblühter moderner Luftkurort mit Heilquelle; am Eingang des Schwarzwalds gelegen, ist er Ausgangspunkt zahlreicher Höhenwanderungen. Das nach dem Korbmattfelsen (519 m) benannte Hotel liegt in der westlichen Umgebung der Stadt (Baedeker Rheinlande, S. 356f., 368). Simmels waren hier – und vermutlich in einem anderen Ort »im Schwarzwald« für zwei Wochen zur Erholung (siehe vorstehendes Schreiben).

noch dazu geneigt bist] Siehe ebd.

Dienstag] Simmel schrieb am Samstag, den 9. Sept. und meinte Dienstag, den 12. Sept. 1916.

wegen der Fleischkarte] In der zweiten Augusthälfte 1916 war die Reichsfleischkarte eingeführt worden; sie sah für den Normalverbraucher im Durchschnitt 250 g Fleisch wöchentlich vor und trat neben die bereits seit längerem bestehenden Rationierungen von Brot, Speck, Butter, Fett und Reis. Damit war eine Verschärfung des bereits seit

Anfang Nov. 1915 bestehenden reichsweiten Verbots, dienstags und freitags Fleisch zu verkaufen, eingetreten. Vgl. Anne Roerkohl: Hungerblockade und Heimatfront. Die kommunale Lebensmittelversorgung in Westfalen während des Ersten Weltkriegs. Stuttgart: Steiner 1991, S. 116 und 120f. [= Studien zur Geschichte des Alltags, Band 10].

Georg Simmel an Friedrich Gundolf

Brief vom 17. September 1916
Hs.; Gundolf Archiv, London

Straßburg 17 IX 16

Lieber Herr Gundolf!

Eben finde ich Ihre kostbare Gabe vor, für die ich vorläufig nur in Bausch u. Bogen danken kann. Beim Durchblättern habe ich einen sehr starken Eindruck. Die Formel Ihres Problems scheint mir zu sein: welche *Art von Leben* ist es jeweils, die sich in dem einzelnen Werk ausdrückt? Es giebt ja wohl keine Erscheinung der Geistesgeschichte, bei der diese Korrelation für eine gleich ungeheure Ausdehnung der Produktion einerseits so unmittelbar u. nachfühlbar, andrerseits so typisch menschlich wäre. Daß diese Aufgabe einmal gestellt u. durchgeführt wurde (ich selbst hatte nach dem ideellen Sinn gefragt, der über dem Dualismus von Leben u. Werk steht, gleichsam nach der *Idee*, die sich an dem einen u. an dem andern ausgestaltet), halte ich für das Wichtigste, was über Goethe gefragt werden konnte u. was an Wichtigkeit über ihn als individuelle Erscheinung weit hinausragt.

Zufällig bemerkte ich beim ersten Aufschlagen ein kleines Korrigendum, dessen Stelle ich augenblicklich nicht mehr auffinden kann. Sie zitiren den Dante-Vers: *io mi son un che, quando Amor mi spira, noto* – u. übersetzen *noto* mit: klinge. Das aber ist nicht der Sinn. Das *noto* bedeutet nach der durchgehenden, von niemandem bezweifelten Interpretation: ich bemerke den Sinn davon, mache es mir klar. *Scartazzini* deutet es: *osservo la natura del sentimento d'amore*. Hoffentlich halten Sie das nicht für eine professorale »Bedenklichkeit«.

Auch meine Frau hofft zu einem Dank berechtigt zu sein.
Für heute nur noch alle guten Grüße! Ihr

Simmel

Brief vom 17. September 1916] Mit Umschlag an: Herrn / *Dr. F. Gundolf / Darmstadt / Grünerweg* 37; mit Absenderstempel: Prof. Simmel / Strassburg (Els.); Poststempel: Str[unles.] 18.[unles.]; Prüfstempel [unles.].

Gabe] Friedrich Gundolf: Goethe. Berlin: Georg Bondi 1916; VIII, 795 S.

ich selbst hatte … gefragt] Anspielung auf: Simmel: Goethe. Leipzig: Klinkhardt & Biermann [1912] 1913; GSG 15, S. 7-270.

Sie zitiren den Dante-Vers] Bezugnahme auf Friedrich Gundolf: Goethe, a. a. O., S. 784: »Mit seiner Lyrik und dem ersten Teil des Faust hat Goethe für Deutschland getan, was Dante als sein Neues für Italien mit den Worten bekundet: / Ein solcher bin ich daß, derweile / Die Liebe haucht, ich klinge.«

***Scartazzini … d'amore*]** Angesprochen ist der Kommentar zu dem Vers »Io mi son un che, quando / Amor mi spira, noto, […]« aus dem Purgatorio XXIV, 52-53 in: La Divina Commedia, di Dante Alighieri. Riveduta nel testo e commentata da G[iovanni]. A[ndrea]. Scartazzini. Terza edizione nuovamente riveduta, correta e arricchita col Rimario Perfezionato. Milano: Ulrico Hoepli 1899, S. 589: »NOTO: osservo la natura del sentimento d'amore.«

Georg Simmel an Verlag J. C. B. Mohr (Paul Siebeck)

Bestellzettel vom 18. September 1916
Hs.; VA Mohr Siebeck, Tübingen

15 Separatabzüge.

Straßburg Els. 18 IX 1[6] Prof. Simmel.

Bestellzettel vom 18. September 1916] Hs. Ergänzungen auf gedr. Bestellzettel: Es wird dringend gebeten, diesen Zettel beantwortet / zurückzuschicken! / Wieviele Separatabzüge? / … Separatabzüge*. / Ort und Zeit: / Name: / *) 15 völlig unveränderte Separate werden auf Wunsch unentgeltlich angefertigt, weitere gegen Berechnung von 1 Pfg. pro Druckseite geliefert. Bei Bezug von 100 berechneten Separaten tritt eine Ermässigung um 25 %, bei 200 berechneten Separaten eine Ermässigung um 40 % ein. / Dissertationen unterliegen besonderen Bestimmungen, ebenso alle Abweichungen von der üblichen Form der Separate. / Alle Bestellungen müssen spätestens bei Rücksendung der Korrektur gemacht werden, da nachträglich weitere Separatabzüge in der Regel nicht hergestellt werden können. / 1915 Nr. 198. – Mit hs. Bearbeitungsvermerk: not. Letzterer führt zum Textverlust der überschriebenen Jahreszahl.

15 Separatabzüge] Betrifft Simmel: Vorformen der Idee. Aus den Studien zur Metaphysik. Logos VI, 1916/1917, Heft 2, S. 103-141 (Erscheinen angezeigt: LC vom 3. März 1917, Sp. 233); GSG 13, S. 252-298. – Logos-Herausgeber Georg Mehlis hatte Paul Siebeck am 28. Juli 1916 Simmels Aufsatz angekündigt und der Verlag den Eingang des Manuskripts am 5. Sept. 1916 bestätigt (beide Schreiben in VA Mohr Siebeck).

Georg Simmel an Peter Nansen

Visitenkarte von nach dem 18. September 1916
Hs.; KB Kopenhagen, Nl Peter Nansen

Herrn Peter Nansen

Verbindlichsten Dank für die freundliche Zuwendung Ihres Buches.

Visitenkarte von nach dem 18. September 1916 ... Ihres Buches] Vordruck: *Dr. Georg Simmel / Professor an der Universität / Strassburg (Els.).* – Zur Datierung herangezogen wurde die einzige deutschsprachige neue Buchpublikation Peter Nansens, die in Simmels Straßburger Zeit – und dementsprechend der Verwendung dieser Visitenkarte – fällt: Peter Nansen: Die Brüder Menthe. Roman. (Berecht. Übertr. von Mathilde Mann) Berlin: Fischer 1916, 198 S. Die Erstauflage der deutschen Übersetzung des Romans, mit dem Nansen nach seinem Ausscheiden aus der Leitung des Gyldendalschen Verlags nach nahezu zwanzig Jahren seine literarische Produktion wiederaufgenommen hatte, war am 18. Sept. 1916 erschienen (vgl. Peter de Mendelssohn: S. Fischer und sein Verlag. Berlin: S. Fischer 1970, S. 741-743). Eine nähere Beziehung zwischen Simmel und Nansen scheint nicht bestanden zu haben (dankenswerterweise half Karin Bang, Roskilde Universitetscenter, diesen Hinweis abzusichern, u. a. mit der Auskunft, daß sich in der überlieferten Korrespondenz Nansens keine weiteren

Hinweise auf Simmel befinden). – Auch zu Nansens Freund und Verleger Samuel Fischer (1859-1934; Killy) sind unmittelbare Kontakte Simmels nicht nachgewiesen; mittelbar sind lediglich Simmels Beiträge in der bei Fischer erscheinenden Zeitschrift ›Die neue Rundschau (Freie Bühne)‹ zu nennen (siehe Simmel an Hans Delbrück vom 14. Dez. 1902, an Friedrich Gundolf vom 30. Dez. 1916 und an Anna und Ignaz Jastrow vom 3. März 1918), deren Aufnahme in Fischers Periodikum in den späten Jahren wohl vornehmlich auf den 1908 für dessen Erweiterung um eine »politisch-soziologische Abteilung« angestellten Redakteur Samuel Saenger zurückgehen dürfte, schrieb dieser doch, wegen Fischers Furcht vor »dem Abstrakten und rein Philosophischen« habe in den Redaktionsbesprechungen »sogar eine Arbeit Georg Simmels unterzubringen, [...] zuweilen ein gutes Stück Arbeit« gekostet (In memoriam S. Fischer. Die Neue Rundschau. XLV. Jahrgang der Freien Bühne, 1934, Bd. II, S. 579-588; hier: 580, 587). – Samuel Saenger (1864-1944) Publizist, 1888 Dr. phil. Halle/S., danach Gymnasiallehrer in Berlin, 1900-1907 Mitarbeiter bei der ›Zukunft‹, 1908-1933 Redakteur der ›Neuen Rundschau‹ und Leiter der politisch-soziologischen Abteilung des S. Fischer-Verlags. Ab 1919 auch im Auswärtigen Dienst tätig, 1939 emigriert (IBDCEE 1933-1945, Bd. I).

Georg Simmel an Friedrich Gundolf
Postkarte vom 30. September 1916
Hs.; Gundolf Archiv, London

Straßburg 30 IX

Lieber Herr Gundolf,

über die Dantestelle müßte ich gelegentlich noch mündlich mit Ihnen sprechen. Noch eine Pedanterie: S. 340 sprechen Sie von *Heyses* »Künstlerroman« *Kinder der Welt*. Das ist ein Irrtum. In diesem Buch kommt, abgesehn von einer minimen Nebenfigur, kein Künstler vor. Der Roman, den Sie meinen, ist: *Im Paradiese*.

Im Übrigen habe ich schon fast die Hälfte Ihres Buches mit wahrer Beglückung gelesen. Es giebt mir unsäglich viel u. wird es nicht nur Tausenden geben, sondern, wenn es leistet was es leisten kann (oder könnte), so wird das ganze Niveau, auf dem Literatur verstanden u. genossen wird, um kaum meßbaren Grad gehoben sein. Welche Chance für Bielschowsky u. Richard M. Meyer, daß sie früh gestorben sind: denn jetzt bliebe ihnen absolut nichts übrig, als sich aufzuhängen.

Herzlich Ihr

Simmel

Postkarte vom 30. September 1916] An: Herrn / *Dr. F. Gundolf / Darmstadt / Grünerweg* 37; mit Absenderstempel: Prof. Simmel / Strassburg (Els.); Poststempel: Str[unles.] (Els.) 1. 30. 9. 16 9-10 N.; Prüfstempel: Straßburg (Els.) [unles.].

Dantestelle] In: Friedrich Gundolf: Goethe. Berlin: Georg Bondi 1916, S. 784; siehe Simmel an Gundolf vom 17. Sept. 1916.

S. 340 ... *Heyses* »Künstlerroman« *Kinder der Welt ... Im Paradiese*] Die Stelle bei Gundolf bezieht sich auf das Verhältnis zwischen Bildungsroman und Theater und lautet: »Denn Kunst, Wissenschaft und Dichtung – geistige Vorgänge – haben kein sinnlich greifbares Milieu, keine darstellbare Atmosphäre.. [sic!] wir müssen nur einen der in Nachfolge des Wilhelm Meister entstandenen romantischen Künstlerromane bis selbst zu Kellers Grünem Heinrich und Heyses Kindern der Welt mit diesem Urbild vergleichen, um den symbolischen Vorzug des Theaters als Romanmilieu, als Handlungsraum zu empfinden« (Goethe, a. a. O., S. 340). – Paul Heyse: Kinder der Welt. Roman in sechs Büchern. 3 Bde. 1039 S. Berlin: Hertz 1873; ders.: Im Paradiese. Roman in sieben Büchern. 3 Bde. 897 S. Berlin: Cotta 1875.

Hälfte Ihres Buches ... gelesen] Dazu erinnert Simmels Nichte Gertrud Kupffer, geb. Jacobs, die vom 16. Okt. 1916 bis zum 5. März 1917 bei Simmels wohnte (AVCUS Strasbourg), um ihre Promotion in Kunstgeschichte abzuschließen: »Abends wurde meist vorgelesen; wir lasen Dante, Goethe, George, Rilke, Shakespeare, aber auch Gundolfs damals so neuartige literarische Betrachtungsweise in seinem Goethe- und Shakespearebuch« (Erinnerungen an Simmel, in: BdD, S. 271).

Bielschowsky u. Richard M. Meyer] Gemeint sind die Literaturwissenschaftler und Goethe-Biographen: Albert Bielschowsky (1847-1902, 1869 Dr. phil., Gymnasiallehrer, Lehrer am Philantropin in Frankfurt/M., ab 1886 Privatgelehrter in Berlin), Verfasser von: Goethe. Sein Leben und seine Werke. In zwei Bänden. München: C. H. Becksche Verlagsbuchhandlung Oskar Beck 1896 und 1904. 1. Bd. (1896): mit einer Photogravüre (Goethe in Italien von Tischbein), VII, 521 S.; 2. Bd. (1904): mit einer Photogravüre (Goethe im 79. Lebensjahre von Jos. Stieler) VI, 737 S. (Ld-jA, Bd. 2, S 423-426). – Richard Moritz Meyer (1860-1914, 1886 PD, 1901 ao. Prof. in Berlin; NDB), Verfasser von:

Goethe. Preisgekrönte Arbeit. Erster, Zweiter und Dritter Band, mit einer Photogravüre (Goethe von Fr. Pecht). Berlin: Ernst Hofmann & Co. 1895. xxxi, 628 S. [= Geisteshelden. (...) Eine Sammlung von Biographien. Herausgegeben von Anton Bettelheim, Bd. 13-15].

Georg Simmel an Ernst Robert Curtius

Brief vom 1. Oktober 1916
Hs.; Photoreprint, SBPK Berlin, Nl 125 (M. Landmann)

Straßburg, 1. x. 16

Lieber Herr Doktor!

Ihre Bedenken gegen K.W. kann ich allerdings nicht beseitigen. Sein Verhalten gegen mich ist völlig rätselhaft, insbesondere, da es nicht durch materielle Vorteile bestimmt ist; in dieser Hinsicht hat er sich tadellos benommen. Ich habe eher den Eindruck, daß er zuviel unternommen hat u. seinen Aufgaben nicht gewachsen ist. Wie wäre es denn, wenn Sie durch *Gundolf* Verbindung mit *Bondi* suchten? Allenfalls könnte ich das auch vermitteln, aber G. wäre wahrscheinlich wirkungsvoller.

Ich lese gleichfalls das G.sche Buch mit wahrer Begeisterung. Mich beglückt nicht nur, daß das Buch da ist u. die Literaturgeschichte mit ihm eine ganz neue Höhe gewonnen hat, sondern daß ich überhaupt eine Reihe jüngerer Leute aufkommen sehe, in deren Händen ich die geistige Zukunft Deutschlands gut aufgehoben weiß. Freilich – der Schützengraben –

Wie lange bleiben Sie noch in Heidelberg?

Herzlich Ihr

Simmel

Hs.; Photoreprint, SBPK Berlin, Nl 125] Die Herkunft der im Nl Landmann überlieferten Photographie des Schreibens, dem ein Transkript (Tps.) Michael Landmanns beiliegt, konnte nicht ermittelt werden. – Hatte Landmann zu dem Dokument vermerkt, »unbekannt an wen (M.L.)«, so weist der Inhalt des Schreibens doch eindeutig auf Ernst Robert Curtius (s.u.).

Bedenken gegen K.W. ... Verhalten gegen mich] Das entsprechende Schreiben von Ernst Robert Curtius ist verschollen; angesprochen ist die offensichtlich unbeantwortet gebliebene Anfrage Simmels beim Kurt Wolff Verlag (= K.W.) vom 12. Juni 1916 bezüglich der Publikation von Curtius' Manuskript zu ›Die literarischen Wegbereiter des neuen Frankreich‹ (siehe Simmel an Georg Heinrich Meyer vom 12. und an Kurt Wolff vom 16. Juni 1916).

den Eindruck, daß er zuviel unternommen hat] Zur Überlastung des Verlagsleiters Georg Heinrich Meyer, gepaart mit dessen mangelnder Fähigkeit, Arbeiten an die zwei von insgesamt zwölf Verlagslektoren, die nicht zum Kriegseinsatz abberufen wurden, zu delegieren, überliefert die Verlagsgeschichte zahlreiche Autorenbeschwerden bis hin zu der Anekdote, Meyer habe, »als ihm die Arbeit zu viel wurde, die ungeöffnete Geschäftspost in Schränken verschwinden, ja schließlich in Waschkörben auf den Speicher des Hauses in der Kreutzstraße tragen« lassen (Göbel, Sp. 703 f.).

wenn Sie durch *Gundolf* Verbindung mit *Bondi* suchten] Diese Anregung, sich durch Gundolf bei dem »durch den Verlag der Schriften Georges bekannt gewordene[n] Verleger Georg Bondi« (1865-1935; LGB) empfehlen zu lassen, befolgte Curtius unmittelbar, indem er noch Anfang Okt. an Gundolf schrieb: »Lesen Sie diese Simmelkarte [vom 1. Okt. 1916] und erwägen Sie ob Sie in der Lage sind, bei Bondi anzufragen. Es handelt sich ja nur darum ob er Papier hat, wenn auch Holzpapier. Die übrigen Punkte würden sich wohl leicht erledigen lassen« (Gundolf Briefwechsel, S. 262). Nach Rückfrage bei Stefan George sollte Curtius' Werkmanuskript in Bondis Hände gelangen, dem allerdings George dann »den verfasser mehr empfohlen [hat] als das buch« und der es als unzeitgemäß dem Verfasser zurücksenden sollte (George an Gundolf vom 26. Okt. 1916, George-Gundolf Briefe, S. 286).

G.sche Buch] Friedrich Gundolf: Goethe, Berlin: Georg Bondi 1916, S. 784; siehe Simmel an Gundolf vom 17. Sept. 1916.

Wie lange bleiben Sie ... in Heidelberg] Ernst Robert Curtius hielt sich bis Anfang Okt. in Heidelberg auf (siehe dessen Brief vom 2. Okt. 1916 an Friedrich Gundolf, Gundolf Briefwechsel, S. 261); Simmel mag auf eine Begegnung während seiner geplanten Heidelbergreise gehofft haben (siehe Simmel an Friedrich Gundolf vom 7. Okt. 1916).

Georg Simmel an Friedrich Gundolf
Postkarte vom 7. Oktober 1916
Hs.; Gundolf Archiv, London

Str. 7 x

Lieber Herr Gundolf,

Also ich rechne darauf, daß wir uns Mittwoch spätestens beim Abendessen bei *Bezner* treffen. Übrigens wiederhole ich mein Anerbieten, in Darmstadt zu übernachten statt in Heidelb., falls Sie nicht sowieso dorthin kommen wollen. Ich würde in diesem Fall 8.27 in D. eintreffen u. bitte Sie, mir ev. das Hotel zu nennen, das Sie früher einmal Hans empfohlen haben u. wo ich Sie erwarten werde, wenn Sie mich nicht etwa abholen wollen. Also richten Sie dies ganz ein, wie es Ihnen paßt u. geben mir noch eine Nachricht.

Herzlichst Ihr

Simmel

Postkarte vom 7. Oktober 1916] An: Herrn / *Dr. F. Gundolf / Darmstadt / Grünerweg* 37; mit Absenderstempel: Prof. Simmel / Strassburg (Els.); Poststempel: Straßburg (Els.) 1. 7. 10. 16 7-8 N.

Mittwoch] Den 11. Okt. 1916; zum unbekannten Reiseanlaß »gegen Mitte Okt.«, samt möglichen Stationen in Heidelberg bzw. Darmstadt siehe Simmel an Margarete von Bendemann vom 17. Aug. 1916.

***Bezner*]** Pension Bezner, Heidelberg, Geisbergstr. 16a; siehe Simmel an Georg von Lukács vom 14. März 1913.

Hotel ... Hans empfohlen] Das Hans Simmel empfohlene Hotel ist nicht bekannt.

Georg Simmel an Siegfried Kracauer
Postkarte vom 8. Oktober 1916
Hs.; DLA Marbach, Nl Kracauer

Straßburg 8 x 16

Sehr geehrter Herr Doktor!

Ich habe Ihre Arbeit erhalten u. werde sie gern lesen – aber die Zeit, in der es mir möglich werden wird, kann ich nicht bestimmen. Ich bin für die nächsten Wochen ganz ungewöhnlich in Anspruch genommen.

Wenn Sie in's Feld gehen, bitte ich Sie, gelegentlich von sich hören zu lassen.

Mit ergebenster Begrüßung Ihr

Simmel

Postkarte vom 8. Oktober 1916] An: Herrn / *Dr. Siegfried Cracauer / Frankfurt Main / Bäckerweg* 52; mit Absenderstempel: Prof. Simmel Strassburg (Els.); Poststempel: Straßburg (Els.) 1 n 8. 10. 16 1-2 N; Prüfstempel: Str [unles.] P.K. Geprüft u. zu befördern.

Ihre Arbeit erhalten] Siegfried Kracauers Sendung samt Begleitschreiben ist verschollen. Höchstwahrscheinlich enthielt die Sendung das Manuskript ›Von der Erkenntnismöglichkeit seelischen Lebens. Eine Abhandlung‹, das mit dem Vermerk »Mai-September 1916« im Nl Kracauers erhalten ist (Tps., Durchschlag; 62 Bl., DLA Marbach) und postum zur Veröffentlichung gelangte in SKW 9.1, S. 121-168. Vgl. Ingrid Belke: Nachbemerkung und editorische Notiz. In: SKW 9.2, S. 306.

für die nächsten Wochen ... in Anspruch genommen] Bekannt ist Simmels unmittelbar bevorstehende Reise nach Heidelberg am 11. Okt. 1916 (siehe Simmel an Friedrich Gundolf vom 7. Okt. 1916) und der Beginn des für die Zeit vom 16. Okt. 1916 bis 24. März 1917 angesetzten WS 1916/17, für das Simmel folgende Lehrveranstaltungen angekündigt hatte: »*Metaphysik* [...] Mittwoch und Donnerstag von 6-7 Uhr. / *Ethik (mit geschichtsphilosophischen Exkursen)* [...] Mittwoch und Donnerstag von 5-6 Uhr. [...] *Im Seminar: Übungen* [...] Gegenstand und Stunde vorbehalten« (Vorlesungsverz. Straßburg WS 1916/17, S. 20). Zudem dürfte die einem Brief Gertrud Simmels an Sophie Rickert zu entnehmende Nachricht, Sohn Hans sei trotz seines Ischiasleidens »dienstfähig geschrieben« und komme »in 4 Wochen als Arzt ins Feld« (Schreiben vom 13. Okt. 1916, SGA Stuttgart), den Zeithorizont eingeschränkt haben.

Sie in's Feld gehen] Siegfried Kracauer erwartete nach seiner bisher erfolglosen Meldung als Freiwilliger noch immer eine Einberufung zum Felddienst (siehe Simmel an Siegfried Kracauer vom 26. Juni 1915).

Georg Simmel an Siegfried Kracauer

Brief vom 1. November 1916
Hs.; DLA Marbach, Nl Kracauer

Straßburg 1 XI 16

Sehr geehrter Herr Doktor!

Ich habe Ihre Arbeit gelesen, glaube indeß, mich nicht weiter über sie äußern zu sollen. Nur möchte ich mir erlauben, die uns stetig bedrohende Gefahr zu betonen: daß wir neue, frappierende *Ausdrücke*, ja selbst gewisse Schauungen, die aber in Wirklichkeit nur solche Ausdrücke zum Inhalt haben, garzuleicht für gleichermaaßen neue Einsichten in das Wesen der *Dinge* halten. Ich habe es als recht nützlich erprobt, einen neuen Gedanken, für den man einen originellen u. treffenden Ausdruck gefunden hat, einmal mit banaleren, ganz hergebrachten, allgemein gebrauchten Worten u. Wendungen auszusprechen – selbst wenn diese nicht *ganz* zutreffend wären. Auch noch in diesem Falle führt das Experiment manchmal zu überraschenden Ernüchterungen.

Ich würde mich freuen, weiter von Ihrem Ergehen zu hören. Mit freundlichen Grüßen u. Wünschen Ihr

Simmel

Ihre Arbeit] Siehe Simmel an Kracauer vom 8. Okt. 1916.

von Ihrem Ergehen zu hören] Siehe Kracauer an Simmel vom 30. Nov. 1917.

Georg Simmel an Otto Plasberg, Dekan der philosophischen Fakultät der KWU

Brief vom 9. November 1916
Hs.; ADBR Strasbourg, AL 62, Paq. 37, J.-N. 330

Straßburg 9 XI

Sehr verehrter Herr Kollege!

Da ich wegen der Kriegshochschulkurse schon Samstag Abend abreisen muß, werde ich wahrscheinlich genötigt sein, die Fakultätssitzung zu versäumen.

Mit bester Empfehlung Ihr ergebenster

Simmel

Brief vom 9. November 1916] Hs. Vermerk, oben li: Dekanat 1916/17.

Kriegshochschulkurse] Das Oberkommando der Armee-Abteilung von Strantz veranstaltete vom 30. Okt. bis 10. Dez. 1916 »Hochschulkurse fuer studierende Heeresangehörige« – auch als »Kriegshochschulkurse« bezeichnet – in Conflans, Jarny und Labry (Bayerisches Hauptstaatsarchiv, Abt. IV Kriegsarchiv, 1. I.D., 57: Kommandoverfügung des Oberkommandos der Armee-Abteilung von Strantz vom 11. Nov. 1916). Dazu angeregt hatte – lt. eigenem Bekunden – Paul Ssymank (1874-1942), ein 1898 in Leipzig promovierter, jetzt im Feldeinsatz befindlicher Studienrat aus Göttingen, später Begründer des Hochschularchivs der Deutschen Studentenschaft (Wer ist's? 1928; Hans). Die nach Fakultäten gegliederten Kurse von jeweils 14 Tagen sollten »in kleinem Rahmen« stattfinden und dem »*auf Grund seiner Führung und Leistungen im Felde*« ausgewählten Studenten offenstehen (Kommandoverfügung, a. a. O.). Die zweite Kursreihe war für die Zeit vom 13. bis 25. Nov. 1916 mit einem »*Lehrplan der Philosophisch-historischen Fakultaet*« und einem »*Lehrplan der Rechts- u. Staatswissenschaftlichen Fakultaet*« vorgesehen (ebd.); die einzelnen Vorlesungen umfaßten in der Regel sechs, von Montag bis Samstag zur gleichen Stunde angesetzte Veranstaltungen. Angekündigt wurden die folgenden Themata bzw. Referenten: 1) Für die Woche vom 13. bis 18. Nov. 1916: 8-9 Uhr: »Germanische Heldensage in alt-engl. Dichtung. Prof. Dr. Weyhe. / Das Schaffen Herodots. Prof. Dr. Geffcken. / Der Deutschritterorden. Prof. Dr. Werminghoff.« 9-10 Uhr: »Deutsche Dichter des 16. Jahrhund. Prof. Dr. A. Götze. / Der Bildungsgang des französischen Volkes. Prof. Dr. Wechssler.« 10-11 Uhr: »Geschichte Friedrichs des Großen. Prof. Dr. Küntzel. / Engl. Sittengeschichte (1660-1790). Prof. Dr. Hoops.« 11-12 Uhr: »Heinrich von Kleist. Prof. Dr. Witkop. / Philosophische Weltanschauungen. Prof. Dr. Simmel.« 3-4 Uhr: »Die Geographie des Weltkriegs. Prof. Dr. Ule. / Einheit und Zwiespalt in Goethes Weltbild. Prof. Dr. Simmel.« 4-5 Uhr: »Goethes Faust. Prof. Dr. Schultz«. Anstelle der letzten drei Nachmittagskurse war am Samstag eine »Museumsführung« von »Museumsdirektor Prof. Keune (Metz)« vorgesehen. 2) Für die zweite Woche vom 20. bis 25. Nov. 1916: 8-9 Uhr: »Germanische Heldensage in altengl. Dichtung. Prof. Dr. Weyhe. / Das Zeitalter des Perikles. Prof. Dr. Bulle.« 9-10 Uhr: »Deutsche Dichter des 16. Jahrh. Prof. Dr. A. Götze. / Der Bildungsgang des französischen Volkes. Professor Dr. Wechssler.« 10-11 Uhr: »Lukrez und das Eindringen des Hellenismus in die römische Literatur. Prof. Dr. Stählin.« 11-12 Uhr: »Die innere Entwicklung Deutschlands 1813-1914. Prof. Dr. W. Götz. / Aesthetik der neueren

Zeit. Prof. Dr. H. Nohl.« 3-4 Uhr: »Geschichte des Hochschulwesens und des deutschen Studententums. Prof. Dr. Ssymanck. [sic!] / Das deutsche Märchen. Prof. Dr. A. Götze.« Montag bis Freitag, 4-5 Uhr: »Platos Schrift vom Staate. Prof. Dr. Immisch. / Bergson, der Hauptvertreter der franz. Philosophie der Gegenwart. Prof. Dr. M. Geiger.« Samstag, 4-5: »Militärische Jugenderziehung. Prof. Dr. Stählin.« Der Lehrplan der Rechts- und Staatswissenschaftlichen Fakultät sah für beide Wochen vor: 8-10 Uhr: »Einführung in die Rechtswissenschaft. Prof. Planitz.« / 10-11 Uhr: »Deutsches Reichs- und Landesstaatsrecht. Prof. Dr. Rehm.« 4-5 Uhr (nur in der 1. Woche): »Deutsche Verfassungsgeschichte. Prof. Dr. Rehm.« 5-6 Uhr (und in der 2. Woche, 4-6 Uhr): »Einführung in die Grundfragen der deutschen Volkswirtschaft. Prof. Dr. Mombert.« – Zu den Referenten siehe nach Register bzw.: Hans Weyhe, Anglist (1879-1955), seit 1911 ao. Prof. Halle a. d. S. (Anglistenlexikon). – Johannes Geffcken, Altphilologe (1861-1935), seit 1907 o. Prof. Rostock (DBE). – Albert Werminghoff, Historiker (1869-1923), seit 1907 o. Prof. Halle a. d.S. (DBE). – Alfred Götze, Germanist (1876-1946), seit 1912 Tit. ao. Prof. Freiburg i. Br. (IGL, Bd. 1, S. 577). – (Johann) Eduard Wechßler, Romanist (1869-1949), seit 1909 o. Prof. Marburg (DBE). – Georg Küntzel, Historiker (1870-1945), seit 1914 o. Prof. Frankfurt/M. (DBA). – Johannes Hoops, Anglist (1865-1934), seit 1902 o. Prof. Heidelberg (Drüll). – Philipp Witkop, Germanist (1880-1942), seit 1910 ao. Prof. Freiburg i. Br. (Drüll). – Wilhelm Ule, Geograph (1861-1940), seit 1907 ao. Prof. Rostock (DBE). – Heinrich Bulle, Archäologe (1867-1945), seit 1908 o. Prof. Würzburg (DBE). – Otto Stählin, klassischer Philologe, Pädagoge (1868-1949), seit 1913 o. Prof. Erlangen (DBE). – Hermann Nohl, Philosoph, Pädagoge (1879-1960), seit 1908 PD Jena (DBE). – Moritz Geiger, Philosoph (1880-1937), seit 1907 PD München (DBE). – Johann Baptist Keune, Altertumswissenschaftler (1858-1937), seit 1899 Direktor der Sammlungen der Stadt Metz, 1906 Prof. (DBA). – Hans Planitz, Rechtshistoriker (1882-1954), seit 1914 o. Prof. Frankfurt/M. (DBA). – Paul Mombert, Nationalökonom (1876-1938), seit 1911 apl. Prof. Freiburg i. Br. (DBE). – Diese ersten »Kriegshochschulkurse« in der Etappe wurden zum Vorbild für weitere ›Feldhochschulkurse‹, die sowohl an der West- und an der Ostfront wie auch auf dem Balkan und in der Türkei eingeführt wurden; die Erwartungen der Heeresleitung illustriert ein Schreiben des Generalquartiermeisters im Großen Hauptquartier vom 1. Okt. 1917: Ziel sei es, daß »Heeresangehörigen, die sich freiwillig zur Teilnahme melden, geistige Anregung und Fortbildung in ihrem Berufe vermittelt wird [...]. Dabei ist besonderer Wert darauf zu legen, daß die Kurse nicht einseitig fachwissenschaftlich gehalten sind, sondern so eingerichtet werden, daß sie allgemein anregend wirken und allen geistig strebenden Persönlichkeiten – welchen Standes und Berufes sie auch sein mögen – zugute kommen« (GStA PK Berlin, Rep. 76, Sek. 1, Tit. VII-41 E., Bd. 1; zit. n. Rüdiger Kramme: »Aufklärung« und »Propaganda«. Einige Bemerkungen zum öffentlichen Engagement deutscher Soziologen während des Ersten Weltkriegs. SNL 7, 1997, Heft 2, S. 82-102, hier: 92).

Samstag Abend abreisen ... Fakultätssitzung zu versäumen] Kurzfristig muß eine zeitliche Umgestaltung im Lehrplan der Kriegshochschulkurse vorgenommen worden sein. Denn das Protokoll der 7. Fakultätssitzung 1916/17 vom Samstag, den 11. Nov. 1916 vermerkt Simmels Anwesenheit (ADBR, AL 103, Paq. 36, Nr. 121), und auch am 15. Nov. 1916 ist Simmel noch in Straßburg, um »im Palais eine Eingabe an den Kaiserlichen Statthalter« abzugeben (Simmel an Heinrich Pauli vom 16. April 1917). Siehe auch nachfolgendes Schreiben.

Georg Simmel an Margarete von Bendemann

Postkarte vom 23. November 1916
Hs.; LBI New York, Susman Collection

Straßburg 24 XI 16

Liebe Susa,

du kannst mir vermutlich mitteilen, welches die Hilfsstelle für unsre Gefangenen in Rußland ist. Ich bitte darum, weil ich eine größere Spende machen kann.

Ich habe eine sehr merkwürdige Woche in der Etappe verlebt, wo ich an einer fliegenden Universität, die für kurze Zeit für feldgraue Studenten eingerichtet ist, einen Kursus hielt. Ein fabelhafter Eindruck, die Platonische Ideenlehre vorzutragen, während die Kanonen von Verdun herüberdröhnen! Den jungen Leuten, die aus dem Tod kommen u. in den Tod gehn u. dazwischen auf 14 Tage ein harmlos heiteres Studentenleben führen, aus der furchtbaren Wirklichkeit die Himmelstür zum Zeitlosen aufzuschließen, daß sie von einem Luftzug von dorther umweht werden! U. doch etwas ganz Märchenhaftes ist auch diese feldgraue Welt im Feindesland, wo jeder begegnende Zivilist nur ein Professor sein konnte.

Vermutlich wird Gertrud dich besuchen, so daß wir sie dann auch zu sehen bekommen. »Das Schicksal erfüllt uns bisweilen unsre Wünsche – -«

Herzlichstes an euch alle! Dein

Georg.

Postkarte vom 23. November 1916] An: Frau / *Marg. v. Bendemann / Frankfurt Main / Brentanostr. 1*; Absenderstempel: Prof. Simmel / Strassburg (Els.); Poststempel: Straßburg (Els.) 23. 11. 16 7-8 N; Prüfstempel: Straßburg (Els.) P.K. Geprüft und zu befördern.

24 XI 16] Datumsverwechslung; siehe Poststempel.

vermutlich mitteilen … Hilfsstelle für unsre Gefangenen in Rußland] Simmel vermutet dies wohl aufgrund Margarete von Bendemanns Mitwirkung im Schweizer Initiativ-Komité für Gefangenenschutz (siehe Simmel an Margarete von Bendemann vom 13. Juli 1915).

Woche in der Etappe] Siehe vorstehenden Brief.

Gertrud dich besuchen … auch zu sehen bekommen] Gertrud Kantorowicz war – lt. ihrer Mitteilung an Rudolf Pannwitz vom 17. Febr. 1916 (DLA Marbach, Nl Pannwitz) – am 18. Febr. 1916 nach Konstantinopel aufgebrochen, wo ihr im Rahmen der Deutschen Militärmission in dem nahe gelegenen Moda die Leitung und Pflege in einem Soldatengenesungsheim übertragen worden war (vgl. Ellen Fischer: ›Tante Gertrud‹, unveröffentlichtes Tps., engl., 5 S., Privatbesitz). Sie hatte Simmel wohl ihren Winterurlaub angekündigt (siehe Simmel an Margarete von Bendemann vom 6. Dez. 1916).

»Das Schicksal erfüllt uns bisweilen unsre Wünsche – -«] Das Zitat konnte nicht ermittelt werden.

euch alle] Mit Margarete von Bendemann: Ehemann Eduard und Sohn Erwin.

Georg Simmel an Margarete von Bendemann

Postkarte vom 28. November 1916
Hs.; LBI New York, Susman Collection

Str. 28 XI 16

Liebe Susa,

Dank für deine Auskünfte. Über Gertruds Reise habe ich noch nichts gehört.

Schreib mir doch, ob du betreffs der Besprechung meines *Rembrandt*, der eben erschienen ist, schon etwas mit der Frkf. Z. ausgemacht hast. Wenn du es wünschst, sende ich dir von hier aus ein Ex.; ich hätte das sogleich getan, wenn du nicht gemeint hättest, daß es dir von der Redaktion zukäme. Nun [da] es fertig vorliegt, macht es mir keinen üblen Eindruck; nur sehe ich jetzt, daß es doch sehr schwer ist. Denn es versucht allerhand kaum sagbare Dinge zu sagen, u. man muß sich deshalb bei vielen Worten überlegen, welchen von ihrem gewöhnlichen Sinn abweichenden sie grade an dieser Stelle haben. Die Schwierigkeiten sind keine logischen – in dieser Hinsicht habe ich mich um möglichste Klarheit bemüht –, sondern daß es gewisse innere Visionen fordert, deren richtiges Gelingen immer irgendwie zufällig bleibt. Für dich u. den Mann wird es freilich kaum Schwierigkeiten haben.

Alles Gute u. Liebe von deinem

Georg.

Postkarte vom 28. November 1916] An: Frau / *Marg. v. Bendemann / Frankfurt Main / Brentanostr. 1*; mit Absenderstempel: Prof. Simmel / Strassburg (Els.); Poststempel: Straßburg (Els.) 28. 11. 15 7-8 N; Prüfstempel: Straßburg (Els.) P.K. Geprüft und zu befördern.

deine Auskünfte] Margarete von Bendemanns Schreiben ist verschollen; es enthielt wohl die Adresse der Hilfsstelle für die Gefangenen in Rußland, um die Simmel im Schreiben an Margarete von Bendemann vom 23. Nov. 1916 gebeten hatte.

Gertruds Reise] Zu Gertrud Kantorowicz' Urlaub siehe ebd.

***Rembrandt*]** Simmel: Rembrandt. Ein kunstphilosophischer Versuch. Leipzig: Kurt Wolff 1916, VIII, 205 S. (GSG 15, S. 305-515).

mit der Frkf. Z. ausgemacht] Zu der dank Margarete von Bendemanns Verbindungen zur FZ und Heinrich Simon (siehe Simmel an Margarete von Bendemann vom 16. Okt. 1912) in Aussicht gestellten Besprechung durch ihren Gatten, den Kunsthistoriker Eduard von Bendemann, siehe Simmel an Margarete von Bendemann vom 30. März 1917.

den Mann] Eduard von Bendemann.

Georg Simmel an Margarete von Bendemann
Postkarte vom 6. Dezember 1916
Hs.; LBI New York, Susman Collection

Straßb. 6 XII 16

Liebe Susa,

ich schicke euch jedenfalls ein geb. Ex. des *Rembrandt* als persönliches Eigentum. Wenn ihr das Rez.-Ex. bekommt, so kann ich das ja gelegentlich dafür an mich nehmen. Viel Glück auf dem Weg! –

Über *Gundolf* schreibe ich auch, in der *N. Rundschau* – seit 15 Jahren meine erste Buchanzeige! Ich hatte es eigentlich abgeschworen. Allein hier hielt ich mich im kulturellen Interesse verpflichtet. Natürlich habe ich mich auch über mancherlei geärgert, aber angesichts der ganz einzigen geistesgeschichtlichen Bedeutung des Buches erscheint mir das ganz gleichgültig. *Diese* dem Publikum klarzumachen halte ich für das zunächst Erforderliche u. dies würde durch Einwände gegen Einzelnes, die in einer ganz andern Schicht liegen, verschoben werden. »Ärgert dich eine Seite, so reiße sie raus u. wirf sie hinter dich.« –

Gertrud wird jedenfalls bald kommen. Hans ist noch nicht im Feld, da er hier wahnsinnig viel zu tun hat u. nicht ohne weiteres zu ersetzen ist. Er hat's gut, bis zur Besinnungslosigkeit arbeiten zu müssen u. zu können!

Im Januar, wahrscheinlich in den ersten Tagen, hoffe ich euch in Frankfurt zu finden!

Alles Liebe für heut u. immer!

Georg.

Postkarte vom 6. Dezember 1916] An: Frau / *Marg. v. Bendemann / Frankfurt Main / Brentanostr. 1*; mit Absenderstempel: Prof. Simmel / Strassburg (Els.); Poststempel: Straßburg (Els.) 6. 12. 16 4-5 N; Prüfstempel: Straßburg (Els.) P.K. Geprüft und zu befördern.

ich schicke … geb. Ex. des *Rembrandt*] Simmel reagiert auf Margarete von Bendemanns Antwort (verschollen) auf seine Frage vom 28. Nov. 1916 nach dem Stand der von ihr bzw. ihrem Gatten zu erwartenden Rezension des Rembrandt-Buches, das sowohl broschiert wie auch in Halbleinen gebunden zur Ausgabe gelangt war.

Über *Gundolf* schreibe ich auch, in der *N. Rundschau*] Gemeint ist

Simmels Besprechung von Friedrich Gundolf: Goethe. Berlin: Georg Bondi 1916; siehe Simmel an Gundolf vom 30. Dez. 1916. – Auch Margarete von Bendemann besprach Gundolfs Goethebuch (siehe ebd.).

seit 15 Jahren ... erste Buchanzeige] Siehe den Beschluß: »Ich schreibe überhaupt keine Rezensionen, außer in Fällen, wo ich Dinge, die ich sowieso aussprechen möchte, an eine solche Gelegenheit anknüpfe« (Simmel an Hans Vaihinger vom 23. März 1901) und die letzte Rezension: Simmel: Zur Psychologie der Scham [= Rezension von: Havelock Ellis: Geschlechtstrieb und Schamgefühl. Autorisierte Übersetzung von Julia E. Kötscher. Unter Redaction von Dr. med. Max Kötscher. Leipzig: Georg H. Wiegand 1900]. Die Zeit. Wiener Wochenschrift für Politik, Volkswirtschaft, Wissenschaft und Kunst. Herausgegeben von Isidor Singer, Max Burckhard und Heinrich Kanner, XXIX, Nr. 371 vom 9. Nov. 1901, S. 84-86; GSG 1, S. 431-442.

»Ärgert dich eine Seite, so reiße sie raus u. wirf sie hinter dich.«] Zitat nicht ermittelt. – Vielleicht Anspielung auf NT, Matthäus 5/29: »Ärgert dich aber dein rechtes Auge; so reiß es aus und wirf's von dir. Es ist dir besser, daß eins deiner Glieder verderbe, und nicht der ganze Leib in die Hölle geworfen werde.«

Gertrud wird ... bald kommen] Gertrud Kantorowicz, die seit Anfang des Jahres in der Türkei im Einsatz war (siehe Simmel an Margarete von Bendemann vom 23. Nov. 1916), sollte während ihres Heimaturlaubs die Zeit vom 10. bis 19. Dez. 1916 in Straßburg verbringen, und zwar lt. meldeamtlicher Eintragung aus Karlsruhe kommend, in der Familien- und Fremdenpension A. Neugebauer, Wimpfelingstr. 14, wohnhaft und nach Frankfurt/M. weiterreisend (AVCUS Strasbourg).

Hans ist noch nicht im Feld ... nicht ohne weiteres zu ersetzen ist] Hans Simmel arbeitete noch immer als Arzt im Lazarettdienst (siehe Simmel an Anna Jastrow vom 7. Jan. 1916), obwohl er bei einer erneuten Musterung für felddiensttauglich erklärt worden war und seit Anfang Nov. auf den Einsatz wartete (siehe Simmel an Siegfried Kracauer vom 8. Okt. 1916). Er selbst erinnert die Wartezeit während der Arbeit in dem zunehmend wegen Feldeinzugs unter Personalmangel leidenden Lazarett während des Winters 1916/17: »Jedenfalls gab es noch einen tüchtigen Arbeitswinter. Ich hatte zeitweise 120 Betten zu betreuen mit 2 älteren Medizinstudenten als Hilfen.« Erschwerend hinzugekommen sei die »Ueberflutung der Lazarette« durch eine Grippeepidemie und die zunehmend unzureichende Ernährung in jenem sogenannten »Kohlrübenwinter« (Hans Simmel, S. 83 f.).

Im Januar ... in Frankfurt] Dort plante Simmel eine Station auf dem Weg zu Vorträgen in Berlin (siehe Simmel an Anna Jastrow vom 8. Dez. 1916).

Georg Simmel an Otto Plasberg, Dekan der philosophischen Fakultät der KWU

Notiz vom 7. Dezember 1916
Hs.; ADBR Strasbourg, AL 62, Paq. 37, J.–N. 373

Ethik	Priv.	Mi Do 5-6	Botan. Inst.
Übungen	pr.	4-5	Seminar

Notiz vom 7. Dezember 1916] Die Notiz befindet sich auf dem hs. Rundschreiben des amtierenden Dekans Otto Plasberg an »sämtliche Herren Dozenten der philosophischen Fakultät« vom 7. Dez. 1916: »Die Herren Kollegen bitte ich ergebenst, in die umstehende Liste die üblichen Angaben über die im laufenden Semester zustande gekommenen Vorlesungen und Übungen eintragen zu wollen. / Der Dekan / Plasberg«. Vorgegeben war auf den paginierten Folgeseiten 2-6 eine namentliche Aufstellung der »Dozenten« zwecks Eintrag in die Spalten zum »Gegenstand«, den Formalia »priv., publ., privatiss., gratis?«, der »Zeit« und dem »Ort« der »Vorlesungen«. Simmels Eintrag befindet sich auf S. 4. – Zu den angekündigten drei Lehrveranstaltungen Simmels siehe Simmel an Siegfried Kracauer vom 8. Okt. 1916.

Georg Simmel an Anna Jastrow

Brief vom 8. Dezember 1916
Hs.; LBI New York, Simmel Collection

Straßburg 8 XII 16

Liebe u. verehrte Freundin,

Für Ihren guten Brief danke ich von Herzen. Ach ja, man muß das schon ganz fest halten, was der Weltorkan einem noch nicht entrissen hat.

Ich schreibe nichts weiter, da ich in den ersten Januartagen nach Berlin komme. Nur dies, daß ich für Ihren Wohltätigkeitszweck, wenn die Umstände es gestatten, natürlich zur Verfügung stehe. Wozu sollte man sonst zur Verfügung stehn? Die Sachlage ist die: Am 9. Jan. spreche ich im *Verein Berliner Kaufleute u. Industrieller* über *Das Geld u. die moderne Kultur.* M.W. sind diese Vorträge nicht öffentlich, es wäre also keine Konkurrenz zwischen diesem u. dem andern. Ich könnte Donnerstag, d. 4. sprechen u. stelle zur Auswahl: *Einheit u. Zwiespalt in Goethes Weltbild*; oder: *Der Platonische u. der moderne Eros*. Auch der 5. käme in Frage. Aber ist denn noch Zeit für Vorbereitungen? Das Arrangement müßte doch im großen Stil getroffen werden, wenn etwas Erhebliches herauskommen soll u. die Presse müßte mächtig vorarbeiten, was sie freilich für mich wohl gern täte; auf den *Tag*, *Vossische* u. *Tageblatt* nebst Annexen könnte man rechnen, ev. könnte ich selbst einiges zur Anfeuerung tun.

Also Bitte recht bald um Ihre Entscheidung!

In Eile u. sehr herzlich Ihr

S.

Alles grüßt Alles!

guten Brief] Verschollen.

Am 9. Jan. spreche ich .... über *Das Geld u. die moderne Kultur*] Angekündigt als Vortragsveranstaltung des Vereins Berliner Kaufleute und Industrieller – »8 Uhr, Philharmonie« – (VZ, Nr. 14 vom 9. Jan. 1917, Mo. Bl.) und zusammengefaßt in dem Bericht, gez. F: ›Das Geld in der modernen Kultur‹, VZ, Nr. 17 vom 10. Jan. 1917, Ab. Bl. Vgl. auch: Jahresbericht des Vereins der Berliner Kaufleute und Industrieller für 1915/16 [sic!], S. 34.

Ihren Wohltätigkeitszweck] Vielleicht war erneut an die Kriegsgefangenenhilfen gedacht, zu deren Gunsten Simmel im Frühjahr einen öffentlichen Vortrag in Berlin gehalten hatte (siehe Simmel an Elsa Bruckmann vom 24. März 1916).

Einheit u. Zwiespalt in Goethes Weltbild] Siehe zum Thema: Simmel: Einheit und Zwiespalt. Zeitgemäßes in Goethes Weltanschauung. BT, Nr. 570 vom 7. Nov. 1915, Mo. Bl., 2. Beiblatt (GSG 13, S. 165-173).

Ihre Entscheidung] Die von Anna Jastrow geförderte Wohltätigkeitsvereinigung sollte Simmels Vorschlag ablehnen (siehe Simmel an Anna Jastrow vom 30. Sept. 1917), Simmel aber dennoch am Montag, den 8. Jan. 1917, abends 8 Uhr, im Hörsaal 3, Ostflügel der Universität sprechen, und zwar zugunsten des ›Akademischen Hilfsbundes für kriegsgeschädigte Akademiker in Berlin‹ und zum Thema »Der Platonische und der moderne Eros«. Ankündigungen erfolgten in der VZ vom 3. und 7. Jan. 1917 (Nr. 3 und 11, jeweils Mo. Bl.), in ›Der Tag. Berliner Illustrirte Zeitung‹ vom 6. Jan. 1917 (Nr. 9/4, Mo. Bl.) und im BT vom 3. Jan. 1917 (Nr. 3, Mo. Bl.). – Am 9. Jan. 1917 berichtete die VZ ausführlich über den Vortrag im »bis auf jedes Plätzchen an der Wand gefüllt[en]« Hörsaal (gez. K.E.K., VZ, Nr. 14, Mo. Bl.), ebenso das BT (gez. H.A., Nr. 15, Ab. Bl.) und die ›Berliner Zeitung am Mittag‹ (siehe den Wiederabdruck im ›Jahrbuch für sexuelle Zwischenstufen: unter besonderer Berücksichtigung der Homosexualität.‹ Herausgegeben von Magnus Hirschfeld, Leipzig: Spohr, 17, 1917, S. 131-134). – Zum Reinertrag der Veranstaltung von mehr als »1400 M« siehe Simmel an Anna Jastrow vom 30. Sept. 1917. – Als postume Veröffentlichungen zum Thema siehe Simmel: Exkurs über den platonischen und den modernen Eros. Logos 10, 1921/22, S. 25-28; umgearbeitet und erweitert unter dem Titel ›Der platonische und der moderne Eros‹ in: Simmel: Fragmente und Aufsätze aus dem Nachlaß und Veröffentlichungen der letzten Jahre. Herausgegeben und mit einem Vorwort von Dr. Gertrud Kantorowicz. München: Drei Masken 1923, S. 125-145 (GSG 20, S. 176-191).

Georg Simmel an Margarete von Bendemann

Postkarte vom 9. Dezember 1916
Hs.; LBI New York, Susman Collection

Str. 9 XII 16

Liebe Susa,

vielen Dank für deine Karten. Über den G. werden wir uns allerdings schwerlich verständigen. Denn grade was dir peinlich ist: der *Anspruch* des Buches – das erscheint mir als das entscheidend Wertvolle daran. Denn damit ist das *Niveau* gezeichnet, von dem überhaupt Goethe-Biographien geschrieben werden sollten u. bisher noch nie geschrieben worden sind. (Mein Buch ist ja keine Biographie, sondern eine Philosophie über Goethe). Damit, daß er diesem Anspruch mindestens in einigen Kapiteln genügt u. damit das Niveau auch ganz konkret hingestellt hat, ist das geistesgeschichtlich Wesentliche geleistet, u. daß einige andre Kapitel ihm *nicht* genügen, ist *da*für ganz gleichgültig. Übrigens ist die Gesammtauffassung, der prinzipielle Axenpunkt auch in den Kap. wirksam, die isolirt betrachtet schwach sind. Für mich kann die Ungleichmäßigkeit der Durchführung dies nicht verdecken, sie schadet nur dem Buch als literarischem Produkt, aber nicht seinem geistesgeschichtlichen Wert, der eben in dem Niveau u. der zentralen Problemstellung liegt. Daß ich das *philosophisch* Ausdrückbare besser ausgedrückt habe, mag sein; das ist eben der Unterschied der Professionen.

Ich freue mich sehr darauf, daß du den *Rembrandt* lesen wirst. Hätte ich noch 20 Jahre Arbeitskraft vor mir, so würde ich auch noch einen *Shakespeare* u. einen *Beethoven* machen. Dann wäre der Kreis geschlossen. So aber wird er offen bleiben – –

Also in drei Wochen!

Immer dein

Georg.

Postkarte vom 9. Dezember 1916] An: Frau / *Marg. v. Bendemann / Frankfurt Main / Brentanostr. 1*; mit Absenderstempel: Prof. Simmel / Strassburg (Els.); Poststempel: Straßburg (Els.) 9. 12. 16 1-[unles.]; Prüfstempel: Straßburg (Els.) P.K. Geprüft und zu befördern.

deine Karten] Verschollen.

Über den G. ... schwerlich verständigen] Angesprochen ist Friedrich Gundolf und sein Buch über Goethe, das sowohl Simmel wie auch Margarete von Bendemann rezensierten. Siehe Simmel an Margarete von Bendemann vom 6. Dez. 1916 und an Gundolf vom 30. Dez. 1916. – Zumindest einen Aspekt von Margarete von Bendemanns Bedenken überliefert ihr Brief an Martin Buber vom 6. Dez. 1916, in dem sie mit Bezug auf ihre Rezension auf die Fertigstellung »dieser unangenehmen Arbeit (speziell auch Gundolfs überhebliche Stellung zu Simmels Goethe, den er in seiner letzten Absicht gar nicht verstanden hat u. den er doch auch wieder nicht umhin konnte, gelegentlich zu benutzen)«, hofft (JNUL Jerusalem, Buber Archive).

peinlich] Möglich ist auch die Lesart: greulich.

einige andre Kapitel ihm *nicht* genügen] Siehe Simmels »kritisches Wort« zum »Kapitel über *Beethoven*« in dessen Schreiben an Friedrich Gundolf vom 30. Dez. 1916.

den *Rembrandt* lesen] Siehe Simmel an Margarete von Bendemann vom 28. Nov. und 6. Dez. 1916.

in drei Wochen] Zum angekündigten Besuch in Frankfurt/M. siehe Simmel an Margarete von Bendemann vom 6. Dez. 1916.

Georg Simmel an Heinrich Rickert

Postkarte vom 26. Dezember 1916
Hs.; SBPK Berlin, Nl 125 (M. Landmann)

Straßburg 26 XII 16

Lieber Rickert,

ich will Ihnen nur beste Weihnachts- u. Neujahrsgrüße von Haus zu Haus senden. *Et pacem dona nobis*. –

Sie haben recht gehört, daß mein Rembrandtbuch erschienen ist. Ich vermute, Sie sind damit einverstanden, daß ich das für Sie u. Ihre Frau gedachte Exemplar zunächst an *Heini* geschickt habe. Hans meinte, es würde ihm willkommen sein. Übrigens habe ich ein pessimistisches Vorgefühl, daß das Buch Ihnen nicht sympathisch sein wird. –

Ich arbeite an der 4. Aufl. meiner *Geschichtsphilosophie*, die aber keine Neuaufl., sondern ein ganz andres Buch, auch mit einem andern Titel, werden wird. Ich bin im Lauf der Jahre in Bezug auf diese Probleme zu ganz andren Einstellungen gekommen, die sehr viel tiefer dringen u. ungeheuer schwierig sind, so daß die Vollendung garnicht abzusehen ist, besonders da die Stunden der vollen Konzentration in diesen Zeitläuften selten sind.

Kann ich gelegentlich erfahren, wie es Ihrer Frau geht?

Im Febr. hoffe ich Sie in Heidelbg. besuchen zu können, gelegentlich eines Vortrags. Über diese Absicht bitte ich Sie *nicht zu sprechen*.

Herzlich Ihr

Simmel

Postkarte vom 26. Dezember 1916] An: Herrn / Geheimrat Prof. *Rickert / Heidelberg / Scheffelstr.* mit Poststempel: Straßburg (Els.) 27. 12. 16.4-5 N.; Prüfstempel: Straßburg (Els.) P.K. Geprüft u. zu befördern.

Et pacem dona nobis] Lat.: ›Und Frieden schenke uns.‹ Anspielung auf die auch als »Agnus Dei« bezeichneten, von Papst Sergius I. (gest. 701) eingeführten »*Bittrufe der römischen Meßliturgie*«, dem zweimaligen »miserere nobis«, dem seit dem 10. Jh. »ein dritter Ruf ›dona nobis pacem‹« hinzugefügt wurde (Agnus Dei. In: Lexikon für Theologie und Kirche. Begründet von Dr. Michael Buchberger. Zweite, völlig neu bearbeitete Auflage. Herausgegeben von Josef Höfer, Rom, und Karl Rahner, Innsbruck. Erster Band. Freiburg: Herder 1957, S. 203).

Rembrandtbuch] Zum Erscheinungszeitpunkt von Simmel: Rembrandt. Ein kunstphilosophischer Versuch. Leipzig: Kurt Wolff 1916 (GSG 15, S. 305-515) siehe Simmel an Margarete von Bendemann vom 28. Nov. 1916.

***Heini* geschickt habe, Hans meinte]** Zur Freundschaft und Korrespondenz zwischen Rickerts Sohn Heinrich Wolfgang und Hans Simmel siehe Simmel an Heinrich Rickert vom 26. Dez. 1915, 3. und 15. April 1916.

4. Aufl. meiner *Geschichtsphilosophie*] Ein erneuter Anlauf zur geplanten Neufassung von ›Die Probleme der Geschichtsphilosophie: Eine erkenntnistheoretische Studie‹ (siehe Simmel an Rickert vom 13. Dez. 1915).

die Vollendung garnicht abzusehen] Zu den aus dieser Arbeit hervorgegangenen Aufsätzen ›Die historische Formung‹ und ›Vom Wesen des historischen Verstehens‹ siehe Simmel an den Verlag J. C. B. Mohr (Paul Siebeck) vom 19. März 1918 und an Georg Misch vom 14. Mai 1918.

wie es Ihrer Frau geht] Sophie Rickert war in ärztlicher Behandlung (siehe Simmel an Rickert vom 8. April 1916) und hatte im Herbst ihre Mutter, Anna Keibel (geb. 1837; NDB) verloren (siehe das Beileidschreiben von Gertrud Simmel an Sophie Rickert vom 13. Okt. 1916 im GSA Stuttgart).

Im Febr. ... gelegentlich eines Vortrags ... *nicht zu sprechen*] Der hier gemeinte Vortrag Simmels in Heidelberg war nicht zu ermitteln; vielleicht handelte es sich um einen Plan, der ursprünglich zusammenhing mit der in den HNN, Nr. 26 vom 31. Jan. 1917 angekündigten Reihe »Krieg und Frieden. Wissenschaftl. u. gemeinverständliche Vorträge«, die für die Freitage 2., 9., 16., 23. Febr. und 2. März anberaumt waren und von den Heidelberger ord. Professoren Alfred Hettner (1859-1941; Geograph; NDB), Karl Ludwig Hampe (1869-1936, Historiker; NDB), Martin Franz Dibelius (1883-1947, Theologe; NDB), Max Weber und Karl Hermann Oncken (1869-1945, Historiker; NDB) gehalten werden sollten.

Georg Simmel an Gottfried Salomon

Postkarte vom 28. Dezember 1916
Hs.; IISG Amsterdam, Nl Salomon

Straßburg 28 XII 16

Geehrter Herr Doktor!

Ich hätte Ihnen sowieso in diesen Tagen geschrieben, um für die Zusendung Ihrer Schrift zu danken, aber auch um zu fragen, was ich eigentlich mit den 6 Ex. anfangen soll. Ich habe eins meiner Bibliothek eingefügt, über die anderen bitte ich Sie zu disponiren.

Daß Sie eine »Geschichte der Mystik« vorhaben, ist freilich sehr interessant; ich beneide Sie um den Mut dieses Unternehmens. Es wird sich indeß doch wohl nur um *deutsche* M. handeln, da es andernfalls eine Arbeit von Jahrzehnten wäre.

Haben Sie *Cassirers* neues Buch gesehn, *Form u. Freiheit*? Es scheint ganz ausgezeichnet zu sein.

Freundlichen Gruß! Ihr

Simmel

Postkarte vom 28. Dezember 1916] An: Herrn / *Dr. G. Salomon / Berlin-Lankwitz / Luisenstr.* 26a; mit Absenderstempel: Prof. Simmel / Strassburg (Els.); Poststempel: STRASSBURG (ELS.) 1 28. 12. 16. 3-4 N; Prüfstempel: Straßburg (Els.) P.K. Geprüft u. zu befördern.

Zusendung Ihrer Schrift] Die nunmehr gedruckte Dissertation: Gottfried Salomon: Beitrag zur Problematik von Mystik und Glaube. Straßburg i. E. und Leipzig: Josef Singer 1916; VI, 99 S. Darin »besonderer Dank [...], den der Verfasser seinem verehrten Lehrer, Herrn Professor Simmel, für die Gesamtauffassung [...] schuldig ist« (S. VI). – Siehe Simmel an Salomon vom 18. Febr. 1914, 29. Aug. 1915, 4. und 7. Febr. 1916.

Daß Sie eine »Geschichte der Mystik« vorhaben] Salomon glaubte zwar mit seiner Dissertation »nur einen sehr beschränkten und gedrängten Beitrag [zu] liefern, der als Ausschnitt einer größeren religionsphilosophischen Arbeit der systematischen Durchführung im ganzen ermangelt«, eine Abhandlung über die »Geschichte der Mystik« hat er jedoch nicht abgeschlossen.

***Cassirers* neues Buch]** Ernst Cassirer: Freiheit und Form. Studien zur deutschen Geistesgeschichte. Berlin: Bruno Cassirer 1916, XIX, 574 S. – Simmel dürfte Cassirers Verweis im vierten, Goethe behandelnden Kapitel, bezüglich »Goethes ›Wahrheitsbegriff‹ s. Simmel, Goethe« (S. 389) nicht entgangen sein.

Georg Simmel an Margarete von Bendemann

Postkarte vom 29. Dezember 1916
Hs.; LBI New York, Susman Collection

Straßburg 29 XII 16

Liebe Susa,

daß die Nachricht von dir die Dunkelheit der Zeitstimmung aufhellte, kann ich nicht behaupten. Wenn sich auch an diese Vornahme keine Besorgniß knüpft, so ist doch ein Krankenlager u. all die Umständlichkeiten u. der ganze Hiatus im Leben, den die Sache für dich mit sich bringt, ein rechtes Kreuz – auch für alle, die dich lieben. Alle unsre guten Wünsche sind bei dir, u. wir wären dem Manne sehr dankbar, wenn er uns seinerzeit ein Bulletin gönnte.

Unser Wiedersehn braucht übrigens darum vielleicht nicht ins ganz Ungewisse geschoben zu werden. Ich komme wegen eines Vortragszyklus in Kassel mehrer mals im Januar durch Frankfurt, zuletzt am 30. Wenn du bis dahin besuchsfähig bist, so kann noch alles gutgemacht werden. Sowieso hätte ein Aufenthalt in Frkf. in den ersten Januartagen, wie ich ihn ursprünglich plante, Schwierigkeiten gehabt. Ich fahre am 3. nach Berlin, wegen zweier Vorträge.

Im Übrigen habe ich maaßlos viel zu tun – oder wenigstens ich hätte es. Aber ich stecke in so schwierigen Arbeiten, daß von einem erheblichen Quantum an Leistung nicht die Rede ist.

Der Rembrandt macht zu meinem großen Erstaunen seinen äußerlichen Weg offenbar recht gut. Der Verleger druckt schon jetzt, nach 4 Wochen, das 3. – 5. Tausend.

Vom Persönlichen sag' ich nichts – es ist zu viel u. zu wenig.

Nur alles Gute u. Liebe für dich u. die Männer. Dein

G.

Postkarte vom 29. Dezember 1916] An: Frau / *Marg. v. Bendemann / Frankfurt Main / Brentanostr. 1*; mit Absenderstempel: Prof.

Simmel / Strassburg (Els.); Poststempel: Straßburg (Els.) [unles.] 12.16 7-8 N; Prüfstempel: Straßburg (Els.) P.K. Geprüft und zu befördern.

die Nachricht von dir] Das verschollene Schreiben Margarete von Bendemanns enthielt wohl die ihrem Brief an Martin Buber vom 18. Dez. 1916 (JNUL Jerusalem, Buber Archive) zu entnehmende Mitteilung, daß sie sich einer Operation unterziehen müsse.

dem Manne] Eduard von Bendemann.

Unser Wiedersehn] Zur verabredeten Begegnung siehe Simmel an Margarete von Bendemann vom 6. und 9. Dez. 1916.

Vortragszyklus in Kassel] Wie folgt angezeigt in: Kasseler Neueste Nachrichten, Nr. 33 vom 13. Jan. 1917, Ab.Bl.: »*Kurhessische Gesellschaft für Kunst und Wissenschaft.* / *Vorlesung* / des Herrn *Professor Dr. G. Simmel* von der / *Universität Straßburg i. E.* über / »*Philosophische Weltanschauungen besonders der Gegenwart*« / *Sonnabend* und *Montag*, den *13.* und *15., 20.* und / *22.* und *Montag*, den *29. Januar 1917*, abends / *8* Uhr (pünktlich). / [...] *im* / *Hörsaale des Königlichen Museums* (Wilhelmshöher Platz) [...] *Der Vorstand.*« Vgl. die Pressemeldungen ebd. sowie: Casseler Tageblatt, Nr. 19 vom 12. Jan. 1917, Mo.Bl. – Dazu erschien ein Vorlesungsbericht, gez. H. M.: Kurhessische Gesellschaft für Kunst und Wissenschaft. Prof. Dr. G. Simmel: Philosophische Weltanschauungen besonders der Gegenwart. Casseler Tageblatt, Nr. 54 vom 1. Febr. 1917, Ab. Bl. – Das Vorlesungsthema »Philosophische Weltanschauungen der Neuzeit« war im Nov. 1911 bereits Teil des bei den Gründungsberatungen der am 26. Febr. 1912 ins Leben gerufenen Kurhessischen Gesellschaft für Kunst und Wissenschaft vorgelegten »Vorläufigen Programm[s]« der für die kommenden Jahre »zunächst geplanten Vorlesungen«. Dem akademischen Selbstverständnis der Gesellschaft, deren Vorstand Georg Steinhausen (1866-1933), Direktor der Murhardbibliothek der Stadt Kassel, und Johannes Böhlau (1861-1941), Direktor des Museums Friedricianum, angehörten, sollten die Vortragenden »in der Forschung selbst stehen und ein Gebiet selbständig gefördert haben. Die Vortragsweise aber soll[te] allgemein verständlich und in der Form gefällig und anregend sein.« Honoriert wurden die seit dem Winter 1912/13 veranstalteten Vortragsreihen meist auswärtiger Hochschullehrer – 5 bis 6 Abende zu je 2 Stunden – seit 1914 mit 1250 Mark einschließlich Reise- und Aufenthaltskosten (siehe die Ausführungen ›Zur Geschichte der Gesellschaft‹ in: Kurhessische Gesellschaft für Kunst und Wissenschaft: Vorlesungen und Vorträge 1912-1987. Red.: Peter Gercke, Ingrid Knauf. Kassel: Druckerei Schanze 1987, S. 119-156; hier: 124f. und 129). Spätestens seit der Drucklegung der im Archiv der Staatlichen Kunstsammlungen Kassel überlieferten Ankündigung der sechs auf die Monate Okt. bis März verteilten Vorlesungen im Winter 1916/17 war Simmels Vortragsreihe für den Jan. 1917 festgelegt.

am 3. nach Berlin wegen zweier Vorträge] Gemeint sind die in Simmels Schreiben an Anna Jastrow vom 8. Dez. 1916 angesprochenen Vorträge: am 8. Jan. 1917 über ›Der Platonische und der moderne Eros‹, zugunsten des Akademischen Hilfsbundes für kriegsgeschädigte Akademiker in Berlin, und am 9. Jan. 1917 über ›Das Geld in der modernen Kultur‹ im Verein der Berliner Kaufleute.

schwierigen Arbeiten] Siehe Simmel an Rickert vom 26. Dez. 1916.

Der Rembrandt ... nach 4 Wochen] Simmel: Rembrandt. Ein kunstphilosophischer Versuch. Leipzig: Kurt Wolff 1916 (GSG 15, S. 305-515). Zum Erscheinen siehe Simmel an Margarete von Bendemann vom 28. Nov. 1916.

die Männer] Ehemann Eduard von Bendemann und Sohn Erwin.

Georg Simmel an Friedrich Gundolf

Brief vom 30. Dezember 1916
Hs.; Gundolf Archiv, London

Straßburg 30 XII 16

Lieber Herr Gundolf!

Ich möchte Ihnen doch mitteilen, daß ich über Ihren *Goethe* einen kleinen Aufsatz verfaßt habe, der wohl im Februarheft der *Neuen Rundschau* erscheinen wird. Seit über 15 Jahren habe ich keine Buchanzeige geschrieben u. dies, im Ganzen sterile Geschäft überhaupt verschworen; allein hier hielt ich mich denn doch für verpflichtet, meinem Vorsatz untreu zu werden.

Sie werden sehn, daß meine Zeilen ausschließlich auf das Positive Ihrem Werke gegenüber gehn: sie enthalten kein Wort »Kritik«. Grade darauf hin bitte ich, ein kritisches Wort aussprechen zu dürfen. Ich würde glücklich sein, wenn Sie in der 2. Aufl. das Kapitel *Beethoven* fortließen. Ich weiß nicht, aus welchen Quellen Sie Ihre Kenntniss der *B*schen Persönlichkeit geschöpft haben; besonders tiefe u. zulängliche scheinen es nicht gewesen zu sein, denn Ihre Auffassung, die Sie an dem Symbol der Teplitzer Begegnung entfalten, scheint mir ein totales Mißverständniß zu sein. Nichts lag *B*. ferner, als im Auftrumpfen auf seine eigne Genialität u. sein Titanentum dem Fürsten den Gruß zu weigern. Es war einfach die *Zeitströmung* des demokratischen Liberalismus, der er zugehörte, wie tausend andre, u. die uns freilich heute etwas kindlich u. unnütz pathetisch erscheint – übrigens in der Hauptsache, weil das, was sie leidenschaftlich betonte, heute für jeden von uns etwas ganz Selbstverständliches geworden ist; ich möchte nur wünschen, daß die bis zum Märtyrertum gehende »Zivilkurage« heute so verbreitet wäre wie damals – so viel Phrase auch dabei war u. so andre Formen sie heute auch haben müßte. *Goethe* freilich war aus naheliegenden Gründen über den »Männerstolz vor Königstronen« erhaben. *B*. aber, ein einfacher Bürger u. sich stets auch als solcher fühlend, gehorchte, in seiner rauhbeinigen u. etwas unkultivierten Art, dem republikanischen Idealismus der Epoche, den man sachlich verwerfen mag, dessen Äußerung aber bei ihm jedenfalls *nicht*, wie Sie es darstellen, auf ein persönliches Gefühl titanischer Überlegenheit zurückging. Er schoß nicht »mit Kanonen des Genies nach den Spatzen des Alltags«, sondern er gab nur – in seiner ungehobelten Art – einer Überzeugung Ausdruck, die nicht aus dem Bewußtsein seines Genies stammte, sicherlich auch mit ihm garnicht verbunden war, sondern ihm als liberalen Bürger der Zeit eignete. Ich glaube, daß für den Kenner *B*s darüber gar kein Zweifel sein kann.

Auch sonst habe ich gegen das Kapitel – abgesehen von dem schönen, in jedem Fall zu erhaltenden 2. Abs. p. 547 – mancherlei einzuwenden. Nicht nur weil dem musikalischen Menschen eine eigentümliche »Unmusikalischkeit« daraus entgegenweht. Sondern auch die Anspielung auf *Wagner* scheint mir vorbeizutreffen. Ein »Zwitterwesen« ist sein Werk nur, wenn man mit abstrakten – u. als solchen dem Kunstwerk gegenüber unzulänglichen – Begriffen daran geht. Im tatsächlichen Eindruck mag man es unsympathisch, gefährlich, vielleicht sogar widerwärtig finden – u. ich selbst gehöre absolut nicht zu den Wagnerianern –, aber grade *zwitterhaft* wirkt es nicht u. ich zweifle, ob irgend ein mit den nötigen Sinnen ausgestatteter Hörer es so empfinden wird, auch wenn er davon abgestoßen wird. Wer freilich entweder nur musikalisch oder nur dichterisch interessirt ist u. darum *vom Subjekt aus* die Einheit des Ganzen zerreißt, mag so urteilen; aber das geht die Sache nichts an. Die möglichen Einwände gegen *diese* liegen an ganz andern Punkten. Daß bisher noch kein großer Dichter ein großer Musiker war, ist ja eine Tatsache; aber ich glaube, man tut gut, sich an diese Tatsache als solche zu halten, statt aus logischen »Wesensbestimmungen« der Künste die Unmöglichkeit davon zu deduziren. Gefiele es der Natur, einmal ein solches Genie zu schaffen (wie man ja vor *Goethe* eine entsprechende Genie-Synthese vielleicht für unmöglich erklärt hätte), so würde sie damit lächelnd über unsere ohnmächtigen »Beweise« für das, was sie kann u. nicht kann, hinweggehn. – Nimmt man die Bemerkung über die »echt weibliche Neigung« dazu, über die ich Ihnen schon sprach u. die in dieser rasch hingesprochenen Allgemeinheit ganz einfach unleugbaren Tatsachen widerspricht, u. zwar nicht etwa exzeptionellen, sondern grade ganz typischen – so werden Sie mir vielleicht nicht verdenken, daß ich über dieses Kapitel in dem wundervollen, mich gradezu begeisternden Buche erheblich gestolpert bin. –

In der Frankfurter Zeitung wird Frau v. *Bendemann* über das Buch berichten. Leider hat die Zeitung sie gezwungen, den Aufsatz auf die Hälfte zusammenzustreichen, so daß, wie sie mir schreibt, »nur ein Torso« übrig geblieben ist.

U. damit genug für heute, außer herzlichen Grüßen u. Wünschen von mir u. meinen Leuten.

Immer Ihr

Simmel.

Brief vom 30. Dezember 1916] Mit Umschlag: Feldpost / An / den Landsturmmann / *Dr. F. Gundelfinger / Darmstadt / Grüner Weg* 37. Adresse von fremder Hand geändert: Armierungsbat. 149 / 4. Komp. v Armee / Feldpostst. 290 Westen; mit Absenderstempel: Prof. Simmel / Strassburg (Els.); Poststempel: Darmstadt 1 3. 1. 17. 12-1 N.

Ihren *Goethe*] Friedrich Gundolf: Goethe. Berlin: Georg Bondi 1916; siehe Simmel an Gundolf vom 17. Sept. 1916.

Aufsatz ... im Februarheft der *Neuen Rundschau*] Simmel: Das Goethebuch. Die Neue Rundschau XXVIII. Jahrgang der Freien Bühne, 1917, Band I (= Heft vom Febr. 1917), S. 254-264; GSG 13, S. 231-243.

Seit über 15 Jahren ... keine Buchanzeige] Siehe Simmel an Margarete von Bendemann vom 6. Dez. 1916.

Kapitel *Beethoven* fortließen] In Gundolf: Goethe. A.a.O., S. 546-548.

Kenntniss der *B*schen Persönlichkeit] Mit einer Monographie über Beethoven hatte auch Simmel geliebäugelt (siehe Simmel an Margarete von Bendemann vom 9. Dez. 1916).

Symbol der Teplitzer Begegnung] Gemeint ist die von Beethoven in einem Brief an die Dichterin Bettina von Arnim (geb. Elisabeth Katharina Ludovica Magdalena Brentano, 1788-1859; NDB) geschilderte Begegnung mit Goethe in Teplitz, wo beide am 19. Juli 1812 erstmals zusammentrafen: »Könige und Fürsten können wohl Professoren machen und Geheimräte und Titel und Ordensbänder umhängen, aber große Menschen können sie nicht machen, Geister, die über das Weltgeschmeiß hervorragen, das müssen sie wohl bleiben lassen zu machen, und damit muß man sie in Respekt haben, – wenn so zwei zusammenkommen wie ich und der Goethe, da müssen diese großen Herren merken, was bei unsereinem als groß gelten kann. Wir begegneten gestern auf dem Heimweg der ganzen kaiserlichen Familie, wir sahen sie von weitem kommen, und der Goethe machte sich von meinem Arme los, um sich an die Seite zu stellen, ich mochte sagen, was ich wollte, ich konnte ihn keinen Schritt weiter bringen, ich drückte meinen Hut auf den Kopf und knöpfte meinen Überrock zu und ging mit untergeschlagenen Armen mitten durch den dicksten Haufen – Fürsten und Schranzen haben Spalier gemacht, der Herzog Rudolf hat mir den Hut abgezogen, die Frau Kaiserin hat gegrüßt zuerst. – Die Herrschaften kennen mich. – Ich sah zu meinem wahren Spaß die Prozession an Goethe vorbeidefilieren – er stand mit abgezogenem Hut, tief gebückt, an der Seite. – Dann habe ich ihm den Kopf gewaschen, ich gab kein Pardon und habe ihm all' seine Sünden vorgeworfen« (Brief vom Aug. 1812. In: Ludwig van Beethovens sämtliche Briefe. Nebst einer Auswahl von Briefen an Beethoven. Herausgegeben von Emerich Kastner. Leipzig: Max Hesse 1910, S. 256f.). In einem Brief an den Komponisten Carl Friedrich Zelter (1758-1832) vom 2. Sept. 1812 schrieb Goethe dazu: »Beethoven habe ich in Töplitz kennen gelernt. Sein Talent hat mich in Erstaunen gesetzt; allein er ist leider eine ganz ungebändigte Persönlichkeit, die zwar gar nicht Unrecht hat, wenn sie die Welt detestabel findet, aber sie freylich dadurch weder für sich noch für andere genußreicher macht »(WA IV/23, S. 89).

Auftrumpfen auf seine eigne Genialität u. sein Titanentum] Gundolf hatte Beethovens Verhalten begründet mit: »der düstere Titanentrotz, der seinen Ewigkeits-gehalt auch im Alltag nicht verleugnen, der sein ganzes inneres Gewicht auch vor der Gesellschaft, also auf einer ganz anderen Ebene geltend machen wollte« (Goethe, a. a. O., S. 547f.).

»Männerstolz vor Königstronen«] Zitat aus der letzten Strophe des Gedichtes »An die Freude« von Friedrich Schiller: »Festen Muth in schweren Leiden, / Hülfe, wo die Unschuld weint, / Ewigkeit geschwor'nen Eiden, / Wahrheit gegen Freund und Feind, / Männerstolz vor Königsthronen, / Brüder, gält es Gut und Blut! / Dem Verdienste seine Kronen, Untergang der Lügenbrut!« (Schiller NA II/I, S. 187). Beethovens Vertonung des Gedichts im Finale der 9. Sinfonie enthält diese Passage nicht.

»mit Kanonen des Genies nach den Spatzen des Alltags«] Zitat aus Gundolf: Goethe, a.a.O., S. 548.

zu erhaltenden 2. Abs. p. 547] Dieser lautet: »Auch hier [Goethes Verhältnis zur Musik] hat man Goethe die Vorwürfe gemacht, die aus der Verkennung seiner Wesensnotwenigkeit und -form kommen. Grade weil er Goethe war, durfte und konnte er von absoluter Musik nicht ergriffen werden, und die dahin gehenden Ansprüche gehören zu derselben Torheit wie die an seinen Patriotismus: sie würden seinen ganzen Begriff aufheben. Der allseitig große Mann ist nicht dazu da alle möglichen wünschbaren guten Eigenschaften oder Verständnisse zu besitzen, sondern das All unter einer nur ihm eigenen Form als Ganzes zu erfassen: diese eine Form macht ihm, je unbedingter seine Größe ist, andere Formen der Welterfassung und Weltgestaltung unmöglich: seine Universalität beruht in der Allheit des Stoffs, in der Ganzheit des Gehalts, aber nicht in der Vielheit, sondern in der Einheit der Form, d.h. der Methode, des Gangs, des Stils.«

Anspielung auf *Wagner* ... »Zwitterwesen«] Simmel sieht Richard Wagner (1813-1883) in Gundolfs Erläuterung zu der These, daß »ein großer Dichter nie zugleich ein großer Musiker sein« könne, angesprochen: »Wenn Musik und Dichtung einer gemeinsamen Wurzel entstammen und einmal vereinigt waren, so ändert das nichts daran daß sie, nach ihrer Sonderung, getrennten Gesetzen angehören, und die Versuche durch Addition, Verknüpfung oder Vermischung in einem Gesamtkunstwerk jene Ur-einheit nachträglich bewußt wiederherzustellen mögen, von einem großen Genie unternommen, ein wirksames und sogar großartiges Zwitterwesen vorbringen, aber sie vergewaltigen sowohl Dichtung als Musik in ihrem Eigensten« (ebd., S. 547).

Bemerkung über die »echt weibliche Neigung«] Diese lautet: »Bettina [von Arnim], zu deren Temperament das Vermitteln und Vermischen der verschiedensten Lebenskreise gehört – ein Korrelat der echt weiblichen Neigung zum Durcheinander- und Auseinanderreißen jedes geordneten Gefüges – [...]« (ebd., S. 546).

über die ich Ihnen schon sprach] Siehe die Verabredung für den 11. Okt. in Simmels Schreiben an Gundolf vom 7. Okt. 1916.

unleugbaren Tatsachen widerspricht, ... grade ganz typischen] Zu Simmels Typisierung des »weiblichen Wesens« mit den Zügen der »Einheitlichkeit« siehe u. a. den Essay über ›Weibliche Kultur‹ in der Fassung von 1911 (GSG 12, S. 251-289, bes. 256ff.).

Frau v. *Bendemann* über das Buch] Margarete Susman: Friedrich Gundolfs ›Goethe‹. FZ, Nr. 20 vom 21. Jan. 1917, Mo. Bl., S. 1-3.

wie sie mir schreibt] Margarete von Bendemanns Schreiben ist verschollen; siehe aber zum Thema Simmel an diese vom 9. Dez. 1916.

Georg Simmel an Eduard von Bendemann

Postkarte vom 11. Januar 1917
Hs.; LBI New York, Susman Collection

Str. 11 I 17

Lieber Herr Doktor,

ich will morgen, Freitag, etwa ½ 10 in Frkf. eintreffen u. übernachten. Wenn Sie Zeit u. Lust hätten, mich gegen 10 im *Deutschen Kaiser* aufzusuchen u. noch eine Stunde im Kaffee zu plaudern u. mir über Susa zu berichten, so würde es mich sehr freuen.

Herzlich Ihr

Simmel

Postkarte vom 11. Januar 1917] An: Herrn / *Dr. v. Bendemann / Frankfurt Main / Brentanostr. 1*; mit Poststempel: Straßburg (Els.) 11. 1. 17 7-8 N; Prüfstempel: Straßburg (Els.) P.K. Geprüft und zu befördern.

Herr Doktor] Eduard von Bendemann hatte am 8. Juli 1915 sein 1912 aufgenommenes Studium (siehe Simmel an Margarete von Bendemann vom 4. Mai 1913 und 12. April 1914) in Basel mit der Promotionsprüfung bei dem Kunsthistoriker Friedrich Rintelen (1881-1926, seit 1914 o. Prof. in Basel; DBE), dem Archäologen Ernst Pfuhl (1876-1940; 1909 ao., seit 1911 o. Prof. in Basel; ebd.) und dem Philosophen Karl Joël und mit einer Dissertation über die ›Darstellung und Auffassung der Handlung in Tintorettos Historienbildern‹ am 8. Juli 1915 abgeschlossen. Wegen verspäteter Abgabe des Pflichtexemplares der nur als Tps. überlieferten Arbeit trägt das offizielle Doktor-Diplom erst das Datum vom 22. Febr. 1922 (Gesuch um Zulassung zum Doktorexamen vom 25. Juni 1915, StA Basel, UA XI 4,3c).

morgen, Freitag, ... in Frkf. eintreffen u. übernachten] Den Anlaß für eine Übernachtung in Frankfurt/M. bot die Anreise zu der für Samstag, den 13. Jan. 1917 angesetzten ersten Vorlesung über ›Philosophische Weltanschauungen besonders der Gegenwart‹ vor der Kurhessischen Gesellschaft für Kunst und Wissenschaft in Kassel (siehe Simmel an Margarete von Bendemann vom 29. Dez. 1916).

Deutschen Kaiser] Gemeint ist der in Frankfurt/M. in unmittelbarer Bahnhofsnähe gelegene ›Deutsche Kaiserhof‹, Wiesenhüttenplatz 36, ein besonders beachtenswertes Hotel (Baedeker Rheinlande, S. 2).

über Susa zu berichten] Margarete von Bendemann, genannt Susa, hatte sich in den ersten Januartagen einer Operation unterziehen müssen (vgl. den Bericht Eduard von Bendemanns an Martin Buber vom 10. Jan. 1917, JNUL Jerusalem, Buber Archive) und lag danach »für Monate im Spital« (Susman, S. 85).

Georg Simmel an Eduard von Bendemann

Feldpostkarte vom 17. Januar 1917
Hs.; LBI New York, Susman Collection

17. 1.

Lieber Herr Doktor,

ich komme Freitag Abend wieder nach Frkf. u. will im Hotel *Hohenzollern* wohnen. Es würde mich sehr freuen, wenn wir uns (Pünktlichkeit des Zuges vorausgesetzt) gegen ¾ 10 im Kaffee *Buerose* treffen könnten.

Herzlich Ihr

Simmel

Feldpostkarte vom 17. Januar 1917] Nach Vordruck »Feldpostkarte / An«: den Landsturmmann / *Ed. v. Bendemann / Frankfurt (Main) / Brentanostr. 1*; mit hs. Absenderangabe: Prof. *Simmel* / Straßburg Els.; Poststempel: Straßburg (Els.) 1 17. 1. 17 6-7 N.

Freitag Abend wieder nach Frkf.] Gemeint ist Freitag, der 19. Jan. 1917, und Simmels Station in Frankfurt/M. auf der Reise nach Kassel, wo er am Samstag, den 20. Jan. 1917, die dritte seiner Vorlesungen über ›Philosophische Weltanschauungen besonders der Gegenwart‹ vor der Kurhessischen Gesellschaft für Kunst und Wissenschaft halten sollte (siehe vorstehendes Schreiben und Simmel an Margarete von Bendemann vom 29. Dez. 1916).

Hotel *Hohenzollern*] Im Baedeker Rheinlande nicht erwähnt.

Kaffee *Buerose*] Café Buerose, Bahnhofsplatz 12 (Baedeker Rheinlande, S. 2).

Georg Simmel an Rudolf Pannwitz

Brief vom 25. Januar 1917
Hs.; DLA Marbach, Nl Pannwitz

Straßburg 25 I 17

Lieber Herr Pannwitz!

Um den Europa-Aufsätzen möglicherweise Verbreitung zu geben, rate ich Ihnen, sich an Herrn *Dr. Rössler*, Frankfurt Main, *Taunusstr.* 1 zu wenden. Berufung auf mich würde ich *nicht* raten. Der Herr ist Vorsitzender des Vereins *Völkerrecht*; vielleicht lassen Sie sich zunächst von ihm die Drucksachen des Vereins kommen. Jedenfalls kann er Ihnen besser als ich zu irgend einer Art von Veröffentlichung verhelfen.

Mit freundlichen Grüßen Ihr

Simmel

Brief vom 25. Januar 1917] Mit Umschlag an: Herrn / *Rudolf Pannwitz / Lueg bei St. Gilgen / (Salzburg)*; mit Absenderstempel: Prof. Simmel / Strassburg (Els.); Poststempel: Straßburg (Els.) 1a 25. 1. 17 6-7 N; Prüfstempel: Geprüft und zu befördern. P.K. Strassburg (Els.).

Europa-Aufsätzen] Pannwitz' verschollenes Schreiben steht vermutlich im Zusammenhang mit dessen Brief an seinen Verleger Hans Carl (1880-1966; Würffel) vom 17. Jan. 1917: »Ich sende morgen einen aufsatz vom juli 16 und etwas neues [...]. das neue geht an einen mir bekannten mit der frage was damit zu tun sei« (DLA Marbach, Nl Hans Carl). – Pannwitz erwähnt später die Einfügung eines dem Gedankenkreis seiner »europäischen Idee« verpflichteten »Aufsatz[es], der schon im Sommer 1916 geschrieben ist und damals vergeblich eine Stelle gesucht hat«, in den Beitrag: Rudolf Pannwitz: Europäische Politik, nicht Weltpolitik. Der Neue Merkur 3, 1919-1920, Heft v (= Okt. 1919), S. 297-307, hier: 297. Die von Pannwitz genannte »neue« Schrift ist nicht eindeutig zu ermitteln; sie dürfte ebenfalls dem Engagement des »im Herbst 1916 [...] ins Salzkammergut« Gezogenen entsprungen sein; rückblickend schreibt er dazu: »Der Krieg [...] drängte mich ab ins Politische und Kulturpolitische. Ich konzentrierte mich auf meine europäische Idee und bettete sie ein in die Konzeption einer Vergangenheit und Zukunft auf einander stützenden Kultur. Daraus erwuchs mir [...] ›Die Krisis der Europäischen Kultur‹«. (Umriß meines Lebens und Lebenswerks. In: Udo Rusker: Über den Denker Rudolf Pannwitz. Mit einer Selbstbiographie von Pannwitz und einer Bibliographie. Meisenheim am Glan: Anton Hain 1970 [= Monographien zur Philosophischen Forschung, Band 64], S. 143-155, hier: 148f. – Pannwitz hatte das Manuskript dieser Monographie: Die Krisis der europäischen Kultur (Nürnberg: Hans Carl 1917, 3 S. o. Z., 261 S. [= Rudolf Pannwitz: Werke, Zweiter Band]; Copyright: 1st July 1917, lt. LC vom 22. Sept. 1917 in der Woche vom 1. bis 6. Sept. 1917 erschienen) »vom dezember 1915 bis zum sommer 1916 geschrieben« (Vorwort, ebd., o. S.) und am 18. Dez. 1916 zum Druck gegeben (lt. Verlagskorrespondenz; Mttl. Wolfgang Hermann, Germering), so daß »das neue«, sofern veröffentlicht, wohl eingegangen ist in Pannwitz' spätere Publikationen zum Themenkreis, vornehmlich in: Deutschland und Europa. Grundriß einer deutsch-europäischen Politik. Nürnberg: Hans Carl 1918, 76 S. – Gemäß der von Pannwitz dem Verleger Hans Carl eingereichten Versendungsliste (Mttl. Wolfgang Hermann) hat Simmel im Aug. 1917 Pannwitz' Buch ›Die Krisis der europäischen Kultur‹ erhalten und mit Interesse »gelesen« (Rudolf Pannwitz: Erinnerungen an Simmel, in: BdD, S. 239).

Dr. Rössler, **Frankfurt Main,** *Taunusstr.* **1 … Vorsitzender des Vereins** *Völkerrecht*] Das Frankfurter Adreßbuch von 1917 enthält unter dieser Anschrift keinen Hinweis (Mttl. Stadtarchiv Frankfurt/M.); der Zusammenhang deutet jedoch auf den Chemiker Dr. phil. Heinrich Roessler (1845-1924), der gemeinsam mit seinem Bruder, Hector Roessler, von 1868 bis 1901 Leiter der Scheideanstalt »Friedrich Roessler Söhne« bzw. Direktor des nach der Reichsgründung infolge des Auftrags, die alten Landesmünzen zu scheiden, neu gegründeten Unternehmens ›Deutsche Gold und Silberscheideanstalt vormals Roessler« (Degussa) war und deren Aufsichtsrat seit 1908 angehörte. Der 1909 mit dem Professorentitel ausgezeichnete Unternehmer hatte sich seit seiner Wahl zum Vertreter der Demokratischen Partei in der Stadtverordnetenversammlung, 1875, kommunalpolitisch und als langjähriger Präsident des Frankfurter Friedensvereins und Mitinitiator des 1911 gegründeten ›Verbands für internationale Verständigung‹ engagiert. Nachdem es um die Friedensbewegung seit Kriegsbeginn infolge von Restriktionen und freiwilliger Zurückhaltung still geworden war, hatte Heinrich Roessler bereits 1915 die Tätigkeit des Frankfurter Friedensvereins wieder aufleben lassen und im Aug. 1916 auf den Zusammenschluß der zersplitterten Friedensvereinigungen in der ›Zentralstelle Völkerrecht‹ hingewirkt und bei deren Konstitution am 2. Dez. 1916 in Frankfurt/M. den Vorstandsvorsitz übernommen. (Vgl. Mechthild Wolf: Heinrich Roessler 1845-1924. Ein halbes Jahrhundert Degussa-Geschichte. Frankfurt/M.: Degussa A.G. 1984, S. 66f.; gez.: Fro.: Heinrich Roessler. In: Frankfurter Biographie. Band II, S. 207f.).

Drucksachen des Vereins] Nachgewiesen ist das Flugblatt: Zentralstelle Völkerrecht. Deutsche Zentrale für Dauernden Frieden und Völkerverständigung, Heft 1, 1916-3, 1918.

Georg Simmel an Kurt Schede

Brief vom 2. Februar 1917
Hs.; Stadtbibliothek München

Straßburg 2 II 17

Sehr geehrter Herr!

Infolge Ihrer gef. Zuschrift von gestern möchte ich Ihnen vorschlagen, sich wegen einer Besprechung meines *Rembrandt* an Herrn *Dr. Berger, München, Victoriastr. 11* zu wenden; ich glaube, daß Sie von diesem Herrn einen interessanten Essai bekommen würden. Nur wäre es zweckmäßig, sich von vornherein über den Umfang zu verständigen.

In ausgezeichneter Hochachtung

Simmel

gef. Zuschrift] Verschollen; der Redakteur der StP muß Simmel angeschrieben haben mit der Bitte, ihm einen Rezensenten für den ›Rembrandt‹ zu nennen.

***Rembrandt*]** Simmel: Rembrandt. Ein kunstphilosophischer Versuch. Leipzig: Kurt Wolff 1916 (GSG 15, S. 305-515).

***Dr. Berger*]** Karl Julius Berger, geb. 23. Nov. 1883 in Berlin, studierte zunächst Architektur an der TH München, danach Kunstgeschichte an der Universität ebd., wo er mit ›Der holländische Stadttor-Bau. Ein Beitrag zur Geschichte der Profan-Baukunst in Holland‹ (München: Phil. Diss. 1908) promovierte (Vita, ebd. o. S.); ab WS 1908/09 besuchte er Simmels Vorlesungen wie auch das Privatissimum und blieb auch nach der Rückkehr nach München mit Simmel in Verbindung (vgl. Karl Berger: Persönliche Erinnerungen an Georg Simmel, in: BdD, S. 241-250). Hans Simmel erinnert ihn als »Architekt und Kunstphilosoph, Schüler meines Vaters« (S. 65). – Eine »Besprechung« des Simmelschen ›Rembrandt‹ ist in der StP nicht erschienen.

Georg Simmel an Eduard von Bendemann

Feldpostkarte vom 10. Februar 1917
Hs.; LBI New York, Susman Collection

Straßb. 10 II 17

Lieber Herr Doktor,

Besten Dank für die Nachricht. – Den Artikel von *Hausenstein* kenne ich. Er ist mir höchst unsympathisch, großsprecherisch – in seinem Lob genau so unverschämt wie in seinem Tadel – u. höchst unklar, ganz der unangenehme Ästhetentypus von vor 1914.

Herzlichst Ihr

Simmel

Feldpostkarte vom 10. Februar 1917] Nach Vordruck »Feldpostkarte / An«: den Gefreiten / *Dr. v. Bendemann / Frankfurt Main / Brentanostr. 1*; mit Absenderstempel: Prof. Simmel / Strassburg (Els.); Poststempel: Straßburg (Els.) 1 10. 2. 17 1-2 N; Prüfstempel: Straßburg (Els.) P.K. Geprüft und zu befördern.

Nachricht] Verschollen.

Artikel von *Hausenstein*] Nicht ermittelt, vielleicht aber, da ungefähr zeitgleich erschienen: Wilhelm Hausenstein: Der Kunstschriftsteller. Das Kunstblatt NF 1, 1917, S. 33-36. – Wilhelm Hausenstein (Ps. Johann Armbruster), 1882-1957, arbeitete nach Abschluß eines Studiums der Geschichte und Nationalökonomie sowie der Kunstgeschichte (1905) als freier Journalist und Kunstschriftsteller; in mehreren Monographien hatte er versucht, die Kunst auf der Grundlage des historischen Materialismus soziologisch zu erklären. Unter den zahlreichen Beiträgen in Tageszeitungen und Zeitschriften, wie u. a. ›Sozialistische Monatshefte‹, ›Die Neue Rundschau‹, ›März‹ und ›Die Hilfe‹, könnte Simmel insbesondere der Artikel ›Versuch einer Soziologie der bildenden Kunst‹ (Archiv für Sozialwissenschaft und Sozialpolitik 36, 1913, S. 758-794) zur Kenntnis gelangt sein (Vgl. Metzler Kunsthistoriker; siehe auch die Bio-Bibliographien: Walther Migge: Wilhelm Hausenstein. Wege eines Europäers. Katalog zur Ausstellung. Deutsches Literaturarchiv im Schiller-Nationalmuseum Marbach a.N. [1967], bes. S. 41-53; Dieter Sulzer: Der Nachlaß Wilhelm Hausenstein. Ein Bericht. Mit einem unveröffentlichten Essay, Briefen und einer Erinnerung von Paul Frank. Marbach a.N.: Deutsches Literaturarchiv 1982 [= Berichte und Informationen, 11]).

Georg Simmel an Margarete von Bendemann
Postkarte vom 17. Februar 1917
Hs.; LBI New York, Susman Collection

Straßburg 17 II 17

Liebe Susa,

wie froh waren wir, deine Handschrift wieder zu sehn! Nun geschieht hoffentlich das physisch nicht recht Anschauliche: daß es, nachdem der Berg hinter dir liegt, es mit dir rasch aufwärts geht. O Gleichnisse!

Solche Besuche, wie mein letzter bei dir, hinterlassen unvermeidlich eine Traurigkeit, denn ein paar Minuten können nicht erfüllen, was der Begriff Wiedersehn einschließt u. fordert. Ich habe überhaupt bemerkt, daß es grade zwischen uns erst zu dem Richtigen kommt, wenn wir viele Zeit in voller Ungestörtheit zur Verfügung haben. Seit den Abendstunden in Rüschlikon ist uns das nicht geworden. Wie schön waren sie! Man kann sich kaum denken, daß diese Welt einmal bestand – sie *muß* freilich bestanden haben, da sie sonst nicht versunken wäre. Aber es giebt Augenblicke, wo einem dies als der einzige Beweis erscheint.

Von hier nichts Neues. Hans ist noch hier u. hat fabelhaft viel Nützliches zu tun. Ein beneidenswertes Loos!

Alles Liebe u. Gute! Dein

G.

Ich muß noch sagen, daß leider für mich gar keine Aussicht besteht, in absehbarer Zeit nach Frkf. zu kommen. Äußere Veranlassungen wüßte ich nicht, u. innere haben jetzt kein Bestimmungsrecht.

Gundolf ist aus dem Felde abberufen u. arbeitet in Berlin beim Militärtransportwesen.

Postkarte vom 17. Februar 1917] An: Frau / *Marg. v. Bendemann / Frankfurt Main / Brentanostr. 1*; mit Absenderstempel: Prof. Simmel / Strassburg (Els.); Poststempel: Straßburg (Els.) 1a [unles.] 2.17 11-12 N; Prüfstempel: Straßburg (Els.) P.K. Geprüft und zu befördern.

deine Handschrift wieder zu sehn] Margarete von Bendemanns

Schreiben ist verschollen; es war ihr erstes Schreiben nach ihrer Operation (siehe Simmel an Eduard von Bendemann vom 11. Jan. 1917).

Besuche, wie mein letzter bei dir] Dazu war es wohl gekommen, als Simmel die Reise zur letzten Veranstaltung des Vortragszyklus ›Philosophische Weltanschauungen besonders der Gegenwart‹ am 29. Jan. 1917 in Kassel wiederum in Frankfurt/M. unterbrach; siehe Simmel an Margarete von Bendemann vom 29. Dez. 1916 und an Eduard von Bendemann vom 11. und 17. Jan. 1917.

Abendstunden in Rüschlikon] Angesprochen ist Simmels mehrwöchiger Aufenthalt in Margarete von Bendemanns Wohnort Rüschlikon am Zürichsee im Frühjahr 1913; siehe Simmel an Margarete von Bendemann vom 4. Mai 1913.

Hans ist noch hier u. hat ... Nützliches zu tun] Hans Simmel wartete auf den Feldeinsatz und arbeitete zwischenzeitlich weiter im Lazarett in Straßburg; siehe Simmel an Margarete von Bendemann vom 6. Dez. 1916.

Gundolf ist ... beim Militärtransportwesen] Simmels Informationsstand ist nicht mehr aktuell: Friedrich Gundolf war Anfang Nov. 1916 zum Dienst hinter der Front nach St. Avold, Lothringen, eingezogen worden (George-Gundolf Briefe, S. 300, Anm. 3). Wie Gundolf an Ernst Robert Curtius am 30. Nov. 1916 schrieb, sollte er »zum Schipper [...] ausgebildet« werden, war dann lt. Brief vom 18. Dez. »hinter der Westfront 8 Tage lang mit Dreckstampfen und Lastschleppen beschäftigt« und sah sich am 24. Dez. »zum aktiven Frontschipper avanzirt« (Gundolf Briefwechsel, S. 266, 269). Dank der Vermittlung von Ernst Robert Curtius ist ihm schließlich der Einsatz »als bürokratisch journalistischer Kriegsmann« (Gundolf an Curtius vom 15. Febr. 1917, ebd., S. 275) gelungen, wozu er Anfang Febr. »in das Bureau v. Haeften in Berlin versetzt worden [ist], wo er die ausländische Presse zu verfolgen hatte« (George-Gundolf Briefe, S. 300, Anm. 3). – General Hans von Haeften (1870-1937) leitete seit 1916 die Militärstelle des Auswärtigen Amtes (NDB; Reichshandbuch).

Georg Simmel an Anna Jastrow
Postkarte vom 17. Februar 1917
Hs.; LBI New York, Simmel Collection

Straßburg 17 II 17

Liebe Freundin,

darf ich Sie um eine Auskunft bitten (ich erwähnte den Fall schon mündlich), ob Sie einer meiner Nichten eine soziale Arbeit *an Kindern* verschaffen können? Es ist eine Frau Mitte der vierzig, sehr wohlhabend, zur Beschäftigung mit Kindern, wie mir scheint, recht geeignet; sie würde wohl annähernd den halben Tag frei sein. Wenn Sie etwas vorzuschlagen haben, würde ich sie veranlassen, sich direkt an Sie zu wenden. Besten Dank im Voraus.

Ihr Mann schrieb vor einigen Tagen eine etwas dunkle Karte, in der er eine demnächstige »Aufklärung« versprach – die ich aber noch nicht erhalten habe. Ich bin sehr gespannt. Sagen Sie ihm bitte, daß die Zahlenangabe, um die er bat, mir selbst so problematisch geworden ist, daß es mir zwecklos oder irreführend scheint, sie zu wiederholen.

Von hier ist nichts zu berichten – außer dem, was überall dasselbe ist. Unter der Kohlennot haben wir persönlich noch nicht gelitten, da wir unsre Wohnung auf zwei Zimmer reduzirt haben. Gesichert aber sind wir nicht, wenn es noch länger Kälte giebt. Hans hat fabelhaft viel zu tun – ein beneidenswertes Loos. Dutzi wird uns nun leider bald verlassen. Dann wird die äußere Monotonie des Straßburger Lebens noch um einen Grad starrer werden.

Nach Berlin zu kommen habe ich für absehbare Zeit, wie es scheint, keine Veranlassung. Aber wie sehr wünschte ich, wieder in der Ecke Ihres Wohnzimmers zu sitzen!

Was hören Sie von Ebith, die mir leider ganz aus dem Gesichtskreis zu verschwinden droht?

Herzliches Ihnen beiden und Lotte von Ihrem

GS.

Postkarte vom 17. Februar 1917] An: Frau / *Anna Jastrow / Charlottenburg* 9 / *Nußbaumallee* 24; mit Absenderstempel: Prof. Simmel/Strassburg (Els.); Poststempel: Straßburg (Els.) 1 17.2.17. 9-10 N; Prüfstempel: Straßburg (Els.) P.K. Geprüft u. zu befördern.

mündlich] Simmel war in den ersten Januartagen 1917 in Berlin; siehe Simmel an Anna Jastrow vom 8. Dez. 1916.

einer meiner Nichten ... Mitte der vierzig] In Frage kommt wohl nur die 1873 geborene Gertrud Prochownik, jüngste Tochter von Simmels Schwester Clementine Bodstein, bei der Simmel vielleicht während seines Berlin-Aufenthaltes im Jan. 1917 ähnlich wie im Vorjahr genächtigt hatte (siehe Simmel an Elsa Bruckmann vom 24. März 1916); denn Prochowniks vollzogen im Winter 1916/17 den von Simmel Anna Jastrow mit Schreiben vom 27. Febr. 1917 mitgeteilten »Wohnungswechsel«, den auch Tochter Edda Prochownik erinnert (So lebten wir einst in Berlin. Mit Zeichnungen von Werner Müller-Rilon. Berlin-Grunewald: arani 1963, S. 37), und sie führten den dann in Simmels Schreiben vom 13. März 1917 angesprochenen »komplizirten Haushalt« mit den drei heranwachsenden Töchtern Edda (1898), Helga (1904) und Siegrid (1907; alle Geburtsangaben: Reichshandbuch). – Zu den altersmäßig nicht passenden Bodstein-Nichten siehe oben genannten Brief an Elsa Bruckmann.

Wenn Sie etwas vorzuschlagen haben] Zu Anna Jastrows Einbindung in das Fürsorgewesen im Bezirk Berlin-Charlottenburg siehe Simmel an Anna Jastrow vom 28. Jan. 1915 und an Margarete von Bendemann vom 20. Okt. 1914.

Karte] Verschollen.

demnächstige »Aufklärung«] Siehe Simmel an Anna Jastrow vom 1. März 1917.

Zahlenangabe ... problematisch] Zusammenhang unbekannt.

Hans ... Loos] Siehe vorstehendes Schreiben.

Dutzi wird uns ... verlassen] Gemeint ist Simmels Nichte Gertrud Jacobs, die ihr Studium (siehe Simmel an Anna Jastrow vom 7. Jan. 1916) im SS 1916 in Berlin fortgeführt hatte und zu dessen Abschluß sie zum WS 1916/17 nach Straßburg zurückgekehrt war (vgl. das an den Militärpolizeimeister gerichtete Gesuch des Rektors der KWU um Zureiseerlaubnis des »Frl. Gertrud Jacobs« vom 23. Okt. 1916 und die Mitteilung des Rektors an Gertrud Jacobs vom 24. Okt. 1916 (jeweils Durchschlag, ADBR Strasbourg, AL 103, Paq. 27, Nr. 53).

Ebith] Gemeint ist die in Heidelberg studierende Jastrow-Tochter Elisabeth; siehe Simmel an Anna Jastrow vom 16. April und 1. Mai 1916.

Lotte] Die seinerzeit in Berlin lebende jüngste Jastrow-Tochter Lotte Beate (siehe Simmel an Anna Jastrow vom 7. Jan. 1916).

Georg Simmel an Marie von Hellingrath

Brief vom 19. Februar 1917
Hs.; WLB, Stuttgart, Cod. hist. 4°626,VII, 4

Straßburg 19 II 17

Sehr verehrte Frau!

Die Nachricht von dem Opfertode Ihres Sohnes hat mich tief ergriffen. Ich habe ihn zwar nur ein einziges Mal gesprochen – als er vor Jahren, in einer schwierigen inneren Lage meinen Rat suchte – aber damals schon u. durch die Erzählungen meines Sohnes aus Heidelberg habe ich den Eindruck gewonnen, daß er zu denen gehörte, auf denen die Hoffnung für das künftige Deutschland ruhte. Aber es scheint, daß es erst einmal des Opfers der Besten bedarf, ehe wir wieder von dem Leben der Besten eine Frucht erwarten dürfen.

In aufrichtiger Teilnahme u. Verehrung bleibe ich Ihr sehr ergebner

Simmel

Brief vom 19. Februar 1917] An: Frau / *Marie von Hellingrath / München / Wolfratshauserstr.* 34[a]; mit Absenderstempel: Prof. Simmel / Strassburg (Els.); Poststempel [unles.].

Opfertode Ihres Sohnes] Norbert von Hellingrath, hervorgetreten durch seine Hölderlin-Edition (siehe Simmel an diesen vom 31. Juli 1914), war am 14. Dez. 1916 bei Verdun umgekommen (NDB).

einziges Mal gesprochen ... Erzählungen meines Sohnes aus Heidelberg] Simmel war von Hellingrath, mit dem Hans Simmel im Frühsommer 1914 verkehrte, wohl kurz vor Kriegsausbruch in Heidelberg begegnet. Siehe dazu Simmel an Norbert von Hellingrath vom 31. Juli 1914.

Georg Simmel an Gottfried Salomon

Brief vom 19. Februar 1917
Hs.; IISG Amsterdam, Nl Salomon

Straßburg 19 II 17

Geehrter Herr Doktor!

Ich kann Ihnen leider keine Einführung an *Dr. Rathenau* geben; meine Beziehungen zu ihm sind zu flüchtiger Art, als daß ich dies unternehmen könnte. Zudem sind mir ja Ihre eignen Leistungsmöglichkeiten jenseits derer, die in Ihrer Dissertation verwirklicht sind, ganz unbekannt. Ich wüßte also garnichts zu sagen, was *Dr. R.* zu einem Interesse für Sie bewegen könnte. U. Eindrücke subjektiver Art kann ich wohl – unter diesem Vorbehalt – aussprechen, *wenn ich gefragt werde*, u. habe dies bereits mehrere Male in Ihrem Interesse getan. Aber auf dieser Basis kann ich ersichtlich nicht meinerseits an jemanden herantreten, namentlich nicht, an eine mir nur ganz oberflächlich bekannte Persönlichkeit.

Ihre Pläne mit Ihnen zu besprechen bin ich gern bereit, sobald ich wieder einmal nach Berlin komme. Daß dies aber noch in diesem Jahr geschehe, ist vorläufig nicht abzusehn.

Mit freundlichem Gruß ergebenst

Simmel.

Einführung] Zu Gottfried Salomons Bemühungen um berufliche Förderung siehe Simmel an Salomon vom 21. März und 27. Juni 1916.

Dr. Rathenau] Walther Rathenau (1867-1922), Industrieller, Schriftsteller, Politiker. – Walter Rathenau hatte Physik, Chemie und Philosophie in Berlin und Straßburg studiert und nach der Promotion 1885 ein polytechnisches Studium an der TH München absolviert, bevor er 1892 seine Laufbahn in der von seinem Vater gegründeten ›Allgemeinen Electricitäts-Gesellschaft‹ (AEG) begann; 1899 wurde er in deren Vorstand, 1904 in den Aufsichtsrat berufen. Neben den Tätigkeiten als Industrieorganisator und Inhaber zahlreicher Aufsichtsratsmandate hatte er sich für eine kulturkritische Betrachtung des modernen Kapitalismus engagiert, zunächst mit – meist anonym veröffentlichten – Beiträgen zu wirtschaftlichen und ethischen Fragen in Maximilian Hardens ›Zukunft‹, seit 1902 in Essay-Sammlungen und Monographien. Das sozialphilosophische wie das künstlerische Interesse führte zu freundschaftlichen Beziehungen zu zeitgenössischen Intellektuellen und Schriftstellern wie etwa Harry Graf Kessler, Gerhart Hauptmann und Ernst Troeltsch. Den Bemühungen um eine politische Karriere als Nationalliberaler hatten Rathenaus jüdische Abstammung wie auch seine Haltung zum Judentum zunächst entgegengestanden, und auch aus der ihm bei Kriegsausbruch übertragenen Leitung der Abteilung für kriegswichtige Rohstoffe im preußischen Kriegsministerium war er aufgrund von Vorwürfen der Verquickung politischer mit Konzerninteressen bereits im März 1915 wieder ausgeschieden. Versuchte er zunächst über die ›Deutsche Gesellschaft 1914‹, die er jetzt als überparteilichen ›Klub‹ von in Politik, Wirtschaft, Wissenschaft und Kunst wirkenden Persönlichkeiten ins Leben rief (Gründungsaufruf, o. D. [1915]; BA Koblenz, ZSg. 1-E/71, 18), politischen Einfluß zu gewinnen, so zeichnete sich Rathenaus Erfolg auf der politischen Bühne doch erst in der Weimarer Republik ab, als er sich zunächst als Wiederaufbauminister (Mai bis Okt. 1921) und seit Jan. 1922 als Außenminister in Verhandlungen mit den Siegermächten um eine Abschwächung der Kriegsfolgen durch den Versailler Vertrag bemühte; doch sollte Rathenau bereits im Juni dem Anschlag zweier nationalistischer Attentäter erliegen (NDB; DBE).

meine Beziehungen zu ihm sind zu flüchtiger Art] Über Begegnungen Simmels mit Rathenau ist nichts bekannt. Als eine Möglichkeit drängt sich etwa Rathenaus Besuch am 24. März 1911 »abends bei Lepsius« auf (Walther Rathenau: Tagebuch 1907-1922. Herausgegeben und kommentiert von Hartmut Pogge-von Strandmann. Düsseldorf: Droste 1967, S. 134). Auch überliefert Harry Graf Kesslers Tagebucheintrag vom 8. Nov. 1906 eine Erwähnung Simmels durch Rathenau während eines Tischgesprächs über »die Juden, ihre Rolle, ihre Eigentümlichkeiten«, die Rathenau auf die Geschichte der Bibelkommentierungen zurückführte: »Eine riesige Wissensmenge häufte sich um das eine Buch an, die nur wenige beherrschen konnten. Aber von Zeit zu Zeit erstand so Einer; und dann wallfahrte man zu ihm von Cordova nach Krakau oder von Posen nach Lissabon. Die Macht und das Ansehen des *Geistes*, dieses ganz unpraktischen aber aufs höchste verfeinerten und komplizierten Talmudischen Geistes, wuchs aufs Höchste. So bildete sich diese intellektuelle Form, die für unsere heutige Welt, unser heutiges internationales Wirtschaftsleben *unentbehrlich* geworden ist. Ohne ihn ist die moderne Welt undenkbar. Simmel ist seine vollkommenste Anwendung in der Wissenschaft. Was kommt dabei heraus? Eigentlich betreibt er nur ein Wechselgeschäft mit Gedanken. Ebenso ist es im Wirtschaftsleben. Die Juden sind das *Salz* der Erde; aber Sie wissen, was geschieht, wenn man zuviel Salz nimmt. Ich habe immer gefunden, daß die Leute, die *blos gescheut* sind, in Geschäften unter die

Räder kommen; und mit Recht. Sie sind für sich allein unproduktiv« (Harry Graf Kessler: Das Tagebuch. 1880-1937. Vierter Band 1906-1914. Herausgegeben von Jörg Schuster. Stuttgart: Cotta 2005, S. 198 [= Veröffentlichungen der Deutschen Schillergesellschaft, Bd. 50,4]; vgl. auch die leicht veränderte Wiedergabe dieses Tagebucheintrags zur Illustration von Rathenaus Betrachtung der Juden als das »vornehmste Furchtvolk und daher das Volk der höchsten Geistigkeit« in Harry Graf Kessler: Walther Rathenau. Sein Leben und sein Werk. Wiesbaden: Rheinische Verlagsanstalt [1962], S. 30f.).

Ihrer Dissertation] Siehe Simmel an Salomon vom 28. Dez. 1916.

***wenn ich gefragt werde*, … mehrere Male in Ihrem Interesse getan]** Entsprechende Anfragen bei bzw. Antworten von Simmel sind nicht bekannt – und somit auch nicht, ob Simmel »gefragt« wurde, als Salomon – wie er Otthein Rammstedt 1964 mündlich berichtete – wohl noch 1917 in der Berliner AEG-Zentrale eine Anstellung bekam; er habe die Aufgabe zugewiesen bekommen, sich um die Einführung von Hollerithmaschinen zu kümmern. Salomon verließ jedoch schon 1917 wieder diese Stelle (vgl. Abgangszeugnis [abgegeben von] der Allgemeinen Electricitäts-Gesellschaft, Kabelwerk Oberspree. 1917, 1 St.; IISG Amsterdam).

Georg Simmel an Anna Jastrow

Postkarte vom 27. Februar 1917
Hs.; LBI New York, Simmel Collection

Straßburg 27 II 17

Liebe Freundin,

Vielen Dank für Ihre Karte. Ich denke, daß meine Nichte sich nun an Sie wenden wird. Doch könnte eine Verzögerung dadurch entstehen, daß, wie ich eben erfahre, wegen eines Wohnungswechsels meine Nachricht an sie vielleicht wiederholt werden muß. Ich ziehe darüber eine Erkundigung ein.

Dutzi macht demnächst ihr Examen u. hat sich zu unsrer Freude dazu nicht überarbeitet. Auf das Prädikat von Ebith wird sie freilich verzichten müssen, aber wie die Umstände für sie liegen, ist das verständiger, als wenn sie sich um ein für sie ganz belangloses Prädikat überanstrengt hätte – die Arbeit von Hans dagegen geht wirklich an die Grenze der Möglichkeit.

Eben ist es 12 Uhr Nachts, u. er ist noch nicht zu Hause – seit ½10 Morgens hat er sich grade eine Viertelstunde hier verpustet. Aber es ist doch eine ungeheure Chance für ihn, in einer Zeit, die die meisten Männer ihrem Beruf entreißt, eine sonst unerreichbare Ausbildung darin zu finden u. vor allem eine Verantwortung, wie sie für dieses Alter sonst garnicht in Frage kommt.

Herzlichstes von Haus zu Haus! Ihr

Simmel

Postkarte vom 27. Februar 1917] An: Frau / *Anna Jastrow* / *Charlottenburg* 9 / *Nußbaumallee* 24; mit Absenderstempel: Prof. Simmel / Strassburg (Els.); Poststempel: Straßburg (Els.) 1 27.2.17 8-9 N; Prüfstempel: Straßburg (Els.) P.K. Geprüft u. zu befördern.

Ihre Karte] Verschollen.

meine Nichte ... an Sie wenden wird] Gertrud Prochownik, siehe Simmels Anfrage an Anna Jastrow vom 17. Febr. 1917.

Dutzi macht ... Examen] Gertrud Jacobs' Straßburger Promotionsverfahren zur – unveröffentlicht gebliebenen – Dissertation ›Geschichte des Reiterdenkmals bis zum neunzehnten Jahrhundert‹, Referent Georg Dehio, sollte mit der von Simmel abgenommenen mündlichen Prüfung in Philosophie erst am 3. März 1917 zum Abschluß kommen (ADBR, AL 62, Paq. 39), da die »Prüfung Jacobs ... wegen Unwohlsein des Hrn. Dehio verschoben werden« mußte, wie das Protokoll der 12. Fakultäts-Sitzung vermerkt (AL 103, Paq. 36, Nr. 121); im Protokoll der 13. Fakultäts-Sitzung ist lapidar festgehalten: »1. Prüfung Jacobs: Specimen eruditionis sollertiae, iudicii laudabile – cum laude« (ebd.). Dieses Urteil wird auch durch die Promotionsurkunde vom 3. März 1917 bestätigt (Privatbesitz), deren Ausstellung vor der Veröffentlichung der Dissertation möglich war, da die philosophische Fakultät der KWU »seit Kriegsbeginn die Frist für die Drucklegung ihrer Dissertationen bis auf ein Jahr nach Friedensschluß erstreckt hat« und mit dieser Regelung dem Erlaß des Ministers der geistlichen und Unterrichtsangelegenheiten in Preußen vom 30. Nov. 1917 vorgriff, demzufolge die Verleihung des Doktortitels »für die Dauer des Krieges nicht mehr von dem vorgängigen Druck der Dissertation [...] abhängig zu machen ist.« (Mitteilung des Dekans der philosophischen Fakultät an den Rektor der KWU vom 22. Nov. 1917 mit Bezugnahme auf den Erlaß, ADBR Strasbourg, AL 103, Paq. 267, Nr. 131).

Auf das Prädikat von Ebith wird sie ... verzichten müssen] Das »Prädikat« von Elisabeth Jastrows archäologischer Dissertation ist nicht überliefert (siehe Simmel an Anna Jastrow vom 1. Mai 1916). Es reichte zum Berufseinstieg als »Assistentin« an der Universität Gießen (Berufsangabe im Personenstandsregister, Stadtarchiv Gießen) und nach der Emigration in die USA zur Anstellung als Associate Professor für Kunstgeschichte am Woman's College der University of North Carolina, Greensboro (NDB; Minerva 1956). Gertrud Jacobs schloß »cum laude« ab (s. o.).

wie die Umstände für sie liegen] Vermutlich Anspielung auf die Zukunftspläne von Gertrud Jacobs, die sich 1913 mit dem Balten Wolf Kupffer verlobt hatte, was Simmel seinerzeit – lt. Gertrud Simmel – als »gänzlich überflüssig« kommentierte, um sich schließlich durch die »Thatsache, daß sie weiter studirt« mit dem Gedanken zu versöhnen (Brief an Sophie Rickert vom 13. Sept. 1913, SGA Stuttgart; zur Verlobung siehe auch Gertrud Jacobs: Tagebuch 1913-1918. Hs., Privatbesitz, S. 19).

Arbeit von Hans] Zu Hans Simmels Lazarettdienst siehe Simmel an Margarete von Bendemann vom 6. Dez. 1916.

Georg Simmel an Anna Jastrow

Postkarte vom 1. März 1917
Hs.; LBI New York, Simmel Collection

Straßburg I III 17

Liebe Freundin,

Allerherzlichsten Dank für die Geburtstagsspende, die mir, solange Sie mich auch schon verwöhnt haben, in diesem Jahr doch ganz überraschend kam. Sie ist ganz unzeitgemäß u. vielleicht deshalb um so zeitgemäßer – wie ein holder Gruß aus Friedenszeiten her – möchte er auch ein solcher nach Friedenszeiten hin sein!

Die dunkle Frage Ihres Mannes ist ja nun aufgeklärt – d. h., über diesen Sinn von ihr war ich von vornherein nicht zweifelhaft, es kam mir nur vor, als ob er noch auf eine zweite Mitteilung anspielte, die *er* mir machen wollte. Das war also ein Mißverständniß.

Wir hören, daß im Reich allerhand törichte Gerüchte über Straßburg verbreitet sind. Wir wissen hier von alledem nichts u. soweit überhaupt in dieser Epoche des Weltbebens menschliches Ermessen reicht, liegt keine Veranlassung zu Beunruhigungen vor.

Für heute nur noch die besten Freundesgrüße von Ihrem

Simmel

Postkarte vom 1. März 1917] An: Frau / *Anna Jastrow / Charlottenburg* 9 / *Nußbaumallee* 24; mit Absenderstempel: Prof. Simmel / Strassburg (Els.); Poststempel: Straßburg (Els.) 1. 3. 17 1-2 N; Prüfstempel: Straßburg (Els.) P.K. Geprüft u. zu befördern.

Geburtstagsspende] Zum 59. Geburtstag am 1. März 1917; Näheres zu dieser Spende ist nicht bekannt.

dunkle Frage Ihres Mannes ... Mißverständniß] Der von Ignaz Jastrow in einer »dunkle[n] Karte« (Simmel an Anna Jastrow vom 17. Febr. 1917) angesprochene Zusammenhang ist unbekannt.

im Reich ... Gerüchte über Straßburg] Simmel meinte wohl die während des Krieges forcierten politischen, vom Statthalter von Dallwitz wesentlich mitgetragenen geheimen Verhandlungen zur Änderung der Verfassung des Reichslandes mit dem Ziel, dieses Preußen ganz einzugliedern oder unter Bayern, Baden und Württemberg aufzuteilen. Innerhalb des Reichslandes war die Erörterung dieses – schließlich auf die Nachkriegszeit vertagten – Planes verboten; in Rundschreiben – »streng geheim« – des Ministeriums für Elsass-Lothringen vom 3. März und 1. April 1915 war bereits jede Diskussion über die politischen Strukturen um der Sicherung des »Burgfrieden[s]« willen untersagt (ADBR Strasbourg, AL 22, Paq. 25, Band 3) und der Presse war unter Strafe gestellt, über die »zukünftigen staatsrechtlichen Verhältnisse i. Els. Lothr.« zu schreiben (Notiz: zu den Akten des Reichskanzlers R.A.d. f.o. 20/4 C.B. 1497 – 1 S 2454/15, ebd.). Jedoch verbreiteten sich Informationen und Gerüchte durch die auswärtige Presse; vgl. Rudolf Schwander und Fritz Jaffé: Die reichsländischen Regierungen und die Verfassung. In: Elsass-Lothringen 1871-1918. Band II (erster Teil), S. 84-100, hier: 96.

Georg Simmel an Margarete von Bendemann
Postkarte vom 4. März 1917
Hs. o. U.; LBI New York, Susman Collection

Straßburg 4 III 17

Liebe Susa,

das Goethereferat ist an dich abgegangen, schicke es mir bitte zurück, da es kein Ex. mehr giebt.

Über deine Übersiedlung kann ich mangels aller Anhaltspunkte nichts andres sagen, als den Kummer, daß wir nun für Kriegsdauer wohl definitiv getrennt sind u. daß die Unstabilität, zu der dein Leben verurteilt scheint, ein noch über diesem stehender Kummer ist. Es ist doch wahrhaftig für genug Unstabilität in der Innerlichkeit gesorgt, so daß äußere Beruhigtheit nötig genug wäre u. nicht zu Verfettung führen würde. Aber freilich, alles persönliche Schicksal ist unter einen veränderten Aspekt gerückt – noch in einem viel tieferen u. weiteren Sinne, als daß es dem Schicksal von Deutschland gegenüber »auf den Einzelnen nicht ankommt«. Aber darüber ist schriftlich garnicht u. auch mündlich nur schwer zu reden. Nicht nur die Dinge selbst, sondern auch die Formulirungen der Dinge sind, bei mir wenigstens, noch Woche für Woche in Umbildung begriffen.

Ich fürchte, daß du auf dem Wege nach R. nicht in Baden wirst Station machen können. Dies – Baden-Baden, Appenweier, Offenburg – wäre die einzige Möglichkeit eines Wiedersehns, denn eine Chance, im März nach Frkf. zu kommen, besteht für mich z.Z. nicht.

Vielen Dank für deine Geburtstagswünsche – ich habe nun das 60. Jahr begonnen – worin ich einen gewissen Widerspruch fühle. Ist es das Rechte, ihn hinzunehmen, oder den Versuch der Vereinheitlichung zu machen? – der doch ebenso auf der tieferen Basis wie auf der höheren enden könnte?

Alles Herzliche u. Liebe dir u. den Männern!

Postkarte vom 4. März 1917] An: Frau / *Marg. v. Bendemann / Frankfurt Main / Brentanostr. 1*; mit Absenderstempel: Prof. Simmel / Strassburg (Els.); Poststempel: Straßburg (Els.) 1 4. 3. 17 8-9 N; Prüfstempel: Straßburg (Els.) P.K. Geprüft und zu befördern.

Goethereferat] Gemeint ist Simmels im Febr. erschienene Besprechung von Friedrich Gundolfs ›Goethe‹, den auch Margarete von Bendemann rezensiert hatte (siehe Simmel an Friedrich Gundolf vom 30. Dez. 1916).

deine Übersiedlung] Margarete von Bendemann plante, in Anbetracht ihres eigenen Gesundheitszustandes wie auch der Erkrankung ihres Sohnes im April an ihren Wohnort Rüschlikon am Zürichsee zurückzukehren; gleichzeitig wollte sie dort den Verkauf ihres Hauses abwickeln (siehe Margarete von Bendemann an Martin Buber vom 29. April 1917, JNUL Jerusalem, Buber Archive).

»auf den Einzelnen nicht ankommt«] Als Teil eines Zitats nicht ermittelt. – Vermutlich spielt Simmel hier auf ›Deutschlands innere Wandlung. Rede gehalten im Saal der Aubette zu Straßburg am 7. November 1914‹ (Straßburg: Karl J. Trübner 1914, 14 S.; GSG 15, S. 271-285; siehe Simmel an Margarete von Bendemann vom 7. Nov. 1914) an, die er etwa zu diesem Zeitpunkt überarbeitete, um sie in die im ›Vorwort‹ auf »April 1917« datierte Sammlung ›Der Krieg und die geistigen Entscheidungen. Reden und Aufsätze‹ (München und Leipzig: Duncker & Humblot 1917; GSG 16, S. 9-58) aufzunehmen. Relevant war die Änderung der Passage, in der er auf Deutschlands Wandlung infolge des Krieges einging; sah er 1914 diese geprägt durch die Veränderung des Verhältnisses zwischen dem Einzelnen und dem Ganzen – entsprechend hieß es: »Nicht erst durch den Kanal eines differenzierten Tuns und Seins, sondern ganz *unmittelbar* ist auf einmal der Einzelne in das Ganze eingegangen, weiß er sich für das Ganze verantwortlich. Darum ist das Leben jetzt so groß und schwer geworden, weil an jedem Gedanken und Gefühl eine überindividuelle Ganzheit hängt« (GSG 14, S. 275) –, so ersetzte Simmel 1917 diese Passage durch: »Nicht erst durch den Kanal eines differenzierten Tuns und Seins, sondern ganz *unmittelbar* ist auf einmal der Einzelne in das Ganze eingegangen, an und in jeden Gedanken und jedes Gefühl ist eine überindividuelle Ganzheit gewachsen« (GSG 16, S. 15). – Der Gedanke findet sich bereits in Simmels ›Das individuelle Gesetz. Ein Versuch über das Prinzip der Ethik‹ angesprochen (Logos IV, Juli 1913, 2. Heft, S. 117-160; GSG 12, S. 417-482, hier: 454).

Wege nach R.] Nach Rüschlikon am Zürichsee.

Baden-Baden, Appenweier, Offenburg] Die für Simmel von Straßburg aus leicht erreichbaren Bahnstationen auf der Strecke von Frankfurt/M. nach Basel.

deine Geburtstagswünsche] Verschollen.

den Männern] Ehemann Eduard und Sohn Erwin von Bendemann.

Georg Simmel an Ignaz Jastrow
Postkarte vom 9. März 1917
Hs.; LBI New York, Simmel Collection

9 III 17

L Fr

der finanzministerielle Scherz ist kein Drama, sondern ein Gedicht gewesen, meiner Erinnerung nach von *Trojan*, in einer Sammlung seiner Scherzgedichte. –

In drei Stunden reist *Hans* ab – nach den Karpathen. Er hat sich sehr bemüht herauszukommen u. es ist nun gelungen. Allgemein wird behauptet, daß die Existenzbedingungen dort besonders günstig wären. So ergreift uns das Weltschicksal denn auch an dieser persönlichsten Stelle. Wir lassen ihn gehn, im Bewußtsein aller Unsicherheit seines Looses, nur sicher, daß er sich so gut u. tüchtig benehmen wird wie hier. Der Spruch, mit dem er getauft worden ist: »Ich will dich segnen u. du sollst ein Segen sein« – ist nicht ohne Bewährung geblieben.

Herzliches Ihnen beiden! Ihr

GS.

Postkarte vom 9. März 1917] An: Herrn / Prof. *Jastrow / Charlottenburg* 9 / *Westend*, *Nußbaumallee* 24; mit Absenderstempel: Prof. Simmel / Strassburg (Els.); Poststempel: Strassburg (Els.) 9. 3. 17 9-10 [unles.]; Prüfstempel: Straßburg (Els.) P.K. Geprüft u. zu befördern.

L Fr] Kürzel: Lieber Freund.

finanzministerielle Scherz … Scherzgedichte] Der konkrete Bezug ist nicht bekannt. – Gemeint sind wohl die humoristisch-lyrischen Versuche des Journalisten, Redakteurs und Schriftstellers Johannes Trojan (1837-1915; Killy), vornehmlich veröffentlicht in: Scherzgedichte. Leipzig: Liebeskind 1883, 271 S. 12°.; neubearbeitete Auflage: 1891, VIII, 298 S.; ders.: Neue Scherzgedichte. Stuttgart/Berlin: Cotta 1903, XII, 267 S. – Das möglicherweise angesprochene Gedicht ist: Der Traum des Finanzministers. In: Scherzgedichte, 1891, a. a. O., S. 14-18.

reist *Hans* ab – nach den Karpathen] Hans Simmel, der 1916 für felddiensttauglich befunden worden war (siehe Simmel an Margarete von Bendemann vom 6. Dez. 1916), berichtet über die Aufforderung zum Feldeinsatz: »An einem der letzten Februartage kam ein telefonischer Anruf: Sie werden ins Feld versetzt; melden Sie sich morgen da und da, um alles weitere zu erfahren. / ›Dr. S. ist zum Armeearzt der Heeresgruppe Litzmann in Skik-Szereda versetzt‹, lautete meine Order. […] Ich musste […] einen Nachfolger im Lazarett etwas einarbeiten; nach ca. einer Woche zog ich los. Es war für meine Eltern natürlich nicht leicht, mich an die Front gehen zu sehen, aber sie fanden es natürlich, dass ein junger Mensch nicht zu Hause hocken wollte in diesen Zeiten« (S. 85).

»Ich will dich segnen u. du sollst ein Segen sein«] Vgl. A.T., 1. Buch Mose 12,2: »Und ich will dich zum großen Volk machen, und will dich segnen, und dir einen großen Namen machen, und sollst du ein Segen sein«.

Georg Simmel an Anna Jastrow

Postkarte vom 13. März 1917
Hs.; LBI New York, Simmel Collection

Straßburg 13 III 17

Liebe Freundin,

ich habe Sie leider um meine Nichte umsonst bemüht. Sie hat ihr Dienstmädchen entlassen müssen u. da sie nun ihren ziemlich komplizirten Haushalt allein besorgt u. zudem körperlich nicht besonders auf dem Posten ist, so kann sie im Augenblick keine soziale Arbeit übernehmen. –

Von Dutzi haben Sie wohl gehört, daß Hans nun auch an die Front geht. Am Sonnabend ist er abgereist u. wird wohl 8-14 Tage für die Reise nach seinem Bestimmungsort brauchen. Er hätte hierbleiben können u. man hat ihn nur ungern gehn lassen, aber er wollte durchaus »dabeisein« – was ich auch begreife, obgleich er *objektiv* hier wahrscheinlich mehr leisten konnte, als im Felde. Er hat seine Sache hier sehr gut gemacht, ärztlich u. menschlich, u. hat die Liebe aller gewonnen, mit denen er zu tun hatte. Er wird sich sicher auch in den Situationen, die ihn erwarten, anständig u. zulänglich bewähren. Um uns ist es nun sehr einsam geworden. Wir können kein besseres Schicksal verlangen, als all die Millionen Eltern in Europa u. ich bin gewissermaßen froh, daß ich nun auch ein ganz persönliches Opfer bringen kann.

Herzlich Ihr

Simmel

Postkarte vom 13. März 1917] An: Frau / *Anna Jastrow / Charlottenburg 9 / Nußbaumallee* 24; mit Absenderstempel: Prof. Simmel / Strassburg (Els.); Poststempel: Straßburg (Els.) 1 13. 3. 17 10-11 v; Prüfstempel: Straßburg (Els.) P.K. Geprüft u. zu befördern.

um meine Nichte umsonst bemüht] Siehe Simmel an Anna Jastrow vom 17. und 27. Febr. 1917.

Von Dutzi haben Sie wohl gehört] Die Rede ist von Gertrud Jacobs, Gertrud Simmels Nichte und eng mit der Jastrow-Familie vertraut, die nach der Promotion in Straßburg nach Berlin zurückgekehrt war (siehe Simmel an Anna Jastrow vom 27. Febr. 1917).

Hans nun auch an die Front geht] Siehe Simmel an Ignaz Jastrow vom 9. März 1917.

Am Sonnabend ... 8-14 Tage für die Reise ... brauchen] Demnach kam es zu Hans Simmels Abreise in der Nacht vom Freitag, den 9., zu Sonnabend, den 10. März (siehe ebd.). Die Anreise in die Karpaten über München, Wien, Budapest, Kronstadt und zu dem erst in deren Verlauf mitgeteilten Einsatz »im Reserve Infanterie Regiment (S.I.R.) 18« beim III. Bataillon sollte – lt. Hans Simmels breit ausgeführtem Rückblick – schließlich »2 Wochen« in Anspruch nehmen: »5 Tage waren *nötig* für die Reise, 3 hatte *ich* dazugegeben, aber weitere 6 durch die militärische Bürokratie verloren [...] Ich war also nun Batls. Hilfsarzt III/R.J.R.18, das in den siebenbürgisch-rumänischen Grenzkarpathen in den vordersten Gräben lag« (S. 90).

seine Sache hier] Zu Hans Simmels Dienst als Arzt im Lazarett in Straßburg siehe Simmel an Margarete von Bendemann vom 6. Dez. 1916.

Georg Simmel an Otto Plasberg, Dekan der philosophischen Fakultät der KWU

Notiz vom 14. März 1917
Hs.; ADBR Strasbourg, AL 62, Paq. 38

Straßburg 14 III 17

Prof. Simmel
meldet 2 Plätze für *Cassel* an, außerdem 1 nach *Hagenau* für das Dienstmädchen.

Notiz vom 14. März 1917] Mit Bearbeitungskürzel unten li.: [unles.].
meldet 2 Plätze für *Cassel*] Dabei handelt es sich um die Reservie-

rung von Ausreiseplätzen im Falle einer Evakuierung aus Straßburg ins Reich. Mit einem als *»Streng Geheim!«* bezeichneten Schreiben des Ministeriums für Elsaß-Lothringen an den Kurator der KWU vom 6. März 1917 war zur Aufstellung von Evakuierungsplänen aufgefordert worden; die Linienkommandantur beabsichtige, für den Fall einer »Räumung der Festung Straßburg von einem Teil der Einwohnerschaft [...] für die Beamten der Landesverwaltung und ihre Familien [...] die benötigte Zahl an Räumungszügen bereit zu stellen, *vorausgesetzt, daß die militärischen Transportverhältnisse dies gestatten.*« Die geplanten Räumungszüge sollten zum einen Richtung Mannheim–Frankfurt/M., zum anderen Richtung Kehl–Appenweier–Karlsruhe–Stuttgart fahren (ADBR Strasbourg, AL 62, Paq. 38). Diese Maßnahme hatte der Kurator mit Schreiben vom 10. März 1917 der *»Eilbedürftigkeit und des streng geheimen Charakters der Angelegenheit wegen durch besonderen Boten* ergebenst in Umlauf gesetzt mit der Bitte« um Eintrag der Anzahl der im Haushalt lebenden Familienmitglieder, der *»Zahl der Dienstboten«*, der gewählten Räumungszugstrecke und des eigentlichen *»Zielpunkts der Reise*, gleichgültig, ob er von dem Räumungszug berührt« werde (ebd.). – Weshalb Simmel Cassel (d.i. Kassel) angegeben hat, ist nicht bekannt.

Hagenau] Etwa 30 km nördlich von Straßburg gelegene Kleinstadt (Baedeker Rheinlande, S. 482 f.). – Simmel war der einzige Professor der philosophischen Fakultät, der das Dienstmädchen zum eigenen Haushalt zählte und entsprechend im Antwortschreiben erwähnt.

Georg Simmel an Ignaz Jastrow

Postkarte vom 14. März 1917
Hs.; LBI New York, Simmel Collection

Straßburg 14 III 17

L Fr,

wollen Sie mir bitte sagen, ob Sie in einem Winkel Ihres Bodens oder Kellers Platz hätten, einige Kisten aufzubewahren; sie enthalten Sammlungsgegenstände, die ich bei meiner nächsten Anwesenheit in Berlin dort brauchen werde. Die Voraussetzung dabei ist, daß Sie keinerlei Unbequemlichkeiten dadurch haben. –

Von Hans wissen wir vorläufig nur, daß er auf seiner Reise

zur Front einige gute Tage in München hatte. Heut ist er wohl in Budapest.

Vielleicht sende ich Ihnen auch ein kleines Paket vorher, das ich Sie bitte, irgendwie in Ihrem Schreibtisch oder in einem Schrank unterzubringen u. das ich, weil es die wertvollsten Sachen enthält, nicht mit der Fracht schicken will.

Herzlichen Gruß Ihr

GS.

Postkarte vom 14. März 1917] Herrn / Prof. *Jastrow / Charlottenburg* 9 / Nußbaumallee 24; mit Absenderstempel: Prof. Simmel / Strassburg (Els.); Poststempel: Straßburg (Els.) 14. 3. 17 9-10 N; Prüfstempel: Straßburg (Els.) P.K. Geprüft u. zu befördern.

L Fr] Kürzel: Lieber Freund.

Sammlungsgegenstände ... in Berlin dort brauchen werde] Simmel spricht wohl seine Ostasiatika-Sammlung an (siehe Simmel an Hugo Bruckmann vom 6. Febr. 1911). Hildegard Plasberg, Gattin des Altphilologen Otto Plasberg, Kollege und Nachbar Simmels, erinnert diesbezüglich: »[...] die japanischen Schätze verschwanden wegen der stündlichen Fliegergefahr in Kisten mit Sand im Keller« (Brief an Aby Warburg vom 27. Nov. 1925, Warburg Institute, London). Sie jetzt aus Straßburg herausbringen zu wollen, dürfte vorrangig mit der Aufforderung, Ausreiseplätze für ein Verlassen Straßburgs zu reservieren (siehe vorstehendes Schreiben), zusammenhängen; zudem beabsichtigte Simmel, wie Hans Simmel überliefert, sich von der Sammlung zu trennen; denn sie sei ihm als »festgefügter Bestand uninteressant«, da nicht mehr »lebendig, wenn sie sich nicht verändert«, erschienen (S. 57). – Zu Äußerungen Simmels über die Sammlung und seine »Gedanken über ostasiatische Kunst« siehe Karl Berger: Erinnerungen an Simmel. In: BdD, S. 245-247.

Hans ... Reise zur Front] Zu Hans Simmels Anreise zum Feldeinsatz siehe Simmel an Anna Jastrow vom 13. März 1917.

kleines Paket] Gedacht ist wohl an ein Bündel Manuskripte, wie dem Brief Simmels an Anna Jastrow vom 8. Nov. 1917 zu entnehmen ist, wenn er dort von »Manuskriptenpaket« spricht; es kann sich dabei nur um entweder die ›Kunst-Philosophie‹ oder die ›Metaphysik‹-Mappe gehandelt haben.

Georg Simmel an Margarete von Bendemann
Postkarte vom 19. März 1917
Hs.; LBI New York, Susman Collection

Straßburg 19 III 17

Liebe Susa,

Ich möchte Groethuysen meinen Rembrandt schicken. Sage mir doch bitte, ob du meinst, daß ihm dies irgendwelche Unannehmlichkeiten bereiten könnte, u. ev. mit welcher Adresse u. über welche Vermittlung ich es zu tun hätte.

Heut vor drei Jahren [war ich] zum letzten Mal mit ihm zusammen, morgen [vor drei] Jahren reiste ich nach Straßburg – zwar keineswegs mit tausend Masten, aber doch in einer Ahnungslosigkeit, die ebenso grauenhaft ist, wie die Ahnung gewesen wäre.

Ich schrieb eben an einen Freund: Hat es schon je eine solche Verkehrung alles Bestehenden durch die Welt hindurch gegeben? England zentralistisch, Amerika militaristisch, Rußland liberal-individualistisch! In hundert u. fünfhundert Jahren werden die Menschen uns alle beneiden, die wir »dabei waren«. U. sie werden nicht wissen, was sie damit tun.

Hans ist seit dem 9. auf der Reise an die karpathische Front. Es ist sehr einsam für uns, auch meine Nichte ist nach bestandenem Examen abgereist. Ich habe aber kein ängstliches Gefühl um Hans, ich weiß uns alle in einem ungeheuren Schicksal, an das wir angeschmiedet sind, zu Heil oder Verderben, das aber für so oszillirende Gefühle wie Angst u. Sorge keinen Spielraum läßt.

Laß auch bitte rechtzeitig deine Reisepläne wissen u. ob sich nicht eine Begegnung ermöglichen läßt.

U. tausend Grüße!

G.

Postkarte vom 19. März 1917] An: Frau / *Marg. v. Bendemann / Frankfurt Main / Brentanostr. 1*; mit Absenderstempel: Prof. Simmel / Strassburg (Els.); Poststempel: Straßburg (Els.) 19. 3. 17 [unles.] N; Prüfstempel: Straßburg (Els.) P.K. Geprüft und zu befördern. – Textverluste durch Wassereinwirkung.

Groethuysen ... Adresse ... Vermittlung] Bernhard Groethuysen war seit Kriegsbeginn in Châteauroux interniert; Margarete von Bendemann hatte Wege gefunden, um mit ihm korrespondieren zu können. Siehe Simmel an Margarete von Bendemann vom 21. Sept. 1914 und 2. Mai 1915.

Rembrandt] Simmel: Rembrandt. Ein kunstphilosophischer Versuch. Leipzig: Kurt Wolff 1916 (GSG 15, S. 305-515).

Heut vor drei Jahren ... reiste ich nach Straßburg] Anläßlich des Umzugs; siehe Simmel an Paul Ernst vom 5. März 1914.

mit tausend Masten] Anspielung auf Friedrich Schillers Gedicht ›Erwartung und Erfüllung‹: »In den Ozean schifft mit tausend Masten der Jüngling, / Still, auf gerettetem Boot treibt in den Hafen der Greis«. Musenalmanach für das Jahr 1797, Schiller NA, Band 1, S. 288.

schrieb ... an einen Freund] Schreiben verschollen; Adressat unbekannt.

Hans ist seit dem 9. auf der Reise] Siehe Simmel an Ignaz Jastrow vom 9. März 1917 und an Anna Jastrow vom 13. März 1917.

Nichte ist nach ... Examen abgereist] Zu Gertrud Jacobs' Examen und Abreise siehe Simmel an Anna Jastrow vom 27. Febr. und 13. März 1917.

deine Reisepläne ... eine Begegnung ermöglichen] Siehe Simmel an Margarete von Bendemann vom 4. März 1917.

Georg Simmel an Margarete von Bendemann

Brief vom 25. März 1917
Hs.; LBI New York, Susman Collection

Straßburg 25 III 17

Liebe Susa,

du stellst mir eine ganz unlösbare Aufgabe: wenn du ohne Aufenthalt durch Baden fährst, ist ja doch die Voraussetzung einer Begegnung von vornherein aufgehoben! Ich kann nicht einmal anbieten, zu dir in den Zug zu steigen u. eine Strecke mitzufahren, denn die Züge sind jetzt sehr oft derartig überfüllt, daß ein Zusammensein unter diesen schauderhaften Umständen ganz illusorisch wäre u. uns nur wieder traurig machen würde. Aber da, wie mir hervorzugehn scheint, das Haus zum 1. Juli verkauft ist, so scheint es mir doch noch nicht ausgeschlossen, daß du dann zurückkehrst. Die Schwierigkeit der Existenz in Frankfurt braucht dich doch nicht gerade nach der Schweiz zu verbannen. Es gäbe z. B. in Hessen Landaufenthalte – ich selbst weiß von einem, u. andre lassen sich noch erfahren – wo man sehr viel besser u. billiger genährt ist, als in den großen Städten, die das Allerungünstigste sind. Immerhin wärst du dann in der Nähe des Mannes u. auch für uns nicht unerreichbar, wie in der Schweiz. Diese Hoffnung also, wenigstens für den Sommer, möchte ich nicht aufgeben. – Ich begreife, daß der Verkauf des Häuschens etwas sehr Schweres ist. Es wäre ja wohl auch im Frieden geschehn, vielleicht sogar früher – aber jetzt sind alle solche Dinge mit der Schwere des Weltschicksals als »Überfracht« beladen u. jedes persönliche Leiden ist nicht nur was es unmittelbar u. im eigenen Zentrum ist, sondern ein Symbol des unermeßlichen Leidens durch die Welt hindurch.

Nun wollt' ich dich noch um eine Auskunft bitten. Am hiesigen Theater ist jetzt *Dr. Legband* als Regisseur angestellt. Er ist eine ernsthafte, ansprechende Persönlichkeit, er kommt zu uns u. es scheint mir, daß er eine schätzenswerte Bereicherung in der Öde des Straßburger Lebens werden wird. In diesen Tagen kommt auch seine Frau her – zunächst auf Besuch – u. es wird nicht vermeidlich sein, ihr zu begegnen oder sie sogar bei uns zu sehn. Nun hast du doch, wenn ich mich nicht irre, unangenehme Erfahrungen mit ihr gemacht u. ich möchte gern wissen, welcher *Art* diese waren (um die Einzelheiten brauche ich dich nicht zu bemühen). Wie wir uns zu ihr stellen, wird natürlich mit dadurch bestimmt, welche Erlebnisse du mit ihr gehabt hast.

Von Hans vorläufig nur Nachrichten von seiner Reise. Er ist schon an Ort u. Stelle, aber seine Adresse, wo er arbeitet u. wie er sich eingerichtet hat, wissen wir noch nicht.

Alles Liebe u. Gute für heute u. für immer!

Dein G.

unlösbare Aufgabe] In dem verschollenen Schreiben muß Margarete von Bendemann die in Simmels Karten vom 4. und 19. März 1917 angesprochene Hoffnung auf eine Begegnung begrüßt, jedoch eine Unterbrechung ihrer Reise in Baden-Baden ausgeschlossen haben.

das Haus zum 1. Juli verkauft] Gemeint ist der Wohnsitz der Familie von Bendemann in Rüschlikon am Zürichsee, dessen Verkauf Margarete von Bendemann derzeit abwickelte.

ich selbst weiß von einem] Siehe Simmel an Eduard von Bendemann vom 17. und 25. Juli 1917.

***des Mannes*]** Eduard von Bendemann.

Dr. Legband] Paul Legband (1876-1942), Kunst- und Theaterkritiker, hatte in München neuere Literatur, Kunstgeschichte und Sprachen studiert und 1904 promoviert, war seit 1902 Redakteur, seit 1904 Chefredakteur des ›Literarischen Echos‹ und von 1906-1911 Direktor und enger Mitarbeiter Max Reinhardts am 1905 gegründeten Deutschen Theater in Berlin. 1911 übernahm er die Intendanz des neuerbauten Stadttheaters in Freiburg i. Br., das jedoch 1916 »wegen der Nähe des Kriegsschauplatzes geschlossen werden mußte. Legband wurde als Soldat einberufen, dann aber während der Spielzeit 1916/17 bis zum Einzug der Franzosen 1918 als Oberspielleiter der Oper und des Schauspiels in Straßburg eingesetzt« (Sigrid Nebelung: Der Regisseur und Intendant Paul Legband [1876-1942]. Phil. Diss. Köln 1972, S. 18. Vgl. auch: Karl Krückl: Das Straßburger Stadttheater 1871-1918. In: Elsass-Lothringen 1871-1918, Band III., S. 317-354; hier: 350).

er kommt zu uns ... Bereicherung ... werden wird] Auf die weitere Beziehung der Simmels zu Legband verweisen Gertrud Simmels Aufforderungen an Paul Ernst vom 26. Mai und vom 10. Juni 1917, unveröffentlichte Theaterstücke zu schicken, da die »Theaterleitung«, mit der »wir bekannt geworden sind«, eine Erstaufführung eines Stükkes von Ernst anstrebe (DLA Marbach, Nl Ernst).

seine Frau her ... welche Erlebnisse du mit ihr gehabt hast] Else Oppler (geb. 1875), Kunstgewerblerin und später auch Bühnenbildnerin, seit 1904 mit Paul Legband verheiratet, war zeitweise Schülerin von Henry van de Velde (1863-1957) gewesen (NDB; Thieme/Becker XXVI, S. 34), in dessen Atelier sich die junge Kunstgewerblerin Margarete Susman, nachmals von Bendemann, 1901 fortgebildet hatte (vgl. deren Briefe an Erwin Kircher vom 7. und 12. Nov. 1901, DLA Marbach, Nl Susman). Erwähnungen des Namens ›Legband‹ in Susmans Berichten an Erwin Kircher (z. B. vom 12. Nov. 1901; 26. Febr. 1902) weisen zwar auf eine nähere Bekanntschaft, klären aber die angesprochenen »Erlebnisse« mit Else Oppler-Legband nicht auf.

Von Hans ... Reise] Siehe Simmel an Ignaz Jastrow vom 9. März 1917 und an Anna Jastrow vom 13. März 1917.

Georg Simmel an Margarete von Bendemann
Postkarte vom 30. März 1917
Hs.; LBI New York, Susman Collection

Str. 30 III 17

Liebe Susa,

wir kommen voraussichtlich beide nach Offenburg, wann immer du es willst, denn wir sind glücklich dich wiederzusehen. Aber: nach meinem Fahrplan fällt der Zug, der 8.15 in Off. sein soll, jetzt aus! Nach selbigem hättest du nur folgende Möglichkeiten, die einigermaßen bequem sind: Ab Frkf. 11.10 in Off. 4.42. Ab Frkf. 6.13 in Off. 10.12. In letzterem Falle wäre das Wiedersehn allerdings sehr kurz, obgleich wir selbstverständlich in Off. übernachten wollen. Auf den Abend wäre garnicht mehr zu rechnen, da man jedenfalls auf Verspätung, ev. auf stundenlange, gefaßt sein muß. Tritt dies ein, so würdest du bei deiner jetzigen Verfassung u. den dir noch bevorstehenden Anstrengungen auch nicht so früh aufstehn können, daß es noch am Morgen eine Reihe von Stunden giebt. Selbst wenn der Zug 8.15 noch in Frage käme, könnte es angesichts der Verspätungen zu diesem kümmerlichen Ergebniß kommen. Hoffentlich also kannst du es mit dem Vormittagszug einrichten. Wir würden jedenfalls in Appenweier in deinen Zug steigen, uns allerdings vielleicht angesichts der jetzigen Überfülltheit darin nicht treffen, aber es sind nur 10 Minuten bis O. Sehen werden wir uns *unter allen Umständen*. Erkundige dich bitte sehr genau nach dem Fahrplan, man bekommt jetzt sehr oft falsche Auskünfte. Du wirst überhaupt auf eine unbequeme Reise rechnen müssen, so daß die Unterbrechung sowieso zweckmäßig ist.

Vielen Dank für die Sendung der Rezension.

U. alle, alle Grüße!

G.

Weißt du ein Hotel in O.? Es giebt ein leidlich aussehendes Bahnhofhotel, wegen der Nähe wohl zweckmäßig, Qualität mir unbekannt.

Postkarte vom 30. März 1917] An: Frau / *Marg. v. Bendemann* /

Frankfurt Main / Brentanostr. 1; mit Absenderstempel: Prof. Simmel / Strassburg (Els.); Poststempel: Straßburg (Els.) 30. 3. 17 6-7 N; Prüfstempel: Straßburg (Els.) P.K. Geprüft und zu befördern.

kommen ... beide nach Offenburg] Margarete von Bendemanns Antwort auf Simmels Karte vom 25. März 1917 ist verschollen; sie zielte auf ein Treffen in Offenburg statt in Baden-Baden (siehe Simmel an Margarete von Bendemann vom 4. März 1917), das Simmel jetzt gemeinsam mit seiner Frau wahrnehmen will.

jetzigen Verfassung u. den ... bevorstehenden Anstrengungen] Zu Margarete von Bendemanns angegriffener Gesundheit und ihrer geplanten Wohnungsauflösung in Rüschlikon siehe ebd.

Appenweier] Knotenpunkt der aus Straßburg kommenden Bahnlinien mit der Strecke Frankfurt-Basel (Baedeker Rheinlande, S. 370).

Rezension] Die in Simmels Schreiben an Margarete von Bendemann vom 28. Nov. 1916 angesprochene Besprechung: Ed[uard]. v. Bendemann: Georg Simmels ›Rembrandt‹. FZ, Nr. 86 vom 28. März 1917, 1. Mo. Bl.

Otto Plasberg, Dekan der philosophischen Fakultät der KWU, an Georg Simmel u. a.

Rundschreiben vom 4. April 1917
Tps. m.e.U., ADBR Strasbourg, AL 103, Paq. 144, J.-N. 574

Straßburg, 4. April 1917

Den Herren Kollegen, die in der Sitzung vom 31. d.M. nicht anwesend waren, bringe ich in der Anlage das Protokoll der Kommission für Auslandsstudium ergebenst zur Kenntnis. Die darin enthaltenen Anträge hat die Fakultät angenommen.

Der Dekan
Plasberg

An die Herren Kollegen

Neumann	Koeppel
Spahn	(Sapper bereits benachrichtigt)
Schultz	Simmel
Nöldeke	Gerland
Dehio	

[Beilage:]

Kommission für Auslandsstudium

1. Sitzung

Montag den 12. März 1917, 5 Uhr im Senatssaal.
Anwesend der Dekan und die Herren Schwartz, Spahn, Schultz-Gora.
Allgemeine Besprechung der Frage.
v. g. u.

Plasberg

2. Sitzung

Samstag den 24. März, 11 Uhr im philol. Seminar.
Anwesend dieselben Herren.
Der Fakultät soll vorgeschlagen werden:

1. beim akad. Senat zu beantragen, daß energische Schritte zum Anschluß an die preußische Einrichtung getan werden.
2. Maßnahmen, die über den Bereich der Fakultät hinausgehen, sollen mit Rücksicht auf das Vorgehen des Senats vorläufig zurückgestellt werden.
3. In bezug auf Änderung oder Ausgestaltung des fachmäßigen Lehrbetriebs fordert die Fakultät die einzelnen Fachvertreter auf, zu gegebener Zeit die nach Personen und Umständen geeigneten Vorschläge zu machen.
4. Allgemeine Vorlesungen, die die Kenntnis des Auslands und politisches Verständnis zu fördern geeignet sind, sollen in jedem Semester gehalten werden. Für allgemeine Vorlesungen soll die Zeit mittwochs von 5-7 Uhr möglichst freigehalten werden.

v. g. u.

Plasberg E. Schwartz Schultz-Gora Spahn

Kommission für Auslandsstudium] Mit ihr reagierte die philosophische Fakultät der KWU im März 1917 auf den vom preußischen Kultusministerium im Jan. 1917 dem preußischen Landtag vorgelegten Vorschlag, daß die preußischen Universitäten einem ›Auslandsstudium‹ »erhöhte Aufmerksamkeit« widmen sollten ([Denkschrift über] Die an der Kaiser Wilhelms-Universität in Straßburg i. E. geplante wissenschaftliche Anstalt für Auslandspolitik. Tps. 25. Juli 1917; ADBR

Strasbourg, AL 103, Paq. 144, Nr. 861), eine Idee, die auf der ›Denkschrift über die Förderung der Auslandsstudien‹ (Internationale Monatsschrift für Wissenschaft, Kunst und Technik 11, Heft 5 vom 1. Febr. 1917, Sp. 513-531) von Carl Heinrich Becker (1876-1933) fußte, der im Kultusministerium das Referat für Auslandsstudien leitete. Die Aufgaben der Auslandsstudien wurden gesehen in: 1. der Pflege der wissenschaftlichen Auslandskunde, 2. der praktischen Ausbildung für »diplomatische oder Konsulatslaufbahn, Industrie und Handel, Parlament, Presse oder Unterricht« (Denkschrift KWU, s. o., S. 3) und 3. der »Schaffung einer nationalen Auslandsbildung« (Becker, a. a. O.; siehe Klaus Latzel: Auslandsinstitute und Auslandsstudien an den Universitäten im Ersten Weltkrieg. In: Sozialwissenschaftler im Ersten Weltkrieg. Abschlußbericht des DFG-Projekts unter Leitung von Otthein Rammstedt und Patrick Watier. Bielefeld 1998, Tps., S. 12). Die Auslandsstudien sollten die großen Defizite in »unserer geistigen Auslandsrüstung« beheben, die der »harte Lehrmeister Krieg« schonungslos offengelegt habe (Stenographische Berichte über die Verhandlungen des preußischen Hauses der Abgeordneten 1916/18, Bd. IV, Sp. 4342-4407); und solche Defizite seien bei den Geisteswissenschaften auszumachen, die bisher keine enge Verbindung mit »den Männern der Tat«, d. h. den führenden Vertretern des »wirtschaftlichen wie sozialen Lebens in stetem Verkehre und gegenseitigem Austausch« eingegangen seien, damit »die Nation, wie sie schon auf wirtschaftlichem und sozialem Gebiete einen Vorsprung vor anderen Staaten erreichte, ebenfalls in ihrem politischen Verhalten gegen das Ausland, in der Bildung der öffentlichen Meinung und in der Entwicklung ihrer Staatseinrichtungen die zur Zeit noch fühlbaren Mängel« überwinde (Denkschrift KWU, S. 1); damit mutierte das Beckersche Anliegen »zur generellen politischen Mobilisierung im Blick auf deutsche Großmachtinteressen« (Latzel: A.a.O., S. 16). – Die Straßburger ›Kommission für Auslandsstudien‹ wurde im Juli 1917 zur Senatskommission und ging im Dez. 1917 in die ›Kommission für das Auslandsstudium‹ über, in der neben den Vertretern der Universität nun solche des ›wirtschaftlichen und sozialen Lebens‹, d. h. der Industrie und der Politik und Verwaltung der Bezirke Unter-Elsaß, Ober-Elsaß und Lothringen saßen. Diese Kommission machte sich für die ›Errichtung eines Instituts für Auslandspolitik‹ stark und setzte eine Fördergesellschaft ein, die Drittmittel für die Errichtung des Instituts einwerben sollte. Bis Aug. 1918 kamen über 6,8 Millionen Mark zusammen (ADBR Strasbourg, AL 103, Paq. 144, Nr. 861). Der Termin für die am 9. Nov. 1918 vorgesehene Eröffnungsveranstaltung für das ›Institut für Auslandspolitik‹ erübrigte sich dann durch das Ende des Ersten Weltkrieges.

Georg Simmel an Otto Plasberg, Dekan der philosophischen Fakultät der KWU

Notiz vom oder nach dem 4. April 1917
Hs; ADBR Strasbourg, AL 103, Paq. 144, J.-N. 574

gesehen S.

Notiz vom oder nach dem 4. April 1917] Der hs. Vermerk befindet sich auf dem vorstehenden Rundschreiben des Dekans Otto Plasberg. – Weitere Einlassungen Simmels auf das Engagement der philosophischen Fakultät der KWU für die Institutionalisierung des Auslandsstudiums sind nicht bekannt.

Georg Heinrich Meyer, Kurt Wolff Verlag, an Georg Simmel

Briefdurchschlag vom 5. April 1917
Tps.; YUBL New Haven, Conn., Kurt Wolff Archive

5. April [191]7

Sehr verehrter Herr Professor,

Nachdem eine Anzahl guter Kritiken über Ihr Rembrandtbuch vorliegen, möchten wir eine grössere Propaganda vornehmen, mit der wir die Auflagen dann in der Hauptsache abzusetzen hoffen. Verkauft wurden:

im November 1916	85/80	Ex.	brosch.
	393/361	"	geb.
Dezember 1916	197/189	"	brosch.
	1307/1177	"	geb.
Januar 1917	91/88	"	brosch.
	378/34	"	geb.

in drei Monaten also 2451 Exemplare.

Wir möchten nunmehr mit allem Eifer an die illustrierte Ausgabe herantreten, deren Erscheinen wir uns zu Weihnachten gedacht haben. Um diesen Termin, auf den wir uns bei den gegenwärtigen Zeitverhältnissen natürlich in keiner Weise festlegen können, einzuhalten, müssten wir jetzt an die Herstellung herantreten und wir bitten uns zu diesem Behuf freundlichst zu sagen:

1. Ob Sie an dem Text wesentliche Aenderungen vornehmen möchten und
2. uns Ihre Wünsche wegen der Illustrierung wissen zu lassen.

Als Auflage haben wir wieder 5000 in Aussicht genommen.

Ihrer geneigten Rückäusserung gern gewärtig zeichnen wir hochachtungsvoll ergeben

Briefdurchschlag vom 5. April 1917] Oben re. das wohl in den Verlagsbriefkopf eingefügte Datum; darunter li.: M/Do. [Kürzel für Georg Heinrich Meyer, Rest unbekannt]; darunter: Herrn / Professor Dr. Georg *Simmel, / Strassburg.*

Kritiken über Ihr Rembrandtbuch] Ermittelt wurden bisher erschienene Rezensionen von Simmels Rembrandt. Ein kunstphilosophischer Versuch (Leipzig: Kurt Wolff 1916; GSG 15, S. 305-515) in folgenden Organen: Die Christliche Welt 31, Nr. 8 vom 22. Febr. 1917, Sp. 152-156 (Adolf von Grolman); FZ, Nr. 86 vom 28. März 1917, 1. Mo. Bl. (Eduard von Bendemann: Georg Simmels ›Rembrandt‹); TR, Nr. 74 vom 28. März 1917, Unterhaltungsbeilage (Oskar Walzel: Simmels ›Rembrandt‹); Monatsschrift für Gottesdienst und kirchliche Kunst 22, (April) 1917, S. 151 (G[ustav]. Lasch).

illustrierte Ausgabe] Zum Plan einer illustrierten Ausgabe siehe die Korrespondenz zwischen Simmel und dem Kurt Wolff Verlag vom 5. bis 28. Juni 1916.

Rückäusserung] Simmels Antwort ist nicht überliefert; eine illustrierte Ausgabe blieb aus; das Werk erschien in 2. Auflage erst 1919.

Georg Simmel an Susanne Weill

Postkarte vom 15. April 1917
Hs.; ADBR Strasbourg, AL 103, Paq. 27

Straßburg 15 IV 17

Fräulein *Susanne Weill*

ist berechtigt, meine Vorlesungen im Sommersemester 1917 über *Gesch. der Philosophie* zu besuchen.

Prof. Simmel

Postkarte vom 15. April 1917] An: Fräulein *Susanne Weill / Bischweiler / Metzgerstr. 13;* mit Absenderstempel: Prof. Simmel /

Strassburg (Els.); Poststempel: [unles.] 15.4.17. 7-8 N; Prüfstempel: Straßburg (Els.) P.K. Geprüft u. zu befördern.

ist berechtigt] Susanne Weill benötigte dieses Berechtigungsschreiben bzw. die dann vom Rektor der KWU ausgesprochene Befürwortung der ›Zureiseerlaubnis‹ vom 20. April 1917 (ADBR Strasbourg, AL 103, Paq. 27), um in die Grenzfestung Straßburg einreisen zu können. Es liegen keine Hinweise auf die Annahme des Hörangebots vor.

Vorlesungen im Sommermester 1917] Für das SS 1917 (16. April - 11. Aug.) hatte Simmel angekündigt: »*Allgemeine Geschichte der Philosophie* [...] Montag, Dienstag, Donnerstag und Freitag von 5-6 Uhr.« Zusätzlich: »*Im Seminar: Übungen über zu bestimmende Gegenstände* [...] Montag von 6-7 Uhr. Privatissime und gratis« (Vorlesungsverz. Straßburg SS 1917, S. 20).

Georg Simmel an Heinrich Pauli, Büro des Statthalters

Abschrift von Brief vom 16. April 1917
Hs.; ADBR Strasbourg, AL 27, Paq. 668

16. IV. 1917

Hochgeehrter Herr Geheimer Regierungsrath!

Am 15. November 1916 habe ich im Palais eine Eingabe an den Kaiserlichen Statthalter abgegeben. Ist sie dem Herrn Statthalter eingehändigt oder hat Herr Curator Back sie unerledigt gelassen? Ich bitte, Herr Geheimer Regierungsrath, mir diese Frage gütigst beantworten zu wollen.

In vorzüglicher Hochachtung

Simmel
Professor an der Universität

Abschrift von Brief vom 16. April 1917] Die Abschrift stammt von der Hand von John E. Craig, der sie Otthein Rammstedt dankenswerterweise zusandte mit einem Vermerk zum Standort des Originals; letzterer weist auf: ADBR Strasbourg, AL 27, Paq. 668 – Acta betreffend: persönliche Angelegenheiten der Professoren u. sonstigen Lehrer an der Kaiser Wilhelms-Universität. Das Originalschreiben war in diesem Bestand nicht aufzufinden. – Aus der Bestandsangabe und der Anrede »Geheimer Regierungsrat« wird auf Heinrich Pauli als Adressat geschlossen. Der Bestand verweist auf das Statthalterbüro bzw. das Ministerium des Innern als vorgesetzte Dienstbehörde: »Zur Ausführung des Gesetzes vom 18. Juni 1890«, mit dem die Rechtsverhältnisse der Universitätsprofessoren dem Reichsbeamtengesetz unterworfen worden waren, ist »die kaiserliche Verordnung vom 3. Aug. 1890 (Gesetzbl. S. 67) ergangen, welche die Befugnisse der ›obersten Reichsbehörde‹ in den Fällen der §§ 8 und 69 des R.B.G. dem Staatssekretär, im Uebrigen dem Statthalter, die der ›höheren Reichsbehörde‹ dem Staatssekretär überträgt, und den Letzteren zugleich zur ›vorgesetzten Dienstbehörde‹ und ›unmittelbar vorgesetzten Behörde‹ der Professoren erklärt« (Heinrich Hoseus: Die Kaiser-Wilhelms-Universität zu Strasßburg, ihr Recht und ihre Verwaltung. Eine Festschrift zum 1. Mai 1897 der Universität Straßburg gewidmet von ihrem ehemaligen Kurator. Straßburg: Friedrich Bull 1897, S. 168). Pauli, seit 1912 Geheimer Regierungsrat, war Referent im Ministerium des Innern und »rechte Hand des Staatssekretärs Grafen Rödern« und seit 1. April 1917 »vortragender Rat des Kaiserlichen Statthalters« (StP vom 14. Juni 1918, Nr. 319, Mi.Bl.). Gegen die Annahme, daß das Schreiben an den Kurator der Universität gerichtet sein könnte spricht, daß Otto Pöhlmann, der diese Funktion am 1. Febr. 1917 übernommen hatte, bereits seit 1903 Oberregierungsrat war (ebd.).

Eingabe] Über den Inhalt der »Eingabe« ist nichts bekannt.

Kaiserlichen Statthalter] Hans von Dallwitz.

hat Herr Curator Back sie unerledigt gelassen] Otto Back, Kurator der KWU, war am 5. Jan. 1917 gestorben.

Georg Simmel an Elsa Bruckmann

Postkarte vom 18. April 1917
Hs.; BSB München, Bruckmanniana I

Straßburg 18 IV 17

Sehr verehrte Frau!

Ich telegraphirte Ihnen soeben: *30. April einverstanden*. Mir persönlich ist's ebenso recht wie am 1. Mai, nur halte ich's bezüglich des Besuches für ungünstiger. Indeß, mag das Schicksal seinen Lauf haben. – Ich komme nun entsprechend einen Tag früher nach M. u. hoffe am 27., spätestens am 28. bei Ihnen vorsprechen zu dürfen.

Mit besten Grüßen u. auf Wiedersehen! Der Ihre

Simmel

Postkarte vom 18. April 1917] An: Frau / *Elsa Bruckmann / München / Karolinenplatz* 5; mit Absenderstempel: Prof. Simmel / Strassburg (Els.); Poststempel: [unles.] (Els.) 1 18. [unles.]; Prüfstempel: Straßburg (Els.) P. K. / Geprüft u. zu befördern.

telegraphirte ... *einverstanden*] Simmels Telegramm ist – wie auch die ihm vermutlich vorausgegangene Korrespondenz mit Elsa Bruckmann – nicht überliefert. Die Terminbestätigung galt Simmels Vortrag in München, angekündigt für »Montag, den 30. April, abends 8 Uhr, im Saale des Polytechnikums zu Gunsten der Kriegshilfe für geistige Berufe [...] zum Thema ›Das Geld in der modernen Kultur‹« (MNN, Nr. 208 vom 26. April 1917, Mo. Bl.). Eine Zusammenfassung findet sich in MNN, Nr. 218 vom 1. Mai 1917, Ab. Bl.). – Zur begünstigten »Kriegshilfe für geistige Berufe« siehe Simmel an Elsa Bruckmann vom 4. April 1916.

einen Tag früher nach M. u. hoffe am 27., spätestens am 28.] Simmels Ankunft in München am Freitag, den 27. April 1917, war angesichts seiner Lehrverpflichtungen unsicher (siehe Simmel an Susanne Weill vom 15. April 1917). – Dieser Planung gemäß notierte Elsa Bruckmann unter dem 28. April 1917: »Simmel z. Thee«, und unter dem 30. April 1917: »Simmel Das Geld« (Bruckmanniana Suppl., Schachtel 15: Notizblätter aus den Jahren 1903-1924).

Georg Simmel an Walter de Gruyter, G. J. Göschen'sche Verlagshandlung

Brief vom 20. April 1917
Hs.; SBPK Berlin, VA de Gruyter

Straßburg 20 IV 17

Sehr geehrter Herr!

Die Erwägungen über die von Ihnen angeregte soziologische Arbeit haben gleich zu einem positiven Ergebniß geführt. Das Auftauchen unüberwindlicher Schwierigkeiten während der Arbeit ist natürlich nie ganz ausgeschlossen, aber doch so unwahrscheinlich, daß es unsre alsbaldige Vertragsschließung nicht zu hindern braucht.

An den Umfang, den Ihr gef. Schreiben vom 18. d. angiebt, werde ich mich halten. Auch ich würde die Ausgabe eines Doppelbändchens nicht für günstig halten.

Bezüglich des Honorars verstehe ich Ihre Mitteilung dahin, daß wie von meinen »*Problemen*« 10000 Ex. die 1. Aufl. bilden u. mit 1000 M. honorirt werden sollen. Mit diesem Satz will ich, da der Erfolg ja nicht feststeht, für diese Aufl. einverstanden sein, dagegen nicht für ev. spätere. Da mit dem Verkauf von 10000 Ex. jedenfalls ein relativ erheblicher Gewinn hereingebracht ist u. für die späteren die Satzkosten gespart werden, würde mir dieser Anteil an den späteren Verkäufen garzu gering erscheinen. Ich hatte bei den »*Problemen*« diese Sachlage nicht hinreichend erwogen, da ich, offen gestanden, den großen Erfolg des Buches nicht vermutete. Ich schlage also vor, daß ich für die späteren Aufl. wiederum 100 M für je 1000 Ex. im voraus erhalte, nach dem Verkauf aber noch ein Nachtragshonorar von je 50 M. Dies scheint mir ein Modus zu sein, der Sie in keiner unbilligen Weise belastet. Es ist mir wohlbekannt, daß der Krieg einem Teil des Buchgewerbes große Schwierigkeit bereitet; doch will ich nicht verschweigen, daß mir für drei, während des Krieges vollendete Publikationen recht ausgiebige Honorare bezahlt worden sind u. an den Angeboten der Verleger kein Einfluß der Kriegsverhältnisse zu bemerken war.

In ausgezeichneter Hochachtung

Simmel

Brief vom 20. April 1917] Mit Vermerk von fremder Hand: s. m. Brief vom 27. IV. 17. H. – Auf Walter de Gruyter als Adressat dieses Schreibens läßt dessen Antwort vom 25. April 1917 schließen.

von Ihnen angeregte soziologische Arbeit ... Schreiben vom 18. d.] Das verschollenene Schreiben des Verlegers vom 18. April 1917 enthielt den Vorschlag, Simmel möge den der Soziologie gewidmeten Band 101 der Sammlung Göschen übernehmen; es leitete somit die »Vertragsschließung« ein für Simmel: Grundfragen der Soziologie (Individuum und Gesellschaft). Berlin und Leipzig: G. J. Göschen'sche Verlagshandlung GmbH 1917, 103 S. [= Sammlung Göschen, Band 101]; GSG 16, S. 59-149. – Mit einer Neubearbeitung des der Einführung in die Soziologie gewidmeten Göschen-Bandes erhoffte sich der Verlag einen dem aktuellen Diskussionsstand des Faches angemessenen Ersatz von: Thomas Achelis: Soziologie. Leipzig: G. J. Göschen'sche Verlagshandlung 1899 [= Sammlung Göschen, Band 101]. Zwar hatte sich die 1908 erschienene zweite verbesserte Auflage der Schrift des Pädagogen, Ethnologen und Religionswissenschaftlers Achelis (1850-1909; NDB) noch der gewachsenen Nachfrage entsprechend rasch absetzen lassen, so daß es 1912 zu einer dritten Auflage gekommen war; diese galt jedoch bereits vor 1914 als veraltet. Vgl. Angela und Ott-hein Rammstedt: Sammlung Göschen 101 – auch eine Publikationsgeschichte von Simmels Kleiner Soziologie. SNL 8, 1998, S. 161-183.

wie von meinen »*Problemen*«] Siehe Vertrag zu: Simmel: Hauptprobleme der Philosophie. Leipzig: G. J. Göschen'sche Verlagshandlung 1910 [= Sammlung Göschen, Band 500] in GSG 24: Dokumente.

großen Erfolg des Buches] Die 1. Auflage war binnen drei Monaten verkauft, ein Neudruck von weiteren 10000 Exemplaren im Jan. 1911 und die 3. Auflage im Nov. 1913 erschienen. Siehe G. J. Göschen'sche Verlagshandlung an Simmel vom 7. Nov. 1911 und 5. Nov. 1913.

für drei ... Publikationen ... ausgiebige Honorare] Gemeint sind wohl die Honorare für nach Kriegsausbruch zum Druck gelangte Neuerscheinungen und Wiederauflagen in anderen Verlagen; in Frage kommt: Deutschlands innere Wandlung. Rede gehalten im Saal der Aubette zu Straßburg am 7. November 1914. Straßburg: Karl J. Trübner 1914 (GSG 16, S. 13-29); Das Problem der historischen Zeit. Berlin: Reuther & Reichard 1916 (GSG 15, S. 287-304); Kant und Goethe. Zur Geschichte der modernen Weltanschauung. Dritte Auflage. Leipzig: Kurt Wolff 1916 (GSG 10, S. 119-166); Rembrandt. Ein kunstphilosophischer Versuch. Leipzig: Kurt Wolff 1916 (GSG 15, S. 305-515). – Lt. Vorwort war im »April 1917« auch abgeschlossen und zum Druck gegeben: Simmel: Der Krieg und die geistigen Entscheidungen. Reden und Aufsätze. München und Leipzig: Duncker & Humblot 1917 (GSG 16, S. 7-58).

Emil Walter Mayer, Rektor der KWU, an Georg Simmel u.a.

Rundschreiben vom 24. April 1917
Tps. m.e.U.; ADBR Strasbourg, AL 103, Paq. 57

Strassburg, den 24. April 1917.

Auch für den diesjährigen Jahresbericht wird ein besonderer Bericht der Tätigkeit der Universität in der Kriegsfürsorge vorbereitet. Ich bitte daher die Herren Kollegen, hierunten verzeichnen zu wollen, was sie selbst oder ihre Familienangehörigen an Kriegsfürsorge irgendwelcher Art geleistet haben. Sehr dankbar wäre ich, wenn diejenigen Herren, denen eine besondere Tätigkeit dieser Art von den draussen im Felde stehenden Kollegen bekannt ist, dies hierunten anzugeben die Güte haben wollten. Insbesondere bitte ich die Herren Dekane, soweit möglich die Angaben für die nicht anwesenden Mitglieder ihrer Fakultäten einzutragen.

Der Rektor der Universität

E. W. Mayer

diesjährigen Jahresbericht] Der ›Kriegsstelle der Universität‹; siehe nachfolgendes Schreiben.

Kollegen, hierunten verzeichnen] Siehe ebd.

Georg Simmel an Emil Walter Mayer, Rektor der KWU

Notiz vom oder nach dem 24. April 1917
Hs.; ADBR Strasbourg, AL 103, Paq. 57

Habe in verschiedenen Städten Vorträge zum Besten mannigfacher Zwecke der Kriegsfürsorge gehalten.

Simmel.

Notiz vom oder nach dem 24. April 1917] Die Notiz ist auf vorstehendem Schreiben des Rektors der KWU vermerkt, und zwar zwischen den handschriftlichen Angaben folgender Kollegen: Otto Plasberg, Erich Klostermann, Rudolf Henning, Ernst Leumann, Theodor Nöldeke, Karl Sapper, Friedrich Spitta, Friedrich Küchler, Emil Walter Mayer, Ferdinand Ménégoz, Johannes Ficker, Arthur Schneider, Wilhelm Spiegelberg, Samuel Landauer, Georg Wolfram, Hans Kaiser, Otto Frh. von der Pfordten, Joseph Karst, Karl Stählin, Wilhelm Nowack, Paul Lobstein, Eduard Schwartz, Karl Johannes Neumann, Gustav Anrich, [unles.], Ernst Polaczek. – Fernand Ménégoz (1873-1944), seit 1911 PD an der Evangelisch-Theologischen Fakultät der KWU (Minerva 1911/12; ABF); Paul Lobstein (1850-1922), ev. Theologe, seit 1884 ord. Prof. Straßburg (DBA).

Vorträge zum Besten ... der Kriegsfürsorge] Siehe Simmels Notiz an Emil Walter Mayer, Rektor der KWU vom 13. April 1916 und die in den folgenden Schreiben erwähnten Vorträge: Simmel an Anna Jastrow vom 8. Dez. 1916, an Margarete von Bendemann vom 29. Dez. 1916 und an Elsa Bruckmann vom 18. April 1917. – Simmels Notiz klingt an, wenn Johannes Ficker schreibt: »Wiederum hat einer unserer Kollegen in mehreren Städten Vorträge zum Besten verschiedener Aufgaben der Kriegsfürsorge gehalten« (Dritter Bericht über die Tätigkeit der Kriegsstelle der Kaiser Wilhelms-Universität vom Anfang des Sommerhalbjahrs 1916 bis zum Schluß des Winterhalbjahrs 1916/17. In: Stiftungsfest KWU 1917, S. 17f.).

Emil Walter Mayer, Rektor der KWU, an Georg Simmel u.a.

Rundschreiben vom 25. April 1917
Tps. m.e.U.; ADBR Strasbourg, AL 103, Paq. 57

Strassburg, den 25. April 1917

Den nachgenannten Herren Kollegen vorgelegt mit der Bitte um Angabe, ob sie bereit sind, sich zur Verfügung zu stellen. Ich würde es im Interesse der Universität dankbar begrüssen, wenn wir einige Hülfskräfte namhaft machen könnten.

Der Rektor der Universität

E. W. Mayer

An die Herren:

Prof.	Dr.	Ehrhard	"	"	Plasberg
"	"	Müller	"	"	Simmel
"	"	Lang	"	"	Schultz
"	"	Böckenhoff	"	"	Schultz-Gora
"	"	Stapper	"	"	Polaczek
"	"	Heinisch	"	"	von der Pfordten
"	"	Knecht	"	"	Gautier
"	"	Sartorius Frhr. v. Waltershausen	"	"	Christa

Den … Kollegen vorgelegt] Anlage des Rundschreibens war die briefliche Anfrage des Stellvertretenden Generalkommandos, XV. Armeekorps, Abt. Id. Nr. 83247 an den Rektor der KWU vom 21. April 1917, die lt. Eingangsstempel am 24. April 1917 dem Rektorat vorgelegen hat. Darin heißt es: »Bei Beginn des Krieges haben sich einige Herren Universitäts-Professoren freiwillig zur Prüfung von Telegrammen dem stellvertretenden Generalkommando zur Verfügung gestellt und auch bei der Telegrammüberwachungsstelle Straßburg geprüft. / Wie hierher mitgeteilt wird, haben sich auch jetzt wieder einige Herren zur ehrenamtlichen Übernahme dieses Dienstes bereit erklärt. / Das stellvertretende Generalkommando wäre daher dankbar für Namhaftmachung dieser Herren und erbittet das dortige Einverständnis zur ehrenamtlichen Beschäftigung bei der Telegrammüberwachungsstelle Straßburg. Das stellvertretende Generalkommando wird sich dann mit den in Betracht kommenden Herren unmittelbar ins Benehmen setzen« (ebd.). – Zu Simmels vorübergehendem Einsatz in der Telegrammüberwachung siehe Simmel an Margarete von Bendemann vom 9. Aug. 1914, an Ignaz und Anna Jastrow vom 16. Aug. 1914 und an Heinrich Rickert vom 19. Febr. 1915.

An die Herren: Ehrhard ... Christa] Siehe nach Register, bzw.: Ehrhard, Maria Joseph Albert (1862-1940), kath. Kirchenhistoriker, ord. Prof. 1892 in Würzburg, 1898 Wien, 1902 Freiburg, 1903 Straßburg, später in Bonn (NDB); Müller, Eugen (1861-1948), kath. Theologe, Politiker, 1903-1920 ord. Prof. für Dogmatik, Kirchengeschichte und Christliche Archäologie in Straßburg (NDB); Lang, Ludwig Albert (1868-nach 1935), kath. Theologe und Religionsphilosoph, seit 1904 ord. Prof. der Theologie in Straßburg (Wer ist's? 1928 und 1935); – Böckenhoff, Karl (1870-1917), kath. Theologe, PD Münster 1902, 1905 ord. Prof. in Straßburg (DBE); Stapper, Richard (1870-1939), kath. Theologe, seit 1910 ord. Prof. in Straßburg, ab 1919 in Münster/Westfalen (Kürschner GK 1925, ebd. 1950: Totenliste); Heinisch, Paul (1878-1956), kath. Theologe, PD Breslau 1908, ord. Prof. 1911, lebte seit 1923 in Nymwegen (DBA); Knecht, August (1866-1932), Jurist, ao. Prof. Philosoph.-Theolog. Hochschule Bamberg 1900, ord. Prof. ebd. 1910, seit 1911 Straßburg, 1919 Hon. Prof. München (Kürschner GK 1925, ebd. 1935: Totenliste); Gautier, Paul (1889-?), 1915 Lehrbefähigung für Französisch, seit 1916 Lektor für französische Philologie (Vita zum Einstellungsschreiben des Kurators vom 6. Dez. 1915, ADBR Strasbourg, AL 103, Paq. 389; Näheres nicht ermittelt); Christa, Max, Lektor für engl. Philologie (Vorlesungsverz. Straßburg SS 1917, Näheres nicht ermittelt).

Georg Simmel an Emil Walter Mayer, Rektor der KWU

Notiz vom 25. oder 26. April 1917
Hs.; ADBR Strasbourg, AL 103, Paq. 57

ev. von Anf. Mai an bereiter, muß allerdings im Mai u. Juni im Interesse der Kriegsfürsorge mehrmals verreisen.

Notiz vom 25. oder 26. April 1917] Die Notiz ist auf dem vorstehenden Rundschreiben des Rektors der KWU neben dem Namen »Simmel« vermerkt. – Siehe die als Entwurf überlieferte Erwiderung des Rektors E. W. Mayer an das stellvertretende Generalkommando vom 26. April 1917 mit der Mitteilung: »dass sich die Herren Professoren Plasberg, Schultz-Gora, Polaczek und von der Pfordten bereit erklärt haben, bei der Prüfung von Telegrammen mitzuwirken. Professor Simmel ist eventuell von Anfang Mai an bereit, muss allerdings im Mai und Juni im Interesse der Kriegsfürsorge mehrmals verreisen.« Tps. mit hs. Korrekturen und Ergänzungen (ADBR Strasbourg, AL 103, Paq. 57).

ev. von Anf. Mai an bereiter] Simmel war in der letzten Aprilwoche durch den geplanten Vortrag in München verhindert (siehe Simmel an Elsa Bruckmann vom 18. April und 7. Mai 1917).

im Mai u. Juni im Interesse der Kriegsfürsorge ... verreisen] Gemeint sind die Reisen nach Heidelberg am 12. Mai 1917 (siehe Simmel an Friedrich Gundolf vom 2. Mai 1917) und – das »Interesse der Kriegsfürsorge« vorausgesetzt – zu Simmels Mannheimer Vortragszyklus über ›Philosophien des Lebens‹ am 6., 13. und 20. Juni 1917 (siehe Simmel an den Dekan Franz Schultz vom 3. Juni 1917 und vor allem an Karl Jaspers vom 1. Juni 1917).

Walter de Gruyter, G. J. Göschen'sche Verlagshandlung, an Georg Simmel

Briefdurchschlag vom 25. April 1917
Tps. m.e.U.; SBPK Berlin, VA de Gruyter

Berlin, den 25. April 1917.

Hochgeehrter Herr Professor!

Für Ihren Brief vom 20. April und die erfreuliche Antwort, die er uns gebracht hat, danken wir Ihnen auf das Verbindlichste. Deuten wir den Eingangssatz Ihres Briefes richtig, so wollen Sie zwar die Möglichkeit eines dennoch eintretenden inneren Hemmnisses *nicht ganz* ausgeschaltet wissen, den Abschluss des Vertrages aber dennoch nicht verzögern. Oder meinen Sie es etwa anders?

Was nun unseren Honorarvorschlag betrifft, so sind wir uns bewusst, dass der Masstab, den der Wirtschaftsrahmen der »Sammlung Göschen« bedingt, zurücksteht und zurückstehen muss gegenüber demjenigen von Unternehmungen, die nicht an ein festes Preisgesetz gebunden sind und die es deshalb bei Büchern, deren Gangbarkeit durch den Namen und die Feder des Verfassers verbürgt ist, in der Hand haben, ein erhöhtes Honorar durch einen erhöhten Verkaufspreis wett zu machen. Das vermögen wir bei der »Sammlung Göschen« nicht. Hier rückt im Gegenteil die ausserordentliche Steigerung der Herstellungskosten, die immer noch nicht am Ende ist, uns dem Punkte entgegen, wo die Ausgaben für neu hergestellte Bändchen die Einnahmen zu überschreiten drohen und wo deshalb eine erhöhte Auflage nicht mehr der Multiplikator für einen Gewinn, sondern für einen Verlust bedeuten würde. Es ist uns nicht leicht, durch solche Erörterungen bei Ihnen den Anschein des Kargens zu erwecken, aber wir sehen andererseits nicht ohne Bangen den Zeitpunkt sich nahen, wo wir vor der Frage stehen, ob es ohne eine nochmalige Preiserhöhung der »Sammlung Göschen« abgehen wird. Diesen Zeitpunkt möchten wir auch psychologisch bei uns möglichst lang hintanhalten.

Als Schlussergebnis aber sei dies gesagt: bleiben Sie auf Ihrem Wunsche bestehen, so wollen wir Ihnen willfahren, wir sprechen aber die herzliche Bitte aus, Sie möchten davon Abstand nehmen und uns glauben, dass diese Bitte ein gutes Gewissen haben darf.

In ausgezeichneter Hochschätzung Ihre ganz ergebene

G. J. Göschen'sche Verlagshandlung G.m.b.H.
de Gruyter

Briefdurchschlag vom 25. April 1917] An: Herrn Professor Dr. Georg *Simmel*, / *Strassburg i. Els.* / Sternwartenstrasse 17 [sic!].

Brief ... erfreuliche Antwort] Siehe Simmel an Walter de Gruyter vom 20. April 1917.

sei] Original: sie.

G. J. Göschen'sche Verlagshandlung G.m.b.H.] Stempel.

Georg Simmel an Agathe und Hugo Liepmann

Brief vom 29. April 1917
Hs.; I. Flatau, Saratoga Springs N.Y., USA

München 29 IV 17

Liebe Freunde,

bitte entschuldigen Sie diese unförmliche Schreiberei mit den bedrängten Reiseumständen. Ich bin zu einem Kriegsfürsorge-Vortrag nach München gekommen u. Ihre Zeilen wurden mir eben nachgeschickt. Ich schreibe ganz eilig aus dem Grunde Ihrer dortigen Menschenverlassenheit. Da Sie öfters in das Museum gehn, giebt es sich vielleicht, daß Sie mit dem Direktor *Dr. Gronau* in eine Berührung kommen. In diesem Fall rate ich Ihnen sehr, sich mit ihm näher einzulassen, er ist ein sehr sympathischer, ungewöhnlich feiner Mensch u. hat eine noch viel anziehendere Frau, die mir als eine höchst wertvolle Persönlichkeit erscheint. Sie haben lange in *S. Domenico* gelebt, kennen Frau *Stenger* u. *Zürcher.* Bringen Sie bitte beiden herzliche Grüße von mir. Besuchen Sie doch auch das Landesmuseum, in dem einige schöne chinesische Porzellane sind. Auch der Direktor von diesem, *Dr. Böhlau*, ist ein angenehmer Mensch, obgleich nicht in dem Range wie *Gronau*. Endlich ist der Leiter der dortigen Wohltätigkeitsanstalten, *Dr. Haarmann*, ein prächtiger, urwüchsiger u. für alle guten Dinge interessirter Mensch; wenn Sie ihm zufällig begegnen u. meinen Namen nennen, wird er sich gleich aufschließen, er hat eine rührende Verehrung für mich, weit über meine Verdienste hinaus. –

An *Gronau* können Sie leicht herankommen, wenn Sie sich im Museum die herrlichen Rembrandt-Reproduktionen vorlegen lassen, die dort gesammelt sind, er ist froh, wenn er Interessenten dafür findet. Alles wird sich ohne Weitres geben, wenn

Sie ihm bei dieser Gelegenheit sagen, daß ich Sie darauf aufmerksam gemacht hätte. –

Ich möchte Vieles sagen – auch von München, in dem ich sehr bewegte Tage – äußerlich, aber viel mehr noch innerlich – zubringe. Ich habe eine leidenschaftliche Liebe zu dieser Stadt, in der ich auf Schritt u. Tritt die köstlichsten Erinnerungen finde. U. diese Stätte vergangenen Glückes unter den jetzigen Umständen wiederzusehn, wo die Vergangenheit brückenlos abgerissen ist u. die Zukunft so dunkel ist, daß selbst die Ahnung sich nirgends hinzutasten weiß, die Gegenwart mit Nichts verbunden im grundlosen Leeren schwebt – das ist unsäglich erschütternd. Man begreift nicht, wo man den inneren Raum hernimmt, um diese Lebensspannungen unterzubringen.

Von Hans nur gute Nachrichten.

Ich grüße Sie von Herzen. Ihr

Simmel

unförmliche Schreiberei] Der Brief ist mit Bleistift geschrieben.

Kriegsfürsorge-Vortrag nach München] Siehe Simmel Elsa Bruckmann vom 18. April und 7. Mai 1917.

Ihre Zeilen] Verschollen.

Ihrer dortigen Menschenverlassenheit] Hierzu schreibt Liepmanns Tochter Charlotte, ohne Kassel als Aufenthaltsort näher zu bezeichnen: »Im April 17 nimmt Hugo einen 6wöchentlichen Erholungsurlaub, um seines Erschoepfungszustandes Herr zu werden« (Hamburger-Liepmann, S. 166). Als Ursachen von Liepmanns »Erschöpfungszustand« nennt sie insbesondere die Belastung durch die Direktionsaufgaben in der Anstalt Herzberge (siehe Simmel an Hugo Liepmann vom 9. Sept. 1914), die durch die kriegsbedingt schwierige Versorgungslage und in Anbetracht der Entlassung eines untergebenen Arztes wegen »antisemitische[r] Belaestigungen der Kranken, des Pflegepersonals und schließlich seiner [d. i. Hugo Liepmann] selbst« erschwert waren und zum Verzicht auf das abendliche wissenschaftliche Arbeiten zwangen, sodann auch eine Erkrankung Agathe Liepmanns, der »Druck des Krieges« sowie eine tiefe seelische Niedergeschlagenheit Hugo Liepmanns, die auf das Scheitern einer akademischen Karriere zurückzuführen sei (ebd., S. 164-168). – Siehe Simmel an Hugo Liepmann vom 6. Okt. 1917.

***Dr. Gronau* … Frau]** Der Kunsthistoriker Georg Gronau (1868-1937), Dr. phil. Berlin 1890, war von 1910 bis 1924 Direktor der Gemäldegalerie in Kassel und seit 1896 mit Dorothea Hauschteck verheiratet; nach dem Eintritt in den Ruhestand lebte er in San Domenico bei Florenz (Wer ist's? 1912ff.; Kürschner GK 1925, 1926; DBE).

S. Domenico] San Domenico di Fiesole (148 m), nordöstlich von Florenz auf dem Weg nach Fiesole gelegenes Bergdorf, »dessen Kirche eine Madonna von Fra Angelico da Fiesole [1387-1455] und eine Taufe von Lor. di Credi [ca. 1459-1537] enthält« (Italien von den Alpen bis Neapel. Kurzes Reisehandbuch von Karl Baedeker. 5. Aufl. Leipzig: Karl Baedeker 1903, S. 159).

Frau *Stenger*] Henriette Stenger, geb. Bleichroeder (1863-1947), Schwester von Agathe Liepmann; Henriette Stenger, seit 1889 verehelicht mit Franz Stenger (1859-1893), zuletzt Leiter der Physikalisch-Technischen Reichsanstalt in Berlin, hatte von 1897 bis etwa 1910 mit ihren zwei Söhnen in Florenz gelebt, um ihren künstlerischen Neigungen und Interessen nachgehen zu können, u. a. durch Malunterricht bei Max Zürcher (s. u.). Simmels Bekanntschaft mit Frau Stenger könnte in diese Zeit, in der er selbst häufig und lange in Florenz war (s. u.), zurückreichen; weitere Anknüpfungspunkte liefern die Umstände, daß Henriette Stenger sich nach ihrer Rückkehr aus Italien in Berlin-Westend ansiedelte, bald mit »der Westender Künstler-Kolonie in Fühlung« trat, ihren Sohn »Rudolph von Reinhardt [sic!] Lepsius malen« ließ, sich eng mit Marcus Behmer anfreundete, von einer Reise nach China und Japan mitgebrachte ostasiatische Kunstgegenstände besaß und damit den Grundstock für das ausgeprägte Interesse und die Kennerschaft ostasiatischer Kunst bei ihrem Sohn Konrad legte (Hamburger-Liepmann, S. 80-83).

***Zürcher*]** Maximilian Zürcher (1868-1926), Schweizer Maler und Architekt, lebte nach dem Studium der Malerei an den Akademien in Dresden (1887-89) und Berlin (1889-91) sowie an der Académie Julian in Paris (1891-93) dauernd in Italien. Als Maler beteiligte er sich an Ausstellungen der Münchner und Berliner Secession, als Architekt (Autodidakt) unternahm er die Umgestaltung mehrerer Villen im Umkreis von Florenz, u. a. die der Villa Fontanella des Malers Ludwig von Hofmann (1861-1945), des von Arnold Böcklin (1827-1901) von 1893 bis zu seinem Tod bewohnten Hauses in San Domenico (s. o.), wo Zürcher auch sein eigenes Wohnhaus schuf. Zürchers bedeutendstes Werk ist der Bau der Deutschen Akademie in Rom 1910-1913; in den Kriegsjahren arbeitete er im türkischen Dienst, u. a. als Generaldirektor der Bauten (sämtlich: Thieme/Becker). Das auch als ›Villa Massimo‹ in Rom bekannte Akademie-Gebäude verdankt sich der Stiftung des jüdischen Industriellen Eduard Arnhold (1849-1925) an den preußischen Staat zur Förderung junger Künstler, wurde 1913 eröffnet und dient seit der Rückführung in den Besitz der Bundesrepublik Deutschland, 1957, diesem Zweck bis heute (Homepage ›Bundesbauten Ausland‹). – Einen Hinweis auf Simmels Bekanntschaft mit Maximilian Zürcher liefert Gertrud Simmels Brief an Sabine Lepsius vom Juni 1903 aus Florenz, in dem sie der Freundin bezüglich des seinerzeit von Simmels gemieteten »Häuschen[s]« mitteilt: »Zürcher will es photographieren« (DLA Marbach, Nl Lepsius). – Zum erwähnten Florenz-Aufenthalt siehe Simmel an Stefan George vom 24. Febr. 1903.

Dr. Böhlau] Johannes Böhlau (1861-1941), Klassischer Philologe und Archäologe, Dr. phil. Rostock 1884, lehrte nach Lehramtsprüfung und einer Ausgrabungsreise nach Pergamon ab 1889 am Joachimsthaler Gymnasium in Berlin, ging 1892 als Direktorialassistent an das Museum Fridericianum in Kassel, dessen Leitung ihm 1904 übertragen wurde und das er »durch Heranziehung kostbarer Bestände anderer Sammlungen zum Hessischen Landesmuseum« ausbaute. Zuletzt, 1924 bis 1928, war er erster ›Direktor der staatlichen Sammlungen‹ in Kassel (L. Pallat: Johannes Böhlau [Nachruf]. Jahrbuch der Akademie der Wissenschaften zu Göttingen 1941/42, S. 94-96). – Simmel dürfte Böhlau spätestens während seiner Kasseler Vorlesungen (siehe Simmel an Margarete von Bendemann vom 29. Dez. 1916) kennengelernt haben; denn Böhlau war von 1912 bis 1931 auch im Vorstand (Schriftführer) der ›Kurhessischen Gesellschaft für Kunst und Wissenschaft‹ (vgl. den Abschnitt »Zur Geschichte der Gesellschaft« in: Kurhessische Gesellschaft für Kunst und Wissenschaft: Vorlesungen und Vorträge 1912-1987. Red.: Peter Gercke, Ingrid Knauf. Kassel: Druckerei Schanze 1987, S. 119-156, hier: 126, 155).

Dr. Haarmann] Hermann-Justus Haarmann (1877-1938) studierte Rechts- und Staatswissenschaften, Kunstgeschichte und Philosophie in Berlin, München und Straßburg. Als Dr. rer. pol. (München, 1907) erhielt er in Kassel die Leitung der ›Gesellschaft für Gemeinwohl‹ und wurde ebd. Organisator der sozialen Fürsorge aller Richtungen, Begründer des städtischen Jugendamtes, 1920 besoldeter Stadtrat und 1933 Direktor der Murhard Bibliothek (DBA; Wer ist's? 1922).

An *Gronau* … Interessenten findet] Siehe dazu: o.V.: 17 Photogravuren nach Gemälden von Rembrandt in der Galerie zu Cassel. Berlin [1894]; und zur Kasseler Sammlung von Gemälden Rembrandts (entsprechend der zeitgenössischen Zuschreibung): Georg Gronau: Rembrandt. Berlin: J. Bard 1923, 30 S., 19 Bildtafeln [= Meisterwerke in Cassel].

köstlichsten Erinnerungen] Es ist nur bekannt, daß Simmel in München auf Reisen nach Italien Station machte; welche Erinnerungen gemeint sind, ist nicht mehr zu ermitteln.

Hans nur gute Nachrichten] Hans Simmel war seit Anfang März im Feld; siehe Simmel an Ignaz Jastrow vom 9. März 1917 und an Anna Jastrow vom 13. März 1917.

Georg Simmel an Walter de Gruyter, G. J. Göschen'sche Verlagshandlung

Brief vom 2. Mai 1917
Hs.; SBPK Berlin, VA de Gruyter

Straßburg 2 V 17

Sehr geehrter Herr!

Sie haben mich ganz richtig verstanden: die inneren Hemmnisse, die mir bei der Ausarbeitung des *Soziologie*-Bändchens begegnen könnten, sind nur solche, auf die *jede* geistige Produktion vorbereitet sein muß; sie brauchen also den Abschluß unsres Vertrages nicht zu hindern u. ich sehe der gef. Zusendung des Dokuments entgegen.

Bezüglich des Honorars bitte ich Sie, sich an meinen Vorschlag zu halten: 10000 Ex. für ein, bei Ablieferung der druckfertigen Vorlage fälliges Honorar von 1000 M., für folgende Auflagen das gleiche Honorar pro rata u. nach Verkauf [von] je 2000 Ex. ein Nachtragshonorar von 100 M. Die Schwierigkeiten Ihres Unternehmens weiß ich wohl zu würdigen. Allein wie diese Verhältnisse sich in Jahr u. Tag stellen werden, kann heute niemand sicher vorhersehn. Wenn Sie mir seinerzeit versichern können, daß die Nachtragsbedingung vom kaufmännischen Standpunkt aus nicht zu erfüllen ist, so werde ich nicht darauf bestehn, denn ich bin der Letzte, von einem Kaufmann Unbilliges zu verlangen. Aber es scheint mir, daß erst die künftigen Entwicklungen zeigen können, ob es sich hier wirklich um Unbilliges handelt.

Ich gehe nun an die Arbeit, die ich angesichts des bereits vorliegenden Materials in verhältnißmäßig kurzer Zeit abzuschließen hoffe. Von irgend einem Anschluß an das Buch von *Achelis* sehe ich ab, schon weil ich von ihm einen keineswegs erfreulichen Eindruck habe.

In ausgezeichneter Hochachtung

Simmel

Brief vom 2. Mai 1917] Mit Textverlust durch Lochung.

***Soziologie*-Bändchens ... Buch von *Achelis*]** Siehe Simmel an Walter de Gruyter vom 20. April 1917.

Georg Simmel an Friedrich Gundolf

Postkarte vom 2. Mai 1917
Hs.; Gundolf Archiv, London

Straßburg 2 V 17

Lieber Herr Gundolf,

ich habe eben Gelegenheit daran zu denken, daß Sie sich über die Einfügung des Proserpinagedichts in den Triumph der Empfindsamkeit entrüsten. Ich kann die Stelle momentan nicht finden, weiß also nicht, ob Sie dazu den Satz aus den *Annalen* anführen, den ich neulich gefunden habe u. der [für] Sie, falls Sie ihn übersehen hätten, interessant sein wird: »*Proserpina* – freventlich in den Triumph der Empf. eingeschaltet u. ihre Wirkung vernichtet« (Jubiläumsausgabe, 30. Bd., S. 3).

Am 12. spreche ich in Heidelberg über: *Der Platonische und der moderne Eros.* Es ist mir kummervoll, daß ich es nicht auch Ihnen anbieten kann.

Hans steht in den Karpathen, es kommen bis jetzt nur gute Nachrichten von ihm.

Mit den herzlichsten Grüßen, auch von der Frau Ihr

Simmel

Postkarte vom 2. Mai 1917] An: *Dr. Gundolf (Gundelfinger) / Berlin NW* / In den Zelten 18 / 11; mit Absenderstempel: Prof. Simmel / Strassburg (Els.); Poststempel: Straßburg (Els.) 1 3. 5. 17 1-2 [unles.]; Prüfstempel: Straßburg (Els.) P.K. Geprüft und zu befördern.

über die Einfügung des Proserpinagedichts ... (Jubiläumsausgabe, 30. Bd., S. 3)] Nach Gundolf war die Einfügung des Proserpinagedichts in den Triumph der Empfindsamkeit »wohl die größte und kaum faßliche Sünde die Goethe jemals gegen irgendeine seiner ernsten Dichtungen begangen hat« (Friedrich Gundolf: Goethe. Berlin: Georg Bondi 1916, S. 242). Die von Simmel aus Goethes ›Annalen‹ zitierte und von Gundolf nicht angeführte Stelle lautet: »Bei Gelegenheit eines

Liebhabertheaters und festlicher Tage wurden gedichtet und aufgeführt: [...] *Proserpina*, letztere freventlich in den *Triumph der Empfindsamkeit* eingeschaltet und ihre Wirkung vernichtet« (Goethes Sämtliche Werke. Jubiläums-Ausgabe in 40 Bänden. Herausgegeben von Eduard von der Hellen, Bd. 30: Annalen. Mit Einleitung und Anmerkungen von Oskar Walzel, Stuttgart und Berlin: Cotta 1902, S. 3).

Am 12. spreche ich in Heidelberg] »Professor Georg *Simmel* aus Straßburg, der auch in Heidelberg wie an vielen anderen Orten eine erlesene Gemeinde für seine geistvollen, philosophischen Darbietungen besitzt, stellt sich in diesem Jahre den Fürsorgezwecken des *Nationalen Frauendienstes* zur Verfügung und hält am Samstag, den 12. Mai, abends 8 Uhr im Hörsaal 7 der alten Universität einen Vortrag über das Thema: Der platonische und der moderne Eros.« Pressemeldung in: HNN, Nr. 106 vom 7. Mai 1917. Siehe auch die Ankündigungs-Anzeigen in den HNN vom 8. und 9. Mai (Nr. 107 bzw. 108) sowie den Vortragsbericht (o.V.) in HNN, Nr. 112 vom 14. Mai 1917.

nicht auch Ihnen anbieten] Friedrich Gundolf, seit Nov. 1916 eingezogen, war nicht mehr in Heidelberg, sondern zum angesprochenen Zeitpunkt in Berlin (siehe Simmel an Margarete von Bendemann vom 17. Febr. 1917).

Hans steht in den Karpathen] Zu Hans Simmels Feldeinsatz siehe Simmel an Ignaz Jastrow vom 9. März 1917 und an Anna Jastrow vom 13. März 1917.

der Frau] Gertrud Simmel.

Georg Simmel an Elsa Bruckmann

Brief vom 7. Mai 1917
Hs.; BSB München, Bruckmanniana I

Straßburg 7 V 17

Sehr verehrte Frau!

Ihre freundliche Mitteilung über den materiellen Ertrag meines Vortrags bestärkt mich doch in der Annahme, daß das *Eros*-Thema günstiger gewesen wäre. Das »eigentliche« München hätte es sicher mehr angezogen u. ich hatte von Thaaler u. Kassner's den Eindruck, daß von diesem München doch noch ein nicht ganz unerheblicher Teil anwesend ist. Indeß, es ist nun einmal geschehn u. damit der bescheidne Nutzen für die Kriegshilfe nicht ganz entfällt, will ich auf den Ersatz meiner Reisekosten verzichten. Im Übrigen soll diese Erfahrung mich nicht entmutigen, es ein andres Mal unter vielleicht günstigeren Sternen wieder zu versuchen.

Mit besten Grüßen von Haus zu Haus Ihr herzlich ergebner

Simmel

freundliche Mitteilung] Verschollen.

Ertrag meines Vortrags] Näheres ist nicht bekannt. Simmel hatte am 30. April 1917 in München zugunsten der ›Kriegshilfe für geistige Berufe‹ über ›Das Geld in der modernen Kultur‹ gesprochen (siehe Simmel an Elsa Bruckmann vom 18. April 1917).

***Eros*-Thema]** Gemeint ist das wiederholt angebotene Vortragsthema ›Der Platonische und der moderne Eros‹; siehe Simmel an Anna Jastrow vom 8. Dez. 1916 und an Friedrich Gundolf vom 2. Mai 1917.

Thaaler] Unsichere Lesart; nicht identifiziert. – In Frage kommt der in Elsa Bruckmanns Adressbuch 1917 (Bruckmanniana, Suppl., Schachtel 15) aufgeführte Max Thaler, Dr. med. 1892 (GV), lt. Adreßbuch der Stadt München 1917 praktischer Arzt, wohnhaft Maistr. 22.

Kassner's] Rudolf Kassner (1873-1959), österreichischer Kulturphilosoph und Schriftsteller, und seine Frau Marianne, geb. Eissler (1885-1969; Kalliope). Kassner, der im WS 1895/96 Simmels Vorlesungen besucht hatte (siehe Simmel an Célestin Bouglé vom 10. Nov. 1895), wohnte, abgesehen von längeren Aufenthalten in London, Paris, Wien und Berlin, von 1900 bis zum Kriegsausbruch in München und verkehrte in den dortigen Künstler- und Literatenkreisen (Killy). Obwohl jetzt in Wien angesiedelt, hielt sich Kassner im Frühjahr 1917 in München auf, wie aus Rilkes Bericht an Anton Kippenberg vom 15. April 1917 hervorgeht: Er sehe Kassner »ungefähr jede Woche« (zit. n. Ingeborg Schnack: Rainer Maria Rilke. Chronik seines Lebens und seines Werkes. Frankfurt/M.: Insel Verlag 1990, S. 558).

Walter de Gruyter, G. J. Göschen'sche Verlagshandlung, an Georg Simmel

Briefdurchschlag vom 8. Mai 1917
Tps. m.e.U.; SBPK Berlin, VA de Gruyter

Berlin, den 8. Mai 1917.

Hochgeehrter Herr Professor!

Wir danken Ihnen für Ihren Brief vom 2. Mai, lasen daraus Ihre Entschliessung wegen der Honorarbedingungen unseres neuen Vertrages und erklären uns damit einverstanden. Wir hätten Ihnen die Vertragsausfertigung bereits übersandt, wenn wir nicht Wert darauf legten, diese im Einklang zu halten mit dem früher zwischen uns abgeschlossenen Vertrage, nach dem wir in den jüngsten Tagen leider vergeblich gesucht haben. Er wird sicherlich nicht verloren sein, sondern sich in besonders gutem Verschlusse befinden. Da aber Herr Grethlein und Herr Crayen im Felde sind, so können wir ihn zur Stunde nicht auffinden und wären Ihnen deshalb dankbar, wenn Sie uns jenen Vertrag oder den Brief, der ihn vertritt, unter eingeschriebenem Umschlage für wenige Tage anvertrauen wollten; er wird mit dem neuen Vertrage alsbald wieder unversehrt in Ihren Händen sein.

Mit verbindlichsten Empfehlungen und dem Ausdrucke ausgezeichneter Hochschätzung, ganz ergeben

de Gruyter

Briefdurchschlag vom 8. Mai 1917] An: Herrn Professor Dr. Georg *Simmel,* / *Strassburg i. Els.* / Sternwartenstrasse 17 [sic!].

früher zwischen uns abgeschlossenen Vertrage] Zu: Simmel: Hauptprobleme der Philosophie. Leipzig: G. J. Göschen'sche Verlagshandlung 1910 [= Sammlung Göschen, Band 500]; siehe GSG 24: Dokumente.

Georg Simmel an Walter de Gruyter, G. J. Göschen'sche Verlagshandlung

Begleitschreiben vom oder nach dem 9. Mai 1917
Hs.; SBPK Berlin, VA de Gruyter

Auf Ihren Wunsch u. mit verbindlicher Empfehlung ergebenst

Simmel

Begleitschreiben ... 9. Mai 1917] Die undatierte Notiz lag Simmels Exemplar des Verlagsvertrages zu ›Hauptprobleme der Philosophie‹ bei, das Walter de Gruyter erbeten hatte (siehe vorstehendes Schreiben) und Konrad Grethlein mit Schreiben vom 16. Mai 1917 zurücksenden sollte.

Georg Simmel an Margarete von Bendemann

Postkarte vom 10. Mai 1917
Hs. o. U.; LBI New York, Susman Collection

Straßburg 10 V 17

Liebe Susa,

eben schreibt mir der Verleger, daß der *Goethe* vollständig vergriffen, er hat nicht ein einziges Exemplar mehr, um es dir zu schicken. Die neue Aufl. wird gedruckt u. sobald sie fertig ist, bekommst du das Buch. Liegt es aber in der Organisation deiner Arbeit, es so schnell wie möglich haben zu wollen, so laß es mich wissen, ich schicke dir dann mein Ex. Dabei noch folgendes Geschäftliche. Ich hatte dir vorschlagen wollen, die Studie an die *Zukunft* zu geben. Vor kurzem aber kam mir eine Nr. der *Zukunft* in die Hand, von 1914, in der schon eine kleine Monographie über mich steht – ich hatte es total vergessen. Ich nehme an, daß *Harden*, so sehr er mir auch wohlwill, nicht so bald wieder einen Artikel über mich, auch völlig andren Wesens, bringen würde. Deine Arbeit wäre also etwa dem *Berl. Tagebl.* oder der *Voss. Zeit.* anzubieten, dürfte also den Raum eines Feuilletons nicht überschreiten. Nur wenn das *Tagebl.* sie im *Zeitgeist* drucken wollte, wäre ev. eine Teilung möglich, obgleich die Zeitungen das sehr ungern tun. Dein gewöhnliches Organ würde sie wohl angesichts des neulichen Artikels des Mannes nicht nehmen, besonders auch, weil sie etwas verstimmt gegen mich sein dürfte; ich habe nämlich vor Kurzem gegen eine beispiellos schäbige Honorirung protestiren müssen.

Wir haben jetzt endlich Frühling (eigentlich Sommer). Vor dem Krieg sagte die Frau einmal: »Der Frühling macht einen doch immer wieder dumm«. Den letzten drei Jahren aber ist es gelungen, selbst diesen Zauber zu brechen. Ich wenigstens habe der Natur gegenüber jetzt das Gefühl: was geht es mich eigentlich an? U. ebenso der Kunst gegenüber, abgesehen von der *aller*höchsten. Bach u. Beethoven allerdings gehen mich auch jetzt an.

Tausend Grüße, alles Liebe von uns!

Postkarte vom 10. Mai 1917] An: Frau / *Marg. v. Bendemann / Rüschlikon bei Zürich*; mit Absenderstempel: Prof. Simmel / Strassburg (Els.); Poststempel: Straßburg (Els.) 1 10.5.17 7-8 N; Prüfstempel: Geprüft und zu befördern P.K. Straßburg (Els.).

schreibt mir der Verleger] Das Schreiben des Verlags Klinkhardt & Biermann ist verschollen und somit auch nicht zu ermitteln, ob Werner Klinkhardt (1882-1926) oder Georg Biermann (1880-1949), die den Verlag 1907 in Teilhaberschaft begründet hatten (Würffel; DBA), der Verfasser war.

***Goethe* … neue Aufl.]** Simmel: Goethe. Zweite Auflage. Leipzig: Klinkhardt & Biermann 1917 (GSG 15, S. 7-269). Erscheinen der 2. Aufl. unter ›Neue Bücher‹ angezeigt: FZ, Nr. 277 vom 7. Okt. 1917, Mo. Bl.

deiner Arbeit] Über die von Margarete von Bendemann geplante, wohl auf ein Porträt Simmels zielende »Arbeit« ist nichts bekannt; denkbar ist ein Zusammenhang mit Betrachtungen des Simmelschen ›Goethebuchs‹ anläßlich ihres »auf die Hälfte« gekürzten Aufsatzes über Gundolfs ›Goethe‹ (siehe Simmel an Margarete von Bendemann vom 9. Dez. 1916 und an Gundolf vom 30. Dez. 1916) wie auch mit ihren nach dem Krieg erschienenen, Simmel im Vergleich mit anderen Philosophen in den Blick nehmenden Beiträgen: Margarete Susman: Der Exodus aus der Philosophie (FZ, Nr. 441 vom 17. Juni 1921, 1. Mo. Bl.) und: Pole jüdischen Wesens (Die Tat XV, 1923, Heft 5 [= Aug.], S. 385-389).

Monographie über mich] Gemeint ist: Theodor Tagger: Georg

Simmel. Die Zukunft 89, 1914, Heft vom 10. Okt., S. 36-41. – Theodor Tagger (1891-1958), österreichischer Dramatiker und Lyriker, in den 1930er Jahren unter dem Pseudonym Ferdinand Bruckner namhaft geworden (Killy), hatte als Hörer und Leser Simmels diesen Beitrag aus Anlaß von Simmels Berufung nach Straßburg verfaßt; spätestens jetzt, 1917, muß er Simmel gebeten haben, ihm einen Aufsatz für seine Kunst- und Literaturzeitschrift ›Marsyas‹ zu liefern; denn schon in der »Ankündigung der Zweimonatsschrift ›Marsyas‹« im Mai 1917 (Berlin: Heinrich Hochstim, S. 4) ist Simmel als künftiger Beiträger genannt (S. 10); und er ist dies bereits bei Redaktionsschluß des ersten Heftes am 17. Juni 1917 mit: Simmel: Individualismus. Marsyas 1, Semesterband 1917 (Heft vom Juli/Aug.), S. 33-39; GSG 13, S. 299-306.

Harden] Maximilian Harden, Herausgeber von ›Die Zukunft‹.

Berl. Tagebl. … Voss. Zeit. … Zeitgeist] Simmels Empfehlung gilt den beiden liberalen Berliner Tageszeitungen mit Feuilletonteil: ›Berliner Tageblatt und Handelszeitung‹ (Chefredakteur: Theodor Wolff, Verleger: Rudolf Mosse; seit 1872; Auflage: 147 000) sowie die ›Königlich privilegierte berlinische Zeitung von Staats- und gelehrten Sachen – Vossische Zeitung‹ (Chefredakteur: Dr. H[ermann]. Bachmann, Verleger: Vossische Erben; seit 1704; Auflage: 24 900). ›Der Zeitgeist‹ erschien seit 1885 als Beilage des ›Berliner Tageblatts und Handelszeitung‹. Vgl. Sperlings Zeitschriften-Adressbuch, enthaltend die Zeitschriften und hervorragenden politischen Tagesblätter Deutschlands, Österreichs und der Schweiz. Hand- und Jahrbuch der deutschen Presse […] herausgegeben von H. O. Sperling. 45. Ausgabe, Stuttgart: H. O. Sperling 1910, S. 290f.

Dein gewöhnliches Organ] Gemeint ist die FZ.

Artikels des Mannes] Zu Eduard von Bendemanns Besprechung von Simmels ›Rembrandt‹ in der FZ siehe Simmel an Margarete von Bendemann vom 30. März 1917.

vor Kurzem gegen … Honorirung protestiren] Simmels Schreiben ist verschollen; der Anlaß war wohl die Publikation von: Simmel: Eine Fastenpredigt. Von dem Opfer der Wohlhabenden. FZ, Nr. 76 vom 18. März 1917, 1. Mo.Bl.; GSG 17, S. 138-142.

Bach u. Beethoven allerdings gehen mich auch jetzt an] Simmels besondere Vorliebe für Beethovens letzte Kompositionen betonen Rudolf Pannwitz, Otto Klemperer und Gertrud Jacobs, nachmals Kupffer, in ihren ›Erinnerungen an Simmel‹ (in: BdD, S. 236, 270, 271); Margarete Susman beschreibt ihre Beobachtung der »tiefen, fast von gramvollem Ernst« geprägten Gesichtszüge Simmels beim »Anhören Bachscher Musik« (ebd., S. 289).

Georg Simmel an Anna Jastrow
Postkarte vom 11. Mai 1917
Hs.; LBI New York, Simmel Collection

Straßburg 11 V 17

Liebe Freundin,

Sie werden mir nicht zutrauen, daß ich für eine bescheidne Gabe den Dank durch Zahlungsbefehl einziehe. Also nicht deshalb, sondern wegen des nicht unwahrscheinlichen Postverlustes frage ich an, ob Sie u. Ihr Mann in der vorigen Woche etwas von mir erhalten haben.

Von hier nichts Neues. Ich arbeite wieder einige Stunden in der Telegramm-Überwachung u. halte in verschiednen Städten Vorträge für die Kriegsfürsorge. Neulich in München – was eine kleine Erquickung war. Es ist doch die einzige Stadt, wo man anständiger nicht leben kann – womit ich nicht die eßbare Anständigkeit meine.

Von Hans gute Nachrichten. Es ist ein idyllisches Dasein, jetzt legt er sich eine Hühnerzucht an. Als der Gegner einmal schoß, schickte der Major hinüber u. ließ sagen, er verbäte sich das energisch. Was auch half. Übrigens, da Sie fragen: natürlich hat er eine Charge, die zwar nicht genau fixirt ist, aber ungefähr dem Oberleutnant entspricht.

Vielen Dank für Ihre Rücksendung. Das größere Depot kommt erst, ich habe anders disponirt. Aber es war eine ganz überflüssige Bemühung, daß Sie das Paket auf die Bank gaben. Jede Schrankecke genügt dafür.

Herzlichstes von uns beiden an Sie beide!

Ihr Simmel

Postkarte vom 11. Mai 1917] An: Frau / *Anna Jastrow* / *Charlottenburg* 9 / Nußbaumallee 24; mit Absenderstempel: Prof. Simmel / Strassburg (Els.); Poststempel: Straßburg (Els.) 1u 11. 5. 17 4-5 N; Prüfstempel: Straßburg (Els.) P.K. Geprüft und zu befördern.

Gabe … von mir erhalten haben] Gemeint ist eines der Voraus-Exemplare von: Simmel: Kant und Goethe. Zur Geschichte der modernen Weltanschauung. Dritte Auflage. Leipzig: Kurt Wolff 1916 (GSG 10, S. 119-166); diese Auflage trägt die Widmung »Dem Hause Jastrow in alter Freundschaft«; die ersten beiden Auflagen von 1906 und 1907 waren »Auguste Rodin dem Bildhauer« zugeeignet. – Siehe nachfolgendes Schreiben.

wieder ... in der Telegramm-Überwachung] Siehe Simmel an Margarete von Bendemann vom 9. Aug. 1914 und an Emil Walter Mayer, Rektor der KWU, vom 25. oder 26. April 1917.

in verschiednen Städten Vorträge] Siehe ebd.

Neulich in München] Am 30. April 1917; siehe Simmel an Elsa Bruckmann vom 18. April und 7. Mai 1917.

eßbare Anständigkeit] Wohl Anspielung auf die schlechte Lebensmittelversorgung in den Städten.

Hans ... entspricht] Zu Hans Simmels ärztlichem Feldeinsatz in den Karpaten siehe Simmel an Ignaz Jastrow vom 9. März 1917 und an Anna Jastrow vom 13. März 1917. – Alle Briefe von Hans Simmel an seine Eltern sind verschollen.

Rücksendung ... Bank] Simmel bezieht sich wohl auf einen Beleg über die Bankverwahrung für ein »kleines Paket«, das er Ignaz Jastrow mit Schreiben vom 14. März 1917 avisiert hatte. Es enthalte »die wertvollsten Sachen« (ebd.), womit vermutlich ein »Manuskriptenpaket« gemeint ist, wie dem Schreiben Simmels an Anna Jastrow vom 8. Nov. 1917 zu entnehmen ist.

Sie beide] Anna und Ignaz Jastrow.

Georg Simmel an Anna und Ignaz Jastrow

Postkarte vom 12. Mai 1917
Hs.; LBI New York, Simmel Collection

Straßburg 12 V 17

Liebe Freunde,

aus Ihrem gestern Nachmittag erhaltenen Brief sehe ich, daß ich mit meiner, zwei Stunden zuvor abgeschickten Karte doch den Gerichtsvollzieher gespielt habe. Das ist nicht sehr anmutig, allein ich finde, daß es unter uns auch nicht so besonders schlimm ist. Sie werden auch nachfühlen, daß, nachdem diese Widmung zu dem 60. Geburtstag bestimmt war u. durch bodenlose (von den Zeitumständen nicht entschuldigte) Nachlässigkeit des Verlegers erst jetzt in die Erscheinung getreten ist, mir die Eventualität des Postverlustes besonders beunruhigend war. Übrigens ist das Buch, dessen letzte Korrektur ich *Anfang*

Juli 16 gelesen habe, auch heute noch nicht im Buchhandel erschienen! Es sind nur ein paar Ex. abgezogen, wann es herauskommt, kann ich garnicht bestimmen.

An Ebith schicke ich ein Ex.; Lotte aber ist, glaube ich, um einen Teilstrich glücklicher, wenn ich es ihr vorenthalte, obgleich sie natürlich in die Widmung einbegriffen ist.

Herzlichst Ihr

Simmel

Postkarte vom 12. Mai 1917] An: Herrn u. Frau / Prof. *Jastrow / Charlottenburg* 9 / *Nußbaumallee* 24; Absenderstempel: Prof. Simmel / Strassburg (Els.); Poststempel: Straßburg (Els.)1 12. 5. 17 11-12 v; Prüfstempel: Straßburg (Els.) P.K. Geprüft u. zu befördern.

Brief] Verschollen.

Karte] Siehe vorstehendes Schreiben.

diese Widmung zu dem 60. Geburtstag] Die der 3. Auflage des ›Kant und Goethe‹ vorangestellte Widmung »Dem Hause Jastrow in alter Freundschaft« hätte Ignaz Jastrow am 13. Sept. 1916 vorliegen sollen. Lt. Schreiben von Georg Heinrich Meyer, Kurt Wolff Verlag, vom 27. Juni 1916 sollte die Drucklegung unmittelbar erfolgen.

wann es herauskommt, kann ich garnicht bestimmen] Dementsprechend vage ist auch die zeitgleiche Ankündigung im BT, Nr. 239 vom 11. Mai 1917: »*Georg Simmel*, der bekannte *Straßburger* Philosoph, hat eine kleine Arbeit unter dem Titel ›*Kant und Goethe*‹ vollendet, mit der er einen Beitrag zur Geschichte der modernen Weltanschauung geben will. Die Schrift, die demnächst bei Kurt Wolff erscheint, wird entgegen der Formel ›Kant oder Goethe‹ die Weltanschauung der kommenden Zeit im Zeichen von ›Kant und Goethe‹ sehen.« Möglicherweise handelt es sich hier um einen von Simmel zu Werbezwecken verfaßten Text. – Siehe auch die »Kleine Mitteilung« über das Buch in StNN vom 19. Mai 1917.

Ebith ... Lotte ... vorenthalte] Während die ältere Jastrow-Tochter Elisabeth u.a. Philosophie studiert und promoviert hatte (siehe Simmel an Anna und Ignaz Jastrow vom 13. Juli 1914 und 27. Febr. 1917), verfolgte die jüngere Lotte Beate eine eher praktische Berufsperspektive (siehe Simmel an Anna Jastrow vom 7. Jan. 1916).

Georg Simmel an Fritz Heyder Verlag
Brief (samt Manuskript) vom 14. Mai 1917
Hs.; Kunio Kawahara, Miyazaki-shi, Japan

Straßburg 14 V 1917

Sehr geehrter Herr!

Infolge Ihrer gef. Aufforderung vom 8. d. übersende ich Ihnen wieder umstehend einen Beitrag zu Ihrem Kalender.

Hochachtungsvoll

Prof. Simmel

Zu nichts Wichtigerem haben wir unsere Kinder zu erziehen, als zum Bewusstsein der Verantwortlichkeit; vom Gott wie vom Tier uns unterscheidend, bedeutet sie, dass wir mit dem Ganzen der Persönlichkeit, das jenseits aller Einzelheiten steht, für jede dieser Einzelheiten einzustehen haben. Alle Verantwortung gegenüber der oder jener Person oder Gesammtheit ist nur eine Folge des Grundlegenden: dass wir in Wirklichkeit nichts Isolirtes, von dem Kern der Persönlichkeit Abgeschnürtes tun können, sondern in jeder Handlung der ganze Mensch lebt – dass es also eigentlich nur eine Verantwortung vor uns selbst giebt. Erst wer dies wirklich fühlt, wird sich nicht mehr auf Beeinflussungen, sogenannte Zwangslagen u. dass es ›nicht so sehr darauf ankäme‹ berufen, um für sein Tun nicht eintreten zu brauchen.

Georg Simmel

Aufforderung vom 8. d.] Verschollen.

wieder] Siehe Simmel an Fritz Heyder Verlag vom 20. Juni 1916.

umstehend einen Beitrag zu Ihrem Kalender] Simmel lieferte mit dem rückseitig festgehaltenen – und daher hier vollständig wiedergegebenen – Aphorismus das Manuskript für den Abdruck in: Kunst und Leben 10, 1918. Ein Kalender mit 54 Originalzeichnungen und Originalholzschnitten deutscher Künstler und Versen und Sprüchen deutscher Dichter und Denker. Herausgegeben von Fritz Heyder und Gerhard Merian. Schrift und Schmuck von Peter Behrens. Berlin-Zehlendorf: Fritz Heyder [o.J.], Kalenderblatt für die 38. Woche, Sept. 1918; GSG 17, S. 144.

Emil Walter Mayer, Rektor der KWU, an Georg Simmel u. a.
Rundschreiben mit Lesebestätigung vom 15. und 16. Mai 1917
Tps. m.e.U., ADBR Strasbourg, AL 103, Paq. 27, Nr. 53

15. Mai 1917

Soeben wird mir mitgeteilt, dass der frühere Gouverneur, Generalleutnant von Vietinghoff-Scheel am 13. Mai gestorben ist. Die Beerdigung findet Mittwoch, den 16. Mai, 5 Uhr nachmittags auf dem Garnisonfriedhof beim Kronenburger Tor statt.

Der Rektor der Universität
E. W. Mayer

Rundschreiben mit Lesebestätigung vom 15. und 16. Mai 1917] Auf Briefkopf: Li.: *Kaiser Wilhelms-Universität;* re: *Straßburg i. E., den.* – Mit Lesebestätigungen vom »16. 5. 17« von der Hand der Ordinarien: Franz Keibel; Franz Weidenreich; NN [unles.]; Franz Hofmeister; Oswald Schmiedeberg; Paul Uhlenhuth; Andreas von Tuhr; Hermann Fehling; NN [unles.]; Hermann Rehm; Erich Jung; Friedrich Spitta; Georg Simmel; Ernst Leumann; Ludwig Jost; Georg Friedrich Knapp; Eduard Kohlrausch; August Sartorius von Waltershausen; Erich Klostermann; Rudolf Henning; Gottfried Naumann. – Weidenreich, Franz (1873-1948) Anatom, Anthropologe, 1901 PD, 1903 ao. Prof. in Straßburg (DBE); Hofmeister, Franz (1850-1922), Pharmakologe, Chemiker, seit 1896 ord. Prof. für Pharmakologie in Straßburg (DBE); Schmiedeberg, Oswald (1838-1921), lehrte zunächst in Dorpat, seit 1872 als ord. Prof. für Pharmakologie in Straßburg (DBA); Uhlenhut, Paul (1870-1957), Mediziner, seit 1911 Ordinarius in Straßburg (DBE); Jung, Erich (1866-1950), Jurist und Rechtsphilosoph, nach Ordinariat in Greifswald 1903, 1909 nach Straßburg gewechselt (DBA); Kohlrausch, Eduard (1874-1948), Strafrechtler, übernahm 1906 ein Ordinariat in Greifswald und 1913 eines in Straßburg (DBE).

frühere Gouverneur, Generalleutnant von Vietinghoff-Scheel am 13. Mai gestorben] Heinrich Otto Konrad von Vietinghoff gen. Scheel (1. Jan. 1857 Eisleben - 13. Mai 1917 Straßburg) wurde nach Beginn der militärischen Laufbahn 1876 als Fahnenjunker im Infanterie-Regiment Nr. 93 und verschiedenen Stellungen als Adjutant 1898 zum Major und im Anschluß an seit 1899 ausgeübte Kommandeur-Stellungen 1911 zum Generalmajor und Kommandeur der 16. Infanterie-Brigade ernannt; infolge gesundheitlicher Beeinträchtigungen wurde er ab 18. April 1913 als Kommandant von Straßburg eingesetzt, wo er, seit 1914 mit dem ›Charakter als Generalleutnant‹, vom 29. Sept. 1914 bis Juni 1916 als stellvertretender Gouverneur wirkte; danach war er im Feld mit der Führung zunächst einer Brigade, dann einer Division im Osten betraut. Er starb kurz nach seiner Rückkehr nach Straßburg »an akuter Herzschwäche infolge Überanstrengung im Feldzug« (Biographische Notiz, Tps., 3 S., in: GStA PK Berlin, VI, Hauptabteilung Familienarchive und Nachlässe, Nl Kurt von Priesdorff, Nr. 294). Siehe auch die Mittl. zum »Todesfall« in StP, Nr. 327 vom 15. Mai 1917, Mo. Bl., sowie die dem »Ritter höchster Orden« gewidmete Todesanzeige in NPZ, Nr. 245 vom 18. Mai 1917, Ab. Bl.

Konrad Grethlein, G. J. Göschen'sche Verlagshandlung, an Georg Simmel

Briefdurchschlag vom 16. Mai 1917
Tps. m.e.U.; SBPK Berlin, VA de Gruyter

Berlin, den 16. Mai 1917.

Sehr geehrter Herr Professor!

Für die liebenswürdige Erfüllung unserer Bitte, uns den Vertrag über die »Hauptprobleme der Philosophie« vertretenden Brief unserer Firma zur Verfügung zu stellen, sprechen wir unseren ganz besonderen Dank aus. Wir lassen Ihnen das Schriftstück anbei wieder zugehen, die Kopie hat sich inzwischen bei uns vorgefunden, da der Unterzeichner dieses zurückgekehrt ist.

Weiter übermitteln wir Ihnen anbei zwei Verlagsverträge über das neue Bändchen, das Sie die Freundlichkeit haben wollen, für die »Sammlung Göschen« zu bearbeiten. Wir glauben, darin alles zum Ausdruck gebracht zu haben, was zwischen Ihnen und uns in unseren verschiednen Korrespondenzen erörtert wurde; sollten Sie in dem einen oder anderen Punkte noch irgend welche Aenderung oder noch den einen oder anderen Zusatz wünschen, werden wir selbstverständlich dem gern willfahren.

Haben Sie gegen die Fassung nichts einzuwenden, dann belieben [Sie,] die beiden Formulare zu vollziehen und uns wieder zuzustellen, worauf wir auch unsere Unterschrift und die nötigen Stempel beigeben und dann ein Exemplar zurücksenden werden.

Mit verbindlichsten Empfehlungen und mit dem Ausdruck ausgezeichneter Hochschätzung verbleiben wir Ihre ganz ergebene

ppa. G. J. Göschen'sche Verlagshandlung
Gesellschaft mit beschränkter Haftung
K. Grethlein

Anlage!

Briefdurchschlag vom 16. Mai 1917] Oben li. gekennzeichnet als: *Einschreiben*!; an: Herrn Professor Dr. Georg *Simmel*, / *Strassburg i. Els.* / Sternwartestr. 17. – Textverluste durch Beschädigung des Papiers.

Bitte] Siehe die Korrespondenz zwischen Walter de Gruyter und Simmel vom 8. und ca. 9. Mai 1917.

Unterzeichner] Der Vertrag über die ›Hauptprobleme der Philosophie‹ war unter dem Datum 10. Juni 1909 von Wilhelm von Crayen und Konrad Grethlein gezeichnet (siehe GSG 24: Dokumente).

Verlagsverträge ... gern willfahren] Die beiden Exemplare des Vertragsentwurfs zu Simmels ›Grundfragen der Soziologie‹ berücksichtigen die von Simmel mit Brief vom 2. Mai 1917 unterbreiteten Honorarvorschläge. Hierzu wie zu Simmels hs. Änderungen bzw. Zusätzen bezüglich des Titels, der Anzahl von Freiexemplaren, des Honorarzahlungstermins und des Bogenumfangs siehe GSG 24: Dokumente.

ppa. G. J. Göschen'sche Verlagshandlung Gesellschaft mit beschränkter Haftung] Stempel.

Georg Simmel an Franz Schultz, Dekan der philosophischen Fakultät der KWU

Brief vom 22. Mai 1917
Hs.; ADBR Strasbourg, AL 62, Paq. 38, J.-N. 68

Straßburg 22 V 17

Sehr geehrter Herr Kollege!

Da ich Donnerstag bis 6 Kolleg habe, also nicht pünktlich zur Sitzung erscheinen kann, möchte ich Sie bitten, die Diskussion über die *kunstgeschichtliche Professur* möglichst erst dann stattfinden zu lassen, wenn ich daran teilnehmen kann. Ich habe an ihr ein besonders lebhaftes Interesse.

In ausgezeichneter Hochachtung

Simmel

Donnerstag bis 6 Kolleg] Donnerstag, der 24. Mai 1917; zum »Kolleg« siehe Simmel an Susanne Weill vom 15. April 1917.

Sitzung] Fakultätssitzung (siehe das 2. Fakultätssitzungsprotokoll 1917/18, ADBR, AL 62, Paq. 38).

***kunstgeschichtliche Professur* ... besonders lebhaftes Interesse]** Besprochen werden sollte die Nachfolge von Ernst Friedrich Rudolf Heidrich, der 1914 nach Straßburg berufen worden war (siehe Simmel an Margarete von Bendemann vom 12. April 1914), jedoch noch vor Aufnahme seiner Lehrtätigkeit im WS 1914/15 am 4. Nov. 1914 an der Westfront umkam (NDB; StP, Nr. 1102 vom 13. Nov. 1914, Mo.Bl.).

Konrad Grethlein, G. J. Göschen'sche Verlagshandlung, an Georg Simmel

Briefdurchschlag vom 23. Mai 1917
Tps. m.e.U.; SBPK Berlin, VA de Gruyter

Berlin, den 23. Mai 1917.

Sehr geehrter Herr Professor!

Mit verbindlichstem Dank bestätigen wir den Wiedereingang der vollzogenen Verlagsverträge über die »Grundfragen der Soziologie«. Die von Ihnen vorgenommenen kleinen Aenderungen acceptieren wir gern, nur im Punkte der Honorarzahlung für die erste Auflage möchten wir Sie ergebenst bitten, noch eine kleine Modifikation eintreten zu lassen. Wir sind bereit, Ihnen die Hälfte des Honorars unmittelbar nach Annahme des Manuskripts zu zahlen, die zweite Hälfte möchten wir jedoch erst fällig sein lassen, wenn Sie das Imprimatur erteilen. Dass wir die Herstellung mit allen Kräften beschleunigen, dessen dürfen Sie versichert sein, es liegt ja in unserem eigensten Interesse, das Büchlein so bald wie möglich auf den Markt zu bringen.

In Bezug auf den Umfang haben Sie beigefügt: »höchstens 8-9 Bogen«. Das ist uns ganz recht, nur möchten wir noch aussprechen: »und mindestens 7 Bogen«. An und für sich ist dies nach unseren bisherigen Verhandlungen ja selbstverständlich und lediglich eine Formsache.

Einer Aenderung des Vertrages bedarf es nicht. Wir schätzen Sie mit diesen beiden Vorschlägen einverstanden und eine Bestätigung Ihrerseits, dass dem so ist, genügt ja vollkommen!

Ausserdem haben wir heute noch etwas auf dem Herzen. Der Absatz Ihrer »Hauptprobleme der Philosophie« hat sich in der letzten Zeit erfreulicherweise wieder gehoben und so stehen wir vor der Frage: Können wir von dem Bändchen noch einen unveränderten Plattendruck veranstalten oder wünschen Sie eine Neubearbeitung vorzunehmen und müssen wir infolgedessen erst die zahlreichen in Kommission ausstehenden Exemplare zurückverlangen und ausverkaufen? Haben Sie gegen den Plattendruck nichts einzuwenden, dann wollen wir 6000 Exemplare herstellen, wobei 5000 Exemplare zu honorieren wären, [denn] wie Ihnen wohl noch erinnerlich ist, wurden von der 3. Auflage 6000 Exemplare honoriert, während versehentlich nur 5000 Exemplare hergestellt waren, also 1000 Exemplare für die nächste Auflage honorarfrei blieben.

In vorzüglicher Hochachtung Ihre ganz ergebene

ppa. G. J.Göschen'sche Verlagshandlung G.m.b.H.
K. Grethlein

Briefdurchschlag vom 23. Mai 1917] An: Herrn Professor Dr. Georg *Simmel, / Strassburg/E.* / Sternwartstrasse 17. – Mit Textverlust am rechten Seitenrand.

Wiedereingang der vollzogenen Verlagsverträge ... Formsache] Siehe Grethlein an Simmel vom 16. Mai 1916. Simmel hatte den Verlagsvertrag über die ›Grundfragen der Soziologie (Individuum und Gesellschaft)‹ mit hs. Änderungen versehen und am 18. Mai 1917 unterzeichnet. Grethleins Unterschrift erfolgte am 23. Mai 1917 (Tps., SBPK Berlin, VA de Gruyter; siehe GSG 24: Dokumente)

Modifikation ... Imprimatur erteilen] Simmel hatte die im Standardvertrag vorgesehene Honorarzahlung bei Auslieferung an den Buchhandel wie folgt geändert: »Von den vereinbarten Honoraren ist das erste bei Ablieferung des Manuskripts zahlbar, die übrigen, wenn die ersten Exemplare im Buchhandel erscheinen« (ebd.).

beigefügt: »höchstens 8-9 Bogen«] Siehe ebd.

Der Absatz ... honorarfrei blieben] In der Erwartung einer Absatzbelebung hatte der Verlag im Nov. 1913 die dritte, unveränderte Auflage von Simmel: Hauptprobleme der Philosophie (GSG 14, S. 7-157) ausgegeben und die hier aufgegriffenen Vereinbarungen für eine vierte Auflage getroffen; siehe die Korrespondenz mit Wilhelm von Crayen vom 5. bis 16. Nov. 1913.

ppa. G. J. Göschen'sche Verlagshandlung G.m.b.H.] Stempel.

Georg Simmel an Konrad Grethlein, G. J. Göschen'sche Verlagshandlung

Brief vom 25. Mai 1917
Hs.; SBPK Berlin, VA de Gruyter

Straßburg 25 v 17

Sehr geehrter Herr!

Mit den in Ihrem gef. Schreiben vom 23. d. vorgeschlagenen Modifikationen unsres Vertrages über das *Soziologie*-Bändchen bin ich einverstanden.

Was die Neuauflage meiner *Hauptprobleme* betrifft, so beabsichtige ich keine Änderung; vielleicht einmal in späteren Jahren. Sie können also ohne weiteres von den Platten drucken u. ich bitte nur, drei kleine Irrtümer zu berichtigen, die ich auf dem beil. Zettel notirt habe. Von dem Neudruck bitte ich Sie mir vorläufig 5 Ex. zu senden. Sollte ich später mehr gebrauchen, so werde ich mir erlauben, sie anzufordern.

In ausgezeichneter Hochachtung

Simmel

Brief vom 25. Mai 1917] Mit Bearbeitungsvermerk: 29/*v 17*.

beil. Zettel] Nicht überliefert; die Korrigenda sind dem Variantennachweis in GSG 14 (S. 482-490) zu entnehmen.

Georg Simmel an Konrad Grethlein, G. J. Göschen'sche Verlagshandlung

Brief vom 28. Mai 1917
Hs.; SBPK Berlin, VA de Gruyter

Straßburg 28 v 17

Sehr geehrter Herr!

Ich sehe soeben, daß ich mir noch mehrere Korrigenda für die *Hauptprobleme* außer den neulich mitgeteilten notirt hatte u. lege ein Verzeichniß von ihnen bei. Durch ihre Ausführung wird eine Reihe von Unstimmigkeiten u. Schwierigkeiten für den Leser beseitigt sein. Ich wäre deshalb damit einverstanden, wenn Sie auf den Titel setzten: Vierte, durchgesehene Auflage.

Ich wäre Ihnen dankbar, wenn Sie mir, *ganz gelegentlich,* mitteilen wollten, wann das Erscheinen dieser Auflage zu erwarten ist.

In vorzüglicher Hochachtung

Simmel

Ich bitte Sie, mir den Empfang dieser u. der vorigen Korrekturen zu bestätigen.

Brief vom 28. Mai 1917] Mit Bearbeitungsvermerk: 30/v 17.

Korrigenda für die *Hauptprobleme* ... Verzeichniß] Bezügl. »Korrigenda« und des nicht überlieferten »Verzeichniß[es]« siehe die Erl. zu: Simmel an Konrad Grethlein, G. J. Göschen'sche Verlagshandlung vom 25. Mai 1917.

Vierte, durchgesehene Auflage] Siehe: Simmel: Hauptprobleme der Philosophie. Vierte durchgesehene Auflage. Berlin und Leipzig: G. J. Göschen'sche Verlagshandlung 1917 [Sammlung Göschen Nr. 500].

Konrad Grethlein, G. J. Göschen'sche Verlagshandlung, an Georg Simmel
Briefdurchschlag vom 29. Mai 1917
Tps. m.e.U.; SBPK Berlin, VA de Gruyter

Berlin, den 29. Mai 1917

Sehr geehrter Herr Professor!

Haben Sie verbindlichsten Dank für Ihre freundliche Zuschrift vom 25. d. M. Die Ihnen von uns vorgeschlagenen und von Ihnen genehmigten Modifikationen unseres Vertrages über das Soziologie-Bändchen betrachten wir nunmehr als schriftliche Ergänzung unseres Vertrages. Den Neudruck der »Hauptprobleme der Philosophie« werden wir bei nächster Gelegenheit mit in die Wege leiten, wobei selbstverständlich die von Ihnen gewünschten Aenderungen volle Berücksichtigung finden sollen.

In ausgezeichneter Hochachtung Ihre ganz ergebene

ppa. G. J. Göschen'sche Verlagshandlung G.m.b.H.
K. Grethlein

Briefdurchschlag vom 29. Mai 1917] An: Herrn Professor Dr. Georg *Simmel, / Strassburg i. Els.* / Sternwartstrasse 17.

ppa. G. J. Göschen'sche Verlagshandlung G.m.b.H.] Stempel.

Konrad Grethlein, G. J. Göschen'sche Verlagshandlung, an Georg Simmel
Briefdurchschlag vom 30. Mai 1917
Tps. m.e.U.; SBPK Berlin, VA de Gruyter

Berlin, den 30. Mai 1917.

Sehr geehrter Herr Professor!

Soeben trifft noch Ihre freundliche Zuschrift vom 28. ds. M. ein. Selbstverständlich sollen auch die neuerdings mitgeteilten Verbesserungen bei dem Neudruck Ihrer »Hauptprobleme« Berücksichtigung finden. Wann dieser Neudruck fertig vorliegen wird, darüber können wir zu unserem grossen Bedauern leider keine bestimmten Angaben machen, denn die Druckereien lassen sich gegenwärtig auf bestimmte Zusicherungen keinesfalls mehr ein. Wir hoffen aber, dass wir bis zum Herbst die neue Auflage auf den Markt bringen können.

In vorzüglicher Hochachtung Ihre ganz ergebene

ppa. G. J. Göschen'sche Verlagshandlung G.m.b.H.
K. Grethlein

Briefdurchschlag vom 30. Mai 1917] An: Herrn Professor Dr. Georg *Simmel, / Strassburg i. Els.* / Sternwartenstrasse 17 [sic!].

Neudruck Ihrer »Hauptprobleme« ... bis zum Herbst] Simmel: Hauptprobleme der Philosophie. Vierte durchgesehene Auflage. Berlin und Leipzig: G. J. Göschen'sche Verlagshandlung 1917.

ppa. G. J. Göschen'sche Verlagshandlung G.m.b.H.] Stempel.

Emil Walter Mayer, Rektor der KWU, an Georg Simmel u. a.

Rundschreiben vom 30. Mai 1917
Tps. m.e.U.; ADBR Strasbourg, AL 103, Paq. 27, Nr. 53

Den Herrn Kollegen ergebenst vorgelegt mit der Bitte, sich tunlichst an der Sammlung beteiligen zu wollen. Die Pedelle sind ermächtigt, Beiträge gegen Quittung entgegenzunehmen.

Strassburg, den 30. Mai 1917

Der Rektor der Universität.
E. W. Mayer

vorgelegt mit der Bitte, sich ... an der Sammlung beteiligen] Den Kollegen »vorgelegt« wurde die mit »Eilt sehr!« gekennzeichnete Abschrift des Schreibens des Ministeriums für Elsaß-Lothringen an »sämtliche Kreisdirektoren« vom 15. Mai 1917 zugunsten der U-Boot-Spende samt der dienstlichen Weiterleitung derselben durch den Kurator Otto Pöhlmann an den Rektor der Universität vom 24. Mai 1917. In dem ministeriellen Schreiben heißt es: »In den nächsten Tagen wird Ew. Hochwohlgeboren ein Schreiben des Landesvorstandes der U-Boot-Spende und ein Aufruf zur Sammlung zugehen [nicht überliefert]. Indem ich auf die hohe Bedeutung dieser Spende, an deren Spitze der Präsident des Reichstags steht, hinweise, werden Ew. Hochwohlgeboren ersucht, die Sammlung in möglichster Weise zu fördern. / Wenn die Werbetätigkeit für die U-Boot-Spende bisher zum Teil noch in den

Hintergrund getreten ist, so mag das daran gelegen haben, daß die Vorarbeiten für die Zeichnung der Kriegsanleihe allem anderen vorgehen mussten. Nachdem aber nunmehr die Anleihe abgeschlossen ist, muss die Sammeltätigkeit für die U-Boot-Spende mit besonderem Nachdruck einsetzen.« Es gelte »zu zeigen, daß das ganze deutsche Volk geschlossen und entschlossen hinter dem uneingeschränkten U-Boot-Krieg steht, und dass es gewillt ist, durchzuhalten bis zum siegreichen Ende trotz aller Entbehrungen. Diese Einmütigkeit wird am besten zum Ausdruck kommen, wenn die Sammeltätigkeit sich auf alle Glieder unseres Volkes erstreckt. [...] Ich gebe mich der Hoffnung hin, daß die Sammeltätigkeit auch in Elsaß-Lothringen zu einem schönen Ergebnis führen wird«.

Georg Simmel an Emil Walter Mayer, Rektor der KWU

Notiz von nach dem 30. Mai 1917
Hs.; ADBR Strasbourg, AL 103, Paq. 27, Nr. 53

Simmel hat bei der *Darmstädter Bank* gezeichnet.

Notiz von nach dem 30. Mai 1917] Auf Anlageblatt zu einem der mehrfach verteilten Rundschreiben des Rektors vom 30. Mai 1917, auf dem die Dozenten der KWU ihren Spendennachweis, sei es durch konkrete Zahlung von meist 10 bis 20 Mark, sei es als Vermerk anderweitiger Beteiligung an der U-Boot-Spende, festgehalten haben. Das Simmel vorgelegte Exemplar enthält die hs. Vermerke von: Hermann Fehling; Albrecht Funke (Gynäkologe, Dr. med. Straßburg 1891, 1912/13 PD ebd.; GV; Liste der Personalakten der KWU, ADBR Strasbourg); Clemens Bäumker; Rudolf Hess (1886-1962, Facharzt für Kinderheilkunde, PD Straßburg 1916, später ao. Prof. Frankfurt/M., Mannheim, Bremen; Minerva 1921 ff.; Kürschner GK 1966, Nekrolog); Albert Hamm (Gynäkologe, Dr. med. Straßburg 1903, PD ebd. 1913; GV; Minerva 1913/14); Erich Meyer; Wolfgang Heinrich Veil; Paul Uhlenhuth; Philaletes Kuhn (1870-1937, Hygieniker, PD Straßburg 1914, ao. Prof. ebd. 1915-18; BLÄ, DBA); Gabriel Steiner (1883-1965, Neurologe, PD Straßburg 1913; DBE); Robert Wollenberg (1862-1942, Psychiater, seit 1906 o. Prof. Straßburg; DBE); Albert Ehrhard; Ludwig Albert Lang; August Knecht; Ignaz Rohr (1866-1944, kath. Theologe, seit 1906 o. Prof. Straßburg; DBE); Richard Stapper; Franz Xaver Mathias (geb. 1871, Organist, 1913 PD für kath. Kirchenmusik; DBA); Hans Kaiser;

NN [unles.]; Alfred Weil (geb. 1884, Internist, seit 1916 PD Straßburg; BLÄ); NN [unles.]; Demeter Ritter von Tabora (Internist, 1902 Dr. med. Gießen, 1906 PD ebd., danach in Straßburg; GV; Minerva 1907/1908 ff.); Oskar Römer (1866-1952, Zahnmediziner, seit 1906 ao. Prof. Straßburg; DBE, Minerva 1913/14); Arnold Cahn (1858-1927, Internist, ao. Prof. Straßburg; Minerva 1913/14; DBA); Otto Wilhelm Madelung (1846-1926, seit 1894 o. Prof. für Chirurgie in Straßburg; DBE); Oswald Schmiedeberg; Paul Heinisch; Georg Arndt (1885-1969, Dermatologe, o. Prof. Straßburg 1916; DBE); Heinrich Bayer (1853-1926, Gynäkologe, seit 1893 ao. Prof. Straßburg; LBÄ); Hugo Fuchs (1875-1954, Anatom, seit 1910 PD Straßburg, später Würzburg; Kürschner GK 1950, 1960: Nekrolog; Liste der Straßburger Personalakten, a. a. O.); Martin Gildemeister (1876-1943, Physiologe, seit 1910 Tit. Prof. Straßburg; DBE); Franz Külbs (1875-1964, Pathologe, seit 1916 ao. Prof. Straßburg, 1917 o. Prof. Köln; BLÄ; Kürschner GK 1966: Nekrolog); Karl Adrian (Dermatologe, Dr. med. Straßburg 1893, seit 1902/1903 PD ebd.; GV; Minerva 1902/1903 ff.); Julius Klein (geb. 1861, Gynäkologe, Dr. med. Straßburg 1885, seit 1906 PD ebd.; DBA; GV; Liste der Straßburger Personalakten, a. a. O.); Hans Kaiser; Arthur Schneider; Franz Schultz; Georg Wolfram; Wilhelm Spiegelberg; Samuel Landauer; Max Christa; Oskar Schultz-Gora; Friedrich Küchler; Johannes Ficker; Hans Naumann; Paul Gautier; Karl Frank (1881-1945, Orientalist, 1910 PD, 1916 ao. Prof. Straßburg; DBA, Kürschner GK); Otto Frh. von der Pfordten; Wilhelm Nowack; Georg Simmel; Karl Johannes Neumann und Joseph Karst.

Georg Simmel an Karl Jaspers

Brief vom 1. Juni 1917
Hs.; DLA Marbach, Nl Jaspers

Straßburg Els. 1 VI 17
Sternwartstr. 17

Sehr verehrter Herr Kollege!

Ich habe seit lange den Wunsch, Ihre persönliche Bekanntschaft zu machen u. falls Sie mir darin entgegenkämen, so böte sich am Mittwoch d. 6., Gelegenheit dafür. Ich will an diesem Tage um 10.56 in Heidelberg eintreffen u. um 2.40 oder auch 4.25 weiterfahren. Innerhalb dieser Zeit würde ich Ihnen zur Verfügung stehn, sei es daß wir uns im Kaffee *Odeon* träfen oder etwa im *Ritter* zusammen zu Mittag äßen. Günstigenfalls erwarte ich Ihre Bestimmungen. Ich hörte, daß Sie meinem neulichen Vortrag in Heidelberg beigewohnt hätten, nehme also an, daß Sie mich erkennen. Ist dies ungewiß, so müßte ich um ein Erkennungszeichen bitten.

In ausgezeichneter Hochschätzung Ihr sehr ergebner

Simmel

Mittwoch, d. 6. ... weiterfahren] Simmels Reise galt der Eröffnung seiner auf jeweils »Mittwoch, den 6., 13. und 20. Juni, abends 8 Uhr in der Handels-Hochschule« in Mannheim angesetzten Vortragsreihe über »Philosophien des Lebens« (Ankündigungen in: Mannheimer General-Anzeiger. Badische Neueste Nachrichten vom 4. und 6. Juni 1917 (Nr. 255, 259, jeweils Mi.Bl.). Eine Zusammenfassung der ersten beiden Vorträge des »hier schon bekannten und sehr beliebten Dozenten [, ...] die erfreulicherweise regstem Interesse begegnen und damit Zeugnis ablegen, daß trotz den Kriegsnöten [...] das geistige Leben noch schlägt wie in voraugustlicher Zeit«, erschien ebd., gez. pp., am 14. Juni 1917 (Nr. 271, Mi.Bl.); derselbe Autor berichtete auch über den dritten Vortrag, der »trotz der drückenden Schwüle« wieder »starke[n] Besuch« erfuhr, am 21. Juni 1917, ebd. Nr. 283, Mi.Bl. – Im ›Jahresbericht. Studienjahr 1916/1917‹ (Mannheimer Vereinsdruckerei 1917) heißt es dazu im ›Allgemeinen Bericht‹: »Im Sommer sprach Professor Dr. Simmel, Straßburg, über Philosophien des Lebens. [...] Der Besuch der Simmelschen Abende hat gezeigt, wie sehr sich das Bedürfnis nach philosophischer Anregung im Laufe der Kriegsjahre noch verstärkt hat« (S. 9f.); sodann liefert der Abschnitt über das ›Vortragswesen‹ den Hinweis auf den Verkauf von »360 Eintrittskarten«, den »freien Zutritt« der Studierenden und die »Inhaltsangabe: Die Vorträge gehen von dem Grundmotiv aus, daß das in der Gegenwart sich aufarbeitende Weltbild [sich] um den Begriff des Lebens zentriere – im Unterschied gegen frühere, die immer einzelne Formen oder Inhalte des Lebens als letzte Fundamente und Werte des Daseins verkündeten. Daraufhin werden die Vorbereitungen zu dieser Weltanschauung (Fichte, Schopenhauer, Nietzsche) behandelt und eine Deutung der neuesten kulturellen Bestrebungen in diesem Sinne versucht« (S. 57). – Die Initiative zu dieser Vortragsreihe geht vermutlich auf Simmels Freund Sally Altmann zurück (siehe Simmel an Robert Michels vom 6. Aug. 1913), der Simmel bereits 1910 zu einem sechsteiligen Vortragszyklus an der Handels-Hochschule Mannheim eingeladen hatte (siehe Simmel an Gertrud Kantorowicz vom 14. oder 21. April 1910).

Kaffee *Odeon*] Zum Treffpunkt ›Café Odeon‹ siehe Simmel an Georg von Lukács vom 14. März 1913.

***Ritter*]** »Altes, architektonisch interessantes Haus am Markt« charakterisiert unter »Gasthöfe … II. Ranges« in: Meyers Reisebücher: Schwarzwald, Odenwald, Bergstrasse, Heidelberg und Strassburg. Neunte Auflage. Leipzig und Wien: Bibliographisches Institut 1902, S. 38. – Ein Treffen im ›Ritter‹ bildet auch den Rahmen der von Ilse Reicke überlieferten Anekdote über eine Zusammenkunft der »Philosophieprofessoren Georg Simmel (Berlin) und Paul Hensel (Erlangen)« mit dem »Literaturhistoriker Friedrich Vogt (Breslau) […] zum gemeinsamen Mahle im ›Ritter‹, der berühmten Weinstube in dem rosafarbenen Renaissance-Hause in der Hauptstraße.« (Erinnerungen an Simmel, in: BdD, S. 241) – Friedrich Vogt (1851-1923), PD Greifswald 1874, ao. Prof. 1883 ebd., 1885 o. Prof. Kiel, 1889 Breslau, 1902-21 Marburg (DBE).

neulichen Vortrag in Heidelberg] Am 12. Mai 1917 über ›Der Platonische und der moderne Eros‹ (siehe Simmel an Gundolf vom 2. Mai 1917).

Georg Simmel an Franz Schultz, Dekan der philosophischen Fakultät der KWU

Brief vom 3. Juni 1917
Hs.; ADBR Strasbourg, AL 62, Paq. 38, J.-N. 88

Straßburg 3 v 17

Sehr geehrter Herr Kollege!

Ich muß am Mittwoch zu einem Vortrag im Interesse der Kriegsfürsorge nach Mannheim fahren u. Sie deshalb bitten, mein Fehlen bei der Sitzung zu entschuldigen.

Mit verbindlichster Empfehlung

Simmel

Brief vom 3. Juni 1917] Simmel datierte zwar nach der Gewohnheit des Vormonats »3 v 17«; dagegen spricht jedoch die als Grund angegebene Reise nach Mannheim (s. u.) sowie die Tatsache, daß Simmel an den unmittelbar folgenden Fakultätssitzungen am Samstag, den 5. Mai und am Donnerstag, den 24. Mai 1917 teilnimmt, während er der dritten Fakultätssitzung am Mittwoch, den 6. Juni 1917 »entschuldigt«

fernbleibt (1.-3. Fakultätssitzungsprotokoll 1917/18, ADBR Strasbourg, AL 62, Paq. 38). Auch die lokale und regionale Presse überliefert keinen Hinweis auf einen Vortrag Simmels am oder um den 3. Mai 1917.

Mittwoch] Den 6. Juni 1917.

Vortrag ... Mannheim fahren] Simmel reiste zur ersten Veranstaltung im Rahmen seines Mannheimer Vortragszyklus (siehe Simmel an Jaspers vom 1. Juni 1917). – Ein »Interesse der Kriegsfürsorge« geht zwar aus den Pressemitteilungen über Simmels Vorträge (siehe ebd.) nicht hervor, ist jedoch durchaus denkbar, da sie höchstwahrscheinlich von Simmels Freund Sally Altmann veranlaßt wurden, der auch die Kriegsfürsorge in Mannheim organisierte. Vgl. Salomon P. Altmann: Die Kriegsfürsorge in Mannheim: Darstellung der Tätigkeit des Kriegsunterstützungsamtes und der Zentrale für Kriegfürsorge ... bis Juli 1916. Mannheim: Bensheimer 1916.

Georg Simmel an Emil Walter Mayer, Rektor der KWU

Notiz vom 9. Juni 1917
Hs.; ADBR Strasbourg, AL 103, Paq. 27, Nr. 53

Eine geeignete Persönlichkeit ist mir bisher nicht bekannt geworden.

Simmel

Notiz vom 9. Juni 1917] Auf der Rückseite eines Schreibens der Kriegsfürsorgestelle für Kriegsinvalide beim Ministerium für Elsaß-Lothringen vom 23. Mai 1917 an den Rektor Emil Walter Mayer, Hs. mit Posteingangsstempel vom »31. Mai 1917«. Darin wird die Bitte um Kenntnisnahme eines »hier eingegangenen Schreiben[s] des Reichsausschusses nebst Anlage« und um »gefällige Mitteilung [...], falls dem Wunsche der Briefschreiberin Rechnung getragen werden könnte«. Die Anlagen sind, da, wie am Ende des Vorganges vermerkt, am 9. Juni 1917 »mit mündlichem Bericht zurückgegeben«, nicht überliefert, so daß der Zusammenhang vage bleibt: Die hs. Notizen des Rektors liefern allenfalls Anhaltspunkte: So fragt Mayer am 31. Mai 1917 den Prorektor Jost, »ob dem Hilfsbund bis jetzt jemand bekannt geworden ist, der genannt werden könnte. So wie ich das Haus Avenarius kenne, käme in erster Linie ein Philosoph oder Kunsthistoriker – jedoch nicht nur ein solcher – in Betracht«. Diese nach Josts Verneinung am 1. Juni 1917 Eduard Schwartz »als dem Gründer des hiesigen Hilfsbunds« vorgelegte Frage, hat Mayer dann am 9. Juni 1917 »Noch Herrn Prof. Simmel vorgelegt mit der Bitte um baldigste Äußerung«. – Ferdinand Ernst Albert Avenarius (1856-1923), Schriftsteller, studierte Medizin und Naturwissenschaften, Kunst- und Literaturgeschichte sowie Philosophie; engagierte sich für eine Pädagogik, die Kunst, Musik und Wissen allen zugänglich machen wollte, mit der Herausgabe zahlreicher Anthologien und vor allem seiner 1887 gegründeten Zeitschrift ›Der Kunstwart‹. Avenarius, der abwechselnd in Dresden und in Kampen auf Sylt lebte, war Dr. phil. h.c. der Universität Heidelberg und erhielt 1917 den Professorentitel (NDB). – Angesprochen sein könnte auch der schöngeistige Eduard Avenarius Verlag, den Ferdinand Avenarius' Vater Eduard Ludwig Friedrich (1809-1885) 1855 in Leipzig gegründet hatte (seit 1896 nicht mehr im Familienbesitz); Schwerpunkt war u. a. die Edition des LC (NDB; Würffel).

Georg Simmel an Karl Jaspers

Postkarte vom 11. Juni 1917
Hs.; DLA Marbach, Nl Jaspers

Straßburg 11 VI 17

Verehrter Herr Kollege!

Unsrer Verabredung gemäß werde ich mir erlauben, nach meiner Ankunft in Heidelberg – wie neulich – bei Ihnen vorzusprechen.

Inzwischen mit besten Grüßen Ihr

Simmel

Postkarte vom 11. Juni 1917] An: Herrn / Prof. *Dr. Jaspers / Heidelberg / Handschuhsheimer Landstr.* 38; mit Absenderstempel: Prof. Simmel / Strassburg (Els.); Poststempel: Straßburg (Els.) 1 11.6.17. 1-2 N; Prüfstempel: Straßburg [unles.] Geprüft u. zu befördern P.K.

Verabredung gemäß ... wie neulich] Die Verabredung geht wohl auf das Treffen mit Jaspers am 6. Juni 1917 zurück und bezieht sich auf Simmels Anreise über Heidelberg zu seinem zweiten Vortragsabend am 13. Juni 1917 in Mannheim; siehe Simmel an Jaspers vom 1. Juni 1917.

Georg Simmel an Franz Schultz, Dekan der philosophischen Fakultät der KWU
Brief vom 11. Juni 1917
Hs.; ADBR Strasbourg, AL 62, Paq. 38, J.-N. 99

Straßburg 11 VI 17

Sehr geehrter Herr Kollege!

Ich bitte meine Abwesenheit bei der Beerdigung vom Kollegen *Koeppel* zu entschuldigen; die Stunde kollidirt mit meiner Vorlesung.

Ferner möchte ich Ihnen mitteilen, daß ich sowohl diesen wie den nächsten Mittwoch aus derselben Veranlassung wie den vergangenen von Straßburg abwesend sein muß. Ich erwähne das wegen ev. Fakultätssitzungen, da wir doch wohl gleich an die Beratung über die englische Professur herantreten werden u. ich für diese ein ganz besonderes Interesse habe.

Mit verbindlichster Empfehlung Ihr

Simmel

Beerdigung vom Kollegen *Koeppel*] Der Anglist Emil Koeppel (geb. 1852, 1884 Dr. phil., 1885 PD und 1892 ao. Prof. in München, 1895 zum o. Prof. nach Straßburg berufen) war – lt. Pressemeldung und Todesanzeige der Familie – am Freitag, den 8. Juni 1917 nach längerer Krankheit in Straßburg gestorben; die Beerdigung war für »Montag, den 11. Juni nachmittags 4 Uhr« angesetzt (StP, Nr. 385 vom 10. Juni 1917, Mo. Bl.). Zum »Lebensgang von Emil Koeppel« und zu den Gedenkworten von Rektor Emil Walter Mayer, Otto Plasberg und Johannes Ficker, »gesprochen auf dem Friedhofe St. Urban in Straßburg am 12. [sic!] Juni 1917« siehe: Zum Gedächtnis von Emil Koeppel. Professor an der Kaiser Wilhelms-Universität Straßburg 1895-1917. Straßburg i. E.: Straßburger Druckerei und Verlagsanstalt, vormals R. Schultz & Co. o. J. [1917].

Vorlesung] Zu Simmels Vorlesungsterminen im SS 1917 siehe Simmel an Susanne Weill vom 15. April 1917.

diesen wie den nächsten Mittwoch ... abwesend sein muß] Am Mittwoch, den 13. und 20. Juni 1917 setzte Simmel seinen am Mittwoch, den 6. Juni 1917 begonnenen Vortragszyklus über »Philosophien des Lebens« in der Handels-Hochschule Mannheim fort (siehe Simmel an Jaspers vom 1. Juni 1917). – Wahrscheinlich verband Simmel diese Reise mit einem Kurzurlaub in Hinterzarten, einer im Schwarzwald südöstlich von Freiburg gelegenen »beliebten Sommerfrische auf 885 m Höhe« (Baedeker Süddeutschland, S. 97), wo Gertrud Simmel vier Wochen verbrachte (siehe Simmel an Anna Jastrow vom 30. Sept. 1917); denn aus dem dortigen Gasthaus Adler schrieb Gertrud Simmel am 10. Juni 1917 an Paul Ernst, sie sei »mit Georg in Sommererholung« (DLA Marbach, Nl Ernst); und bezüglich des Heimwegs berichtet sie, nach Straßburg zurückgekehrt, am 2. Juli 1917 Margarete von Bendemann über die zufällige Begegnung mit Emmy von Egidy »neulich« in Freiburg i. Br. (ebd., Nl Susman).

Fakultätssitzungen] Simmels entschuldigtes Fehlen am Samstag, den 16. Juni 1917 ist im 4. Fakultätssitzungsprotokoll 1917/18 vermerkt (ADBR Strasbourg, AL 62, Paq. 38).

englische Professur … ein ganz besonderes Interesse] Die Nachfolge Koeppels trat zum WS 1917/18 der Anglist Bernhard Fehr (1876-1938) an, der nach Lehrtätigkeiten in der Schweiz 1915 zum Ordinarius an die TH Dresden berufen worden war und 1919 nach St. Gallen, 1922 nach Zürich wechselte (DBE; LC vom 16. Febr. 1918, Sp. 152).

Georg Simmel an Karl Jaspers

Postkarte vom 16. Juni 1917
Hs.; DLA Marbach, Nl Jaspers

Straßburg 16 VI 17

Verehrter Herr Kollege!

Ich möchte Sie nun doch noch ein drittes Mal beanspruchen, um über das platonische Thema, das uns neulich ganz entging, mit Ihnen zu reden u. über einige Dinge im Interesse von *Frl. Hellersberg*. Wollen Sie mir bitte spätestens Montag hierher, oder andernfalls Heidelberg Hauptpost lagernd mitteilen, ob Sie Zeit haben u. wo wir uns sehen können. Ich komme Mittwoch wieder wie früher an u. habe bis Mittag Zeit.

Mit bester Empfehlung an Ihre Frau Gemahlin Ihr sehr ergebner

Simmel

Postkarte vom 16. Juni 1917] An: Herrn / Prof. *Jaspers / Heidelberg / Handschuhsheimer Landstr.* 38; mit Absenderstempel: Prof.

Simmel / Strassburg (Els.); Poststempel: Straßburg (Els.) 1 16. 6. 17. 4-5 N; Prüfstempel: Straßburg [unles.] Geprüft und zu befördern P.K.

noch ein drittes Mal beanspruchen] Siehe Simmel an Jaspers vom 1. und 11. Juni 1917.

platonische Thema, das uns … entging] Das Thema knüpfte wohl an Simmels Vortrag ›Der platonische und der moderne Eros‹ am 12. Mai 1917 in Heidelberg an, dem Jaspers »beigewohnt« hatte (Simmel an Jaspers vom 1. Juni 1917); auch über Spinoza muß in diesen Gesprächen gesprochen worden sein, erinnert doch Jaspers in einem Brief an Hannah Arendt vom 4. Aug. 1949: »1917 war Simmel bei mir und sagte, Spinoza sei der einzige der als groß geltenden Philosophen, den er *nicht* verstände und für völlig absurd halte« (in: Hannah Arendt – Karl Jaspers. Briefwechsel 1926-1969. Herausgegeben von Lotte Köhler und Hans Saner. München/Zürich: Piper 1985, S. 175). Leicht variiert findet sich dies von Michael Landmann überliefert: »Von Georg Simmel erzählte Karl Jaspers, daß dieser ihn einmal in Heidelberg besuchte und von Spinoza behauptet habe, das sei doch ein dürres Lehrsatzgeklapper. Da habe er, Jaspers, gemerkt, daß Simmel kein metaphysisches Organ habe« (In: Erinnerungen an Karl Jaspers. Herausgegeben von Klaus Piper und Hans Saner. Mit Beiträgen von Hannah Arendt u.a. München: R. Piper & Co. 1974, S. 195-206, hier: 202).

im Interesse von *Frl. Hellersberg*] Angesprochen ist der Simmel anläßlich des letzten Gesprächs im Hause Jaspers mitgeteilte Wunsch nach einem systematischen Philosophiestudium, den Elisabeth Hellersberg mit Brief vom 2. März 1917 an Karl Jaspers herangetragen hatte (DLA Marbach, Nl Jaspers). – Elisabeth (Lisbeth) Hellersberg (1893-1970) ehelichte um 1920 den Journalisten Erich Franzen (1892-1961), promovierte nach der Geburt zweier Söhne mit einer Untersuchung über die jugendlichenTextilarbeiterinnen 1933 in Heidelberg; 1936 emigrierte sie mit ihrer Familie in die USA, wo sie als Psychologin arbeitete und, geschieden, bis zu ihrem Tod blieb (GV; IBDCEE 1933-1945).

Montag] Gemeint ist der 18. Juni 1917.

ich komme Mittwoch … wie früher an] Am Mittwoch, den 20. Juni 1917 reiste Simmel zum dritten seiner Vorträge in der Handels-Hochschule Mannheim (siehe Simmel an Franz Schultz, Dekan, vom 11. Juni 1917) und wählte die Jaspers am 1. Juni 1917 mitgeteilte Bahnverbindung.

Frau Gemahlin] Gertrud Jaspers.

Georg Simmel an Karl Jaspers
Brief vom 21. Juni 1917
Hs.; DLA Marbach, Nl Jaspers

Straßburg 21 VI 17

Verehrter Herr Kollege!

Ich habe mich noch nach Möglichkeiten umgetan, *Frl. H.* zu einem einigermaaßen sorglosen Studium in Straßburg zu verhelfen. Es scheint mir danach ziemlich sicher, daß sie *von nächsten Ostern* ab durch Vermittlung von Frau Prof. *Altmann* in Mannheim ein Stipendium erhalten kann, das zusammen mit dem hiesigen u. ev. noch von mir gebotnen Erleichterungen ihr eine leidliche Lebenshaltung gewähren würde, vielleicht sogar für zwei Semester, so daß sie hier auch ihre Examina machen könnte. Es scheint mir danach eigentlich richtig, die ganze Sache bis zum S.-S. 18 zu verschieben. Doch würde ich gern noch hören, wie Sie darüber denken.

Mit besten Grüßen Ihr ergebner

Simmel

***Frl. H.* zu … Studium in Straßburg zu verhelfen**] Zum Studienwunsch von Elisabeth Hellersberg siehe Simmel an Jaspers 16. Juni 1917.

durch Vermittlung von Frau Prof. *Altmann*] Elisabeth Altmann-Gotheiner (1874-1930) hatte, nach einem Studium in London und dem Erwerb des Dr. jur. publ. et rer. cam. in Zürich 1904, 1906 Sally Altmann (siehe Simmel an Robert Michels vom 6. Aug. 1913) geheiratet, war 1908 zur Lehrbeauftragten an der Handels-Hochschule Mannheim ernannt worden und engagierte sich theoretisch und praktisch auf dem Gebiet der Sozialpolitik und des Frauenrechts; sie war seit 1910 Mitglied des Bundes Deutscher Frauenvereine (BDF), seit 1912 Herausgeberin von dessen Organ ›Die Neuen Bahnen‹ (vgl. Alexa Gwinner: … Hunger ist die entscheidende Kraft, die sie vorwärts trieb. Elisabeth Altmann-Gotheiner und Käthe Bauer-Mengelberg, Professorinnen an der Mannheimer Handelshochshule. In: Stadt ohne Frauen? Frauen in der Geschichte Mannheims. Herausgegeben von der Frauenbeauftragten der Stadt Mannheim und den Autorinnen. Mannheim: Ed. Quadrat 1993, S. 299-311; DBE; Reichshandbuch). – Zum Gespräch über die Studienmöglichkeiten von Elisabeth Hellersberg dürfte es anläßlich der Begegnungen Simmels mit dem Ehepaar Altmann während seiner Mannheimer Vortragsreihe gekommen sein (siehe Simmel an Karl Jaspers vom 1. Juni 1917).

Georg Simmel an Franz Schultz, Dekan der philosophischen Fakultät der KWU

Brief vom 22. Juni 1917
Hs.; ADBR Strasbourg, AL 62, Paq. 38, J.-N. 130

Straßburg 22 VI 17

Verehrter Herr Kollege!

Ich bin leider genötigt, am Samstag zu verreisen u. kann deshalb an der Sitzung nicht teilnehmen. Zum Glück ist das Programm ersichtlich ein solches, zu dessen Erledigung meine Mitwirkung sich erübrigt.

Mit bester Empfehlung Ihr

Simmel

Samstag ... Sitzung] Den 23. Juni 1917; siehe das als entschuldigt vermerkte Fehlen Simmels im 5. Fakultätssitzungsprotokoll 1917/18 (ADBR Strasbourg, AL 62, Paq. 38). Der ungenannte und unbekannte Reiseanlaß dürfte im Zusammenhang mit Gertrud Simmels ›Sommererholung‹ in Hinterzarten stehen; siehe Simmel an Franz Schultz vom 11. Juni 1917.

Programm] Die vorgesehene Tagesordnung der Fakultätssitzung vom 23. Juni 1917 ist nicht mehr zu ermitteln.

Georg Simmel an Karl Jaspers

Postkarte vom 25. Juni 1917
Hs.; DLA Marbach, Nl Jaspers

Str. 25 VI 17

Verehrter Herr Kollege!

Besten Dank für Ihren Brief. Da sich alles vereinigt, um den betr. Plan bis nächsten Ostern zu verschieben, halte ich es nicht für richtig, *Frl. H.* jetzt schon von ihm zu sprechen; selbst dann würde ich es nicht für richtig halten, wenn die Weltlage so weitausschauende Pläne besser legitimirte, als sie es tut.

Mit vielen Grüßen Ihr

Simmel

Postkarte vom 25. Juni 1917] An: Herrn / Prof. *Jaspers / Heidelberg / Handschuhsheimer Landstr.* 38; mit Absenderstempel: Prof. Simmel / Strassburg (Els.); Poststempel: Straßburg (Els.) 1 O 25.6.17. 2-3 N; Prüfstempel: Straßburg (Els) [unles.].

Ihren Brief] Karl Jaspers Antwort auf Simmels Schreiben vom 21. Juni 1917 ist verschollen.

betr. Plan ... *Frl. H.*] Angesprochen ist Simmels Vorschlag, um Elisabeth Hellersberg ab SS 1918 zu einem »einigermaaßen sorglosen Studium« in Straßburg »zu verhelfen« (ebd.).

Konrad Grethlein, G. J. Göschen'sche Verlagshandlung, an Georg Simmel

Briefdurchschlag vom 7. Juli 1917
Tps. m.e.U.; SBPK Berlin, VA de Gruyter

Berlin, den 7. Juli 1917

Sehr geehrter Herr Professor!

Es ist uns gelungen, in der Buchdruckerei von Georg Reimer in Trebbin i. d. Mark eine Anstalt zu finden, die uns den Satz zu Ihren »Grundfragen der Soziologie« in etwa 3 Wochen liefern wird. Sie werden die Fahnen und Revisionen unmittelbar von Reimer erhalten, die Rückstellung bitten wir stets *an uns* zu bewirken, damit wir über den Fortgang der Arbeit auf dem Laufenden bleiben.

Wegen des herrschenden Papiermangels lassen wir zunächst nur 5000 Exemplare abziehen, die übrigen 5000 Exemplare der ersten Auflage werden alsdann zu gegebener Zeit von den Platten hergestellt – natürlich mit der gleichen Jahreszahl wie die ersten 5000 Exemplare. Es ist dies ja eine rein technische Frage, die Sie nicht weiter berührt, wir wollen Ihnen aber auf jeden Fall davon Kenntnis geben; die Zahlung des Honorars wird natürlich genau wie vereinbart erfolgen.

In vorzüglicher Hochachtung Ihre ganz ergebene

ppa. G. J. Göschen'sche Verlagshandlung G.m.b.H.
K. Grethlein

Briefdurchschlag vom 7. Juli 1917] An: Herrn Professor Dr. Georg *Simmel, / Strassburg i. Els.* / Sternwartestrasse 17 [sic!].

Georg Reimer in Trebbin i. d. Mark] Es handelt sich wohl um die von Walter de Gruyter 1897 erworbene, bis 1919 unter dem alten Namen fortgeführte Druckerei, die der Verleger Georg (Andreas) Reimer 1828 gekauft und dem Georg Reimer Verlagsunternehmen eingegliedert hatte (LGB).

Wegen des herrschenden Papiermangels ... wie vereinbart erfolgen] Weitere diesbezügliche Korrespondenz ist nicht überliefert – und somit auch nichts über die äußeren Umstände, an denen die von Ernst Troeltsch überlieferte Absicht Simmels, ihm diese Schrift zu widmen, scheiterte (siehe Troeltsch an Simmel vom 23. Dez. 1912). Lediglich eine hs. Notiz des Verlages über die Zahlung von zweimal 500.- M. »f. S.G. 101« im Jahre 1917 weist auf die Einhaltung der vereinbarten Modalitäten (siehe Konrad Grethlein an Simmel vom 23. Mai 1917; Notiz auf: Gertrud Simmel an Vereinigung wissenschaftlicher Verleger vom 21. Okt. 1919, SBPK Berlin, VA de Gruyter). – Den Meldungen über ›Neue Bücher‹ (FZ, Nr. 340 vom 9. Dez. 1912, 1. Mo.Bl.; LC, Nr. 51/52 vom 22. Dez. 1917, Sp. 1231) entsprechend, gelangte erst im Nov. zur Ausgabe: Simmel: Grundfragen der Soziologie (Individuum und Gesellschaft). Berlin und Leipzig: G. J. Göschen'sche Verlagshandlung 1917, 103 S. [= Sammlung Göschen, Band 101]; GSG 16, S. 59-149.

ppa. G. J. Göschen'sche Verlagshandlung G.m.b.H.] Stempel.

Georg Simmel an Eduard von Bendemann

Feldpostkarte vom 12. Juli 1917
Hs.; LBI New York, Susman Collection

Straßburg 12 VII 17

Lieber Herr Doktor,

schönen Dank für Ihren Brief, der uns sehr über Susa beruhigt. Ich hatte so lange nichts von ihr gehört, daß ich schon im Begriff war, Sie anzufragen. Daß sie nicht nach Heppenheim geht, ist mir in einer Hinsicht lieb zu hören, da mir die zionistische Atmosphäre für sie nicht grade sympathisch wäre. Andrerseits wäre die Nähe zu Straßburg natürlich eine große Chance für uns gewesen. Daß sich im Herbst etwas Geeignetes finden wird, bezweifle ich nicht. Wir gehn im August in den württemb. Schwarzwald u. ich hoffe dort Erfahrungen zu sammeln, die sich nach dieser Richtung ausnutzen lassen. Freilich ist mir zweifelhaft, ob eine größere Entfernung von Frkf. vermeidlich sein wird – aber immerhin ist Württemberg nicht die Schweiz. Es scheint, als ob dort viel günstigere Ernährungsbedingungen beständen, als in Preußen u. in Baden. Aber auch die Gegend von Kassel käme in Betracht; dort ist mir ein Ort sehr empfohlen, an dem sich freilich vielleicht der Unterricht für Momi schwer erreichen ließe; doch wäre er nicht ausgeschlossen, ich müßte mich seinerzeit erkundigen. Andernfalls möchte ich an Tübingen denken. – Von Hans bisher gute Nachrichten. Er hatte 3 Monate Villeggiatur im Gebirge an der rumänischen Grenze u. reist eben zu einem neuen Kommando in Polen; Näheres wissen wir noch nicht. Wie es uns im übrigen geht, wissen Sie aus der Zeitung. Mit unser beider herzlichsten Grüßen

Ihr

Simmel

Haben Sie meinen *Kant u. Goethe*?

Feldpostkarte vom 12. Juli 1917] Als Postkarte verwendete »Feldpostkarte / An«: den Gefreiten / *Dr. Ed. v. Bendemann* / Stelle. Gen. Kommando 18 A K / *Frankfurt Main*; mit Absenderstempel: Prof. Simmel / Strassburg (Els.); Poststempel: Straßburg (Els.) 13. 7. 17 2-3 N; Prüfstempel: Straßburg (Els.) Geprüft u. zu befördern P.K.

Brief] Verschollen.

nicht nach Heppenheim geht] Angesprochen sind wohl Erwägungen Margarete von Bendemanns, nach dem Verkauf ihres Hauses in Rüschlikon am Zürichsee mit ihrem Sohn nach Deutschland zurückzukommen und mit Blick auf die günstigere Ernährungssituation eine ländliche Wohnlage anzustreben. Heppenheim an der Bergstraße, 54 km südlich von Frankfurt/M., dürfte als neuer Wohnort des Freundes Martin Buber (siehe Simmel an Buber vom 10. April 1916) näher in Betracht genommen worden sein, worauf auch Eduard von Bendemanns Ankündigung eines Besuches bei Buber für Sonntag, den 9. Juni 1917 hindeuten mag (Brief an Martin Buber vom 6. Juni 1917, JNUL Jerusalem, Buber Archive). Indes blieb Margarete von Bendemann in der Schweiz und ging mit ihrem Sohn »auf den Rat des Arztes [...] in die Berge, und zwar zuerst nach Rosenlaui« (Susman, S. 85).

Momi] Kosename für Erwin von Bendemann.

Hans ... Kommando in Polen] Hans Simmels Lebenserinnerung endet mit der Schilderung eines Sanitätseinsatzes in der vordersten Linie während eines siegreich beendeten Gefechts, das knapp »eine Woche« nach der Ankunft der Truppe an der rumänischen Grenze stattgefunden hat (S. 91 f.; siehe Simmel an Anna Jastrow vom 13. März 1917). Auf den Einsatz »in Polen« weisen lediglich die den Ausführungen angehängten »Notizen« mit dem Vermerk für 1917: »im Sommer in die Pripet-Sümpfe« (o. S.). Gemeint sind die Pripjet-Sümpfe, Weißrußland.

Villeggiatur] Original: Villegiatur; aus dem Italienischen entlehnt: Landaufenthalt.

***Kant u. Goethe*?]** Zu der jetzt nach verspätetem Erscheinen wohl endlich in den Buchhandel gelangten dritten Auflage von Simmel: Kant und Goethe siehe Simmel an Anna und Ignaz Jastrow vom 12. Mai 1917.

Georg Simmel an Franz Schultz, Dekan der philosophischen Fakultät der KWU

Notiz von nach dem 16. Juli 1917
Hs.; ADBR Strasbourg, AL 62, Paq. 38, J.-N. 170

Gesch. d. Philosophie	priv.	Mo Di Do Fr 5-6	Aud. 2
Privatissime im Seminar	prssime	Fr 6-7	Seminar

Notiz von nach dem 16. Juli 1917] Die Notiz ist der Simmels Namen zugewiesene Eintrag in der Aufstellung der »Vorlesungen und Übungen an der philosophischen Fakultät im Sommersemester 1917«. Diese bildet den Anhang zum Schreiben des Dekans Franz Schultz vom 16. Juli 1917 (Hs. auf Fakultätsbriefbogen): »Die Herren Kollegen bitte ich, wie in den früheren Kriegsjahren so auch diesmal in der beiliegenden Liste vermerken zu wollen, welche Vorlesungen und Übungen in diesem Semester wirklich zustandegekommen sind. / Der Dekan / F. Schultz / Zirkuliert bei sämtlichen Dozenten der Fakultät«. – Zum angekündigten Lehrprogramm siehe Simmel an Susanne Weill vom 15. April 1917.

Georg Simmel an Eduard von Bendemann
Feldpostkarte vom 17. Juli 1917
Hs.; LBI New York, Susman Collection

Straßburg 17 VII 17

Lieber Herr Doktor,

so ganz ausgeschlossen ist auch auf dem Lande die Unterrichtsmöglichkeit nicht. In dem Örtchen in Hessen, an das ich dachte, giebt es m.W. ein Landerziehungsheim mit Gymnasialunterricht; *Dr. Schmalenbach* hat dort unterrichtet. Wenn Sie wünschen, kann ich mich danach erkundigen, müßte aber wissen, um welchen Zeitpunkt u. um welche Klasse es sich handelt.

Von dem *Kant-Goethe* ist eine neue verbesserte Aufl. erschienen, die ich Ihnen gleichzeitig schicke. Ende Okt. hoffe ich zu einem Vortrag nach Frkf. zu kommen.

Hans ist jetzt als Batt.-Arzt in die Gegend von *Pinsk* versetzt. Es ist da ersichtlich nicht grade schön, aber er hat es vorher so gut gehabt, daß dieser Wechsel ganz gerecht ist.

Herzlich Ihr

Simmel

Feldpostkarte vom 17. Juli 1917] An den Gefreiten / *Dr. v. Bendemann / Frankfurt Main / Brentanostr.* 1; Absenderstempel: Prof. Simmel / Strassburg Els.; Poststempel: Straßburg (Els.) 1 17.7.17 10-11 V.

so ganz ausgeschlossen ist ... Unterrichtsmöglichkeit nicht] Dieses Argument hatte offensichtlich Eduard von Bendemann mit Blick auf seinen knapp elfjährigen Sohn Erwin vorgetragen, als er Simmels Schreiben vom 12. Juli 1917 beantwortete; das Schreiben ist verschollen.

Örtchen in Hessen ... Landschulheim] Simmels Empfehlung (ebd.) galt dem 1903 gegründeten Höhenluftkurort »*Hochwaldhausen*« (siehe Simmel an Eduard von Bendemann vom 25.7.1917), nordöstlich von Frankfurt/M. im Vogelsberg gelegen. Dort bestand seit 1912 als »Landerziehungsheim« die ›Dürerschule Hochwaldhausen‹, eine als ›private Oberrealschule‹ mit Internat vorgestellte Reformanstalt. Gerhard Kalkhof: Die Geschichte des Luftkurortes Ilbeshausen-Hochwaldhausen. Gießen: Brühlsche Universitätsdruckerei 1993, S. 215 f. und 244-250.

***Dr. Schmalenbach* hat dort unterrichtet]** Herman Schmalenbach hat nach seiner Entlassung aus dem Heeresdienst »wegen Muskelrheumatismus« vom »Frühjahr 1916 [...] bis zum Herbst 1917« als »wissenschaftlicher Lehrer« an der Dürerschule Hochwaldhausen gewirkt (Lebenslauf zum Habilitationsgesuch, Tps. [Personalakte der Phil. Fak., UA Göttingen]). Simmel war wohl bereits bekannt, daß sich Schmalenbach schon von der Schule getrennt hatte, nachdem sein dort ebenfalls lehrender Schwager, der Zionist und Mathematiker Chaim (Heinz Herman) Müntz (1884-1956) infolge von Differenzen wegen der antisemitischen Einstellung des Schulgründers Georg Helmuth Neuendorff (1882-1949) am »22.6.1917 ... [den] endgültigen Bruch« vollzogen hatte und mit seinen Schülern zu Martin Buber nach Heppenheim übergesiedelt war. Karl-August Helfenbein: Die Sozialerziehung der Dürerschule Hochwaldhausen. Lauterbach: J. Mergard 1986, S. 8, 51, 53 u. 99 [= Lauterbacher Sammlungen, herausgegeben von Hohhausmuseum und Hohhausbibliothek, Nr. 69].

***Kant-Goethe* ... neue verbesserte Aufl.]** Simmel: Kant und Goethe. Zur Geschichte der modernen Weltanschauung. Dritte Auflage. Leipzig: Kurt Wolff Verlag 1916 (GSG 10, S. 119-166). – Zum verspäteten Erscheinen siehe Simmel an Anna und Ignaz Jastrow vom 12. Mai 1917.

Ende Okt. ... Vortrag nach Frkf.] Siehe Simmel an Eduard von Bendemann vom 30. Aug. 1917.

Hans ... Wechsel ganz gerecht] Zu Hans Simmels Versetzung von der rumänischen Grenze in die um Pinsk gelegenen Pripjet-Sümpfe und der Einschätzung der ersten Feldeinsatzphase als »Villeggiatur« siehe Simmel an Eduard von Bendemann vom 12. Juli 1917.

Emil Walter Mayer, Rektor der KWU, an Georg Simmel u. a.

Rundschreiben vom 25. Juli 1917
Tps. m.e.U; ADBR Strasbourg, AL 103, Paq. 26, Nr. 1692

Strassburg, den 25. Juli 1917

Der anliegende Aufruf ist mir durch den Herrn Kurator der Universität zugegangen mit der Bitte, die Sammlung durch Auflegung von Einzeichnungslisten zu fördern. Ich gestatte mir daher, den Aufruf den Herren Kollegen mit dem Anheimgeben vorzulegen, auch diese Sammlung wieder durch Beiträge unterstützen zu wollen, obwohl ich weiss, dass solche Sammlungen nun schon in grosser Zahl an jeden einzelnen herangetreten sind. Die Pedelle sind ermächtigt, Beiträge gegen Quittung entgegenzunehmen. Auch die Herren, die sich an der Sammlung nicht beteiligen wollen, bitte ich, durch Namensunterschrift zu bescheinigen, dass ihnen der Aufruf vorgelegt worden ist.

Der Rektor der Universität
E. W. Mayer

anliegende Aufruf] Dieser betraf die »Deutsche Volkspende zum Ankauf von Lesestoff für Heer und Flotte« (ebd.).

Herrn Kurator] Nach Otto Backs Tod hatte am »1. Februar 1917 der Bezirkspräsident des Unterelsaß, Herr Pöhlmann, die Geschäfte des Kuratorium« übernommen (Jahresbericht des Prorektors Prof. Dr. Ludwig Jost. In: Stiftungsfest KWU 1917, S. 8). – Otto Pöhlmann, Jurist, Verwaltungsbeamter (1848-1927), wurde nach dem Studium der Rechtswissenschaft in Würzburg, Heidelberg und Berlin 1869 Referendar, 1872 Accessist an der Regierung von Mittelfranken, 1877 Assessor am Bezirkspräsidium in Colmar, 1880 ständiger Mitarbeiter im Büro des Kaiserlichen Statthalters, 1885 Kreisdirektor in Erstein, 1889-96 in Schlettstadt; nach einer wegen Unregelmäßigkeiten gescheiterten Reichstagskandidatur (Freikonservativen) nach Metz versetzt, wurde er dort 1903 Oberregierungsrat, 1907 Präsident des Bezirks Straßburg und blieb dies bis zum Abschied am 12. Mai 1918 (StP, Nr. 319 vom 14. Juni 1918, Mi.Bl.); die nebenamtliche Tätigkeit als Kurator der KWU übte er bis zu deren Auflösung aus, zog danach nach Karlsruhe, wo er am 16. Dez. 1927 starb (NDBA; DBA; Mttl. Stadtarchiv Karlsruhe).

Herren … Namensunterschrift] Siehe nachstehende Notiz.

Georg Simmel an Emil Walter Mayer, Rektor der KWU

Notiz vom oder nach dem 25. Juli 1917
Hs.; ADBR Strasbourg, AL 103, Paq. 26, N. 1692

Simmel 20 M.

Notiz vom oder nach dem 25. Juli 1917] Auf vorstehendem Rundschreiben des Rektors. – Neben Simmel unterzeichneten mit Angabe der Spendenhöhe (meist 5 oder 10 Mark) oder dem Verweis auf anderweitige Zeichnung: Karl Sapper; Eduard Schwartz; Wilhelm Spiegelberg; Georg Wolfram; Georg Gerland; Wilhelm Nowack; Johannes Ficker; Hans Naumann; Ernst Leumann; Ernst Hohl; NN [unles.]; Karl Stählin; Oskar Schultz-Gora; Friedrich Spitta; Martin Spahn; Max Christa; Otto Plasberg; Franz Schultz; Theodor Nöldeke; Joseph Karst; Rudolf Henning; Erich Klostermann; Georg Dehio; Friedrich Kiener; Friedrich Küchler. – Georg Gerland (1833-1919), Komponist, Ethnologe, Sprachforscher, 1875-1910 o. Prof. für Geographie in Straßburg (Information zum Familienarchiv Gerland, UA Tübingen; Liste der Personalakten der Straßburger Universität, ADBR Strasbourg).; Ernst Hohl (1886-1957), Althistoriker, PD Straßburg 1914, später o. Prof. Rostock und Berlin (DBA).

Georg Simmel an Eduard von Bendemann

Brief vom 25. Juli 1917
Hs.; LBI New York, Simmel Collection

Straßburg 25 VII 17

Lieber Herr Doktor,

Der Ort heißt *Hochwaldhausen*, Post *Herbstein* (*Oberhessen*). In dem Gasthaus, ich glaube es heißt *Zum Felsenmeer*, soll man sehr gut aufgehoben sein. M.E. ist doch noch zwischen dem Dorf, wo der Gasthof mit Landwirtschaft verbunden ist (Kühe!) u. jeder Stadt ein ziemlicher Unterschied in der Ernährung. Wahrscheinlich könnte die Wirtin Ihnen Auskunft geben, ob eine höhere Schule dort ist.

Mit den philosophischen Zeitschriften ist es jetzt übel bestellt, wegen des Papiermangels. Wann wieder ein *Logos*heft erscheint, ist ganz zweifelhaft. Für Susas Arbeit kommt nur dieses u. die *Kantstudien* in Frage. Die übrigen philos. Zeitschriften sind minderwertig u. haben keine Leser. Susa soll sich entscheiden, wo sie es gedruckt haben will u. ich will dann die Vermittlung übernehmen, d. h. es meinerseits hinschicken. Ich glaube, der *Logos* ist am geeignetsten. Vielleicht schicken Sie es mir, wenn ich wieder in Str. bin – Mitte nächster Woche denken wir in die Sommerfrische in den württemb. Schwarzwald zu gehn, etwa für 6 Wochen – wenn nicht das Weltschicksal in irgend einer Form dazwischen kommt. Eile hat ja die Sache angesichts des angedeuteten Umstandes nicht. Ist übrigens das Buch von *Hasse* ein würdiger Gegenstand für solche Arbeit? Ich habe es vor längerer Zeit angesehn, aber, wenn mich mein Gedächtniß nicht täuscht, hatte ich keinen erheblichen Eindruck davon.

Mit herzlichen Grüßen Ihr

Simmel

LBI New York, Simmel Collection] Der Brief befindet sich im Leo Baeck Institute unter den Schreiben Simmels an Ignaz und Anna Jastrow (AR-B.243/2066/II, 22), ist jedoch nach seinem Inhalt eindeutig an Eduard von Bendemann gerichtet (siehe Simmel an Eduard von Bendemann vom 12. und 17. Juli 1917).

Der Ort heißt *Hochwaldhausen*] Eduard von Bendemanns Rückfrage zu Simmels Schreiben vom 17. Juli 1917 ist verschollen.

Gasthaus ... *Zum Felsenmeer*] Die als erstes Kurhotel gegründete »Pension Hôtel Felsenmeer« wurde wegen ihrer unmittelbaren Nähe zu den Gebäuden des Landschulheims Dürerschule (siehe ebd.) von letzterem teilweise mit in Anspruch genommen. Vgl. Karl-August Helfenbein: Die Sozialerziehung der Dürerschule Hochwaldhausen. Lauterbach: J. Mergard 1986, S. 8, 53 [= Lauterbacher Sammlungen, herausgegeben von Hohhausmuseum und Hohhausbibliothek, Nr. 69].

Wann wieder ein *Logos*heft erscheint ... zweifelhaft] Das letzte Heft des Logos war im Febr. 1917 erschienen (siehe Simmel an Verlag J. C. B. Mohr [Paul Siebeck] vom 18. Sept. 1916). Obwohl 1917 die Zwangsbewirtschaftung des Papiermarktes einsetzte, reichten die Verlagsvorräte des für den Logos benötigten Papiers noch aus (vgl. Paul Siebeck an Georg Mehlis vom 21. Juni 1917, VA Mohr Siebeck), so daß im LC vom 8. Sept. 1917, Sp. 869, das Erscheinen des 3. Heftes bzw. des gesamten Bandes VI des Logos gemeldet werden konnte.

Susas Arbeit] Zu Margarete von Bendemanns »Arbeit« s. u.

die *Kantstudien*] Die von Hans Vaihinger 1896 gegründete Zeitschrift: Kantstudien. Philosophische Zeitschrift. Unter Mitwirkung von E. Adickes, É. Boutroux, Edw. Caird, C. Cantoni, J. E. Creighton, W. Dilthey, B. Erdmann, K. Fischer, M. Heinze, R. Reicke, A. Riehl, W. Windelband und anderen Fachgenossen herausgegeben von Dr. Hans Vaihinger. Reuther & Reichard, Berlin. Die später in ›Kant-Studien‹ umbenannte Zeitschrift gab Vaihinger bis 1902 allein heraus, nahm dann 1903 Max Scheler, 1904-1916 Bruno Bauch und ab Jan. 1917 Max Frischeisen-Köhler und Arthur Liebert in die Redaktion mit auf

(Vgl. die »Mitteilung betr. Wechsel in der Redaktion der ›Kantstudien‹«. Kant-Studien 21, 1917, S. 492) – Max Frischeisen-Köhler (1878-1923) war nach der Habilitation in Berlin 1906, nebenamtlich Dozent an der Berliner Handelshochschule, seit 1915 ao. Prof. für Philosophie und Pädagogik in Halle/S., 1921 o. Prof. ebd. (DBE). – Arthur Liebert (eigtl. Levy; 1878-1946) war seit 1910 Dozent für Philosophie und Pädagogik an der Berliner Handelshochschule, wie auch stellvertretender Geschäftsführer der Kantgesellschaft, später o. Prof. in Berlin (DBE).

ich will dann die Vermittlung übernehmen] Simmel war als einer der auf dem Titelblatt aufgeführten ›Patrone‹ des Logos maßgeblich an dessen Gestaltung beteiligt (siehe Simmel an Rickert vom 14. Dez. 1909). Seine Beziehungen zu den ›Kantstudien‹ reichen in deren erstes Erscheinungsjahr zurück (siehe Simmel an Vaihinger vom 15. Juli und 14. Aug. 1896); zudem zählte Simmel zu den ersten Mitgliedern der 1904 zur Erhaltung und Förderung der ›Kantstudien‹ von Hans Vaihinger gegründeten ›Kantgesellschaft‹; vgl. Hans Vaihinger: An die Freunde der Kantischen Philosophie. Bericht über die Begründung einer ›Kantgesellschaft‹ und die Errichtung einer ›Kantstiftung‹ zum hundertjährigen Todestag des Philosophen. Kantstudien 9, 1904, S. 345-350, bes. die Liste der Dauermitglieder durch einmaligen Beitrag zur ›Kantstiftung‹, die sich am 27. Jan. auf insgesamt 47 Spender belief (S. 348).

Buch von *Hasse* ... Gegenstand für solche Arbeit] Die wohl wesentlich umfangreicher angelegte erkenntnistheoretische Untersuchung Margarete von Bendemanns mündete schließlich in die Studie: Margarete Susman: Schopenhauers Erkenntnislehre (FZ, Nr. 254 vom 13. Sept. 1918, 1. Mo. Bl.), eine ausführliche Besprechung von: Heinrich Hasse: Schopenhauers Erkenntnislehre als System einer Gemeinschaft des Rationalen und Irrationalen: Ein historisch-kritischer Versuch. Leipzig: Meiner 1913; 217 S. – Der Philosoph Heinrich Hasse (1884-1935) war seit 1917 PD in Frankfurt/M., ab 1922 ao. Prof. ebd. (DBA).

Ich habe es vor längerer Zeit angesehn] Dabei dürfte Simmel aufgefallen sein, wie häufig Hasse verweist auf Simmel: Schopenhauer und Nietzsche. Ein Vortragszyklus. München und Leipzig: Duncker & Humblot 1907 (GSG 10, S. 167-408).

Georg Simmel an Else Bodenheimer-Biram

Brief vom 10. August 1917
Hs.; GSA Bielefeld

Auf der Reise, 10 VIII 17

Sehr geehrte Frau Doktor!

Es ist mir angesichts meiner sonstigen Arbeitsbelastung nicht möglich, die in Ihrem Aufsatz enthaltenen Mißdeutungen meiner Äußerungen im Einzelnen aufzuklären. Auch für eine öffentliche Diskussion, für die ich kein Interesse weiterer Kreise beanspruchen könnte, würde ich nicht eintreten, oder äußersten Falles nur mit der Erklärung, daß die Anführungen aus meinen Vorträgen eine Reihe von Mißverständnissen enthalten.

Ich kann nur meine ergebne Bitte wiederholen, von diesen Anführungen abzusehn u. Ihre eignen Gedankengänge, auf die es ja sowieso allein ankommt, ohne solche Anknüpfung vorzutragen.

In ausgezeichneter Hochachtung

Simmel

Auf der Reise] Wie aus den vor- und nachstehendem Schreiben hervorgeht, hatten Simmels in den ersten Augusttagen ihre sechswöchige ›Sommerfrische‹ in Simmersfeld begonnen, einem Dorf oberhalb des auf 503 m Höhe im württembergischen Schwarzwald, südwestlich von Stuttgart gelegenen Ortes Altensteig, das über die Bahnstrecke Pforzheim–Wildbach erreichbar ist (Baedeker Süddeutschland, S. 198). Dort sollten sie wohl bis zum Wochenende des 8./9. Sept. bleiben (siehe Simmel an Karl Jaspers vom 4. Sept. 1917).

in Ihrem Aufsatz] Der »Aufsatz« von Else Bodenheimer-Biram war nicht zu ermitteln. Die beiden nachgewiesenen Publikationen der Adressatin enthalten keinen Hinweis auf Simmel: Else Biram: Die Industriestadt als Boden neuer Kunstentwicklung. [...] Jena: Eugen Diederichs 1919 [= Schriften zur Soziologie der Kultur, herausgegeben von Alfred Weber – Heidelberg, Bd. IV] Vorwort ist gez.: Mannheim-Waldhof, Juni 1919 / *Dr. Else Bodenheimer-Biram*. Dabei handelt es sich um eine erweiterte Fassung der in Heidelberg vorgelegten Dissertation (Referent: A. Weber; Rigorosum: 15. Dez. 1913): Else Biram: Kunstpflege im 19. Jahrhundert. Jena: Eugen Diederichs 1919, 69 S.

Auch für] Original: Auch auf.

meinen Vorträgen] Else Bodenheimer-Birams Wohnortangaben im Raum Heidelberg/Mannheim deuten auf Simmels jüngste Vorträge über ›Der platonische und der moderne Eros‹, 12. Mai 1917, Heidelberg (siehe Simmel an Gundolf vom 2. Mai 1917) und über ›Philosophien des Lebens‹, Vortragszyklus an der Handels-Hochschule Mannheim im Juni 1917 (siehe Simmel an Karl Jaspers vom 1. Juni 1917).

Georg Simmel an Margarete von Bendemann

Postkarte vom 24. August 1917
Hs. o. U.; LBI New York, Susman Collection

24 VIII

Liebe Susa,

eben kommt ein Brief von dir vom 19. Dagegen scheinen dir »verschiedene Briefe u. Karten« verloren zu sein, denn seit ich dir zum letzten Mal schrieb, habe ich höchstens *eine* Nachricht von dir erhalten, die ich wegen Unsicherheit deiner Adresse nicht beantwortete. – Deinen Aufsatz müßte ich erst sehen, bevor ich dir einen Rat geben kann. Nach den Andeutungen des Mannes paßt er in den *Logos*, allein wann dieser wieder erscheint, ist mir ganz unbekannt, vorläufig sehe ich keine Anstalten dazu. – Die guten Nachrichten über deine u. Momis Gesundheit machen uns große Freude. Die hohe Alpenluft ist eben für unsereinen von unersetzlichem Wert – für mich ist die Unmöglichkeit, sie jetzt zu erreichen, von sehr fühlbaren Folgen. Wir sind seit Anf. Aug. im württ. Schwarzwald, in einem abgelegnen Dörfchen, in einem Bauernwirtshaus; aber die Luft ist so gut wie sie hier zu haben ist u. die Ernährung ausreichend, wenn auch die Hauptsubstanz Kartoffeln sind. Aber dies ist keineswegs ungünstig; wie ich überhaupt sagen muß, daß wir noch keinerlei Not gelitten haben. In Straßburg sind wir vortrefflich versorgt. Wenn du an uns schreibst, bitte immer nach Straßburg, es geht uns alles nach. – Gertrud geht es körperlich offenbar gut, sie hat sehr viel zu tun, u. es scheint mir, daß sie die »Seele« des ganzen Hauses ist u. es in Form hält. Seelisch ist sie in starken Bewegungen, u. die Getrenntheit von allem, was sie liebt u. von ihrem eigentlichen Leben fängt nun doch an, auf sie zu drücken. Sie denkt, Mitte oder Ende Okt. auf ihren Urlaub nach Frankfurt zu kommen; ich selbst halte zu dieser Zeit dort einen Vortrag. – Von uns ist im Übrigen nicht viel zu sagen. Der Frau u. mir geht es höchstens den Umständen angemessen. Die drei Jahre ohne irgend eine Erholung machen sich geltend u. was die jetzige daran gut machen wird, bleibt abzuwarten. Hans steht in Rußland an einer kampflosen Stelle, es geht ihm gut. Vorher war er 3 Monate an der rumänischen Grenze, wo er 11 Pfund zunahm. Es tat ihm aber auch not, er war in Str. wahnsinnig überarbeitet. Dies ist alles für heut, 1000 gute Grüße von uns an Dich u. die Lotte!

Das neue Buch von *Medicus* sagte mir garnicht zu.

Postkarte vom 24. August 1917] An: Frau / *Marg. v. Bendemann* / *Glockenthal bei Thun* / *(Bern)* / Adr. *Frl. v. Egidy*; mit hs. Absenderangabe: Prof. *Simmel* / Straßburg Els.; Poststempel: SIMMERSFELD 24.8.17.

Brief von dir vom 19.] Margarete von Bendemanns Brief vom 19. Aug. 1917 ist verschollen.

wegen Unsicherheit deiner Adresse] Margarete von Bendemann war aus gesundheitlichen Gründen auch nach dem Verkauf ihres Hauses in der Schweiz geblieben (siehe Simmel an Eduard von Bendemann vom 12. Juli 1917) und hatte erst im Aug. 1917 das Angebot, bei ihrer Freundin, der Bildhauerin, Kunstgewerblerin und Romanschriftstellerin Emmy von Egidy (Kosename: Lotte, 1872-1946; Thieme/Becker) zu wohnen, angenommen (Susman, S. 86). Die Familie von Egidy besaß ein Landgut in Glockenthal bei Thun; Emmy von Egidy hatte Margarete von Bendemann, angeregt durch Gertrud Simmels Mitteilungen, schon im Jan. eingeladen und ihr zuletzt vorgeschlagen, im Nebenhaus ihre eigenen zwei Zimmer zu bewohnen und ihr Atelier als Mädchenzimmer zu nutzen (siehe Emmy von Egidy an Margarete von Bendemann vom 8. Jan., 15. und 16. Mai 1917, DLA Marbach, Nl Susman; vgl. auch Erwin von Bendemann: Margarete Susman im Licht ihrer Korrespondenz. Tps., datiert auf 1988, 88 S., hier: 27f.; ebd.).

Deinen Aufsatz ... Andeutungen des Mannes] Siehe Simmel an Eduard von Bendemann vom 25. Juli 1917.

deine u. Momis Gesundheit] Margarete von Bendemann hatte im Mai 1917 Anlaß, sich ernsthaft um die eigene Gesundheit wie die des erkrankten Sohnes Erwin zu sorgen (siehe die Reaktion Emmy von Egidys gegenüber Margarete von Bendemann im Brief vom 15. Mai 1917; DLA Marbach, Nl Susman).

abgelegnen Dörfchen, in einem Bauernwirtshaus] Zum Aufenthalt in Simmersfeld bei Altensteig siehe vorstehendes Schreiben und Simmel an Agathe Liepmann vom 28. Aug. 1917.

Gertrud ... »Seele« des ganzen Hauses] Gemeint ist Gertrud Kantorowicz und ihre Tätigkeit im Soldatengenesungsheim in Moda bei Konstantinopel (siehe Simmel an Margarete von Bendemann vom 23. Nov. 1916).

einen Vortrag] Siehe Simmel an Eduard von Bendemann vom 30. Aug. 1917.

Der Frau] Gertrud Simmel.

Hans steht in Rußland ... überarbeitet] Zu Hans Simmels Einsatz als Arzt im Feld und zuvor im Lazerettdienst in Straßburg siehe Simmel an Margarete von Bendemann vom 6. Dez. 1916, Ignaz Jastrow vom 9. März 1917 und Eduard von Bendemann vom 12. Juli 1917.

Lotte] Rufname von Emmy von Egidy, s. o.

Das neue Buch von *Medicus*] Fritz Medicus: Grundfragen der Ästhetik. Vorträge und Abhandlungen. Jena: Eugen Diederichs 1917 [Vorwort gez.: »Rüschlikon bei Zürich, im September 1916«]; Rezension dess., gez. Fr. Sch., in: LC, Nr. 26 vom 30. Juni 1917. – Fritz Medicus (1876-1956), nach Studium der Theologie und Philosophie 1898 Dr. phil. Jena, 1901-1911 PD Halle/S., 1911-1946 o. Prof. für Philosophie und Pädagogik an der TH Zürich, hatte sich zuvor u. a. durch Arbeiten über Kant und Fichte ausgewiesen (DBA; DdPh).

Georg Simmel an Agathe Liepmann

Brief vom 28. August 1917
Hs.; I. Flatau, Saratoga Springs N.Y., USA

Simmersfeld bei Altensteig (Württ.)
Gasthaus *Hirsch* 28 VIII 17

Verehrte Freundin!

Aus Ihrem ersten Brief schien hervorzugehn, daß Sie Ihre Rückkehr gegen den 10. Sept. planten. Nun sie so viel früher geschehen soll, entsteht für unsre Begegnung eine Komplikation, die schriftlich auseinanderzusetzen zu umständlich wäre u. die nur den einen Ausweg läßt: daß Sie uns *hier* aufsuchen. Die Reise hierher ist zwar für die heutigen Verkehrsverhältnisse nicht besonders beschwerlich. Allein Sie müßten sich mit einer so einfachen Unterkunft begnügen, wie Sie Ihnen vielleicht unbekannt ist; die Verpflegung wird freilich gerühmt. In unser Gasthaus können wir Sie nicht einladen – es ist ein Bauernwirtshaus, in das wir durch eine irrige Auskunft geraten sind u. in dessen unbeschreiblichen Kulturmangel man sich nicht freiwillig begiebt. Wir konnten nachträglich nicht wechseln. Von Sonntag d. 2. an stehen Ihnen in dem etwas besseren zwei Zimmer zur Verfügung, u. es wäre uns eine große, große Freude, wenn Sie für so lange, wie es Ihnen irgend möglich ist, davon Gebrauch machten. Anzubieten haben wir vortreffliche Luft u. ein dörfliches Idyll zwischen Feldern u. Wäldern (725 mtr.), es ist eine Hochebene, keine Gebirgslandschaft, für uns aber von großem Reiz. Meine Schwägerin reist übermorgen ab, so daß wir uns Ihnen so viel widmen können, wie Sie es aushalten.

Bejahendenfalls also bitte ich Sie um *telegraphische* Antwort, sobald Sie über Ihren Reisetag entschlossen sind, damit wir die Zimmer bestellen können. Ferner müßten Sie telegraphisch bei dem *Fuhrgeschäft Henssler, Altensteig (Württ.)* einen Wagen bestellen, der Sie um ¾7 dort an der Bahn erwartet. Großes Gepäck hierher zu schaffen ist umständlich, ich rate Ihnen, dieses entweder gleich als Expressgut nach Berlin zu senden oder in Altensteig auf der Bahn zu lassen, u. nur mit Handkoffer heraufzukommen. Den Reiseplan, soweit ich ihn feststellen kann, schreibe ich umstehend; ob es mehr durchgehende Züge giebt oder ob Sie an all diesen oder anderen Stationen umsteigen müssen, können Sie nur auf der Reise selbst erfahren. Die Reise nach Berlin von hier ist relativ bequem.

Nun also hoffentlich auf bald u. mit herzlichen Grüßen von uns an Sie u. Fräulein *Käthe* immer Ihr

Simmel

ab *Titisee*	10.48
(oder entsprechend von Ihrer Station, über die ich nicht sicher bin)	
in *Donaueschingen*	12.15
ab	12.56
in *Immendingen*	1.15
ab	1.40

in *Horb* (über Rottweil)	4.22
ab	4.55
in *Nagold*	5.39
ab	5.50
in *Altensteig*	6.46

Verpflegung für den Tag nehmen Sie der Sicherheit wegen am besten aus Ihrem Hotel mit. Vergessen Sie doch nicht, sich dort eine Abmeldung geben zu lassen, falls Sie Ihre Berliner dort abgegeben haben u. umgemeldet sind. Es kann sein, daß Sie die Strecke Donaueschingen–Rottweil–Horb, statt über *Immendingen* etwas kürzer über *Villingen* zurücklegen. Ich kann es mit meinem Kursbuch nicht feststellen, vielleicht erkundigen Sie sich dort. Die Ankunft in *Altensteig* würde dadurch keinesfalls abgeändert.

Brief vom 28. August 1917] Mit hs. Anmerkungen auf der von Simmel nicht beschriebenen letzten Seite: Hand A und daneben Hand B: A: Altensteig ab 9^{21-} B: 3° / A: Nagold an 10^{18} – B: 3^{51} / A: ab 10^{36} – B: 5^{42} / A: Calm an 11^{15} – B: 7^{04} 6^{11} / A: ab 12^{22-} B: 7^{44} / (Stuttgart an 2^{25}) – B: 9^{31} / Karlsruhe an 2^{16}. Darunter Hand C: Stuttgart ab 7 ^{Uhr} Ank. 8^{3} Anhalter / Banzhof (Royal) Bhf.

***Simmersfeld bei Altensteig (Württ.)*]** Zum Aufenhalt der Simmels in Simmersfeld siehe die Schreiben an Else Bodenheimer-Biram vom 10. Aug. und an Margarete von Bendemann vom 24. Aug. 1917.

ersten Brief] Beide Briefe sind verschollen.

unsre Begegnung] Auf Agathe Liepmanns Plan, ihren Scharzwald-Urlaub mit einem Besuch bei Simmel in Straßburg zu verbinden, weist deren Mitteilung an eine Freundin, sie habe »Rembrandt von Simmel gelesen« und wolle »zu ihm fahren« (Ausschnitt aus Brief, o. D. in Hamburger-Liepmann, S. 168).

Meine Schwägerin] Höchstwahrscheinlich Gertrud Simmels ältere Schwester Helene Jacobs; denn die Beziehung zu deren jüngerer Schwester, Else Ebeling, war getrübt (siehe Simmel an Margarete von Bendemann vom 7. Okt. 1912); allenfalls in Frage kommt noch die Witwe von Simmels Bruder Eugen, jetzt Margarete Eichelbaum (siehe Simmel an Max Hildebert Boehm vom 14. Febr. 1916).

***telegraphische* Antwort]** Verschollen. – Ist auf Grund der auf dem Brief vermerkten Rückreisedaten (s. o.) anzunehmen, daß Agathe Liepmann das Angebot angenommen hatte, so wird das durch den brieflichen Hinweis in Simmel an Hugo Liepmann vom 19. Nov. 1917 zur Gewißheit.

Fräulein ***Käthe***] Käthe Liepmann war als einzige der Liepmann-Töchter mit der Mutter verreist (Hamburger-Liepmann, S. 167).

Georg Simmel an Eduard von Bendemann

Brief vom 30. August 1917
Hs.; LBI, New York, Simmel Collection

Simmersfeld 30 VIII 17

Lieber Herr Doktor!

Der Umzug der Themata von einem Zyklus in den andern läßt sich leider nicht mehr veranstalten. Ich habe mich dort zu einer Rede über die neusten Kulturbewegungen verpflichtet u. den Expressionismus hierbei zu unterschlagen würde mir eine Unredlichkeit scheinen. Da die Lage der Termine es sowieso ausschließt, daß mein Vortrag der erste Ihres Zyklus ist, so besteht ja überhaupt nicht mehr die Notwendigkeit eines so allgemeinen u. programmatischen Themas. Wenn ich als der 3. oder 4. spreche, so kann ich ein spezielleres wählen, das vielleicht für Ihren Kreis, der mit den Prinzipienfragen wohl schon vertraut ist, überhaupt anziehender ist; z. B. über das *Problem des Porträts*; oder über *Landschaftsmalerei*; oder über *Barockkunst*, ev. in ihrer Beziehung zur modernen. Mitte Januar erscheint mir als ein günstiger Termin, so daß es Zeit ist, wenn ich Ihnen im Lauf des Okt. definitive Vorschläge mache. Sehr gern würde ich mich einmal über das Verhältnis des Barock zu *Rembrandt* äußern. Ich wollte eigentlich ein derartiges Kapitel meinem *Rembrandt*-Buch einfügen, allein es zeigte sich, daß die dazu noch erforderlichen Studien das Erscheinen des Buches unerwünscht verzögert hätten, u. so ließ ich es bei den gelegentlichen Bemerkungen bewenden, die nur meine Opposition gegen die jetzt übliche Einreihung R's unter die Barockkünstler andeuten sollten. Ich zweifle deshalb auch, daß ich bis zur Zeit meines Vortrags diese Studien ausführen kann; denn, wenn das Weltschicksal u. meine Kräfte es erlauben, wird dieser Winter schon von andern Arbeiten übermäßig beansprucht sein.

Mit besten Grüßen von uns beiden Ihr

Simmel

LBI New York, Simmel Collection] Der Brief befindet sich im LBI unter den Schreiben Simmels an Ignaz und Anna Jastrow (AR-B.243/2066/II, 23); die hierin angesprochenen Vorträge legen jedoch Eduard von Bendemann als Adressaten nahe (siehe Simmel an Eduard von Bendemann vom 12. und 15. Okt. 1917).

Der Umzug der Themata ... Okt. definitive Vorschläge mache] Angesichts des verschollenen Schreibens von Eduard von Bendemann ist nur zu vermuten, daß dieser beabsichtigte, einen von der »Vereinigung für neue Kunst« in Frankfurt/M. während des Winters 1917/18 geplanten Vortragszyklus mit einem Vortrag Simmels über den Expressionismus zu eröffnen. Die im Mai/Juni 1917 ins Leben gerufene Frankfurter »Vereinigung für neue Kunst« machte es »sich zur Aufgabe, die ›lebendigen Äußerungen auf den verschiedensten Gebieten gegenwärtiger Kunst, vorwiegend aber der bildenden Kunst zu fördern und zur Geltung zu bringen‹. Ausstellungen, Vorträge und Führungen sollen diesem Zwecke dienen«, heißt es in einem Zeitungsbericht vom Juli 1917 (o. Quellenangabe, Institut für Stadtgeschichte, S3/P 4.643). Auf Eduard von Bendemanns Engagement für diese »Vereinigung« weist eine mit »E.v.B.« gezeichnete Notiz über eine von dieser veranstalteten Ausstellung der Werke von Christian Rohlfs (Zeitungsausschnitt o. Quellenangabe, ebd.) sowie seine Vortragsaufforderung an Martin Buber vom 20. Juni 1918 (JNUL Jerusalem, Buber Archive). Indes überschnitt sich das Anliegen Eduard von Bendemanns terminlich und inhaltlich mit Simmels Zusage, am 26. Okt. ebenfalls in Frankfurt/M. eine »Rede über die neuesten Kulturbewegungen« zu halten, wozu ihn »die *Baer*sche Firma« lt. Simmel an Eduard von Bendeman vom 15. Okt. 1917 aufgefordert hatte. – Zu dem hier der Einladung der »Baerschen Firma« zugewiesenen und schließlich abgesagten Vortrag siehe Simmel an Eduard von Bendemann vom 17. Juli, 17. Sept., 12. und 15. Okt. 1917 sowie an Margarete von Bendemann vom 24. Aug. 1917.

das *Problem des Porträts*] Zu einer entsprechenden Vortragsgelegenheit und Publikation siehe Simmel an Anna und Ignaz Jastrow vom 3. März 1918.

***Landschaftsmalerei*]** Ein Vortrag Simmels über ›Landschaftsmalerei‹ ist nicht bekannt; angesprochen findet sich das Thema in Simmel:

Philosophie der Landschaft. Die Güldenkammer. Eine bremische Wochenschrift herausgegeben von Sophie Dorothea Gallwitz, Gustav Friedrich Hartlaub und Hermann Smidt 3, 1913, Heft 11(= Aug.), S. 635-644; GSG 12, S. 471-482.

Barockkunst] Ein entsprechender Vortrag ist nicht bekannt; Simmel zog die Barockkunst insbesondere zur Abgrenzung der von ihm näher betrachteten Künstler heran: so etwa in seinen Essays über ›Michelangelo‹ (in: Philosophische Kultur. GSG 14, S. 315 f.) und ›Rodin‹ (ebd., S. 34) sowie in der Monographie über ›Rembrandt‹ (s. u.).

***Rembrandt*-Buch**] Simmel: Rembrandt. Ein kunstphilosophischer Versuch. Leipzig: Kurt Wolff 1916; GSG 15, S. 305-515.

gelegentlichen Bemerkungen ... gegen die ... Einreihung R's unter die Barockkünstler] Diese ›Bemerkungen‹ setzte Simmel wiederholt ein, um die von ihm herausgearbeiteten Charakteristika der Rembrandtschen Kunst mit der des Barock zu kontrastieren: so etwa, wenn er im Kapitel über den ›Ausdruck des Seelischen‹ bezüglich des Porträts auf die »nur mechanistischen Mittel« des Barock abhebt, »die, um ihr Ziel zu erreichen, sich ins Maßlose steigerten, ohne es doch greifen zu können, da es von vornherein in einer anderen Ebene lag« (ebd., S. 326 f.), und wenn er bezüglich der »Lebensvergangenheit im Bilde« die Beschränkung auf die *»mechanischen Bewegtheiten«* des Lebendigen betont (ebd., S. 358); so auch, wenn er das »Grundgefühl des Barock« in der »Auflösung der in ihrer Besonderheit sinnvollen Formen zugunsten eines Gesamtzusammenhanges« sieht und bei Rembrandt eben nicht »ein Gesamtleben, das die Formen auflöst und ihnen doch in irgendeinem Sinn äußerlich ist«, dargestellt sieht, »sondern das rein individuelle Leben« (ebd., S. 399); und schließlich so, wenn er dem Unfixierbaren im Blick der Figuren Rembrandts die Tendenz des Barock, »die Affekte der Personen möglichst eindeutig und verständlich vorzutragen«, entgegenhält: »Der Barock hatte keinen Sinn für die Tiefendimension des Auges, die mit jenem raumlosen Blicke Rembrandtscher Personen sozusagen absolut wird« (ebd., S. 438 f.).

andern Arbeiten] Zuerst ist hier an die Referatevorbereitung zu denken, denn Simmel plante für den anstehenden Winter eine Reihe von Vortrags- und Vorlesungsreisen: drei Vorträge in Berlin (siehe Simmel an Friedrich Gundolf vom 10. Jan. 1918), zwei Vorträge in Frankfurt/M. (siehe u. a. Simmel an Eduard von Bendemann vom 12. Okt. 1917), ein weiterer in München (siehe Simmel an Hugo Liepmann vom 17. Okt. 1917). Ob Simmel bereits über den Vorschlag des ›Kulturbundes‹, ihn auf eine Vortragsreise nach Schweden zu senden (siehe Simmel an Anna Jastrow vom 30. Sept. 1917), wußte und ob seine Teilnahme an den Hochschulkursen in Tournai (siehe Simmel an Anna Jastrow vom

8. Nov. 1917) schon geplant war, ist der Überlieferung nicht zu entnehmen. Und sodann ist an seine Beschäftigung mit metaphysischen Themen, insbesondere mit der Wahrheitsproblematik, die als ›abschließendes Buch‹ geplant war (Simmel an Heinrich Rickert vom 15. April 1916), zu denken wie aber auch an die Weiterführung geschichtsphilosophischer Untersuchungen, wovon seine Vorträge vom Jan. 1918 (siehe Simmel an Friedrich Gundolf vom 10. Jan. 1918) zeugen.

Georg Simmel an Karl Jaspers

Postkarte vom 4. September 1917
Hs.; DLA Marbach, Nl Jaspers

4 IX 17

Verehrter Herr Kollege,

Bitte lassen Sie mich wissen, ob ich darauf rechnen dürfte, am nächsten Montag Abend oder Dienstag Vormittag eine Stunde mit Ihnen zusammenzusein. U. wissen Sie, ob *Webers* in Heidelberg sind? Der komplizirten Adresse wegen benutze ich eine Antwortkarte.

Mit ergebensten Empfehlungen an Ihre Frau Gemahlin u. in der Hoffnung baldigen Wiedersehns

Ihr sehr ergebner

Simmel

Postkarte vom 4. September 1917] An: Herrn / Professor *Dr. Jaspers / Heidelberg / Handschuhsheimer Landstr.* 38; mit hs. Absenderangabe: *Simmersfeld b. Altensteig / Württemberg / Gasthaus Hirsch.*; Poststempel: SIMMERSFELD 4 [unles.].

nächsten Montag ... Dienstag] Simmel schrieb am Dienstag, den 4. Sept. und strebte für die Verabredung den 10., bzw. 11. Sept. 1917 an. – Simmel beabsichtigte wohl, die Rückreise aus Simmersfeld mit einer Etappe in Heidelberg zu verbinden.

***Webers* in Heidelberg]** Zumindest Gertrud Simmel und Marianne Weber scheinen sich um die genannte Reisezeit begegnet zu sein, schrieb doch Gertrud Simmel an die Freundin am 22. Sept. 1917: »Ich hätte Sie neulich so gern noch gesprochen [...], um Ihnen grade meinen Standpunkt [in der Frauenfrage] noch einmal hinzulegen« (Privatbesitz, Arnold Simmel). – Die von Marianne Weber in ›Max Weber. Ein

Lebensbild‹ erwähnten Reisen ihres Gatten im Jahre 1917 geben hierüber nicht Aufschluß: Weber verbrachte demnach im Sommer einige Wochen in Oerlinghausen und nahm an dem für den 29. Sept. 1917 von Eugen Diederichs einberufenen Kongreß für Kulturfragen auf der Burg Lauenstein teil (vgl. Max Weber Lebensbild, S. 607-612; zur Datierung des Treffens siehe Paul Ernst an Georg von Lukács vom 27. Aug. 1917, Ernst/Lukács, S. 119 ff.).

komplizirten Adresse ... Antwortkarte] Zum Aufenthalt der Simmels in Simmersfeld siehe Simmel an Margarete von Bendemann vom 24. Aug. 1917.

Frau Gemahlin] Gertrud Jaspers.

Wiedersehns] Über das Zustandekommen der Begegnung ist nichts bekannt.

Georg Simmel an Eduard von Bendemann

Feldpostkarte vom 14. September 1917
Hs.; LBI New York, Susman Collection

Straßburg 14 IX 17

Lieber Herr Doktor!

Können Sie jetzt schon sagen, wann Susa wieder in Frkf. sein wird? Gertrud fragt mich deswegen an, weil sie ihren Urlaub danach einrichten will. Ich selbst komme hoffentlich Ende Okt. zu meinem Vortrag nach Frkf.

Wir sind eben von unsrer sechswöchentlichen Sommerfrische zurück. Sie war so gut gelungen, wie es unter den gegebnen Umständen vorgehofft werden konnte.

Herzliche Grüße! Ihr

Simmel

Feldpostkarte vom 14. September 1917] Als Postkarte verwendete »Feldpostkarte / An«: den Gefreiten / *E. v. Bendemann / Frankfurt Main / Brentanostr.* 1; mit Absenderstempel: Prof. Simmel / Strassburg (Els.); Poststempel: Straßburg (Els.) 14.9.17 8-9 N; Prüfstempel: Straßburg (Els.) Geprüft und zu befördern P.K.

Susa wieder in Frkf.] Zu Margarete von Bendemanns Aufenthalt in der Schweiz siehe Simmel an diese vom 24. Aug. 1917.

Gertrud ... fragt an ... Urlaub] Die Anfrage von Gertrud Kantorowicz ist verschollen; zu ihrem Einsatz in einem Soldatengenesungsheim in Moda bei Konstantinopel siehe Simmel an Margarete von Bendemann vom 23. Nov. 1916.

meinem Vortrag] Siehe Simmel an Eduard von Bendemann vom 30. Aug., 12. und 15. Okt. 1917.

sechswöchentlichen Sommerfrische] Zum Reisebeginn siehe Simmel an Else Bodenheimer-Biram vom 10. Aug. 1917.

Georg Simmel an Eduard von Bendemann

Feldpostkarte vom 17. September 1917
Hs.; LBI New York, Susman Collection

Str. 17 IX 17

Lieber Herr Doktor!

Schönen Dank für Ihren Brief. Um Sie möglichst schnell zu informiren, will ich vorläufig nur sagen, daß Sie – Unvorhergesehenes vorbehalten – für Mitte Dezember auf mich rechnen können. In der ersten Dez-Woche habe ich in Belgien einen Kurs für feldgraue Studenten zu halten, am 13. oder 14. aber könnte ich in Frkf. sprechen. Mein früherer Vortrag findet am 26. Okt. statt u. diese Pause scheint mir hinreichend. Über das Thema werden wir uns schon vereinigen, vorläufig denke ich an: *Gesetzmäßigkeit im Kunstwerk*. Diesen Vortrag würde ich so wie so auf die neueste Kunst hin orientiren, so daß der Titel allenfalls lauten könnte: *Ges. im klassischen u. im modernen Kunstwerk*. Aber dies wäre zu umständlich, Vortragstitel müssen möglichst kurz sein. Lassen Sie mich bitte wissen, bis zu welchem Termin Sie spätestens meinen definitiven Vorschlag haben müssen. – *Gundolfs* Adresse war bis vor einiger Zeit *Berlin* NW, In den Zelten 18 II; Heimadresse: *Darmstadt*, Grünerweg 37. Daß er grade für Ihr Gen. K. der geeignete Vortragende ist, möchte ich nicht behaupten, da er doch ganz auf George festgelegt ist. Ev. käme vielleicht Prof. *Max Herrmann* (*Berlin*) in Betracht.

Viele Grüße! Ihr

Simmel

Feldpostkarte vom 17. September 1917] Als Postkarte verwendete »Feldpostkarte / An«: den Gefreiten *Ed. v. Bendemann / Frankfurt Main / Brentanostr. 1*; mit Absenderstempel: Prof. Simmel / Strassburg (Els.); Poststempel: Straßburg (Els.) 1 17. 9. 17 1-2 N; Prüfstempel: Straßburg (Els.) Geprüft und zu befördern P. K.

Ihren Brief] Eduard von Bendemanns Brief ist verschollen; er bezog sich wohl auf die bereits in Simmels Schreiben vom 30. Aug. 1917 angesprochene Vortragsaufforderung.

Kurs für feldgraue Studenten] Siehe Simmel an Anna Jastrow vom 8. Nov. 1917.

Mein früherer Vortrag] Siehe Simmel an Eduard von Bendemann vom 30. Aug., 12. und 15. Okt. 1917.

***Gesetzmäßigkeit im Kunstwerk*]** Siehe den so betitelten Aufsatz Simmels in: Logos VII, 1917/18, Heft 3, S. 213-223 (GSG 13, S. 382-394).

***Gundolfs* Adresse ... *Berlin*]** Zu Friedrich Gundolfs militärdienstlicher Verpflichtung in Berlin siehe Simmel an Margarete von Bendemann vom 17. Febr. 1917.

Ihr Gen. K. der geeignete Vortragende] Eduard von Bendemann war beim General-Kommando in Frankfurt/M. eingesetzt (siehe Simmel an Margarete von Bendemann vom 25. Sept. 1915). Der angesprochene Vortragszusammenhang wurde nicht ermittelt.

George] Stefan George.

Prof. *Max Herrmann* (*Berlin*)] Max Herrmann (1865-1942), Literaturhistoriker, nach der Promotion 1889 und Habilitation 1891 in Berlin, dort seit 1908 Titular-Professor für Deutsche Literatur; Herrmann gilt als der Begründer der Theaterwissenschaften, deren Institutionalisierung er mit seinen Vorlesungen seit 1900 betrieben hatte (NDB, Minerva 1908/09).

Georg Simmel an Hugo Liepmann

Brief vom 19. September 1917
Hs.; I. Flatau, Saratoga Springs, US

Straßburg 19 IX 17

Lieber Freund,

ich danke Ihnen sehr für Ihre Bemühung in der psychiatrischen Angelegenheit; denn ich nehme an, daß mein Interesse für die Sache Sie mit bewogen hat, sich ihrer anzunehmen. Übrigens gilt dieses Interesse eigentlich nicht der Sache als solcher, sondern der Gerechtigkeit, die mir hier durch eine habsüchtige Machination bedroht scheint.

Ich glaube Ihnen mitteilen zu können, daß die »Guten u. Gerechten« in Heidelberg hoffen, Sie an die 2. Stelle der Vorschlagsliste zu bringen. Daß der an 1. Stelle zu Nennende ablehnt, ist nicht völlig auszuschließen. Bitte schreiben Sie mir möglichst umgehend, wie alt Sie sind u. aus welchen Motiven Sie eigentlich die Herzberger Stelle angenommen haben. Ich war neulich in der Lage, einige törichte Bedenken gegen Sie zu wiederlegen (die übrigens auch an sich sehr leicht wogen). *Quod Dii bene vortant!*

Die wenigen Stunden mit Ihrer Frau u. Ihrer Tochter waren für unsre Empfindung ganz besonders gelungen u. noch ein Faustpfand dafür, daß der Krieg noch nicht alles Schöne u. Wesentliche, das jenseits seiner liegt, zerstört hat.

Um Neujahr herum hoffe ich Sie in Berlin zu sehn.

Mit allen guten Grüßen allerseits! Ihr

Simmel

psychiatrischen Angelegenheit ... Machination bedroht] Es liegen keine Hinweise zum Sachverhalt vor.

»Guten u. Gerechten«] Vielleicht ist dies eine Anspielung auf die bei Nietzsche wiederholt auftretende Verflechtung jener, die sich gemäß der in der abendländischen Tradition verankerten sittlichen und sozialen Norm verhalten, etwa: »Den Vernichter der Moral heißen mich die Guten und Gerechten: meine Geschichte ist unmoralisch« (Also sprach Zarathustra. In: Werke in sechs Bänden. Herausgegeben von Karl Schlechta. Dritter Band. München/Wien: Hanser 1980, S. 330). Oder: »Aber verkleidet will ich *euch* sehn, ihr Nächsten und Mitmenschen, und gut geputzt, und eitel, und würdig, als die ›Guten und Gerechten‹« (ebd., S. 399). Oder: »*Zerbrecht, zerbrecht mir die Guten und Gerechten*« (ebd., S. 459).

Sie an die 2. Stelle der Vorschlagsliste] Angesprochen ist die Neubesetzung des Heidelberger Psychiatrielehrstuhls, nachdem Franz Alexander Nissl (1860-1919), der diesen sowie die Direktion der ›Universitäts-Irrenklinik‹ seit 1904 innehatte, nach München berufen worden war (Drüll).

Daß der an 1. Stelle zu Nennende ... auszuschließen] Dabei dürfte es sich um Karl Willmanns (1873-1945) gehandelt haben; er war von 1901 bis 1917 Assistent, bzw. Oberarzt an der Psychiatrischen Klinik in

Heidelberg und hatte zum 2. März 1917 die Stellung als Direktor der Heil- und Pflegeanstalt Konstanz übernommen (Drüll).

Herzberger Stelle] Liepmann hatte zum Okt. 1914 die Direktion der Städtischen Irrenanstalt Herzberge angenommen; zu den Motiven siehe Simmel an Hugo Liepmann vom 9. Sept. 1914.

neulich ... Bedenken gegen Sie zu wiederlegen] Simmel war etwa vom 10. bis 13. Sept. 1917 in Heidelberg, u.a., um Karl Jaspers zu sprechen (siehe Simmel an Jaspers vom 4. Sept. und an Eduard von Bendemann vom 14. Sept. 1917). Als Informant über die Lehrstuhlbesetzung (s.o.) kommt wohl weniger Karl Jaspers in Frage als vielmehr der Heidelberger Pharmakologe Rudolf Gottlieb, »der einzige« Simmel persönlich bekannte »Angehörige« der medizinischen Fakultät (Simmel an Hugo Liepmann vom 17. Nov. 1917). – Simmels Beziehung zu Rudolf Gottlieb (1864-1924, seit 1898 o. Prof. und Direktor des Pharmakologischen Instituts; Drüll) geht wohl auf Hans Simmels Volontariat in dessen Abteilung während des Frühjahrs 1914 zurück (siehe Simmel an Norbert von Hellingrath vom 31. Juli 1914); zudem war Gottliebs Sohn Kurt (geb. am 26. Nov. 1893) als »cand-med.«, bzw. »Arzt« (Meldekarte, AVCUS Strasbourg) im Febr. 1916 Hans Simmel im Festungslazarett zugewiesen worden: »Wir haben uns bald nahe miteinander befreundet«, schreibt Hans Simmel (S. 82) – so nahe, daß er während seiner Münchner Etappe auf der Reise zum Feldeinsatz 1916 auch Kurt Gottliebs Großeltern besuchte und nach dem Krieg die Beziehung aufrechterhielt (ebd., S. 85 und Notizen). Auf wechselseitige Privateinladungen weist zudem der Tagebucheintrag des Heidelberger Historikers Karl Ludwig Hampe vom 7. Mai 1916: Gottlieb sei Hörer von Simmels Vortrag über ›Goethes Liebe‹ (siehe Simmel an Anna Jastrow vom 1. Mai 1916) gewesen und habe sie beide am Abend des 6. Mai 1916 zu sich nach Hause eingeladen (Kriegstagebuch 1914-1919. Herausgegeben von Folker Reichert und Eike Wolgast. München: Oldenbourg 2004, S. 391 [= Deutsche Geschichtsquellen des 19. und 20. Jahrhunderts, Bd. 63]).

Quod Dii bene vortant!] Lat.: »Was die Götter zum Guten wenden mögen!«

Stunden mit Ihrer Frau u. Ihrer Tochter] Siehe die Verabredung mit Agathe und Käthe Liepmann in Simmersfeld in Simmels Brief vom 28. Aug. 1917.

Um Neujahr ... in Berlin] Zu den geplanten drei Vorträgen in Berlin siehe Simmel an Friedrich Gundolf vom 10. Jan. 1918.

Georg Simmel an Anna Jastrow
Brief vom 30. September 1917
Hs.; LBI New York, Simmel Collection

Str. 30 IX 17

Liebe Freundin,

sehr lange haben wir nichts von einander gehört – außer durch den Tagesbericht, der einem ja sagt, wie es jedem geht. Ganz persönlich wäre nur zu berichten, daß sowohl die Frau wie ich selbst im Sommer ziemlich zusammengeklappt sind. Nachdem die Frau schon durch 4 Wochen in *Hinterzarten* recht erholt, dann aber in Straßburg wieder, wohl durch eine akute Unerfreulichkeit, heruntergekommen war, entschloß ich mich zu einer längeren Ausspannung. Ich hatte 4 Jahre keine frische Luft geatmet, wovon drei nicht nur *diese* drei, sondern auch noch Straßburger waren, deren Luft niemand auf die Dauer ohne schwere Ermattung verträgt. Es war töricht von mir gewesen, diese Jahre ganz ohne physische Erholung, in ununterbrochner Angespanntheit zu verbringen. Im Juli zeigte sich dann auch eine gründliche Dekadenz an mir. Nun waren wir 6 Wochen in einem württembergischen Dörfchen, ganz jenseits von Eisenbahn u. sonstiger Kultur, wirklich nur »auf dem Lande«, zwischen Feldern, Wiesen u. Wäldern, in einem Bauernwirtshaus, bei guter Luft u. reichlicher Verpflegung. An jedem Tag verbrachte ich Stunden mit Heidelbeeren- u. Pilzsammeln – eine der wundervollsten Beschäftigungen, die mir ein ganz neues u. tiefes Verhältniß zum Waldboden, zur Natur überhaupt gegeben hat. Konnte ich auch nicht erwarten, die Versäumniß von 4 Jahren, u. solchen Jahren, in 6 Wochen gutzumachen, so bin ich doch entschieden erholt u. fühle mich den strengen Anforderungen des kommenden Winters gewachsen. Ich habe nicht nur sehr gehäufte Arbeiten u. allerhand Vorträge in Deutschland vor, sondern bin wieder zu Vorlesungen an einer fliegenden Universität vor feldgrauen Studenten eingeladen, diesmal in Belgien, im Dezember. Außerdem bin ich von oben her zu einer längeren Vortragsreise in einem neutralen, ziemlich entfernten Land aufgefordert worden, natürlich einer ganz unpolitischen, die nur durch die Qualität der Darbietung

Propaganda für Deutschland machen soll. Wenn daraus etwas wird, was noch von verschiedenen Konstellationen u. gewissen, von mir gestellten Bedingungen abhängt, so werde ich die schwierige Aufgabe mit großer Freude unternehmen. Man ist ja so glücklich, einmal unmittelbar für unsre Sache wirken zu können, obgleich ich es auch für eine »Mission« (wenigstens für die einzig mir mögliche) halten muß, durch unabgelenkte Arbeit u. Wirkung für das Zeitlose die Kontinuität des Geistes an meinem Teile aufrecht zu erhalten; sie ist schwer genug bedroht, u. wie lange es dauert, wenn sie erst einmal abgerissen ist, hat uns der dreißigjährige Krieg gelehrt. Unsereiner darf eigentlich nichts andres tun, von Morgen bis Abend, als an dem Faden zu spinnen, der den Geist in die Zukunft überleitet – auch der dünnste wird hier Dienste tun. –

Das Wenige, was von Hans zu berichten ist, hören Sie wohl durch die *Jacobse*. Er spricht es zwar nicht aus, aber ich glaube, daß sein tatenloser Zustand ihn wenig befriedigt. In 3-4 Wochen haben wir ihn hoffentlich auf Urlaub hier.

Nun noch eine praktische Angelegenheit zur »Forderung des Tages«. Ich habe am 5. Jan. einen Vortrag in Berlin zu halten, im *Zentralinstitut für Erziehung u. Unterricht*. Diese Anwesenheit möchte ich benutzen, um meinen Berliner Anhängern wieder etwas Geld für einen guten Zweck aus der Tasche zu ziehen, u. wäre bereit, dies zu Gunsten Ihrer charlottenburger *Vereinigung* zu tun – obgleich sie mein vorjähriges Anerbieten abgelehnt hat. Der Erfolg hat gezeigt, daß dies nicht grade weise war: mein damaliger Vortrag hat über 1400 M. Reinertrag gebracht. Nun wird zwar, den allgemeinen Verhältnissen entsprechend, das Resultat dieses Mal kein so großes sein, allein die Besorgniß der Herren, es könnte weniger als 0 sein, wird wohl nicht wieder auftreten. Ich würde also über den *Konflikt der modernen Kultur* reden, unter der Bedingung, daß der Vortrag am 3. od. 4. Jan. in der Universität stattfinden kann. Am 6. muß ich, aller Wahrscheinlichkeit nach, wieder abreisen. An Kosten würden dem Unternehmen von mir aus kaum 50 M. (wegen der erforderlichen Aufenthaltsverlängerung) entstehn. Ich wäre Ihnen dankbar, wenn Sie mich bald wissen ließen, wie Sie u. der Vorstand über diesen Vorschlag denken, da ich verneinendenfalls mit einer andern Wohltätigkeitsveranstaltung in Verbindung treten möchte.

Nun lassen Sie auch von sich u. Ihrem Haus hören, man muß doch von Zeit zu Zeit auch das Aktuelle von einander wissen. U. nehmen Sie alle von uns die herzlichsten Grüße.

Ihr

Simmel

sehr lange ... nichts von einander gehört] Die letzte überlieferte Postkarte Simmels an Jastrows trägt das Datum 12. Mai 1917.

Ganz persönlich wäre nur zu berichten ... entschieden erholt] Zu den angesprochenen Erholungsaufenthalten in Hinterzarten und in dem »württembergischen Dörfchen« Simmersfeld siehe Simmel an Franz Schultz, Dekan, vom 11. Juni 1917 und an Else Bodenheimer-Biram vom 10. Aug. 1917.

gehäufte Arbeiten] Neben Publikationsverpflichtungen ist hier vor allem an Simmels Vorhaben zu denken, seine lebenstheoretischen Überlegungen zu Papier zu bringen; vgl. Simmel an Eduard von Bendemann vom 30. Aug. 1917 und an Hugo Liepmann vom 19. Sept. 1917.

allerhand Vorträge in Deutschland] Bekannt sind die in Simmels Schreiben an Eduard von Bendemann vom 30. Aug. und 17. Sept. 1917 erwähnten Aufforderungen zu Vorträgen in Frankfurt/M.

wieder zu Vorlesungen an einer fliegenden Universität] Simmel hatte bereits im Nov. 1916 an den Hochschulkursen der Armeeabteilung ›von Strantz‹ in Conflans, Jarny und Labry (Lothringen) teilgenommen (siehe Simmel an Otto Plasberg, Dekan, vom 9. Nov. 1916). – Zu den aktuellen Kursen siehe Simmel an Anna Jastrow vom 8. Nov. 1917.

Vortragsreise in einem neutralen, ziemlich entfernten Land aufgefordert] Das Aufforderungsschreiben ist verschollen. Diesbezüglich überliefert ist der Vorschlag, für »Vorträge in Skandinavien [...] Simmel, Strassburg, Franz Oppenheimer, Berlin, Thomas Mann, München und F. H. Ehmcke, München in Betracht« zu ziehen, den Heinrich von Gleichen-Rußwurm (1882-1959), seit 1916 Geschäftsführer des ›Bundes Deutscher Gelehrter und Künstler‹ (NDB), in dessen Namen mit Schreiben vom 27. Aug. 1917 der Zentralstelle für Auslandsdienst beim Auswärtigen Amt unterbreitet hatte (BA Potsdam: 09.01. 874, ›Zentralstelle für *Auslandsdienst*: Vortragspropaganda innerhalb Skandinavien‹). Dem ›Kulturbund‹ lag bereits Simmels Angebot vor, sich an dessen reichsweitem Vortragsprogramm zu beteiligen, und zwar mit den Themen ›Einheit und Zwiespalt in Goethes Weltbild‹,

›Die europäische Idee‹ und ›Das Geld und die moderne Kultur‹ sowie mit der Maßgabe, ihn für »grosse Städte, Universitätsstädte« vorzusehen (Bund Deutscher Gelehrter und Künstler [Kulturbund]: Vortragsverzeichnis Herbst 1916 – Frühjahr 1917 nebst Nachtrag, S. 54f. [Eingangsstempel: 11. Dez. 1916], BA Potsdam: 15.01/14432, ›Reichsamt des Innern: Akten über Kriegspresseamt‹). – Fritz Helmuth Ehmcke (1878-1965), Graphiker, Kunstgewerbler, seit 1913 Lehrer für Buchgewerbe und Schrift an der Königlichen Kunstgewerbeschule in München; DBE.

verschiedenen Konstellationen u. ... von mir gestellten Bedingungen] Über diese und den für Simmel entworfenen »Reiseplan« unterrichtet vage das Schreiben von Gleichen-Rußwurms an den Presseattaché der Kaiserlichen Deutschen Gesandtschaft, Stockholm, Friedrich Stieve (1884-ca. 1945; DBE), vom 23. Sept. 1917 (BA Potsdam: 09.01.874, a.a.O.): »Herr Albrecht teilt mir mit, dass Sie Bedenken wegen der Vortragsreise von Professor Simmel haben, da seine Bedingungen zu anspruchsvoll seien. Bei weiterer Rücksprache mit Herrn Albrecht scheinen mir die Schwierigkeiten, die er mir angibt, nicht unüberwindlich. Jedenfalls dürfte doch wohl eine lokale Vorbereitung in Schweden zu machen sein mit entsprechender Erkundung der Stimmung und Pressevorbereitung, und ein den schwedischen Verhältnissen angepasster guter Besuch wäre nach Herrn Albrechts Schätzung ebenfalls zu garantieren, wenn nicht etwa unvorhergesehene politische Ereignisse eintreten. Herr Albrecht möchte aber genaue Feststellungen noch an Ort und Stelle vornehmen, um dann mit Ihnen persönlich das Weitere zu besprechen. / Als Städte kommen mutmasslich nur: Lund, Stockholm und Uppsala in Frage, zu denen wir auch Kopenhagen hinzunehmen würden, was ursprünglich nicht vorgesehen war. Hat doch Professor Simmel beste Beziehungen zu Dänemark und spricht dänisch. Wir werden ihn noch besonders fragen, ob er zu einem Vortrag in dänischer Sprache bereit ist. Was den von Professor Simmel vorgeschlagenen Vortrags-*Cyklus* [sic!] betrifft, so kommen dafür voraussichtlich wohl nur Lund und Uppsala in Frage. In Stockholm und Kopenhagen hält Herr Albrecht nur *einen* Vortrag für angebracht.« Der »vorbehaltlich aller weiteren Entscheidung« entwickelte ›Reiseplan‹ umfaßt den Zeitraum vom 3. bis 20. Febr. 1918 und sieht drei Vorträge in Lund, zwei in Uppsala und je einen in Kopenhagen und Stockholm vor. Die Themata sind nicht benannt. – Auf Simmels Dänisch-Kenntnisse weist auch die redaktionelle Anmerkung zu Simmels Beitrag ›Individualismens Former‹: »Von dem hochangesehenen Forscher Prof. Dr. *Simmel* in Strassburg haben wir folgenden, auf Dänisch geschriebenen, Artikel bekommen, den unsere Leser sicher sehr interessant finden werden« (übersetztes Zitat aus: Spectator. Ugeskrift for Politik og Kultur 2, 1917, Nr. 14-15 [= Heft vom 28. Jan.], S. 285-296, hier: 285). Die seit Nov. 1915 bestehende Wochenschrift hatte im Vorjahr Beiträge über ›Die Philosophie Henri Bergsons‹ und ›Paul Natorp als Vertreter des Neu-Kantianismus‹ gebracht und stellte mit Beginn des nachfolgenden Heftes ›Vaihingers Philosophie des Als-ob‹ vor, jeweils aus der Feder von Jørg Fr. Jørgensen. – Die Reise kam nicht zustande; siehe Simmel an Anna Jastrow vom 8. Nov. 1917.

von Hans ... hören Sie wohl durch die *Jacobse*] Gemeint sind die Nachrichten über Hans Simmels Feldeinsatz in der Gegend um Pinsk (siehe Simmel an Eduard von Bendemann vom 12. Juli 1917), die wohl Gertrud Simmel der Familie ihrer Schwester, Helene Jacobs, regelmäßig übermittelt hat.

»Forderung des Tages«] Das Goethe-Zitat (WA I/42, S. 167; siehe schon Simmel an Marianne Weber vom 16. Okt. 1914) steht für die Pflicht des einzelnen, sich für die Gesamtheit einzusetzen.

am 5. Jan. einen Vortrag ... im *Zentralinstitut für Erziehung u. Unterricht*] Siehe Simmel an Friedrich Gundolf vom 10. Jan. 1918.

Ihrer charlottenburger *Vereinigung*] Gemeint ist vermutlich der Ortsausschuß jener Vereinigung zugunsten der Gefangenen in Sibirien, in deren Interesse Simmel am 13. März 1916 über ›Goethes Liebe‹ gesprochen hatte (siehe Simmel an Elsa Bruckmann vom 24. März 1916).

vorjähriges Anerbieten ... damaliger Vortrag] Zum »Anerbieten« und Vortrag zugunsten des ›Akademischen Hilfsbundes für kriegsgeschädigte Akademiker in Berlin‹ siehe Simmel an Anna Jastrow vom 8. Dez. 1916.

über den *Konflikt der modernen Kultur* reden] Siehe Simmel an Friedrich Gundolf vom 10. Jan. 1918.

Am 6. ... abreisen] Lt. Simmel: »der Kollegien wegen« (Brief an Friedrich Gundolf vom 10. Jan. 1918). Der 6. Jan. 1918 fiel auf einen Sonntag, und Simmel hatte für das WS 1917/18 (15. Okt. 1917 bis 23. März 1918) angekündigt: »*Einleitung in die Philosophie* [...] Montag und Dienstag von 3-4 Uhr. [...] *Pädagogik für die Schule* [...] Montag und Dienstag von 4-5 Uhr. [...] *Soziologie* [...] Mittwoch von 5-6 Uhr. Publice« (Vorlesungsverz. Straßburg WS 1917/18, S. 19).

Georg Simmel an Hugo Liepmann

Brief vom 6. Oktober 1917
Hs.; I. Flatau, Saratoga Springs N.Y., USA

Str. 6 x 17

Lieber Freund,

ich will Ihnen doch berichten, daß mich neulich ein Mitglied der betr. medizinischen Fakultät besuchte u. daß sich folgendes herausstellte. Es ist nicht grade wahrscheinlich, daß Sie an erster Stelle vorgeschlagen werden. Indeß ist es die Meinung sowohl der dortigen Fachleiter wie der auswärtigen, um Rat gefragten Autoritäten, daß Sie in wissenschaftlicher Hinsicht zweifellos den ersten Platz verdienen. Die Übereinstimmung darüber, die »hohen Töne«, in denen man allgemein von Ihnen spricht, beweisen, daß von einer Verkennung Ihrer Verdienste keine Rede sein kann u. daß Ihnen in der wissenschaftlichen Rangordnung der gebührende Platz *nicht* vorenthalten ist. Wenn nun dennoch der andre Kandidat an die erste Stelle kommt, so sind dafür Gründe lokaler Art entscheidend, die freilich für mich, wenn ich Mitglied dieser Fakultät wäre, nichts Bestimmendes hätten, die ich aber nur als untergeordnet, nicht als verwerflich begreifen kann, wie antisemitische es wären. Von dem Mitwirken dieser hat sich kein Symptom gezeigt. Immerhin haben Sie dort Freunde – auch solche, die Ihnen persönlich unbekannt sind – die alles tun, was dem erwünschten Erfolge dienen kann. Einige Mißdeutungen, die sich betreffs Ihrer geregt hatten, war ich in der Lage aufzuklären.

Ich freue mich sehr, daß bei dieser Gelegenheit doch offenbar geworden ist, wieviel Anerkennung Sie genießen u. daß das Ihnen mit Unrecht Vorenthaltene sich wirklich nur auf eine Äußerlichkeit beschränkt.

Mit herzlichen Grüßen von Haus zu Haus Ihr

Simmel

Mitglied der betr. medizinischen Fakultät] Höchstwahrscheinlich spricht Simmel hier einen Besuch des Heidelberger Pharmakologen Rudolf Gottlieb an; siehe Simmel an Hugo Liepmann vom 19. Sept. 1917.

an erster Stelle vorgeschlagen werden] Es geht um die Wiederbesetzung des Heidelberger Psychiatrielehrstuhls; siehe ebd.

andre Kandidat ... Gründe lokaler Art] Zu Karl Willmanns Bindung an Heidelberg siehe ebd.

Ihnen mit Unrecht Vorenthaltene] Wie sehr das ›Fehlen des Talars‹ zu Hugo Liepmanns Lebensenttäuschung wurde, findet sich in der Familienüberlieferung häufig angesprochen (Hamburger-Liepmann, S. 144). Liepmann erfuhr zwar aufgrund seiner wegweisenden Forschungen zu Aphasie und Apraxie hohe fachwissenschaftliche Anerkennung, doch scheiterten aus seiner Sicht alle Berufungen, wie er in einem Brief vom 8. Aug. 1914 an seine Frau schreibt, an der Besetzung durch »die antisemitischen Stände« innerhalb der Universitäten (ebd., S. 157). Genannt sind die teilweise bereits durch die ministerielle Zustimmung genährten und doch enttäuschten Hoffnungen auf ein Ordinariat bei den Lehrstuhlbesetzungen 1904/1905 in Breslau und Graz, 1912/1913 in Breslau und Greifswald und 1914 in Marburg (ebd., S. 123, 152ff., 157). Simmel dürfte spätestens, als ihn Agathe Liepmann in Simmersfeld besuchte (siehe Simmels Schreiben an diese vom 28. Aug. 1917), erfahren haben, daß nach deren Einschätzung Hugo Liepmanns Depression im Spätsommer 1916 auf »das Bewusstsein, nicht zur Entfaltung seiner Kräfte gelangt zu sein und nicht mehr gelangen zu können«, zurückzuführen sei (Zitat aus einem Brief Agathe Liepmanns vom 15. Aug. 1916, ebd., S. 165).

Georg Simmel an Eduard von Bendemann

Feldpostkarte vom 12. Oktober 1917
Hs.; LBI New York, Susman Collection

12 X 17

Lieber Herr Doktor,

die schöne Aussicht, Ende des Monats nach Frankf. zu kommen, wird sich nicht verwirklichen. Der betr. Vortrag ist – übrigens in ziemlich unverantwortlicher Weise – abgesagt worden. Es wäre also freilich kein Hinderniß mehr, für meinen Vortrag in Ihrem Verein das ursprünglich von Ihnen gewünschte Thema zu wählen. Ich bitte Sie indeß doch davon abzusehn, da ich Ihnen mit dem anderen: *Gesetzmäßigkeit in der Kunst*, etwas Besseres bieten zu können glaube u. es auch schon für diesen Zweck ausgearbeitet habe. –

Ist denn Susa in Frankfurt? Ich habe endlos lange nichts von ihr gehört. Im Dezember werde ich sie wohl keinesfalls sehn? Vielleicht aber läßt sich bei ihrer Rückreise wieder ein Zusammentreffen in Offenburg ermöglichen. Hans ist augenblicklich in Berlin zu einem Gaskurs. Er kommt dann in einigen Tagen hierher u. würde vielleicht, wenn er Sie u. Susa begrüßen könnte, ein paar Stunden in Frankfurt Station machen. Bitte schreiben Sie ihm doch, falls Sie nichts dawider haben, eine Zeile nach *Berlin*: *Batls. Arzt Dr. S, NW, Dorotheenstr. Hotel Janson*.

Herzliches an Sie alle von Ihrem

Simmel

Feldpostkarte vom 12. Oktober 1917] Als Postkarte verwendete »Feldpostkarte / An« / den Gefreiten / *Ed. v. Bendemann / Frankfurt Main / Brentanostr. 1*; mit Absenderstempel: Prof. Simmel / Strassburg (Els.); Poststempel: Straßburg (Els.) 1 12. 10. 17 6-7 N; Prüfstempel: Pr.

Der betr. Vortrag ist ... abgesagt] Das Absageschreiben der ›*Baer*schen Firma‹ (Simmel an Eduard von Bendemann vom 15. Okt. 1917) ist verschollen. Zum Vortrag siehe Simmel an Eduard von Bendemann vom 30. Aug. 1917.

Vortrag in Ihrem Verein ... gewünschte Thema] Siehe ebd.

***Gesetzmäßigkeit in der Kunst*]** Simmel hatte zunächst »Gesetzmäßigkeit im Kunstwerk« angegeben (Simmel an Eduard von Bendemann vom 17. Sept. 1917) und sollte diesen Titel beibehalten für: Simmel: Gesetzmäßigkeit im Kunstwerk. Logos VII, 1917/18, Heft 3, S. 213-223 (GSG 13, S. 382-394).

Susa in Frankfurt] Offensichtlich wußte Simmel um Margarete von Bendemanns Absicht, im Okt. 1917 vorübergehend aus der Schweiz nach Frankfurt/M. zurückzukehren (siehe Simmel an Eduard von Bendemann vom 14. Sept. 1917 und an Margarete von Bendemann vom 23. Okt. 1917).

Im Dezember ... keinesfalls sehn?] Anläßlich des Eduard von Bendemann mit Schreiben vom 17. Sept. 1917 für ›Mitte Dezember‹ zugesagten Vortrages.

wieder ein Zusammentreffen in Offenburg] Zum vorhergehenden Zusammentreffen Simmels mit Margarete von Bendemann an den Schnittpunkten der von Straßburg ausgehenden Züge mit der Bahnlinie Frankfurt–Basel siehe Simmel an diese vom 30. März 1917.

Hans ist augenblicklich in Berlin zu einem Gaskurs] In Hans Simmels ›Notizen‹ heißt es dazu: »Spätherbst: Gaskurs in Berlin. Urlaub.« Hans Simmel, o.S.

Georg Simmel an Eduard von Bendemann
Feldpostkarte vom 15. Oktober 1917
Hs.; LBI New York, Susman Collection

Straßburg 15 x 17

Lieber Herr Doktor,

Ich bin ebenso trostlos wie Susa, daß ersichtlich keine Begegnung mit ihr durchzusetzen ist. Das sind so die Ausstrahlungen – Ausdunkelungen – des Weltschicksals.

Für meinen Vortrag würde mir der 14. Dez. besser passen als der 13. Im Nov. ließe es sich wahrscheinlich an jedem Freitag einrichten. Sehr lieb wäre es mir, wenn wir bald zu einem Definitivum kämen, da noch andre Pläne in Frage stehn. Der gescheiterte Vortrag war von der *Baer*schen Firma unternommen worden.

Für heute nur noch unsre herzlichsten Grüße Ihnen beiden!

Immer Ihr

Simmel.

Feldpostkarte vom 15. Oktober 1917] Als Postkarte verwendete »Feldpostkarte / An«: den Gefreiten *Dr. E. v. Bendemann / Frankfurt Main / Brentanostr. 1*; mit Poststempel: Straßburg (Els.) 16. 10. 17 12-1 N; Prüfstempel: [unles.].

bin ebenso trostlos wie Susa ... keine Begegnung] Margarete von Bendemann, jetzt kurzfristig in Frankfurt/M., sah offensichtlich keine Begegnungsmöglichkeit (siehe vorstehendes Schreiben); sie plante nur bis zum 29. Okt. 1917 in Frankfurt/M. zu sein (siehe ihre Mitteilung an Martin Buber vom 20. Okt. 1917, JNUL Jerusalem, Buber Archive).

meinen Vortrag ... Definitivum] Siehe vorstehende Karte.

andre Pläne] Dazu gehörte im Dez. 1917 die Mitwirkung an den Hochschulkursen in Tournai und Straßburg (siehe Simmel an Anna Jastrow vom 8. Nov. 1917 und an Franz Schultz, Dekan, von Anfang Nov. 1917).

gescheiterte Vortrag] Der für ›Oktober‹ angekündigte und lt. vorstehendem Schreiben »abgesagt[e]« Vortrag in Frankfurt/M.; siehe Simmel an Eduard von Bendemann vom 30. Aug. 1917.

***Baer*schen Firma]** Das von Joseph Abraham Baer (1767-1841) 1785 gegründete und nach dessen Erwerb der Bürgerrechte 1834 eingetragene Antiquariat ›Joseph Baer‹ – ab 1872 ›Joseph Baer & Co.‹ – hatte sich zu einem ›Treffpunkt des geistigen Frankfurt, vor allem dem des

Vormärz‹ entwickelt (LGB, Bd. 1, S. 218 f.); es war mit seinen Zweigstellen in Paris und London zu einem Familienunternehmen von internationaler Bedeutung geworden. Inhaber waren zuletzt Simon Leopold Baer (1845-1919), seit 1901 gemeinsam mit Moriz Sondheim (1860-1944) und – seit 1911 – den Söhnen Leopold Alfred (1880-1949) und Edwin Markus Baer (1881-?). Das Frankfurter Geschäft mußte 1934 aufgelöst werden. Vgl. auch: Frankfurter Biographie Bd. 1, S. 35; Friedrich Hermann Schwarz: Zur Geschichte der Firma Joseph Baer & Co. (1785-1944). In: Aus dem Antiquariat. Beilage zum Börsenblatt für den Deutschen Buchhandel 29, 1973, Nr. 9, S. A 415-418.

Georg Simmel an Georg Kerschensteiner

Brief vom 15. Oktober 1917
Hs.; Münchner Stadtbibliothek, Monacensia

Straßburg Els. 15 x 17
Sternwartstr. 17

Sehr verehrter Herr Doktor!

Ich hege seit Jahren den stillen Wunsch einer persönlichen Beziehung zu Ihnen u. bin hocherfreut, daß er mir durch Ihre liebenswürdige Sendung u. Zuschrift erfüllt wird. Grade in der letzten Zeit habe ich mich mit mehreren Ihrer Schriften beschäftigt – ich halte seit dem Kriege Vorlesungen über Schulpädagogik. Bis dahin hatten freilich andre Probleme meine Zeit u. Kraft ganz beansprucht. Allein die jetzige deutsche Not scheint mir die Jugendbildung zu einem womöglich noch dringenderen Problem zu machen, als sie es schon immer war, u. so halte ich es für meine Pflicht, meine geringen Kräfte für die Bildung der Lehrer nach derjenigen Richtung hin einzusetzen, die die Zukunft Deutschlands meinem Ermessen nach fordert. Ich habe mancherlei Nachdenkliches u. Weiterführendes auch aus Ihrer neuesten Schrift entnommen, obgleich sie als ganze in einer anderen Ebene liegt, als meine Vorlesungen. Denn diese halten sich von jedem Wort *de lege ferenda* prinzipiell fern, sie wollen dem künftigen Lehrer nur die *pädagogische Einstellung* für seine Praxis geben, in der er Schulorganisation u. Lehrstoff als ein gegebnes Fatum, innerhalb dieser Praxis nicht abzuändernd, hinnehmen muß; es handelt sich für mich um diejenigen pädagogischen Werte, deren Verwirklichung innerhalb *jeglicher* Schulverfassung notwendig u. möglich ist. Mein Hauptproblem ist der durchgehende Dualismus der Schule: ein bestimmtes Wissen u. Können soll überliefert werden, der Schüler muß es, als ein objektives, sich aneignen, um überhaupt auf das Bildungsniveau seines Standes zu gelangen – eine gegen seine Individualität u. seinen Persönlichkeitswert ganz gleichgültige Forderung. Außerdem aber soll er doch erzogen werden, d. h. es sollen alle potentiellen Werte seiner Persönlichkeit zu einem Maximum entwickelt werden. Wie sind diese beiden Forderungen zu vereinigen? Wie muß der *Unterricht* behandelt werden, damit er *Erziehung* sei? Auf die Lösung dieser Aufgabe will ich den Lehrer vorbereiten, unter Berücksichtigung davon, daß er sich die Unterrichts*gegenstände* nicht so wählen kann, wie er sie für den Erziehungszweck vielleicht für die geeignetsten hält, sondern die Aufgabe mit einem ihm gelieferten, spröden, eventuell ungeeigneten Werkzeug lösen muß!

In Bezug auf die Grundwertung der Individualität sind wir einverstanden. Doch könnte es sein, daß wir über zwei Fragen ihrer Durchführung differirten. Zunächst: Sie suchen die Individualisirung durch Differenzirung des Lehrstoffes zu erreichen. Für meine Auffassung liegt die erreichbare Grenze des letzteren ein ganzes Teil höher als für Sie; die Gründe würden hier zu weit führen. Darum scheint mir die Individualisirung mehr in der Behandlung des einzelnen Schülers liegen zu sollen. Die *Materie* des Unterrichts können wir seiner Persönlichkeit doch nicht genau anpassen; eine *viel* individuellere *Wirkung* können wir m. E. durch die differentielle Art erreichen, in der der Lehrer sich mit dem einzelnen Schüler abgiebt, wie er auf seine seelischen Funktionen, als Wesensformen betrachtet, eingeht u. einwirkt u.s.w. Kurz, ich sähe die Mittel der Individualisirung mehr auf der Seite des Subjekts u. der Funktion, als auf der des objektiven Lehrinhaltes. U. obgleich ich auch die letztern natürlich mit Ihnen als ein unentbehrliches Mittel anerkenne, so würde ich nun, zweitens, selbst wenn sie absolut durchführbar wäre, sie doch nicht absolut durchführen wollen. Denn ich halte es allerdings für ein unentbehrliches Mittel der

Erziehung, daß dem Zögling auch diese u. jene Aufgabe gestellt werde, die gegen seine Individualität gleichgültig ist, mit der er sich abzufinden hat, als mit einer objektiven Forderung der Welt, in deren Verwebungen er steht. Sehe man selbst in der Individualität das letzte τέλος: *auch das Überindividuelle, ja Gegenindividuelle ist eines der Elemente, an denen die Individualität sich entwickelt* – durch Respekt wie durch Opposition, durch Selbsterhaltung dagegen wie durch einfach tatsächliche Anerkennung, durch Feststellung der eignen Wesensgrenze wie durch den Gewinn der Kraft, auch das Unverdauliche zu verdauen. Als Askese oder Anti-Individualismus werden Sie das nicht mißverstehen, ich meine damit grade nur eine Erweiterung der Mittel, das ganz Spezifische der Individualität zu erziehen.

Ich darf Sie nicht länger mit diesen Darlegungen aufhalten, die, selbst wenn sie ein gutes Teil ausführlicher wären, noch immer fragmentarisch genug blieben. Vielleicht darf ich mir erlauben, gelegentlich bei Ihnen in München oder in Berlin vorzusprechen; ich würde mir von einer Unterhaltung mit Ihnen über diese u. verwandte Probleme erhebliche Förderung erhoffen.

Mit verehrungsvoller Begrüßung bleibe ich Ihr ergebener

Simmel

Brief vom 15. Oktober 1917] Mit Unterstreichungen und hs. sowie überwiegend stenographischen Annotationen von Georg Kerschensteiner. Die Wiedergabe letzterer verdankt sich der Transkription von Klaus Rodax: Einleitung des Herausgebers. In: Georg Simmel: Schulpädagogik. Vorlesungen, gehalten im Wintersemester 1915/16 an der Universität Straßburg. Neu herausgegeben, eingeleitet und mit Anmerkungen versehen von Klaus Rodax. Konstanz: Universitätsverlag 1999, S. 38-40.

Sendung u. Zuschrift] Die Sendung enthielt: Das Grundaxiom des Bildungsprozesses und seine Folgerungen für die Schulorganisation. Von Oberstudienrat Dr. Georg Kerschensteiner. Berlin: Union Deutsche Verlagsanstalt 1917, 68 S. [= Deutsche Erziehung. Schriften zur Förderung des Bildungswesens im neuen Deutschland. Herausgegeben von Karl Muthesius, Heft 8]. Die »Zuschrift« ist verschollen. – War Kerschensteiners bildungspolitisches Engagement bisher der Praxis verpflichtet, so zielte die jetzt vorgelegte theoretische Schrift auf

»eine *wissenschaftliche* Grundlegung der Bildungsorganisation überhaupt« (ebd., S. 5) und war durch Simmel-Lektüre angeregt; dies ist weniger der expliziten Bezugnahme (ebd., S. 29 und 33) zu entnehmen als vielmehr Kerschensteiners Rückblick auf die Entstehungsphase der Schrift in einem Brief an den Philosophen Eduard Spranger (1882-1963; DBA), mit dem er seit etwa 1915 befreundet war: Es waren, so schreibt er am 1. Febr. 1931, Sprangers Beitrag über ›Lebensformen‹ (in: Festschrift für Aloys Riehl. Von Freunden und Schülern dargebracht. Halle/S: Niemeyer 1914, S. 413-522) »und Georg Simmels Begriff und Tragödie der Kultur [...], die mir meine eigenen Gedankengänge über Bildung grundlegend ausbauen halfen« (Georg Kerschensteiner – Eduard Spranger. Briefwechsel 1912-1931. Herausgegeben und eingeleitet von Ludwig Englert. München: R. Oldenbourg 1966, S. 307).

mit mehreren Ihrer Schriften beschäftigt] Durch Zitat in der postum veröffentlichten Simmelschen ›Schulpädagogik‹ (s. u.) nachgewiesen ist die Lektüre von Georg Kerschensteiner: Grundfragen der Schulorganisation. Eine Sammlung von Reden, Aufsätzen und Organisationsbeispielen. Leipzig: B. G. Teubner 1907 (zweite, verbesserte und vermehrte Auflage 1910; dritte, verbesserte Auflage 1912). Vermutlich war Simmel auch die im Vorjahr erschienene Sammlung von Vorträgen und Abhandlungen bekannt: Deutsche Schulerziehung in Krieg und Frieden. Von Georg Kerschensteiner. Mit einer schematischen Darstellung. Leipzig/Berlin: B. G. Teubner 1916.

seit dem Kriege Vorlesungen über Schulpädagogik] Bekannt ist die im WS 1915/16 mittwochs und donnerstags abgehaltene Vorlesung »Grundzüge der Pädagogik« (Vorlesungsverz. Straßburg WS 1915/16, S. 20). Zu deren Inhalt siehe: Simmel: Schulpädagogik. Vorlesungen, gehalten an der Universität Strassburg [Herausgegeben von Karl Hauter]. Osterwieck/Harz: A. W. Zickfeldt 1922 (GSG 20, S. 311-472). Sodann meinte Simmel auch die für das gerade beginnende WS 1917/18 angekündigte Vorlesung über »*Pädagogik in der Schule*« (siehe Simmel an Anna Jastrow vom 30. Sept. 1917; siehe auch Editorischer Bericht, GSG 20, S. 481-553, hier: 551-553).

***de lege ferenda*]** Lat., meint: vom Standpunkt des künftigen Rechts aus.

dem künftigen Lehrer nur die *pädagogische Einstellung* für seine Praxis geben] Siehe Simmels Einleitung in seine ›Schulpädagogik‹-Vorlesung: »Aber die entscheidende Absicht ist, daß durch ihre [d.i. die praktischen Probleme von Erziehung und Unterricht] Behandlung die *pädagogische Einstellung des Geistes überhaupt* erreicht werde, die den Einzelnen befähigt, nun von sich aus die Probleme seiner täglichen Arbeit zu entscheiden« (a. a. O., S. 3; bzw. GSG 20, S. 320).

bestimmtes Wissen u. Können] Von Kerschensteiner unterstrichen.

überhaupt auf das Bildungsniveau seines Standes zu gelangen] Von Kerschensteiner unterstrichen und am Seitenende mit der stenographischen Bemerkung versehen: Was ist Bildungsniveau seines Standes? Ein Wissen, eine Summe von Standesanschauungen, eine Summe von äußeren Formen?

Außerdem ... erzogen ... alle potentiellen Werte seiner Persönlichkeit] Von Kerschensteiner unterstrichen.

die Aufgabe mit einem ... ungeeigneten Werkzeug lösen muß] Von Kerschensteiner unterstrichen und am Zeilenende mit der folgenden stenographischen Anmerkung versehen: Aber diese Lösung wird eben dann danach!

In Bezug auf ... differirten. Zunächst: Sie] Von Kerschensteiner unterstrichen und am Seitenrand markiert.

Differenzirung des Lehrstoffes] Kerschensteiners schulpolitisches Engagement hatte der Differenzierung des Schulwesens, insbesondere der Einrichtung von Berufs- und Fortbildungsschulen, gegolten; er hatte dies zuletzt in seiner Abhandlung über die ›Probleme der nationalen Einheitsschule‹ an der »Schematischen Darstellung einer sukzessiven Differenzierung« illustriert (In: Deutsche Schulerziehung in Krieg und Frieden, a.a.O., S. 209). In ›Das Grundaxiom des Bildungsprozesses und seine Folgerungen für die Schulorganisation‹ (s.o.) faßt er entsprechend zusammen: »Die Bildung des Individuums ist nur durch jene Kulturgüter möglich, deren Struktur ganz oder teilweise der individuellen Seelenstruktur adäquat ist (Axiom der Kongruenz). In der Struktur der Kulturgüter liegen die immanenten Bildungswerte. In dem Erarbeiten und Erleben dieser Struktur entwickeln sich die Funktionen des psychischen Verhaltens, aus dem seinerzeit die Kulturgüter erwachsen waren, zu immer größerer Leistungsfähigkeit bis zu der durch die individuelle Anlage gesteckten Grenze. Den Kulturgüterreihen der verschiedenen Kultursysteme entsprechen allgemeine Typen der Seelenverfassung. Die Organisation jeder öffentlichen Schule hat in der Auswahl und Anordnung der Bildungsgüter dem besonderen Typus von Individualitäten, für deren Bildung sie besteht, soweit als möglich gerecht zu werden (Fundamentalsatz der Schulorganisation)« (a.a.O., S. 64).

Grenze der letzteren] Anmerkung von Kerschensteiner: (Differenz.)

differentielle Art ... Schüler abgiebt] Nahezu vollständig von Kerschensteiner unterstrichen und am re. Seitenrand mit der stenographischen Anmerkung versehen: Das nützt nichts, wenn der Schüler in keiner Weise reagiert.

Kurz, ... doch nicht absolut durchführen wollen] Nahezu vollständig von Kerschensteiner unterstrichen.

jene Aufgabe ... in deren Verwebungen er steht] Nahezu vollständig von Kerschensteiner unterstrichen.

τέλος] Griech.: Ziel.

Unverdauliche zu verdauen] Von Kerschensteiner unterstrichen.

bei Ihnen in München oder in Berlin vorzusprechen] Angesprochen sind Kerschensteiners Wirkungsbereiche: die »Amtstätigkeit als Leiter des städtischen Schulwesens« in München und die 1911 übernommene Funktion als Reichtagsabgeordneter der Freisinnigen Volkspartei (Georg Kerschensteiner. In: Die Pädagogik der Gegenwart in Selbstdarstellungen. Herausgegeben von Erich Hahn. Leipzig: Felix Meiner 1926, S. 32 u. 34).

Unterhaltung mit Ihnen] Dazu sollte es wohl nicht mehr kommen: Während Simmels kurzem Aufenthalt in Berlin im Jan. 1918 (siehe Simmel an Gundolf vom 10. Jan. 1918) war Kerschensteiner dort wegen einer »10tägige[n] Pause« des Reichstags nicht anwesend (Kerschensteiner an Spranger vom 1. März 1918, Briefwechsel, a.a.O., S. 121). Auch fehlen Hinweise auf eine Antwort Kerschensteiners auf Simmels Schreiben, das er gegenüber Spranger am 13. Dez. 1917 anspricht: »Recht interessant wird es mir sein, mit Ihnen über Simmels [...] brieflich ausgesprochene Meinungen und Anschauungen zu meinem Axiom zu reden« (ebd., S. 112). Indes sollte Kerschensteiner im ›Vorwort‹ zur zweiten, erweiterten und verbesserten Auflage seines »Grundaxiom des Bildungsprozesses«, 1924, seinen Kritikern danken und im Textteil deren »*Einwände gegen das Axiom*« aufgreifen (S. 50); zu diesem Zweck druckte er aus dieser »Kritik *Georg Simmels* in einem längeren Brief an mich« die Passage »In Bezug auf die Grundwertung der Individualität [...] zu erziehen« ab (ebd.) und meinte mit seinen sich daran anschließenden »Erörterungen [...] auf den Einwand Georg Simmels geantwortet« zu haben, und zwar in Form einer Bestätigung, »ohne, wie wir glauben, in Widerspruch zu unserem Satze geraten zu sein« (ebd., S. 59 f.).

Georg Simmel an Anna Jastrow
Postkarte vom 18. Oktober 1917
Hs.; LBI New York, Simmel Collection

Straßburg 18 x 17

Liebe Freundin,

ich möchte Sie bitten, mir möglichst bald endgültigen Bescheid über meinen Vortrag zu geben. Sollten sich neuerlich Hindernisse herausstellen, so will ich versuchen, ihn bei irgend einer andern Kriegswohltätigkeit unterzubringen, u. die nötigen Schritte dazu müßten jetzt getan werden. Außer dem »Ob überhaupt« aber ist noch die genaue Festsetzung des Tages erforderlich. Am 5. Jan. spreche ich in dem *Zentralinstitut*; um einen Vortrag am 3. oder 4. hat die *Kantgesellschaft* gebeten, was mir durchaus erwünscht ist. Ich bitte Sie also, zwischen diesen beiden Tagen zu wählen, damit ich für den der *Kantges.* zusagen kann. Ich freue mich sehr, durch diese drei Vorträge meine Beziehungen zu dem geistigen Berlin – deren Aufrechterhaltung eine meiner entschiedensten Tendenzen ist – wieder zu verstärken.

Morgen Abend erwarten wir Hans. Außerordentlich haben wir uns über die Karte Ihres Mannes gefreut, die uns von Ihrer liebenden Gesinnung für ihn erneute Kunde gab.

Herzlichst Ihr

Simmel

Übrigens könnte der Vortrag auch am 2. Jan. stattfinden oder in den letzten Dezembertagen. Aber dies dürfte noch größeren Heizungsschwierigkeiten begegnen.

Postkarte vom 18. Oktober 1917] An: Frau / *Anna Jastrow / Charlottenburg / Westend*, Nußbaumallee 24; mit hs. Absenderangabe: Prof. Simmel / Straßburg Els.; Poststempel: STRASSBURG (ELS.) 18 10 17 5-6 N; Prüfstempel: Straßburg (Els.) P.K. Geprüft u. zu befördern. – Oberhalb der Anrede hs. Vermerk, wohl von Anna Jastrow: Montag 31 / Dienst. 1. Jan. / Mittw. 2. / Donnerst. 3 / Freitag 4 / Sonnab. 5 Zentralinstitut.

meinen Vortrag] Siehe Simmels Vorschlag an Anna Jastrow vom 30. Sept 1917.

neuerlich Hindernisse] Siehe ebd.

die *Kantgesellschaft* gebeten, was mir durchaus erwünscht ist] Das Aufforderungsschreiben ist verschollen. – Zu Simmels Mitgliedschaft und Vortragsengagement in der Kantgesellschaft siehe Simmel an Georg Misch vom 6. Jan. 1913 und an Rainer Maria Rilke vom 7. Jan. 1915.

Morgen Abend erwarten wir Hans] Hans Simmel reiste nach der Teilnahme an einem ›Gaskurs‹ in Berlin für ›einige Tage‹ nach Straßburg (siehe Simmel an Eduard von Bendemann vom 12. Okt. 1917).

Karte Ihres Mannes] Ignaz Jastrows Karte ist verschollen.

von Ihrer liebenden Gesinnung für ihn erneute Kunde] Siehe Simmel an Anna und Ignaz Jastrow vom 13. Juli 1914.

Georg Simmel an Anna Jastrow

Postkarte vom 22. Oktober 1917
Hs.; LBI New York, Simmel Collection

Straßburg 22 X 17

Liebe Freundin!

Das ist ein Mißverständniß: Den Brief, den Sie verloren glauben, habe ich erhalten. Aber er enthielt doch insofern kein Definitivum, als Sie noch nicht wußten, ob Sie den Saal in der Universität bekämen, u. deshalb fragte ich nach dem Ob überhaupt. Auch Ihre heutige Karte sagt darüber nichts. Ich hoffe nun bald über dies Ob u. das Wann zu hören.

An Hans freuen wir uns natürlich sehr, u. auch sehr daran, daß er ersichtlich von den Menschen geschätzt u. geliebt wird. Denn bei allem Willen zur Objektivität sind Eltern doch nie sicher, ob sie sie wirklich erreichen. Mir ist besonders die einfache Tüchtigkeit u. ernste Selbstverantwortlichkeit seines Wesens sympathisch u. beruhigend. Wenn es überhaupt in dem künftigen Deutschland einen Weg giebt, so denke ich daß er ihn finden wird.

Sehr herzlich Ihr

Simmel

Postkarte vom 22. Oktober 1917] An: Frau / *Anna Jastrow / Charlottenburg / Westend*, Nußbaumallee 24; mit Absenderstempel: Prof.

Simmel / Strassburg (Els.); Poststempel: Straßburg (Els.) 22 10 17 6-7 N.

Mißverständniß: Den Brief ... habe ich erhalten] Simmel bezieht sich auf die – verschollenen – Antworten Anna Jastrows auf Simmels Vortragsangebot vom 30. Sept. 1917 und seine Rückfrage vom 18. Okt. 1917.

heutige Karte] Verschollen.

An Hans freuen wir uns ... sehr] Zu Hans Simmels Heimaturlaub siehe vorstehendes Schreiben.

Georg Simmel an Margarete von Bendemann

Brief vom 23. Oktober 1917
Hs.; LBI New York, Susman Collection

Straßburg 23 x 17

Liebe Susa,

deine Worte über Hans sind mir eine große Freude. Denn bei allem Willen zur Objektivität sind Eltern doch niemals sicher, sie erreicht zu haben. Mich erfreut vor allem an Hans die einfache Tüchtigkeit u. Zulänglichkeit, das ernste Sich-Verantwortlich-Wissen. Dies ist schließlich in dem Zusammenbruch so vieler Kräfte u. geglaubter Sicherheiten noch die einzige Gewähr für die deutsche Zukunft: daß ein Jeder sich für das Ganze verantwortlich fühlt. Denn es hat sich gezeigt, daß die individualistische Verantwortlichkeit vor sich selber von dem ersten Hauch der Habsucht u. Verführung weggeblasen wird, u. daß die Verantwortlichkeit vor der Idee offenbar in zu Wenigen wohnt, um dem Ganzen Halt zu geben. Die einzige Basis für den Wiederaufbau von Deutschland, ja, von der Welt, ist, daß jeder sich so hält, als wenn alles von ihm allein abhinge. Daß dieses Bewußtsein in Hans etwas *in sich* Festes, durch kein Schicksal zu Erschütterndes ist, ist mir ein großer Trost. Denn wenn es noch von einer tiefer gelegnen Voraussetzung abhinge, wäre ich mir dessen nicht sicher, weil mir seine letzte Lebensbasis nicht klar ist. So wenig Verstecktes in ihm ist, so ist doch viel Verhülltes da, über das, wovon er eigentlich lebt, über seine Religion, wüßte ich keine Auskunft zu geben. Manches ahne ich auf Grund der organischen Verwandtschaft, andres, ja vielleicht das Zentrale, ist mir problematisch – obgleich er sicher mehr Vertrauen zu mir hat, als es zwischen erwachsnen Kindern u. Eltern zu bestehn pflegt. Eltern trösten sich gern darüber, daß hier Hemmungen bestehn, die fast nie überwunden werden. –

Was sagt ihr eigentlich zu *Georges* Kriegsgedicht? Ich bin recht deprimirt darüber. Es ist von vornherein übel, wenn jemand, nachdem das Unheil geschehen ist, sagt: Ich habe ja alles vorausgewußt. Das ist ganz steril – wie ich überhaupt den durchgehenden Nerv des Gedichtes als irgendwie atrophisch empfinde; es redet einer, der sich draußen hält, der abgedrängt ist von dem Zentrum der Ereignisse, dem freilich die große Masse auch fern ist, in dem aber eine immerhin nicht geringe Zahl der Besten lebt. Wenn er auch wirklich das ganze Grauen vorempfunden u. an seinen tieferen Gründen gelitten hat, so sehe ich darin keine Notwendigkeit, sich von dem Geschehen, nachdem es nun eingetreten ist, fernzuhalten. Daß er heute »keine Tränen mehr findet«, weil er sie »vorweg geweint« hat, bedeutet doch nur, daß seine Kraft der Teilnahme, des Erschüttertwerdens, ihre Grenze gefunden hat. Auch ist es ein gänzlich unbegründeter Hochmut, allen andern zu sagen: »Ihr laßt euch pressen von der äußern Wucht« – dem Pöbel, für den das gilt, sagt er es doch nicht, u. ob es für uns andre gilt, ob wir nicht ebenso tiefe Schicksalsströmungen unter dem Äußeren fühlen wie er, wenn sie auch in andrer Richtung laufen – darüber abzuurteilen steht ihm nicht zu, denn er kann darüber nichts wissen. Es ist eine klägliche Enttäuschung, daß ein solcher Mensch nach solchen Jahren nichts andres zu sagen weiß, als was er selbst vorher sehr viel schöner gesagt hat, was bei Nietzsche steht, was auch für den, der lesen kann, in meiner Geldphilosophie steht. Dazu kommen gewisse erstaunliche Versagen in rein poetischer Hinsicht, ein Hineinbauen ganz prosaischer Akzente, u. Armseligkeiten, wie die Zeilen über Hindenburg. Nein, ich habe dem Gedicht nichts entnommen, ich bin um kein Bischen reicher dadurch geworden. –

Also, wir werden uns nicht sehn – das ist leicht gesagt. Soll noch ein Jahr vergehn? Man lebt ja sowieso in dem Gefühl, das

Ende des Krieges nicht zu erleben. Gewiß, mit dem Verstand sagt man sich, daß es einmal kommen wird, daß es sogar nicht einmal für mich unwahrscheinlich ist, es zu erleben, da schließlich auch der siebenjährige Krieg einmal beendet worden ist. Aber das ist nur eine Reflexion, das unmittelbare Leben ist so eingestellt, als sollte es nie mehr anders werden. Vielleicht ist dies sogar eine ganz zweckmäßige Selbsterhaltung, denn alles Hoffen u. Voraussehn hat sich als gänzlich zerstörend u. aufreibend erwiesen.

Nur dies ist ein Trost, daß das geistige Leben in Deutschland entschieden wieder im Aufstieg ist – man begreift freilich kaum, wo seine Träger herkommen. Aber meine Vorlesungen sind besuchter als je im Kriege, u. vor einem qualitativ sehr gehobenen Publikum, die *Kantgesellschaft* wächst u. wächst u. ihre Vorträge sind vortrefflich besucht u. am Absatz philosophischer Bücher fehlt es nicht. Wenn es damit nur gelingt, die Kontinuität des Geistes über den Riß hinüberzuretten, wie dünn auch der Verbindungsfaden sei, so ist unendlich viel gewonnen; denn meine Angst war, er könnte ganz abreißen – u. dann wäre der Wiederaufbau nicht abzusehn.

Leb wohl für heute, der Brief soll rasch fort – u. 1000 Grüße!

G.

deine Worte über Hans] In dem verschollenen Schreiben hat Margarete von Bendemann den Eindruck ihrer Begegnung mit Hans Simmel, der seine Reise von Berlin nach Straßburg in Frankfurt/M. unterbrochen hatte, geschildert; siehe Simmel an Eduard von Bendemann vom 12. Okt. 1917.

***Georges* Kriegsgedicht]** Der Krieg. Dichtung von Stefan George. Berlin: Georg Bondi 1917. 8 S. Gedruckt im Juli 1917, 2. Auflage im Sept. 1917 (vgl. Georg Peter Landmann, S. 97).

das ganze Grauen vorempfunden … »Ihr laßt euch pressen von der äußern Wucht«] Siehe die 2. Strophe: »Sie kamen zu dem Siedler auf dem berg: / ›Liegst du noch still beim ungeheuren los?‹ / Der sprach: dies frösteln war das edelste!.. / Was euch erschüttert ist mir lang vertraut. / Lang hab ich roten schweiss der angst geschwitzt / Als man mit feuer spielte.. meine tränen / Vorweg geweint.. heut find ich keine mehr. / Das meiste war geschehn und keiner sah.. / Das trübste wird erst sein und keiner sieht. / Ihr lasst euch pressen von der äussern wucht. /

Dies sind die flammenzeichen· nicht die kunde. / Am streit wie ihr ihn fühlt nehm ich nicht teil.« Zit. n.: Stefan George: Sämtliche Werke in 18 Bänden. Band IX: Das Neue Reich. Stuttgart: Klett-Cotta 2001, S. 22-26, hier: 22 f.

bei Nietzsche steht] Wahrscheinlich ist hier an Nietzsches Einlassungen zur Bedeutung der sozialen Distanzierung für den modernen Menschen gedacht; siehe etwa Friedrich Nietzsche: Jenseits von Gut und Böse. Werke in sechs Bänden. Herausgegeben von Karl Schlechta. IV. Band. München/Wien: Hanser 1980, S. 727 ff.

meiner Geldphilosophie] Simmel hatte in seiner ›Philosophie des Geldes‹ (Berlin: Duncker & Humblot 1900, 2. Aufl. 1907; GSG 6) die Bedeutung der sozialen Distanz für den modernen Lebensstil, für den modernen Menschen hervorgehoben (GSG 6, S. 655 ff.).

wie die Zeilen über Hindenburg]: In Georges Gedicht (a. a. O., S. 24) heißt es hinsichtlich der Lage bei Kriegsausbruch: »Dann drohnde wirrsal.. da entstieg gestüzt / Auf seinen stock farblosem vororthaus / Der fahlsten unsrer städte ein vergessner / Schmuckloser greis.. der fand den rat der stunde / Und rettete was die gebärdig lauten / Schliesslich zum abgrundsrand gebracht: das reich.. / Doch vor dem schlimmren feind kann er nicht retten.« Paul von Hindenburg (eigtl. Paul Ludwig Hans Anton von Beneckendorff und von Hindenburg, 1847-1934) hatte im Rang eines Generals 1911 seinen Abschied genommen und sich in Hannover zur Ruhe gesetzt; im Aug. 1914 reaktiviert, wurde er zum Oberbefehlshaber der 8. Armee in Ostpreußen und, nach dem Sieg über die russische Armee in der sogenannten ›Schlacht bei Tannenberg‹, im Sept. 1914 zum Generalfeldmarschall ernannt. Seither haftete ihm der Ruf als »Retter Ostpreußens« an, der sich im Verlauf des Krieges noch zum Hindenburg-Mythos steigerte. Seit Aug. 1916 oblag ihm gemeinsam mit Erich Ludendorff die oberste Heeresleitung (NDB).

wir werden uns nicht sehn] Siehe die in Simmels Schreiben an Eduard von Bendemann vom 12. Okt. 1917 noch erhoffte und in seiner Karte vom 15. Okt. 1917 bereits als versagt hingenommene Begegnung mit Margarete von Bendemann.

meine Vorlesungen] Siehe Simmel an Anna Jastrow vom 30. Sept. 1917.

***Kantgesellschaft* wächst und wächst]** Dazu heißt es im Jahresrückblick der Gesellschaft vom Jan. 1918: »Unser *Mitgliederstand* hat sich dem Vorjahre gegenüber erfreulicherweise in bedeutendem Maße gehoben, er übertrifft sogar wesentlich die Mitgliederzahl aus der Zeit vor dem Kriege. Die Kantgesellschaft umfaßte am Schluß des Jahres 1917 rund 922 Jahres-Mitglieder (ausschließlich der Dauermitglieder und der außerordentlichen Mitglieder), eine Zahl, in die die im Jahre 1917 neueingetretenen Mitglieder (nicht weniger als 173) eingerechnet sind.« An die Mitglieder der Kantgesellschaft. Kantstudien 23, 1918, 1. Heft (= vom Febr.), S. 163.

Franz Schultz, Dekan der philosophischen Fakultät der KWU, an Georg Simmel u. a.

Rundschreiben vom 25. Oktober 1917
Hs.; ADBR Strasbourg, AL 62, Paq. 38, J.-N. 325

25. Oktober 17

Die Herrn Kollegen bitte ich von den beiliegenden Schriftstücken (zu J.N. 319) Kenntnis zu nehmen.

Nach einer Besprechung der Dekane mit dem Herrn Rektor habe ich Folgendes hinzuzufügen.

Es ist bei uns – nach dem Vorgange von Freiburg – zunächst ein am 12. oder 19. November beginnender juristischer und staatswissenschaftlicher Kurs in Aussicht genommen. Ein Kurs der mathematisch-naturwissenschaftlichen Fakultät wird folgen, während die Kurse der philosophischen Fakultät, deren Organisierung bei der größeren Verschiedenheit der Disziplinen am schwierigsten ist, erst aufgrund der vorliegenden Erfahrungen nach Weihnachten stattfinden sollen. Nach dem Vorgange von Freiburg werden auch die Kollegen an unserer Universität sich gewiß gerne bereiterklären, die Kurse ehrenamtlich zu halten; eine etwaige andere Verfügung bleibt der militärischen Kursleitung überlassen. Von den Teilnehmern wird durch die Leitung ein Beitrag erhoben (M. 15.- von Offizieren, M. 6.- von Unteroffizieren und Mannschaften). Der Besuch der Vorlesungen ist obligatorisch.

Wenn nun auch die fachwissenschaftlichen Kurse unserer Fakultät erst nach Weihnachten beginnen sollen, so ist die Fakultät doch an *allen* Kursen insofern beteiligt, als während eines jeden Kursus *zwei* allgemeinbildende Vorlesungen – etwa aus den Gebieten der Philosophie, Geschichte, Literatur- und

Kunstgeschichte – gehalten werden sollen. *Ich bitte daher die Herrn Kollegen, die sich für diese allgemeinen Vorlesungen zur Verfügung stellen, Thema und Stundenzahl sogleich auf diesem Zirkular vermerken zu wollen.* Die Auswahl bezw. Reihenfolge muß der leitenden militärischen Stelle überlassen werden.

F. Schultz
z.Z. Dekan

Zirkuliert bei sämtlichen Dozenten der Fakultät.

Rundschreiben vom 25. Oktober 1917] Gedr. Briefkopf, oben li: Die / *Philosophische Fakultät / der / Kaiser-Wilhelms-Universität* / zu Strassburg; oben re.: *Straßburg (Els.), den ... 191.*

beiliegenden Schriftstücken] Es handelt sich um Abschriften einiger Schreiben der Obersten Heeresleitung, Großes Haupt-Quartier, an das Oberkommando der Heeresgruppe Herzog Albrecht über die angesichts der Dauer des Krieges anzuratende Einrichtung von Vortragskursen im Befehlsbereich der Heeresgruppen, »in welchen den Heeresangehörigen, die sich freiwillig melden, geistige Anregung und Fortbildung in ihrem Berufe vermittelt wird«. Zielgruppe seien insbesondere die »Angehörigen studierter und technischer Berufe« (Schreiben vom 1. Okt. 1917). Im Schreiben vom 10. Okt. 1917 wird bereits konkret und entlang den Empfehlungen des stellvertretenden Leiters des ›Vaterländischen Unterrichts‹ vorgeschlagen, für die Studierenden der Armeeabteilungen A und C in Straßburg unter Einbindung der Universität »Sonderkurse von 14 tägiger Dauer für Studierende aller Fakultäten, und zwar nicht nur für Universitäts-Studenten, sondern auch für die Studenten technischer Hochschulen, landwirtschaftlicher Hochschulen, Handels-Hochschulen, Bergakademien, Kunstakademien, einzurichten«. Für die Gegenstände der Vorlesungen empfehle es sich, »nicht nur allgemein anregende oder orientierende Vorträge auszuwählen, sondern vielmehr in sich geschlossene Teilgebiete einer bestimmten Wissenschaft«, und für den Lehrstil wird angeraten, »nach der Art der auf den Universitäten üblichen sogenannten Seminar-Übungen, konversatorisch zu verfahren«. – Der erst im Sept. 1917 eingeführte Begriff ›Vaterländischer Unterricht‹ steht für die zur Stärkung des Durchhaltewillens in Armee und Bevölkerung im Sommer 1917 eingerichtete Aufklärungsarbeit, die unter der Federführung der Heeresleitung betrieben wurde (EEW).

Vorgange von Freiburg] Der erste dieser Hochschulkurse sollte für Techniker und Ingenieure in Freiburg abgehalten werden, wozu es dann auch kam (vgl. den Bericht des Hauptmanns Henke in: Aufzeichnung über die Besprechung mit den Leitern des vaterländischen Unterrichts an der Westfront. Charleville, den 27. und 28. Juni 1918, S. 13; GLA Karlsruhe, 456/F8-339).

nach Weihnachten ... *zwei* allgemeinbildende Vorlesungen] Zur Planungsänderung siehe Simmel an Franz Schultz, Dekan, von Anfang Nov. 1917.

***auf diesem Zirkular*]** Siehe nachfolgendes Schreiben.

Georg Simmel an Franz Schultz, Dekan der philosophischen Fakultät der KWU

Notiz von nach dem 25. Oktober 1917
Hs.; ADBR Strasbourg, AL 62, Paq. 38, J.-N. 325

Simmel. Giebt einen allgemeinbildenden Kursus über Philosophie der Kultur oder über Philosophische Weltanschauungen an.

Notiz von nach dem 25. Oktober 1917] Auf dem ersten von zwei Beiblättern zu vorstehendem Zirkular vom 25. Okt. 1917. – Auf den Beiblättern haben die folgenden Personen ihre Kenntnisnahme durch Gegenzeichnung oder, wie in den mit * gekennzeichneten Angaben, zur Mitwirkung festgehalten: Harry Bresslau*; Karl Stählin*; Ernst Hohl*; Eduard Schwartz*; [Simmel]; Otto Plasberg; Friedrich Schürr; Wilhelm Spiegelberg; Samuel Landauer; Martin Spahn*; Georg Dehio; Arthur Schneider*; Karl Sapper*; Otto Frhr. von der Pfordten*; Joseph Karst; Friedrich Kiener; Ernst Leumann; Oskar Schultz-Gora*; Theodor Nöldeke; Georg Wolfram*; Hans Kaiser*; Rudolf Henning*; Franz Schultz*; Ernst Polaczek*. – Friedrich Schürr (1888-1980), Romanist, war seit 1915 Italienisch-Lektor an der KWU, später Inhaber diverser Ordinariate in Deutschland (DBE, Kürschner GK 1935).

über Philosophie der Kultur oder über Philosophische Weltanschauungen] Der Vorschlag entspricht Simmels Kasseler Vorlesungen; siehe Simmel an Margarete von Bendemann vom 29. Dez. 1916.

Georg Simmel an Franz Schultz, Dekan der philosophischen Fakultät der KWU

Notiz von Anfang November 1917
Hs.; ADBR Strasbourg, AL 62, Paq. 38, J.-N. 356

Montag d. 10. Dez.: Vorm. 10-12
Mittwoch d. 12. den ganzen Tag
Freitag d. 14. Nachm. 4-7
Samstag d. 15. den ganzen Tag
Im Notfall auch Dienstag d. 11. Vorm. 10-12

*

Montag d. 7. Jan.: Vorm. 10-12
Dienstag d. 8.: Vorm. 10-12
Für den Rest der Woche jederzeit.

Themen: Philosophische Weltanschauung, 4 Stunden
Philosophie des Lebens, 3 Stunden
(diese beiden nicht in demselben Kurs)
Philosophie der modernen Kultur 3 oder 4 Stunden
Einheit und Zwiespalt in Goethes Weltbild 1 Stunde

Notiz von Anfang November 1917] Mit Absenderstempel: Prof. Simmel / Strassburg (Els.); Vermerken von fremder Hand: Hand A, neben Simmels Zeitangaben für Dez.: Mo. d. 17. ganzen Vormittag; Hand B, unten mittig: Polaczek Do Sa Mo 6-7 / Menzel, Böcklin, Liebermann. – Zur Datierung s. u.

Montag d. 10. Dez. ... Samstag d. 15.] Die Angaben beziehen sich – entgegen der in dem Schreiben von Franz Schultz an Simmel u. a. vom 25. Okt. 1917 dargestellten Planung – nunmehr auf den von der philosophischen Fakultät und den Theologen der Universität Straßburg zu bestreitenden und für den 5. bis 18. Dez. 1917 vorgesehenen »2. Hochschulkursus der Heeresgruppe Herzog Albrecht für Angehörige der Armee-Abteilungen A und C, sowie des Gouvernements Straßburg an der Kaiser-Wilhelms-Universität Straßburg i. Els.« (Gedr. »Lehrplan« bezogen auf »Philosophen, Historiker, Philologen«, ausgegeben vom Oberkommando der Heeresgruppe Albrecht am 26. Nov. 1917; ADBR Strasbourg, AL 62, Paq. 38, J.-N. 402 f.). Zu dieser Änderung des Zeitplans muß es in der ersten Novemberhälfte gekommen sein. Noch am 31. Okt. 1917 hatte das Oberkommando der Heeresgruppe Herzog

Albrecht in einem den Armeeabteilungen und der Universität zugeleiteten Schreiben (ebd.) den Stand der Verhandlungen mit der Universität resümiert: »Mit der Universität Strassburg ist das Abhalten wissenschaftlicher Hochschulkurse für studierende Heeresangehörige der Armee-Abteilungen A und C, sowie des Gouvernements Strassburg vereinbart worden. In Vorbereitung sind 14 tägige Kurse / 1. für Juristen und Staatswissenschaftler, / 2. für Naturwissenschaftler und Mathematiker, Chemiker u. Physiker, / 3. für Theologen, Philologen und Historiker. / Für jeden Kursus sind Vorträge allgemein bildenden Inhalts (Geschichte, Kunstgeschichte, Volkskunde, Geologie usw.) neben eigentlichen Fachvorlesungen vorgesehen. / Die Vorträge werden in der Hauptsache von den Professoren und Dozenten der Universität, ferner von Hochschullehrern aus der Front gehalten werden. Der Besuch der Vorlesungen und Veranstaltungen ist für die dazu abkommandierten Teilnehmer zwingend. / Mit einer Gesamtteilnehmerzahl von 200-250 Heeresangehörigen für jeden Kursus wird gerechnet«. Lediglich mit den Angaben, der erste Kursus für Juristen und Staatswissenschaftler finde vom »19. 11. – 2. 12. statt« und ein »zweiter Hochschulkursus« sei »vom 3. 12.- 16. 12. in Vorbereitung«, ging das Resümee über die Mitteilungen des Dekans vom 25. Okt. 1917 hinaus. Die darin noch angesprochenen Planungsschwierigkeiten mußten jetzt, nachdem der Kursus für Mathematiker und Naturwissenschaftler auf die Zeit vom 1. bis 4. Febr. 1918 verlegt wurde (vgl. Hochschulkursus für Feldgraue. StP, Nr. 40 vom 22. Jan. 1918, Ab.Bl.) und der Kurs der philosophischen Fakultät nunmehr – statt nach – vor Weihnachten stattfinden sollte, kurzfristig durch Befragung der Kollegen nach Disponibilität und Vorlesungsthemen überwunden werden. Daß Simmel sich erst ab 10. Dez. 1917 zur Verfügung stellte, ergab sich aus seiner Mitwirkung am Hochschulkursus in Tournai (siehe Simmel an Anna Jastrow vom 8. Nov. 1917).

Montag d. 7. Jan.] Die folgenden Termine beziehen sich auf eine weitere Planungsänderung der Militärbehörde. Die »Vorträge allgemein bildenden Inhalts« (s. o.) sollten nunmehr zu gesonderten Lehrgängen mit patriotischer Note und unter Mitwirkung auswärtiger Lehrkräfte zusammengefaßt werden. Wie dem gedr. Anschreiben des Oberkommandos der Heeresgruppe Albrecht an potentielle auswärtige Vortragende vom 24. Nov. 1917 (ADBR Strasbourg, AL 62, Paq. 38, J.-N. 391) zu entnehmen, sollten damit »neben Akademikern Militärpersonen jeden Dienstgrades mit höherer Schulbildung«, vor allem aber Lehrer angesprochen werden. Dem ersten, für die Zeit vom 8. bis 21. Jan. 1918 vorgesehenen »Lehrgang allgemein bildenden Inhalts« sollte von Ende Febr. bis Anfang März 1918 ein weiterer folgen. Zum

Zeitrahmen heißt es: »Für jeden Lehrgang sind 50 Vortragsstunden geplant. Für jedes Thema stehen im allgemeinen 2 Stunden, in Ausnahmefällen bis zu 4 Stunden zur Verfügung. Auch einstündige Vorträge können gehalten werden«. Und zur Konzeption wird vorgegeben: »Leitender Gedanke der Vortragsfolge der Lehrgänge allgemein bildenden Inhalts ist: ›*Deutscher Staat und deutsche Kultur*‹. Den Hörern soll ein allgemein verständliches, geschlossenes Bild deutschen Wesens und deutscher Eigenart und ihres Wirkens in Staat und Kultur gegeben werden. Vornehmlich ist die Jetztzeit zu behandeln. Die Themata wären etwa folgenden Gebieten zu entnehmen: / 1. Kultur und Machtstaat im neuen Deutschland. / 2. Die Entwicklung des deutschen Nationalbewußtseins. / 3. Das Zeitalter Kants. / 4. Das Zeitalter Göthes. Göthe in Straßburg. / 5. Preußens Ende, Preußens Wiedergeburt. / 6. Bismarcks Werke. / 7. Staat und Recht in Vergangenheit und Gegenwart. / 8. Der deutsche Erziehungsgedanke. / 9. Deutsche Kunst. / 10. Deutsche Wissenschaft. / 11. Deutscher Gewerbefleiß und deutsche Industrie. / 12. Deutscher Handel. / 13. Deutsche Organisation. / 14. Kriegswirtschaftliche Fragen und wirtschaftliche Demobilisierung. / 15. Wohnungspolitik. 16. Deutsches Heerwesen«. – Zur Ausführung siehe Simmel an Franz Schultz, Dekan, vom 25. Dez. 1918.

Themen] Simmels Themenvorschläge beziehen sich offensichtlich auf eine Verwendung sowohl in dem fachwissenschaftlichen wie im allgemein bildenden Hochschulkursus (s. o.). Der oben genannte »Lehrplan« des fachwissenschaftlichen Kursus für »Philosophen, Historiker, Philologen« sieht die folgenden Schwerpunkte und Vortragszyklen vor: »*I.* Klassische Philologie. / Prof. Dr. *Schwartz*, Probleme der griechischen Literaturgeschichte … 8 Stunden. / Prof. Dr. *Plasberg*, Die Proonmien [sic!; d. i. Proömien] des Lucretius … 4 Stunden. / Prof. Dr. *Plasberg*, Geschichte des Dativs im Lateinischen … 4 Stunden. / *II.* Archäologie. / *Mötefindt*, Kriegsarchäologie … 2 Stunden. / [Ders.] Vom Kämpfen und Sterben, orientalische, griechische, römische und germanische Sitte und Kunst … 2 Stunden. / *III.* Aegyptologie. / Prof. Dr. *Spiegelberg*, Herodots Nachrichten über Aegypten im Lichte der aegyptischen Denkmäler … 2 Stunden / IV. Geschichte. / Privatdoz. Dr. *Hohl*, Römische Historiker … 3 Stunden. / Prof. Dr. *Bresslau*, Geschichte des Investiturstreits … 4 Stunden. / Prof. Dr. *Kaiser*, Geschichte des Papsttums und der kirchlichen Reformbewegung im späteren Mittelalter … 8 Stunden. / Prof. Dr. *E. Wolff*, Cromwell und die Anfänge des englischen Imperialismus … 3 Stunden. / Prof. Dr. *Stählin*, Politische und kulturelle Geschichte Elsaß-Lothringens im Rahmen der europäischen Gesamtentwicklung … 3 Stunden. / [Ders.], Russische Geschichte im Überblick … 4 Stunden. / Prof. Dr. *Spahn*,

Deutschlands auswärtige Politik seit 1871 ... 3 Stunden. / Prof. *Wolfram*, Siedelungsgeschichte von Elsaß und Lothringen ... 2 Stunden. / v. Germanistik. / Prof. Dr. *Henning*, Gotischer Kurs ... 4 Stunden. / [Ders.], Einleitung in das Nibelungenlied ... 4 Stunden. / Prof. Dr. *Schultz*, Goethes Faust ... 6 Stunden. / *vi*. Neuere Philologie. / Prof. Dr. E. Wolff, Shakespeare ... 3 Stunden. / Prof. Dr. *Schultz-Gora*, Altfranzösisch und Neufranzösisch (in großen Umrissen) ... 4 Stunden. / *vii*. Kunstgeschichte. / Prof. Dr. *Polaczek*, Rubens und Rembrandt ... 4 Stunden. / *viii*. Philosophie. / Prof. Dr. *Schneider*, Ausgewählte Kapitel aus der Geschichte der Philosophie (Sokrates, Plato, Spinoza, Hume) ... 6 Stunden. / Prof. Dr. *v. d. Pfordten*, Geschichte und Theorie des Idealismus ... 3 Stunden. / Prof. Dr. *O. Braun*, Wagner und Nietzsche ... 4 Stunden. / Prof. Dr. Simmel, Philosophie der modernen Kultur ... 4 Stunden.«. Daneben fanden Sonderkurse für katholische und evangelische Theologen statt. Lt. Stundenplan (ebd.) waren Simmels Vorlesungen für Dienstag, den 11., Mittwoch, den 12., Samstag, den 15. und Montag, den 17. Dez. 1917 vorgesehen. – Auswärtige und wohl wegen der empfohlenen Fronterfahrung hinzugezogene Dozenten waren der Archäologe Hugo Mötefindt (1893-1932), Dr. phil. Hamburg 1923 (NUC, GV), der Anglist Emil Wolff, München, und der Philosoph Otto Braun (1885-1922), Münster (Kürschner LK, Nekrolog 1901-1935).

Simmel an Franz-Josef Brecht

Feldpostkarte vom 5. November 1917
Hs.; SBPK Berlin, Nl 125 (M. Landmann)

Straßburg, 5 XI 17

Sehr geehrter Herr!

Ich kann die von Ihnen geäußerten Wünsche leider nicht erfüllen, da ich kein einziges Exemplar der betreffenden Bücher mehr besitze. Es ist eine leider verbreitete irrige Meinung, daß der Autor über beliebige Exemplare seiner Schriften verfügen könnte. Damit Sie indeß meinen guten Willen sehen, sende ich Ihnen gleichzeitig einen Aufsatz, aus dem Sie sich über das jetzige Entwicklungsstadium meiner philosophischen Überlegungen unterrichten können.

Hochachtungsvoll

Simmel

Feldpostkarte vom 5. November 1917] An: Musketier *Franz Jos. Brecht / Inf.* [Regiment Nr.] 113/ 2. *Ers.* [Bataillon] / 1. *Rekr. Depot / Freiburg i. B.*; mit Absenderstempel: Prof. Simmel / Strassburg (Els.); Poststempel: Straßburg (Els.) 5. 11. 17. 6-7 N.

von Ihnen geäußerten Wünsche] Anschreiben verschollen. – Brecht, nach seinem Kriegsabitur im Juli 1917 eingezogen, erstrebte ein Philosophiestudium, das er jedoch erst – als späterer Husserl-Schüler – im Kriegsnotsemester 1919 regulär aufnehmen konnte (Vita zum Promotionsverfahren, Hs., UA Freiburg/Br.; vgl. Brecht an Edmund Husserl vom 3. Juli 1921, in: Husserliana III/4, S. 17f.).

einen Aufsatz] Gemeint ist wahrscheinlich der im Febr. 1917 erschienene Aufsatz ›Vorformen der Idee. Aus den Studien zur Metaphysik‹. Logos VI, 1916/17, Heft 2, S. 103-141; GSG 13, S. 252-299. Siehe Simmel an Verlag J. C. B. Mohr (Paul Siebeck) vom 18. Sept. 1916.

Georg Simmel an Anna Jastrow

Brief vom 8. November 1917
Hs.; LBI New York, Simmel Collection

Str. 8 XI 17

Liebe Freundin,

bevor Ihr Brief eintrifft, will ich nur gleich sagen, daß ich den Vortrag im Institut f. Meereskunde halten möchte, im Rathaus dagegen entschieden *nicht*. Ich kenne mein Publikum, u. bin sicher, daß ich im Rathaus vor halbleeren Bänken sprechen würde. *Sicher* wäre der Erfolg nur in der Universität gewesen, auch das Inst. f. M. ist einigermaaßen problematisch, allein immerhin ist hier die Möglichkeit eines vollen Erfolges nicht ausgeschlossen.

Übrigens war mir die Verfügung über die Universität von vornherein wegen der Heizung an einem Ferientage keineswegs gewiß, u. ich wunderte mich, daß Sie sich so fest darauf verließen. Die Enttäuschung ist also für mich nicht so groß, obgleich recht schmerzlich.

*

Ich werde Sie vielleicht bitten, das Manuskriptenpaket, das Sie so liebevoll aufbewahrt haben, an Gertrud Kant. auszuliefern, falls sie hierher kommt.

In Eile u. nur noch mit herzlichsten Grüßen Ihr

Simmel

Ihr Brief] Zu diesem möglicherweise telegraphisch angekündigten Brief siehe Simmels nachstehendes Schreiben.

Vortrag im Institut f. Meereskunde] Siehe Simmel an Anna Jastrow vom 30. Sept. und 22. Okt. 1917.

das Manuskriptenpaket ... aufbewahrt haben] Vermutlich handelte es sich um die Mappe ›Metaphysik‹ (siehe Simmel an Heinrich Rickert vom 15. April 1916 und an Verlag J. C. B. Mohr [Paul Siebeck] vom 30. März und 18. Sept. 1916), und wohl auch um die als »abschließendes Buch« gedachte Studie ›Vom Wesen der Wahrheit‹ (siehe Simmel an Rickert vom 15. April 1916), die Simmel nach Bekanntgabe der Evakuierungspläne außerhalb Straßburgs hatte verwahren wollen (siehe Simmel an Anna Jastrow vom 11. Mai 1917).

Gertrud Kant. ..., falls sie hierher kommt] Zu Gertrud Kantorowicz' Urlaubswoche in Straßburg siehe Simmel an Margarete von Bendemann vom 26. Nov. 1917.

Georg Simmel an Anna Jastrow

Postkarte vom 8. November 1917
Hs.; LBI New York, Simmel Collection

Str. 8 XI 17

Liebe Freundin,

nachdem ich eben meinen Brief abgeschickt, kommt der Ihre. Ich kann nur wiederholen, daß ich bei dem Inst. f. Meereskunde bleiben will, trotz der geringen Platzzahl. Sie müssen eben unter diesen Umständen die Eintrittspreise möglichst hoch nehmen; bei meinen bisherigen Vorträgen wurde mit 5 M. angefangen, dann vielleicht 3 u. 2 M., u. einige Plätze für Studenten zu 1 M.

Daß Ihr Mann nach *Tournai* eingeladen ist, freut mich außerordentlich; er wird dort sehr Gutes wirken. Aber leider, leider, treffen wir uns dort nicht, da mein Kursus erst am 3. Dez. beginnt. Über den zweiten Plan, über dessen nähere Umstände ich nicht sprechen darf, habe ich lange nichts gehört. Gewisse politische Ereignisse, die inzwischen eingetreten sind, lassen mich indeß überhaupt an seiner Ausführbarkeit zweifeln.

Ich wäre Ihrem Mann sehr dankbar, wenn er mir aus seinen Erfahrungen in *Tournai* dasjenige mitteilen wollte, was mir ev. dort von praktischem Nutzen sein könnte.

In etwa 7 Wochen hoffe ich auf unser Wiedersehn!

Herzlichst Ihr

Simmel

Hans ist Montag abgereist.

Postkarte vom 8. November 1917] An: Frau / *Anna Jastrow / Charlottenburg / Westend*, Nußbaumallee 24; mit Absenderstempel: Prof. Simmel / Strassburg (Els.); Poststempel: Straßburg (Els.) 1u 9. 11. 17 9-10 V; Prüfstempel: Straßburg (Els.) P.K. Geprüft u. zu befördern.

meinen Brief] Siehe vorstehendes Schreiben.

der Ihre] Anna Jastrows Brief ist verschollen; er bezog sich auf den Ort des für den 3. Jan. 1918 geplanten Vortrags (siehe Simmel an Anna Jastrow vom 30. Sept. und 22. Okt. 1917 und an Friedrich Gundolf vom 10. Jan. 1918).

Ihr Mann] Original: ihr Mann.

nach *Tournai* eingeladen] Ignaz Jastrow war offensichtlich – wie Simmel (s. u.) – zur Mitwirkung an den Hochschulkursen in der Etappe aufgefordert, die von der 6. Armee der Heeresgruppe Kronprinz Rupprecht von Bayern im Herbst 1917 im französisch-belgischen Grenzbereich, namentlich in Tournai, Lille und Douai, durchgeführt wurden. Den organisatorischen Rahmen der Kurse erhellt die ›Aufzeichnung über die Besprechung mit den Leitern des vaterländischen Unterrichts an der Westfront. Charleville, den 27. und 28. Juni 1918‹ (GLA Karlsruhe, 456/F8-339, S. 13): »Sie hatten nicht den Zweck auf Examina vorzubereiten, sondern sollten nur den gebildeten Angehörigen des Heeres Gelegenheit geben, sich wissenschaftlich zu betätigen. An sich hatte der Unterrichtsoffizier [für den vaterländischen Unterricht] mit den Hochschulkursen der 6. Armee nichts zu tun«. Sie hätten ihm nur durch die Möglichkeit zur Teilnahme an einzelnen Vorlesungen und an den zusätzlich angebotenen allgemein-wissenschaftlichen Vorträgen der angereisten Hochschullehrer »gedient« (ebd.). Die ›Aufzeichnung‹ spricht von der »Anlehnung« der von März bis Mai 1918 in

Brüssel durchgeführten Hochschulkurse »an die in Tournai gewonnenen Erfahrungen« und legt nahe, daß Jastrows Beteiligung in den Rahmen des ersten der »unmittelbar aufeinanderfolgende[n]« vierzehntägigen Kurse fiel, der »Vorlesungen aus dem rechts- und staatswissenschaftlichen [...] Gebiet« umfaßte (ebd., S. 14). Daß in Tournai »der Reihe nach 14 tägige Kurse über die verschiedensten Fachgebiete gehalten« wurden, ist auch William Sterns Brief aus Tournai vom 10. Dez. 1917 an Jonas Cohn zu entnehmen (Cohn-Archiv, Duisburg).

mein Kursus] Diesen Kursus dokumentiert das im Gundolf Archiv, London, erhaltene Exemplar des Programms (Druck, 3 S.): »Hochschulkurse der 6. Armee. Deutsche Feldpost 402. / *Sprach- und geschichtswissenschaftlicher Wochenkursus* / Tournai / *von Montag, den 3., bis Sonntag, den 16. Dezember 1917.* / *1. Philosophie.* / Prof. Dr. *Georg Simmel*, Strassburg: / 1. Philosophische Weltanschauungen (6 stündig). / 2. Probleme der gegenwaertigen Kultur (2 stündig). / 3. Goethes Liebe (1 stündig). / Prof. Dr. *Ernst Troeltsch*, Berlin: Religionsphilosophie (6 stündig). / Prof. Dr. *Karl Reinhardt*, Marburg: / Griechische Philosophie (4 stündig). / Prof. Dr. *Albert Ehrhardt* [d. i. Ehrhard], Strassburg: Die geistige Kultur des Mittelalters unter besonderer Berücksichtigung der thomistischen Philosophie (8 stündig). / *2. Psychologie und Pädagogik.* / Prof. Dr. *Max Dessoir*, Berlin: / Ausgewaehlte Fragen aus der Psychologie (4 stündig). / Prof. Dr. *Cauer*, Münster i. Westf.: / Die beiden Hauptfragen der Erziehung nach dem Krieg (2 stündig). / Prof. Dr. *Julius Ziehen*, Frankfurt/M.: / 1. Bilder aus der Geschichte der Paedagogik (4 stündig). / 2. Die akademischen Berufe im nationalen Leben nach dem Krieg (1 stündig). / *3. Vergleichende Sprachwissenschaft.* / Prof. Dr. *O. Hoffmann*, Münster i. West.: / 1. Die wichtigsten Sprachfamilien des Erdkreises und die Haupttypen des Sprachbaus (2 stündig). / 2. Das Griechische und Lateinische im Kreise der indogermanischen Sprachen (2 stündig). / *4. Orientalische Sprach- und Geschichtswissenschaften.* / Prof. Dr. *Friedrich Wilhelm Freiherr von Bissing*, München: / Aegyptische Kunst (1 stündig, mit Lichtbildern). / Prof. Dr. *Enno Littmann*, Göttingen: / 1. Mohammed und der Islam (4 stündig). / 2. Abessinien, Land und Leute (1 stündig, mit Lichtbildern). / *5. Altphilologie.* / Prof. Dr. *Cauer*, Münster i. Westf.: / Zum Verstaendnis homerischer Poesie (4 stündig). / Prof Dr. *Otto Crusius*, München: 1. Aristophanes und die alte Komoedie (3 stündig). / 2. Deutschtum und Altertum (zur Orientierung über das althistorisch-philologische Studium. 3 stündig). / Prof. P. E. *Sonnenburg*, Münster i. Westf.: / 1. Die Dichtung des augusteischen Zeitalters (4 stündig). / 2. Plautus (2 stündig). / *6. Alte Geschichte.* / Prof. Dr. *Eduard Meyer*, Berlin: / Antiker und moderner Imperialismus (4 stündig). / Priv.-Doz.

Dr. *Bernhard Laum*, Frankfurt/M.: / 1. Wirtschaftliche Organisationen in der antiken Welt als Parallelen zur Gegenwart: Brotversorgung, Kriegsanleihen, Scheck- und Girozahlverkehr (3 stündig, mit Lichtbildern). / 2. Soziale und wirtschaftliche Zustaende in der kretisch-mykenischen Kultur (2 stündig, mit Lichtbildern). / *7. Archäologie.* / Prof. Dr. *Franz Winter*, Bonn: / 1. Die Kunst der homerischen Gedichte (2 stündig, mit Lichtbildern). / 2. Griechische Kunst und Poesie des v. Jahrhunderts v. Chr. (2 stündig, mit Lichtbildern). / 3. Die roemische Kunst in den Rheinlanden (2 stündig, mit Lichtbildern). / Prof. Dr. *Wilhelm Doerpfeld*, Berlin: / Die archaeologischen Entdeckungen des 19. und 20. Jahrhundert (4 stündig, mit Lichtbildern). / *8. Romanische Sprachen.* / Prof. Dr. *Heinrich Morf*, Berlin: / 1. Geschichte der romanischen Literaturen (6 stündig). / 2. Wie die Franzosen vor 100 Jahren Deutschland entdeckt haben (2 stündig). / 3. Fénelon (2 stündig). / 4. Lektüre eines neuzeitlichen franzoesischen Schriftstellers (Uebung 2 stündig). / *9. Englische Sprache.* / Prof. Dr. M. M. *Arnold Schroeer*, Koeln: / 1. Shakespeare und seine Zeit (4 stündig). / 2. Der englische Nationalcharakter in geschichtlicher Betrachtung (1 stündig). 3. Das heute lebende Englisch und seine Dialekte (Uebung 2 stündig). / *10. Deutsche Sprache und Literatur.* / Prof. Dr. *Gustav Roethe*, Berlin: / 1. Deutsche Literaturgeschichte des Mittelalters (6 stündig). / 2. Heinrich von Kleist (1 stündig). / 3. Aus der mittelhochdeutschen Handschriftenkunde (Uebung mit Lichtbildern, 2 stündig). / Prof. Dr. *Friedrich Gundolf*, Heidelberg: / Aus der deutschen Geistesgeschichte der Reformationszeit (4 stündig). / Prof. Dr. *Julius Schwering*, Münster i. Westf.: / 1. Schiller (3 stündig). / 2. Gottfried Keller (1 stündig). / 3. Ueber Dramaturgie (Uebung, 2 stündig). / Prof. Dr. *Albert Koester*, Leipzig: / 1. Goethe (4 stündig). / 2. Die Dichtung der deutschen Romantik (2 stündig). / 3. Die deutsche Dichtung von heute (2 stündig). / *11. Geschichte des Mittelalters und der neueren Zeit.* / Prof. Dr. *Harry Bresslau*, Strassburg i. Els.: / 1. Einführung in die historische Quellenkritik mit besonderer Berücksichtigung des Mittelalters (4 stündig). / 2. Demonstrationen aus der Urkundenlehre (Uebung, 2 stündig im Bischoefl. Archiv). / Prof. Dr. *Philipp Zorn*, Bonn: / Der deutsche Staatsgedanke und der Weltkrieg (8 stündig). / Prof. Dr. *Martin Spahn*, Strassburg i. Els.: / 1. Grundfragen der Grossmachtpolitik (3 stündig). / 2. Die Bedeutung der Presse als Geschichtsquelle (1 stündig). / Prof. Dr. *Friedrich Meinecke*, Berlin: / 1. Die Wiedergeburt der preussischen Monarchie im Anfang des 19. Jahrhunderts (4 stündig). / 2. Uebung über Leopold von *Ranke* ›Die grossen Maechte‹ (2 stündig). / *12. Kunstgeschichte.* / Prof. Dr. *Heinrich Woelfflin*, München: / 1. Altniederländische Malerei des 15. Jahrhunderts von den Brüdern van Eyck bis Pieter

Brueghel (4 stündig, mit Lichtbildern). / 2. Rubens und Rembrandt (2 stündig, mit Lichtbildern). / Dr. *Fritz Hoeber*, Tournai: / 1. Das alte Tournai (1 stündig, mit Lichtbildern). / 2. Die Stellung der Baukunst in der Kultur unserer Zeit (1 stündig, mit Lichtbildern). / 3. Führungen durch das alte Tournai mit besonderer Berücksichtigung der Kathedrale und des Museums (2 stündig, wiederholt nach Bedarf). / *13. Musikgeschichte.* / Prof. Dr. *Max Friedlaender*, Berlin: / 1. Deutsche Musik der Romantik (3 stündig, mit Klaviervortrag). / 2. Das deutsche Volkslied (1 stündig, mit Klaviervortrag). / *14. Erdkunde.* / Prof. Dr. *Kurt Hassert*, Dresden: / 1. Das türkische Reich, politisch, geographisch und wirtschaftlich (3 stündig, mit Lichtbildern). / 2. Das tropische Afrika (Mittelafrika), seine geographischen Grundlagen und seine Bedeutung für das deutsche Wirtschaftsleben (3 stündig, mit Lichtbildern). / *15. Naturkunde.* / Museumsdirektor Dr. *Georg Aulmann*, Düsseldorf a. Rh.: / Das Tierleben der Tiefsee (1 stündig, mit Lichtbildern).« – Zu den Vortragenden siehe nach Register bzw. hier: Karl Reinhardt (1886-1958), Altphilologe, seit 1916 o. Prof. Marburg (DBE); Max Dessoir (1867-1947), Philosoph, Psychologe, Ästhetiker, seit 1897 ao. Prof. Berlin (NDB); Paul Cauer (1854-1921) Altphilologe, Pädagoge, seit 1905 Prov. Schulrat und ord. Hon. Prof. in Münster/W. (DBA; Wer ist's? 1911 ff.); Julius Ziehen (1864-1925) Pädagoge, Politiker, seit 1916 o. Prof. für Pädagogik in Frankfurt/M. (DBE); Otto Hoffmann (1865-1940), Philologe, seit 1909 o. Prof. Münster/W. (DBE); Friedrich Wilhelm Frh. von Bissing (1873-1956), Ägyptologe, seit 1916 o. Prof. München (DBE); Otto Crusius (1857-1918), Altphilologe, seit 1903 Ord. in München (DBE); Peter Sonnenburg (1859-1944) Klass. Philologe, seit 1898 o. Prof. Münster/W. (DBA; Minerva 1898/99 ff.); Eduard Meyer (1855-1930), Althistoriker, seit 1902 o. Prof. Berlin (DBE); Bernhard Laum (1884-1974), Nationalökonom, seit 1917 PD Frankfurt/M. (DBE); Franz Winter (1861-1930), Archäologe, 1912-1928 o. Prof. Bonn (DBE); Wilhelm Dörpfeld (1853-1940), 1887-1911 Erster Sekretär des Deutschen Archäologischen Instituts in Athen, danach pensioniert (DBE; NDB); Heinrich Morf (1854-1921), Romanist, seit 1910 o. Prof. Berlin (DBE); Arnold Schröer (1857-1935), seit 1901 o. Prof. der engl. Sprache und Literatur an der Handelshochschule Köln (DBA); Gustav Roethe (1859-1926), Germanist, seit 1902 o. Prof. Berlin (DBE); Julius Schwering (1863-1941), Germanist, seit 1906 o. Prof. Münster/W. (DBE); Albert Koester (1862-1924), Theater- und Literaturhistoriker, seit 1899 o. Prof. Leipzig (DBE); Philipp Zorn (1850-1928), Staatsrechtler, seit 1900 o. Prof. Bonn (DBE); Fritz Hoeber (1885-1921), Kunsthistoriker (DBA); Max Friedlaender (1852-1934), Musikhistoriker, seit 1903 ao. Prof. Berlin (DBE); Kurt Hassert (1868-1947), Geograph, seit 1917

o. Prof. TH Dresden (DBE); Georg Aulmann, geb. 1884, Zoologe, seit 1914 Direktor des Löbbecke- und Naturwissenschaftlichen Museums, Düsseldorf (DBA). – Simmel reiste vermutlich am 1. Dez. 1917 nach Tournai und fuhr am 8. Dez. von dort wieder ab (siehe Simmel an Eduard von Bendemann vom 25. Nov. 1917 und an Siegfried Kracauer vom 9. Dez. 1917). Wie Friedrich Gundolf Stefan George berichtete, war Simmel dort sein »Tischnachbar« (Brief o. D., fälschlich auf: Mitte Dez. 1917 datiert, in: George-Gundolf Briefe, S. 311), und William Stern, der Jonas Cohn am 10. Dez. 1917 von »sehr anregend[en] Zusammentreffen« mit Kollegen wie u. a. Simmel berichtet (a. a. O.), erinnert ihn als »frisch und geistsprühend« bei dieser Gelegenheit (Brief an Jonas Cohn vom 11. Okt. 1918, Cohn-Archiv, Duisburg). Indes begegnete Simmel nicht mehr dem Kollegen und Freund Ernst Troeltsch. Dieser traf erst am 9. Dez. 1917 in Tournai ein, gemeinsam mit Friedrich Meinecke, wie dessen Schilderungen der Reise sowie der Wohn- und Lehrsituation in der Etappe zu entnehmen ist: Quartier »ist die Villa eines Tuchfabrikanten, altmodisch-stilvoll klassizistisch, aber mit Centralheizung [...]. Gestern abend war das erste gemeinsame Essen im ›Rheingold‹, gegenüber der Kathedrale, der deutschen Offiziersverpflegungsanstalt, in der man ausgezeichnet ernährt wird. [...] Tournai wimmelt natürlich von Feldgrauen. 10000 Mann sollen hier liegen, jeder dritte Mensch auf der Straße ein Soldat. [...] Im Kolleg habe ich den Ton völlig ändern müssen und aus dem Vortrag eine zwanglose Plauderei machen müssen, was mir auch lieber ist. So gehts hier fast allen. [...] Ich kann es nicht so schlimm hier finden wie Troeltsch, habe allerdings ein gut geheiztes und beleuchtetes Zimmer vor ihm, der in einem ›Eispalast‹ frieren muß, voraus« (Briefe an seine Frau vom 10. und 13. Dez. 1917, in: Friedrich Meinecke: Ausgewählter Briefwechsel. Herausgegeben und eingeleitet von Ludwig Dehio und Peter Classen. Stuttgart: K.F. Koehler 1962, S. 92-94).

Über den zweiten Plan ... nichts gehört] Zur geplanten Vortragsreise nach Schweden und Kopenhagen siehe Simmel an Anna Jastrow vom 30. Sept. 1917.

Ausführbarkeit] Es liegen keine Hinweise auf die Durchführung der Reise vor.

Hans ist Montag abgereist] Hans Simmel war am 19. Okt. 1917 auf Heimaturlaub gekommen; siehe Simmel an Anna Jastrow vom 18. und 22. Okt. 1917.

Georg Simmel an Karl Jaspers
Postkarte vom 12. November 1917
Hs.; DLA Marbach, Nl Jaspers

Straßburg 12 XI 17

Verehrter Herr Kollege,

ich komme Donnerstag wieder für ein paar Stunden nach Heidelberg u. würde mich sehr freuen, wenn Sie eine Stunde für mich übrig hätten. Bald nach 4 Uhr muß ich abreisen. Bitte lassen Sie mich eine Zeile dort Hauptpost *lagernd* finden, ob ich nach Ihrem Mittagessen bei Ihnen vorsprechen darf – etwa um 2?

Mit verbindlichster Empfehlung an Ihre Frau Gemahlin Ihr

Simmel

Postkarte vom 12. November 1917] An: Herrn / Prof. *Jaspers / Heidelberg / Handschuhsheimer Landstr.* 38; mit Absenderstempel: Prof. Simmel / Strassburg (Els.); Poststempel: Straßburg (Els.) 1 u 12. 11. 17. 12-1 N; Prüfstempel: Straßburg (Els.) Geprüft u. zu befördern P.K. d.

Donnerstag] Den 15. Nov. 1917.

wieder … nach Heidelberg] Sonstiger Reiseanlaß unbekannt. Zu den früheren Begegnungen mit Jaspers siehe Simmel an Karl Jaspers vom 1., 11. und 16. Juni 1917.

vorsprechen darf] Ob es zu diesem Besuch kam, ist nicht bekannt; eine weitere Begegnung mit Karl Jaspers läßt erst Simmels Brief an Gertrud Jaspers vom 28. April 1918 vermuten. – Jaspers sollte später über seine Beziehung zu Simmel an Jonas Cohn, der ihn mit Bezug auf sein Werk ›Psychologie der Weltanschauungen‹ (Berlin: Springer 1919) hierauf angesprochen hatte, äußern: Er habe hinsichtlich Simmels Schriften »eine große Abneigung« empfunden, »während mir Simmels Persönlichkeit eindrucksvoll und sympathisch war« (Brief vom 2. Nov. 1921, Cohn-Archiv, Duisburg).

Frau Gemahlin] Gertrud Jaspers.

Georg Simmel an Franz Schultz, Dekan der philosophischen Fakultät der KWU

Brief vom 13. November 1917
Hs.; ADBR Strasbourg, AL 62, Paq. 38, J.-N. 365

Straßburg 13 XI 17

Sehr geehrter Herr Dekan!

Es wird mir eben klar, daß ich in Folge einer bedauerlichen u. kaum verantwortlichen Datumsverwechslung die gestrige Kommissionssitzung versäumt habe. Ich zweifle nicht daran, daß ich mit den von den Herren Kollegen gefaßten Beschlüssen einverstanden gewesen wäre, aber ich will doch nicht unterlassen, Sie wegen der Versäumniß um Entschuldigung zu bitten.

Sehr ergeben Ihr

Simmel

gestrige Kommissionssitzung] Gemeint ist vermutlich die Berufungskommission für die »kunstgeschichtliche Professur« (Simmel an Franz Schultz, Dekan, vom 22. Mai 1917).

Beschlüssen einverstanden] Der im Dez. 1917 mit den Unterschriften von Georg Dehio, Simmel, Martin Spahn und Franz Schultz (als Dekan) vorgelegte Berufungsvorschlag enthält Friedrich Rintelen an 1. und Wilhelm Pinder an 2. Stelle (ADBR Strasbourg, AL 62, Paq. 38, J.-N. 439). – Friedrich Rintelen, Kunsthistoriker, Philosoph (1881-1926), nach Dr. phil. über Leibniz 1902 in München, 1904-1906 Assistent am Kunsthistorischen Institut in Florenz, 1909 bei Wölfflin in Berlin habilitiert, 1912 ebd. zum ao. Prof. ernannt und seit 1914 ord. Prof. für Kunstgeschichte in Basel, wo er 1925 die Leitung der Öffentlichen Kunstsammlung übernahm (DBE; Kunsthistoriker) – Wilhelm Pinder (1878-1947), nach Kunstgeschichtsstudium Dr. phil. Leipzig 1903, 1905 in München habilitiert, danach PD in Würzburg, wurde 1910 ord. Prof. an der TH Darmstadt, wechselte 1917 nach Breslau und 1918 nach Straßburg; er lehrte nach 1919 in Breslau, Leipzig, München und Berlin (ebd.).

Georg Simmel an Hugo Liepmann

Brief vom 17. November 1917
Hs.; I. Flatau, Saratoga Springs N.Y., USA

Straßburg 17 XI 17

Lieber Freund,

wie die Berufung entschieden ist, haben Sie inzwischen gehört. Die Gründe, aus denen man Sie nicht auf die Liste gesetzt hat, scheinen mir sehr leicht zu wiegen, allein sie zwingen nicht an eine *mala fides* zu glauben. Wesentlich sprachen Ihre vorgerückten Jahre mit; dann wurde geltend gemacht, Sie hätten infolge von Ärgernissen manche Depression erlebt; die Verhältnisse an der fraglichen Universität aber gäben mancherlei Veranlassung zu Ärger u. Konflikten, denen gegenüber man auf eine robuste Resistenz sehen müßte. Über einige andre Motive möchte ich mich schriftlich nicht äußern, es ist Zeit dazu, wenn wir uns – hoffentlich! – um Neujahr herum in Berlin sehen. Daß ich getan habe, was in meinen Kräften stand, glauben Sie mir wohl. Aber leider beschränken sich meine Beziehungen zu der Fakultät auf einen einzigen ihr Angehörigen. Dieser ist dann auch warm für Sie eingetreten, hat es aber nicht durchsetzen können. Im Übrigen muß es natürlich aufs Strengste verschwiegen bleiben, daß ich mich überhaupt in diese Angelegenheit gemischt habe. –

Hans ist nun, nach sehr erfreulich verbrachtem Urlaub, wieder auf seinem Posten, in dem zwar nüchtern praktischen, aber zugleich doch unwirklichen Leben, wie es jetzt an dieser Front geführt wird.

Anf. Dez. gehe ich auf 8 Tage nach Belgien zu einem feldgrauen Hochschulkurs. Dann ist ein gleicher hier in Straßburg, der sich im Jan. wiederholt. Dazwischen Vorträge in Frankfurt, München, Berlin. Kurz, es ist dafür gesorgt, daß ich nicht die Bewegung verliere. U. das ist gut, denn wer weiß, was die Zeit noch von uns fordert.

Mit herzlichen Grüßen von Haus zu Haus Ihr

Simmel

wie die Berufung entschieden ist] Simmel bezieht sich auf die Psychiatrieprofessur in Heidelberg (siehe Simmel an Hugo Liepmann vom 19. Sept. und 6. Okt. 1917); er hat vermutlich während seiner Reise nach Heidelberg (siehe Simmel an Karl Jaspers vom 12. Nov. 1917) Näheres über die Hintergründe der endgültigen Entscheidung zugunsten von Karl Willmanns erfahren, der zum Juli 1918 berufen wurde und bis zu seiner Entlassung aus politischen Gründen, 1933, in Heidelberg bleiben sollte (Drüll).

***mala fides*]** Lat.: böse Absicht.

einen einzigen] Gemeint ist der Pharmakologe Rudolf Gottlieb; siehe Simmel an Hugo Liepmann vom 19. Sept. 1917.

Hans ... Front geführt wird] Zu Hans Simmels Heimaturlaub und Rückkehr an die Front siehe Simmel an Anna Jastrow vom 18. und 22. Okt. sowie vom 8. Nov. 1917.

feldgrauen Hochschulkurs] Siehe Simmel an Anna Jastrow vom 8. Nov. 1917.

ein gleicher hier in Straßburg, der sich im Jan. wiederholt] Siehe Simmels Notiz für Franz Schultz von Anfang Nov. 1917.

Vorträge in Frankfurt, München, Berlin] Bekannt ist Simmels Plan, in Frankfurt/M. über »Gesetzmäßigkeit in der Kunst« zu sprechen (Simmel an Eduard von Bendemann vom 12. Okt. 1917) und im Jan. 1918 drei Vorträge in Berlin zu halten (siehe Simmel an Friedrich Gundolf vom 10. Jan. 1918); der Vortrag in München ließ sich in der einschlägigen Presse nicht ermitteln.

Franz Schultz, Dekan der philosophischen Fakultät der KWU, an Georg Simmel u. a.

Rundschreiben vom 21. November 1917
Hs.; ADBR Strasbourg, AL 62, Paq. 38, J.-N. 383

21. 11. 17

Die Herren Kollegen bitte ich, in der beiliegenden Liste vermerken zu wollen, welche Vorlesungen und Übungen in diesem Semester tatsächlich zustandegekommen sind.

F. Schultz
z. Z. Dekan

An sämtliche Herrn Dozenten der Fakultät

Rundschreiben vom 21. November 1917] Gedr. Briefkopf, oben li.: Die / *PHILOSOPHISCHE FAKULTÄT* / DER / KAISER-WILHELMS-UNIVERSITÄT / ZU STRASSBURG; oben re.: *Straßburg Els.), den ... 191 ...*

beiliegenden Liste] Siehe nachstehende Notiz.

Georg Simmel an Franz Schultz, Dekan der philosophischen Fakultät der KWU

Notiz von nach dem 21. November 1917
Hs.; ADBR Strasbourg, AL 62, Paq. 38, J.-N.383

Einleitung i. d. Philos.	priv.	3-4 2x	15.
Pädagogik	"	4-5 2x	6.
Privatissimum im Seminar	gratis	10-11 1x	

Notiz von nach dem 21. November 1917] Es handelt sich um Simmels Eintrag in die Liste der »Vorlesungen und Uebungen an der philosophischen Fakultät im Winter-Semester 1917-18«, hs. Beilage zu vorstehendem Rundschreiben. Die Liste enthält die vorgegebenen Spalten: »Dozent«, »Gegenstand«, »priv. / privatissime / publice / gratis«, »Zeit« und »Ort«. – Zum angekündigten Lehrprogramm siehe Simmel an Anna Jastrow vom 30. Sept. 1917.

15.] Gemeint ist wohl das in der Liste mehrfach angegebene Auditorium Nr. 15.

6.] Vermutlich gemeint ist das von anderen Kollegen genannte Auditorium VI.

Georg Simmel an Gertrud Jaspers

Brief vom 21. November 1917
Hs.; DLA Marbach, Nl Jaspers

21 XI 17

Sehr verehrte Frau,

Ihre eben erhaltne Nachricht hat mich u. meine Frau sehr bewegt. Indeß will ich mich nicht bei diesen subjektiven Reflexen aufhalten, sondern gleich auf die praktischen Erfordernisse kommen. Bezüglich der Universitäts-Krankenkasse habe ich soeben festgestellt, daß die Erlangung einer Beihilfe zum Sanatoriumsaufenthalt wesentlich von Prof. *Erich Meyer* abhängt. Diesen werde ich, wenn möglich schon morgen, zu sprechen suchen u. ihn für den Fall interessiren. Es wäre also wünschenswert, daß *Frl. H.* so bald wie möglich herkommt – indeß ist es vielleicht richtig, daß sie dazu in jedem Fall erst eine Unterredung mit Prof. *M.* abwartet, es könnte sich aus dieser irgend ein Umstand ergeben, der die sofortige Rückkehr nicht ratsam macht. Sollte die Situation es erfordern, so depeschire ich Ihnen.

Im praktischen Interesse bitte ich Sie nun, mir vor allem mitzuteilen, welche Summe aufzubringen ist, um die halbjährige Kur im Sanatorium zu ermöglichen. Nach Ihren Mitteilungen nehme ich an, daß Sie darüber ungefähr informirt sind. Ich hoffe – ohne es natürlich verbürgen zu können –, daß sich hier so viel zusammenbringen lässt, um die schon verfügbare Summe, von der Sie sprachen, zu der erforderlichen Höhe zu ergänzen. In jedem Fall muß, was überhaupt geschieht, *ganz* geschehen, man darf kein Sanatorium wählen, in dem das Ernährungsquantum irgend zweifelhaft ist. Denn ich bin überzeugt, daß die Basis der Krankheit bei *Frl H.* die Unterernährung ist, zu der sie sich notgedrungen trainirt hat (übrigens, wie mir vor einiger Zeit vorkam, vielleicht ein wenig mehr, als unbedingt nötig gewesen wäre, aus einer gewissen Lust an Askese u. Disziplin, die grade aus dem jugendlichen Kraftgefühl stammte). Wollen Sie mir also bitte die ökonomischen Erfordernisse in ihrem ganzen Umfang mitteilen, ferner, ob ich mit *Frl. Dr. Heimann* über die Sachlage sprechen darf, endlich, ob *Frl. H.* jetzt überhaupt reisefähig ist.

Mit besten Grüßen von Haus zu Haus Ihr sehr ergebner

Simmel

Brief vom 21. November 1917] Mit gedr. Briefkopf: Philosophisches Seminar / der / Kaiser Wilhelms-Universität. / Straßburg, den…

Nachricht] Verschollen. – Gertrud Jaspers Schreiben bezog sich auf den schlechten Gesundheitszustand von Elisabeth Hellersberg, die am 1. Okt. 1917 ihren Wohnsitz von Düsseldorf nach Straßburg verlegt hatte, um dort das von Jaspers bzw. Simmel vermittelte Philosophiestudium aufzunehmen (siehe Simmel an Karl Jaspers vom 16. und 21. Juni 1917; vgl. die Meldekarte, AVCUS Strasbourg, sowie die Immatrikulationsliste des WS 1917/18, ADBR Strasbourg, AL 103, Paq. 7, 225). Wie Hellersberg Karl Jaspers am 7. Okt. 1917 schrieb, hatte sie den ihr zunächst mündlich durch Jaspers, dann aber auch von Simmel brieflich (nicht überliefert) übermittelten Rat Simmels, den Studienbeginn bis »Ostern [1918] zu verschieben« (Simmel an Karl Jaspers vom 25. Juni 1917), als »Versuche« zurückgedrängt, sie von ihrer »Straßburgidee für diesen Winter abzubringen«, und die Übersiedelung gewagt, zumal, »da Simmels letzter Brief, den ich erhalten hatte, gar nicht so antistraßburgisch klang«; erst nach ihrer Ankunft in Straßburg habe sie dann einem ihr nachgesandten weiteren Brief Simmels entnommen, daß er ernsthaft zum Überdenken ihres Plans rate, zumal er »nur 7 Wochen dies Semester hier« sein werde (DLA Marbach, Nl Jaspers). Gleichwohl muß Simmel sie sofort seiner persönlichen Fürsorge unterstellt haben, nennt Hellersberg doch die »Simmels« als die einzigen ihr bekannten »Menschen« in Straßburg (ebd.); und Simmel wußte wohl auch von Hellersbergs Absicht, »zwischen dem 15. u. 19. Nov. nach Heidelberg zu kommen für 2-3 Tage« (Elisabeth Hellersberg an Karl Jaspers vom 25. Okt. 1917, ebd.).

Prof. *Erich Meyer*] Erich Meyer (1874-1927), Facharzt für innere Medizin, PD München 1905, ao. Prof. Straßburg 1909, ord. Prof. Straßburg 1914 (Kürschner GK 1926 und 1928/29, Totenliste).

***Fr. H.* so bald ... herkommt]** Original: sobald. – Elisabeth Hellersberg ist lt. Meldekarte am 1. Dez. 1917 nach Heidelberg »abgereist« (AVCUS Strasbourg).

***Frl. Dr. Heimann*]** Gemeint ist Betty Heimann (1885-1926; Ld-jA), die nach »künstlerischen Studien« und Abiturprüfung als ›Externe‹ Philosophie, Mathematik und Physik in Heidelberg, Berlin, Göttingen, München und – seit dem WS 1915/16 – in Straßburg studiert und am 29. Juni 1916 bei Simmel promoviert hatte (›Lebenslauf‹ in: Hegels ästhetische Anschauungen. 1. Teil: Die Psychologie des ästhetischen Erlebens. Inaugural-Dissertation der hohen philosophischen Fakultät der Kaiser-Wilhelm-Universität zu Straßburg zur Erlangung der Doktorwürde vorgelegt von Betty Heimann aus Hamburg. Straßburg: M. Du Mont Schauberg 1916, 83 S; vgl. auch die Promotionakte in ADBR Strasbourg, AL 62, Paq. 37, J.-N. 66; zu Simmels Gutachten siehe GSG 24: Dokumente). Betty Heimann wurde in den 1920er Jahren Dozentin an der Universität Utrecht, wo man ihr kurz vor ihrem Tod die Habilitation anbot (Ld-jA).

über die Sachlage sprechen darf] Hellersberg hatte Karl Jaspers berichtet, daß sie in Straßburg ein »Frl. Heimann« kennengelernt habe (Brief vom 7. Okt. 1917, a. a. O.); daß Simmel die Begegnung vermittelt hatte, ist anzunehmen.

Georg Simmel an Eduard von Bendemann
Feldpostkarte vom 25. November 1917
Hs.; LBI New York, Susman Collection

Straßburg 25 XI 17

Lieber Herr Doktor

Besten Dank für Ihren *Rodin*-Aufsatz, der mir das Wesentliche mit unüb[ertre]fflicher Präzision zu bezeichnen scheint. Ich selbst habe an die *Vossische Zeitung* eine Kleinigkeit über R. gegeben, die Sie vielleicht in diesen Tagen gefunden haben oder finden werden.

Bitte geben Sie mir möglichst umgehend Nachricht über Ort u. Stunde meines Vortrags am 13. Denn ich reise Ende dieser Woche nach Belgien zu einem Kurs in der Etappe u. komme erst dicht vor dem Frankfurter Vortrag zurück, möchte also noch zuvor über alle Äußerlichkeiten unterrichtet sein.

Was haben Sie denn übrigens über die ökonomische Seite des Vortrags beschlossen? Meiner Erinnerung nach hatte ich diese s. Z. in Ihre Hände gelegt.

Herzlich Ihr

Simmel

Feldpostkarte vom 25. November 1917] Als Postkarte verwendete »Feldpostkarte / An« den Gefreiten / *Ed. v. Bendemann / Frankfurt Main / Brentanostr. 1*; mit Poststempel: Straßburg (Els.) 25. 11. 17 2-3 N; Prüfstempel: Straßburg (Els.) P.K. Geprüft und zu befördern; Textverluste durch verschmierten Stempelaufdruck.

Ihren *Rodin*-Aufsatz] Eduard von Bendemann: Rodin †. FZ, Nr. 324 vom 23. Nov. 1917, Mo. Bl.. Auguste Rodin war am 17. Nov. 1917 in Meudon gestorben.

Kleinigkeit über R.] Simmel: Erinnerung an Rodin. VZ, Nr. 606 vom 27. Nov. 1917, Ab. Bl. (GSG 13, S. 307-312).

Ort u. Stunde meines Vortrags am 13.] Gemeint ist der geplante Vortrag über »Gesetzmäßigkeit in der Kunst« in Frankfurt am 13. Dez. 1917; siehe Simmel an Eduard von Bendemann vom 12. Okt. 1917.

ich reise Ende dieser Woche nach Belgien] Zum Hochschulkurs in Tournai (siehe Simmel an Anna Jastrow vom 8. Nov. 1917).

Georg Simmel an Margarete von Bendemann
Postkarte vom 26. November 1917
Hs. o. U.; LBI New York, Susman Collection

Straßburg 26 XI 17

Liebe Susa,

auf deinen Brief mit einer Postkarte zu antworten, kommt mir vor, als ob ich auf dich zueilen wollte u. mir dazu die Füße gebunden wären. Auch in dieser Hinsicht sind diese Jahre der große Verzicht u. das Einzige, was man tun kann, ist, daß man ihn gewissermaaßen aktiv gestaltet, indem man sich dauernd im Bewußtsein hält, *worauf* man verzichtet; jede *Gewöhnung* daran wäre ein unersetzlicher Verlust für Gegenwart u. Zukunft. –

Ich hätte mich von dem, was du über das Kriegsgedicht sagst, gern eines Besseren belehren lassen; aber es hat mir auch nicht weitergeholfen. Ich kann hier absolut keinen gewiesnen Weg sehn: daß die Wertfrage auf die sittliche Erneuerung gestellt ist, ist eine Banalität – so wenig natürlich die Erschütterung, mit der er diese Frage *subjektiv* empfindet, banal ist. Es ist, meinem Gefühl nach, alles ganz aus der Nähe gesehn, ohne den weithin reichenden, geduldigen Blick, dessen es bedarf, wenn man Weltgeschichte reden u. richten will. Ich habe dies schon seit vielen Jahren als die große Unzulänglichkeit an seiner Zeit-Kritik empfunden: daß er nur das unmittelbar Gegenwärtige sieht u. ihm ein paar lumpige Jahrzente zur definitiven Signatur des »Zeitalters« werden. Angesichts der ungeheuren technisch-ökonomischen Entwicklungen seit der Mitte des 19. Jahrh. war es wirklich kein Wunder, wenn die Menschen für ein paar Jahrzehnte dadurch verwirrt wurden u. die Orientirung nach den innerlichen Werten verloren. Um solcher Schwankungen willen, die im Strom des Geschehens der Jahrtausende kaum ein leichtes Kräuseln sind, ist die Welt noch nicht verloren u. verflucht. Es ist nur, wie wenn ein Individuum sich einmal fünf Minuten lang einem ganz äußerlichen, aber sehr starken Eindruck hingiebt, während welcher 5 Minuten er freilich nicht an das Heil seiner Seele denkt. Für unsereinen ist es natürlich höchst schmerzlich, grade in solche Epoche hineinzugeraten, allein das ist sozusagen ein persönliches Unglück u. man muß sehr kurzsichtig sein, um dies nun gleich für eine »Weltepoche« von schlechtsinniger Niedertracht zu halten; um so mehr, als sich in den letzten Jahren entschieden Zeichen der Besserung, des Bestr[eb]ens u. der Wiedervergeistigung gezeigt hatten. – Wir haben nun Gertrud für 6 Tage hier, ein gutes, stilles Zusammensein – aber doch mit dem Untergrund des Unheimlichen u. Bedrohten, auf dem sich seit Jahren alles Leben abspielt.

Tausend, tausend Grüße von uns!

Postkarte vom 26. November 1917] An: Frau / *Margarete. v. Bendemann* / *Glockenthal* bei *Thun* / *(Bern)* / *Haus v. Egidy*; mit Absenderstempel: Prof. Simmel / Strassburg (Els.); Poststempel: Straßburg (Els.) 1 [unles.]; Prüfstempel: Geprüft und zu befördern P.K. Strassburg (Els.); mit Textverlusten durch Verschmutzung.

deinen Brief] Verschollen.

das Kriegsgedicht] Stefan George: Der Krieg. Siehe Simmel an Margarete von Bendemann vom 23. Okt. 1917.

Signatur des »Zeitalters« ... »Weltepoche« von schlechtsinniger Niedertracht] Angesprochen sind wohl Margarete von Bendemanns briefliche Äußerungen über Georges ›Kriegsgedicht‹, in dem geistige Fehlorientierungen vor und während des Krieges angeprangert werden.

Gertrud für 6 Tage hier] Gertrud Kantorowicz, auf Heimaturlaub in Deutschland (siehe Simmel an Eduard von Bendemann vom 14. Sept. 1917), war am 24. Nov. 1917 aus Marburg kommend in Straßburg eingetroffen, wohnte dort nahe bei Simmels in einer Fremdenpension in der Wimpfelingstr. 14 und reiste am 1. Dez. 1917 zurück nach Konstantinopel (Eintrag auf Meldekarte, AVCUS Strasbourg).

Georg Simmel an Eduard von Bendemann

Feldpostkarte vom 28. November 1917
Hs.; LBI New York, Susman Collection

Straßburg 28 XI 17

Lieber Herr Doktor,

da ich demnächst nach Belgien fahre, zu einem Hochschulkurs, u. nach meiner Rückkehr hier sehr viel zu tun habe, bestätige ich der Sicherheit halber gleich den Empfang Ihrer freundlichen Zeilen. Sie enthalten aber nicht die erbetne Angabe des *Ortes* meines Vortrags, so daß ich diese Bitte wiederholen muß. Ich denke am 13. schon Mittags in Frkf. einzutreffen u. würde gern, wenn Sie Zeit haben, vor dem Vortrag mit Ihnen zu Abend essen. Nach dem Vortrag stehe ich für ein Zusammensein in weiterem Kreise zur Verfügung. Bitte richten Sie das ganz ein, wie Sie es für ersprießlich halten.

Herzlich Ihr

Simmel

Feldpostkarte vom 28. November 1917] Als Postkarte verwendete »Feldpostkarte / An«: den Gefreiten / *Ed. v. Bendemann / Frankfurt Main / Brentanostr. 1*; mit hs. Absenderangabe: Prof. *Simmel* / Straßburg Els.; Poststempel: Straßburg (Els.) 1 28.11.17 5-6 N; Prüfstempel: Straßburg (Els.) P.K. Geprüft und zu befördern.

zu einem Hochschulkurs] Zum Hochschulkurs in Tournai siehe Simmel an Anna Jastrow vom 8. Nov. 1917.

Ihrer ... Zeilen] Verschollen.

meines Vortrags ... am 13.] Angesprochen ist Simmels Vortrag über ›Gesetzmäßigkeit in der Kunst‹, den Eduard von Bendemann, vermutlich im Rahmen der ›Vereinigung für Neue Kunst‹, für Donnerstag, den 13. Dez. 1917 in Frankfurt anberaumt hatte (siehe Simmel an Eduard von Bendemann vom 30. Aug., 12. Okt. und 25. Nov. 1917). Die FZ brachte weder Ankündigungen noch einen Bericht des – wohl nicht öffentlichen – Vortrags; auf dessen Ausarbeitung weist dann die Mitteilung des Logos-Redakteurs Georg Mehlis an Paul Siebeck vom 27. Juni 1918, Simmel habe für das dritte Logosheft »einen sehr interessanten Artikel in Aussicht gestellt«, sowie der vom Verlag gegenüber Mehlis bestätigte Empfang des Simmelschen Manuskripts vom 15. Aug. 1918 (VA Mohr Siebeck); dieses erschien im Spätherbst (vgl. Paul Siebeck an Richard Kroner vom 13. Dez. 1918, ebd.) unter dem Titel ›Gesetzmäßigkeit im Kunstwerk‹ (Logos VII, 1917/18, Heft 3, S. 213-223; GSG 13, S. 382-394).

Georg Simmel an Gertrud Jaspers

Brief vom 29. November 1917
Hs.; DLA Marbach, Nl Jaspers

Straßburg 29 XI 17

Sehr verehrte Frau,

ich habe für die Genesungsaktion von Fräulein *H.* 1300 M. zusammenbekommen. Diese stehen also zur Verfügung; nur ist zu überlegen, ob man nicht zunächst einen gewissen Teil des in Heidelberg zur Verfügung gestellten Betrages verbrauchen sollte (so viel, wie mit gutem Gewissen angenommen werden kann) u. dasjenige, was man schon fest in der Hand hat, zunächst in Reserve halten. Aber dies werden Sie doch besser überblicken können, als ich es hier kann.

Übrigens ist es nicht ausgeschlossen, daß ich hier noch etwas mehr beschaffe.

Mit ergebensten Grüßen Ihr

Simmel

Genesungsaktion von Fräulein *H.*] Zum Engagement zugunsten von Elisabeth Hellersberg siehe Simmel an Gertrud Jaspers vom 21. Nov. 1917.

Siegfried Kracauer an Georg Simmel

Abschrift von Brief vom 30. November 1917
Hs.; DLA Marbach, Nl Kracauer

30. *November* 1917
Frankfurt/M.
Eppsteinerstr. 40

Hochverehrter Herr Professor!

Schon lange habe ich von Ihrer gütigen Erlaubnis, Ihnen mitunter schreiben zu dürfen, keinen Gebrauch gemacht. Indessen, ich bin seit mehreren Monaten Soldat (in *Mainz*, bei der *Fussartillerie*), und die ganze mir ungewohnte Existenz, besonders aber die körperlichen Anstrengungen, entfremdeten mich doch bisher sehr meinem früheren und eigentlichen Leben und seinen Inhalten. Augenblicklich darf ich etwas freier aufatmen. Ich bin, da ich den Strapazen der Ausbildung auf die Dauer nicht gewachsen war, vorerst arbeitsverwendungsfähig im Beruf geworden und zur Zeit auf kurzem Urlaub zuhause. Die paar letzten Wochen wurde ich zu Wachdienst und Kartoffelschälen verwandt; in nicht allzuferner Zeit hoffe ich jedoch in meinem Beruf beschäftigt zu werden, in dem ich sicher Nützlicheres leisten kann.

Über Menschen und Zustände habe ich beim Militär reiche, z. T. niederdrückende Erfahrungen gesammelt, aber ich bin noch körperlich zu ermattet und geistig zu stumpf, um mir über sie von höherer Warte aus Rechenschaft abzulegen; wie überhaupt einstweilen an produktive Arbeit für mich noch nicht zu denken ist. Immerhin bin ich dem Schicksal dankbar, daß es mich durch eine harte Schule schickt, denn von jeher erfüllte mich der Drang, das Menschliche in allen seinen Gestalten zu durchleben. Um so wirklichkeitsgesättigter und lebensnäher wird auch mein Denken und Schaffen werden.

In Ihrem Antwortschreiben auf meinen letzten Brief äußerten Sie, hochgeehrter Herr Professor, Interesse an dem Plan meiner neuen philosophischen Arbeit, den ich Ihnen in jenem Brief kurz entwickelt hatte. Diese Schrift konnte ich gerade noch vor meiner Einberufung beenden und sie ist inzwischen abgeschrieben und korrigiert worden. Ich hoffe nicht, Ihre Güte zu mißbrauchen, wenn ich Ihnen gleichzeitig mit diesem Brief ein Exemplar übersende; hatten Sie mich doch *einstmals* aufgefordert, Ihnen meine Arbeiten vorzulegen. Vielleicht ist es Ihnen doch möglich, gelegentlich einen Blick hinein zu werfen; ich würde mich jedenfalls darum sehr glücklich preisen. Das Manuskript ist – wie ich noch hinzfügen will – so verpackt, daß seine Zurücksendung an mich ohne die geringste Unbequemlichkeit für Sie erfolgen kann.

In meiner neuen Schrift habe ich es unternommen, einige wichtige seelische Erlebnisse der Gegenwart ihrer Entstehung nach zu erklären, sie zu beschreiben und sie zu deuten. Theoretische Einsichten und Wertüberzeugungen sind darum allenthalben gemischt, viele des Ausbaus später noch bedürftige Gedanken in vorläufiger Fassung dargestellt. Manche Abschnitte ließen sich auch einzeln in Zeitschriften publizieren: so über das Wesen der Gläubigkeit, über das Interesse, über den Instinkt, über die Bedeutung der Gewohnheiten, über *Schiller* und *Shakespeare*, über die Ichbetrachtung des Jünglings u. a.m. Eine einzige Idee zieht sich durch das Ganze, die Idee, daß es das die Menschen erfüllende »Leben« selber ist (ich konnte dieses metaphysischen Begriffs schlechthin nicht entraten), das immer wieder in den Menschen die Sehnsucht danach emportreibt, als Persönlichkeiten in einer wahrhaften religiösen Kulturgemeinschaft zu leben. – Ich gestehe, daß ich mit dem kleinen Werk gerne vor die Öffentlichkeit träte; gerade jüngeren und hochstrebenden Menschen dürfte es vielleicht hie und da zu größerer Klarheit über ihr innerstes Wollen verhelfen.

An zukünftigen Arbeiten schwebt mir vor allem eine *Psychologie* vor, zu der sich Ansätze schon in der letzten Schrift finden. Ich glaube, daß ich auch einmal eine Reihe von Menschentypen auf meine Weise schildern werde. Soziologische Probleme fesseln mich in zunehmendem Maße (das Verhältnis des Einzelnen zur Gemeinschaft, der Führer zu den Geführten, das Wesen des Staates, der Parteien, die politischen Ideale und ihre Verankerung in der Einzelseele usw.) Bei meinem ganzen Trachten bedrängen sich immer noch sehr stark der Künstler und der Denker. Stets von neuem schwanke ich in der Richtung meines Weges, fast immer aber siegt über den Drang zu künstlerischer Bildung der Drang nach Klarheit über die Zusammenhänge des Geschehens, insbesondere des seelischen Geschehens. Auch bei meinem Denken selbst leide ich dauernd unter einem Konflikt: Ich bin so ganz Wirklichkeits- und Augenmensch, so sehr auf die Schauung des Einzelnen bedacht, daß ich fast immer mit einem schlechten Gewissen zu begrifflichen Verallgemeinerungen vordringe, die in gewisser Weise »unsichtig« sind. Es bildet für mich einen unnennbaren Reiz Ihrer Schriften, daß sie ganz aus der »Anschauung« noch des zartesten seelischen Geschehens geboren sind.

Vorderhand muß ich mich durchaus aufnehmend verhalten. So lese ich denn und fülle Lücken meiner Bildung auf. Viel Genuß bereitet mir das Werk von *Gomperz* über die griechischen Denker. Vielleicht darf ich erwähnen, daß mich eine erneute Beschäftigung mit *Bergson* recht kritisch gegen diesen Denker gemacht hat.

Einige Jahre der Muße, die mir die Möglichkeit gewähren, meine Gedanken ausreifen zu lassen: das wäre es, was ich mir für die Zukunft ersehnte.

In aufrichtiger Verehrung verbleibe ich hochachtungsvoll und ergebenst

Siegfried Kracauer

Abschrift von Brief vom 30. November 1917] Von der Hand Siegfried Kracauers.

seit mehreren Monaten Soldat] Kracauer hatte – nach seiner vergeblichen Meldung als Freiwilliger (siehe Simmel an Kracauer vom 26. Juni 1915) – schließlich »Mitte September« 1917 einen Einberufungsbefehl erhalten (Kracauer Magazin, S. 24).

Antwortschreiben auf meinen letzten Brief] Kracauers Brief und Simmels Antwort sind verschollen.

ein Exemplar] Es handelt sich um die zu Lebzeiten unveröffentliche Arbeit ›Das Leiden unter dem Wissen und die Sehnsucht nach der Tat. Eine Abhandlung aus dem Jahre 1917‹ (abgedruckt in: SKW 9.1, S. 169-397). Das in Kracauers Nachlaß überlieferte Manuskript (Tps., Durchschlag, 261 Bl.; DLA Marbach) enthält hs. Korrekturen und Anstreichungen des Verfassers; es ist in einen blauen Einband geheftet, auf dem Kracauer neben Titel und Entstehungsjahr die Widmung »S[einem] l[ieben] Dr. Gottfried Salomon z[um] 21. Nov[ember]« festhielt. Vgl. Ingrid Belke: Nachbemerkung und editorische Notiz. In: SKW 9.2, S. 297f. und 307. – Kracauer nahm Salomons Geburtstag (21. Nov.) und wohl auch die Promotion, die am 26. Dez. 1916 abgeschlossen worden war (ADBR Strasbourg, AL 62, Paq. 37, J.-N. 202), zum Anlaß, um seinen Freund aus Kindertagen – sie wuchsen als Nachbarn im Frankfurter Bäckerweg auf – zu ehren; diese Widmung kann Kracauer 1917 angebracht haben, daß sie jedoch auf dem Simmel zugesandten Exemplar stand, scheint unwahrscheinlich.

In meiner neuen Schrift ... dargestellt] Die überlieferte Fassung (s. o.) gliedert sich in die folgenden Kapitel I bis VII: »Die Lage der Gegenwart / Die Ideewerdung der Wissenschaft / Die Entdeckung der Seele / Grundbedürfnisse menschlichen Wesens / Das Leiden unter der zur Idee gewordenen Wissenschaft / Das Leiden unter dem übermäßigen Wissen um die Seele / Die Sehnsucht nach der Tat und ihre Deutung«. – Zu Kracauers theoretischen und methodischen Bezugnahmen auf Simmel siehe SKW 9.1, S. 178, 193 und 208.

Manche Abschnitte ließen sich auch einzeln in Zeitschriften publizieren] Solche »Abschnitte« sind in Kracauers Typoskript durch Streichungen bzw. Anstreichnungen mit Rotstift markiert und entsprechend im Abdruck gekennzeichnet. Vgl. die ›Anmerkungen der Herausgeberin‹ in SKW 9.1, S. 403 ff.

über das Wesen der Gläubigkeit] Siehe ebd., S. 195-202.

über das Interesse] Siehe ebd., S. 245-247.

über den Instinkt] Siehe ebd., S. 326-330.

über die Bedeutung der Gewohnheiten] Siehe ebd., S. 330-334.

über *Schiller* und *Shakespeare*] Die angesprochene Passage gehört nicht zu den im Typoskript mit Blick auf eine gesonderte Publikation gekennzeichneten »Abschnitte[n]« (s. o.); gemeint ist wohl der Vergleich der Helden in Schillers und Shakespeares Dramen im Kapitel ›Die Endeckung der Seele‹ (ebd., S. 219-222).

über die Ichbetrachtung des Jünglings] Siehe ebd., S. 306-312. – Nur diesen »Abschnitt« veröffentlichte Kracauer unter dem Titel ›Die typischen Selbstbespiegelungen des Jünglings‹ (Frankfurter Universitäts-Zeitung 6, Heft 4 vom 20. April 1920, S. 54-55).

zukünftigen Arbeiten ... *Psychologie*] Das Projekt einer »Psychologie« blieb unverwirklicht.

Soziologische Probleme fesseln mich] Dieses Interesse findet dann seinen ersten Niederschlag in: Siegfried Kracauer: Soziologie als Wissenschaft: Eine erkenntnistheoretische Untersuchung. Dresden: Sibyllen-Verlag 1922.

Werk von *Gomperz*] Theodor Gomperz: Griechische Denker. Eine Geschichte der antiken Philosophie. 1. bis 3. Band. Leipzig: Veit & Co 1893-1906.

erneute Beschäftigung mit *Bergson*] Mit dem Hinweis auf die »Beschäftigung« mit dem französischen Philosophen Henri Bergson erinnert Kracauer Simmel wohl an die Abhandlungen, die er ihm zugeschickt hatte (siehe Kracauer an Simmel vom 5. Juli 1914 sowie Simmel an Kracauer vom 8. Okt. und 1. Nov. 1916). Offenbarte bereits ›Über das Wesen der Persönlichkeit‹ (1914) eine intensive Bergson-Lektüre (vgl. SKW 9.1, S. 12), so entfaltete Kracauer in ›Von der Erkenntnismöglichkeit seelischen Lebens‹ (1916) in einer längeren Passage (ebd., S. 127-135) »Gedankengänge«, deren »vielfältig[e]« Berührung »mit Ausführungen Bergsons« er ausdrücklich annotierte (ebd., S. 127, Anm.).

Georg Simmel an Siegfried Kracauer
Postkarte vom 9. Dezember 1917
Hs.; DLA Marbach, Nl Kracauer

Straßburg 9 XII 17

Sehr geehrter Herr Doktor,

Ihre freundliche Sendung finde ich eben bei meiner Rückkehr von einer Reise in die belgische Etappe vor.

An diesem Mittwoch halte ich einen Vortrag in Frankfurt u. würde mich freuen, Sie bei dieser Gelegenheit wiederzusehn. Falls mein Zug sich nicht unerhört verspätet, würden Sie mich um 4 Uhr im *Hotel Deutscher Kaiser*, am *Wiesenhüttenplatz* antreffen; vielleicht darf ich Sie bitten, mich dort eine Zeile vorfinden zu lassen, ob ich Sie erwarten darf.

Mit ergebensten Grüßen Ihr

Simmel

Postkarte vom 9. Dezember 1917] An: Herrn / *Dr. S. Kracauer / Frankfurt Main / Eppsteinerstr. 40*; mit Absenderstempel: Prof. Simmel / Strassburg (Els.); Poststempel: Straßburg (Els.) 1u 9. 12. 17. 9-10 N.; Prüfstempel [unles.].

Sendung] Siehe Kracauer an Simmel vom 30. Nov. 1917.

Rückkehr von einer Reise in die belgische Etappe] Zum Hochschulkurs in Tournai siehe Simmel an Anna Jastrow vom 8. Nov. 1917.

Mittwoch ... Vortrag in Frankfurt] Gemeint ist der für Donnerstag, den 13. Dez. 1917 anberaumte Vortrag über ›Gesetzmäßigkeit in der Kunst‹, den Eduard von Bendemann eingeworben hatte (siehe Simmel an Eduard von Bendemann vom 28. Nov. 1917). – Zur »Konfusion« des Wochentags siehe Simmel an Kracauer vom 11. Dez. 1917.

***Hotel Deutscher Kaiser*, am *Wiesenhüttenplatz*]** Zum Hotel ›Deutscher Kaiserhof‹ siehe Simmel an Eduard von Bendemann vom 11. Jan. 1917.

Georg Simmel an Siegfried Kracauer

Postkarte vom 11. Dezember 1917
Hs.; DLA Marbach, Nl Kracauer

Straßburg 11 XII 17

Geehrter Herr Doktor!

Ich habe wohl eine Konfusion gemacht: ich komme nicht Mittwoch, sondern *Donnerstag* nach Frft., u. hoffe Sie auch an diesem Tage zu begrüßen.

Ihr ergebenster

Simmel

Postkarte vom 11. Dezember 1917] An: Herrn / *Dr. S. Kracauer / Frankfurt Main / Eppsteinerstr. 40*; mit Absenderstempel: Prof. Simmel/Strassburg (Els.); Poststempel: STRASSBURG (ELS.) 1 P 11.12.17. 2-3 N.; Prüfstempel [unles.]. Auf der von Simmel beschriebenen li. Postkartenhälfte notierte Adolf Kracauer: »*siehe andere Seite*« und schrieb dort: »Frankfurt /m. 12/12/17 / Lieber Friedel. Umstehend Profess. Simmels 2. Karte. Hast Du ihm geschrieben? Hast Du die nachgesandte Uhre erhalten? Bestätige den Empfang der Uhre sofort nach Empfang. / Herzlichen Gruss / Dein Papa«.

Konfusion gemacht] Siehe Simmel an Kracauer vom 9. Dez. 1917.

hoffe Sie ... zu begrüßen] Ob es in Anbetracht der Nachsendung dieser Postkarte (s. o.) zu einer Begegnung mit Kracauer kam, ist nicht bekannt.

Georg Simmel an Gertrud Jaspers

Brief vom 12. Dezember 1917
Hs.; DLA Marbach, Nl Jaspers

Straßburg 12 XII 17

Sehr verehrte Frau!

Ich danke Ihnen und Ihrem Gatten bestens für Ihre ausführlichen Berichte. Der Widerspruch zwischen dem tatsächlichen Befinden u. dem Untersuchungsergebniß ist indeß zu auffallend, als daß ich mir ein Bild von dem, was die Zukunft wohl bringen mag, machen könnte.

Ich teile Ihnen zugleich mit, daß mir noch weitere 1000 M. für die Kur von *Frl. H.* zugegangen sind, im Ganzen also 2300

M. Es liegt keinerlei Voraussetzung vor, daß diese nun gleich für einen Sanatoriumsaufenthalt verwendet würden; die Summe kann vielmehr liegen bleiben, um die später entstehenden Kosten für die völlige Herstellung von *Frl. H.* zu bestreiten.

Übrigens bemerke ich, daß keiner der sechs Spender, die zu dem erfreulichen Resultat zusammengewirkt haben, den Namen der Kranken erfahren hat. Man hat es mir auf meine ganz allgemeine Angabe hin anvertraut.

Mit ergebensten Grüßen bleibe ich Ihr

Simmel

Frl. H. hat neulich an *Frl. Dr. Heimann* geschrieben, daß sie sich wieder frisch u. arbeitsfähig fühle. Sollte das eine optimistische Antizipation sein?

Ihre ausführlichen Berichte] Die dem Gesundheitszustand von Elisabeth Hellersberg (siehe Simmel an Gertrud Jaspers vom 21. und 29. Nov. 1917) gewidmeten »Berichte« sind nicht überliefert, – wohl aber eine auf einen entsprechenden Brief bezogene Postkarte von Gertrud Simmel an Gertrud Jaspers vom 1. Dez. 1917: »Hier liegt ein Brief von Ihnen an meinen Mann – ich kann ihn nicht übermitteln, da mein Mann für 8 Tage in die Etappe zu Kursen gereist ist – so wird die Antwort erst dann kommen« (DLA Marbach, Nl Jaspers).

weitere 1000 M. für die Kur von *Frl. H.*] Siehe Simmel an Gertrud Jaspers vom 29. Nov. 1917.

Frl. Dr. Heimann] Siehe Simmel an Gertrud Jaspers vom 21. Nov. 1917.

Georg Simmel an Franz Schultz, Dekan der philosophischen Fakultät der KWU

Brief nach Diktat vom 20. Dezember 1917
Hs. m.e.U.; ADBR Strasbourg, AL 62, Paq. 38, J.-N. 444

Straßbg. d. 20. XII 17.

Sehr geehrter Herr Dekan!

Ich bin seit Samstag bettlägerig krank u. obgleich schon entschieden gebessert doch ganz außer Stande das angesagte

Examen am 22. in der Universität abzunehmen. Da für die Kandidatin ein Aufschub soviel ich weiß sehr schwierig wäre, so bleibt wohl nur übrig, daß entweder Herr Kollege Schneider die Güte hat, auch meinen Antheil vom Examen zu übernehmen, oder daß die Dame in meine Wohnung kommt, um sich hier prüfen zu lassen. Dies könnte zu jeder Ihnen u. ihr passenden Zeit stattfinden.

Mit verbindlicher Empfehlung Ihr

Simmel

Hs. m.e.U.] Handschrift von Gertrud Simmel, unterschrieben von Georg Simmel.

seit Samstag bettlägerig krank] Samstag, den 15. Dez. 1917; Simmel litt an einer »ziemlich unangenehme[n] Bronchitis« (Simmel an Margarete von Bendemann vom 24. Dez. 1917). – Dies hieße, daß Simmel möglicherweise weder am 15. noch am 17. Dez. 1917 die Vorlesungen über ›Philosophie der modernen Kultur‹ gehalten hat, die er für den 2. Hochschulkurs der Heeresgruppe Herzog Albrecht angekündigt hatte (siehe Simmels Notiz von Anfang Nov. 1917).

angesagte Examen am 22.] Angesprochen ist die mündliche Prüfung des Promotionsverfahrens Elisabeth Schneider (Heistert); für deren Dissertation über ›Das religionsphilosophische Problem bei Maurice Blondel‹ (Veröffentlichung nicht nachgewiesen) waren Arthur Schneider Referent und Simmel Korreferent (vgl. ADBR Strasbourg, AL 62, Paq. 39: Prüfungsprotokoll).

Kollege Schneider] Arthur Schneider.

meinen Antheil … zu übernehmen] Dies kommt im Protokoll der Prüfung vom 22. Dez. 1917 (s.o.) in der Formulierung, Simmel schließe sich der Beurteilung des Referenten an, zum Ausdruck. – Auch der ebenfalls am 22. Dez. 1917 abgehaltenen Fakultätssitzung blieb Simmel »entschuldigt« fern (13. Fakultätssitzungsprotokoll 1917/18, ADBR Strasbourg, AL 62, Paq. 38).

Georg Simmel an Margarete von Bendemann
Postkarte vom 24. Dezember 1917
Hs. o. U.; LBI New York, Susman Collection

Straßburg 24 XII 17

Liebe Susa,

ich will dir einen Gruß an diesem wunderlichen Weihnachtstag schicken. Es ist nun das vierte Mal, daß wir das schönste aller Friedenfeste, zu dem die Welt es gebracht hat, in der entsetzlichsten Verzerrung erleben, zu der die Welt es gebracht hat. Grade das Weihnachtsfest habe ich – in Tradition von meiner Jugend her – immer in bewußtem, gewolltem Selbstbetrug durch das *Pax hominibus* gefeiert u. genossen. Nun ist auch dies für den Rest des Lebens vorbei.

Der Mann hat uns als höchst erfreuliches Weihnachtsgeschenk die *Weisheit Momi* geschickt. Ich schrieb ihm eben, daß es allerdings das Erstaunlichste sei, was ich je von einem Kind gehört habe – manchmal ist es, als ob die Stimme des Geistes durch ihn hindurch spricht, mit ganz andern Lauten, als sein kleines empirisches Ich hergiebt; das Wesen des Genies: zu wissen, was es nicht erfahren hat – ist hier ganz unzweideutig demonstrirt.

Gestern schrieb ich der Lotte, daß ich eine ziemlich unangenehme Bronchitis durchgemacht habe u. nur mit knapper Not noch nach Berlin kommen werde, wo ich Anf. Jan. drei mir sehr wichtige Vorträge zu halten habe. Es liegt mir viel daran, meine Tradition in Berlin lebendig zu erhalten, weil dies eine wesentliche Bedingung ist, unter der ich nach dem Kriege vielleicht noch etwas für den Wiederaufbau des deutschen Geistes tun kann.

Gertrud ist nun wieder in ihrem Betrieb, der jetzt ganz besonders beanspruchend u. vielfältig zu sein scheint. Aber sie hat ersichtlich die innere Beziehung dazu verloren, u. das Durchhalten ist ein schweres Opfer, immer besonders schwer, wenn sie von Deutschland zurückkommt. Nun diese Tätigkeit den Charakter eines Lebensberufes für sie annimmt, wird der Widerspruch gegen ihre Wesensidee unübersehlich. – Ich habe während des Krieges einige wundervolle neue Menschen gewonnen u. werde glücklich sein, sie dir später einmal zu bringen – später – einmal –

1000 Grüße von uns an dich u. den Jungen!

Postkarte vom 24. Dezember 1917] An: Frau / *Marg. v. Bendemann / Glockenthal bei Thun / (Bern) / Haus v. Egidy*; mit Absenderstempel: Prof. Simmel / Strassburg (Els.); Poststempel: Straßburg (Els.) [unles.]; Prüfstempel: Strassburg (Els.) P.K. Geprüft und zu befördern.

das *Pax hominibus*] Lat.: Friede den Menschen; siehe N.T., Lukas 2, 14: »Gloria in altissimis Deo, / et in terra pax hominibus bonae voluntatis« (Vulgata).

Der Mann hat uns ... die *Weisheit Momi* geschickt] Eduard von Bendemann sandte wohl Äußerungen von oder über seinen Sohn Erwin, genannt Momi. Näheres ist nicht bekannt.

Ich schrieb ihm eben] Simmels Schreiben ist nicht überliefert.

das Wesen des Genies: zu wissen, was es nicht erfahren hat] Fast gleichlautend findet sich diese Formulierung in Simmels ›Werte des Goetheschen Lebens‹ (Allgemeine Einleitung in: Goethes sämtliche Werke. [...] Herausgegeben nach einem von Georg Witkowski aufgestellten Gesamtplan von Curt Noch und Paul Wiegler. Erster Band. Berlin: Ullstein o.J. [1923], S. 45; GSG 20, S. 36): »Wenn es überhaupt das Wesen des Genies ist, zu wissen, was es nicht gelernt hat«; und ›Aus dem nachgelassenen Tagebuche‹ Simmels (GSG 20, S. 278) läßt sich anführen: »das Genie weiß, was es nicht gelernt hat, es braucht nicht die Brücke der Erfahrung«.

Gestern schrieb ich der Lotte] Simmels Schreiben an Emmy von Egidy, genannt Lotte, ist verschollen. Simmel spricht dies an, da Margarete von Bendemann mit ihrem Sohn noch immer im Haus von Egidy wohnte (siehe Simmel an Margarete von Bendemann vom 24. Aug. 1917).

Vorträge] Siehe Simmel an Friedrich Gundolf vom 10. Jan. 1918.

Gertrud ist nun wieder in ihrem Betrieb ... wenn sie von Deutschland zurückkommt] Gertrud Kantorowicz war nach einem kurzen Aufenthalt in Straßburg in die Türkei zurückgekehrt, wo sie seit dem Frühjahr 1916 ein Soldatengenesungsheim in Moda leitete (siehe Simmel an Margarete von Bendemann vom 26. Nov. 1917).

einige wundervolle neue Menschen gewonnen] Welche Personen Simmel hier vor Augen standen, ist nicht mehr zu ermitteln.

den Jungen] Sohn Erwin von Bendemann.

Georg Simmel an Franz Schultz, Dekan der philosophischen Fakultät der KWU

Brief vom 25. Dezember 1917
Hs.; ADBR Strasbourg, AL 62, Paq. 38, J.-N. 455

Straßburg 25 XII 17

Sehr geehrter Herr Dekan!

Infolge Ihrer neulichen Erinnerung zeige ich Ihnen ergebenst an, daß ich demnächst eine Vortragsreise antreten will, von der ich wahrscheinlich am *7. Jan.* nach Straßburg zurückkehren werde.

Bei dieser Gelegenheit möchte ich folgendes erwähnen. Ich habe mich zu dem für den Januar geplanten Kriegshochschulkurs mit einem einstündigen Vortrag gemeldet. Ich möchte Sie nun bitten diesen auf eine Stunde zu legen, an die sich kein andrer, ev. von den gleichen Teilnehmern besuchter Vortrag anschließt. Bei der Art des Themas wäre ein ganz unverhältnißmäßiger Gewinn an Verständniß u. Vertiefung zu erreichen, wenn ich nicht genau an die offiziellen 45 Minuten gebunden wäre. Wenn es sich also irgend machen läßt würde ich die *letzte* Stunde an einem Vormittag oder Nachmittag dafür erbitten.

Mit verbindlichster Empfehlung Ihr

Simmel

Vortragsreise] Gemeint ist Simmels Reise zu drei Vorträgen in Berlin; siehe Simmel an Friedrich Gundolf vom 10. Jan. 1918.

7. Jan.] Der 7. Jan. 1918 fiel auf einen Montag.

Kriegshochschulkurs mit einem einstündigen Vortrag gemeldet] Gemeint ist der erste der beiden allgemein bildenden Lehrgänge im Rahmen der Hochschulkurse für ›feldgraue Hörer‹ an der Universität Straßburg (siehe Simmel an Franz Schultz, Dekan, von Anfang Nov. 1917). Dazu ist eine Aufstellung der »Themata der *philosophischen Fakultät* für die Akademischen Fortbildungskurse der Heeresgruppe Herzog Albrecht (8. bis 21. Jan. 1918)« überliefert, die nach der Blattzählung auf Ende Nov. 1917 zu datieren ist (2 Bl., Hs., ADBR Strasbourg, AL 62, Paq. 38, J.-N. 409) und die Vorschläge der Professoren Henning, Leumann, Sapper, Schultz-Gora, F. Schultz, Simmel, Stählin, Bresslau und Polaczek enthält. Abweichend von allen übrigen, die jeweils einen zweistündigen Vortrag angekündigt hatten, vermerkt die

Liste zu Simmel: »Schopenhauer und Nietzsche oder Einheit und Zwiespalt in Goethes Weltbild; je eine Stunde«.

bitten ... auf eine Stunde zu legen] Die Aktenüberlieferung der philosophischen Fakultät der KWU bietet keinen Hinweis darauf, ob sich die Oberste Heeresleitung der Heeresgruppe Albrecht, die für die Zusammenstellung der unter das Motto ›Deutscher Staat und Deutsche Kultur‹ gestellten Lehrgänge zuständig war, überhaupt für Simmels Themenangebot entschieden hat. Bekannt ist lediglich, daß dieser allgemein bildende Hochschulkurs im Jan. 1918 erstmals durchgeführt und Ende Febr. 1918 wiederholt wurde (StP, Nr. 40 vom 22. Jan. 1918, Ab. Bl.; Johannes Ficker: Vierter Bericht über die Tätigkeit der Kriegsstelle der Kaiser Wilhelms-Universität vom Anfange des Sommerhalbjahrs 1917 bis zum Schlusse des Winterhalbjahrs 1917/18. In: Stiftungsfest KWU 1918, S. 20). Über den Erfolg heißt es in der ›Aufzeichnung über die Besprechung mit den Leitern des vaterländischen Unterrichts an der Westfront. Charleville, den 27. und 28. Juni 1918‹ (S. 13; GLA Karlsruhe, 456/F8-339): »Dadurch, daß alle Vortragenden ihre Vorträge unter« das Thema ›Deutscher Staat und Deutsche Kultur‹ stellten, sei »ein sehr nachhaltiger Eindruck erzielt« worden, der durch die Publikation der Vorträge »zum Erscheinen eines Buches, das als ein ausgezeichnetes Lehrmittel für den vaterländischen Unterricht überhaupt gelten kann«, geführt habe. In dieser Publikation – Deutscher Staat und Deutsche Kultur: Auf Grund an der Kaiser Wilhelms-Universität in Strassburg bei Hochschullehrgängen der Heeresgruppe gehaltener Vorträge herausgegeben von der Heeresgruppe Herzog Albrecht. Straßburg: Trübner 1918. VIII, 594 S. –, für die »Raumrücksichten [...] die Aufnahme sämtlicher Vorträge« verboten (S. VII), ist Simmel nicht vertreten. Lt. Vorwort hat sich bei »der Auswahl der Vortragenden die Heeresgruppe von dem Gesichtspunkt leiten lassen *müssen,* unter den örtlich unschwer erreichbaren Gelehrten und Männern des öffentlichen Lebens besonders bewährte Kräfte zu gewinnen. Alle Vortragenden haben ihr Bestes gegeben. In volkstümlicher Form, in vaterländischem Geiste sind die Vorträge gehalten.« Und mit Bezug auf die Publikation heißt es: »Die Heeresgruppe läßt hier nur Männer sprechen, an derem ernstem Willen, allein dem Vaterlande zu dienen, kein Zweifel obwalten kann« (S. VIII). Darin vertreten sind mit Beiträgen in der I. Abteilung »Deutscher Staat« Max Rumpf, Franz Carl Endres, Friedrich Meinecke, Martin Spahn, Hermann Oncken, Justus Hashagen, Karl Stählin, Claudius Frhr. v. Schwerin, Karl Sapper, Andreas von Tuhr und Erich Jung; in der II. Abteilung »Deutsche Kultur«: Theobald Ziegler, Max Wundt, Franz Schultz, Fritz Volbach, Eberhard Gothein, Erich Fabarius, Ernst Zander, Willy Cohn, Friedrich Zahn und S. P. Altmann. – Max Rumpf (1878-1953), Jurist, Soziologe, 1908 PD Göttingen, 1912 o. Prof. Handels-Hochschule Mannheim, 1927 o. Prof. Nürnberg (DBE; ISL, Bd. 1); Franz Carl Endres (1878-1954), Militär, bis 1916 Generalstabschef in der türkischen Armee, danach Journalist bei FZ, BT (DBE); Justus Hashagen (1877-1961), Historiker, seit 1906 PD Bonn (DBA); Claudius von Schwerin (1880-1944), Rechtshistoriker, seit 1917 o. Prof. Straßburg (DBA); Theobald Ziegler (1846-1918), Philosoph, 1886-1911 o. Prof Straßburg, 1914 reaktiviert (DBE); Max Wundt (1879-1963), Philosoph, seit 1907 PD Straßburg, später Marburg (DBE); Fritz Volbach (1861-1940) Musikwissenschaftler, 1910 Musikdirektor und o. Prof. Tübingen, 1916 Gründer des Deutschen Symphonieorchesters in Brüssel (DBA); Erich Fabarius (1855-1927), Unternehmer, 1917 Präses der Handelskammer Bremen; Mttl. Handelskammer Bremen; Ernst Zander (1874-1932), Ingenieur (DBA); Willy Cohn vielleicht: (1888-1942), Historiker, Dr. phil. Breslau 1910, später bis 1933 Gymnasiallehrer Breslau (Ld-jA); Friedrich Zahn (1869-1946), Statistiker, Leiter des Statistischen Landesamtes München und Prof. ebd. (DBE).

Georg Simmel an Eduard von Bendemann

Feldpostkarte vom 26. Dezember 1917
Hs.; LBI New York, Susman Collection

Straßburg 26 XII 17

Lieber Herr Doktor,

Ich denke Freitag gegen Abend im *Deutschen Kaiser* einzutreffen u. würde mich sehr freuen, wenn Sie mich daselbst zwischen 7 u. ½8 aufsuchen u. mit mir zu Abend essen wollten. Nur für den Absagefall – den ich sehr bedauern würde – lassen Sie mich wohl eine Zeile dort vorfinden.

Herzlich Ihr

Simmel

Feldpostkarte vom 26. Dezember 1917] An / den Gefreiten / *Ed. v. Bendemann / Frankfurt Main / Brentanostr.* 1; mit Absenderstempel: Prof. Simmel / Strassburg (Els.); Poststempel: Straßburg (Els.) 26. 12. 17 8-[unles.]; Prüfstempel [unles.].

Freitag … einzutreffen] Simmel unterbrach offensichtlich am »Freitag«, den 28. Dez. 1917 seine Reise nach Berlin (siehe vor- und nachstehendes Schreiben) in Frankfurt/M., wo er wieder im Hotel Deutscher Kaiserhof (siehe Simmel an Eduard von Bendemann vom 11. Jan. 1917) nächtigte.

1918

Georg Simmel an Friedrich Gundolf

Feldpostkarte vom 10. Januar 1918
Hs.; Gundolf Archiv, London

Straßburg 10 I 18

Lieber Herr Gundolf,

es war mir ein großer Kummer, daß ich bei meinem Berliner Aufenthalt, von dem ich in dieser Woche zurückgekehrt bin, nicht bei Ihnen vorsprechen konnte. Das kam so: ich erkrankte vor Weihnachten an einer bösen Bronchitis, so daß ich nicht so früh, wie ich eigentlich plante, nach Berlin fahren konnte, sondern grade nur zu meinen drei Vorträgen u. zur Erledigung einiger sehr dringender Vornahmen. Verlängern konnte ich den Aufenthalt auch nicht, weil ich nach meinem letzten Vortrage unmittelbar der Kollegien wegen, zurückkehren mußte. So habe ich denn Sie (und manches Andre, was mir sehr wertvoll gewesen wäre) versäumt. Das ist um so trauriger, als die Weltlage nicht grade eine sichere Prognose dafür giebt, daß ein so Versäumtes sich in absehbarer Zeit nachholen lasse.

Inzwischen habe ich mit großer Befriedigung Frau *Herrmanns* Faust-Studien gelesen. In der ganzen Einstellung ja Geist von Ihrem Geiste, aber immerhin ein erstaunliches Können.

Herzlich grüßend – auch von meiner Frau – Ihr

Simmel

Feldpostkarte vom 10. Januar 1918] An: Landsturmmann Prof. *Gundolf / Berlin NW* 21 / *Dortmunderstr.* 15 / IV; mit Absenderstempel: Prof. Simmel / Strassburg (Els.); Poststempel: Straßburg (Els.) 1 11. 1. 18 12-1 N; Prüfstempel: [unles.] PK Geprüft u. [zu] befördern.

in dieser Woche zurückgekehrt] Vermutlich am Montag, den 7. Jan. 1918 (siehe Simmel an Franz Schultz, Dekan, vom 25. Dez. 1917).

nicht bei Ihnen vorsprechen konnte] Eine Begegnung an Gundolfs militärdienstlichem Einsatzort Berlin (siehe Simmel an Margarete von Bendemann vom 17. Febr. 1917) war wohl verabredet worden, als Simmel während der Hochschulkurse in Tournai Gundolfs »Tischnachbar« war (siehe Simmel an Anna Jastrow vom 8. Nov. 1917).

meinen drei Vorträgen] Simmel hatte am 2. Jan. 1918 in der Berliner Abteilung der Kant-Gesellschaft über ›Die Transzendenz des Lebens‹ gesprochen (vgl.: An die Mitglieder der Kantgesellschaft. Kant-Studien XXIII, 1918, Heft 1 [= Febr.], S. 156-164, hier: 161, und die Übersicht der Vortragsveranstaltungen des Jahres 1918, ebd., S. 516; siehe auch den diesen Vortrag ansprechenden Bericht, gez. HH.: Zwei Vorträge Simmels, VZ, Nr. 17 vom 10. Jan. 1918, Mo. Bl.). Der Vortrag basiert wohl auf dem Manuskript zu einer ›Metaphysik‹ (siehe Simmel an Anna Jastrow vom 8. Nov. 1917) und bildet eine erste Fassung zu dem gleichlautend überschriebenen 1. Kapitel von Simmels ›Lebensanschauung. Vier metaphysische Kapitel‹ (München/Leipzig: Duncker & Humblot 1918, S. 1-27; GSG 16, S. 212-235). – Wie mit Anna Jastrow vereinbart (Briefe vom 30. Sept., 18. Okt. und 8. Nov. 1917), sprach Simmel zu Wohltätigkeitszwecken am 3. Jan. 1918 um 8 Uhr im Institut für Meereskunde, Berlin, über ›Der Konflikt der modernen Kultur‹ (vgl. die Ankündigung der VZ, Nr. 4 vom 3. Jan. 1918, Mo. Bl., sowie den Bericht, gez. Hl., VZ, Nr. 6 vom 4. Jan 1918, Mo. Bl.). Zur Veröffentlichung siehe Simmel an Paul Ernst von Anfang Aug. 1918. – Der dritte Vortrag ging auf die Aufforderung des im März 1915 gegründeten ›Zentralinstituts für Erziehung und Unterricht‹ zurück (siehe Simmel an Anna Jastrow vom 30. Sept. 1917), das vom »24. Oktober 1917 bis 6. März 1918« eine Vortragsreihe »Geschichtliche Abende« veranstaltete (Zehn Jahre Zentralinstitut für Erziehung und Unterricht 1915-1925. Berlin [1925], S. 37, 109). Simmel sprach am Sonnabend, den 5. Jan. 1918 um 8 Uhr über ›Das Problem des historischen Verstehens‹ (vgl. die Ankündigung der VZ, Nr. 8 vom 5. Jan. 1918, Mo. Bl., sowie den Bericht, o. V., VZ, Nr. 17 vom 10. Jan. 1918, Mo. Bl.). Zur Veröffentlichung des Vortrags unter dem Titel ›Vom Wesen des historischen Verstehens‹ siehe Simmel an Ernst Troeltsch von Mitte Mai 1918.

der Kollegien wegen] Siehe Simmel an Anna Jastrow vom 30. Sept. 1917.

Frau *Herrmanns* Faust-Studien] Helene Herrmann: Faust, der Tragödie zweiter Teil: Studien zur inneren Form des Werkes. Zeitschrift für Aesthetik und Allgemeine Kunstwissenschaft XII, 1917, S. 86-137, 161-178, 316-351. – Die seit 1898 mit Max Herrmann (siehe Simmel an Eduard von Bendemann vom 17. Sept. 1917) verehelichte Literaturwissenschaftlerin (geb. Schlesinger; 1877-1944), hatte im Febr. 1904 – als erste verheiratete Frau – mit der Dissertation über »Die psychologischen Anschauungen des jungen Goethe und seiner Zeit« den Doktortitel zum Abschluß eines Studiums der Germanistik, Philosophie und

Kunstgeschichte in Berlin erhalten und in der Folge vornehmlich über Heinrich Heine und an dessen fünfzehnbändiger Werkedition gearbeitet. Dank eines zusätzlichen Französisch-Studiums und dem Erwerb der Lehrbefugnis war sie seit 1916 Lehrerin am Falkschen Gymnasium in Berlin und am Lehrinstitut des Dr. Sigmund Auerbach, das Simmels Sohn wie auch seine Neffen und Nichten aus Sankt Petersburg besucht hatten und das Helene Herrmann nach Auerbachs Tod bis 1931 fortführte. Von 1933-1938 leitete sie eine Privatschule für jüdische Kinder, 1942 nach Theresienstadt deportiert, starb sie 1944 in Auschwitz. Vgl. Ruth Mövius: Helene Herrmann – Ein Lebensbild. Sinn und Form 36, 1984, Heft 4, S. 739-752.

Geist von Ihrem Geiste] Angesprochen ist wohl Friedrich Gundolf: Goethe. Berlin: Georg Bondi 1916. Siehe dazu Helene Herrmanns Anmerkung in der Einleitung zu: Faust, der Tragödie zweiter Teil, a.a.O., S. 87: »Die vorliegenden Studien waren bereits abgeschlossen und im Druck, als das letztgenannte Werk erschien. So konnte es nicht mehr auf die Untersuchung als Ganzes einwirken. Man wird also, nachträglich bemerkte, Übereinstimmungen (wie z.B. die über die verschiedene Realität der Welt im ersten und zweiten Teil des ›Faust‹, über die Gründe der Lösung Fausts von Helena) nicht besonders hervorgehoben, entscheidende Unterschiede der Auffassung nicht ausdrücklich erwähnt finden. Nur an *einer* wichtigen Stelle ließ es sich möglich machen, auf Gundolfs Fausterklärung einzugehen«.

Georg Simmel an Agathe und Hugo Liepmann

Brief vom 12. Januar 1918
Hs.; I. Flatau, Saratoga Springs N.Y., USA

Straßburg 12 I 18

Liebe Freunde,

ich habe an meinem letzten Tage in Berlin noch einmal versucht, Sie telephonisch zu sprechen, es wurde aber aus Ihrem Hause nicht geantwortet. Das war vielleicht ganz gut, denn ich wollte nur meine Desperation über die wieder allzu frühe Trennung abreagiren – was aber doch nicht gelungen wäre. Ich hatte Ihnen ja mehrfach angedeutet, welchen wahrhaft verhängnißvollen Eindruck ich diesmal von Berlin bekommen habe; es ist mir ein außerordentlicher Schmerz, diese Stadt, *in* der ich nicht nur, sondern *mit* der ich groß geworden bin, in dieser Zersetzung, dieser Auflösung ihres organischen Lebens in ein Chaos zu empfinden. Zum ersten Mal war ich froh, ihr den Rücken zu drehn. Aber nicht nur die Voraussetzung dieses Gefühles war eine sehr traurige, sondern es mischte sich darin mehr als je der Kummer des Abschieds von den Freunden. Je widriger der Eindruck von Berlin u. je dunkler das Weltschicksal wird, desto heller erscheinen mir diese, der Zahl nach geringen, dem Werte nach unersetzlichen Lichtpunkte, desto perverser ist es, statt des ganzen Reichtums, den uns kontinuirliche Berührungen gewähren würden, auf die paar Stunden für das ganze Jahr angewiesen zu sein – die man noch dazu mit der Uhr in der Hand verbringen muß. Dies ist mir um so trostloser, als mir die Wiederholungen selbst solchen knappen Zusammenseins sehr problematisch sind. Mein physisches Lebensgefühl hat in der letzten Zeit bedenklich gelitten, meine Körperlichkeit macht mir nicht den Eindruck, noch viele Jahre vor sich zu haben, ich werde wohl fort müssen, ehe von all den wundervollen Möglichkeiten, die noch zwischen meinen Freunden u. mir bestehn, ein irgendwie erhebliches Teil verwirklicht sein wird. Dieses tiefe – u. sicher nicht hypochondrische – Mißtrauen in meine Lebensdauer ist übrigens, wie ich gern noch aussprechen möchte, der Grund, aus dem ich Ihnen die Bitte betreffs der Entlastung von meinen Kriegsanleihe-Schulden aussprach. Sie werden verstehn, daß es mir bei dieser Prognose über meine Lebensdauer ein höchst beunruhigender Gedanke ist, meinen Leuten, die schließlich auf mein bischen Vermögen angewiesen sind, eine so drückende, vielleicht erdrückende Schuldenlast zu hinterlassen. –

Im Übrigen will ich noch nach einer andren Seite nicht undankbar gegen Berlin sein: alle drei Vorträge, die ich jetzt hielt, waren so gefüllt, wie der, den Sie hörten. Die Sehnsucht nach einem geistigen Leben jenseits der Zeit u. also auch der Gegenwart, scheint doch noch nicht ausgestorben u. ich bin sehr glücklich, daß ich ihr ein wenig, nach dem bescheidnen Maaß meiner Kraft, genügen kann; oder eigentlich: nicht sie zu stillen, sondern grade sie zu steigern, ist das, worauf es mir ankommt. Wenn es gelingt, diese *Sehnsucht* in ein paar tausend deutschen

Menschen über den Abgrund dieser Gegenwart hinüberzuretten, so wollen wir an der Zukunft Deutschlands nicht verzweifeln.

Hier habe ich alles in alter Ordnung vorgefunden. Meiner Frau geht es ganz gut, sie kann in der Kriegsfürsorge tätig sein u. wir führen in der Einsamkeit von Straßburg ein stilles Leben mit guten Stunden. Sie grüßt Sie von Herzen.

In aller Treue, u. mit vielen Grüßen an Ihre Kinder bleibe ich Ihr

Simmel

letzten Tage in Berlin] Am 6. Jan. 1918, siehe vorstehendes Schreiben.

Entlastung von meinen Kriegsanleihe-Schulden] Simmel hatte Hugo Liepmann mit Schreiben vom 22. Dez. 1915 seine Kriegsanleihen zur Deckung seiner Schulden bei Hugo Liepmann, der ihm 1914 zur Abgeltung einer Hypothek 85 000 Mark geliehen hatte (siehe Simmel an Agathe bzw. Hugo Liepmann vom 30. März, 11. Aug. und 9. Sept. 1914), angeboten; die Übertragung der Kriegsanleihe war jedoch, da mit einer ›Sperre‹ belegt, bisher nicht möglich (siehe Simmel an Liepmann vom 15. Jan. 1918).

alle drei Vorträge] Siehe Simmel an Friedrich Gundolf vom 10. Jan. 1918.

den Sie hörten] Welchen Vortrag Liepmann besuchte, ist nicht bekannt.

Meiner Frau ... Kriegsfürsorge] Gertrud Simmel hatte in den letzten Jahren »Recherchen« für die Kriegunterstützungsstelle übernommen (siehe Simmel an Ludwig Jost, Rektor der KWU, von nach dem 13. April 1916 und an Margarete von Bendemann vom 5. März 1915) und widmete sich jetzt vielleicht bereits der Betreuung junger Munitionsarbeiterinnen (siehe Simmel an Andreas von Tuhr, Rektor der KWU, vom 14. Mai 1918).

Ihre Kinder] Käthe, Charlotte, Dorothee und Hans Walter Liepmann.

Georg Simmel an Anna Jastrow
Brief vom 13. Januar 1918
Hs.; LBI New York, Simmel Collection

Straßburg 13 I 18

Liebe Freundin,

vielen Dank für Ihren Brief – ein solches Wiedersehn muß allerdings wenigstens in etwas Geschriebenem ausklingen, das Ende ist sonst garzu kraß. Freilich, seine Sinnlosigkeit wird dadurch nicht geändert. Wir haben nicht mehr viele Jahre vor uns, u. sie werden von dem Widerspruch erfüllt sein, daß sie an unsre Kräfte die gesteigertsten Ansprüche stellen, diese Kräfte selbst aber in sehr herabgesetztem Zustand vorfinden. Da ist es dann um so erforderlicher, daß man zusammenhalte u. sich immer wieder in dem Jungbrunnen der Freundschaft bade – der Freundschaft, die nicht altert, auch wenn ihre Träger es tun. U. es ist garzu armselig, daß jedes Jahr nur diese paar Wiedersehensstunden bringt, in denen man noch dazu dauernd nach der Uhr sieht. Aber ich habe am wenigsten Recht, darüber zu klagen, da ich es ja so gewollt habe – wenn auch freilich nicht *so* gewollt.

Der *Fata Morgana* eines neuen Vortrags zu Ostern oder im Mai wollen wir uns nicht hingeben. Das wäre zu früh, so kann ich Berlin nicht unter Simmel setzen. Vor dem nächsten Wintersemester darf ich nicht daran denken – u. soweit hinaus zu planen, ist angesichts des Weltschicksals beinahe ein Frevel.

Hier habe ich alles in Ordnung vorgefunden – in der Straßburger Ordnung, die ich dieses Mal nach der Desorganisirtheit u. dem Zerfall von Berlin als etwas wohltuendes empfinde. Das war allerdings das Letzte, was ich ahnen konnte, daß ich noch einmal *gern* von Berlin nach Straßburg zurückkehrte. Aber dieses Gern bezieht sich nur auf die Stadt, u. schlägt gegenüber den Freunden in das völlige Gegenteil um; niemals habe ich meine Freunde in solcher Gelöstheit von Berlin empfunden. U. es ist ein Glück, daß ich es so empfand.

Die herzlichsten Grüße von meiner Frau an Sie u. alles, was um sie ist. Ihnen allen in unveränderlicher Treue Ihr

GS.

Bitte schreiben Sie mir die Adresse von Beate.

Ihren Brief] Verschollen.

Wiedersehn] Anläßlich der drei Berliner Vorträge Simmels vom 2. bis 5. Jan. 1918; siehe Simmel an Friedrich Gundolf vom 10. Jan. 1918.

nach der Desorganisirtheit u. dem Zerfall von Berlin] Siehe vorstehendes Schreiben und Simmel an Margarete von Bendemann vom 17. Jan. 1918.

Adresse von Beate] Gemeint ist die Anschrift der Tochter Beate Jastrow, die wohl ihre Ausbildung an einer »Gartenbauschule in der Nähe Berlins« begonnen hatte (biographische Information in: Beate Hahn: Gärten für die Jugend mit der Jugend. Ein Handbuch für Erzieher und Lehrer zur Neugestaltung des Gartenbauunterrichts in Kindergärten und Schulen. Zürich/Stuttgart: Rascher 1960, o. S.).

Georg Simmel an Hugo Liepmann

Brief vom 15. Januar 1918
Hs.; I. Flatau, Saratoga Springs N.Y., USA

Straßburg 15 I 18

Lieber Freund,

unsre Briefe haben sich gekreuzt; es ist erfreulich, wie sehr jeder von ihnen, noch bevor er angekommen war, sein Echo an dem andern gefunden hat.

Nochmals vielen Dank für Ihre Bereitwilligkeit, mich von der Kriegsanleihe, mit der ich mich übernommen habe, zu entlasten. Es handelt sich um folgende Summen: M. 8000 u. M. 30000 mit Jan.-Juli-Zinsen, M. 55000 mit April-Okt.-Zinsen. Alles im Schuldbuch eingetragen u. mit April d. J. von der Sperre frei. Also 93000 M. zu 97,80, tatsächlich 90954. Wenn Sie dies zum 1. Apr. übernähmen, so kämen noch dazu die Zinsen von 38000 M. für ¼ Jahr, die Sie am 1. Juli wiederbekommen. Da Sie die Angelegenheit durch Ihren Bankier erledigen lassen wollen, so geben Sie ihm vielleicht diese Daten, auf die hin er mir dann mitteilen möchte, was ich für den Besitzwechsel zu tun habe.

Die Verhandlungen in Brest-Litowsk scheinen wirklich die Geduld unsrer Unterhändler auf eine harte Probe zu stellen. Mit diesen verschwommenen Idealisten, deren innerliche Sprache von der unsrer Leute viel verschiedner ist, als die russische von der deutschen, ist die Verständigung kaum möglich. Immerhin habe ich eigentlich keinen Zweifel, daß sie den Frieden machen *müssen*, nicht nur, weil sie gelyncht werden würden, wenn sie ohne den Frieden zurückkommen, sondern auch weil das Land offenbar kriegsunfähig ist. Hier wird erzählt, daß die Verpflegung der Nord-Armee von Odessa aus von einem deutschen Generalstabsoffizier geleitet u. durch unsre Linien hindurchgeführt würde, sonst müßte die Armee verhungern. Auch glaube ich, daß das Land dieses Regime grade nur bis zum Frieden erträgt; denn wie es auch nur ein halbes Jahr unter diesen Prinzipien existiren soll, die nur auf Verteilung des Vorhandnen, aber absolut nicht auf neue industrielle Produktion gehn u. die jeder Russe als das Privileg der Steuerverweigerung auffassen muß – das ist nicht einzusehn. Es kommt mir vor, als wäre noch niemals von solchen Kindsköpfen Weltgeschichte gemacht worden. Uns kanns ja zunächst recht sein: je unfähiger das Land durch diesen Konsumtions-Kommunismus zur Hervorbringung materieller Kulturgüter wird, desto mehr ist es auf uns angewiesen.

Entschuldigen Sie, daß ich hier einmal, ganz gegen meine Grundsätze, politisirt habe. Aber es handelt sich bei diesen russischen Problemen in Wirklichkeit um viel tiefere Dinge, als um bloße Politik.

Ihnen u. Ihrer Frau unsre herzlichsten Grüße! Treulich Ihr

Simmel

Briefe haben sich gekreuzt] Gemeint ist der Brief Simmels an Agathe und Hugo Liepmann vom 12. Jan. 1918 und ein gleichzeitiger von Liepmann an Simmel, der verschollen ist.

Kriegsanleihe] Siehe ebd.

es handelt sich] Original: es handelt es sich.

Zinsen von 38000 M.] Vermutlich ein Teil der vierteljährlichen Zinszahlungen Simmels für die von Hugo Liepmann geliehene Summe (siehe ebd. sowie Simmel an Agathe und bzw. Hugo Liepmann vom 23. März und 25. Juni 1915.

Verhandlungen in Brest-Litowsk] Die weißrussische Stadt Brest-Litowsk (heute: Brest) war der Ort, an dem die bolschewistische Regierung mit den Mittelmächten über eine Beendigung der Kriegshandlungen und den Frieden verhandelte. – Fast unmittelbar mit der Machtergreifung der Bolschewiki am 9. Nov. erging am 10. Nov. 1917 von der neuen russischen Regierung, die dringend ein Ende der Kriegshandlungen brauchte, um ihre politische Position in Rußland zu festigen, ein Friedensangebot an alle am Weltkrieg beteiligten Länder; der russische Vorschlag nannte sechs »allgemeine Grundsätze« für Friedensverhandlungen: 1. keine gewaltsamen Annexionen und den Abzug aller Truppen aus besetzten Gebieten, 2. Wiederherstellung der politischen Unabhängigkeit der Völker, 3. Nationalitäten, die vor dem Krieg nicht unabhängig waren, sollen durch Volksentscheid über ihre Staatszugehörigkeit entscheiden, 4. Sonderrechte für nationale Minoritäten, 5. keine Kriegsentschädigungen und 6. die koloniale Frage solle gemäß den Punkten 1 bis 4 entschieden werden (StP, Nr. 780 vom 27. Dez. 1917, Mi.Bl.). Hofften die Bolschewisten auf eine Erhebung der proletarischen Massen vor allem in den Industriegesellschaften, so akzeptierten die Mittelmächte diese Grundsätze als Grundlage weiterer Verhandlungen, grenzten jedoch die vorausgesetzte Selbstbestimmung der Völker auf die »ehemals dem Zepter des Zaren unterworfenen Länder Polen, Kurland und Litauen« ein – ansonsten sei Punkt 3 nicht zwischenstaatlich regelbar, sondern müsse von jedem Staat mit seinen »Völkern« ausgehandelt werden –, hoben bei Punkt 5 hervor, daß Kriegskosten und Kriegsschäden gleichermaßen anzusprechen seien, und betonten, daß bezüglich Punkt 6 nur das Deutsche Reich betroffen sei, das die Rückgabe der annektierten Kolonien fordere, das Selbstbestimmungsrecht für die betroffenen Völker jedoch aktuell nicht für anwendbar erachte (ebd.). Die Entente lehnte solche Art von Verhandlungen ab (Wolfgang J. Mommsen: Bürgerstolz und Weltmachtstreben. Deutschland unter Wilhelm II. 1890 bis 1918. Berlin: Propyläen 1995, S. 772-789, hier: 775, 777 [= Propyläen Geschichte Deutschlands. Herausgegeben von Dieter Groh, Siebenter Band, Zweiter Teil]). Nachdem die russische Seite am 28. Nov. 1917 allen Kriegsführenden erneut einen Waffenstillstand vorgeschlagen hatte, war es nur mit den sog. Mittelmächten zunächst zu einem zeitlich beschränkten Waffenstillstand zwecks Verhandlungen über einen Friedensvertrag am 15./16. Dez. 1917 gekommen. Die dann der Herbeiführung des Friedens geltenden fortgesetzten Verhandlungen in Brest-Litowsk zwischen dem Deutschen Reich, Österreich-Ungarn, der Türkei und Bulgarien einerseits und der Sowjetrepublik andererseits wurden am 22. Dez. 1917 aufgenommen, jedoch schon am 28. Dez. 1917 vertagt, um der Entente erneut mit einer Frist von 10 Tagen eine Gelegenheit zu geben, sich an den Verhandlungen über einen allgemeinen Frieden zu beteiligen. Die Entente lehnte wieder ab, reagierte aber am 5. Jan. 1918 mit der ›Erklärung über Kriegsziele‹ des britischen Premierministers David Lloyd George, der darin zur Elsaß-Lothringen-Frage betonte, daß man Frankreichs »Verlangen auf *Wiedererwägung* (reconsideration) *des großen Unrechts von 1871*« unterstütze, sich jedoch zum Punkt ›Kolonien‹ nicht äußerte (StP, Nr. 12 vom 7. Jan. 1918, Mi.Bl.), und am 8. Jan. 1918 mit den ›Vierzehn Punkten‹, die der amerikanische Präsident Thomas Woodrow Wilson (1856-1924) in seiner Jahresbotschaft an den amerikanischen Kongreß als Grundsätze für eine Friedensordnung nannte; kamen diese den russischen ›Allgemeinen Grundsätzen‹ weit entgegen, so konzentrierte sich der Dissens auch hier auf die geforderte Volksabstimmung in den Gebieten, die vor 1914 politisch nicht unabhängig waren, wenn Wilson in seinem Punkt 8 formulierte: »Das *ganze französische Territorium müßte befreit* und die besetzten Teile wiederhergestellt werden. Das *Unrecht*, das Frankreich durch Preußen 1871 hinsichtlich *Elsaß-Lothringens* zugefügt wurde und das den *Weltfrieden während nahezu 50 Jahren in Frage stellte*, soll *wieder gutgemacht* werden, damit der Frieden im Interesse aller sichergestellt werden kann« (StP, Nr. 18 vom 10. Jan. 1918, Mi.Bl.). Nach dieser Entscheidung der Entente wurden die Verhandlungen in Brest-Litowsk seit dem 8. Jan. 1918 fortgesetzt. Zunächst sorgte die Diskussion über eine Verlegung der Verhandlungen nach Stockholm für Verzögerungen, dann beherrschten in der zweiten Verhandlungsphase unterschiedliche Interpretationen von der Umsetzung des Selbstbestimmungsrechtes und die Frage der Räumung besetzter Gebiete die Diskussion. Gemäß Trotzkis Forderungen wurden die Debatten stenographisch festgehalten und der Presse zugeleitet, die entsprechend ausführlich berichtete. *»Hart auf hart in Brest-Litowsks«*, *»Schwerer Konflikt in Brest-Litowsk«*, so beispielsweise lauteten am Montag, den 14. Jan. 1918, die Aufmacher in den Abendausgaben der TR (Nr. 25) bzw. der VZ (Nr. 25). Mit diesen strittigen Punkten, die von seiten Trotzkis mit Vorwürfen der Fehlinterpretation der vorausgegangenen Beschlüsse durch die deutsche Presse und auf deutscher Seite mit einem Protest des die Verhandlungen begleitenden Generalmajors Max Hoffmann (1869-1927), seit 1916 Stabschef des Oberbefehlshabers Ost (NDB), gegen die propagandistische Infiltrierung der deutschen Truppen durch die russische Regierung verbunden waren, verfolgten beide Seiten Strategien zur Verschleppung der Verhandlungen: Der deutsche Verhandlungsführer von Kühlmann (s. u.) plante seinen ›Erinnerungen‹ (1948) zufolge, um »den Punkt des annexionslosen Friedens zu unterhöhlen [...], Trotzki in eine rein akademische Diskussion über das Selbstbestimmungsrecht der Völker und seine mögliche praktische Anwendung zu verstricken, und was wir an territorialen Zugeständnissen durchaus brauchten, uns durch das Selbstbestimmungsrecht der Völker durchaus hereinzuholen« (zit. n. Winfried Baumgart: Deutsche Ostpolitik. Von Brest-Litowsk bis zum Ende des Weltkrieges. Wien/ München: R. Oldenbourg 1966, S. 20), und Trotzki erfüllte Lenins Auftrag, »Brest-Litowsk als Agitationsbühne zu benutzen und aus dem Fenster hinaus Reden an die Welt zu halten, um das westeuropäische Proletariat zur Revolution aufzustacheln« (ebd., S. 21).

Geduld unsrer Unterhändler ... harte Probe] Lt. StP vom 27. Dez. 1917 (Nr. 780, Mi.Bl.) standen an der Spitze der Verhandlungen von Seiten des Deutschen Reiches der Staatssekretär des Auswärtigen Amtes Richard von Kühlmann (1873-1948; NDB), von österreichisch-ungarischer Seite Außenminister Graf Czernin (Ottokar von und zu Chudenitz, 1872-1932; WBIS), von bulgarischer Seite der seit 1914 amtierende Justizminister Ch. Iv. Popow (auch Popov; Baumgart, a. a. O., S. 450) und von türkischer der Außenminister Achmed Nessemy Bey (d. i. Ahmed Nesimî Bey, Minister 1909-1919; WBIS); auf russischer Seite verhandelte zunächst der sowjet-russische Botschafter in Berlin, Adolf Abramovic Joffe (1883-1927; WBIS) und seit dem 8. Jan. 1918 – diesem übergeordnet – Leo Trotzki (1879-1940; ebd.), der als Volkskommissar für auswärtige Angelegenheiten hinzukam (StP, Nr. 10 vom 6. Jan. 1918, Mo. Bl.). Die Mitglieder der russischen Delegation waren diplomatisch nicht vorgebildet, was allseits Überraschungen hervorrief. Jedoch betonten – lt. Pressemitteilungen – Vertreter der deutschen Delegation, daß es sich bei den russischen Verhandlungspartnern um »geistig außerordentlich hochstehende, feingebildete Persönlichkeiten« handelte, die in den Gesprächen erkennen ließen, »daß sie sich einer *offenen, ehrlichen Handlungsweise* befleißigten«; zudem hätten sie sich in die »Technik diplomatischer Verhandlungen«, die ihnen anfangs fremd gewesen sei, »überraschend schnell eingearbeitet« (StP, Nr. 3 vom 2. Jan. 1918, Mi.Bl.). Sodann wurde es von den Diplomaten bei den Friedensverhandlungen als »neu« empfunden, daß eine Frau, A. A. Bizenko (d. i. Anastasija Alekseevna Bicenko, 1875-1938; WBIS), in der russischen Delegation mitwirkte, daß die Öffentlichkeit der Verhandlungen seitens der Bolschewiki durchgesetzt worden war, was die Verhaltensformen der Verhandlungspartner stark beeinflusse, und daß Friedensbedingungen vom Unterlegenen gestellt worden seien (StP, Nr. 783 vom 29. Dez. 1917, Mo. Bl.). Auf eine »harte Probe« fühlten sich die Verhandlungspartner durch die Verzögerungsanträge und Störungen der Verhandlungsabläufe gestellt, deren eigentliche Bedeutung unklar blieb, so daß seitens der deutschen Delegation spekuliert wurde, ob vielleicht die »*Bolschewiki-Regierung* [...] unter einer inneren Zwangsstellung den Versuch machen zu müssen« glaube, mit solchen Verzögerungen »ihrer Ideologie zum vollen Sieg zu verhelfen« (StP, Nr. 12 vom 7. Jan. 1918, Mi.Bl.). Die Reichsleitung sah in einem Separatfrieden mit dem revolutionären Rußland die Chance, den Verlauf des Krieges noch einmal zu wenden. In diesem Sinne lancierte sie »ein mehr oder minder rosarotes Bild von den Verhandlungen« und schürte die Hoffnung, daß die europäischen Randstaaten Rußlands einvernehmlich mit den Bolschewiki aus dem ehemaligen Abhängigkeitsverhältnis gelöst werden könnten. Die Verzögerungen in den Verhandlungen wurden der russischen Delegation angelastet (Mommsen: A.a.O., S. 784). Simmels Einlassungen geben die Informationen wider, die er in den Zeitungen gelesen hatte.

verschwommenen Idealisten] Als solche wurden die Delegierten der bolschewistischen Regierung bezeichnet, deren Kennzeichen es sei, »daß sie zwar den Frieden als Mittel zum Zweck lebhaft wünsch[t]en, daß ihnen jedoch *über alles ihr Ideal der Umgestaltung der Gesellschaftsordnung der Welt* im Sinne ihrer Grundsätze« stehe (StP, Nr. 3 vom 2. Jan. 1918, Mi.Bl.).

Frieden machen *müssen*] Neben den großen militärischen und ökonomischen Problemen wurde in den Zeitungen für die Bolschewiki hervorgehoben, daß ihr Regime »bis auf den heutigen Tag in Rußland nicht besonders beliebt [sei]. Man folgte ihm zunächst, weil es den allgemein begehrten Frieden verhieß, aber es könnte leicht der Zeitpunkt eintreten, wo man der *Landaufteilungen und der Vermögensbeschlagnahmungen überdrüssig* ist und zu den Machtgebietenden von heute sagt: Der Mohr hat seine Schuldigkeit getan, der Mohr kann gehn« (StP, Nr. 9 vom 5. Jan. 1918, Mi.Bl.).

Land offenbar kriegsunfähig] Die StP, Nr. 20 vom 11. Jan. 1918, Mi.Bl., berichtete unter der Überschrift »Die Kriegsunfähigkeit Rußlands« über die Stellungnahme des Petersburger Berichterstatters des Daily Chronicle: »Der *Gedanke, als ob Rußland* den *Krieg wieder aufnehmen* könne, muß *aufgegeben* werden.«

von solchen Kindsköpfen Weltgeschichte gemacht] Zum einen wiederholt hier Simmel das in den Zeitungen bekundete Erstaunen über die revolutionäre Strategie der Bolschewiki, als Kommunikationspartner die Völker und nicht die Regierungen anzusprechen; zum anderen erschien ihm die gewollte Umsetzung von Stücken Marxscher Theorie in politisch-sozialen Alltag als der praktischen Vernunft widersprechend.

Ihrer Frau] Agathe Liepmann.

Georg Simmel an Margarete von Bendemann
Postkarte vom 17. Januar 1918
Hs. o. U.; LBI New York, Susman Collection

Straßburg 17 I 18

Liebe Susa,

es giebt keinen unter meinen vielen Korrespondenten, bei dem das Verhältnis der potentiellen Briefe zu den wirklichen so ungünstig wäre, wie dir gegenüber. Es vergehen wenig Tage, ohne daß ich dir etwas sagen möchte, aber ein mir selbst nicht recht erklärlicher innerer Widerstand läßt es nicht zu Papier kommen. – Ich habe in den letzten Monaten mancherlei durchgemacht: erst die Etappenreise nach Belgien zum Hochschulkurs, dann eine nicht leichte Bronchitis, an der ich 8 Tage zu Bett lag, dann eine Berliner Vortragsreise. Von Berlin hatte ich die schauderhaftesten Eindrücke. Die ganze straffe Teleologie der Stadt (gleichviel wie nichtig ihre Zwecke waren), die einen bewundernswerten Arbeitsorganismus von ungeheurer Dynamik aus ihr gemacht hat, scheint zerfallen zu sein, da jeder Mensch »umgestellt« ist, d. h. etwas andres tut, als sein eigentlicher Beruf ist. Ich hatte das Bild eines Körpers, der seine zusammenhaltende Einheit verloren hat u. über dessen Glieder die anorganischen Kräfte Herr werden. Zum ersten Mal war ich froh, Berlin den Rücken zu wenden! Dabei ist die Sehnsucht nach Geistigkeit u. nach dem Jenseits der Gegenwart nicht durchweg ausgestorben: ich hielt drei große Vorträge in ganz verschiednen Kreisen, u. alle waren überfüllt u. wurden, so schwer sie waren, mit der gespanntesten Aufmerksamkeit angehört. Ich habe meine Tradition doch noch nicht verloren, was mir für die Zukunft wichtig ist – soweit ich (ich werde demnächst 60 Jahre!) noch an Zukunft denken kann. Es ist dringend nötig, alles Mögliche für die Geistigkeit in Berlin zu tun, da ihr eine ungeheure Über-Ökonomisirung u. Über-Politisirung droht, während die Menschen, die in Deutschland den Geist suchen, sich mehr u. mehr in München zu sammeln scheinen. Ich aber bleibe hierher gebannt. Der Mann erzählte mir, daß ihr von Ostern ab eine Wohnung in Frft. genommen habt. So sind wir dann wenigstens nicht so ganz hoffnungslos auseinandergerissen, obgleich das einzig Richtige, an *demselben* Ort zu sein, offenbar für immer verspielt ist. Es sieht nicht sehr hell um uns u. vor uns aus. Möchte uns Kraft bleiben, auch für das Dunkel.

1000 Grüße von uns, auch für den Jungen!

Postkarte vom 17. Januar 1918] An: Frau / *Marg. v. Bendemann / Glockenthal bei Thun (Bern)* / bei Fr. *v. Egidy*; mit hs. Absenderangabe: Prof. *Simmel* / Straßburg Els.; Poststempel: STRASSBURG (ELS.) 17. 1. 18 5-6 N; Prüfstempel: Geprüft und zu befördern P.K. Straßburg (Els.).

Etappenreise nach Belgien zum Hochschulkurs] Siehe Simmel an Anna Jastrow vom 8. Nov. 1917.

Bronchitis] Siehe Simmel an Franz Schultz, Dekan, vom 20. Dez. 1917.

Berliner Vortragsreise] Siehe Simmel an Friedrich Gundolf vom 10. Jan. 1918.

Der Mann erzählte mir] Dies geschah wohl anläßlich des gemeinsamen Abendessens am 28. Dez. 1917 (siehe Simmel an Eduard von Bendemann vom 26. Dez. 1917).

den Jungen] Sohn Erwin von Bendemann.

Georg Simmel an Amtsrichter Wohlfahrth

Postkarte (Auszug) vom 22. Januar 1918
Druck; Angebot im Stargardt-Auktionskatalog Nr. 662, 1995, S. 54

Prof. Simmel ... *dankt verbindlichst für Ihre freundlichen Richtigstellungen.*

Postkarte vom 22. Januar 1918] Lt. Katalogangabe: mit gestempelten Namen am Kopf (recte). Straßburg 22. 1. 1918. Mit Zensurstempel. – Keine weiteren Angaben zur Schriftart.

Amtsrichter Wohlfahrth] Nicht ermittelt.

***Richtigstellungen*]** Über den Zusammenhang ist nichts bekannt.

Georg Simmel an Fritz Heyder Verlag

Brief samt Manuskript vom 29. Januar 1918
Hs.; SAdK Berlin, VA Fritz Heyder

Straßburg 29 I 18

Sehr geehrter Herr!

Auf Ihren Wunsch sende ich Ihnen umstehend einen Spruch für Ihren Kalender, unter früheren Bedingungen.

Hochachtungsvoll
Prof. Simmel

Es sind zwei Dinge, die in dem Einzelnen wie in den Beziehungen der Menschen untereinander, alles Gute u. Beste hemmen: der Vorteil u. das Vorurteil.

Georg Simmel

Auf Ihren Wunsch] Die Anfrage ist verschollen.

Spruch für Ihren Kalender] Simmels »umstehend« angebotener Aphorismus gelangte zum Abdruck in: Kunst und Leben 11, 1919. Ein Kalender mit 54 Originalzeichnungen und Originalholzschnitten deutscher Künstler und Versen und Sprüchen deutscher Dichter und Denker. Herausgegeben von Fritz Heyder und Gerhard Merian. Schrift und Schmuck von Peter Behrens. Berlin-Zehlendorf: Fritz Heyder [o. J.], Kalenderblatt für die 49. Woche (30. Nov.-6. Dez. 1919); GSG 17, S. 147.

früheren Bedingungen] Siehe Simmel an Fritz Heyder Verlag vom 20. Juni 1916 und 14. Mai 1917.

Georg Simmel an Margarete von Bendemann

Postkarte vom 27. Februar 1918
Hs. o. U.; LBI New York, Susman Collection

Straßburg 27 II 18

Liebe Susa,

ich kann dir grade noch für deinen Brief danken, denn ich bin im Begriff nach Holland zu reisen, wo die Amsterdamer Studenten mich zu einer Vorlesung eingeladen haben. Doch sind die Reiseschwierigkeiten so groß, daß ich möglicherweise nicht fortkomme. Gelingt es, so ist es ja erfreulich, im neutralen Ausland ein Zeichen vom Weiterleben des deutschen Geistes geben zu können. Im Übrigen habe ich das Herumfahren, besonders unter den jetzigen Umständen, herzlich satt, u. möchte zwar nicht »was Guts in Ruhe schmausen«, aber möglichst was Gutes machen, was die Andern in Unruhe schmausen sollen. Ich hatte angefangen, meine Arbeit über das individuelle Gesetz nach verschiednen Dimensionen hin auszubauen, aber seit Wochen haben die Forderungen des Tages dies ganz zurückgeschoben. Forderungen nicht nur der Aktion, sondern auch der Reaktion: wie soll man, aufgehängt zwischen den Unerhörtheiten von Osten u. von Westen, die tiefe Ruhe der Seele haben, die die andre Seite der Stürme u. Leidenschaften der Produktion ist? Manchmal, um Mitternacht herum, kommt eine fruchtbare Stunde, aber sie ist mir unheimlich, wie ein Gespenst begrabener Zeiten. – Nach »Klarheit« hast du gesucht? Aber du schreibst nicht, ob du sie gefunden hast. Ich kann nicht sagen, daß ich sie suche (wir meinen wohl denselben Gegenstand); sie hat sich mir aufgedrängt u. vielleicht wäre ich besser in der Unklarheit geblieben. – Wenn du im April nach Deutschland zurückkehrst, wird natürlich die Sehnsucht nach einem Wiedersehn noch größer werden. Aber wie es in absehbarer Zeit dazu kommen soll, ist mir ganz verborgen. Reisen aus andern als äußerlich zwingenden Gründen soll man patriotischerweise unterlassen, u. äußere Veranlassungen nach Frkf. zu kommen, kann ich nicht sehn. All solches hat mit 60 Jahren andre Akzente als mit 40. – An Momis Krankheit nehmen wir herzlichen Anteil. Aber es ist doch sehr beruhigend, ihn im Krankenhaus zu wissen, weil Unvorsichtigkeiten in der Rekonvaleszenz, die der Laie unbewußt begehen kann, grade bei Scharlach sehr übel sind. Grüße ihn sehr, sehr schön von uns beiden. – Hans steht noch immer in den *Pripet*-Sümpfen, war bei dem jetzigen Vormarsch nicht beteiligt. Es geht ihm gut. – Laß uns suchen, ob wir aus der Ersticktheit durch die Probleme, die einem die Kehle zuschnüren, noch ein wenig Lebensluft retten.

Leb wohl u. behalte uns lieb!

Postkarte vom 27. Februar 1918] An: Frau / *Marg. v. Bendemann / Glockenthal* bei *Thun / (Bern) / Haus Egidy*; mit Absenderstempel: Prof. Simmel / Strassburg (Els.); Poststempel: Straßburg (Els.) 28. 2. 18 10-11 v; Prüfstempel: Geprüft und zu befördern P.K. Straßburg (Els.).

deinen Brief] Margarete von Bendemanns Brief ist verschollen.

die Amsterdamer Studenten mich .... eingeladen haben] Siehe Simmel an Anna und Ignaz Jastrow vom 3. März 1918.

»was Guts in Ruhe schmausen«] Goethe: Faust I, Vers 1690-1691: »Doch, guter Freund, die Zeit kommt auch heran, / Wo wir was Guts in Ruhe schmausen mögen« (WA I/14, S. 81). – Auf häufigere Verwendung des Zitats weist Max Webers Wiedergabe von »›in Ruh' was Gut's zu schmausen‹« als »*ipsissima verba* S[immel]'s« (Brief an Alfred Weber vom 9. Nov. 1912, in: MWG II/7, S. 734-740, hier: 734).

angefangen, meine Arbeit über das individuelle Gesetz ... auszubauen] Gemeint ist die Neubearbeitung des Logos-Beitrags ›Das individuelle Gesetz. Ein Versuch über das Prinzip der Ethik‹ (siehe Simmel an Georg Misch vom 6. Jan. 1913) in Hinblick auf die von Simmel in der ›Lebensanschauung‹ als »neue Arbeit« ausgewiesene Fassung (GSG 16, S. 236) bzw. deren IV. Kapitel: ›Das individuelle Gesetz‹ (ebd., S. 346-425). – Zu früheren Arbeiten an Kapiteln der ›Lebensanschauung‹ siehe Simmel an Friedrich Gundolf vom 10. Jan. 1918, zu späteren und zu deren Erscheinen Simmels Schreiben vom 15. Sept. 1918 an Max und Marianne Weber.

Forderungen des Tages] Siehe Simmel an Anna Jastrow vom 30. Sept. 1917.

Unerhörtheiten von Osten u. von Westen] Simmel spielt hier vermutlich auf den Verlauf der im Osten und im Westen geführten Verhandlungen zur Herbeiführung des Friedens an, worüber die Presse regelmäßig zwei Tage nach den Ereignissen berichtete: Die Verhandlungen in Brest-Litowsk (siehe Simmel an Hugo Liepmann vom 15. Jan. 1918) waren am 18. Jan. auf Trotzkis Wunsch zwecks Beratungen in St. Petersburg für zehn Tage unterbrochen worden, nachdem ihn General Max Hoffmann mit einer Landkarte konfrontiert hatte, auf der die von den Mittelmächten nun geforderte Westgrenze Rußlands eingezeichnet war, die die Abtrennung Polens, Litauens, Kurlands und Teilen von Estland von Rußland bedeutete. Die Mittelmächte handelten dann mit der ukrainischen Delegation einen Sonderfrieden aus, der am 8. Febr. abgeschlossen wurde, der sog. ›Brotfrieden‹. Daraufhin brachen die Bolschewiki am 10. Febr. 1918 die Verhandlungen demonstrativ ab, und Trotzki erklärte, daß Rußland den Kriegszustand als beendet ansehe und demobilisieren werde, aber den annexionistischen Vertrag der Mittelmächte, der in der von General Hoffmann vorgelegten Landkarte veranschaulicht war, zu unterzeichnen ablehne. Im Widerspruch zur Reichsregierung setzte die Oberste Heeresleitung mit Zustimmung des Kaisers durch, daß Deutschland und seine Verbündeten mit einem erneuten Vormarsch an der Ostfront reagierten. Binnen kurzer Zeit fielen den Mittelmächten »riesige Landstrecken Rußlands kampflos in die Hände« (Wolfgang J. Mommsen: Das Zeitalter des Imperialismus. Frankfurt/M./Hamburg: Fischer 1969, S. 355 [= Fischer Weltgeschichte, Band 28]) Damit wurde die Lage für die revolutionäre Regierung fatal; Lenin erklärte, daß die Festigung der eigenen Macht wichtiger sei als ein schändlicher Frieden, zumal nicht zu erwarten sei, daß das Proletariat den Aufrufen kommunistischer Gruppierungen zu Massenstreiks in den Ländern der Mittelmächte Folge leiste, im gegenwärtigen Zeitpunkt die Hoffnung auf eine Weltrevolution daher unrealistisch sei. Also sah sich die Regierung in St. Petersburg genötigt, die von den Mittelmächten am 22. Febr. ultimativ gestellten Friedensbedingungen anzunehmen. – Daneben wurde zu Beginn des Jahres 1918 in den Zeitungen den Reaktionen der verschiedenen Länder auf die ›Vierzehn Punkte‹ des amerikanischen Präsidenten Woodrow Wilson viel Raum gewährt.

Nach »Klarheit« hast du gesucht? Aber du schreibst nicht] Margarete von Bendemanns Brief ist verschollen, der angesprochene Zusammenhang daher nur vermutbar: Im autobiographischen Rückblick verbindet Margarete von Bendemann die Zeit im Hause von Emmy von Egidy (siehe Simmel an Margarete von Bendemann vom 24. Aug. 1917) mit dem Erwachen eines durch Ernst Bloch, der seinerzeit nach Thun gezogen sei, um in ihrer Nähe zu sein, vermittelten »neuen politischen Verstehens [...], das zu jener Zeit ein reines Bestreben nach Frieden war. [...] Das Soziale, an das er sich später ganz hingab, war ihm kaum ferner als seine Metaphysik und die Musik. / Ein ganzer Kreis von Friedensfreunden bildete sich zu jener Zeit in Thun, und es war schön, an ihren Bestrebungen teilzunehmen« (Susman, S. 89).

du im April nach Deutschland zurückkehrst] Zu dieser Absicht siehe Simmel an Margarete von Bendemann vom 17. Jan. 1918.

Reisen ... soll man unterlassen] Eine entsprechende, unmittelbar zuvor ergangene Anweisung wurde in der Straßburger Presse nicht ermittelt, ergibt sich aber aus der hier im Zentrum stehenden Bedrohung von Elsaß-Lothringen als Teil des Reichs und den Vorbereitungen zu verstärkten Kämpfen an der Westfront bzw. die Verlagerung von Truppen der Entente und des Reichs mit Blick auf die dann am 21. März eröffnete deutsche Offensive in Frankreich. Dies und die Ernährungslage führte zu vermehrten Einschränkungen des Fremdenverkehrs – so durften »nur wirklich kranke« Personen noch in den

Schwarzwald (StP, Nr. 103 vom 25. Febr. 1918, Mi.Bl.), wurden lt. Meldung der StP vom 1. März 1918 (Nr. 110, Mo.Bl.) die »für den allgemeinen Verkehr zugelassenen *Urlauberschnellzüge* Metz–Würzburg [...] und *Straßburg*–Frankfurt [...] bis auf weiteres *eingestellt*.«

Momis Krankheit] Sohn Erwin von Bendemann sei »sehr schwer erkrankt«, heißt es in: Susman, S. 89.

Hans steht noch immer in den *Pripet*-Sümpfen] Siehe Simmel an Eduard von Bendemann vom 12. Juli 1917.

jetzigen Vormarsch] Gemeint ist der Vormarsch der deutschen Truppen in die Ukraine: »300 Kilometer deutscher Vormarsch«, so der Aufmacher der TR, Nr. 105 vom 26. Febr. 1918 mit Bezug auf die Meldung aus dem ›Großen Hauptquartier‹. Die Ukraine, deren am 22. Jan. 1918 erklärte Unabhängigkeit von Seiten der Bolschewisten mit der Eroberung von Kiew erwidert worden war, hatte am 9. Febr. 1918 einen Sonderfrieden mit den Mittelmächten geschlossen, so daß jetzt deutsche und ungarische Truppen in die Ukraine vormarschierten, um die bolschewistischen zurückzudrängen (Brockhaus:Ukraine).

Georg Simmel an Siegfried Kracauer

Postkarte vom 28. Februar 1918
Hs.; DLA Marbach, Nl Kracauer

Straßburg 28 II 18

Sehr geehrter Herr Doktor,

ich bin eben im Begriff, für einige Zeit in das neutrale Ausland zu verreisen u. kann Ihnen deshalb Ihr Manuskript jetzt nicht zurücksenden. Auch hat dies momentan von hier aus gewisse Schwierigkeiten, die aber hoffentlich in absehbarer Zeit behoben sind.

In größter Eile u. mit freundlichen Grüßen Ihr sehr ergebner

Simmel

Postkarte vom 28. Februar 1918] An: Herrn / *Dr. Cracauer / Osnabrück / Schnatgang 19* / II; mit Absenderstempel: Prof. Simmel / Strassburg (Els.); Poststempel: Straßburg [unles.] -1. 3. 18 9-10 V.; Prüfstempel [unles.] / Geprüft und zu befördern.

28 II 18] An diesem »Donnerstag, den 28. Februar, abends 8 Uhr« im Festsaal des Fürstenhofs, Straßburg, wiederholte Simmel seinen Berliner Vortrag ›Der Konflikt der modernen Kultur‹ (siehe Simmel an Friedrich Gundolf vom 10. Jan 1918), wie aus dessen Ankündigung per Anzeige als Veranstaltung zugunsten des Vaterländischen Frauenvereins hervorgeht (StP, Nr. 103 vom 25. Febr. 1918, Mi.Bl.). Über diesen Vortrag Simmels, »am Vorabend seines 60. Geburtstags«, berichtete die örtliche Presse mit Bedauern über die unerwartet geringe Besucherzahl: die »Zuhörer, unter ihnen der Kaiserliche Statthalter [Hans von Dallwitz], waren dem Vortrag mit lebhaftem Interesse gefolgt und dankten mit Beifall am Schluß. Erfreulich war, daß sich unter den Gruppen eine lebhafte Erörterung anschloß« (o.V., StP vom 2. März 1918, Nr. 112, Mo. Bl.; vgl. ähnlich: StNN vom 1. März 1918).

in das neutrale Ausland zu verreisen] Zur Vortragsreise nach Holland siehe Simmel an Anna und Ignaz Jastrow vom 3. März 1918.

Ihr Manuskript] Da Kracauers Anschreiben verschollen ist, kann nur vermutet werden, daß es sich um die Rücksendung der Abhandlung über ›Das Leiden unter dem Wissen und die Sehnsucht nach der Tat‹ handelt (siehe Kracauer an Simmel vom 30. Nov. 1917). Mangels konkreter Hinweise eher auszuschließen ist Kracauers zeitlich nahe Arbeit ›Über den Expressionismus. Wesen und Sinn einer Zeitbewegung‹, die als Durchschlag eines undatierten Tps. (83 Bl.) mit der Aufschrift »Handexemplar (mit Randbemerkungen von Geheimrat Crusius)« in Kracauers Nl überliefert und mit einer an das Todesjahr des Altphilologen Otto Crusius (1857-1918) angelehnten Datierung in Kracauers nachgelassenen Schriften erschienen ist (SKW 9.2, S. 7-78).

gewisse Schwierigkeiten] Ein Verlust des Manuskripts drohte angesichts der kriegsbedingten Auflage, Briefe offen zu versenden (siehe Simmel an Hugo Liepmann vom 2. Aug. 1914) und der Zunahme an Postdiebstählen (vgl. entsprechende Meldungen der StP, Nr. 98 vom 22. Febr. 1918, Mi.Bl., und Nr. 102 vom 24. Febr. 1918, Mo. Bl.).

Georg Simmel an Anna und Ignaz Jastrow

Postkarte vom 3. März 1918
Hs.; LBI New York, Simmel Collection

Amsterdam, 3 III 18

Liebe Freunde,

ich danke Ihnen von Herzen für Ihre Geburtstagsbriefe, die ich noch im Moment der Abreise bekam u. die mir eine große,

große Freude waren, nicht obgleich, sondern grade weil sie mir in der Substanz der Gesinnung nichts Neues sagten. Ja wahrhaftig, wer kann jetzt die Freunde bemühen, u. es ist nicht zu sagen, wieviel elender das Leben noch wäre, wenn man sie entbehren müßte.

Wunderlich ist ein Land, in dem man sich ohne weiteres eine Tafel Chocolade kaufen u. ein Beefsteak bestellen kann! Dennoch sehne ich mich schon nach Deutschland zurück, denn ein Volk, das sich seines Lebens freut u. an der Peripherie des Weltschicksals steht, ist jetzt eigentlich keine erträgliche Umgebung.

Ich halte hier u. in Haag je einen Vortrag u. will Anf. nächster Woche wieder in Straßburg sein.

Mit herzlichsten Grüßen Ihr

Simmel

Postkarte vom 3. März 1918] An: Herrn u. Frau / Prof. *Jastrow* / *Charlottenburg* / Westend, Nußbaumallee 24; über der Anschrift: *Deutschland;* mit hs. Absenderangabe: Prof. *Simmel* aus Straßburg / Amsterdam, *Hotel de l'Europe*; Poststempel: AMSTERDAM 9-10 V 4 III 1918.

Amsterdam, 3 III 18] Zum Aufenthalt am Sonntag, den 3. März in Amsterdam s. u.

Geburtstagsbriefe] Verschollen. – Simmels 60. Geburtstag am 1. März 1918 war vor allem überregionalen Zeitungen Anlaß zu größeren Würdigungen, z. B.: o.V.: Georg Simmel. TR vom 28. Febr. 1918 (Nr. 109, Unterhaltungsbeilage); R.S.: Georg Simmel. Zum 60. Geburtstage. VZ vom 1. März 1918 (Nr. 110, Mo. Bl.); bekannt ist auch ein unter der Rubrik ›Philosophenköpfe‹ erschienenes Porträt des Kunstschriftstellers Hugo Kubsch (1885-1952): I. Georg Simmel. Zu seinem 60. Geburtstage (1. März), das im Archiv der sozialen Demokratie der Friedrich-Ebert-Stiftung, Bonn, mit dem nicht ermittelten Hinweis »Post 1. 3. 1918« erhalten ist. Auch in der regionalen Presse erfolgten Hinweise: 60. Geburtstag Prof. Simmels. StNN vom 1. März 1918; die StP berichtete am 2. März 1918 über Simmels Vortrag »am Vorabend seines 60. Geburtstags« in Anwesenheit des Statthalters (siehe vorstehendes Schreiben).

im Moment der Abreise] Simmel hatte seine Vortragsreise nach Holland (s. u.) »am 1. März angetreten«, wie er, wohl am 12. März zurückgekehrt, Agathe und Hugo Liepmann am 13. März 1918 mitteilt.

Ich halte hier u. in Haag je einen Vortrag] Simmel sollte am 6. März 1918 vor der ›Amsterdamschen Vereeniging voor sociale Lezingen‹ erneut über ›Der Konflikt in der modernen Kultur‹ sprechen (siehe Simmel an Friedrich Gundolf vom 10. Jan. und an Siegfried Kracauer vom 28. Febr. 1918); dem folgte zu einem nicht näher bekannten Zeitpunkt ein Privatvortrag über ›Das Porträt‹ in Den Haag, und zwar vor den Gästen der durch ihre Vorliebe für van Gogh bekannten Kunstsammlerin Helene Kröller-Müller (1869-1939), einer deutschen Industriellentochter und Gattin des Niederländers Anton Georg Kröller, zugleich Teilhaber und Leiter der niederländischen Niederlassung der Schifffahrts- und Handelgesellschaft ihres Vaters (DBE). Dies, wie auch die Planung und Rahmenbedingungen der Vorträge überliefern zwei undatierte Berichte des während des Krieges als Leiter der politischen Presseabteilung der deutschen Gesandtschaft in Den Haag tätigen Kunsthistorikers Albert Erich Brinckmann (1881-1958; seit 1912 ao. Prof. in Karlsruhe, nach 1919 ord. Prof. in Rostock, Köln, Berlin und Frankfurt/M.; Reichshandbuch; Kürschner GK 1950 u. 1961), die als Anlage der Schreiben des Legationsrats Adolf Georg Otto von Maltzan (1877-1927; DBE) vom 16. Febr. 1918 und des Gesandten Friedrich Rosen (1856-1935; DBE) vom 10. April 1918 an den Reichskanzler Graf Georg von Hertling gesandt wurden (BA Potsdam, Zentralstelle für Auslandsdienst, 09.01, 885, Bl. 12-16 u. Bl. 39-48). Demnach wurde von Ende Jan. bis Ende März 1918 ein deutsch-holländisches Programm ›akademischer Vorträge‹ von Professoren im jeweiligen Gastland durchgeführt; die Organisation der zwölf Vorträge in Holland lag bei einem von Erich Brinckmann und Professoren der Universitäten Utrecht, Amsterdam und Groningen besetzten ›Gründungsausschuss‹ (Bl. 42). Einladende Einrichtungen waren mehrheitlich studentische oder mit der deutschen Sprache und Kultur verbundene Vereinigungen in verschiedenen Hochschulorten. Die Einladung der Niederländer zu Vorträgen in Berlin besorgte der ›Bund deutscher Gelehrter und Künstler‹ (Bl. 16). Erich Brinckmann hatte, wohl als Vermittler der Einladungen, die deutschen Redner nachdrücklich um eine ›universale Färbung der Vorträge‹ gebeten und auf Achtung der Neutralität des Gastlandes gedrungen (Bl. 15 u. 46). Neben Simmel und Erich Brinckmann selbst (drei Vorträge) sprachen der Literaturwissenschaftler Albert Koester, Leipzig, der Historiker und Politiker Hans Delbrück, Berlin, der Historiker Hermann Oncken, Heidelberg, der Literaturwissenschaftler Oskar Walzel, Dresden (1864-1944; DBE), der Nationalökonom Lujo Brentano, München, und der Geograph Albrecht Penck (1858-1945; DBE), seinerzeit Rektor der Berliner Universität. Erich Brinckmanns Bericht über sämtliche Vorträge hebt einerseits auf die offiziell angestrebte Wirkung der Vorträge und des Rahmenprogramms ab – »eine engere Verbindung deutscher und holländischer Gelehrter« –, wie andererseits auf möglichst breite Pressewirksamkeit und somit das eigentliche Ziel, dessen »Gesamtorganisation im Verborgenen zu lassen«, im Vorfeld entschieden wurde (Bl. 46). Zu Simmels Vorträgen heißt es diesbezüglich: »Im allgemeinen scheint dieser Vortrag [›Der Konflikt der modernen Kultur‹] durch seine komplizierten Gedankengänge und die besondere Sprechart Simmels keinen großen Eindruck gemacht zu haben. Eine Besprechung brachten ›Nieuws van den Dag‹ (7.III.A.) und ›Telegraaf‹ (7.III.M.). Die letzte Besprechung war stark ironisch gefärbt. Unbedingt lief auf einen Mißerfolg der Versuch hinaus, im Hause von Frau Kroeller, der Gattin des bekannten Großkaufmanns, Simmel vor einem kleinen geladenen Publikum über ›Das Porträt‹ sprechen zu lassen. Da Eure Exzellenz [d. i. Friedrich Rosen] dem Vortrag persönlich beigewohnt haben, brauche ich mich über die Mängel nicht zu verbreiten. Die Darlegungen waren zu kompliziert und zudem ohne einen beherrschenden Schlußgedanken, den man bei solchen Vorträgen unbedingt dem Hörerkreis mitzugeben hat« (Bl. 42). – Zum ersten Vortrag und dessen Publikation siehe Simmel an Gundolf vom 10. Jan. 1918; der zweite Vortrag erschien unter dem bereits in Simmels Brief an Eduard von Bendemann vom 30. Aug. 1917 genannten Vortragstitel ›Das Problem des Porträts‹ in: Die neue Rundschau, XXIX. Jg. der Freien Bühne, 1918, Bd. 2 (= Heft vom 10. Okt.); GSG 13, S. 370-381.

Georg Simmel an Agathe und Hugo Liepmann

Brief vom 13. März 1918
Hs.; I. Flatau, Saratoga Springs N.Y., USA

Straßburg 13 III 18

Liebe Freunde,

Sie werden sich wohl darüber klar sein, daß unter den mannigfachen Beweisen freundlicher u. freundschaftlicher Gesinnung, die mir der 1. März gebracht hat, der von Ihnen gekommene mich mit besondrer Wärme berührt. Wir haben uns in einem Alter gefunden, in dem man auf den Gewinn von Freundschaften, die auf das ganz Persönliche gestellt sind, eigentlich nicht mehr rechnen kann. Daß es uns dennoch geglückt ist, giebt mir bei jeder Vergegenwärtigung davon das

Gefühl von Dankbarkeit, in dem sich die für die Menschen u. die für das Geschick zu einer eigentümlichen Einheit mischen. Die Welt um uns wird immer chaotischer, die Lichtpunkte in ihr immer blasser, die Hoffnung auf Rettung der europäischen Kultur immer problematischer, so daß sich immer weiter u. tiefer bestätigt, was ich schon in den ersten Kriegswochen, aus einer ganz tiefen Ahnung heraus, zu meiner Frau sagte: Uns wird, in unserm Alter, nach diesem Kriege schlechthin nichts mehr bleiben, außer unsrer Arbeit u. der Liebe einiger Menschen. Sie werden diesen Ausspruch mit Recht gar nicht so sehr bescheiden finden. Dennoch bitte ich Sie, zu seiner Erfüllung zu tun, was Sie können – –

Ich komme eben von einer Vortragsreise nach Holland zurück, die ich am 1. März angetreten habe. Sie war natürlich gänzlich »unpolitisch«, war aber dennoch (hinter den Kulissen) von unsren obersten politischen Stellen inaugurirt, im Sinne einer Propaganda für den deutschen Geist. In den bescheidnen Maaßen, die in Frage kommen konnten, war sie wohl auch nicht ohne jeden Erfolg. Jedenfalls habe ich interessante Erfahrungen über Menschen u. Dinge gemacht, wovon es mancherlei zu erzählen geben wird, wenn wir uns wiedersehn werden. Aber dieses Wenn kann ich nicht ohne ein gewisses Angstgefühl aussprechen. Für absehbare Zeit finde ich gar keine Möglichkeit u. selbst die Hoffnung auf die Herbstferien ist angesichts der Fremden-Sperre in ganz Süddeutschland sehr problematisch. So werden immer mehr Gebiete, von den allgemeinsten bis zu den persönlichsten für die Maxime reif, die ich mir schon sehr früh in dieser schweren Zeit gebildet habe: Den Optimismus ebenso zu vermeiden wie den Pessimismus, über nichts zu verzweifeln u. auf nichts zu hoffen, sondern sich auf das zu stellen, was der Tag, wenn er da ist, an Wirklichkeiten u. an Forderungen bringt. Das ist nicht ganz so einfach wie es klingt, u. fordert allerhand innere Anstrengung; aber jedes andre Verhalten scheint mir die Kraft in weit höherem Maaße aufzuzehren.

Leben Sie wohl, haben Sie Dank für alles Gute u. Herzliche, u. behalten Sie mich – uns – weiter lieb.

Unveränderlich Ihr

Simmel

mannigfachen Beweisen ..., die mir der 1. März gebracht] An Gratulationsschreiben zu Simmels 60. Geburtstag sind nur diejenigen bekannt, die jenseits der vorliegenden in Simmels Danksagungen an Anna und Ignaz Jastrow vom 3. März sowie an Edmund Husserl, Gottfried Salomon, Ernst Robert Curtius und Werner von Melle, jeweils vom 15. März 1918, angesprochen sind.

von Ihnen gekommene] Das Schreiben von Agathe bzw. Hugo Liepmann ist verschollen.

Wir haben uns in einem Alter gefunden] Näheres über den Beginn der Freundschaft zwischen Georg Simmel und dem Ehepaar Liepmann ist nicht bekannt; der früheste überlieferte Brief Simmels ist vom 2. Nov. 1907 und mit der Anrede »Lieber Herr Kollege« versehen (siehe Nachtrag in: GSG 24).

Vortragsreise nach Holland] Siehe Simmel an Anna und Ignaz Jastrow vom 3. März 1918.

Hoffnung auf die Herbstferien] Entsprechende ›Herbstferien‹-Pläne der Eheleute Liepmann, wie sie in deren Schreiben angesprochen sein könnten, sind nicht bekannt.

Fremden-Sperre in ganz Süddeutschland] Siehe Simmel an Margarete von Bendemann vom 27. Febr. 1918.

Georg Simmel an Edmund Husserl

Postkarte vom 15. März 1918
Hs.; Husserl-Archiv, Louvain

Straßburg 15. III. 18

Verehrter Freund,

unter den mannigfachen Zeichen freundlicher u. freundschaftlicher Gesinnung, mit denen mich der 1. März bedacht hat, steht Ihr Brief obenan; ich finde ihn erst jetzt vor, ich war beinahe 14 Tage auf einer Vortragsreise in Holland.

Ich will Ihnen nur mit einem kurzen Wort danken – wissen wir doch, auch ohne viel darüber zu reden, was wir aneinander haben, u. daß all unsre Gegensätze unterbaut sind von einer persönlichen, tief sympathischen Zusammengehörigkeit, u. überbaut von einem letzten geistigen Zielpunkt, dem wir uns in's Unendliche nähern. So haben jene Gegensätze nach keiner Seite hin Raum, in Riß u. Gegnerschaft überzugehn.

Es gehört wirklich zu der Tragödie dieser maaßlos tragischen Zeit, daß wir bei so großer räumlicher Nähe nicht zusammenkommen können. Hätte ich mir nicht das Hoffen abgewöhnt – so gut wie das Verzweifeln – so würde ich sagen, daß ich auf günstigere Sterne für die Zukunft hoffe. Sollten sie uns aber dennoch aufgehn u. wir uns unter ihnen zusammenfinden, so werde ich das als ein Geschenk des Glückes erleben.

Mit herzlichen Grüßen von Haus zu Haus Ihr unwandelbar getreuer

Simmel

Postkarte vom 15. März 1918] An: Herrn / Prof. *Husserl* aus Freiburg i. B. / *Bernau i. B.* / im *Rössle*; mit Absenderstempel: Prof. Simmel / Strassburg (Els.); Poststempel: Straßburg [unles.] 15. 3. 18. 5-6 N.; Prüfstempel [unles.].

Zeichen ..., mit denen mich der 1. März bedacht] Siehe Simmel an Agathe und Hugo Liepmann vom 13. März 1918.

Ihr Brief] Husserls Glückwunschschreiben zu Simmels 60. Geburtstag ist verschollen.

ich war beinahe 14 Tage auf einer Vortragsreise in Holland] Diese Reise währte vom 1. bis 12. März; siehe Simmel an Anna und Ignaz Jastrow vom 3. März 1918.

räumlicher Nähe] Husserl lehrte seit 1. April 1916 in Freiburg i. Br. (siehe Simmel an Heinrich Rickert vom 13. und 26. Dez. 1915); doch waren Besuchsreisen wegen der »Fremden-Sperre in ganz Süddeutschland« (Simmel an Agathe und Hugo Liepmann vom 13. März 1918) nicht möglich.

Georg Simmel an Gottfried Salomon

Postkarte vom 15. März 1918
Hs.; IISG Amsterdam, Nl Salomon

Straßburg 15 III 18

Besten Dank, sehr geehrter Herr Doktor, für Ihre freundlichen Zeilen zum 1. März.

Sehr ergeben Ihr

Simmel

Postkarte vom 15. März 1918] An: Herrn / *Dr. G. Salomon / Berlin-Lankwitz / Luisenstr.* 26[a]; mit Poststempel: Straßburg [unles.] 18 5-6 N.; Prüfstempel [unles.].

freundlichen Zeilen zum 1. März.] Salomons Schreiben zu Simmels 60. Geburtstag ist verschollen.

Georg Simmel an Ernst Robert Curtius

Brief vom 15. März 1918
Hs.; ULB Bonn; eingeklebt in 49²/3420[rara]

Straßburg 15 III 18

Lieber Herr Doktor,

Herzlichen Dank für Ihren Brief zum 1. März. Ich neige so sehr zum Zweifel an mir selbst, daß es für mich kein geringes Erlebniß war, als mir an diesem Tage von vielen Seiten u. im Ton überzeugender Aufrichtigkeit, bestätigt wurde, daß ich für die Jugend nicht umsonst gelebt habe.

Was Sie über Weltanschauung sagen, ist zwar insofern, als darin fundamentale Verschiedenheiten der Nationen zum Ausdruck kommen, zweifellos richtig. In sachlicher Hinsicht aber doch nicht ganz. Sie können sicher sein: wenn ich meine Philosophie nicht für fähig hielte, auch diejenigen Bedürfnisse zu befriedigen, die sich im Substanzialismus u. Absolutismus aussprechen, so würde ich an ihr nicht festhalten. Es fällt mir nicht ein, diese Bedürfnisse dogmatisch wegzudekretiren, ich erkenne sie als vollberechtigte Ansprüche an. Wie sehr ich Leben u. Geist, Werden u. Sein, in *einem* Aktiv zusammenzubringen suche, würden Sie ohne weiteres einsehn, wenn Sie meine letzten Aufsätze u. Vorträge kennten. Aber freilich, ich bin noch an der Arbeit, der Weg liegt klar vor mir, aber noch nicht hinter mir. Ob ich ihn noch bis zu seinem Ziel gehen werde, das hängt von Leben u. Kraft ab – u. ich kann nicht leugnen, daß das Weltschicksal, das als *alia cura* jedem Gedanken im Nacken sitzt, die Wahrscheinlichkeit des Gelingens nicht gerade erhöht. Immerhin, ich werde mich nicht am Wegrand niedersetzen, bis die unüberwindlichen Kräfte mich dazu zwingen.

Wenn Sie im Sommer wieder in den Schwarzwald gehn, so bitte ich um eine Nachricht darüber.

Mit besten Grüßen von meiner Frau bleibe ich in alter guter Gesinnung Ihr

Simmel

ULB Bonn; eingeklebt in $49^{2}/3420^{rara}$] Die Signaturangaben verweisen auf den ungewöhnlichen Fund- bzw. Aufbewahrungsort des Briefes, nämlich »eingeklebt« in die mit Curtius' Nachlaß in die ULB Bonn gelangte 2. Aufl. von Simmels ›Philosophie des Geldes‹ (Leipzig: 1907), in die auch eine Todesanzeige Simmels »eingeklebt« wurde (Mttl. Monica Klaus, ULB Bonn).

Ihren Brief zum 1. März] Das Glückwunschschreiben zu Simmels 60. Geburtstag ist verschollen.

von vielen Seiten] Siehe Simmel an Agathe und Hugo Liepmann vom 13. März 1918.

Was Sie über Weltanschauung sagen, ist ... zweifellos richtig] Wenngleich Curtius' briefliche Äußerungen nicht bekannt sind, so deutet sich doch eine Nähe zu dessen Schrift ›Die literarischen Wegbereiter des neuen Frankreich‹ (Potsdam: Gustav Kiepenheuer o.J. [1919])an; siehe Simmel an Ernst Robert Curtius vom 1. Okt. 1916 und an Georg Heinrich Meyer vom 12. Juni 1916.

letzten Aufsätze u. Vorträge ... Aber freilich, ich bin noch an der Arbeit] Die Konnotation verweist auf die »Arbeit« an der ›Lebensanschauung‹ und somit vornehmlich auf die darin eingegangenen Vorträge bzw. Aufsätze: siehe Simmel an Heinrich Rickert vom 13. Dez. 1915, an Margarete von Bendemann vom 17. Aug. 1916 und an Friedrich Gundolf vom 10. Jan. 1918. – Zum Erscheinen von Simmel: Lebensanschauung. Vier metaphysische Kapitel. München und Leipzig: Duncker und Humblot 1918 (GSG 16, S. 209-426) siehe Simmel an Max und Marianne Weber vom 15. Sept. 1918.

***alia cura*]** Lat.: andere Sorgen.

im Sommer wieder in den Schwarzwald gehn] Über Simmels Kenntnis von Curtius' Schwarzwaldaufenthalt(en) ist nichts bekannt.

Georg Simmel an Werner von Melle
Brief vom 15. März 1918
Hs.; StUB Hamburg, Nl von Melle, AG: Simmel

Straßburg 15 III 18

Hochverehrter Herr Bürgermeister!

Ich danke Ihnen verbindlichst für Ihre freundlichen Wünsche zu meinem 60. Geburtstag, die ich eben erst bei der Rückkehr von einer längeren Vortragsreise in Holland vorfinde.

Bezüglich Ihrer Mitteilungen über das *Brauer*sche Projekt möchte ich doch erwähnen, daß ich ausschließlich durch ein Gespräch mit Prof. *W. Stern* davon erfahren habe. Herr Prof. *Brauer* kennt vielleicht meine Stellung zu der Universitätsfrage u. hat sich deshalb nicht an mich gewendet. Auch habe ich nicht gehört, daß jemand von meinen hiesigen Kollegen befragt worden wäre.

Ich bedaure es sehr, daß ich keine Gelegenheit habe, mich einmal mündlich mit Ihnen über die Universitätsangelegenheit zu unterhalten. Es würde manches zur Sprache kommen können, was mir angesichts dieses Problems am Herzen liegt, aber aus mehr als einem Grunde keine schriftliche Behandlung verträgt.

In Hochachtung u. Ergebenheit bleibe ich Ihr

Simmel

Bürgermeister] Werner von Melle war seit 1914 Bürgermeister der Hansestadt Hamburg; wie bereits 1915 hatte er 1918 das Amt des Ersten Bürgermeisters inne (vgl. Ders.: Dreißig Jahre Hamburger Wissenschaft 1891-1921. Rückblicke und persönliche Erinnerungen. Zweiter Band. Herausgegeben auf Anregung der Hamburgischen Wissenschaftlichen Stiftung. Hamburg: Broschek & Co. 1924, S. 431; Hamburger Bürgermeister seit 1293, unter: www.hamburg.de).

freundlichen Wünsche] Das Schreiben von Melles ist verschollen.

Rückkehr von … Vortragsreise in Holland] Zu dieser Vortragsreise vom 1. bis 12. März siehe Simmel an Anna und Ignaz Jastrow vom 3. März 1918.

das *Brauer*sche Projekt] Angesprochen ist der Versuch des Internisten und Direktors des Allgemeinen Krankenhauses Eppendorf, Prof. Dr. Ludolf Brauer (1865-1951; NDB), den wieder aufgelebten Plan zur Schaffung einer Rumpfuniversität in Hamburg durch die propagandistische Verbreitung eines Alternativprogramms zum Scheitern zu bringen. Der Hochschulausschuß der Hamburger Bürgerschaft hatte seine nach der Ablehnung der Universitätsvorlage des Senats im Okt. 1913 (siehe Simmel an von Melle vom 18. Nov. 1913) allmählich zugunsten der Universitätsgründung umgeschlagenen, doch nach Kriegsausbruch erlahmten Beratungen im März 1917 wieder aufgenommen; Auslöser war die vom Preußischen Kultusminister im Jan. 1917 dem Abgeordnetenhaus vorgetragene ›Denkschrift über die Förderung der Auslandsstudien‹ (Haus der Abgeordneten, 22. Legislaturperiode, III. Session, 1916/17, Nr. 388), die im Preußischen Landtag wie auch im Reichstag breite Zustimmung gefunden hatte; wenngleich Berlin als Zentrum der Auslandsstudien gedacht war, so versprach die überregionale Förderung für Hamburg die Chance, an die Erfahrungen des dortigen Kolonialinstituts zu erinnern und die Universitätsfrage nunmehr zu einem positiven Abschluß zu bringen. Dem hatte sich Ludolf Brauer unmittelbar nach Beginn der Ausschußberatungen mit einem Programm einer wissenschaftlichen Einrichtung unter der Bezeichnung ›Hamburgische Gelehrtenschaft‹ entgegengestellt; dieses zielte auf den Zusammenschluß der bestehenden Forschungsinstitute zu überwiegend der Forschung gewidmeten Aufgaben und auf den grundsätzlichen Verzicht auf die Anerkennung als akademische Ausbildungsstätte. Das ›*Brauer'sche* Programm‹ war zunächst unter dem Titel ›Hamburger Gelehrtenwelt. Ein Programm zur Ausgestaltung und Bestätigung des hamburgischen akademischen Lebens im Sinne einer wissenschaftlichen Auslandskunde von Professor Dr. Ludolf Bauer, Eppendorf‹ in den ›Hamburger Nachrichten‹ vom 8. April 1917 (Mo. Bl.) erschienen; wie von Melle erinnert, hatte der Verfasser es dann im Herbst 1917 in Form einer ›Denkschrift‹ von »99 gedruckte[n] Folioseiten [...] zu Propagandazwecken in weiteren Kreisen benutzt« und zudem ein dem bürgerschaftlichen Ausschuß vertraulich zugegangenes Gutachten, das auf die Dringlichkeit der Universitätsgründung verwiesen hatte, »in einer zahlreichen auswärtigen Gelehrten übersandten Entgegnung in Bezug genommen und scharf angegriffen«. Anläßlich der Diskussion seiner Denkschrift in der Sitzung des Hochschulausschusses im Dez. 1917 habe sich Brauer auf »die Zustimmung auswärtiger Gelehrter zu den Ausführungen der Denkschrift« berufen (Dreißig Jahre Hamburger Wissenschaft, a.a.O., S. 527f., 531). Auch nachdem der Hochschulausschuß am 12. Jan. 1918 mit einer Zweidrittelmehrheit für die Universität gestimmt hatte, habe die unterlegene Minderheit unter der Bezeichnung ›Ausschuß für Auslandsforschung‹ weiterhin zugunsten des Programms von Ludolf Brauer gegen die Einrichtung einer Universität agitiert (vgl. ebd., S. 532-554).

Gespräch mit Prof. *W. Stern*] Simmel und William Stern waren Anfang Dez. 1917 in Tournai zusammengekommen (siehe Simmel an Anna Jastrow vom 8. Nov. 1917). – Der Philosoph und Psychologe [Louis] William Stern (1871-1938), in Berlin bei Lazarus 1893 promoviert, 1897 in Breslau habilitiert, seit 1907 ao. Prof. ebd., hatte 1916 die Nachfolge Ernst Meumanns (1862-1915) auf dem ord. Lehrstuhl für Philosophie, Psychologie und Pädagogik in den Hamburger Einrichtungen ›Kolonialinstitut‹ und ›Allgemeines Vorlesungswesen‹ angetreten, den er bis zur Dienstentlassung 1933 innehatte (Gerald Bühring: William Stern oder Streben nach Einheit. Frankfurt/M. u. a.: Peter Lang 1996 [= Beiträge zur Geschichte der Psychologie, Bd. 13]). Stern zählte zu den Befürwortern des von Melleschen Engagements in der Universitätsfrage (vgl. Dreißig Jahre Hamburger Wissenschaft, a. a. O., S. 481, und: William Stern. In: Selbstdarstellungen, Bd. 6, 1927, S. 129-184, hier: 157).

meine Stellung zu der Universitätsfrage] Siehe Simmel an von Melle vom 18. Nov. 1913.

Georg Simmel an Verlag J. C. B. Mohr (Paul Siebeck)

Bestellzettel vom 19. März 1918
Hs.; VA Mohr Siebeck, Tübingen

15 Separatabzüge

Straßburg 19 III 18 Prof. Simmel

Bestellzettel vom 19. März 1918] Hs. Ergänzungen auf gedr. Bestellzettel: Es wird dringend gebeten, diesen Zettel beantwortet / zurückzuschicken! / Wieviele Separatabzüge? / … Separatabzüge*. / Ort und Zeit: / Name: / Kriegspreis. / *) 15 völlig unveränderte Separate werden auf Wunsch unentgeltlich angefertigt, weitere gegen Berechnung von 2 Pfg. pro Druckseite geliefert. Bei Bezug von 100 berechneten Separaten tritt eine Ermässigung um 25 %, bei 200 berechneten Separaten eine Ermässigung um 40 % ein. / Dissertationen unterliegen besonderen Bestimmungen, ebenso alle Abweichungen von der üblichen Form der Separate. / Alle Bestellungen müssen spätestens bei Rücksendung der Korrektur gemacht werden, da nachträglich weitere Separatabzüge in der Regel nicht hergestellt werden können. / 1917 Nr. 150. – Mit hs. Bearbeitungsvermerk: not.

15 **Separatabzüge]** Betrifft Simmel: Die historische Formung. Logos, Band VII, 1917/18, Heft 2, S. 113-152 (GSG 13, S. 321-369). – Der Beitrag wird in einem Schreiben von Georg Mehlis an Paul Siebeck vom 27. Nov. 1917 als in Aussicht gestellt und angefordert erwähnt (VA Mohr Siebeck). Der Verlag hatte Georg Mehlis am 15. Febr. 1918 mitgeteilt: »Da das Papier vorhanden ist, kann mit dem Satze des 2. Heftes in der nächsten Zeit begonnen werden« (ebd.). Es ist vermutlich Ende Juni 1918 erschienen (LC, Nr. 28 vom 13. Juli 1918, Sp. 557).

Georg Simmel an Hermann Graf von Keyserling

Abschrift von Brief vom 25. März 1918
Tps.; ULB Darmstadt, Hermann Keyserling-Archiv

Straßburg 25. 3. 18

Mein lieber Graf,

Aus mehr als einem Grunde ist mir Ihr heute erhaltener Brief eine große Freude. Zunächst weil er mich Ihres Lebens, und wie es scheint, auch Ihres Wohlseins versichert – worüber ich angesichts der Ereignisse der letzten Monate erheblich beunruhigt war. Dann aber noch um eines anderen willen, das ich gleich aussprechen will, in der Hoffnung, nie wieder darauf zurückkommen zu brauchen. Im ersten oder zweiten Kriegsjahr (das Datum ist mir entschwunden) brachten französische Zeitungen einen Bericht über einen von Ihnen in London gehaltenen Vortrag, in dem Sie über den Deutschen Geist, nicht nur über den politischen, Äußerungen taten, die mich dauernd von Ihnen geschieden hätten. Sie werden mir keinen Chauvinismus und keine nationalistische Borniertheit zutrauen; ich möchte mich auch nicht zum Richter über das objektive Recht oder Unrecht solcher Behauptungen machen. Allein ich *liebe* nun einmal Deutschland – die Idee Deutschland –, ich bin natürlich mit ihm verwachsen, und wer in jener Zeit, wo wir um Sein und Nichtsein des Deutschen Geistes (nicht nur der deutschen Macht und Wirtschaft) in der Weltgeschichte zu kämpfen haben – wer sich da zum Gegner dieses Geistes erklärte, wäre mein Feind und müßte es bleiben, über die politische Feindschaft dieses Krieges hin, für die es eine Versöhnung gibt. Ich gestehe, daß mir diese Erfahrung höchst schmerzlich war und keineswegs nur vorübergehend. Vor einigen Monaten hörte ich zu meiner großen Erleichterung, daß jener französische Bericht eine Fälschung gewesen wäre, und Sie seien während des Krieges gar nicht in London gewesen, und hätten also den angeblichen Vortrag nicht gehalten. Können Sie mir etwas über die Genesis dieser ganzen problematischen Angelegenheit sagen? Auch in Hinsicht auf Sie war mir Ihr Brief erfreulich, denn ich kann mir nicht denken, daß Sie ihn geschrieben hätten, wenn jene nicht-politische Deklassierung des Deutschtums je Ihre Absicht oder Überzeugung gewesen wäre. –

Ich habe die ganze Kriegszeit in Straßburg verbracht, unterbrochen nur von kurzen Vortragsreisen: innerhalb Deutschlands zu Wohltätigkeitszwecken, an die Westfront für die feldgrauen Studenten, kürzlich nach Holland auf Einladung der Amsterdamer Studenten. Wie schwer diese Jahre waren und noch sind, läßt sich nicht aussprechen, sie haben mich wohl um das Doppelte oder Dreifache der normalen Zeitwirkung gealtert (ich bin vor einigen Wochen 60 Jahre alt geworden). Das ganze äußere Leben ist sehr ruhig, fast monoton verlaufen; so fand die ungeheure innere Erregtheit nicht die Abreaktion, die ihr äußere Schicksalsbewegtheiten gewähren können. Die Sorge um Deutschland und der Kummer um das verlorene Europa, eines immer um das andere gesteigert, ergaben zusammen eine Last, die vor vier Jahren ebenso unausdenkbar war, wie daß die Tragkraft bisher noch für sie zugereicht hat. Die schlimmste aller Vorstellungen ist, daß dieser Selbstmord Europas zu Gunsten Amerikas den Akt der Weltgeschichte einleitet, in dem sie ihre Wanderung von Osten nach Westen fortsetzt: wie sie vor Jahrtausenden in Asien kulminierte, dann nach Europa rückte, so könnte sie nun weiter nach Amerika gehen – Europa wird dann sein, was Griechenland zur römischen Kaiserzeit, ein interessantes Reiseziel für Amerikaner, voll von Ruinen und großen historischen Erinnerungen, noch immer der Lieferant von Künstlern, Gelehrten und Schwätzern. Jakob Burckhardt hatte schon Recht, als er vor 40 oder 50 Jahren schrieb, wir alle vertrauten viel zu sehr auf die »Sekurität unserer Verhältnisse«. Angesichts solcher Gedanken die Kraft nicht ermatten zu lassen, sondern gerade zu immer höheren Leistungen anzuspannen, – das ist ja wohl das Äußerste, was im Namen der Idee von einem gefordert werden kann.

Von den gemeinsamen Freunden ist eben nur zu melden, daß Max Weber nach Wien berufen ist, zunächst aber nur probeweise auf ein Semester hingeht, und sich nach diesem definitiv entscheiden wird. Alfred Weber und Gundolf arbeiten in Berliner Ämtern.

Sobald verläßliche Postverbindung besteht, sende ich Ihnen ein 1916 erschienenes Buch über Rembrandt, das in kunstphilosophischer Hinsicht meines bißchen Weisheit letzten Schluß enthält. Jetzt bin ich in sehr schwierigen ethischen und metaphysischen Untersuchungen, die nun auch nach dieser Seite hin, wenn ich sie noch vollenden kann, mein Testament sein sollen. Ich bin nun in dem Alter, wo die Ernte eingebracht werden muß und kein hinausschieben mehr erlaubt ist.

Nun leben Sie wohl und lassen Sie bald wieder von sich hören – hoffentlich auch Sie in der Hoffnung, daß uns in absehbarer Zeit ein Zusammenkommen beschieden sein wird und ein Uns-Zusammenfinden in dem Zeitlosen, das sich als eine Brücke, die nicht gesprengt werden kann, über allen Abgründen und Wildbächen des Geschehens spannt.

Treulich grüßend Ihr

Simmel

Die aufgetragenen Benachrichtigungen werde ich besorgen.

Abschrift] Die Abschrift erstellte Hans Simmels Witwe Else, wie aus deren Brief an Goedela Gräfin von Keyserling vom 25. Juli 1958 (ULB Darmstadt, Hermann Keyserling-Archiv) hervorgeht. Letztere hatte die im Familienarchiv erhaltenen Briefe Simmels an Hermann Graf von Keyserling zu diesem Zweck am 16. Mai und 14. Juni 1958 an Else Simmel gesandt (ebd.).

Ihr heute erhaltener Brief] Graf von Keyserlings Brief aus Estland ist verschollen. – Zur Vermittlung dieser Korrespondenz an und von Simmel siehe nachfolgendes Schreiben an dessen Vetter Otto von Taube.

Ereignisse der letzten Monate] Teile des unter russischer Verwaltung stehenden Estland waren am 3. Sept. 1917 von deutschen Truppen besetzt worden; nach der Oktoberrevolution vom 7. Nov. 1917 war eine bolschewistische Räteregierung an die Macht gelangt. Nach Trotzkis Abbruch der im Dez. 1917 begonnenen Friedensverhandlungen am 10. Febr. 1918 hatten die Deutschen am 18. Febr. die Kampfhandlungen wieder aufgenommen und ohne russische Gegenwehr Estland besetzt. Der am 3. März 1918 letztlich erzwungene Frieden von Brest-Litowsk beinhaltete Rußlands Verzicht auch auf die baltischen Staaten. Die Phase zwischen dem Abzug der Bolschewiken und dem Einmarsch der deutschen Truppen hatten die großbürgerlichen Kreise Estlands zur Proklamation seiner Unabhängigkeit (Nacht vom 24. zum 25. Febr.) genutzt (Vgl. EEW: Baltische Staaten; Brockhaus: Estland). – Diese »Ereignisse« beeinträchtigten die Lebenssituation des Grafen, der seit 1914 zurückgezogen auf den Familiengütern in Estland lebte: Von den Revolutionären Anfang 1918 als Besitzer von Schloß Rayküll abgesetzt, bewohnte er dort zunächst noch eine Mansarde, bis ihn die Nachricht seiner bevorstehenden Verhaftung zur Flucht trieb; »von Bauernhof zu Bauernhof, zuweilen unter Stroh versteckt«, harrte er bis zum Einmarsch der deutschen Truppen aus, der ihm die Rückkehr nach Rayküll ermöglichte (Hermann Graf Keyserling: Reise durch die Zeit. Band I: Ursprünge und Entfaltungen. Herausgegeben von Goedela Gräfin Keyserling-Bismarck. Vaduz: Liechtenstein Verlag 1948, S. 61).

Bericht] Dieser Bericht in »französische[n] Zeitungen« wurde nicht ermittelt.

London gehaltenen Vortrag ... Genesis dieser ganzen problematischen Angelegenheit] Die angesprochene »Angelegenheit« wurde nicht ermittelt; sie steht vielleicht in Zusammenhang mit Graf von Keyserlings Veröffentlichung ›On the Meaning of the War‹ (Hibbert Journal, Oxford 1915, 4, S. 533-545), mit der er »im Dezember 1914« auf Bitten des Herausgebers der Zeitschrift beabsichtigt hatte, »dem damals völlig hemmungslos werdenden Deutschenhaß im Geiste späterer doch unvermeidlicher Verständigung der Feinde entgegenzuwirken« (Keyserling: Reise, a. a. O., S. 65). Hierin sieht er Deutschland als Teil Europas, als eine der trotz der christlichen Ideale »increasingly aggressive« auftretenden »Western races«, und hält es zwar für diesen Krieg verantwortlich, aber nicht für »›guilty‹ in the sense assumed by public opinion«; denn »if we condemn Germany this really means *that we condemn pan-European traditions*« (S. 536). Die Argumentation hebt ab auf die mit dem Krieg verbundenen – und ihn »metaphysisch rechtfertigenden« Chancen geistiger Erneuerung, fortschreitender Demokratisierung und eines »higher state of being« (S. 545). Ähnlich argumentierte er auch Anfang 1916 in ›A Philosophers View of the War‹

(The Atlantic Monthly. A Magazine of Literature, Science, Art and Politics CXVII, Boston/New York, Febr. 1916, S. 145-153).

Vortragsreisen: innerhalb Deutschlands] Bekannt sind: die Reisen anläßlich der ›Kriegsvorträge‹ über ›Das andere Deutschland‹ am 30. Okt. 1914 in Heidelberg und über ›Deutschlands innere Wandlung‹ am 16. Nov. 1914 in Karlsruhe (siehe Simmel an Margarete von Bendemann vom 27. Okt. und 7. Nov. 1914); zu der vor der Kantgesellschaft und öffentlich gehaltenen Rede ›Vom Tode in der Kunst‹ am 4. und 5. Jan. 1915 in Berlin (siehe Simmel an Margarete von Bendemann vom 19. Dez. 1914 und an Rainer Maria Rilke vom 7. Jan. 1915); zu dem wiederum auf Einladung der Kantgesellschaft gehaltenen Vortrag über ›Erkenntnistheorie der historischen Zeit‹ am 3. März 1916 in Berlin (siehe Simmel an Anna Jastrow vom 7. Jan. 1916); sodann die Reisen für die Veranstaltungen zugunsten wohltätiger Vereinigungen mit dem Vortrag ›Goethes Liebe‹ im Jahre 1916: am 16. März in Berlin (siehe Simmel an Elsa Bruckmann vom 24. März 1916), am 5. Mai in Heidelberg (siehe Simmel an Anna Jastrow vom 1. Mai 1916), am 8. Mai in Frankfurt/M. (siehe Simmel an Siegfried Kracauer vom 10. Mai 1916), am 22. Mai in München (siehe Simmel an Elsa Bruckmann vom 26. Mai 1916) und am 8. Juli in Leipzig (siehe Simmel an Georg Heinrich Meyer, Kurt Wolff Verlag vom 28. Juni. 1916); wieder in Berlin sprach Simmel am 8. und 9. Jan. 1917 über ›Der platonische und der moderne Eros‹ bzw. ›Das Geld in der modernen Kultur‹ (siehe Simmel an Anna Jastrow vom 8. Dez. 1916), reiste im Verlauf des Jan. 1917 wiederholt für die Vorlesungsreihe ›Philosophische Weltanschauungen der Gegenwart‹ nach Kassel (siehe Simmel an Margarete von Bendemann vom 29. Dez. 1916), sprach dann am 30. April 1917 wieder in München, diesmal über ›Das Geld in der modernen Kultur‹ (siehe Simmel an Elsa Bruckmann vom 18. April 1917), am 12. Mai in Heidelberg über ›Der platonische und der moderne Eros‹ (siehe Simmel an Gundolf vom 2. Mai 1917) und fuhr im Juni 1917 für den Vortragszyklus ›Philosophien des Lebens‹ wiederholt nach Mannheim (siehe Simmel an Karl Jaspers vom 1. Juni 1917) und zu einem Vortrag über ›Gesetzmäßigkeit im Kunstwerk‹ am 13. Dez. 1917 nach Frankfurt/M. (siehe Simmel an Eduard von Bendemann vom 28. Nov. 1917); im Jan. 1918 folgten die Berliner Vorträge über ›Die Transzendenz des Lebens‹, ›Der Konflikt der modernen Kultur‹ und ›Das Problem des historischen Verstehens‹ (siehe Simmel an Friedrich Gundolf vom 10. Jan. 1918). Außerdem sind die Vorträge in der Wiener Urania am 22. und 23. Okt. 1915 über ›Die Krisis der Kultur‹ und ›Die religiöse Zukunft‹ (siehe Simmel an Hugo Bruckmann vom 21. Okt. 1915) zu nennen.

an die Westfront] Zu Simmels Mitwirkung an den Hochschulkursen vom 13. bis 25. Nov. 1916 in Conflans, Jarny und Labry siehe Simmel an Otto Plasberg, Dekan, vom 9. Nov. 1916; zu den Hochschulkursen in Tournai siehe Simmel an Anna Jastrow vom 8. Nov. 1917.

Holland auf Einladung der Amsterdamer Studenten] Siehe Simmel an Anna und Ignaz Jastrow vom 3. März 1918.

Jakob Burckhardt ... »Sekurität unserer Verhältnisse«] Zu Jacob Burckhardt und dem nicht näher ermittelten Zitat siehe Simmel an Hugo Liepmann vom 22. Dez. 1915.

Max Weber nach Wien berufen ... probeweise auf ein Semester] Weber war im Okt. 1917 einer Einladung nach Wien gefolgt, wo man ihm den ökonomischen Lehrstuhl (Nachfolge Philippovich von Philippsberg) angetragen hatte. Seit dem Sommer 1899 aus gesundheitlichen Gründen beurlaubt und seit 1903 pensioniert (Drüll), bewogen ihn die Zweifel, den Anforderungen wieder gewachsen zu sein, das ihm am 22. Jan. 1918 übertragene Ordinariat (ebd.) zunächst nur »probeweise für das Sommersemester 1918« zu übernehmen (Max Weber Lebensbild, S. 616).

Alfred Weber und Gundolf arbeiten in Berliner Ämtern] Alfred Weber war von 1916 bis 1918 Mitarbeiter des Statistischen Reichsamts Berlin (Drüll). – Zum Kriegseinsatz von Friedrich Gundolf siehe Simmel an Margarete von Bendemann vom 17. Febr. 1917.

Buch über Rembrandt] Simmel: Rembrandt. Ein kunstphilosophischer Versuch. Leipzig: Kurt Wolff 1916 (GSG 15, S. 305-515).

ethischen und metaphysischen Untersuchungen] Gemeint ist die wieder aufgenommene Arbeit an einer ›Metaphysik‹ (siehe Simmel an Anna Jastrow vom 8. Nov. 1917 und an Ernst Robert Curtius vom 15. März 1918) bzw. die Neufassung von ›Das individuelle Gesetz‹, die in Simmels ›Lebensanschauung‹ eingehen sollte (siehe Simmel an Margarete von Bendemann vom 27. Febr. 1918).

aufgetragenen Benachrichtigungen] Näheres ist nicht bekannt.

Georg Simmel an Otto von Taube

Brief vom 25. März 1918
Hs.; Stadtbibliothek München, Monacensia Literaturarchiv

Straßburg Els. 25 III 18

Mein lieber Baron,

Ich erhielt heute, offenbar durch Ihre freundliche Vermittlung, einen Brief von Graf *Hermann Keyserling*, der mich anweist, die gleiche Vermittlung für die Antwort zu erbitten; was hiermit u. mit dem besten Dank im Voraus geschieht.

Ich benutze die Gelegenheit zu einer zweiten Bitte: meinem Schwager *Louis Jacobs*, der sich um eine kurze Unterredung an Sie wenden wird, diese zu gewähren. Er war lange Jahre Direktor eines großen Unternehmens in Petersburg u. wurde dann vertrieben – ein vortrefflicher Mann, von dessen Familie mir die Tochter ganz besonders nahesteht, in deren Interesse er Ihren Rat erbitten will. Es handelt sich um ein sehr ergreifendes Schicksal u. um die Zukunft eines sehr wertvollen Lebens, so daß ich Sie mit gutem Gewissen bitten kann, zu tun, was in der Sache zu tun ist.

Mit freundlichsten Grüßen bleibe ich Ihr treulich ergebner

Simmel

Brief vom 25. März 1918] Mit Umschlag: *An* / den Baron *Otto v. Taube* / *Berlin W* / *Passauerstr. 15* / *Nachrichtenstelle Ost*; mit Absenderstempel: Prof. Simmel / Strassburg (Els.), und vollkommen unleserlichen Post- und Prüfstempeln. – Zugehörigkeit des Umschlags aufgrund der Stempelqualität unsicher.

Vermittlung, einen Brief von Graf *Hermann Keyserling* … Antwort] Otto von Taube war dank seines »Berliner Kommandos während des ersten Weltkriegs« in der Lage, die hier genannte Korrespondenz zwischen Hermann Graf von Keyserling und Simmel (siehe vorstehendes Schreiben) zu übermitteln; er sollte den aus Simmels Antwortschreiben gewonnenen Eindruck dem Simmel-Porträt in seinen Lebenserinnerungen einfügen: »Georg Simmel sah man sofort den Juden an; er sah aus wie einer der Rabbiner auf Dürers Gemälde vom zwölfjährigen Jesus im Tempel und redete, daß es einem fast schwindelig wurde, mit den Händen gewisse Gebärden machend, als zöge er sich die Gedanken in spiraligen Windungen aus dem Gehirne; in seinen Darlegungen liebte er Antithesen und war rabulistisch. Dabei war er ein völlig reinherziger Mann, rührend gut, verliebt in das Deutsche mit aller Leidenschaft. Ich bekam später einmal, als ich während des Weltkrieges bisweilen Möglichkeit hatte, Briefe auf sicherem Wege in das Ausland zu vermitteln, einen Brief Simmels zur Weiterbeförderung; ich war dienstlich verpflichtet, ihn zu lesen und wurde tief von ihm ergriffen: Er enthielt eine Absage an einen neutralen Verunglimpfer Deutschlands; so schön und liebeswarm habe ich selten über das Deutschtum schreiben hören; und der letzte Grund, alle gegen uns erhobene Vorwürfe, unberechtigte wie auch berechtigte entkräftend, war hier in der Einstellung beschlossen: ›Denn ich liebe Deutschland‹.« Otto Freiherr von Taube: Stationen auf dem Wege. Erinnerungen an meine Werdezeit vor 1914. Heidelberg: Lothar Stiehm 1969, S. 425 bzw. 73 f. – Zu von Taubes »Berliner Kommando« heißt es in der Biographie von Regina Claudia Mosbach: »Bis November [1918] muß Taube noch Kriegsdienst leisten. [Anm.:] Nach Aussage der Tochter, Maria von Taube, leitet er unter anderem den zweiten ›Bolschewikentransport‹ von Zürich nach Moskau. [...] Da Taube über geheime Dienstverpflichtungen Stillschweigen gewahrt hat, weiß auch die Tochter nicht mehr über diesen Auftrag Taubes zu berichten« (Otto von Taube [1879-1973]. Visionen zwischen Kunstautonomie und Engagement. Frankfurt/M. u. a.: Peter Lang 1994, S. 167).

Schwager *Louis Jacobs*] Zu Ludwig (Louis) Jacobs, bis zu seiner Ausweisung als Reichsdeutscher im Nov. 1914 kaufmännischer Direktor der Aktiengesellschaft C. Siegel in Sankt Petersburg und jetzt wohnhaft in Berlin, siehe Simmel an Gustaf Steffen vom 2. Aug. 1914.

Tochter] Gertrud Jacobs, siehe ebd.

Ihren Rat] Jacobs erhoffte sich wohl durch von Taube nähere Auskünfte über das Ergehen des seit 1913 mit Gertrud Jacobs verlobten Balten Wolf Kupffer (Simmel an Anna Jastrow vom 27. Febr. 1917).

Georg Simmel an Hugo Liepmann

Brief vom 31. März 1918
Hs.; I. Flatau, Saratoga Springs N.Y., USA

Straßburg 31 III 18

Lieber Freund,

Die Bankiers haben mir mitgeteilt, daß die Übernahme meiner Kriegsanleihe durch Sie erfolgt ist. Ich bin dadurch von einer nicht ganz geringen Sorge befreit u. will Ihnen noch einmal herzlich für diesen Freundschaftsdienst danken.

Von uns ist nichts Erhebliches zu berichten. Man lebt eben wieder einmal mit angehaltenem Atem, d. h. in einem Akutwerden des seit Kriegsbeginn chronischen Zustandes, u. wie es irgend jemand in Deutschland geht, weiß jeder andre, wenn er sich seines eignen Zustandes bewußt wird. Für unsereinen kommt noch das tägliche Problem hinzu: Wie man die Existenz im Zeitlosen u. für deren Aufgaben mit der leidenschaftlichen Hingabe an den Tag u. das uns bevorstehende Deutschland in eine Einheit des Lebens, aber auch in eine Einheit der Idee, zusammenbringen könnte. Ich weiß nicht, ob Ihre jetzige Situation, über deren rein praktische Belastung Sie klagen, nicht wenigstens den Vorteil hat, Sie dieser Problematik zu entheben. Sie wirken für den Tag u. dadurch innerhalb der Forderungen des gegenwärtigen Deutschlands; würden Sie selbst rein wissenschaftlich arbeiten, so würde auch Ihnen der Kampf zwischen dem Überzeitlichen u. dem Zeitlichen nicht erspart bleiben. Die einzige Lebensmöglichkeit ist, sich täglich zu sagen, daß schließlich doch auch der Tag von dem lebt, was über dem Tage ist, u. daß man diesen Glauben, auf dem die ganze kulturelle Zukunft Deutschlands ruht, in Arbeit u. Lebensführung festhält, so sehr grade die Übergewalt des Tages ihn erschüttern möchte.

Wenn soweit also wenigstens prinzipiell eine Art Lebensbasis zu finden wäre, so tritt in meinem Fall die hoffnungslose Komplikation durch den Fall Straßburg hinzu: ich habe mich eben selbst an die falsche Stelle gebannt, ihre Falschheit wird täglich unverkennbarer. U. daß ich in meinem Alter nur noch ein recht begrenztes Maaß an Wirkungsfähigkeit vor mir sehe, macht mir den Gedanken, daß dieses Wenige an der unrechten Stelle verpuffen soll, nur noch schwerer. Auch kann ich nicht leugnen, daß grade seit meinem letzten Berliner Aufenthalt die Getrenntheit von meinen Freunden mir schmerzlicher als bisher ist, u. ich bin nicht geneigt, dies für ein Altersymptom zu halten – –

Von Hans haben wir gute Nachrichten. Er ist ziemlich tief in die Ukraine hineingerückt u. heilt allerhand Gebrechen der Bevölkerung, wofür ihm dann Speck, Eier u. ähnliche Herrlichkeiten zuteil werden.

Für heut nur noch viele, viele Grüße von uns an Sie u. die Frau u. die Kinder.

Wie immer Ihr

Simmel

Bankiers haben mir mitgeteilt] Schreiben verschollen; zur Sache s. u.

Übernahme meiner Kriegsanleihe durch Sie] Siehe Simmel an Agathe und Hugo Liepmann vom 12. und 15. Jan. 1918.

Sorge befreit] Simmel beunruhigte es, angesichts der »Prognose über meine Lebensdauer« seiner Familie »eine so drückende, vielleicht erdrückende Schuldenlast zu hinterlassen« (Simmel an Agathe und Hugo Liepmann vom 12. Jan. 1918), hatte er doch bei Hugo Liepmann ein Darlehen von 85 000 Mark abzutragen.

mit angehaltenem Atem] Am 21. März 1918 hatte die als Entscheidungsschlacht ausgegebene große Offensive im Westen begonnen; seither waren die Artilleriekämpfe nördlich Reims, in der Champagne, vor Verdun und in Lothringen verschärft worden, und es war deutschen Truppen gelungen, bis gegen Amiens vorzudringen. Diese Erfolgsmeldungen beherrschten in großen Lettern die Tageszeitungen, übertönten die anhaltende Gegenwehr der Franzosen und Engländer und nur im Kleingedruckten war zu lesen, daß die Vereinigten Staaten beschlossen hatten, einem dringendem Appell Englands zu folgen und über »Maßnahmen zur Beschleunigung der amerikanischen Hilfe« nachdenken (zit. n. TR, Nr. 165 vom 31. März 1918, Mo. Bl.).

Ihre jetzige Situation] Simmel spricht Liepmanns Belastung durch die Direktion der ›Irrenanstalt Herzberge‹ an, die diesem den Verzicht auf wissenschaftliches Arbeiten auferlegte (siehe Simmel an Agathe und Hugo Liepmann vom 29. April 1917).

Sie klagen] Liepmanns Schreiben ist verschollen.

hoffnungslose Komplikation durch den Fall Straßburg] Hier ist wohl das Erlahmen des akademischen Betriebs infolge des Krieges gemeint wie auch die drohende Gefahr, daß bei einer Niederlage Deutschlands das Elsaß unter französische Verwaltung geraten werde (siehe Simmel an Margarete von Bendemann vom 27. Febr. 1918).

selbst an die falsche Stelle gebannt] Anspielung auf die Entscheidung, den Ruf nach Straßburg trotz erheblicher Vorbehalte angenommen zu haben (siehe Simmel an Otto Back vom 1. Jan. 1914). Kriegsbedingt hatte aktuell die Straßburger philosophische Fakultät »keine Studenten« mehr (Simmel an Georg Misch vom 14. Mai 1918).

letzten Berliner Aufenthalt] Siehe Simmel an Friedrich Gundolf vom 10. Jan. 1918.

Von Hans haben wir gute Nachrichten] Hans Simmel, der bis Ende Febr. 1918 noch in den Pripjet-Sümpfen stationiert war (siehe Simmel an Margarete von Bendemann vom 27. Febr. 1918), vermerkt dazu in seinen ›Notizen‹: »Beim Besatzungsheer in der nördlichen Ukraine. Aerztliche Tätigkeit auch für die Bevölkerung« Hans Simmel, o. S. [S. 93].

Frau u. die Kinder] Agathe Liepmann mit Käthe, Charlotte, Dorothee und Hans Walter.

Georg Simmel an Werner von Melle

Brief vom 3. April 1918
Hs.; StUB Hamburg, Nl von Melle, AG: Simmel

Straßburg Els. 3 IV 18
Sternwartstr. 17

Hochverehrter Herr Bürgermeister!

Ich erfahre aus der Zeitung, daß Ihr Universitätsplan in erster Instanz durchgedrungen ist, u. erlaube mir auf Grund meines Ihnen bekannten lebhaften Interesses für diese Gründung, Ihnen meinen herzlichen Glückwunsch zu diesem – hoffentlich nicht nur vorläufigen Erfolge auszusprechen.

Sollten Sie meinen, daß meine dreißigjährige akademische Erfahrung Ihnen bei der Ausgestaltung Ihres Planes irgendwie von Nutzen sein könnte, so bitte ich Sie, ganz über mich zu verfügen. Freilich würde ich nicht verbergen, daß meine Beobachtungen auch zu einer immer weiter greifenden Kritik des gegenwärtigen Universitätsbetriebes geführt haben.

Ich verbleibe in vorzüglicher Hochachtung Ihr sehr ergebner
Simmel

Zeitung, daß Ihr Universitätsplan … Erfolge auszusprechen] Simmel bezieht sich auf die Pressemeldungen darüber, daß der »von der Hamburger Bürgerschaft eingesetzte Ausschuß zur Gründung einer Hamburgischen Universität […] nunmehr die Umwandlung des Hamburgischen Kolonialinstituts in eine Universität« vorgeschlagen hat (StP, Nr. 131 vom 2. April 1918, Mi.Bl.; vgl. die entsprechenden Meldungen in der FZ, Nr. 90 vom 31. März 1918, 2. Mo.Bl., sowie in der VZ, Nr. 167 vom 2. März 1918, Ab.Bl). Diesem, auch von Simmel befürworteten Ziel hatte von Melles Engagement seit Jahren gegolten (siehe Simmel an von Melle vom 18. Nov. 1913 und 15. März 1918). Zur endgültigen Errichtung der Universität kam es am 1. April 1919 (www.uni-hamburg.de).

über mich zu verfügen] Das hier im Rahmen allgemein-hochschulpolitischer Fragen gehaltene Angebot mag auch die Bereitschaft zu einem Wechsel an die geplante Universität beinhaltet haben. Und das zu diesem Zeitpunkt zu betonen, ist wohl durch Simmels aktuelle Situation in Straßburg bedingt, wie er sie gegenüber seinem Freund Hugo Liepmann im Schreiben vom 31. März 1918 skizzierte. Auch auf die zweite Philosophie-Professur in Heidelberg hatte Simmel wieder seinen Blick gerichtet; diese war 1915 von der Fakultät vergeblich beantragt worden (siehe Simmel an Heinrich Rickert vom 13. Dez. 1915), galt aber als für den »Staatsvoranschlag 1918/19 [...] vorzumerken« (Aktennotiz ›Die Vertretung der Philosophie u. Pädagogik an der Universität Heidelberg betr.‹ vom 23. und 31. Mai 1917, gez. S[chwoerer], GLA Karlsruhe 235/3134: ›Ministerium des Kultus und Unterrichts. Universität Heidelberg. Dienste. Die Lehrkanzel der Philosophie und deren Besetzung betreffend‹). Davon dürfte bei einem »Besuch [Eberhard] Gotheins in Straßburg 1918« – wahrscheinlich anläßlich seiner Mitwirkung bei dem allgemein bildenden Hochschulkurs im Jan. und Febr. 1918 (siehe Simmel an Franz Schultz, Dekan, vom 25. Dez. 1917) die Rede gewesen sein, berichtete dieser doch, Simmels »Sehnsucht nach Heidelberg« sei bei jenem Gespräch »immer wieder« durchgebrochen, er »läßt von dieser Hoffnung nicht. Noch auf der Treppe, als es seine Frau nicht mehr hörte, gab er mir etliche Instruktionen, was und wie es noch zu machen wäre.« Und kommentierend fügte Gothein an: »Ja, schön wäre es schon, einen immer geistreichen, immer gebebereiten Kollegen zu haben, der so gar nicht Autorität sein will, sondern nur geben und debattieren. – Aber!« (Marie Luise Gothein: Eberhard Gothein, ein Lebensbild, seinen Briefen nacherzaehlt. Stuttgart: Kohlhammer 1931, S. 213). – Simmels Name war in Hamburg bereits im Gespräch gewesen, als man dort die Nachfolge des im April 1915 verstorbenen Ernst Meumann zu regeln hatte. In der Korrespondenz der Mäzene des Hamburger Vorlesungswesens, den Bankiers Max M. (1867-1946) und Aby S. Warburg (1864-1933; DBA) findet sich ein Schreiben Max Warburgs vom 22. Juli 1915 an Aby Warburg unter Bezugnahme auf einen Brief von Kurt Singer: »Ich habe seinerzeit die Aufsätze von Professor Simmel auch gelesen; sie haben mir sehr gut gefallen, und ich halte Simmel für einen sehr intelligenten Mann. Hast Du von Simmel die gleiche Auffassung? Ich glaube, es würde einen sehr viel besseren Eindruck machen, wenn Du Dich der Kandidatur von Simmel annehmen würdest, als wenn ich es täte, denn die Professoren wünschen nicht von misera plebs, zu dem ich doch schliesslich auch nur gehöre, beeinflusst zu werden« (The Warburg Institute Archive, London), worauf ihm Aby Warburg am 24. Juli 1915 antwortete: Da er in Berufungsfragen »inoffiziell Bescheid« wisse und »gelegentlich gehört werde«, wisse er auch »von den Vorbereitungen zur Besetz[un]g d[er] philosoph[ischen] Professur«. Doch: »Professor Simmel scheint mir nicht recht geeignet. Er ist ein ältlicher Feinschmecker geistiger Virtuositäten, sehr klug und sehr eingebildet. Er steht aber vor der Gefahr, im Alter, wie Lamprecht, ›großzügig‹ zu degenerieren. Es gefällt mir auch garnicht, daß ihm die ehrliche Arbeit als Ordinarius d[er] philosoph[ischen] Facultät in Strassburg jetzt schon zuwider ist. So sind die Herren! Erst jammern sie, daß sie als Juden nicht zur Macht kämen, und nachher ist ihnen die Arbeit zu viel oder zu kleinlich. Solche Luxusviecher können wir hier am wenigsten gebrauchen!« Abschrift, Kopierbuch Nr. VI/117, ebd.

Georg Simmel an Eduard von Bendemann

Feldpostkarte vom 6. April 1918
Hs.; LBI New York, Susman Collection

Straßburg 6 IV 18

Lieber Herr Doktor,

wir haben sehr lange nichts von Bendemanns gehört. Lassen Sie mich doch bitte wissen, ob Susa jetzt bei Ihnen ist u. wie es Ihnen allen geht.

Ich habe inzwischen eine kurze interessante Zeit in Holland verbracht, wovon allerhand zu erzählen sein wird, wenn wir uns einmal wiedersehn – aber leider sehe ich für berechenbare Zeit gar keine Gelegenheit, nach Frkf. zu kommen.

Kennen Sie die beiden Bände der Briefe *van Gogh* an seinen Bruder? Als menschliches Dokument gehört es zu dem Wundervollsten u. Erschütterndsten, das ich überhaupt kenne.

Herzlichste Grüßen Ihnen dreien von uns beiden. Ihr

Simmel

Würden Sie mir den Gefallen tun, sich *gelegentlich* bei Frau *Howarjtz* nach der Adresse von Herrn *Dr. Smidt* in Bremen zu erkundigen?

Feldpostkarte vom 6. April 1918] An: den Gefreiten / *Ed. v. Bendemann / Frankfurt Main / Brentanostr. 1*; mit Absenderstempel: Prof. Simmel / Strassburg (Els.); Poststempel: STRASSBURG (ELS.) 1 6.4.18 2-3 N; Prüfstempel [unles.].

ob Susa jetzt bei Ihnen ist] Die Frage gilt der beabsichtigten Rückkehr Margarete von Bendemanns nach Deutschland und dem zum 1. April geplanten Einzug der Familie in eine neue Wohnung in Frankfurt (siehe Simmel an Margarete von Bendemann vom 17. Jan. und 27. Feb. 1918).

Ihnen allen] Ehepaar von Bendemann und Sohn Erwin.

Zeit in Holland verbracht] Siehe Simmel an Anna und Ignaz Jastrow vom 3. März 1918.

beiden Bände der Briefe *van Gogh* an seinen Bruder] Vincent van Gogh: Briefe an seinen Bruder. Zusammengestellt von seiner Schwägerin. Ins Deutsche übertragen von Leo Klein-Diepold. 2 Bde. Berlin: Paul Cassirer 1914.

Frau *Howarjtz*] Unsichere Lesart; nicht ermittelt.

***Dr. Smidt* in Bremen]** Dr. med. Hermann Smidt, (3. 8. 1854-22. 1. 1926; Mttl. Stadtarchiv Bremen), in Straßburg 1880 promoviert, hatte lange Zeit in der Schweiz, u. a. in der psychiatrischen Klinik von Ludwig und Robert Binswanger, gearbeitet, bevor er sich um 1910 in Bremen-Vahr als Arzt niederließ. Als Liebhaber und Kenner ostasiatischer Kunst brach Smidt 1914 zu einem Japanaufenhalt auf, von dem er erst »während des Krieges zurückkehrte« (Karl Wirth: Dr. Hermann Smidt †. Artibus Asiae 2, 1927, S. 143 f.) – Simmel dürfte Smidt erstmals im Vorfeld der – wie er Wilhelm von Crayen geschrieben hatte – auf seine »Anregung« hin von der Königlichen Akademie der Künste zu Berlin 1912 veranstalteten Ostasiatica-Ausstellung begegnet sein (siehe Simmel an G. J. Göschen'sche Verlagshandlung vom 11. Febr. 1911). Denn Smidt war hier nicht nur als Leihgeber vertreten, sondern hat für »die Zusammenstellung und Katalogisierung der japanischen Farbholzschnitte [...] der Akademie in gütiger Weise sachverständigen Beistand« geleistet (Ausstellung alter ostasiatischer Kunst. China – Japan. Veranstaltet von der Königlichen Akademie der Künste zu Berlin. September/Dezember 1912. Berlin: Julius Bard 1912, S. IX f.; siehe auch Smidts Einführung ›Der japanische Farbholzschnitt‹ in den entsprechenden Katalogteil; ebd., S. 98-101). Zudem war Smidt Mitbegründer und -herausgeber der von 1910 bis 1916 bestehenden Bremer Kulturzeitschrift ›Die Güldenkammer. Eine Bremische Monatsschrift‹ und könnte Simmels dort erschienene Beiträge eingeworben haben, nämlich: Philosophie der Landschaft (3, 1913, Heft 11 [= Aug.], S. 635-644; GSG 12, S. 471-482) und: Henri Bergson (4, 1914, Heft 9 [= Juni], S. 511-525; GSG 13, S. 53-69). – Die Hintergründe für Simmels Frage nach Smidts Adresse sind unbekannt; vielleicht berührten sie Simmels Absicht, seine Ostasiatica-Sammlung zu verkaufen (siehe Simmel an Iganz Jastrow vom 14. März 1917), obgleich Hans Simmels Überlieferung: »So verkaufte er [Simmel] sie eines Tages an einen jüngeren Liebhaber, der weitere Reisemöglichkeiten und größere Mittel hatte« (S. 57), Smidt als Käufer auszuscheiden scheint.

Ihnen dreien] Eduard, Margarete und Sohn Erwin von Bendemann.

Georg Simmel an Margarete von Bendemann

Postkarte vom 13. April 1918
Hs.; LBI New York, Susman Collection

Straßburg 13 IV 18

Liebe Susa,

dies soll nur ein Gruß von uns sein u. dir sagen, mit wieviel Liebe u. Kummer wir von den Tücken deines Schicksals hören. Die Krankheit von *Momi* scheint dieselbe zu sein, die Hans Ende 13 in München durchmachte: Angina mit anschließender Drüseneiterung. Er war damals sehr krank, doch war keinen Augenblick Lebensgefahr vorhanden. Natürlich war er sehr herunter, aber nach ein paar Wochen war alles eingeholt u. es ist doch wohl kein Grund, weshalb es bei Momi anders sein sollte. Wann wird es wieder einmal für uns alle ein mögliches Leben geben? Es ist alles so bis in die Wurzeln erschüttert, daß man manchmal nur noch ein Einziges für wirklichen u. unentreißbaren Besitz hält: die Liebe einiger Menschen zu uns u. unsre Liebe zu ihnen. U. doch *dürfen* wir, trotz allem, an der Aufgabe nicht verzweifeln, auch den daneben liegenden (u. damit verwebten) Besitz zu bewahren u. zu vermehren.

Nimm alle guten Wünsche u. alles, was der treuste Gedanke geben kann. Dein

Georg.

Postkarte vom 13. April 1918] An: Frau / *Marg. v. Bendemann / Glockenthal* bei *Thun / (Bern) /* Haus *v. Egidy*; mit Absenderstempel: Prof. Simmel / Strassburg (Els.); Poststempel: Straßburg (Els.) 1 13.4.18 8-9 N; Prüfstempel: Geprüft und zu befördern P.K. Straßburg (Els.).

Tücken deines Schicksals] Simmels hatten offensichtlich erfahren, daß Margarete von Bendemann nicht, wie vorgesehen, nach Deutschland zurückkehren konnte (siehe Simmel an Eduard von Bendemann vom 6. April 1918).

Momi] Der Sohn Erwin von Bendemann.

Hans Ende 13 in München durchmachte] Siehe Simmel an Margarete von Bendemann vom 14. Dez. 1913.

Georg Simmel an Margarete von Bendemann
Postkarte vom 27. April 1918
Hs. o. U.; LBI New York, Susman Collection

Straßburg 27 IV 18

Liebe, liebe Susa,

das sind ja triste Nachrichten. Es sind ganz unzulängliche Worte, daß wir den innigsten Anteil an deinen Sorgen u. Kümmernissen nehmen. Ganz verzweiflungsvoll, diese Dinge, die uns so nahe angehn, nur aus der Ferne zu hören, alles geschehen zu lassen u. nichts, aber auch garnichts dazu tun zu können, nicht einmal irgend einen kleinen äußerlichen Dienst, wozu solche Lagen beim Zusammenleben immer die Möglichkeit geben. Aber man ist es ja in diesen Jahren gewöhnt worden, daß die Dinge, von denen sogar das ganze eigne Schicksal abhängt, sich in weiter Ferne abspielen u. ohne daß man auch nur eine Anschauung davon hätte. –

Im Übrigen glaube ich, daß du dir wegen der Rekonvaleszenz des Jungen grundlose Sorge machst. Alle Erfahrung zeigt, daß, wenn derartige operativ behandelte Infektionen erst einmal lokal ausgeheilt sind, die allgemeinen Kräfte bei jungen Menschen restlos wiederkommen. Das ist dann ausschließlich die Frage von Luft u. Essen. In beiden Hinsichten wirst du ja gut beraten werden, insbesondre zwecks Vermeidung der großen internationalen Karawansereien, die Schweizer kennen ausgezeichnete Forstpensionen, die vor den Fremden sorgfältig verschwiegen werden. Mir wurde einmal ein Waldaufenthalt nach jeder Richtung gerühmt: er hieß *Farnsburg* bei *Gelterkinden* über *Sissach*. Es ist mittlere Höhe, aber ich glaube auch nicht, daß sehr erhebliche Höhe erforderlich ist; ein sehr erfahrener Schweizer Arzt sagte mir mal, die moderne Vorstellung – je höher desto gesünder – sei purer Aberglaube. Über *Farnsburg* muß auch *Joël* Bescheid wissen.

Tausend Grüße u. Wünsche u. alles Liebe von uns beiden. – Giebt es Eier genug für Momi? *Andernfalls* könnte dir wahrscheinlich Gertrud welche schicken.

Postkarte vom 27. April 1918] An: Frau / *Marg. v. Bendemann / Glockenthal* bei *Thun (Bern) / Haus v. Egidy*; mit Absenderstempel: Prof. Simmel / Strassburg (Els.); Poststempel: Straßburg (Els.) 1 [unles.]; Prüfstempel: Geprüft und zu befördern P.K. Straßburg (Els.). – Hs. Zusatz von Gertrud Simmel, oben li.: Innigste Grüße u. Wünsche auch von mir! Gertrud.

Nachrichten] Margarete von Bendemanns Brief ist verschollen.

Sorgen u. Kümmernissen] Die Erkrankung des Sohnes sowie die infolgedessen verhinderte Rückkehr nach Deutschland (siehe Simmel an Margarete von Bendemann vom 13. April 1918 und an Eduard von Bendemann vom 6. April 1918).

Jungen] Sohn Erwin.

***Farnsburg* bei *Gelterkinden* über *Sissach*]** Im Tafeljura südöstlich von Basel, bzw. nordöstlich der 21 km von Basel entfernten Bahnstation Sissach gelegene Gemeinde Gelterkinden (400 m) und dazu gehörige Farnsburg, eine Burgruine mit Wirtschaft am Farnsberg, 761 m (Baedeker Schweiz, S. 17; www.swissonline.ch/jurawanderungen).

***Joël* Bescheid wissen]** Der gemeinsame Freund Karl Joël lebte und lehrte in Basel.

Momi] Kosename von Erwin von Bendemann.

Gertrud] Wohl Gertrud Simmel.

Georg Simmel an Gertrud Jaspers

Brief vom 28. April 1918
Hs.; DLA Marbach, Nl Jaspers

Straßburg 28 IV 18

Sehr verehrte Frau,

Es sind nun ziemlich viele Wochen vergangen, seit mir Ihr Gatte eine Antwort von Ihnen auf eine Anfrage in Aussicht stellte, so daß ich vermute, die Angelegenheit ist in Vergessen geraten. Es handelte sich darum, daß ich jene 2300 M., die ich hier für *Frl. Hellersberg* zusammengebracht habe, gern aus meinem Gewahrsam in den Ihren überführen würde. Da Sie, wie mir nach allem scheint, die Finanzierung der Pflege von *Frl. H.* in der Hand haben, so ist es nicht recht sinnvoll, daß ich, der ich garnichts damit zu tun habe u. dessen Funktion mit dem Beschaffen des Geldes abgeschlossen ist, es dauernd aufheben soll – sogar noch auf die Gefahr hin, daß es einmal während einer meiner häufigen Abwesenheiten von Straßburg gebraucht wird u. ich dann nicht ohne weiteres zu erreichen bin. Ich wäre Ihnen deshalb dankbar, wenn Sie mich dieses, nicht sehr sachgemäße Arrangement beenden ließen u. mir Ihren Bankier angäben, an den ich die Summe überweisen lassen kann.

Hoffentlich höre ich bei dieser Gelegenheit, wie es Ihnen u. Ihrem Gatten geht u. welche Nachrichten Sie über *Frl. H.* bekommen. Ich bedaure es sehr, daß die schwierigen Reiseverhältnisse mich nun schon so lange von Heidelberg fernhalten.

Mit besten Grüßen von Haus zu Haus Ihr ergebenster

Simmel

Ihr Gatte] Karl Jaspers.

Anfrage in Aussicht stellte] Die – vermutlich – schriftliche Anfrage Simmels bei Karl Jaspers ist nicht nachgewiesen und dessen Schreiben verschollen.

jene 2300 M. … für *Frl. Hellersberg*] Zu Elisabeth Hellersberg und Simmels Geldsammlung siehe Simmel an Karl Jaspers vom 16., 21., und 25. Juni 1917 und an Gertrud Jaspers vom 21. und 29. Nov. und 12. Dez. 1917.

schwierigen Reiseverhältnisse] Siehe Simmel an Margarete von Bendemann vom 27. Febr. 1918.

Georg Simmel an Ignaz Jastrow

Postkarte vom 1. Mai 1918
Hs.; LBI New York, Simmel Collection

L Fr,

ich glaube, ich muß mich korrigiren, ohne sicher zu wissen wie. Bei näherem Hinsehn scheint mir die Jahrgangszahl der *Bücher*schen Zeitschrift *nicht* 33 zu sein, sondern 73; aber das ist doch auch unwahrscheinlich. Jedenfalls ist es im 1917 erschienenen Band.

Nochmals herzlich Ihr

Simmel

Postkarte vom 1. Mai 1918] An: Herrn / *Prof. Jastrow / Charlottenburg / Westend, Nußbaumallee* 24; Absenderstempel: Prof. Simmel / Strassburg (Els.); Poststempel: Strassburg (Els.) 1. 5. 18. 8-9 N; Prüfstempel: Straßburg (Els.) Geprüft u. zu befördern P.K.

L Fr] Kürzel: Lieber Freund.

***Bücher*schen Zeitschrift ... im 1917 erschienenen Band**] Gemeint ist die von Karl Wilhelm Bücher seit 1901 mit- und ab 1904 allein herausgegebene ›Zeitschrift für die gesamte Staatswissenschaft‹ (Tübingen: J. C. B. Mohr), deren 1917 erschienener Band die »Jahrgangsnummer« 73 trägt. Simmel bezieht sich wahrscheinlich auf die Erwähnung Jastrows in der Besprechung: -r.: *Die volkswirtschaftlichen Seminare* an den Hochschulen Deutschlands und Oesterreich-Ungarns. Berichte über die Tätigkeit, gesammelt von Dr. *Emil Lederer*. 1. Sommersemester 1916. Tübingen: J. C. B. Mohr 1917. Der Rezensent hatte die Sammlung der hochschulpädagogisch ausgerichteten Berichte der Direktoren der volkswirtschaftlichen Seminare als »gar zu mager« bezeichnet und einzig das »erste Stück der Sammlung, eine Vorführung von Anfängerübungen über Geld und Kredit durch Professor *I. Jastrow* in Berlin« als nicht enttäuschend ausgenommen (S. 435-439, hier: 436, 439). – Karl Wilhelm Bücher (1847-1930), Volkswirtschaftler, seit 1882 ord. Prof. in Dorpat, 1883 Basel, 1890 Karlsruhe und 1892-1917 Leipzig, danach ebd. Leiter des Instituts für Zeitungskunde (NDB; Kürschner GK 1925).

Georg Simmel an Aloys Fischer

Postkarte vom 3. Mai 1918
Hs.; BSB München, Nl Aloys Fischer, Ana 345 D.11

Straßburg 3 v 18

Sehr geehrter Herr Kollege,

Ich danke Ihnen verbindlichst für die freundliche Übersendung Ihres schönen Buches. Es ist nicht ganz ausgeschlossen, daß ich im Laufe dieses Sommers einmal nach München komme, u. ich würde mich freuen, dann über die Probleme Ihrer Schrift mit Ihnen mündlich verhandeln zu dürfen.

In ausgezeichneter Hochachtung Ihr

Simmel

Postkarte vom 3. Mai 1918] An: Herrn / Professor *Dr. Aloys Fischer / München* / Universität; mit Absenderstempel: Prof. Simmel / Strassburg (Els.); Poststempel: STRASSBURG (ELS.) 1 3.5.18 2-3 N; Prüfstempel: Straßburg (Els.) P.K. Geprüft u. zu befördern.

Buches] Vermutlich die im ›Vorwort‹ auf den »Februar 1918« datierte Monographie: Über Beruf, Berufswahl und Berufsberatung als Erziehungsfragen von Dr. Aloys Fischer, ao. Professor an der Universität München. Leipzig: Quelle & Meyer 1918, VII, 160 S.

daß ich ... nach München komme] Konkrete Hinweise auf eine entsprechende Reise nach München liegen nicht vor. Allerdings berichtet Albert Salomon mit Bezug auf die ›Vorgeschichte‹ von Simmels Tod über eine Konsultation bei Friedrich von Müller (siehe Simmel an Arthur Schneider, Dekan, vom 22. Juli 1918). Somit ist auch eine Begegnung mit Fischer nicht auszuschließen, soll dieser doch – lt. Karl Kreitmair – Simmel bis zu dessen Tod »freundschaftlich verbunden geblieben sein« (Aloys Fischers Entwicklung zum Soziologen. In: Aloys Fischer. Leben und Werk. Herausgegeben von Karl Kreitmair, Band 3/4: Gesammelte Abhandlungen zur Soziologie, Sozialpädagogik und Sozialpsychologie. München: Bayerischer Schul-Buch-Verlag o.J. [1954], S. 17). Hierauf deutet auch: Aloys Fischer: Georg Simmel † (geb. 1. März 1858, gest. 27. Sept. 1918). In: Deutscher Wille: Des Kunstwarts 32. Jahr. Herausgegeben von Ferdinand Avenarius. Kriegsausgabe, 2. Oktoberheft 1918, S. 43-47. – Die in einem Schreiben von Adolf von Grolman an Michael Landmann vom 21. Jan. 1951 evozierte Erinnerung an Simmels »2 letzte Vorträge im Herbst 1918 [sic!] in München, wenige Wochen vor seinem Tode« (SBPK Berlin, Nl 125, Kasten 1), ließ sich nicht verifizieren und scheint zudem unwahrscheinlich.

Georg Simmel an Margarete von Bendemann

Postkarte vom 5. Mai 1918
Hs.; LBI New York, Susman Collection

Straßburg 5 V 18

Liebe Susa,

ich muß dir einen Gruß schicken, in einer Erinnerung, die in deinen jetzigen Nöten dir etwas sehr Schattenhaftes sein wird, für mich aber doch eine unerhörte Fülle von Leben u. Leiden zusammendrängt. In diesen Tagen waren es grade vier Jahre, daß du uns in Straßburg besuchtest u. mein erstes Kolleg hier hörtest. Ich kann ja nicht behaupten, daß ich damals noch mit tausend Masten in den Ozean geschifft wäre. Daß die Zeit der grenzenlosen Entfaltung von Kraft u. Wirksamkeit für mich vorbei war, wußte ich, als ich zum letzten Mal von dem Berliner Katheder herunterstieg. Aber mit dem verglichen, was ich jetzt noch als äußerste Möglichkeit vor mir sehe, waren es damals doch nicht viel weniger als tausend Masten – obgleich ich in der letzten Zeit doch allerhand Anzeichen wahrnehme, daß noch eine Jugend da ist, die einen lebendigen, drängenden Geist hat u. eine starke Zukunft u. eine Welt schaffen will. Nur daß ich freilich die Talente, auf die es schließlich ankommt, nicht darunter sehe. Ich bin mir aber ganz unsicher, was diese Jugend noch von mir nehmen will u. kann, wenn sie es auch vielleicht von mir noch lieber nähme, als von irgend einem andern der lebenden Philosophen. – Neulich schrieb mir Herr *Czapek*, ich möchte ein neues kunstphilosophisches Buch von ihm im Mskpt. beurteilen, schickte auch eine Probe mit. Ich habe es aber aus mehr als einem Grunde abgelehnt. Mit der Probe wußte ich garnichts anzufangen. – Kennst du die Tragödie: *Seeschlacht* von *R. Göring*? Das ist etwas ganz Großes.- Wir warten mit großer Spannung auf eine Nachricht über Momi.

Tausend Grüße u. alles Liebe von uns!

Dein Georg.

Postkarte vom 5. Mai 1918] An: Frau / *Marg. v. Bendemann* / *Glockenthal* bei *Thun (Bern)* / *Haus v. Egidy*; mit Absenderstempel: Prof. Simmel / Strassburg (Els.); Poststempel: STRASSBURG (ELS.) 1 5.5.18. 9-10 N; Prüfstempel: Geprüft und zu befördern P.K. Straßburg (Els.).

in deinen jetzigen Nöten] Zur Erkrankung von Erwin von Bendemann siehe Simmel an Margarete von Bendemann vom 13. und 27. April 1918.

vier Jahre ... mein erstes Kolleg hier hörtest] Siehe Simmel an Margarete von Bendemann vom 12. und 26. April 1914.

tausend Masten in den Ozean geschifft] Anspielung auf Friedrich Schillers Gedicht ›Erwartung und Erfüllung‹: »In den Ocean schifft mit tausend Masten der Jüngling, / Still, auf gerettetem Boot, treibt in den Hafen der Greis« (Musenalmanach für das Jahr 1797. In: Schiller NA, 1, S. 288).

Herr *Czapek* ... neues kunstphilosophisches Buch] Rudolph Czapek, Maler und Kunsttheoretiker (1871-1935), studierte Philosophie und Kunstgeschichte in Wien und Zürich, war seit 1902 Malschüler in München, u. a. bei Alexeij von Jawlenskij (1864-1941), und 1907/09 in Berlin, beschäftigte sich hauptsächlich mit dem Studium der mittelalterlichen und ostasiatischen Malerei und lebte seit 1917 in Deggendorf (Vollmer). Hauptwerke: Grundprobleme der Malerei. Ein Buch für Künstler und Lernende. Leipzig: Klinkhardt & Biermann 1908, VIII, 183 S.; Die neue Malerei. Eine Kulturstudie. Stuttgart: Strecker & Schröder 1909, 3 Taf., 97 S. [= Kunst und Kultur. Herausgegeben von W. Oettinger, Band 2]. Nach Vollmer (ebd.) auch die bibliographisch nicht zu ermittelnden »Buchwerke«: Zur geistigen Synthesis 1916/17; Farbenwelt und Bildaufbau, 1921; Umrisse und Raumwerte, 1922. – Näheres zur Bekanntschaft zwischen Simmel bzw. Margarete von Bendemann mit Rudolph Czapek ist nicht bekannt.

***Seeschlacht* von *R. Göring*]** Reinhard Goering: Seeschlacht. Tragödie. Berlin: Fischer 1917. 130 S. Vgl. LC, Die schöne Literatur, Nr. 6 vom 16. März 1918, Sp. 59, 67, 199, 227, 312, 230. – Reinhard Goering (1887-1936), promovierter Arzt und Schriftsteller (DBE).

Nachricht über Momi] Über den Krankheitsverlauf beim Sohne Erwin von Bendemann.

Andreas von Tuhr, Rektor der KWU, an Simmel u. a.

Rundschreiben vom 7. Mai 1918
Tps. m.e.U.; ADBR Strasbourg, AL 103, Paq. 57, Nr. 194

7. Mai 1918.

Auf Wunsch der Kriegsstelle der Universität bitte ich die Herren Kollegen, hierunten möglichst genau verzeichnen zu wollen, was sie selbst oder ihre Familienangehörigen im verflossenen Studienjahr im Dienste der Kriegsfürsorge geleistet haben. Insbesondere werden die Herren Dekane und Institutsdirektoren gebeten, soweit tunlich, über Stellung und Tätigkeit der im Felde stehenden Dozenten und Assistenten nähere Angaben zu machen. Es liegt durchaus im Interesse der Universität, dass über diese Seite der Tätigkeit der Universität im Kriege eine erschöpfende Übersicht gewonnen wird.

Der Rektor der Universität

v Tuhr

Rundschreiben vom 7. Mai 1918] Auf gedr. Briefkopf, oben li.: *Kaiser Wilhelms-Universität*; oben re.: *Straßburg i. E., den*; hs. Vermerk unter Briefkopf: Nr. 302. – Dem Schreiben sind drei Beiblätter mit hs. Einträgen aus dem Kreis der Angeschriebenen angefügt (s. u.).

Auf Wunsch der Kriegsstelle der Universität] Für den Jahresbericht der nach Kriegsausbruch eingerichteten ›zentralen Kriegsstelle der Universität‹ (siehe Simmel an Hugo Liepmann vom 8. Aug. 1914 und die Rundschreiben des Rektors an Simmel u. a. vom 13. April 1916 und 24. April 1917).

hierunten … verzeichnen] Das Schreiben enthält Einträge von: Erich Klostermann, Gustav Anrich, Friedrich Küchler, Otto Plasberg, Arthur Schneider, Wilhelm Nowack, Friedrich Spitta, Gottfried Naumann, Rudolf Henning, Ernst Leumann, Emil Walter Mayer, Eduard Schwartz, Simmel [siehe nachstehendes Schreiben], Karl Sapper, N.N. [unles.], Georg Wolfram, Wilhelm Spiegelberg, Samuel Landauer [Gattin], Martin Spahn, Theodor Nöldeke, Joseph Karst, Karl Stählin, Hans Kaiser, Max Christa, Friedrich Schürr, Franz Schultz, Oskar Schultz-Gora, Friedrich Kiener, Ernst Hohl, Bernhard Fehr, Ernst Polaczek.

Georg Simmel an Andreas von Tuhr, Rektor der KWU

Notiz vom oder nach dem 14. Mai 1918
Hs.; ADBR Strasbourg, AL 103, Paq. 57, Nr. 194

Simmel.

Vorträge im Reich zum Besten der Kriegsfürsorge. Vorträge an der Fronthochschule in Tournai. Meine Frau ist in der Fürsorge für die Munitionsarbeiterinnen tätig.

Notiz vom oder nach dem 14. Mai 1918] Die Notiz ist festgehalten auf einem Beiblatt zu vorstehendem Rundschreiben des Rektors vom 7. Mai 1918; der auf demselben Beiblatt mit der Datumsangabe »14. v. 18« versehene Eintrag des Kollegen Leumann legt die hier vorgenommene Datierung nahe.

Vorträge … zum Besten der Kriegsfürsorge] In Ergänzung zu den in Simmels Notiz an den Rektor vom oder nach dem 24. April 1917 genannten sind Kriegsfürsorge-Vorträge in Mannheim, Frankfurt/M., Berlin und Straßburg bekannt (siehe Simmel an Karl Jaspers vom 1. Juni 1917, an Franz Schultz, Dekan, vom 3. Juni 1917, an Eduard von

Bendemann vom 28. Nov. 1917, an Friedrich Gundolf vom 10. Jan. 1918 und an Siegfried Kracauer vom 28. Febr. 1918). – Im Bericht von Johannes Ficker heißt es entsprechend unter »Vortragstätigkeit der Professoren«: »Philosophen und Philologen, Historiker und Theologen, Juristen, Geographen und Chemiker haben in weitem Umkreise des Reiches in mehreren Städten gesprochen, von ganz verschiedenen Stellen veranlaßt [...]: insbesondere für die Kriegsfürsorge« (Vierter Bericht über die Tätigkeit der Kriegsstelle der Kaiser Wilhelms-Universität vom Anfange des Sommerhalbjahres 1917 bis zum Schlusse des Winterhalbjahres 1917/18. In: Stiftungsfest KWU 1918, S. 21).

Fronthochschule in Tornai] Siehe Simmel an Anna Jastrow vom 8. Nov. 1917. – Dazu Johannes Fickers Bericht: »Auch bei den Hochschulkursen in Tournai, an Fachkursen wie Einzelvorlesungen waren mehrere Dozenten beteiligt« (a. a. O., S. 20).

Meine Frau ... tätig] Entsprechend schreibt Johannes Ficker (ebd., S. 23) zur »Tätigkeit der *Frauen* und Töchter der Universität«: »Die Fürsorge für die Munitionsarbeiterinnen hat Hilfe verlangt und gefunden«. – In diesen Zeitraum dürfte auch der Hinweis Hans Simmels fallen, Gertrud Simmel habe im Rahmen der Kriegsfürsorge »jugendliche Arbeiterinnen in einem Munitionsdepot« betreut (Hans Simmel, S. 81).

Georg Simmel an Ernst Troeltsch

Widmung von Mitte Mai 1918
Hs.; Otthein Rammstedt, Bielefeld

Mit besten Grüßen.

S.

Widmung von Mitte Mai 1918] Widmung auf dem Innentitel von Simmel: Vom Wesen des historischen Verstehens. Berlin: Ernst Siegfried Mittler und Sohn, Königliche Hofbuchhandlung 1918, 31 S. [= Geschichtliche Abende im Zentralinstitut für Erziehung und Unterricht, 5. Heft]; GSG 16, S. 151-179. Die Broschüre geht auf Simmels Vortrag vom Jan. 1918 zurück (siehe Simmel an Gundolf vom 10. Jan. 1918); ihr Erscheinen, angezeigt im LC, Nr. 23 vom 8. Juni 1918, ist – ebenso wie die Sendung des vorliegenden Widmungsexemplars – für Mitte Mai anzunehmen. – Das Exemplar enthält Bleistiftanstreichungen, die lt. Auskunft von Friedrich Wilhelm Graf von der Hand Ernst Troeltschs stammen, der 1921 die Schrift in seiner Abhandlung über den historischen Entwicklungsbegriff zu den späten »Selbstberichtigungen« gegenüber Simmels früheren Fassungen der ›Probleme der Geschichtsphilosophie‹ zählen sollte: »Starke Selbstberichtigungen enthalten die späteren Vorträge ›Das Problem der historischen Zeit‹ (Vortr. vor der Kantgesellschaft 12) 1916, wo gerade nicht die mechanische Kontiguität der Vorgangsreihen, sondern die innere Sinnverbindung als Träger der historischen Zeitanschauung erscheint und eine Objektivität dieser Zeiterfassung jetzt offen metaphysisch begründet wird. Ferner ›Vom Wesen des historischen Verstehens‹ [...], wo jetzt der Entwicklungsbegriff als solcher in seiner zentralen Bedeutung hervorgehoben und als ein Apriori bezeichnet wird, das auf der metaphysischen Entsprechung des empirischen Ich mit dem Allleben begründet und insoferne intuitiv und antimechanistisch ist, mit der mechanischen Gleichungs-Kausalität gar nichts mehr zu tun hat« (Ernst Troeltsch: Der historische Entwicklungsbegriff in der modernen Geistes- und Lebensphilosophie. II. Die Marburger Schule, die südwestdeutsche Schule, Simmel. Historische Zeitschrift 124, 1921, III. Folge, 28. Bd., S. 377-447, über Simmel: S. 421-447, zit. S. 430f.; siehe auch die in einigen Passagen veränderte Einfügung dieses Textes in: Ders.: Der Historismus und seine Probleme. Erstes Buch: Das logische Problem der Geschichtsphilosophie. Neudruck der im Verlag J.C.B. Mohr (Paul Siebeck) 1922 erschienenen Ausgabe. Aalen: Scientia 1961, S. 572-596 [= Gesammelte Schriften, Bd. 3]). – Troeltsch bringt hier gleichsam eine Würdigung des ihm zuletzt nicht nur fachlich, sondern auch persönlich nahestehenden Philosophen (siehe Troeltsch an Simmel vom 23. Dez. 1912) und offenbart seine breite Kenntnis des Simmelschen Œuvres, auf das er seit 1917 auch als Rezensent folgender Schriften hingewiesen hat: Der Krieg und die geistigen Entscheidungen (GSG 16, S. 7-58), unter dem Titel: G. Simmels ›Geistige Entscheidungen‹. VZ, Nr. 395 vom 5. Aug. 1917, Mo.Bl.; ›Das Problem der historischen Zeit‹ (GSG 15, 287-304), Theologische Literaturzeitung. Herausgegeben von Arthur Titius und Hermann Schuster, 42, 1917, Nr. 16/17 [= vom 25. Aug.], Sp. 343-344; ›Grundfragen der Soziologie (Individuum und Gesellschaft) – Der Konflikt der modernen Kultur‹ (GSG 16, S. 59-149 und 181-207), ebd., 44, 1919, Nr. 17/18 [= vom 27. Sept.], S. 207-208; ›Lebensanschauung. Vier metaphysische Kapitel‹ (GSG 16, S. 209-425), ebd., 46, 1921, Nr. 17/18 [= vom 24. Sept.], Sp. 211-212.

Georg Simmel an Georg Misch
Feldpostkarte vom 14. Mai 1918
Hs.; NSUB Göttingen, Nl Misch

Straßburg 14 v 18
Sternwartstr. 17

Lieber Herr Misch,

Seien Sie mir herzlich im Westen willkommen u. nehmen Sie zur Begrüßung ein *Opusculum* an, das ich gleichzeitig absende. Ich hatte es schon an Ihre Heimadresse geschickt, aber es ist offenbar nicht in Ihre Hände gelangt. Aber Ihre Frage wegen Sommerfrische kann ich leider nicht beantworten, da ich ja erst kurz vor dem Kriege herkam u. keine Gelegenheit zu weiteren Exkursionen gefunden oder auch nur gesucht habe. Nur über den Schwarzwald u. die Vogesen wüßte ich einige Auskunft zu geben, aber das kommt ja für Sie ersichtlich nicht in Frage. Übrigens müssen Sie sich in jedem Fall auf Schwierigkeiten gefaßt machen, da für den Juli fast alle Sommerfrischen schon belegt sind.

Es wird Sie freuen zu hören, daß trotz oder wegen der Schwere der Zeit das philosophische Interesse in Deutschland unerwartet stark ist. Ich merke es am Absatz meiner Bücher – nur an die Straßburger Universität dringt es nicht, da sie so gut wie keine Studenten in der philos. Fak. hat.

Sehr herzliche Grüße für heut! Treulichst Ihr

Simmel

Wie schön wäre es, wenn Sie bald einmal herkämen!

Feldpostkarte vom 14. Mai 1918] An: Herrn Prof. *Misch* / Delegirter beim Kriegslazarettdirektor 42; mit Poststempel: Straßburg (Els.) 14.5.18 12-13 [unles.]

im Westen willkommen] Georg Misch hatte Simmel in einem verschollenen Schreiben offensichtlich von seiner Versetzung an die Lazarettdirektion der Westfront berichtet; Misch war »vom Herbst 1914 bis zum Kriegsende 1918 im Dienst des Sanitätskorps Delegierter für das Rote Kreuz« (Josef König: Georg Misch als Philosoph. Göttingen: Vandenhoeck & Ruprecht 1967, S. 238).

***Opusculum*]** Lat.: kleines Werk. – Simmel sandte wohl die soeben erschienene Broschüre ›Vom Wesen des historischen Verstehens‹ (siehe Simmel an Ernst Troeltsch von Mitte Mai 1918).

keine Studenten in der philos. Fak.] Zum Veranstaltungsbesuch in den vorausgegangenen Semestern stellt Johannes Ficker rückblickend fest: »Verglichen mit dem Bestande in den entsprechenden letzten Friedenshalbjahren betrug in den verschiedenen Fakultäten die Zahl der ortsanwesenden Studenten am Anfange des Semesters zwischen etwas mehr als einem Drittel und weniger als ein Siebentel im Winter, ja weniger als ein Elftel im Sommer. Von diesen ist allein schon aus der Reihe der Hilfsdienstpflichtigen ein sehr großer Teil auswärts beschäftigt und kommt für die Vorlesungen nicht in Betracht. [...] Die in Straßburg eingestellten sind in verschiedenartiger Tätigkeit [...]. Ganz früh am Morgen oder am Abend sind die militärischen Dienst tuenden in der Regel verfügbar. Mancher von uns hat während der letzten Semester seine Vorlesungen mit Rücksicht auf die Feldgrauen [...] Abends gehalten. Die kleine Zahl erlaubte es, manche Vorlesungen ins Haus zu verlegen; im Winter hat der Kohlemangel, der nur einen Teil der Universität zu heizen gestattete, dazu geradezu genötigt« (Vierter Bericht über die Tätigkeit der Kriegsstelle der Kaiser Wilhelms-Universität vom Anfange des Sommerhalbjahres 1917 bis zum Schlusse des Winterhalbjahres 1917/18. In: Stiftungsfest KWU 1918, S. 15 f.).

Georg Simmel an Hermann Graf von Keyserling

Brief vom 18. Mai 1918
Hs.; ULB Darmstadt, Hermann Keyserling-Archiv

z. Z. im Schwarzwald
18 v 18

Mein lieber Graf,

Ich hätte Ihren Brief, der mich sehr bewegt hat, gleich beantwortet, wenn nicht die letzten Tage in Straßburg sehr unruhig gewesen wären; jetzt habe ich mich über Pfingsten in eine Waldeinsamkeit zurückgezogen u. kann in Ruhe u. ausführlich schreiben.

Daß das Weltschicksal Ihnen den Boden unter den Füßen zersplittert hat, da er aus Teilen zusammengesetzt war, die jetzt unheilbar auseinander gerissen sind – dieses Leiden kann ich nicht nur begreifen, sondern ich teile es bis zu einem hohen

Grade. Ich habe mich mein Leben lang schwankungslos als ein guter Deutscher gefühlt aber dies nie als einen Widerspruch dagegen empfunden daß ich ein guter Europäer war. Für einen weiten Typus der Deutschen ist dies sogar das ganz Entscheidende ihres Wesens. U. daß Europa verloren ist, mindestens für meine Lebenszeit, ist ein Kummer, den ich nie überwinden werde. Nicht nur die Realität, sondern auch die *Idee* Europa ist verschwunden, denn es ist schließlich keine zeitlose Idee, wie Wahrheit oder Schönheit, sondern eine historische, die zwar auch im υπερουρανος τοπος gewohnt hat, aber doch nur auf Kündigung; nur daß ich nicht daran gedacht habe, ich könnte diese erleben. Indeß, man könnte sich damit durch die Hoffnung abfinden, daß sie in vielen Jahrzehnten u. vielleicht in anderer Gestaltung, wieder aufwächst. U. ich würde dies, unter Absehn von meiner persönlichen Existenz, auch tun, – wenn es kein Amerika gäbe. Denn ich bin überzeugt, daß dieser Krieg in letzter Instanz zu Gunsten von Amerika geführt wird, wie der zwischen Athen u. Sparta zu Gunsten von Alexander u. von Rom; bin überzeugt, daß der Zeiger der Weltgeschichte sich nach Westen dreht, wie er schon einmal von Asien nach Europa gerückt ist; bin überzeugt, daß in irgend welcher Zeit Europa für Amerika sein wird, was Athen für die späteren Römer – ein Reiseziel für kulturbedürftige Jünglinge, voll von interessanten Ruinen u. großen Erinnerungen, Lieferant für Künstler, Gelehrte u. Klugschwätzer. Es ist die Verblendung unsrer Feinde, nicht zu sehn, daß sie mit der Verlängerung des Krieges ja Amerika die Rolle des *tertius gaudens* gradezu aufdrängen, daß *jeder* Friedensschluß, günstig oder ungünstig für den Einzelnen, diese ungeheure Gefahr vermindern würde, daß jede Granate, die Amerika an England liefert, über kurz oder lang England selbst in's Herz treffen wird. Dabei bin ich nicht einmal der Meinung, daß dieses Schicksal ganz unvermeidlich ist. Wenn nach dem Krieg Europa in sich zusammenhielte, wenn der Gedanke herrschend würde, daß dieser Krieg ein *gemeinsames* Schicksal aller Parteien ist u. seine Wunden zu heilen die *gemeinsame* Arbeit aller sein muß bei der sie sich gegenseitig helfen – dann würde ich meinen, daß wenigstens für absehbare Zeit Europa es noch mit Amerika aufnehmen könnte. So aber –

bei dem Haß u. der für den Frieden noch immer weiter geplanten Selbstvernichtung Europas sehe ich keinen Ausweg. Man könnte freilich in einem Grade übernational sein, daß man sich sagt: wenn einmal eine amerikanische Weltkultur entsteht, deren Formen wir so wenig ahnen können, wie die Ägypter des alten Reiches die eines modernen Staates – so liegt darin eigentlich garkein Grund zur Klage. Warum soll Europa die Kultur in unkündbarer Erbpacht haben? Wenn es sie abtreten muß so hat es nichts besseres verdient. Es wäre groß, so über den eignen Kulturegoismus u. unsre schließlich doch historischen Wertungen hinauszudenken, ja, hinauszufühlen. –

Es würde mich sehr interessiren, auf welche Symptome hin Sie »seit zehn Jahren« an den Verfall Europas geglaubt haben. Ich kann das von mir nicht sagen. Ich glaubte vielmehr, daß die entsetzliche Epoche des Maschinenzeitalters u. der ausschließlich kapitalistischen Wertungen ihrem Ende zuginge, u. glaubte auch schon die Anzeichen einer neuen Geistigkeit zu erblicken, schwach noch u. ohne rechte Orientierung aber für meine Augen ganz unzweideutig. Damit ist es nun freilich vorbei. Aber in engeren Maaßen u. wahrscheinlich ohne Weltbedeutung besteht doch noch etwas dieser Art, das Ihnen freilich bei Ihrer Abgeschnittenheit von dem jetzigen Deutschland entgangen sein wird. Es geht nämlich zweifellos durch unsre heutige Jugend eine leidenschaftliche revolutionäre Sehnsucht nach einer *Vita Nuova*, ein Kämpfenwollen um eine geistige Lebensgestaltung, die nicht abstrakt, theoretisch oder ästhetisch ist, sondern praktisch zugreifend, kein idealistisches Sich-Zurückziehen von der Welt, sondern ein Bearbeiten ihrer, aber im durchaus idealistischen Sinne, eine Todfeindschaft gegen alle Bürgerlichkeit, gegen alle Mechanisirung u. Amerikanisirung, aber unter Benutzung der Kräfte, die diese Tendenzen immerhin aufgebracht haben. Es ist in diesen Bewegungen viel unklar Gährendes, viel unverschämt Aggressives – aber doch eine ungeheure Lebendigkeit u. ein höchst erfreuliches Sturmlaufen gegen die alten morschen Mauern, die uns noch von allen Seiten beengen, manchmal auf dionysischer, manchmal auf asketischer Basis, immer aber auf das Geistige u. Wesentliche gerichtet. Wie gesagt, die Randerscheinungen sind hier oft unerfreulich u. es bedarf eines guten Willens, sich durch sie nicht abschrecken zu lassen. Aber in ihrem Kern sehe ich das, was man noch die deutsche Hoffnung nennen könnte. Ich weiß nicht, ob es in Frankreich ein Seitenstück dazu giebt, da wir ja über unsre Feinde nichts erfahren, was nicht den Krieg angeht – aber ich möchte es beinahe glauben. England ist wahrscheinlich noch nicht so weit, es ist garzu fest in seinem bürgerlichen Konservativismus verankert.

Ihre Erfahrung mit *Bergson* wundert mich nicht, seit ich, durch einen merkwürdigen Zufall, den genauen Wortlaut seiner Akademierede vom Herbst 14 kennen gelernt habe. Kein Mensch wird von ihm Unparteilichkeit verlangen oder ihm den leidenschaftlichsten Patriotismus, ja den Haß gegen Deutschland verdenken, da Deutschland nun einmal zum Vollstrecker des weltgeschichtlichen Urteils über Frankreich geworden ist. Aber daß er unter der Maske der kühlen Wissenschaftlichkeit die albernsten Schauermärchen über deutsche Greuel vorbringt, daß er, der sehr wohl die deutsche Geistigkeit kennt, bei uns *nichts* als eine tote Mechanisirung des Lebens sehen will, wogegen Frankreich das voll blühende Leben sei (das Land des Zweikindersystems u. der unaufhaltbaren Entvölkerung!) – das ist denn doch einfach unwürdig u. zeigt eine unverzeihliche Form von Psychose, die mir grade bei ihm moralisch verdächtig ist.

Wenn Sie im Juni nach Deutschland kommen – könnten wir uns dann in Baden-Baden treffen? Daß Sie nach Straßburg hereinkommen, ist ausgeschlossen, u. ich meinerseits *kann* in den nächsten Monaten keine weitere Reise unternehmen. Daß wir uns aber nicht sehen sollten, wäre gar zu widersinnig. Ich zweifle meinerseits nicht daran, daß es eines eigentlichen »Wiederanknüpfens« zwischen uns garnicht bedarf, ich glaube nicht, daß irgend etwas gerissen ist, weder hinsichtlich der Überzeugungen, noch der gegenseitigen Gesinnungen. Ich bin in diesem Frühjahr 60 Jahre alt geworden u. glaube, kein sehr langes Leben mehr vor mir zu haben; ich darf die Begegnungen mit den Menschen, auf die es mir objektiv u. subjektiv ankommt, nicht lange hinausschieben.

In herzlicher Treue der Ihrige

Simmel

Wollen Sie bitte mich Ihrer Frau Schwester empfehlen. Meine Frau erwiedert herzlichst Ihrer beider Grüße.

Ihren Brief, der mich sehr bewegt hat] Der Brief ist verschollen. Er dürfte u.a. auch ausführlich auf die in Simmels Schreiben vom 25. März 1918 enthaltenen Vorbehalte eingegangen sein.

über Pfingsten ... zurückgezogen] Simmels waren an dem veranstaltungsfrei gehaltenen Freitag, den 17. Mai 1918 (siehe Simmel an Arthur Schneider, Dekan, von ca. 8. Juni 1918) – und somit unmittelbar vor Pfingsten – nach Altensteig im »württembergischen Schwarzwald« (Simmel an Gertrud Kantorowicz vom 20. Mai 1918) gereist. Es handelt sich um ein per Bahn über Offenburg, Karlsruhe, Pforzheim erreichbares, 503 m hoch gelegenes altertümliches Städtchen mit Schloß (Baedeker Süddeutschland, S. 198).

den Boden unter den Füßen zersplittert ... auseinander gerissen] Simmel meint dies wohl im doppelten Sinne: Zum einen bezogen auf den Besitzverlust und den Entschluß, nach Deutschland zu emigrieren, wozu Hermann Graf von Keyserling erinnert: »Unter anderem brach meine ganze überkommene Lebensbasis zusammen. Gleich allen baltischen Grundbesitzern verlor ich Heimat und Vermögen. Nun galt es, als quasi-Bettler in der Fremde neu beginnen« (In: Selbstdarstellungen. Bd. 4, 1923, S. 118); sodann bezogen auf das Selbstverständnis als Europäer und Kosmopolit: »[...] ich war, so lange ich denken kann, der Europäer, zu dessen historischer Geburt der Zusammenbruch so vieler alter Staatswesen letzten Endes wohl gut gewesen sein wird. [...] Die weite Welt, in der allein ich mich wahrhaft zu Hause fühlte, gab es fortan nicht mehr« (ebd., S. 114f.). Bereits während des Krieges hatte er geschrieben: »Mein Bewußtsein lebt jenseits der Sphäre nationaler Bindungen, so kann ich nicht Partei sein in diesem Streit. Aber das Geschehen berührt mich deshalb nicht weniger tief [...]« (Reisetagebuch eines Philosophen. München und Leipzig: Duncker & Humblot 1919, S. 648).

die *Idee* Europa ist verschwunden] Zu Simmels Verständnis von Europa als ideellem Ort »geistiger Werte« jenseits der nationalen und zu der »Idee Europa« als eine »einzigartige Färbung eines Komplexes geistiger Güter« siehe den Aufsatz ›Die Idee Europa‹ im BT, Nr. 121 vom 7. März 1915, Mo. Bl., 2. Beiblatt (GSG 13, S. 112-116, hier: 114). – Wie Berthold Prochownik schreibt, hatte Simmel sich noch während seines letzten Aufenthaltes in Berlin (siehe Simmel an Friedrich Gundolf vom 10. Jan. 1918) ihm, dem angeheirateten Verwandten, gegenüber optimistischer gezeigt: »Bedeutsam für seine Geistesrichtung war es, wie er sich mit dem Erlebnis des Krieges abfand. Vor dem Weltkrieg war er im wesentlichen in der Richtung des Weltbürgertums orientiert. Er glaubte fest daran, daß die Entwicklung der Welt in der Richtung gehe, daß der Ausgleich der materiellen und vor allem der geistigen Güter eine allmähliche Annäherung der Nationen bedinge, daß der Streit immer mehr durch Wettstreit ersetzt werden würde – Kriegsersatz! Da brachte ihm der Ausbruch des Weltkriegs zuerst eine große Enttäuschung und dann eine tiefinnerliche Erhebung, als er die Begeisterung sah, miterlebte, mit der ganz Deutschland zur Ehr und Wehr des Vaterlands aufstand. Und er stand im Mitempfinden, im Mithandeln die ganzen vier Jahre hindurch in erster Reihe. Er glaubte felsenfest an Deutschlands Zukunft. Er war überzeugt, daß die Durchdringung der Welt mit dem deutschen Gedankenleben uns zum Schluß doch wieder dem internationalen Ausgleich, der Völkerverständigung zuführen werde. Es ist, so sprach er sich bei seinem letzten Aufenthalt in Berlin zu mir aus, undenkbar, daß auf die Dauer die Tragweite der Geschütze die Distanzen zwischen den Völkern bestimmt, es ist nicht möglich, daß all dies kostbare Blut geflossen ist, um später wieder Blut fließen zu machen. Er sprach vom Völkerbund der Zukunft, glaubte an ihn, schon lange, bevor die Politiker dies Schlagwort aufgriffen, vertraute trotz alledem fest darauf, daß ›die Idee Europa‹ sich durchsetzen werde. ›Aber‹, so meinte er damals [...], ›ob ich die Verwirklichung der Idee Europa noch erleben werde?‹« (Der letzte Philosoph. Berliner Morgenzeitung, Nr. 226 vom 27. Sept. 1918).

υπερουρανος τοπος] Griech.: eigtl. ὑπερουράνιος τόπος, überhimmlischer Ort; siehe Platon: Phaidros, 247c: »Das farblose, gestaltlose, wahrhaft seiende Wesen, beschaubar allein für der Seele Führer, die Vernunft, um welches her das Geschlecht der wahrhaften Wissenschaft ist, hat nämlich jenen Ort inne«. Platon: Sämtliche Werke, Bd. 4. Nach der Übersetzung von Friedrich Schleiermacher mit der Stephanus-Numerierung herausgegeben von Walter F. Otto, Ernesto Grassi und Gert Plamböck. Reinbek bei Hamburg: Rowohlt 1961, S. 29.

Denn ich bin überzeugt] Vgl. zu den folgenden Ausführungen Simmel: Europa und Amerika. Eine weltgeschichtliche Betrachtung. BT, Nr. 336 vom 4. Juli 1915, Mo. Bl., 2. Beiblatt (GSG 13, S. 138-142).

***tertius gaudens*]** Lat.: der lachende Dritte [wenn zwei sich streiten].

an den Verfall Europas geglaubt] Siehe diesbezüglich etwa Hermann Graf von Keyserlings Äußerung im 1914 weitgehend abgeschlossenen ›Reisetagebuch‹: »Bald wird Europa sein letztes historisch-bedeutsames Wort gesprochen haben. Tradition an sich ist eine Fessel, die von Geschlecht zu Geschlecht fester bindet, zuletzt erstickt, und Europas Geschichte ist schon so lang, daß ein radikales Frei- und Neuwerden auf seinem Boden kaum mehr glücken wird, mögen seine Einwohner noch so sehr verjüngen. Auch dieses Mal wird sich die alte Wahrheit erweisen, daß neue Kulturen nur auf neuem Boden wachsen [...]« (ebd., S. 572); siehe zum anderen aber auch die – lt. ›Vorwort‹ des Herausgebers – »im Herbst 1918« gedruckten Einlassungen des Grafen in: Die Zukunft Europas. Sonderdruck der internationalen Zeitschrift ›Das Neue Europa‹. Zürich: Schweizer Druck- und Verlagshaus 1918.

Ihrer Abgeschnittenheit von dem jetzigen Deutschland] Der Graf hatte die Kriegsjahre zurückgezogen auf seinem Gut Rayküll in Estland verbracht (siehe Simmel an Hermann Graf von Keyserling vom 25. März 1918).

Vita Nuova] Ital.: neues Leben; hier verwendet in Anspielung auf das Frühwerk des Dante Alighieri (1265-1321), ›La vita nuova‹ (1292-1295, gedruckt 1576; Brockhaus), ein mit prosaischen Einschüben versehener Gedichtzyklus, der, sich autobiographisch gebend, die Umbrüche intellektueller und literarischer Art thematisiert, die aus der Erfahrung der Liebe hervorgegangen sind. Das Werk steht für die Überwindung der höfischen Liebeslyrik des Mittelalters.

Ihre Erfahrung mit *Bergson*] Konkretes der hier angesprochenen »Erfahrung« Graf von Keyserlings wurde nicht ermittelt; er muß in seiner Erwiderung auf Simmels Brief darauf zu sprechen gekommen sein, wußte er doch um die Freundschaft zwischen Simmel und Henri Bergson. Grundsätzlich gemeint sein dürfte Henri Bergsons antideutsche Propagandatätigkeit (siehe Simmel an Friedrich Curtius vom 16. März 1915) und der Abbruch der Beziehungen bzw. der Korrespondenz, die Graf von Keyserling spätestens seit 1906/07 und bis zum Kriegsausbruch mit Bergson verbunden hatte und bei deren Wiederaufnahme im Jahre 1932 es Bergson begrüßen sollte, »de renouer des relations si tragiquement interrompues par les évènements, il y aura bientôt vingt ans« (Brief vom 15. Juli 1932, in: Hugo Dyserinck: Die Briefe Henri Bergsons an Graf Hermann Keyserling. Deutsche Vierteljahresschrift für Literaturwissenschaft und Geistesgeschichte 34, 1960, Heft 2, S. 169-188, hier: 187).

durch ... Zufall ... Wortlaut seiner Akademierede vom Herbst 14] Der angesprochene »Zufall« ist nicht bekannt. Simmel meint die von Bergson zum Abschluß seiner Präsidentschaft in der öffentlichen Sitzung der ›Académie des sciences morales et politiques‹ vom 12. Dez. 1914 gehaltene Rede, die in der Folge unter verschiedenen Titeln in mehreren französischen Organen wie auch in englischer Übersetzung veröffentlicht worden war. (Siehe die Drucknachweise bei: Discours en séance publique de l'Académie des Sciences morales et politiques, 12 décembre 1914. In: Henri Bergson: Mélanges. Textes publiés et annotés par André Robinet. Avant-propos par Henri Gouhier. Paris: Presses Universitaires de France 1972, S. 1107-1129).

Maske der kühlen Wissenschaftlichkeit ... Frankreich das ... blühende Leben sei] Aus seiner Präsidentschaft der ›Académie des Sciences morales et politiques‹ hatte Bergson die Verpflichtung abgeleitet, jenseits des Protests gegen die »crimes méthodiquement commis par l'Allemagne: incendie, pillage, destruction de monuments, massacres de femmes et d'enfants, violation de toutes les lois de la guerre« diese wie überhaupt die »signification de cette guerre« aus Geschichte und Philosophie herauszuschälen (ebd., S. 1107f.). Dabei sah er die »organische« Entwicklung zur deutschen Einheit fehlgeleitet durch den Einfluß Preußens, das, selbst eine artifizielle Bildung, ›mechanisierend‹ auf alle Lebensbereiche übergegriffen habe: »Mécanique« wird hier zu Bergsons Schlüsselbegriff zur Erklärung des deutschen Perfektionismus und dessen Niederschlag in der Verwaltung, der Armee, der Industrieentwicklung und selbst im Lehrprogramm der Bildungseinrichtungen und zu einer abschließenden Spekulation über die Deutung eines künftigen Philosophen im visionären Rückblick auf die unterschiedlichen Entwicklungen in Deutschland und Frankreich: Mit dem Industrialisierungsschub des 19. Jahrhunderts habe die seelisch-moralische Entwicklung des Menschen nicht Schritt halten können und dieses Mißverhältnis moralische, soziale und internationale Konflikte ausgelöst. Deutschland sei prädestiniert gewesen für den »Versuch«, statt – wie alle anderen Völker – die »spiritualisation de la matière, la mécanisation de l'esprit« anzustreben und dieser Strömung auf kriegerischem Wege die Vorherrschaft zu verschaffen (S. 1115f.). Doch sei der Versuch am Aufstand der »forces morales« gescheitert, die aus der Konfrontation – »D'un côté [...] la force étalée en surface, de l'autre, la force en profondeur. D'un côté le mécanisme, la chose toute faite, qui ne se répare pas par elle-même; de l'autre, la vie, puissance de création, qui se fait et se refait à chaque instant« – unter den größten Opfern und zum Wohle der Menschheit aus jenem notwendigen »combat suprême« zwischen Materie und Leben hervorgegangen seien (ebd., S. 1116).

Wenn Sie im Juni nach Deutschland kommen] Der Graf hatte im Frühjahr 1918 um die Genehmigung zur Ausreise und zum Aufenthalt in Deutschland ersucht (vgl. Gahlings, S. 108).

Frau Schwester] Die Schwester des Grafen, Leonie, war seit 1917 mit Constantin Freiherr von Ungern-Sternberg verehelicht (Das Buch der Keyserlinge. An der Grenze zweier Welten. Lebenserinnerungen aus einem Geschlecht. Mit einer Einführung von Otto Freiherr von Taube. Berlin: Suhrkamp 1944, S. 378).

Georg Simmel an Gertrud Kantorowicz
Brief vom 20. Mai 1918
Hs.; LBI New York

Pfingstmontag.

Nun sind wir wieder einmal im württembergischen Schwarzwald, bei guter Luft, Tannenduft, sanften Feldern u. reichlicher Verpflegung. Der christliche Gegensatz von »Fleisch u. Geist« trifft bei mir nicht zu – wenn mir das Fleisch fehlt, fehlt es mir auch an Geist.

Wieder lebt man in der ungeheuren Spannung, was demnächst werden wird, wo u. von wem die Offensive aufgenommen werden wird. Wie lange wird dieser selbstmörderische Wahnsinn noch dauern, der sich hinschleppt, wie sich sonst nur die matten, energieberaubten, trägen Schicksalsströme durch das Leben ziehen. U. nun wird dieses Verhängniß, das längst allen elementaren Schwung, alles was an seelischem (wenn schon nicht historischem) Sinn in ihm war, verloren hat – das wird nun grade mit dem Äußersten an Energie, an Lebenseinsatz, an Absolutheit des Könnens weitergeführt! Es ist unbegreiflich, aber von der furchtbarsten Belehrung über geschichtliche Dinge, daß das französische Volk sich immer weiter zur Schlachtbank führen läßt, blos [weil] einige ehrgeizige u. fanatische Politiker ihm [sagen] werden, daß seine Ehre auf dem Spiel stünde. [Die] englische Kurzsichtigkeit ist geringer, aber noch groß genug. Wie die Franzosen nicht einsehn, daß sie [in] dem besten Fall die Hintersassen der Engländer wer[den,] so die Engländer nicht, daß sie über kurz oder lang [die] Hintersassen von Amerika sein werden, wenn E[ngland] sich noch weiter bis zur Agonie verblutet. Hier sehe ich freilich den typischen Charakter des demok[ra]tischen Regimes, das *Lloyd George* aufgerichtet hat. Jede demokratische Regierung handelt auf kurze Sicht, weil sie von der *aura popularis* abhängt, weil eine morgige Stimmung sie versagen kann u. sie deshalb alle Erfolge *heute* einbringen muß. Ein konservatives Regiment, das sich unerschütterlich weiß, kann seine Politik ruhig auf Voraussichten für 50 Jahre einrichten, das demokratische muß von der Hand in den Mund leben. *Lloyd George* sieht eben nur ein nächstes Ziel: Deutschland zu zerschmettern, u. konzentrirt sich so absolut darauf, daß er nicht zehn Schritte darüber hinaus sieht, u. einfach blind für die amerikanische Gefahr ist, die freilich in größerer Ferne liegt, aber tausendmal größer ist, als alles, was von Deutschland überhaupt gefürchtet werden kann. Das ist das Verzweiflungsvolle, zu sehn, wie Europa *ohne innere Notwendigkeit* ins Verderben, in die Vernichtung gestürzt wird. Denn ich bin überzeugt, daß es dazu noch nicht von sich aus verurteilt war. Ich sah in den letzten Jahren unter der entsetzlichen Mechanisirung u. Industrialisirung des Lebens die zarten Keime einer neuen Geistigkeit u. siegversprechende Kräfte, die für ein Vernünftigwerden des Lebens (im Gegensatz zu seiner »Rationalisirung«) kämpften. Dies ist nun als europäische Bewegung abgeschnitten. Innerhalb Deutschlands lebt es freilich als Jugendbewegung. Ich weiß nicht, ob ich schon davon schrieb. Es ist da in der jüngsten, aber auch in der etwas reiferen Jugend ein leidenschaftlicher Wille zum Lebendigwerden des Geistes u. Geistwerden des Lebens, eine wundervolle, stürmende Durchbrechung aller alten morschen Mauern, mit denen die Bürgerlichkeit, die satte Privilegirtheit, die heutigen Traditionen uns einengen. Da ist natürlich viel Unüberlegtes, blos Programmatisches, blindes u. überflüssig manierloses Draufgängertum. Aber ich gewinne doch mehr u. mehr Interesse dafür, hier *könnte* etwas von Zukunft u. wirklicher Freiheit liegen. Es ist vielleicht nur *diese* Bewegung, um deretwillen ich wünschen möchte, noch eine Zeitlang zu leben. –

Ich wünschte, du könntest hier mit uns am Waldrand sitzen, im tiefen Tannenschatten u. kühlendem Ostwind, u. auf die bunten Wiesen u. eben ergrünten Felder hinaussehn. Es ist unsäglich still, ganz selten ruft der Kukuk oder ein Raubvogel stößt einen kurzen Schrei aus, vom Dorf drüben schlägt die Kirchenuhr die Viertelstunden. Man spricht nicht viel u. fühlt nur um sich das millionenfache Wachstum des grünen Lebens u. das zugleich ferne u. im eignen Herzen sich abspielende Leiden der Welt, in das nun dies stürmische, zwischen allen Polen ausgespannte, wunderliche Leben schließlich gemündet ist. U. wie ein zarter Schleier, der bei jeder Berührung zurückweicht, liegt über allem die Ahnung eines großen göttlichen Lebens, aus dem all unser bischen Leiden u. Freuden kommen u. in das sie zurückgehn, spurlos für menschliche Augen, aufgesogen zu ewigem Vergessenwerden von den Jahren u. Jahrtausenden u. doch auch sie ein Pulsschlag im Herzen alles Daseins. Ja, so möchte ich, daß du bei uns säßest.

G.

Brief vom 20. Mai 1918] Feldpostbrief an: Schwester *Gertrud Kantorowicz / Konstantinopel-Moda*, Deutsches Genesungsheim / durch *Berlin C2* / Marine Post Büro; mit hs. Absenderangabe: Prof. *Simmel* / Straßburg Els.; Poststempel: ALTENSTEIG (WÜRTT.) 21 MAI 18 11-12 V; – Textverluste am rechten Seitenrand infolge unregelmäßigen Einreißens der 2. Seite beim Öffnen des gefaltet verschlossenen Feldpostbriefes.

LBI New York] Das Original ist lt. Mttl. von Robert E. Lerner, der es aus dem Familienarchiv von Eva Peters Hunting erhalten und uns zur Mitarbeit an seiner Vorveröffentlichung (A Newly Discoverd Letter by Gertrud Kantorowicz. SiStu 13, 2003, S. 425-438) in Kopie überlassen hat, jetzt im LBI New York; das spezifische Folder wurde auf Nachfrage von dort nicht mitgeteilt.

Pfingstmontag] Der Pfingstmontag 1918 fiel auf den 20. Mai.

im württembergischen Schwarzwald] Lt. Absender in Altensteig; siehe Simmel an Hermann Graf von Keyserling vom 18. Mai 1918.

wo u. von wem die Offensive aufgenommen werden wird] Gemeint sind die Vorbereitungen zu der dann am 27. Mai 1918 erfolgten Offensive am Chemin des Dames (Aisne). Sie wurde mit Spannung erwartet, nachdem die erste der mit der Hoffnung auf einen Durchbruch vor Eintreffen der amerikanischen Truppen unternommenen Frühjahrsoffensiven an der Westfront, die am 21. März gestartete ›Operation Michael‹, am 5. April und auch die gemäß Ludendorffs Planung verschiedener Angriffsunternehmen am 9. April in Flandern erfolgte Offensive am 29. April hatten eingestellt werden müssen. Vgl. Wilhelm Deist: Die Kriegführung der Mittelmächte. In: EEW, S. 249-271, hier: 267f.

***Lloyd George*]** David Lloyd George (1863-1945), britischer Politiker, 1890 Mitglied des Unterhauses, 1908 Schatzmeister, 1915 Rüstungsminister, Juli-Dez. 1916 Kriegsminister und danach Premierminister, trat für die völlige Niederwerfung der Mittelmächte ein und erzwang gegen die britische Heerführung im Frühjahr 1918 die Schaffung eines einheitlichen Oberbefehls in der Hand des französischen Generals Ferdinand Foch (1851-1929). Vgl. Brockhaus; EEW.

aura popularis] Lat.: Hauch der Volksgunst, als Redewendung bei [31]Büchmann (S. 504) zurückgeführt auf Ciceros Rede ›De haruspicum responso‹ (20,43): »Die Volksgunst trieb den Widerstrebenden weiter, als er wollte« (Resistentem longius quam voluit, popularis aura provexit).

amerikanische Gefahr ... Europa *ohne innere Notwendigkeit* ins Verderben] Zu Simmels Sicht auf Europa und Amerika siehe vorstehenden Brief.

Jugendbewegung] Allgemeinbegriff für die im Frühjahr 1918 wieder ins Blickfeld gelangte, um die Jahrhundertwende in Deutschland entstandene soziale Bewegung, die für pädagogische, geistige und kulturelle Neuerungen eintrat; sie manifestierte sich in zahlreichen jugendlichen, teilweise von Pädagogen geführten Gruppierungen aus städtisch-bürgerlichem und studentischem Milieu, die sich in ihren Zielen und Verhaltensformen von der Erwachsenenwelt abzusetzen trachteten; war deren erste und bekannteste die in den 1890er Jahren in Berlin entstandene, 1901 formell begründete Vereinigung ›Wandervogel‹, so das markanteste Ereignis der Bewegung das Treffen zum ersten ›Freideutschen Jugendtag‹ auf dem ›Hohen Meißner‹ am 11./12. Okt. 1913, einerseits Gegenveranstaltung zu den der Schlacht bei Leipzig 1813 und dem 25jährigen Regierungsjubiläum Wilhelms II. gewidmeten Gedenkfeiern, andererseits Anlaß zum formalen Zusammenschluß verschiedener studentischer und lebensreformerischer Vereinigungen zur ›Freideutschen Jugend‹ unter dem Konsens der ›Meißnerformel‹, nämlich ein selbstbestimmtes und selbstverantwortliches Leben nach »innerer Wahrhaftigkeit« führen zu wollen. Die an sich unpolitische Bewegung vereinte bis 1918 noch linke und rechte Strömungen unter dem Ideal einer freiheitlichen humanen Gesellschaft und der Kritik an Zivilisation, Kapitalismus, staatsverherrlichendem Obrigkeitsdenken und vielen zeitgenössischen bürgerlichen Lebensformen vom patriarchalischen Erziehungsstil bis hin zum Amüsierbetrieb des Lebemanns oder Bohemiens. Den deutlichsten Niederschlag hatte die Bewegung in Schulreformprojekten, die ihr anhängende Pädagogen meist in Landerziehungsheimen initiierten, so etwa die ›Freie Schulgemeinde Wickersdorf‹ von Gustav Wyneken (siehe Korrespondentenverzeichnis GSG 22) oder die von einem ihrer ehemaligen Lehrer, Georg Helmuth Neuendorff, gegründete ›Dürerschule Hochwaldhausen‹ (siehe Simmel an Eduard von Bendemann vom 17. Juli 1917). Die kulturverändernden Ideen in die Hochschule zu tragen und diese selbst zu reformieren, wurde in den studentischen Vereinigungen in den Jahren vor Kriegsausbruch gefordert. Um der Zersplitterung der durch den Krieg ausgedünnten Vereinigungen entgegenzuwirken, hatten im März 1918 der Verfassungsausschuß und der Hauptausschuß des ›Verbandes Freideutscher Jugend‹, dem sich jetzt auch der ›Wandervogel‹ anschloß, in Nürnberg die ›Meißnerformel‹ erneut zur Grundlage künftigen Zusammenwirkens gemacht, was allerdings trotz aller Nähe zu liberalen Parteien noch nicht, wie bereits ein Jahr später, politisches Handeln einschloß und zu neuen Spaltungen führte. Vgl. den Überblick in: Thomas Nipperdey: Deutsche Geschichte 1866-1918. Erster Band: Arbeitswelt und Bürgergeist. München: C. H. Beck 1990, S. 112-124; eine Quellensammlung bietet: Werner Kindt, Hg.: Dokumentation der Jugendbewegung, Band I: Grundschriften der Deutschen Jugendbewegung. Düsseldorf-Köln: Eugen Diederichs 1963, und Band II: Die Wandervogelzeit. Ebd. 1968. – Siehe Simmel an Paul Natorp vom 26. Juni 1918.

Georg Simmel an Hermann Graf von Keyserling

Brief vom 27. Mai 1918
Hs.; ULB Darmstadt, Hermann Keyserling-Archiv

Straßburg Els. 27 v 18
Sternwartstr. 17

Mein lieber Graf,

Ich habe vor etwa 8 Tagen einen sehr ausführlichen Brief an Ihre Adresse in Estland gesandt. Für den Fall, daß Sie ihn nicht mehr erhalten haben, wiederhole ich meinen Vorschlag einer Begegnung in Baden-Baden, da mir die hiesigen Umstände im Juni keine weiteren Reisen gestatten. Ich würde dann am Nachmittag eintreffen u. bis zum nächsten Nachmittag bleiben können. Angesichts der vielen Dinge, über die wir uns zu unterreden haben, sollten wir eine knappere Zeit nicht in's Auge fassen. Voraussichtlich kann ich im Juni u. Juli dafür jeden Freitag, Samstag, Sonntag zur Verfügung stellen. Indeß wird gegen Ende Juni unser Sohn, der als Bataillonsarzt in der Ukraine steht, auf Urlaub kommen, u. seinen Ankunftstag möchte ich freilich nicht versäumen. Indeß denke ich doch, daß diese bedauerliche Koinzidenz sich vermeiden lassen wird.

Ich schreibe zugleich an Ihre Berliner Adresse, um Sie zu bitten, einer Nichte von mir, deren Schicksal in wunderlicher

Weise in die baltischen Angelegenheiten verflochten ist, eine kurze Unterredung u. Ihren Rat zu gewähren.

In der bestimmten u. freudigen Hoffnung auf unsre Begegnung Ihr treulich ergebner

Simmel

Brief] Gemeint ist Simmel an Graf von Keyserling vom 18. Mai 1918.

Sie ihn nicht mehr erhalten] Simmel spricht hier die geplante Ausreise des Grafen nach Deutschland als Grund an; der Brief wurde allerdings deshalb nicht befördert, »weil er zu lang u. zu undeutlich geschrieben war« (Simmel an Graf von Keyserling vom 21. Juni 1918).

hiesigen Umstände] Siehe Simmel an Graf von Keyserling vom 18. Mai 1918.

Freitag, Samstag, Sonntag zur Verfügung stellen] Simmel benennt die weder von den Montagseinladungen (siehe Simmel an Margarete von Bendemann vom 5. März 1915) noch den Lehrveranstaltungen betroffenen Tage (siehe Simmel an Arthur Schneider von ca. 8. Juni 1918).

Bataillonsarzt in der Ukraine] Zu Hans Simmels neuem Einsatzort siehe Simmel an Hugo Liepmann vom 31. März 1918.

einer Nichte von mir, deren Schicksal ... in die baltischen Angelegenheiten verflochten] Angesprochen ist Gertrud Jacobs und deren Sorge um das Ergehen ihres baltischen Verlobten. Siehe Simmel an Otto von Taube vom 25. März 1918.

Georg Simmel an Verlag J. C. B. Mohr (Paul Siebeck)

Postkarte vom 28. Mai 1918
Hs.; VA Mohr Siebeck, Tübingen

Straßburg 28 v 18

Sehr geehrter Herr!

Im Interesse des bargeldlosen Verkehrs ersuche ich Sie ergebenst, das Honorar für meinen letzten *Logos*-Beitrag an mein Konto bei der *Deutschen Bank, Berlin W, Kurfürstenstr.* 115 zu überweisen.

Hochachtungsvoll

Simmel

Postkarte vom 28. Mai 1918] An: Verlagshandlung / *J. C. B. Mohr*

(Siebeck) / Tübingen; mit Absenderstempel: Prof. Simmel / Strassburg (Els.); Poststempel: STRASSBURG (ELS.) 28. 5. 18. 4-5 N; Prüfstempel: [unles.] Geprüft und zu befördern. – Mit Eingangsstempel, teilw. unles.: 29. MAI; hs. Bearbeitungskürzel samt -datum: 31. V. 18.

meinen letzten *Logos*-Beitrag] Simmel: Die historische Formung. Logos, Band VII, 1917/18, Heft 2, S. 113-152 (GSG 13, S. 321-369); siehe Simmel an Verlag J. C. B. Mohr (Paul Siebeck) vom 19. März 1918.

Richard Wille und Richard Pflug, Verlag J. C. B. Mohr (Paul Siebeck), an Georg Simmel

Briefdurchschlag vom 31. Mai 1918
Tps. m.e.U.; VA Mohr Siebeck, Tübingen

Tübingen, 31. Mai 1918

Hochverehrter Herr Professor,

im Besitz Ihrer Karte vom 28. teile ich Ihnen ergebenst mit, dass das Honorar für die Logos-Hefte von mir im Ganzen an Herrn Professor Mehlis abgeführt wird, welcher die Verteilung auf die einzelnen Herren Mitarbeiter selbst besorgt. Ich werde ihm Ihren Wunsch übermitteln.

In vorzüglicher Hochachtung Ihr ergebenster

J. C. B. MOHR (Paul Siebeck)
i.V. R. Wille R. Pflug

Briefdurchschlag vom 31. Mai 1918] An: Herrn Professor Dr. Georg Simmel in Strassburg i. E. Mit Absenderkürzel: W.-st. A.

Karte vom 28.] Siehe vorstehendes Schreiben.

Professor Mehlis] Georg Mehlis, seit 1915 ao. Prof. in Freiburg, Redakteur des Logos; siehe Korrespondentenverzeichnis GSG 22.

ihm Ihren Wunsch übermitteln] Siehe die entsprechende Mitteilung des Verlags an Mehlis vom 31. Mai 1918, ein Nachtrag zum Schreiben vom 28. Mai 1918, das die Anschriften der Beiträger von Logos, Band VII, 1917/18, Heft 2, enthielt (VA Mohr Siebeck).

J. C. B. MOHR (Paul Siebeck)] Stempel.

Georg Simmel an Margarete von Bendemann
Postkarte vom 5. Juni 1918
Hs.; LBI New York, Susman Collection

5 VI 18

Liebe Susa,

ich muß dir noch für deinen Brief u. dein Buch danken, das ich gleich gelesen habe. Gewiß, das Leben war auch vor 1914 kein Paradies – u. doch haben all solche, vorher entstandnen Dinge etwas von dem süßen u. traurigen Duft verlorener Paradiese, zugleich aber so, als risse ihn der Sturm unsrer Zeit weg, bevor er uns noch recht erreicht hat. Indeß, in diesen Dingen ist etwas, was dem Wechsel der Geschicke unberührbar ist u. zu dessen reinem Fühlen wir wieder zurückkehren werden. – Wir haben uns in diesen Tagen mit indischer Weisheit beschäftigt u. haben uns wieder mit Beschämung zum Bewußtsein gebracht, was uns das europäische Leben mit seiner Zersplitterung, seiner oberflächlichen Vielfältigkeit, seiner intellektuellen Zersetzung des Einheitlichen doch an Vertiefung u. an Konzentrationsfähigkeit geraubt hat. Gewiß, wir wollen uns nicht wie der indische Heilige jenseits von Glück u. Leiden stellen, wir wollen das Leben zwischen seinen äußersten Polen voll ausschwingen lassen – aber in der Realität ist es ein furchtbares Opfer an dem Sich-Selbst-Gehören der Seele, mit dem wir es bezahlen, u. wenn wir nicht vollkommen in die Lüfte auseinanderwirbeln wollen – wozu Europa auf dem besten Wege ist – so müssen wir es wieder mehr lernen, das Universum im Innern u. seiner Einheit zu finden. – Von hier ist nur ein sehr monotones Außenleben zu berichten. Hans steht noch in der Ukraine, wo es ihm äußerlich sehr gut geht. Über Pfingsten waren wir eine ganze Weile auf dem Lande, nur zwischen Wäldern u. Feldern, ein stilles einfaches Dasein, das einen gesund machen könnte, wenn die Welt einem nicht immer wieder ihre Toxine in's Blut spritzte.

Bitte laß wieder einmal hören, wie es dem Jungen geht u. grüße ihn von uns.

In vieler Liebe u. ferner Hoffnung dein

Georg.

Postkarte vom 5. Juni 1918] An: Frau / *Marg. v. Bendemann / Thun (Bern) / Hotel Baumgarten*; mit Absenderstempel: Prof. Simmel / Strassburg (Els.); Poststempel: STRASSBURG (ELS.) 1 5. 6. 18 12-1 N; Prüfstempel: Geprüft und zu befördern [unles.].

Brief] Margarete von Bendemanns Brief ist verschollen. – Dieser enthielt wohl auch den Hinweis auf die neue Hotel-Adresse in Thun, nachdem die Freundschaft mit Emmy von Egidy, bei der Margarete von Bendemann zuletzt gewohnt hatte, lt. Erwin von Bendemann »aus politischem Dissens« zerbrochen war, habe doch die Tochter des nach Einsicht in die Unvereinbarkeit von Militär und Christentum demissionierten Oberst Moritz von Egidy (1847-1898; DBA) die »charaktervolle Tat des Vaters [...] als einen Makel« empfunden und ihn »durch militärisches Gebaren auszuwischen« gestrebt. Durch die Besuche von Ernst Bloch, den Emmy von Egidy abgelehnt habe, sei es im Frühjahr 1918 zu gereizten politischen Gesprächen gekommen und schließlich zu dem Vorwurf, Margarete von Bendemann fehle »zum Siegeswillen [...] das echte deutsche Blut«, woraufhin sie »ungesäumt« in ein nahe gelegenes Hotel gezogen sei (Margarete Susman im Licht ihrer Korrespondenz. Unveröffentlichtes Tps. [1988], 88 S., DLA Marbach, S. 27 f.).

Buch] Margarete Susman: Die Liebenden. Drei dramatische Gedichte: Der Sieger – Die Liebenden – Der Betrüger. Leipzig: Kurt Wolff o. J. [1918], 96 S. (Zum Erscheinungszeitpunkt und der Auflagenhöhe von 800 Exemplaren siehe Wolfram Göbel: Bibliographie des Kurt Wolff Verlages. In: Göbel, S. 1343, Nr. 395).

solche, vorher entstandnen Dinge] Margarete von Bendemann hatte das Manuskript ihres Buches (s. o.) bereits Ende 1913 abgeschlossen, zunächst Eugen Diederichs und dann auf dessen Empfehlung hin dem Kurt Wolff Verlag zum Druck angeboten. Vgl. Margarete von Bendemann an Martin Buber vom 14. Jan., 2. und 4. Febr. 1914, JNUL Jerusalem, Buber Archive.

mit indischer Weisheit beschäftigt] Darauf mag Simmels Hinweis auf den indischen Mystiker Yajnavalkya des vedischen Altertums bzw. auf den ihm zugeschriebenen Gesetzestext in dem dritten, mit ›Tod und Unsterblichkeit‹ überschriebenen Kapitel seiner ›Lebensanschauung‹ zurückgehen (GSG 16, S. 313 f.); zu deren Fertigstellung siehe Simmel an Max und Marianne Weber vom 15. Sept. 1918.

Hans steht noch in der Ukraine] Siehe Simmel an Hugo Liepmann vom 31. März 1918.

Pfingsten ... auf dem Lande] Siehe Simmel an Hermann Graf von Keyserling vom 18. und an Gertrud Kantorowicz vom 20. Mai 1918.

dem Jungen] Dem Sohne Erwin von Bendemann.

Georg Simmel an Arthur Schneider, Dekan der philosophischen Fakultät der KWU

Notiz von ca. 8. Juni 1918
Hs.; ADBR Strasbourg, AL 62, Paq. 37

Logik	priv.	4-5	10.
Kunstphilosophie	publ.	5-6	11.

Notiz von ca. 8. Juni 1918] Die undatierte Notiz bildet Simmels namentlich vorgegebenen Eintrag in die Liste der zustande gekommenen »Vorlesungen und Übungen an der philosophischen Fakultät im Sommer-Semester 1918« in die Spalten »Gegenstand«, »priv. privatissime / publice / gratis«, »Zeit« und »Ort«. Zur Datierung herangezogen wurde der hs. Eintrag des Emeritus Theodor Nöldeke, der zur Korrektur des bereits eingetragenen »nicht gelesen« anmerkte: »Ich habe noch mitten im Semester 2 nicht vorher angebotene Vorlesungen (1 Stunde arabisch, 1 Stunde syrisch) begonnen«. Es ist daher anzunehmen, daß die Liste bei Gelegenheit der 2. Fakultätssitzung am Samstag, den 8. Juni 1918 in Umlauf gebracht wurde (vgl. das Protokoll in ADBR Strasbourg, AL 62, Paq. 37). – Simmel hatte für das Semester (22. April bis 10. Aug. 1918) angekündigt: »*Logik* [...] Dienstag, Mittwoch und Donnerstag von 4-5 Uhr. [...] *Kunstphilosophie* [...] Mittwoch von 5-6 Uhr. Publice. [...] Im Seminar: Privatissimum über zu bestimmende Gegenstände [...] Dienstag von 6-7 Uhr. Gratis« (Vorlesungsverz. Straßburg SS 1918, S. 19f.).

Georg Simmel an Georg Misch

Feldpostkarte vom 12. Juni 1918
Hs.; NSUB Göttingen, Nl Misch

Straßburg 12 VI 18

Lieber Herr Misch,

wir sind freudig erregt durch die Nachricht, Sie endlich wiederzusehn. *Jede* Zeit, die Sie bestimmen, ist uns recht, vorausgesetzt, daß sie möglichst lang ist. Bitte widmen Sie uns alles an Zeit, was für Sie verfügbar ist. Die einzige Einschränkung ist, daß ich Donnerstag 4-5 Kolleg habe; aber meine Frau ist noch zu dieser Stunde frei. Sehr gut wäre es natürlich, wenn Sie uns noch eine genauere Zeitbestimmung zukommen ließen. Ich würde Sie gern von der Bahn abholen, aber wegen der häufigen Zugverspätung ist dies nicht recht praktisch. Vom Bahnhofsplatz fahren Sie mit Linie 10 oder 3 zum *Brant*platz, wo die Schwarzwaldstr. beginnt. Von dieser ist die Sternwartstr. eine, an der sehr sichtbaren Kirche ansetzende Querstraße. Also bitte: so früh wie möglich kommen u. so spät wie möglich gehn! Wir können auch eine bescheidne materielle Gastfreundschaft ohne jede Unbequemlichkeit bieten.

Herzlich Ihr

Simmel

Feldpostkarte vom 12. Juni 1918] An: Delegierter *Misch / Kriegslazarett-Dir.* 39 u. 42 [...] Deutsche Feldpost Nr. 123 / Liebesgabendepot; mit Absenderstempel: Prof. Simmel / Strassburg (Els.); Poststempel: [unles.] (Els.) 12.6.18 2-3. – Hs. Vermerke von unbekannter Hand, mit Bleistift: verblaßt und unlesbar.

Nachricht, Sie endlich wiederzusehn] Die Nachricht von Misch, der an die ›Westfront‹ versetzt wurde (siehe Simmel an Misch vom 14. Mai 1918), ist verschollen.

Donnerstag 4-5 Kolleg] Simmel schrieb am Mittwoch, den 12. Juni, und meinte wohl Donnerstag, den 20. Juni 1918. Zu Simmels Logik-Vorlesung siehe Simmel an Arthur Schneider, Dekan, von ca. 8. Juni 1918.

***Brant*platz]** Heute: Place Sébastien Brant.

Schwarzwaldstr.] Heute: Avenue de la Forêt-Noire.

sehr sichtbaren Kirche] Kath. Garnisonskirche; heute: Église St. Maurice.

Wir können auch eine bescheidne materielle Gastfreundschaft ... bieten] Inwieweit Misch dieses Angebot wahrgenommen hat, ist nicht bekannt, wohl aber überliefert ein Brief Mischs an Oswald Spengler vom 8. Nov. 1918 diesen oder einen späteren Besuch (siehe Simmel an Misch vom 25. Aug. 1918) mit dem Hinweis, er habe den ersten Band von Spenglers ›Untergang des Abendlandes‹ »bei Simmel« gesehen (Oswald Spengler: Briefe 1913-1936. In Zusammenarbeit mit Manfred Schröter herausgegeben von Anton M. Koktanek. München: C. H. Beck 1963, S. 109). – Demnach hat Oswald Spengler (1880-1936), der nach einem Studium der Mathematik und Naturwissenschaften mit einer Arbeit über Heraklit 1904 an der Philosophischen Fakultät der Universität Halle promoviert und 1912 seine Tätigkeit im Schuldienst aufgegeben hatte, um als Privatgelehrter seine geschichtsphilosophischen Studien vorantreiben zu können, Simmel eines der ersten, Ende April bei Braumüller in Wien erschienenen Exemplare seines offiziell erst im Sept. 1918 ausgelieferten Werks zugesandt (vgl. Anton Mirko Koktanek: Oswald Spengler in seiner Zeit. München: C. H. Beck 1968, S. 468-471). Dies und daß Simmel es »ganz gelesen« habe, erwähnt auch Charles Hauter (Erinnerungen an Simmel, in: BdD, S. 252); und Spengler selbst will in einem Brief vom 18. Dez. 1918 (Briefe, a. a. O., S. 114) bezüglich Simmels Urteil gehört haben: »Simmel hat kurz vor seinem Tode in seinem Kreis erklärt, es handele sich um die bedeutendste Geschichtsphilosophie seit Hegel.« Gleichwohl bleibt die Authentizität dieser »Bemerkung Simmels«, die Spengler am 25. Juni 1919 seinem Freund, dem Lektor August Albers bei der C. H. Beck'schen Verlagsbuchhandlung, wohl zu Werbezwecken für die dort 1919 erschienene 3. Aufl. des ›Untergangs des Abendlandes‹ zukommen ließ (ebd., S. 131), ungesichert. Sie ist zumindest als nicht autorisiert zu betrachten, schreibt doch Hans Simmel, der Spenglers Schrift erst nach Simmels Tod las (Hans Simmel, S. 93), am 26. Sept. 1919 an Käthe Liepmann: »Der Spengler, dessen neue Auflage ich in München liegen sah und für den ich auch dort Leser geworben habe, ist nun mit einem Plakatstreifen erschienen, enthaltend einige Worte meines Vaters über das Buch. Zuerst ärgerte ich mich, da das eigentlich nicht so für die Öffentlichkeit gesagt war, aber dann habe ich mir gedacht: es ist gesagt, um den Autor zu fördern – warum soll es das nicht auch auf diesem Wege tun!« (I. Flatau, Saratoga Springs N.Y., USA). Sämtliche Belege im Archiv des C. H. Beck Verlags wurden im Krieg zerstört.

Georg Simmel an Hermann Graf von Keyserling

Brief vom 21. Juni 1918
Hs.; ULB Darmstadt, Hermann Keyserling-Archiv

Straßburg 21 VI 18
Sternwartstr. 17

Mein lieber Graf,

Es ist mir eine große Freude, Sie in Deutschland zu wissen – selbst wenn es dieses Mal nichts mit dem Wiedersehn werden sollte. Die beiden Gutachten sende ich sobald wie möglich ab, will aber diesen Brief unmittelbar schicken, damit Sie gleich ein Lebenszeichen haben.

Die Papierfrage ist, wenn Ihr Buch umfänglich ist, allerdings bedenklich. Soviel ich höre, hat *Diederichs* noch größere Vorräte, aber unbedingt zuverlässig ist diese Nachricht nicht. Ich habe zwar für einige Neuauflagen u. eine ganz kleine neue Publikation noch Papier bekommen, aber für eines meiner Bücher, das seit Jahren vergriffen ist, u. von dem ich einige hundert Ex. anastatisch herstellen lassen wollte, muß ich auch verzichten. Vielleicht fragen Sie einmal bei *Cotta* an, in solchen Riesenbetrieben ist noch am ehesten eine Chance vorhanden, vielleicht bei *Ullstein*, der freilich nicht sonderlich sympathisch ist, aber darauf kann man unter den gegebnen Umständen nicht in ausschlaggebendem Maaße achten. Ich weiß nicht, ob Sie einer Einführung zu bedürfen glauben. Sollte es der Fall sein, so stelle ich Ihnen sowohl für die Anfrage bei *Cotta* wie bei *Ullstein*, aber auch bei *Diederichs* anheim, zu sagen, daß sie auf meine Anregung hin geschieht. Ich habe mit all diesen Häusern gelegentlich zu tun gehabt.

Was nun meine Nichte betrifft, so danke ich Ihnen herzlich für Ihre Bereitwilligkeit. Ich schreibe ihr noch heute, damit sie bei Ihnen eine gelegne Besuchszeit erfragen kann. Sie heißt *Dr. Gertrud Jacobs*. Von dem schweren Schicksal, mit dem der Krieg sie getroffen hat, wird sie selbst Ihnen erzählen. Wessen sie bedarf, ist eine Auskunft über gewisse baltische Verhältnisse u. eventuell eine Empfehlung an dortige Persönlichkeiten.

Von Persönlichkeiten, mit denen man reden kann, sind in Berlin im Augenblick unter den mir bekannten nicht viele. *Gundolf* ist dort u. arbeitet in dem Büro (ich glaube) des Auswärtigen Amtes Unter den Linden 44; seine Privatadresse war, wenigstens bis vor kurzem, *NW* 21, *Dortmunderstr.* 15 IV. Haben Sie Neigung zu einem politischen Gespräch, so empfehle ich Ihnen, Prof. *Jastrow* zu besuchen – einen ganz ungewöhnlich klugen, geistvollen u. kenntnißreichen Mann, Nationalökonom u. Historiker. Zur Einführung genügt es vollkommen, wenn Sie meinen Namen nennen, wir sind seit dreißig Jahren nah befreundet. Er wohnt in *Westend, Nußbaumallee* 24. Ich weiß nicht, ob Sie zu Prof. *Lepsius* gehen wollen, in dessen Haus Sie doch wohl früher kamen. Sie würden ihn wie seine Frau sehr verändert finden, sie können den Verlust ihres einzigen Sohnes, der vor einem Jahr gefallen ist, nicht überwinden.

Daß *Troeltsch* seit 3 Jahren in Berlin ist, wissen Sie vielleicht nicht. (*Westend, Reichskanzlerplatz* 4).

Ich lege noch den Brief bei, der nicht befördert wurde, weil er zu lang u. zu undeutlich geschrieben war.

Dies ist alles für heute, außer vielen u. herzlichen Grüßen, auch von meiner Frau. Treulich Ihr

Simmel.

Sie in Deutschland zu wissen] Das Schreiben des Grafen von Keyserling ist verschollen; zu dessen Ausreise aus Estland zwecks Übersiedelung nach Berlin siehe Simmels Brief an diesen vom 18. Mai 1918.

nichts mit dem Wiedersehn] Simmel hatte ein Treffen in Baden-Baden angeregt; siehe Simmel an von Keyserling vom 27. Mai 1918.

Gutachten] Näheres über die in Graf von Keyserlings verschollenem Brief erbetenen Gutachten wurde nicht ermittelt.

Ihr Buch umfänglich] Angesprochen ist wohl Hermann Graf von Keyserlings ›Reisetagebuch eines Philosophen‹ (siehe Simmel an Keyserling vom 18. Mai und 6. Aug. 1918), das bereits im Herbst 1914 hatte erscheinen sollen. Noch vor Kriegsausbruch wurde ›die zweite Korrektur zum ersten Band‹ dem Münchner Verlag J. F. Lehmann eingereicht und die zum zweiten begonnen; dann aber blieb »bis zur Besetzung Estlands durch deutsche Truppen, 1918« die Verbindung zum Verlag unterbrochen (Hermann Graf Keyserling. In: Selbstdarstellungen. Bd. 4, S. 99-125, hier: 114; und: ders.: Reise durch die Zeit. 1. Ursprünge und Entfaltungen. Herausgegeben von Goedela Gräfin Keyserling-Bismarck. Vaduz: Liechtenstein Verlag 1948, S. 76).

***Diederichs*]** Verlag Eugen Diederichs, Jena.

einige Neuauflagen] In Vorbereitung waren: Philosophische Kultur. Gesammelte Essais. Zweite, um einige Zusätze vermehrte Auflage. Leipzig: Alfred Kröner 1919. IV, 295 S. (Erscheinen angezeigt im LC vom 23. Nov. 1918, Sp. 916; GSG 14, S. 159-460) und: Goethe. Dritte Auflage. Leipzig: Klinkhardt & Biermann 1918. VII, 264 S.; GSG 15, S. 7-270.

kleine neue Publikation] Gemeint ist wohl die Broschüre ›Der Konflikt der modernen Kultur. Ein Vortrag‹. München und Leipzig: Duncker & Humblot 1918; GSG 16, S. 181-207. – Siehe Simmel an Paul Ernst von Anfang Aug. 1918.

eines meiner Bücher … seit Jahren vergriffen] Angesprochen ist Simmel: Kant. Sechzehn Vorlesungen gehalten an der Berliner Universität. Vierte, erweiterte Auflage. München und Leipzig: Duncker & Humblot 1918. I, 212 S. Erscheinen angezeigt im LC vom 25. Jan. 1919,

Sp. 77; GSG 9, S. 7-226; denn der Verlag Duncker & Humblot führte das Buch in der im Dez. 1918 ausgelieferten ›Lebensanschauung‹ Simmels (siehe Simmel an Max und Marianne Weber vom 15. Sept. 1918) als vergriffen, aber bereits im Druck auf (Anzeige über weitere Veröffentlichungen Simmels).

Cotta] J. G. Cotta'sche Buchhandlung. Siehe Korrespondentenverzeichnis GSG 22.

Ullstein] Der 1877 von Leopold Ullstein (1826-1899) in Berlin gegründete Ullstein & Co. Verlag, zunächst als Zeitungs- und Zeitschriftenverlag samt Druckerei namhaft geworden, hatte 1903 unter der Leitung des Germanisten Emil Herz (1877-1971) mit dem Aufbau eines reinen Buchverlages begonnen (Würffel, S. 892 f.).

Ich habe mit all diesen Häusern gelegentlich zu tun gehabt] Bei Cotta war Simmel Autor mit der ›Einleitung in die Moralwissenschaft‹ (GSG 3 und GSG 4); siehe die Korrespondenz mit der J. G. Cotta'schen Buchhandlung in GSG 22. – Der Kontakt mit Ullstein entstand spätestens bei Vertragsabschluß für die kriegsbedingt erst postum erschienene Gesamt-Einleitung ›Werte des Goetheschen Lebens‹ zur ›Pandora-Klassiker‹-Goethe-Ausgabe (siehe Simmel an Salomo Friedlaender vom 26. Okt. 1914). – Den Verleger Eugen Diederichs hatte Simmel in Programmfragen und vor allem hinsichtlich der Übersetzungen einzelner Werke Bergsons ins Deutsche beraten und an diesen teilweise selbst mitgewirkt (siehe Simmel an Eugen Diederichs vom Winter 1904/05 bis zum 4. Dez. 1913, bes. vom 21. Juli 1912, sowie die Korrespondenz bezüglich der Bergson-Übertragungen).

Was ... meine Nichte betrifft ... wird sie Ihnen selbst erzählen] Gertrud Jacobs sorgte sich seit langem um den ihr unbekannten Verbleib ihres Verlobten (siehe Simmel an Otto von Taube vom 25. März 1918 und an Graf von Keyserling vom 27. Mai 1918). – Simmels Schreiben an Gertrud Jacobs ist nicht nachgewiesen.

***Gundolf* ... arbeitet**] Siehe Simmel an Margarete von Bendemann vom 17. Febr. 1917.

Prof. *Jastrow*] Ignaz Jastrow.

seit dreißig Jahren nah befreundet] Ignaz Jastrow selbst betrachtet rückblickend Simmel seit Mitte der neunziger Jahre als Freund und philosophischen Berater (vgl. Autobiographical Sketch. Msk. [1920], Baker Library, Harvard University, Boston: Redlich Collection).

Prof. *Lepsius* ... seine Frau] Reinhold und Sabine Lepsius.

Verlust ihres einzigen Sohnes ... nicht überwinden] Stefan Lepsius, geb. am 1. Juni 1897, Kriegsfreiwilliger, war am 1. April 1917 in Reims einer Verwundung erlegen. Wie dessen Schwester, Monica Lepsius-Berenberg berichtet, erlitt Reinhold Lepsius danach eine »Periode krankhafter Schwermut«, die »zwei Jahre« gedauert und alle, »besonders aber unsere Mutter, schwer« belastet habe. »Die Sorge um Stefan und der Schmerz über seinen Tod hatten sie sehr angegriffen« (Ausklänge, in: Lepsius Künstlerleben, S. 239-250, hier: 242, 245 f.).

***Troeltsch* seit 3 Jahren in Berlin]** Ernst Troeltsch war am 6. Aug. 1914 an die Philosophische Fakultät der Friedrich-Wilhelms-Universität zu Berlin berufen worden und hatte den Ruf zum 1. April 1915 angenommen. Es handelte sich um das ehemalige Ordinariat Wilhelm Diltheys, für dessen Wiederbesetzung u. a. auch Simmel in Erwägung gezogen worden war, allerdings ohne auf die Vorschlagsliste zu gelangen, wogegen sich der Philosoph Alois Riehl (1844-1924; NDB) ausgesprochen hatte. Vgl. Günther Wirth: Zwischen den Stühlen. Ernst Troeltsch und die Berliner Universität. In: Ernst Troeltsch zwischen Heidelberg und Berlin. Herausgegeben von Horst Renz. Gütersloh: Gütersloher Verlagshaus Gerd Mohn 2001, S. 118-184, hier: 145, 160, 172 [= Troeltsch-Studien, Bd. 2].

Brief ... der nicht befördert wurde] Simmels Brief an Hermann Graf von Keyserling vom 18. Mai 1918.

Georg Simmel an Eduard von Bendemann

Feldpostkarte vom 23. Juni 1918
Hs.; LBI New York, Susman Collection

Straßburg 23 VI 18

Lieber Herr Doktor,

ich habe lange von Susa nichts gehört u. möchte ihr jetzt die kleine Drucksache senden, die heute auch an Sie abgeht. Vielleicht haben Sie die Güte, mir ihre jetzige Adresse anzugeben u. ein Wort über Momis Ergehen beizufügen.

Von hier ist nichts Wesentliches zu berichten. Die Schwankungen u. Pendelschläge des eignen Lebens werden von der ungeheuren Schwere des Weltschicksals so unter Druck gehalten, daß sie sozusagen garnicht bis an die Schwelle der Mitteilbarkeit schwingen. Doch ist es ein großer Trost, daß unter der deutschen Jugend – trotz der »Auslese«, die der Tod grade unter ihren Besten vorgenommen hat – eine entschiedne Bewegtheit zum Geist hin spürbar ist, ein kräftiger Wille zu einer *Vita Nuova*; freilich durchgehends in bewußter Opposition gegen den geisteswissenschaftlichen Universitätsbetrieb. Ich weiß u. verstehe sehr wohl, warum – was es nicht grade innerlich erleichtert, daß man der Zunft äußerlich zugehört.

Herzlich grüßend Ihr

Simmel

Feldpostkarte vom 23. Juni 1918] An: den Gefreiten / *Ed. v. Bendemann / Frankfurt Main / Savignystr. 33*; mit Absenderstempel: Prof. Simmel / Strassburg (Els.); Poststempel: Straßburg (Els.) 1 24. 6. 18 9-10 N.

kleine Drucksache] In Frage kommen: ein Sonderdruck des Logos-Beitrags ›Die historische Formung‹ (GSG 13, S. 321-369), siehe Simmel an Verlag J. C. B. Mohr (Paul Siebeck) vom 19. März und 28. Mai 1918; oder die Broschüre ›Vom Wesen des historischen Verstehens‹ (GSG 16, S. 151-179), siehe Simmel an Ernst Troeltsch von Mitte Mai 1918.

jetzige Adresse ... Momis Ergehen] Margarete von Bendemann war bis zur Genesung ihres Sohnes Erwin (Kosename: Momi) in ein Hotel in Thun gezogen (siehe Simmel an Margarete von Bendemann vom 5. Juni 1918).

***Vita Nuova*]** Siehe Simmel an Hermann Graf von Keyserling vom 18. Mai 1918.

Georg Simmel an Paul Natorp

Brief vom 26. Juni 1918
Hs.; UB Marburg, Nl Natorp, Ms. 831/1117

Straßburg 26 VI 18

Sehr verehrter Herr Kollege,

Nehmen Sie meinen herzlichen Dank für die schöne Gabe Ihrer Bücher, denen ich mich binnen Kurzem zu widmen denke. Daß dies freilich zu einer öffentlichen Stellungnahme dazu führen wird, glaube ich nicht. Seit etwa 20 Jahren enthalte ich mich aller Rezensententätigkeit (mit einer *einzigen*, durch besondre Umstände veranlaßten Ausnahme). Wenn ich auch über das Technische eines philosophischen Buches vielleicht urteilen kann, so setze ich mich doch dem eigentlich Philosophischen, den letzten Entscheidungen, den Welterscheinungen gegenüber kaum je auf den Stuhl des Richters. Hier kann man nur beitreten oder ablehnen (was kundzutun recht überflüssig ist), aber eigentliche Kritik scheint mir hier nicht angebracht u. es ist eine der gröbsten Irrungen des jetzigen intellektualistischen Geistes, zu verkennen, daß es Dinge giebt, die sich ihrem Wesen nach der »Kritik« überhaupt nicht stellen. Auch muß ich gestehn, daß ich persönlich garkein kritisch-objektiver Leser bin. Aus einem Buch eigne ich mir das an, was mir gemäß ist, an dem Andern gehe ich auch innerlich stillschweigend vorüber, so daß ich oft, wenn ich ein Buch gelesen habe, garnicht sagen kann, ob ich es gut oder schlecht finde. Sie sehen, zum Rezensenten bin ich verdorben.

Ich habe in Ihrem Buch geblättert u. mich der Lebendigkeit erfreut, die einem daraus entgegenatmet u. die ich an den Büchern u. der akademischen Tätigkeit unsrer Kollegen so oft aufs Schmerzlichste vermisse. Wahrscheinlich ist auch Ihnen die Beobachtung nicht entgangen, die ich nun schon seit vielen Jahren mache: fast alles, was in der geistigen deutschen Jugend willensstark, originell, zukunftsversprechend ist, fühlt sich in mehr oder weniger ausgesprochenem Gegensatz zu dem akademischen Betrieb der Geisteswissenschaften. Dieser vorwärtsdrängenden Jugend erscheint die Universität, die sie gutgläubig u. verehrend betreten hat, bald als ein morsches Überlebsel der Vergangenheit, bestandsfähig nur noch durch die Macht des dahinterstehenden Staates u. die Konventionen u. Verschwörungen der Gelehrtenzunft, starr, eingekapselt, taub gegen die Stimmen der Zeit u. unfähig zur geistigen Führerrolle. Mag da manches Übertreibung u. revolutionäre Gährung sein – in Vielem, Allzuvielem kann ich nicht widersprechen. Ich finde die Lage der Geisteswissenschaften an den Universitäten wahrhaft verzweifelt: an veraltetem, gänzlich gleichgültigem Kram halten sie wie an Heiligtümern fest u. von dem, wonach die Jugend dürstet, haben sie keine Ahnung. Ich sehe keinen Punkt, von dem eine generelle u. radikale Wendung in dieser Lebensfrage für unsre Fakultäten ausgehen könnte. So bleibt denn nichts, als daß die wenigen Einzelnen, die wirklich ein lebendiges Leben in sich haben, es ganz u. ungeteilt in jedes geschriebne Wort u. jedes auf dem Katheder gesprochene hineinzuleben suchen.

Ich sende Ihnen zugleich eine kleine Broschüre, die ich Sie

bitte, nicht etwa als »Gegengabe« gegen Ihr großes Geschenk zu wägen.

Mit besten Grüßen bleibe ich Ihr immer ergebner

Simmel

Gabe Ihrer Bücher] Paul Natorp: Deutscher Weltberuf. Geschichtsphilosophische Richtlinien. Erstes Buch: Die Weltalter des Geistes. Jena: Eugen Diederichs 1918. VIII, 133 S.; und Zweites Buch: Die Seele der Deutschen. Jena: Eugen Diederichs 1918. 213 S. (Erscheinen angezeigt im LC, Nr. 29 vom 20. Juli 1918).

mit einer *einzigen* ... Ausnahme] Gemeint ist Simmels Besprechung von Friedrich Gundolfs Goethebuch von 1917 (GSG 13, S. 231-243); siehe Simmel an Margarete von Bendemann vom 4. März 1917.

habe in Ihrem Buch geblättert] Wenn nicht dem verschollenen Begleitschreiben, so dürfte Simmel Natorps Rezeption seiner eigenen Schriften mit einem Blick in das ›Namen- und Sachregister‹ und auf die ›Literaturnachweise‹ zum zweiten Buch bemerkt haben, namentlich in Natorps Rückbezügen bzw. Verweisen auf Simmels ›Rembrandt‹ (S. 143 u. 204), ›Goethe‹ (S. 158 ff. u. 205) und auf das Kapitel über ›Die Krisis der Kultur‹ in ›Der Krieg und die geistigen Entscheidungen‹ (S. 205).

Ihnen die Beobachtung nicht entgangen] Die folgenden Bemerkungen schließen wohl an Natorps ›Vorwort‹ zum ersten Buch an, in dem es eingangs heißt: »Dem jungen Geschlecht, als dem Träger der Zukunft unseres Vaterlands, ist dieses Buch gewidmet; [...] Vor einer überwiegend jugendlichen Hörerschaft sind Teile des gegenwärtigen Werkes bereits vorgetragen worden; zunächst in Rücksicht auf sie ist es in zwei Bücher zerlegt. Das erste entspricht im wesentlichen den Vorträgen, die im Herbst 1916 auf der ›Weltanschauungswoche‹ zu Lauterberg gehalten wurden; nur der Schluß war zu ändern, nachdem an die Stelle des damals letzten (6.) Vortrags das ganze zweite Buch, sieben Kapitel statt eines, getreten ist. Von diesen geben die Kapitel 2-5 nur wenig verändert wieder, was im Herbst 1917 auf der ›Freideutschen Woche‹ am Solling und bald danach in öffentlichen Vorträgen zu Marburg gesprochen wurde« (S. VI). Vielleicht wußte Simmel auch um Natorps Nähe zur Jugendbewegung (siehe Simmel an Gertrud Kantorowicz vom 20. Mai 1918) und zu der Marburger ›Akademischen Vereinigung‹ (vgl. Sigrid Bias-Engels: Zwischen Wandervogel und Wissenschaft. Zur Geschichte von Jugendbewegung und Studentenschaft. Köln: Verlag Wissenschaft und Politik 1988, S. 147) sowie um Natorps öffentliche Anteilnahme am Treffen der ›Freideutschen Jugend‹ auf dem Hohen Meißner im Okt. 1913 mit dem im April 1914 in 2. Aufl. erschienenen Vortrag ›Hoffnungen und Gefahren unserer Jugendbewegung‹ (Vortrag gehalten bei der Hauptversammlung der Comenius-Gesellschaft zu Berlin am 6. Dezember 1913. Jena: Eugen Diederichs 1914). Auch Natorps Beteiligung an der »Weltanschauungswoche« vom 2.-10. Okt. 1916 in Lauterbach im Harz galt einer der ›Freideutschen Jugend‹ nahestehenden Veranstaltung, und bei der lt. Ankündigung »ersten Freideutschen Woche« vom 27. Sept. bis 2. Okt. 1917 im Landschulheim am Solling bei Holzminden war Natorp einer der beiden Referenten; vgl. Dietmar Schenk: Freideutsche Jugend 1913-1919/20. Eine Jugendbewegung in Krieg, Revolution und Krise. Münster: Lit 1991, S. 101 [= Geschichte der Jugend, Bd. 17].

eine kleine Broschüre] Es handelte sich wahrscheinlich um den gerade erschienenen Vortrag ›Vom Wesen des historischen Verstehens‹ (siehe Simmel an Ernst Troeltsch von Mitte Mai 1918); GSG 16, 151-179.

Georg Simmel an Marianne Weber

Brief vom 4. Juli 1918
Hs.; Arnold Simmel, New York

Straßburg 4 VII 18

Liebe Freundin,

Nein, das sollen Sie nicht sagen, daß ich Ihnen nur unterschriebne Postkarten schreibe. Allerdings, die Feder will manchmal nicht vom Fleck, es ist, als hinge das ganze Gewicht unsres Schicksals an ihr, das täglich schwerer wird, während zugleich die tragenden Kräfte abnehmen. Es giebt ein altjüdisches Sprichwort: »Der Himmel soll uns nicht auferlegen, was wir [nicht] tragen können.« So etwas versteht man erst jetzt aus dem Grunde.

Die Wiener Entscheidung ist immerhin weniger ungünstig als ich fürchtete. Sie hat sogar noch den ganz besondren Vorteil, daß die Wiener Ihrem Mann, so lange er ein prekärer Besitz ist, immer weiter liebenswürdig u. bemüht entgegenkommen werden. Hätten Sie ihn erst einmal unwiderruflich gebunden, so würde sich dies, nach meiner festen Überzeugung, ändern. Wien ist das moderne Jerusalem: »die du tötest die Propheten u. steinigest die zu dir zu gesandt sind.«

U. somit bleibt ein lichter Punkt in Heidelberg, um das ich

die dunkelsten Besorgnisse hege. Ich fürchte, es ist mit Heidelberg vorbei. Die wundervolle Tradition seiner Geistigkeit ist, wie ich fürchte, in unaufhaltsamem Verfall. *Lask* tot, *Gundolf* doch wahrscheinlich bald wegberufen; *Rickert* schon wegen seiner Körperlichkeit, wenn nicht auch aus andern Gründen, unfähig als ein Kulturzentrum zu wirken, der neu berufne Philosoph ein durchaus mittlerer Geist, *Jaspers* durch seine Kränklichkeit von weithinreichender Wirkung persönlicher Art ausgeschlossen, *Salz* ein keineswegs sichrer Besitz – was bleibt da noch? Es ist mir ein wahrhafter persönlicher Schmerz, daß der unvergleichliche Besitz, den Deutschland an Heidelberg hatte, zertrümmert scheint. Auf dem Hause *Weber* ruht unter diesen Umständen eine große Verantwortung.

Ich höre erst von Ihnen, daß *Rickert* nicht in Heidelberg ist. Er hatte mir in den Frühjahrsferien geschrieben, daß er – aus einem nicht angegebnen Grunde – nach Jena ginge, u. ich setzte als selbstverständlich voraus, daß er zum Semester zurückkäme. Ich hörte dann nur gerüchteweise, daß ein Fliegerangriff ihn vertrieben hätte, aber dies kann doch unmöglich so lange nachwirken. Ich habe fast den Eindruck, als ob hier eine ziemlich hoffnungslose Lebenszerrüttung vorläge.

Von uns ist kaum etwas zu berichten. Wir leben in der Antinomie zwischen den ungeheuersten inneren Erregungen u. Spannungen – u. einer klösterlich abgeschlossnen, gleichmäßig öden Außenexistenz. Die akademische Tätigkeit ist = 0, die Menschen (mit einer allerdings wundervollen Ausnahme) fremd u. innerlich fern. Zum Glück konnte ich einiges Schriftliche zustande bringen. Eine Kleinigkeit davon sende ich Ihnen gleichzeitig. Aber der Konflikt davon, daß man an die Geschicke Deutschlands und Europas festgeschnürt u. in ihr ganzes Umgetriebenwerden widerstandslos mitgerissen ist – u. daß man grade um Deutschlands und Europas willen sich davon befreien u. in der erlösten Sphäre des Geistes darüberstehen muß – dieser Konflikt fordert selbst für das sehr unvollkommne Maaß, in dem man ihn von Stunde zu Stunde tragen oder lösen kann, eine Anstrengung, von der ich nicht weiß, wie lange sie noch durchzuführen sein wird.

In diesen Tagen erwarten wir Hans aus der Ukraine auf Urlaub. Es scheint ihm äußerlich sehr gut zu gehen, aber er ist über die Etappen-Existenz wirklich verzweifelt.

Es gäbe noch manches zu sagen, das aber ohne Blick u. Ton dazu dürr u. mißverständlich wäre. Ich wünschte, ich säße an dem Teetisch in Ihrem Wohnzimmer, der die Tradition so vieler guter Stunden hat u. wir könnten sie noch um ein weniges vermehren.

Der Frau geht es ganz leidlich, sie hat sogar etwas zugenommen, aber nicht an Liebe für Sie, denn die *ist* schon auf dem Höhepunkt.

In aller Liebe u. Treue Ihr

G.S.

das sollen Sie nicht sagen] Marianne Webers Schreiben ist verschollen.

»Der Himmel soll uns nicht auferlegen, was wir [nicht] tragen können«] Das »Sprichwort« war trotz Durchsicht zahlreicher, insbesondere (alt-)jüdischer Sprichwortsammlungen, Anfragen bei Rabbinern, Theologen und Judaisten nicht zu ermitteln; auch finden sich weder in den Simmelschen Veröffentlichungen noch in der im Simmel-Archiv, Bielefeld, gesammelten Sekundärliteratur Hinweise.

Wiener Entscheidung] Gemeint ist wohl Max Webers nur »probeweise« angenommenes Ordinariat in Wien (siehe Simmel an Hermann Graf von Keyserling vom 25. März 1918), vielleicht aber auch die bereits getroffene Vereinbarung: »Weber reicht Mitte des Semesters sein Entlassungsgesuch ein, verspricht jedoch, künftig semesterweise als freier Lehrer nach Wien zu kommen« (Max Weber Lebensbild, S. 619).

»die du tötest die Propheten u. steinigest die zu dir zu gesandt sind.«] Lukas 13,34: »Jerusalem, Jerusalem, die du tötest die Propheten und steinigest die zu dir gesandt werden, wie oft habe ich wollen deine Kinder versammeln wie eine Henne ihr Nest unter ihre Flügel; und ihr habt nicht gewollt!«

***Lask* tot]** Siehe Simmel an Heinrich Rickert vom 12. Juli 1915.

***Gundolf* doch wahrscheinlich bald wegberufen]** Friedrich Gundolf, zum 1. Aug. 1917 zum ao. Prof. in Heidelberg ernannt, sollte 1920 einen Ruf nach Berlin erhalten, den er jedoch ablehnte (Drüll).

***Rickert* schon wegen seiner Körperlichkeit]** Die Andeutung gilt wohl Rickerts etwa 1904 eingetretenem Leiden an Agoraphobie, das ihn weitgehend an das Haus fesselte. Vgl. Anselm Model: Heinrich Rickert. Stuttgart: Kohlhammer 1996, S. 229-231, hier: 230 [= Badische

Biographien im Auftrag der Kommission für Geschichtliche Landeskunde in Baden-Württemberg herausgegeben von Bernd Ottnad, NF, Bd. 4.].

der neu berufne Philosoph] Heinrich Georg Maier (1867-1933) war am 4. Juli 1918 zum o. Prof. in Heidelberg ernannt worden (Drüll). Er hatte sich nach dem Studium der Philosophie und ev. Theologie in Tübingen 1896 habilitiert, war zum WS 1900/01 in Zürich ao. Prof., 1901 o. Prof. geworden, 1902 nach Tübingen und 1911 nach Göttingen gewechselt (Drüll). – Die Heidelberger Philosophische Fakultät hatte in einem Schreiben vom 16. Mai 1918 ihren Anspruch auf das zweite philosophische Ordinariat erneut bekräftigt und dessen Errichtung begrüßt (siehe Simmel an Heinrich Rickert vom 13. Dez. 1915 und an Werner von Melle vom 3. April 1918); unter Rückgriff auf ihre Berufungsvorschläge für die Windelband-Nachfolge im Jahre 1915 argumentierte sie nun: Wegen des dringenden Bedürfnisses nach einem Fachvertreter der Geschichte der Philosophie müsse man unter den seinerzeit Genannten zunächst von den »Herren Husserl und Simmel, die wir sonst als Philosophen überhaupt in erster Linie nennen würden, absehen«, sodann wegen des von Rickert ausgeschlossenen Zusammenwirkens mit Eduard Spranger auch von diesem, so daß nur Heinrich Maier und Ernst Cassirer übrig blieben (GLA Karlsruhe 235/3134: ›Ministerium des Kultus und Unterrichts. Universität Heidelberg. Dienste. Die Lehrkanzel der Philosophie betreffend‹). Nach Verhandlungen am 6. Juni 1918 (Notiz, gez. Schwoerer, vom 12. Juni 1918, ebd.) wurde Georg Heinrich Maier zum WS 1918/19 berufen. Das seit dem Tod von Emil Lask (siehe Simmel an Rickert vom 12. Juli 1915) unbesetzte »philosophische Extraordinariat soll[te] zur Gewinnung eines Lehrers der Pädagogik verwendet werden« (Aktennotiz vom 23. und 31. Mai 1917, ebd.).

***Jaspers* durch seine Kränklichkeit]** Angesprochen ist Karl Jaspers chronische Erkrankung an Bronchiektasie der Lunge und sekundärer Herzinsuffizienz (NDB; Karl Jaspers: Krankheitsgeschichte [1938], in: Ders.: Autobiographische Schriften. Herausgegeben von Hans Saner. München: Piper 1967, S. 109-143).

***Salz* ein keineswegs sicherer Besitz]** Arthur Salz, am 11. Juni 1918 zum ao. Prof. ernannt, sollte 1919 die Universität Heidelberg auf eigenen Wunsch verlassen, um dann zunächst an der Arbeiter-Akademie in Frankfurt/M. zu lehren, 1927 eine Erneuerung seiner Venia legendi und Eingruppierung als ao. Prof. in Heidelberg zu erwirken und dort bis zum Entzug der Lehrbefugnis aus rassischen Gründen zu bleiben; 1933 kam er als Visiting Professor nach Cambridge und lehrte als o. Prof. von 1934-1952 an der Columbus University in Ohio, USA (Drüll).

Hause *Weber*] Neben Max und Marianne Weber auch Alfred Weber.

***Rickert* nicht in Heidelberg]** Eine zumindest während des SS 1918 die Lehre in Heidelberg beeinträchtigende »Erkrankung von Herrn Rickert« erwähnt der o. gen. ›Besetzungsvorschlag des 2. Ordinariats und eines Extraordinarius‹ vom 16. Mai 1918 (s. o.).

mir ... geschrieben] Rickerts Schreiben ist verschollen.

wundervollen Ausnahme] Wen Simmel hier meinte, ist nicht bekannt. – Die Formulierung weist auf eine in Straßburg lebende Person, so daß sich sowohl die Spekulation von Heribert Becher erübrigt, es handele sich um Gertrud Kantorowicz, wie auch die von dessen Gesprächspartner Charles Hauter, der auf eine »Person, die sich philosophisch entwickelt«, was in der »Züricher Zeitung« zum Ausdruck komme, verwies und an Karl Joël und Margarete von Bendemann denken ließ (Heribert Becher: Georg Simmel in Straßburg. Sociologia internationalis 22, 1984, Heft 1/2, S. 3-17, hier: 10).

konnte ich einiges Schriftliche zustande bringen] Angesprochen sind wohl die zuletzt erfolgten Veröffentlichungen, so die etwa Mitte Mai erschienene Broschüre ›Vom Wesen des historischen Verstehens‹, GSG 16, S. 151-179 (siehe Simmel an Ernst Troeltsch von Mitte Mai 1918) und der Aufsatz ›Die historische Formung‹, GSG 13, S. 321-369 (siehe Simmel an Verlag J. C. B. Mohr [Paul Siebeck] vom 19. März und 28. Mai 1918). – Zum Druck gegeben war das Bändchen ›Der Konflikt der modernen Kultur. Ein Vortrag‹, Text der öffentlichen Reden Simmels in Berlin, Straßburg und Amsterdam, GSG 16, S. 181-207 (siehe Simmel an Gundolf vom 10. Jan. 1918, an Siegfried Kracauer vom 28. Febr. 1918 und an Anna und Ignaz Jastrow vom 3. März 1918). Abgeschlossen war wohl auch die Schlußfassung der in Den Haag gehaltenen Rede über das Porträt (siehe ebd.), die unter dem Titel ›Das Problem des Porträts‹ im Okt. 1918 erscheinen sollte (Die neue Rundschau. XXIX. Jg. der Freien Bühne, 1918, Bd. 2, Heft 10, S. 1336-1344; GSG 13, S. 370-381), und mit Sicherheit auch die Studie ›Gesetzmäßigkeit im Kunstwerk‹, die Simmel lt. Schreiben von Logos-Herausgeber Georg Mehlis an Paul Siebeck vom 27. Juni 1918 gerade als »einen sehr interessanten Artikel« für das nächste Logosheft angekündigt hatte (VA Mohr Siebeck) und dann auch im 3. Heft des Logos, Bd. VII, 1917/18, erschienen ist (S. 213-223; GSG 13, S. 382-394). Daneben hatte Simmel zuletzt überwiegend an seiner ›Lebensanschauung‹ geschrieben (siehe Simmel an Gundolf vom 10. Jan., an Margarete von Bendemann vom 27. Febr. und an Hermann Graf von Keyserling vom 25. März 1918); GSG 16, S. 209-425.

Eine Kleinigkeit davon] Näheres ist nicht bekannt.

Hans aus der Ukraine auf Urlaub] Zu Hans Simmels Einsatz in der Ukraine siehe Simmel an Hugo Liepmann vom 31. März 1918.

Der Frau] Gertrud Simmel.

Georg Simmel an Hermann Graf von Keyserling

Brief vom 5. Juli 1918

Hs.; ULB Darmstadt, Hermann Keyserling-Archiv

Straßburg 5 VII 18

Mein lieber Graf,

Besten Dank für Ihre Nachrichten (die ich freilich nicht *ganz* entziffern kann). Ich begreife vollkommen, daß nach Ihrer langen Abgesperrtheit von jedem geistigen Milieu der Kreis von Persönlichkeiten, die Sie nennen, höchst anregend, ja bezaubernd auf Sie wirkt; man wird wahrscheinlich im jetzigen Europa keinen an Geist u. geistiger Beweglichkeit reicheren finden. Dennoch wird Ihre Menschenkenntniß, die ich sehr hoch einschätze, Ihnen wahrscheinlich in Kurzem sagen, daß es all diesen Leuten (von *Alfr. Weber* abgesehn) irgendwo an Substanzialität des Wesens fehlt. Im *letzten* Grunde kommt es ihnen allen nicht auf die Sache an, sondern auf ihr Ich u. das funkelnde Spiel freischwebender Geistreichheit. Wenn ich sage: man fühlt hier keinen festen Boden unter den Füßen, es fehlt an der Moral der Geistigkeit (u. nicht *nur* der Geistigkeit), so werden Sie mir keine philiströs-moralistischen Vorurteile zutrauen; ich glaube, man kann selbst den äußersten Extravaganzen des menschlichen Wesens nicht freier gegenüberstehn, als ich es tue. Allein das hindert nicht, daß mir der Wert von Menschen u. der näheren Beziehungen zu ihnen schließlich von einer gewissen Festigkeit u. Zuverlässigkeit abhängt, die man eben nur moralisch nennen kann, obgleich ich gern ein anderes, nicht an Bürgerlichkeit anklingendes Wort dafür hätte. All jenen Persönlichkeiten (ich kenne sie alle seit ihrer Jugend, u., wie ich glaube, ganz gut) ist Festigkeit gleich Erstarrtheit, Festgenageltheit, Borniertheit. Ihr Wesen, das reine Fluktuation ist u. widerstandslos dahin fließt, wo Eitelkeitsbefriedigung, Erregungsmaximum, intellektueller Glanz sie jeweils locken, fordert diese Wertgleichung. Von allen habe ich den Eindruck: sie *»können alle auch anders«* – es ist schließlich ein Zufall der Situation u. nicht von innen her notwendig, ob sie reaktionär oder revolutionär, freigeistig oder katholisirend, autoritär oder anarchisch sind. Ich kenne u. schätze sehr wohl das ungeheure Quantum von Geist u. Leben, das sich in diesem Kreis entfaltet u. durch die Gemeinsamkeit der jetzigen Schicksalsbasis eine gewisse Einheitlichkeit, ein gegenseitiges Sich-Tragen zeigt, das den tröstenden Schein einer substanziellen Gesamtkraft erzeugen könnte. Wenn aber diese Menschen oder ihresgleichen die Führer des künftigen Deutschlands würden, so wäre mir dies nicht viel anderes als ein Mene Tekel.

Dies habe ich eigentlich nur geschrieben, um es einmal vom Herzen zu haben. Sie werden es nicht als eine »Warnung« auffassen, zu der gar keine Veranlassung vorläge.

Für heute nur noch herzliche Grüße u. Dank für Ihr praktisches Interesse an der Angelegenheit meiner Nichte!

Ihr

Simmel

Nachrichten] Von Keyserlings Brief ist verschollen.

Abgesperrtheit von jedem geistigen Milieu] Auf dem Familiengut in Estland; siehe Simmel an von Keyserling vom 25. März und 18. Mai 1918.

Kreis von Persönlichkeiten] Angesprochen ist das kulturelle Leben in Berlin, wo sich Graf von Keyserling seit Mitte Juni 1918 aufhielt (vgl. Gahlings, S. 109).

***Alfr. Weber*]** Alfred Weber, von 1916 bis 1918 Mitarbeiter des Statistischen Reichsamtes in Berlin (Drüll), zählte Simmel zu den »gemeinsamen Freunden« (Simmel an Graf von Keyserling vom 25. März 1918).

Mene Tekel] Warnruf für drohendes Unheil, zurückgeführt auf die biblische Überlieferung (Daniel 5, 25-28) bzw. Daniels Deutung der dem König Belsazar erschienenen rätselhaften Schriftzüge »Mene, Mene, Tekel, U-pharsin« als Zeichen des bevorstehenden Untergangs des babylonischen Reiches.

Angelegenheit meiner Nichte] Gemeint ist Gertrud Jacobs; siehe Simmel an von Keyserling vom 21. Juni 1918.

Georg Simmel an Paul Natorp
Brief vom 16. Juli 1918
Hs.; UB Marburg, Nl Natorp, Ms. 831/1118

Straßburg 16 VII 18

Sehr verehrter Herr Kollege,

Entschuldigen Sie bitte, daß ich Ihnen erst heute mitteile, daß ich das 2. Ex. Ihrer Bücher an *Diederichs* zurückgeschickt habe. Es traf vor Ihrem letzten Brief ein, so daß ich Ihren Wunsch, es an *Volkelt* zu schicken, nicht mehr erfüllen konnte – ich wollte das ersichtlich vorliegende Mißverständniß so schnell wie möglich ausgleichen. Ich teilte *D.* zugleich mit, daß Sie mir bereits das Buch gespendet hätten.

Inzwischen habe ich Ihre *Weltalter* fast ganz durchgelesen. Wer könnte Ihrer ergreifenden Schilderung der Gegenwart widersprechen? Aber freilich, an dem schließlich doch versöhnenden, hoffenden Abschluß kann ich nicht teilnehmen. Ich bin überzeugt, daß Europa untergeht, gerade wie die großen Reiche der früheren Zeiten untergegangen sind u. daß es für seine spezifische Kultur (als Lebenswirklichkeit, nicht als historische Reliquie) u. für seine Rolle in der Weltgeschichte keine Auferstehung giebt. Der Zeiger der Weltgeschichte rückt weiter. – Noch eine Kleinigkeit. Sie sagen, S. 58, daß in China u. Japan die Kunst nicht auf völlig autonomem Grunde stünde. Ich beschäftige mich seit Jahrzehnten mit ostasiatischer Kunst u. muß entschieden widersprechen. Ihre »methodische Durch- u. Weiterbildung« ist keinem Kenner verborgen. Es ist ein so reines Artistentum da (gelegentlich sogar mit einer Problematik, die es von aller »Fraglosigkeit des Erlebens« weit abhebt), wie es in der *ganzen* europäischen Kunstgeschichte höchst selten war u. das in den 80er Jahren des 19. Jahrh. nach Frankreich u. Deutschland verpflanzt worden ist. Das *l'art pour l'art* ist z. T. am Japonismus groß geworden.

Mit bestem Gruß, treulich ergeben Ihr

Simmel

Bücher an *Diederichs* zurückgeschickt] Zu Natorps »Gabe« der bei Eugen Diederichs erschienenen zweibändigen Ausgabe von ›Deutscher Weltberuf‹ siehe Simmel an Natorp vom 26. Juni 1918.

letzten Brief] Verschollen.

***Volkelt*]** Johannes Volkelt (1848-1930), nach Ordinariaten in Basel, 1883-1894, und kurzfristig in Würzburg, seit 1894 o. Prof. der Philosophie in Leipzig (Kürschner GK 1928/29; DBE).

Ich teilte *D.* zugleich mit] Simmels Schreiben an Eugen Diederichs ist nicht überliefert.

Ihre *Weltalter*] Gemeint ist ›Die Weltalter des Geistes‹, der erste Band von Natorps ›Deutscher Weltberuf‹; siehe Simmel an Natorp vom 26. Juni 1918.

hoffenden Abschluß] Natorp hatte in ›Die Weltalter des Geistes‹ im Kapitel über den »Geist der Neuzeit« auf die Schattenseiten der Moderne hingewiesen, deren Kennzeichen »die schrankenlose Differenzierung alles Geistigen« sei, zugleich aber daran erinnert: »Diese aber fließt gerade aus dem tiefsten Einheitsquell der erstmals ganz erschlossenen schöpferischen Methode. Sie schließt von Haus aus in sich die Verheißung der Rückkehr zur Einheit, aber nicht einer irgend nach außen hin abgeschlossenen, damit auf endlichen Bereich eingeschränkten, sondern einer ewig offenen, weit und weiter hinaus sich erstreckenden. Diese muß daher auf jeder erreichten Stufe sich kritisch gegen die eben verlassene kehren. Denn sie ist nur innere Einheit allseitig sich entwickelnder Gegensätze. Es müssen daher zuerst in gewaltsamer Schroffheit die Widersprüche aufklaffen, um erst in härtester Auseinandersetzung wieder ihre Versöhnung zu suchen. Darum ist es nichts weniger als Frieden, dem der neu aufgegangene Tag leuchtet, sondern scheinbar nur immer wilderer, leib- und seelemordender Krieg.« Dies müsse »wohl jetzt« so sein, aber »es muß nicht, was jetzt ist auf immer bleiben« (117f.). Als letzte »Trösterin« in der gegenwärtigen Lage verwies er auf die Religion im Sinne einer Wiedererweckung des »nie sterbenden Gotteswillen[s] in uns« und die Perspektive einer Rückbesinnung auf »echte Individualität«, die »menschenverbindend« sei im Sinne der Leibniz'schen »unendlichen Einheiten (Monaden) im immer gleichen Bezug zur einen, unendlichfach unendlichen Ureinheit (der Monade der Monaden: Gott). [...] Das also wäre der Friedensschluß, der dem ewigen Kriege ein Ende setzte. Nichts braucht es dazu, als daß jeder die ›verborgene Harmonie‹ in sich selber erlauscht« (S. 126f.). – Der Zusammenhang des Briefes macht es allerdings auch denkbar, daß Simmel den Schluß von Natorps ›Die Seele des Deutschen‹, dem zweiten Buch von ›Deutscher Weltberuf‹ meinte. Hierin hatte Natorp nach den Möglichkeiten einer Überwindung der nationalen Spaltungen gefragt und in der Tradition der deutschen Beiträge zu Philosophie, Religion, Wissenschaft und Kunst eine »deutsche Seele« aufgezeigt und aus ihr die abschließende Aufforderung abgeleitet, an einer künftigen, »nicht *bloß* in der Idee existierenden *Menschengemeinschaft*« (S. 193) und an kultureller Erneuerung mitzuwirken; denn dies sei »*deutscher Weltberuf*« (S. 203).

Sie sagen, S. 58] Gemeint ist die Stelle in ›Weltalter des Geistes‹ (a. a. O.): »tatsächlich erreicht ist eine hohe Freiheit der Kunst in China, in Japan. Trotzdem kommt es nirgends zu einer ganz befreiten Entwicklung der Wissenschaft, Sittlichkeit und Kunst auf völlig autonomem Grund. Es finden sich überall verheißungsreiche, in ihrer Urwüchsigkeit reine und kraftvolle Anläufe, doch nirgends eine methodische Durch- und Weiterbildung. Es bleibt zuletzt doch alles noch in der Fraglosigkeit des Erlebens.«

Ich beschäftige mich seit Jahrzehnten mit ostasiatischer Kunst] Siehe Simmel an Hugo Bruckmann vom 6. Febr. 1911, Ignaz Jastrow vom 14. März 1917 und an Eduard von Bendemann vom 6. April 1918.

Das *l'art pour l'art*] Für Simmel ist dies »ein Kampfwort, gerichtet gegen die Kunst, die sich als *Mittel* zur Vorführung einer Anekdote, einer Sentimentalität, einer Tendenz, einer literarischen Idee darbot: die Kunst sei ihr eigener Endzweck, sie habe innere Gesetze, und nur diesen, aber nicht irgendeinem ihr äußeren Gesetz hätten ihre Formungen zu gehorchen« (Zum Problem des Naturalismus, postum 1923, GSG 20, S. 220).

Georg Simmel an Anna und Ignaz Jastrow

Postkarte vom 18. Juli 1918
Hs.; LBI New York, Simmel Collection

Straßburg 18 VII 18

Liebe Freunde,

ich danke Ihnen erst heut für Ihre Teespende, weil wir sie erst jetzt probirt haben. Ganz vortrefflich, um so erwünschter, weil ich sehr teebedürftig bin (übrigens bin ich nun für absehbare Zeit durch verschiedne günstige Umstände damit versehn). Denn ich bin körperlich recht herunter u. in meiner Leistungsfähigkeit schnöde reduzirt. Im August werde ich mich etwas im Schwarzwald zu erholen suchen.

An Hans erfreuen wir uns sehr – in acht Tagen geht es wieder an's Scheiden, aber es war doch eine große Erquickung in der beispiellosen Öde u. Tristheit der Straßburger Existenz, die zwar jenseits der Weltbewegung abläuft, aber darum doch nichts von der Stille u. Erlösung enthält, die sonst der Gewinn dieses Jenseits sind.

Fast der einzige Lichtpunkt in dem Grau u. dem Grauen der Welt ist die starke Sehnsucht nach Geistigkeit in der deutschen Jugend, soweit sie noch existirt. Es ist immerhin ein Symptom dafür, das mir in meiner jetzigen Verfassung besonders tröstlich ist, daß auf einmal drei meiner Bücher neue Aufl. brauchen. Wenn die Gegenwart versagt, muß man sich eben an die Erträgnisse der Vergangenheit halten – so wenig das in meiner Natur liegt.

Herzlichstes von Haus zu Haus! Ihr

GS.

Postkarte vom 18. Juli 1918] An: Herrn u. Frau / Prof. *Jastrow / Charlottenburg* / Westend, Nußbaumallee 24; mit Absenderstempel: Prof. Simmel / Strassburg (Els.); Poststempel: STRASSBURG (ELS.) 1 18.7.18 9-10 N; Prüfstempel: [unles.]

Denn ich bin körperlich recht herunter u. in meiner Leistungsfähigkeit schnöde reduzirt] Simmel überspielt hier die Symptome seiner unheilbaren Erkrankung an Leberkrebs, um die er – wie aus Gertrud Simmels Brief an Hermann Graf von Keyserling vom 13. Sept. 1918 hervorgeht – seit »Ende Juni« weiß.

An Hans erfreuen wir uns] Hans Simmel war in den ersten Julitagen von seinem Einsatzort in der Ukraine nach Straßburg auf Urlaub gekommen (siehe Simmel an Graf von Keyserling vom 27. Mai 1918 und an Marianne Weber vom 4. Juli 1918). Er selbst notierte: »im Juli Urlaub; der Vater weiss, dass er todkrank ist« (Hans Simmel, S. 93).

drei meiner Bücher neue Aufl.] Siehe Simmel an Hermann Graf von Keyserling vom 21. Juni 1918.

Georg Simmel an Hermann Graf von Keyserling

Brief vom 19. Juli 1918
Hs.; ULB Darmstadt, Hermann Keyserling-Archiv

Straßburg 19 VII 18

Mein lieber Graf,

Ihre Mitteilung über die verlängerte Aufenthaltserlaubniß war mir eine herzliche Freude. Es wäre gar zu grausam gewesen, wenn Sie mit den notwendiger Weise ungeklärten u. problematischen Eindrücken von ein paar Berliner Wochen wieder in die Isolirung zurückgemußt hätten. Das jetzige Deutschland zu verstehn, ist eine gradezu ungeheuerliche Aufgabe.

Im Übrigen hat mich Ihr Brief, soweit er unser Wiedersehn angeht, traurig gestimmt – weil dies Wiedersehn aus einem Grunde wohl so gut wie ausgeschlossen ist, über den ich Ihr *absolutes* Stillschweigen, *jeder* lebenden Seele gegenüber erbitte; ich verlasse mich darauf wie auf ein gegebenes Wort. Ich bin seit einiger Zeit recht krank, an einem inneren Leiden, das endlose Geduld u. absolute Schonung fordert. Sie begreifen, daß ich Gerüchtebildungen über meinen Zustand vermeiden möchte, u. da ich nicht bettlägerig bin u. geistig auch wohl noch unverändert, so kann das auch gelingen, wenn die drei Menschen, denen ich davon sprechen muß, sich jeglicher Äußerung darüber enthalten. Es ist durch diese Lage der Dinge ausgeschlossen, daß ich Ihnen entgegenreise – ich könnte es nicht bis zur nächsten Bahnstation. U. selbst wenn Sie das Opfer bringen wollten, nach Straßburg zu kommen, so würde die Zureiseerlaubniß hierher unüberwindlichen Schwierigkeiten begegnen. Immerhin will ich noch eines sagen. Ich möchte doch um jeden Preis versuchen, ein paar Augustwochen außerhalb der entsetzlichen Luft von Straßburg zu verbringen. Wir haben zum 1. Aug. Quartier in *Oppenau* im Schwarzwald bestellt u. ich hoffe, daß mir die ganz kurze Reise möglich sein wird. Für dort ist keine besondre Zutrittserlaubniß erforderlich. Ich brauche nicht zu sagen, welche Freude es mir wäre, Sie dort zu sehn, da der Verzicht auf unsre Begegnung die erste große Entsagung ist, die die Krankheit mir auferlegt. Allein es ist zunächst zweifelhaft, ob im August dort auch nur die bescheidenste Unterkunft noch zu finden ist – u. dann könnte ich Ihnen bei meiner jetzigen Angegriffenheit nur einen quantitativ kümmerlichen Teil meines Ich anbieten. Es wird mir nicht leicht, das zu schreiben, allein da ich Ihnen gegenüber keine Ausreden machen kann u. will, so mußte es eben sein.

Mit herzlichen Grüßen u. vielen Empfehlungen an Ihre Frau Schwester, über deren Ergehen wir gern einmal ein Wort hörten

Ihr treulich ergebner

Simmel

Mitteilung] Das Schreiben ist verschollen.

verlängerte Aufenthaltserlaubniß] Siehe Simmel an Graf von Keyserling vom 18. Mai 1918.

ein paar Berliner Wochen] Graf von Keyserling war Mitte Juni 1918 in Berlin eingetroffen (siehe Simmel an diesen vom 21. Juni 1918); nachdem er dort zunächst im Hotel Kaiserhof logiert hatte, folgte er im Juli 1918 einer Einladung seiner »langjährigen Freundin und späteren Schwiegermutter«, Fürstin Marguerite Bismarck, auf das Schloß Friedrichsruh (Gahlings, S. 109).

Isolirung] Graf von Keyserlings Wohnsitz in Estland (siehe Simmel an diesen vom 25. März 1918).

Ich bin seit einiger Zeit recht krank] Siehe vorstehendes Schreiben an Anna und Ignaz Jastrow.

kann das auch gelingen] Charles Hauter berichtet, an Simmel sei nach Kenntnisnahme der Erkrankung »keine Änderung vor[gegangen]. Er begab sich in seine Vorlesung und hielt sie wie immer. Er führte seine Kollegien weiter bis zum Semesterschluß. Außer einem ganz kleinen Kreis gab sich niemand Rechenschaft über sein Geschick« (Erinnerungen an Simmel, in: BdD, S. 256).

die drei Menschen, denen ich davon sprechen muß] Neben Gertrud Simmel und Sohn Hans ist hier wohl bereits an Gertrud Kantorowicz gedacht, die Simmel, deren Schreiben an Margarete von Bendemann zufolge, etwa Ende Juli 1918 brieflich unterrichtete, »dass er krank sei; und dass er ein ernstes, hoffnungsloses Leiden habe und dass er mich bäte im September zu ihm zu reisen, um über seine Arbeiten mit ihm zu sprechen, weil er mir später seine Manuskripte übergeben wolle« (Brief vom 31. Aug. 1918, LBI New York, Susman Collection).

Zureiseerlaubniß] Zu den verschärften Einreisebedingungen nach Straßburg siehe Simmel an Margarete von Bendemann vom 25. Sept. 1915 und vom 27. Febr. 1918.

***Oppenau* im Schwarzwald]** Mit der Bahn über Offenburg und Appenweier erreichbares betriebsames Städtchen im Renchtal (270 m). Simmels hatten in dem eine halbe Stunde oberhalb von Oppenau gelegenen Allerheiligen im »Gasth[aus] zur Taube, mit Mineralbad, 24 Z.« (Baedeker Rheinlande, S. 399f.) reserviert und planten, bis zum 26. Aug. 1918 dort zu bleiben (siehe Simmel an Graf von Keyserling vom 6. Aug. 1918 und an Margarete von Bendemann vom 17. Aug. 1918).

Frau Schwester] Leonie von Ungern-Sternberg, geb. von Keyserling.

Georg Simmel an Arthur Schneider, Dekan der philosophischen Fakultät der KWU
Brief vom 22. Juli 1918
Hs.; ADBR Strasbourg, AL 62, Paq. 37, J.-N. 111

Straßburg 22 VII 18

Sehr geehrter Herr Kollege

Zu meinem großen Bedauern muß ich der Fakultät mitteilen daß mein schlechter Gesundheitszustand mir nach dem Urteil der mich behandelnden Ärzte die Vorlesungstätigkeit im kommenden Semester unmöglich macht. Auf Grund des entsprechenden Gutachtens das ich dem Herrn Kurator heute einreiche habe ich mich für das W.-S. krank gemeldet. Daß ich dies so früh tue, habe ich dem Herrn Kurator gegenüber damit begründet daß ich der Fakultät, falls sie eine Stellvertretung für mich ins Auge fassen sollte, die Einleitung der erforderlichen Maßnahmen noch vor Ferienbeginn ermöglichen wollte.

In kollegialer Ergebenheit

Simmel

schlechter Gesundheitszustand] Siehe Simmel an Anna und Ignaz Jastrow vom 18. Juli und an Hermann Graf Keyserling vom 19. Juli 1918.

mich behandelnden Ärzte] Simmel selbst nennt in seinem Brief an Hugo Liepmann vom 8. Sept. 1918 den Internisten Dr. Wolfgang Heinrich Veil, seit 1915 PD in Straßburg, als behandelnden Arzt. Dem entspricht die Überlieferung Charles Hauters von 1957 (Erinnerung an Simmel, in: BdD, S. 256), der allerdings Heribert J. Becher in einem »Gespräch vom 3. Juli 1979« einen Mediziner namens »Kahn (?)« nennt (Heribert J. Becher: Georg Simmel in Straßburg. Sociologia internationalis 22, 1984, Heft 1/2, S. 3-17, hier: 8), wobei es sich um den Internisten Arnold Cahn (1858-1927), seit 1895 ao. Prof. der KWU und Spezialist für Erkrankungen der Verdauungsorgane am Bürgerspital, gehandelt haben dürfte (Minerva 1895/96; Wolfgang Veil: Arnold Cahn [Nekrolog]. Münchener medizinische Wochenschrift 74, 1927, S. 859-860). Ungesichert bleibt hingegen die »Mitteilung« von Albert Salomon an Michael Landmann: »Sie wissen wohl die Vorgeschichte seines Todes: Er besuchte seinen Freund v. Müller in München und sagte ihm, daß er noch das wichtigste Buch seines Lebens zu schreiben habe und daß er fühle, daß eine tödliche Krankheit am Mark seines Lebens fresse. Er müsse ihm versprechen, ihm die Wahrheit seines Zustandes zu sagen. Müller fand ein weit fortgeschrittenes Karzinom und sagte ihm, er könne noch bis zu zwei Jahren leben, aber es könne auch nur sechs Monate sein« (BdD, S. 277f.). Denn über Simmels Freundschaft mit dem Internisten Friedrich (Ritter) von (seit 1907) Müller (1858-1941), der seit 1904 die II. Medizinische Klinik in München leitete und zahlreiche Kontakte zur Münchner Kulturszene pflegte (NDB), war Näheres nicht zu ermitteln. Auch Hans Simmel deutet in den ausführlichen Schilderungen seines Besuchs der Veranstaltungen von Müllers während seines Münchner Studienjahres 1910/11 diesbezüglich nichts an (Hans Simmel, S. 60f.). Vielleicht liegt hier eine Verwechslung der Person vor; denn auf den Tatbestand, Simmel habe einen ihm »befreundeten« Arzt konsultiert, und auf einen ähnlichen Gesprächsablauf weisen auch Gertrud Simmels Mitteilungen an das Ehepaar Liepmann vom 13. Sept. 1918, in denen unzweideutig von einem Straßburger Mediziner die Rede ist (siehe bei Simmels Brief an Hugo Liepmann vom 8. Sept. 1918), wie auch die von der Straßburger Nachbarin Hildegard Plasberg erinnerte Konsultation eines »unserer Kliniker« (Brief an Aby Warburg vom 27. Nov. 1925, Warburg Institute, London).

Vorlesungstätigkeit im kommenden Semester] Simmel hatte für das WS 1918/19 zwei Vorlesungen angekündigt: »Allgemeine Geschichte der Philosophie [...] Dienstag, Mittwoch, Donnerstag und Freitag von 3-4 Uhr« sowie »Wesen und Einzelprobleme der Kultur [...] Mittwoch von 6-7 Uhr. Publice« (Vorlesungsverz. Straßburg 1918, S. 20).

Gutachtens] Nicht überliefert.

Kurator] Otto Pöhlmann; siehe Simmel an Emil Walter Mayer, Rektor der KWU, vom 25. Juli 1917.

krank gemeldet] Dem folgte im Aug. die Mitteilung des Kurators an Arthur Schneider, Dekan der philosophischen Fakultät (Briefentwurf), daß der Statthalter Simmel beurlaubt habe (ADBR Strasbourg, AL 62, Paq. 37, J.-N. 135).

Stellvertretung für mich ... Maßnahmen] Entsprechend heißt es im Protokoll der 5. Fakultätssitzung 1918/19 vom 1. Aug. 1918 unter Tagesordnungspunkt 3c: »Mitteilung Simmel. Dem Antrag des Dekans, daß für den erkrankten Herrn Simmel Herr Baensch im kommenden Semester vertretungsweise gegen Remuneration lesen möge, wird Folge geleistet« (ADBR Strasbourg, AL 62, Paq. 37, J.-N. 120).

Georg Simmel an Arthur Schneider, Dekan der philosophischen Fakultät der KWU
Brief vom 26. Juli 1918
Hs.; ADBR Strasbourg, AL 62, Paq. 37, Dekanat 1918/19, J.-N. 120

Str. 26 VII 18

Sehr geehrter Herr Kollege

In Anbetracht meines sehr verschiednen Befindens wäre ich Ihnen recht dankbar, wenn Sie die Prüfung des Herrn *Meissinger* übernehmen wollten. Herr *M.* hat mir in der Voraussicht, daß ich ihn prüfen würde vor kurzer Zeit einen informatorischen Brief geschrieben den ich mich für verpflichtet halte, zu Ihrer Kenntnis zu bringen da er ja unter den jetzigen Umständen hätte an Sie gerichtet werden sollen. Einer Rückgabe bedarf es nicht.

Am 1. August denke ich eine Sommerfrische aufzusuchen, spätestens aber am 1. Sept. wieder in Straßburg zu sein.

Mit verbindlichster Empfehlung u. besten Wünschen für die Frau, Ihr ergebner

Simmel

verschiednen Befindens] Zu Simmels Erkrankung siehe Simmel an Anna und Ignaz Jastrow vom 18. Juli, an Hermann Graf von Keyserling vom 19. Juli 1918 und vorstehendes Schreiben.

Prüfung des Herrn *Meissinger*] Karl August Meissinger (Reformationsforscher, Schriftsteller, 1883-1950) hatte nach dem Studium der Theologie in Gießen von 1902 bis 1906 und während seiner unmittelbar anschließenden Tätigkeit als Privatassistent des Straßburger Kirchenhistorikers Johannes Ficker, an dessen Lutherforschungen er mitwirkte, ein Zusatzstudium in den Fächern Philosophie, hebräische Sprachen, Geschichte und Germanistik aufgenommen. Nachdem er sich 1911 in Gießen zum lic. theol. qualifiziert hatte, galt die jetzt anstehende »Prüfung« dem Dr. phil., den Meissinger »im August 1918« erwarb (Anita Braun: Karl August Meissinger (mit Bibliographie von W. H. Braun). Wetterauer Geschichtsblätter 28, 1979, S. 163-176; hier: 163; NDB). Mangels Drucklegung der Dissertation wie auch der Überlieferung der dazugehörigen Promotionsakten belegt die Identität des Promoventen lediglich eine Anfrage des Dekans Schneider an die Kollegen Spahn und Staehlin vom 8. Juli 1918, »ob die Wahl der Examinatoren« bei der von dem »Lic. theol. *Meissinger*« gewünschten Promotionsprüfung im Nebenfach ›neuere Kirchengeschichte‹ »getrennt von der für neuere (Welt)Geschichte zu erfolgen hat oder nicht« (ADBR Strasbourg, AL 62, Paq. 37, Dekanat 1918/19, J.-N. 104b).

informatorischen Brief] Nicht überliefert.

Sommerfrische aufzusuchen] In Oppenau, siehe Simmel an Graf von Keyserling vom 19. Juli 1918.

die Frau] Magdalena Schneider, lt. Frankfurter Meldekarte vormals Küntzel, geb. am 18. April 1881, Neustadt, Oberschlesien (dankenswerterweise ermittelt von Helmut Nordmeyer, Institut für Stadtgeschichte, Frankfurt/M.).

Georg Simmel an Paul Ernst

Widmung o.O., o.D. von Anfang August 1918
Hs.; UB Bochum, Bibliothek Ernst

Besten Gruß!

Widmung o.O. o.D. vom August 1918] Widmung auf dem Titelblatt von Simmel: Der Konflikt der modernen Kultur. Ein Vortrag. München und Leipzig: Duncker & Humblot 1918, 48 S. (GSG 16, S. 181-207). Datierung angenommen nach Anzeige des Erscheinens zwischen dem 31. Juli und 6. Aug. 1918 (LC, Nr. 33 vom 17. Aug. 1918). – Zu dem zugrunde liegenden Vortrag siehe Simmel an Friedrich Gundolf vom 10. Jan. 1918.

Georg Simmel an Hermann Graf von Keyserling

Brief vom 6. August 1918
Hs.; ULB Darmstadt, Hermann Keyserling-Archiv

z. Z. *Oppenau* im Renchtal
Baden
Gasthaus *Taube*
6 VIII 18

Mein lieber Graf,

Wollen Sie bitte, wenn Sie *Duncker* u. *Humblot* mit der Sendung Ihres Buches an mich beauftragen, zugleich bemerken, es solle erst geschickt werden, wenn ich darum ersuche, denn da es ungefähr zur Zeit meiner Rückkehr nach Straßburg herauskommen wird, so könnten sich unnütze Hin- und Herschickereien ergeben, die man jetzt noch mehr als früher vermeiden sollte.

Daß ich das Buch in der Art lesen werde, die es von sich aus fordern kann, darauf können Sie rechnen; es wäre ja schlimm, wenn ich seinen inneren Rhythmus nicht bald fühlen würde. Freilich, ob das sofort möglich sein wird, kann ich heute nicht voraussehn. Es geht mir gesundheitlich sehr schlecht; meine geistige Energie ist infolgedessen auch erheblich herabgesetzt u. das Wenige davon, über das ich augenblicklich verfüge, muß ich zusammenhalten, um ein Buch abzuschließen, an dem mir sehr viel liegt, da es meines bischen Weisheit letzten Schluß darstellt. Ehe dies nicht unter Dach ist, darf nichts anderes für mich existieren. Doch hoffe ich, wenn nicht erneute Verschlimmerungen eintreten, daß ein paar Wochen dazu ausreichen werden, u. dann wird Ihr Buch das erste sein, wozu ich greife.

Für Sie wie für Deutschland ist mir Ihre Nachricht, daß Sie dauernd bei uns bleiben werden, eine Freude u. ein Trost.

Herzlich, wie immer Ihr

Simmel

z. Z. *Oppenau*] Zu Oppenau, wohin Georg und Gertrud Simmel zum »1. Aug.« gereist waren, siehe Simmel an Graf von Keyserling vom 19. Juli 1918.

Duncker u. Humblot mit der Sendung Ihres Buches] Graf von Keyserling hatte offensichtlich den Verlag Duncker & Humblot für die schnelle Drucklegung seines ›Reisetagebuchs‹ gewonnen (siehe Simmel an diesen vom 21. Juni 1918) und Simmel dies mitgeteilt (Schreiben verschollen).

zur Zeit meiner Rückkehr nach Straßburg herauskommen wird] Simmel gedachte, »etwa am 26.« Aug. zurückzureisen (Simmel an Margarete von Bendemann vom 17. Aug. 1918). Zum Erscheinen des Buches – Hermann Graf Keyserling: Das Reisetagebuch eines Philosophen. München und Leipzig: Duncker & Humblot 1919, XXVIII, 670 S. – sollte es erst ›im Dezember 1918‹ kommen (Hermann Graf Keyserling: Reise durch die Zeit. II. Abenteuer der Seele. Darmstadt/Baden-Baden: Holle 1948, S. 114 [= Die Gesammelten Werke, endgültige Neuausgabe, herausgegeben vom Keyserling-Archiv, Innsbruck, Band II]).

ein Buch abzuschließen] Gemeint ist Simmels ›Lebensanschauung‹; zum Erscheinen siehe Simmel an Max und Marianne Weber vom 15. Sept. 1918.

hoffe ich ... daß ein paar Wochen dazu ausreichen] Dies sollte, wie die Straßburger Nachbarin Hildegard Plasberg an Aby Warburg am 27. Nov. 1925 schrieb, während des Aufenthaltes im Schwarzwald geschehen: »Unvergeßlich ist das still heroische Sterben Simmels. Er hatte ein größeres Werk vor, fühlte sich aber schon leidend. [...] Er reiste darauf [d.i. die Nachricht über die kurze Lebenserwartung] mit seiner Gattin in den Schwarzwald, vergrub sich dort in einem stillen Nest, und vollendete sein letztes Buch. [...] Nach dem letzten Punkt erschien er wieder mit seiner lieben Frau« (Warburg Institute, London).

Sie dauernd bei uns bleiben werden] Graf von Keyserling war nach Deutschland emigriert (siehe Simmel an diesen vom 18. Mai und 19. Juli 1918).

Georg Simmel an Ignaz Jastrow

Brief vom 7. August 1918
Hs.; LBI New York, Simmel Collection

Oppenau Renchtal, Baden
Gasthaus *Taube*
7 VIII 18

L Fr,

schönen Dank für die Sendung des *Singer*schen Briefes. Er macht mich an meinen Aufstellungen nicht irre. Die absoluten Chartalisten (zu den relativen gehöre ich ja selbst) übersehn, soviel ich weiß, ein Moment, das den Beweis ihrer Behauptung aus den jetzigen Erfahrungen problematisch macht. Die ganzen Verhältnisse werden mit den früheren dadurch unvergleichlich u. zu Schlüssen auf die normale Wirtschaft untauglich, daß durch die Waarenknappheit in der ganzen Welt die sonstige Geld-Waare Relation sich umgedreht hat: sonst konkurrirte die Waare um das Geld, jetzt aber das Geld um die Waare. Die Waare kehrt wieder zu ihrem eigentlichen Sinn: der definitive wirtschaftl. Wert zu sein, zurück, aus der die psychologische Intronisirung des Geldes sie verdrängt hat. Diese letztere war unvermeidlich u. praktisch gerechtfertigt, so lange der Weltmarkt jedes beliebige Waarenquantum in jedem Augenblick lieferte, wenn man nur das nötige Geld aufwendete. Tatsächlich also hatte nur das G. Wert, nicht aber das einzelne Waarenquantum, da es ja in jedem Augenblick beschaffbar war. Jetzt aber hat grade das letztere Wert, das G. aber keinen, es ist jetzt wirklich nur noch »Mittel«, Vermittlung, u. darum *an und für sich* ganz gleichgültig. Darin ist allerdings ohne Bedeutung, woraus es besteht, u. eine irgendwie legitimirte Konvention, daß der Waarenumsatz durch einen bedruckten Zettel vor sich gehn soll, reicht vollkommen aus. Die jetzige maaßlose Geldvermehrung ist *nur* das Symptom dafür, daß bei dem jetzigen *absoluten* Wert der Waare das G. nur den aussichtslosen Versuch machen kann, diesem nachzuklettern. Sobald die Welt wieder hinreichend u. überschießend Waaren haben u. durch deren Konkurrenz um das G. dieses wieder Eigenwert bekommen wird, wird es, damit dieses letztere möglich sei, wieder erforderlich sein, der Geldvermehrung die innere Grenze zu setzen, die durch die Metalldeckung geleistet wird.

*

Von uns ist zu bemerken, daß wir mit Hans drei Urlaubswochen hatten, die diesmal ganz besonders erfüllt u. wertvoll waren. Jetzt ist er wieder in der Ukraine. Meiner Frau geht es recht gut, die Erholung in diesem reizenden Schwarzwaldhaus, wo wir über die Maaßen herrlich verpflegt werden, schlägt bei ihr gut an, obgleich sie auch vorher in ganz erfreulichem Status war. Von mir kann ich das nicht behaupten. Ich leide seit einiger Zeit an einer ziemlich schweren Erkrankung der Verdauungsorgane, deren Heilung garnicht abzusehn ist u. die meine körperlichen u. sonstigen Kräfte zu einem bedauerlichen Tiefstand gebracht hat. Dies ist übrigens ihr einziges Symptom, Schmerzen sind damit nicht verbunden.

Für heute also nur dieses u. die Bitte, nun auch von Ihnen ein Wort zu hören.

Mit allen guten Grüßen allerseits Ihr

Simmel

L Fr] Kürzel für: Lieber Freund.

Sendung des *Singer*schen Briefes] Wie aus dem Folgenden zu schließen, handelt es sich höchstwahrscheinlich um einen Brief von Kurt Singer an Ignaz Jastrow, der jedoch nicht überliefert ist. Singer, von 1913-1916 leitender Handelsredakteur beim ›Hamburgischen Correspondent‹ und seit 1916 Hauptschriftleiter des ›Wirtschaftsdienstes‹, Hamburg, verbindet mit Jastrow das bei letzterem zunehmend gesteigerte geldwirtschaftliche Interesse des Ökonomen; dies vornehmlich angesichts der durch den Krieg veränderten geld- und währungspolitischen Verhältnisse und der Diskussion über die von Georg Friedrich Knapp, Friedrich Bendixen und Singer vertretene Geld-Theorie, die Jastrow im Winter 1916/17 in Korrespondenz mit Bendixen treten ließ (vgl. Bendixen an Knapp vom 6. Jan. 1917, in: G. F. Knapp / F. Bendixen: Zur staatlichen Theorie des Geldes. Ein Briefwechsel 1905-1920, ausgewählt und herausgegeben von Kurt Singer. Basel: Kyklos / Tübingen: J. C. B. Mohr [Paul Siebeck] 1958, S. 177). – Zum geteilten geldtheoretischen Interesse siehe z. B. Ignaz Jastrow: Geld und Kredit. Berlin: Georg Reimer 1914 [= Textbücher zu Studien über Wirtschaft und Staat, Bd. 4]; ders.: Geld und Kredit im Kriege. Jena: Gustav Fischer 1915; Kurt Singer: Der Krieg und das Geldproblem. Veröffentlichungen des Deutschen Wirtschaftsverbandes für Süd- und Mittelamerika, Heft 1, 1917, S. 86-117.

macht mich an meinen Aufstellungen nicht irre] Angesichts der im Laufe des Weltkrieges sich radikal ändernden geldwirtschaftlichen Situation, die sich schon mit Kriegsbeginn 1914 mit der heimlichen Absage der Golddeckung abzeichnete und von der Zensur kaschiert werden sollte, indem sie unterband, daß in den Zeitungen das Wort ›Inflation‹ verwendet werde (Mommsen: Bürgerstolz, S. 681), und im vorläufigen Eingeständnis Siegfried Graf von Röderns gipfelte, als er am 23. April 1918 vor dem Reichstag sagte, daß sich das Reich in einer »Geld- und Kreditinflation« befinde (zit. n. ebd., S. 681), angesichts dieser Situation weist Simmel auf seine geldtheoretischen »Aufstellungen« in der ›Philosophie des Geldes‹ hin (Berlin: Duncker & Humblot 1900, ^{2}1907; GSG 6). Auch an Simmels Rückgriff auf dieses Werk anläßlich seiner Vorträge über ›Das Geld in der modernen Kultur‹ (siehe Simmel an Anna Jastrow vom 8. Dez. 1916 und an Elsa Bruckmann vom 18. April 1917) ist zu denken. Denn die hierzu überlieferten Zeitungsberichte (siehe ebd.) deuten an, daß Simmel mit Bezug auf die Erfahrungen der Gegenwart – und ähnlich wie im vorliegenden Brief – den absoluten Wertverlust des Geldes gegenüber dem der Dinge betonte. – Der unbekannte Brief Singers an Jastrow thematisierte vielleicht dessen Absicht, Simmels ›Philosophie des Geldes‹ in dem seit

Jahren geplanten, aber erst später abgeschlossenen Buch ›Das Geld als Zeichen‹ (Jena: Gustav Fischer 1920) zu behandeln. Näheres zu diesem Vorhaben, das Singer bereits im Febr. 1912 intensiv verfolgt, zwei Monate später wegen seiner neuen Tätigkeit zurückgestellt und dann zu Vorlesungszwecken 1913 wieder aufgenommen hatte (vgl. ebd., S. v), ist Singers Briefen an Martin Buber aus den Jahren 1911 bis 1913 zu entnehmen (sämtlich: JNUL Jerusalem, Buber Archive). Singer – lt. Brief vom 22. Juli 1911 gerade dank »Knapps und Simmels Urteil [...] zum Schriftstellerdasein« entschlossen – schreibt dazu am 5. Aug. 1911, wohl in Beantwortung eines Vorschlags von Buber: Aufgrund seiner praktischen Erfahrung betrachte er die »Behandlung der Bankpsychologie« zwar als eine interessante »tour de force; [...] aber das ist ein blosses Experiment, während mir das Geldproblem wirklich am Herzen liegt. Natürlich können die sozialpsychologischen Charaktere der Geldwirtschaft, deren Analyse Simmel gegeben hat, nur im Hintergrund erscheinen: aber die *Realität* des Geldes muss sozialpsychologisch neu untersucht werden: der Glaube an den Metallwert, überhaupt an die Wertstabilität des Geldes und der Metalle, die Anschauung von der ›Zeichen‹natur des Geldes und die Geldutopien ect. ect. Ich glaube, es muss einen guten Beitrag geben, die Wirklichkeit sehen zu lehren auf einem Gebiet, das bis jetzt, bis gestern ohne dass jemand es ahnte unter aristotelischer Herrschaft stand. Eine Abhandlung über das ›Geld als Zeichen‹ liegt mir seit einem Jahr im Sinn, als Auflösung der Scheinprobleme des 2. Kap. der ›Phil. d. Geldes‹ [d.i. »Der Substanzwert des Geldes«; GSG 6, S. 139-253]. Ich ging nicht heran, weil das litterarische Anknüpfen an Simmel ein tieferes Eingehen auf seine philosophischen Motive gefordert hätte, als ich im Augenblick leisten kann. Das neue Prinzip, nach dem sich jetzt meine geldtheoretischen Gedanken zu kristallisieren beginnen, wird mir gestatten, den Schein einfach durch Darstellung des Realen zu vernichten«. Und als dann das »Geldbuch [...] disponiert« ist, soll es lt. Brief vom 19. Jan. 1913 ein »Kapitel über den Zusammenhang von Knapp und Simmel« enthalten. Letzteres wurde für die Endfassung von 1920 wohl verworfen; diese steht in der expliziten »Gefolgschaft« (a.a.O., S. 9) zu Georg Friedrich Knapp und dessen ›Staatliche Theorie des Geldes‹ (Leipzig: Duncker & Humblot 1905), deren Zusammenhang mit Simmels ›Philosophie des Geldes‹ Knapp bereits im Vorwort als nicht »im Wettbewerb mit ihm« stehend angesprochen hatte, werde dort doch nicht »das Geld als solches, sondern die soziologische Seite der Geldwirtschaft« behandelt (S. VI). Für Singer, der die »Krisis der modernen Geldlehren« darauf zurückführt, »daß für sie die Bindungen des griechischen Denkens ihre Kraft verloren haben« (Das Geld als Zeichen, a.a.O., S. 190), steht Simmels Deutung am Ende der Reihe jener, die »bei der Auffassung der Geldgeschichte als eines einreihigen, in rationellem Fortschritt sich vollziehenden Verlaufs verharren« (S. 185), scheint ihm Ausdruck »einer späten übergeisteten, in der höchsten Steigerung der Relativität ein Surrogat des Absoluten findenden Zivilisation« und dient dem Vergleich mit Aristoteles' Geldlehre: Gemeinsam sei die Ableitung des Geldes aus dem Tauschverkehr »und es an dessen Zwecken zu messen. Wo aber Simmel nach *Relationen* sucht, nach reinen Beziehungen von Warenwert zu Warenwert, die um so vollkommener sind je mehr sie sich von dem Leben losgelöst haben, das sich in jenen Werten niedergeschlagen hat – sieht Aristoteles die *Proportion*, das rechte Maß, in dem Waren und Menschen zueinander stehen, und das Geld erhält die Aufgabe, dem reinen Ausdruck dieses Maßes zu dienen« (S. 187). – Singer habilitierte sich mit dieser Schrift in Hamburg, wo er 1924 zum Professor ernannt und von 1928 bis 1931 als ao. Prof. lehrte; anschließend war er bis 1935 Prof. an der Kaiserlichen Universität in Tokio, von 1946 bis 1955 in Sydney und wurde, nach Deutschland zurückgekehrt, 1958 in Hamburg emeritiert (Kürschner GK 1961).

Chartalisten] Anhänger der Auffassung des »Geldes als *stoffwertloses Zeichen*, als *Anweisung auf Güter*, als *Geschöpf des Staates*, als *Geschöpf der Gesellschaft*« – im Gegensatz zu den Metallisten und deren »Anschauung vom Geld als bestimmtes *festgesetztes Maß von Edelmetall*, von *Geld als Goldeinheit*, bzw. als *Anweisung auf Gold*.« (Richard Kerschagl: Volkswirtschaftslehre. Ein Abriß der wichtigsten Lehrmeinungen. 4. Aufl. Wien: Manzsche Verlagsbuchhandlung 1947, S. 101). Die Begriffsbildung und der hiermit angesprochene Schulenstreit geht auf Georg Friedrich Knapp zurück, der seiner These eines durch den Staat proklamatorisch festgelegten Wertes des Geldes dessen Zeichen- oder Markencharakter zugrunde legte und in Ableitung von lat. »Charta« das Adjektiv »chartal« bildete und definierte: »Unsere Zahlungsmittel haben die Marken- oder Chartalverfassung; nur mit Zahlmarken, mit chartalen Stücken, kann man bei den Kulturvölkern unserer Zeit Zahlungen leisten« (Staatliche Theorie des Geldes, a.a.O., S. 27). Der Knapp-Schüler Singer wird zu den überzeugten Chartalisten gezählt, die mit ihrem praktischen Kampf gegen die Goldwährung über Knapps Theorie hinausgegangen seien; das Problem der Geldentwertung betrachte er »als Mißverhältnis von Konsum und produzierten Gütern« (Kerschagl, a.a.O., S. 103 f.).

G.] Geld.

mit Hans drei Urlaubswochen … wieder in der Ukraine] Siehe Simmel an Ignaz und Anna Jastrow vom 18. Juli. 1918.

Schwarzwaldhaus] Siehe Simmel an Hermann Graf von Keyserling vom 19. Juli 1918.

Erkrankung] Siehe ebd. sowie Simmel an Anna und Ignaz Jastrow vom 18. Juli 1918 und an Arthur Schneider, Dekan, vom 22. Juli 1918.

von Ihnen ein Wort] Weitere Korrespondenz mit Anna und Ignaz Jastrow ist nicht nachgewiesen; bekannt ist lediglich der Hinweis, daß Simmel »Jastrows« den Wunsch nach einem Abschiedsbesuch in Straßburg mit der Bitte, »es zu lassen«, verwehrte (Gertrud Kantorowicz an Margarete von Bendemann vom 20. Sept. 1918, LBI New York, Susman Collection), und das Porträt Simmels, das Ignaz Jastrow in einem auf 1920 datierten ›Autobiographical sketch‹ hinterlassen hat: »Für die philosophische Betrachtung der eigenen Studiengebiete war mir Simmel Freund und Meister. Der Kreis derer, die durch ihn zu philosophischem Nachdenken angeleitet wurden, ist nach seinem Tode noch weiter geworden, als er schon bei Lebzeiten war. Aber das Höchstmass der Beeinflussung in ihrer ganzen Eigenart haben nur die erfahren, auf die er von Person zu Person wirkte. Mit treffsicherem Blick jedem sich darbietenden Objekt seinen übergeordneten Begriff und zugleich seinen Unterbau ansehend, so gerüstet von einem Ausgangspunkt in die philosophischen Höhen oder in die philosophischen Tiefen zu führen; jederzeit bereit, seine geistige Überlegenheit dem Aufschlussuchenden zugute kommen zu lassen und niemals in Versuchung, sie bedrückend empfinden zu lassen, war Simmel das Ideal eines Ratgebers. Dass ein gütiges Geschick mir gestattete, in engem Verkehr mit diesem Manne die entscheidenden Jahrzehnte meiner wissenschaftlichen Entwicklung zu verleben, zähle ich mit dankbarem Sinn zu den bedeutungsvollen Fügungen meines Lebens« (unveröffentlichtes Msk., Hs., 108 S., 5 S. Bibliographie, Archiv der University of Chicago, Fritz Redlich Collection, S. 73 f.; hier zit. n. dem Transkript von Heinz-Jürgen Dahme, Tps., GSA Bielefeld, S. 9).

Georg Simmel an Margarete von Bendemann

Brief vom 17. August 1918
Hs.; LBI New York, Susman Collection

z.Z. *Oppenau* Baden
Gasthaus Taube, 17 VIII 18

Liebe Susa,

vor allem, entschuldige dies Gekritzel, ich muß liegender Weise schreiben. U. vor allem weiteren sei von ganzem u. vollem Herzen in Deutschland willkommen, nach u. in all dem Schweren, was dir, was uns allen auferlegt war u. ist.

Der Mann hat mir dankenswerter Weise deinen *Expressionismus* geschickt, der mit aller Glut u. aus aller Tiefe heraus in Worte faßt, was wir leiden. Aber grade weil er das tut, muß ich »um des Gewissens willen« dagegen Einspruch erheben. Zunächst gegen ein einzelnes Wort: Daß nur ein Ende werden sollte, gleichviel ob »in Ehre oder Schmach« – nein, das ist *nicht* gleichviel, schon weil ein Ende in Schmach die Kräfte lähmen würde, aus denen ein vom Krieg erlöstes Leben sich nur aufbauen kann. U. vor allem: das dürften unsre Feinde nicht hören, daß Deutsche *so* verzweifelt, *so* fertig sind, daß sie sogar einen schmachvollen Frieden annehmen würden, wenn sie ihn nur bekommen können! Stelle dir vor, welche Ermutigung das für einen Franzosen sein muß, wie er jauchzen muß, die Deutschen auf dieser Stufe angekommen zu sehn, die kein Mensch anders als die vor dem völligen Zusammenbruch einschätzen kann! Ich glaube nicht, daß dir die Qual der Zeit unerträglicher, zerstörender sein kann, die Leidenschaft nach einem wieder möglichen Leben brennender als mir. Aber dies öffentlich auszusprechen, halte ich ungefähr für das Verderblichste, was man unsrer Sache antun kann. Wie die Dinge nun einmal liegen, bringt uns unsre Friedenssehnsucht dem Frieden *um keinen Schritt näher*, sondern im Gegenteil, entfernt ihn immer weiter von uns. Bei unsern *Gegnern* müßte sie eintreten, das würde helfen. *Uns* hilft nur der harte Kampfeswille – der ist furchtbar u. schwer erträglich, aber es ist die einzige Rettung vor totalem Untergang. Was alle diese Friedensschreie uns schon geschadet haben, ist natürlich nicht mit Zahlen zu belegen, aber es ist psychologisch unvermeidlich u. aus der feindlichen Presse ohne weiteres ersichtlich, daß jede pazifistische Äußerung den Krieges- u. Siegeswillen der Feinde stärkt. Ja, wenn unsre militärische Lage so glänzend wäre, daß uns der Sieg sicher wäre – dann könnten wir uns das gestatten u. es wäre vielleicht richtig. Aber so, wie es nun einmal an der Front steht ---

Dies *mußte* ich sagen, aus der tiefsten Sorge heraus, weil ich einen großen Teil des deutschen Volkes, u. vielleicht seinen besten, auf diesem Wege der Selbstzerstörung sehe; der deutsche Idealismus tut wieder einmal, wie schon tausend Male, in der Praxis genau das Gegenteil von dem, was zur Verwirklichung seiner »Idee« führen könnte. Du weißt, daß ich das alles nicht vom Standpunkte der Alldeutschen aus sage, die mir fürchterlich sind, sondern grade von deinem eignen aus, von der Sehnsucht aus, die uns beiden die absolut gleiche ist.

*

U. nun noch etwas Persönliches, das dich gleichfalls nicht sehr erheitern wird. Ich bin seit Monaten recht krank, ein schweres Leiden der Verdauungsorgane, für das keine Heilung mehr in Frage kommt u. das meine Kräfte aufs äußerste reduzirt hat. Das ganze Problem ist, wie weit der Körper als ganzer sich als widerstandsfähig erweist. Wir sind jetzt an einem herrlichen Platz des Schwarzwalds, bei märchenhaft guter Verpflegung. Diese Existenz im Grünen u. voller Ruhe tut mir seelisch wohl, auf das Leiden ist all solches ohne Einfluß. Der Frau geht es gut. Etwa am 26. denken wir nach Str. zurückzukehren.

Alles Liebe u. Gute von uns an euch; wie gut, daß es etwas giebt, das schlechthin unzerstörbar ist –

dein

Georg.

in Deutschland willkommen] Margarete von Bendemann war aus der Schweiz, wo sie seit 1917 mit ihrem Sohn lebte, nach Frankfurt/M. umgesiedelt; siehe Simmel an Margarete von Bendemann vom 4. März 1917 sowie vom 17. Jan., 27. Febr., 13. und 27. April 1918.

Der Mann] Eduard von Bendemann.

deinen *Expressionismus*] Margarete Susman: Expressionismus. FZ, Nr. 219 vom 9. Aug. 1918, 1. Mo. Bl.

»um des Gewissens willen«] Der Bibel entlehnte Wendung; siehe z. B. den ersten Brief des Petrus 2,19: »Denn das ist Gnade so jemand um des Gewissens willen zu Gott das Übel verträgt und leidet das Unrecht.«

»in Ehre oder Schmach«] In Margarete von Bendemanns Expressionismus-Artikel (a. a. O.) heißt es: »Wollen wir heraus aus diesem Strudel, aus diesem grauenvollen grauen Mischmasch von niederstem Machtwillen und verworrenem, verratenem Idealismus? Wollen wir heraus aus dieser schwersten, wahrsten Verfinsterung des Geistes, die je auf Erden war? Dies ist die einzige Frage an unser Leben. Heraus, gleichviel, ob in Schönheit oder Häßlichkeit, in Ehre oder Schmach, ja selbst ob in Liebe oder Haß. Nur heraus: den großen, gellenden Schrei ausstoßen, der uns auf ewig trenne von dem Wollen der dumpf hinnehmenden Menge, der jede Gemeinschaft mit den dumpf treibenden Mächten unserer Zeit verwirft. Entscheidung für oder wider – dies ist heute die einzige Frage an unser Menschentum.«

an der Front steht] Seit der am 18. Juli gestarteten Gegenoffensive der von amerikanischen Truppen unterstützten französisch-britischen Verbände mit deren Durchbruchserfolgen in der Schlacht bei Amiens vom 8. bis 11. Aug. 1918 zeichnete sich eine Erfolgswende in den seit dem 21. März anhaltenden deutschen Westoffensiven ab. Mußte deshalb die deutsche Front zurückverlegt werden, so beherrschten gleichwohl neben den Meldungen über heftige Kämpfe solche über den »Stillstand« und das Scheitern der englisch-französischen Offensive die aktuelle Tagespresse (vgl. StP, Nr. 445 vom 15. Aug. 1918, Mo. Bl. und StP, Nr. 449 vom 17. Aug., Mi. Bl.).

Alldeutschen] Gemeint ist der radikal-nationalistisch orientierte ›Alldeutsche Verband‹ (ADV); 1891 als ›Allgemeiner Deutscher Verband‹ (bis 1894) gegründet, verstand er sich als überparteiliche Organisation, propagierte unter Rückgriff auf sozialdarwinistische und antisemitische Ideen eine territoriale Expansion des Reiches und trat in Werbekampagnen für die Fortsetzung des Krieges ein. Zwischen 1914 und 1918 hatte sich seine Mitgliederzahl mehr als verdoppelt (36.300), darunter ein hoher Anteil an Akademikern, Universitätsprofessoren und Intellektuellen (vgl. EEW, S. 329).

seit Monaten recht krank] Zur Entdeckung von Simmels Leberkarzinom siehe Simmel an Anna und Ignaz Jastrow vom 18. Juli 1918.

Etwa am 26. ... nach Str. zurückzukehren] Simmels waren bereits am 25. Aug. wieder in Straßburg (siehe nachfolgendes Schreiben). Hildegard Plasberg erinnert den zurückkehrenden Nachbarn als »schon so schwach, daß ihn 2 Pfleger ins Haus tragen mußten« (Brief an Aby Warburg vom 27. Nov. 1925, Warburg Institute, London).

Georg Simmel an Georg Misch

Brief vom 25. August 1918
Hs.; NSUB Göttingen, Nl Misch

Straßburg 25 VIII 18

Lieber Herr Misch,

Ich brauche wohl nicht zu sagen, mit welcher Freude wir Sie wiedersehn. Aber etwas andres *muß* ich leider sagen, mit der Bitte, es nicht weiter zu erzählen. Ich bin seit einiger Zeit gesundheitlich völlig zusammengebrochen, es hat sich ein inneres chronisches Leiden herausgestellt, das mich viele Stunden des Tages zu allem Verkehr mit Menschen unfähig macht u. mich auch in den anderen aufs äußerste reduzirt. Sie würden mich sehr verändert finden – zum Teufel ist der Spiritus – Wenn Sie es auf die hiermit gegebnen Chancen für Sie u. uns ankommen lassen wollen, so sprechen Sie bitte zu irgend einer Zeit bei uns vor. Am günstigsten pflegt noch der Vormittag, 10-1, zu sein. Aber sicher ist auch dies nicht.

Sehr herzlich u. betrübt Ihr

Simmel

Sie wiedersehn] Mischs Besuchsankündigung ist verschollen. Zum letzten Besuch siehe Simmel an Misch vom 12. Juni 1918.

völlig zusammengebrochen] Zu Simmels Befinden infolge eines fortgeschrittenen Leberkarzinoms siehe vorstehendes Schreiben.

zum Teufel ist der Spiritus] Zitat aus Friedrich Schillers Gedicht ›Kastraten und Männer‹ in der ›Anthologie auf das Jahr 1782‹ (NA 1, S. 96-99), dessen Vers 79 lautet: »Zum Teufel ist der Spiritus / Das Flegma ist geblieben.«

Georg Simmel an Agathe und Hugo Liepmann

Abschrift von Brief vom 5. September 1918
Tps.; I. Flatau, Saratoga Springs N.Y., USA

Liebe Freunde,

ich will Ihnen doch einen Gruss schicken, im Bett gekritzelt, da ich gerade einige freie Augenblicke habe – in ein paar Wochen ist es hoffentlich nicht mehr möglich. Es wäre Zeit, dass die Plackerei zum Schluss käme.

Aber meine Freunde sollen wissen, dass ich ohne Hader mit dem Geschick aus dem Leben gehe, ohne Wehmut, ohne Sehnsucht nach dem, was noch hätte kommen können. Mein Leben, objektiv unzulänglich & vielfach verquer wie es war, erscheint mir doch jetzt überraschend gerundet, durch diesen bewusst erlebten Tod (ich habe mir immer einen solchen gewünscht, wenn auch nicht gerade den jetzigen, bei dem ich Monate hindurch langsam verhungere) hat es einen wundervollen klaren Abschluss gewonnen, die Welt hat mir so viel & mehr gegeben, als ich verdient & erwartet habe, ich habe ihr wenigstens nach dem Maass meiner bescheidenen Kräfte etwas zurück gegeben – die Rechnung ist fertig, was noch kommen könnte, wäre für mich selbst & für Andre keine *wesentliche* »Mehrung des Reiches« gewesen. Ich habe das ausserordentliche Glück gehabt, noch in den ersten Wochen der erkannten Krankheit mein letztes Buch, das meines bischen Weisheit letzten Schluss enthält, mit Aufbietung aller Kraft unter Dach zu bringen, & der Verleger bringt mir das Opfer, es unmittelbar, mit der grössten Beschleunigung u. unter Zurückstellung all seiner Druckunternehmungen zu drucken, damit ich noch die Korrekturen sehe & vielleicht das fertige Buch erlebe. Zugleich werden von 4 früheren Büchern von mir neue Aufl. gedruckt. Und welches Glück, dass mir der allmähliche Altersverfall erspart bleibt. In allem aktuellen Elend verliere ich keinen Augenblick das Gefühl, dennoch ein Liebling der Götter zu sein, & wenn Sie an mich denken, so sei es nicht wie an einen Besiegten, sondern an einen Sieger.

Ich scheide mit dem tiefsten Dank für alle Liebe, die mir geschenkt worden ist. Sie haben Anspruch auf einen Gross-Teil dieses Dankes. Ich rechne das zu den grossen Glücksfällen meines Lebens, dass wir uns begegnet sind. Leben Sie wohl, gedenken Sie meiner mit all der Liebe, die ich Ihnen bis zum letzten Augenblick bewahren werde.

G.S.

Damit aus dem Wort Verhungerung nicht ein Schatten auf die Strassburger Verpflegung falle, sei um des Gewissens willen gesagt, dass das Lebensmittelamt mir hier aufs freigiebigste entgegen kommt: ich bekomme so viel Eier & Milch, Haferflocken & Reis, Zwieback & Obst, wie ich nur will. Nur das Fleisch wird knapp werden, was gerade in meinem Fall ungünstig ist (d.h. alles »Günstige« kann sich ja nur auf subjektive Erleichterung & Annehmlichkeit beziehen). Man ist hier sehr gut aufgehoben, die Preise relativ erschwinglich & wir haben noch nie zum Schleichhandel zu greifen brauchen.

Abschrift von Brief vom 5. September 1918] Die Abschrift dieses und Simmels Schreiben vom 8. Sept. 1918 befindet sich auf zwei beidseitig beschriebenen Briefbögen, jeweils mit gedr. Briefkopf: li.: PROF. H. LIEPMANN / GEH. MEDIZINALRAT; re.: BERLIN W. 62 / AHORNSTR. 1 / TEL. NOLLENDORF 4281; der zweite Bogen ist oben gekennzeichnet als Blatt »2. (Abschiedsbrief v. Simmel)«. Den Abschriften vorangestellt ist die Bemerkung: »In einem von Frau Simmel adressierten Couvert mit d. Poststempel, Strassburg, 5.9.18 an Herrn & Frau Prof. Liepmann, Lichtenberg, Herzberge. / Mit Bleistift geschrieben«. Die Abschrift der beiden Briefe endet mit: »Beide Briefe am 26.7.25. an Frau Simmel geschickt.«

im Bett gekritzelt] Demnach stammte das Original noch von Simmels Hand; auch muß Simmel – oder seine Frau – Liepmanns in einem früheren Schreiben (nicht überliefert) über die Erkrankung an einem unheilbaren Leiden vage unterrichtet haben; Konkretes sollte dann Gertrud Simmel den Freunden am 13. Sept. 1918 mitteilen (siehe Simmel an Hugo Liepmann vom 8. Sept. 1918).

freie Augenblicke] Gertrud Kantorowicz, die auf Simmels schriftliche Bitte von Ende Juli (verschollen) hin am Abend des 30. Aug. 1918 aus Konstantinopel kommend in Straßburg eingetroffen war (vgl. Meldekarte, AVCUS Strasbourg) und Simmel täglich besuchte, berichtete Margarete von Bendemann am 31. Aug. 1918: Habe man vor »4 Wochen« noch gemeint, »dass noch eine längere Zeit relativen Wohlseins und von Arbeitskraft vor ihm läge«, so habe sie Simmel jetzt »weit über Erwarten schwach« gefunden; »seit einigen Tagen liegt er dauernd zu Bett. Schmerzen hat er nicht, aber Erschöpfungen und wohl körperliche Leiden, die man nicht eigentlich bezeichnen kann. Dazwischen gute Stunden – nicht wie früher mehr – in denen wir über das reden, was ihm am Herzen liegt – die spätere Herausgabe seiner Manuskripte, die er mir übergeben hat« (LBI New York, Susman Collection). Und am 5. Sept. 1918 schreibt sie ihr, für Begegnungen mit Simmel »bleiben nur Stunden und halbe Stunden am Tage« (Abschrift, DLA Marbach, A: Susman).

meine Freunde sollen wissen] Die Intention, den ihm nahe stehenden Personenkreis über die im Folgenden ausgesprochene Haltung in Kenntnis zu setzen, bezeugen sowohl die weiteren überlieferten Abschiedsbriefe Simmels (an Hermann Graf von Keyserling vom 6. Sept. 1918; an Sabine Lepsius vom 11. Sept. 1918, an Max und Marianne Weber vom 15. Sept. 1918) wie auch Gertrud Simmels Mitteilungen an den Grafen von Keyserling vom 13. Sept. 1918. Solche »Einigkeit mit dem Schicksal« (ebd.) hatte Simmel offensichtlich rasch erlangt, schreibt doch Gertrud Kantorowicz in oben gen. Brief vom 31. Aug. 1918 aus Straßburg an Margarete von Bendemann: »Es ist wundervoll, wie er dies Wissen von seinem nahen Tode aufgenommen hat. Er schrieb es mir damals [d.i. Ende Juli] gleich und wiederholte es jetzt: er sei bereit. Sein Leben sei geschlossen, sei übervoll gewesen, es gehöre zu seinem Reichtum, zu seinem Vollkommenwerden, dass das Ende jetzt komme, wo es an der Zeit sei und gegeben sei, was er hätte geben können. Gestern wieder sagte er mir, dass er sich und gerade jetzt, als einen Liebling der Götter fühle, so elend der Körperzustand auch werde. Und heut, was mich am meisten ergriff, dass auf das Fragmentarische, Verworrene und Dunkle sein[es Leb]ens, das er nie ganz zusammen hätte bringen können, nun plötzlich von diesem Ende her ein Licht fiele, und dass es nun wie richtig u. ganz würde.« Zum Textverlust: der Seitenrand ist hier abgerissen.

»Mehrung des Reiches«] Die Formulierung ist in übertragenem Sinne angelehnt an die seit der Kaiserkrönung Karls d. Gr. in der Titulatur mit »semper augustus«, später »allezeit Mehrer des Reichs« verbundenen Verpflichtung der Kaiser oder Könige im Heiligen Römischen Reich. Vgl. Eugen Haberkern und Joseph Friedrich Wallach: Hilfswörterbuch für Historiker. Mittelalter und Neuzeit. 2. Aufl. Bern und München: Francke 1964; Deutsches Rechtswörterbuch. Herausgegeben von der Heidelberger Akademie der Wissenschaften. Bearbeitet von Heino Speer. Weimar: Hermann Böhlaus Nachfolger 1992-1996.

mein letztes Buch] Lebensanschauung. Vier metaphysische Kapitel. Berlin: Duncker & Humblot 1918 (GSG 16, S. 209-425). Zum Erscheinen siehe Simmel an Max und Marianne Weber vom 15. Sept. 1918.

Druckunternehmungen] In der Originalabschrift: Druck(?)unternehmungen.

Korrekturen sehe] Die ersten Korrekturen lagen Simmel bereits vor, denn Gertrud Simmel schrieb am 2. Sept. 1918 an Sophie Rickert: »Er [Simmel] liegt seit einigen Tagen u. ist in leidlichen Stunden ganz mit Korrekturen [der ›Lebensanschauung‹] beschäftigt« (SGA Stuttgart).

4 früheren Büchern von mir neue Aufl.] Neben den Neuauflagen von Simmels Essaysammlung ›Philosophische Kultur‹, seines ›Goethe‹ und seines ›Kant‹ (siehe Simmel an Hermann Graf von Keyserling vom 21. Juni 1918) dürfte als vierte hier gemeint sein: Rembrandt. Ein kunstphilosophischer Versuch. Zweite Auflage. Leipzig: Kurt Wolff Verlag 1919.

Altersverfall erspart bleibt] Dazu überliefert Hans Simmel, er habe aus »Notizen« seines Vaters und »Andeutungen in Gesprächen« ersehen, daß dieser »ein hohes Alter [...] kaum erwünscht« habe: »Er war sehr kritisch sich selbst gegenüber, z.B. in der Frage des geistigen Nachlassens in höheren Jahren« (S. 71).

Liebling der Götter] Angespielt wird hier auf die in der Dicht- und Rednerkunst der griechischen Antike evozierte Vorstellung des θεοφιλής (Gottgeliebten) als »Freund der unsterblichen Götter«; bei Homer (Odyssee 10,2) erstmals angesprochen, erläutert Aristoteles die Formulierung mit explizitem Bezug auf den Philosophen als den θεοφιλέστατος, den ›von den Göttern am meisten Geliebten (NE 1179a), und sie erfährt in der in Plutarchs Trostrede auf den Tod des Sohnes von Apollonius überlieferten Facette – »Wen die Götter lieben, der stirbt jung« (Menander, fr. 125) – im 19. Jh. besondere Betonung (vgl. [31]Büchmann, S. 488 f.). – Simmel selbst verwendet die Metapher in seinem ›Goethe‹ mit Bezug auf »die unvergleichliche Gunst, um die er [d.i. Goethe] sich wohl selbst den ›Liebling der Götter‹ nennen durfte: die Entwicklung nach dem eigenen Gesetz in Einheit mit dem Gesetz alles anderen Daseins zu vollziehen« (GSG 15, S. 215).

Damit ... zu greifen brauchen] Dieser Passage ist in der Abschrift vorangestellt: »Auf einem Bei-Blättchen«.

Georg Simmel an Hermann Graf von Keyserling

Brief nach Diktat vom 6. September 1918
Hs. m.e.U.; ULB Darmstadt, Hermann Keyserling-Archiv

Straßbg. d. 6. IX. 18.

diktiert.

Mein lieber Graf,

Ihre Aufforderungen zu Arbeiten u. Reisen kommen wie aus einer anderen Welt. Es hat keinen Sinn Ihnen länger zu verheimlichen, daß ich ein todkranker Mann bin u. meine körperlichen u. geistigen Kräfte vielleicht noch einige Monate, hoffentlich aber nur noch einige Wochen vorhalten werden. Aber ich gehe mit dem Bewußtsein, daß mein Leben, nach mittleren Maaßen gemessen, gerundet u. gut abgeschlossen ist, ich gehe ohne Hader mit dem Geschick u. ohne Abschiedswehmuth, sondern mit dem Bewußtsein, daß es so gut u. der richtige Augenblick ist.

Nehmen Sie Dank für all Ihre freundschaftliche Gesinnung für mich; sie wird in reichem Maaße von mir bis zum Ende erwiedert bleiben. Ich bitte Sie den Inhalt dieses Briefes ganz für sich zu behalten.

Ihr Simmel

Brief nach Diktat] Von der Hand Gertrud Simmels.

Ihre Aufforderungen zu Arbeiten u. Reisen] Graf von Keyserlings Schreiben ist verschollen; dieser hatte wohl aus Simmels Brief vom 19. Juli 1918 geschlossen, daß langfristig eine Heilung erwartet werden könnte.

todkranker] Original: todtkranker.

Bewußtsein, daß es ... der richtige Augenblick ist] Siehe Simmel an Agathe und Hugo Liepmann vom 5. Sept. 1918.

Ihr Simmel] Von der Hand Simmels.

Georg Simmel an Hans Vaihinger

Brief nach Diktat vom 7. September 1918
Hs. m.e.U.; UB Bremen, Nl Vaihinger

Straßburg d. 7. IX 18.

Diktat

Verehrter Herr Kollege,

Ich danke Ihnen vielmals für Ihre ehrenvolle Aufforderung, der ich aber leider gar keine Folge geben kann. Ich bin seit einiger Zeit schwer leidend, meine körperlichen und geistigen Kräfte sind auf ein Minimum reduzirt u. von irgendwelchen Zukunftsplänen kann keine Rede sein. Auf dem Titelblatt Ihrer Zeitschrift zu figuriren, würde nicht nur eine »Fiktion« sondern eine bewusste Täuschung bedeuten.

Indem ich Ihrer Zeitschrift den vollen Erfolg wünsche, der ihr nach ihrem höchst interessanten Problem zukommt, bleibe ich in bekannter Gesinnung Ihr

Simmel

Hs. m.e.U.] Von der Hand Gertrud Simmels, von Simmel unterzeichnet.

Ihre ehrenvolle Aufforderung] Vaihingers Schreiben ist verschollen.

schwer leidend] Zur Entdeckung von Simmels Leberkarzinom siehe Simmel an Anna und Ignaz Jastrow vom 18. Juli 1918 sowie nachfolgende Briefe.

Auf dem Titelblatt Ihrer Zeitschrift zu figuriren] Vaihinger, Gründer und Herausgeber der Kant-Studien (siehe Simmel an Eduard von Bendemann vom 25. Juli 1917), hatte wohl beabsichtigt, Simmel unter diejenigen einzureihen, die lt. Titelblatt der Zeitschrift an der Herausgabe mitwirken; nachdem Hermann Cohen, der seit 1911 diesem Kreis angehörte, im Herbst 1916 aus Protest gegen einen Artikel über den Nationalitätenbegriff aus der Feder des neben Vaihinger verantwortlichen Herausgebers Bruno Bauch aus der Kantgesellschaft ausgetreten war, bestand dort eine Vakanz. Zu diesem Konflikt siehe Hermann Cohen an Paul Natorp vom 12. und 27. Okt., 29. Nov. 1916 sowie vom 4. Nov. 1917. In: Helmut Holzhey: Cohen und Natorp. Band 2: Der Marburger Neukantianismus in Quellen. Zeugnisse kritischer Lektüre / Briefe der Marburger / Dokumente zur Philosophiepolitik der Schule. Basel/Stuttgart: Schwabe & Co. 1986. S. 449f., 463ff. und 490. Vgl. auch: Ernst Troeltsch an Heinrich Rickert vom 9. Jan. 1917. In: Ernst Troeltschs Briefe an Heinrich Rickert. Eingeleitet und herausgegeben von Friedrich Wilhelm Graf. Mitteilungen der Ernst-Troeltsch-Gesellschaft 6, 1991, S. 117; sowie: Bruno Bauch: Mein Rücktritt von den ›Kant-Studien‹. Der Panther, Rundschau 5, 1917, Heft 1 (= Jan.), S. 148-154.

»Fiktion«] Anspielung auf den von Vaihinger vertretenen »Fiktionalismus«. Siehe Hans Vaihinger: Die Philosophie des Als Ob. System der theoretischen, praktischen und religiösen Fiktionen der Menschheit auf Grund eines idealistischen Positivismus. Mit einem Anhang über Kant und Nietzsche. Berlin: Reuther & Reichhard 1911.

Georg Simmel an Hugo Liepmann
Abschrift von Brief vom 8. September 1918
Tps.; I. Flatau, Saratoga Springs N.Y., USA

Strassburg 8.9.18

Diktirt

Lieber Freund!

Ich habe vergessen, Sie zu fragen, ob Sie sich etwa für mein Gehirn interessieren würden, da Sie voraussichtlich noch nicht viele Philosophengehirne unter dem Messer hatten. Mein Arzt hat sich bereit erklärt, es für Sie versandfähig zu machen. Bejahenden Falls wenden Sie sich bitte direkt an ihn: Oberarzt Veil, Bürger-Spital, Medizinische Klinik.

gez. Ihr Simmel

Abschrift von Brief vom 8. September 1918] Es handelt sich um die vierte, oben li. erneut mit »Abschrift« gekennzeichnete Seite der Abschriften Hugo Liepmanns (siehe Simmel an Agathe und Hugo Liepmann vom 5. Sept. 1918).

Diktirt] Höchstwahrscheinlich hatte Simmel den Brief seiner Frau diktiert.

Veil] In der Abschrift, wohl irrtümlich: Veit. – Es handelt sich, wie auch Charles Hauter erinnert (BdD, S. 256), um den seinerzeit als Oberarzt an der Medizinischen Klinik (im Bürgerspital) tätigen Internisten Wolfgang Heinrich Veil (1884-1946), Dr. med. Straßburg 1908, PD 1915 ebd., danach in Frankfurt/M., 1920 ao. Prof. München, 1926-1946 Ordinarius in Jena (DBE; BLÄ; Wolfgang Heinrich Veil (1884-1946). Eine Bibliographie seiner Werke zusammengestellt von Gerhard Bock. Jena: Diesterweg 1946, S. 11). – In diesen Zusammenhang fällt Charles Hauters Mitteilung an Michael Landmann vom 18. April 1961 (SBBK Berlin, Nl 125): »Wie ich Ihnen früher schon schrieb, hat der totkranke [sic!] Mann [d. i. Simmel] seine Leiche der medizinischen Fakultät zur Verfügung gestellt, um ev. aus seiner Krankheit und Tod Erkenntnisse zu erhalten. Die Fakultät hat das Anerbieten angenommen, und die Leiche wurde kurz nach seinem Tode abgeholt. / Die Sektion wurde von Prof. Dr. Mönckeberg vorgenommen. Der Sektionsbericht befindet sich noch in den Archiven der Fakultät in Strasbrg. Er trägt die Nummer 117-1251, das Datum 28.9.18. Ich habe das Dokument vor mir. Ich lese als ›klinische Diagnose‹: ›Lebertumor, primäres Sarkom‹. Als ›pathologisch anatomische Diagnose‹ ist angegeben: ›Grosses primäres Carcinom der Leber, Allgem. Ikterus ...‹ Die Punkte ersetzen andere Angaben, die, nach der Erklärung des medizinischen Kollegen, einer der Nachfolger Mönckebergs, alle mit der Grunderkrankung zusammenhingen.« – Johann Georg Mönckeberg (1877-1925), seit 1916 o. Prof. der Pathologie in Straßburg, später Tübingen und Bonn (NDB; Kürschner GK 1925).

gez. Ihr Simmel] Dies dürfte als Hinweis auf Simmels eigenhändige Unterschrift zu betrachten sein. – Auf Agathe und Hugo Liepmanns Abschiedsbriefe an Simmel (verschollen) antwortete Gertrud Simmel am 13. Sept. 1918: »Liebe Freunde, Georg war sehr ergriffen u. dankbar für Ihre Briefe. / Es handelt sich um ein Leber-Carzinom. Im Winter wurde Georg aus einem fast zufälligen Grunde – um einen Katarrh – gänzlich untersucht u. war *völlig* gesund. Auf unsrer Pfingstreise meldeten sich die ersten Spuren von Müdigkeit. Ende Juni ging Georg ahnungslos zum Arzt, der ihn untersuchte u. [den er] fragte – was ihm selbst noch jetzt seltsam vorkommt, weil er eigentlich an nichts Schlimmes dachte – ›ist das Uebel, das Sie gefunden haben, etwas, wovon man noch wieder gesund wird?‹ u. dann, da er dem uns befreundeten Arzt, dem seine Entdeckung wohl selbst ein großer Schmerz war, ansah, daß es etwas Ernstes war, verlangte er so unbedingt, die Wahrheit zu wissen, daß dem soviel jüngeren Manne nichts übrig blieb, als ihm zu sagen, was es sei u. daß nichts mehr zu machen sei. Wir segnen den Arzt noch heute für seine Aufrichtigkeit. Das Uebel hat sich viel rapider entwickelt, als angenommen wurde u. wir sind wohl jetzt dem Ende nicht mehr fern. Es scheint auf den Magen übergegangen u. die Schwäche ist sehr groß. – Hans war im Juli hier u. hat alles mit uns erlebt. – Goldschmidts u. Jastrows gegenüber braucht hieraus kein Geheimniß gemacht zu werden – Fremden gegenüber hat Georg eine Scheu es ausgesprochen zu wissen. / Sie haben ihm eine glückliche Stunde gemacht durch Ihre liebevollen Briefe. Herzlich die Ihrige / Gertrud Simmel« (I. Flatau, Saratoga Springs). – Mit »Goldschmidts«, die auch in späteren Briefen Gertrud Simmels als Freunde der Ehepaare Jastrow, Liepmann und Simmel angesprochen werden, dürfte der mit Simmel seit den 1880er Jahren befreundete Jurist und Schriftsteller Hermann Goldschmidt (Pseud. Faber) samt Gattin gemeint sein (siehe Simmel an Fritz Mauthner vom 14. Nov. 1889; GSG 22), der dann am 9. Mai 1925 am Grab Hugo Liepmanns die »Abschiedsworte« eines langjährigen Freundes sprechen sollte (als Tps., 3 Bl., in Hamburger-Liepmann, Anhang 1 d).

Georg Simmel an Sabine Lepsius

Brief vom 11. September 1918
Hs. o. U.; M. Rainer Lepsius, Weinheim

11 IX 18

Liebe Sabine –

da ich grade einen frischen Augenblick habe, will ich euch diesen Gruß senden – Bülletins haben keinen Zweck, da der Ablauf des Prozesses unaufhaltsam ist u. die Frage nur sein kann, ob noch ein paar Wochen oder ein paar Monate. Das Letztere wäre grauenhaft. Subjektiv große Schwankungen, es gibt Stunden (freilich immer seltener), in denen ich mich wie ein Gesunder fühle, u. andere, von denen man nicht begreift, wie man sie übersteht.

Ich habe das Bedürfniß, euch auszusprechen, daß ich dies Schicksal keineswegs beklage, sondern im Gegenteil. Mein Leben erscheint mir, grade mit diesem Abschluß, als ein in sich fertiges u. gerundetes, was noch gekommen wäre, wäre nichts *Wesentliches* mehr gewesen, grade im letzten Augenblick habe ich mein letztes Buch noch unter Dach gebracht. Die Welt hat mir gegeben u. ich habe ihr gegeben, was meinen Kräften entsprach. Ich scheide mit tiefer Dankbarkeit u. mit der Überzeugung, daß es der richtige Moment ist u. aufrechten Hauptes. Das Leben hat mich nicht besiegt.

U. nun habe ich eigentlich nichts mehr zu sagen. Alles Einzelne ist mir versunken, u. ich hoffe, auch dieses schlimme Ende klaglos und würdig zu tragen. Dir aber sage ich ein langes, langes Lebewohl, in das sich noch einmal die Geschicke dieser 33 Jahre (so lange kennen wir uns) zusammendrängen. Ich danke dir für alle Liebe u. alle guten Stunden, kurz für alles, was unsre Freundschaft mir an Schönem u. Tiefem gebracht hat. Hab Dank, hab Dank u. liebe mich weiter, wie ich es tun werde.

Mit Kummer höre ich, daß es Reinhold schlecht geht. Auch er ist ein Gewinn meines Lebens, für den ich nicht genug danken kann.

Lebt wohl –

Brief vom 11. September 1918] Mit Umschlag an: *Frau Sabine Lepsius / p. A. Herrn Plaut / Hildesheim. / Schillerstr. 8*; mit Poststempel:

[unles.]g (Els.) 1 11.9.18 4-5 N. und hs. Vermerk der Empfängerin: 1918 / Abschiedsbrief von Georg Simmel ††† / Dieser Brief gehört nach meinem Tode / Gertrud Kantorowicz. – Dazu schreibt Monica Lepsius-Behrenberg anläßlich der Edition dieses Briefes in ihrem der Autobiographie ihrer Mutter angefügten Schlußkapitel ›Ausklänge‹: »Die Adresse zu diesem Brief ist von der Hand seiner [Simmels] Schülerin Gertrud Kantorowicz geschrieben« (Lepsius Künstlerleben, S. 244).

frischen Augenblick] Zu den Beeinträchtigungen infolge der fortgeschrittenen Krebserkrankung siehe Simmel an Agathe und Hugo Liepmann vom 5. Sept. 1918. – Simmel hatte vermutlich bereits früher Gertrud Kantorowicz veranlaßt, die ihr nahestehende Sabine Lepsius über die näheren Umstände zu unterrichten, ganz so, wie er und Gertrud Simmel Kantorowicz ›gebeten‹ hatten, dies in ihrem Brief an Margarete von Bendemann vom 31. Aug. 1918 ›zu tun‹ (LBI New York, Susman Collection). Und Gertrud Kantorowicz sollte dann auch am 27. Sept. 1918 Sabine Lepsius per Telegramm mitteilen: »georg ist gestern abend still entschlafen. gertrud« (M. Rainer Lepsius, Weinheim).

das Bedürfniß, euch auszusprechen] Im Sinne des Abschieds von den Freunden; siehe Simmel an Agathe und Hugo Liepmann vom 5. Sept. 1918.

letztes Buch noch unter Dach gebracht] Zur Fertigstellung der ›Lebensanschauung‹ siehe ebd., zur letzten Fahnenkorrektur bzw. zum Erscheinungstermin: Gertrud Simmel an Hermann Graf von Keyserling vom 13. und Simmel an Max und Marianne Weber vom 15. Sept. 1918.

Geschicke dieser 33 Jahre] Abweichend hierzu erinnert Sabine Lepsius 43 Jahre der Bekanntschaft, wenn sie über ihre ersten Begegnungen in dem mit ›Georg Simmel‹ überschriebenen Kapitel ihrer Autobiographie schreibt: »Georg Simmel, Schulkamerad meines Bruders Harald, war als siebzehnjähriger Gymnasiast ins Haus gekommen, wo ich ihn Jahre hindurch nur als geistreich-witzigen ›Causeur‹ im Kreise der Familie sah. Er gesellte sich dann gewöhnlich zu unseren Mahlzeiten, um auf diese Weise die ganze Familie beisammen zu finden, deren Einklang ihm besondere Freude machte. [...] Im Laufe dieser Besuche wußte er dann mit großer Wärme und Klugheit zu jedem einzelnen Familienmitglied in eine besondere Beziehung zu treten; nur mein Bruder Botho blieb davon ausgenommen. Ich war stolz darauf, daß dieser geistvolle junge Mann sich mit mir abgab. Von Jahr zu Jahr wuchs unsere Freundschaft. Er führte mich in gedankliche Welten ein, die mir bis dahin völlig verschlossen gewesen waren, und doch wußte er alles meinem Alter – ich war zwölf gewesen, als er bei uns auftauchte – so anzupassen, daß ich, von ihm geleitet – in vertrauten Gärten zu gehen glaubte. Als weiser Erzieher steigerte er die Anforderungen an meinen Verstand allmählich, so daß ich deutlich ein geistiges Wachstum verspürte.« (Lepsius Künstlerleben, S. 63) Und wie Lepsius hier des Freundes, »der immer für mich da war, wenn ich ihn brauchte« (S. 65) gedenkt, so hatte sie schon zuvor gerühmt, »welch eine Welt von Güte in Georg Simmel lag [...], daß geistiges und seelisches Wohltun, daß schrankenloses Eingehen auf seine Freunde einen Teil seines Lebens ausmachte. [...] Je älter er wurde, desto mehr vertiefte sich seine immer strebende und allem Leben offene Persönlichkeit, die dann ihren edelsten Ausdruck in den Abschiedsbriefen fand, die der Sterbende an seine Freunde schrieb, und die Zeugnis von einer Höhe sind, die nur den Seltensten unter den Sterblichen zu erreichen vergönnt ist« (Stefan George: Geschichte einer Freundschaft. Berlin: Die Runde 1935, S. 27f.). – In solchem Rückblick auf die Beziehung mögen Sabine Lepsius' »Notizen zu einem Antwortbrief an den sterbenden *Georg Simmel*« entstanden sein, die sich in einer Abschrift bei ihren Tagebüchern erhalten haben: »Du lieber Georg, in Stunden wie diese: / *Segne* Du meine Kraft, daß ich so wie Du nur *Liebe* hinterlasse. Das Lieben des Einzelnen, der im Großen drinsteht, umspannt Welten des Geistes durchdringend mit lichtvollem Blick. / Lohnt die Freundschaft nur schenkend die Fülle, was bedeutet ein eigener Tod. / Das Wesen des Einfalls ist Bizarrerie. / Daß Einfälle so regelhaft marschieren wie eine Kette logischer Schlüsse. / Daß Gedankenfolgen schön sind wie Kunstwerke. / Wenn ich alles bedenke, so bin ich froh, daß ich Dich nicht begleiten kann, wie man Freunde begleitet, die nicht lange genug da sind.« (Abschrift von Sabine Lepsius' Tochter Monica Lepsius-Behrenberg, etwa 1944 mit der Bezeichnung ›1917 / Buch Nr. 2, eingeordnet in die unveröffentlichte Materialsammlung zu: Dies.: Ausklänge. In: Lepsius Künstlerleben, S. 239-250). – Es ist nicht bekannt, ob Sabine Lepsius diese ›Notizen‹ in einen Brief an Georg Simmel aufgenommen hat, wohl aber, daß sie »bat kommen zu dürfen«, was Simmel lt. Gertrud Kantorowicz ihr wie auch anderen Freunden verwehrt hat: »Er wollte nur überhaupt niemand mehr hier haben, von den Freunden [...] Bei mir war's anders, weil die Frage garnicht entstand. Es musste ja sein wegen der Manuskripte. Aber der Gedanke an ein Wiedersehen war ihm wohl zu stark, und das Gesehenwerden in der Schwäche quälend« (Brief an Margarete von Bendemann vom 20. Sept. 1918, LBI New York, Susman Collection).

Reinhold schlecht geht] Zu Reinhold Lepsius' Erkrankung an ›Schwermut‹ siehe Simmel an Hermann Graf von Keyserling vom 21. Juni 1918.

Gewinn meines Lebens] Zeugnis »der engen innerlichen Beziehungen«, die Simmel mit dem Ehepaar Lepsius verbanden (Simmel an Hans Vaihinger vom 23. März 1901), war bereits die »Den Freunden Reinhold und Sabine Lepsius« gewidmete ›Philosophie des Geldes‹ (1900). Reinhold Lepsius hatte Simmel auf die Dichtung Stefan Georges aufmerksam gemacht (siehe Simmel an Friedrich Wolters vom 4. Febr. 1913) und gehörte später zu den ausgesuchten Gesprächspartnern bei den Begegnungen mit George im Simmelschen Haus (siehe Simmel an Stefan George vom 11. Mai und 27. Okt. 1901). Die Anregungen, die Simmel dem Kunstsinn des Porträtmalers Lepsius verdankt haben mag, sieht Sabine Lepsius darin zum Ausdruck gebracht, daß Simmel »sich ganz dessen Führung durch das Reich der Künste« überlassen habe (Stefan George, a. a. O., S. 26).

Georg Simmel an G. J. Göschen'sche Verlagshandlung

Verfügung (nach Diktat) vom 11. September 1918
Hs. m.e.U.; SBPK Berlin, VA de Gruyter

Straßburg d. 11. 9. 18.

Herrn G. J. Göschen, Berlin.

Ich habe zur Erbin aller Rechte an meinen Schriften meine Frau – und für ihren Todesfall meinen Sohn – eingesetzt. Ueber alle diesbezüglichen Angelegenheiten ist mit ihr zu verhandeln. Alle Korrekturen sind an sie zu senden, sowohl von ev. im Druck befindlichen wie späteren Neuauflagen, da sie sowohl mit Korrekturen, – die sie stets mit mir zusammen gelesen hat – wie mit ev. von mir hinterlassenen Verbesserungen Bescheid weiß. Alle Honorare sind an sie abzuführen.

Prof. Simmel

Hs. m.e.U.] Text von der Hand Gertrud Simmels, unterschrieben von Georg Simmel. – Die vorliegende Rechtsnachfolgeverfügung ist das einzige im Original erhaltene Schreiben dieser Art, das auf Simmels Wunsch den Verlegern seiner Schriften zusammen mit der Anzeige seines Todes zugesandt werden sollte (siehe das nachfolgende Schreiben an die J. G. Cotta'sche Buchhandlung). Die Todesanzeige trägt das Datum vom 27. Sept. 1918 (siehe GSG 24: Dokumente).

Herrn G. J. Göschen, Berlin] Gemeint ist die Leitung der G. J.

Göschen'schen Verlagshandlung, namentlich Wilhelm von Crayen und Walter de Gruyter.

Erbin aller Rechte an meinen Schriften meine Frau] Angesprochen sind hier die zum Zeitpunkt der Verfügung bereits vorliegenden und die von Simmel selbst zum Druck gegebenen Schriften; von dieser Verfügung nicht betroffen sind diejenigen Nachlaßschriften, deren Veröffentlichung er Gertrud Kantorowicz und Otto Baensch übertragen hat, die dann »auch geschaeftlich darueber zu verfuegen haben« sollten (Gertrud Simmel an Antonio Banfi vom 21. März 1923, Tps. m.e.U., Istituto Banfi, Reggio Emilia). Siehe ausführlich Otthein Rammstedt: Geschichte des Simmel-Nachlasses 1918 bis 1941. SiStu 14, 2004, Heft 1, S. 93-147, hier: 93-99. – Die Existenz einer entsprechenden gerichtlich niedergelegten letztwilligen Verfügung Simmels ist derzeit nicht nachzuweisen (siehe Simmel an das Königliche Amtsgericht Berlin-Mitte vom 16. Febr. 1916). – In der G. J. Göschen'schen Verlagshandlung waren 1910 Simmels ›Hauptprobleme der Philosophie‹ (GSG 14, S. 7-157) und 1917 ›Grundfragen der Soziologie‹ (GSG 16, S. 59-149) erschienen.

meinen Sohn] Hans Simmel.

Georg Simmel an J. G. Cotta'sche Buchhandlung, Nachfolger

Verfügung (Abschrift) vom 11. September 1918
Tps.; DLA, Marbach, Cotta-Archiv

Strassburg, d. 11. 9. 18.

Herrn *J. G. Cotta, Stuttgart.*

Ich habe zur Erbin aller Rechte an meinen Schriften meine Frau – u. für ihren Todesfall meinen Sohn – eingesetzt. Ueber alle diesbezüglichen Angelegenheiten ist mit ihr zu verhandeln. Alle Korrekturen sind an sie zu senden, sowohl von ev. im Druck befindlichen sowie späteren Neuauflagen, da sie sowohl mit Korrekturen – die sie stets mit mir zusammen gelesen hat – wie mit ev. von mir hinterlassenen Verbesserungen Bescheid weiss. Alle Honorare sind an sie abzuführen.

gez. Prof. Simmel

Verfügung (Abschrift)] Oben zentriert: *Abschrift!* – Die hier wiedergegebene Abschrift wurde von der J. G. Cotta'schen Buchhandlung Nachfolger erstellt, nachdem Gertrud Simmel die Urschrift am 6. April 1921 zurückerbeten hatte: »Es ist Ihnen seinerzeit mit der Anzeige des Todes meines Mannes, des Prof. *Georg Simmel*, eine hinterlassene Verfügung desselben zugegangen (Ende September 1918) des Inhalts, daß die Rechte an seinen Schriften auf mich übergehen, ich die Korrekturen zu lesen habe etc. Sie würden mich sehr verbinden, wenn Sie mir diese Verfügung zurücksenden wollten, da ich kein Exemplar dieses an die Verleger Simmels gegangenen Rundschreibens besitze, dasselbe aber geschäftlich gelegentlich brauche«. Das »Original«, das dem Verlag lt. Poststempel des Briefumschlags mit Trauerrand per Adresse »Herrn / J. G. Cotta Verlag / Stuttgart« am 27. Sept. 1918 zugesandt worden war, wurde Gertrud Simmel mit Schreiben vom 9. April 1921 zurückgesandt (beide Briefe in DLA Marbach, Cotta-Archiv). Zur erwähnten Todesanzeige (ebd.) siehe GSG 24: Dokumente.

Ich habe zur Erbin ... abzuführen] Die Verfügung betrifft Simmels ›Einleitung in die Moralwissenschaft‹ (GSG 3 und 4), die seit 1901 infolge der Übernahme durch die Bessersche Buchhandlung (Wilhelm Hertz) in der J. G. Cotta'schen Buchhandlung angesiedelt war. – Siehe auch vorstehendes Schreiben an die G. J. Göschen'sche Verlagshandlung.

Gertrud Simmel an Hermann Graf von Keyserling

Brief vom 13. September 1918
Hs.; ULB Darmstadt, Hermann Keyserling-Archiv

Straßbg. 13.9.18

Verehrter Graf,

wir erfuhren Ende Juni vom Arzt, daß mein Mann an einem Leber-Carcinom leide u. daß sein Zustand hoffnungslos sei. Nur erst seit dem Frühjahr hatte er sich angegriffen gefühlt, hatte aber – wie es ihm selbst scheint: seltsamerweise – dem Arzt bei der ersten Anfrage u. Bitte um Untersuchung sogleich gesagt: Antworten Sie mir, ob ich noch heilbar bin. Die Krankheit nimmt eine überaus rasche Entwicklung, die Schwäche ist furchtbar. Aber die Einigkeit mit dem Schicksal, die friedliche Abgeschlossenheit des Lebens – so fühlt er es – ist eine vollständige. Er ist beschäftigt, von seinen Freunden schriftlichen Abschied zu nehmen – vor allem aber mit der Korrektur eines letzten Buches, das ihm sehr am Herzen liegt u. das er wohl für sein gereiftestes Werk hält. Er hat soeben die letzten Fahnen bekommen – und das ist gut so, denn die Arbeit geht weit über seine schwachen Kräfte, die ihm kaum erlauben, im Bett aufzusitzen.

Er hat keine Schmerzen, aber Schwäche u. Elend quälen. Ich kann hier alles für die Pflege erforderliche leicht beschaffen. Wenn diese Korrektur gelesen sein wird, so wird er sich, denke ich, entschließen, auch seine Tage durch Morphium zu erleichtern, wie es seit einiger Zeit für die Nächte geschieht.

Nehmen Sie vielen Dank für Ihren Antheil. Ich schicke Ihnen und Ihrer Frau Schwester freundliche Grüße Ihre

Gertrud Simmel, geb. Kinel.

Mein Sohn steht in der Ukraine an ruhiger Stelle. Er war im Juli 3 Wochen bei uns.

Mein Mann wollte Ihnen schreiben, es kam aber heute nicht dazu. Ich bitte Sie, seinen Brief abzuwarten, bevor Sie wieder schreiben u. schicke inzwischen den meinigen.

Brief vom 13. September 1918] Gertrud Simmels Brief ist hier mitaufgenommen, da er – wie die Schlußbemerkung zeigt – in Simmels Auftrag geschrieben sein dürfte. Zudem spricht sie Simmels Haltung ganz in dem Sinne aus, wie Simmel selbst sie dem ihm nahestehenden Personenkreis in seinen Abschiedsbriefen vermitteln will (siehe Simmel an Agathe und Hugo Liepmann vom 5. Sept. 1918).

wir erfuhren Ende Juni vom Arzt] Gertrud Simmel beantwortet offensichtlich eine Rückfrage des Grafen von Keyserling (verschollen) in Reaktion auf Simmels Mitteilung vom 6. Sept. 1918, er sei »ein todkranker Mann«. Seit Ende Aug. übernahmen sie und Gertrud Kantorowicz es, Freunde und Freundinnen zu unterrichten: So schrieb Gertrud Simmel am 2. Sept. 1918 an Sophie Rickert (SGA Stuttgart), so »vor ein paar Tagen an Webers« (ebd.), und auch an Margarete von Bendemann »hätte« sie lt. Gertrud Kantorowicz »über Georgs Krankheit geschrieben, wenn ich nicht jetzt gekommen wäre. So tat's ihr wohler, wenn ich's tat« (Brief an Margarete von Bendemann vom 31. Aug. 1918, LBI New York, Susman Collection). – Zum behandelnden Arzt siehe Simmel an Arthur Schneider, Dekan, vom 22. Juli 1918 und an Hugo Liepmann vom 8. Sept. 1918.

von seinen Freunden schriftlichen Abschied zu nehmen] Von diesen expliziten Abschiedsbriefen Simmels sind nur die Schreiben an Agathe und Hugo Liepmann vom 5. Sept., an Sabine Lepsius vom 11. Sept., an Hermann Graf von Keyserling von nach dem 13. Sept. und an Max und Marianne Weber vom 15. Sept. 1918 überliefert. Auch an Margarete von Bendemann muß Simmel zwischen dem 5. und 20. Sept. ein »Karte« (nicht überliefert) geschrieben haben, die diese umgehend mit einem »Brief« (verschollen) beantwortete (Gertrud Kantorowicz an Margarete von Bendemann vom 20. und 26. Sept. 1918, a.a.O.).

Korrektur eines letzten Buches ... die letzten Fahnen] Über Simmels Bemühen, die Korrektur der ›Lebensanschauung‹ noch selbst vorzunehmen, schreibt Gertrud Simmel nahezu gleichlautend, ebenfalls am 13. Sept. 1918 an Sophie Rickert: »Es geht zu Ende – aber es kann ev. noch einige Wochen dauern. [...] Eben kommt die letzte Fahnenkorrektur von dem neuen – dem letzten – Buch – mein Mann wird sie trotz allen Elends lesen u. sich wenn dies abgeschlossen ist wohl nicht mehr dagegen sträuben, sich auch die Tage durch Morph. erleichtern zu lassen, wie seit einiger Zeit die Nächte« (SGA Stuttgart). – Zum Erscheinen der ›Lebensanschauung‹ siehe Simmel an Max und Marianne Weber vom 15. Sept. 1918.

seine Tage durch Morphium zu erleichtern] Dies sollte nach dem 16. Sept. eintreten, schreibt doch Gertrud Kantorowicz am 20. Sept. 1918, »Die Leiden – nicht Schmerzen – wären sehr groß, wenn er nicht durch Morphium schlafen könnte. So ist seit der letzten Woche nur manchmal eine freie Stunde, manchmal nur Minuten, in denen ich ihn sehe« (Brief an Margarete von Bendemann, LBI New York, Susman Collection).

Dank für Ihren Antheil] Graf von Keyserlings wohl an Georg und Gertrud Simmel gerichtetes Schreiben ist verschollen.

Schwester] Leonie von Ungern-Sternberg, geb. von Keyserling.

Mein Sohn steht in der Ukraine] Siehe Simmel an Ignaz Jastrow vom 7. Aug. 1918.

Mein Mann wollte Ihnen schreiben] Siehe nachfolgenden Brief.

Georg Simmel an Hermann Graf von Keyserling

Brief von nach dem 13. September 1918
Hs.; ULB Darmstadt, Hermann Keyserling-Archiv

Mein lieber, lieber Graf,

Sie werden nicht erwarten, daß ich auf Ihren Brief anders als mit einem Händedruck antworte – solch letzte Dinge kann man *ein*mal aussprechen, hin u. her, aber sie können nicht Gegenstand einer »Korrespondenz« sein, ohne ihre Weihe u. Feierlichkeit zu verlieren. Nur dies: Sie gehören zu dem Kreis der Menschen, deren seelischer Hauch die Atmosphäre bildet, in der ich jetzt noch lebe u. bis zu meinem letzten Bewußtsein leben werde. Es sind die, die ich, noch jenseits aller objektiven Wertung, *liebe* –

Ich kann Ihrem Wunsche nach einer Photographie nur mit dieser, aus einem Paß herausgeschnittnen genügen – alle andern, die ich besitze, sind *noch* schlechter.

Bitte schreiben Sie mir weiter – jedes Wort, das so voll von Leben u. Kraft ist, tröstet mich in meiner Sorge um die deutsche Zukunft – das einzig Irdische, dessen Schatten noch über meinen Weg fällt –

Mehr kann ich heute nicht
Immer Ihr

GS

Brief von nach dem 13. September 1918] Simmels undatierter Brief ist hier als der von Gertrud Simmel im Schreiben vom 13. Sept. 1918 angekündigte eingeordnet. Diese späte Datierung legt auch die sehr veränderte große Handschrift nahe, die neben nachträglich eingefügten Auslassungen wiederholte Unterbrechungen erkennen läßt.

Ihren Brief] Graf von Keyserlings Brief – in Reaktion auf Simmels Schreiben vom 6. Sept. 1918 – ist verschollen.

Photographie] Nicht überliefert.

Bitte schreiben Sie mir weiter] Siehe Gertrud Simmel an Graf von Keyserling vom 21. Sept. 1918.

Georg Simmel an Max und Marianne Weber

Abschrift von Brief vom 15. September 1918
Tps.; GStA PK Berlin, Rep. 92 (Weber), Nr. 30/9

15.9.1918

Lieber Max Weber, liebe Frau Marianne!

Ich danke Ihnen für Ihre guten Worte und Wünsche – diese aber sind unerfüllbar. Ich bin von einer unheilbaren inneren Krankheit befallen, die Aerzte geben mir noch ein paar Wochen – wenigstens wäre es eine ausgesuchte Grausamkeit der Götter, wenn diese Quälerei sich noch durch Monate hinziehen wollte. So braucht dieser Gruss noch nicht der letzte zu sein, aber ich rechne damit, dass er es ist, denn meine körperlichen und geistigen Kräfte sind erschöpft. Aber meine Freunde sollen noch aus meinem eignen Munde wissen, dass ich nicht als ein Gebrochener, mit diesem Schicksal Haderndner aus dem Leben gehe, sondern mit dem Gefühl, dass es so richtig ist. Mein Leben stellt sich mir in einer unerwarteten Geschlossenheit dar. Ich habe mein letztes Buch: ›Lebensanschauung‹ gerade noch unter Dach gebracht[,] es erscheint demnächst. Die Welt hat mir gegeben und ich habe ihr gegeben, was meinen nicht sehr erheblichen und sehr gehemmten Kräften entsprach – was noch gekommen wäre, wäre nichts *Wesentliches* mehr gewesen und ich bin glücklich, dass mir der langsame Altersverfall erspart bleibt. Ich scheide ohne irgend welche Wehmut oder Resignation im rechten Augenblick. In all meiner jetzigen Jämmerlichkeit fühle ich mich als Günstling der Götter, trotz alles Verfehlten, Leidvollen, Bruchstückhaften, tief dankbar dafür, dass ich dies Leben führen durfte und dass es sich so abschliesst. Gedenken Sie meiner als eines, der gehobenen Hauptes Abschied nimmt. Und nehmen Sie innigsten Dank für all die Freundschaft und Liebe, mit der Sie mich beschenkt haben. So lange ich noch zu atmen habe, werde ich sie fühlen als einen grossen Gewinn meines Lebens; und ebenso lange werde ich sie erwidern.

Ihr Georg Simmel

Abschrift von Brief vom 15. September 1918] Es handelt sich vermutlich um eine Abschrift Marianne Webers. Das Tps. enthält einige hs. Korrekturen. – Oben zentriert: Herr Professor Georg Simmel. Daneben hs.: Sein letzter Brief. – Oben re. von fremder Hand: 17. – Hans Henrik Bruun, Kopenhagen, sei für die Vermittlung dieses Briefes gedankt.

15.9.1918] Das Datum enthält eine mit Tinte durchgestrichene, nicht mehr entzifferbare, einziffrige Jahreszahl, die hs. durch »1918« ergänzt wurde.

Ihre guten Worte und Wünsche] Schreiben verschollen. – Gertrud Simmel hatte, wie sie am 2. Sept. 1918 Sophie Rickert mitteilte, den »Webers« von Simmels Krankheit geschrieben (SGA Stuttgart). Marianne Weber zitiert diesen Brief in ihren ›Lebenserinnerungen‹ (Bremen: Johs. Storm 1948, S. 389 f.) nicht, greift aber wohl auf das darin Mitgeteilte zurück, wenn sie als Vorbemerkung zum vorliegenden Abschiedsbrief Simmels schreibt. »Im Frühjahr 1918 wurde Georg Simmel von schwerer Krankheit befallen – Leberkrebs. Er nötigt den Arzt zur Wahrheit und lebt nun bewußt in großartiger Haltung seinem Tode entgegen. Er ist einverstanden mit seinem Schicksal, er dankt den Göttern für das reiche ihm vergönnt gewesene Leben, und auch dafür, daß er rechtzeitig scheiden darf. Er arbeitet bis zuletzt. Die Gatten leben in tiefer Stille. Eine nahe Freundin des Mannes, Gertrud Kantorowicz, ist bei ihnen. Das Scheiden vollzieht sich als hohe Erfüllung« (S. 389 f.). Und Marianne Weber setzt dann unmittelbar fort. »Mein Mann und ich erhielten noch einen wunderbaren Abschiedsbrief, der, immer bewahrt, leider unauffindbar ist. Daran bekundet sich ein echter Philosoph, der sein Schicksal bejaht. Es vollzog sich kurz vor Deutschlands Zusammenbruch und trat deshalb in den Hintergrund vor dem des Ganzen« (S. 390).

Krankheit] Zu Simmels »Leber-Carcinom« und der »überaus rasche[n] Entwicklung« der Krankheit siehe Gertrud Simmel an Hermann Graf von Keyserling vom 13. Sept. 1918 sowie Simmel an Agathe und Hugo Liepmann vom 5. Sept. 1918.

die Aerzte geben mir noch ein paar Wochen] Dazu schreibt Gertrud Kantorowicz, am »Montag«, den 16. Sept. 1918 habe der Arzt an Hans Simmel »telegraphiert. Das sagt, dass er kaum noch mit Wochen rechnet« (Brief an Margarete von Bendemann vom 20. Sept. 1918, LBI New York, Susman Collection).

Quälerei ... hinziehen] Siehe Simmel an Agathe und Hugo Liepmann vom 5. Sept. 1918.

meine Freunde sollen ... wissen] Siehe ebd. sowie die weiteren überlieferten Abschiedsbriefe an Hermann Graf von Keyserling vom 6. Sept. und an Sabine Lepsius vom 11. Sept. 1918.

unerwarteten Geschlossenheit] Siehe ebd.

mein letztes Buch: ›Lebensanschauung‹ … erscheint demnächst] Zur letzten Fahnenkorrektur siehe Gertrud Simmel an Hermann Graf von Keyserling vom 13. Sept. 1918. – Das Buch – Lebensanschauung. Vier metaphysische Kapitel. München/Leipzig: Duncker & Humblot 1918, IV, 245 S. (GSG 16, S. 209-426) – ist zwischen dem 13. und 24. Dez. 1918 erschienen (LC vom 4. Jan. 1919, Sp. 17). Wie Gertrud Simmel am 22. Jan. 1919 an Hermann Graf von Keyserling schrieb, sollte sie das Werk im Freundeskreis verteilen: »Das Buch ›Lebensanschauung‹ ist eben das, an dessen Vollendung ihm so sehr viel lag u. das ihn bis zum Ende seiner Kraft beschäftigt hatte. Darum schickte ich es an die Freunde wirklich wie ein Vermächtnis. Georg pflegte zuletzt öfter zu sagen: ›Dies Buch, das ist meiner Weisheit letzter Schluß, gering wie sie sein mag‹« (ULB Darmstadt, Keyserling Archiv). Ein an Edmund Husserl gesandtes Exemplar mit der hs. Widmung von Gertrud Simmel »Zur Erinnerung an Georg Simmel« befindet sich im Husserl-Archiv, Louvain.

mir der langsame Altersverfall erspart bleibt] Siehe Simmel an Agathe und Hugo Liepmann vom 5. Sept. 1918.

Günstling der Götter] Von Simmel im Sinne von ›Liebling der Götter‹ verstanden; siehe ebd.

Gertrud Simmel an Arthur Schneider, Dekan der philosophischen Fakultät der KWU

Brief vom 19. September 1918
Hs.; ADBR Strasbourg, AL 62, Paq. 37, J.-N. 172

19.9.18.

Sehr geehrter Herr Professor,

Mein Mann ist so schwer krank, daß ich ihm nicht einmal den Inhalt Ihres Briefes übermitteln kann – ich bitte Sie daher, meines Mannes Mitwirkung bei den bevorstehenden Examen als ganz ausgeschaltet zu betrachten – und bin sicher, daß er mit Ihren Anordnungen bezüglich derselben völlig einverstanden sein wird. Mit den Herren Schwartz u. Baensch konnte er sich neulich in einer leichteren Stunde noch unterhalten – was etwa zweifelhaft sein könnte, darüber werden diese Herren Bescheid wissen.

Mit verbindlichem Dank für Ihre guten Wünsche u. besten Empfehlungen Ihre

Gertrud Simmel
geb. Kinel.

Brief vom 19. September 1918] Gertrud Simmel führte diese Korrespondenz in Simmels Auftrag.

Ihres Briefes] Verschollen.

bevorstehenden Examen] Nicht ermittelt.

Herren Schwartz u. Baensch] Simmels Freund und Kollege Eduard Schwartz und der PD Otto Baensch, den die Universität Straßburg zum Okt. 1918 als Vertretung Simmels reklamiert hatte (siehe Simmel an Arthur Schneider, Dekan, vom 22. Juli 1918) und dem Simmel die postume Herausgabe seines Aufsatzfragmentes ›Ueber die Freiheit. Bruchstücke aus dem Nachlaß‹ (Logos XI, 1922, Heft 1, S. 1-30 [GSG 20, S. 80-115] übertragen hat.

Gertrud Simmel an Hermann Graf von Keyserling

Brief vom 21. September 1918
Hs.; ULB Darmstadt, Hermann Keyserling-Archiv

21.9.18.

Verehrter Graf,

Ich kann Ihren Brief meinem Mann nicht mehr abgeben – er ist so schwach, daß er sich nicht mehr ohne Hilfe im Bett aufrichten kann – er erträgt Briefe nicht mehr.

Ich hoffe dieser Tage auf die Herkunft meines Sohnes, der Arzt hat ihn gerufen Ihre ergebene

Gertrud Simmel.

Brief vom 21. September 1918] Als im Auftrag Simmels geschrieben hier aufgenommen.

Ihren Brief] Graf von Keyserlings Brief ist nicht überliefert; Gertrud Simmel hat ihn lt. Brief vom 7. Okt. 1918 dem Grafen zurückgesandt (ULB Darmstadt, Hermann Keyserling-Archiv).

erträgt Briefe nicht mehr] Ähnlich argumentiert Gertrud Kantorowicz am 26. Sept. 1918 gegenüber Margarete von Bendemann, nachdem diese Simmel geschrieben hatte: »Ihm nun nochmals zu schreiben, wäre aber nicht mehr richtig. Deinen Brief hat er gelesen, der war ihm gut, ich hatte auch das Gefühl, als hätte er ihn erwartet. Aber nun – mein Susali, nun ist keine Kraft mehr da zum Aufnehmen glaube ich. Nun wärs nur Leid. Es geht doch jeden Tag näher zum Aufhören hin. Als ob seine eigne grosse Überwindung dem Schicksal die Form vorschreibe, ist die Veränderung nicht die eines blossen Auflösens, sondern es ist wie das Herausarbeiten alles Edelsten, Feierlichsten. Aber Leben, Leben ist das nicht mehr. Zwischen dem Morphiumschlaf sehe ich ihn, manchmal viertelstundenweis [...]. Es ist noch alles da, auch wenn wir sprechen ist er der gleiche, aber alle Kraft ist fort, er kann nicht mehr. [...] Er ist nicht entrückt, nicht verklärt, er ist da, aber man fühlt, dass er geht« (LBI New York, Susman Collection).

Herkunft meines Sohnes] Ein lt. Kantorowicz' Brief vom 20. Sept. 1918 (ebd.) am »Montag«, den 16. Sept. aufgegebenes Telegramm an Hans Simmel, der in der Ukraine im Einsatz war (siehe Simmel an Ignaz Jastrow vom 7. Aug. 1918), kam, wie Gertrud Simmel dem Grafen von Keyserling später erläuterte, »durch den Irrtum eines Telegraphisten, der die Reg. Nummer verschrieb, [...] nach 5 Tagen zurück« (Brief vom 7. Okt. 1918, a.a.O.). Noch am 26. Sept. 1918, Simmels Todestag, schrieb Gertrud Kantorowicz in einem zweiten Brief an Margarete von Bendemann: »Nun ist es vorüber. Georg ist heut Abend gestorben. Gestern Mittag sprach ich ihn noch, dann schlief er, ohne mehr zu vollem Bewusstsein zu erwachen. Ohne Leiden. Er selbst hatte gewünscht, es solle bald, bald zu Ende sein. [...] Gertrud sprach ich nur einen Augenblick und liess sie dann allein. Ob u. wann Hans kommt, wissen wir noch nicht« (LBI New York, Susman Collection). Hans Simmel sollte am 27. Sept. 1918, einen Tag vor dem Begräbnis, eintreffen und entsprechend festhalten: »Der Vater [...] stirbt am *26. September.* Ich treffe ihn nicht mehr lebend an, bin beim Begräbnis in Straßburg, fahre wieder ins Feld« (Hans Simmel, Notizen o. S.).

Jugendbriefe

Georg Simmel – Harald Graef
Ein Schülerbriefwechsel in Versen (1875/76)

Georg Simmel an Harald Graef

Sendung 1 von Ende Dezember 1875

Ich folge deinem Wunsche; sieh mich heut
In schwarzem Frack und weißen Handschuhn kommen
Zum Tanzen, Witzeln, Pfänderspiel bereit.

Und weil nun unser beider Herz entglommen
Für Polyhymnias harmonisch Spiel
Biet diesen Vers ich dir – zu deinem Frommen??

Doch hab ich heut ein sonderbar Gefühl:
Schmachvolle Wünsche, die bis jetzt mich banden
Ich werf' sie fort und such' ein neues Ziel.

Der Liebe eignes Wesen zu ergründen
Fühl' d'rum ich heut mich um so mehr getrieben;
Und so sollst heute du bereit mich finden
Zum Lachen, Küssen und – mich zu verlieben.

G. Simmel.

Sendung 1 von Ende Dezember 1875] Datiert nach Ablage. – 1 Bl. 7,5 × 9 cm, einseitig beschrieben, auf der Umschlaginnenseite des Heftes eingeklebt.

deinem Wunsche] Siehe editorischen Bericht.

Polyhymnias] Griech.: die mit den vielen Gesängen, vielstimmiger Chorgesang; in der griechischen Mythologie eine der neun kanonischen Musen, die »große Dinge mit großen Gesängen unsterblich macht«. Der Legende nach war sie die Mutter von Orpheus, dem legendären Lyra spielenden Helden, oder auch von Eros, dem Gott der Liebe (Pauly).

Georg Simmel an Harald Graef

Sendung 2 von Ende Dezember 1875

Ich kann nicht trocken heut Geschichte schreiben
In meinen Adern fühl' ichs fiebernd treiben
– Nicht zwar, als ob ich mich erkältet hätte
– Nach allem Schein im Gegentheil ich wette
Verbraut hat sich mein Herz in süßem Wahn ja
– Versichert ists noch nicht bei der Germania –
»Im Wahn? Ja, ja er schießt bei dir in üpp'gem Keim auf.«
»Beruhige dich, ich suchte nur 'nen Reim auf«.
Doch jetzt im Ernst! Und weil es denn modern ist,
Daß Reim und Vers uns nah und Prosa fern ist,
Trag' ich dir, was ich will in Reimen vor
Du aber leih' mir ein geneigtes Ohr.
Bei allem, was unheilig dir und heilig
Was angenehm dir ist und was abscheulich,
Bei Vater, Mutter, Schwester, Bruder, Tanten,
Bei zärtlichen und anderen Verwandten
Bei jeder Leier, die du je gerührt hast,
Bei jedem Aufsatz, den du je geschmiert hast,
Bei jedem Wasser, was du je getrübt hast,
Bei jedem Mädchen, das du je geliebt hast:
Antworte mir entschieden und aufrichtig,
Besonnen, weise, überlegt und tüchtig
Prompte et callide et persapienter,
Celeriter et bene et prudenter
– Borg' Schlauheit bei Ulyss zu 5 %
Wenn deine bei der Frage geht zu End –
Antworte mir – und was du sprichst sei von Gewicht.
Bin ich verliebt in Fräulein Mayet oder nicht?

Der »betreffende«.

Sei so gut, deinem Bruder zu sagen, daß ich am 3. 1. 76 mir Vormittag 11 Uhr das Vergnügen machen würde, mit ihm zu musiciren. Viele Grüße an die werthen deinigen.

G.

Sendung 2 von Ende Dezember 1875] Datiert nach Ablage. – 1 Bl. 12 x 9,5 cm, beidseitig beschrieben, mit Klebestreifen auf der Umschlaginnenseite des Heftes lose befestigt.

Germania] Gemeint ist hier die Versicherungsgesellschaft ›Germania‹, gegründet 1857 in Stettin (Online-Ausgabe von Meyers Konversations-Lexikon, 1889).

***Prompte et callide et persapienter, Celeriter et bene et prudenter*]** Lat.: Fertig und schlau und sehr weise, schnell und gut und klug«. ›Fertig‹ hier i.S.v. ›parat‹. Wohl mittellateinischer Ausspruch.

Ulyss] Veraltete Bezeichnung für Odysseus, der bei Homer der ›Listenreiche‹ bzw. der ›Vielkluge‹ genannt wird.

Fräulein Mayet] Die im weiteren häufiger angesprochene Lyda Mayet (siehe Sendung 3) konnte nicht ermittelt werden. Lt. Berliner Adreßbuch 1876 wohnte »Mayet, H., geb. Wegscheider, vw. Justizrath, Waterloo Ufer 5 II«; da Simmel nahe dieser Adresse wohnte, kann vermutet werden, daß Lyda Mayet dieser Anschrift zuzuordnen ist.

der »betreffende«] Umstände und Anlaß dieser Selbstbezeichnung sind nicht bekannt.

deinem Bruder] Gemeint ist (Franz) Botho Graef, geb. 12. Okt. 1857 in Berlin, gest. 9. April 1917 Königstein (Taunus). Er studierte in Greifswald und Berlin, wurde 1889 PD an der Berliner Universität, 1904 ao. Prof. für Archäologie und neuere Kunstgeschichte in Jena; seit 1914 gehörte er in seiner Eigenschaft als Vertreter der Archäologie der Zentraldirektion des Deutschen Archäologischen Instituts an. Herausgeber des dreibändigen Werks: Die antiken Vasen von der Akropolis zu Athen (1909-1914) (DBE).

musiciren] »Zu den wenigen Dingen, die ein gemeinsames Interesse der Familie bildeten, gehörte die Musik«, vermerkte Hans Simmel zum Elternhaus seines Vaters. Er »bekam seine ersten Klavierstunden von seiner Schwester Marie; später hat er sehr viel vierhändig mit ihr gespielt. Auch Geigenunterricht bekam er trotz der wirtschaftlichen Schwierigkeiten« (S. 6). – Ein Leben lang hat Simmel musiziert; Margarete von Bendemann bezeichnete ihn als »durch und durch musikalischen Menschen« und meinte, er müsse »öfters gespielt und sogar intensiv geübt haben; er hätte sonst nicht, wie er es öfters tat, mit bedeutenden Meistern vierhändig spielen können« (Erinnerungen in: BdD, S. 280). Kennen wir von diesen keinen namentlich, so nennt Hans Simmel für die Straßburger Zeit Paula Stebel, Pianistin und »leitende Lehrerin eines berühmten Konservatoriums«, die er 1915 in sein Elternhaus einführte und die mit seinem Vater »vierhändig spielte« (S. 81). Zu Paula Stebel (17. April 1885-26. März 1932) siehe: Franz Huber:

Paula Stebel. Priesterin am Flügel. In: Ders.: Offenburg. Aus der Geschichte einer Reichsstadt. Offenburg: Burda 1951, S. 341-346.

werthen deinigen] Der Historien- und Porträtmaler Gustav Graef (1821-1895) war verheiratet mit Franziska Bertha, geb. Liebreich (1824-1893); sie hatten neben Harald (19 Jahre) und Botho (18 Jahre s. o.) noch die damals elfjährige Tochter Sabine, nachmals Lepsius. – Simmel sei als Mitschüler Harald Graefs »als siebzehnjähriger Gymnasiast« in das Haus Graef gekommen, berichtet Sabine Lepsius, »wo ich ihn Jahre hindurch nur als geistreich-witzigen ›Causeur‹ im Kreise der Familie sah. Er gesellte sich dann gewöhnlich zu unseren Mahlzeiten, um auf diese Weise die ganze Familie zusammen zu finden, deren Einklang ihm besondere Freude machte. Er selbst beteiligte sich nur mit einem Glase Wein, das er verständnisvoll schlürfte. Im Laufe dieser Besuche wußte er dann mit großer Wärme und Klugheit zu jedem einzelnen Familienmitglied in eine besondere Beziehung zu treten; nur mein Bruder Botho blieb davon ausgenommen.« Denn Botho, »den Ästheten«, hätten – wie auch sie selbst – Simmels Physiognomie und »körperliche Mängel« abgestoßen, und zudem sei er überzeugt gewesen, daß dem »nur in der klaren Erkenntnis lebenden Wesen« Simmels »das Geheimnisvolle« fehlte; diese Persönlichkeitsskizze mündet in der Feststellung, daß Simmel »der Typ des geistigen, freisinnigen Berliner Juden« gewesen sei (Lepsius Künstlerleben, S. 62, 63, 65). Als Freundschaftsdienst war dann aber am 26. Febr. 1881 zu werten, daß Botho Graef als Opponent bei Simmels Promotion mitwirkte (GSG 1).

Harald Graef an Georg Simmel

Sendung 3 vom 30. Dezember 1875

30. 12. 75

Da ich *promptissime* antworten muß
So steig ich eilig auf den Pegasus
Und da es gilt nicht an Minute säumen,
Thät ich ihn nicht mal satteln oder zäumen,
Nein, ohne Vorbereitung auf das Flügelroß
Nun steige ich und reite frisch darauf los
Mit Macht so gleich es in die Lüfte steigt
Und mancher falsche Vers herein sich schleicht
Der Dichter, wenn er so zu Pferde sitzt
Ist ungewöhnlich klug und wohlgemut

Das heißt, wenn zum Gedicht das Blei er spitzt
Und erschauet in prophetischem Gemüth
Was mancher andre, noch so klug nicht sieht
(Mit deiner Redensart ist dies verwandt
Die du gebrauchst so gern vom Mittelstand)
Da seh ich denn, ohn alles Grübeln ein
Ohn alles Schwanken zwischen Ja und nein
Ohn alles Sinnen und Philosophiren
Ohn alles Mäkeln oder sphinlisiren
(Es schreibt dies schöne Wort sich her von Sphinx)
Ohn alles Zweifeln zwischen rechts und links
(Sollt dieser Ausdruck komisch vor dir kommen
So merk', er ist vom Hammelsprung genommen
Die Leute treten rechts und links herein
Verschiedenthürig, je nach ja und nein)
Ohn alles weitre Tifteln oder Sorgen
Ohn' Andrer Schlauheit theuer mir zu borgen
Ohn hin und her zu wägen die Gedanken
Ohn hie und da der Menschenklugheit Schranken
Mit kühnem Muthe toll zu überspringen
Zu schärfrem Denken meinen Geist zu zwingen
Kurzum – das merkt selbst einer von den Thoren
Du bist verliebt in sie bis an die Ohren!

*

Um dir zu zeigen, daß ich mich erbarme
Der Herzensqual, die dir gemacht die *charme*
Des Fräulein Mayet thät ich weiter dichten
Du kannst als dein Produkt es an sie richten

*L*aß mich, Holde, nicht so lange schmachten
*Y*psilanti, ach saß nicht so fest
*D*a gefangen er im Felsennest
*A*ls ich war, da ich dich thät betrachten

*M*üsst' mit Riesen ich und Drachen kämpfen
*A*ch wie gern thät ich es für dich
(*Y* du wirst mir füchterlich)

*E*rntete, um seine Qual zu dämpfen
*T*röstend einen Blick von dir mein Ich.

Nun send ihr dies *Akrostichon*
Zwar sie wird sagen *à quoi bon*
Doch hast du dann, gewiß, ich wett
Bei ihr nen großen Stein im Brett.
Und siehst du sie, dann fall mit süßen
Geberden ihr graziös zu Füßen
Die Augen drehe himmelwärts
Die Hand, die legst du frei ans Herz
Und wird sie so dich schmachten sehn
Kann sie nicht länger wiederstehn
Wohlan, beherzge meinen Rath
Der Pegasus sich senken that
Ich steige ab von meinem Thier
Und so empfehle ich mich dir.

*S*o fahre hin, die mich so lang gehalten
*E*s bleibt Kamel doch immer nur Kamel
*L*ass ich mich blenden auch von reizenden Gestalten
*M*ein Geist ist nicht so fleischlich, meiner Seel
*A*ch, hättest du doch stets den Mund gehalten.

Sendung 3 vom 30. Dezember 1875] 2 Bl. 21,5 × 17,5 cm, beidseitig beschrieben. – Numeriert: oben zentriert: III.

***promptissime*]** Lat.: schnellstens, unverzüglichst.

Pegasus] Das Dichterroß, auf dem sich die Dichter in Begeisterung emporschwingen; daher umgangssprachlich für ›dichten‹ auch ›den Pegasus besteigen‹ gebräuchlich. ([31]Büchmann).

frisch] Nachträglich eingefügt.

Ist ungewöhnlich klug und wohlgemut] Nachträglich eingefügt.

Und erschauet] Nachträglich ergänzt wurde ›Und‹; daher im Original unverändert: Erschauet.

Sinnen] Im Original ersetzt für: Grübeln.

Hammelsprung] Parlamentarisches Abstimmungsverfahren, wenn die Auszählung einer Abstimmung unklar bleibt: Alle Deputierten verlassen den Plenarsaal und betreten ihn wieder durch die ›Ja‹-, ›Nein‹- oder ›Enthaltungs‹-Tür und werden ausgezählt.

Du bist verliebt in sie bis an die Ohren] Nachträglich ersetzt für die in Klammern erhaltene erste Version: (Verschossen bist Du; und bis an die Ohren!).

Laß … Tröstend] Zur im Akrostichon angesprochenen LYDA MAYET siehe Sendung 2.

Ypsilanti] Fürst Alexandros Ypsilanti (1792-1828), einer der Führer im griechischen Unabhängigkeitskrieg, nach der militärischen Niederlage von Dragachan (1821) flieht er nach Österreich und wird gefangengenommen (Ch. de Bussy: Dictionnaire universel d'Histoire avec Biographie de tous les Personnages célèbres. Paris: Lebigre-Duquesne Frêres 1864, S. 569).

Erntete] Im Original: *E*rndtete.

Akrostichon] Dichterisches (Versteck-)Spiel, demzufolge die Anfangsbuchstaben aufeinanderfolgender Verse oder Strophen zusammengenommen einen bestimmten Namen ergeben.

So fahre hin … den Mund gehalten] Im Original ist die Hervorhebung der Zeilenanfangsbuchstaben des Akrostichons auf SELMA uneindeutig. Die Identität der Selma ist nicht bekannt.

Georg Simmel an Harald Graef

Sendung 4 von nach dem 30. Dezember 1875

*S*ehr gut hast du entschieden in Trochä'n
– *E*rlaube, daß ich dir deswegen danke
*L*eicht ist's, zu lieben, schwer, zu sagen wen.
*M*anchmal indeß beschleicht mich der Gedanke
*A*n jenes Aug' – und siehe da, ich schwanke.

*O*h weh, das wird wohl noch sentimental
*D*as rufst du aus – beruhige dich schon
*E*s bleibt dir noch geschenkt für dieses Mal
*R*echt schlecht wohl paßte es in ein Akristichon.

*L*aß trinken mich vom wunderbaren Saft des
*Y*sop, der (sagt man) nimmt vom Menschenaug die Schuppen
*D*och, wie ich auch entscheid' – nichts Gutes schafft es
*A*hnung sagt mir: es ist wohl beiden schnuppe.

Gürtet euch nun zu heroischem Gang, geläuf'ge Daktylen
Daß den Phönixen gleich, so wie der eine sich senkt
Frisch und energisch der andre sich hebt; entronnen dem schweren
Wenig gewohnten Vers, den man Akrostichon nennt
(Herzukommen scheint mir der Name von acriter στείχω
Weil er schwer geht; nun, nun, tröste dich über den Witz),
Fliehe zu euch ich, o Distichen, jetzt, die in ewiger Jugend
Von Tibullus bis jetzt immer bewahrt ihren Reiz.
Immer noch tröstet den Liebenden ihr, dem Küsse der Muse
Küsse ersetzen von *Jety R*, schlecht allerdings, ich gestehs.
Wahrlich, ihr bringet mit euch einen Hauch wie von Xenya und Lesbos
Wie ihr in sprudelndem Gang zu meiner Feder euch drängt.
Oder begeistert die Muse mich nur, weil des Mädchens ich denke
Das eine Enkelin wird jenes Poetens genannt?
Claurens? Wunder geschehe! Ich dacht', daß die Muse ihm zürnte;
Schließ' ich nach dem, was er schrieb, war sie ihm sicher nicht hold.
Aber die Enkelin soll die Sünde der Väter nicht büßen
Sed quid faciam ego? Dic peto, dic, mihi dic!
Wenn mein Akrostichon auch ironisch-verzweifelt geschlossen
(Wahrlich ich brauchte den Reim), gält' es nicht einen Versuch?
Höre, ich schwöre es dir, bei allen schlechten Gedichten
Die Vater Clauren und du und die ich selber gemacht:
(Aber ich schwöre es eigentlich nur zu deinem Gefallen
Weil du so sehr es gewünscht, daß ich mich neulich verliebt'):
Hiermit entsag' ich den thörichten Wünschen, die jene erregt hat
Und auf den leeren Thron steigt – du weißt ja schon wer;
Morte est la reine et vive la reine – doch bitt' ich um deine
Unterstützung; schon ein Kuppelpelz harrt dem Verdienst.

Der »Betroffene«

Du weißt doch daß L. eine Enkelin von Clauren ist? Ich erfuhr es heute durch Zufall.

Sendung 4 von nach dem 30. Dezember 1875] Datiert nach Ablage und Zählung. – 1 Bl. 14 × 21 cm, beidseitig beschrieben, mit Klebestreifen eingeheftet. – Numeriert: oben li.: III; oben re.: 4.

***Sehr ... Ahnung*]** Akrostichon: SELMA ODER LYDA; die angesprochene Selma ist nicht ermittelt; mit Lyda ist das bereits in Sendung 2 genannte »Fräulein Mayet« gemeint.

Trochä'n] Trochäus, Versmaß, bei dem die unbetonte der betonten Silbe folgt (– ∪), im Gegensatz zum Jambus (vgl. Kayser, S. 26). Harald Graef hatte in der vorausgehenden Sendung 3 vom 30. Dez. 1875 für das eingeschobene Gedicht einen fünfhebigen Trochäus gewählt: Die erste Strophe »Laß mich, Holde, [...]« folgt dem Reimschema abba des umarmenden Reims, die zweite Strophe »Müsst' mit Riesen ich [...]« variiert durch eine fünfte Zeile, womit sich cddcd als eine Variante des Schweifreims ergibt (vgl. ebd., S. 90).

Ysop] Meist blau blühende Heil- und Gewürzpflanze, auch als Zierstrauch verbreitet.

Daktylen] Der Daktylus ist einer der vier im Deutschen möglichen Versmaße, bei dem der betonten Silbe zwei regelmäßige Senkungen folgen (– ∪ ∪). Vgl. ebd., S. 32.

acriter στείχω] Verbindung von: acriter, lat.: spitz, scharf, scharfsinnig; und στείχω, griech.: ich steige, ich eile fort.

Distichen] Das Distichon ist eine antike Strophenform, in der sechshebige und fünfhebige Verse alternieren. »Die zweizeilige Strophe setzt sich aus einem Hexameter und einem Pentameter zusammen [...]. Die Verschiedenheit der Zeilen verstärkt wirkungsvoll eine gedankliche Antithetik« (ebd., S. 49). Bekannt geworden ist die Form u. a. durch Goethes und Schillers ›Xenien‹, eine bewußte Anlehnung an die ›Xenia‹ des Martialis (s. u.).

Tibullus] Albius Tibullus (zw. 60-50 – zw. 19-17), römischer Dichter, galt in der Antike als Hauptvertreter der römischen Liebeselegie (Pauly).

***Jety R*]** Näheres wurde nicht ermittelt.

Hauch wie von Xenya und Lesbos] Lesart von ›Xenya‹ unsicher. – Vielleicht sollten hier die unter dem Titel ›Xenia‹ (Gastgeschenke) zusammengefaßten Epigramme des römischen Dichters Marcus Valerius Martialis (zw. 38-41-spätestens 104 n. Chr.) angesprochen werden, während mit »Lesbos« die kulturelle Bedeutung der griechischen Insel für das antike Geistesleben, das von der dort lebenden Dichterin Sappho (um 600 v. Chr.) hinsichtlich der Lyrikentwicklung maßgebliche

Impulse erfahren hat, gemeint sein dürfte (vgl. Pauly: Martial, Lesbos, Sappho, Epigramm).

Enkelin wird jenes Poetens genannt? Claurens? Heinrich Clauren, Ps. für Johann Gottlieb Samuel *Carl* Heun (1771-1854), war neben verschiedenen Tätigkeiten in der preußischen Verwaltung, zuletzt als Geh. Hofrat im Generalpostamt, ein erfolgreicher Schriftsteller; nach Erscheinen seines Romans ›Mimili‹ (1816) veröffentlichte er, bei großer Beliebtheit in allen Ständen, 1818 sechs Bände Erzählungen und bis 1834, alljährlich erscheinend, seine Taschenbücher ›Vergißmeinnicht‹ (26 Bde.) und die Sammlung ›Scherz und Ernst‹. Seine Popularität verdankte sich dem wiederkehrenden Grundmuster: stereotype Figurenzeichnung und Naturkulisse, kaum verschleierte Erotik, vaterländisch-konservative Inhalte, religiös erbauliche Elemente, literarische Reminiszenzen, spannungsreicher, harmonisch ausklingender Handlungsverlauf. – Heun hinterließ zwei Töchter; die hier erwähnte Enkelin wurde nicht ermittelt (NDB; Killy; A. Anacker: Aus der Geschichte der Familie Heun. In: Ekkehard. Vereinsmitteilungen Hallische Familienforscher ›Ekkehard‹ e.V. 8, 1932, S. 106-108 und 128-129).

Sed quid faciam ego? Dic peto, dic, mihi dic!] Lat.: Aber was soll ich tun? Sag, ich bitte, sag, sag [es] mir!

ironisch-verzweifelt geschlossen] Im Original durch Ziffern gekennzeichnet als Umstellung von: verzweifelt-ironisch geschlossen.

Vater Clauren] Siehe dazu Heinrich Heines (1797-1856) Tirade gegen Clauren: »[…] der Sänger der Korallenlippen, Schwanenhälse, hüpfenden Schneehügelchen, Dingelchen, Wäldchen, Mimilichen, Küsschen und Assessorchen, nämlich H. Clauren, oder wie ihn auf der Friedrichstraße die frommen Bernhardinerinnen nennen: ›Vater Clauren! unser Clauren!‹ dieser Echte liefert mir all' jene Gerichte, die er in seinen jährlichen Taschenbordellchen mit der Phantasie einer näscherischen Küchenjungfer so jettlich zu beschreiben weiß […]« (Heinrich Heine: Ideen. Das Buch Le Grand (1826) [unter: Reisebilder Zweiter Teil] in: Ders.: Sämtliche Schriften. Hg. von Klaus Briegleb. München: Hanser 1968-76, Bd. 2, S. 245-308, hier: 296).

Morte est la reine et vive la reine] Frz.: Die Königin ist tot, es lebe die Königin. Siehe Heine, ebd., S. 291: »So lange mein Herz voll Liebe und der Kopf meiner Nebenmenschen voll Narrheit ist, wird es mir nie an Stoff zum Schreiben fehlen. Und mein Herz wird immer lieben, so lange es Frauen giebt; erkaltet es für die Eine, so erglüht es gleich für die Andere; wie in Frankreich der König nie stirbt, so stirbt auch nie die Königin in meinem Herzen, und da heißt es: *La reine est morte, vive la reine*!«

L.] Lyda Mayet; siehe Sendung 2.

Harald Graef an Georg Simmel

Sendung 5 vom 31. Dezember 1875

31. 12. 75.

Hurrah, ich gratulire, doch wahrlich, meiner Seel
Wenn sie nicht triumphirte, so wärst du ein Kamel
Pochhammer selber hätte bei dem Dilemma sich
Entschieden bald, ich wette, das, hoff' ich, rühret dich
Im Ganzen muß ich sagen, daß ich zufrieden sei
Jedoch an deinem Briefe mißfällt mir zweierlei
Zuerst die Schrift, die schlechte, die oft mich hat gestört
Oft musste ich mich quälen, das find ich unerhört
Drum schreibe künftig besser, das merke, bester Simmel
Sonst sitz ich da und grüble, als wie ein blinder Schimmel
Sodann gefällt das Metrum mir leider ziemlich schlecht
Ich seh, das deutsche Wesen, es paßt dir nicht so recht
O Nibelungenstrophe, so voll von echtem Mark
So stolz und süß und feurig, so kräftig, frei und stark
Wie thät man dich verachten, weil, ach, man dich erfand
Bei Römern nicht noch Griechen, nein, hier im deutschen Land
Der edle Geist des Deutschen, wie spiegelt er sich hier
In diesem edlen Verse, es schwillt das Herze mir
Wenn seinen Takt ich höre, wenn sein erhabner Klang
Die stolzen Helden feiert in stolzem – . –
Doch ach, wohin gerath' ich, du wirst ja nimmermehr
An diesem wilden Metrum dich freuen, das so schwer
So plump und unbeholfen, dem feinen Geistesblitz
So abhold und dem spitzen, dem distinguirten Witz
So schreit allein ich grollend in diesem Metrum an
Gepanzert und bewaffnet – wer's wagen will, heran! –

Nun, lieber Simmel, nimm's nicht kraus
Schalt ich dich auch ein wenig aus
Denn wenn es an mein Metrum geht
Brech ich sogleich vom Zaun die Fehd.

Der süßen kleinen Zuckerpuppe
Bist du doch ganz gewiß nicht Schnuppe

Denn solche distinguirte Herrn,
Die hat die kleine Lyda gern
Ich der ich gar nicht distinguirt
Ich habe nie ihr Herz gerührt
(Drum glaube mir, es ist kein Scherz
Die kleine Lyda hat ein Herz)
Und ließ sie leider gänzlich kalt
Allein ich tröstete mich bald.
Drum ob sie Enk'lin auch von Clauren
So zähle nicht sie zu den sauren
Weintrauben, nein, versuch es nur
Nach ihr zu schnappen, mach die Cour
Ihr wie du kannst (Soviel ich weiß
Läuft Schlittschuh sie – und jetzt ist Eis)

*

Das wundert mir, daß auf einmal
Du wurdest halb sentimental
Erkläre mir, Graf Oer – in moll
Was dieses nur bedeuten soll
Doch zeigt der Brief, der offene
Das Wort mir »der Betroffene«
Und so erklär ich mir den Fall
Oft macht ein Rausch sentimental.

Noch eins, o Freund, du widme nie
Dich je der Etymologie
Besonders im Akrostichon
Denn Leibschmerz kriegte ich davon
Es machte mir gar viel Beschwer
Und war wahrhaftig *acriter*.

Nun bester Simmel, lebe wohl
Hab schönsten Dank für deinen Kohl.
Lenk möglichst bald hierher den Schritt
Und bringe »die Terzliner« mit
Und führst du weiter das Gefecht
Der Verse, schreibe nicht zu schlecht

Im Uebrigen da bleib du munter
Und schlucke deine Selma runter
Und zwänge sie gewaltsam nida
(Natürlich bildlich) lauf mit Lyda
Hübsch Schlittschuh, sei kein Segelreffer
Nein, sei du häufig nur ihr Treffer
Und trifft sie dich mit stillem Hoffen
So fühle sie sich sehr getroffen
Und spielt sie *Cœur* aus, weißt du was
Dann sei du immer das Treff-As.

Nun schließ ich mit dem frommen Wunsch
Prost Neujahr zum Sylvesterpunsch.

Sendung 5 vom 31. Dezember 1875] 2 Bl., beidseitig beschrieben 21,5 × 17,5 cm. – Numeriert: Oben zentriert: IV; oben re.: 4.

Pochhammer] Gemeint ist wohl der auch in Sendung 10 angesprochene Klassenkamerad Axel von Pochhammer, der Ostern 1876 zusammen mit Simmel das Abitur bestand (FWG Jahresbericht 1877, S. 14).

mißfällt] Im Original: misfällt.

Nibelungenstrophe] »Im Unterschied zu den höfischen Epen der Stauferzeit hat das ›Nibelungenlied‹ keine paarweise gereimten vierhebigen Verse, sondern 2379 Strophen. Jede Strophe besteht aus vier Langzeilen, die aus der germanischen Dichtung bekannt sind. Jede Langzeile hat zwei Halbzeilen, den An- und den Abvers. [...] Die beiden Halbverse sind durch eine metrisch gekennzeichnete Zäsur getrennt. Die Abverse der ersten und der zweiten Langzeile und die der dritten und vierten reimen sich« (Siegfried Grosse: Nachwort. In: Das Nibelungenlied Mittelhochdeutsch / Neuhochdeutsch. Nach dem Text von Karl Bartsch und Helmut de Boor ins Neuhochdeutsche übersetzt u. kommentiert von Siegfried Grosse, Stuttgart: Reclam 2002, S. 969-1027, hier: 998).

Oer] Anspielung auf die Redewendung: »Erkläret mir, Graf Oerindur, / Diesen Zwiespalt der Natur!«; sie stellt eine Umformulierung des Zitats aus dem Drama ›Die Schuld‹ (1813) von Adolf Müllner (1774-1829) dar: »Und erklärt mir, Oerindur, / diesen Zwiespalt der Natur!« (II,5; zit. nach [31]Büchmann).

Akrostichon] Siehe vorstehendes Schreiben.

***acriter*]** Lat.: spitz, scharf, scharfsinnig; ironische Kritik an Simmels etymologischer Ableitung von Akrostichon in der vorausgegangenen Sendung.

»die Terzliner«] Unsichere Lesart, vielleicht auch: Terpliner. – Wahrscheinlich Titel eines literarischen Versuchs von Harald Graef, vermutlich das »Epos«, dessen »Kunstkritik« Graef in Sendung 7 und 9 von Simmel erwartet; oder es handelt sich um den von Simmel zu lesenden »Roman« (Sendung 9).

Selma] Nicht ermittelt.

Lyda] Siehe Sendung 2: »Fräulein Mayet«.

Schlittschuh] Hans Simmel überliefert, daß sein Vater ein »sehr eifriger Figurenläufer« gewesen sei, »und sehr stolz, als es ihm gelang, Schleifen zu laufen« (S. 24). Und Harald Graefs Schwester Sabine erinnert sich: »Als Tänzer und als Schlittschuhläufer bot er eine wunderliche Gestalt, deren zugleich steife und verrenkte Bewegungen ein natürlich und künstlerisch empfindendes Mädchen abstoßen mußten« (Lepsius Künstlerleben, S. 64).

Treff-As] Original: Treff-Aas.

Georg Simmel an Harald Graef

Sendung 6 von nach dem 31. Dezember 1875

Sonett

Wir wollen uns nicht um die Strophen streiten
In denen unsre Liebe wir besingen:
Wie Flüsse, die aus einem Quell entspringen
Sind sie – und strömen nach verschiednen Seiten.

Und je nachdem sie unsern Gang begleiten
So hören wir auf ihr harmonisch Klingen
– Denn Töne sind ihr Murmeln und ihr Springen –
Und richten mählig danach unser Schreiten.

Drum nicht werd' meiner Verse Fleiß geschmäht
Auch er ist aus dem Schönheitsquell entsprungen,
Und unaufhaltsam auch er meerwärts geht –

Nach jenem Meer, deß Kühlung uns belohnet
 Wenn wir durch Müh' und Qual zu ihm gedrungen,
Darin auf einem Eiland Amor thronet.

*

*L*aß nur das Schmähen des Sentimentalsein
*I*ch merkt' bei dir den gleichen Wind schon wehen
*N*icht ich allein, auch du dürft'st in dem Fall sein
*A*llein du willst es nicht gestehen

Sendung 6 von nach dem 31. Dezember 1875] 1 Bl. 18,5 × 14, cm auf Heftblatt aufgeklebt. – Numeriert: oben zentriert: IV; oben re. 5. – Unten re.: *Ani/lina.*

Sonett] Vierstrophige Gedichtform, die zu den klassischen Gattungen der Liebeslyrik zählt. Die formale Strenge des Sonetts wird immer wieder als Herausforderung empfunden; es besteht aus zwei Quartetten und zwei Terzetten, sein Reimschema lautet abba abba cdc dcd. In den Terzetten darf der Reimbau variieren, Simmel reimt abba, abba, cdc, ede. Zum Sonett gehört eine »reflexive Zäsur« nach den beiden Quartetten, die auch hier realisiert wird: In der Rezitation muß sie als Sprechpause hörbar sein; gehaltlich sollen die Terzette als ins Allgemeine gewendeter Kommentar der Quartette erfaßt werden können (vgl. Gerhard Kaiser: Geschichte der deutschen Lyrik von Goethe bis Heine. Ein Grundriß in Interpretationen. Erster Teil. Frankfurt/M.: Suhrkamp 1988, S. 165-172).

deß] Veraltete literarische Form von ›dessen‹.

***L*aß ... Allein]** Die im Akrostichon erstmals angesprochene LINA ließ sich nicht ermitteln; zwar wird sie in Simmels Akrostichon in Sendung 15 als Lina Mendelson bezeichnet und einer jüdischen Familie zugeordnet, doch nur spekulativ bleibt der Hinweis, daß es lt. Berliner Adreßbuch 1876 drei Familien Mendelson gab, wobei aus geographischen Gründen nur der Eintrag »Mendelson, M. Kaufmann, Kurze Str. 4 I« einschlägig sein könnte; auszuschließen ist auch die Annahme, daß Simmel den Namen nur nach dem Gehör aufnahm und eine Schwester seines gleichaltrigen Schulkameraden Robert Mendelssohn, der Ostern 1877 das Abitur ablegte, meinte, da dieser als evangelisch ausgewiesen ist (FWG Jahresbericht 1878, S. 13).

Harald Graef an Georg Simmel

Sendung 7 vom 2. Januar 1876

*L*eicht wars zu merken, leicht wars zu errathen
*I*ch will gewiss nicht leugnen dass es wahr sei
*N*ur rechn' es nicht zu deinen Heldenthaten.
*A*ufrichtig muss ich sagen, dass ein Haar sei
*A*n dem, was du so schlau herausgeklügelt
*N*ur liebt von mir ein Teil, der and're drüber
*I*n ruhigem Betrachten schwebt und zügelt
*L*acht hie und da und giebt auch Nasenstüber.

*

Es thut mir in der That sehr leid
Daß morgen zur bestimmten Zeit
Ich nicht mit dir kann kneipen gehn
Ich hoffe, du wirst ein es sehn
Wenn ich dir sage, daß um acht
Uns selber wird Besuch gemacht.
Drum schieben wir die Kneiperei
Bis Dienstag auf. Ich komm nach 3
Und wenn dir's lieber um ½4
Mit durst'ger Kehle dann zu dir
Wir pilgern dann mit Hopsasa
Zum feurig süßen *marsàlà*
Doch morgen an dem Vormittag
Erwartet dich um 11 Uhr Schlag
Mein kleiner Bruder, um mit dir
Zu spielen. Sei drum pünktlich hier.
Und über die Terzliner schick
Mir baldigst deine Kunstkritik
Noch lieber wär mirs, wenn du morgen
Die ganze Sache thätst besorgen.

Sendung 7 vom 2. Januar 1876] 1 Heftseite, li. – Numeriert: oben zentriert: (IV); oben li.: 6. – Das Datum ergibt sich aus der Heftseite und der in diesem Schreiben angesprochenen Verabredung Simmels mit Botho Graef für den 3. Jan. 1876 (siehe Sendung 2 von Ende Dezember 1875).

*L*eicht ... *L*acht] LINA ANIL, Akrostichon aus den Zeilenanfangsbuchstaben; der vor- und rückwärts laufende Name bezieht sich auf Lina Mendelson (siehe Sendung 6).

wahr] Original: war.

Dienstag] Dienstag, der 4. Jan. 1876.

zu dir] Simmel wohnte mit seiner verwitweten Mutter Flora, geb. Bodstein, am Hafenplatz 6 II. (Berliner Adreßbuch 1876).

marsàlà] Marsala, berühmter sizilianischer Aperitif oder Dessertwein. Akzente von Graef betonungsbedingt gesetzt.

morgen] Gemeint ist Montag, der 3. Jan. 1876.

kleiner Bruder] Botho Graef; siehe Sendung 2 von Ende Dez. 1875.

pünklich hier] Die Familie Graef wohnte Lützowplatz 10 III. (Berliner Adreßbuch 1876). – Sabine Lepsius beschreibt die gerade neu bezogene Wohnung in ihren Erinnerungen (Lepsius Künstlerleben, S. 42 f.); doch scheint ihre Rückdatierung des Einzugstermins auf 1876 ein Irrtum, es muß 1875 heißen.

Terzliner ... Kunstkritik] Siehe Sendung 5 vom 31. Dez. 1875 und 9 vom 4. Jan 1876.

Georg Simmel an Harald Graef

Sendung 8 vom 4. Januar 1876

Nun töne wieder, Harfe! In deinen Saiten hallt
Das letzte Lied noch leise; mit zärtlicher Gewalt
Drängts wieder zu dir hin mich; so hab ich nicht gehört,
Daß der Sirenen Stimme das Menschenherz bethört
Und *wenn* du selbst vermieden den jähen Tod dort hast
So treibts doch immer wieder, du hast nicht Ruh noch Rast
Bis wieder du vernähmest der süßen Stimme Laut
Doch weh dir, folgst dem Trieb du: dein letzter Morgen graut.
Und wer so in sich fühlet den Trieb zur Poesie –
Er wandelt wie verloren, die Welt erfreut ihn nie
Bis Seel und Leib versenket in seiner Muse Schooß
Der Welt ist er gestorben – das ist des Sängers Loos.
Doch ich will es nicht theilen; ich hab ein andres Ziel
Nicht Kön'gin sei die Muse, sie sei nur mein Gespiel.
Doch wenn des Tages Mühen mich quälend rings umdrängt,

Vom Druck der Atmosphäre die Brust wird eingeengt
Und wenn das heiße Sehnen, das hin zu *ihr* mich zieht
Stets höher wächst, ohn' Ende, und nicht Befried'gung sieht –
Dann flieh' ich zu der Harfe und greif' ein wildes Lied
In dem mein ganzes Sehnen, mein ganzes Lieben glüht,
Und Haß und Liebe strömen zusammen in einem Ton – –
Dann ist der glüh'nde Kummer durch Zauberschlag entflohn – –
Das Morgenroth der Liebe bricht was des Hasses Nacht
Und leuchtet süß versöhnlich – das ist der Muse Macht.

*

Wie kannst du mich wohl schelten, daß ich gelehrt und spitz
Die griech'sche Form gebrauche und huld'ge fremdem Witz?
Glüht nicht in meinem Busen die heilge Flamme auch?
Was ich bis jetzt dir zeigte, das war der Flamme Rauch.
Und wenn in deinem Vers jetzt gezeigt ich, was ich kann
So siehst du, hoff' ich, künftig mich nicht für künstelnd an.
Die Kunst ist immer göttlich, in welcher Form sie sei
Wie auch ein wahrhaft Freier in Sclavenketten frei.
Ich kann es nicht ertragen, wenn nach der äußern Form
Man urteilt und entscheidet als sei's des Geistes Norm.
Zwar wenn der Pöbelhaufe sich solches untersteht,
So lasse ich ihn gehen, so wie er eben geht.
Doch du, den auch die Muse zu ihrem Altar führt,
Dem auch der Strahl der Schönheit das tiefste Herze rührt –
Was muß auch dich ich sehen geblendet von dem Wahn
Und wandeln auf der breiten, für Pöbel guten Bahn?
Nein, bleibe mir gesellet, unheil'gem Volke fern
Ziehn einsam wir die Straße und folgen unserm Stern.
Er wird uns dahin führen, wo uns der Lorbeer winkt
Und an der Liebsten Busen ein jeder freudig sinkt
Die Cither klingt, im Glase blinkt perlend edler Wein
Den sie kredenzt – und ist das denn nicht das schönste Sein?

*

Laß deines Blickes Sonne scheinen, gleich
Yorks Sonne, die des Königes Verdrießen,

*D*es dritten Richard, schmolz; laß damit lind und weich
*A*us meiner Brust der Liebe Frühling sprießen.

*

Ein Stück von ihrem Kleide und meinem Herzen.

Sendung 8 vom 4. Januar 1876] 1 Bl. in 20 × 14 cm, beidseitig beschrieben. – Numeriert: oben re.: 7, schwarze Tinte wie Text; oben li., blaue Tinte: (v); oben zentriert: 4. 1. 76. – Auf der Rückseite: ein mit Stecknadeln befestigter gefalteter Gaze-Ausriß 4 × 2,5 cm.

Harfe! In] Im Original: Harfe! in.

Daß] Im Original: Das.

Sirenen] Homer berichtet, daß die Sirenen durch ihren Gesang vorüberfahrende Schiffer unwiderstehlich auf ihre Insel locken, von der es keine Rückkehr gibt; Odyssee 12, 39-54 und 153-200.

wer] Nachträglich eingefügt.

Seel und Leib] Im Original durch Ziffern gekennzeichnete Umstellung von: Leib u. Seel.

schelten, daß ich gelehrt und spitz] Erwiderung auf Harald Graefs »Es machte mir gar viel Beschwer / Und war wahrhaftig *acriter*« in Sendung 5.

griech'sche Form] Gemeint ist der Hexameter, das Versmaß der Homerischen Epen, in dem dieses Gedicht geschrieben ist (hier: ∪ – ∪ – ∪ – ∪ ∪ – ∪ – ∪ –).

Freier in Sclavenketten] Bezug auf Friedrich Schillers Gedicht ›Die Worte des Glaubens‹ [1797]: »Vor dem Sclaven, wenn er die Ketten bricht, / Vor dem freyen Menschen erzittert nicht« (Schiller NA, 1, S. 379).

Volke] Im Original ersetzt für durchgestrichenes: Pöbel.

***L*aß ... *A*us]** Akrostichon bezogen auf Lyda Mayet (siehe Sendung 2).

Yorks Sonne ... *D*es dritten Richard] Anspielung auf Shakespeare: Richard III. (spätestens 1594), 1,1,2: »Nun ward der Sommer unsers Mißvergnügens / Glorreicher Sommer durch die Sonne Yorcks; / Die Wolken all, die unser Haus bedräut, / Sind in des Weltmeers tiefem Schoß begraben.«

Ein Stück von ihrem Kleide und meinem Herzen] Kommentar zu der unter dem ›Lyda-Akrostichon‹ angebrachten Gaze (s. o.).

Harald Graef an Georg Simmel

Sendung 9 vom 4. Januar 1876

4.1.76

Was hast du für Begriffe von eines Dichters Loos
Du siehst die Felsenriffe, die starren Klippen blos
Nicht kann ich mir es denken, daß dir verschlossen bleibt
Was alle edlen Sänger zu Heldenliedern treibt
So ist für dich des wahren, des echten Dichters Ziel
Daß ihn nur lobt und preiset der Menge bunt Gewühl
O Freund, der echte Dichter fühlt in sich eine Kraft
Daß nimmermehr er einsam, auch in der engsten Haft
Es trägt der Hauch der Gottheit empor den Dichter weit
Bis über Erdenwehen und niedres Erdenleid
Und lieber will ich einsam ein echter Dichter sein
Als solch ein Phrasendrechsler, der mit gewalt'gem Schein
Sich tausend Hörer sammelt. Es ist der Gottheit Kraft
Die stets, in jeder Lage, dem Dichter Sieg verschafft
Die Muse zur Gespielin kannst du nur haben dann
Wenn du mit ganzer Seele dich weihest als ihr Mann
Wer hier und da nur tändelnd an ihrem Spiel sich freut
Den wird sie nicht so trösten in Gram und Herzeleid
Wie sie den wahren Dichter in jeder Noth erhebt
Mit Kraft und Muth und Hoffnung den Busen ihm belebt
Mit Stolz kann ich es sagen, *ich* wähle *diesen* Weg
Und sollt ich auch mich schlagen durch Dickicht und Gehäg
Es leuchtet stets dem Dichter ein göttlich helles Licht
Das führt ihn sicher vorwärts, die Andern sehn es nicht
Dem Lichte will ich folgen, es führt mich leicht und treu
Hoch über Pöbelhaufen und niedres Hohngeschrei
Doch wolle ja verwechseln mir Volk und Pöbel nicht
Gern zeigt dem Volk der Dichter sein heit'res Angesicht
Er zeigt dem wüsten Pöbel des Auges zorn'gen Blick
Dann schaudert er und weichet in feiger Hast zurück
Es liebt der rechte Dichter sein ganzes Volk so sehr
Daß, wenn es ihn auch höhnet und kränket tief und schwer
Er doch mit stetem Herzen für es nur wirkt und schafft
Er dennoch seinem Volke gern opfert seine Kraft

Verwechs'le lieber Simmel, mir Volk und Pöbel nicht
Ich hasse, wie du hassest, den jämmerlichen Wicht
Allein im ganzen Volke, da lebt mein hoher Geist
Der ihm, wie oft er irre, die Bahn zum Himmel weist
Der Einzelne, er weiß nicht, wohin der Strom ihn zieht
Doch weiß es leicht des Dichters prophetisches Gemüth
Im Einzelnen dann ehrt er des ganzen Volkes Kraft
Sein Volk, sein Volk, das ist es, für das er wirkt und schafft
Drum wolle dich nicht wundern, wenn man mich hie und da
Gemüthlich mit dem Volke auf breiter Straße sah
Mich zieht zu ihm mein Herze, mich liebt's, ich lieb es auch
Und übersehe gerne so manchen tollen Brauch
Deswegen neck' ich manchmal auch den, der distinguirt
Des ganzes Volkes Geist nicht gehörig respektirt
Doch wolle drum nicht meinen, daß nach dem Äußern nur
Ich mir zusammenstelle des ganzen Kerls Natur
Tief sieht des Dichters Auge, er sieht den innern Kern
Recht wohl, doch auch das Äuß're gefiele ihm gar gern
Ich steh' so hoch als Einer – es klingt recht arrogant –
Und will doch mit dem Volke stets bleiben Hand in Hand
Das ist dir nicht gegeben, ich tadle drum dich nicht
Du bist trotzdem, so dünkt mich, ein ganz passabler Wicht
Das wolle nicht verkennen, wenn ich des Volkes Geist
In hohen Ehren halte und folge ihm zumeist.

Nun zeigt' ich dir die Flamme, die feurig in mir glüht
Die leuchtend und erwärmend verkläret mein Gemüth
Nichtraucher sind wir Beide, mein Genius und ich
Rauch denn auch du nicht länger und frei enthülle dich
Und wenn ich auch zuweilen ein wenig schelten thu
So bleibe deine Seele dabei in guter Ruh
Wer eben erst von Leiden und harter Qual genas
Drückt manchmal sich zu hart aus und wird auch manchmal »kraß«
Daher schreibt großenteils auch sich mein polem'scher Grimm
Doch bin ein guter Kerl ich und mein es nicht so schlimm
Nur wenn mir einer kecklich thät kommen in die Quer
So werd ich etwas eklich und malträtir ihn sehr.

Es merkt durch lauten Unsinn, durch Possen und durch Scherz
Halb unbewußt ein Jeder, wie für das Volk mein Herz
Mir schlägt und darum hängt mir auch Mancher solche an
An dem der höh're Genius nicht eben viel gewann
Doch will ich nicht dich tadeln, wenn einsam und allein
Du eifrig willst verfolgen der Wahrheit hellen Schein
Nur wolle nicht vermeinen, daß ich nicht ebenso
Weil ich das Volk stets liebte, der höhern Wahrheit froh
In tiefster Seele werde, es zeigt dir der *Verstand*
Was in des *Herzens* Tiefe auch ich als wahr erfand
Wohl ist mein Geist, so mein ich, dem deinen ziemlich gleich
Doch macht des Volkes Liebe mich noch beglückt und reich.

*

Erwidert hab ich also dir
Und hoffentlich verstehst du mir
Nur um mich etwas abzukühlen,
Will ich in leichtern Versen spielen
Mein Bruder wird, da morgen Eis
Nicht mit dir spielen – sichrerweis
Erwartet er, daß du dagegen
Dich auf den Schlittschuhlauf wirst legen
So wollen wir denn so nach 10
Zusammen Schlittschuhlaufen gehn
Und dieses auf dem Neuen See
Er ist hier gänzlich in der Näh
So wirst du denn auf leichten Sohlen
Etwas nach 10 uns beide holen
Wir laufen dann vergnügt zusammen
Und seh'n vielleicht auch ein'ge Flammen –
Dann, etwa um ½5 herum
Da gehn wir zum *convivium*
Und wer will es uns da verwehren
Auf Lina's Wohl das Glas zu leeren
Wenn es nun noch geschehen kann
So lies recht fleißig im Roman
Erwarten auch im Augenblick
Thu ich des Epos Kunstkritik

(Vielleicht ist's nur ein Epopoe)
Und nun gehab dich wohl, adjö!

mit deiner Handschrift etc.

Sendung 9 vom 4. Januar 1876] 2 Bl., 3 Heftseiten, beschrieben: 20 x 16,5 cm. – Numeriert: oben re: 8.

Rauch denn auch du nicht länger] Gibt der Brief Simmels an Stefan George vom 9. Febr. 1899 den Hinweis, daß Simmel noch rauchte, bietet er George doch an, sich an einer »größeren Sendung« russischer Zigaretten zu beteiligen (GSG 22, S. 322), so kann man seinem Brief an Margarete von Bendemann vom 4. Aug. 1912 entnehmen wollen, daß er zwischenzeitlich das Rauchen aufgegeben hat; denn der Nachricht Bernhard Groethuysens, daß es »ihm ja erbärmlich« gehe, fügt Simmel an: »Ich bin überzeugt, daß das zum großen Teil an den Zigaretten liegt. Es ist doch merkwürdig, daß jemand, der alles hingeben würde, um das richtige Leben zu finden, es nicht über sich bringt, auf einen so elenden Genuß zu verzichten, der sein Leben untergräbt.«

Mein Bruder] Botho Graef; siehe Sendung 2 von Ende Dez. 1875.

Neuen See] Gemeint ist der Neue See im Tiergarten.

gänzlich in der Näh] Von der Graefschen Wohnung am Lützowplatz zum Neuen See im Tiergarten ging man kapp 10 Minuten.

***convivium*]** Lat.: Gastmahl, Gelage.

Lina's] Zu Lina Mendelson siehe Sendung 6.

lies] Im Original: ließ.

Roman] Angesprochen sind wohl Entwürfe von Harald Graef, wobei es sich möglicherweise bei dem Epos um die »Terzliner« handelt; siehe Sendung 5 und 7.

Epopoe] Veraltete Bezeichnung für Epos; hier im abwertenden Sinne verstanden.

Georg Simmel an Harald Graef
Sendung 10 vom 8. Januar 1876

Meinem lieben Freunde
Harald
zum 7. 1. 76.

Gestern gings nun wieder an
Freue drob sich, wer es kann
Moloch, Fresser, August, Netto – –
Balde sag' ich dazu: Veto.
Mitten unter diesen Narren
Kann ich lange nicht verharren
Axel nur und Claus, die beiden
Machen mir noch hohe Freuden.
Ach, wie nüchtern, wie verständig
Sind die beiden. Aber fänd' ich
Nur ein wenig Salz dabei!
Gar zu nüchtern ist der Brei.
Doch da wir sie nicht belehren
Müssen *wir* uns wohl bekehren,
Da wir ja, nach deinen Schlüssen
Uns dem Volk anpassen müssen.
Also falte fromm die Hände,
Freu' dich auf der Ferien Ende,
Ärger dich nicht über [...]
[...]
Hab' vor August keinen Graul,
Schlafe niemals ein bei Paul
Schreib Aufsätze zum Einschlafen,
Lerne die egypt'schen Strafen,
Kurzum werd ein Musterkind
Wie es Claus und Axel sind.
Lächelnd spricht dann Schütz dich an:
Braver, fleiß'ger junger Mann;
Wahrlich sehr muß ich Sie loben,
Doch »der Segen kommt von oben«
Werden Sie drum frömmer immer
Und verachten Sie den Flimmer.

(Jenes Wort zwar fasse ich
Anders auf; es dünket mich,
Daß *vom Kopfe* kommt der Segen,
An dem alles oft gelegen).
Und wir werden uns wohl später
Finden mal als fromme Beter
Bei dem süßen Pastor Knak
(den L., glaub' ich, gerne mag) –
Doch dann ist Axel – und man weiß kaum, wie
Plötzlich vielleicht geworden ein Genie
Sitzt siegessicher auf dem Musenroß
Und Claus vielleicht ist Geigenvirtuos
Und beide rühren aller Menschen Herzen
Durch Töne höchster Lust und tiefster Schmerzen.
Wie stehen wir und sie dann da?
Hopsasa!

Sendung 10 vom 8. Januar 1876] Datum nach Widmungsangabe angenommen. – 1 Bl. 20,5 × 14 cm, beidseitig beschrieben, mit Klebestreifen eingeheftet. – Numeriert: oben zentriert: VI; oben re.: 9.

zum 7. 1. 76] Gemeint ist Freitag, der 7. Jan., an dem die Schule für beide wieder begann; Bedeutung kam diesem 7. Jan. zu, da Simmel und Harald Graef meinten, daß nun die letzte Phase ihrer Schulzeit begonnen habe.

Moloch, Fresser, August] Vielleicht sind dies Spitznamen für Lehrer. Lediglich mit Bezug auf »August« können die Vornamen der folgenden, im betreffenden Zeitraum an der Schule angestellten Lehrer genannt werden: Dr. August Gottfried Eduard Krähe, geb. 1842, Theologe, später städtischer Schulinspektor; Dr. August Wilhelm Mewes, geb. 1843, Altphilologe; Dr. August Karl (Carl) Müller, geb. 1838, der Theologie und Geschichte studiert und neben dem Lehrberuf kulturgeschichtliche Abhandlungen sowie die hier herangezogene Schulgeschichte verfaßt hat (Müller, S. 133, 137 f.).

Netto] Eugen Netto (1846-1919), Mathematiker, 1863 in Halle promoviert, war von 1872 bis 1879 fest angestellter Lehrer für Mathematik und Physik am Friedrichs-Werderschen Gymnasium, danach zunächst ao. Prof in Straßburg, ab 1882 in Berlin und ab 1889 ord. Prof. in Gießen (DBA; Müller, S. 133).

Axel] Wahrscheinlich Axel von Pochhammer, siehe Sendung 5.

Claus] Vermutlich handelt es sich um den Mitschüler Richard Claus, der an Michaelis 1876 das Abitur machte (FWG Jahresbericht 1877, S. 15).

über […] Hab] Die Lücke begründet eine – vermutlich von Harald Graef vorgenommene – Schwärzung des Zeilenrestes und der nachfolgenden Zeile.

Paul] Wilhelm Friedrich Paul, Theologe, seit 1866 »zweiter Oberlehrer« des Gymnasiums (Müller, S. 137).

egypt'schen Strafen] Gemeint sind die von Gott über Ägyptern verhängten neun Plagen, nachdem sich der Pharao geweigert hatte, das Volk Israel aus Ägypten ausziehen zu lassen (AT, 2. Mose 7,14-10,23).

Schütz] Vielleicht Anspielung auf: Bernhard Büchsenschütz, geb. 1828, klassischer Philologe, Dr. phil. 1851 Berlin, Lehrer resp. Oberlehrer an verschiedenen Gymnasien und seit Ende Sept. 1875 Direktor des Friedrichs-Werderschen Gymnasiums (Müller, S. 142).

»der Segen kommt von oben«] Zitat aus Friedrich Schiller: Das Lied von der Glocke [1799]. In: Schiller NA, 2/1, S. 227-239, hier 227.

Pastor Knak] Gustav Friedrich Ludwig Knak (1806-1878), Schriftsteller, pietistischer Theologe, Missionar; nach dem Theologiestudium an der Berliner Universität (1826-1829) Pfarrer in Wusterwitz/Hinterpommern (1834-1850) und anschließend an der Böhmisch-Lutherischen Bethlehems-Gemeinde in Berlin, dort bekannt als Leiter verschiedener kirchlicher Missionsvereine, »besonders für die Heiden- und Judenmission«. Schrieb Kirchenlieder (ADB, BBKL).

L.] Steht für Lina Mendelson (siehe Sendung 6).

Georg Simmel an Harald Graef

Sendung 11 von zwischen dem 8. und 11. Januar 1876

Harald Gräf

Rings schweigt die Nacht, so wie ein Freund wohl schweigt,
Wenn er von Tagesmühn uns abgemattet
Einschlummern sieht; ich aber schlummre nicht.
Und wenn in weiter Runde alles schläft,
So will ich wachen – ja, sie können schlafen,
Es ist ja dunkel; doch in mir, da brennt
Ein heller Feuer, als viel hundert Kerzen.
Und dieses Licht, das leuchtet, strahlt, erwärmt.
Ich will es nicht verschließen, und die Welle

Des Strahlenmeeres dring' aus meiner Brust
Und überfluthe blitzend die Gefilde.
Du kennst die Leidenschaft, das milde Feuer,
Das unser Herz zugleich zerstört und stärkt,
Verbrennt und kühlt, zerreißt und auferbaut,
Unendlich glücklich macht und tief, tief elend.
Des Dichters Liebe mein' ich; vom Orkan
Borgt sie das Ungestüm – vom milden Zephyr
Den knospenerschließenden Hauch. Auch du bist Dichter –
Sind wir nicht glücklich, daß in mildem Lied
Wir sagen können, was mit Höllenschmerz
Und Himmelsfreude unsern Sinn beweget;
Daß uns ein Gott den Keim in's Herz gelegt,
Draus Norways Eichen und Athens Oliven
Mit allem sprießen, was in ihnen rauscht,
Daß eine Welt in unserm Busen kreist,
Darin wir mächtigere Herrscher sind,
Als Alexander und August dort draußen? –
Doch lange schien's, als ob der heilge Quell
In meiner Brust versiegt wär – da wars still,
So still unheimlich, wie verwestes Land,
Auf dem sonst Palmen und Citronen sproßten.
So wars in mir und meine Muse schlief.
Und da kamst du. Dir hab ich's zu verdanken,
Daß wieder ich in jenem Tempel bete,
Darin der Poesie Altäre stehn.
Du wecktest mich vom Schlaf, und aus der Asche,
Die ich schon lang erkaltet wähnte, schlagen
Die hellen Flammen wieder auf; ich dank' dir,
Daß unbewußt dein Beispiel mich entzündet.
Nimm dieses Lied; es ist der einz'ge Lohn
Den ich dir bieten kann – und auch der beste??

G. Simmel.

Sendung 11 von zwischen dem 8. und 11. Januar 1876] 1 Bl. 15,5 × 9,5 cm, mit blauem Aufdruck, o. mittig: GS, beidseitig beschrieben, mit Klebestreifen an vorstehend aufgeführtes Blatt angeheftet. – Numeriert: oben li: VII; oben re.: (10.

so wie] Original: sowie.

beweget] Im Original nachträgliche Korrektur von: bewegt.

Norways] Wohl engl.: Norwegen.

Alexander und August] Gemeint sind wohl Alexander der Große (336-323 v. Chr.) und Augustus, der erste römische Kaiser (63 v. Chr. - 14 n. Chr.).

Harald Graef an Georg Simmel

Sendung 12 vom 11. Januar 1876

11. 1. 76

Es traf aus deinem Innern mich ein Strahl
Ein lichter Strahl, der mir das Herz erwärmte
Auch ich enthülle dir von meinem Innern
Ein Stück nunmehr – Die böse Dornenhecke
Du kennst sie ja – sie lichtet sich zum Teil
Ich zeige dir, was ich nicht gern enthülle
Ja, etwas Hohes ist die Dichterliebe
Ein göttlich Wesen fühlen wir, wenn sie
Mit ihrem Scheine uns're Brust erhellte
Ich will dir nun – was lange ich verborgen –
Dir eine Dichterliebe eingestehn
Ach, eine Liebe war es voller Schmerzen,
Denn die ich liebte, trägt den Tod im Herzen.

*

Ich wag es nur mit Bangen, dem Papier
Was ich dir jetzo schreibe, zu vertrauen
Mit einem heil'gen Eide schwöre mir
Daß auf dein tiefstes Schweigen ich kann bauen
Zwei Jahre sind's, da ich zum ersten Mal
Die schaute, die mir tief das Herz bewegte
Mit höchster Himmelslust und milder Qual,
Und meines Geistes Schaffensdrang erregte

Ein Sehnen wars, ein Streben ohne Ende
Ihr Name ist's den ich dir jetzo sende.

Zarte Rosenknospe Du etc.

Es war der Name richtig nicht geschrieben
Doch echt und wahr blieb doch des Dichters Lieben
Vor solcher Liebe beuge sich der Richter
Doch – merke wohl, es liebte nur der *Dichter*
Im Heiligthum seiner reinen Seele
Da hegt er treulich ihr verklärtes Bild
So hoch und hehr und doch so süß und mild
Frei war es ihm von jeder Schuld und Fehl.
Und faßte ganz und voll mich jene Liebe
Ich wußte nicht, ob ich bei Sinnen bliebe.
Die süßen, tiefen Schmerzen zu verklären
In mildem Schein – dem Dichter ist's vergönnt
Was wär' ich, müßt ich diesen Trost entbehren.
Doch nun erwärmt die Glut, die in mir brennt
Das tiefste Herz mir, ohn' es zu verzehren
Wer solchen Schmerz, wer solches Wehe kennt
Wird es verstehn, wird liebevoll es ehren.

Ein Wesen ist sie, wie ich einst poetisch
In Gretchen Ewald es vorausgeahnt
Mein *Genius* liebte, nicht mein *Herz* prophetisch
Hab' ich's bevor ich sie noch sah, erkannt
Ihr leuchtend Auge, ihre ros'gen Wangen
Des Todes Boten sind es, kaum erblüht
Wird sie vielleicht der bitt're Tod umfangen
Der alles Schöne zu sich niederzieht
Vielleicht auch hat der Sensemann Erbarmen
Rafft in der ersten Blüte nicht sie hin
Ach, für den Dichter ist das kein Gewinn
Er kommt noch früh genug zum Leichencarmen
Doch soll ihr leuchtend Bild ihn stets umschweben
Nicht hat umsonst sie der Poet geliebt
In seinem Busen soll sie weiterleben

Von Erdenmakel frei und ungetrübt
Im Strahl der Dichtung steigt zu ihm sie nieder
Und weckt in seinem Busen tausend Lieder

*

Tief schmerzt's den Dichter, sieht er schnell verrauchen
Der Schönheit Licht – den Schmerz kann er gebrauchen

Sendung 12 vom 11. Januar 1876] 1 Heftblatt, beidseitig beschrieben. – Numeriert: oben re.: (11.

Zarte Rosenknospe Du etc.] Wohl die Anfangsworte eines Gedichtes von Harald Graef, das in der vorliegenden Gedichtsammlung nicht enthalten ist; Graef hatte es vielleicht in die Simmel zugegangene Urfassung eingefügt – oder ihr beigelegt – und an anderer Stelle (wie etwa eine gesonderte Gedichtsammlung) aufgeschrieben, so daß er hier, in der Abschrift seiner vermutlich Cécile Hensel ansprechenden Verse (siehe Sendung 22), nur den Gedichtanfang vermerkt.

Gretchen Ewald] Nicht ermittelt; vielleicht Schwester des Schulkameraden Ernst Julius *Richard* Ewald (1855-1921), des späteren Physiologen (ab 1900 o. Prof. Straßburg), der Ostern 1875 das Abitur bestand (FWG Jahresbericht 1976, S. 38; NDB).

Leichencarmen] Trauergedicht.

Georg Simmel an Harald Graef

Sendung 13 von 13. Januar 1876

12. 1. 76.

Ein traurig Wort hast du mir anvertraut,
Und keinen Trost vermag *ich* dir zu bringen.
Der Tod ist eifersüchtig auf die Braut,
Und nicht geschehen kann's, sie ihm abzuringen.
Doch in dir selber liegt ein Trost, wie nie
Der beste Freund ihn dir vermag zu geben:
In deinem Busen läßt die Poesie
Aus ihrem Tod erblühn ein neues Leben.
Denn wie die Knospe bricht in voller Pracht
Hervor aus herbstgewelktem Rosenstamme,

Wenn neu ersteht der Lenzessonne Pracht,
So soll aus deines Herzens Dichterflamme
Ein blühend Lied erstehn, das sie besingt,
Die du verloren, wenn auch nie besessen,
Wenn sie hinunter in den Orcus sinkt,
Geliebt, beweint und niemals mehr vergessen.

*

13.1.76.

»Und keinen Trost vermag ich Dir zu bringen«
So sprach ich gestern, doch die Nacht bracht' Rath.
Nicht einsam sollst du diesen Kampf durchringen
Ich steh dir bei mit Trost in Wort und That.
Zwar bin ich matt wie ein gehetztes Wild
Und bin gequält von Pein und Angst und Sorgen
Und ist der Kampf des heut'gen Tags gestillt
So harrt ein andrer sicherlich für morgen.
Wir Streiter mit der Wunde in der Brust
Wir wollen kräftig *ein* Panier ergreifen
Wenn auch für *uns* verschwand des Sommers Lust,
So wollen Früchte wir für andre reifen.
Doch giebts nur einen Sommer? Kehrt er nicht,
Nachdem des Winters banger Kampf durchrungen?
Vielleicht kommt auch der Morgenröthe Licht
Nach der Verzweiflung Nacht zu *uns* gedrungen.
Wir wollen hoffen! Süßes Wort, es rührt
Die Brust mir sanft, wie einer Mutter Hände – –
Vielleicht wird auch für uns die Zeit herangeführt
Wo Glück und Frieden ist und Lieben ohne Ende.

*

Sendung 13 von 13. Januar 1876] 1 Bl. 15,5 × 9,5 cm; mit blauem Aufdruck, oben mittig: GS, beidseitig beschrieben, mit Klebestreifen an Harald Graef an Simmel vom 11. Jan. 1876 angeheftet. – Numeriert: oben li: VIII; oben re.: (12.

12.1.76.] Original: 12.1.75.

13.1.76.] Original: 13.1.75.

andrer] Original: ander.

Harald Graef an Georg Simmel
Sendung 14 von Mitte Januar 1876

Mach einen dummen Streich! – Das ist das Beste,
Sonst sitzt du brütend ob der Schwermutsneste
Und hebst doch nichts Vernünftiges heraus
Nicht frommt es dir, den tollen Saus und Braus
Der Leidenschaft, die jetzt dich thät verzehren
Den jähen Ausbruch strenge zu verwehren.
Du scheinst mir doch ein wenig »problematisch«
Ja, wärst wie ich du objektiv dramatisch
Dir würde dies Erlebnis auf der Stelle
Der Stoff zu einer herrlichen Novelle
Da ließest mit Behagen du die Glut
Des heißen Herzens mächtig niederfluten
So, armer Freund, mußt Du dich nutzlos plagen
Ein ungestilltes Sehnen mit dir tragen
Du willst nicht beten mehr und willst nicht hoffen
Da bleibt dir nur ein einz'ger Ausweg offen
Kannst du die innern Gluten nicht bezähmen
Laß sie nach Außen einen Ausweg nehmen
Mache drum, mein Bester, wie das gilt mir gleich
So ganz privatim einen dummen Streich:
Sogar in dieser engebrüst'gen Zeit
Hast du dazu ja die Gelegenheit,
Gestehe Annchen deiner Neigung Glut
Fall vor ihr aufs Knie – das macht sich gut
Auch magst du unter flehentlichem Jammern
Die sehr verehrten Knie ihr umklammern
Und rührt sie deiner Sehnsuchtsthränen Lauf
Genir dich nicht und denke – Höher hinauf!
Und wollt sie *partout* nichts von dir wissen
Kannst du ja immerhin Agath'chen küssen.
Und doch wenn auch diese Hoffnung dir entrollt
Du stolzes Herz, du hast es so gewollt.

Sendung 14 von Mitte Januar 1876] Datiert nach Ablage und demnach vor Simmels Sendung vom 22. Jan 1876 entstanden. – 1 Bl. 10,5 ×

16,5 cm, lose eingelegt. – Es handelt sich in diesem Fall nicht um eine der von Harald Graef vorgenommenen Übertragungen seiner Dichtungen, das Blatt enthält ausnahmsweise keine Zählung, die Schrift sowie zahlreiche, teilweise nicht mehr entzifferbare Streichungen zwecks Korrektur lassen auf einen Entwurf schließen.

Der Leidenschaft] Im Original Korrektur von: Der früherwachten Leidenschaft die [Abbruch].

verwehren] Im Original folgt durchgestrichen: Ja, siehst du, mein Verehrt'ster [Abbruch].

wärst wie ich du] Im Original Korrektur von: wärest du wie ich, so hoch.

dies Erlebnis] Nicht mehr zu ermitteln.

Der Stoff zu einer herrlichen] Im Original Korrektur von: Zu einer für tiefern.

Da ließest mit Behagen du die] Korrektur von: Da ließest du mit Behagen die.

Herzens mächtig niederfluten] Darüber kaum lesbare Ergänzung: [...] dich verzehren, aus der Seele fluten.

einen Ausweg] Darüber unlesbare Korrektur oder Ergänzung.

Mache drum, mein Bester] Korrektur von: Drum mache du, wie.

dummen] Original: dum.

Annchen] Nicht ermittelt.

rührt] Im Original ersetzt für: sieht.

Genir dich nicht und denke] Korrektur von: Dann ohne Gêne frei.

Und wollte] Im Original ersetzt für: Doch will sie.

Agath'chen] Nicht ermittelt.

Und doch] Korrektur von: Und wenn dann noch.

Georg Simmel an Harald Graef

Sendung 15 von Mitte Januar 1876

Im Frühling

*L*inde weht die Luft und frühlingsmächtig
*I*n den Thälern schon und auf den Heiden,
*N*ur mein Herz, es klammert fest sich
*A*n des Winters jetzt verrauschte Freuden

*M*it der Schönen durch den Ballsaal fliegen,
*E*inen Walzer oder 'ne Quadrille
*N*ett zu tanzen – jöttliches Vergnügen
*D*ies entbehren – welche bittre Pille.
*E*in Trost ist: Dies Lied, das ich gesungen
*L*iest auch du – und wirst vielleicht bezwungen – –
*S*chaurig kommt mir eine Gänsehaut:
*O*h weh, einer von den dummen Judenjungen
*N*ennt vielleicht dich nächstens seine Braut.

*

Deut' es nicht übel, wenn mit bittrem Hohn
Dein süßes Heilgenbild ich jetzt verspotte
Mußt es doch dulden einst Marias Sohn,
Daß man ihn höhnt' – grad' weil er gleich dem Gotte.

Und ich, dem Spott und Haß im Busen glühen
Als Waffe gen mich selbst, brauch ich den Hohn
Doch durch die schneidensten Disharmonien
Tönt sanfte Weise – wir verstehen uns schon.

*

Sendung 15 von Mitte Januar 1876] Datiert nach Ablage und Zählung. – 1 Bl. 20,5 × 11,5 cm, auf Heftseite aufgeklebt. Numeriert: oben zentriert: IX; oben re.: (13.

***L*inde ... *N*ennt]** Über die im Akrostrichon genannte LINA MENDELSON ist nichts Näheres bekannt (siehe Sendung 6).

Deut'] Im Original Korrektur von: Nimm.

Georg Simmel an Harald Graef

Sendung 16 von Mitte Januar 1876

*L*aß dir Kunde bringen von dem Lande
*Y*emen, draus die Asra stammen
*D*ie da sterben, wenn sie lieben –
*A*uch ich sterb', verzehrt von Liebesflammen.

*L*ustig carriole ins Leben hinein
*I*mmer nach vorwärts, verzage nicht
*N*imm dein Streben zum höchsten Licht
*A*ber gieb Acht, daß kein Rad dir bricht.

Sendung 16 von Mitte Januar 1876] Datiert nach Ablage und Zählung. – 1 Bl. 9 × 7 cm; darauf aufgeklebt befindet sich das zweite Akrostichon auf einem Ausschnitt karierten Schulheftpapiers, 4 × 3 cm, und beides ist wiederum auf eine Heftseite aufgeklebt. – Numeriert: unten zentriert: x, darunter li.: 14).

***L*aß ... *A*uch]** Zur angedichteten LYDA [Mayet] siehe Sendung 2.

Asra] Bezug ist hier Heinrich Heines: »Der Asra« [1846], aus dem *Romanzero*: »[...] Und der Sklave sprach: Ich heiße / Mohamet, ich bin aus Yemmen, / Und mein Stamm sind jene Asra, / Welche sterben, wenn sie lieben« (Heinrich Heine: Sämtliche Schriften. Hg. von Klaus Briegleb, sechs in sieben Bänden. München: Hanser 1968-76, Bd. 6/1, S. 41. – Das Motiv findet sich jedoch bereits bei Stendhal: »Sahid, fils d'Agba, demanda un jour à un Arabe: De quel peuple es-tu? – Je suis du peuple chez lequel on meurt quand on aime, répondit l'Arabe. – Tu es donc de la tribu de Azra, ajouta Sahid? – Oui, par le maître de la Caaba, répliqua l'Arabe« (Stendhal: De l'amour [1822]. In: Œuvres de Stendhal. Hg. von Henri Martineau. Paris: Divan 1927-37, Bd. 4, S. 97).

***L*ustig ... *A*ber]** Zur angedichteten Lina (Mendelson) siehe Sendung 6.

carriole] Umgangssprachlich veraltet für: fahre.

Harald Graef an Georg Simmel

Sendung 17 von Mitte Januar 1876

Nach Lesung von Heyse's »Salamander«

Ja Freund, es giebt verderbliche Gewalten
Uns selber räthselhaft, bestürmen sie
Die Seele mächtig, wecken in dem kalten
Gemüthe Flammen auf, man weiß nicht wie
Man sucht vergebens mannhaft sich zu wehren
Die Waffe fehlt dem festgebund'nen Arm
In Rauch vergehn der Weisheit hohe Lehren
Und übermächtiger Begierden Schwarm

Erstickt uns fast. Wir schwanken hin und wieder
Und taumeln endlich in die Tiefe nieder.

*

Und giebt es gegen diese Leidenschaften
Denn keinen Schutz? – Es soll ein stolzer Geist
Daniederliegen, den in nebelhaften
Traumphantasien etwas an sich reißt
Das lockend und bezaubernd, ohne Namen
Man weiß nicht wo es herkam, nicht woher
Die tausend wechselnden Gefühle kamen
Man sieht voll Staunen auf dem wilden Meer
Sich plötzlich einsam, Feuer, nie zu kühlen
Vernichtet den Verstand, man kann nur fühlen.

*

So soll man ohne Kampf und ohne Ringen
Ein Opfer werden der Verderbensmacht
Es soll uns ohne Widerstand bezwingen
Was einen tollen Rausch in uns entfacht
Zwei Wege seh ich, rauh und hart der eine
Der and're schön und lockend – wunderbar
Erschau'n geblendet wir im Zauberscheine
So Herrliches, wie nie auf Erden war
Hintaumeln wir zu ihm, wiewohl wir wissen
Nach kurzer Freude wird das Herz zerrissen.

*

Wie? – Oder soll man alle die Gefühle
Verbannen, die, unnennbar voll und süß
Uns aus der Menge tobenden Gewühle
Emporzieh'n zum verbot'nen Paradies
In seinem Busen soll man das vernichten
Wodurch man fühlt – ach, so unnennbar tief
Den Strand verschmäh'n, dahin von läst'gen Pflichten
Der Zaubersang uns der Sirene rief
Und wenn man sich entschlossen zu entsagen
Wird man dies harte Loos auch wirklich tragen?

*

Ich wag es nicht, die Frage zu entscheiden
Gefühle giebts, die stärker noch als wir
So taumelnd tolle Lust, so herbes Leiden
Daß aus der Hand sinkt der Vernunft Panier
Und doch: es bäumt in meiner tiefsten Seele
Sich trotzig etwas auf, das will den Zwang
Zerbrechen – preßte mir auch schon die Kehle
Mit rauhen Schwüren jäh der Todesstrang
Das schreit – so lange Athem mir und Leben
Frei will ich sein, ich will mich nicht ergeben!

*

So lange noch ein Funke jenes hellen
Urew'gen Lichtes in mir glüht und brennt
So lange noch die urgewaltgen Wellen
Des Schaffensdrang's, den nur der Dichter kennt
Mit stolzem Schlage mir den Busen schwellen
So lange noch ein einz'ges Sandkorn rennt
Der Geistesuhr, soll keine Macht mich fällen
So lange noch mein Herz sein eigen nennt
Des Genius Glut – mit freudigem Erbeben
Sagt mir sein Schlag – ich will mich nicht ergeben!

*

Nie möge mich die wilde Leidenschaft
In tollem Rausch zu solchen Klippen führen
Doch thut sie es – o, mag ich dann die Kraft
Mich endlich zu ermannen, nie verlieren
Ein Etwas giebt's, das endlich doch verschafft
Sieg jedem Kampfe, das uns stets regieren
Den wüsten Taumel läßt. – In jeder Haft
Zersprengt es Ketten uns und Kerkerthüren
Und läßt befreit den Fesseln uns entschweben
Das schreit in mir: Ich will mich nicht ergeben!

*

Der Dichter zwar mit stumpfen Waffen ficht
Den herben Kampf, so schwierig zu entscheiden

Der höchsten Leidenschaft und höchsten Pflicht
Wie wen'ge werden ihm den Sieg beneiden
Doch richte der, der ihm sein Urteil spricht
Sein Genius ihm den Kranz, dann flieht sein Leiden
Und strebt er einsam auf zum höchsten Licht
Er strebt ihm dennoch zu. – Und auch uns beiden
Wink' hell es, die wir machtvoll aufwärts streben
Komm, was da kommt – ich will mich nicht ergeben!

*

Sendung 17 von Mitte Januar 1876] Datiert nach Ablage und Zählung. – 3 Heftseiten. – Numeriert: oben re.: (15.

Heyse's »Salamander«] Paul Heyse (1830-1914): Der Salamander. Ein Reisetagebuch (1865), eine in Terzinen abgefaßte »Novelle in Versen«. In: Ders.: Gesammelte Werke. Stuttgart u. a.: Cotta, o. J. [1904-1910], II. Reihe, Bd. V, S. 554-609.

Sirene] Siehe Sendung 8.

tragen?] Das Fragezeichen ist im Original nur vage angesetzt.

Georg Simmel an Harald Graef

Sendung 18 von Mitte Januar 1876

Ergieb Dich nicht! Nein, kräftig sollst du schaffen
Und streben, wie's das Schicksal dir vergönnt
Auch ich will dir in tönenden Octaven
Die Ziele künden, die mein Genius nennt.
Und weil denn unsre Wege jetzt sich trafen,
So werden fürder nimmer sie getrennt
Doch wollen wir sie wandern Hand in Hand,
So sei'n vorerst die Ziele uns bekannt.

S'ist gleichsam ein Kontrakt, den ich dir sende;
Du sollst mich kennen, nicht auf Schein allein,
Mit offnen Augen nur sollst du die Hände
Mir reichen: »Ja, ich will ein Freund dir sein.«
Ich bitte nicht um *kleine* Freundschaftsspende

Ich fordre dann dich voll und ganz und rein;
Ich geb' mich dir und du sollst dich mir geben –
Zu *einem* Lieben, Hassen, Ruhen, Streben. –

*

Das große Ziel, nach dem ja alle ringen,
Die's hin zum Schönen und zum Edlen zieht,
Der ganzen Menschheit wahres Glück zu bringen
Fest, unentreißbar, hält's auch mein Gemüth.
Nach jenem Eden suche ich zu dringen,
Wo nicht mir selbst nur Glück und Freude blüht,
Wo auch die Früchte reifen, die Millionen
Mit Nährungskraft und süßem Duft belohnen.

Doch will ich vorschnell nicht das Werk beginnen,
Als schwacher Knabe nicht, als kräft'ger Mann
Und wenn erstarkt der edle Kern, der innen
Die ersten Triebe jetzt setzt mählig an,
Und soll ich meinen schweren Kampf gewinnen,
Rüst' ich die Waffen erst; dann, Feind, heran,
Dann kämpfe ich, soweit die Kräfte reichen
Und erst der Tod soll meine Segel streichen.

Doch fühl' für jetzt ich in mir selbst Gewalten,
Die gegenseitig noch im Kampfe stehn,
Noch weiß ich nicht den richt'gen Kurs zu halten
In meiner Leidenschaften Sturmeswehn,
Das feste Bild muß sich mir erst gestalten,
Deß' Züge jetzt noch durcheinandergehn.
Und wenn der wilde innere Kampf verglommen,
Dann sei der äußre muthig aufgenommen.

Ein andres Ziel, das jenem nach ich stelle,
Gesellt sich ihm in heit'rem Einklang zu.
Wenn wild am Tag mich wirft des Kampfes Welle,
So wünsch' ich Abends mir des Hafens Ruh,
Nicht laute Freuden, Trinkgelage, Bälle,
– Vor'm Ernst des Lebens schwindet dies im Nu –

Musik und Poesie sei'n mir beschieden,
Mein Mädchen und mein Freund – ich bin zufrieden.

Der Kampf, von dem ich sprach, denk' ihn dir nimmer
Als Streiten auf dem breiten Markt der Welt,
Ich selber bleib' zurückgezogen immer,
Wenn auch mein *Thun* zu jenem Dienst gestellt.
Ich wirk' in meinem stillen Studienzimmer,
Wo nicht in's Ohr der Lärm der Straßen gellt –
Der Menschen höchstes ist die Wissenschaft –
Für *sie* zu kämpfen widm' ich meine Kraft.

Doch was ich schildre, liegt in fernster Zeit,
Nicht werd' ich beide Ziele bald erreichen
Der Weg zu meinem Eden ist noch weit,
Doch Last und Mühe macht mich nicht erbleichen;
Denn wie der Hirsch nach frischem Wasser schreit,
So streb' ich nach der Wahrheit ew'gen Zeichen.
So viel ich irren mag in fremde Weiten,
Dies Streben wird zum Ziel mich sicher leiten. –

Nicht kann ich ändern, was mir angeboren,
Ich wandelt' meine Wege stets allein,
Dem Pöbel bin ich nun einmal verloren,
Denn was mich ganz erfüllt, es ist zu rein
Als daß ich's reden sollt mit jedem Thoren,
Mit Plappern es umgehn – ich kann's nicht, nein!
Und doch gehört dem Volk mein Thun und Dichten.
– Nun magst du meine »Distinguirtheit« richten.

Es sei genug. Du weißt jetzt, was ich bin,
Du kennst mein Schaffen und du kennst mein Streben,
Zu dir allein hat sich geneigt mein Sinn
Ich möchte ganz und voll dir Freundschaft geben
Und däucht dir was ich biete ein Gewinn
So schlage ein – will's Gott, fürs ganze Leben.
Doch kommt dein Ja! dir nicht aus vollem Herzen,
Sprich offen: Nein! Ich werd' auch das verschmerzen.

Sendung 18 von Mitte Januar 1876] Datiert nach Ablage und Zählung. – Ein in die Fadenheftung mit aufgenommenes, gefaltetes Blatt, 4 Seiten, 21,5 x 14 cm, beidseitig beschrieben. – Numeriert: oben re.: 12.; daneben: (16.

Octaven] Hier: achtzeilige Strophen; als Versmaß hat Simmel die Stanze gewählt: die aus acht fünffüßigen Jamben (siehe Sendung 4) bestehenden Strophen weisen verschlungene Verse auf: die erste, die dritte und die fünfte Zeile reimen sich, wie dann die zweite, die vierte und die sechste und schließlich die siebte und die achte.

Wege] Im Original Ersatz von: Ziele.

sei'n] Original: sein.

Deß'] Veraltet: dessen.

»Distinguirtheit«] Den Vorwurf hatte Harald Graef in Sendung 5 erhoben.

Harald Graef an Georg Simmel

Sendung 19 von Mitte Januar 1876

Du sandtest jüngst mir die Bedingung dessen
Was du so sinnig hast »Contrakt« genannt
Und alte Lust, begraben und vergessen
Seit langer Zeit, verjüngt aufs Neu erstand
In hohem Flug den Himmel zu durchmessen
So weit empor sein blaues Zelt sich spannt
Bereiten sich die stürmenden Gefühle
Hell glüht's im Herzen, das so lange kühle.

Ich habe dich von da als Freund betrachtet
Als ich mit dir von dem *Marsálá* kam
Des Geistes Kraft, der lange gramumnachtet
Auf's Neue einen mächt'gen Aufschwung nahm
Kein Herz, das mir sich darbeut, wird verachtet
So sende denn auch ich dir mein »Programm«
(Im Wort Contrakt, da liegen zu viel Härten
»Programm« hat wenigstens man in Concerten)

Noch ist's nicht lange, daß von Grund vernichtet
In meinem Busen wurde alles das
Was mir die trübsten Stunden hat gelichtet
Daß meine Liebe ward verkehrt in Haß
Ich habe wenig nur, und schlecht gedichtet
War finster und verschlossen, rauh und kraß
Die ersten Keime, so zu Grab getragen
Es ist ein Leid, das nimmermehr zu sagen.

Doch nun, da neu die Blüthenknospen schwellen
Da werf ich hinter mich die alte Pein
Sie konnte tief mich packen, nicht mich fällen
Ins Leben wandre muthig ich hinein
Und gerne grüße ich dich als Gesellen
Ein lieber Mitgenoß sollst du mir sein
Doch hoff' ich, wirst du mir's nicht übel deuten
Denk ich manchmal in Wehmuth alter Zeiten.

Der alten Zeiten längstvergang'ne Freuden
Die mir Erinn'rung vor die Seele führt
Sie haben, da ich ganz von ihr zu scheiden
Mich fest entschlossen, tief mein Herz gerührt
Im neuen Glück denkt man selbst alter Leiden
Wohl etwas lieber, als es sich gebührt
Schön ist's, in der Erinn'rung sich zu sonnen
Und nützlich die Erfahrung, die gewonnen.

*

Du willst dem Volke deinen Blick nicht schenken
Und bleibst in stolzer Einsamkeit allein
Still willst du in dein Studium dich versenken
Nur wen'ge sollen dir Gefährten sein
Es würde dich des Volkes Beifall kränken
Verstimmen dich sein lautes Bravoschrein
Ich kann dir's nicht und will dir's nicht verwehren
»Einsam und frei« – *den* Wahlspruch muß ich ehren

*

Doch mir gab die Natur ein and'res Streben
Und zweigeteilt scheint dir vielleicht sein Lauf
Denn einerseits will mit dem Volk ich leben
Froh bin ich, drängt sich's froh um mich zu Hauf
Der Volksbegeist'rung stolze Wogen heben
Mich mit und tragen mich zum Himmel auf
Ich bin nun einmal so und bin zufrieden
Daß so ich bin – wenn auch von dir verschieden.

*

Und andrerseits im stillen Busen hege
Ich rein und keusch das hohe Ideal
Vermeide ganz die vielbetret'nen Wege
Und folge seinem hehren Wunderstrahl
Mich führt der Schaffensdrang, der nimmer rege
Gleich dir zum nie geahnten Göttermahl.
Dies Beides nun – ich kann's nicht anders sagen
Thät sich in mir aufs Beste stets vertragen.

Drum werd' ich auch ganz anders mich erholen
Als du, wenn mich gedrückt des Tages Last
Gern flieg ich hin auf leichtbeschwingten Sohlen
Die Schöne halt ich gern im Tanz umfaßt
Ich sitze gern vor frischgefüllten Bowlen
Wenn die Gesellschaft mir halbwege paßt
Kurzum, mich freut's, den Krempel mitzumachen
Zu tanzen, trinken, plaudern und zu lachen.

Wir werden uns trotzdem ganz gut vertragen
Wenn wir uns Beide einsam und allein
Der Welt und ihrer Grillen frisch entschlagen
Und bei dem feurigen *Marsala*wein
Uns durcheinander Ernst und Heit'res sagen
Bald in die tiefste Weisheit tauchen ein
Bald lachen, daß der Athem uns will fehlen –
Man hat sich ja so sehr viel zu erzählen.

*

Nun will ich um den ersten Dienst dich bitten
Der neuen Freundschaft – doch erschrick nur nicht
Du hast bisher es nimmermehr gelitten
Daß wir bei Monden- oder Sternenlicht
Uns bis nach 8 vertrugen oder stritten
Du bist mir doch ein zu solider Wicht
Und wenn es grade anfing nett zu werden
So schobst du ab mit schläfrigen Geberden.

Wie wär's drum, wenn wir eines guten Tages
(Am Besten dürfte wohl der Samstag sein)
Vergäßen gänzlich jenes Stundenschlages
Der nur für den, der grad in Noth und Pein
Und in den Freuden eines Trinkgelages
Die neue Freundschaft fröhlich weihten ein? –
Schlag ein! – Denn fanden sich einmal zwei Seelen
Kann man der Arbeit schon ein Stündchen stehlen.

Sendung 19 von Mitte Januar 1876] Datiert nach Ablage und Zählung. – 3 Heftseiten. – Numeriert: oben re.: (17.

»Contrakt« genannt] Siehe Sendung 18: »Kontrakt«.

In] Original: in.

Ich habe dich von da als Freund betrachtet / Als ich mit dir von dem *Marsálá* kam] Dem entspricht die von Hans Simmel überlieferte Erinnerung seines Vaters, Simmels Freundschaft mit Harald Graef, »die nicht nur das Leben lang anhielt, sondern die noch viel bedeutsamere Folgen für meinen Vater hatte« (S. 11), habe begonnen, als die beiden Primaner einen Abend bei einer Flasche Wein verbrachten. Zum Kontext siehe den Editorischen Bericht.

solider Wicht] Daß Simmel sich weigerte, noch »bei Monden- oder Sternenlicht« mit dem Freund die Zeit zu verbringen, wird von Harald Graef auf dessen Solidität bzw. Müdigkeit geschoben. Er kennt noch nicht Simmels häusliche Situation, die von seiner 1874 verwitweten Mutter beherrscht wurde, einer Frau, die »klug, energisch, von gewalttätigem und rücksichtslosem Temperament« gewesen sei und »Unruhe und Zwist« in die häusliche Atmosphäre getragen habe (Hans Simmel, S. 6, 9). Daß wohl sie dem Sohn die Ausgangsfrist setzte und jedem Widerspruch unduldsam begegnete, signalisiert Simmels Antwort auf die Frage seines Sohnes, warum er immer in Berlin geblieben sei und nie an einer anderen Universität studiert habe: »Ich hätte meiner Mutter ebenso gut sagen können, dass ich Missionar bei den Botokuden werden wie dass ich auswärts studieren wollte.« Nie habe sein Vater, berichtet dann Hans Simmel weiter, »ohne Bitternis von diesem Zwange der Familie und Zwange zum ›Familienleben‹ sprechen können; er war auch überzeugt, dass seine geistige Entwicklung durch diese Umstände ernstlich beeinträchtigt, zum mindesten zeitlich sehr verzögert worden sei« (S. 9).

Samstag] Wohl der 16. Jan. 1876.

Georg Simmel an Harald Graef

Sendung 20 von Mitte Januar 1876

Zur Erklärung

Noch liegt der Winter schwer und bang
Auf weiten eiserstarrten Auen,
Da's noch der Sonne nicht gelang,
Den bösen Feind hinweg zu thauen.

Die Fluren athmen gleichsam schwer,
Aus bangem Traum nicht zu erwecken;
Es ist, als mühten sie sich sehr,
Zu schütteln ab die schweren Decken. –

Geduld, Geduld, mein liebes Grün,
Bald kommt der Lenz, dann darfst du sprießen;
Dann will auch ich in's *Freie* ziehn,
Um froh mein Leben zu genießen.

Die dunkle Brust ahnt neues Licht,
Mein Herze, wie die Luft, wird linder –
Doch leider geht es jetzo nicht,
Dieweil es eben noch ist Winter.

Sendung 20 von Mitte Januar 1876] Datiert nach Ablage und Zählung. – 1 Bl. 12,5 × 10 cm, auf Heftseite aufgeklebt. – Numeriert: oben zentriert: 13.; oben re.: (18.

Zur Erklärung] Das ist als Reaktion auf Harald Graefs Vorwurf, er sei ein »solider Wicht«, gemeint (siehe vorhergehendes Schreiben).

in's *Freie* ziehn] Mit Beginn des Studiums im SS 1876 hoffte Simmel, sich dem Zwang des »Familienleben[s]« (siehe ebd.) entziehen zu können.

Harald Graef an Georg Simmel

Sendung 21 von Mitte Januar 1876

*AL*s es nie mir wollt gelingen
*NY*mpfenlust in süßem Schalle
*ID*ealisch zu besingen
*LA*chten *ID*a's *NY*mphen *AL*le.

Sendung 21 von Mitte Januar 1876] Datiert nach Ablage und Zählung. – 1 Heftseite, Druckschrift. – Numeriert: oben re.: (19.

***AL*s ... *AL*le**] Die in doppelten Akrosticha – Anfangsbuchstaben und letzte Zeile – Angesprochenen sind Lina (Mendelson) und Lyda (Mayet) (siehe die Sendungen 6 und 2).

Georg Simmel an Harald Graef

Sendung 22 vom 22. Januar 1876

Soll die Flamme schon verwehn,
Die doch kaum erglüht ist?
Soll der Sproß zu welken gehn,
Da er eben erblüht ist?

Nein, und da mit neuem Ton
Meine Leier schwinget,
Schweig' sie nicht so balde schon
Höre, was sie klinget:

*C*anzonen und Sonette, zart gereimt,
*A*us meiner Brust entsteigen sie, wie prächtig
*E*in Lorbeersproß im linden Süden keimt.

*C*horal- und psalmenartig tönt's dann wieder,
*I*n hehrer Majestät und düster-prächtig
*L*autrauschend, wie des Nordens Siegeslieder.

*I*n dieser, jener Form – stets bin ich ich
*E*ins liegt in all'dem nur: »Ich liebe Dich.«

*

*C*amelien und Narzissen bring' ich dir,
*A*n deinem Busen sollen sie verblühen
*E*in schöner Tod; auch ich möcht' so verglühen.

*C*yanen und Violen bring' ich dir,
*I*n's Haar geflochten soll'n bei dir sie leben.
*L*ebt ich auch so! Ich gäb' darum mein Leben.

*I*n deiner Nähe leben oder sterben?
*E*in schwierig Wählen! Beides möcht' ich werben.

*

Und sind es denn nur Spielerein,
Die ich in diesen Reimen biete?
Du merkst es tief wohl im Gemüthe,
Ich legte auch noch mehr hinein.

Ein Name – wahrlich, hohler Ton
Gleich ist's, wie ich das Eine nenne,
Für das ich ernst und tief entbrenne – –
Ich liebe nicht um Minnelohn.

Ich liebe nur das Ideal.
Im Allerheiligsten im Herzen
Da trag' ich es mit Freud' und Schmerzen.
(Nicht wahr, gar närrisch ist die Wahl?)

Ich werde ihm nicht ungetreu,
Wenn ich es nenn' mit hundert Namen;
Von allen, allen, ach! die kamen –
Mein Ideal ist nicht dabei.

Einst aber kommt *sie* schön und hehr
Dann kenn' ich nur den einen Namen,
Von all den hunderttausend Damen
Kenn' ich dann keinen Namen mehr.

Drum mache es dir keine Qual,
Wenn ich mit meinem leichten Spiel
Auch deiner Göttin opfern will –
Ich liebe nur das Ideal.

Sendung 22 vom 22. Januar 1876] 1 gefaltetes Doppelblatt. 21 × 14 cm, mit Klebestreifen lose eingeheftet, 3 Seiten beschrieben. – Nachträglich datiert und numeriert: oben zentriert: 22. 1. 76; re. daneben: 14; oben re.: (20.

Canzonen] Ital.: Lied; als lyrische Form – meist geschrieben: Kanzone – gekennzeichnet durch ein zwei- bzw. dreiteiliges Formschema; die Kanzonenstrophe besteht aus dem Aufgesang, der zwei gleich gebaute Teile, sog. Stollen, aufweist; ihm folgt der in Volten gegliederte Abgesang. – Die Form der Kanzone entwickelt sich im Minnesang, erhält durch Petrarca (1304-1374) ihre heute geläufige Form; die Übersetzung seiner Werke durch August Wilhelm Schlegel (1767-1845) führt zur Verbreitung des ital. Canzone in Deutschland (Vgl. Volker Meid: Sachwörterbuch zur deutschen Literatur. Stuttgart: Ph. Reclam jun. 1999, S. 266f.).

Canzonen ... *Eins*] Bei der im Akrostichon genannten Caecilie handelt es sich möglicherweise um Cécile Hensel, mit deren Brüdern Paul (1860-1930) und Kurt (1861-1941) Harald und Botho Graef wie auch Simmel befreundet waren und um die sich, wie Sabine Lepsius erinnert, später »rasch ein Kreis von jungen Künstlern und Gelehrten [bildete], zu denen auch meine Brüder Harald und Botho gehörten« (Lepsius Künstlerleben, S. 47). Mit Paul Hensel – auch er später Philosoph: 1895 ao. Prof. in Straßburg, 1898 in Heidelberg, 1902-1929 o. Prof. in Erlangen – blieb Simmel sein Leben lang in Verbindung. – Die Familie des Bankdirektors Sebastian Hensel (1830-1898) und seiner Frau Julie, geb. von Adelson (1836-1901) wohnte den einschlägigen Berliner

Adreßbüchern zufolge seit wenigen Jahren in der Mohrenstraße (NDB: Kurt bzw. Paul Hensel; Drüll).

Sonette] Siehe Sendung 6.

zart] Im Original Ersatz für: still.

Camelien ... *E*in] Zu der im Akrostichon genannten Caecilie s. o.

Cyanen] Zyane, Kornblume.

Violen] Veilchen.

***liebe*]** Im Original doppelt unterstrichen.

Harald Graef an Georg Simmel

Sendung 23 vom 22. Januar 1876

22. 1. 76

Ich freute sehr mich, als ich sah
Die niedlichen Akrosticha
So schulgerecht verfaßt und richtig
Ich bin, bei Gott, nicht eifersüchtig
Ich weiß recht wohl, daß, was Gefühl
Wir jetzo nennen, Kinderspiel
Ist gegen jene Himmelskraft
Der tiefen wahren Leidenschaft
Doch muß das Herz auch halber Knaben
Wie wir noch sind, Beschäft'gung haben
Da sucht man sich denn wohl zusammen
Von allen Seiten ein'ge Flammen
Die ließen mir so ziemlich Ruh
Käm nicht die Dichterei dazu
Des Ideals in seiner Brust
Ist sich der Dichter wohl bewußt.
Er sucht und sucht; und fand er Eine
Die würdig, mit dem hehren Scheine
Der Poesie umstrahlt zu werden,
Die ja das Höchste hier auf Erden
So ziehet eine leise Ahnung
Durch sein Gemüth, die eine Mahnung
Ihm zuträgt von dem Wunderstrahle
Der unverfälschten Ideale.

Und ohne Rast und ohne Ruh
Strebt jenem Ziel er fröhlich zu
Als das betracht ich meine Flammen
Noch einmal send ich ihre Namen

*C*illa, wie der Mond der bleiche etc.

Es schwebt ein holdes, jungfräuliches Bild etc.

Du siehst, daß ich das wohl erkenne
Was jetzt ich meine Liebe nenne
Schön ist die Zeit, da also man
In aller Unschuld lieben kann
Und doch nicht ohne tiefes Sehnen
Nur ohne Trauer, ohne Thränen
So seh' auch ich in jeder Wahl
Nur Sehnsucht nach dem Ideal

Sendung 23 vom 22. Januar 1876] 1 Heftseite, zweispaltig beschrieben. – Numeriert: oben re.: (21.

***Cilla*]** Lat. Bezeichnung für griech. Killa, 1) Bezeichnung dreier in der antiken Überlieferung so benannter Orte, u. a. mit berühmten Apollo-Tempeln, 2) Name der Schwester des Priamos (Pauly, Nachtragsband); hier vielleicht auch nur Kurzform für Caecilie, die, als von Harald Graef geliebte, von Simmel in Sendung 22 in zwei Akrosticha angeführt wurde.

***Cilla*, wie der Mond der bleiche etc.]** Es handelt sich wohl um den Anfang eines Gedichtes von Harald Graef auf Caecilie (s. o.), das er hier – ähnlich wie in Sendung 12 – nur mit der Eingangszeile anspricht.

***E*s]** Der mit »*E*« angesprochene Name bezieht sich auf die auch in den Sendungen 27, 28, 30 und 38 genannte »Eva«; deren Identität ist nicht ermittelt.

***E*s schwebt ein holdes, jungfräuliches Bild etc.]** Wohl auch Anfang eines Gedichtes von Harald Graef (s. o.).

seh' auch ich] Im Original Korrektur von: sehe ich.

Georg Simmel an Harald Graef

Sendung 24 von nach dem 22. Januar 1876

Nun will es wieder Frühling werden
Ein wunderweiches Sehnen zieht
Vom Südwind getragen über die Erden
Und im innersten Herzen erwacht es und blüht.

Und mit der Gewalt des Märzorkan
Braust's wieder und endet nimmer
Und tönet, jauchzend himmelan:
Ich liebe dich, lieb' dich noch immer.

Sendung 24 von nach dem 22. Januar 1876] Datiert nach Ablage und Zählung. – 1 Bl. 7,5 × 5 cm, liniertes Schulheftpapier; auf die re. Spalte der Heftseite von Sendung 23 aufgeklebt. – Numeriert: oben re.: (22.

Georg Simmel an Harald Graef

Sendung 25 von nach dem 22. Januar 1876

Echo

Bekümmert saß ich am rauschenden Bach – ach!
Und dachte vergangener Zeit,
Wie in nichtigen Staub die Freude verweh – weh!
Und die Lust mir so ewig weit.

Vergebens hab' ich gebeugt mein Knie – nie
Erfreut mich ihr liebender Blick
Vorbei ist der Pein und – des Glückes Stund – und
Sie kehret nimmer zurück.

Doch auch die Erinn'rung der Schmach sei vorbei – bei
Den ewigen Göttern, es sei

Und muthig will ich's verschmerzen als Mann – an
Erneuten Kampf jetzt denken aufs Neu!

*

Wie stille Schwüle liegt es in der Luft,
Als sollte bald es stürmen und gewittern
Die Zweige still-erwartungsvoll erzittern
Die Nachtigall in Liebessehnsucht ruft.

So ist in mir ein bangendes Ersehnen
Der reinen, großen, heil'gen Leidenschaft
Und meine ungestüme Liebeskraft
Ich ström' sie aus in diesen milden Tönen.

Wie wild auch eines Stromes Wellen seien,
Sie bleiben doch in ihrer Ufer Schranken
So bleiben denn auch meines Lied's Gedanken,
So wild sie sei'n, gebannt in gleiche Reihen.

Drum werd' mein Dichten nicht von dir geschmäht,
Weil »schulgerecht« sich eins zum andern stuft;
Ist minder schön der Centifolie Duft,
Weil ganz genau sie hundert Blätter zählt?

Ich künstle nicht; in einem Augenblicke
Nicht lange zielend, send' ich meine Bolze,
Mit *einem* Schnitt schneid' ich aus *einem* Holze
Und wie es ist, ist es aus einem Stücke.

Sendung 25 von nach dem 22. Januar 1876] Datiert nach Ablage und Zählung. – 1 Bl. 10,5 × 9,5 cm, beidseitig beschrieben, auf Heftseite von Sendung 23 mit Klebestreifen lose befestigt. – Numeriert: oben re.: (23; darunter: 15.

Centifolie] Die Hundertblättrige Rose od. Provencerose (Rosa centifolia) ist in ihrer Wild*form* im Kaukasus beheimatet.

Georg Simmel an Harald Graef

Sendung 26 von nach dem 22. Januar 1876

*L*ieber *I*n *N*oth sein,	*A*ls zu nichts taugen
*I*m Unglück gern, doch	*N*iedrigkeit nicht
*N*immer verzagend, solang	*I*ch das Licht
*A*m Himmel *N*och schau' und	*I*n *L*inas Augen.

Siehste wohl?!

Sendung 26 von nach dem 22. Januar 1876] Datiert nach Ablage und Zählung. – 1 Bl. 15,5 × 6,5 cm, auf Heftseite aufgeklebt. – Numeriert: oben re.: 16.; unten re.: 24); unten li., durchgestrichen: 2.

***L*ieber … *L*inas Augen]** Akrosticha: Das 1., 2., 3., und 5. Wort der ersten Zeile wie die Anfangsbuchstaben der ersten vier Zeilen ergeben jeweils LINA; die Anfangsbuchstaben der Abverse wie die Anfangsbuchstaben des 1., 3., 6. und 7. Wortes der Schlußzeile bilden rückläufig ebenfalls LINA; angesprochen ist Lina Mendelson (siehe Sendung 6).

Harald Graef an Georg Simmel

Sendung 27 von nach dem 22. Januar 1876

*L*eicht *E*rfandst du *V*iel	*A*ls in freiem Spiel
*J*eder seine Liebste	*N*annte
*N*un auf	*J*edes Ziel mit dem Federkiel
*A*ngelegt, *V*ielleicht *E*ndlich	*L*ösch' ich, was da brannte
*L*eider *I*st *N*icht *A*lles Gold,	
was ich gern	*A*ls *V*oll *E*rkannte.

Sendung 27 von nach dem 22. Januar 1876] Datiert nach Ablage und Zählung. – 1 Heftseite, mittig beschrieben, so daß vor- und nachstehendes Schreiben von Simmel auf dieselbe Seite aufgeklebt werden konnten. – Numeriert: oben re.: 25).

***L*eicht … *E*rkannte]** Akrostricha auf Lina (Mendelson) in den Anfangsbuchstaben der ersten vier Zeilen, der ersten vier Wörter der fünften (im Original letzten) Zeile und rückläufig in den Anfangsbuchstaben der Abverse (siehe Sendung 6) und auf Eva in der ersten Zeile ab zweiten Wort; schließlich: im Anvers der vierten und im Abvers der letzten Zeile rückläufig. – Über Eva ist nichts bekannt.

Georg Simmel an Harald Graef

Sendung 28 von nach dem 22. Januar 1876

*L*aß die Klagen; laß die	*A*sras
*Y*emens sterben, wenn sie	*M*einen
*D*aß dies schön sein, doch du	*L*aß das;
*A*ber du sollst in dir	*E*inen
*L*ust und *L*iebe, die den	*S*eelen
*I*mmer gleichsam sind ein	*A*nker:
*N*ie wird er den Zweck	*V*erfehlen,
*A*lso halt ihn fest, nie wank'	*E*r.

Sendung 28 von nach dem 22. Januar 1876] Datiert nach Ablage und Zählung. – 1 Bl. 10,5 × 7,5 cm, auf Heftseite aufgeklebt. – Numeriert: oben re.: 26).

***Laß … Er*]** Akrosticha aus den jeweils ersten Buchstaben der acht Zeilen zu Lyda (Mayet) (siehe Sendung 2) und zu Lina (Mendelson) (siehe Sendung 9); ebenso, rückläufig aus den jeweils ersten Buchstaben der Abverse, Akrostricha auf Eva und Selma, deren Identität unbekannt ist.

Asras … schön sein] Simmel hatte schon in der Sendung 16 die Zeilen aus Heines »Der Asra« zitiert.

Georg Simmel an Harald Graef

Sendung 29 von nach dem 22. Januar 1876

Ob wohl des Lebens Sturm die losen Blätter
Zerstreuen wird, drauf wir in wilden Reimen
Bald laut getobt, wie Herbst- und Sturmeswetter,
Bald zart gehaucht, so wie an Rosenkeimen
Ein Zephyr milde spielt? Vielleicht, daß auch
Ein tugendhaftester Pedant sie findet
Dann – fort in's Feuer; aber aus dem Rauch
Strahlt's hell noch auf, daß jener fast erblindet.
Doch wer der Jugend Leidenschaften kennt,
Und wessen Brust so wie die unsre brennt
Vom ew'gen Trieb nach Wahrem, Schönen, Guten –

Glaubst du, daß dieser auch in Feuers Gluthen
Hinschleudern wird, was uns das Herz bewegte?
Nein, wem ein Gott das tiefste Herz erregte,
Daß er die Kunst mehr als sein Leben liebt,
Der weiß zu schätzen, was er selber übt.
Und brächt' nicht schönste Früchte dieser Samen,
Wenn unsrer Lieder Nachhall noch erklänge
In weichen Seelen und wenn diese Sänge
Zum Herzen gingen, wie daher sie kamen?

*

Doch wenn wir Eines Busen nur erfüllen,
So ist's genug; die Gluth, die in uns lodert,
Der Menge können wir sie nie enthüllen –
Wir können ihr nicht geben, was sie fordert. –
Und ob wir gleich noch selber »halbe Knaben«,
So sind für Kinder doch nicht diese Reime,
Für Knaben nicht, noch Mädchen, deren Träume
Nicht über Schul' und Puppe sind erhaben. –
Doch jetzt genug; schon schlägt es Mitternacht,
Des Tages Schmerzen sind zur Ruh gebracht.
Nur Zweies weiß ich, das stets wachend bliebe:
Nur unsre Freundschaft wacht und meine Liebe.

Sendung 29 von nach dem 22. Januar 1876] Datiert nach Ablage und Zählung. – 1 Bl. 20,5 × 14,5 cm, mit Klebestreifen auf der Heftseite der drei vorstehenden Schreiben lose befestigt. – Numeriert: oben re.: 17; darunter: 27). – Am re. Seitenrand begonnene Bleistiftskizze eines männlichen Porträts im Halbprofil.

Wahrem, Schönen, Guten] Das geflügelte Wort läßt sich einerseits auf Johann Wolfgang von Goethe zurückführen, in dessen ›Epilog zu Schillers Glocke‹ es heißt: »Indessen schritt sein Geist gewaltig fort / In's Ewige des Wahren, Guten, Schönen, / Und hinter ihm, in wesenlosem Scheine, / Lag, was uns alle bändigt, das Gemeine« (WA I / 16, S. 166, Zeile 30); dies weist vielleicht seinerseits auf Platons ›Philebos‹ zurück: »Sokrates: Wenn wir also nicht in *einer* Form das Gute auffangen können, so wollen wir es in diesen dreien zusammenfassen: Schönheit und Verhältnismäßigkeit und Wahrheit [...]« (65a 1-3); andererseits war das anonyme geflügelte Wort seit der Weimarer Klassik geläufig für die Zielsetzung der klassisch-idealistischen Ästhetik, insbesondere für diejenige Schillers.

»halbe Knaben«] Harald Graef hatte in Sendung 23 vom »Herz auch halber Knaben / wie wir noch sind« geschrieben.

Harald Graef an Georg Simmel

Sendung 30 von nach dem 22. Januar 1876

Die losen Blätter habe ich gesammelt
Und so, gesammelt wie sie jetzo sind
Kann man sie nicht mehr lose Blätter nennen
Ein Ganzes sind sie, eine bunte Schnur
Gereiht von hellen, schimmerreichen Perlen
Von denen jede einzeln uns ergötzt
Und in der andern Reihe schön sich füget
Was kümmerts uns, ob je die Welt erfährt
Was wir im Scherz, im Ernst einander boten
Für's Erste ist es für uns Beide da
Allein für uns. Und wenn wir einmal nur
In trüber Stunde Trost und Heiterkeit
Aus diesen Versen schöpfen, ist's genug.
Ja, lieber Freund, auch ich bin etwas vornehm
Mir gilt es gleich, ob andern das zugut
Wird kommen, was wir beide miteinander
In Versen gegenseitig ausgetauscht.
Uns diene es zur Freude, zur Erholung
Wenn *uns* es frommte, hat es viel genützt.

Oho, das klingt ja höchlichst egoistisch
Abweisend kalt – *odi profanum vulgus*
(Wie herrlich dieses in die Jamben paßt)
Versteh' mich recht. – So lange noch die Zeit
Des wahren Schaffens nicht für uns gekommen
So lange noch die Flamme kaum erglommen,
Die einst, so hoff' ich, weithin um sich streut
Erhab'nen Schein, so lange sei'n uns Beiden
Uns Beiden diese Blätter nur geweiht

Scheu mögen sie jedwedes Auge meiden
Allein wenn erst gereift sind jene Früchte
An deren Blüthen wir uns jetzo freu'n
Dann mögen jene kleinen Fluggedichte
Ins Leben wandern froh und frisch hinein
Dann offenbaren wir, was jetzt wir hüten
Die Früchte kennt Ihr, seht, dies sind die Blüthen.
Dann wird so mancher, meine ich, erkennen
Daß in den Knaben schon ein hoher Geist
Sich mächtig regte, eine Glut thät brennen
Die alles Andre vor sich niederreißt
Noch ist sie zwar verschlossen und verborgen
Doch einst erstrahlt sie hell – schon graut der Morgen.
Wohlan, so lange wir's nicht wagen dürfen
Des wahren Schaffens hohes Himmelsglück
Mit vollen Zügen in uns einzuschlürfen
So lang zum Ziel der sehnsuchtsvolle Blick
Umsonst noch fliegt, bewahren wir die Keime
Und fügen spielend uns're leichten Reime.

Doch ahnungsfreudig schwillt mir schon der Busen
Nicht lange mehr verweilen wir im Dunkeln
Schon bricht des ersten Götterstrahles Funkeln
Zu uns herein, schon winken uns die Musen.
Noch eine kleine Zeit, dann schwingen prächtig
Wir uns zur Sonne auf und schaffen mächtig
Und zeigen denen, die uns jüngst verkannten
Uns als gewalt'ge Riesen und Giganten.

*

*EC*ce, ecce, siehe her
*VA*ter bin ich wieder jetzt
*AE*rger hat es zwar gesetzt
*AC*h, es war doch ziemlich schwer
*VI*eles band mir ja die Haende
*EL*lenlang sich Alles spann
*VI*ermal, fünfmal setzt'ich an
*AE*chzend kam ich dann zu Ende

Sendung 30 von nach dem 22. Januar 1876] Datiert nach Ablage und Zählung. – 1 Heftseite, beidseitig beschrieben. – Numeriert: oben re.: 28).

Die losen Blätter habe ich gesammelt] Dies weist auf das Zustandekommen der vorliegenden Sammlung.

***odi profanum vulgus*]** Lat.: Hasse die uneingeweihte Menge! (Horaz, Oden III, 1, 1); es fehlt das Ende des Zitats »et arceo« (und ich halte fern); meist verstanden i.S.v.: »Hinweg, unheilger Pöbel! Ihr andern, schweigt!« (Horaz, S. 108).

Jamben] Siehe Sendung 4.

kleinen] Original: kleine.

***EC*ce, ecce]** Anspielung auf Joh. 19,5 in der Fassung der Vulgata für den Ausruf des Pilatus, mit dem er den gegeißelten und dornengekrönten Jesus dem Volk vorstellte: »Ecce homo«; »Siehe, [welch] ein Mensch!«.

***EC*ce ... *AE*chzend]** Oktave, deren jeweils erste Buchstaben das Akrostichon EVA AVE VA bilden; dabei ist das zweite E in doppelter Funktion, da nur acht Buchstaben zur Verfügung standen; zu Eva siehe Sendung 23. – Die jeweils zweiten Buchstaben bilden das Akrostichon CAECILIE, wohl Cécile Hensel (siehe Sendung 22).

Georg Simmel an Harald Graef

Sendung 31 von nach dem 22. Januar 1876

Stille Gedanken

Ihr dunkeln Heliotropenblüthentriebe,
So mild, so süß, so stark – so rasch verwesend
Ist euer Blüthenduft, wie meine Liebe.

*

Stille Stunde der Nacht!
Die Glocke schlägt, kaum zu hören,
Gleich als gäbe sie Acht
Keinen zu stören.

Aber mein Herz, mein Herz,
Das der Kummer traf

Hämmert und schlägt so laut
Und raubt mir den Schlaf.

*

Hohe Cypressen!
Ihr weist zum Himmel, gleich als wollt ihr mahnen,
Daß dort jetzt wohnt, was ich so lang besessen.

Sendung 31 von nach dem 22. Januar 1876] Datiert nach Ablage und Zählung. – 1 Bl. 10 × 9 cm, auf Heftseite oben li. aufgeklebt. – Numeriert: oben li.: 18.; oben re.: (29.

Heliotropenblüthentriebe] Die Heliotrope, Sonnenwende, gehört zur Gattung der Borretschgewächse mit blauen oder weißen Blüten, intensiv nach Vanille bzw. Narzissen duftend.

Harald Graef an Georg Simmel

Sendung 32 vom 24. Januar 1876

24. 1. 76

So sah ich gestern beide Flammen
Gut war es, daß sie nicht zusammen
Sonst wüßt ich nicht, wohin sich wenden
Mein Herze sollt! Wie soll das enden.
Doch seh' ich klar, daß ich nur scheine
Zu lieben. – Wahrhaft liebt nur Eine
Wer wahrhaft liebt – im Herzen mein
Verträgt man sich ganz gut zu drei'n
Doch habe Jeder ich geweiht
So tiefe, süße Zärtlichkeit
Wie wen'ge sie nur Einer gönnen
Ja ja, das muß der Dichter können.

Sendung 32 vom 24. Januar 1876] Dieses Datum hat Harald Graef über der nachträglichen Abschrift vermerkt; denn diese befindet sich auf derselben, zweispaltig beschriebenen Heftseite wie Sendung 37 (Graef an Simmel vom 13. März 1876) nachgetragen (6 × 7,5 cm) und später numeriert: re. neben Datum: (35.

beide Flammen] Gemeint sind wohl Eva und Caecilie bzw. Cécile Hensel, deren Namen Harald Graef in Sendung 30 als Akrosticha zusammenfaßt.

Georg Simmel an Harald Graef

Sendung 33 vom 11. Februar 1876

Fritz Hartmann

Ein Strom, entsprungen blauem Gletscherbette,
In unentweihter Alpeneinsamkeit,
Er zieht dahin in langer Stunden Kette
Und braust und donnert, hörbar weit und breit.

Als folg' er einem Ziele unverwandt
So eilt er hin in mächtigen Cascaden –
Dann zieht er wieder still durch fruchtbar Land,
Und Eichen still drin ihren Schatten baden.

Doch manche Stellen sind so sandig seicht,
Daß es mir schafft recht peinliches Verdrießen
Fehlt's ihm an Wasser, oder kann vielleicht
Dort überhaupt ein Strom niemalen fließen?

Sendung 33 vom 11. Februar 1876] Von Harald Graef datiert. – 1 Bl. 9 × 7 cm, auf Heftseite von nachfolgendem Schreiben Harald Graefs neben vorstehendem Schreiben Simmels aufgeklebt. – Numeriert und datiert: oben li.: 19.; oben re.: 11. 2. 76; oben re.: (30.

Fritz Hartmann] Vielleicht ist damit der Landschaftsmaler *Friedrich* Hermann Hartmann (1822-1902) gemeint (Thieme/Beker). Zu denken wäre auch an ein Pseudonym Harald Graefs, da er Simmels Äußerungen auf sich und sein »Schaffen« bezieht (siehe Sendung 34 und 35).

Harald Graef an Georg Simmel
Sendung 34 vom 11. Februar 1876

11.2.76

Fritz Hartmann

Ein wilder Gießbach ist's, der eingeschlossen
Von Felsen rings, den Weg sich bahnen will
Er wühlt und wäscht und strudelt unverdrossen
Durchgräbt die Felsen emsig, leis und still
Doch wenn gesprengt die harten, rauhen Massen
Dann sprudelt mächtig er hinaus in's Thal
Und kaum vermag sein Bett ihn noch zu fassen
Wenn er hinausschießt, frei, in mächt'gem Strahl.
Das ist mein Schaffen. Will es hin und wieder
Dir etwas sandig dünken, flau und seicht
So wähn ja nicht, daß der Strom der Lieder
Sich langsam träg aus meinem Busen schleicht
Die Ruhe ist's, die nimmer Ruh zu nennen
Die thatlos sich in Unruh selbst verzehrt
Ein ew'ges Feuer fühl' ich in mir brennen
Dem noch der freie Ausbruch nicht gewährt
Da mag es dem und jenem denn erscheinen
Als wär ich nur aus träger Ruhe seicht
Doch wolle deshalb nimmermehr vermeinen
Daß Ruhe sei, was nur der Ruhe gleicht
Dem Strom wird's, denk' ich, nicht an Wasser fehlen
Was kümmerts mich, daß man die Quelle schilt
Man wird ihn doch einst zu den größern zählen
So hoffe ich. Dann mag er jäh und wild
Und wieder breit und ruhig weiter fließen
Daß staunend jeder frägt, woher er kam
Man sieht ihn mächtig sich ins Meer ergießen
Doch weiß man nicht, wo er den Anfang nahm.

Sendung 34 vom 11. Februar 1876] 1 Heftseite. – Numeriert: unten re.: (31.

Fritz Hartmann] Siehe Sendung 33.

Harald Graef an Georg Simmel

Sendung 35 vom 6. März 1876

6.3.76

Es stürzte ein gewalt'ger Bergstrom brausend
Auf meine Mauern los. In tausend Trümmer
Brach die von Stein gar bald und sprudelnd, sausend
Ergießt das Wasser weiter sich noch immer
Die Eisenmauer trotzt den wilden Fluten
Wie grimmig sich vor ihr die Woge bäumt
Und wie gepeitscht von Millionen Ruthen
Hochaufspritzt, dann in tollem Wirbel schäumt
Sie wühlt und wühlt, die Mauer zu durchdringen
An ihrem Fuße gräbt sie fort und fort
Den Widerstand des Eisens zu bezwingen
Und siehe da! – Schon sickert hier und dort
Ein kleines Bächlein durch die Fundamente
Still, emsig wühlend wird es bald zum Bach
Denn nach dem alten Spruch »*festina lente*«
Folgt einem Tröpfchen stets das and're nach
Doch keine Angst wird deshalb mich beklemmen
Was durch die feste Eisenmauer drang
Wird nimmermehr den Garten überschwemmen
Ich weiß vielmehr dem wilden Wasser Dank
Dasselbe Element, das wild empörte,
Das außerhalb Verwüstung mir gebracht
Das bald die erste Mauer mir zerstörte
Den Garten hat es fruchtbar mir gemacht
Das Wasser sinkt – nachläßt sein tolles Wüthen
Und tausend Keime sprossen, tausend Blüthen

Sendung 35 vom 6. März 1876] 1 Heftseite. – Numeriert: oben re.: (32.

»*festina lente*«] Lat.: Eile mit Weile!

beklemmen / Was] Im Original gestrichene Zeile: beklemmen / Ich weiß vielmehr dem wilden Wasser Dank / Was

Georg Simmel an Harald Graef
Sendung 36 von nach dem 6. März 1876

Stille Gedanken
2.

Träume nur in holdem Schlummer,
Und vergesse alle Schmerzen,
Denk an das, was dir geblieben.
Und in deinem leichten Herzen
Ahne nie, wie groß mein Kummer,
Ahne nie, wie groß mein Lieben.

*

Die Verse sind der Spiegel meines Innern,
Wie's war und ist; ich mißt' sie schwer, obgleich
Sie wecken manches schmerzliche Erinnern.

*

Der Winter geht zu scheiden,
Meine Liebe will ich meiden – –
Auch denk' ich unverwandt:
Zwar wehn noch rauhe Winde,
Doch bald kommt leis und linde
Der Frühling übers Land;
Dann sing' ich froh und munter:
Geschehen ist das Wunder,
Ich konnt' mich ihr entziehn.
Doch eines quält mich immer,
Wohl konnt' ich ihr, doch nimmer
Kann ich mir selbst entfliehn.

Sendung 36 von nach dem 6. März 1876] Datiert nach Ablage und Zählung resp. den Datumsangaben vor- und nachstehender Schreiben vom 6. und 13. März 1876. – 1 Bl. 20,5 × 14,5 cm, mit Klebestreifen auf vorstehendem Schreiben Harald Graefs vom 6. März 1876 lose befestigt. – Numeriert: oben re.: (33.

Stille Gedanken / 2.] Die Simmelsche Sendung 31 trägt bereits als

Überschrift »Stille Gedanken«; in Fortsetzung dessen hier dann die Numerierung »2.«.

Harald Graef an Georg Simmel

Sendung 37 vom 13. März 1876

13.3.76

Denke dir ein wildes Roß
Eingepfercht in enger Hürde
Das mit Knirschen trägt die Bürde
Seines Reiters. – Es genoß
Freiheit noch vor wenig Stunden
Freudig wiehernd sprengt's daher
Nun hat's keine Freiheit mehr
An den Pfahl ward's angebunden.
Stoße nur an deine engen
Schranken, knirsche nur, dich bäumend
Das Gebiß benage schäumend
Reiße nur an deinen Strängen
Deine Mühen sind vergebens
Nutzlos dein ohnmächtig Rasen
Nein, du wirst nicht frei mehr grasen
Froh des ungebund'nen Lebens

So in meiner Seele wühlen
Groll und Unmuth – und von allen
Seiten hör' ich's höhnisch schallen
Durchgefallen, durchgefallen
Nichts erreicht man mit Gefühlen.

Denke dir den stolzen Aar,
Dem beschnittne Flügel, Fängen
Seine Schwingen läßt er hängen
Nicht mehr ist er, was er war.
Sehnt er sich, in hohem Muth
Ueber Höhen sich zu schwingen

Ueber Wolken, um zu dringen
Kühn bis zu der Sonne Glut?
Nun zerhackt er mit den Krallen
Mit dem Schnabel jäh die Erde
Fliegen schafft ihm nur Beschwerde
Durchgefallen, durchgefallen!

Werden ihm gleich Samsons Haar
Wieder wachsen Kraft und Schwingen
Wird er auf zur Sonne dringen
Er, der flügellahme Aar. –

Ja, ich meine, nicht mehr lang
Wird die Zeit der Schwäche dauern
Bald vergehen wird sein Trauern
Bald wird er mit Jubelklang
Seine neue Kraft erzeigen
Wird er ohne Bangen, Graun
Fröhlich in die Sonne schau'n
Fröhlich in den Aether steigen?

Sendung 37 vom 13. März 1876] 1 Heftseite, zweispaltig beschrieben. – Numeriert: oben re.: (34. – Auf derselben Heftseite, zweite Spalte, ist unter dem Datum »24. 1. 76«, numeriert »35« die Sendung 32 (s.d.) festgehalten.

Durchgefallen, durchgefallen] Harald Graef hatte offensichtlich die Abiturprüfung, die zwischen 7. und 12. März 1876 stattgefunden haben muß, nicht bestanden – wohl wegen mangelhafter Mathematikkenntnisse (siehe Sendung 38). Für den Termin der Prüfung spricht auch, daß Hans Simmel schreibt, sein Vater habe »mit genau 18 Jahren« das Abiturientenexamen bestanden (S. 9), d. h. unmittelbar nach dem Geburtstag am 1. März 1876.

Samsons Haar] In der biblischen Überlieferung verfügte Simson (alias Samson) über ungewöhnliche Kräfte, solange seine Haare ungeschoren blieben. Als ihm »sieben Locken seines Hauptes« von seinen Feinden abgeschnitten wurden, verlor er seine Kräfte, die er aber mit dem Nachwachsen der Haare wiedergewann (A.T., Richter 13-16).

Harald Graef an Georg Simmel
Sendung 38 vom 6. Mai 1876

6.5.76.

Wie lange lag die Dichterkraft
Die Lust der leichten Lieder
Mir auf, in harter, strenger Haft
Doch heute sing ich wieder

Wie gerne hätt ich früher schon
Dir meinen Dank gesungen
Doch blieb verstimmt des Herzens Ton
Die Saite schien gesprungen.

Doch nun, da frei mir wiederum
Die Lust der leichten Rhythmen
Will ich, der ich so lange stumm
Dir diese Verse widmen.

O tausend Dank, daß ohne Rast
Mit sich'rer Hand, doch milde
Du treulich mich geleitet hast
Daß mein Verstand sich bilde

Wie Mancher kriegt es balde dick
Solch einem dummen Tropfen
Die gräuliche Mathematik
Mühselig einzupfropfen

So einem Kalb, das nimmermehr
Das Richt'ge endlich schnüffelt
Wie sehr du ihn – und auch wie sehr
Er selber sich gerüffelt.

Der, wenn die Formel nicht ganz klar
Gleich hinterm Ohr sich kraute

Mit einem Wort – ich bin und war
Doch eine rechte Schaute

Allein mit großer Mühe ward
Es endlich doch dir möglich
Das Land zu ackern, felsig, hart
War auch die Frucht recht kläglich

Und ist nun erst der erste Grund
Gelegt mit großen Nöthen
Und geht nachher der ganze Schund
Wahrscheinlich wieder flöten

Doch wird er stützen, meine ich
Den leider ziemlich Lahmen
Daß noch auf einem Beine ich
Durchschlüpfe durch's Examen

Wenn du mich so gerettet hast
Vom mathemat'schen Tode
Dann sing' ich dir – nun aufgepaßt
Zum Dank die schönste Ode

In jedem Metrum, das du willst
Aus jeder Dichterschule
Vorausgesetzt, daß du nicht schiltst
Studium aufert, Neobule

Denn darauf eine Parodie
Wird ganz gewiß geschrieben
Schön angewandt auf dich und sie
Auch etwas übertrieben.

*

Selma, ach, du jammerst mir
Daß dem Herzensdiebe
Nimmer du kannst geben schier
Spielplatz für die Liebe.

Dir entführt der Amor ja
Kochbuch und Novelle
Dir mit leichtem Hopsasa
Nähetui und Kelle

Denn er zeigt dir den Georg
Der mit süßen Blicken
Angestelzt kommt wie ein Storch
Um dir zuzunicken

Den im scharfen Wortgefecht
Nimmermehr besiegten
Den im Staats- und Völkerrecht
Weisen, Wohlgewiegten

Sendung 38 vom 6. Mai 1876] 1 Heftseite, zweispaltig beschrieben. – Numeriert: oben re.: (36.

Wie lange] Also hatte Harald Graef wohl seit dem 13. März 1876 (Sendung 37) nicht mehr gedichtet. Seine Schwester Sabine beschreibt diese Phase: »Es schien, als ob seine Produktivität unter all den Prüfungen, Studien und Lernzeiten verkümmerte« (Lepsius Künstlerleben, S. 27).

meinen Dank] Simmel hatte Harald Graef nach dessen gescheitertem Abitur im März 1876 auf die Nachprüfung vorbereitet.

Saite schien gesprungen] Ganz ähnlich erinnert Sabine Lepsius, nach der gescheiterten Abiturprüfung sei »eine Saite in ihm zerrissen« (ebd.).

gräuliche Mathematik] Vor allem muß Simmels Nachhilfe Mathematik beinhaltet haben. In den letzten drei Schuljahren habe sich gezeigt, »dass mein Vater auch mathematisch begabt war«, überliefert Hans Simmel (S. 7). Und Sabine Lepsius schreibt: Harald, diesen »künstlerischen Menschen plagte man mit Mathematik, durch Nachhilfestunden versuchte man, seinem Gedächtnis Daten über Daten einzuhämmern, ihm, der ganze Akte aus Shakespeare auswendig konnte« (Lepsius Künstlerleben, S. 26).

kraute] Steht hier für »kraulte«, ist archaisierend und dem Reimzwang geschuldet, eine in der deutschen Lyriktradition durchaus übliche Freiheit.

Schaute] Nach Grimm aus dem Hebr., dann jüd.-dt. Synonym für »narr, geck, spaszmacher; schlechter, niederer mensch«.

Durchschlüpfe durch's Examen] Gemeint ist wohl die Abitur-Nachprüfung.

Ode] Diese recht komplexe Gedichtform hier anzusprechen, soll heißen, daß er sehr viel Mühe und Zeit aufzubringen bereit sei.

Studium aufert, Neobule] Lat.: Es lenkt vom Studium ab, Neobule. – Das Zitat findet sich bei Horaz in dem Monolog des verliebten Mädchens Neobule (Carmina, III, 12, 8): »Miserarum est neque amori / Dare ludum neque dulci / Mala vino lavere aut examinari / Metuentis patruae verbera linguae. / Tibi qualum Cytherae / Puer ales, tibi telas / Operosaeque Minervae studium aufert, / Neobule, Liparaei nitor Hebri«. (In der Übersetzung von Hans Färber: »O wie elend ist ein Mägdlein, / Das dem Herzen darf nicht folgen, / Nicht im Weine darf ertränken ihren Kummer / Und in Angst stirbt vor dem Scheltwort eines Oheims! / An dem Nähkorb, an dem Webstuhl / Bei der Arbeit der Minerva / Überfällt dich, Neobule, ach, das Schelmkind / Cythereas, dich das Glanzlicht deines Hebrus« [Horaz, S. 141 ff.]).

Selma] Nicht ermittelt.

Staats- und Völkerrecht] Das bestätigt die Information von Hans Simmel, daß sein Vater in den letzten Schuljahren der Absicht gewesen sei, Jura zu studieren; als jedoch Simmel sich am 22. April 1876 an der Berliner Universität inskribierte, gab er als Studienfach dann »hist.« an (siehe Dokumente, GSG 24).

Harald Graef an Georg Simmel

Sendung 39 vom 30. Mai 1876

30.5.76

So stehn wir da! – Derselbe edle Geist
Beseele uns, dasselbe hohe Streben
Das machtvoll niederm Dunkel sich entreißt
In stolzem Flug der Sonne zuzuschweben.

So stehn wir da! – Ob uns're Bahn geteilt
Und ob ein jeder auf verschied'nem Pfade
Zum stolzen Ziel, das er sich wählte, eilt
Gesenkt, gehoben auf Fortunas Rade

Eins haben wir gemein. Den tiefen Drang
Der Menschheit höchste Güter zu erringen
Vernichte du der Geister Knechteszwang
Ich will Gewalt'ges schaffen, Hohes singen.

Und ob des Lebens Wogen hin und her
Uns brausend schleudern mögen, ja, uns trennen
Die Gluten schwinden, mein' ich, nimmermehr
Die Beiden uns im tiefsten Busen brennen

Ob Glück, ob Unheil uns das Schicksal beut
Eins bleibe uns, das Alles überwindet
Das lichte Ideal, das jederzeit
Uns stärkt und hebt, wenn Trost und Hoffnung schwindet.

So stehn wir da! – O sei es uns vergönnt
Gemeinsam kraftvoll uns emporzuringen
Doch selbst wenn tück'sches Schicksal uns getrennt
Erlahme nie die Kraft der geist'gen Schwingen.

So stehn wir da, so mögen treu und fest
Wir stehn in jeder Noth und Sturmestoben
Ein Schurke ist, wer seinen Platz verläßt
Sink' wer da will! – Wir streben stets nach oben!

Sendung 39 vom 30. Mai 1876] 1 Heftseite. – Numeriert: oben re.: (37.

So stehn wir da!] Harald Graef hatte wohl die Nachprüfung in Mathematik bestanden und damit die Chance, sich zu Michaelis 1876 noch einmal der Abiturprüfung zu stellen.

uns're Bahn geteilt] Angesprochen ist hier, daß Simmel seit dem SS 1876 die Berliner Universität besuchte, Harald Graef hingegen weiterhin in der Oberprima war. Graef sollte zu Michaelis 1876 wiederum im Abitur scheitern und erst Ostern 1877 das Zeugnis der Reife erwerben (FWG Jahresbericht 1878, S. 13). Dazu notiert Sabine Lepsius: »Man ließ ihn zweimal [in der Abitursprüfung] durchfallen, und noch heute erinnere ich mich seines Schluchzens, als er, dem schon der Bart wuchs, mit der Nachricht nach Hause kam. Die Eltern gaben ihm kein böses Wort, sie suchten ihn nur zu trösten und zu beruhigen. Beim dritten

Mal gelang das Examen, aber die Art, wie er den Entscheid aufnahm, ließ erkennen, daß eine Saite in ihm zerrissen war« (Lepsius Künstlerleben, S. 27).

auf verschied'nem Pfade] Simmel hatte sich im ersten Semester für das Studium der Geschichtswissenschaft entschieden, Harald Graef hingegen wollte zu diesem Zeitpunkt wohl noch deutsche Philologie studieren; als er dann 1877 das Zeugnis der Reife erhielt, gab er zwar als Studienfach Geschichte an (FWG Jahresbericht 1878, S. 13), indes weist seine Straßburger Dissertation über eine mittelhochdeutsche Dichtung (1883) auf ein überwiegend germanistisches Studium. Nach Sabine Lepsius (a. a. O., S. 27) hatte er »sich entschlossen, das Staatsexamen zu machen, um für den Dichterberuf eine Existenzgrundlage als Lehrer zu haben«.

Editorischer Bericht

Der vorliegende Band 23 der Georg Simmel-Gesamtausgabe (Sigle: GSG) enthält die Briefe von und solche an Simmel aus den Jahren 1912 bis 1918 und einen als ›Jugendbriefe‹ eingeordneten ›Schülerbriefwechsel in Versen‹ aus den Jahren 1875 und 1876. Mit den in GSG 22 abgedruckten Briefen der Jahre 1880 bis 1911 wird somit das gesamte Briefwerk Simmels vorgelegt, insofern es uns überliefert und von uns ermittelt werden konnte.

Briefe 1912-1918

Die besondere Schwierigkeit, Simmel als Korrespondenten zu präsentieren, ergibt sich aus dem Umstand, daß sein Nachlaß verschollen und mit hoher Wahrscheinlichkeit vernichtet wurde. Daher muß diese Edition von vornherein vom Ideal ›Briefwechsel‹ Abstand nehmen, das sich aus der gattungskonstitutiven Grundqualität »Dialogizität« ableitet[1]; vielmehr muß sie sich auf ›Dokumentation‹ beschränken, also auf die Wiedergabe der uns bekanntgewordenen Schreiben von und an Simmel[2] – als Splitter eines Briefwerks, allenfalls Bruchstücke von Briefwechseln.

Als ›Brief‹ wird in den Bänden 22 und 23 der GSG eine schriftliche Mitteilung an einen je bestimmten Adressaten verstanden, die als Teil einer Korrespondenz im weitesten Sinne eines schriftlichen Informationsaustausches gedacht war. Dementsprechend werden von Simmel beschriftete Visitenkarten, Widmungen in Monographien und auf Sonderdrucken wie auch seine schriftlichen Antworten in jeder Form auf Rundschreiben der Dekane der philosophischen Fakultät oder des Rektors der Kaiser Wilhelms-Universität Straßburg (Sigle: KWU) wie auch von Simmel ausgefüllte und unterschriebene Bestellvorlagen für Sonderdrucke hier als ›Briefe‹ wiedergegeben. Und aus dokumentarischen Gründen werden Briefe in *allen* Überlieferungszuständen und -arten berücksichtigt, also auch Entwürfe, Abschriften Dritter sowie Brieffragmente.

1 Reinhard M. G. Nickisch: Brief: Stuttgart: J. B. Metzler 1991, S. 229.

2 Ausgenommen sind – in Entsprechung zu GSG 22 – die Briefe und Rundschreiben des Schriftführers der Deutschen Gesellschaft für Soziologie (Sigle: DGS), Hermann Beck, an die Vorsitzenden, den Vorstand und die Mitglieder der Gesellschaft.

Die hier wiedergegebenen Schreiben *von* Simmel sind im Original in der Regel von ihm selbst in deutscher – bei ausländischen Adressaten in lateinischer – Schrift abgefaßt; Ausnahmen bilden die Schreiben Gertrud Simmels an seine Korrespondenzpartner, die in den Fällen in den Band aufgenommen wurden, in denen die Briefe einen Nachtrag Simmels enthalten, von beiden unterzeichnet sind, ein Diktat Simmels darstellen oder eindeutig im Sinne Simmels abgefaßt sind – wie etwa die wegen der gravierenden Krankheit erfolgten Reaktionen vom 13. und 21. Sept. 1918 auf die Schreiben von Hermann Graf von Keyserling an Simmel oder die Unterrichtung des Dekans der philosophischen Fakultät der KWU vom 19. Sept. 1918. Als Grenzfälle werden hingegen die Schreiben Gertrud Simmels eingestuft, in denen Anliegen Simmels nicht oder nicht ausschließlich im Zentrum stehen, vielmehr nur randständig erwähnt werden – so Gertrud Simmels Brief an Sophie Rickert vom 2. Sept. 1918, mit dem sie das Ehepaar Rickert über die Erkrankung Simmels unterrichtet; so auch ihr Brief an Agathe und Hugo Liepmann zum Ausdruck von Simmels Dankbarkeit für deren Abschiedsbrief. Diese Schreiben werden nicht wiedergegeben und allenfalls zur Kommentierung herangezogen, wie auch entsprechend Gertrud Kantorowicz' Unterrichtung Margarete von Bendemanns über Simmels Krankheit vom 31. Aug. 1918 nur im Anmerkungsteil angeführt ist, obwohl dieser Brief ausdrücklich auf Bitten Simmels geschrieben wurde. Als Typoskripte liegen im Original nur wenige Schreiben Simmels vor; hatte er bis 1911 seine Privatkorrespondenz zum Teil maschinenschriftlich geführt, so blieb dies wohl im Zeitraum, den der vorliegende Band abdeckt, außergewöhnlichen offiziellen Anlässen vorbehalten[3] oder beschränkte sich auf seine Schreiben in der Funktion als Vorsitzender der DGS, die im Büro der Gesellschaft maschinenschriftlich abgefaßt wurden. Für die Wiedergabe der nicht originalen Briefe Simmels – sei es, weil die Originale verschollen sind oder uns die Einsicht in diese verwehrt wurden[4] – wurde auf Abschriften oder Abdrucke zurückgegriffen.

Anders liegt die Situation bei den hier vorgelegten Schreiben *an* Simmel. Sieht man von dem ›Schülerbriefwechsel in Versen‹ ab, so sind

3 Siehe Simmels Schreiben an Otto Back vom 22.Dez. 1913 bzw. an Helmer Key vom 12. April 1915.

4 Gedacht ist etwa an die Personen, die in Autographen-Auktionen Simmel-Briefe erworben hatten, jedoch auf unsere Bitten, die ersteigerten Briefe einsehen und abdrucken zu dürfen, nicht reagierten; so z.B. auch im Fall des Simmel-Briefes an Margarete von Bendemann vom 21. Sept. 1914.

mit dem Verlust seines Nachlasses alle Schreiben an Simmel im Original verloren; und wenn sich trotzdem zwei Schreiben – aus welchen Gründen auch immer – erhalten haben, nämlich eine Postkarte von Ernst Troeltsch vom 23. Dez. 1912 und ein Brief von Henri Bergson vom 14. Juni 1914, so verdankt sich dies nicht rekonstruierbaren Umständen. Zugänglich waren auch die Briefe an Simmel, die gesondert publiziert wurden, wie etwa ein Brief von Ernst Pariser vom 29. Jan. 1914 und ein längeres Antwortschreiben von Albion W. Small vom 29. Okt. 1914. Zudem ließen sich Rundschreiben aus der KWU, die seitens des jeweiligen Rektors bzw. Dekans der philosophischen Fakultät in Umlauf gebracht wurden und auf die Simmel schriftlich reagierte, aufnehmen. Für die übrigen hier wiedergegebenen Schreiben an Simmel konnte auf Durch- oder Abschriften der Originale zurückgegriffen werden; Durchschriften sind als Durchschläge einiger Verlagskorrespondenzen erhalten; Abschriften betreffen die wenigen Fälle, in denen die Verfasser ihre Schreiben an Simmel nachträglich festgehalten und bewahrt haben – so etwa Friedrich Gundolf, Siegfried Kracauer, Rainer Maria Rilke und Karl Wolfskehl; auch auf überlieferte Entwürfe wurde gelegentlich zurückgegriffen; dies gilt insbesondere für die offiziellen Schreiben des Kurators der KWU und des Kaiserlichen Statthalters in Elsaß-Lothringen bzw. seines Büros.

Die *Wiedergabe* der Schreiben entspricht grundsätzlich der Orthographie und Interpunktion der hand- bzw. maschinenschriftlichen Vorlagen; demgemäß sind den zeitgenössischen und individuellen Gepflogenheiten geschuldete Schreibweisen beibehalten, denn Simmel folgte keineswegs allen Regeln, die von der ›Orthographischen Konferenz‹ von 1901 vorgegeben waren; akzepzierte er diese Rechtschreibvorgaben in den meisten seiner Publikationen, wenn der jeweilige Verlag seine Manuskripte entsprechend redigierte, so hatten sie kaum eine Bedeutung für seine private Korrespondenz: es blieb z.B. bei ›giebt‹ statt ›gibt‹, ›blos‹ statt ›bloß‹, ›Hülfe‹ statt ›Hilfe, ›indeß‹ statt ›indes‹ und beim ›th‹, das der Transkription des griechischen Theta im Deutschen vorbehalten bleiben sollte – mit Ausnahme von ›Thron‹ worauf Wilhelm II. Wert legte. Aber Simmel beharrte auch zum Teil ganz bewußt auf einer »Gewohnheit meines Stils« (siehe Simmel an Martin Buber vom 28. April 1906), wozu z.B. neben einer uns seltsam anmutenden Pluralbildung auch die Schreibweisen von ›Transszendenz‹, ›wiedersprechen‹, ›erwiedern‹ oder ›Leibnitz‹ zählten. Daher sind die Eigenarten in der Orthographie ohne Eingriff wiedergegeben, und auch die unterschiedlichen Schreibweisen von Umlauten und ss/ß in zitierten Namen wurden beibehalten; nur eindeutige Schreib- oder

Tippfehler wurden stillschweigend korrigiert. Sämtliche *Hervorhebungen* durch Unterstreichungen oder den Wechsel innerhalb eines Schreibens von lateinischer in deutsche Schrift sind kursiv wiedergegeben. Formaler Art sind auch die folgenden vereinheitlichenden Eingriffe bezüglich der Darstellung des überlieferten Schriftstücks: Gedruckte Briefköpfe, postalische Absenderangaben, Anschriften sind ebenso wie Annotationen der Briefempfänger und in den Abschriften vom Transkribenten vorgenommene Ergänzungen in den Herausgeberkommentar verschoben, in dem auch die durch den Postverkehr bedingten Stempel und gelegentlichen Bemerkungen aufgeführt werden; dort nicht gesondert ausgewiesen sind die Vereinheitlichungen bezüglich der Gliederung des Textkorpus: 1) Angaben zu Absendeort und Datum erfolgen im originalen Zeilenfall, jedoch einheitlich rechtsbündig; 2) die Anrede ist grundsätzlich linksbündig und durch den Beginn einer neuen Zeile vom Briefinhalt gelöst wiedergegeben; 3) die mitunter mehrzeilige Grußformel wurde zusammengezogen; 4) die Unterschrift erscheint grundsätzlich in einer neuen, rechtsbündig angelegten Zeile. Während auch die satztechnischen Vereinheitlichungen, wie etwa die Wiedergabe einfacher und doppelter Anführungen durch ›...‹ bzw. »...« nicht gesondert vermerkt wurden, sind alle weiteren Abweichungen von der Vorlage kenntlich gemacht: So erscheinen Textergänzungen als [...] im Briefteil, deren Ursache, sofern bekannt – wie etwa eine beschädigte Vorlage –, dem Anmerkungsteil zu entnehmen ist; diesem eingefügt sind auch einige Lesartzweifel und Änderungen von den heutigen Leser irritierenden Schreibweisen. Die typographisch abgesetzten *Herausgeberannotationen* gliedern sich zum einen in die vorangestellte dreizeilige Klassifizierung des Schreibens mit den Angaben zu 1) Verfasser und Empfänger, 2) Art (Brief, Postkarte, Notiz, Abschrift usw.) und Datum, 3) Abfassungsweise (Hs., Tps., Druck) und Fundort. Zum anderen enthalten die nachgestellten Anmerkungen die o.g. detaillierten Ergänzungen bezüglich der Überlieferungsform und Wiedergabe des Schreibens und Erläuterungen zu dessen Inhalt. Für den Kommentar stand das Bemühen der Herausgeber im Vordergrund, dem Leser eines wahllos aufgeschlagenen Briefes die darin angesprochenen sachlichen und personellen Zusammenhänge zu erschließen. Kurzviten der Korrespondenten finden sich im *Korrespondentenverzeichnis*. In den aufgelisteten *Siglen und Abkürzungen* sind nur diejenigen aufgeführt, die im aktuellen Duden nicht vermerkt sind. Die in den Briefdokumenten, den dazugehörigen Herausgeberkommentaren, dem *Editorischen Bericht* und dem *Korrespondentenverzeichnis* erwähnten Namen sind im *Namenregister* versammelt; hiervon ausgenommen sind die Namen, die in den Siglen sowie den reinen Vor- und

Rückverweisen auf andere in diesem Band abgedruckte Briefe enthalten sind.

Simmel hatte zeit seines Lebens nicht die Absicht, sein Briefwerk einer Veröffentlichung zuzuführen. In welchem Umfang und nach welchen Kriterien er über die Jahre Briefe bewahrt hat, ist nicht überliefert. Es spricht viel dafür, daß Simmel keine Kopien seiner Briefe anfertigte und daß er eingegangene Briefe nicht gezielt sammelte. Die häufigen Umzüge in Berlin ließen es wohl zur Gewohnheit werden, Überflüssiges schnell abzustoßen und nur Sinnvolles aufzubewahren – Einladungen, Terminbestätigungen, Anfragen, Entschuldigungen etc. gehörten nicht dazu. Zudem waren Briefe für Simmel eine Textsorte, die er nicht literarisch pflegte; er nutzte den Brief zur Information, zur Weitergabe von Mitteilungen, zu Absprachen und Vergewisserungen – über einen Telefonanschluß verfügte Simmel nie –, einen Dialog schriftlich zu führen war ihm eigentlich fremd. Dies lag zum einen daran, daß die Mehrzahl seiner Beziehungspersonen zeit seines Lebens im engen Berliner Umfeld wohnte, und zum anderen mochte er die schriftliche Wechselrede nicht, vielmehr war ihm, wie Hans Simmel überliefert, das »Goethe'sche Gespräch« das Ideal: Das Erlebte und Erfahrene, von dem andere berichteten, griff er als »neues sachliches Material« auf, um »dann seine eigenen Beobachtungen und Gedanken« daran anzuknüpfen, »immer belehrend – nicht etwa lehrhaft«[5]. Und außerdem suggeriert die von Simmel wiederholt betonte innere Distanz zu seinen Geschwistern und deren Familien, daß die Zeugnisse des gleichwohl anhaltenden brieflichen Kontakts mit ihnen für ihn keine größere Bedeutung hatten und daher nicht aufbewahrt wurden. Es ist also davon auszugehen, daß die Korrespondenzen, die er hinterließ, weder umfänglich noch vollständig waren und daß sich die Korrespondenzen innerhalb der Familie auf deren engsten Kern beschränkte. Konsequenterweise findet sich Briefliches dann auch bei seinen Bemühungen, kurz vor seinem Tode noch den Nachlaß zu ordnen und über dessen Verfügbarkeit zu bestimmen, nicht erwähnt[6]. Auch Gertrud Simmel zog nach Simmels Tod bei ihren Überlegungen, Simmels Œuvre präsent zu halten, nicht in Erwägung, sein Briefwerk zu publizieren; so bat sie Simmels Adressaten nicht um vollständige Rückgabe seiner Briefe, bekannt ist uns nur, daß die beiden letzten Briefe Simmels an Agathe und Hugo Liepmann Gertrud Sim-

5 Hans Simmel, S. 32.

6 Vgl. Otthein Rammstedt: Geschichte des Simmel-Nachlasses 1918 bis 1941. SiStu 14 (2004), S. 93-147, insb. S. 99, 119-121 und 135-143.

mel am 26. Juli 1925 zurückgegeben wurden[7] und ihr wohl auch ein Großteil der Briefe aus der vermutlich recht umfangreichen Korrespondenz mit Friedrich Jodl wieder zuging[8].

Das erhaltene Konvolut an Briefen im Simmel-Nachlaß erfuhr mehrere Eingriffe. Gertrud Simmel mußte es mit dem übrigen Nachlaß als Teil ihres Haushaltes in Straßburg zurücklassen, als sie nach Kriegsende, lediglich mit dem zulässigen Handkoffer als Gepäck aus der Stadt vertrieben wurde[9]; und erst 1925 oder 1926 ging ihr das Umzugsgut wieder zu[10]. Ob das Briefwerk vollständig in ihre Hände zurückgelangte, ist unbekannt. Doch wissen wir, daß sie, was sie noch von ihrer Korrespondenz mit Simmel besaß, vernichtet hat: »Von dem Briefwechsel zwischen meinen Eltern ist *nichts* erhalten«, konnte Hans Simmel nur noch lapidar am 2. Aug. 1938 Rudolf Pannwitz mitteilen[11]. Und an Margarete von Bendemann schrieb Hans Simmel am 20. Jan. 1939: »Dass im Nachlass meiner Mutter sich nicht ein Blatt Korrespondenz zwischen ihr und dem Vater gefunden hat, wird vielleicht Sie ebensowenig überraschen, wie es mich überrrascht hat – obwohl ich mich immer noch an die Hoffnung gehalten hatte, *etwas* würde vielleicht doch erhalten sein. Es ist ein unendlicher Verlust, aber man muss ihn ohne Widerspruch ertragen« (DLA Marbach, A: Susman). Was hier zwischen den Zeilen stand, war wohl die Vermutung, seine Mutter habe – verärgert über Gertrud Kantorowicz' nicht abgesprochene Bekanntgabe, daß Simmel der Vater ihrer unehelichen Toch-

7 Vgl. Kommentar zu Simmels Schreiben an das Ehepaar Liepmann vom 5. Sept. 1918.

8 Vgl. Kommentar zum Brief an Jodl vom 3. Juli 1893.– Marianne Weber fand erst nach Kriegsende Gelegenheit, ihre Simmel-Briefe zurückzugeben: »Ich habe Georg Simmels Briefe mit denen von Frau Simmel nach Amerika an seine Schwiegertochter geschickt«, schrieb sie Michael Landmann am 17. Sept. 1948 (SBPK Berlin, Nl 125 [M. Landmann]). Die Schwiegertochter Else Simmel berichtete jedoch Michael Landmann auf Nachfrage am 30. Sept. 1948, daß Marianne Weber ihr nur »einige Briefe« überlassen habe (ebd.).

9 Ihre offizielle ›Abmeldung‹ erfolgte am 16. Dez. 1918 (Auskunft AVCUS).

10 Siehe GSG 20, Editorischer Bericht, S. 493 f.

11 DLA Marbach, A: Pannwitz. – Und im gleichen Sinne heißt es in seinem Brief vom 13. Mai 1942 an Herrn und Frau Dr. Naef, daß er »von den ungezählten Briefen« seines Vaters an seine Mutter nach deren Tode »nichts gefunden« habe. »Was sonst in meinen Händen war, ist verbrannt« (SBPK Berlin, Nl 125 [M. Landmann]).

ter Angela[12] sei – diese Briefe als Akt der Trennung von Simmel und zur Aufrechterhaltung ihrer Würde vernichtet. Das muß um 1930 geschehen sein, wie die Schwiegertochter Else Simmel Ende der 1950er Jahre ihren Kindern brieflich mitteilte (o.D., Privatbesitz) und erneut in einem Brief an Arnold Simmel vom 13. Mai 1958 (ebd.) ansprach, diesmal mit der Versicherung, sie habe noch in den 1920er Jahren diese Korrespondenz zwischen den Eheleuten durchsehen können. Einen weiteren Verlust erfuhr das nachgelassene Briefwerk Simmels, als Hans Simmel nach dem – laut Auskunft Arnold Simmels – mit Blick auf eine erleichterte Ausreise der Familie gewählten Freitod seiner Mutter am 20. Juli 1938 nun deren umfängliche Briefschaften auflöste: Er sichtete diese unter bewußter Zurückhaltung von jeglicher Lektüre und bot den Absendern die Rückgabe an: »Soll ich Ihnen alles schicken, was ich finde? Soll ich alles verbrennen? Soll irgendetwas nach Jahrgängen ausgelesen werden?«, fragt er z. B. Rudolf Pannwitz im Brief vom 2. Aug. 1938 (DLA Marbach, A: Pannwitz) und erklärt zusätzlich: »Bitte geben sie mir Nachricht, es wird alles genau nach Ihrem Wunsche geschehen. Meine Mutter hat ihrerseits keinerlei Instruktionen über Briefschaften hinterlassen – so werde ich noch an einige Freunde ähnlich wie jetzt an Sie zu schreiben haben.« Anzunehmen ist, daß die meisten Korrespondenzen Gertrud Simmels vernichtet wurden, denn darüber, daß Briefe zurückgefordert oder -gegeben wurden, ist nichts bekannt und in den Nachlässen von z.B. Rudolf Pannwitz, Martin Buber, Margarete von Bendemann, Hermann Graf von Keyserling oder Marianne Weber finden sich keine Postsendungen dieser Art. Verloren sind damit auch Briefe, die an die Eheleute Simmel gerichtet waren, die also auch zum

12 Gertrud Kantorowicz' Tochter wurde am 21. Sept. 1907 in Bologna geboren. In der standesamtlichen Eintragung (Servici Demografici di Bologna, parte I, serie A, Akte Nr. 2573) wird sie als Angela Maria Bolzano, Kind des »unbekannt« und der »unbekannt«, geführt. Sie lebte bei verschiedenen Pflegeeltern in Bologna, Brüssel und Marburg, bis sie Gertrud Kantorowicz 1921 zu sich nach Herrlingen bei Ulm nahm und beide 1923 einen Adoptionsvertrag schlossen. Angela Kantorowicz absolvierte 1926 bis 1933 ein Studium der Altphilologie und das Referendariat für das Lehramt, konvertierte im April 1933 aus Protest gegen das NS-Regime zum jüdischen Glauben, nannte sich fortan Channah Kantorowicz und emigrierte 1934 nach Palästina; dort starb sie am 23. Jan. 1944 in Haifa an den Folgen eines Unfalls (Vgl. Angela Rammstedt: »Ich habe solche Sehnsucht, etwas zu finden, zu wissen, wo man hingehört ...«. Gertrud Kantorowicz und Herrlingen. 2001; unveröffentlichtes Tps.)

Briefnachlaß Simmels zu rechnen wären. Und einen weiteren Eingriff in diesen stellte dann auch Hans Simmels Auflösung seiner eigenen Briefschaften dar: In o. g. Brief an Pannwitz ist von »sehr viele[n] Briefe[n]« die Rede, die er »von meinen Eltern habe (an mich gerichtet)«, sowie von der Absicht, diese angesichts seines beantragten USA-Visums, zu sichten und nur das zu bewahren, »was ich gern meinen Kindern erhalten möchte«. D. h., Simmels Briefe an den Sohn wie wohl auch dessen Schreiben an den Vater wurden bis auf einen kleinen ins Auswanderungsgut aufzunehmenden Rest vernichtet. Zwar meinte Hans Simmel noch nach dem Entzug der medizinischen Approbation am 1. Okt. 1938 – also »erwerbslos« geworden, wie er Max Horkheimer zusammen mit dem Dank für dessen Bürgschaftsangebot am 28. Okt. 1938 nach New York schrieb (Brief, Max Horkheimer-Archiv, Frankfurt/M.) –, den Auswanderungstermin ruhig abwarten zu können (vgl. Hans Simmel, S. 1). Doch dann überstürzten sich die Ereignisse: Im Zuge der sog. ›Reichskristallnacht‹ wurde er am 10. Nov. 1938 ins KZ Dachau verschleppt[13]. Freunde versuchten zu helfen, Käthe Liepmann informierte am 17. Nov. 1938 telegraphisch aus London Max Horkheimer, der unmittelbar am 18. Nov. 1938 an den amerikanischen Generalkonsul in Stuttgart, Samuel Honaker, schrieb und sein Affidavit für Hans Simmel abgab, d.h. die eidesstattliche Erklärung, im Notfall für den Unterhalt des Immigranten Simmel aufzukommen. »He treated my mother recently in a serious and dangerous illness. Professor Simmel is the son of a great German philosopher whose ideas had a considerable influence on my philosophical development. I have just heard that Professor Simmel has recently been taken to a concentration camp, and I want to do all that I can to bring him to this country as soon as possible« (Max Horkheimer-Archiv, Frankfurt/M.). Diese Bürgschaft wurde vom Konsulat als ausreichend für eine USA-Einwanderung akzeptiert und ermöglichte, daß Hans Simmel die Erlaubnis erhielt, einer Einladung von Käthe Liepmann nach London zu folgen, wie er am 21. Dez. 1938 an Max Horkheimer schrieb (Max Horkheimer-Archiv, Frankfurt/M.). Am 13. Dez. 1938 war er aus dem KZ entlassen worden (mündl. Mitteilung von Arnold Simmel). Die von Hans Simmel ausgewählte Korrespondenz mit sei-

13 Vgl. die Korrespondenz im Max Horkheimer-Archiv, Frankfurt/M. Siehe auch Else Simmel an RA Robert Gärtner vom 2. Nov. 1958 (Hermann Keyserling-Archiv, Darmstadt) und Georg Herzbergs Bericht über seine Deportation nach Dachau in: Maria Zelzer: Weg und Schicksal der Stuttgarter Juden. Ein Gedenkbuch, hg. von der Stadt Stuttgart. Stuttgart: Klett 1964, S. 201.

nen Eltern »gelangte« wohl zusammen mit seinen Familienerinnerungen »in jene für England bestimmte Kiste«, die – laut Hans Simmel, S. 1 – dann »verkehrterweise in unsern Lift« mit dem Hausstand »kam«; und dieses in zwei Lift-Vans mit den Siglen H. S. (für Hans Simmel) und den Nummern 1065 und 228 (später: 2028) eingelagerte Umzugsgut wurde samt sechs Kisten und einem Koffer[14] »von der Firma Barr, Möring und Co., Stuttgart, an die Hamburger Speditionsfirma Gildemeister und Co. übersandt«, die es im Frühjahr 1939 im Hamburger Freihafen[15] »auf Abruf« einlagerte[16], um es in die USA zu senden, sobald Hans Simmel, nachdem er sich dort eingerichtet habe, sie dazu anweisen würde. Aber dazu kam es nicht mehr. Im Hamburger Freihafen wurde das Auswanderungsgut Hans Simmels wie das Tausender jüdischer Emigranten vom Ausbruch des Zweiten Weltkriegs überrascht und nicht mehr verschifft[17]; ab 1941 wurde es auf Anweisung des Reichsstatthalters von der Gestapo beschlagnahmt und sukzessiv zum »Besten des Reiches« versteigert[18]; die Erlöse wurden auf einem Konto der Gestapo bei der Deutschen Bank in Hamburg gehortet[19]. Und so geschah es wohl auch mit dem Umzugsgut von Hans Simmel, denn belegt ist, daß »der Versteigerer Georg Ruchmann, ohne weitere Angaben ›unter dem Namen Hans Simmel, früher Stutt-

14 Vgl. Else Simmels Schreiben an das Zentral-Anmeldungsamt in Bad Nauheim vom 30. Nov. 1948, um einen Rückerstattungsanspruch anzumelden (Kopie im GSA, Bielefeld).

15 Else Simmel an RA Robert Gärtner vom 2. Nov. 1958 (a.a.O.).

16 Else Simmel an Goedela Gräfin von Keyserling vom 10. Nov. 1958 (Hermann Keyserling-Archiv, Darmstadt).

17 Vgl. Oberfinanzdirektion Hamburg an Rüdiger Kramme vom 7. Sept. 1988 (GSA, Bielefeld).

18 Else Simmel an RA Robert Gärtner vom 2. Nov. 1958 (a.a.O.), die sich mit dieser Formulierung auf ein Schreiben des »Hamburger Bürgermeisteramtes« beruft. Gängig ist vielmehr die Formulierung »zugunsten des Reiches versteigert« und findet sich entsprechend in bezug auf das Schicksal des Hausstandes von Hans Simmel im Schreiben des Landesamtes für Wiedergutmachung Baden Württemberg an Rüdiger Kramme vom 26. Okt. 1988 (GSA, Bielefeld) und bei Michael Landmann (BdD, S. 14).

19 Vgl. Frank Bajohr: »Arisierung« in Hamburg. Die Verdrängung der jüdischen Unternehmer 1933-1945. Hamburg: Christians 1997, S. 331 ff.; bezogen auf vorliegenden Fall vgl. auch: Rüdiger Kramme: Wo ist der Nachlaß von Georg Simmel? Spurensuche zwischen Klein- und Großkriminalität. SNL 2 (1992), S. 71-76, hier: 72.

gart, Versteigerungserlöse i.H.v. Reichsmark 6.067,20 und Reichsmark 79,80 an die Gestapo Hamburg abgeführt hat‹«[20]. Ob Teile aus dem im Umzugsgut Hans Simmels befindlichen Nachlaß Georg Simmels versteigert und wem sie zugeschlagen wurden, ist nicht mehr zu ermitteln, da der Versteigerer Georg Ruchmann Anfang 1946 den Behörden mitteilte, »daß sein Geschäftslokal, und damit auch sämtliche Unterlagen, am 18. Juni 1944 durch Kriegseinwirkung vernichtet worden sind«[21]. Damit verliert sich aber auch die Spur jener bis zur Emigration aufbewahrten Bestände aus Simmels Korrespondenz mit Freunden und Kollegen. Denn, wie Else Simmel ihren Kindern in den späten 1950er Jahren schrieb (o.D.; Privatbesitz) und in ihren Mitteilungen an den RA Robert Gärtner vom 2. Nov. 1958 (Hermann Keyserling Archiv, Darmstadt) wiederholte, befand sich in den Lifts »ein Kasten mit Briefen« *an* Simmel, deren Autorenkreis sie mit den klangvollsten Namen umreißt: »Rodin, Rilke, George, Bergson usw.«, »wahrscheinlich auch vom Grafen Keyserling«. Bislang liegt uns kein Brief vor, für den sich die Herkunft aus Hans Simmels Emigrationsgut nachweisen ließe.

Die Aufteilung der in der GSG wiedergegebenen Schreiben auf die Bände 22 und 23 war einerseits arbeitsökonomisch bedingt, wobei im vorhinein entschieden wurde, daß der ›Schülerbriefwechsel in Versen‹ den chronologisch angeordneten Briefen angehängt werden sollte, da die 39 Sendungen, aus denen sich dieser Briefwechsel zusammensetzt, zeitlich isoliert sowie eng begrenzt sind – 34 entstanden zwischen Ende Dez. 1875 und Anfang Febr. 1876 – und sowohl formal wie auch inhaltlich von der Textsorte ›Brief‹ abweichen. Weiterhin war vorgesehen, die Dokumente zu Simmels Leben – biographischen Interessen entgegenkommend – als Ergänzung zu dem weniger umfangreichen Briefbestand der Jahre 1912-1918 in den vorliegenden Band aufzunehmen. Aber als nach Fertigstellung von GSG 22 noch ca. 100 Briefe ermittelt werden konnten und auch die Zahl der Dokumente erheblich anstieg, zeichnete sich ab, daß GSG 23 zu umfangreich werden würde, so daß nunmehr die Dokumente in Band 24 wiedergegeben werden. Andererseits unterscheiden sich die beiden Briefbände schon in der Art der Kommentierung, sei dies bedingt durch die Eigenheiten der Herausgeber oder durch die vergleichsweise hohe Dichte der Briefe im vorliegenden Band, die es in entsprechend höherem Maße notwendig

20 Oberfinanzdirektion Hamburg an Rüdiger Kramme vom 7. Sept. 1988 (GSA, Bielefeld); diese Überweisungen erfolgten am 25. Sept. und am 29. Dez. 1941.

21 Ebd.

machten, Verweise auf deren Verbindung untereinander in bezug auf Sachverhalte, Personen und Ereignisse anzubringen. Bedeutsamer als solche Formalia sind jedoch die in den Briefen aus dem Zeitraum 1914-1918 auftretenden Änderungen im Briefstil, die den veränderten Lebensumständen geschuldet sind: Mit der Annahme des Rufes auf die ordentliche Professur für Philosophie und Pädagogik an der Kaiser Wilhelms-Universität in Straßburg zum Sommersemester 1914 und dem Wohnsitzwechsel im März verliert Simmel sein soziales und kulturelles Umfeld; der Brief muß nun den täglichen Kontakt ersetzen; Briefe werden in dichterer Folge gewechselt und der Anteil der privaten Briefe steigt rapide. Und dann bricht am 1. Aug. 1914 der Erste Weltkrieg aus, der zur Folge hat, daß alle Briefe von und nach Straßburg ihren zentralen Charakterzug verlieren, denn die Post wird nur unverschlossen weitergeleitet: Unter diesen Bedingungen unterliegen die privaten Briefe einer Zensur *und* einer Selbstzensur.

Die mit den Jahren zunehmende Dichte der erhaltenen Briefe signalisiert aber keineswegs ein höheres Maß an Vollständigkeit der Überlieferung. Wenn Simmel ausdrücklich betonte, »viele Korrespondenten« zu haben[22], sich verpflichtet sah, stets am Vormittag seine »Korrespondenzen zu erledigen«[23], so läßt schon das darauf schließen, daß er mehr als einen Brief am Tag schrieb; und in den ersten Kriegsmonaten kam hinzu, daß man »viele Briefe« schrieb, »um sich zu erkundigen, wo dieser und jener wohl wäre«[24]. Gehen wir nur von einem Brief pro Tag aus, so verfügten wir noch nicht einmal über ein Achtel der Korrespondenz; setzen wir drei Briefe pro Tag voraus, was nach den Belegen realistischer zu sein scheint, so gäbe der vorliegende Band knapp neun Prozent der Gesamtkorrespondenz wieder. Die Dichte der in diesem Band vorgelegten Briefe trügt also nicht nur, vielmehr macht sie die fehlenden Korrespondenzen um so fühlbarer: Da ist zuerst die innerfamiliäre Korrespondenz zwischen den Eheleuten und mit dem Sohn Hans, von der wir wissen, daß sie vernichtet wurde (s. o.). Sodann finden sich keine Briefe an Verwandte, obwohl in den vorliegenden Schreiben darauf hingewiesen wird, daß Simmel brieflichen Kontakt mit seinen noch lebenden Schwestern Anna von Korth (1840-1915) und Marie Friedländer (1842-1915)[25] gehabt hat; auch stand er in Verbindung mit der Familie der Witwe seines Bruders Eugen (1839-1885)[26], Margarethe,

22 Simmel an Margarete von Bendemann vom 17. Jan. 1918.
23 Simmel an Pierre Bucher vom 18. Juni 1914.
24 Hans Simmel, S. 78 f.
25 Vgl. Simmel an Margarete von Bendemann vom 26. Nov. 1915.
26 Vgl. Simmel an Margarete von Bendemann vom 26. Juni 1913.

geb. Bushenius (1854-1915), wiederverheiratet mit Julius Eichelbaum (1850-1921), und deren Sohn Ernst (1893-1991), der als Simmels ›Neffe‹ bezeichnet wird[27], mit den Nachkommen seiner Schwester Clementine Bodstein (1844-ca. 1908)[28], insbesondere mit deren Tochter Gertrud (1873-?), verh. Prochownik[29], und mit der Familie seiner Schwägerin, Helene Kinel (1862-1927), verh. mit Louis Jacobs (1858-1927)[30]. Sodann zeigen sich die Lücken in der Überlieferung der Korrespondenz mit den Berliner Freunden: Zwar liegen mit Simmels Briefen an Margarete von Bendemann, an Anna und Ignaz Jastrow und den kürzlich erst aufgefundenen Briefen an Agathe und Hugo Liepmann größere Konvolute vor; dagegen sind Gertrud Kantorowicz, mit der er, wie seinen häufigen Mitteilungen über diese gegenüber Margarete von Bendemann zu entnehmen ist, ständig in Briefkontakt blieb, und Sabine Lepsius nur jeweils einmal als Adressatin in diesem Band vertreten, und gänzlich fehlen Zeugnisse der bis zuletzt bestehenden Verbindung mit Bernhard Groethuysen oder Hermann Goldschmidt(-Faber)[31], Briefe an Westender Freunde wie etwa Heinrich Nelson oder Korrespondenzen im Rahmen möglicherweise aufrechterhaltener Jugendfreundschaften wie die mit Harald Graef[32] und Paul Hensel[33]. Ebenso weisen Simmels häufige Reisen von Straßburg nach Heidelberg auf die Pflege der freundschaftlich-kollegialen Beziehungen mit u.a. Emil Lask, Arthur Salz, Rudolf Gottlieb, Gustav Radbruch, Eberhard Gothein, Alfred Weber, Marianne und Max Weber sowie mit dem zuletzt in Berlin lehrenden Ernst Troeltsch; aber mit Ausnahme der vier Schreiben an Marianne Weber und der Postkarte von Troeltsch sind Korrespondenzen nicht überliefert. Ähnlich verhält es sich bezüglich der Korrespondenz mit ausländischen Kollegen, so der mit Albion W. Small und vornehmlich der bis 1914 besonders intensiven mit Henri Bergson, deren Charakter sich nun wenigstens mit einem Schreiben an Simmel aufzeigen läßt. Weiterhin weisen die vorliegenden Briefe auf die gänz-

27 Vgl. Max Hildebert Boehm an Simmel vom 14. Febr. 1916. Die Simmelsche Familie pflegte in den Berliner Jahren die Beziehung mit der Familie Eichelbaum (vgl. Hans Simmel, S. 3).
28 Vgl. Simmel an Margarete von Bendemann vom 26. Nov. 1915.
29 Vgl. Simmel an Paul Ernst vom 5. März 1916.
30 Vgl. Simmel an Gustaf F. Steffen vom 2. Aug. 1914.
31 Vgl. Simmel an Max Hildebert Boehm vom 13. Febr. 1916 und Hans Simmel, S. 26.
32 Vgl. die Jugendbriefe und Hans Simmel, S. 11.
33 Vgl. Jugendbriefe, Sendung 22 vom 22. Jan. 1876 und Rudolf Pannwitz in BdD, S. 231.

lich verschollenen, mitunter nur sporadischen Korrespondenzen, die Simmel im Zeitraum 1912 bis 1918 u.a. führte mit Wilhelm Worringer, Karl Joël, Lydia de Wiskovatoff, Johannes Böhlau, Georg Gronau, Hermann-Justus Haarmann, Elisabeth Hellersberg, Elisabeth Jastrow, Sally Altmann und Elisabeth Altmann-Gotheiner, Jonas Cohn, Rudolf Goldscheid, Richard Kroner, Georg Mehlis, Arthur Stein, Carl Brinkmann, Else Jaffé, Adelheid Furtwängler, Kurt Singer, Hermann Smidt, Karl Berger, Heinrich Simon, Betty Heimann, Ernst Bloch, möglicherweise auch noch mit Maximilian Zürcher und Ernst Gradmann. Auch liegt kein Zeugnis mehr vor für die Hans Simmel zufolge bis zum Kriegsausbruch gepflegte Beziehung zu der russischen Sozialrevolutionärin Alexandra Michailowna Kalmikoff[34], und auch der Briefwechsel mit Albert Schweitzer[35] ist verloren. Zudem fehlen die Korrespondenzen mit den Verlagen Duncker & Humblot, Klinkhart & Biermann, Ullstein, Alfred Kröner, Ernst Siegfried Mittler und Sohn, Karl J. Trübner und Reuther & Reichard. Und wenn Hans Simmel berichtet, daß er in Berlin als Kind »oft mit Briefen und Aufträgen« zu dem in der Nähe wohnenden Ehepaar Lepsius geschickt wurde, und davon auszugehen ist, daß in Straßburg das »Dienstmädchen« diese Aufgabe wahrnahm – wie es dem Brief an Pierre Bucher vom 19. Mai 1914 zu entnehmen ist –, so ist auch von solchen Benachrichtigungen über Termine, Einladungen, Zu- und Absagen und sonstigen informellen Informationen, die vor Ort ausgetauscht bzw. weitergegeben wurden, nichts überliefert, auch nichts von den zumindest gelegentlichen Briefwechseln, die nicht allein der von Hans Simmel erinnerte engere Kontakt mit Georg Friedrich Knapp, Erich Klostermann, Eduard Schwartz, Georg Dehio, Harry Bresslau und Wilhelm Spiegelberg[36] nahelegt; es fehlt jegliche Einladung zu den ›Jours‹ in Straßburg, jedes Zeugnis des örtlichen Schriftwechsels mit René Schickele, Ernst Stadler, Elsa Köberlé, Otto Klemperer, Karl Hauter, Ernst Polaczek oder Otto Baensch[37].

Die Dichte der Briefe und ihre vielfältigen Verschränkungen machen es für den vorliegenden Band dennoch möglich, ein Gutteil der fehlenden Korrespondenzen zu extrapolieren, sei in den Briefen auf

34 Vgl. Hans Simmel, S. 47f.
35 Vgl. Albert Schweitzer: Erinnerungen an Simmel, in BdD, S. 292ff.
36 Vgl. Hans Simmel, S. 72, 80.
37 Wenn die Initialen »ob.« für Otto Baensch stehen, mit dem der Nekrolog ›Georg Simmel †‹ in der VZ vom 28. Sept. 1918 gezeichnet ist und in dem aus einem Brief der letzten Wochen zitiert wird, so wäre dies wenigstens ein Signal.

diese hingewiesen oder aus ihnen auf solche zu schließen. Und zu den Adressaten zählen nicht nur namentlich erwähnte Freunde, Bekannte, Kollegen und Schüler, sondern auch Behörden (z.B. die Zentralstelle für Auslandsdienst oder die Konsulate der Niederlande, Schweiz, von Österreich und Schweden), karitative Einrichtungen (z.B. Hilfsstellen oder das Rote Kreuz) und lokale Ansprechpartner für die Betreuung und Abwicklung der Simmelschen Vorträge (z.B. in Bremen, Erfurt, Frankfurt/M., Heidelberg und Wien), Zeitungs- und Zeitschriftenredaktionen, Verlage, ja, selbst Hotels, in denen er reservieren wollte.

Die Edition der Simmelschen Briefe war über Jahre gemeinsames Anliegen von Klaus Christian Köhnke und Otthein Rammstedt, die – auf den Vorarbeiten Michael Landmanns fußend[38] – eine gezielte Briefsuche unternahmen und die Edition konzipierten. Zu deren Realisierung materiell beigetragen haben das Centre National de la Recherche Scientifique (CNRS), das Otthein Rammstedt 1993 drei Monate lang das Forschen in den Straßburger Archiven ermöglichte, und die Deutsche Forschungsgemeinschaft (DFG), die die Arbeiten in Leipzig und Bielefeld über drei Jahre mit je einer wissenschaftlichen Mitarbeiterstelle förderte und für den Abschluß von GSG 23 erneut eine Mitarbeiterstelle für acht Monate gewährte. Für den vorliegenden Band konnte zudem auf die Unterstützung der Fakultät für Soziologie der Universität Bielefeld durch ihr Raumangebot zurückgegriffen werden sowie auf die Georg Simmel-Gesellschaft, Bielefeld, die gelegentlich bei ›haushaltstitelfremden‹ Sachmitteln einsprang. Die Arbeitsstellen in Leipzig mit Willfried Geßner und in Bielefeld mit Klaus Latzel arbeiteten die ersten zwei Jahre aufeinander abgestimmt für die Briefedition allgemein. Erst 2002 kam es, vor allem zeitökonomisch bedingt, zu einer Festlegung der Bände und einer Aufteilung der Editorentätigkeit: GSG 22 mit den Briefen 1880-1911 wurde der alleinigen Verantwortung von Klaus Christian Köhnke unterstellt, der Band erschien 2005; die Herausgabe von GSG 23 mit den chronologisch folgenden Briefen bis

38 Neben den im BdD aufgenommenen Briefen an Paul Ernst, Adolf von Harnack, Edmund Husserl, Heinrich Rickert, Rainer Maria Rilke, Auguste Rodin, Margarete Susman, Max und Marianne Weber edierte Michael Landmann noch die Briefe an Hermann Graf von Keyserling in dem von ihm betreuten Band ›Georg Simmel: Das individuelle Gesetz‹ (Frankfurt/M.: Suhrkamp 1968) und diejenigen an Stefan George im Sammelband: Georg Simmel und die Moderne, herausgegeben von Heinz-Jürgen Dahme und Otthein Rammstedt (Frankfurt/M.: Suhrkamp 1984).

1918 und dem ›Schülerbriefwechsel in Versen‹ aus den Jahren 1875/76 übernahm Otthein Rammstedt gemeinsam mit Angela Rammstedt.

Für die Fertigstellung des vorliegenden Bandes erfuhren wir wissenschaftliche Unterstützung durch Ingo Meyer, Erwin Schullerus, Denisa Butnaru und für eine recht kurze Zeit von Birte Giesler; von studentischer Seite halfen zeitweise Frauke Bleibaum und über nahezu die gesamte Bearbeitungsphase Monique Ratermann. Zurückgegriffen werden konnte auf Arbeiten im Rahmen der Bielefelder Simmel-Forschungsgruppe, so vor allem auf die von Heinz-Jürgen Dahme, Rüdiger Kramme, Gregor Fitzi und Cécile Rol.

Sodann bedanken wir uns bei den folgenden Bibliotheken und Archiven, deren Leiter bzw. Mitarbeiter Verständnis für unsere Suche aufbrachten und uns Simmel-Briefe bereitstellten: Archiv des Amtsgerichts Mitte, Berlin; Archives Départementales du Bas Rhin, Strasbourg; Archives des Presses Universitaires de France, Paris; Archives du Musée Rodin, Paris; Archivo storico della Fondazione Einaudi, Turin; Badische Landesbibliothek, Karlsruhe; Bibliothèque Nationale, Paris; Bayerische Staatsbibliothek, München; Buber Archive der Jewish National & University Library, Jerusalem; Bundesarchiv Koblenz; Deutsches Literaturarchiv, Marbach a. N.; Freies Deutsches Hochstift, Frankfurter Goethemuseum; Friedlaender/Mynona-Archiv Geerken, Herrsching; Generallandesarchiv Karlsruhe; Georg Simmel-Archiv, Bielefeld; Georg Simmel-Gesellschaft, Bielefeld; Geheimes Staatsarchiv, Stiftung Preußischer Kulturbesitz, Berlin; Goethe- und Schiller-Archiv, Weimar; Gundolf Archiv, Institute of Germanic Studies, University of London; Husserl-Archiv, Louvain; Internationaal Instituut voor Sociale Geschiedenis, Amsterdam; Det Kongelige Bibliothek, København; Leo Baeck Institute, New York; Lukács Archiv, Budapest; Niedersächsische Staats- und Universitätsbibliothek, Göttingen; Österreichische Nationalbibliothek, Wien; Rilke-Archiv, Gernsbach; Sammlung Akademie der Künste, Berlin; Staatsbibliothek Preußischer Kulturbesitz, Berlin; Staats- und Universitätsbibliothek, Hamburg; Stadtbibliothek München, Monacensia Literaturarchiv; Stadt- und Landesbibliothek, Dortmund; Stefan George-Archiv, Stuttgart; Schleswig-Holsteinische Landesbibliothek, Kiel; Universitätsarchiv Jena; Universitätsbibliotheken Basel, Bochum, Bremen, Göteborg, Marburg; Universitäts- und Landesbibliotheken Bonn und Darmstadt; University Library, Cambridge; Verlagsarchiv Mohr Siebeck, Tübingen; Württembergische Landesbibliothek, Stuttgart; Yale University, Beinecke Rare Book & Manuskript Library, New Haven.

Elazar Benyoëtz, Jerusalem, Luis Arizcorreta Buchholz, Mexico, John E. Craig, Chicago, Iring Fetscher, Frankfurt/M., Irene Flatau,

Saratoga Springs, N.Y., Kunio Kawahara, Miyazaki-shi, Japan, Klaus Chr. Köhnke, Leipzig, M. Rainer Lepsius, Weinheim, und Arnold Simmel, New York, überließen uns ihre Simmel-Briefe zum Abdruck. Wir sind ihnen zum Dank verpflichtet; dies gilt auch für Klaus Arons, Langen, Ursula Heuss, Basel, und Heinrich Kupffer, Berlin, die uns Familiendokumente zugänglich machten, und für das Auktionshaus J. A. Stargardt, Berlin, das uns Kontakte zu Briefeigentümern ermöglichte.

Schließlich sei denen herzlich gedankt, bei denen wir uns zugleich wegen unserer häufigen Nachfragen entschuldigen: Ingrid Belke, Jürgen Zander, Karl-Ludwig Ay und – wie stets – Arnold Simmel. Und dies gilt ebenso für die Mitarbeiter und Mitarbeiterinnen der zahlreichen Stadt-, Landes, Universitäts- und Kirchenarchive, die uns mit Auskünften aus ihren Beständen entgegenkamen.

Jugendbriefe

Der hier zum Abdruck gebrachte ›Schülerbriefwechsel in Versen‹, den Simmel und Harald Graef zwischen Dez. 1875 und Mai 1876 führten, entstammt der handschriftlichen Überlieferung im Nl Sabine und Reinhold Lepsius, DLA Marbach. Das Konvolut umfaßt 39 Sendungen mit insgesamt 40 Gedichten; die Simmelschen Sendungen sind im Original vorhanden, die Sendungen Harald Graefs liegen in dessen Abschrift vor, wobei nicht mehr zu klären ist, ob die Sendungen an Simmel Abschriften der Gedichte im Konvolut, bzw. die Graef-Gedichte im Konvolut Abschriften der Original-Sendung an Simmel waren. Das Konvolut ist in einem blauen Pappeinband (21,5 × 17 cm) mit Fäden eingeheftet, so daß es die Form eines Heftes einnimmt, in das mitunter einzelne Seiten nachträglich mit Klebstreifen eingefügt wurden. – Auf dem Pappeinband findet sich handschriftlich mit hellem Farbstift: »Gedichtwechsel mit Georg Simmel / 1876«; und von fremder Hand mit ähnlichem Farbstift unten rechts »26 Seiten«. – Das Konvolut geht von einem Heft Harald Graefs aus, in dem er seine Gedichte an Simmel chronologisch aufzuzeichnen beabsichtigte; so finden sich sechzehn seiner achtzehn Gedichte direkt in dieses Heft abgeschrieben. Bei den beiden übrigen handelt es sich zum einen wohl um einen Entwurf (Sendung 14) und zum anderen um eine spätere Abschrift des Gedichts vom 24. Jan. 1876, die zwischen dem 13. März und spätestens dem 6. Mai 1876 vorgenommen worden ist (Sendung 32). Schon Ende Dez. 1875 muß Harald Graef beschlossen haben, die Gedichte Simmels mit den eigenen in der zeitlichen Abfolge ihres Entstehens in dem Heft zu sammeln; ab der Simmelschen Sendung 4 finden sich dann dessen

Gedichte im Heft auf eigenen Seiten mit Klebstreifen befestigt. Dieser Sammlung der Graef-Gedichte sind 20 Simmel-Gedichte, die in 19 Sendungen an Graef gelangten, eingeordnet, d.h. die Gedichte Simmels wurden in dieses Heft eingeklebt oder zwischen Gedichte Graefs geschoben; die beiden ersten Gedichte Simmels wurden von Harald Graef auf der Umschlaginnenseite befestigt.

Mit der Zusammenfassung der Gedichte beider setzt ihre Numerierung ein, die Harald Graef vorgenommen haben muß: Sein erstes, auf der ersten Heftseite beginnendes Gedicht (Sendung 3) ist nachträglich mittig mit »III« gekennzeichnet, da die beiden Simmel-Gedichte auf der Umschlaginnenseite zeitlich vorausgingen. Aber Harald Graef wollte anfänglich nicht die Gedichte durchgehend numerieren, sondern zeitlich und inhaltlich Zusammengehörendes durch die Verwendung einer Zahl kenntlich machen, so »III« für die Sendungen 3 und 4, so »IV« für die Sendungen 5, 6 und 7. Ohne Doppelungen wird die Numerierung in römischen Zahlen bis zu »X« (Sendung 16) fortgesetzt und dann aufgegeben zugunsten der mit Tinte am rechten oberen Seitenrand festgehaltenen arabischen Zählung, die mit »4« (Sendung 5) einsetzt und dann durchgehalten wird bis zum letzten, mit »37« gekennzeichneten Gedicht (Sendung 39). Nach Einstellung der Zählung in römischen Zahlen setzt im Konvolut eine zweite Zählung in arabischen Zahlen ein, die mit »12« (Sendung 18) beginnt und mit »19« (Sendung 33) endet, wobei in der uns vorliegenden Ausgabe der Gedichte nur die von Simmel stammenden berücksichtigt wurden. Die Reihenfolge der Sendungen in der hier vorgelegten Fassung weist gegenüber der Abfolge in der von Harald Graef angelegten Sammlung eine Veränderung auf: Die jetzige Sendung 32 war von Harald Graef zwischen den Sendungen 37 und 38 eingeordnet. Dabei handelt es sich offensichtlich um einen Fehler, denn die Sendung 32 ist datiert auf den 24. Jan. 1876, die beiden Sendungen 37 und 38 jedoch auf den 13. März und den 6. Mai 1876.

Bei der *Wiedergabe* der Gedichte sind Orthographie und Interpunktion des Originals beibehalten mit Ausnahme einiger offenkundiger Verschreibungen, die, dokumentarisch belegt, korrigiert werden. Beibehalten wird auch die damals nicht selten anzutreffende eigentümliche Schreibweise von ›Geberde‹ statt ›Gebärde‹ und von ›mählig‹ statt ›allmählich‹ bzw. ›mählich‹. Aufgelöst werden hingegen durchgehend die in den Gedichten Simmels häufig verwendete Abkürzung ›u.‹ in ›und‹ sowie die Abbreviaturen von m und n, da sie beim Lesen stören. Abweichend vom Briefteil dieses Bandes finden sich *Hervorhebungen* nicht nur grundsätzlich kursiv gesetzt, vielmehr sind zur besseren Visualisierung die Anfangsbuchstaben der Akrosticha zusätzlich fett wiedergegeben. Da sich die Schreiben in Abfassungsart und Fundort nicht unterscheiden, wurden die Herausgeberannotationen im Vorspann zur Klassifizierung beschränkt auf die Angaben zu Verfasser bzw. Empfänger und Datierung der einzelnen Schreiben, deren formale Eigenheiten und Sachverhalte im nachgeordneten Anmerkungsteil erläutert werden.

Über die *Entstehungsgeschichte* dieses Gedichtbriefwechsels zwischen Simmel und Harald Graef ist nichts bekannt. Zwar erinnert Hans Simmel: »In den letzten Gymnasialjahren schrieb er [d.i. Georg Simmel] sich mit einigen Schulkameraden Briefe über Literatur, Musik und alles mögliche andere«, und er kommentiert: »Weshalb diese Burschen, die sich täglich sahen und in den Pausen soviel ausquatschen konnten wie sie wollten, sich noch Briefe schrieben, konnte der Vater mir später auch nicht erklären« (S. 6f.). Weiter berichtet Hans Simmel über den Vater, »als ihm durch Zufall einmal ein paar dieser alten Briefe geschickt wurden, waren sie ihm selbst in ihrer Gestopftheit mit leeren und tönnenden [sic!] Redensarten so widerwärtig, dass er sie vernichtete«, ohne sie seiner Frau oder seinem Sohn überhaupt gezeigt zu haben (S. 7). Es scheint höchst unwahrscheinlich, daß mit diesen »alten Briefen« Gedichte des hier wiedergegebenen Gedichtbriefwechsels gemeint sein könnten. Denn die Abfolge der Gedichte zeigt keine Leerstelle auf und die Freundschaft Simmels mit Harald Graef wie auch die innige Verbundenheit Gertrud Simmels mit dem Hause Graef sprechen dagegen, daß Simmel Gedichte an Harald Graef vernichtete, mochten sie ihn auch in zeitlicher Distanz »widerwärtig« anmuten, ohne zumindest den Namen Graef gegenüber seiner Frau zu erwähnen. Aber eine andere Überlieferung Hans Simmels hellt den Hintergrund ein wenig auf: »Irgendwann einmal hatte jemand dem Gymnasium, das mein Vater besuchte, eine kleine Stiftung zugewendet mit folgender Bestimmung: In Unterprima (vorletztes Schuljahr) war an einem bestimmten Tage ein Klassenaufsatz zu schreiben. Die beste Arbeit wurde mit 10, die zweitbeste mit 5 Thalern prämiert. Als mein Vater in dieser Klasse war, wurde ein Thema aus Goethes ›Tasso‹ gegeben: ›Die Stätte, die ein guter Mensch betrat, / Ist eingeweiht; nach hundert Jahren lebt / Sein Wort und seine Tat dem Enkel wieder.‹[39] Mein Vater bekam den ersten Preis; der zweite fiel an Harald Graef, einen Kameraden, mit dem er bisher keinen persönlichen Kontakt gehabt hatte« (S. 10f.). Es handelte sich

39 Torquato Tasso I, 1: »Die Stätte, die ein guter Mensch betrat, / Ist eingeweiht; nach hundert Jahren klingt / Sein Wort und seine That dem Enkel wieder« (WA I/10, S. 108).

um die Stiftung »des Predigers Dr. C. Witte, welcher im Jahre 1839 ein Kapital von 1000 Thalern als ›Wittes Stiftung zur Beförderung des Gefühls für Wahrheit, Recht und Pflicht, nach Anleitung der christlichen Sittenlehre‹ dem Gymnasium überwies. [...] Von den Zinsen sollten jährlich am Geburtstage des Stifters (8. Oktober) oder an dem nächstfolgenden Schultage 5/8 als Prämien und 3/8 als Accesssit an diejenigen zwei Primaner verteilt werden, welche die besten Aufsätze über ein Thema aus dem Gebiete der christlichen Sittenlehre oder des Naturrechts geliefert hätten« (Müller, S. 123). Jedoch wurde 1875 wegen des Umzugs der Schule in die Dorotheenstraße die Preisverleihung auf »den 2. November« verschoben, an dem, wie es in den Schulnachrichten des Friedrichs-Werderschen Gymnasiums in Berlin heißt (Jahresbericht 1876, S. 39), der »Reformationstag in gewohnter Weise mit der Vertheilung der beiden vom Magistrate übersendeten Denkmünzen und einiger auf den Gegenstand des Festes bezüglichen Schriften« begangen wurde. Es folgte die Festrede des »primus omnium Otto Winckelmann«. Und schließlich: »An die Feier schloss sich die Ertheilung der Witteschen Preise an die Oberprimaner Georg Simmel und Harald Graef« an[40]. – Hans Simmel überliefert dann weiter, es sei an der Schule Tradition gewesen, »dass die beiden Sieger den Abend zusammen bei einer Flasche Wein verbrachten. So setzten die beiden jungen Burschen sich zusammen, und in diesen Stunden entstand eine Freundschaft, die nicht nur das Leben lang anhielt, sondern die noch viel bedeutsamere Folgen für meinen Vater hatte« (S. 11). Und diese Flasche Wein muß der von Harald Graef in Sendung 7 angesprochene »Marsala« gewesen sein, denn auch Graef kommt in Sendung 19 auf den Beginn seiner Freundschaft mit Georg Simmel zu sprechen, den er »von da als Freund betrachtet / Als ich mit dir von dem Marsálá kam«. Es ist also davon auszugehen, daß der vorliegende Briefwechsel in Versen unmittelbar nach dem Treffen beim Wein einsetzt, mit dem Simmel und Graef den Beginn ihrer Freundschaft verbinden.

Harald Graef und Simmel besuchten 1875/76 die Oberprima am Friedrichs-Werderschen Gymnasium in Berlin, das Simmel nicht in bester Erinnerung blieb. »Die Schule sei nicht nur altmodisch, sondern auch heruntergekommen gewesen. Der Unterricht in Latein und Griechisch war immerhin gründlich. Aber der lateinische Aufsatz, der nur in einer immer sich wiederholenden Verknüpfung ciceronianischer Phrasen bestand, erschien ihm später als eine Erziehung zur Hohlheit

40 Weder das von Hans Simmel überlieferte Thema der Preisfrage noch Art und Umfang der übergebenen Preise konnten verifiziert werden.

und Verlogenheit. Mit dem deutschen Aufsatz war es insofern nicht besser, als auch dort ein schwülstiger, phrasenreicher Stil besonders hoch ›bewertet‹ wurde« (Hans Simmel, S. 6). Dabei ist zu berücksichtigen, daß das Friedrichs-Werdersche Gymnasium für 50 Jahre (seit 1825) »vorübergehend« im Fürstenhaus Danckelmanns untergebracht war, wo die Räume »mit jedem Jahre unzulänglicher« wurden, vor allem, da sie »des Lichtes [und] der gesunden Luft« entbehrten (Müller, S. 112f., 143)[41]. Erst zu Michaelis 1875, d. h. am 29. Sept. 1875, wurde das Provisorium beendet mit dem Umzug der Schule in »den neuen Prachtbau« in der Dorotheenstraße 13 (Jahresbericht 1876, S. 35-37).

Daß sich Harald Graef und Simmel erst kurz vor dem Abitur näherkamen, ist nicht so verwunderlich, wenn man berücksichtigt, daß Harald Graef und Simmel nur vier Jahre in die gleiche Schule und nur zwei Jahre in dieselbe Klasse gingen. Simmel kam zu Beginn des Schuljahrs 1871/72 in die Obertertia, Harald Graef ein halbes Jahr später, zu Michaelis, ebenfalls in die Obertertia. Diese wies insgesamt über einhundert Schüler auf, die auf zwei Klassen verteilt waren; erst mit der Unterprima, mit dem Rückgang der Schülerzahl auf knapp fünfzig, wurde, wie dann in der Oberprima, die immer noch 34 Schüler aufwies, nur eine Klasse benötigt[42]. Und erst jetzt werden Harald Graef und Simmel dieselbe Klasse besucht haben. Irreführend ist in diesem Zusammenhang daher der Hinweis von Sabine Lepsius geb. Graef, daß ihr Bruder Harald »fünf Jahre auf der Tertia blieb« (Lepsius Künstlerleben, S. 26). Denn dieses suggeriert eine Differenz in der Dauer des Schulbesuchs von sechs Jahren, während ihr Altersunterschied nur drei Jahre betrug. Unerheblich ist in unserem Zusammenhang die Frage, wie viele Jahre Harald Graef die Tertia besuchte, da er seit der Obertertia mit Simmel immer in derselben Schulstufe blieb, und dann

41 Und im Jahresbericht 1876, S. 35, heißt es: »Aus den Räumen, welche seit fünfzig Jahren dem Gymnasium gedient hatten, und deren Unzulänglichkeit sich mehr und mehr fühlbar gemacht hatte, wurde es an eine Stätte versetzt, die durch die Fürsorge der städtischen Behörden ihm für die Dauer bereitet und seiner ausschliesslichen Benutzung überwiesen worden ist.«

42 Zahlen nach dem Jahresbericht 1876, S. 37. – Die Klassenfrequenz war in Preußen für die Sexta mit 50, für die Tertia mit 40 und für die Prima mit 30 vorgegeben, »mit Gestattung einer Vermehrung um 10« (L. Wiese: Das höhere Schulwesen in Preussen. Historisch-statistische Darstellung, im Auftrage des Ministers der geistlichen, Unterrichts- und Medicinal-Angelegenheiten. II. 1864-1868 [1869]. Berlin: Wiegandt und Grieben 1869, S. 10).

die Oberprima wiederholte[43], als Simmel schon zur Universität ging. Daß Harald Graef und Simmel sich erst in der Prima näherkamen, wird also verständlich, wenn man berücksichtigt, daß beide erst gut ein Jahr in dieselbe Klasse gingen und diese über 30 Schüler aufwies.

Als Simmel und Harald Graef sich beim ersten Treffen, beim ›Marsala‹, möglicherweise verleitet durch die Preisfrage, gegenseitig eingestanden, an Dichtung interessiert zu sein, war die Basis ihrer Freundschaft gefunden. Konnte Harald Graef von einem Drama erzählen, das er vor ein paar Jahren geschrieben habe und das »in literarischen Kreisen Aufsehen erregte« (Lepsius Künstlerleben, S. 26), so konnte Simmel nur gestehen, daß er vor Jahren Gedichte geschrieben, das aber seit einiger Zeit eingestellt habe. Und dem konnte Harald Graef zustimmen, denn auch er, so bekannte er, habe in letzter Zeit »wenig nur, und schlecht gedichtet« (Sendung 19). Ihre Liebe – darin waren sich die beiden einig – galt der Lyrik; es schien Simmel damals schon, 1875, »modern«, daß »Reim und Vers uns nah und Prosa fern ist« (Sendung 2), und so bestärkten sie sich gegenseitig, sich der Lyrik wieder zuzuwenden. Treibende Kraft mag hier Harald Graef gewesen sein, dessen »Idealismus und Schwung [in jenem] Jugendjahre« ihn zu »eine[r] anziehende[n] Persönlichkeit« für Simmel machte (Hans Simmel, S. 11). Harald Graef sei, so urteilte dann Hans Simmel Jahrzehnte später – möglicherweise im Sinne seines Vaters – »von mässiger Intelligenz« gewesen, »hatte aber eine gewisse sprachlich literarische Begabung, schrieb massenhaft Gedichte und Theaterstücke, die manchmal witzig, sonst aber immer sehr mittelmässig waren« (ebd.). Gleichwohl ließ sich Simmel nach diesem ersten Treffen vom Schwung Harald Graefs mitreißen und zollte dessen schriftstellerischer Routine seine Anerkennung. So rechtfertigt Simmel die erste Sendung in diesem Briefwechsel: »Und weil nun unser beider Herz entglommen / Für Polyhymnias harmonisch Spiel / Biet diesen Vers ich dir – zu deinem

43 Harald Graef bestand die Maturitätsprüfung zu Ostern 1876 nicht (siehe Sendung 37). Wohl mit einer Nachprüfung in Mathematik wurde ihm zugebilligt, zu Michaelis 1876 die Abiturprüfung zu wiederholen (siehe Sendung 39), so daß er nur ein halbes Jahr die Oberprima wiederholen mußte. Aber diese Chance hat Harald Graef vertan, er bestand die Prüfung wieder nicht und erlangte dann das Zeugnis der Reife erst zu Ostern 1877. Dem entspricht die Notiz bei Sabine Lepsius, daß ihr Bruder Harald erst im dritten Anlauf das Abitur schaffte (Lepsius Künstlerleben, S. 27). Zur halbjährlichen Versetzungspraxis in Preußen siehe L. Wiese: a.a.O., S. 61 f.

Frommen??«, und sofort wird deutlich, daß es in diesen Gedichten, vornehmlich für Simmel, um den Nachweis geht, die gängigen Strophenformen und Versarten zu beherrschen. Und wenn dann Harald Graef kritisiert, daß »mancher falsche Vers herein sich schleicht« (Sendung 3) und das von Simmel gewählte Metrum »leider ziemlich schlecht sei« (Sendung 5), da es im Narrativen gewollt gelehrt und gekünstelt wirke, so reagiert Simmel mit »Wie kannst du mich wohl schelten, daß ich gelehrt und spitz« und greift Harald Graefs Metrum auf, um zu zeigen, »was ich kann« (Sendung 8).

Auffällig wird dabei Simmels und Harald Graefs verblüffende Beherrschung der Strophenformen und Versarten, die deutlich über das hinausgeht, was man von Pennälerlyrik gewohnt ist[44]. Schon Simmels erste Sendung versucht sich in den schwierigen Terzinen mit ihrem typisch wandernden Reim (Reimschema: aba bcb cdc) und beschwört damit natürlich das Vorbild Dantes herauf. Man erprobt sich in Elegien, dem als ›streng‹ geltenden Sonett (hier: abba abba cdc ede), das mustergültig auch die ›reflexive Zäsur‹ nach den Quartetten realisiert (Sendung 6), und Simmel versucht sich gar in einer kühnen Variante des ›homerischen‹ Verses, die die in der sechshebigen Zeile vorgeschriebene zweifache Senkung nach der fünften Hebung bereits nach der dritten bringt (hier: ∪ – ∪ – ∪ – ∪ ∪ – ∪ – ∪ –), so daß zwar keineswegs ein klassischer Hexameter entsteht – der im Deutschen ohnehin seit jeher Schwierigkeiten bereitet –, aber offenbar ein metrisches Gebilde, das wie »griech'sche Form« anmutet (Sendung 8). Es finden sich aber auch exotischere Beispiele wie Octaven oder die Stanze, »eine Fürstin unter den Strophenformen« (Kayser, S. 46), mit dem Reimschema aababcc, hier in fünfhebigen Jamben (Sendung 18), und Ritornelle, bei denen sich nur der erste und der dritte Vers reimen (Sendung 31).

Im Großen und Ganzen wird der von der Klassik und Romantik geprägte Motivbestand variiert; Zitate von Schiller, Goethe und Heine fehlen ebensowenig wie Shakespeare-Allusionen und das lateinische Bildungszitat des Horaz. Metrisch dominiert trotz aller Experimente der fünfhebige Jambus (∪ – ∪ – ∪ – ∪ – ∪ –). Das ist nicht verwunderlich, denn seit Lessings ›Nathan‹, der Weimarer Klassik und den Shakespeare-Übertragungen der Romantiker ist der reimlos-schlichte, aber reich zu modulierende Blankvers das gängigste Metrum deutscher gebundener Rede (vgl. Kayser, S. 29f.), den die beiden Oberprimaner ›im Schlaf‹ beherrscht haben dürften; es finden sich also Bildungsre-

44 Für die literaturwissenschaftliche Hilfeleistung danken wir Ingo Meyer, Bielefeld.

flexe dessen, was das deutsche Gymnasium jener Zeit traditionell vermittelte.

Sehr schnell wird den jungen Poeten bewußt, daß das Beherrschen der Vers- und Strophenformen nicht eine inhaltliche Leere kompensieren kann, und so wird bereits in der zweiten Sendung von Simmel eine von ihm geliebte junge Frau eingeführt (»Bin ich verliebt in Fräulein Mayet oder nicht?«); und Harald Graef bestätigt ihn unmittelbar in der folgenden Sendung 3 (»Du bist verliebt in sie bis an die Ohren!«), weiß sofort um die Funktion der ›Verehrten‹ für ihre Gedichte, und bietet Simmel ein formal raffiniertes, inhaltlich jedoch in Übertreibung der Anbetung komisches Liebesgedicht an: »Du kannst als dein Produkt es an sie richten«; raffiniert ist das Gedicht, weil es einerseits aus fünfhebigen Trochäen besteht (∪ – ∪ – ∪ – ∪ – ∪), dessen erste Strophe das Reimschema abba aufweist, also den umarmenden Reim, in der zweiten Strophe jedoch dann dem Schema cddcd folgt, also einer Variante des Schweifreims, andererseits die vier- und fünfzeiligen Strophen nutzt, um in den Anfangsbuchstaben den Namen der angebetenen Lyda Mayet zu verbergen. Neben Lyda Mayet, die in den Sendungen 2, 3, 4, 5, 8, 16, 21 und 28 genannt wird, will Simmel dann auch noch Selma (4, 5, 28, 38) und Lina Mendelson (6, 7, 9, 15, 16, 21, 26, 27 und 28) lieben, während Harald Graef als seine »Flammen« (Sendung 23 und 32) Gretchen Ewald (12), Eva (23, 27, 28, 30 und 32) und Cilla (23) nennt, die wiederum auch von Simmel als Caecilie verehrt wird (22, 30 und 32). Mögen die jungen Frauen überwiegend Schwestern von Freunden und Schulkameraden gewesen sein[45], die jeweils beide kannten, so scheint es doch unwahrscheinlich, daß die Mädchen wußten, daß sie von den beiden als »würdig« empfunden wurden, »mit dem hehren Schein / Der Poesie umstrahlt zu werden« (Sendung 23). Simmel und Harald Graef waren sich bewußt, daß sie ihre Gefühle – »Leicht ist's, zu lieben, schwer, zu sagen wen« (Sendung 4) – auf die Mädchen projizierten, sprechen von »in Unschuld lieben«, von »Kinderspiel«, ja, analysieren: »Doch muß das Herz auch halber Knaben, / Wie wir noch sind, Beschäft'gung haben / Da sucht man sich denn wohl zusammen / Von allen Seiten ein'ge Flammen« (Sendung 23); aber beide wissen auch, daß ›Herz und Schmerz‹ den Weg zur Lyrik weist. »Wilde Lei-

45 Es ist anzunehmen, daß mit Caecilie und Cilla Cécile Hensel gemeint war, mit deren Brüdern Simmel und Harald Graef befreundet waren (siehe Lepsius Künstlerleben, S. 47), und es ist auch möglich, daß Gretchen Ewald mit dem späteren in Straßburg tätigen Ordinarius der Psychologie Ernst Richard Ewald verwandt war, der Ostern 1875 am Friedrichs-Werderschen Gymnasium das Abitur machte.

denschaften« und tiefe Gefühle als Quelle lyrischen Inhalts suchen beide dann aber auch anderweitig: Harald Graef in Verarbeitung von Heyses »Salamander« (Sendung 17), beide in der Bekundung ihrer Freundschaft (Sendung 18 und 19), Simmel angesichts der Natur (Sendung 15 und 24) und beide dann wohl in Betrachtung eines Gemäldes von Fritz Hartmann (Sendung 33, 34 bis 35)[46].

Den Sendungen ist anzumerken, daß Simmel und Harald Gaef mit Freuden und Amüsement reimten (»Was kümmerts uns, ob je die Welt erfährt / Was wir im Scherz, im Ernst einander boten / Für's erste ist es für uns Beide da / Allein für uns«; Sendung 30), aber je mehr sie experimentierten, um so mehr gewannen sie den Eindruck, daß die Gedichte von einem gewissen Niveau seien. Und so bedauert Simmel, daß »des Lebens Sturm« möglicherweise »die losen Blätter« mit ihren Gedichten zerstreuen könnte, und fragt Harald Graef: »Und brächt' nicht schönste Früchte dieser Samen, / Wenn unsrer Lieder Nachhall noch erklänge / In weichen Seelen und wenn diese Sänge / Zum Herzen gingen, wie daher sie kamen?« (Sendung 29). Und Harald Graef gesteht in der Antwort, daß er die »losen Blätter« gesammelt und zu einem Ganzen gefügt habe. Noch seien Simmel und er am Anfang ihrer Karrieren und »so lange sei'n uns Beiden / Uns Beiden diese Blätter nur geweiht«, aber wenn sie einmal ihr Ziel erreicht hätten, »Dann mögen jene kleinen Fluggedichte / Ins Leben wandern froh und frisch hinein / Dann offenbaren wir, was jetzt wir hüten / Die Früchte kennt Ihr, seht, dies sind die Blüthen« (Sendung 30).

Hier schlägt das Selbstverständnis von Simmel und Harald Graef in Hinblick auf ihre Gedichte um. Und das geht nicht zufälligerweise von Harald Graef aus. Hatten sie anfangs sich nur gegenseitig beweisen wollen, daß sie formal das Metier beherrschten – und da war Simmel eher gefordert als Harald Graef, dessen literarische Produkte zum Teil schon Anerkennung gefunden hatten –, so waren sie dann von der Form ihrer Gedichte, ja, schließlich auch von deren Qualität überzeugt, als sie die Phase der Huldigung der »Flammen« hinter sich ließen; jetzt galt es, sie zu bewahren. Nicht länger waren diese Gedichte nur »ein flüchtiger Spaß«, sondern sie wurden, das »Flüchtige« hinter sich lassend, aufgehoben, um später einmal als Beleg für die dichterische Begabung der jugendlichen Verfasser dienen zu können. Diese Jugendwerke sollten dann der begierigen Öffentlichkeit kundgetan werden: »Dann wird so mancher, meine ich, erkennen / Daß in den Knaben schon ein hoher Geist / sich mächtig regte« (Sendung 30).

46 Möglicherweise handelt es sich um den Landschaftsmaler *Friedrich* Hermann Hartmann, 1822-1902 (Thieme/Becker).

Ist mit dem Titel ›Schülerbriefwechsel in Versen‹ der *Anlaß* bzw. die *Situation* dieses Dichtens gefaßt, so erzeugt eine begriffliche Charakterisierung der Simmel/Graefschen Lyrik Verlegenheit. Am ehesten bietet es sich an, in Anlehnung an einen anglistischen Terminus hier von Konversationsgedichten[47] zu sprechen; gemeint sind Briefe in Versen, die, immer formal perfekt gehalten, anfänglich Gelegenheitsarbeiten darstellen, dann aber gehortet werden, um möglicherweise später einmal als große Lyrik gefeiert zu werden. Auch die Gedichte Simmels und Graefs waren anfänglich als bloße Fingerübungen gedacht; doch schon der freundschaftliche Hintergrund des Dichtens, das typische Briefmedium und die Spontaneität des Entstehens berechtigen zu einer Adaption des Begriffes, dies um so mehr, als beide in den Gedichten Belege für ihr Talent sahen.

Der Briefwechsel zwischen Simmel und Harald Graef wurde bisher weder ganz noch in Auszügen gedruckt; ein Urteil über die Qualität der Gedichte muß dies nicht beinhalten. Simmel gab das Dichten, wie er es hier geübt hatte, wohl weitgehend auf, behielt es Gelegenheiten im Familien- und Freundeskreise vor: »Auch Gedichte machte er manchmal, so eines auf den Regen in verschiedenen Orten in der Schweiz – nach einer total verregneten Sommerreise«, berichtet Hans Simmel (S. 45), und ein solches Gelegenheitsgedicht stellt wohl auch der Gruß in Versen dar, der sich im Nachlaß Ludwig Fuldas fand (GSG 22, S. 33). Nur in der Phase, als er an der ›Jugend. Münchner illustrierte Wochenschrift für Kunst & Leben‹ mitwirkte, ließ Simmel dort vier Gedichte erscheinen[48]. Von Harald Graef lassen sich keine späteren literarischen Publikationen nachweisen; das ist um so überraschender, da er – nach der Erinnerung Sabine Lepsius' – sich im Studium entschlossen hatte, »das Staatsexamen zu machen, um für den Dichterberuf eine Existenzgrundlage als Lehrer zu haben« (Lepsius Künstlerleben, S. 27). Er promovierte 1883 in Straßburg über ein mit-

47 Zum literaturwissenschaftlichen Terminus vgl. George McLead Harper: Coleridge's Conversation Poems. Quarterly Review 244 (1925), S. 284-298; er definiert eine Reihe von Gedichten von Wordsworth und Coleridge als »Poems of Friendship or Conversation« (S. 287): »Poignancy of feeling, intimacy of adress, and sense of expression«, eine generelle »naturalness« (ebd.) – vornehmlich die Stilhöhe gibt also das Kriterium dieser Lyrik ab.

48 Es handelt sich um die Gedichte ›Herbst am Rhein‹ [Jan. 1897], GSG 17, S. 349-351; ›Der Schweizer Sommer 1897. Eine Reminiszenz‹ [Okt. 1897], GSG 17, S. 362-364, ›Eine Sehnsucht‹ [Jan. 1900], GSG 17, S. 391 und ›Nur eine Brücke‹ [März 1901], GSG 17, S. 404.

telhochdeutsches Gedicht[49] und legte 1884 die wissenschaftliche Lehramtsprüfung ab; aber erst 1907 wurde er Oberlehrer (Studienrat) am Städtischen Oberlyzeum Berlin-Weißensee, wo er bis zu seinem Tode 1917 blieb[50]. Ob Harald Graef in seiner Zeit als Lehrer noch als Dichter tätig war, ist mangels Drucknachweisen nicht bekannt. In der Zeitspanne zwischen 1884 und 1907 mag er schriftstellerisch tätig gewesen sein, denn Sabine Lepsius schreibt: »Nachdem er einige Gedichte an den ›Kladderadatsch‹ geschickt hatte, ernannte man ihn zum Mitarbeiter, und das blieb er viele Jahre hindurch« (Lepsius Künstlerleben, S. 27). Aber von seiner Mitarbeit am und im ›Kladderadatsch‹ sind keine Spuren zu finden, schon, da die Beiträge in der Zeitschrift durchgehend anonym oder pseudonym signiert blieben. Sollte man sein Pseudonym aus dieser Zeit ermitteln, so böte sich an, Veröffentlichungen unter diesem Pseudonym zu suchen. Denn es scheint unwahrscheinlich, daß Harald Graef seinen Traum, Dichter zu werden (vgl. ebd.), bereits mit dem Abitur endgültig aufgegeben hat.

Der vorliegende Briefwechsel von 1875/76 hat für die Simmel-Forschung insofern einen besonderen Wert, als diese Gedichte die ältesten überlieferten Dokumente, in denen Simmel selbst zu Wort kommt, darstellen. Zudem enthalten sie eine Reihe von biographischen Hinweisen. Weniger bedeutsam mag es sein, wenn wir erfahren, daß Simmel als Primaner schon rauchte und Schlittschuh lief (Sendung 9); aber wichtig ist für das Verständnis des jungen Simmel, daß er bereits als Pennäler »der Wahrheit hellen Schein« eifrig verfolgen wollte (Sendung 9) und bekundete: »Der Menschen höchstes ist die Wissenschaft – / Für sie zu kämpfen widm' ich meine Kraft«, – wohl wissend: »Der Weg zu meinem Eden ist noch weit, / Doch Last und Mühe macht mich nicht erbleichen; / Denn wie der Hirsch nach frischem Wasser schreit, / So streb' ich nach der Wahrheit ew'gen Zeichen. / So viel ich irren mag in fremden Weiten, / Dies Streben wird zum Ziel mich sicher leiten« (Sendung 18). Als Studienfach mag der Primaner noch das Staats- und Völkerrecht anvisiert haben, kennzeichnet ihn doch Harald Graef als: »Den im scharfen Wortgefecht / Nimmermehr besiegten / Den im Staats- und Völkerrecht / Weisen, Wohlgewiegten« (Sendung 38)[51].

49 Harald Graef: Handschriftliche Ueberlieferung, Heimath und Entstehungszeit des mittelhochdeutschen Gedichtes Eraclius. Straßburg: Karl J. Trübner 1883.

50 Siehe Anlage zur Personalakte im Internationalen pädagogischen Forschungszentrum Berlin und Testament Harald Graefs, Amtsgericht Berlin Mitte; siehe auch Kunze 18, S. 440.

51 Auch Hans Simmel glaubt sich zu erinnern, daß sein Vater »in den

Und nicht zuletzt zeichnet sich in diesen dichterischen Versuchen in der ihm als »modern« geltenden Form Simmels zeitlebens anhaltende Affinität zur Lyrik ab; die Dichtungen Dantes, Michelangelos oder Goethes waren ihm zeit seines Lebens präsent und, wie wir sowohl aus dem vorliegenden Band wie auch von Hans Simmel erfahren, als Entdeckung der letzten Jahre auch die Dichtungen Walthers von der Vogelweide: »[...] wenn mein Vater von dem Druck sprach, mit dem diese Kriegszeit auf ihm lastete, dann zitierte er bisweilen den Vers von dem kleinen Vogel, der sich vor dem düsteren Wetter verkriecht und klagt: Ich singe nicht, es welle tagen« (Hans Simmel, S. 84f.).

letzten Schuljahren« beabsichtigte, »Jura zu studieren, um Rechtsanwalt zu werden« (S. 9), aber dann fehlt bei ihm jeder Hinweis, warum er das Fach aufgab und das Berufziel aus den Augen verlor. Wohl aber bleibt anzumerken, daß Simmel beabsichtigte, »Rechtsphilosophie« zu lehren; vgl. Simmel an Georg Jellinek vom 15. Juni 1898 (GSG 22, S. 297f.).

Siglen und Abkürzungen

Ab.Bl.	Abendblatt, Abendausgabe
ABF	Archives Biographiques Françaises jusqu'à 1999, [Mikroform] London u. a.: K. G. Saur 2001-2202.
ADBR Strasbourg	Archives départementales du Bas Rhin, Strasbourg
Adelslexikon	Adelslexikon. Hauptbearbeiter: Walther von Hueck. Limburg/L.: C. A. Starke 1972-2005.
ÄuS	Ästhetik und Soziologie um die Jahrhundertwende: Georg Simmel. Hg. von Hannes Böhringer und Karlfried Gründer. Frankfurt/M.: Vittorio Klostermann 1976.
AFE Turin	Archivo storico della Fondazione Einaudi, Turino
Anglistenlexikon	Gunta Haenicke und Thomas Finkenstaedt: Anglistenlexikon 1825-1990. Biographische und bibliographische Angaben zu 318 Anglisten. Augsburg: Universität Augsburg 1992 [= Augsburger 1 & 1 Schriften 64].
Aud.	Auditorium
AVCUS Strasbourg	Archives de la Ville et de la Communauté Urbaine de Strasbourg
BA	Bundesarchiv
Baedeker Berlin	Berlin und Umgebung. Handbuch für Reisende von Karl Baedeker. 18. Auflage. Leipzig: Karl Baedeker 1914.
Baedeker Nordost-Deutschland	Nordost-Deutschland (Von der Elbe und der Westgrenze Sachsens an) nebst Dänemark. Handbuch für Reisende von Karl Baedeker. 31. Auflage Leipzig: Karl Baedeker 1914.
Baedeker Nordwest-Deutschland	Nordwest-Deutschland (Von der Elbe und der Westgrenze Sachsens an, nebst Hamburg und der Westküste von Schleswig-Holstein). Handbuch für Reisende von Karl Baedeker. 30. Auflage 1911.
Baedeker Rheinlande	Die Rheinlande. Schwarzwald, Vogesen. Handbuch für Reisende von Karl Baedeker. 32. Auflage Leipzig: Karl Baedeker 1912.
Baedeker Schweiz	Die Schweiz nebst den angrenzenden Teilen von Oberitalien, Savoyen und Tirol. Handbuch für Reisende von Karl Baedeker. 35. Auflage Leipzig: Karl Baedeker 1913.

Baedeker Süddeutschland	Süddeutschland. Oberrhein, Baden, Württemberg, Bayern und die angrenzenden Teile von Österreich. Handbuch für Reisende von Karl Baedeker. 31. Auflage Leipzig: Karl Baedeker 1913.
BBKL	Biographisch-Bibliographisches Kirchenlexikon. Begründet und hg. von Friedrich Wilhelm Bautz, fortgeführt von Traugott Bautz. www.bautz.de/bbkl 1990ff.
BdD	Buch des Dankes an Georg Simmel. Briefe, Erinnerungen, Bibliographie. Zu seinem 100. Geburtstag am 1. März 1958 hg. von Kurt Gassen und Michael Landmann. Berlin: Duncker & Humblot 1958.
BEdPh	Biographische Enzyklopädie deutschsprachiger Philosophen. Bearbeitet von Bruno Jahn. München: K.G. Saur 2001.
Bes.	Besitzer; Besitzerin
BLÄ	Biographisches Lexikon hervorragender Ärzte der letzten fünfzig Jahre [1880-1920]. Hg. und bearbeitet von Isidor Fischer. Zugleich Fortsetzung des Biographischen Lexikons hervorragender Ärzte aller Zeiten und Völker. Zweite und dritte, unveränderte Auflage. Zwei Bände. München/Berlin: Urban & Schwarzenberg 1962.
BLB Karlsruhe	Badische Landesbibliothek, Karlsruhe
Bloch Briefe	Ernst Bloch: Briefe 1903-1975. Erster Band. Hg. von Karola Bloch, Jan Robert Bloch, Anne Frommann, Hanna Gekle, Inge Jens, Martin Korol, Inka Mülder, Arno Münster, Uwe Opalka und Burghart Schmidt. Gesamtredaktion: Uwe Opolka. Frankfurt/M.: Suhrkamp 1985.
Bloch GA	Ernst Bloch Gesamtausgabe in 16 Bänden. Frankfurt/M.: Suhrkamp 1969-1978.
Bloch/Landmann	Michael Landmann: Ernst Bloch im Gespräch. In: Ernst Bloch zu ehren. Beiträge zu seinem Werk. Hg. von Siegfried Unseld. Frankfurt/M.: Suhrkamp 1965, S. 345-371.
BM	Berliner Morgenzeitung
Brockhaus	Brockhaus. Die Enzyklopädie in 24 Bänden. 20. neu bearbeitete Auflage. Leipzig/Mannheim: F.A. Brockhaus 1996-1999.
brosch.	broschiert

BSB München	Bayerische Staatsbibliothek, München
BT	Berliner Tageblatt
Buber-Briefwechsel I	Martin Buber: Briefwechsel aus sieben Jahrzehnten. Band I: 1897-1918. Mit einem Geleitwort von Ernst Simon und einem biographischen Abriß als Einleitung von Grete Schaeder. Heidelberg: Lambert Schneider 1972.
Büchmann	Geflügelte Worte. Der Zitatenschatz des deutschen Volkes. Gesammelt und erläutert von Georg Büchmann. Fortgesetzt von Walter Robert-tornow [sic!]. 23. vermehrte und verbesserte Auflage, bearbeitet von Eduard Ippel. Berlin: Haude & Spenersche Buchhandlung 1907; bzw. […] fortgesetzt von Walter Robert-tornow, Konrad Weidling, Eduard Ippel, Bogdan Krieger, Gunther Haupt und Werner Rust. 31. Auflage, durchgesehen von Alfred Grunow. Berlin: Haude & Spenersche Verlagshandlung 1964.
Cohn-Archiv	Salomon Ludwig Steinheim Institut für deutsch-jüdische Geschichte, Jonas Cohn-Archiv, Duisburg
Craig	John E. Craig: Scholarship and Nation Building: The Universities of Strasbourg and the Alsatian Society, 1870-1939. Chicago/London: Chicago University Press 1984.
cts.	currentis, des laufenden [z.B. Monats]
DBA	Deutsches Biographisches Archiv, München u.a.: K. G. Saur.
DBE	Deutsche Biographische Enzyklopädie. Hg. von Walther Killy und (ab Band 4) Rudolf Vierhaus. 10 Bände, 3 Registerbände. München u.a.: K. G. Saur 1995-2003.
DBF	Dictionnaire de Biographie Française, publié sous la direction de J. Balteau, M. Barroux et M. Prevost. Paris: Letouzey et Ané 1933ff.
DBJ	Deutsches Biographisches Jahrbuch. Hg. vom Verband der Deutschen Akademien. Stuttgart u.a.: Deutsche Verlags-Anstalt 1, 1914/16 [1925]ff.
DBL	Dansk biografisk lexikon, grundlagt 1887 af C. F. Bricka og videreført 1933-44 af Povl Engelstoft. 16 Bände. 3. Auflage, Kopenhagen: Gyldendal 1979-1984.
DdPh	Dictionnaire des Philosophes. Dirigé de Denis

	Huisman. 2. édition revue et augmentée. Paris: PUF 1984.
DGS; D. G. S.	Deutsche Gesellschaft für Soziologie
Diederichs Briefe	Eugen Diederichs: Selbstzeugnisse und Briefe von Zeitgenossen. Mit einer Vorrede von Rüdiger Robert Beer. Zusammenstellung und Erläuterungen: Ulf Diederichs. Düsseldorf/Köln: Eugen Diederichs 1967.
DLA Marbach	Deutsches Literaturarchiv, Marbach a. N.
DLZ	Deutsche Literaturzeitung, Berlin
Drüll	Dagmar Drüll: Heidelberger Gelehrtenlexikon: 1803-1932. Berlin u. a.: Springer 1986.
D.St.G.	Deutsche Statistische Gesellschaft
EEW	Enzyklopädie Erster Weltkrieg. Hg. von Gerhard Hirschfeld, Gerd Krumeich, Irina Renz in Verbindung mit Markus Pöhlmann. Paderborn u. a.: Ferdinand Schöningh 2003.
Eisler Lexikon	Rudolf Eisler: Philosophen-Lexikon. Berlin: Mittler 1912.
ELAB	Evangelisches Landeskirchliches Archiv in Berlin
Elsass-Lothringen 1871-1918	Das Reichsland Elsass-Lothringen 1871-1918. Hg. im Auftrage des wissenschaftlichen Instituts der Elsass-Lothringer im Reich an der Universität Frankfurt von Georg Wolfram. Berlin: Verlag für Sozialpolitik, Wirtschaft und Statistik. Band II: Verfassung und Verwaltung von Elsass-Lothringen 1871-1918. Erster Teil 1936, Zweiter Teil 1937 – Band III: Wissenschaft, Kunst und Literatur in Elsass-Lothringen 1871-1918, 1934.
Erl.	Erläuterung(en)
erl.	erledigt
Ernst/Lukács	Paul Ernst und Georg Lukács. Dokumente einer Freundschaft. In Verbindung mit dem Deutschen Literaturarchiv Marbach a. N. hg.von Karl August Kutzbach. Emsdetten: Lechte 1974 [= Sonderband von »Der Wille zur Form«, Jahresgabe 1973/74 für die Mitglieder der Paul-Ernst-Gesellschaft Düsseldorf. e.V.].
ev.	eventuell bzw. evangelisch
Ew.	Euer; Eure
Ex.	Exemplar(e)

FDH	Freies Deutsches Hochstift, Frankfurter Goethe-Museum
Flake	Otto Flake: Es wird Abend: Bericht aus einem langen Leben. [1960] Mit einem Nachwort von Peter de Mendelssohn. Frankfurt/M.: Fischer Taschenbuch Verlag 1980.
Frankf.; Frkf.	Frankfurt/M.
Frankfurter Biographie	Frankfurter Biographie. Personengeschichtliches Lexikon im Auftrag der Frankfurter Historischen Kommission hg. von Wolfgang Klötzer. Bearbeitet von Sabine Hock. Zwei Bände. Frankfurt/M.: Waldemar Kramer 1996.
frcs.; fr.	Francs
Freiex.	Freiexemplar
Frisby	David Frisby, Hg.: Georg Simmel in Wien. Texte und Kontexte aus dem Wien der Jahrhundertwende. Wien: Universitätsverlag 2000.
FWG Jahresbericht	Friedrichs-Werdersches Gymnasium in Berlin. Jahresbericht, ... Berlin: W. Büxenstein 1875 ff.
FWU Berlin	Friedrich Wilhelms-Universität, Berlin
FZ	Frankfurter Zeitung
g.	(bei Vorlesungsverzeichnissen:) gratis
Gahlings	Ute Gahlings: Hermann Graf Keyserling. Ein Lebensbild. Darmstadt: Justus von Liebig 1996 [= Darmstädter Schriften, Band 38].
gedr.	gedruckt
gef.	gefällig; gefälligst
Geh.Rat	Geheimrat
Georg Peter Landmann	Georg Peter Landmann: Stefan George und sein Kreis. Eine Bibliographie. Mit der Hilfe von Gunhild Günther ergänzte und nachgeführte zweite Auflage. Hamburg: Dr. Ernst Hauswedell & Co. 1976.
George-Gundolf Briefe	Stefan George – Friedrich Gundolf. Briefwechsel. Hg. von Robert Boehringer mit Georg Peter Landmann. München/Düsseldorf: Helmut Küpper vormals Georg Bondi 1962.
ges.	gesehen
GGS	Gertrud und Georg Simmel
Ghz.	Großherzog
GLA Karlsruhe	Generallandesarchiv Karlsruhe
Göbel	Wolfram Göbel: Der Kurt Wolff Verlag 1913-1930.

	Expressionismus als verlegerische Aufgabe. Mit einer Bibliographie des Kurt Wolff Verlages und der ihm angeschlossenen Unternehmen 1910-1930. Frankfurt/M.: Buchhändler-Vereinigung 1977.
Grimm	Deutsches Wörterbuch von Jacob und Wilhelm Grimm. Fortgesetzt von Hermann Wunderlich u.a. 16 Bände. Leipzig: S. Hirzel 1854-1954.
Große Kracht	Klaus Große Kracht: Zwischen Berlin und Paris: Bernhard Groethuysen (1880-1946). Eine intellektuelle Biographie. Tübingen: Max Niemeyer 2002.
GS	Georg Simmel
GSA Bielefeld	Georg Simmel-Archiv, Bielefeld
GSG 1	Georg Simmel-Gesamtausgabe, Band 1: Das Wesen der Materie nach Kant's Physischer Monadologie. Abhandlungen 1882-1884. Rezensionen 1883-1901. Hg. von Klaus Christian Köhnke. Frankfurt/M.: Suhrkamp 1999.
GSG 2	Georg Simmel-Gesamtausgabe, Band 2: Aufsätze 1887-1890. Über sociale Differenzierung. Die Probleme der Geschichtsphilosophie (1892). Hg. von Heinz-Jürgen Dahme. Frankfurt/M.: Suhrkamp 1989.
GSG 3	Georg Simmel-Gesamtausgabe, Band 3: Einleitung in die Moralwissenschaft. Eine Kritik der ethischen Grundbegriffe. Erster Band. Hg. von Klaus Christian Köhnke. Frankfurt/M.: Suhrkamp 1989.
GSG 4	Georg Simmel-Gesamtausgabe, Band 4: Einleitung in die Moralwissenschaft. Eine Kritik der ethischen Grundbegriffe. Zweiter Band. Hg. von Klaus Christian Köhnke. Frankfurt/M.: Suhrkamp 1991.
GSG 5	Georg Simmel-Gesamtausgabe, Band 5: Aufsätze und Abhandlungen 1894-1900. Hg. von Heinz-Jürgen Dahme und David P. Frisby. Frankfurt/M.: Suhrkamp 1992.
GSG 6	Georg Simmel-Gesamtausgabe, Band 6: Philosophie des Geldes. Hg. von David P. Frisby und Klaus Christian Köhnke. Frankfurt/M.: Suhrkamp 1989.
GSG 7	Georg Simmel-Gesamtausgabe, Band 7: Aufsätze und Abhandlungen 1901-1908. Band I. Hg. von Rü-

diger Kramme, Angela Rammstedt und Otthein Rammstedt. Frankfurt/M.: Suhrkamp 1995.

GSG 8 — Georg Simmel-Gesamtausgabe, Band 8: Aufsätze und Abhandlungen 1901-1908. Band II. Hg. von Alessandro Cavalli und Volkhard Krech. Frankfurt/M.: Suhrkamp 1993.

GSG 9 — Georg Simmel-Gesamtausgabe, Band 9: Kant. Die Probleme der Geschichtsphilosophie (Zweite Fassung 1905/1907). Hg. von Guy Oakes und Kurt Röttgers. Frankfurt/M: Suhrkamp 1997.

GSG 10 — Georg Simmel-Gesamtausgabe, Band 10: Philosophie der Mode (1905). Die Religion (1906/²1912). Kant und Goethe (1906/³1916). Schopenhauer und Nietzsche (1907). Hg. von Michael Behr, Volkhard Krech und Gert Schmidt. Frankfurt/M.: Suhrkamp 1995.

GSG 11 — Georg Simmel-Gesamtausgabe, Band 11: Soziologie. Untersuchungen über die Formen der Vergesellschaftung. Hg. von Otthein Rammstedt. Frankfurt/M.: Suhrkamp 1992.

GSG 12 — Georg Simmel-Gesamtausgabe, Band 12: Aufsätze und Abhandlungen 1909-1918. Band I. Hg. von Rüdiger Kramme und Angela Rammstedt. Frankfurt/M.: Suhrkamp 2001.

GSG 13 — Georg Simmel-Gesamtausgabe, Band 13: Aufsätze und Abhandlungen 1909-1918. Band II. Hg. von Klaus Latzel. Frankfurt/M.: Suhrkamp 2000.

GSG 14 — Georg Simmel-Gesamtausgabe, Band 14: Hauptprobleme der Philosophie. Philosophische Kultur. Hg. von Rüdiger Kramme und Otthein Rammstedt. Frankfurt/M.: Suhrkamp 1996.

GSG 15 — Georg Simmel-Gesamtausgabe, Band 15: Goethe. Deutschlands innere Wandlung. Das Problem der historischen Zeit. Rembrandt. Hg. von Uta Kösser, Hans-Martin Kruckis und Otthein Rammstedt. Frankfurt/M.: Suhrkamp 2003.

GSG 16 — Georg Simmel-Gesamtausgabe, Band 16: Der Krieg und die geistigen Entscheidungen. Grundfragen der Soziologie. Das Wesen des historischen Verstehens. Der Konflikt der modernen Kultur. Lebensanschauung. Hg. von Gregor Fitzi und Otthein Rammstedt. Frankfurt/M.: Suhrkamp 1999.

GSG 17	Georg Simmel-Gesamtausgabe, Band 17: Miszellen und Stellungnahmen 1889-1918. Anonyme und pseudonyme Veröffentlichungen 1888-1920. Beiträge aus der ›Jugend‹ 1897-1907. Hg. von Klaus Christian Köhnke unter Mitarbeit von Cornelia Jaenichen und Erwin Schullerus. Frankfurt/M.: Suhrkamp 2005.
GSG 18	Georg Simmel-Gesamtausgabe, Band 18: Englischsprachige Veröffentlichungen 1893-1910. Hg. von David P. Frisby. Frankfurt/M.: Suhrkamp 2008.
GSG 19	Georg Simmel-Gesamtausgabe, Band 19: Französisch- und italienischsprachige Veröffentlichungen. Mélanges de Philosophie relativiste. Hg. von Christian Papilloud, Angela Rammstedt und Patrick Watier. Frankfurt/M.: Suhrkamp 2002.
GSG 20	Georg Simmel-Gesamtausgabe, Band 20: Postume Veröffentlichungen. Ungedrucktes. Schulpädagogik. Hg. von Torge Karlsruhen und Otthein Rammstedt. Frankfurt/M.: Suhrkamp 2004.
GSG 21	Georg Simmel-Gesamtausgabe, Band 21: Kolleghefte und Mitschriften. Hg. von Angela Rammstedt und Cécile Rol. Frankfurt/M.: Suhrkamp, voraussichtl. 2009.
GSG 22	Georg Simmel-Gesamtausgabe, Band 22: Briefe 1880-1911. Bearbeitet und hg. von Klaus Christian Köhnke. Frankfurt/M.: Suhrkamp 2005.
GSG 24	Georg Simmel-Gesamtausgabe, Band 24: Indices. Dokumente. Ergänzungen. Bearbeitet und hg. von Otthein Rammstedt. Frankfurt/M.: Suhrkamp, voraussichtl. 2010.
GStA PK Berlin	Geheimes Staatsarchiv, Stiftung Preußischer Kulturbesitz, Berlin
Guide-Joanne	Guide-Joanne: Les Vosges Loraine – Alsace. Rédigé par Pierre Sixemonts. Paris: Hachette 1914.
Gundolf Archiv, London	Gundolf Archiv, Institute of Gemanic Studies, University of London
Gundolf Briefe NF	[Friedrich] Gundolf: Briefe. Neue Folge. Hg. von Lothar Helbing und Claus Victor Bock. Zweite Auflage. Amsterdam: Castrum Peregrini 1965.
Gundolf Briefwechsel	Friedrich Gundolf: Briefwechsel mit Herbert Steiner und Ernst Robert Curtius. Eingeleitet und

	hg. von Lothar Helbing und Claus Victor Bock. Amsterdam: Castrum Peregrini 1963.
GV	Gesamtverzeichnis des deutschsprachigen Schrifttums (GV) 1700-1910. Bearbeitet unter der Leitung von Hilmar Schmuck und Willi Gorzny. Bibliographische und redaktionelle Beratung: Hans Popst und Rainer Schöller. München u.a.: K. G. Saur 1979-1987. – Dass. 1911-1965. Hg. von Reinhard Oberschelp. Bearbeitet unter der Leitung von Willy Gorzny. Mit einem Geleitwort von Wilhelm Totok. Ebd. 1976-1981.
Hamburger-Liepmann	Charlotte Hamburger-Liepmann: Geschichte der Familien Liepmann und Bleichroeder. Tps., Sao Paulo, September 1972, 202 S. mit Anhang, 84 S. (Privatbesitz: Klaus Arons).
HANS	Handschriften, Autographen, Nachlässe und Sonderbestände (HANS) (Bestandskatalog) der Universitäts- und Landesbibliothek Bonn.
Hans Simmel	[Lebenserinnerungen]. Tps. ohne Titel, ohne Verfasserangabe, SW. 1-92 u. 2 unpag. S. Mit Motto von Hans Simmel auf S. 1: »Oft schon und immer von neuem …«, abgefaßt in Briefform: »1. August 1941. Liebe Kinder!« [1941-1943] (Kopie in Georg Simmel-Archiv, Bielefeld).
Heuss-Knapp	Elly Heuss-Knapp: Ausblick vom Münsterturm. Erlebtes aus dem Elsaß und dem Reich. Berlin-Tempelhof: Hans Bott, o. J. [1934].
HN	Hochschul-Nachrichten, München
HNN	Heidelberger Neueste Nachrichten
Hochw.	Hochwohlgeboren
Hon.-Prof.	Honorar-Professor
Horaz	Q. Horatius Flaccus. Carmina. Oden und Epoden. In: Horaz: Sämtliche Werke. Lateinisch und deutsch. Nach [Theodor] Kayser, [Otto Frh. von] Nordenflycht und [Franz] Burger hg. von Hans Färber. München: Ernst Heimeran 1967.
hs..	handschriftlich
Husserliana III	Edmund Husserl: Briefwechsel. In Verbindung mit Elisabeth Schuhmann hg. von Karl Schuhmann. III/1 Die Brentanoschule; III/2: Die Münchener Phänomenologen; III/3: Die Göttinger Schule; III/4: Die Freiburger Schüler; III/5: Die

	Neukantianer; III/6: Philosophenbriefe; III/7: Wissenschaftlerkorrespondenz; III/8: Institutionelle Schreiben; III/9: Familienbriefe; III/10: Einführung und Register. Dordrecht u.a.: Kluwer Academic Publishers 1993 [= Husserliana: Dokumente III].
HWdPh	Historisches Wörterbuch der Philosophie. Hg. von Joachim Ritter und Karlfried Gründer. Völlig neubearbeitete Ausgabe des ›Wörterbuchs der philosophischen Begriffe‹ von Rudolf Eisler. 13 Bände. Basel/Stuttgart: Schwabe 1971-2007.
Hzg.	Herzog
IBDCEE 1933-1945	International Biographical Dictionary of Central European Emigrés 1933-1945. Hg. vom Institut für Zeitgeschichte München und von der Research Foundation for Jewish Immigration, Inc. unter der Gesamtleitung von Werner Röder und Herbert A. Strauss. Band I: Biographisches Handbuch der deutschsprachigen Emigration nach 1933. Politik, Wirtschaft, Öffentliches Leben. München u.a.: K. G. Saur 1980; Band II: The Arts, Sciences, and Literature. Ebd. 1983.
i.e.	Lat.: id est, das ist, das heißt
IESS	International Encyclopedia of the Social Sciences. Hg. von David L. Sils. 17 Bände. Chicago u.a.: Macmillan 1968.
IGL	Internationales Germanistenlexikon 1800-1950. Hg. und eingeleitet von Christoph König. Bearbeitet von Birgit Wägenbaur. 3 Bände. Berlin/New York: Walter de Gruyter 2003.
IISG Amsterdam	Internationaal Instituut voor Sociale Geschiedenis, Amsterdam
ISL	Internationales Soziologenlexikon unter Mitarbeit zahlreicher Fachleute des In- und Auslandes hg. von Wilhelm Bernsdorf. Stuttgart: Ferdinand Enke 1959. – 2., neubearbeitete Auflage, hg. von Wilhelm Bernsdorf und Horst Knospe. Band 1: Beiträge über bis Ende 1969 verstorbene Soziologen. Ebd. 1980.
i.S.v.	im Sinne von
JNUL Jerusalem	The Jewish National & University Library, Jerusalem

Kalliope	Verbundinformationssystem Nachlässe und Autographen, Opac
Kayser	Wolfgang Kayser: Kleine deutsche Versschule. 15. Auflage Bern, München: Francke 1971.
KB Kopenhagen	Det Kongelige Bibliotek, København
Killy	Walther Killy, Hg.: Literaturlexikon. Autoren und Werke deutscher Sprache. 15 Bände. Gütersloh/München: Bertelsmann 1988-1993.
Kluge	Friedrich Kluge: Etymologisches Wörterbuch der deutschen Sprache. 6. Auflage, 2. Abdruck. Straßburg: Karl J. Trübner 1905.
Knappenberger-Jans	Silke Knappenberger-Jans: Verlagspolitik und Wissenschaft. Der Verlag J. C. B. Mohr (Paul Siebeck) im frühen 20. Jahrhundert. Wiesbaden: Otto Harrassowitz 2001 [= Mainzer Studien zur Buchwissenschaft, Band 13].
Kosch	Deutsches Literatur-Lexikon. Biographisch-bibliographisches Handbuch begründet von Wilhelm Kosch. Dritte, völlig neu bearbeitete Auflage. Hg. von Bruno Berger und Heinz Rupp. Bern u. a.: Francke (ab Band XIV: München: K. G. Saur) 1968 ff.
KpV	Immanuel Kant: Kritik der praktischen Vernunft
KrV	Immanuel Kant: Kritik der reinen Vernunft, Text der 2. Ausgabe 1787.
Kracauer Magazin	Ingrid Belke und Irina Renz: Siegfried Kracauer 1889-1966. Zweite, durchgesehene Auflage. Marbach am Neckar: Deutsche Schillergesellschaft 1989 [= Marbacher Magazin 47/1988].
Kürschner GK	Deutscher Gelehrtenkalender. Hg. von Joseph Kürschner. Berlin: G. J. Göschen'sche Verlagshandlung 1925 ff.
Kürschner LK	Deutscher Literatur-Kalender auf das Jahr [...] Hg. von Joseph Kürschner. Leipzig: G. J. Göschen'sche Verlagshandlung 1902 (= Band 22) ff.
Kürschner LKN 1901-1935	Nekrolog zu Kürschners Literatur-Kalender 1901-1935. Hg. von Gerhard Lüdtke. Berlin/Leipzig: Walter de Gruyter & Co. 1936.
Kürschner LKN 1936-1970	Kürschners Deutscher Literatur-Kalender. Nekrolog 1936-1970. Hg. von Werner Schuder. Berlin/New York: Walter de Gruyter 1973.

Kunze 18	[Karl] Kunzes Kalender für das höhere Schulwesen Preussens. 18. Jg., II. Teil. Breslau: Trewendt & Grauer 1911.
KWU	Kaiser Wilhelms-Universität, Straßburg
Larousse	Grand Larousse encyclopédique en dix volumes. Paris: Larousse 1960ff.
LBI New York	Leo Baeck Institute, New York
LC	Literarisches C(Z)entralblatt für Deutschland, hg. von der Deutschen Bücherei zu Leipzig. Leipzig: Harrassowitz.
LdB	Lexikon des Buchwesens. Hg. von Joachim Kirchner. 4 Bände. Stuttgart: Anton Hiersemann 1952-1956.
Ld-jA	Archiv Bibliographia Judaica: Lexikon deutsch-jüdischer Autoren. … Redaktionelle Leitung: Renate Heuer. Unter Mitarbeit von: Andrea Boelke, Rainer Brändle u.a. Band 1-13. München u.a.: K. G. Saur 1992-2005.
LdK	Lexikon der Kunst: Architektur, bildende Kunst, angewandte Kunst, Industrieformgestaltung, Kunsttheorie. Begründet von Gerhard Strauss, hg. von Harald Olbrich u.a. Band I – VII. Leipzig: E. A. Seemann 1987-1994.
Lepsius Künstlerleben	Sabine Lepsius: Ein Berliner Künstlerleben um die Jahrhundertwende. Erinnerungen. Mit 6 Zeichnungen im Text und 18 Abbildungen auf Tafeln. Hg. von Monica Lepsius-Berenberg. München: Gotthold Müller 1972.
LGB	Lexikon des gesamten Buchwesens. Zweite, völlig neubearbeitete Auflage. Hg. von Severin Corsten, Günther Pflug und Friedrich Adolf Schmidt-Künsemüller unter Mitwirkung von Bernhard Bischoff u.a. Band 1-7. Stuttgart: Hirsemann 1987-2007.
li.	links
LNN	Leipziger Neueste Nachrichten
Logos	Logos. Internationale Zeitschrift für Philosophie der Kultur unter Mitwirkung von Rudolf Eucken, Otto von Gierke, Edmund Husserl, Friedrich Meinecke, Heinrich Rickert, Georg Simmel, Ernst Troeltsch, Max Weber, Wilhelm Windelband, Heinrich Wölfflin, hg. von Georg Mehlis [Band 1 und 2], von Richard Kroner und Georg Mehlis

	[Band 3-11]. Tübingen: J. C. B. Mohr (Paul Siebeck) 1910/11-1922/23.
Loth	Gisèle Loth: Un rève de France. Pierre Bucher. Une passion française au cœur de l'Alsace allemande. 1869-1921. Strasbourg: La Nuée Bleue 2000.
Lukács Briefwechsel	Georg Lukács: Briefwechsel 1902-1917. Hg. von Éva Karádi und Éva Fekete. Stuttgart: Metzler 1982.
m.e.Nk.	mit eigenhändigem Namenskürzel
m.e.U.	mit eigenhändiger Unterschrift
m.Ust.	mit Unterschriftsstempel
m.W.	meines Wissens
Max Weber Lebensbild	Marianne Weber: Max Weber. Ein Lebensbild. Mit einer Einleitung von Günther Roth. München/Zürich: Piper 1989 [= Lizenzausgabe des Verlags Mohr: Tübingen ^{1}1926].
Metzler Kunsthistoriker	Metzler-Kunsthistoriker-Lexikon. Zweihundert Porträts deutschsprachiger Autoren aus vier Jahrhunderten. Von Peter Betthausen, Peter H. Feist und Christiane Fork unter Mitarbeit von Karin Rührdanz und Jürgen Zimmer. Stuttgart/Weimar: Metzler 1999.
Meyers	Meyers Großes Konversations-Lexikon. Ein Nachschlagewerk des allgemeinen Wissens. 6. gänzlich neubearbeitete und vermehrte Auflage. 20 Bände. Leipzig/Wien: Bibliographisches Institut 1907-1909; ergänzend dazu: Kriegsnachtrag. Erster bis Dritter Teil. Ebd. 1916-1920.
Mi.Bl.	Mittagsblatt/ Mittagsausgabe
Minerva	Minerva. Jahrbuch der gelehrten Welt. Begründet von R[ichard] Kukula und Karl Trübner. Strassburg: Karl J. Trübner.
MNN	Münchner Neueste Nachrichten und Handelszeitung
Mo.Bl.	Morgenblatt, Morgenausgabe
Mommsen	Wolfgang J. Mommsen: Bürgerstolz und Weltmachtstreben. Deutschland unter Wilhelm II. 1890 bis 1918. Berlin: Propyläen 1995 [= Propyläen Geschichte Deutschlands. Hg. von Dieter Groh, Siebenter Band, Zweiter Teil].
Mttl.	Mitteilung

Müller — A[ugust] C[(K)arl] Müller: Geschichte des Friedrichs-Werderschen Gymnasiums zu Berlin. Berlin: Weidmannsche Buchhandlung 1881.

Münster — Arno Münster, Hg.: Tagträume vom aufrechten Gang. Sechs Interviews mit Ernst Bloch. Frankfurt/M.: Suhrkamp 1977.

MWG II/6 — Max Weber: Briefe 1909-1910. Hg. von M. Rainer Lepsius und Wolfgang J. Mommsen in Zusammenarbeit mit Birgit Rudhard und Manfred Schön. Tübingen: J. C. B. Mohr (Paul Siebeck) 1994 [= Max Weber-Gesamtausgabe. Im Auftrag der Kommission für Sozial- und Wirtschaftsgeschichte der Bayerischen Akademie der Wissenschaften, hg. von Horst Baier, M. Rainer Lepsius, Wolfgang Schluchter, Johannes Winckelmann, Abteilung II: Briefe, Band 6].

MWG II/7 — Max Weber: Briefe 1911-1912. Hg. von M. Rainer Lepsius und Wolfgang J. Mommsen in Zusammenarbeit mit Birgit Rudhard und Manfred Schön. 2 Halbbände. Tübingen: J. C. B. Mohr (Paul Siebeck) 1998 [= Max Weber-Gesamtausgabe. Im Auftrag der Kommission für Sozial- und Wirtschaftsgeschichte der Bayerischen Akademie der Wissenschaften, hg. von Horst Baier, M. Rainer Lepsius, Wolfgang Schluchter, Johannes Winckelmann, Abteilung II: Briefe, Band 7].

MWG II/8 — Max Weber: Briefe 1913-1914. Hg. von M. Rainer Lepsius und Wolfgang J. Mommsen in Zusammenarbeit mit Birgit Rudhard und Manfred Schön. Tübingen: J. C. B. Mohr (Paul Siebeck) 2003 [= Max Weber-Gesamtausgabe. Im Auftrag der Kommission für Sozial- und Wirtschaftsgeschichte der Bayerischen Akademie der Wissenschaften, hg. von Horst Baier, M. Rainer Lepsius, Wolfgang Schluchter, Johannes Winckelmann, Abteilung II: Briefe, Band 8].

N; Nachm. — Nachmittag

NDB — Neue Deutsche Biographie. Hg. von der Historischen Kommission bei der Bayerischen Akademie der Wissenschaften. Band 1-23. Berlin: Duncker & Humblot 1952-2007.

NDBA — Nouveau Dictionnaire de Biographie Alsacienne.

	Rédacteur en chef: Jean-Pierre Kintz. Ed. par la Fédération des Sociétés d'Histoire et d'Archéologie d'Alsace. 42 Vol. [Strasbourg: o. V.] 1883-2003.
Nl	Nachlaß
NPZ	Neue Preussische (Kreuz-) Zeitung, Berlin
NSUB Göttingen	Niedersächsiche Staats- und Universitätsbibliothek, Göttingen
NUC	The National Union Catalog. Pre-1956 Imprints. 754 Volumes. London: Mansell 1968-1981.
ö.	öffentlich
ÖBL	Österreichisches Biographisches Lexikon 1815-1950. Hg. von der Österreichischen Akademie der Wissenschaften unter der Leitung von Leo Santifaler, bearbeitet von Eva Obermayer-Marnach. Band 1-13. Köln/Graz: Böhlau 1957-2007.
ORadierung	Original-Radierung
ord. Hon.-Prof.	ordentlicher Honorar-Professor
ORegR[at]	Oberregierungsrat
o.S.	ohne Seitenangabe
o.U.	ohne Unterschrift
o.V.	ohne Verfasserangabe; ohne Verlagsangabe
p.	Pagina, Seite/(bei Vorlesungsverzeichnissen:) privatim
Paq.	Paquet
Pauly	Der neue Pauly. Enzyklopädie der Antike. Hg. von Hubert Cancik. 16 Bände. Stuttgart/Weimar: Metzler 1996-2003.
PD; P.D.	Privatdozent
Pfg.	Pfennig
pg.	(bei Vorlesungsverzeichnissen:) privatissime und gratis
PK; P. K.	Post-Kommission; Post-Kontrolle
priv.	privat
prss.; prssime	(bei Vorlesungsverzeichnissen:) privatissime
Ps.	Pseudonym
RA	Rechtsanwalt
R.B.G.	Reichsbeamtengesetz
re.	rechts
RegR[at]	Regierungsrat
Reichshandbuch	Reichshandbuch der deutschen Gesellschaft. Das Handbuch der Persönlichkeiten in Wort und Bild.

	2 Bände. Berlin: Deutscher Wirtschaftsverlag o. J. [1930]-1931.
RGBl.	Reichsgesetzblatt
SAdK Berlin	Sammlung Akademie der Künste, Berlin
SBL	Svenskt Biografiskt Lexikon. Redigiert von Bertil Boethius u. a.. Band 1-27. Stockholm: Bonniers 1918-1990/91.
SBPK Berlin	Staatsbibliothek Preußischer Kulturbesitz, Berlin
Schiller NA	Schillers Werke. Begründet von Julius Petersen. Fortgeführt von Lieselotte Blumenthal, Benno von Wiese und Siegfried Seidel. Hg. im Auftrag der Stiftung Weimarer Klassik und des Schiller Nationalmuseums in Marbach von Norbert Oellers. Weimar: Hermann Böhlaus Nachfolger 1943 ff. [=Nationalausgabe].
Seekamp	H[ans]-J[ürgen] Seekamp, R[aymond] C. Ockenden und M[arita] Keilson[-Lauritz]: Stefan George – Leben und Werk. Eine Zeittafel. Amsterdam: Castrum Peregrini 1972.
Selbstdarstellungen	Die deutsche Philosophie der Gegenwart in Selbstdarstellungen. Hg. von Raymund Schmidt. Band 1-7. Leipzig: Felix Meiner 1921-1929.
SGA Stuttgart	WLB Stuttgart, Stefan George Archiv
SHLB Kiel	Schleswig-Holsteinische Landesbibliothek, Kiel
SiStu	Simmel Studies, siehe: SNL.
SKW 9	Siegfried Kracauer. Frühe Schriften aus dem Nachlaß. Hg. von Ingrid Belke. Unter Mitarbeit von Sabine Biebl. Band 1 und 2. Frankfurt/M.: Suhrkamp 2004 [= Siegfried Kracauer Werke. Hg. von Inka Mülder-Bach und Ingrid Belke, Band 9].
Slg.	Sammlung
SNL	Simmel Newsletter, hg. von der Georg Simmel-Gesellschaft e.V., Bielefeld, 1/1991-9/1999, ab 10/2000 fortgesetzt als: Simmel Studies (SiStu).
SS	Sommer-Semester
StA Basel	Staatsarchiv des Kantons Basel-Stadt
StA Hamburg	Staatsarchiv der Freien und Hansestadt Hamburg
Stadler Freundeskreise	Ernst Stadler und seine Freundeskreise. Geistiges Europäertum zu Beginn des Zwanzigsten Jahrhunderts mit Bild- und Textdokumenten dargestellt von Nina Schneider. Hamburg: Kellner GmbH & Co Verlags KG 1993.

Stiftungsfest KWU 1914	Das Stiftungsfest der Kaiser Wilhelms-Universität am 1. Mai 1914. Straßburg: Heitz & Mündel 1914. – Dass. für die Jahre 1915, 1916, 1917, 1918.
StNN	Straßburger Neueste Nachrichten
StP	Straßburger Post
Str.	Straßburg
StUB Hamburg	Staats- und Universitätsbibliothek, Hamburg.
Susman	Margarete Susman [= von Bendemann]: Ich habe viele Leben gelebt. Erinnerungen. Stuttgart: Deutsche Verlagsanstalt 1964.
Tagebuch Jacobs	Gertrud Jacobs: Tagebuch 1913-1918. Hs. [zwei Hefte], Privatbesitz Heinrich Kupffer.
Thieme/Becker	Allgemeines Lexikon der Bildenden Künstler von der Antike bis zur Gegenwart. Unter Mitwirkung von 300 Fachgelehrten des In- und Auslandes hg. von Ulrich Thieme und Felix Becker. Band I-XXXVII (photomechanischer Nachdruck der Ausgabe 1907-1950). Leipzig: E. A. Seemann 1970.
Tönnies/Höffding	Ferdinand Tönnies – Harald Höffding. Briefwechsel. Hg. und kommentiert von Cornelius Bickel und Rolf Fechner. Berlin: Duncker & Humblot 1989 [= Beiträge zur Sozialforschung, Band 4].
Tps.	Typoskript
TR	Tägliche Rundschau, Berlin
UA	Universitäts-Archiv
Ueberweg 1916	Friedrich Ueberwegs Grundriß der Philosophie vom Beginn des neunzehnten Jahrhunderts bis auf die Gegenwart. Elfte, mit einem Philosophen-Register versehene Auflage. Neu bearbeitet und hg. von Dr. Konstantin Oesterreich. Berlin: Siegfried Mittler und Sohn 1916.
ULB	Universitäts- und Landesbibliothek
unles.	unleserlich; unlesbar
V; Vorm.	Vormittag
Verf.	Verfasser(in)
Verhandlungen 1910	Verhandlungen des Ersten Deutschen Soziologentages vom 19.-22. Oktober 1910 in Frankfurt a. M. Reden und Vorträge von Georg Simmel, Ferdinand Tönnies, Max Weber, Werner Sombart, Alfred Plötz, Ernst Troeltsch, Eberhard Gothein, Andreas Voigt, Hermann Kantorowicz und De-

	batten. Tübingen: J. C. B. Mohr (Paul Siebeck) 1911.
Verhandlungen 1912	Verhandlungen des Zweiten Deutschen Soziologentages vom 20.-22. Oktober 1912 in Berlin. Reden und Vorträge von Alfred Weber, Paul Barth, Ferdinand Schmidt, Ludo Moritz Hartmann, Franz Oppenheimer, Robert Michels und Debatten. Tübingen: J. C. B. Mohr (Paul Siebeck) 1913.
VfSp	Verein für Soc[z]ialpolitik
v.g.u.	vorgelesen, genehmigt, unterschrieben
viz.	Lat.: videlicet, nämlich
Vollmer	Allgemeines Lexikon der bildenden Künstler des XX. Jahrhunderts. Unter Mitwirkung von Fachgelehrten des In- und Auslandes bearbeitet, redigiert und hg. von Hans Vollmer. Band 1-6. Leipzig: E. A. Seemann 1953-1969.
Vorlesungsverz. Berlin	Verzeichnis der Vorlesungen an der Königlichen Friedrich-Wilhelms-Universität zu Berlin. Berlin: Universitäts-Buchdruckerei von Gustav Schade (Otto Francke) 1911 ff.
Vorlesungsverz. Straßburg	Verzeichnis der Vorlesungen an der Kaiser Wilhelms-Universität Strassburg. Strassburg: Universitäts-Buchdruckerei Heitz & Mündel 1914 ff.
VZ	Vossische Zeitung. Königlich priviligierte Berlinische Zeitung von Staats- und gelehrten Sachen
WA	Goethes Werke. Hg. im Auftrage der Großherzogin Sophie von Sachsen. Weimarer Ausgabe, fotomechanischer Nachdruck der Ausgabe Weimar: Böhlau 1887-1919. München: Deutscher Taschenbuch Verlag 1987.
WBIS	World Biographical Information System (WBIS Online), [München]: K. G. Saur
Wenzel	Wenzel, Georg: Deutscher Wirtschaftsführer. Lebensgänge deutscher Wirtschaftspersönlichkeiten. Ein Nachschlagebuch über 13000 Wirtschaftspersönlichkeiten unserer Zeit. Hamburg u. a.: Hanseatische Verlagsanstalt 1929.
Wer ist's?	Wer ist's? Zeitgenossenlexikon, enthaltend Biographien und Bibliographien ... Zusammengestellt und hg. von Herrmann A. L. Degener. Vollkommen neu bearbeitete und wesentlich erweiterte Volksausgabe. Leipzig: H. A. Ludwig Degener

	1911; bzw. VI. Ausgabe 1912, VIII. Ausgabe 1922, IX. Ausgabe 1928, X. Ausgabe 1935.
Wilpert/Gühring	Gero von Wilpert und Adolf Gühring: Erstausgaben deutscher Dichtung 1600-1990. Eine Bibliographie zur deutschen Literatur. 2. vollständig überarbeitete Auflage. Stuttgart: Alfred Kröner 1992.
WLB Stuttgart	Württembergische Landesbibliothek, Stuttgart
Wolfskehl/Gundolf	Karl und Hanna Wolfskehl: Briefwechsel mit Friedrich Gundolf 1899-1931. Hg. von Karlhans Kluncker. Band I und II. Amsterdam: Castrum Peregrini 1977 [= Publications of the Institute of Germanic Studies. University of London, Vol. 24].
WS	Winter-Semester
Würffel	Reinhard Würffel: Lexikon deutscher Verlage von A-Z. 1071 Verlage und 2800 Verlagssignete vom Anfang der Buchdruckerkunst bis 1945. Adressen – Daten – Fakten – Namen. Berlin: Grotesk 2000.
YUBL New Haven, Conn.	Yale University, New Haven, Conn. Yale Collection of German Literature. Beinecke Rare Book and Manuscript Library
Z.; Zeit; Ztg.	Zeitung
Ziegenfuss/Jung	Philosophen-Lexikon. Handwörterbuch der Philosophie nach Personen. Unter Mitwirkung von Gertrud Jung verfaßt und hg. von Werner Ziegenfuss. 2 Bände. Berlin: Walter de Gruyter 1949-1950.
Zudeick	Peter Zudeick: Der Hintern des Teufels. Ernst Bloch – Leben und Werk. Bühl-Moos/Baden-Baden: Elster 1985.

Korrespondentenverzeichnis

Alcan, Félix, Verleger, Gelehrter, * 18.3.1841 Metz, † 18.2.1925 Paris.

Der Sohn des Schriftstellers Moyse Alcan (1817-1869) absolvierte in Paris den naturwissenschaftlichen Zweig der École Normale Supérieure (1862-65), wurde zunächst Mathematiklehrer an den Lyzeen in Nancy, Brest und Bar-le-Duc, verfolgte daneben geisteswissenschaftliche Studien an der Universität Nancy sowie, ab 1869, die Geschäfte der vom Großvater Gerson Levy (1784-1864), Lehrer für Literatur und orientalische Sprachen, gegründeten und von der Mutter fortgeführten Librairie Gerson Levy et Alcan in Metz; verließ 1872 den Schuldienst, um in Pariser Verlagen zu arbeiten, wurde spätestens 1875 Direktor der literarischen Abteilung und Mitgesellschafter des Verlags Germer-Baillière & Cie., den er 1877-1882 faktisch leitete, 1883 ganz übernahm und unter dem Signum ›Librairie Félix Alcan‹ zu einem der renommiertesten Wissenschaftsverlage Frankreichs machte, u.a. aufgrund der Reihe ›Bibliothèque de philosophie contemporaine‹ (Valérie Tesnière: Le Quadrige. Un siècle d'édition universitaire 1860-1968. Paris: PUF 2001; http://judaisme.sdv.fr: La typographie hébraïque à Metz).

– GS an Alcan: 19.2.1912 (zwei Briefe); 23.2.1912.

Bab, Julius, Literatur- und Theaterkritiker, Schriftsteller, Dramaturg, * 11.12.1880 Berlin, † 12.2.1955 Roselyn Heights/N.Y.

Studierte 1902-1905 in Berlin und Zürich Germanistik, Philosophie und Geschichte; Schüler u.a. von Simmel und Max Herrmann. Publizierte seit 1901 in Berliner Zeitschriften und Zeitungen, engagierte sich von 1914/15 bis 1933 in leitenden Funktionen an Zeitschriften der Volksbühne sowie als Dozent an Max Reinhardts Schauspielschule und Berliner Weiterbildungseinrichtungen wie der Humboldt-Hochschule und der Leibniz-Akademie; erhielt 1935 Publikationsverbot und emigrierte 1939/40 über Frankreich in die USA (Killy; Ld-jA).

– GS an Bab: 13.12.1913.

Back, Karl August Albert *Otto*, Verwaltungsjurist, Bürgermeister, * 30.10.1834 Kirchberg/Kreis Simmern, † 5.1.1917 Straßburg.

Wurde nach anfänglichem Theologiestudium Jurist im Verwaltungsdienst, übernahm 1872 die Polizeidirektion der Stadt Straßburg, deren Bürgermeisteramt er von 1873 an infolge der Absetzung des frankophilen Bürgermeisters und der Suspendierung des gleichfalls oppositionellen Gemeinderats kommissarisch verwaltete; wurde 1880

Bezirkspräsident des Unterelsaß, 1887 Unterstaatssekretär für Finanzen im reichsländischen Ministerium und wirkte 1887-1906 als gewählter Bürgermeister Straßburgs mit herausragenden Leistungen bes. in der Armen-, Kranken-, Wohlfahrts- und Wohnungspflege; seit 1910 war er Kurator der KWU Straßburg, seit 1911 auch Präsident der Ersten Kammer des neuen Landtags von Elsaß-Lothringen. – 1905 Wirkl. Geheimrat mit Prädikat Exzellenz, mehrere Ehrendoktorate (Alexander Dominicus: Straßburgs deutsche Bürgermeister Back und Schwander 1873-1918. Frankfurt/M.: Diesterweg 1939; NDB; DBA).

– siehe: Kaiser Wilhelms-Universität: Kurator

Beck, *Hermann* August, Nationalökonom, * 25. 8. 1879 Mühlheim/Ruhr, † nach 1932.

Studierte zunächst Maschinenbau an den Technischen Hochschulen Dresden und Charlottenburg, später Staatswissenschaften in Berlin, u.a. bei Schmoller und Wagner; wurde nach Dr. phil. Heidelberg (Rathgen, Jellinek) 1902 Assistent der Handelskammer Dresden, 1903-1904 Geschäftsführer der Gesellschaft für wirtschaftliche Ausbildung in Frankfurt/M., gründete 1905 das ›Internationale Institut für Sozial-Bibliographie‹, 1908 das ›Internationale Institut für Techno-Bibliographie‹, war 1909 Gründungsmitglied und bis 1914 Schriftführer der ›Deutschen Gesellschaft für Soziologie‹ (DGS); wirkte als Mit- und Alleinherausgeber verschiedener Zeitschriften, u. a. der internationalen ›Dokumente des Fortschritts‹ (1907-1918) und seit 1923 als Direktor der ›Transunion, Gesellschaft für internationalen Austausch‹ und der ›Humboldt-Film GmbH‹ (Kürschner LK 1910; Wer ist's? 1928; GSG 22).

– GS an Beck: 24. 3. 1912; 1. 4. 1912; 7. 4. 1912; 6. 5. 1912; 24. 5. 1912; 7. 10. 1914; 12. 10. 1914.

Bendemann, Eduard von (seit 1905), Maler, Kunsthistoriker, * 16. 3. 1877 Kiel, † 10. 7. 1959 Heidelberg.

Nach Besuch der Kunstakademien Düsseldorf, Dresden und Paris vorwiegend als Landschaftsmaler tätig, bis 1912 in Berlin, danach in Rüschlikon am Zürichsee. Ab WS 1912/13 Studium der Kunstgeschichte, Archäologie und Philosophie in Zürich, Dr. phil. Basel 1915. Lebte 1915-1918 wegen Kriegseinsatzes zeitweilig in Frankfurt/M., danach in Säckingen, Südfrankreich, Basel, Florenz und Heidelberg. Die Verbindung zu Simmel geht auf die Verehelichung (1906-1928) mit Margarete Susman zurück (Wer ist's? 1912: Felix von Bendemann; Susman; Vita zur Diss. in StA Basel, UA; Mttl. Stadtarchiv Heidelberg).

– GS an E. von Bendemann: 11. 1. 1917; 17. 1. 1917; 10. 2. 1917; 12. 7. 1917;

17. 7. 1917; 25. 7. 1917; 30. 8. 1917; 14. 9. 1917; 17. 9. 1917; 12. 10. 1917; 15. 10. 1917; 25. 11. 1917; 28. 11. 1917; 26. 12. 1917; 6. 4. 1918; 23. 6. 1918.

Bendemann, Margarete von (Geburts- und Schriftstellername: Susman), Kunstgewerblerin, Lyrikerin, Essayistin, * 14. 10. 1872 Hamburg, † 16. 1. 1966 Zürich.

Verfolgte nach Abschluß der Höheren Töchterschule in Zürich und Übersiedlung der Familie nach Hannover ab 1894 eine Ausbildung zur Malerin und Kunstgewerblerin in Hannover und München, wo sie seit ca. 1899 als selbständige Künstlerin lebte und 1901 mit der ersten Lyriksammlung auftrat; daneben Besuch der philosophischen Vorlesungen von Theodor Lipps (1851-1914); zwecks Fortbildung bei Henry van de Velde (1863-1957) zum WS 1901/02 nach Berlin gezogen, wurde sie durch Gertrud Kantorowicz (s. d.) bei Simmel eingeführt und ständiger Gast bei dessen Vorlesungen, Privatissimés und Jours. Nach ersten Anzeichen eines Augenleidens, der Heirat Eduard von Bendemanns (s. d.), 1906, und der Geburt von Sohn Erwin, 1907-2006, betätigte sie sich ausschließlich schriftstellerisch, u. a. durch regelmäßige Rezensionen in der ›Frankfurter Zeitung‹; 1912-1918 überwiegend in der Schweiz ansässig, organisierte sie von dort Hilfsmaßnahmen für deutsche Internierte in Frankreich. Nach Kriegsende wohnte sie zunächst in Frankfurt/M., ab 1919 in Säckingen, 1928-1933 erneut in Frankfurt/M. und danach als Emigrantin in Zürich. – 1959 Dr. h.c. der FU Berlin (Susman; Killy; BEdPh; Deutsches Exilarchiv, Frankfurt/M.).

– GS an M. von Bendemann: 8. 3. 1912; 23. 3. 1912; 4. 8. 1912; 11. 8. 1912; 21. 8. 1912; 24. 8. 1912; 4. 9. 1912; 7. 10. 1912; 16. 10. 1912; 11. 11. 1912; 15. 1. 1913; 25. 1. 1913; 4. 5. 1913; 26. 6. 1913; 2. 12. 1913; 14. 12. 1913; 28. 12. 1913; 28. 1. 1914; 25. 3. 1914; 12. 4. 1914; 26. 4. 1914; 22. 7. 1914; 9. 8. 1914; 22. 8. 1914; 4. 9. 1914; 21. 9. 1914; 29. 9. 1914; 7. 10. 1914; 14. 10. 1914; 20. 10. 1914; 27. 10. 1914; 7. 11. 1914; 16. 11. 1914; 19. 12. 1914; 5. 3. 1915; 1. 4. 1915; 2. 5. 1915; 27. 5. 1915; 9. 6. 1915; 13. 7. 1915; 25. 9. 1915; 26. 11. 1915; 17. 8. 1916; 9. 9. 1916; 23. 11. 1916; 28. 11. 1916; 6. 12. 1916; 9. 12. 1916; 29. 12. 1916; 17. 2. 1917; 4. 3. 1917; 19. 3. 1917; 25. 3. 1917; 30. 3. 1917; 10. 5. 1917; 24. 8. 1917; 23. 10. 1917; 26. 11. 1917; 24. 12. 1917; 17. 1. 1918; 27. 2. 1918; 13. 4. 1918; 27. 4. 1918; 5. 5. 1918; 5. 6. 1918; 17. 8. 1918.

Bergson, Henri, Philosoph, * 18. 10. 1859 Paris, † 3. 1. 1941 ebd.

Nach Studium an der École Normale Supérieure in Paris, 1878-1881, zunächst Philosophielehrer am Lyzeum in Angers, ab 1883 an der Faculté des Lettres der Universität in Clermont-Ferrand und nach der Thèse d'État (Sorbonne 1889) bis 1898 an renommierten Pariser Lyzeen; 1898 Maître de conférences an der École Normale Supérieure, seit 1900 Professur für klassische, ab 1904 für zeitgenössische Philosophie am Collège de France; während des Krieges Reisen in diplomatischer Mission: 1916 Spanien, 1917/18 USA; 1922-1925 Präsident der vom Völkerbund gegründeten ›Commission Internationale de Coopération Intellectuelle‹ mit Sitz in Genf; seit 1901 Mitglied der ›Académie des Sciences morales et politiques‹, seit 1914 der ›Académie française‹; 1928 Nobelpreis für Literatur des Jahres 1927 (DBF; Gilles Deleuze: Bergson zur Einführung. Hg. und übersetzt von Martin Weinmann. Hamburg: Junius 1989; Documents, in: Henri Bergson: Mélanges. Textes publiés et annotés par André Robinet. Avant-propos par Henri Gouhier. Paris: PUF 1972).

– Bergson an GS: 14.6.1914.

Bodenheimer-Biram, Else, Nationalökonomin, * 21.2.1883 Bischofswerda/Sachsen, † nach 1949 in Palästina.

Else Biram studierte nach Abschluß der Gymnasialkurse für Frauen in Berlin-Charlottenburg seit 1909 Nationalökonomie in Freiburg i. Br., Berlin, München und Heidelberg, wo sie, gefördert von Alfred Weber, 1913 das Rigorosum bestand und im Nov. 1917 die Anerkennung der Dissertation erreichte; befaßte sich mit Fragen der Stadtentwicklung und Kunsterziehung; 1914-1949 war sie mit dem Arzt Wilhelm Bodenheimer, geb. 1890 in Darmstadt, verheiratet, mit dem und ihren drei Kindern sie 1933 nach Palästina auswanderte (Lebenslauf in: Else Biram: Kunstpflege im 19. Jahrhundert. Jena: Diederichs 1919; Mttl. Stadtarchiv Mannheim).

– GS an Bodenheimer-Biram: 10.8.1917.

Böhm, Franz, Jurist, Kulturpolitiker, * 25. 12. 1861 Mannheim, † 30.6.1915 Karlsruhe.

Wurde nach dem Jura-Studium in Heidelberg und Berlin, juristischer Promotion in Heidelberg, 1885, und dem Referendariat (1885-88) Amtsanwalt in Karlsruhe und 1890 Ministerialsekretär im badischen Ministerium für Justiz, Kultus und Unterricht; dort wirkte er, orientiert an den Grundsätzen der Nationalliberalen Partei, zunächst neben den hauptberuflichen Stationen – Amtsrichter in Mannheim 1891, Staatsanwalt in Mosbach 1892, Konstanz 1894, ebd. Landgerichtsrat 1895 – seit 1897 in fester Stellung, wurde 1899 Ministerialrat, 1910 Ministerialdirektor und war 1911-1915 der erste Badische Minister des Kultus und Unterrichts. – Zahlreiche Ehrendoktorate und Orden (Wer ist's? 1912; Badische Biographien NF, V, Stuttgart: Kohlhammer 2005, S. 23-25).

– GS an Böhm: 30.4.1912.

Boehm, Max Hildebert, Volkstumspolitiker und -theoretiker, * 4.3.1891 Birkenruh/Wenden, † 9.11.1968 Lüneburg.

Nach Schulbesuch in Dorpat und (seit 1902) im Elsaß Studium der Philosophie in Jena, Bonn, München und Berlin (u.a. bei Simmel), wo er 1914 promovierte; lebte danach als freier Schriftsteller in Straßburg; begann 1916 als Landsturmmann in Berlin, Mitau und Riga seine von 1919 bis 1933 anhaltende kulturpropagandistische und politische »Grenzlandarbeit« in Berlin und Bromberg, vornehmlich als Mitherausgeber einschlägiger Buchreihen und Periodika wie u.a. die ›Baltischen Monatsblätter‹ und als Gründer des jungkonservativen Juni-Klubs; war von 1933 bis zur Amtsenthebung 1946 o. Prof. für Volkstheorie und Volkstumssoziologie in Jena; zog 1949 nach Lüneburg, wo er seit 1951 die Gründung der Nordostdeutschen Akademie verfolgte, deren Leiter er bis 1964 war (Deutschbaltisches Biographisches Lexikon 1710-1960. Köln/Wien: Böhlau 1970; Kürschner GK 1966; Ulrich Prehn: »An der schmalen Grenze zwischen Wissenschaft und Politik«: Max Hildebert *Boehm* und die Gründungsgeschichte der (Nord-)Ostdeutschen Akademie. Deutsche Studien 39, 2003/04, Heft 149, S. 27-51).

– GS an Boehm: 13.2.1916; 16.2.1916.
– Boehm an GS: 14.2.1916.

Borchardt, Georg Hermann, Kunstkritiker, Schriftsteller (Ps.: Georg Hermann), * 7.10.1871 Berlin, † nach 16.11.1943 Auschwitz.

Hörte nach kaufmännischer Lehre (1896-1899) an der Berliner Universität kunst- und literaturtheoretische Vorlesungen, u. a. bei Simmel, und begann gleichzeitig seine Karriere als Schriftsteller mit meist unter Ps. veröffentlichten Romanen, Erzählungen, Skizzen, Beiträgen in der ›Jugend‹ und im ›Simplizissimus‹ sowie als Kunstkritiker in ca. vierzig Zeitungen; zum Publikumserfolg der 20er Jahre führten der Roman ›Jettchen Gerbert‹ (1906) und zahlreiche Künstler- und Schriftstellerporträts; ab 1915 wohnte er in Neckargemünd, München und zeitweise in Berlin, wohin er sich 1931 zurückzog und bis zur Emigration nach Holland, 1933, blieb (Killy; Arpe Caspary: Georg Hermann. Chronologie von Leben und Werk: 1871-1943. In: ... Aber ihr Ruf verhallt ins Leere hinein. Der Schriftsteller Georg Hermann [1871 Berlin – 1943 Auschwitz]. Aufsätze und Materialien. Hg. und eingeleitet von Kerstin Schoor. Berlin: Weidler 1999, S. 307-319).

– GS an Borchardt: 28.12.1915.

Bouglé, Célestin, Philosoph, Soziologe, * 1. 6. 1870 Saint-Brieuc, † 25.1.1940 Paris.

Erhielt im Anschluß an die Agrégation de philosophie (Lehrbefugnis) an der École Normale Supérieure in Paris als Bester des Jahrgangs 1893 das staatliche Stipendium zum Studienaufenthalt in Deutschland; lehrte seit 1894 am Lycée de Saint-Brieuc, war von 1898 bis 1901 Maître de conférences an der Universität Montpellier, erwarb 1899 das Doctorat d'État, war von 1902 bis 1908 Professor für Sozialphilosophie, später auch für Pädagogik, an der Universität Toulouse und wechselte 1909 mit einem Lehrauftrag für die Geschichte der Sozialökonomie an die Sorbonne in Paris; zusätzlich war er von 1927 bis 1935 stellvertretender Direktor der École Normale Supérieure und ab 1935 deren Direktor (DdPh; Minerva 1898ff.; ISL).

– GS an Bouglé: 23.2.1914.

Brecht, Franz-Josef, Philosoph, * 16. 3. 1899 Uehlingen/Baden, † 23.9.1982 Mannheim.

Studierte nach Kriegsabitur, 1917, und anschließendem Heeresdienst seit 1919 in Freiburg i. Br. und München Klassische Philologie, Philosophie und Geschichte, promovierte 1922 in Freiburg i. Br., habilitierte 1932 in Heidelberg, wurde ebd. 1941 apl. Prof. und 1950 planmäßiger ao. Prof., 1951 o. Prof. an der Wirtschafts-Hochschule Mannheim; war daneben seit 1952 Hon.-Prof. der Universität Heidelberg; 1967 emeritiert (Vita zum Promotionsverfahren, UA Freiburg; Kürschner GK 1980 und 1987, Nekrolog).

– GS an Brecht: 5.11.1917.

Bresslau, K(C)aroline, * 26.8.1853 Schweich/Kreis Trier, † 30.9.1941 Heidelberg.

Entstammt der in Trier angesiedelten jüdischen Familie Isay, ehelichte 1874 den Mediävisten Harry Bresslau (1848-1926), seit 1869 Dr. phil., Berlin, 1872 PD ebd., 1877 ao. Prof. ebd.; dessen Ruf nach Straßburg, 1890, folgte das Ehepaar mit den Kindern Ernst Ludwig (1877-1935), Helene (1879-1957), verehelicht mit Albert Schweitzer, und Hermann (1883-1913), blieb auch nach Bresslaus Emeritierung, 1912, bis zur Vertreibung 1918 in Straßburg und machte 1919 Heidelberg zum ständigen Wohnsitz (Mttl. Stadtarchiv Heidelberg; NDB; Harry Bresslau. In: Die Geschichtswissenschaft in Selbstdarstellungen. Hg. von Sigfrid Steinberg. Leipzig: Felix Meiner 1926, S. 28-55; Rhena Schweitzer Miller: Einleitung zu Helene Bresslau. In: Dies. und Gustav Woytt, Hg.: Albert Schweitzer – Helene Bresslau. Die Jahre vor Lambarene. Briefe 1902-1912. München: C. H. Beck 1992, S. 16-20).

– GS an Bresslau: 21.1.1915

Bruckmann, Elsa, Schriftstellerin, * 23.2.1865 Gmunden/Oberösterreich, † 7.6.1946 Garmisch-Partenkirchen.

Die Tochter des bayrischen Ulanen-Offiziers Theodor Fürst Cantacuzène (1841-1895) und der Caroline Gräfin von Deym von Stritez (1842-1921) war eine Schwester von Marie von Hellingrath (s. d.) und Gattin des Verlegers Hugo Bruckmann (s. d.), mit dem sie in München einen Salon führte, in dem u. a. George, Gundolf, Wolfskehl, Rilke und Graf Kessler verkehrten; die Beziehungen zu Künstlern, Schriftstellern und Gelehrten nutzte sie von 1914 bis 1919 zur Gründung des Vereins ›Kriegshilfe für geistige Berufe‹, später auch zur Förderung Adolf Hitlers, unter dessen Regime sie ›Reichsführerin der deutschen und österreichischen Künstlerinnen und Kunstfreundinnen‹ wurde (Michel Sturdza: Familie Cantacuzène. Archiv für Sippenforschung und alle verwandten Gebiete, Band 36, 1970, Heft 38, S. 457-487; hier 461; GSG 22; Zeitungsartikel über Elsa Bruckmann und ihre Tätigkeit, o.D. [1919] und Quelle, BSB München, Bruckmanniana Suppl. Schachtel 15).

– GS an E. Bruckmann: 24.3.1916; 4.4.1916; 22.4.1916; 26.4.1916; 15.5.1916; 26.5.1916; 23.6.1916; 18.4.1917; 7.5.1917.

Bruckmann, Hugo, Verleger, * 13.10.1863 München, † 3.9.1941 München.

Sohn des Kunstverlegers Friedrich Bruckmann (1814-1898); wirkte nach Lehrzeit bei einem Dresdner Kunsthändler, Tätigkeit bei einer Kölner Bank und der Berliner Handel-Gesellschaft von 1886-1908 in leitender Funktion in der F. Bruckmann AG; verlegte u. a. Schriften seines Freundes Houston Stewart Chamberlain, Heinrich Wölfflins und Hermann Graf von Keyserlings, gründete 1917 die Firma Hugo Bruckmann, Verlag für Kunstgeschichte, Musikgeschichte und Politik, den er 1928 mit dem F. Bruckmann Verlag verschmolz; übernahm daneben die geschäftliche Leitung der ›Süddeutschen Monatshefte‹ und der ›Münchner Neuesten Nachrichten‹ (1924-1935). War 1932-1941 Mitglied der Reichtagsfraktion der NSDAP und seit 1933 des Vorstands des Deutschen Museums und des Senats der Reichskulturkammer (Reichshandbuch; DBE; Würffel).

– GS an H. Bruckmann: 27.7.1912; 21.10.1915.

Buber, Martin, Schriftsteller, Religions- und Sozialphilosoph, * 8.2.1878 Wien, † 13.6.1965 Jerusalem.

Studierte ab 1896 Philosophie, Kunstgeschichte, Germanistik, Klassische Philologie und Nationalökonomie in Wien, Leipzig, Berlin und Zürich, war seit 1901 Redakteur verschiedener jüdischer Zeitschriften, promovierte 1904 in Wien, betrieb danach Forschungen zum Chassidismus und war 1905-1916 Lektor des Verlages Rütten & Loening, für den er die Reihe ›Die Gesellschaft‹ (40 Bände) herausgab. Mit der ihm 1899 angetrauten Schriftstellerin Paula Winkler (1877-1958; Ps.: Georg Munk) siedelte er sich nach längerem Aufenthalt in Florenz Ende 1906 in Berlin an, wechselte 1916 nach Heppenheim an der Bergstraße, engagierte sich seit 1918 für eine moderne Erwachsenenbildung, lehrte seit 1922 am Jüdischen Lehrhaus in Frankfurt/M., seit 1923 als Lehrbeauftragter, 1930 bis 1933 als Hon.-Prof. für jüdische Religionswissenschaften und jüdische Ethik an der Universität ebd., leitete dort bis 1938 das Freie Jüdische Lehrhaus und wurde 1938 o. Prof. für Sozialphilosophie und Soziologie an der Hebräischen Universität Jerusalem, die ihn 1951 emeritierte (Ld-jA; GSG 22).

– GS an Buber: 17.7.1912; 8.12.1912; 12.12.1912; 13.5.1913; 8.7.1913; 10.7.1913; 20.9.1913; nach 20.3.1914; 31.3.1915; 17.11.1915; 10.4.1916; 5.5.1916.

Bucher, Pierre, Arzt, Publizist, * 10. 8. 1869 Guebwiller/Elsaß, † 15.2.1921 Strasbourg.

Ließ sich nach der medizinischen Ausbildung in Straßburg, Genf und Paris 1897 als Arzt in Straßburg nieder; engagierte sich für die Anerkennung und Aufrechterhaltung der französischen Kulturanteile in Elsaß-Lothringen; dies u. a., indem er seit 1901 die ›Revue alsacienne illustrée – Illustrierte elsässische Rundschau‹ leitete, sich an der Planung und Direktion des 1907 eröffneten ›Musée alsacien‹ in Straßburg beteiligte und 1912 die für ein ›neues Europa‹ eintretenden ›Cahiers alsaciens – Elsässer Hefte‹ gründete und herausgab. Die gemeinsam mit deutsch-elsässischen Intellektuellen verfolgten Initiativen zielten auf kulturelle Eigenständigkeit des Landes, die ihm nur unter französischer Verantwortung möglich schien. Mit Blick auf einen künftigen Konflikt 1913 vom französischen Geheimdienst angeworben, floh er am 30. Juli 1914 vor der Verhaftung aus Straßburg, organisierte als französischer Offizier von 1914 bis 1918 eine Nachrichtenabteilung in Réchésy (nahe Basel) und danach die Wiederbelebung französischer Kultureinrichtungen in Strasbourg (NDBA; Loth).

– GS an Bucher: 19.5.1914; 30.5.1914; 17.6.1914;18.6.1914; 11.7.1914.

Cotta'sche Buchhandlung – siehe: J. G. Cotta'sche Buchhandlung Nachfolger

Crayen, *Wilhelm* Alexander von, Verlagsbuchhändler, * 31. 12. 1870 Leipzig, † 24 oder 25.9.1934 ebd.

Der lt. Stammtafel Promovierte (Diss. nicht nachgewiesen) erwarb am 1. Jan. 1896 die G. J. Göschen'sche Verlagshandlung, Leipzig (s. d.), in der er sich für den Ausbau der unter dem Vorbesitzer, Adolf Nast, geschaffenen ›Sammlung Göschen‹ einsetzte und die er, seit dem 2. Jan. 1912 in gemeinsamer Teilhaberschaft mit Walter de Gruyter (s. d.), bis zum Rückzug aus dem Verlag am 31. Dez. 1926 führte; daneben gründete er 1899 mit Konrad Grethlein (s. d.) den 1902 an Curt Hauschild verkauften Sportverlag Grethlein & Co.; als Mitglied des Leipziger Verlegervereins wurde er am 29. April 1899 zum stellvertretenden Vorstandsmitglied der Deutschen Verlegerkammer (1899-1904) gewählt; lebte seit 1912 in Berlin, war während des Krieges als Rittmeister der Reserve im Felde und zog sich später nach Leipzig zurück (Sterbeurkunde, Amtsgericht Leipzig; Johannes Hohlfeld: Leipziger Geschlechter. Stammtafeln, Ahnentafeln und Nachfahrentafeln. Leipzig: Stamm- und Ahnentafelwerk der Zentralstelle für deutsche Personen- und Familiengeschichte 1933, S. 104; Würffel, S. 285 f., 292; Annemarie Meiner: Der Deutsche Verlegerverein 1886-1935. Leipzig: Kantate 1936, S. 77; Todesanzeige für Sohn Wilhelm in VZ vom 27. Sept. 1918, Nr. 494, Mo.Bl.).

– siehe: G. J. Göschen'sche Verlagshandlung

Curtius, Ernst Robert, Romanist, * 14. 4. 1886 Thann/Elsaß, † 19. 4. 1956 Freiburg i. Br.

Sohn von Friedrich Curtius (s. d.), studierte seit WS 1903/04 Sanskrit und vergleichende Sprachwissenschaft in Straßburg, wechselte 1904 nach Berlin, nunmehr mit den Studienschwerpunkten Anglistik, Romanistik und Philosophie (bei Simmel), legte 1908 in Straßburg die Prüfung für das Lehramt an höheren Schulen ab und bereitete 1909 in Paris die im Febr. 1910 erfolgte Straßburger Promotion vor; wurde nach weiteren Studien in Heidelberg und Italien 1913 für Romanische Philologie in Bonn habilitiert, lehrte dort bis zum WS 1919/20 (ab Dez. 1919 als ao. Prof.), folgte sodann Rufen nach Marburg (1920), Heidelberg (1924) und Bonn (1929), wo er 1951 emeritiert wurde (Heinrich Lausberg: Ernst Robert Curtius. In: Bonner Gelehrte. Beiträge zur Geschichte der Wissenschaften in Bonn. Bonn: Bouvier 1970, S. 214-235).

– GS an E. R. Curtius: 1. 10. 1916; 15. 3. 1918.

Curtius, *Friedrich* Carl August, Jurist, Politiker, * 7. 7. 1851 Berlin, † 5. 5. 1933 Heidelberg.

Nach dem Studium in Straßburg, Berlin und Heidelberg 1874 Dr. iur. Berlin; 1878 in der Kreisdirektion von Schlettstadt und Diedenhofen und ab 1879 von Metz tätig, wurde er 1884 Kreisdirektor von

Thann, 1898 von Colmar und 1901 für den Landkreis Straßburg; 1903 zur Leitung des Direktoriums der Kirche Augsburgischer Konfession berufen, trat er nach kulturpolitisch begründeten Differenzen im Dez. 1914 von diesem Amt zurück und übersiedelte nach Heidelberg (NDBA; Wer ist's? 1928; DBA; GV; Friedrich Curtius: Deutsche Briefe und Elsässische Erinnerungen. Frauenfeld: Huber 1920, S. 185-249).

– GS an F. Curtius: 9.10.1914; 16.3.1915.

Dallwitz, Nikolaus Michael Louis *Hans* von, Jurist, Politiker, * 29.9.1855 Breslau, † 2.8.1919 Bossee bei Westensee/Holstein.

Nach dem Studium in Bonn, Straßburg und Leipzig Regierungs-Assessor in Königsberg; 1886 Verweser und 1887-1899 Landrat des Kreises Lüben; 1893-1899 konservativer Abgeordneter im Preußischen Landtag; 1902-1909 Staatsminister des Fürstentums Anhalt, 1909 Oberpräsident der Provinz Schlesien, 1910-1914 preußischer Innenminister und von 1914-1918 Statthalter von Elsaß-Lothringen (NDB; Wer ist's? 1910; DBA).

– GS an von Dallwitz: 16.8.1915.

Delbrück, *Hans* Gottlieb Leopold, Historiker, Politiker, * 11.11.1848 Bergen/Rügen, † 14.7.1929 Berlin.

Nach dem (aufgrund der Kriegsteilnahme 1870/71 unterbrochenen) Studium der Geschichte in Greifswald, Heidelberg und Bonn promovierte er 1873 (bei Heinrich von Sybel), war 1874-1879 Erzieher des Prinzen Waldemar von Preußen (1868-1879), habilitierte sich 1881 für Allgemeine Geschichte in Berlin, wurde ebd. 1885 ao. Prof. und 1896 o. Prof.; hatte als Nachfolger Treitschkes (von dem er sich wegen sozialpolitischer Differenzen 1889 getrennt hatte) 1897-1921 das Ordinariat für Allgemeine und Weltgeschichte inne; war daneben 1882-1885 freikonservativer Abgeordneter im Preußischen Landtag, 1884-1890 im Reichstag, seit 1883 Redakteur und 1889-1919 Herausgeber der ›Preußischen Jahrbücher‹ (NDB; Hans Schleier: Vorwort. In: Horst Wolf: Der Nachlaß Hans Delbrück. Berlin 1980, S. V-XV [= Deutsche Staatsbibliothek. Handschrifteninventare, Bd. 4]).

– GS an Delbrück: 5.9.1914.

Deutsche Gesellschaft für Soziologie (DGS)

Mit Blick auf die Etablierung der Soziologie als Wissenschaft in Anlehnung an die 1905 gegründete American Sociological Association (ASA) und vor allem an die 1907 entstandene Soziologische Gesellschaft, Wien (SG), wurde im Herbst 1908 »unter der Ägide Simmels« (Max Weber, in: MWG II/6, S. 127) die am 3. Jan. 1909 in Berlin erfolgte

Konstitution der DGS eingeleitet und im März 1909 vollzogen; zu den Aufgaben der bis heute fortbestehenden Vereinigung gehört die Veranstaltung des Deutschen Soziologentages in zweijährigem Rhythmus (erstmals 1910, Frankfurt/M.), dessen Unterbrechungen infolge des Krieges und der nationalsozialistischen Herrschaft die Geschichte der DGS periodisieren. Zum Vorstand gehörten in der I. Periode (bis 1914) als Vorsitzende: Friedrich Herkner (im Herbst 1909 abgelöst von Werner Sombart), Simmel (bis Okt. 1913, ersetzt durch Rudolf Goldscheid) und Ferdinand Tönnies (bis 1933) sowie drei weitere auf drei Jahre gewählte Personen aus dem Kreis der im Kooptationsverfahren gewonnenen ordentlichen Mitglieder: bis 1912 Alfred Ploetz, Philipp Stein, Alfred Vierkandt, danach Paul Barth, Alfred Grotjahn, Karl Rathgen; an den Vorstandssitzungen zu beteiligen waren der Schriftführer, Hermann Beck (1909-1914), und der Rechner, d. h. 1909-1913 Max Weber, abgelöst (zunächst interimistisch von Sombart) von Goldscheid und, seit Jan. 1914, von Robert Michels (GSG 22, S. 669-678; Akten der DGS, I. Periode, SHLB Kiel, Nl Tönnies).

– GS an Vorstand: 15. 3. 1912; 26. 3. 1912; 16. 4. 1912; 10. 6. 1912; 17. 6. 1912; 11. 7. 1913; 11. 10. 1913.

– siehe auch: GS an Hermann Beck

Diederichs, Eugen, Verleger, * 22. 6. 1867 Löbitz/Naumburg, † 2. 9. 1930 Jena.

Sohn eines Rittergutpächters, seit 1884 in der Landwirtschaft tätig, danach Lehre (1888-90) im Buchhandel; gründete 1896 in Florenz den ›Eugen Diederichs Verlag, Florenz und Leipzig‹, den er 1904 nach Jena verlegte; Schwerpunkte des buchkünstlerisch orientierten Verlags waren kulturelle Überlieferungen aus Literatur, Kunst, Religion und Philosophie und die Propagierung zeitgenössischer Strömungen, wofür u.a. die bei Diederichs verlegten Bergson-Übersetzungen und Schriften zur Frauen- und Jugendbewegung stehen. Auch eigene Schriften und die von 1912 bis 1926 unter seiner Leitung stehende Kulturzeitschrift ›Die Tat‹ bezeugen das zunehmend einem nationalen Sozialismus auf religiöser Basis verpflichtete Engagement des Verlegers; 1925 Dr. h.c. Köln (NDB; Reichshandbuch; Würffel).

– GS an Diederichs: 11. 3. 1912; 4. 4. 1912; 26. 6. 1912; 17. 7. 1912; 21. 7. 1912; 30. 7. 1912; 25. 8. 1912; 9. 9. 1912; 4. 10. 1912; 20. 9. 1913; 4. 12. 1913.

Ernst, Karl Friedrich *Paul*, Schriftsteller, Dramatiker, * 7. 3. 1866 Elbingerode/Harz, † 13. 5. 1933 St. Georgen an der Stiefing/Steiermark.

Studierte zunächst Theologie, dann Nationalökonomie in Göttingen, Tübingen und Berlin (bei Gustav Schmoller), promovierte 1892 in Bern, arbeitete bis 1895 in Landwirtschaft und Verwaltung, danach als für die Sozialdemokratie engagierter Journalist und dem Naturalismus verpflichteter Schriftsteller in Berlin; nach Italienaufenthalt (1900/01) Rückzug aus der Politik und Hinwendung zum Neoklassizismus im fortan ausschließlich verfolgten schriftstellerischen Werk; lebte seit 1903 mit monatelangen Unterbrechungen in Italien, Düsseldorf (1905/06) und Berlin (1914) zurückgezogen in Weimar, zog 1918 auf das Landgut Sonnenhofen (Isartal) und 1925 auf das Schloß St. Georgen bei Graz. 1891 verwitwet, war er 1899-1916 mit Lilli (Louise Elisabeth) von Benda (1860-1918), danach mit der verwitweten Else von Schorn, geb. Apelt (1874-1946) verheiratet; die Freundschaft mit dem Ehepaar Simmel entstand spätestens 1896 (NDB; Killy).

– GS an Ernst: ca. 24. 12. 1912; 5. 3. 1916; 25. 5. 1916; ca. Aug. 1918.

– GGS an Ernst: 16. 9. 1912; 5. 3. 1914.

Faktor, Emil, Schriftsteller (Ps.: Jussuff), Journalist, * 31. 8. 1876 Prag, † vermutl. 10. 4. 1942 Lodz.

Begann 1896 Jura-Studium in Prag, das er 1904 mit der Promotion ebd. abschloß; daneben seit 1897 publizistische Tätigkeit bei verschiedenen böhmischen Zeitschriften; lebte bzw. arbeitete in Berlin 1908-1912 als Theaterkritiker und Feuilletonist von ›Der Tag‹, seit 1912 als Feuilletonredakteur und 1917-1931 als Chefredakteur des ›Berliner Börsen Courier‹; floh 1933 in die Tschechoslowakei und arbeitete bis zur Deportation in das Ghetto Lodz, 1941, für das ›Prager Tagblatt‹ und den ›Prager Mittag‹ (Ld-jA; DBE; Klaus Täubert: Emil Faktor. Ein Mann und (s)eine Zeitung. Berlin: Hentrich 1994).

– GS an Faktor: 20. 9. 1914; 22. 3. 1915.

Fischer, Aloys, Philosoph, Pädagoge, * 10. 4. 1880 Furth im Wald, † 23. 11. 1937 München.

Studierte 1899-1902 Altphilologie in München, daneben Philosophie, war bis 1906 Hauslehrer in der Familie des Bildhauers Adolf von Hildebrand (1847-1921), promovierte 1904 bei Theodor Lipps in München und habilitierte sich ebd. 1907 für Philosophie; war 1907-1918 Erzieher der bayrischen Prinzen Luitpold (1901-1914) und Albrecht (1905-1996), gründete 1910 das Pädagogisch-Psychologische Institut des Münchner Lehrervereins, wurde 1915 ao., 1918 o. Prof. der Pädagogik an der Universität München (NDB; DBE; Kürschner GK 1925; LC vom 20. Febr. 1915).

– GS an Fischer: 1. 10. 1912; 3. 5. 1918.

Förster-Nietzsche, Elisabeth, Schriftstellerin, Leiterin des Nietzsche-Archivs, * 10. 7. 1846 Röcken bei Lützen, † 8. 11. 1935 Weimar.

Schwester Friedrich Nietzsches, seit 1889 verwitwete Förster, lebte von 1886-1893 in Paraguay, wo sie mit ihrem Gatten Dr. Bernhard Förster (geb. 1843) die deutsche Kolonie ›Neu-Germania‹ begründete und leitete; nach Deutschland zurückgekehrt, widmete sie sich dem Nachlaß ihres Bruders, den sie in der von ihr 1894 in Naumburg (Saale) konstituierten, 1896 nach Weimar überführten ›Stiftung Nietzsche-Archiv‹ fast vierzig Jahre lang verwaltete, durch Werkausgaben verbreitete und für ihre biographischen Schriften über Nietzsche heranzog; Dr. phil. h.c. Weimar 1921 (NDB; Reichshandbuch; David Marc Hoffmann: Zur Geschichte des Nietzsche-Archivs. Chronik, Studien, Dokumente. Berlin, New York: Walter de Gruyter 1991 [= Supplementa Nietzscheana, Bd. 2]).

– GS an Förster-Nietzsche: 30. 3. 1912; 30. 11. 1913.

Friedlaender, Salomo, Philosoph, Schriftsteller (seit 1909 Ps.: Mynona), * 4. 5. 1871 Gollantsch/Posen, † 9. 9. 1946 Paris.

Studierte drei Semester Medizin und Zahnheilkunde in München und Berlin (1894-1896), danach Philosophie, Geschichte und Germanistik in Berlin, seit 1897 auch Archäologie und Kunstgeschichte in Jena, wo er 1902 mit einer Arbeit über Schopenhauer promovierte; lebte seit 1906 als philosophischer Vorleser und freier Schriftsteller in Berlin, war dort seit 1910 in expressionistischen Kreisen engagiert und emigrierte 1933 nach Paris (Ld-jA; NDB; Zeittafel. In: Hartmut Geerken, Hg.: Salomo Friedlaender / Mynona. Briefe aus dem Exil 1933-1946. Mainz: v. Hase & Koehler 1982, S. 15-24).

– GS an Friedlaender: 15. 9. 1912; 20. 11. 1912; 21. 12. 1912; 2. 5. 1913; 20. 6. 1913; 24. 4. 1914; 26. 10. 1914.

Fritz Heyder Verlag

Von Fritz Heyder (1882-1941) am 1. April 1908 in Berlin gegründet und gemeinsam mit dem Prokuristen Gerhard Merian (1878-1940) geführt; Schwerpunkt des Verlags war der bis 1943 erscheinende Wochenkalender ›Kunst und Leben‹, in dem Gedanken und Illustrationen zeitgenössischer Schriftsteller, Gelehrter und Künstler zum Abdruck gelangten; daneben wurden Sammlungen zur Schönen Literatur und Kunst verlegt. Nach 1945 ruhte der Verlag (Würffel; SAdK: Information zum ›Fritz-Heyder-Verlagsarchiv‹).

– GS an Verlag: 20. 6. 1916; 14. 5. 1917; 29. 1. 1918.

– Verlag an GS: 21. 6. 1916.

Fulda, *Ludwig* Anton Salomon, Schriftsteller, * 15. 7. 1862 Frankfurt/M., † 30. 3. 1939 Berlin.

Ab 1880 Studium der Germanistik und Philosophie in Heidelberg, Berlin und Leipzig, 1883 Dr. phil., zeitlebens freier Schriftsteller, erfuhr nachhaltige Beachtung als Lustspielautor; lebte 1884-1888 in München, schloß ebd. Freundschaft mit Paul Heyse (1830-1914), zog 1896 nach Berlin und stand dort den naturalistischen Kreisen, vornehmlich den Autoren um die ›Freie Bühne‹, deren Vizedirektor er wurde, nahe; engagierte sich in Schriftstellervereinigungen wie u.a. 1900 als Mitbegründer des Berliner Goethebundes oder 1926 als gewählter Vorsitzender des Senats der Sektion Dichtkunst in der Preußischen Akademie der Künste. Korrespondierte mit Simmel seit 1888 (NDB; Killy; GSG 22).

– GS an Fulda: 30. 12. 1913; 5. 4. 1914; 27. 7. 1915.

Graef, Harald, Schriftsteller, Studienrat, * 27. 2. 1855 Berlin, † 11. 1. 1917 Berlin-Weißensee.

Besuchte mit Simmel das Friedrichs-Werdersche Gymnasium in Berlin, erwarb Ostern 1877 die Hochschulreife, promovierte 1883 in Straßburg über das mittelhochdeutsche Gedicht ›Eraclius‹, legte 1884 die wissenschaftliche Lehramtsprüfung ab und wurde 1907 zum Oberlehrer (Studienrat) auf Lebenszeit ernannt; lehrte zuletzt am Städtischen Oberlyzeum Berlin-Weißensee (Friedrichs-Werdersches Gymnasium. Jahresbericht 1878, Berlin; Schreiben unbek. Herkunft an die Oberfinanzdirektion Düsseldorf vom 6. Jan. 1954, in: Bibliothek für bildungsgeschichtliche Forschung, Personalmappe Graef [einziges Dokument]; Mttl. Amtsgericht Berlin Mitte, Testamentzentralkartei).

– GS an Graef: Sendung 1: Ende Dez. 1875; Sendung 2: Ende Dez. 1875; Sendung 4: nach 30. 12. 1875; Sendung 6: nach 31. 12. 1875; Sendung 8: 4. 1. 1876; Sendung 10: 8. 1. 1876; Sendung 11: zwischen 8. und 11. 1. 1876; Sendung 13: 13. 1. 1876; Sendung 15: Mitte Jan. 1876; Sendung 16: Mitte Jan. 1876; Sendung 18: Mitte Jan. 1876; Sendung 20: Mitte Jan. 1876; Sendung 22: 22. 1. 1876; Sendung 24: nach 22. 1. 1876; Sendung 25: nach 22. 1. 1876; Sendung 26: nach 22. 1. 1876; Sendung 28: nach 22. 1. 1876; Sendung 29: nach 22. 1. 1876; Sendung 33: 11. 2. 1876; Sendung 36: nach 6. 3. 1876.

– Graef an GS: Sendung 3: 30. 12. 1875; Sendung 5: 31. 12. 1875; Sendung 7: 2. 1. 1876; Sendung 9: 4. 1. 1876; Sendung 12: 11. 1. 1876; Sendung 14: Mitte Jan. 1876; Sendung 17: Mitte Jan. 1876; Sendung 19: Mitte Jan. 1876; Sendung 21: Mitte Jan. 1876; Sendung 23: 22. 1. 1876; Sendung 27: nach 22. 1. 1876; Sendung 30: nach 22. 1. 1876; Sendung 31: nach 22. 1. 1876; Sendung 32: 24. 1. 1876; Sendung 34: 11. 2. 1876; Sendung 35:

6. 3. 1876; Sendung 37: 13. 3. 1876; Sendung 38: 6. 5. 1876; Sendung 39: 30. 5. 1876.

Grethlein, Konrad, Verlagsbuchhändler, * 19. 5. 1872 (vermutl.) Leipzig, † 16. 6. 1945 Berlin-Charlottenburg.

Gründete gemeinsam mit Wilhelm von Crayen (s. d.) am 1. Sept. 1899 den Sport-Verlag Grethlein & Co. mit Sitz in Leipzig und nach dessen Verkauf am 16. Okt. 1902 zum 1. Sept. 1903 den auf Naturwissenschaften und Philosophie spezialisierten, bis 1938 im Handelsregister geführten Konrad Grethlein's Verlag, den er 1912 nach Berlin in das Verlagsbüro Walter de Gruyters verlegte, wo er zugleich als Prokurist für die G. J. Göschen'sche Verlagshandlung (s. d.) tätig war (Würffel; Mttl. Amtsgericht Berlin-Mitte, Testamentzentralkartei).

– siehe: G. J. Göschen'sche Verlagshandlung

G. J. Göschen'sche Verlagshandlung

1775 in Leipzig von Georg Joachim Göschen (1752-1828) begründet und zum herausragenden Literaturverlag (Goethe, Klopstock, Schiller, Wieland) entwickelt, wurde der Verlag 1823 an die J. G. Cotta'sche Buchhandlung verkauft, 1889 an Adolf Nast, den Begründer der zunächst auf Schul-, seit den 90er Jahren auf Universitätslektüre ausgerichteten ›Sammlung Göschen‹ und 1896 an Wilhelm von Crayen (s. d.), der ihn 1912 mit Walter de Gruyter als Teilhaber in eine GmbH mit Geschäftssitz Berlin umwandelte, mit Konrad Grethlein (s. d.) als Prokuristen führte und 1919 in die Vereinigung wissenschaftlicher Verleger, Walter de Gruyter & Co., bzw. 1923 in den Verlag Walter de Gruyter & Co. eingehen ließ (Würffel; LGB).

– GS an Göschen: 7. 6. 1913 (W. von Crayen); 12. 6. 1913 (W. von Crayen); 6. 11. 1913 (W. von Crayen); 8. 11. 1913 (W. von Crayen); 16. 11. 1913 (W. von Crayen); 13. 7. 1916 (K. Grethlein); 20. 4. 1917 (W. de Gruyter); 2. 5. 1917 (W. de Gruyter); von/nach 9. 5. 1917 (W. de Gruyter); 25. 5. 1917 (K. Grethlein); 28. 5. 1917 (K. Grethlein); 11. 9. 1918 (Verlag).

– Göschen an GS: 23. 1. 1912 (W. von Crayen); 25. 4. 1913 (W. von Crayen); 11. 6. 1913 (K. Grethlein); 14. 6. 1913 (W. von Crayen); 5. 11. 1913 (W. von Crayen); 7. 11. 1913 (W. von Crayen); 11. 11. 1913 (W. von Crayen); 24. 2. 1916 (K. Grethlein); 17. 7. 1916 (K. Grethlein); 25. 4. 1917 (W. de Gruyter); 8. 5. 1917 (W. de Gruyter); 16. 5. 1917 (K. Grethlein); 23. 5. 1917 (K. Grethlein); 29. 5. 1917 (K. Grethlein); 30. 5. 1917 (K. Grethlein); 7. 7. 1917 (K. Grethlein).

Gruyter, Walter de, Verleger, * 10. 5. 1862 [Duisburg-]Ruhrort, † 6.9.1923 Berlin.

Betätigte sich nach kaufmännischer Lehre und germanistischer Promotion (Leipzig, 1887) zunächst im väterlichen Kohlengroßhandel und wandte sich nach dessen Verkauf 1893 dem Verlagshandel zu; übernahm 1897 den Verlag Georg Reimer (Berlin), trat 1898 als Mitgesellschafter in die Geschäftsführung der I. Guttentag Verlagshandlung GmbH (Berlin) ein, wurde 1906 Teilhaber, 1907 Inhaber des Verlags Karl J. Trübner (Straßburg), 1911 Mitinhaber der G. J. Göschen'sche Verlagshandlung (Leipzig/Berlin) und führte diese Verlage 1919 unter Einschluß des Verlags Veit & Comp. (Berlin) zur Vereinigung wissenschaftlicher Verleger Walter de Gruyter & Co. zusammen, die er 1923 in Verlag Walter de Gruyter & Co. umbenannte (Würffel; DBE; LGB; Gerhard Lüdtke: Der Verlag Walter de Gruyter & Co.: Skizzen aus der Geschichte der seinen Aufbau bildenden ehemaligen Firmen, nebst einem Lebensabriß Dr. Walter de Gruyter's. Berlin: Walter de Gruyter & Co. 1924).

– siehe: G. J. Göschen'sche Verlagshandlung

Gundolf, (eigtl: Gundelfinger) ***Friedrich*** **Leopold**, Literaturhistoriker, Dichter, Übersetzer, * 20.6.1880 Darmstadt, † 12.7.1931 Heidelberg.

Studierte seit WS 1898/99 Literatur- und Kunstgeschichte in München, Heidelberg und Berlin, betätigte sich nach dem Dr. phil., Berlin 1903, als freier Schriftsteller in München und Darmstadt, habilitierte sich 1911 an der Universität Heidelberg, an der er fortan, unterbrochen durch den Kriegseinsatz 1916-1918, lehrte, seit 1917 als ao. Prof. für Deutsche Philologie und nach Ablehnung eines Rufes nach Berlin seit 1920 als Ordinarius. 1901 durch Stefan George bei Simmels eingeführt, blieb er dem Hause Simmel zeitlebens verbunden (Drüll; NDB).

– GS an Gundolf: 29. 7. 1912; 22. 12. 1913; 20. 10. 1914; 3. 11. 1914; 13. 11. 1914; 5. 9. 1915; 17. 9. 1916; 30. 9. 1916; 7. 10. 1916; 30. 12. 1916; 2.5.1917; 10.1.1918.

– Gundolf an GS: 17.10.1914.

Haering, *Theodor* Lorenz, Philosoph, Schriftsteller, * 22.4.1884 Stuttgart, † 15.6.1964 Tübingen.

Schloß 1906 Studium der ev. Theologie in Halle und Tübingen ab, verfolgte neben der praktischen theologischen Fortbildung 1907-1912 ein Philosophiestudium in Berlin, Tübingen und Bonn, das er 1910 zur Promotion, 1912 zur Habilitation (jeweils bei Erich Adickes, Tübingen) fortführte, um dann in Tübingen historische und systematische Philosophie zu lehren, zunächst als PD, nach kriegsbedingter Unter-

brechung ab 1919 als ao. Prof. und ab 1928 als Ordinarius. Daneben schrieb er Novellen, Erzählungen und Reden zur schwäbischen Heimatkunde (NDB; DBE; Ziegenfuss/Jung).
– GS an Haering: 13.4.1916; 24.4.1916.

Harden, *Maximilian* Felix Ernst (urspr.: Felix Ernst Witkowski), Publizist, * 20.10.1861 Berlin, † 30.10.1927 Montana-Vermala/Kanton Wallis.
Seit dem 14. Lebensjahr Wanderschauspieler, 1889 Mitbegründer des Vereins ›Freie Bühne‹, 1892 Gründer und 30 Jahre lang Herausgeber und Hauptautor der auch politisch einflußreichen kritischen Zeitschrift ›Die Zukunft‹ (GSG 22).
– GS an Harden: 12.12.1912.

Harnack, Karl Gustav *Adolf* von (preuß. Adel seit 22.3.1914), ev. Theologe, * 7.5.1851 Dorpat, † 10.6.1930 Heidelberg.
Studierte Theologie in Dorpat, seit 1872 in Leipzig, wo er 1873 promovierte, 1874 PD und 1876 ao. Prof. für Kirchengeschichte wurde; lehrte als o. Prof. 1879-1886 in Gießen, danach in Marburg und von 1888 bis 1921 in Berlin. Außerdem war er im Nebenamt 1805-1921 Generaldirektor der Königlichen Bibliothek zu Berlin, 1903-1911/12 Präsident des Evangelisch-sozialen Kongresses und von 1911 bis zu seinem Tod Präsident der Kaiser-Wilhelm-Gesellschaft zur Förderung der Wissenschaften (DBE; NDB; Minerva 1905/6; Adelslexikon).
– GS an Harnack: 3.1.1914; 16.1.1914.

Hellingrath, Friedrich *Norbert* Theodor von, Literaturwissenschaftler, * 21.3.1888 München, † 14.12.1916 Verdun.
Studierte seit 1906 in München Philosophie sowie griechische und deutsche Philologie, promovierte ebd. 1910 über die von ihm entdeckten Pindar-Übertragungen Hölderlins und war anschließend ein Jahr Lektor an der École Normale Supérieure in Paris; lebte 1911-1913 in München, danach in Heidelberg, arbeitete bis zum Kriegsausbruch an der ersten historisch-kritischen Ausgabe von ›Hölderlins Sämtlichen Werken‹, von der 1913 der fünfte, 1916 (postum) der vierte Band erschien. Seit den Studienjahren dank der Vermittlung seiner Tante Elsa Bruckmann (s. d.) Verbindung mit George, Rilke u. a. Künstlern (NDB; Killy).
– GS an N. von Hellingrath: 31.7.1914.

Hellingrath, Marie von, * 28.8.1866 Sohlms, † 19.1.1954 Ebernhausen.
Die Tochter des bayrischen Ulanen-Offiziers Theodor Fürst Canta-

cuzène (1841-1895) und der Caroline Gräfin von Deym v. Stritez (1842-1921) wuchs im väterlichen Schloß Straß bei Passau auf, ehelichte 1887 den bayerischen General Maximilian von Hellingrath (1864-1948), wurde 1888 die Mutter von Norbert von Hellingrath (s.d.) und 1891 von dessen Schwester *Elisabeth* Sophie Luise (Michel Sturdza: Familie Cantacuzène. Archiv für Sippenforschung und alle verwandten Gebiete Band 36, 1970, Heft 38, S. 457-487; hier 461; Gothaisches Genealogisches Taschenbuch der adligen Häuser. Teil B, 31. Jg., 1939, S. 234; NDB).

– GS an M. von Hellingrath: 19.2.1917.

Höffding, Harald, Philosoph, * 11.1.1843 Kopenhagen, † 2.7.1931 ebd..

Erweiterte nach Abschluß eines Theologiestudiums (1865) seine philosophischen Studien u.a. in Paris (1868/69), wurde 1870 an der Universität Kopenhagen für Philosophie habilitiert, lehrte ebd. seit 1871 als PD, seit 1880 als ao. Prof. und von 1883 bis 1915 als o. Prof.; engagierte sich während des Weltkriegs zugunsten der Kriegsgefangenen im Rahmen des dänischen Roten Kreuzes, dessen Präsident er von 1917 bis 1921 war (DBL; DdPh).

– GS an Höffding: 2.10.1914; 5.8.1916.

Huebner, Friedrich Markus (eigtl. Friedrich Ernst Otto Hübner), Schriftsteller, Lyriker, Übersetzer, * 12.4.1886 Dresden, † 24.5.1964 Amsterdam.

Studierte Kunstgeschichte, Romanistik und Philosophie in Lausanne, Berlin, Straßburg und Heidelberg, ließ sich nach dem Dr. phil., Heidelberg 1910, in München als freier Schriftsteller nieder und wirkte als Beiträger von Monatsschriften, Tageszeitungen und Avantgarde-Zeitschriften wie u.a. ›Die Aktion‹ oder der ›Sturm‹; verwirklichte 1914 durch Gründung, Mitherausgabe und Schriftleitung des ›Zeit-Echos‹ den Plan einer eigenen ›zeitgemäßen‹ Literatur- und Kunstzeitschrift, kam im März 1915 zum Kriegseinsatz, zunächst als Presselektor in der politischen Abteilung beim Generalgouverneur Belgien in Brüssel, ab 1917 beim Zivilgouverneur in Holland, wo er bis 1944 in Den Haag, danach in Amsterdam als Pressevertreter deutscher Tageszeitungen, Schriftsteller und Übersetzer lebte (Vera Grötzinger: Der Erste Weltkrieg im Widerhall des »Zeit-Echo« [1914-1917]. Zum Wandel im Selbstverständnis einer künstlerisch-politischen Literaturzeitschrift. Berlin u.a.: Lang 1993, S. 99-107).

– GS an Huebner: 5.11.1914; 21.11.1914.

Husserl, Edmund, Philosoph, * 8. 4. 1859 Proßnitz/Mähren, † 27.4.1938 Freiburg i. Br.

Begann 1876 Studium der Mathematik, Physik und Philosophie in Leipzig, wechselte zum SS 1877 nach Berlin und zum SS 1881 nach Wien, wo er 1882 in Mathematik promovierte; wurde 1883 Assistent bei dem Mathematiker Karl Weierstrass (1815-1897) in Berlin, kehrte 1884 zwecks Philosophiestudien bei Franz Brentano nach Wien zurück, wurde 1887 PD für Philosophie in Halle/S. und dort 1894 zum Prof. ernannt; ging 1901 als a.o. Prof. nach Göttingen, erhielt ebd. 1906 ein persönliches Ordinariat, folgte 1916 dem Ruf an die Universität Freiburg i. Br. (Nachfolge Rickert), die ihn 1928 emeritierte. – Gehörte zu den ›Patronen‹ des ›Logos‹ (Vita zur Habilitation in: Husserl-Briefe VIII, S. 222; NDB).

– GS an Husserl: 30/31.7.1912; 2.3.1913; ca. 29.7.1913; ca. 1.11.1913; 15.12.1914; 10.4.1916; 15.3.1918.

Jaspers, Gertrud, geb. Mayer, * 26. 2. 1879 Prenzlau/Brandenburg, † 25.5.1974 Basel.

Entstammt, wie ihr Bruder, der Historiker Gustav Mayer (1871-1948), einer jüdisch-orthodoxen Kaufmannsfamilie; war zunächst Nervenpflegerin in Berlin und Königstein, strebte 1905 durch Erwerb des Abiturs ein reguläres Philosophiestudium an und hospitierte in Freiburg i. Br. bei Rickert; nach Heidelberg umgezogen, lernte sie dort 1907 durch ihren Bruder Ernst Mayer (1883-1952) dessen Studienkollegen Karl Jaspers (s. d.) kennen, den sie 1910 heiratete und dessen Werk sie durch Reinschriften, kritisches Lesen und Diskutieren zeitlebens begleitete (MWG II/8, S. 843; Hans Saner: Karl Jaspers in Selbstzeugnissen und Bilddokumenten. Reinbek: Rowohlt 1970).

– GS an G. Jaspers: 21.11.1917; 29.11.1917; 12.12.1917; 28.4.1918.

Jaspers, *Karl* Theodor, Philosoph, * 23.2.1883 Oldenburg, † 26.2.1969 Basel.

Studierte ab WS 1901/02 zunächst Jura, dann Medizin in München, Berlin, Göttingen und Heidelberg; arbeitete als Dr. med. (Heidelberg 1908) und approbierter Arzt (1909) bis 1915 an der Psychiatrischen Klinik in Heidelberg; trieb daneben intensive philosophische Studien, habilitierte sich 1913 für Psychologie an der philosophischen Fakultät der Universität Heidelberg, an der er, 1916 zum a.o. Prof. ernannt, 1920 ein etatmäßiges Extraordinariat und nach Rufablehnungen 1921 ein Ordinariat für Philosophie erhielt; wurde wegen der jüdischen Herkunft von Gertrud Jaspers (s. d.) 1937 zwangsemeritiert, 1945 wiedereingesetzt und hatte 1947-1961 das philosophische Ordinariat in Basel inne (Drüll; NDB; Hans Saner: Karl Jaspers in Selbstzeugnissen und Bilddokumenten. Reinbek: Rowohlt 1970).

– GS an K. Jaspers: 1. 6. 1917; 11. 6. 1917; 16. 6. 1917; 21. 6. 1917; 25.6.1917; 4.9.1917; 12.11.1917.

Jastrow, Anna, geb. Seligman, * 17.12.1858 Gadebusch/Mecklenburg, † 7.8.1943 Greensboro/North Carolina.

Ehelichte 1888 Ignaz Jastrow (s. d.), teilte dessen sozialpolitisches Engagement, u.a. seit 1904 als beratendes Mitglied der Charlottenburger Verwaltungsdeputation ›Armendirektion‹ und als Leiterin zahlreicher Initiativen zur Mitwirkung bei der Kriegsunterstützungsstelle Charlottenburg; 1937 verwitwet, emigrierte sie als NS-Verfolgte mit den beiden Töchtern, Elisabeth (1890-1981) und Lotte Beate (1894-1970), in die USA (NDB; Mttl. Ch. Arner; Wilhelm Gundlach: Geschichte der Stadt Charlottenburg. Band I. Berlin: Julius Springer 1905, S. 615).

– GS an A. Jastrow: 30. 7. 1913; 22. 7. 1914; 3. 9. 1914; 28. 1. 1915; 6. 5. 1915; 7. 1. 1916; 22. 1. 1916; 16. 4. 1916; 1. 5. 1916; 8. 12. 1916; 17. 2. 1917; 27. 2. 1917; 1. 3. 1917; 13. 3. 1917; 11. 5. 1917; 30. 9. 1917; 18. 10. 1917; 22. 10. 1917; 8. 11. 1917 (zwei Briefe); 13. 1. 1918.

– siehe auch: GS an Ignaz Jastrow

Jastrow, Ignaz, Nationalökonom, Historiker, * 13.9.1856 Nakel/Prov. Posen, † 2.5.1937 Berlin-Charlottenburg.

Studierte 1874-1878 Geschichte, Rechts- und Staatswissenschaften in Breslau und Berlin, wurde nach Dr. phil. (Göttingen 1878) und Militärdienst 1880 Assistent bei Leopold von Ranke (1795-1886) und betätigte sich nach dem Staatsexamen (1881) bis 1883 als Gymnasiallehrer; habilitierte sich 1885 für Geschichte, 1892 für Staatswissenschaften, jeweils FWU Berlin, und wurde ebd. 1905 zum a.o., 1920 zum o. Prof. ernannt; daneben war er 1898-1899 Stadtverordneter, 1900-1910 unbesoldeter Stadtrat von Berlin-Charlottenburg, 1906-1914 Prof. an der von ihm mitbegründeten Berliner Handels-Hochschule, 1906-1909 deren erster Rektor; wirkte zudem als Gründer und Herausgeber mehrerer Zeitschriften, u.a. ›Soziale Praxis‹ (1894-97) und ›Berliner Jahrbuch für Handel und Industrie‹. Seit ca. 1888 Freundschaft mit Simmel (NDB; Ignaz Jastrow: Autobiographical Sketch. Msk. [1920], Baker Library, Havard University, Boston: Redlich Collection; Hans Simmel, S. 21).

– GS an I. Jastrow: 9.3.1917; 14.3.1917; 1.5.1918; 7.8.1918.

– GS an A. und I. Jastrow: 13.7.1914; 16.8.1914; 13.7.1915; 12.5.1917; 3.3.1918; 18.7.1918.

J. C. B. Mohr (Paul Siebeck) - siehe: Verlag J. C. B. Mohr (Paul Siebeck)

J. G. Cotta'sche Buchhandlung Nachfolger

Geht zurück auf den 1659 durch Johann Georg Cotta (1631-1692) gegründeten Verlag in Tübingen, der 1889 aus dem Besitz der Familie von Cotta in den des Verlegers Adolf Kröner (1836-1911) übergegangen war, der ihn zunächst als GmbH und seit 1905 als Alleininhaber unter obiger Bezeichnung fortführte. Seit 1907 war Sohn Robert Kröner (1869-1945) Teil-, ab 1911 Alleininhaber des Verlags. Adolf Kröner hatte 1901 die Bessersche Buchhandlung (Wilhelm Hertz) (siehe GSG 22) erworben, sie in seinen Verlag aufgehen und unter der Direktion von Wilhelm Koebner (1848-1919) in der eigens gegründeten Filiale der J. G. Cotta'schen Buchhandlung in Berlin leiten lassen (GSG 22; Lieselotte Lohrer: Cotta. Geschichte eines Verlags 1659-1959. Stuttgart 1959).

– GS an Verlag: 11.9.1918.

J. Singer & Co. - siehe: Verlag J. Singer & Co.

Jost, Gustav August *Ludwig*, Pflanzenbiologe, * 13.11.1865 Karlsruhe, † 22.2.1947 Heidelberg.

Studium 1883-1887 in Heidelberg und Straßburg, PD Straßburg 1891, 1894 ao. Prof. ebd.; 1907 etatmäßiger Extraordinarius an der Landwirtschaftlichen Akademie in Bonn, 1908-1918 o. Prof. an der KWU Straßburg, 1916/17 deren Rektor; 1919-1934 o. Prof. und Direktor des Botanischen Instituts der Universität Heidelberg (Drüll; NDB; LC vom 12. Febr. 1916, Sp. 179).

– siehe: Kaiser Wilhelms-Universität: Rektor

Kaiser Wilhelms-Universität (KWU), Straßburg

Wurde nach der Annexion von Teilen des Elsaß und Lothringens infolge der Niederlage Frankreichs im Krieg 1870/71 in der Hauptstadt des »Reichslandes« am 1. Mai. 1872 eröffnet und am 2. Dez. 1918 infolge der Niederlage des Deutschen Reiches im Ersten Weltkrieg unter Ausweisung fast aller deutschen Professoren geschlossen. Die Errichtung der KWU zielte auf ein Wiederaufleben der alten Universität Straßburg, deren Entwicklung aus dem 1538 gegründeten und 1567 zur ›Privilegierten Akademie‹ erhobenen protestantischen Gymnasium 1621 abgeschlossen war und die auch nach der Annexion Straßburgs durch Louis XIV. (1681) den Charakter einer städtischen, deutschen und protestantischen Universität bewahrt und ihre letzte Glanzzeit Mitte des 18. Jahrhunderts erlebt hatte, da sie im Zuge der napoleonischen Neuorganisation des Unterrichtswesens 1792 aufgelöst und durch die ausschließlich französischsprachige ›Académie de Strasbourg‹ ersetzt worden war. Der KWU folgte die am 22. Nov. 1919 eröffnete ›Université de Strasbourg‹, die, nach Clermont-Ferrand evakuiert, den Zweiten Weltkrieg und die am 1. Mai 1941 in Straßburg eröffnete ›Reichsuniversität‹ überdauerte (Universitäten und Hochschulen in Deutschland, Österreich und der Schweiz. Eine Universitätsgeschichte in Einzeldarstellungen. Hg. von Laetitia Boehm und Rainer A. Müller. Düsseldorf: Econ 1983).

Kurator der KWU

– GS an Kurator: 22.12.1913 (O. Back); 1.1.1914 (O. Back); 14.1.1914 (O. Back); 18.1.1914 (O. Back).

– Kurator an GS: 20. 12. 1913 (O. Back); 27. 12. 1913 (O. Back); 30.12.1913 (O. Back); 12.1.1914 (O. Back; zwei Schreiben); 15.1.1914 (O. Back).

Rektor der KWU

– GS an Rektor der KWU: von/nach 13.4.1916 (L. Jost); von/nach 24.4.1917 (E. W. Mayer); 25. oder 26.4.1917 (E. W. Mayer); von/nach 30.5.1917 (E. W. Mayer); 9.6.1917 (E. W. Mayer); von/nach 25.7.1917 (E. W. Mayer); von/nach 14.5.1918 (A. v. Tuhr).

– Rektor der KWU an GS: 13.4.1916 (L. Jost); 24.4.1917 (E. W. Mayer); 25.4.1917 (E. W. Mayer); 15. und 16.5.1917 (E. W. Mayer); 30.5.1917 (E. W. Mayer); 25.7.1917 (E.W. Mayer); 7.5.1918 (A. v. Tuhr).

Dekan der philosophischen Fakultät der KWU

– GS an Dekan: von/nach 19. 10. 1914 (A. Thumb); von/nach 17. 11. 1914 (A. Thumb); von/nach 21. 5. 1915 (K. Sapper; zwei Schreiben); 22. 11. 1915 (K. Sapper); 28. 4. 1916 (O. Plasberg); von/nach 22.7.1916 (O. Plasberg), 26.7.1916 (O. Plasberg); 9. 11. 1916 (O. Plasberg); 7. 12. 1916 (O. Plasberg), 14. 3. 1917 (O. Plasberg); von/nach 4.4.1917 (O. Plasberg); 22.5.1917 (F. Schultz); 3.6.1917 (F. Schultz); 11. 6. 1917 (F. Schultz); 22. 6. 1917 (F. Schultz); von/nach 16. 7. 1917 (F. Schultz); von/nach 25. 10. 1917 (F. Schultz); Anfang Nov. 1917 (F. Schultz); 13. 11. 1917 (F. Schultz); von/nach 21. 11. 1917 (F. Schultz); 20.12.1917 (F. Schultz); 25.12.1917 (F. Schultz); ca. 8.6.1918 (A. Schneider); 22.7.1918 (A. Schneider); 26.7.1918 (A. Schneider); (Gertrud Simmel): 19.9.1918 (A. Schneider).

– Dekan an GS: 4.4.1917 (O. Plasberg); 25. 10. 1917 (F. Schultz); 21.11.1917 (F. Schultz).

Kantorowicz, Gertrud, Kunsthistorikerin, Lyrikerin, * 9. 10. 1876 Posen, † 19. oder 20.4.1945 Theresienstadt.

Studierte Philosophie, Archäologie und Kunstgeschichte ab WS 1897/98 in Berlin (Hospitation) und München und promovierte in Kunstgeschichte an der Universität Zürich 1903; lebte danach in Posen und Berlin-Westend, dort in enger Freundschaft mit den Familien von Bendemann, Jastrow, Lepsius und Simmel; trat 1899 unter dem Ps. Gert Pauly in Georges ›Blättern für die Kunst‹ erstmals als Dichterin auf, arbeitete um 1905/06 an Übertragungen von Gedichten Michelangelos, seit 1907 an einer kunsthistorischen Abhandlung zur Sienesischen Malerei (1910), übersetzte danach Bergsons ›Schöpferische Entwicklung‹ (1912), leistete 1914-1915 Kriegshilfe in Berlin und war dann Lazarettschwester in der Türkei; sie bearbeitete 1919-1923 Simmels nachgelassene Schriften; lebte 1921-1926 mit ihrer und Simmels Tochter Angela Bolzano (1907-1944), die sie 1923 adoptierte, in Herrlingen bei Ulm, 1926/27 (wieder allein) in Heidelberg, danach überwiegend in Berlin, wo sie seit 1933 Emigrations- und Fluchthilfe für verfolgte Juden betrieb, bis sie selbst 1942 nach einem gescheiterten Fluchtversuch nach Theresienstadt deportiert wurde (Michael Landmann: Nachwort. In: Gertrud Kantorowicz: Vom Wesen der griechischen Kunst. Hg. von dems. Heidelberg/Darmstadt: Lambert Schneider 1961; Angela Rammstedt: »Wir sind des Gottes, der begraben stirbt …«. Gertrud Kantorowicz und der nationalsozialistische Terror. SNL 6/2, 1996, S. 135-177; dies.: »Ich habe solche Sehnsucht, etwas zu finden; zu wissen, wo man hingehört …«. Gertrud Kantorowicz und Herrlingen. Tps. 2001).

– GS an Kantorowicz: 20. 5. 1918.

Kerschensteiner, ***Georg*** **Michael**, Pädagoge, * 29. 7. 1854 München, † 15. 1. 1932 München.

War bis 1873 Volksschullehrer und studierte nach Erwerb der Hochschulreife Mathematik und Physik in München, wo er 1883 promovierte, um danach an Gymnasien in Nürnberg, Schweinfurt und München zu lehren; 1895 zum Stadtschulrat von München und Kgl. Schulkommissär ernannt, erwirkte er in seiner 25jährigen Amtszeit zahlreiche Reformen im Schul- und Fortbildungswesen, für deren Verbreitung er sich auf Vortragsreisen im In- und Ausland sowie als Reichstagsabgeordneter (1912-1918) der Freisinnigen Volkspartei einsetzte; seit 1918 Hon.-Prof. der Universität München, verzichtete er 1920 auf die Berufung nach Leipzig (Nachfolge Eduard Spranger) zugunsten seiner bildungspolitischen Aufgaben auf Reichsebene (NDB; DBE; Georg Kerschensteiner. In: Die Pädagogik in Selbstdarstellungen. Hg. von Erich Hahn. Leipzig: Felix Meiner 1926, S. 1-52).

– GS an Kerschensteiner: 15. 10. 1917.

Key, Carl Axel ***Helmer***, Literaturwissenschaftler, Chefredakteur, * 26.4.1864 Stockholm, † 23.4.1939 Friggersåker/Skaraborgs län.

Nach Studium (1882-94) an der Universität Upsala und literaturwissenschaftlicher Promotion, 1894 ebd., verbunden mit anschließender Dozentur, wurde er 1897 Herausgeber und Hauptschriftleiter des ›Svenska Dagbladet‹, das er mit einer kurzen Unterbrechung (1907/08) bis zum 1. Dez. 1934 führte, indem er ihm ein liberales Gepräge gab und kulturellen Fragen besonderes Gewicht einräumte. Mitglied u.a. der Stockholmer Handelskammer (1902-1916) und des Publicist Klubben, Stockholm, 1917-1920 dessen Vorsitzender. Daneben Verfasser zahlreicher Schriften zu ökonomischen, literaturhistorischen und musikwissenschaftlichen Themen (SBL; Otto Friebel: Helmer Key und das Svenska Dagbladet. Zeitungswissenschaft, 10. Jg., 1935, Heft 1, S. 29f.).

– GS an Key: 14.4.1915.

Keyserling, Hermann Graf von, Philosoph, Schriftsteller, * 20.7.1880 Könno/Livland, † 26.4.1946 Innsbruck.

Studierte ab 1897 Geologie, Chemie und Zoologie in Genf, Dorpat, Heidelberg und Wien, 1902 Dr. phil., Wien, mit geologischer Dissertation; wurde 1907/08 und 1911 mit philosophischen Vorlesungen in Hamburg betraut; lebte 1906-1908 als Privatgelehrter mit Wohnsitz in Paris und Berlin, 1908-1918, unterbrochen von einer Weltreise 1911/12, auf dem Familiengut Rayküll in Estland; emigrierte 1918 nach Deutschland, siedelte sich 1920 in Darmstadt an, gründete dort die ›Gesellschaft für Freie Philosophie‹ und die ›Schule der Weisheit‹, entzog beide Einrichtungen 1933 durch Auflösung nationalsozialistischen Verfolgungsmaßnahmen, denen er selbst 1939 mit dem Umzug auf das Schloß Schönhausen bzw. 1943 nach Innsbruck auswich (NDB; Hermann Keyserling. In: Selbstdarstellungen Band 4, 1923).

– GS an von Keyserling: 22.4.1914; 25.3.1918; 18.5.1918; 27.5.1918; 21.6.1918; 5.7.1918; 19.7.1918; 6.8.1918; 6.9.1918; nach 13.9.1918.

– Gertrud Simmel an von Keyserling: 13.9.1918; 21.9.1918.

Knapp, Georg Friedrich, Nationalökonom, * 7.3.1842 Gießen, † 20.2.1926 Darmstadt.

Studierte 1861-65 Physik, Chemie und Nationalökonomie in München, Berlin und Göttingen, ging nach der Promotion (Göttingen 1865) zwecks Besuchs der Lehrgänge des Statistischen Seminars von Ernst Engel nach Berlin, wurde 1867 Leiter des Statistischen Amtes der Stadt Leipzig und lehrte ebd. seit 1869 nebenamtlich als ao. Prof. für Nationalökonomie und Statistik; dank der Einflußnahme seines

Freundes Schmoller erhielt er 1874 das Ordinariat für nämliche Fächer an der Universität Straßburg, an der er u.a. als Rektor (1891/92 und 1907/08) bis 1918 wirkte; zog 1919 nach Darmstadt (NDB; HdSW; HdStW; Hartmut Harnisch: Georg Friedrich Knapp. Agrargeschichtsforschung und sozialpolitisches Engagement im Kaiserreich. Jahrbuch für Wirtschaftsgeschichte 1993/1, S. 95-132).

– GS u.a. an Knapp: 7.3.1912.

– Knapp an GS u.a.: 18.3.1912.

Königliches Amtsgericht Berlin-Mitte

Gemäß dem Einführungsgesetz zum Gerichtsverfassungsgesetz für das Deutsche Reich vom 27. Jan. 1877 spätestens zum 1. Okt. 1879 gegründet und seit 1. Mai 1905 im neu erbauten Dienstgebäude Grunerstraße/Friedrichstraße angesiedelt (Berlin.de: Pressemitteilung des Kammergerichts vom 14. Jan. 2005; Gerichtsverfassungsgesetz für das Deutsche Reich vom 27. Januar 1877 nebst dem Ausführungsgesetze für das Königreich Bayern vom 23. Februar 1897. Erläutert von Thomas Hauck. Nördlingen: C. H. Beck'sche Buchhandlung 1879).

– GS an Amtsgericht: 26.12.1915; 16.2.1916.

Kracauer, Siegfried, Schriftsteller, Journalist, Soziologe, * 8.2.1889 Frankfurt/M., † 26.11.1966 New York.

Erwarb nach 1907 in Darmstadt und Berlin begonnenem Architektur-Studium 1911 in München das Ingenieursdiplom und 1915 in Berlin den Dr. ing., betätigte sich danach als Architekt in Osnabrück, München und Frankfurt/M., betrieb daneben philosophische Studien, seit WS 1907/08 unter der Ägide Simmels, dessen Denken und Werk er nach Kriegsende monographisch bearbeitete; war seit 1921 fester Mitarbeiter der ›Frankfurter Zeitung‹, 1930-1933 deren Redakteur in Berlin; emigrierte 1933 nach Paris, 1941 in die USA, wo er 1952-1958 als Forschungsdirektor für angewandte Sozialwissenschaft an der Columbia University, New York, tätig war. Verfaßte soziologische, kulturkritische, literatur- und filmtheoretische Studien, Romane und Erzählungen (Kracauer Magazin; NDB; DBE).

– GS an Kracauer: 26.6.1915; 10.5.1916; 8.10.1916; 1.11.1916; 9.12.1917; 11.12.1917; 28.2.1918.

– Kracauer an GS: 5.7.1914; 30.11.1917.

Kurt Wolff Verlag

Grundlage bildete der zum 1. Jan. 1913 übernommene Ernst Rowohlt Verlag (1907-1912), den Kurt Wolff (s. d.) unter eigenem Namen zunächst in Leipzig, ab 1919 in München fortführte und dank der im

Lektorat wirkenden Autoren sowie der Geschäftsführung von Georg Heinrich Meyer (s. d.) zum Hauptverlag expressionistischer Literatur entwickelte; der bis Mitte der 1920er Jahre anhaltende Erfolg beruhte auf dem Avantgardecharakter von Reihen wie ›Der jüngste Tag‹, ›Der neue Roman‹, ›Das neue Drama‹, auf der Attraktivität von und für prominente Autoren und auf der Breite des Verlagsprogramms, die durch die Übernahme von Reihen anderer Verlage und die Verflechtung mit eigens gegründeten Zweigverlagen erreicht wurde. 1931 wurde der Verlag von Wolffs Schwager, Peter Reinhold (1887-1955), übernommen und bis 1940 als ›Kurt Wolff Verlag‹, danach bis 1946 als ›Genius Verlag‹, jeweils mit Sitz in Berlin, fortgeführt (Göbel, Sp. 549-919; Würffel; DBE).

– GS an Verlag: 26.3.1916 (G. H. Meyer); 6.4.1916 (G. H. Meyer); 15.4.1916 (G. H. Meyer); 21.4.1916 (G. H. Meyer); 26.4.1916 (G. H. Meyer); 17.5.1916 (G. H. Meyer); 30.5.1916 (G. H. Meyer; zwei Briefe); 2.6.1916 (G. H. Meyer); 5.6.1916 (G. H. Meyer); 12.6.1916 (G. H. Meyer); 16.6.1916 (G. H. Meyer); 16.6.1916 (K. Wolff); 21.6.1916 (K. Wolff); 23.6.1916 (K. Wolff); 28.6.1916 (G. H. Meyer); 5.7.1916 (G. H. Meyer); nach dem 5.7.1916 (G. H. Meyer).

– Verlag an GS: 15.6.1916 (K. Wolff); 27.6.1916 (G. H. Meyer); 5.4.1917 (G. H. Meyer).

Lamprecht, Karl, Historiker, * 25.2.1856 Jessen/Wittenberg, † 10.5.1915 Leipzig.

Begann 1874 geschichtswissenschaftliches Studium in Göttingen, promovierte 1878 in Leipzig, qualifizierte sich ebd. 1879 für das höhere Lehramt, wurde Hauslehrer in Köln, habilitierte sich 1880 in Bonn und begründete mit ›Deutsches Wirtschaftleben im Mittelalter‹ (4 Bde. 1885/6) seinen Ruf als Wirtschafthistoriker. Seit 1885 unbesoldeter, seit 1890 besoldeter Extraordinarius in Bonn, 1890 Ordinarius in Marburg, übernahm er 1891 den Lehrstuhl für mittlere und neuere Geschichte an der Universität Leipzig. Sein Hauptwerk, ›Deutsche Geschichte‹ (1891-1901), bzw. die darin in Anlehnung an die Psychologie Wundts unterstellten historischen Regelmäßigkeiten (»Formen kultureller Vergesellschaftung«) lösten 1893 den ›Methodenstreit‹ (Lamprechtstreit) in der Geschichtswissenschaft aus und machten ihn seit 1900 zunehmend zum Außenseiter in der deutschen Geschichtswissenschaft, während er im Ausland durch mehrere Ehrendoktorverleihungen gewürdigt wurde (NDB; DBE).

– GS und Ferdinand Tönnies an Lamprecht: 12.7.1912.

Lepsius, Sabine, Porträtmalerin, * 15.1.1864 Berlin, † 29.11.1942 Bayreuth.

Die Tochter des Malers Gustav Graef (1821-1895) und Schwester von Simmels Schulfreund Harald (s. d.) war 1879-81 Geigenschülerin an der Musikhochschule, ließ sich danach wegen des Frauen verwehrten Zugangs zur Komponistenklasse zur Malerin ausbilden, u.a. 1884-1886 bei Carl Gussow (1843-1907) in Berlin, 1887-1889 in Rom, 1890-1891 in Paris, und blieb bis ins hohe Alter selbständige Porträtistin in Berlin; trat 1898 der Berliner Sezession bei. Seit 1892 mit dem Porträtmaler Reinhold Lepsius (1857-1922) verheiratet; Kinder: Monica (geb. 1894), Stefan (geb. 1898), Sabine (geb. 1900) und Sibylle (geb. 1903); bis zum Ausbruch der Ersten Weltkriegs führte sie einen der bedeutendsten Salons in Berlin (Wer ist's? 1935; Lepsius Künstlerleben).

– GS an Lepsius: 11.9.1918.

Liepmann, Agathe, * 10.3.1871 Berlin, † 5.4.1933 ebd.

Tochter des Bankiers Julius Bleichröder (1828-1907), wirkte nach überwiegend privat erfolgter Schulausbildung ab 1892 als freiwillige Helferin in der ›Deutschen Gesellschaft für ethische Kultur‹; ehelichte 1897 Hugo Liepmann (s. d.); Kinder: Käthe Karoline (1898-1983), Charlotte Margarete (1899-1953), nachmals Hamburger, Dorothee (1900-1936), nachmals Herrey, und Hans Walter (1902-1959); beeinflußt durch ihren Schwager, den durch die ›Lex Arons‹ in seiner Hochschulkarriere als Physiker gescheiterten Sozialdemokraten Leo Arons (1860-1919), engagierte sie sich in der Fürsorgestelle und während des Ersten Weltkriegs in der Unterstützungskommission von Berlin-Charlottenburg, für die sie zwecks Arbeitsbeschaffung für Kriegerfrauen auf eigene Kosten einen Nähereibetrieb einrichtete (Hamburger-Liepmann, S. 76, 154, 159; Stammbaum Liepmann-Bleichröder [u.a.], Tps. im Besitz von Klaus Arons; Aus Widersprüchen zusammengesetzt. Das Tagebuch der Gertrud Bleichröder aus dem Jahr 1888. Hg. von Karin H. Grimme. Berlin: Zeitzeugnisse aus dem Jüdischen Museum Berlin 2002).

– GS an A. Liepmann: 30.3.1914; 30.8.1914; 28.8.1917.
– siehe auch: GS an Hugo Liepmann

Liepmann, *Hugo* Karl, Psychiater, Philosoph, * 9.4.1863 Berlin, † 6.5.1925 ebd.

Promovierte 1885 in Berlin in Philosophie und 1895 in Medizin, war bis 1899 Assistenzarzt in Breslau, ab 1900 in der Städtischen Irrenanstalt Berlin-Dalldorf, wo er 1907 Oberarzt wurde, und leitete 1914-1917 die Irrenanstalt Herzberge bei Berlin; daneben habilitierte er sich 1901 für Psychiatrie und Neurologie und lehrte ab 1904 als Titular-Prof., ab 1918 o. Hon.-Prof. an der FWU Berlin. Gemeinsam mit Ehefrau Agathe (s. d.) seit spätestens 1907 mit dem Ehepaar Simmel befreundet (Kürschner GK 1926; BLÄ, LC vom 4. Mai 1918).

– GS an H. Liepmann: 2. 8. 1914; 8. 8. 1914; 11. 8. 1914; 9. 9. 1914; 9. 11. 1914; 8. 12. 1914; 25. 6. 1915; 26. 7. 1915; 30. 10. 1915; 22. 12. 1915; 19. 9. 1917; 6. 10. 1917; 17. 11. 1917; 15. 1. 1918; 31. 3. 1918; 8. 9. 1918.

– H. Liepmann an GS: 18. 10. 1915.

– GS an A. und H. Liepmann: 23. 3. 1915; 12. 10. 1915; 29. 4. 1917; 12. 1. 1918; 13. 3. 1918; 5. 9. 1918.

Lukács, Georg von (bis 1918), Philosoph, Literaturtheoretiker, * 13. 4. 1885 Budapest, † 4. 6. 1971 ebd.

Studierte ab 1902 Jura und Nationalökonomie in Budapest, arbeitete nach Dr. rer. pol. (Kolozsvár/Klausenburg 1906) kurz im ungarischen Handelsministerium und nahm ein Studium der Philosophie, Literatur und Kunstgeschichte in Budapest auf, ging dafür 1908/09 nach Berlin (Dilthey, Simmel), wo er auch nach dem Dr. phil. (Budapest 1909) bis 1911 überwiegend lebte; zog nach gescheitertem Habilitationsversuch in Budapest und längerem Aufenthalt in Florenz zum WS 1912/13 mit Habilitationsabsichten nach Heidelberg (Windelband, Rickert, Lask); lebte dort, eingebunden in den Weber-Kreis und zeitweise durch Militärverpflichtung nach Budapest abberufen, bis zum Einreichen seines, dann aufgrund seines Ausländerstatus zurückgewiesenen Habilitationsgesuchs vom Mai 1918; nach Budapest zurückgekehrt, trat er 1918 der KPU bei, wurde 1919 Mitglied des Zentralkomitees, dann Volkskommissar für Unterrichtswesen der Räterepublik und betrieb nach deren Zusammenbruch und Flucht nach Wien von 1919 bis 1929 illegale Parteiarbeit in Wien und Budapest; aus Österreich ausgewiesen, arbeitete er zunächst in Moskau am Marx-Engels-Lenin Institut, 1931-1933 als Schriftsteller in Berlin, danach wieder in Moskau, seit 1934 als Mitglied der Akademie der Wissenschaften, für Literaturzeitschriften; seit Ende 1944 wieder in Budapest, bekleidete er dort 1945-1958 das Ordinariat für Ästhetik und Kulturphilosophie, engagierte sich politisch, u. a. als Parlamentsmitglied (1949-1956) und wurde 1956 Minister für Volksbildung in der Regierung I. Nagy (Curriculum vitae zum Habilitationsantrag, 25. Mai 1918. In: Georg Lukács. Text und Kritik 39/40, Okt. 1973, S. 5-7; NDB; Killy; MWG II/8, S. 849).

– GS an von Lukács: 17. 2. 1912; 25. 5. 1912; 14. 3. 1913.

Mayer, Emil Walter, ev. Theologe, * 9. 9. 1854 Lyon, † 18. 3. 1927 Gießen.

Legte nach dem Studium der Philosophie und Theologie (1872-1874) in Berlin zunächst 1877 die theologische Prüfung (ebd.) ab und erwarb dort auch die Lehrbefugnis; promovierte 1879 in Halle/S., war anschließend Gymnasiallehrer in Berlin, ging 1893 als ao. Prof. an die Universität Straßburg, an der er seit 1900 als Ordinarius für Systematische Theologie wirkte, im Amtsjahr 1917/18 auch als Rektor. Nach der Vertreibung aus Straßburg wurde er 1920 nach Gießen berufen und dort 1925 emeritiert (Wer ist's? 1928; Kürschner GK 1926 und 1928/29, Totenliste; LC 6 vom 17. Febr. 1917).

– siehe: Kaiser Wilhelms-Universität: Rektor

Meinecke, Friedrich, Historiker, * 30. 10. 1862 Salzwedel/Altmark, † 6. 2. 1954 Berlin.

Studierte 1882-1886 Germanistik, Philosophie und Geschichte in Bonn und Berlin, arbeitete nach kurzer Hauslehrertätigkeit seit 1887 als Hilfsarbeiter, ab 1892 als etatmäßiger Archivar im preußischen Geheimen Staatsarchiv; 1896 in Berlin habilitiert, folgte er 1901 dem Ruf auf ein Ordinariat der KWU Straßburg, wechselte 1905 nach Freiburg i. Br. und 1914 nach Berlin, wo er bis nach dem Zweiten Weltkrieg lehrte; war seit 1893 Redakteur, 1896-1935 Herausgeber der ›Historischen Zeitschrift‹, 1909 Gründungsmitglied der DGS und gehörte zu den ›Patronen‹ des ›Logos‹ (NDB; GSG 22).

– GS an Meinecke: 1. 7. 1914.

Melle, Werner von, Bürgermeister, Bildungspolitiker, * 18. 10. 1853 Hamburg, † 18. 2. 1937 ebd.

Nach juristischem Studium in Heidelberg, Straßburg und Leipzig 1876 in Göttingen promoviert, betrieb er neben der Advokatur juristische und historische Studien und betätigte sich seit 1886 als Redakteur der ›Hamburger Nachrichten‹; wurde 1891 Syndikus des Hamburger Senats und Präsidialmitglied der Oberschulbehörde, 1904 deren Präses, und fand hier den Rahmen seines bildungspolitischen Engagements, dessen Hauptziel, die Errichtung einer Hamburgischen Universität, er mit der Gründung der ›Hamburgischen Wissenschaftlichen Stiftung‹ (1907) und dem 1908 entstandenen ›Kolonialinstitut‹ sowie dem angegliedertem Vorlesungswesen bis zur Universitätsgründung 1919 verfolgte; 1900-1921 parteiloses Mitglied des Hamburger Senats, wurde er 1914 zum Bürgermeister gewählt und blieb dies bis zum Rücktritt 1919. Zahlreiche Ehrendoktorate, ab 1921 Rektor h.c. der Hamburgischen Universität (NDB; Werner von Melle: Dreißig Jahre

Hamburger Wissenschaft: 1891-1921. Rückblicke und persönliche Erinnerungen. Hamburg: Broschek 1923-1924).

– GS an von Melle: 18.11.1913; 15.3.1918; 3.4.1918.

Meyer, Georg Heinrich, Verleger, * 21.2.1858 Hildesheim, † 22.3.1931 München.

Gründete 1895 den Verlag Georg Heinrich Meyer, Leipzig (ab 1899 Berlin), in dessen Schwerpunkt Schöne Literatur u.a. eine frühe Rilke-Veröffentlichung fiel, und 1902 den Meyer & Wunder Heimatverlag, Berlin; übernahm nach Verkauf bzw. Auflösung der Verlage 1905 eine leitende Stellung in der Deutschen Verlags-Anstalt, Stuttgart, ab 1908 in deren Berliner Niederlassung; begründete 1910 mit Harro Jessen die Verlagsbuchhandlung Meyer & Jessen, Berlin, die sich u.a. der Herausgabe des Feuerbach-Nachlasses und einem breiten Literaturprogramm mit Paul Ernst als Hauptautor widmete; wurde 1920 Alleininhaber des 1914 stillgelegten und 1922 verkauften Unternehmens. Teile des Verlagsprogramms, u.a. den zwischenzeitlich ausgegliederten Feuerbach-Verlag, überführte er in den Kurt Wolff Verlag (s. d.), dessen Geschäfte er seit 1914 leitete und zu dessen Profil und Aufschwung er maßgeblich beitrug, zuletzt, bis ca. 1927, als Direktor; ab 1929 Tätigkeit beim Rhein-Verlag, München (Berthold Hack: Auf den Spuren von Georg Heinrich Meyer. Börsenblatt für den Deutschen Buchhandel. Frankfurter Ausgabe Nr. 52 vom 28. Juni 1968, S. 1559-1567; Göbel, Sp. 693-704; Würffel).

– siehe: Kurt Wolff Verlag

Michels, Robert, Soziologe, * 9.1.1876 Köln, † 3.5.1936 Rom.

Studierte ab 1896 Geschichte und Nationalökonomie in Paris (Sorbonne), München, Leipzig und Halle/S., wo er 1900 promovierte; wurde nach Aufenthalten in Frankreich, Belgien (1903-1905, Dozentur an der Universität Brüssel) und Italien 1907 PD für Nationalökonomie an der Universität Turin, an der er 1912 ao. Prof. wurde und auch als Tit.-Prof. blieb, als er das Ordinariat für Nationalökonomie an der Universität Basel 1914-1928 ausübte; 1913 italienischer Staatsbürger geworden, wandelte sich die bis 1907 auch praktisch betriebene Affinität zum linksliberalen Flügel der italienischen und deutschen Sozialdemokratie zunehmend in Bekenntnis und Beitritt (1922) zur Partei Mussolinis und führte 1928 zum Wechsel an die als faschistische Parteihochschule ausgewiesene Universität Perugia. – Mitglied der DGS, seit 1914 deren Rechner (NDB; Minerva 1912/13; Wilfried Röhrich: Robert Michels. Berlin: Duncker & Humblot 1972).

– GS an Michels: 25.4.1912; 17.5.1912; 6.8.1913; 19.10.1913.

Misch, Georg, Philosoph, * 5.4.1878 Berlin, † 10.6.1965 Göttingen.

Promovierte bei Wilhelm Dilthey nach Philosophie- und Jurastudium 1900 in Berlin, habilitierte sich 1905 ebd., unternahm nach der Heirat mit Diltheys Tochter Clara, 1908, eine längere Studienreise nach Asien, erhielt 1911 in Marburg und 1916 in Göttingen ein Extraordinariat, trat letzteres wegen Kriegseinsatzes im Sanitätsdienst und als Delegierter beim Roten Kreuz erst im Jan. 1919, nunmehr zum o. Prof. ernannt, an; 1935 in den Ruhestand versetzt, 1939 nach England emigriert, wurde er 1946 von der Universität Göttingen zurückberufen, rehabilitiert und emeritiert (NDB; Josef König: Georg Misch als Philosoph. Göttingen: Vandenhoeck & Ruprecht 1967, S. 238).

– GS an Misch: 6.1.1913; 14.5.1918; 12.6.1918; 25.8.1918.

Mühlestein, Hans, Schriftsteller, Dichter, Kulturhistoriker, * 15.3.1887 Biel/Kanton Bern, † 25.5.1969 Zürich.

Nach Lehrerausbildung und kurzer Tätigkeit im Schuldienst seit 1907 Student der Philosophie, Geschichte und Kunstgeschichte in Zürich, Jena, und Berlin (1909/10), wo er sich mit Hans Simmel befreundete; arbeitete neben weiteren Studien in Göttingen und Frankfurt/M. als Hauslehrer, Privatsekretär u. ä.; trat unter dem Einfluß des Göttinger Philosophen Leonard Nelson 1915-1919 für einen linken Pazifismus ein; erhielt nach der Promotion über in den 1920er Jahren betriebene Forschungen zur etruskischen Kunst (Zürich 1928) einen Lehrauftrag für Kulturgeschichte an der Universität Frankfurt/M. (1929-1932), floh 1933 als aktiver Faschismusgegner in die Schweiz und lebte fortan dort als politisch engagierter Schriftsteller (GSG 22; Killy; NDB; Hans Simmel, S. 52).

– GS an Mühlestein: 8.3.1916.

Nansen, Peter, Journalist, Schriftsteller, Verleger, * 20.1.1861 Kopenhagen, † 31.7.1918 Mariager.

War zunächst Journalist und Verfasser von Romanen, Novellen und Dramen im spätnaturalistischen Stil, die ihn auch in Deutschland bekannt machten, bevor er 1896 Direktor der literarischen Abteilung des angesehenen Verlags Gyldendalske Boghandel (gegr. 1770, Kopenhagen) wurde und während seiner dort bis 1916 anhaltenden Tätigkeit zu dessen Aufschwung beitrug. Engagierte sich u.a. für die Verbreitung Arthur Schnitzlers in Dänemark, war häufig in Berlin, wo er im Kreis des Verlegers Samuel Fischer (1859-1934) verkehrte (LGB; DBL; Mittl. Karin Bang).

– GS an Nansen: nach 18.9.1916.

Natorp, Paul, Philosoph, Pädagoge, * 24. 1. 1854 Düsseldorf, † 17. 8. 1924 Marburg.

Studierte ab 1871 Musik, Geschichte, Altphilologie und Philosophie in Berlin, Bonn und (ab 1874) Straßburg, wurde ebd. nach Staatsexamen und geschichtswissenschaftlicher Promotion, 1876, zunächst Privatlehrer, später auch in Dortmund und Worms, bis er 1880 als Hilfsbibliothekar der Universitätsbibliothek nach Marburg ging, sich dort auf Anregung Hermann Cohens 1881 habilitierte, 1885 ao. Prof. wurde und von 1893 bis zur Emeritierung, 1922, das Ordinariat für Philosophie und Pädagogik bekleidete; als Mitstreiter Cohens trug er zur Rehabilitierung der kritisch-idealistischen Philosophie Kants bei (›Marburger Schule‹), wurde vor allem durch seine ›Sozialpädagogik‹ (1899) und sein bildungspolitisches Engagement bekannt (NDB; DBE; Ueberweg 1916; Helmut Holzhey: Cohen und Natorp. Band I: Ursprung und Einheit. Die Geschichte der ›Marburger Schule‹ als Auseinandersetzung um die Logik des Denkens. Basel/Stuttgart: Schwabe 1986, S. 3-15).

– GS an Natorp: 26. 6. 1918; 16. 7. 1918.

Oehler, Richard, Bibliothekar, * 27. 2. 1878 Heckholzhausen/Hessen, † 13. 11. 1948 Wiesbaden.

Promovierte nach Studium der Theologie und Klassischen Philologie 1903 in Halle/S., volontierte ebd. an der Universitätsbibliothek, wurde 1905 Bibliothekar an der ›Bibliothek Landau‹ in Florenz, 1907 Assistent der Universitätsbibliothek Halle/S., 1908 Hilfsbibliothekar der Kgl. Hofbibliothek in Berlin, 1911 Bibliothekar der Universitätsbibliothek Bonn, nach Kriegsteilnahme 1920 Staatskommissar für die Wiederherstellung der Bibliothek in Löwen, 1925 Direktor der Staats- und Universitätsbibliothek Breslau, 1927-1945 der Städtischen und Universitätsbibliothek Frankfurt/M. und Hon.-Prof. für Bibliothekwissenschaft ebd.; war bekannt als Vetter von Elisabeth Förster-Nietzsche (s. d.) und wissenschaftlicher Leiter der ›Stiftung Nietzsche-Archiv‹, Herausgeber und Autor von Schriften von bzw. über Nietzsche (DBE; Reichshandbuch; Minerva 1928).

– GS an Oehler: 4. 5. 1914.

Pannwitz, Rudolf, Dichter, Pädagoge, Kulturphilosoph, * 27. 5. 1881 Crossen/Oder, † 23. 3. 1969 Astano/Tessin.

Studierte seit 1901 Philosophie, Klassische Philologie, Germanistik und Sanskrit in Marburg und Berlin, war seit 1903 Hauslehrer bei Simmel, später auch bei den Kindern von Sabine Lepsius (s. d.) und war zeitweilig als Lehrer tätig, u. a. 1908 in der Freien Schulgemeinde

Wickersdorf; lebte überwiegend als freier Schriftsteller, seit 1911 in Oberau (Bayern), 1915 in Südtirol, 1916 im Salzkammergut, 1921-1948 auf der Insel Kolocep (Dalmatien), danach in der Schweiz (GSG 22; NDB; Killy).

GS an Pannwitz: 15.12.1912; 9.12.1913; 25.1.1917.

Pariser, Ernst, Philosoph, Schriftsteller, * 4.1.1883 Berlin, † 23.8.1915 Jena.

Studierte ab 1903 Altphilologie und Philosophie in Berlin (u.a. bei Simmel), 1904 in Freiburg i. Br., 1905-1906 in Erlangen und anschließend in Heidelberg (u.a. bei Troeltsch), um 1909 bei Paul Hensel in Erlangen zu promovieren; lebte als Privatgelehrter in Heidelberg, zog 1912, vermutlich nach der Eheschließung mit Lotte Guttman (? -1944 Auschwitz) und mit Blick auf eine Habilitation bei Eucken nach Jena, wo er an einer »kurzen Krankheit« (Todesanzeige, Jenaische Zeitung vom 26. Aug. 1915) starb; veröffentlichte religionsphilosophische und literaturwissenschaftliche Studien sowie Dichtungen, u.a. auch in der Avantgarde-Zeitschrift ›Charon‹ (Vita zur Diss.; [Ernst Pariser] 4. Januar 1883 / 23. August 1915. Privatdruck o. O., o. J. [Leipzig: Drugulin ca. 1915/16]; www.ecole.ch/Geheeb-Archiv).

– Pariser an GS: 29.1.1914.

Pauli, Heinrich, Verwaltungsjurist, * 17.7.1874 Colmar, † 16.5.1953 Berlin.

Entschied sich nach Jurastudium für die Laufbahn im Verwaltungsdienst, war nach Referendariat ab 1900 Regierungsassessor in Schlettstadt und Straßburg, wurde 1909 Kreisdirektor in Hagenau, 1912 Geh. Reg.-Rat und Referent im Kaiserlichen Ministerium für Elsaß-Lothringen, 1917 Vortragender Rat des Statthalters, 1918 Kaiserlicher Bezirkspräsident des Unterelsaß, danach Regierungspräsident in Schleswig und 1920 aus politischen Gründen in den einstweiligen Ruhestand versetzt; lebte später in Potsdam und Berlin (Reichshandbuch; Wer ist's? 1935; DBE; Mttl. Pressestelle Deutscher Ruderverband).

– GS an Pauli: 16.4.1917.

– Pauli an GS: 19.8.1915.

Pfitzner, *Hans* Erich, Komponist, Musikschriftsteller, * 5.5.1869 Moskau, † 22.5.1949 Salzburg.

Am Hoch'schen Konservatorium in Frankfurt/M. 1886-1890 ausgebildet, übernahm er Lehr- und Kapellmeisterstellungen in Koblenz und Mainz, lehrte 1895-1907 Komposition und Dirigieren am Stern'schen Konservatorium in Berlin, war dort u.a. auch 1903-1905 Kapellmeister am ›Theater des Westens‹, ging 1908 als Städtischer Musikdirektor und Leiter des Konservatoriums nach Straßburg, wo er 1910-1916 auch Operndirektor war und 1913 zum Prof. ernannt wurde; dirigierte bis 1918 in Straßburg und München, zog 1919 nach Schondorf/Ammersee, leitete von dort aus 1920-1929 eine Meisterklasse für Komposition an der Preußischen Akademie der Künste in Berlin; lebte während und nach Ausübung einer Professur an der Akademie für Tonkunst (1929-1934) in München. Sein bekanntestes Werk, die Oper ›Palaestrina‹, entstand in der Straßburger Zeit (NDB; Hans Pfitzner: Briefe. Hg. von Bernhard Adamy. Tutzing: Hans Schneider 1991).

– GS an Pfitzner: 14.2.1916.

Pflug, Richard – siehe: Verlag J. C. B. Mohr (Paul Siebeck)

Plasberg, Otto, Altphilologe, * 24.10.1869 Sobernheim, † 6.4.1924 Hamburg.

Studierte seit WS 1885/86 Klassische Philologie und Philosophie in Heidelberg und Bonn, wechselte zum WS 1888/89 nach Berlin, wo er 1892 promovierte, betrieb eingehende, zwischenzeitlich preisgekrönte Cicero-Forschungen, wurde 1901 PD in Straßburg, 1903 ao. Prof. in Rostock, erhielt 1909 Ordinariate in Rostock und Prag, wechselte 1911 an die KWU Straßburg, deren philosophischer Fakultät er 1916/17 als Dekan vorstand, und ging 1919 an die Universität Hamburg; war seit 1906 mit Hildegard Döring (1874-1946) verehelicht (Rudolf Helm: Otto Plasberg. Biographisches Jahrbuch für Altertumskunde 44, 1924, S. 117-138; Wer ist's? 1922; Mttl. StA Hamburg).

– siehe: Kaiser Wilhelms-Universität: Dekan

Raphael, Max (Ps.: M. R. Schönk[e]), Kunstwissenschaftler, * 27.8.1889 Schoenlanke/Posen, † 14.7.1952 New York.

Begann 1907 Studium der Rechte in München, ging 1909 nach Berlin zwecks Studiums der Kunstwissenschaft (H. Wölfflin, W. Weisbach), Archäologie und Philosophie (Simmel), hielt sich 1912 studienhalber in Paris auf (Gespräch mit Rodin, Hörer bei Bergson); blieb nach gescheiterter Promotion bei Wölfflin Privatgelehrter und freier Autor, lebte 1917-1920 in der Schweiz, danach in Berlin, ab 1932 in Paris und emigrierte 1940 nach New York; zahlreiche Studien zum Zusammenhang zwischen individuellem Schöpfungsakt und historisch-sozialer Entwicklung (Killy; LdK).

– GS an Raphael: 1.5.1912.

Rickert, *Heinrich* John, Philosoph, * 25.5.1863 Danzig, † 25.7.1936 Heidelberg.

Studium der Philosophie, Nationalökonomie und Physiologie in Berlin, Zürich und Straßburg, 1888 Dr. phil. in Straßburg bei W. Windelband; wurde 1891 PD in Freiburg i. Br., ebd. 1894 ao. Prof., 1896 o. Prof. und trat zum 30. Dez. 1915 die Nachfolge Windelbands an der Universität Heidelberg an, die ihn 1932 emeritierte; engagierte sich maßgeblich als ›Patron‹ des ›Logos‹. Seit 1888 verehelicht mit der Malerin und Bildhauerin *Sophie* Wilhelmine Keibel (1864-1951), vier Söhne: Arnold (1889-1974), Heinrich (1890-1917), Alfred (1901-1945), Franz (1904-1991). Freundschaft der Familien Rickert und Simmel seit 1890 (Drüll; Badische Biographien N. F., Bd. 4, Stuttgart: Kohlhammer 1996).

– GS an Rickert: 12. 7. 1912; 23. 10. 1912; 25. 4. 1913; 30. 4. 1913; 8. 6. 1913; 5. 12. 1913; 20. 12. 1913; 28. 1. 1914; 16. 1. 1915; 19. 2. 1915; 5. 3. 1915; 12. 7. 1915; 29. 8. 1915; 13. 12. 1915; 26. 12. 1915; 3. 4. 1916; 8. 4. 1916; 15. 4. 1916; 21. 7. 1916; 26. 12. 1916.

Rilke, Rainer Maria, Lyriker, Prosaist, Essayist, * 4. 12. 1875 Prag, † 29. 12. 1926 Val-Mont bei Montreux.

Besuchte 1881-1891 Militärschulen, legte 1894 die erste Veröffentlichung vor, erlangte 1895 privatim die Hochschulreife in Wien und studierte anschließend Kunst- und Literaturgeschichte in Prag, München und (seit 1897) Berlin (u. a. bei Simmel), wo er, unterbrochen von Rußlandreisen 1899 und 1900 mit Lou Andreas-Salomé, bis zur Ansiedelung in Worpswede (1900) lebte; danach wechselnde Aufenthaltsorte: 1902-1903 und 1906-1910 überwiegend Paris (u. a. als Privatsekretär Rodins) sowie auf Reisen u. a. nach Italien, Dänemark, Schweden, Nordafrika und Spanien, seit Kriegsausbruch meist in München (1916 Militärdienstzeit in Wien) und seit 1919 in der Schweiz (Killy).

– GS an Rilke: 7. 1. 1915; 24. 2. 1915; 11. 3. 1915.
– Rilke an GS: 6. 3. 1915.

Rodin, Auguste, Bildhauer, Maler, Radierer, * 12. 11. 1840 Paris, † 17. 11. 1917 Meudon.

Nach Grundausbildung (1854-1857) an der École Nationale des Arts Décoratifs und anschließender Steinmetz- und Gießer-Lehre in Pariser Ateliers, 1864-1871 in der Porzellan-Manufaktur Sèvres tätig, danach bis 1877 in Brüssel, u. a. als Mitarbeiter bei der Ausgestaltung der Börse mit Bildwerken; begann 1880 die Reihe von Büsten berühmter Zeitgenossen und hatte 1889 die erste größere Ausstellung (mit Monet); bereits 1900 auf der Pariser Weltausstellung mit eigenem Pavillon

(171 Werke) vertreten, folgten ihm gewidmete Ausstellungen in Prag 1902, Düsseldorf 1904 und London 1914; lebte ab 1894 in Meudon bei Paris (Thieme/Becker; LdK).

– GS an Rodin: 1.5.1912.

Rosner, Karl Peter, Schriftsteller, Verlagsbuchhändler, * 5.2.1873 Wien, † 6.5.1951 Berlin.

Entschied sich nach Buchhandelslehre in Leipzig für den Beruf des freien Schriftstellers und veröffentlichte ab 1893 zahlreiche Erzählungen und Romane; war daneben Redakteur der ›Gartenlaube‹ und 1913/14 Mitherausgeber von ›Der Greif: Cotta'sche Monatsschrift‹, 1915-1918 Kriegsberichterstatter, 1919-1934 Leiter der Berliner Zweigniederlassung des Cotta-Verlages (Killy; Kosch; Reichshandbuch).

GS an Rosner: 30.7.1914.

Salomon(-Delatour), Gottfried, Soziologe, * 21.11.1892 Frankfurt/M., † 27.4.1964 ebd.

Promovierte nach Studium der Naturwissenschaften, Nationalökonomie und Philosophie 1916 bei Simmel in Straßburg, lebte danach überwiegend in Berlin, lehrte seit 1921 als PD, 1925 als ao. Prof. Soziologie an der Universität Frankfurt/M., gründete 1926 und leitete bis 1930 die Internationalen Hochschulkurse in Davos und war 1929-1931 Fakultätsmitglied der Beamtenhochschulen in Frankfurt/M., Darmstadt und Saarbrücken; emigrierte nach Entzug der Lehrbefugnis 1933 nach Paris, lehrte dort an der Sorbonne, floh 1941 in die USA, wo er ab 1942 an der New School for Social Research, Columbia University, New York, später auch am Hunter College und an der Yeshiva University unterrichtete; 1947 amerikanischer Staatsbürger; ab 1958 lehrte er als em. o. Prof. an der Universität Frankfurt/M. (DBE; Kürschner GK 1961; Christoph Henning: »Der übernationale Gedanke der geistigen Einheit«. Gottfried Salomon(-Delatour), der vergessene Soziologe der Verständigung. In: Amalia Barboza, Christoph Henning, Hg.: Deutsch-jüdische Wissenschaftsschicksale. Studien über Identitätskonstruktionen in der Sozialwissenschaft. Bielefeld: transcript 2006, S. 48-101.

– GS an Salomon: 18.2.1914; 29.8.1915; 4.2.1916; 7.2.1916; 21.3.1916; 27.6.1916; 28.12.1916; 19.2.1917; 15.3.1918.

Sapper, *Karl* Theodor, Geograph, * 6.2.1866 Wittislingen/Dillingen, † 29.3.1945 Garmisch.

Unternahm nach naturwissenschaftlichem Studium und Promotion (1884-1888) Forschungsreisen durch Mittelamerika und Mexiko, war u.a. 1893-1895 am geologischen Institut Mexiko tätig, wurde 1900 PD der Erd- und Völkerkunde in Leipzig, 1902 ao. Prof. in Tübingen und nach weiteren Forschungsjahren im Ausland 1907 ebd. Ordinarius für Geographie; lehrte 1910-1918 an der KWU Straßburg, war 1915/16 Dekan der philosophischen Fakultät und wirkte von 1919 bis zur Emeritierung (1932) an der Universität Würzburg (DBE; Wer ist's? 1935).

– siehe: Kaiser Wilhelms-Universität: Dekan

Schede, Kurt, Schriftsteller, Journalist, * 28. 10. 1870 Bad Schwetzingen, † 13. 10. 1952 München.

Wurde nach Studium an den Universitäten Halle/S. und Heidelberg Redakteur mit Schwerpunkt ›Kunst- und Theaterkritik‹, u.a. am ›Stuttgarter Neuen Tageblatt‹, der ›Bonner Zeitung‹ und der ›Straßburger Post‹; verfaßte daneben Novellen, Lyrik und historische Landschaftsbilder (Schwarzwald, Vogesen); lebte seit 1919 in München (Wer ist's? 1935; Mttl. Stadtarchiv München).

– GS an Schede: 18. 1. 1914; 2. 2. 1917.

Scheler, *Max* Ferdinand, Philosoph, * 22. 8. 1874 München, † 19. 5. 1928 Frankfurt/M.

Studierte ab 1894 Philosophie und Psychologie (kurz auch Medizin) in München, 1895 in Berlin (u.a. bei Simmel), wechselte 1896 an die Universität Jena, an der er 1897 promovierte und 1900-1906 als PD lehrte; wurde anschließend nach Umhabilitation PD in München, verlor 1910 wegen des Verdachts auf Ehebruch die Lehrbefugnis und lebte und lehrte fortan als Privatgelehrter in Berlin und Göttingen; unternahm 1917/18 Reisen im kulturpropagandistischen Auftrag des Auswärtigen Amtes nach Bern, Wien und Holland, wurde 1919 o. Prof. für Philosophie und Soziologie in Köln und Abteilungsdirektor des dortigen Forschungsinstituts für Sozialwissenschaften. Er heiratete 1912 Märit Edith Furtwängler, nachdem die 1899 geehelichte Amélie Ottilie, geb. Wollmann, gesch. Dewitz-Krebs, der Scheidung zugestimmt hatte (Minerva 1900ff.; DBE; Wilhelm Mader: Max Scheler in Selbstzeugnissen und Bilddokumenten. Reinbek b. Hamburg: Rowohlt 1980).

– GS an Scheler: 3. 9. 1915; 18-22. 9. 1915; 6. 10. 1915.

Schmalenbach, *Herman* Friedrich, Philosoph, * 15. 11. 1885 Breckerfeld/Kreis Hagen, † 3. 11. 1950 Basel.

Studierte ab WS 1906/07 in Berlin Philosophie (Simmel), Klassische und deutsche Philologie sowie Kunstwissenschaft, wechselte zum WS 1908/09 nach Jena, um dort im Juli 1909 zu promovieren; betrieb danach in München mathematische und naturwissenschaftliche Studien, ging im Herbst 1910 zwecks Vorbereitung der Habilitation wieder nach Berlin und war dort als Privatlehrer und Vortragender tätig; 1915 Armierungssoldat in Nordfrankreich, 1916-1917 wissenschaftlicher Lehrer an der Dürerschule Hochwaldhausen und bis Mai 1919 als Dolmetscher und Bibliothekar im Kriegsministerium verpflichtet, wurde er 1920 in Göttingen habilitiert und ebd. 1923 ao. Prof. Daneben lehrte er seit 1920 an der TH Hannover. 1931-1950 war er Ordinarius für Philosophie in Basel (Vita zur Diss.; Lebenslauf, Habil.-Akte, UA Göttingen; DBE; Kürschner GK 1926, 1950).

– GS an H. Schmalenbach: 14. 1. 1914; 15. 1. 1914; 6. 2. 1914, 4. 7. 1914.

Schmalenbach, Sala, geb. Müntz, * 13. 10. 1885 Lodz, † 16. 5. 1942 Riehen/Basel.

Schwester des Mathematikers Chaim Müntz (1884-?), studierte Germanistik in Berlin, ehelichte im Dez. 1913 Herman Schmalenbach (s. d.), mit dem sie zwei Töchter (1918; 1923) und den Sohn Johannes *Werner* (1920) hatte und zeitlebens verbunden blieb (Herman Schmalenbach: Lebenslauf, Habil.-Akte, UA Göttingen; Mttl. Werner Schmalenbach; Mttl. Karl August Helfenbein; Mttl. UA Basel, StA Basel und Zivilstandsamt Basel-Stadt).

– GS an S. Schmalenbach: 13. 2. 1914.

Schneider, *Art(h)ur* Carl August, Philosoph, * 15. 11. 1876 Neustadt/Schlesien, † 10. 10. 1945 (Ort unbekannt).

Studierte Philosophie in Breslau, promovierte ebd. 1900; ging nach der Habilitation (Bonn 1902) als PD nach München, wurde dort 1908 ao. Prof. und 1911 Ordinarius in Freiburg i. Br.; übernahm 1913 den Konkordatslehrstuhl Philosophie an der KWU Straßburg, war Dekan der philosophischen Fakultät vom SS 1918 bis zur Auflösung der KWU Straßburg; lehrte nach der Ausweisung kurz in Frankfurt/M. und 1921-1942 an der Universität Köln, deren Rektor er 1926/27 war (DBE; http//rektorenportraits.uni-koeln.de).

– siehe: Kaiser Wilhelms-Universität: Dekan

Schultz, Franz, Germanist, * 4. 12. 1877 Kulm/Weichsel, † 6. 10. 1950 Frankfurt/M.

Promovierte 1900 in Berlin, habilitierte sich 1903 in Bonn für deutsche Sprachwissenschaft und Neuere deutsche Literatur, wurde in Straßburg 1910 ao. Prof., 1912 o. Prof. und war dort vom SS 1917 bis zum Ende des WS 1917/18 Dekan der philosophischen Fakultät; übernahm 1919 Ordinariat in Freiburg i. Br., 1920 in Köln und 1921 in Frankfurt/M. (Kürschner GK 1950; DBE).

– siehe: Kaiser Wilhelms-Universität: Dekan

Siebeck, Oskar, Verleger, * 29.7.1880 Freiburg i. Br., † 24.2.1936 Berlin.

Promovierte 1904 nach Studium der Nationalökonomie in Tübingen und Leipzig und trat nach verlagsorientierten praktischen Ausbildungsstationen 1906 als Angestellter, später mit Prokura, in den von seinem Vater Paul Siebeck (s. d.) geleiteten Verlag J. C. B. Mohr (Paul Siebeck) ein; betrieb den Ausbau der nationalökonomischen Abteilung und die Gründung einer Zweigniederlassung in Berlin, die er 1913-1919 neben dem Einsatz im Berliner Kriegspresseamt leitete; wurde 1919 mit Bruder Werner Siebeck (1891-1934) Teilhaber des Verlags, den er nach Paul Siebecks Tod (1920) hauptverantwortlich leitete und grundlegend reformierte (Knappenberger-Jans).

– siehe: Verlag J. C. B. Mohr (Paul Siebeck)

Siebeck, Paul, Verleger, * 7.3.1855 Tübingen, † 20.11.1920 ebd.

Begann 1871 Ausbildung zum Buchhändler im väterlichen Unternehmen, der H. Laupp'schen Buchhandlung, arbeitete in Verlagen in Bonn und Leipzig, kehrte nach dem Tod des Vaters 1877 nach Tübingen zurück, um zunächst als Prokurist und bald danach als Teilhaber gemeinsam mit seinem Schwager J. Gustav Kötzle das Unternehmen zu leiten; nach Hinzukauf des Verlags J. C. B. Mohr (s. d.) siedelte er diesen in Freiburg i. Br. an und machte ihn zum herausragenden Wissenschaftsverlag, den er nach Kötzles Tod (1899) und der Eingliederung der Laupp'schen Buchhandlung nach Tübingen verlegte und bis zu seinem Tod leitete (Knappenberger-Jans).

– siehe: Verlag J. C. B. Mohr (Paul Siebeck)

Simmel, Gertrud, Malerin, Schriftstellerin (Ps.: Marie Luise Enckendorff), * 7.3.1864 Potsdam, † 23.7.1938 Stuttgart.

Tochter von A[da]lbert Kinel (1825-1911), seit 1880 Dirigent im Reichsamt für die Verwaltung der Reichseisenbahnen, lernte nach abgeschlossener Zeichenlehrerinnenausbildung (ca. 1883) Malerei im Verein der Berliner Künstlerinnen und bei Karl Stauffer-Bern (1857-1891), war ca. 1888 selbständige Porträtistin, ging 1889/90 an die Académie Julian in Paris, beteiligte sich auch nach der Heirat mit Simmel am 11. Juli 1890 und der Geburt von Sohn Hans (6. April 1891 Berlin – 23. Aug. 1943 Colorado Springs/Col.) bis ca. 1900 an Berliner Gemälde-Ausstellungen, gab danach krankheitsbedingt die Malerei auf und trat als philosophische Schriftstellerin auf; übernahm während des Krieges ehrenamtlich Fürsorgetätigkeiten in Straßburg, lebte nach

Simmels Tod nahe bei Sohn Hans (1923 PD Jena, ebd. 1928 bis zur Dienstentlassung 1933 ao. Prof. für Innere Medizin): 1919-1929 in Jena, danach in Gera und seit 1933 in Stuttgart (Angela Rammstedt: Gertrud Kinel/Simmel – Malerin. SNL 4/2, 1994, S. 140-162; Reichshandbuch).
– GS an G. Simmel: 17. 11. 1914.

Small, Woodbury ***Albion***, Soziologe, * 11. 5. 1854 Buckfield (Oxford County, Maine), † 24. 3. 1926 Chicago.

Schloß 1879 Studium der Theologie am Newton Theological Seminary ab, hielt sich zwecks Studien der Geschichte und Politischen Ökonomie 1879/80 in Berlin, 1880/81 in Leipzig auf, lehrte 1881-1891 Geschichte und Wirtschaftswissenschaften am Colby College (Waterville, Maine), erwarb nach einem Sabbatical (1889) den Ph. D. an der Johns Hopkins University, Baltimore, und wurde Präsident des Colby College; übernahm 1892 den Aufbau und bis zur Emeritierung 1925 die Leitung des ersten soziologischen Departements an der neu gegründeten University of Chicago, war 1895 Gründer und bis 1926 Herausgeber des ›American Journal of Sociology‹, wozu er von Anfang an Simmel als ›Advising Editor‹ hinzuzog und in den folgenden Jahren zahlreiche soziologische Abhandlungen von ihm übersetzte und edierte; 1912-1914 Präsident der American Sociological Society, 1913 auch des Institut International de Sociologie. – Seit 1881 mit Valeria von Massow, Tochter eines deutschen Generals, verehelicht (ISL; Dictionary of American Biography. Ed. by Allen Johnson, [ab Bd. 9] Duma Malone, New York: Scribner 1946, Bd. 17, S. 221 f.; Thomas W. Goodspeed: Albion Woodbury Small. The American Journal of Sociology XXXII/1, July 1926, S. 1-14).
– Small an GS: 29. 10. 1914.

Steffen, ***Gustaf*** **Frederik**, Soziologe, Nationalökonom, * 4. 5. 1864 Stockholm, † 15. 4. 1929 Göteborg.

Studierte ab 1883 in Stockholm, 1885-1887 an der TH Aachen und an der Bergakademie in Berlin, wurde ebd. Technischer Assistent und hörte daneben Schmollers Vorlesungen; wurde Zeitungskorrespondent in London (1887-1897) und Florenz (1897-1902), unternahm daneben sozialwissenschaftliche Studien, promovierte 1902 in Rostock und lehrte ab 1903 als o. Prof. für Nationalökonomie und Soziologie an Göteborgs Högskola (ISL; Wer ist's? 1911; GV; Minerva 1903/4 – 1928).
– GS an Steffen: 2. 8. 1914.

Taube, Otto Freiherr von, Schriftsteller, Übersetzer, * 21. 6. 1879 Reval, † 30.6.1973 Gauting/Oberbayern.

Wuchs auf dem Familiengut bei Reval sowie nach Übersiedelung der Eltern in Kassel auf, promovierte 1892 nach Jura-Studium in Leipzig, nahm nach dem Referendariat 1906 ein Studium der Kunstgeschichte in Leipzig, Berlin (u.a. bei Simmel) und Halle/S. auf und wurde ebd. 1910 Dr. phil.; veröffentlichte ab 1901 eigene Dichtungen und Prosa sowie Übersetzungen und lebte ab 1912 als freier Schriftsteller in Gauting bei München. Während des Ersten Weltkrieges leitete er in Berlin eine Dienststelle und besorgte den zweiten sog. ›Bolschewikentransport‹ von Zürich nach Petrograd im April 1918. Hermann Graf von Keyserling (s. d.) war sein Vetter mütterlicherseits (Regina Claudia Mosbach: Otto von Taube [1879-1973]. Visionen zwischen Kunstautonomie und Engagement. Frankfurt/M. u.a.: Peter Lang 1994; Killy; Wer ist's? 1955; GSG 22).

– GS an von Taube: 10.6.1912; 16.6.1912; 25.3.1918.

Thumb, Albert, Altphilologe, Indogermanist, * 18. 5. 1865 Freiburg i.Br., † 14.8.1915 ebd.

Beendete 1888 mit dem Dr. phil. in Freiburg i. Br. das Studium an den Universitäten Freiburg i. Br., Heidelberg, Leipzig und Berlin, hielt sich 1889/90 in Griechenland auf, wurde 1891 PD in Freiburg i. Br., 1895 a.o. Prof. ebd., 1901 Ordinarius in Marburg und 1909 in Straßburg; dort war er 1914/15 Dekan der philosophischen Fakultät (DBE; Wer ist's? 1911).

– siehe: Kaiser Wilhelms-Universität : Dekan

Tiessen, Heinz, Komponist, * 10.4.1887 Königsberg, † 29.11.1971 Berlin.

Studierte 1905-1908 Musik (Komposition, Theorie, Dirigieren) am Stern'schen Konservatorium in Berlin, gleichzeitig an der FWU Literaturwissenschaft, Musikgeschichte und Philosophie (Simmel), war 1908-1911 Mitarbeiter der Allgemeinen Musikzeitung, Berlin; ab 1911 erste Auftritte mit eigenen Kompositionen und Beginn der Karriere in Berlin: 1917-1918 Korrepetitor an der Königlichen Oper, 1918-1921 Kapellmeister und Komponist der Volksbühne, 1922-1933 Dirigent des Arbeiterchors ›Der junge Chor‹, 1925 ao. Prof., 1930-1955 Ordinarius für Theorie und Komposition an der Hochschule für Musik, ab 1930 Mitglied der Preußischen Akademie der Künste, 1946-1949 Direktor des Berliner Konservatoriums, 1955 Direktor der Abteilung Musik in der Akademie der Künste (DBE; Lebenschronik. In: Für Heinz Tiessen 1887-1971. Hg. von Manfred Schlösser. Berlin: Akademie der Künste 1979).

– GS an Tiessen: 23. 1. 1914.

Tönnies, Ferdinand, Soziologe, * 26.7.1855 Riep (heute Oldenswort/ Nordfriesland), † 11.4.1936 Kiel.

Begann 1872 Studium der Philologie und Geschichte, das er nach Studienzeiten in Jena, Leipzig, Bonn, Berlin und Kiel 1877 in Tübingen mit dem Dr. phil. abschloß; trieb daneben und danach private Studien der Philosophie und Staatswissenschaften, 1878 Hobbes-Forschungen in England und habilitierte sich 1881 für Philosophie in Kiel, wurde ebd. 1891 Tit.-Prof., 1908 o. Hon.-Prof. für Philosophie, erhielt 1912 das Ordinariat für Staatswissenschaften ebd., das er, nach freiwilliger Dienstentpflichtung 1916, 1921 erneut übernahm und bis 1933 innehatte. 1909 Gründungsmitglied der DGS, deren Mit-Vorsitzender bzw. Präsident er bis 1933 war (Minerva 1881 ff.; ISL; Wer ist's? 1935; Ferdinand Tönnies. In: Selbstdarstellungen Bd. 3, 1922).

– GS an Tönnies: 17. 9. 1912, 4. 10. 1912, 14. 10. 1912, 16. 10. 1912, 13.7.1913.

Traub, Gottfried, ev. Theologe, Politiker, * 11. 1. 1869 Rielingshausen/ Württemberg, † 22.9.1956 Solln/München.

Nach dem Studium der Theologie, Philosophie und Nationalökonomie in Tübingen, 1887-1891, Vikariat in Rielingen und Ebingen, Lic. theol. 1899, 1900 Pfarrer in Schwäbisch Hall, von 1902 bis zur Amtsenthebung 1912 (u.a. wegen Eintretens für die Jatho-Bewegung) in Dortmund; obgleich 1913 mit Dr. theol. der Universität Zürich geehrt und 1918 in die Rechte des Pfarrers wiedereingesetzt, widmete er sich fortan seinem politischen Engagement: 1913-1918 Abgeordneter der Fortschrittlichen Volkspartei im Preußischen Landtag, 1917 Wechsel zur Deutschen Vaterlandspartei, 1919 Abgeordneter der Deutschnationalen Volkspartei für die Weimarer Nationalversammlung, 1920 Beteiligung am Kapp-Putsch. Lebte ab 1921 in München, trat seit 1923 als Redner für die Deutschnationale Volkspartei auf und gab 1919-1929 die ›Eisernen Blätter‹, 1921-1934 die ›München-Augsburger Abendzeitung‹ heraus (DBE; Reichshandbuch; G. Traub: Erinnerungen. München: R. Oldenbourg 1949).

– GS an Traub: 30. 1. 1914.

Troeltsch, *Ernst* Peter Wilhelm, ev. Theologe, Philosoph, * 17. 2. 1865 Haunstetten/Augsburg, † 1. 2. 1923 Berlin.

Studierte 1884-1887 in Erlangen, Berlin und Göttingen ev. Theologie, Philologie, Philosophie und Geschichte, wurde 1887 Lic. theol. in Göttingen, habilitierte ebd. 1891, war 1892-1894 ao. Prof. für Systematische Theologie in Bonn, 1894-1915 o. Prof. in Heidelberg (ab 1910 auch mit Lehrauftrag für Philosophie), danach Inhaber des Lehrstuhls für ›Kultur-, Geschichts-, Gesellschafts- und Religionsphilosophie und christliche Religionsgeschichte‹ in Berlin; war daneben politisch engagiert als Publizist, Stadtverordneter der Nationalliberalen Partei (1912-1915), Mitglied und Abgeordneter der Deutschen Demokratischen Partei in der Preußischen Nationalversammlung (1919/21), als für die Kirchen- und Kulturpolitik verantwortlicher Unterstaatssekretär im Preußischen Kultusministerium (1919/20) und erhielt zahlreiche Ehrungen; war Mitunterbegründer der DGS, ›Patron‹ des ›Logos‹ und seit ca. 1910/11 in kollegialer Freundschaft mit Simmel verbunden (DBE; Wer ist's? 1922; Drüll).

– GS an Troeltsch: Mitte Mai 1918.
– Troeltsch an GS: 23.12.1912.

Tucholsky, Kurt, Journalist, Schriftsteller (Ps: Theobald Tiger, Peter Panter, Ignaz Wrobel, Kaspar Hauser), * 9.1.1890 Berlin, † 21.12.1935 Göteborg.

Jurastudium 1909-1912 in Berlin und Genf (SS 1910), Dr. iur. Jena 1915; schrieb bereits seit 1907 lyrische (Theobald Tiger), feuilletonistische (Peter Panter), literarische (Kaspar Hauser) und politische (Ignaz Wrobel) Beiträge für deutsche Zeitschriften und Zeitungen, vorwiegend für den ›Vorwärts‹ und von 1913 bis 1933 für die ›Schaubühne‹ (ab 1918 ›Weltbühne‹); erzielte 1912 auch mit dem Roman ›Rheinsberg‹ den ersten Bucherfolg; lebte und arbeitete (teilweise in festem Mitarbeiterverhältnis) bis 1929 überwiegend in Berlin, danach in Schweden, wählte ebd. nach Schreibverbot und Ausbürgerung 1933 den Freitod (Killy; DBE).

– GS an Tucholsky: 1.10.1913.

Tuhr, Andreas von, Jurist, * 14.2.1864 St. Petersburg, † 16.12.1925 Zürich.

Wurde nach dem Studium in Heidelberg, Leipzig und Straßburg 1885 promoviert, 1888 in Heidelberg habilitiert, 1892 zum ao. Prof. nach Basel berufen, übernahm ebd. 1893 das Ordinariat für Römisches und Bürgerliches Recht; lehrte von 1898 bis zum Nov. 1918 an der KWU Straßburg, war deren Rektor im Amtsjahr 1918/19 und wechselte 1919 nach Halle/S. und 1920 zuerst nach Köln, dann nach Zürich (DBE; Kürschner GK 1925; Minerva 1892/93 ff.).

– siehe: Kaiser Wilhelms-Universität: Rektor

Unbekannt

– GS an unbekannt: 9.7.1915; 18.8.1915; 21.9.1915; 18.10.1915.

Unger, Rudolf, Literaturwissenschaftler, * 8.5.1876 Hildburghausen, † 2.2.1942 Göttingen.

Studierte 1895-1897 Jura und Volkswirtschaft in Heidelberg und München, danach Klassische Philologie in Berlin und Heidelberg und schließlich Germanistik in Freiburg i. Br. und München, wo er 1902 promovierte, 1905 PD und 1911 ao. Prof. wurde; lehrte als Ordinarius seit 1915 in Basel, 1917 in Halle/S., 1920 in Zürich, 1921 in Königsberg, 1924 in Breslau und seit 1925 fortwährend in Göttingen; zählt zu den führenden Vertretern und Programmatikern der geistesgeschichtlichen Literaturbetrachtung (Killy; Wer ist's? 1935; Kurt May: Rudolf Unger † zum Gedächtnis. Archiv für Landes- und Volkskunde von Niedersachsen 3, 1942, S. 36-42).

– GS an Unger: 11.5.1914.

Vaihinger, Hans, Philosoph, * 25. 9. 1852 Nehren/Tübingen, † 17.12.1933 Halle/S.

Promovierte nach dem Studium der Philosophie, Theologie und Philologie in Tübingen, Leipzig und Berlin (1870-1874) zum Dr. phil. in Tübingen, wurde nach weiteren Studien (1874-1876) in Leipzig und Berlin an der Universität Straßburg 1877 habilitiert und 1883 zum ao. Prof. ernannt; wechselte in gleicher Stellung 1884 nach Halle/S., erhielt dort 1894 den Lehrstuhl für Philosophie und Pädagogik, von dessen Ausübung er sich 1906 wegen Erblindung beurlauben ließ. Begründete 1896 die ›Kantstudien‹ und 1904 die ›Kantgesellschaft‹, deren langjähriger Herausgeber bzw. Vorsitzender er war (DBA).

– GS an Vaihinger: 7.9.1918.

Verlag J. C. B. Mohr (Paul Siebeck)

1801 in Frankfurt/M. gegründeter, 1803 von dem Buchhändler Jacob Christian Benjamin Mohr (1778-1854) unter eigenem Namen fortgeführter Verlag mit Sitz in Heidelberg, den Paul Siebeck (s. d.) 1878 erwarb, in Akademische Buchhandlung von J. C. B. Mohr, Inhaber Paul Siebeck, umbenannte, zunächst nach Tübingen, 1880 nach Freiburg i. Br., 1899 – seit 1897 als J. C. B. Mohr (Paul Siebeck) geführt – wieder nach Tübingen verlegte und zu einem der bedeutendsten Wissenschaftsverlage machte. Die verantwortliche Leitung lag bis 1920 bei Paul Siebeck, danach bei Sohn Oskar (s. d.). In Vertretung des Verlagsleiters unterzeichneten die Mitarbeiter Richard Wille (27. Febr. 1872-17. Mai 1920; MWG II/7, S. 1045) und Richard Pflug (1865-1933; Mttl. R.

Pflug, Tübingen). Seit 1996 firmiert der Verlag als Mohr Siebeck (www.mohr.de; Knappenberger-Jans).

– GS an Verlag: 17.2.1912 (O. Siebeck); 28.10.1912 (P. Siebeck); nach dem 28.10.1912 (Verlag, 2 Schreiben); 2.11.1912 (P. Siebeck); 24.7.1913 (P. Siebeck); nach dem 24.7.1913 (Verlag); 12.12.1913 (P. Siebeck); 5.9.1914 (R. Wille); 7.1.1915 (P. Siebeck); 30.3.1916 (Verlag); 18.9.1916 (Verlag); 19.3.1918 (Verlag); 28.5.1918 (Verlag).

– Verlag an GS: 15.2.1912 (O. Siebeck); 21.2.1912 (O. Siebeck); 30.10.1912 (P. Siebeck); 26.3.1913 (O. Siebeck); 26.7.1913 (P. Siebeck); 15.12.1913 (R. Wille, R. Pflug); 26.8.1914 (R. Wille, R. Pflug); 8.9.1914 (R. Wille, R. Pflug); 4.1.1915 (P. Siebeck); 11.1.1915 (P. Siebeck); 31.5.1918 (R. Wille, R. Pflug).

Verlag J. Singer & Co.

Als Kommissions- und Export-Buchhandlung Josef Singer & Co.m.b.H., Berlin, im Adreßbuch des Deutschen Buchhandels aufgeführt, möglicherweise identisch mit dem 1896 als Josef Singer Verlag, Straßburg, später auch mit Sitz in Straßburg und Leipzig geführten Verlag (Würfel; Kristina Pfoser-Schewig und Gerhard Renner: Eine Leidensgeschichte: *Reigen*, Verlage und Schnitzler. In: Alfred Pfoser und Dies.: Schnitzlers ›Reigen‹. Zehn Dialoge und ihre Skandalgeschichte. Analysen und Dokumente. Band 1: Der Skandal. Frankfurt/M.: Fischer Taschenbuch 1993, S. 55).

– GS an Verlag: 22.4.1914.

Weber, Marianne, geb. Schnitger, Frauenrechtlerin, Schriftstellerin, * 2.8.1870 Oerlinghausen, † 12.3.1954 Heidelberg.

Absolvierte die Höhere Töchterschule in Lemgo und Halle/Westf., heiratete 1893 ihren Vetter Max Weber (s. d.), besuchte 1894-1897 philosophische Vorlesungen in Freiburg i. Br. und Heidelberg, gründete und leitete 1897 die Heidelberger Abteilung des Vereins ›Frauenbildung-Frauenstudium‹, war im Vorstand und 1919-1921 Vorsitzende des ›Bundes deutscher Frauenvereine‹ und gehörte 1919 als Vertreterin der Deutschen Demokratischen Partei der verfassungsgebenden Badischen Nationalversammlung an. Neben Publikationen mit frauenrechtlichem Bezug erarbeitete sie die Herausgabe von Max Webers nachgelassenen Schriften wie auch ein auf dessen Briefen basierendes ›Lebensbild‹ (1926). Für ihr Buch ›Ehefrau und Mutter in der Rechtsentwicklung‹ (1907) erhielt sie 1924 den Dr. h.c. der Universität Heidelberg (MWG II/6, S. 820; DBE).

– GS an M. Weber: 9.12.1912; 14.12.1913; 16.10.1914; 4.7.1918.

– siehe auch: GS an Max Weber

Weber, Carl Emil ***Max***, Nationalökonom, Rechtshistoriker, Soziologe, Religionswissenschaftler, * 21.4.1864 Erfurt, † 14.6.1920 München.

Studierte 1882-1886 Rechtswissenschaft, Philosophie und Nationalökonomie in Heidelberg, Straßburg, Berlin und Göttingen, war 1886-1890 Kammergerichtsreferendar in Berlin, wo er auch 1889 promovierte, 1890 das Assessorexamen ablegte, sich 1891 für Römisches, Deutsches und Handelsrecht habilitierte und 1893 ao. Prof. wurde; folgte zum WS 1894/95 Ruf nach Freiburg i. Br., wechselte 1897 an die Universität Heidelberg, ließ dort sich wegen zeitweiser Arbeitsunfähigkeit 1903 pensionieren und gleichzeitig zum Hon.-Prof. ernennen; übernahm 1918 Ordinariat in Wien, 1919 in München. Seit 1904 Mitherausgeber des ›Archiv für Sozialwissenschaft und Sozialpolitik‹, 1909 Gründungsmitglied der DGS, bis 1913 deren Rechner, 1910 ›Patron‹ des ›Logos‹, 1919 beratender Teilnehmer der Verhandlungen in Versailles und Mitbegründer der Deutsch-Demokratischen Partei (Drüll; ISL).

– GS an M. und M. Weber: 15.9.1918.

Wedel, Graf (seit 1914: Fürst) **K(C)arl von**, Militär, Diplomat, * 5.2.1842 Oldenburg, † 30.12.1919 Stockholm.

Wurde 1860 Leutnant in der hannoverschen Armee, wechselte 1867 in preußische Dienste, nahm am Deutsch-Französischen Krieg 1870/71 teil, wurde 1876 in den Großen Generalstab versetzt, war 1878-1886 Militärattaché in Wien, ab 1892 Gesandter in Stockholm, nach Beförderung zum General 1897 Gouverneur von Berlin, 1899-1902 Botschafter in Rom, danach in Wien und vom Herbst 1907 bis zum Frühjahr 1914 Kaiserlicher Statthalter in Elsaß-Lothringen. Erhielt bei seinem Rücktritt den Fürstentitel und lebte fortan auf seinem Landsitz bei Stockholm (DBE; Hermann Hiery: Zwischen Scylla und Charybdis. Carl Graf von Wedel als Statthalter im Reichsland Elsaß-Lothringen [1907-1914]. Zeitschrift für die Geschichte des Oberrheins 134, 1986, S. 291-328).

– Graf von Wedel an GS: 6.2.1914.

Weill, Susanne, Studentin

Zur Identität von Susanne Weill ist nur bekannt, daß es sich wohl um eine auswärtige Angehörige des in Bischweiler ansässigen Richters J. Paul Weill und seiner Frau Berthe handelt; es ist weder ein Eintrag in das Melderegister noch in die Matrikellisten der philosophischen Fakultät der KWU Straßburg (1914-18) überliefert (Mttl. der Mairie Bischwiller; ADBR Strasbourg, AL 103, paq 27).

– GS an Weill: 15.4.1917.

Weltsch, Felix, Bibliothekar, Philosoph, * 6. 10. 1884 Prag, 9. 11. 1964 Jerusalem.

Promovierte 1907 in Prag zum Dr. iur., 1911 ebd. zum Dr. phil., war von 1910 bis 1939 in der Prager Universitätsbibliothek tätig, gehörte dem ›Prager Kreis‹ deutschsprachiger Schriftsteller an, gab 1919-1938 die zionistische Wochenschrift ›Die Selbstwehr‹ heraus, floh 1939 nach Palästina und arbeitete in der Jerusalemer Universitätsbibliothek (Killy; DBE).

– GS an Weltsch: 27. 2. 1913.

Wille, Richard

– siehe: Verlag J. C. B. Mohr (Paul Siebeck)

Wohlfahrth, ? , Amtsrichter

Die Identität des Adressaten ließ sich nicht ermitteln.

– GS an Wohlfarth: 22. 1. 1918.

Wolff, *Kurt* August Paul, Verleger, * 3. 3. 1887 Bonn, † 21. 10. 1963 Ludwigsburg.

Bereits während seines Germanistikstudiums in Marburg, Bonn, München und Leipzig (1906-1912) edierte der Sohn einer Bonner Musikerfamilie Briefe und Tagebücher von Autoren der Goethezeit und erwarb 1910 die stille Teilhaberschaft am Ernst Rowohlt-Verlag, Leipzig, den er 1913 unter seinem Namen fortführte (siehe: Kurt Wolff Verlag); daneben betreute er seit 1913 (1918-1921 als Alleininhaber) den ›Verlag der Weissen Bücher‹ mit der Monatsschrift ›Die Weissen Blätter‹, gründete 1916 und betrieb bis 1921 den ›Verlag der Schriften von Karl Krauss (Kurt Wolff)‹, 1917 den pazifistischen und aktivistischen Schriften gewidmeten Verlag ›Der Neue Geist‹ (bis 1919), übernahm 1917 den ›Hyperion-Verlag‹ als Verlag von Weltliteratur, Bibliophilie und Kunst und schuf 1924 den Kunstverlag ›Pantheon Casa Editrice‹ in Florenz; stellte Ende der 1920er Jahre die Produktion seiner Verlage ein, trennte sich 1931 vom Kurt Wolff Verlag, emigrierte über Italien und Südfrankreich in die USA (1933-1941), wo er 1942 in New York den Verlag ›Pantheon Books Inc.‹ gründete, aus dem er 1960 ausschied (DBE; Würffel; Göbel, Sp. 550-566, 793-920).

– siehe: Kurt Wolff Verlag

Wolfskehl, Karl, Lyriker, Dramatiker, Essayist, Übersetzer, * 17. 9. 1869 Darmstadt, † 30. 6. 1948 Bayswater/Auckland (Neuseeland).

Studierte seit 1891 Germanistik und Geschichte in Leipzig und Berlin, promovierte 1893 in Gießen und siedelte sich in München an; 1893

Beginn der lebenslangen Freundschaft mit Stefan George, an dessen ›Blättern für die Kunst‹ er 1894-1919 mitwirkte; führte in München mit der ihm 1898 angetrauten Hanna de Haan (1878-1946) ein der Kunst- und Literaturszene offenes Haus; emigrierte 1933 über die Schweiz nach Italien, 1938 nach Neuseeland (Killy; IBDCEE 1933-1945).

– Wolfskehl an GS: 17.10.1914; 25.10.1914.

Wolters, Friedrich, Historiker, Übersetzer, Lyriker, * 2.9.1876 Uerdingen (heute Krefeld), † 14.4.1930 München.

Promovierte nach Studium der Geschichte in Freiburg i. Br. und München 1903 in Berlin, habilitierte sich ebd. 1914 (bei von Schmoller), erhielt 1920 Extraordinariat in Marburg, 1923 das Ordinariat für Mittlere und Neuere Geschichte an der Universität Kiel. Als Schüler Kurt Breysigs 1904 zum George-Kreis gestoßen, wirkte er seit 1909 mit programmatischen Schriften und als Mitherausgeber des ›Jahrbuchs für die geistige Bewegung‹ (1910-12) als Anhänger und Förderer Georges (DBE; Killy).

– GS an Wolters: 4.2.1913.

Ziegler, ***Leopold*** **Carl Claudius**, Philosoph, Schriftsteller, * 30.4.1881 Karlsruhe, † 25.11.1958 Überlingen.

Studierte seit 1900 Philosophie, Zoologie und Nationalökonomie an der TH Karlsruhe sowie an den Universitäten in Heidelberg und Jena; lebte und arbeitete nach Dr. phil., Jena 1905, als Privatgelehrter, ab 1910 in Ettlingen bei Karlsruhe, ab 1918 in Doberatsweiler am Bodensee und ab 1925 in Überlingen (GSG 22; Zeittafel. In: Leopold Ziegler: Briefe 1901-1958. Hg. von Erwin Stein. München: Kösel 1963, S. 455-458).

– GS an Ziegler: 8.11.1914; 25.11.1914; 3.11.1915.

Namenregister

Namen von Briefempfängern bzw. -verfassern sind **halbfett** wiedergegeben; die dazugehörigen Zahlen nennen Anfang und Ende je *eines* Schreibens eines Korrespondenten, und zwar einschließlich des Herausgeberkommentars. In den Briefen genannte Namen werden recte wiedergegeben, solche in den Anmerkungen *kursiv* und nur dann, wenn sie nicht bereits auf der fett oder recte wiedergegebenen Seite aufgeführt sind. Ein Asteriskus (*) verweist auf eine biographische Angabe. Nicht aufgeführt sind reine Vor- und Rückverweise auf Verfasser und Adressaten in GSG 22 und GSG 23 abgedruckter Schreiben, in den Siglen auftretende Namen, nach Personen benannte Institutionen, Organisationen und Behörden mit Ausnahme von Verlagen und Ämtern, die ohne konkreten Ansprechpartner Bestandteil der hier wiedergegebenen Korrespondenz sind. Die Umlaute ä, ö, ü, sind ae, oe, ue zugeordnet.

Faksimiles

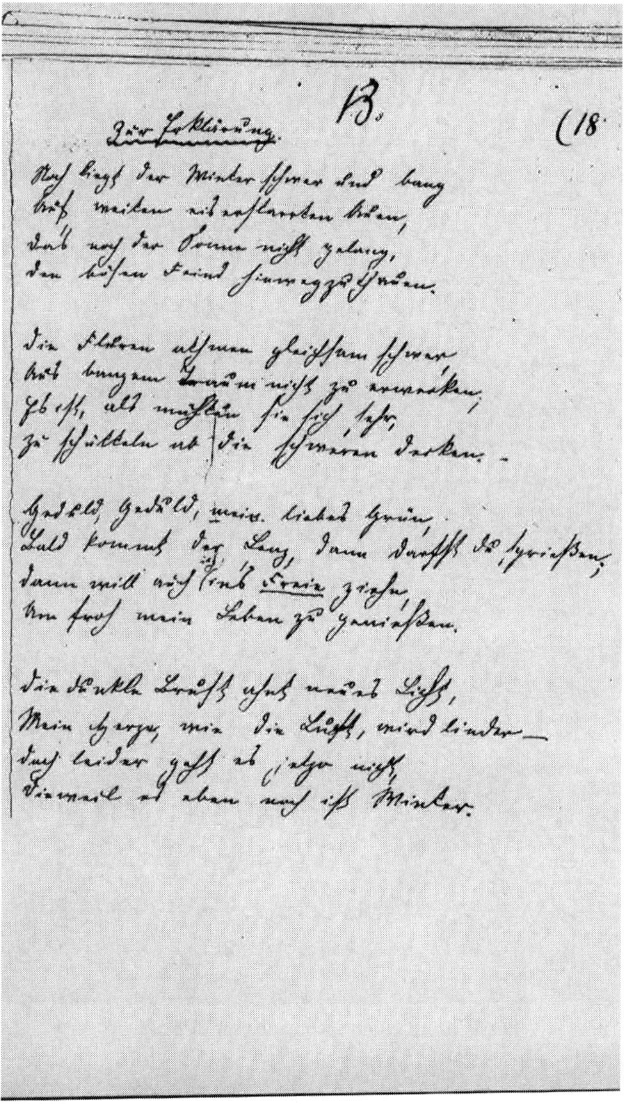
Zur Erklärung. 13. (18

Noch liegt der Winter schwer und bang
Auf weiten unerstarrten Au'n,
daß noch der Sonne nicht gelang,
den bösen Feind hinwegzuthauen.

Die Fluren athmen gleichsam schwer
Aus bangem Traum nicht zu erwachen,
Es ist, als mühten sie sich sehr,
zu schütteln ab die schweren Decken. –

Geduld, Geduld, mein liebes Grün,
Bald kommt der Lenz, dann darfst du sprießen,
dann will auch ich ins Freie ziehn,
Um froh mein Leben zu genießen.

Die dunkle Brust ersehnt neues Licht,
Mein Herz, wie die Luft, wird linder –
Doch leider geht es jetzt nicht,
Dieweil es eben noch ist Winter.

Gedicht vom Jan. 1876

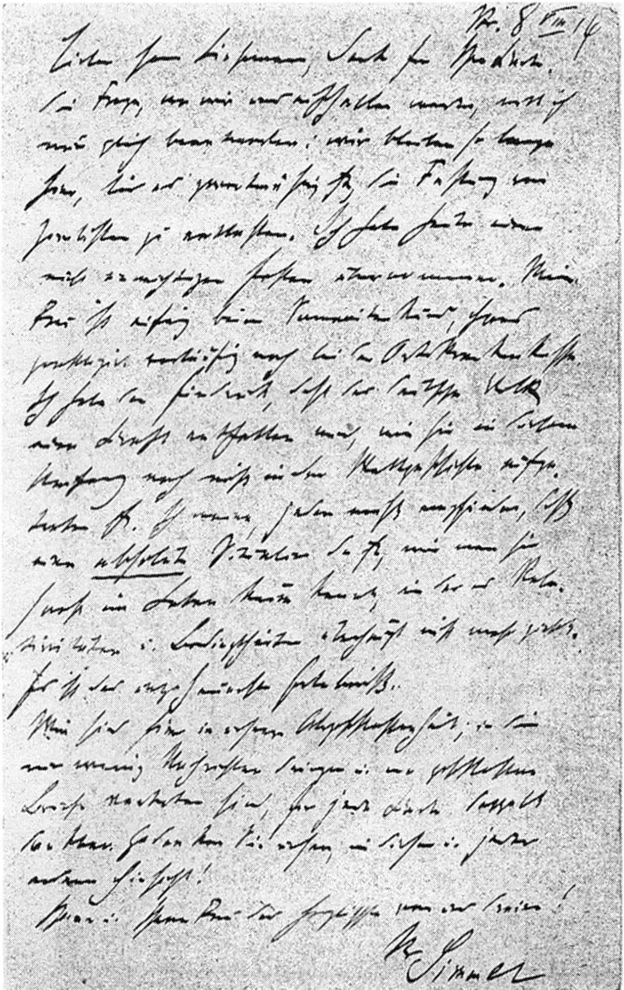

Postkarte an Hugo Liepmann vom 8. Aug. 1915

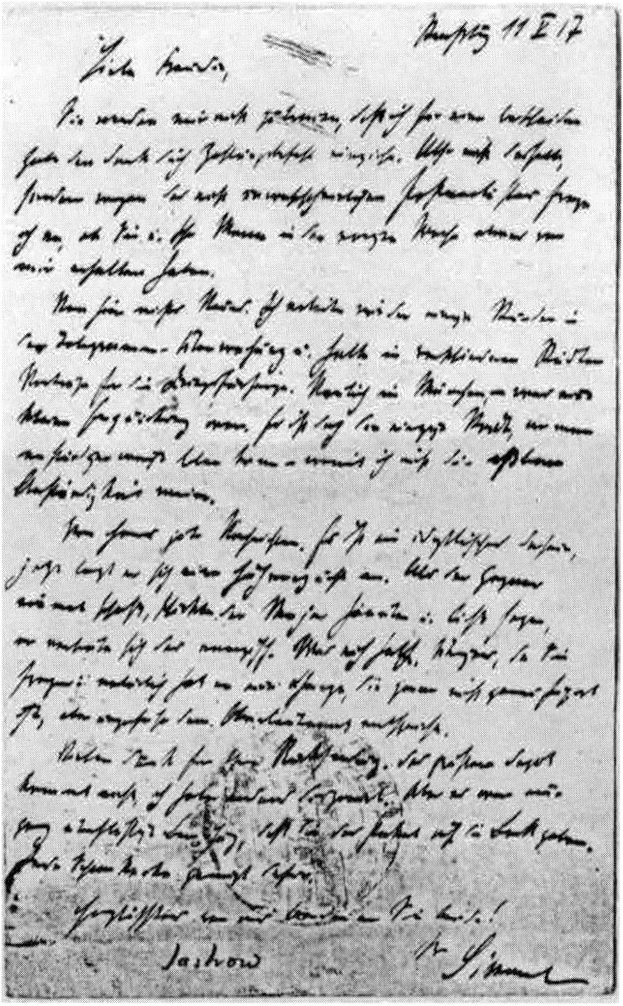
Jastrow

Postkarte an Anna Jastrow vom 11. Mai 1917

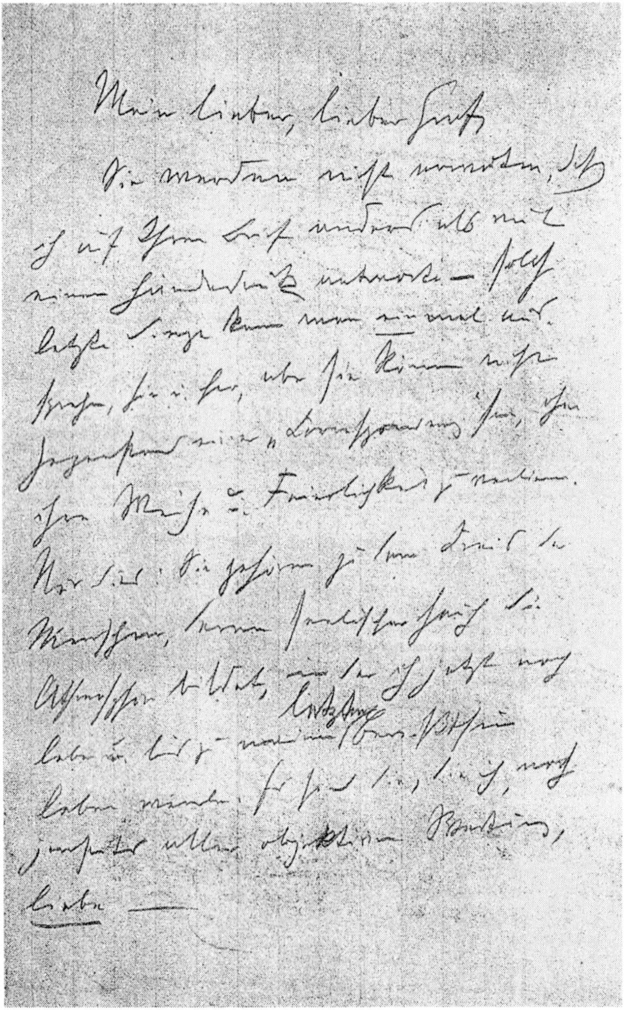

Brief (Bleistift) an Hermann Graf von Keyserling
vom 13. Sept. 1918

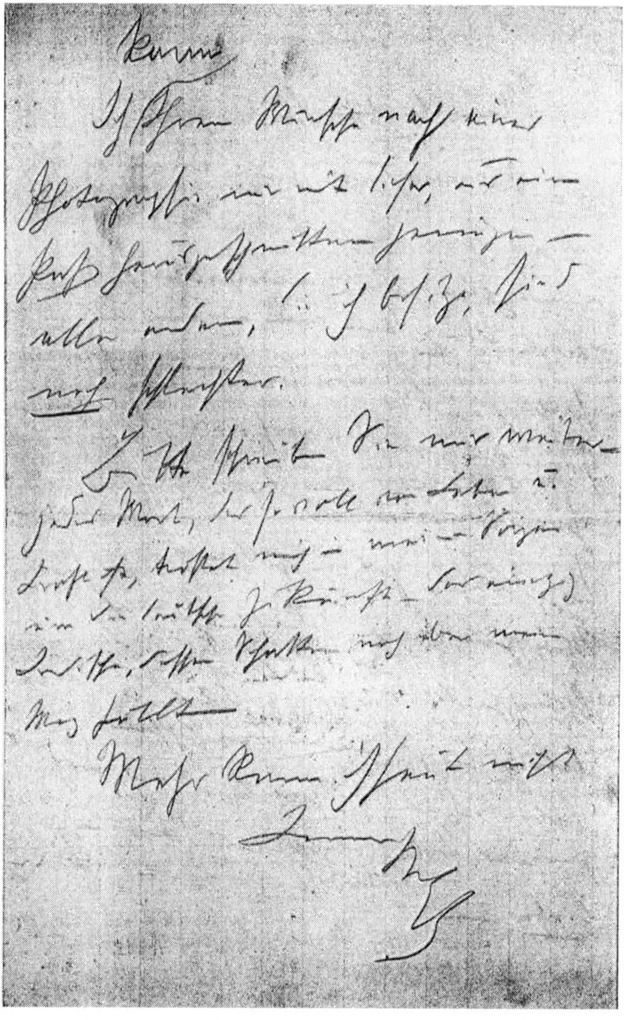

NF 137/1/3.06

- Band 10: Philosophie der Mode (1905). Die Religion (1906/1912). Kant und Goethe (1906/1916). Schopenhauer und Nietzsche (1907). Herausgegeben von Michael Behr, Volkhard Krech und Gert Schmidt. stw 810. 497 Seiten
- Band 11: Soziologie. Untersuchungen über die Formen der Vergesellschaftung. Herausgegeben von Otthein Rammstedt. stw 811. 1051 Seiten
- Band 12: Aufsätze und Abhandlungen 1909-1918, Band I. Herausgegeben von Rüdiger Kramme und Angela Rammstedt. 586 Seiten. Gebunden. stw 812. 592 Seiten
- Band 13: Aufsätze und Abhandlungen 1909-1918, Band II. Herausgegeben von Klaus Latzel.
  Gebunden und stw 813. 431 Seiten
- Band 14: Hauptprobleme der Philosophie. Philosophische Kultur. Herausgegeben von Rüdiger Kramme und Otthein Rammstedt. Gebunden und stw 814. 530 Seiten
- Band 15: Goethe. Deutschlands innere Wandlung. Das Problem der historischen Zeit. Rembrandt. Herausgegeben von Uta Kösser, Hans-Martin Kruckis, Otthein Rammstedt. Gebunden und stw 815. 678 Seiten
- Band 16: Der Krieg und die geistigen Entscheidungen. Grundfragen der Soziologie. Vom Wesen des historischen Verstehens. Der Konflikt der modernen Kultur. Lebensanschauung. Herausgegeben von Gregor Fitzi und Otthein Rammstedt. Gebunden und stw 816. 516 Seiten
- Band 17: Miszellen, Glossen, Stellungnahmen, Umfrageantworten, Leserbriefe, Diskussionsbeiträge 1889-1918. Anonyme und pseudonyme Veröffentlichungen 1888-1920. Bearbeitet und herausgegeben von Klaus Christian Köhnke unter Mitarbeit von Cornelia Jaenichen und Erwin Schullerus. Gebunden und stw 817. 626 Seiten
- Band 18: Englischsprachige Veröffentlichungen 1893-1910. Herausgegeben von David P. Frisby. 548 Seiten. Gebunden
- Band 19: Französisch- und italienischsprachige Veröffentlichungen. Mélanges de philosophie relativiste. Herausgege-

ben von Christian Papilloud, Angela Rammstedt und Patrick Watier. Gebunden und stw 819. 464 Seiten
- Band 20: Postume Veröffentlichungen, Ungedrucktes, Schulpädagogik. Herausgegeben von Torge Karlsruhen und Otthein Rammstedt. Gebunden und stw 820 Seiten. 628 Seiten
- Band 22: Briefe 1880-1911. Herausgegeben von Klaus Christian Köhnke. Gebunden und stw 822. 1094 Seiten
- Band 23: Briefe 1912-1918. Jugendbriefe. Herausgegeben von Otthein und Angela Rammstedt. Gebunden und stw 823. 1200 Seiten

Individualismus der modernen Zeit und andere soziologische Abhandlungen. Herausgegeben und mit einem Nachwort von Otthein Rammstedt. stw 1873. 400 Seiten

Jenseits der Schönheit. Schriften zur Ästhetik und Kunstphilosophie. Herausgegeben und mit einem Nachwort von Ingo Meyer. stw 1874. 430 Seiten

Zu Georg Simmel

Georg Simmel und die Moderne. Neue Interpretationen und Materialien. Herausgegeben von Heinz-Jürgen Dahme und Otthein Rammstedt. Mit Beiträgen von David P. Frisby, Lewis A. Coser, Birgitta Nedelmann, Bruno Accarino, Michael Landmann, Kurt H. Wolff, Hannes Böhringer, Sibylle Hübner-Funk, Heinz-Jürgen Dahme, Klaus Lichtblau, Peter-Ernst Schnabel, Donald N. Levine, Klaus Christian Köhnke, Heinz-Jürgen Dahme und Otthein Rammstedt. stw 469. 486 Seiten

Georg Simmels ›Philosophie des Geldes‹. Aufsätze und Materialien. Herausgegeben von Otthein Rammstedt unter Mitwirkung von Christian Papilloud, Natàlia Cantó i Milà und Cécile Rol. stw 1584. 350 Seiten

NF 137/3/3.06

Klaus Christian Köhnke. Der junge Simmel in Theoriebeziehungen und sozialen Bewegungen. 569 Seiten. Gebunden

NF 137/4/3.06